Leo Tolstoi
Gesammelte Werke

Leo Tolstoi

Gesammelte Werke

Die Erzählungen

Anaconda

Textvorlage für *Hadschi Murat* ist die Ausgabe München: Heyne 1962 (dort: *Chadshi Murat*), *Die Kreutzersonate* wurde der Ausgabe *Gesammelte Novellen*. Band 3. Jena: Eugen Diederichs 1924 entnommen, der Erzählung *Der Tod des Iwan Iljitsch* liegt die Ausgabe Wien, Leipzig: Wiener Verlag 1904 zugrunde. Alle anderen Übersetzungen folgen der vierbändigen Edition *Erzählungen*. Leipzig: Insel o. J. [1924].

Penguin Random House Verlagsgruppe FSC® N001967

4. Auflage

einem Unternehmen der Penguin Random House Verlagsgruppe GmbH,
Neumarkter Straße 28, 81673 München
produktsicherheit@penguinrandomhouse.de
(Vorstehende Angaben sind zugleich Pflichtinformationen nach GPSR)

Umschlagmotiv: Leo Tolstoi (1890), Photo © Tallandier / Bridgeman Images
Umschlaggestaltung: Druckfrei. Dagmar Herrmann, Bonn
Satz und Layout: www.paque.de
Druck und Bindung: GGP Media GmbH, Pößneck
ISBN 978-3-7306-0341-3
www.anacondaverlag.de

Inhalt

INHALT

Der Morgen eines Gutsbesitzers

I

Fürst Nechljudoff war neunzehn Jahre alt und besuchte den dritten Universitätskurs, als er für die Sommerferien auf sein Dorf zog und dort allein den ganzen Sommer verbrachte. Im Herbst schrieb er dann mit seiner noch nicht fest gewordenen, kindlichen Handschrift seiner Tante, der Gräfin Bjelorjezky, die, wie er glaubte, sein bester Freund und das genialste Weib auf der ganzen Welt sei, folgenden, hier in der Übersetzung wiedergegebenen französischen Brief:

»Mein liebes Tantchen! Ich habe einen Entschluß gefaßt, von dem das Schicksal meines ganzen Lebens abhängen muß. Ich will die Universität verlassen, um mich dem Leben auf dem Dorf zu widmen, weil ich fühle, daß ich dazu geboren bin. Um Gottes willen, liebe Tante, lachen Sie nicht über mich! Sie werden sagen, ich sei jung, vielleicht ist das auch so, ich bin noch ein Kind. Das hindert mich indes keineswegs, zu wünschen, das Gute zu tun und zu lieben.

Wie ich Ihnen bereits schrieb, fand ich meine Angelegenheiten in unbeschreiblicher Verwirrung vor. Als ich sie in Ordnung zu bringen gedachte und mich hinein vertiefte, entdeckte ich, daß das Hauptübel in der über alle Begriffe erbärmlichen, ärmlichen Lage der Bauern beruht, und daß das ein solches Übel ist, daß man es nur durch Arbeit und Geduld zu beseitigen vermag. Wenn Sie nur zwei von meinen Bauern sehen könnten, David und Iwan, und wüßten, was für ein Leben sie mit ihren Familien führen, so bin ich überzeugt, daß schon allein der Anblick dieser beiden Unglücklichen Ihnen mehr als alles das, was ich Ihnen sagen kann, meinen Entschluß erklären würde. Ist es denn nicht meine heilige und unmittelbare Verpflichtung, mich um das Schicksal dieser siebenhundert Menschen zu kümmern, für die ich Gott werde Rechenschaft ablegen müssen? Ist es denn nicht Sünde, sie der Willkür der rohen Ältesten und Verwalter zu überlassen und selber dem Genuß oder dem Ehrgeiz zu frönen? Und warum soll ich denn in einer anderen Sphäre die Möglichkeit suchen, nützlich zu sein und Gutes zu tun, wenn sich mir eine so vornehme, glänzende und naheliegende Pflicht eröffnet? Ich fühle mich imstande, ein guter Landwirt zu sein; um aber das zu sein, was ich unter diesem Wort verstehe, dafür bedarf ich weder des Kandidatendiploms noch eines Dienstranges, die Sie so für mich wünschen. Liebes Tantchen, schmieden Sie keine ehrgeizigen Pläne für mich. Gewöhnen Sie sich an den Gedanken, daß ich einen ganz besonderen Weg gehe, der aber schön ist und, ich fühle das, mich zum Glück führen wird. Ich habe sehr viel nachgedacht über meine zukünftigen Pflichten, ich habe mir Regeln zum Handeln aufgeschrieben, und wenn mir nur Gott Leben und Kräfte geben wird, so werde ich in meinem Unternehmen Erfolg haben.

Zeigen Sie diesen Brief nicht meinem Bruder Wasja: Ich fürchte seinen Spott. Er ist gewöhnt, mich zu beherrschen, und ich gewöhnte mich, mich ihm zu fügen. Was Wanja anbetrifft, so wird er meinen Entschluß begreifen, wenn er ihn auch nicht billigen wird.«

Die Gräfin sandte ihm folgendes Antwortschreiben, das hier ebenfalls aus dem Französischen übersetzt ist:

»Dein Brief, lieber Dmitri, hat mir nichts bewiesen, als daß Du ein gutes Herz hast, woran ich niemals zweifelte. Indes, lieber Freund: Unsere guten Eigenschaften schaden uns mehr im Leben als unsere schlechten. Ich werde nicht sagen, daß Du eine Dummheit machst, daß Dein Betragen mich bekümmert, ich will Dich vielmehr nur zu überzeugen suchen. Laßt uns einmal überlegen, mein Freund. Du sagst, Du fühlst Dich zum Landleben berufen, Du willst Deine Bauern glücklich machen, und Du hoffst, ein guter Landwirt zu sein. 1. Ich muß Dir sagen, daß wir unsere Berufung erst dann fühlen, wenn wir uns schon einmal in ihr irrten. 2. Daß es leichter ist, sich selber glücklich zu machen, als andere zu beglücken, und 3. daß, um ein guter Landwirt zu sein, man ein kalter und strenger Mensch sein muß, was Du kaum jemals werden wirst, wenn Du Dir auch alle Mühe gibst, Dich für einen solchen auszugeben.

Du hältst Deine Erwägungen für unerschütterlich und sogar als Regeln im Leben; in meinem Alter aber, mein Freund, glaubt man nicht an Erwägungen und Regeln, vielmehr nur an die Erfahrung; die aber sagt mir, daß Deine Pläne – Kinderei sind. Ich bin schon fast fünfzig Jahre alt und ich habe viele würdige Menschen gekannt, niemals habe ich aber gehört, daß ein junger Mann mit Namen und Fähigkeiten sich unter dem Vorwand, Gutes zu tun, auf dem Land vergraben habe. Du wolltest immer als ein Original erscheinen. Deine Originalität ist aber gar nichts anderes als übermäßige Selbstliebe. Und, mein Freund, wähle lieber geebnete Pfade: Sie führen näher zum Erfolg; wenn Du den aber auch schon nicht für Dich selber nötig hast, so ist er doch unerläßlich dafür, das Gute tun zu können, das Du liebst.

Die Armut einiger Bauern ist entweder ein unvermeidliches Übel oder ein solches, dem man abhelfen kann, ohne alle seine Verpflichtungen gegenüber der Gesellschaft, seinen Verwandten und sich selber zu vergessen. Bei Deinem Verstand, Deinem Herzen und Deiner Liebe zur Tugend gibt es gar keine Karriere, in der Du nicht Erfolg hättest. Wähle aber wenigstens eine solche, die Deiner würdig ist und Dir Ehre einträgt.

Ich glaube an Deine Aufrichtigkeit, wenn Du sagst, Du hättest keinen Ehrgeiz; Du betrügst Dich indes selber. Ehrgeiz ist eine Tugend in Deinen Jahren und bei Deinen Mitteln. Sie wird erst zu einem Mangel und einer Gemeinheit, wenn der Mensch schon nicht mehr imstande ist, diese Leidenschaft zu befriedigen. Auch Du wirst das erfahren, wenn Du Deinen Entschluß nicht änderst. Leb wohl, lieber Mitja! Mir scheint es, ich liebe Dich noch mehr wegen Deines albernen, aber edlen und großherzigen Planes. Handle so, wie Du willst; ich gestehe aber, ich kann nicht einverstanden sein mit Dir.«

Als der junge Mann diesen Brief erhielt, hatte er lange Zeit über ihn nachgedacht, endlich aber entschieden, daß auch ein geniales Weib sich irren könne. Darauf hatte er dann sein Entlassungsgesuch bei der Universität eingereicht und war – für immer – auf dem Land geblieben.

II

Wie seiner Tante mitgeteilt, hatte sich der junge Mann Verhaltensmaßregeln für sein Wirtschaften aufgeschrieben, und sein ganzes Leben und alle seine Beschäftigungen waren eingeteilt nach Stunden, Tagen und Monaten. Der Sonntag war bestimmt zum Empfang von Bittstellern, Hofleibeigenen und Bauern, zum Besuch der Wirtschaften armer Bauern und zur Gewährung von Hilfe mit Zustimmung der Bauerngemeinde, die sich jeden Sonntag abends versammelte und entscheiden mußte, wem Hilfe zu erweisen nötig sei, und was für eine. Unter solchen Beschäftigungen war schon ein Jahr vergangen, und der junge Mann war schon nicht mehr völlig Neuling, weder in praktischer noch in theoretischer Kenntnis der Landwirtschaft.

Es war an einem klaren Junisonntag. Nechljudoff hatte eben Kaffee getrunken und ein Kapitel des »Maison rustique« durchlaufen. Nunmehr verließ er, sein Notizbuch und einen Packen Banknoten in der Tasche seines leichten Mantels, das große Landhaus mit seinen Terrassen und Säulenhallen, in dessen Erdgeschoß er ein einziges kleines Zimmerchen bewohnte, und wandelte auf den ungepflegten, verwachsenen Wegen des alten englischen Gartens dem Dorf zu, das zu beiden Seiten der Chaussee lag. Nechljudoff war ein hochgewachsener, gutgebauter junger Mann mit langen, dichten, lockigen, dunkelrotbraunen Haaren, mit lichtem Glanz in den schwarzen Augen, mit frischen Backen und roten Lippen, über denen sich eben der erste Flaum der Jugend zeigte. In allen seinen Bewegungen wie auch in seinem Gang offenbarten sich Kraft, Energie und die gutmütige Selbstzufriedenheit der Jugend. Das Bauernvolk kehrte gerade in bunten Haufen aus der Kirche zurück: Greise, junge Mädchen, Kinder, Weiber mit Brustkindern schritten in Feiertagskleidern ihren Hütten zu. Alle verneigten sich tief vor dem gnädigen Herrn und machten ihm ehrerbietig Platz. Auf der Chaussee blieb Nechljudoff stehen, nahm sein Notizbüchelchen aus der Tasche und las auf der letzten, mit kindlicher Handschrift beschriebenen Seite einige Bauernnamen, denen Bemerkungen beigefügt waren. »Iwan Tschurisenok – bat um Stangen«, las er und ging zum Tor der zweiten Hütte rechts.

Das Wohnhaus des Tschurisenok bestand aus einem halb verfaulten, naßfeuchten Blockhaus, das sich schon auf die Seite neigte und derart in die Erde eingewachsen war, daß gerade noch über der aus Mist bestehenden Erdaufschüttung ein einziges zerbrochenes rotes Schiebefensterchen zu sehen war; auch war noch ein anderes Fensterchen da, das jedoch mit Hanf zugestopft war. Der aus Balken gezimmerte Vorraum mit verfaulter Schwelle und niedriger Tür, ein anderer kleiner Balkenbau, noch älter und noch niedriger als der Vorraum, ein Tor und ein Speicher aus Flechtwerk klebten an der Haupthütte. Alles dies war einstmals mit einem Dach von ungleicher Höhe bedeckt gewesen; jetzt aber hing nur noch auf dem Schirmdach dichtes, schwarzes, faulendes Stroh; oben waren dagegen an einzelnen Stellen das Dachgerüst und einige Dachsparren zu sehen. Vor dem Hof stand ein Brunnen mit einem zusammengefallenen Brunnenkasten, mit dem Rest eines Holzstammes und eines Rades und mit einer schmutzigen, vom Vieh ausgetretenen Pfütze, in der Enten herumplätscherten. Bei dem Brunnen standen zwei alte, gesprungene und geknickte Weidenbäume mit wenigen blaßgrünen Zweigen. Unter einem von ihnen, die Zeugnis davon ablegten, daß sich einst irgend wer um die Ausschmückung dieses Ortes gekümmert hatte, saß ein achtjähriges blondes Mädchen und ließ ein anderes, zweijähriges Mädchen um sich herumkriechen. Als der Hofhund, der bei ihnen herumwedelte, den gnädigen Herrn erschaut hatte, stürzte er sofort unter das Tor und begann von dort aus sein erschrecktes, heiseres Bellen.

»Ist Iwan zu Hause?«, fragte Nechljudoff.

Es schien, als ob das älteste Mädchen bei dieser Frage erstarrt wäre. Es machte immer größere Augen, ohne irgend etwas zu antworten; das kleinere Mädchen öffnete schon den Mund und wollte zu weinen anfangen. Ein kleines, altes Weibchen in einem durchlöcherten, karierten Rock, der tief umgürtet war mit einem rötlichen Gurt, schaute aus der Tür heraus und antwortete gleichfalls gar nichts. Nechljudoff schritt zum Vorraum und wiederholte seine Frage.

»Zu Hause, Ernährer«, sprach mit zittriger Stimme das alte Weibchen, indem es sich tief verneigte und ganz in Schrecken und Verwirrung geriet.

Als Nechljudoff sie begrüßt hatte und durch den Vorraum den engen Hof betrat, stützte die Alte das Gesicht in die Hand, ging zur Tür hin und begann, ohne den gnädigen Herrn aus den Augen zu lassen, den Kopf hin und her zu bewegen. Auf dem Hof war es ärmlich, an einzelnen Stellen lag alter, nicht ausgefahrener, schwarz gewordener Mist; auf ihm lagen ein verfaulter Futterkasten, Heugabeln und zwei Eggen unordentlich herum. Die Schirmdächer um den Hof, unter denen auf der einen Seite ein Hakenpflug stand und ein Wagen mit drei Rädern sowie ein Haufen leerer, aufeinandergehäufter, unbrauchbarer Bienenkörbe, waren fast ganz unbedeckt, und die eine Seite war derart eingestürzt, daß vorne die Dachstangen schon nicht auf den Stützen, vielmehr auf dem Misthaufen lagen. Tschurisenok zerschlug eben mit dem Beil, seine Schneide und seine Rückseite gebrauchend, den Zaun, welchen das Dach niederdrückte. Iwan Tschuris war ein Bauer von fünfzig Jahren, weniger als mittelgroß. Die Züge seines gebräunten, länglichen Gesichts, das von einem dunkelrotbraunen, schon grau durchsetzten Bart und von ebensolchen dichten Haaren umrahmt war, waren schön und ausdrucksvoll. Seine dunkelblauen, halbgeschlossenen Augen schauten klug und gutmütig sorglos drein. Ein nicht großer, regelmäßiger Mund, der sich, wenn er lächelte, scharf unter einem rotbraunen, spärlichen Schnurrbart abhob, drückte ruhiges Selbstvertrauen aus und eine etwas spöttische Gleichgültigkeit gegenüber der ganzen Umgebung. An der Rauheit der Haut, den tiefen Runzeln, den scharf hervortretenden Adern an Hals, Gesicht und Händen, an seiner unnatürlich gebeugten Haltung und der krummen, bogenartigen Stellung der Füße war zu ersehen, daß sein ganzes Leben in unerträglicher, allzu schwerer Arbeit verflossen war. Seine Kleidung bestand aus weißen, hänfenen Hosen mit blauen Flicken an den Knien und einem ebensolchen schmutzigen, auf dem Rücken und an den Armen auseinandergehenden Hemd. Er trug es tief gegürtet mit einem Zwirnband, an dem ein kleines kupfernes Schlüsselchen hing.

»Gott helfe dir!«, sprach der gnädige Herr, als er den Hof betrat.

Tschurisenok schaute sich um und machte sich von neuem an seine Arbeit. Er holte gewaltig aus, riß den Zaun unter dem Schirmdach hervor, und dann erst, nachdem er das Beil in den Holzstock gesteckt und seinen Gürtel zurechtgerückt hatte, trat er in die Mitte des Hofs.

»Zum Feiertag, Euer Erlaucht!«, sprach er, indem er sich tief neigte und dann mit einer raschen Kopfbewegung seine Haare zurückwarf.

»Danke, Bester! Siehst du, ich kam, mir deine Wirtschaft anzusehen«, sprach mit kindlicher Freundlichkeit und Schüchternheit Nechljudoff, wobei er die Kleidung des Bauern musterte. »So zeige mir denn, wozu du Stangen brauchst, um die du mich auf der Bauernversammlung batest.«

»Die Stangen? Es ist bekannt, wozu man die braucht, Väterchen, Euer Erlaucht. Ich wollte, wenn auch nur ein ganz klein wenig, stützen. Sie selber geruhen zu sehen: Sehen Sie, unlängst ist die Ecke da eingefallen; Gott war noch gnädig, daß um diese Zeit das Vieh nicht dort stand. Gleichwohl hängt sie eben grade noch so«, sprach Tschuris, indem er verächtlich seinen dachlosen, krummen und zusammengestürzten Schuppen betrachtete, »jetzt braucht man auch die Dachsparren und die Seitenwände und die Dachstangen nur zu berühren – brauchbares Holz wird da wohl kaum herauskommen. Woher wird man aber jetzt Holz nehmen? Sie selber geruhen es zu wissen.«

»Wozu brauchst du dann aber fünf Stangen, wenn der eine Schuppen schon eingestürzt ist und der andere bald einstürzen wird? Du brauchst nicht Stützen, vielmehr Dachsparren, Dachstangen und Balken – alles brauchst du neu«, sagte der gnädige Herr, augenscheinlich großtuend mit seiner Sachkenntnis.

Tschurisenok schwieg.

»Du brauchst demnach Holz, nicht aber Stangen: So hättest du auch sagen sollen.«

»Zweifellos ist es nötig, ja, aber von wo soll man es nehmen: Man kann doch nicht immer auf den Herrenhof laufen. Wenn man unseren Bruder daran gewöhnt, wegen jeden Guts zu Euer Erlaucht nach dem Herrenhof zu kommen und zu betteln, was werden wir dann schon für Bauern sein? Wenn aber Euer Gnaden dafür sein wird, hinsichtlich des eichenen Gipfelholzes, das da auf der Herrschaftstenne ohne jede Verwendung herumliegt«, sprach er, indem er sich verneigte und verlegen von einem Fuß auf den anderen trat, »dann werde ich vielleicht die einen auswechseln, andere kürzer machen und irgend wie aus dem Alten aufbauen.«

»Wie denn aus dem Alten? Du sagst ja selber, alles sei bei dir alt und faul: Heute ist dieser Winkel eingestürzt, morgen wird jener einstürzen, übermorgen ein dritter; wenn man es schon einmal macht, so soll man auch alles neu machen, damit die Arbeit nicht umsonst ist. Sage du mir, wie du glaubst: Kann dein Hof noch diesen Winter über stehen oder nicht?«

»Wer weiß das denn!«

»Nein, wie du glaubst; wird er einstürzen oder nicht?«

Tschuris dachte eine Minute nach.

»Er muß wohl völlig einstürzen ...«, sprach er plötzlich.

»Nun, siehst du es wohl. Du hättest besser so auch auf der Bauernversammlung sagen sollen, daß du den ganzen Hof umbauen mußt, und nicht nur einzig und allein um Stangen bittest. Ich bin ja froh, dir zu helfen ...«

»Sehr zufrieden mit Euer Gnaden!«, antwortete mißtrauisch und ohne den gnädigen Herrn anzuschauen Tschurisenok. »Wenn Sie mir nur vier Balken, ja, und die Stangen schenken würden, so werde ich vielleicht selber damit fertig; was sich aber darüber hinaus noch an unbrauchbarem Holz finden wird, so wird das für die Stützen der Hütte draufgehen.«

»Ist denn bei dir auch die Hütte schlecht?«

»Das erwarten wir ja grade jeden Augenblick, ich und mein Weib, daß sie irgend wen erschlägt«, sprach Tschuris, »unlängst hat so schon eine Latte von der Decke mein Weib erschlagen!«

»Wie denn erschlagen?«

»Ja, so, erschlagen, Euer Erlaucht: Als es ihr nur so über den Rükken gefahren ist, hat sie bis zur Nacht wie tot gelegen.«

»Wie denn, ist es vorübergegangen?«

»Vorübergegangen ist es schon, ja, sie kränkelt aber immer noch. Sie kränkelt eigentlich ihr ganzes Leben lang.«

»Wie denn, bist du krank?«, fragte Nechljudoff das Weib, das die ganze Zeit über in der Tür gestanden und sogleich zu stöhnen begonnen hatte, als nur eben ihr Mann von ihr zu sprechen anfing.

»Immer läßt es mich dort nicht los, ja, und damit Schluß«, antwortete sie, indem sie auf ihre schmutzige, hagere Brust wies.

»Immer das gleiche!«, sprach mit Verdruß der junge gnädige Herr, und er zuckte die Achseln. – »Weshalb bist du denn krank und bist doch nicht ins Krankenhaus gekommen, dich untersuchen zu lassen? Siehst du, dafür habe ich doch das Krankenhaus eingerichtet. Hat man euch das denn nicht gesagt?«

»Man hat es uns gesagt, Ernährer, ja, aber nie habe ich Zeit dazu: der Herrendienst, die eigene Wirtschaft und dann die Kinderchen – immer allein! Unsere Sache ist einsam …«

III

Nechljudoff betrat die Hütte. Die ungleichen, verräucherten Wände waren in der »schwarzen« Ecke mit verschiedenen Lappen und Kleidungsstücken behangen, in der »roten« Ecke aber – wörtlich bedeckt mit rötlichen Schaben, die sich bei den Heiligenbildern und der Bank besonders dicht drängten. In der Mitte dieses schwarzen, stinkenden, sechs Arschin großen Hüttchens war in der Decke ein großer Spalt, und obgleich an zwei Stellen Stützen standen, hatte sich die Decke so geneigt, daß sie jeden Augenblick einzustürzen drohte.

»Ja, die Hütte ist sehr schlecht«, sprach der gnädige Herr, indem er den Tschurisenok anschaute, der, so schien es, gar nicht die Absicht hatte, über diesen Gegenstand zu sprechen.

»Sie wird uns totschlagen, uns und die Kinderchen wird sie totdrücken«, begann mit weinerlicher Stimme das Weib, das sich unter dem Schlafgerüst an den Ofen gelehnt hatte.

»Du, schwatze nicht!«, sprach Tschuris streng, und mit feinem, kaum wahrnehmbarem Lächeln, das sich unter seinem Schnurrbart abzeichnete, wandte er sich an den gnädigen Herrn, »ich kann mir gar nicht klar werden, was ich mit ihr tun soll, Euer Erlaucht, mit der Hütte meine ich, ich habe sowohl Stützen wie auch Unterlagen gelegt, nichts kann man erreichen.«

»Wie soll man hier den Winter zubringen! Ach, ach, ach!«, sprach das Weib.

»Das ist es eben, wenn man noch Stützen aufstellt, eine neue Deckenlatte anschlägt«, unterbrach sie ihr Mann mit ruhigem, geschäftigem Ausdruck, »ja, eine Dachstange auswechselt, so werden wir vielleicht irgend wie den Winter zubringen. Leben kann man dann, nur wird man die ganze Hütte mit Stützen versperren, das ist es. Rührt man sie aber auch nur an, so wird kein lebendes Spänchen bleiben; nur solange sie steht, hält sie«, schloß er, augenscheinlich äußerst zufrieden damit, daß er auf diesen Gedanken gekommen war.

Nechljudoff verdroß und schmerzte es, daß Tschuris es bis dahin hatte kommen lassen und sich nicht früher schon an ihn gewendet hatte, da er ja gleich von seiner Ankunft an niemals den Bauern irgend etwas abgeschlagen und eben erst durchgesetzt hatte, daß sich alle unmittelbar an ihn mit allen ihren Nöten wendeten. Er fühlte sogar eine gewisse Erbitterung gegen den Bauern, er zuckte erzürnt die Achseln und runzelte die Stirn, aber der Anblick der ihn umgebenden Armut und inmitten ihrer der ruhige und selbstzufriedene Ausdruck des Tschuris verwandelten seinen Verdruß in ein ganz trauriges, hoffnungsloses Gefühl.

»Nun, Iwan, warum hast du das mir denn nicht früher gesagt?«, bemerkte er vorwurfsvoll, indem er sich auf die schmutzige schiefe Bank setzte.

»Ich wagte es nicht, Euer Erlaucht«, antwortete Tschuris mit ganz dem gleichen, kaum merkbaren Lächeln, indem er auf dem holperigen Boden von einem seiner schwarzen nackten Füße auf den anderen trat. Er sagte das aber so kühn und ruhig, daß es schwer war zu glauben, er habe nicht gewagt, zum gnädigen Herrn zu kommen.

»Unsere Sache ist eine bäuerliche Angelegenheit, wie sollten wir es wagen?«, begann schluchzend das Weib.

»Schwatze doch nicht!«, wandte sich Tschuris von neuem an sie.

»In dieser Hütte kannst du nicht leben, das ist Unsinn!«, sprach Nechljudoff, nachdem er einige Zeit geschwiegen hatte. – »Aber siehst du, was wir tun werden, Brüderchen …«

»Ich höre«, ließ sich Tschuris vernehmen.

»Hast du die steinernen Gerardowschen Hütten gesehen, die ich auf dem neuen Hof erbaute, die mit den hohlen Mauern?«

»Wie sollte ich sie nicht gesehen haben!«, antwortete Tschuris und ließ in einem Lächeln seine noch vollzähligen weißen Zähne sehen. »Wir waren nicht wenig erstaunt, als man sie baute – schlaue Hütten sind es! Die Burschen lachten: Ob das wohl ein Getreidespeicher werden soll, um vor den Ratten das Korn in die Mauern einzuschütten. Die Hütten sind trefflich!«, schloß er mit dem Ausdruck spöttischen Nichtverstehens, wobei er den Kopf schüttelte, »geradeso wie ein Gefängnis.«

»Ja, die Hütten sind ausgezeichnet, trocken und warm und nicht so feuergefährlich«, bemerkte der gnädige Herr, und er verzog dabei sein junges Gesicht, offenbar unzufrieden mit dem Spott des Bauern.

»Es ist nicht zu streiten, Euer Erlaucht, die Hütten sind trefflich.«

»Nun, siehst du, eine Hütte ist schon ganz fertig. Sie ist zehnarschinig mit Vorraum und einem Speicher und vollkommen fertig. Ich werde sie dir am Ende gar abgeben, auf Vorschuß, zum Selbstkostenpreis. Du wirst es irgend wann zurückzahlen«, sprach der gnädige Herr mit selbstzufriedenem Lächeln, das er nicht zurückhalten konnte in dem Gedanken, daß er eine Wohltat übe. »Du kannst deine alte Hütte abbrechen«, fuhr er fort, »sie wird zum Speicher dienen; den Hof werden wir gleichfalls überführen. Wasser ist dort vorzüglich. Einen Gemüseacker werde ich aus Neuland schneiden lassen. Dein Land werde ich in allen drei Feldern dir gleichfalls dort an Ort und Stelle anweisen. Trefflich wirst du dort leben. Wie denn, gefällt dir das denn nicht?«, fragte Nechljudoff, da er bemerkt hatte, daß, sobald er nur angefangen hatte von Übersiedlung zu sprechen, Tschuris in völlige Unbeweglichkeit verfallen war und ohne zu lächeln auf die Erde blickte.

»Das ist der Wille Euer Erlaucht«, antwortete er, ohne seine Augen zu erheben.

Das alte Frauchen beugte sich nach vorne, als ob man sie an der verwundbarsten Stelle getroffen habe, und machte Miene, etwas zu sagen, ihr Mann kam ihr aber zuvor.

»Wie Euer Erlaucht will«, sprach er entschlossen und dabei doch unterwürfig, indem er den gnädigen Herrn anschaute und mit einem Ruck seine Haare in Ordnung brachte, »aber auf dem neuen Hof ist uns nicht beschieden zu leben.«

»Weshalb denn?«

»Nein, Euer Erlaucht, wenn Sie uns dahin übersiedeln – um uns ist es auch hier schon schlecht bestellt, dort aber werden wir Ihnen nie ordentliche Bauern sein – was werden wir dort schon für Bauern sein? Ja, dort ist es auch nicht einmal möglich, zu leben, wie Sie wollen!«

»Ja, aber weshalb denn nur?«

»Bis zum letzten werden wir uns dort zugrunde richten, Euer Erlaucht.«

»Weshalb kann man denn dort nicht leben?«

»Was ist das denn dort für ein Leben? Urteile doch selber: Der Ort ist unbewohnt, das Wasser unbekannt, Weide gibt es keine. Die Hanffelder sind hier bei uns von alters her fettes Land, aber wie dort? Ja, und was ist denn dort? Nackt und kahl! Weder Zäune, noch Getreidedarren, noch Scheunen, gar nichts ist dort. Wir werden zugrunde gehen, Euer Erlaucht, wenn du uns dahin jagen wirst, endgültig werden wir zugrunde gehen! Der Ort ist neu, unbekannt …«, wiederholte er nachdenklich, wobei er aber entschieden den Kopf schüttelte.

Nechljudoff wollte dem Bauern beweisen, daß die Übersiedlung im Gegenteil sehr vorteilhaft für ihn sei, daß man Zäune und Scheunen dort bauen werde, daß das Wasser dort gut sei usw., aber das starre Schweigen des Tschuris verwirrte ihn, und er fühlte aus irgend einem Grund, daß er nicht so spreche, wie es sich gehöre. Tschurisenok entgegnete ihm nicht. Als aber der gnädige Herr verstummte, bemerkte er mit einem leichten Lächeln, es sei am allerbesten, auf jenem Hof die greisen Hofleibeigenen anzusiedeln und Alescha, das Dummköpfchen, damit sie dort das Brot bewachten …

»Das wäre großartig!«, bemerkte er und lächelte von neuem. – »Das andere aber ist ein Unsinn, Euer Erlaucht!«

»Was macht das denn aus, daß der Ort unbewohnt ist?«, suchte Nechljudoff geduldig von neuem zu überzeugen. – »Siehst du, auch hier war irgendwann die Gegend unbewohnt, jetzt aber leben ja Leute hier, auch dort, siehst du, sobald du nur als erster übersiedelst mit leichter Hand … Ziehe du nur unbedingt hinüber …«

»Väterchen, Euer Erlaucht, wie kann man das nur vergleichen!«, antwortete Tschuris mit Lebhaftigkeit, gleich als ob er fürchtete, der gnädige Herr möchte eine endgültige Entscheidung treffen. »Hier mit allen zusammen ist unser Platz, ein lustiger, gewohnter Platz: Auch der Weg und der Teich ist da – hat das Weib Wäsche zu waschen oder das Vieh zu tränken. Ja, und unsere ganze Bauernwirtschaft ist hier von alters her eingerichtet, die Tenne und das Gemüsegärtchen und die Weiden, die meine Väter pflanzten. Mein Großvater und mein Väterchen haben hier Gott ihre Seele zurückgegeben, und ich möchte nur, daß ich mein Leben hier beschließen kann, Euer Erlaucht, weiter bitte ich um gar nichts. Wenn Euer Gnaden mir behilflich ist, die Hütte auszubessern, werden wir sehr zufrieden bleiben mit Euer Gnaden; wenn aber nicht, so werden wir irgend wie in der alten unser Leben verbringen. Laß uns doch ewig zu Gott für dich beten«, fuhr er fort, indem er sich tief verneigte, »verjage uns nicht aus unserem Nest, Väterchen …«

Während Tschuris so sprach, wurde unter dem Schlafgerüst, dort, wo sein Weib stand, immer lauteres Schluchzen vernehmbar, und als ihr Mann sagte »Väterchen«, sprang sein Weib plötzlich hervor und stürzte sich in Tränen dem gnädigen Herrn zu Füßen:

»Richte uns nicht zugrunde, Ernährer! Du bist unser Vater, du bist unsere Mutter! Wo sollen wir uns denn hinwenden? Wir sind alte, alleinstehende Leute. Wie Gott, so auch du …«, brüllte sie los.

Nechljudoff sprang von der Bank auf und wollte die Alte aufheben, sie aber schlug wie in einer Art Wollust der Verzweiflung mit dem Kopf auf den Erdboden und stieß die Hand des gnädigen Herrn zurück.

»Was machst du denn! Stehe doch auf, ich bitte dich! Wenn ihr nicht wollt, so ist es ja nicht nötig. Ich werde euch doch nicht zwingen«, sprach er, indem er eine abwehrende Handbewegung machte und zur Tür zurücktrat.

Als sich Nechljudoff wieder auf die Bank gesetzt hatte und in der Hütte Schweigen eingetreten war, nur unterbrochen von dem Schluchzen des Weibes, das sich wiederum unter das Schlafgerüst zurückgezogen hatte und sich dort die Tränen mit ihrem Hemdsärmel abwischte, da begriff der junge Gutsbesitzer, was für den Tschuris und sein Weib das zerfallende Hüttchen bedeutete, der zusammengestürzte Brunnen mit der schmutzigen Pfütze, die faulenden Ställchen, Speicherchen und die gesprungenen Weiden, die vor dem schiefen Fensterchen zu sehen waren, und ihm ward es seltsam schwer und traurig zumute, und er schämte sich über irgend etwas.

»Weshalb hast du, Iwan, denn aber nicht am letzten Sonntag auf der Bauernversammlung gesagt, daß du eine Hütte nötig hast? Ich weiß jetzt nicht, wie ich dir helfen soll. Ich habe euch allen auf der ersten Versammlung gesagt, daß ich mich im Dorf niedergelassen und mein Leben euch gewidmet habe, daß ich bereit bin, selber allem zu entsagen, wenn ihr nur zufrieden und glücklich seid – und ich schwöre vor Gott, daß ich mein Wort halten werde«, sprach der junge Gutsbesitzer, ohne zu ahnen, daß derartige Ergüsse völlig ungeeignet sind, in irgend wem Vertrauen zu erregen, und besonders in einem russischen Menschen, der nicht Worte liebt, sondern Taten, und ungern seine Gefühle ausdrückt, wie schön sie auch sein mögen.

Der naive junge Mann war aber so glücklich über das Gefühl, das er empfand, daß er es unbedingt ausströmen lassen mußte.

Tschuris hatte den Kopf zur Seite geneigt, und langsam blinzelnd hörte er seinem gnädigen Herrn mit gezwungener Aufmerksamkeit zu, wie jemandem, dem man nun einmal zuhören muß, wenn er auch Dinge spricht, die nicht ganz schön sind und uns auch gar nichts angehen.

»Ich kann aber doch nicht allen alles geben, worum sie mich bitten. Wenn ich niemandem abschlagen würde, der mich um Holz bittet, so würde mir selber bald gar nichts mehr bleiben, und ich könnte dann nicht dem geben, der in Wahrheit notleidet. Deshalb habe ich ja auch einen Teil meines Waldes abgetreten, ihn zur Ausbesserung der Bauernbauten bestimmt und ihn völlig der Bauerngemeinschaft übergeben. Dieser Wald gehört jetzt schon nicht mehr mir, vielmehr euch Bauern, und ich kann schon nicht mehr über ihn verfügen, es verfügt vielmehr die Bauerngemeinde, wie sie es versteht. Komme heute auf die Versammlung, ich will da deine Bitte vorbringen: Wenn die Gemeinde bestimmt, dir eine Hütte zu geben, so ist das gut, ich habe jetzt keinen Wald mehr. Ich wünsche dir von ganzer Seele Hilfe. Wenn du aber nicht übersiedeln willst, so ist das nicht meine Sache, sondern die der Gemeinde. Verstehst du mich?«

»Sehr zufrieden mit Euer Gnaden«, antwortete verlegen Tschuris. »Wenn Sie für den Hof Hölzerchen gütig ablassen, so werden wir uns auch so behelfen. Was denn die Gemeinde? Die Sache ist bekannt …«

»Nein, komme nur hin …«

»Ich gehorche. Ich werde kommen. Weshalb nicht? Nur werde ich die Gemeinde wohl nicht bitten.«

IV

Der junge Gutsbesitzer wollte augenscheinlich noch etwas fragen, er erhob sich zumindest nicht von seinem Sitz und blickte unentschlossen bald auf den Tschuris, bald auf den leeren, ungeheizten Ofen.

»Wie? Habt ihr schon zu Mittag gegessen?«, fragte er endlich.

Unter dem Schnauzbart des Tschuris zuckte es wie ein spöttisches Lächeln, gleich als ob es ihm komisch vorkomme, daß der gnädige Herr so dumme Fragen stellte. Er antwortete gar nicht.

»Was für ein Mittagessen denn, Ernährer?«, stieß schwer seufzend Tschuris' Weib hervor. »Brot haben wir gegessen, das ist unser Mittagessen. Kohlsuppe zu bereiten, war nichts da, und was wir an Kwaß hatten, haben wir den Kindern gegeben …«

»Heute sind ›hungrige Fasten‹, Euer Erlaucht!«, mischte sich Tschuris selber ein, die Worte seines Weibes deutend. »Brot und Zwiebeln, das ist unser Bauernessen. Noch hat, Gott sei Ruhm dafür, das Brötchen bei uns bis jetzt gereicht – durch Eure Gnade. Aber sonst – dicht nebenan bei unseren Nachbarn, da ist auch kein Brot mehr da … Zwiebeln hat es dieses Jahr überhaupt nicht gegeben. Bei dem Gemüsebauern Michael, unlängst haben wir dahin geschickt, verlangt man für ein Bündel einen Groschen, aber zu kaufen haben wir doch nichts … Von Ostern an gehen wir auch nicht mehr zur Kirche und haben nicht einmal ein Lichtchen dem Nikolai aufzustellen!«

Nechljudoff kannte lange schon und nicht nur vom Hörensagen, vielmehr aus eigenster Anschauung, jenes äußerste Maß von Armut, in dem seine Bauern lebten. Diese ganze Wirklichkeit stand aber in einem solchen Gegensatz zu seiner Erziehung, zu seiner Denkweise und Lebensführung, daß er wider Willen immer wieder diese Wahrheit vergaß. Und jedesmal, wenn man ihn, wie jetzt, lebhaft und greifbar an sie erinnerte, ward es ihm unerträglich schwer und traurig im Herzen, als quäle ihn die Erinnerung an irgend ein von ihm begangenes und nie mehr zu sühnendes Verbrechen.

»Weshalb seid ihr denn so arm?«, rief er aus, unwillkürlich seinen Gedanken Ausdruck verleihend.

»Ja, wie sollen wir denn sein, Väterchen, Euer Erlaucht, wenn nicht arm? Unser Boden ist so – Sie selber geruhen es zu wissen: Lehm, Hügelland. Ja, und dann, augenscheinlich haben wir Gottes Zorn erregt. Schon von der Cholerazeit an wächst kein Brot mehr. Wiesen und Weideland sind wiederum weniger geworden; einiges ward von der Gutsverwaltung in Bebauung genommen, anderes hat man einfach der Herrschaft zugeteilt … Meine Sache ist langsam alt geworden … Wenn ich auch froh wäre, mich zu regen – ich habe keine Kräfte mehr. Meine Alte ist krank, jedes Jahr gebiert sie Mädchen, und alle müssen doch gefüttert werden … Siehst du, ich allein rühre mich, zu Hause aber sind sieben Seelen. Ich bin wohl sündig vor Gott, dem Herrn! Oft denke ich mir: Würde Gott nur das ein oder andere der Kinderchen rascher zu sich nehmen. Mir wäre es leichter, ja, und auch ihnen wäre es besser, als hier Elend zu leiden …«

»Oh, oh!«, seufzte laut das Weib, wie zur Bestätigung der Worte ihres Mannes.

»Siehst du, meine ganze Hilfe ist hier«, fuhr Tschuris fort, indem er auf einen dickbäuchigen, weißhaarigen, zerzausten Knaben von etwa sieben Jahren wies, der eben schüchtern und leise die Tür aufklinkte, in die Hütte trat und, indem er von unten her die erstaunten Augen auf den gnädigen Herrn richtete, sich mit beiden Händen am Hemd des Tschuris festhielt.

»Siehst du, das ist meine ganze Hilfe«, sprach mit klangvoller Stimme Tschuris und fuhr mit seiner rauhen Hand über die weißen Haare des Knaben. »Werde ich es wohl noch erleben, daß er mir wird helfen können? … Mir aber geht schon die Arbeit über die Kräfte. Das Alter wäre noch nichts, aber ein Leistenbruch hat mich überwältigt. Bei schlechtem Wetter möchte ich schreien, und es ist ja auch schon Zeit für mich, den Herrendienst aufzugeben und mich zu den Greisen zurückzuziehen. Da haben Duttloff, Dunkin, Sjabrjeff – alle jünger als ich – längst ihr Land abgegeben. Nun, ich habe es niemandem abzugeben – das ist mein ganzes Unglück. Man muß sich füttern: Und da schlage ich mich denn so herum, Euer Erlaucht.«

»Ich möchte dir gern Erleichterung schaffen, wirklich, wie soll ich das machen?«, sprach der junge gnädige Herr mit Teilnahme, indem er auf den Bauern blickte.

»Ja, wie denn Erleichterung schaffen? Es ist doch eine bekannte Sache, wenn man Land besitzen will, so muß man auch Herrendienst leisten – das sind schon bekannte Einrichtungen. Irgend wie hoffe ich schon noch auf den Kleinen. Nur mögen Sie so gnädig sein – wegen der Schule, geben Sie ihn frei. Unlängst ist der Gemeindeschreiber gekommen und sagte, auch ihn verlange Euer Erlaucht in die Schule. Ihn lassen Sie mir schon frei. Was hat er denn für einen Verstand, Euer Erlaucht! Er ist noch jung, er denkt noch gar nichts.«

»Nein, Bruder, das geht nicht so, wie du willst«, sagte der gnädige Herr, »dein Knabe kann schon begreifen, es ist Zeit für ihn zu lernen. Ich spreche doch zu deinem eigenen besten. Urteile doch selber: Wenn er bei dir heranwachsen wird, wird er Hauswirt werden, ja, und wird zu lesen und zu schreiben verstehen, auch in der Kirche zu lesen – es wird ja alles bei dir zu Hause mit Gottes Hilfe gut gehen«, sprach Nechljudoff, indem er sich bemühte, sich möglichst verständlich auszudrücken, dabei aber doch aus irgend einem Grund errötete und stotterte.

»Es ist nicht zu bestreiten, Euer Erlaucht, Sie wünschen uns nichts Böses. Ich und meine Frau sind beim Herrendienst; er aber, wenn er auch noch ein kleiner Kerl ist, hilft uns gleichwohl – das Vieh auf die Weide zu treiben und die Pferde zu tränken. Was für einer er auch ist, er ist aber gleichwohl ein Bauer«, und Tschurisenok faßte lächelnd den Knaben mit seinen dicken Fingern bei der Nase und schneuzte ihn.

»Gleichwohl schicke du ihn, wenn du selber zu Hause bist und er Zeit hat – hörst du? Unbedingt.«

Tschurisenok seufzte schwer und antwortete gar nichts.

V

Ja, ich wollte dir noch sagen«, sprach Nechljudoff, »weshalb ist denn bei dir der Mist nicht ausgefahren?«

»Was ist denn bei mir für ein Mist, Väterchen, Euer Erlaucht? Es ist auch gar nichts da, auszufahren. Mein Vieh, was ist es denn? Ein einziges Stutchen, ja, und ein Füllen, das Kühchen habe ich im vergangenen Herbst dem Verwalter kurz vor dem Kalben abgegeben – das ist mein ganzes Vieh!«

»Wie denn das, du hast wenig Vieh, und dabei hast du noch eine tragende Kuh abgegeben?«, fragte mit Staunen der gnädige Herr.

»Womit soll man sie denn füttern?«

»Reicht denn dein Heu nicht aus, um eine Kuh zu füttern? Bei den anderen reicht es doch!«

»Die anderen haben fettes Land, mein Land ist aber Lehmboden, da ist nichts zu machen.«

»Nun, so dünge es doch, damit es nicht nur Lehm ist, und der Boden wird Brot geben, und du wirst genug haben, um das Vieh zu füttern.«

»Ja – aber Vieh habe ich nicht, woher soll denn der Mist kommen?«

›Das ist ja ein furchtbarer cercle vicieux‹, dachte Nechljudoff. Er vermochte aber entschieden nichts auszudenken, was er dem Bauern raten könne.

»Wiederum muß man auch das sagen, Euer Erlaucht, nicht der Mist gebiert Brot, vielmehr alles gibt Gott«, fuhr Tschuris fort. »Sehen Sie, ich hatte voriges Jahr auf dem Brachfeld sechs Heuhaufen, auf dem gedüngten Feld hat man aber nicht einmal einen Garbenhaufen gesammelt. Niemand anders als Gott!«, fügte er mit einem Seufzer hinzu. – »Ja, und das Vieh bleibt nicht in unserem Hof. Sehen Sie, das sechste Jahr lebt es nicht. Vergangenes Jahr ist ein Kälbchen krepiert, ein anderes habe ich verkauft: Ich hatte nichts, um es zu füttern. Im vorletzten Jahr ist eine tüchtige Kuh gefallen: Sie kam von der Weide, gar nichts fehlte ihr, plötzlich schwankte sie, und der Atem verging ihr. Alles mein Unglück!«

»Nun, mein Brüderchen, damit du nicht sagst, du hättest deshalb kein Vieh, weil du kein Futter hast, und kein Futter deshalb, weil du kein Vieh hast, da hast du genug für eine Kuh«, sprach Nechljudoff, indem er errötend aus der Hosentasche ein zusammengedrücktes Bündel Geldscheine hervorholte und es auseinandernahm. »Kaufe dir auf mein Glück eine Kuh, Futter nimm aber von meiner Tenne – ich werde es ansagen. Sieh aber zu, daß du am kommenden Sonntag eine Kuh hast: Ich werde nachschauen.«

Da aber Tschuris lange Zeit hindurch, verlegen lächelnd, seine Hand nicht nach dem Geld ausstreckte, legte es Nechljudoff auf das Tischende und errötete noch mehr.

»Sehr zufrieden mit Euer Gnaden«, sprach Tschuris mit seinem gewöhnlichen, ein wenig spöttischen Lächeln.

Die Alte seufzte einige Male schwer unter dem Schlafgerüst, und es war, als ob sie ein Gebet murmelte.

Dem jungen gnädigen Herrn ward es peinlich. Er erhob sich eilig von der Bank, ging zum Vorraum und rief den Tschuris zu sich hinaus. Der Anblick des Menschen, dem er eine Wohltat erwiesen hatte, war ihm so angenehm, daß er sich nicht so rasch von ihm zu trennen wünschte.

»Ich bin froh, dir helfen zu können«, sprach er, indem er beim Brunnen stehen blieb. »Man kann dir helfen, weil ich weiß, daß du nicht faul sein wirst. Du wirst dich bemühen – und ich werde helfen. Mit Gottes Hilfe wirst du auch wieder gesund werden.«

»Es handelt sich nicht darum, gesund zu werden, Euer Erlaucht«, sprach Tschuris, wobei er plötzlich einen ernsten, sogar strengen Gesichtsausdruck annahm, gerade so, als ob er sehr unzufrieden sei mit der Annahme des gnädigen Herrn, daß er überhaupt gesund werden könne. »Wir lebten unter dem Väterchen mit meinen Brüdern und sahen in nichts Not. Als er aber gestorben war, ja, als wir uns getrennt hatten, da ist alles schlechter und schlechter gegangen. Alles ist die Einsamkeit!«

»Weshalb habt ihr euch dann aber getrennt?«

»Alles ist wegen der Weiber so gekommen, Euer Erlaucht. Damals war schon Ihr Großväterchen nicht mehr am Leben, denn bei ihm hätten sie es, nicht gewagt – da herrschte noch wirkliche Ordnung. Er ging ebenso wie auch Sie auf alles selber ein, und wir hätten nicht einmal gewagt, daran zu denken, uns zu trennen. Aber der Verstorbene liebte es nicht, den Bauern nachzugeben. Nach Ihrem Großväterchen hatte die Verwaltung Andrei Iljitsch übernommen – Friede seiner Asche –, er war ein Trunkenbold und unzuverlässiger Mensch. Wir kamen mit der Bitte zu ihm, einmal, ein zweites Mal: ›Es ist sozusagen kein Leben wegen der Weiber, erlaube, daß wir uns trennen!‹ Nun, er prügelte, er prügelte; aber endlich kam es doch dazu, daß die Weiber gleichwohl ihren Willen durchsetzten. Wir begannen getrennt zu leben. Es ist aber bekannt, was der alleinstehende Bauer ist! Nun ja, auch Ordnung gab es damals gar keine. Andrei Iljitsch ging mit uns um, wie er wollte und mußte alles haben. Woher es aber der Bauer nehmen soll, danach fragte er gar nicht. Damals wurden die Kopfabgaben erhöht, Tischvorräte wurden mehr eingesammelt, der Boden ward weniger, und das Korn hörte auf, sich zu vermehren. Als aber die Vermessung kam, ja, und er unsere fetten Länder seinem eigenen Land zuschnitt, der Übeltäter, richtete er uns völlig zugrunde: ›Stirb nur!‹

Ihr Väterchen, das Himmelreich ihm, war ein guter, gnädiger Herr, ja, wir sahen ihn auch kaum: Fortwährend lebte er in Moskau. Nun, es ist bekannt, auch Fuhren begann man dahin häufiger zu treiben. Ein andermal ist die Zeit der schlechten Wege, es gibt kein Futter, aber fahre nur! Es kann aber ja auch der gnädige Herr nicht ohne das auskommen. Wir wagen nicht, darüber gekränkt zu sein; ja, es war aber keine Ordnung. Wie jetzt Euer Gnaden jedes Bäuerlein vor Ihr Gesicht lassen, so sind auch wir andere geworden, und auch der Verwalter ward ein anderer Mensch. Wir wissen jetzt wenigstens, daß wir einen gnädigen Herrn haben. Und man kann auch schon sagen, daß die Bäuerlein deiner Gnaden dankbar sind. Sonst aber gab es unter der Vormundschaft keinen wirklichen gnädigen

Herrn. Da war jeder gnädiger Herr: Sowohl der Vormund war ein gnädiger Herr, und Iljitsch war ein gnädiger Herr, und seine Frau war gnädige Frau, und der Schreiber von der Polizei war auch ein gnädiger Herr. Da litten die Bäuerlein viel, ja sehr viel Kummer!«

Wiederum empfand Nechljudoff ein Gefühl, das der Scham ähnlich sah oder Gewissensbissen. Er lüftete seinen Hut und ging weiter.

VI

»Juchwanka Mudreny will ein Pferd verkaufen«, las Nechljudoff in seinem Notizbüchlein und ging über die Straße hinüber zum Hof des Juchwanka Mudreny. Dessen Hütte war sorgfältig bedeckt mit Stroh aus dem Hof des Herren und gefügt aus frischem, hellgrauem Espenholz (ebenfalls aus dem vom gnädigen Herrn abgetretenen Wald). Sie hatte zwei rotgestrichene Läden an den Fenstern und ein Aufgangstreppchen mit einem Schirmdach und mit phantastisch ausgeschnittenen, glatt gehobelten Geländerchen. Der Vorraum und die »kalte Hütte« waren gleichfalls so, wie sich's gehört. Aber der allgemeine Eindruck der Zufriedenheit und Genügsamkeit, den dieser Bau hervorrief, ward ein wenig getrübt durch die Kornkammer, die an das Tor angebaut war und einen nicht fertigen Zaun und ein ungedecktes Schirmdach hatte, das hinter ihr zum Vorschein kam. Zu der Zeit, als Nechljudoff von der einen Seite her sich dem Eingang nahte, schritten von der anderen zwei Bauernweiber zu ihm hin, die einen vollen Bottich trugen. Eine von ihnen war die Frau, die andere die Mutter des Juchwanka Mudreny. Erstere war ein stämmiges, rotbäckiges Weib mit ungewöhnlich entwickelter Brust und breiten Backenknochen. Sie trug ein reines, an den Ärmeln und am Kragen gesticktes Hemd, auch der Brustlatz war gestickt, einen neuen Rock, Schuhe, Glasperlenkette und einen viereckigen schmucken Kopfputz, der ausgestickt war mit rotem Garn und kleinen Metallplatten. Das Ende des Tragbalkens schaukelte nicht, lag vielmehr ruhig auf ihrer breiten und festen Schulter. Die leichte Anspannung, die in ihrem roten Gesicht und in der Krümmung des Rückens und der gemessenen Bewegung der Hände und Füße zu bemerken war, verriet in ihr eine außerordentliche Gesundheit und männliche Kraft. Die Mutter des Juchwanka, die das andere Ende des Tragbalkens trug, war im Gegensatz dazu eine von jenen Greisinnen, die bei lebendigem Leib an der letzten Grenze des Alters und des Zerfalls angelangt zu sein scheinen. Ihr knochiger Körper – sie trug ein schwarzes, zerrissenes Hemd und einen ausgeblichenen Rock – war gebeugt, so daß der Tragbalken mehr auf ihrem Rücken als auf ihrer Schulter lag. Ihre Hände mit den gekrümmten Fingern, in denen sie den Tragbalken so hielt, als ob sie sich an ihm festhalten wolle, waren von einer ganz dunklen Farbe und konnten sich, so schien es, schon gar nicht mehr auseinanderbiegen; der herabhängende Kopf, der mit irgend einem Lappen umbunden war, zeigte in höchstem Maße die entstellenden Züge der Armut und des hohen Alters. Unter ihrer niedrigen Stirn, die nach allen Richtungen von tiefen Furchen durchzogen war, blickten glanzlos zwei gerötete Augen zur Erde, die keine Wimpern mehr hatten. Ein einziger gelber Zahn schaute aus der eingefallenen Oberlippe hervor, und in unaufhörlicher Bewegung berührte er sich bisweilen mit dem spitzen Kinn. Die Runzeln auf dem unteren Teil ihres Gesichts und ihres Halses sahen wie Säckchen aus, die bei jeder Bewegung schaukelten. Sie atmete schwer und röchelnd. Aber wenn es auch so schien, als ob ihre nackten, gekrümmten Füße sich über ihre Kraft über die Erde hinschleppten, so bewegten sie sich doch gleichmäßig, einer hinter dem anderen.

VII

Als das junge Weib mit dem gnädigen Herrn fast zusammengestoßen war, stellte es flink den Bottich hin, senkte die Augen zu Boden, verbeugte sich und schaute dann erst mit leuchtendem Blick von unten her zu dem gnädigen Herrn auf, und indem sie sich bemühte, mit dem Ärmel des gestickten Hemdes ein leichtes Lächeln zu verbergen, lief sie mit den Schuhen klappernd zur Treppe.

»Du, Mütterchen, bring den Tragbalken zur Tante Nastaßja zurück«, sagte sie, indem sie in der Tür stehen blieb und sich an die Alte wandte.

Der züchtige junge Gutsbesitzer blickte streng, aber aufmerksam auf das rotbäckige Weib, verzog seine Stirn und wandte sich an die Greisin, die mit ihren krummen Fingern den Tragbalken losmachte, ihn auf die Schultern nahm und sich soeben gehorsam der Nachbarshütte zuwandte.

»Ist dein Sohn zu Hause?«, fragte der gnädige Herr.

Die Greisin bückte ihren gebeugten Körper noch mehr, verneigte sich und wollte etwas sagen; indem sie aber die Hände an den Mund legte, fing sie derart zu husten an, daß Nechljudoff, ohne abzuwarten, in die Hütte trat. Als Juchwanka, der in der »roten« Ecke auf der Bank saß, den gnädigen Herrn erblickte, stürzte er zum Ofen hin, als ob er sich vor ihm verbergen wolle, legte eiligst irgend ein Ding auf das Schlafgerüst und, mit Mund und Augen zwinkernd, drückte er sich an die Wand hin, als wolle er dem gnädigen Herrn Platz machen. Juchwanka war ein rotblonder Bursche von dreißig Jahren, hager, gut gewachsen, mit einem jungen, spitzen Kinn, ziemlich hübsch, wenn nicht seine unruhigen grauen Augen gewesen wären, die aus seinen verzogenen Brauen unangenehm hervorschauten, und wenn ihm nicht zwei Vorderzähne gefehlt hätten, was sogleich ins Auge fiel, weil seine Lippen kurz waren und sich unaufhörlich bewegten. Er trug ein Feiertagshemd mit grellroten Achselzwickeln, gestreifte Kattunhosen und schwere Stiefel mit gefalteten Schäften. Das Innere der Hütte des Juchwanka war nicht so eng und finster wie das Innere der Hütte des Tschuris, obgleich es auch in ihr schwül war, nach Rauch und Schafspelz roch und ebenso unordentlich Männerkleider und Hausgeräte herumlagen. Zwei Dinge zogen die Aufmerksamkeit besonders auf sich: ein nicht großer, krummer Samowar, der auf dem Wandbrett stand, und ein schwarzer Rahmen mit dem Rest eines schmutzigen Glases und dem Bild irgend eines Archimandriten mit krummer Nase und sechs Fingern, das bei dem Heiligenbild in kupferner Einfassung hing. Nechljudoff schaute nicht gerade wohlwollend auf den Samowar, das Porträt des Archimandriten und das Schlafgerüst, an dem aus irgend einem alten Lumpen das Ende einer Pfeife mit Kupferbeschlag hing, und wandte sich an den Bauern.

»Guten Tag, Epiphan«, sprach er, wobei er ihm in die Augen schaute.

Epiphan verneigte sich und murmelte: »Gesundheit wünschen wir Euer Gnaden«, wobei er das letzte Wort besonders zärtlich aussprach, und seine Augen umliefen dabei augenblicklich die ganze Gestalt des gnädigen Herrn, die Hütte, den Fußboden und die Decke, ohne bei irgend etwas stehen zu bleiben. Dann ging er eilig zu dem Schlafgerüst, zog von dort seinen Rock hervor und begann ihn anzuziehen.

»Weshalb ziehst du dich denn an?«, sprach Nechljudoff, während er sich auf die Bank setzte und sich augenscheinlich bemühte, den Epiphan möglichst streng anzublicken.

»Wie denn, erbarmen Sie sich doch, Euer Gnaden, kann man denn? Wir, scheint es, können verstehen …«

»Ich bin zu dir gekommen, um zu erfahren, weshalb du es nötig hast, ein Pferd zu verkaufen, ob du viele Pferde hast und welches Pferd du verkaufen willst«, sprach trocken der gnädige Herr, augenscheinlich vorbereitete Fragen wiederholend.

»Wir sind hoch zufrieden mit Euer Gnaden, daß Sie sich nicht ekelten, zu uns zu kommen, zu einem Bauern«, antwortete Juchwanka, und er warf rasche Blicke auf das Bild des Archimandriten, auf den Ofen, auf die Stiefel des gnädigen Herrn und überhaupt auf alle Gegenstände, ausgenommen das Gesicht des Nechljudoff. »Wir beten immer für Euer Gnaden zu Gott …«

»Weshalb musst du ein Pferd verkaufen?« wiederholte Nechljudoff, wobei er seine Stimme erhöhte und sich räusperte.

Juchwanka seufzte, rückte seine Haare zurecht (sein Blick umlief wiederum die Hütte), und als er eine Katze bemerkt hatte, die friedlich auf der Bank liegend schnurrte, schrie er sie an: »Fort, Luder!« und wandte sich eiligst an den gnädigen Herrn. »Das Pferd, welches, Euer Gnaden, nichts taugt ... Wenn es ein gutes Tier wäre, würde ich es nicht verkaufen, Euer Gnaden ...«

»Wieviel Pferde hast du denn überhaupt?«

»Drei, Euer Gnaden.«

»Sind keine Füllen darunter?«

»Wie ist das denn möglich, Euer Gnaden! Auch ein Füllen ist dabei.«

VIII

Komm, zeige mir deine Pferde! Sind sie bei dir auf dem Hof?«

»Genau so, Euer Gnaden, wie es mir befohlen ist, so ward es auch getan, Euer Gnaden. Können wir denn ungehorsam sein, Euer Gnaden? Mir befahl Jakob Alpatitsch, die Pferde morgen nicht aufs Feld zu lassen: Der Fürst werde sie anschauen; wir haben sie auch nicht fortgelassen. Wir wagen schon nicht, Euer Gnaden ungehorsam zu sein.«

Während Nechljudoff zur Tür schritt, nahm Juchwanka die Pfeife vom Schlafgerüst und warf sie hinter den Ofen. Seine Lippen bewegten sich ebenso unruhig auch zu der Zeit, als der gnädige Herr nicht auf ihn schaute.

Eine magere graue Stute wühlte unter dem Schirmdach in faulem Stroh, ein zweimonatiges langbeiniges Füllen von einer ganz unbestimmten Farbe, mit bläulichen Füßen und bläulichem Maul, ging nicht von ihrem hageren Schwanz weg, in dem Kletten hingen. Inmitten des Hofs stand, die Augen geschlossen und nachdenklich das Haupt geneigt, ein dickbäuchiger brauner Wallach, augenscheinlich ein gutes Bauernpferd.

»So, sind das hier alle deine Pferde?«

»Keineswegs, Euer Gnaden, da ist noch eine kleine Stute, ja, und da noch ein kleines Füllchen«, antwortete Juchwanka, indem er auf die Pferde zeigte, die sein Herr gar nicht übersehen konnte.

»Ich sehe schon. Welches willst du denn verkaufen?«

»Aber da gerade dieses da, Euer Gnaden«, antwortete er, und er wies mit seinem Rockschoß auf den verschlafenen Wallach, wobei er unaufhörlich mit den Augen zwinkerte und seine Lippen bewegte. Der Wallach öffnete die Augen und drehte ihm faul seine Rückseite zu.

»Er ist dem Augenschein nach nicht alt und an sich ein stämmiges Pferdchen«, sprach Nechljudoff. »Fasse es und zeige mir die Zähne. Ich erkenne, ob es alt ist.«

»Ich kann es auf keine Weise allein festhalten, Euer Gnaden. Das ganze Vieh ist keinen Groschen wert, es hat Mucken, beißt und schlägt mit den Vorderfüßen aus, Euer Gnaden«, antwortete Juchwanka. Er lachte dabei sehr vergnügt und wandte die Augen nach verschiedenen Seiten hin.

»Was für ein Unsinn! Faß es, sage ich dir!«

Juchwanka lächelte lange, indem er von einem Fuß auf den anderen trat, und erst als Nechljudoff zornig schrie: »Nun, wird's bald?« stürzte er hinter das Schirmdach, brachte ein Halfter hervor und begann hinter dem Pferd herzujagen, wobei er es erschreckte und von hinten, nicht von vorn, auf dasselbe zukam.

Dem jungen gnädigen Herrn war es offenbar langweilig geworden, dem zuzuschauen, ja, und vielleicht wollte er auch seine Geschicklichkeit zeigen. »Gib mir das Halfter!«, sprach er.

»Erbarmen Sie sich! Wie ist das möglich für Euer Gnaden? Geruhen Sie doch nicht ...«

Nechljudoff schritt aber gerade von vorn auf das Pferd zu, und es unversehens an den Ohren fassend, beugte er es mit einer solchen Kraft zur Erde nieder, daß der Wallach, der, wie es sich erwies, ein sehr frommes Bauernpferdchen war, schwankte und zu röcheln begann, wobei er sich bemühte, sich loszureißen. Als Nechljudoff gemerkt hatte, daß es völlig unnötig war, solche Gewalt anzuwenden, und er auf den Juchwanka schaute, der gar nicht aufhörte zu lächeln, kam ihm der in seinem Alter allerbeleidigendste Gedanke in den Kopf, daß Juchwanka über ihn lache und ihn im stillen für ein Kind halte. Er errötete, ließ die Ohren des Pferdes los, öffnete ihm ohne die Hilfe des Halfters das Maul und betrachtete die Zähne: Die Eckzähne waren heil, die Kronen der Vorderzähne noch ausgefüllt, was der junge Landwirt schon gelernt hatte; es war also ein junges Pferd.

Juchwanka ging währenddessen zum Schirmdach hin, und als er gemerkt hatte, daß eine Egge nicht am rechten Platz lag, hob er sie auf, lehnte sie an den Zaun und stellte sie aufrecht hin.

»Komm hierher!«, rief der gnädige Herr mit einem kindlich betrübten Gesichtsausdruck und fast mit Tränen des Verdrusses und des Ärgers in der Stimme. »Wie alt ist dies Pferd?«

»Erbarmen Sie sich, Euer Gnaden, sehr alt, zwanzig Jahre wird es alt sein … ein solches Pferd …«

»Schweig! Du bist ein Lügner und ein Taugenichts, weil ein ehrlicher Bauer nicht lügen wird, er hat es nicht nötig!«, sprach Nechljudoff. Er keuchte, weil Tränen des Zornes ihm in der Kehle aufstiegen. Um sich nicht bloßzustellen, indem er vor dem Bauer in Tränen ausbreche, verstummte er. Juchwanka schwieg gleichfalls. Mit der Miene eines Menschen, der sogleich in Tränen ausbrechen wird, zog er ein paarmal die Luft durch die Nase und zuckte leicht mit dem Kopf. »Nun, womit wirst du denn pflügen gehen, wenn du dieses Pferd verkauft hast?«, fuhr Nechljudoff fort, als er sich hinlänglich beruhigt hatte, um mit seiner gewöhnlichen Stimme zu sprechen. »Man sendet dich absichtlich ohne Pferd zur Arbeit, damit deine Pferde zum Pflügen Kraft haben, und du willst dein letztes Pferd verkaufen? Aber die Hauptsache, weshalb lügst du?«

Als sich der gnädige Herr beruhigt hatte, hatte sich auch Juchwanka beruhigt. Er stand aufgerichtet da, und während er noch immer seine Lippen bewegte, liefen seine Augen von einem Gegenstand zum anderen.

»Wir werden für Euer Gnaden«, antwortete er, »nicht schlechter als die anderen zur Arbeit fahren.«

»Ja, womit wirst du denn fahren?«

»Seien Sie nur unbesorgt, wir werden mit der Arbeit für Euer Gnaden schon fertig werden!«, antwortete er und schrie dann den Wallach an und jagte ihn weg. »Wenn ich nicht Geld nötig hätte, würde ich ihn dann wohl verkaufen?«

»Wozu hast du denn Geld nötig?«

»Brot habe ich keines, Euer Gnaden; ja, und dem Bäuerlein muß ich auch meine Schuld abzahlen. Euer Gnaden.«

»Wie, hast du denn kein Brot? Weshalb haben es denn noch die anderen, die Kinder haben, und du, der du kinderlos bist, hast keines? Wo ist es denn hingekommen?«

»Gegessen haben wir es, Euer Gnaden, und jetzt ist kein Krümel mehr da. Ein Pferd kaufe ich mir im Herbst, Euer Gnaden.«

»Wage nicht noch einmal daran zu denken, das Pferd zu verkaufen!«

»Wie denn, Euer Gnaden, wenn dem so ist, wie soll dann unser Leben sein? Brot gibt es nicht, und zu verkaufen wage ich nichts«, antwortete er völlig zur Seite, indem er die Lippen bewegte und plötzlich einen frechen Blick dem gnädigen Herrn grade ins Gesicht richtete. »Das heißt also, man muß Hungers sterben.«

»Paß auf, Bruder!«, schrie Nechljudoff erbleichend, und er empfand ein böses, persönliches Gefühl gegen den Bauern. »Solche Bauern wie dich werde ich nicht halten. Dir wird es noch einmal schlecht gehen.«

»Das ist der Wille Euer Gnaden«, antwortete Juchwanka, indem er die Augen schloß, mit geheuchelt ergebenem Ausdruck, »wenn ich es Ihnen nicht recht machte. Es scheint aber, man hat keine Laster an mir bemerkt. Ich weiß, daß, wenn ich schon Euer Erlaucht nicht gefallen habe, alles in Ihrem Willen steht. Nur weiß ich nicht, wofür ich leiden muß.«

»Aber, siehst du, dafür: Daß bei dir der Hof kein Schirmdach hat, der Mist nicht unterpflügt, der Zaun zerbrochen ist und du zu Hause sitzt, ja, und eine Pfeife rauchst, aber nicht arbeitest. Dafür, daß du deiner Mutter, die dir die ganze Wirtschaft abgab, kein Stück Brot gibst, deiner Frau erlaubst, sie zu schlagen, und sie dahin brachtest, sich bei mir zu beklagen.«

»Erbarmen Sie sich, Euer Erlaucht. Ich weiß nicht einmal, was es da für Pfeifen gibt«, antwortete verwirrt Juchwanka, dem augenscheinlich vor allem die Beschuldigung, eine Pfeife zu rauchen, kränkend war. »Von einem Menschen kann man alles sagen.«

»Da lügst du wiederum! Ich habe es selbst gesehen!«

»Wie wage ich denn, Euer Erlaucht zu belügen!«

Nechljudoff schwieg. Er biß sich die Lippen und begann im Hof auf und ab zu gehen. Juchwanka rührte sich nicht vom Fleck und verfolgte, ohne die Augen aufzuheben, mit den Blicken die Füße des gnädigen Herrn.

»Höre, Epiphan«, sprach Nechljudoff mit kindlich sanfter Stimme, indem er vor dem Bauern stehen blieb und sich bemühte, seine Aufregung zu verbergen. »So zu leben ist unmöglich, und du wirst dich zugrunde richten. Denke einmal schön nach. Wenn du ein guter Bauer sein willst, so ändere du dein Leben, gib deine schlechten Gewohnheiten auf: Lüge nicht, trinke nicht, achte deine Mutter. Ich weiß ja alles über dich. Beschäftige dich mit deiner Wirtschaft, nicht aber damit, Kronesholz zu stehlen, ja, und ins Wirtshaus zu gehen. Was ist da Schönes dran! Wenn du an irgend etwas Mangel leidest, so komme zu mir. Erbitte ganz offen, was nötig ist und wofür, und lüge nicht, sage vielmehr die ganze Wahrheit. Dann werde ich dir nichts abschlagen.«

»Erbarmen Sie sich, Euer Gnaden. Wir können, scheint es, Euer Erlaucht verstehen!«, antwortete Juchwanka, indem er so lächelte, als ob er durchaus den vollen Reiz des Scherzes seines Herrn zu würdigen verstehe.

Dieses Lächeln und diese Antwort enttäuschten Nechljudoff völlig in seiner Hoffnung, den Bauern zu rühren und ihn durch

Ermahnung auf den richtigen Weg zu bringen. Auch schien es ihm immer so, als ob es für ihn, der die Macht habe, unziemlich sei, seinen Bauern zu ermahnen, und als ob alles, was er ihm gesagt habe, durchaus nicht das sei, was sich zu sagen gehöre. Er senkte traurig den Kopf und trat in den Vorraum. Auf der Schwelle saß die Greisin und stöhnte laut, wie es schien, zum Zeichen des Einverständnisses mit den Worten des gnädigen Herrn, die sie gehört hatte.

»Da hast du etwas für Brot!«, sagte ihr Nechljudoff ins Ohr, indem er ihr einen Geldschein in die Hand drückte. »Kaufe nur selber und gib es nicht dem Juchwanka, der wird es nur vertrinken.«

Die Greisin griff mit ihrer knochigen Hand an den Türrahmen, um aufzustehen, und wollte dem gnädigen Herrn danken. Ihr Kopf wackelte. Nechljudoff war aber schon auf der anderen Seite der Straße, als sie sich endlich erhoben hatte.

IX

»Dawidka Bjely bat um Brot und Zaunpfähle«, stand im Notizbüchelchen geschrieben, nach dem Juchwanka.

Als Nechljudoff an einigen Höfen vorübergegangen war, begegnete er beim Einbiegen in eine Seitengasse seinem Verwalter Jakob Alpatitsch, der von weitem seinen Herrn erschaut hatte, seine Wachstuchmütze abnahm, sein seidenes Taschentuch herauszog und sich mit ihm sein dickes rotes Gesicht abzutrocknen begann.

»Bedeck dich, Jakob! Jakob, bedeck dich doch; ich sag es dir doch …«

»Wo geruhten Sie gewesen zu sein, Euer Erlaucht?«, fragte Jakob, indem er sich mit der Mütze vor der Sonne schützte, sie aber nicht aufsetzte.

»Ich war bei Mudreny. Sage mir, bitte, warum ist der so geworden?«, sprach der gnädige Herr im Weitergehen.

»Was denn, Euer Erlaucht?«, fragte der Verwalter, der in respektvoller Entfernung seinem Herrn folgte und, nachdem er seine Mütze aufgesetzt hatte, seinen Schnurrbart zupfte.

»Wie, was denn! Er ist ein völliger Taugenichts, ein Faulpelz, ein Dieb, ein Lügner. Er quält seine Mutter und ist offenbar ein so eingefleischter Schuft, daß er sich niemals bessern wird!«

»Ich weiß nicht, Euer Erlaucht, weshalb er Ihnen so mißfallen hat.«

»Und seine Frau«, unterbrach der gnädige Herr den Verwalter, »ist, scheint es, ein sehr übles Weib. Die Alte ist schlechter angezogen als irgend eine Bettlerin, hat nichts zu essen. Sie selber dagegen ist herausgeputzt, und er ebenso. Was soll man mit ihm anfangen, ich weiß es wirklich nicht.«

Jakob war merklich verlegen geworden, als Nechljudoff von der Frau des Juchwanka sprach.

»Was ist da zu machen? Wenn er sich so gehen ließ, Euer Erlaucht«, begann er, »so muß man eben Maßregeln ausfindig machen. Er ist wirklich in Armut, wie alle allein wohnenden Bauern. Aber er achtet gleichwohl irgend wie auf sich, anders als die anderen. Er ist ein gescheiter Bauer, versteht zu lesen und zu schreiben, und da ist nichts zu sagen: Es scheint, er ist ein ehrlicher Bauer. Zum Einsammeln der Kopfgelder geht er immer. Auch Ältester ist er, während ich Verwalter bin, schon drei Jahre gewesen; gleichfalls in nichts ertappt. Vor zwei Jahren beliebte es dem Vormund, ihn aufs Land zurückzunehmen, er war auch im Herrendienst ordentlich. Es mag sein, als er in der Stadt bei der Post angestellt war, daß er hier und da ein wenig trank. Dagegen muß man eben Maßregeln ausfindig machen. Es kam vor, er trieb Unfug, man strafte ihn – er kam wieder zur Vernunft: Es geht ihm gut, und in der Familie herrscht Eintracht. Wenn es Ihnen aber nicht gefällig ist, heißt es eben, diese Maßnahmen zu treffen. Ich weiß aber nicht, was mit ihm anzufangen ist. Er hat sich also wirklich sehr gehen lassen? Zu den Soldaten taugt er nicht, weil, wie Sie zu bemerken geruhten, ihm zwei Zähne fehlen. Er hat sie sich längst schon absichtlich ausgeschlagen. Ja, ich erkühne mich mitzuteilen, er ist es nicht allein, der keine Furcht hat …«

»Das laß schon sein, Jakob«, antwortete Nechljudoff mit leichtem Lächeln. »Darüber haben wir beide schon genug gesprochen. Du weißt, wie ich darüber denke, und was du mir auch sagen wirst, ich werde gleichwohl so denken.«

»Natürlich, Euer Erlaucht, dies alles ist Ihnen bekannt«, sprach Jakob, indem er die Achseln zuckte und von hinten so auf den gnädigen Herrn schaute, als habe das, was er gesehen hatte, nichts Gutes versprochen. »Daß Sie sich aber hinsichtlich der Greisin zu beunruhigen geruhten, ist umsonst«, fuhr er fort. »Das ist natürlich wahr, daß sie die Waisen erzog und nährte und den Juchwanka verheiratete und alles dergleichen. Aber das ist doch immer so bei den Bauern, wenn die Mutter oder der Vater dem Sohn die Wirtschaft übergibt, dann ist dieser Hauswirt – der Sohn und die Schwiegertochter; die Alte muß dann schon ihr Brot nach ihren Kräften, soweit die reichen, erarbeiten. Sie haben natürlich nicht zärtliche Gefühle, aber bei den Bauern geht es schon so zu. Darum erkühne ich mich auch, Ihnen mitzuteilen, daß die Alte Sie umsonst bemühte. Sie ist doch eine kluge Greisin und eine Hausfrau: Ja, wozu denn den gnädigen Herrn wegen diesem allem beunruhigen? Nun, sie hat mit der Schwiegertochter gezankt, die hat sie vielleicht auch gestoßen – das ist Weibersache! Und sie hätten sich lieber wieder versöhnen sollen, statt Sie zu beunruhigen. Schon so geruhen Sie sich alles zu sehr zu Herzen zu nehmen«, sprach der Verwalter, wobei er mit väterlicher Zärtlichkeit und Nachsicht auf den gnädigen Herrn schaute, der schweigend mit großen Schritten vor ihm her die Straße hinaufschritt.

»Geruhen Sie nach Hause zu gehen?«, fragte er.

»Nein, zu Dawidka Bjely oder ›Geisbock‹ … Was hat er für einen Spitznamen?«

»Sehen Sie, das ist auch so ein Unglück, ich sage es Ihnen. Schon dies ganze Geschlecht der Kosloffs ist solches. Was ich auch mit ihm tat, nichts führt zum Ziel. Gestern fuhr ich am Bauernfeld vorüber, bei ihm ist der Buchweizen nicht ausgesät. Was werden Sie befehlen, mit einem solchen Völkchen anzufangen? Wenn wenigstens der Alte den Sohn lehren würde, aber der ist ebenso ein Taugenichts, weder für sich noch zum Herrendienst taugt er. Überall erweist er sich als ein Tölpel. Was haben der Vormund und ich nicht schon alles mit ihm angefangen: zur Polizei geschickt und bei uns gestraft – das ist es aber, was Sie nicht zu lieben geruhen …«

»Wen meinst du denn, doch nicht den Alten?«

»Gerade ihn. Der Vormund hat ihn so oft schon selbst vor der ganzen Bauernversammlung gestraft. Glauben Sie, Euer Erlaucht, wenn das nur irgend etwas genützt hätte: Er schüttelt sich nur und geht und immer das gleiche. Und sehen Sie, Dawidka, ich sage es Ihnen, ist ein friedfertiger Bauer und auch nicht dumm, das heißt, er raucht nicht und trinkt nicht«, erklärte Jakob, »aber dabei ist er schlechter als ein andrer, der trinkt. Es bleibt nur das eine, wenn er zu den Soldaten kommt oder zur Ansiedlung geschickt wird, weiter bleibt gar nichts zu tun. Das ganze Geschlecht der Kosloffs ist schon ein solches Unglück: Auch Matrjuschka, der in der schwarzen Hütte wohnt, ist ein ebensolches verfluchtes Unglück … So haben Sie mich also nicht nötig, Euer Erlaucht?«, fügte der Verwalter hinzu, da er bemerkt hatte, daß der Herr ihm gar nicht zuhörte.

»Nein, geh nur deiner Wege«, antwortete Nechljudoff zerstreut und wandte sich zu Dawidka Bjely.

Dessen Hütte stand schief und einsam am Rand des Dorfes. Bei ihr war weder ein Hof, noch eine Getreidedarre, noch eine Scheune, nur irgend welche schmutzigen Ställchen für das Vieh klebten auf der einen Seite; auf der anderen Seite lagen, auf einen Haufen zusammengelegt, für den Bau des Hofs vorbereitetes Strauchholz und Balken. Hohes grünes Unkraut wuchs an der Stelle, wo einstmals der Hof gewesen war. Niemand war bei der Hütte außer einem Schwein, das an der Schwelle im Schmutz lag und grunzte.

Nechljudoff pochte ans zerschlagene Fenster. Da ihm aber niemand antwortete, ging er zum Vorraum und rief: »Hausleute!« Aber auch darauf erfolgte keine Entgegnung. Er durchschritt den Vorraum, blickte in die leeren Ställchen und betrat die offen stehende Hütte. Ein alter roter Hahn und zwei Hühner gingen, den Hals hin und her bewegend und mit ihren Zehen aufklopfend, auf dem Fußboden und den Bänken hin und her. Als sie den Fremden erschauten, breiteten sie mit verzweifeltem Gackern die Flügel aus, stießen sich an den Wänden, und eines von ihnen flog auf den Ofen. Das sechsarschinige Hüttchen war völlig ausgefüllt durch einen Ofen mit zerbrochener Ofenröhre, einen Webstuhl, der ungeachtet der Sommerzeit noch nicht hinausgetragen war, und einen schwarz gewordenen Tisch mit verbogener und gesprungener Tischplatte. Obgleich es draußen trokken war, stand doch an der Schwelle eine schmutzige Pfütze, die sich von einem früheren Regen her aus einem Loch in der Decke und im Dach gebildet hatte. Schlafgerüste gab es nicht. Schwerlich konnte man dies für einen Wohnraum halten – einen so entschiedenen Anblick von Verödung und Unordnung bot die Hütte von außen und von innen. Gleichwohl wohnte in dieser Hütte Dawidka Bjely mit seiner ganzen Familie. Im Augenblick schlief Dawidka einen festen Schlaf. Er hatte sich trotz der Hitze des Junitages mit dem Kopf in seinen Schafspelz gewickelt und in die Ofenecke verkrochen. Das erschreckte Huhn, das auf den Ofen geflogen war, sich noch nicht von seiner Aufregung erholt hatte und auf dem Rücken Dawidkas hin und her lief, weckte ihn nicht einmal auf.

Da Nechljudoff niemanden in der Hütte sah, wollte er sie bereits verlassen, als ein langgezogener Seufzer den Hausherrn verriet.

»Ei! Wer ist denn da?«, rief der gnädige Herr.

Vom Ofen her war noch ein gezogener Seufzer zu vernehmen.

»Wer da? Kommt doch hierher!«

Noch ein Seufzer, ein Brüllen und ein lautes Gähnen antworteten auf den Anruf des gnädigen Herrn.

»Nun, wo bleibst du denn?«

Auf dem Ofen rührte es sich langsam: Es zeigten sich die Schöße eines abgetragenen Schafspelzes. Ein großer Fuß ließ sich herab in zerrissenem Bastschuh, dann ein anderer, und endlich zeigte sich die ganze Figur des Dawidka Bjely, der auf dem Ofen saß und sich langsam und unzufrieden mit seiner großen Faust die Augen rieb. Er erhob langsam den Kopf, schaute gähnend in die Hütte, und als er den gnädigen Herrn erblickt hatte, begann er sich ein wenig rascher zu bewegen als vordem, aber gleichwohl noch so langsam, daß Nechljudoff es fertigbrachte, dreimal von der Pfütze zum Webstuhl und zurück zu gehen, und Dawidka immer noch vom Ofen herabstieg. Dawidka »der Weiße« war wirklich weiß: Seine Haare, sein Körper, sein Gesicht – alles war außerordentlich weiß. Er war von hohem Wuchs und sehr dick, aber so wie das die Bauern sind, das heißt nicht dick am Bauch, vielmehr am ganzen Körper. Seine Dikke war aber ganz weich und ungesund. Sein ziemlich hübsches Gesicht mit hellblauen ruhigen Augen und einem breiten großen Bart trug den Stempel der Kränklichkeit. An ihm war weder Bräunung von der Sonne noch Backenröte zu bemerken. Es war gleichmäßig von einer ganz blassen, gelblichen Farbe, mit leichtem lilafarbigen Schatten um die Augen, und es sah aus, als sei es völlig von Fett aufgeschwemmt oder aufgeschwollen. Seine Hände waren sehr dick, gelblich wie die Hände Wassersüchtiger und bedeckt mit dünnen weißen Haaren. Er war so verschlafen, daß er durchaus nicht die Augen öffnen konnte und auch nicht zu stehen vermochte, ohne zu wanken und zu gähnen.

»Nun, wie, schämst du dich denn nicht«, begann Nechljudoff, »am hellichten Tag zu schlafen, wenn du den Hof bauen mußt, weil du kein Brot hast?«

Als Dawidka nur eben vom Schlaf zu sich gekommen war und zu begreifen begann, daß der gnädige Herr vor ihm stehe, faltete er die Hände unter dem Bauch, senkte den Kopf, neigte ihn ein wenig zur Seite und rührte kein Glied mehr. Er schwieg, aber der Ausdruck seines Gesichts und die Haltung seines ganzen Körpers sagte: »Ich weiß, ich weiß; ich muß das nicht zum ersten Mal hören. Nun, schlagen Sie mich doch, wenn es so nötig ist – ich werde es schon ertragen.« Es schien, als wünschte er, der gnädige Herr möchte aufhören zu sprechen und ihn lieber schlagen, ihn sogar so, daß es wehe täte, auf die dicken Backen schlagen, ihn aber nur möglichst bald wieder in Ruhe lassen. Da Nechljudoff merkte, daß ihn Dawidka gar nicht verstand, bemühte er sich, durch verschiedene Fragen den Bauern aus seinem ergeben-geduldigen Schweigen aufzurütteln.

»Weshalb hast du mich denn eigentlich um Holz gebeten, da doch solches schon einen ganzen Monat bei dir liegt und die allerfreieste Zeit über so liegt. Wie?«

Dawidka schwieg hartnäckig und rührte sich nicht.

»Nun, so antworte doch!«

Dawidka murmelte irgend etwas und zuckte mit seinen weißen Wimpern.

»Man muß aber doch arbeiten, Brüderlein. Ohne Arbeit, was wird denn da sein? Siehst du, jetzt hast du kein Brot. Aber weshalb das alles? Weil bei dir der Boden schlecht gepflügt ist; ja, gar nicht zum zweiten Mal, ja, nicht zur Zeit besät – alles aus Faulheit. Du bittest mich um Brot: Nun, nehmen wir an, ich würde dir etwas geben, weil es nicht angeht, daß du Hungers stirbst; ja aber, siehst du, so zu tun taugt doch nichts. Wessen Brot werde ich dir denn geben? Wessen glaubst du wohl? Antworte doch, wessen Brot werde ich dir geben?«, fragte Nechljudoff hartnäckig.

»Herrenbrot …«, murmelte Dawidka, indem er schüchtern und bittend die Augen erhob.

»Aber das Herrenbrot, woher kommt es denn? Urteile doch selber. Wer hat es gepflügt? Wer hat es geeggt? Wer hat es gesät? Wer hat es geerntet? Die Bäuerlein? Ist es so? Du siehst also: Wenn man schon den Bauern Herrenbrot austeilen muß, so muß man denen mehr davon zuteilen, die mehr dafür gearbeitet haben. Du aber hast weniger als alle anderen gearbeitet, über dich beklagt man sich auch beim Dienst für die Herrschaft. Weniger als alle anderen hast du gearbeitet, und mehr als alle bettelst du um Herrenbrot. Weshalb soll man denn dir geben und den anderen nicht? Siehst du, wenn alle wie du auf der Seite lägen, so wären wir alle auf der Welt längst schon Hungers gestorben. Man muß sich mühen, Brüderchen, dies aber ist schlecht – hörst du, Dawid?«

»Ich höre«, sprach er langsam durch die Zähne.

X

Um diese Zeit huschte an dem Fenster der Kopf einer Bauersfrau vorüber, die Leinwand auf einem Tragejoch trug, und einen Augenblick später trat Dawidkas Mutter in die Hütte, ein hochgewachsenes Weib von fünfzig Jahren, sehr frisch und lebhaft. Ihr von Pokkennarben und Runzeln durchfurchtes Gesicht war nicht hübsch, aber die gerade, feste Nase, die zusammengepreßten dünnen Lippen und die flinken grauen Augen drückten Verstand und Willenskraft aus. Ihre eckigen Schultern, ihre flache Brust, ihre trockenen Hände und die entwickelten Muskeln an ihren schwarzen nackten Füßen zeugten davon, daß dies Weib längst schon aufgehört hatte, Frau zu sein und nur noch Arbeiter war. Sie kam flink in die Hütte, schloß die Tür, zog ihren Rock zurecht und blickte erzürnt auf den Sohn. Nechljudoff wollte ihr irgend etwas sagen, sie drehte sich aber von ihm weg und begann sich zu bekreuzigen, dem hinter dem Webstuhl hervorschauenden schwarzen hölzernen Heiligenbild zugewandt. Als sie damit fertig war, rückte sie das schmutzige karierte Tuch zurecht, mit dem ihr Kopf umbunden war, und verneigte sich tief vor dem gnädigen Herrn.

»Zum Feiertag des Herrn, Euer Erlaucht«, sprach sie, »errette dich Gott, du unser Vater …«

Kaum hatte Dawidka die Mutter erschaut, so ward er merklich verlegen, beugte ein wenig den Rücken und ließ seinen Kopf noch tiefer hängen.

»Danke, Arina«, antwortete Nechljudoff. »Siehst du, ich habe eben mit deinem Sohn über eure Wirtschaft gesprochen!«

Arina oder, wie man die Bäuerin schon von ihrer Mädchenzeit an nannte, Arischka Burlak, legte das Kinn auf die Faust der rechten Hand, während der Ellenbogen sich auf die linke Handfläche stützte, und begann, ohne den gnädigen Herrn ausreden zu lassen, so scharf und klangvoll zu sprechen, daß die ganze Hütte erfüllt war von dem Schall ihrer Stimme und es von draußen scheinen konnte, als sprächen plötzlich mehrere Weiberstimmen.

»Wozu denn, du mein Vater, wozu denn mit ihm sprechen! Er kann ja nicht einmal sprechen wie ein Mensch. Er steht ja da … Tölpel«, fuhr sie fort, indem sie mit dem Kopf verächtlich auf die jämmerliche massige Figur des Dawidka hinwies. »Wie meine Wirtschaft ist, Väterchen, Euer Erlaucht? Wir sind bettelarm! Schlechter als uns gibt es auf dem ganzen Dorf bei dir nichts: weder für uns selber noch für den Herrendienst – Schmach! Aber alles hat er dahin gebracht! Wir gebaren ihn, nährten ihn, tränkten ihn, wir hofften gar nicht den Burschen zu erwarten. Nun, da haben wir ihn denn erwartet: Brot frißt er, Arbeit aber leistet er wie dieser faulende Holzklotz hier. Er weiß nur auf dem Ofen zu liegen, oder er steht gerade wie jetzt und kratzt sich seinen dummen Schädel«, sprach sie, indem sie ihm nachäffte. »Wenn du, Vater, ihn wenigstens durchprügeln würdest. Ich selber bitte schon darum: Strafe du ihn um des Herrgotts willen, oder zu den Soldaten mit ihm – das kommt auf dasselbe heraus. Ich habe mit ihm alle Kräfte verloren – das ist es.«

»Nun, wie, ist es dir denn nicht sündhaft, Dawidka, deine Mutter bis dahin zu bringen?«, sprach Nechljudoff, indem er sich vorwurfsvoll an den Bauern wandte.

Dawidka rührte sich nicht.

»Ja, ein kränklicher Bauer ginge noch an«, fuhr Arina fort, mit derselben Lebhaftigkeit und denselben Bewegungen, »aber da braucht man ja nur auf ihn hinzublicken, er ist ja aufgebläht wie eine Müllersau. Er ist, scheint es, um zu arbeiten – ein zu großer Fettkloß! Nein, da wird er auf dem Ofen als Taugenichts zugrunde gehen. Macht er sich hinter etwas, so kann ich es kaum mit ansehen:

bis er sich erhebt, bis er sich vorwärts bewegt, bis er etwas anfaßt«, sprach sie, indem sie die Wörter hinzog und sich ungeschickt mit ihren eckigen Schultern von einer Seite zur anderen drehte. »Gerade heute ist der Greis selber nach Reisig in den Wald gefahren, ich aber habe ihm befohlen, einen Graben zu graben: Damit ist es also wieder nichts, er hat nicht einmal die Schaufel in die Hand genommen.« (Einen Augenblick schwieg sie.) »Zugrunde gerichtet hat er mich Waise«, kreischte sie plötzlich auf, indem sie die Arme schwang und mit drohender Miene auf den Sohn zuschritt. »Dein glattes Maul, dein nichtsnutziges, verzeih mir Gott!« (Sie wandte sich verächtlich und dabei verzweifelt von ihm ab.) Sie spuckte aus, drehte sich wiederum dem gnädigen Herrn zu und fuhr fort, mit derselben Lebhaftigkeit und unter Tränen die Arme schwingend: »Ich bin ja immer allein, Ernährer. Mein Alter ist ja krank, ja, und auch von ihm hat man nichts, ich aber habe immer alles allein zu tun, ja ganz allein. Ein Stein – und der wird springen. Wenn ich doch sterben könnte, es wäre mir leichter: Es kommt auf dasselbe heraus. Er hat mich zu Tode gequält, der Schuft! Du, unser Vater! Ich habe schon keine Kraft mehr! Unsere Schwiegertochter hat sich zu Tode gearbeitet – auch mit mir wird dasselbe sein.«

XI

Wie denn zu Tode gearbeitet?«, fragte ungläubig Nechljudoff.

»Aus Überanstrengung ist sie gestorben, Ernährer. So wahr Gott heilig ist, sie hat sich zu Tode gearbeitet. Wir nahmen sie im vorvergangenen Jahr aus Baburino«, fuhr sie fort, wobei sich plötzlich ihr erzürnter Ausdruck in einen weinerlichen und traurigen verwandelte. »Nun, das Weib war jung, frisch, friedfertig, mein Lieber! Bei ihrem Vater zu Hause als Mädchen hatte sie es gut gehabt, keine Not gesehen. Erst als sie zu uns kam, als sie erfahren hatte, was unsere Arbeit ist – für den Herrn und zu Hause und überall. Sie, ja, und ich – weiter war niemand da. Mir macht das nichts! Ich bin an das alles gewöhnt, sie aber war in Umständen, du mein Vater, ja, Kummer begann sie zu erdulden, sie arbeitete aber über ihre Kräfte – nun, und überanstrengte sich, die Liebe. Vergangenen Sommer zur Peter-Paulszeit hat sie auch noch zum Unglück einen Knaben geboren. Brot gab es aber nicht, wir aßen irgend etwas, du mein Vater, die Arbeit war aber eilig, bei ihr ist denn auch die Brust vertrocknet. Das Kindchen war das erste, eine Kuh hatten wir nicht, ja, und unsere Sache ist eine bäuerliche: Wie hätten wir schon aus der Flasche nähren können. Nun, Weiberdummheit ist bekannt, sie begann damit, sich noch mehr zu grämen. Als aber das Kindchen gestorben war, da hat sie schon aus Gram geheult, geheult, geschrien, geschrien, ja die Not, ja die Arbeit, immer schlechter und schlechter ging es mit ihr. So erschöpfte sie ihre Kraft im Sommer, die Liebe, daß sie am Pokrowtag auch selber starb. Er hat sie zugrunde gerichtet, du, Bestie!« wandte sie sich von neuem mit verzweifelter Wut an den Sohn. »Um was ich dich bitten wollte, Euer Erlaucht«, fuhr sie fort nach einem kurzen Schweigen, indem sie leiser sprach und sich verneigte.

»Was denn?«, fragte Nechljudoff zerstreut, noch ganz aufgeregt von ihrer Erzählung.

»Er ist ja noch ein junger Bauer! Von mir, was kann man da noch für Arbeit erwarten: Heute lebe ich, morgen bin ich tot. Wie soll er ohne Frau sein? Er wird dir ja dann kein Bauer sein. Bedenke du uns ein wenig, du unser Vater.«

»Das heißt, du willst ihn verheiraten? Wie denn, das ist noch eine Sache!«

»Übe du göttliche Gnade! Ihr seid unser Vater und unsere Mutter!«

Und nachdem sie ihrem Sohn ein Zeichen gegeben hatte, fiel sie mit ihm gemeinsam dem gnädigen Herrn krachend zu Füßen.

»Weshalb fällst du mir denn zu Füßen?«, sprach Nechljudoff, indem er sie verdrießlich an den Schultern aufhob. »Kann man das denn nicht so sagen? Du weißt, daß ich das nicht liebe. Verheirate deinen Sohn, bitte, ich bin sehr froh, wenn du eine Braut für ihn in Aussicht hast.«

Die Alte erhob sich und begann mit dem Ärmel ihre trockenen Augen zu reiben. Dawidka folgte ihrem Beispiel, und nachdem er sich mit seiner dicken Faust die Augen gerieben hatte, fuhr er in ganz derselben geduldig ergebenen Haltung fort zu stehen und zu hören, was Arina sprach.

»Eine Braut ist da, wie sollte es keine geben! Da ist Wasjutka Micheikina, es ist nichts gegen das Mädchen zu sagen. Ja, aber ohne deinen Willen wird sie ihn nicht nehmen.«

»Ist sie denn nicht einverstanden?«

»Nein, Ernährer, wenn sie nach eigenem Willen gehen darf, nicht.«

»Nun, was soll man da machen? Ich kann sie doch nicht zwingen. Sucht eine andere: wenn nicht bei euch, so bei Fremden; ich werde sie loskaufen, wenn sie nur aus freiem Willen geht, gewaltsam verheiraten geht nicht an. Es gibt kein solches Gesetz, ja, und das ist auch große Sünde.«

»E–e–ech! Ernährer! Ist das denn möglich, wenn man auf unser Leben blickt, ja, auf unsere Armut, daß sie gerne käme? Selbst eine Soldatenfrau – sogar sie wird nicht eine solche Not auf sich nehmen wollen. Welcher Bauer wird denn sein Mädchen zu uns auf den Hof geben? Wir sind ja bettelarm. ›Eine‹, wird man sagen, ›haben sie durch Hunger zum Tode gebracht, so wird es auch der meinigen gehen.‹ Wer wird seine Tochter geben?«, fügte sie hinzu, indem sie ungläubig den Kopf schüttelte. – »Überlege doch, Euer Erlaucht!«

»Was kann ich dann aber machen?«

»Bedenke du uns irgend wie, Vater!«, wiederholte mit Überzeugung Arina. »Was sollen wir denn anfangen?«

»Ja, was kann ich denn da bedenken? Auch ich kann in diesem Fall nichts für euch tun.«

»Wer wird uns denn dann bedenken, wenn nicht du?«, sprach Arina. Sie hatte den Kopf gesenkt und rang die Hände mit dem Ausdruck ratloser Trauer.

»Ihr habt um Brot gebeten. Ich werde also befehlen, euch welches abzulassen«, sprach der gnädige Herr nach einigem Schweigen, während Arina seufzte und Dawidka ihrem Beispiel folgte. – »Weiter kann ich aber nichts tun.«

Nechljudoff trat in den Vorraum, Mutter und Sohn folgten unter Verbeugungen dem gnädigen Herrn.

XII

Oh, oh, meine Verwaistheit!«, sprach Arina mit schwerem Seufzer. Sie blieb stehen und schaute zornig auf den Sohn. Dawidka kehrte sich sogleich um, und nachdem er seinen dicken Fuß im gewaltigen schmutzigen Bastschuh schwer über die Schwelle gewälzt hatte, verschwand er durch die entgegengesetzte Tür.

»Was soll ich denn mit ihm anfangen, Vater?« fuhr Arina fort, indem sie sich zum gnädigen Herrn wandte. »Du siehst ja selber, was er für einer ist! Er ist ja kein schlechter Bauer, ein nüchterner und friedfertiger Bauer, er tut keinem kleinen Kind etwas zuleide – es ist Sünde, anders zu sagen. Schlechtes ist gar nichts an ihm, aber Gott allein weiß, was sich mit ihm zutrug, daß er zu einem Übeltäter ward. Er ist ja auch selber nicht froh darüber. Glaubst du es wohl, Väterchen, das Herz blutet mir, wenn ich auf ihn schaue, was für eine Qual er auf sich nimmt. Was er auch immer für einer ist, mein Leib hat ihn doch getragen. Ich bemitleide ihn, und er tut mir leid! Es ist ja nicht so, als ob er gegen mich oder den Vater oder gegen die Obrigkeit wäre oder auch nur irgend etwas täte, er ist ein furchtsamer Bauer, man möchte sagen, er ist wie ein kleines Kind. Wie soll er Witwer sein? Bedenke du uns, Ernährer«, wiederholte sie, indem sie augenscheinlich den schlechten Eindruck wieder gutmachen wollte, den ihr Schimpfen hätte bei dem gnädigen Herrn hervorrufen können. – »Ich, Väterchen, Euer Erlaucht«, fuhr sie in zutraulichem Geflüster fort, »ich habe auch so hin und her gedacht: Ich kann nicht daraus klug werden, weshalb er so ist. Es ist nicht anders, als ob ihn böse Leute verdorben hätten!«

Sie schwieg ein wenig.

»Wenn man nur einen Menschen finden könnte, man kann ihn ausheilen.«

»Was du da für einen Unsinn sprichst, Arina! Wie kann man denn einen Menschen verderben?«

»So sehr kann man jemanden verderben, du mein Vater, daß er in Ewigkeit kein Mensch mehr ist! Gibt es wohl wenig schlechte Menschen auf der Welt? Aus Bosheit nimmt einer Erde aus der Fußstapfe oder sonst was … und auf ewig wird er kein Mensch mehr sein. Ist es weit bis zur Sünde? Ich denke nur so bei mir: Soll ich nicht zu dem alten Dunduk gehen, der in Worobjewka wohnt? Er weiß allerart Worte, auch die Kräuter kennt er, auch die Besessenheit zu heilen versteht er und vom Kreuz das Wasser herabfallen zu lassen. Wird er denn nicht helfen?«, sprach das Weib. »Vielleicht wird er ihn ausheilen.«

›So ist sie, die Armut und die Unbildung!‹, dachte der junge gnädige Herr, als er, traurig das Haupt geneigt, mit großen Schritten die Dorfstraße hinabschritt. »Was soll ich mit ihm machen? Ihn in dieser Lage lassen, ist unmöglich, sowohl für mich wie auch als Beispiel für die anderen und für ihn selber«, sprach er zu sich, wobei er diese Gründe an den Fingern herzählte. ›Ich kann ihn nicht in solcher Lage sehen, aber wodurch soll ich ihn da herausführen? Er zerstört alle meine besten Pläne hinsichtlich meiner Landwirtschaft. Wenn solche Bauern bleiben, werden meine Träume niemals erfüllt werden‹, dachte er, und er empfand Zorn und Verdruß gegen den Bauern, weil der seine Pläne zerstört hatte. ›Soll ich ihn zur Ansiedlung schicken, wie Jakob sagt, wenn er schon selber nicht will, daß es ihm wohl sei, oder soll ich ihn unter die Soldaten stecken? So soll es werden. Dadurch befreie ich mich wenigstens von ihm und erhalte noch einen guten Bauern dafür‹, überlegte er.

Er dachte mit Vergnügen daran, dabei sagte ihm aber irgend ein unklares Bewußtsein, daß er hier nur mit einer Seite seines Verstandes denke und daß da irgend etwas nicht recht sei. Er blieb stehen. »Halt, woran denke ich?«, sprach er zu sich selber. ›Ja, unter die Soldaten, zur Ansiedlung. Wofür? Er ist ein guter Mensch, besser als viele andere, ja, und woher weiß ich denn … Ihn freilassen?‹, dachte er, wobei er die Frage nicht mehr nur mit einer Seite seines Verstandes erörterte wie vordem. ›Ungerecht wäre das, ja, und auch unmöglich!‹ Plötzlich kam ihm ein Gedanke, der ihn sehr erfreute. Er lächelte mit dem Ausdruck eines Menschen, der eine schwere Aufgabe gelöst hat. »Ihn zu mir auf den Hof nehmen«, sagte er sich selber. »Selber auf ihn achtgeben und ihn durch Sanftmut und Ermahnungen, durch die Auswahl seiner Beschäftigungen an die Arbeit gewöhnen und ihn bessern.«

XIII

»So werde ich es auch machen«, sprach Nechljudoff zu sich selber in froher Selbstzufriedenheit, und da er sich erinnerte, daß er noch zu dem reichen Bauer Dutloff gehen müsse, wandte er sich einem hohen und geräumigen Bau zu mit zwei Schornsteinen, der in der Mitte des Dorfes stand. Auf dem Weg dahin begegnete er bei der Nachbarhütte einem hochgewachsenen, einfach gekleideten Weib von vierzig Jahren, das ihm entgegenkam.

»Zum Feiertag, Väterchen!«, sagte das Weib, nicht im geringsten schüchtern, indem es neben ihm stehen blieb, froh lächelte und sich verneigte.

»Guten Tag, Amme!«, antwortete er. »Wie geht es dir? Ich gehe gerade zu deinem Nachbarn.«

»So … Väterchen, Euer Erlaucht. Das ist eine gute Sache. Wie aber, werden Sie nicht auch zu uns kommen? Wie würde sich schon mein Alter freuen!«

»Natürlich werde ich kommen, wir wollen miteinander plaudern, Amme. Ist das deine Hütte?«

»Gerade diese, Väterchen.«

Und die Amme lief voraus, Nechljudoff folgte ihr in den Vorraum, setzte sich auf ein Wasserfaß, nahm eine Zigarette heraus und zündete sie an.

»Dort ist es heiß, besser werden wir schon hier sitzen und plaudern«, antwortete er auf die Aufforderung der Amme, in die Hütte zu treten. Die Amme war ein noch frisches und hübsches Weib. In den Zügen ihres Gesichts und besonders in ihren großen schwarzen Augen war eine große Ähnlichkeit mit dem Gesicht des gnädigen Herrn. Sie faltete die Hände unter ihrem Brustlatz, und indem sie keck dem gnädigen Herrn ins Gesicht schaute und unaufhörlich den Kopf bewegte, begann sie mit ihm zu sprechen.

»Was ist denn das, Väterchen, weshalb geruhen Sie zu Dutloff zu gehen?«

»Ja, ich will, daß er bei mir Land pachten soll, dreißig Deßjatinen, und seine eigene Wirtschaft einrichte, ja auch noch, daß er einen Wald mit mir gemeinsam kaufen soll. Geld hat er ja, was soll es denn bei ihm umsonst liegen? Wie denkst du darüber, Amme?«

»Ja, wie denn? Es ist bekannt, Väterchen, die Dutloffs sind starke Leute. Im ganzen Dorf beinahe der erste Bauer«, antwortete die Amme, ihren Kopf hin und her bewegend. – »Vergangenen Sommer hat er einen neuen Bau aus eigenem Holz errichtet, die Herrschaft hat er nicht bemüht. Pferde wird er außer den Füllen, ja, und den Halbgroßen, sechs Dreigespanne zusammenbringen. Sein Vieh aber, Kühe und Schafe, wenn man sie vom Feld treibt, ja, und die Weiber auf die Straße herauskommen, sie einzutreiben, dann drängen sie sich im Tor, daß es eine Not ist. Ja, und auch Bienen hat er zweihundert Stöcke, wenn nicht mehr. Ein sehr starker Bauer, und Geld muß er auch haben.«

»Aber wie denkst du, hat er viel Geld?«, fragte der gnädige Herr.

»Die Leute sagen, natürlich aus Ärger, der Greis habe nicht wenig Geld. Nun ja, darüber wird er nicht sprechen, auch den Söhnen eröffnet er das nicht, es muß aber wohl welches da sein. Weshalb sollte er sich nicht mit dem Wald befassen? Er fürchtet wohl, das Gerücht von seinem Geld zu verbreiten. Er wollte sich auch, es ist fünf Jahre her, mit dem Schkalik, dem Verwalter, mit einem kleinen Anteil an Wiesen beteiligen; ja, der hat ihn aber betrogen, der Schkalik meine ich, so daß der Greis dreihundert Rubel verlor. Von da an hat er das aufgegeben. Ja, wie soll es ihm denn nicht ordentlich gehen, Väterchen, Euer Erlaucht!«, fuhr die Amme fort. »Bei drei Landanteilen leben sie, eine große Familie, alles Arbeiter, ja, und von dem Greis – was ist da Schlechtes zu sagen – sagt man, er sei der richtige Hauswirt. In allem, was er tut, ist Segen, so daß sogar das Volk sich wundert; sowohl in Hinsicht auf Brot wie Pferde, Vieh, Bienen. Auch mit seinen Kindern hat er Glück. Jetzt hat er alle verheiratet. Vorher hat er aus unserem Dorf Mädchen genommen, jetzt aber hat er den Iljuschka an eine Freie verheiratet, selber hat er sie losgekauft. Und auch die wurde ein gutes Weib.«

»Und leben sie in Eintracht?«, fragte der gnädige Herr.

»Wo im Haus ein wirkliches Haupt ist, da wird auch Eintracht sein. Wenn auch bei den Dutloffs die Schwiegertöchter – das ist doch nun einmal so bei Weibern – sich schelten, sich hinter dem Ofen zanken, so leben aber gleichwohl unter dem Greise auch die Söhne in Eintracht.«

Die Amme schwieg ein wenig.

»Nun will der Greis seinen ältesten Sohn, Karp, so hört man, zum Herrn im Hause machen. Alt ist er schon geworden, so sagt er. ›Meine Sache‹, spricht er, ›ist bei den Bienen.‹ Nun, auch der Karp ist ein guter Bauer, ein ordentlicher Bauer, aber gleichwohl, gegen den Greis kommt er als Hauswirt gar nicht an. Den Verstand hat er nicht!«

»So wird vielleicht Karp den Wunsch haben, sich mit Ackerland und Wäldern zu beschäftigen, wie glaubst du?«, sprach der gnädige

Herr, der von der Amme alles herausbekommen wollte, was sie von ihren Nachbarn wußte.

»Wohl kaum, Väterchen«, fuhr die Amme fort. »Der Greis hat dem Sohn nichts von seinem Geld gesagt. Solange er selber lebt, ja, und das Geld bei ihm im Haus ist, so bedeutet das, alles leitet der Verstand des Greises, ja, und sie beschäftigen sich auch mehr mit dem Fuhrgeschäft.«

»Wird der Greis aber nicht einverstanden sein?«

»Er wird fürchten.«

»Was wird er denn fürchten?«

»Ja, Väterchen, wie ist es denn einem Herrschaftsbauern möglich, einzugestehen, daß er Geld hat? Es kann so kommen, er wird alles Geld verlieren. Er hat sich ja schon einmal mit dem Verwalter in Geschäfte eingelassen, ja, und sich geirrt. Wo soll er denn mit ihm prozessieren! So ist denn auch das Geld verloren gegangen. Mit dem Gutsbesitzer aber wird man auf einmal quitt sein.«

»Ja, davor ...«, sprach Nechljudoff, indem er errötete. – »Leb wohl, Amme!«

»Leben Sie wohl, Väterchen, Euer Erlaucht. Wir danken ergebenst.«

XIV

›Soll ich nicht lieber nach Hause gehen?‹, dachte Nechljudoff, während er dem Tor der Dutloffs zuschritt und irgend eine unbestimmte Betrübnis und ein moralisches Müdesein fühlte.

Da öffnete sich aber gerade vor ihm das neue Brettertor mit Knarren, und im Tor zeigte sich ein hübscher rotbackiger blonder Bursche von achtzehn Jahren in Fuhrmannstracht, der hinter sich ein Dreigespann starkfüßiger, noch schweißbedeckter, struppiger Pferde führte und, indem er mit kecker Bewegung sein weißblondes Haar zurechtrückte, sich vor dem gnädigen Herrn verneigte.

»Wie, ist der Vater zu Hause, Ilja?«, fragte Nechljudoff.

»Beim Bienenstand, hinter dem Hof«, antwortete der Bursche, während er die Pferde, eines nach dem anderen, in das halb geöffnete Tor führte.

›Nein, ich werde Charakter beweisen, ich werde ihm den Vorschlag machen und tun, was von mir abhängt‹, dachte Nechljudoff, und nachdem er die Pferde vorbeigelassen hatte, betrat er den geräumigen Hof des Dutloff. Es war zu sehen, daß man eben erst Mist aus dem Hof ausgeführt hatte: Die Erde war noch schwarz, feucht, und an manchen Stellen, besonders in den Toren, lagen rote faserige Flocken. Auf dem Hof und hinter hohen Schirmdächern standen in Ordnung viele Karren, Pflüge, Schlitten, Holzstöcke, Kufen und jederart Bauerngut. Tauben flatterten umher und girrten im Schatten unter hohen, festen Dachsparren. Es roch nach Mist und Teer. In einer Ecke legten Karp und Ignatz ein neues Kissen auf einen großen, mit Eisen beschlagenen, für ein Dreigespann eingerichteten Wagen. Alle drei Söhne des Dutloff hatten fast dasselbe Gesicht. Der jüngste, Ilja, der Nechljudoff im Toreingang begegnete, war fast bartlos, kleiner von Wuchs, rotbackiger und schmucker angezogen als die älteren; der zweite, Ignatz, war etwas höher gewachsen, brünetter, trug ein Stutzbärtchen, und wenn er auch gleichfalls in Stiefeln, Fuhrmannshemd und Lammfellmütze war, so hatte er doch nicht das feiertägliche, sorglose Aussehen wie der jüngere Bruder. Der älteste, Karp, war noch höher von Wuchs, trug Bastschuhe, einen grauen Kaftan und ein Hemd ohne Achselzwickel. Er hatte einen breiten roten Bart und zeigte eine nicht nur ernste, sondern fast finstere Miene.

»Befehlen Sie, nach dem Väterchen zu schicken, Euer Erlaucht?«, sprach er, indem er zum gnädigen Herrn heranschritt und sich ungeschickt ein wenig verneigte.

»Nein, ich werde selber zu ihm in den Bienenstand gehen – ich will mir seine Einrichtung dort anschauen; ich habe aber mit dir zu sprechen«, sprach Nechljudoff, während er nach der anderen Seite des Hofs schritt, damit Ignatz nicht hören konnte, was er mit Karp zu reden beabsichtigte.

Die Selbstsicherheit und ein gewisser Stolz, der in allen Äußerungen dieser beiden Bauern bemerkbar war, und das, was ihm die Amme gesagt hatte, verwirrten den jungen gnädigen Herrn derart, daß ihm der Entschluß schwer fiel, mit ihnen über die beabsichtigte Sache zu sprechen. Er kam sich wie schuldig vor, und es schien ihm leichter, mit dem einen Bruder so zu sprechen, daß der andere es nicht hörte. Es schien, als sei Karp darüber erstaunt, daß ihn der gnädige Herr zur Seite führte, er folgte ihm aber.

»Darum handelt es sich«, begann Nechljudoff stotternd, »ich wollte dich fragen: Habt ihr viele Pferde?«

»Fünf Dreigespanne wird man zusammenbringen, Füllen sind gleichfalls da«, antwortete Karp ungezwungen, indem er sich den Rücken kratzte.

»Wie, deine Brüder fahren für die Post?«

»Wir fahren für die Post nur mit drei Dreigespannen, sonst ist Iljuschka als Fuhrmann gegangen. Er ist eben erst zurückgekehrt.«

»Ist denn das auch vorteilhaft? Wieviel verdient ihr damit?«

»Ja, was für ein Verdienst denn, Euer Erlaucht? Wenigstens füttern wir uns und die Pferde – auch dafür sei Gott gedankt.«

»Weshalb beschäftigt ihr euch denn dann nicht mit irgend etwas anderem? Ihr könntet ja Wälder kaufen oder Land pachten.«

»Es ist natürlich, Euer Erlaucht, Land pachten kann man, wenn irgendwo welches zur Hand wäre.«

»Siehst du, das ist es, was ich euch vorschlagen will: Warum wollt ihr euch mit Fuhrgeschäft abgeben, um euch nur zu nähren, pachtet lieber dreißig Deßjatinen Land bei mir. Den ganzen Streifen, der hinter den Sapoffs liegt, werde ich euch abgeben, ja, und führt eure eigene große Wirtschaft.«

Und Nechljudoff, begeistert von seinem Plan einer Bauernfarm, den er mehr wie einmal selber für sich wiederholt und überdacht hatte, begann, schon nicht mehr stotternd, dem Bauer seinen Vorschlag hinsichtlich der Bauernfarm auseinanderzusetzen. Karp lauschte sehr aufmerksam den Worten des gnädigen Herrn.

»Wir sind sehr zufrieden mit Euer Gnaden«, sprach er, als Nechljudoff verstummt war und eine Antwort erwartend ihn anschaute. »Es ist bekannt, daß da nichts Schlechtes dabei ist. Mit der Erde sich zu beschäftigen, ist dem Bauer besser, als mit der Knute zu fahren. Zu fremden Leuten zu gehen, jeder Art Volk zu sehen – dabei wird unser Bruder verwöhnt. Die allerbeste Sache ist es, daß der Bauer sich mit der Erde beschäftigen muß.«

»Wie denkst du also?«

»Solange das Väterchen am Leben ist, was kann ich da denken, Euer Erlaucht? Dafür ist sein Wille da.«

»So geleite mich denn nach dem Bienenstand, ich werde mit ihm sprechen.«

»Bemühen Sie sich hierher«, sprach Karp, indem er sich langsam zum hinteren Schuppen bewegte. Er öffnete die niedrige Pforte, die in den Bienenstand führte, ließ den gnädigen Herrn ein, schloß sie, ging dann zu Ignatz und machte sich wiederum schweigend an die unterbrochene Arbeit.

XV

Nechljudoff schritt gebückt durch die niedrige Pforte unter dem schattigen Schirmdach hervor zu dem hinter dem Hof befindlichen Bienenstand. Der mäßig große Raum, umgeben von Stroh und einem Zaun, durch den das Licht schimmerte und in dem in symmetrischer Ordnung mit Brettabfällen bedeckte Bienenstöcke standen, um die goldfarbige Bienen summend schwärmten, war ganz überströmt von den heißen, leuchtenden Strahlen der Junisonne. Von der Pforte aus führte ein gestampfter kleiner Pfad nach der Mitte, zu einem hölzernen Kreuz mit einem auf ihm stehenden metallenen Heiligenbild, das grell in der Sonne leuchtete. Einige junge Linden, die stattlichen Wuchses ihre krausen Wipfel über das Strohdach des Nachbarhofs erhoben hatten, bewegten kaum hörbar, unter dem Summen der Bienen, ihre dunkelgrünen frischen Blätter. Alle Schatten von dem gedeckten Zaun, von den Linden und den mit Brettern bedeckten Bienenständen, fielen schwarz und kurz auf das niedrige krause Gras, das zwischen den Bienenstöcken kümmerlich gedieh. Eine gebeugte, nicht große Greisengestalt, mit in der Sonne glänzendem weißen Haupt und einer Glatze zeigte sich bei der Tür einer aus Balken gezimmerten, mit frischem Stroh bedeckten und mit Moos ausgelegten Hütte, die zwischen den Linden stand. Als der Greis das Knarren der Tür hörte, ging er dem gnädigen Herrn entgegen, wobei er sich mit den Schößen seines Hemdes das schwitzende, gebräunte Gesicht abtrocknete und sanft und freudig lächelte.

Im Bienenstand war es so gemütlich, froh, still, sonnenhell, die Gestalt des grauhaarigen alten Männchens mit den vielen strahlenförmigen Runzeln um die Augen, der, die nackten Füße in eine Art weiter Schuhe gesteckt, watschelnd und gutmütig selbstzufrieden lächelnd den gnädigen Herrn in seinen ausschließlichen Besitztümern begrüßte, war so aufrichtig freundlich, daß Nechljudoff augenblicklich die schweren Eindrücke des heutigen Morgens vergaß und ihm sein Lieblingsgedanke lebhaft vor die Augen trat. Er sah bereits alle seine Bauern ebenso reich und gutmütig, wie der Greis Dutloff war, und alle lächelten ihm freundlich und freudig zu, weil sie ihm allein ihren Reichtum und ihr Glück verdankten.

»Würden Sie nicht ein Netz befehlen, Euer Erlaucht? Jetzt ist die Biene böse, sie sticht«, sprach der Greis, wobei er einen nach Honig riechenden schmutzigen Leinwandsack, der an eine Rute genäht war, vom Zaun nahm und ihn dem gnädigen Herrn anbot. – »Mich kennt die Biene, mich sticht sie nicht«, fügte er mit sanftem Lächeln hinzu, das fast gar nicht von seinem hübschen gebräunten Gesicht wich.

»So ist es auch mir nicht nötig. Wie, schwärmt sie schon?«, sprach Nechljudoff, und ohne selber zu wissen weshalb, lächelte auch er.

»Ja, sie schwärmt, Väterchen, Mitri Mikolaewitsch«, antwortete der Greis, indem er eine ganz besondere Freundlichkeit ausdrückte in dieser Benennung des gnädigen Herrn nach Namen und Vaternamen, »nur eben, eben erst hat sie damit begonnen. Dies Jahr war das Frühjahr kalt, geruhen Sie zu wissen.«

»Ich habe aber in einem Buch gelesen«, begann Nechljudoff, indem er sich der Bienen erwehrte, die sich in seine Haare verkrochen und ihm grade unter der Nase summten, »daß, wenn die Wabe gerade steht an den dünnen Stangen, dann die Biene früher schwärmt. Darum macht man auch solche Bienenstöcke aus Brettern … mit Querhölzern …«

»Geruhen Sie nicht die Bienen abzuwehren, das ist schlimmer«, sprach das alte Männchen, »oder befehlen Sie nicht doch, Ihnen das Netz zu geben?«

Dem Nechljudoff war es schmerzhaft, aber aus irgend einer kindlichen Selbstliebe wollte er das nicht eingestehen. Er schlug noch einmal das Netz aus und fuhr fort, dem alten Männchen von der Einrichtung der Bienenstöcke zu erzählen, von der er in »Maison Rustique« gelesen hatte und bei der seiner Meinung nach die Biene zweimal öfters schwärmen mußte. Eine Biene stach ihn aber in den Hals, und er verlor den Faden und begann zu stottern inmitten der Erörterung.

»Das ist richtig, Väterchen, Mitri Mikolaewitsch«, sprach der Greis, indem er mit väterlicher Protektion auf den gnädigen Herrn schaute. »Genau so schreibt man im Buch. Ja, vielleicht ist das so – schlecht geschrieben, daß man machen soll, wie es geschrieben steht, und wir lachen dann später darüber. Auch das kommt vor! Wie kann man die Biene lehren, woran sie ihre Wabe befestigen soll! Sie macht es so, wie es ihr im Stock paßt, bald quer, bald gerade. Geruhen Sie hier zuzuschauen«, fügte er hinzu, indem er einen von den nächsten Stöcken aufpfropfte und in die Öffnung schaute, die in der Richtung der krummen Waben mit lärmenden und kriechenden Bienen bedeckt war. »Sehen Sie, das sind junge Bienen, sie sehen, daß die Königin über ihnen sitzt, so führen sie die Wabe gerade aus oder schräg, wie es ihnen im Bienenstock besser paßt!«, sprach der Greis, der sich augenscheinlich an seinem Lieblingsgegenstand begeisterte und die Lage des gnädigen Herrn gar nicht bemerkte. »Sehen Sie, heute geht sie ›in Höschen‹, heute ist ein warmer Tag, alles kann man sehen«, fügte er hinzu, indem er wiederum den Bienenstand zustopfte und mit einem Tuche die kriechenden Bienen andrückte und dann mit seiner rauhen Handfläche einige Bienen von seinem runzligen Nacken wegschob. Die Bienen stachen ihn nicht, dafür konnte aber Nechljudoff schon kaum mehr den Wunsch unterdrücken, aus dem Bienenstand davonzulaufen. Die Bienen hatten ihn an drei Stellen gestochen und summten von allen Seiten um seinen Kopf und seinen Hals.

»Hast du denn viele Stöcke?«, fragte er, während er zur Pforte zurückwich.

»Was Gott gab«, antwortete lächelnd Dutloff. »Zählen soll man nicht, Väterchen: Die Bienen lieben das nicht. Sehen Sie, Euer Erlaucht, ich wollte Euer Gnaden bitten«, fuhr er fort, auf die schmalen Bienenstöcke hinweisend, die beim Zaun standen, »wegen Ossip, dem Mann Ihrer Amme – wenn Sie ihm nur sagten: Es sei nicht schön, sich so schlecht zu seinem Dorfnachbarn zu benehmen.«

»Wie denn das? – Au, sie stechen doch!«, antwortete der gnädige Herr, der schon die Klinke der Pforte erfaßt hatte.

»Ja, sehen Sie, es gibt kein Jahr, daß er nicht seine Bienen auf meine jungen Bienen losläßt. Sie sollen sich erholen, die fremden Bienen ziehen aber bei ihnen die Wabe heraus, ja, und das verdirbt den ganzen Bienenstock«, sprach der Greis, ohne die Grimassen des gnädigen Herrn zu bemerken.

»Schön, nachher, sogleich …«, murmelte Nechljudoff, und außerstande, weiter auszuhalten, und mit beiden Händen abwehrend, lief er im Trab durch die Pforte hinaus.

»Man muß mit Erde reiben, das macht nichts«, sprach der Greis, als er hinter dem gnädigen Herrn her den Hof betrat. Der rieb mit

Erde die Stelle, wo er gestochen worden war. Errötend schaute er sich dabei rasch nach Karp und Ignatz um, die gar nicht auf ihn hinsahen, und verzog zornig sein Gesicht.

XVI

»Um was ich hinsichtlich meiner Kinder Euer Erlaucht bitten wollte«, sprach der Greis, wobei er entweder so tat, als ob er die drohende Miene des gnädigen Herrn gar nicht wahrnehme, oder sie tatsächlich nicht bemerkte.

»Um was denn?«

»Ja, sehen Sie, mit den Pferdchen sind wir, Gott sei Dank, in der Reihe, auch einen Knecht haben wir, so daß der Herrendienst von uns nicht versäumt wird.«

»Was denn dann?«

»Wenn Euer Erlaucht meine Kinder gegen Pachtzins frei lassen würde, so würden Iljuschka und Ignatz mit drei Dreigespannen für den ganzen Sommer fahren gehen. Vielleicht erarbeiten sie dann auch etwas.«

»Wohin werden sie denn gehen?«

»Ja, wie es gerade kommt«, mischte sich Iljuschka ein, der währenddessen die Pferde unter dem Schirmdach festgebunden hatte und zum Vater getreten war. »Die Kadminskischen Burschen sind mit acht Dreigespannen, so sagt man, nach Romen gefahren, haben sich selbst ernährt, ja, und bis zu drei Zehnrubelscheine für jedes Dreigespann nach Hause gebracht; sonst aber auch nach Odest – man sagt, dort ist das Futter billiger.«

»Siehst du, gerade darüber wollte ich auch mit dir sprechen«, bemerkte der gnädige Herr, indem er sich an den Greis wandte und ihn möglichst geschickt auf das Gespräch über die Farm bringen wollte. »Sag mir bitte, ist es vorteilhafter, Fuhrgeschäft zu betreiben, als sich zu Hause mit Ackerbau zu beschäftigen?«

»Was heißt vorteilhafter, Euer Erlaucht!«, mischte sich wiederum Ilja ein, indem er keck seine Haare zurückwarf. »Zu Hause ist ja nicht einmal Futter für die Pferde da!«

»Nun, wieviel erarbeitest du denn im Sommer?«

»Ja, sehen Sie, vom Frühjahr an, trotzdem das Futter teuer war, fuhr ich mit Waren nach Kiew, von Kursk wiederum bis Moskau fuhr ich Graupen, so daß wir uns selber nährten und die Pferde satt waren, ja, und fünfzehn Rubel Geld habe ich mitgebracht.«

»Es ist kein Unglück, sich mit einem ehrlichen Gewerbe zu beschäftigen, was es auch sei«, sprach der gnädige Herr, indem er sich von neuem an den Greis wandte, »mir scheint es indes, daß man eine andere Beschäftigung finden könnte; ja, und die Arbeit ist auch so, daß der junge Bursche überall hinfährt, jederart Volk sieht, sich verwöhnen kann«, fügte er hinzu, die Worte Karps wiederholend.

»Womit soll sich denn unser Bruder, der Bauer, beschäftigen, wenn nicht mit Fuhrgeschäft?«, entgegnete der Greis mit feinem sanften Lächeln. »Fährst du gut – so bist du selber satt, und die Pferde sind gesättigt; was aber die Verwöhnung anbetrifft, so fahren sie bei mir, Gott sei Dank, nicht das erste Jahr. Auch selber bin ich gefahren, und Schlechtes habe ich von niemandem gesehen, sondern nur Gutes.«

»Ist es denn zu wenig, womit ihr euch zu Hause beschäftigen könntet: mit Äckern, mit Wiesen …«

»Wie kann man das denn, Euer Erlaucht!«, mischte sich Iljuschka mit Begeisterung ein. »Wir sind schon damit auf die Welt gekommen, alle diese Ordnungen sind uns bekannt, eine uns genehme Sache; die allerliebste Sache, Euer Erlaucht, ist es für unsereinen, Lasten zu fahren.«

»Wie aber, Euer Erlaucht, wir bitten um die Ehre, wollen Sie nicht in die Stube eintreten? In unserem neuen Haus sind Sie noch gar nicht gewesen«, sprach der Greis, indem er sich tief verneigte und dem Sohn winkte. Iljuschka lief im Trab in die Hütte, ihm folgte zugleich mit dem Greis auch Nechljudoff.

XVII

Als er in die Hütte trat, verneigte sich der Greis nochmals, fegte mit seinem Rockschoß von der vorderen Ecke der Bank den Staub ab und fragte lächelnd:

»Was soll ich Ihnen anbieten, Euer Erlaucht?«

Die Hütte war geräumig, sie hatte einen Schornstein, Schlafgerüste und Schlafbänke. Die frischen Espenstämme, zwischen denen kaum verwelktes Moos herausschaute, waren noch nicht schwarz geworden. Die neuen Bänke und Schlafstätten waren noch nicht glatt, und der Boden war noch nicht festgetreten. Ein junges, hageres Bauernweib mit länglichem, nachdenklichem Gesicht, die Frau des Ilja, saß auf einer Pritsche und schaukelte mit dem Fuß eine Wiege, die an einer langen Stange an der Decke befestigt war. In der Wiege schlief kaum merklich atmend und die Äuglein geschlossen, lang ausgestreckt ein Brustkind. Ein anderes stämmiges, rotbäckiges Weib, die Frau des Karp, die Ärmel aufgeschlagen über ihren bis zum Ellenbogen gebräunten Armen, schnitt Zwiebeln in einer hölzernen Schüssel. Ein drittes, pockennarbiges, schwangeres Weib, das sich ihren Ärmel vor das Gesicht hielt, stand beim Ofen. In der Hütte war es außer von der Sommerhitze auch noch heiß vom Ofen, und es roch stark nach eben erst ausgebackenem Brot. Von der Schlafstätte her schauten neugierig auf den gnädigen Herrn die blonden Köpfchen von zwei Burschen und einem Mädchen herab, die in Erwartung des Mittagessens da hinaufgeklettert waren.

Nechljudoff tat es gut, diesen Wohlstand zu sehen, und dabei war es ihm doch aus irgend einem Grund peinlich vor den Weibern und Kindern, die alle auf ihn hinschauten. Er setzte sich errötend auf die Bank.

»Gib mir ein Stückchen heißes Brot, ich liebe es …«, sprach er und errötete noch mehr.

Die Frau des Karp schnitt ein großes Stück Brot ab und reichte es auf einem Teller dem gnädigen Herrn. Nechljudoff schwieg und wußte nicht, was er sagen sollte; die Weiber schwiegen ebenfalls; der Greis lächelte freundlich.

›Weshalb schäme ich mich denn eigentlich? Gleich als ob ich in irgend etwas schuldig wäre?‹, dachte Nechljudoff. ›Weshalb soll ich denn nicht den Vorschlag wegen der Ferm machen? Was für eine Dummheit!‹ Aber gleichwohl schwieg er immer noch.

»Wie denn, Väterchen, Mitri Mikolaewitsch, wie werden Sie hinsichtlich der Kinder befehlen?«, fragte der Greis.

»Ja, ich würde dir raten, sie überhaupt nicht ziehen zu lassen, ihnen vielmehr hier Arbeit zu suchen«, sprach plötzlich Nechljudoff, Mut fassend. »Ich, weißt du, was ich mir für dich ausdachte: Kaufe du mit mir zur Hälfte einen Wald im Staatsforst, ja, und auch noch Land …«

»Wie denn, Euer Erlaucht, mit welchem Geld sollen wir denn kaufen?«, unterbrach der Greis den gnädigen Herrn.

»Ja, siehst du, einen nicht eben großen Wald, für zweihundert Rubel …«, bemerkte Nechljudoff.

Der Greis lächelte grimmig.

»Schön, wenn Geld da wäre, weshalb nicht kaufen?«, sprach er.

»Hast du denn dieses Geld schon nicht mehr?«, fragte vorwurfsvoll der gnädige Herr.

»Ach, Väterchen, Euer Erlaucht!«, antwortete mit kummervoller Stimme der Greis, indem er zur Tür schaute, »wenn es nur für die Familie ausreichte, so denken wir gar nicht daran, Wald zu kaufen.«

»Ja, aber du hast ja doch Geld, was soll es denn so liegen?«

Der Greis kam plötzlich in heftige Erregung, seine Augen funkelten, seine Schultern begannen zu zittern.

»Vielleicht haben böse Leute das von mir gesagt«, begann er mit zitternder Stimme. »So, glauben Sie Gott«, sprach er, indem er sich mehr und mehr erregte und die Augen auf das Heiligenbild richtete, »mögen jetzt gleich meine Augen platzen, möge ich auf dieser Stelle in die Erde versinken, wenn ich etwas habe außer den fünfzehn Rubeln, die Iljuschka brachte, und dann muß man doch

Kopfsteuer zahlen. Sie selber geruhen zu wissen, eine Hütte haben wir gebaut ...«

»Nun schön, schön!«, sprach der gnädige Herr, indem er sich von der Bank erhob. »Lebt wohl, Wirte!«

XVIII

›Mein Gott! Mein Gott!‹, dachte Nechljudoff, während er mit großen Schritten durch die schattigen Alleen des verwilderten Gartens seinem Haus zueilte und zerstreut Blätter und Zweige abbrach, die ihm gerade unterwegs unter die Hand kamen. ›Waren denn wirklich alle meine Gedanken über den Zweck und die Verpflichtungen meines Lebens Unsinn? Weshalb ist es mir denn so schwer, so kummervoll zumute, gleich als ob ich mit mir unzufrieden sei, während ich mir doch vorstellte, daß ich, einmal auf diesem Weg, beständig jene Fülle des sittlich befriedigten Gefühls empfinden werde, die ich zu der Zeit empfand, als mir zum ersten Mal diese Gedanken kamen.‹ Und er versetzte sich mit ungewöhnlicher Lebhaftigkeit und Klarheit in der Vorstellung auf ein Jahr zurück, in eben jenen glücklichen Augenblick.

Früh am Morgen war er aufgestanden, vor allen anderen im Haus. Und qualvoll erregt von einem geheimnisvollen, nicht mit Worten zu nennenden Drängen seiner Jugend war er ohne Ziel in den Garten gegangen, von dort in den Wald, und inmitten der maienhaften, starken, saftigen, aber ruhigen Natur schweifte er lange umher, allein, ohne irgendwelchen Gedanken, und er litt dabei an dem Übermaß eines Gefühls, für das er keinen Ausdruck zu finden vermochte. Bald wies ihm seine junge Vorstellungskraft in vollem Glanz des noch Unbekannten das wollüstige Bild des Weibs, und es schien ihm: ›Das ist es, das Verlangen, das ich nicht deuten kann!‹ Aber irgend ein anderes, höchstes Gefühl sprach: ›Das ist es nicht!‹ und zwang ihn, weiterzusuchen. Bald erhob sich sein unerfahrener, feuriger Geist höher und höher in die Sphären des Wesenlosen und eröffnete ihm, so kam es ihm vor, neue Gesetze des Seins. Und er verharrte in feurigem Entzücken bei diesen Gedanken. Wiederum aber sprach das höchste Gefühl: ›Das ist es nicht!‹ Und wiederum zwang es ihn, zu suchen und unruhig zu sein. Ohne Gedanken und ohne Wünsche, wie es immer so ist nach übergroßer Anstrengung, legte er sich endlich auf den Rücken unter einen Baum und blickte auf die durchsichtigen Morgenwölkchen, die über ihm herliefen am tiefen, unendlichen Himmel. Plötzlich, ohne jede Ursache, traten ihm Tränen in die Augen und, Gott weiß auf welchem Wege, kam ihm ein klarer Gedanke und erfüllte seine ganze Seele, und er hielt sich mit Entzücken fest an ihm: der Gedanke, daß die Liebe und das Gute die Wahrheit ist und das Glück, und die einzige Wahrheit und das einzig mögliche Glück auf der Welt. Das höchste Gefühl sprach diesmal nicht mehr: ›Das ist es nicht.‹ Er erhob sich und begann seinen Gedanken zu prüfen: ›Das ist es, das ist es!‹, sprach er zu sich selber mit Begeisterung, indem er alle seine früheren Überzeugungen, alle ihm gewordenen Offenbarungen des Lebens auf diese neuentdeckte, wie es ihm schien, völlig neue Wahrheit hin prüfte. ›Was für eine Dummheit war doch alles, was ich wußte, woran ich glaubte und was ich liebte‹, sprach er zu sich selber. ›Die Liebe, die Aufopferung – das ist das einzig wahre, vom Zufall unabhängige Glück!‹, wiederholte er, und er lachte dabei und vermochte sich nicht ruhig zu halten. Indem er diesen Gedanken an allen Offenbarungen des Lebens nachprüfte und für ihn eine Bestätigung fand sowohl im Leben wie in jener inneren Stimme, die ihm gesagt hatte, daß es dies sei, erlebte er ein neues Gefühl freudiger Erregung und Entzückung. ›Also muß ich das Gute tun, um glücklich zu sein‹, dachte er, und seine ganze Zukunft trat lebhaft vor ihn hin, schon nicht mehr nur in Gedanken, vielmehr in Bildern. Die wiesen ihm ein Leben als Gutsherr.

Er sah vor sich ein gewaltiges Arbeitsfeld für ein ganzes Leben, das er dem Guten widmete und in dem er folglich glücklich sein werde. Er braucht sich nicht eine Sphäre der Tätigkeit auszusuchen: Sie liegt bereit, er hat eine unmittelbare Verpflichtung – er hat Bauern … Und was für eine erfreuliche und dankbare Tätigkeit stellt sich ihm vor: ›Einzuwirken auf diese einfache, empfängliche, unverdorbene Volksklasse, sie von der Armut zu befreien, ihnen Wohlstand zu geben, ihnen die Bildung zu übermitteln, die ich selber durch Glücksfall genieße, sie von ihren Lastern zu heilen, die geboren sind aus Unbildung und Aberglauben; ihre Sittlichkeit zu entwickeln, sie das Gute lieben lehren … Was für eine glänzende, glückliche Zukunft! Und für dies alles werde ich, der ich dies für mein eigenes Glück tun werde, mich an ihrer Dankbarkeit erquicken, werde ich sehen, wie ich mit jedem Tag weiter und weiter gehen werde, dem vorgenommenen Ziel zu. Eine wundervolle Zukunft! Wie konnte ich das denn nicht vorher sehen?‹

›Und außerdem‹, dachte er zu jener Zeit, ›was hindert mich denn daran, selber glücklich zu sein in der Liebe zu einem Weib, im Glück des Familienlebens?‹ Und seine junge Phantasie zeichnete ihm eine noch bezauberndere Zukunft. ›Ich und meine Frau, die ich so liebe, wie noch niemand irgend wen auf der Welt liebte, wir werden immer leben inmitten dieser ruhigen, poetischen, ländlichen Natur, mit den Kindern, vielleicht mit der alten Tante. Wir haben unsere Liebe zueinander, die Liebe zu den Kindern, und wir beide wissen, daß unsere Berufung das Gute ist. Wir werden einander beistehen im Streben nach diesem Ziel. Ich treffe die allgemeinen Anordnungen, gebe allgemeine, gerechte Hilfen, führe die Farm ein, Sparkassen, Werkstätten; sie aber, mit ihrem hübschen Köpfchen, in einfachem weißen Kleid, es leicht aufhebend über ihren wohlgestalteten Füßchen, geht durch den Schmutz in die Bauernstube, ins Lazarett, zu dem unglücklichen Bauern, der eigentlich keine Hilfe verdient, überall tröstet sie, hilft sie … Die Kinder, Greise, Weiber vergöttern sie und blicken auf sie wie auf einen Engel, wie auf die Vorsehung. Dann kehrt sie zurück und verheimlicht mir, daß sie zum unglücklichen Bauern ging und ihm Geld gab, ich aber weiß es und umarme sie fest und küsse fest und zärtlich ihre reizenden Augen, ihre schamhaft errötenden Wangen und lachenden roten Lippen …‹

XIX

›Wo sind diese Träume?‹, dachte jetzt der Jüngling, als er nach seinen Besuchen dem Haus zuschritt. ›Es ist nun schon mehr als ein Jahr her, daß ich Glück suche auf diesem Weg, und was habe ich denn gefunden? Freilich, bisweilen fühlte ich, daß ich mit mir zufrieden sein könne, das ist aber so eine trockene, vernünftige Zufriedenheit. Ja und nein, ich bin einfach unzufrieden, weil ich hier kein Glück kenne, das Glück aber ersehne, leidenschaftlich ersehne. Ich habe noch keine Genüsse der Welt erlebt, und schon habe ich mich von allem losgerissen, was sie gewährt. Weshalb? Wofür? Wem ward es dadurch leichter? Die Wahrheit schrieb mein Tantchen, als sie meinte, daß es leichter sei, sich selber Glück zu finden, als es anderen zu geben. Sind denn meine Bauern etwa reicher geworden? Haben sie sich gebildet oder sittlich entwickelt? Nicht im geringsten! Ihnen ward es nicht besser, mir aber wird es mit jedem Tag schwerer. Wenn ich wenigstens einen Erfolg in meinem Unternehmen erschaut, wenn ich Dankbarkeit gesehen hätte! … Aber nein, ich sehe verlogene Gewohnheit, Laster, Mißtrauen, Hilflosigkeit! Ich verbrauche umsonst die besten Jahre meines Lebens‹, dachte er, und ihm kam es irgend wie in Erinnerung, daß ihn die Nachbarn, wie er von seiner Wärterin gehört hatte, »Grünspecht« nannten, daß bei ihm im Kontor schon gar kein Geld mehr geblieben war, daß die von ihm ausgedachte neue Dreschmaschine zum allgemeinen Gelächter der Bauern nur gepfiffen, aber nicht gedroschen habe, als man sie zum ersten Mal vor zahlreichem Publikum auf der Dreschtenne in Gang gesetzt hatte; daß man jeden Tag die Ankunft des Kreisrichters erwarten müsse zur Aufnahme des Gutes, da er den Zinszahlungstermin versäumt hatte, indem er sich von verschiedenen wirtschaftlichen Unternehmungen hatte fortreißen lassen. Und plötzlich trat ihm ebenso lebhaft wie vorher sein ländlicher Spaziergang im Wald und der Gedanke an das Gutsbesitzerleben, sein Moskauer Studentenzimmerchen vor »den inneren Blick«, wie er da spät in der Nacht saß bei einer Kerze mit seinem Kameraden und vergöttertem sechzehnjährigen Freund. Sie hatten ununterbrochen fünf Stunden gelesen und wiederholten irgendwelche langweilige Paragraphen des bürgerlichen Rechtes, und nachdem sie sie beendet hatten, hatten sie nach Abendessen geschickt, zu einer Flasche Sekt Geld zusammengelegt und von der Zukunft gesprochen, die sie erwarte. Wie völlig anders stellte sich der junge Student seine Zukunft vor! Damals war die Zukunft voll von Entzückungen, mannigfaltiger Tätigkeit, Glanz der Erfolge, und führte sie beide, wie es ihnen schien, zweifellos zum besten Gut der Welt – zum Ruhm.

›Er schreitet schon und schreitet rasch auf diesem Pfad‹, dachte Nechljudoff von seinem Freund. ›Aber ich …‹

Währenddessen war er bereits zum Eingang des Hauses hingelangt, bei dem zehn Bauern und Hofleibeigene standen, die mit verschiedenen Bitten den gnädigen Herrn erwartet hatten, und von Träumen mußte er sich der Wirklichkeit zuwenden.

Da war das abgerissene, zerzauste und blutende Bauernweib, das sich weinend über ihren Schwiegervater beklagte, der sie töten wolle. Da waren zwei Brüder, die schon vor Jahresfrist ihren Bauernhof unter sich geteilt hatten und nun mit mißtrauischer Wut aufeinander blickten. Da war auch der unrasierte, ergraute Hofleibeigene mit vor Trunkenheit zitternden Händen, den sein eigener Sohn, der Gärtner, zum gnädigen Herrn führte, um Klage zu führen über des Vaters haltloses Betragen. Da war der Bauer, der sein Weib aus dem Haus gejagt hatte, weil sie das ganze Frühjahr über nicht gearbeitet hatte. Und da war auch jenes kranke Weib selber: Schluchzend und ohne ein Wort zu äußern saß sie auf dem Gras beim Eingang des Hauses und ließ ihr entzündetes, nachlässig mit irgend einem schmutzigen Lappen verbundenes geschwollenes Bein sehen! Nechljudoff hörte alle Bitten und Beschwerden an, riet den einen, versöhnte die anderen, versprach dem Dritten – und empfand bei alledem ein seltsames Gefühl, das gemischt war aus Müdigkeit, Scham, Machtlosigkeit und Reue, und ging in sein Zimmer.

XX

In dem mäßig großen Zimmer, das Nechljudoff bewohnte, stand ein altes, mit kupfernen Nägeln beschlagenes Ledersofa, einige ebensolche Sessel, ein aufgeschlagener altertümlicher Bostontisch mit Inkrustationen, Vertiefungen und mit einem kupfernen Beschlag, auf dem Papiere lagen, und ein altes, gelbliches, geöffnetes englisches Klavier mit abgegriffenen, krumm gewordenen, schmalen Tasten. Zwischen den Fenstern hing ein großer Spiegel in einem alten, vergoldeten, geschnitzten Rahmen. Auf dem Boden neben dem Tisch lagen Haufen von Papieren, Büchern und Rechnungen. Überhaupt hatte das ganze Zimmer ein charakterloses und unordentliches Aussehen; und diese lebendige Unordnung stand in scharfem Gegensatz zu der gezierten, altmodisch herrschaftlichen Einrichtung der übrigen Zimmer des großen Hauses. Als Nechljudoff das Zimmer betrat, warf er zornig seinen Hut auf den Tisch, setzte sich auf den Stuhl, der vor dem Klavier stand, legte die Beine übereinander und ließ den Kopf hängen.

»Nun, werden Sie frühstücken, Euer Erlaucht?«, sprach eben hereintretend eine hohe, magere, rüstige Greisin, die ein Zitzkleid und eine Haube anhatte und ein großes Tuch trug.

Nechljudoff schaute sich nach ihr um und schwieg ein wenig, als ob er sich besinne.

»Nein, ich habe keine Lust, Wärterin«, sprach er und versank von neuem in Gedanken.

Die Wärterin schüttelte mißmutig den Kopf und seufzte.

»Ach, Väterchen, Dmitri Nikolajewitsch, was grämen Sie sich? Es gibt größeren Kummer als das – alles wird vorübergehen, bei Gott …«

»Ja, und ich gräme mich doch gar nicht. Woraus schlossest du das denn, Mütterchen, Malanja Phinogenowna?«, antwortete Nechljudoff, und er bemühte sich zu lachen.

»Ja, wie sollten Sie nicht traurig sein! Sehe ich es denn nicht selber!«, begann die Wärterin mit Eifer. »Tag für Tag mutterseelenallein, und alles nehmen Sie sich so zu Herzen, zu allen gehen Sie selber! Schon haben Sie fast ganz aufgehört zu essen. Ist das Vernunft? Wenn Sie wenigstens in die Stadt fahren würden oder zu den Nachbarn! ... Ihre Jahre sind junge Jahre! Und sich so über alles grämen! Du verzeihst mir, Väterchen, aber ich setze mich«, fuhr die Wärterin fort, indem sie sich neben der Tür niederließ. »Siehst du, du hast eine solche Nachsicht an den Tag gelegt, daß schon niemand mehr dich fürchtet. Ist das gehandelt wie ein Herr? Da ist auch gar nichts Gutes daran. Nur dich selber richtest du zugrunde, ja, und das Volk verwöhnst du nur. Du weißt ja, unser Volk ist so. Es empfindet das nicht. So ist es nun einmal. Wenn du zur Tante fahren würdest, sie hat die Wahrheit geschrieben ...« So beriet ihn die Wärterin.

Nechljudoff ward es immer trauriger zumute. Seine rechte Hand, die sich auf sein Knie stützte, berührte schlaff die Tasten. Es erklang ein Akkord, ein zweiter, ein dritter ... Nechljudoff rückte näher heran, nahm seine andere Hand aus der Tasche und begann zu spielen. Die Akkorde, die er griff, waren bisweilen nicht vorbereitet, sogar nicht einmal durchaus richtig, häufig waren sie gewöhnlich bis zur Banalität und bewiesen, daß er keinerlei musikalisches Talent besaß, ihm bereitete aber diese Beschäftigung ein gewisses unbestimmtes, melancholisches Vergnügen. Bei jeder Veränderung der Harmonie erwartete er bebenden Herzens, was aus ihr herauskommen werde, und wenn irgend etwas herauskam, so ergänzte er verworren in der Vorstellung das, was fehlte. Es schien ihm, als höre er tausend Melodien, Chor und Orchester, entsprechend seiner Harmonie. Den Hauptgenuß bereitete ihm dabei die erhöhte Tätigkeit seiner Einbildungskraft, die ihm zusammenhanglos und abgerissen, aber mit erschütternder Deutlichkeit die allerverschiedensten, durcheinander geworfenen und albernen Symbole und Bilder aus Vergangenheit und Zukunft darbot. Bald stellte sich ihm die aufgeschwollene Gestalt des Dawidka Bjely vor, wie er erschreckt mit seinen weißen Wimpern zuckte beim Anblick der schwarzen sehnigen Faust seiner Mutter, und sein runder Rücken und die gewaltigen, mit weißen Haaren bedeckten Hände, die nur mit Geduld und Ergebenheit in das Schicksal auf alle Mißhandlungen und Entbehrungen antworteten. Bald sieht er die lebhafte, im Hofdienst kühn gewordene Amme und stellte sich aus irgend einem Grund vor, wie sie durch die Dörfer gehe und den Bauern predige, man müsse sein Geld vor den Gutsbesitzern verstecken, und er wiederholte unbewußt sich selber: »Ja, vor den Gutsbesitzern muß man sein Geld verstecken« … Bald stellt sich ihm plötzlich das dunkelblonde Köpfchen seiner zukünftigen Gattin vor, die aus irgend einem Grund in Tränen ist und sich in tiefem Kummer ihm auf die Schulter neigt. Bald sieht er die guten blauen Augen des Tschuris, die mit Zärtlichkeit auf das einzige dickbäuchige Söhnchen schauen. Ja, und er sieht in ihm außer dem Sohn den Gehilfen und Retter. »Siehst du, da ist einmal Liebe!«, flüsterte er. Hierauf erinnert er sich an die Mutter des Juchwanka, an den Ausdruck der Geduld und des Allesverzeihens, den er, ungeachtet ihres hängenden Zahnes und ihrer verwitterten Züge, in ihrem Greisinnengesicht wahrgenommen hatte. ›Es muß wohl so sein: In den siebzig Jahren ihres Lebens habe ich als erster das wahrgenommen‹, dachte er und flüstert: »Seltsam!«, wobei er unbewußt fortfährt, auf den Tasten herumzufahren und auf die Töne zu hören. Dann erinnert er sich lebhaft an seine Flucht aus dem Bienenstand und den Gesichtsausdruck von Ignatz und Karp, die augenscheinlich lachen wollten, aber so taten, als ob sie ihn gar nicht anschauten. Er errötet und schaut sich unwillkürlich nach seiner Wärterin um, die immer noch bei der Tür sitzt und schweigend, durchdringend auf ihn blickt, wobei sie von Zeit zu Zeit ihr weißes Haupt schüttelt. Plötzlich trat vor Nechljudoffs inneren Blick ein Dreigespann schweißtriefender Pferde und die kräftige, schöne Gestalt des Iljuschka mit seinen blonden Locken, seinen froh glänzenden blauen Augen, seinem frisch geröteten Gesicht und dem Flaum, der kaum anfing, ihm Lippen und Kinn zu bedecken. Nechljudoff denkt daran, wie Iljuschka in Angst geriet, man werde ihn nicht mehr zu den Fuhrleuten lassen, und wie feurig er eintrat für diese seine Lieblingstätigkeit. Und Nechljudoff sieht: ein grauer, früher, nebliger Morgen, eine nasse, schlüpfrige Chaussee, die lange Reihe hoch beladener, mit Bastdecken gedeckter Fuhren, denen große schwarze Buchstaben aufgedruckt sind. Die starkbeinigen, satten Pferde rasseln mit ihren Schellen und ziehen, den Rücken krümmend und die Zugriemen anspannend, mutig die Fuhre die Anhöhe hinauf, indem sie sich mit ihren mächtigen Hufeisen anklammern an den glatten, festen Boden. Dem Wagenzug entgegen, den Berg herunter, läuft rasch die Post, unter dem Läuten der kleinen Glöckchen, die von weit her zu vernehmen sind durch den dichten Wald, der sich zu beiden Seiten des Weges hinzieht. »Ah, ah, ai!«, ruft laut mit kindischer Stimme der vordere Fuhrmann – er trägt ein Blechschild an der Lammfellmütze –, indem er die Peitsche über den Kopf erhebt. Bei dem Vorderrad der ersten Fuhre schreitet schwer in gewaltigen Stiefeln Karp einher mit seinem roten Bart und seinem mürrischen Blick. Auf der zweiten Fuhre streckt seinen hübschen Kopf Iljuschka heraus, der sich unter der Bastdecke des vorderen Wagens schön erwärmt hatte bei der Kühle des Morgens. Drei Dreigespanne, hoch mit Koffern beladen, fahren vorüber unter Räderknarren, Schellengeläute und lautem Rufen. Iljuschka verbirgt wiederum seinen Lockenkopf unter der Bastdecke und schlummert ein. Da, ein klarer, warmer Abend! Vor den ermüdeten, beim Gasthof sich drängenden Gespannen öffnet sich knirschend das schwere Brettertor, und eine nach der anderen, hüpfend über die Schwelle, verschwinden die hohen, mit Bastdecken bedeckten Fuhren unter dem weiten Wetterdach. Iljuschka begrüßt sich lustig mit der weißgesichtigen, breitbrustigen Wirtin. Die fragt: »Woher kommt ihr, und werdet ihr viel zu Abend essen?« und dabei blickt sie mit Vergnügen auf den hübschen Burschen mit ihren glänzenden, freundlichen Augen. Dann geht Iljuschka, nachdem er die Pferde versorgt hat, in die heiße, mit Volk erfüllte Stube, bekreuzigte sich, setzt sich hinter die volle hölzerne Tasse und beginnt eine lustige Unterhaltung mit der Wirtin und den Kameraden. Und da ist auch sein

Nachtlager unter dem freien Sternenhimmel, der unter dem Schutzdach hervor herabschaut, sein Nachtlager im duftenden Heu bei seinen Pferden, die stampfend und schnaufend das Futter herumwühlen in den hölzernen Krippen. Iljuschka schreitet zu seiner Schlafstätte, wendet sich nach Osten, und nachdem er wohl dreißigmal seine breite, starke Brust bekreuzigt hat, betet er das Vaterunser und wohl zwanzigmal »Herr, erbarme dich!«, hüllt sich dann mit dem Kopf in die langen Schöße seines Rockes und schlummert den gesunden, sorglosen Schlaf des starken, frischen Menschen. Und da sieht er im Traum Städte, Kiew mit seinen Heiligen und Massen von Wallfahrern, Romen mit Kaufleuten und Waren, er erblickt Odest und das weite blaue Meer mit weißen Segeln; er erblickt mit goldenen Häusern und weißbrustigen, schwarzbewimperten Türkinnen die Stadt Zaregrad, wohin er flog auf unsichtbaren Flügeln. Frei und leicht fliegt er dahin, immer weiter und weiter, und sieht unter sich goldene Städte, umgossen von strahlendem Sonnenglanz, und den blauen Himmel mit vielen, vielen Sternen und das azurne Meer mit weißen Segeln – und es ist ihm froh und lustig zu fliegen, weiter und weiter!

»Herrlich!«, murmelt Nechljudoff für sich, und ihm kommt der Gedanke: ›Weshalb bin ich nicht Iljuschka?‹

Ein Überfall

Erzählung eines Freiwilligen

I

Am 12. Juli trat der Hauptmann Chlopow mit Epauletten und Säbel, einer Ausrüstung, in der ich ihn seit meiner Ankunft im Kaukasus noch nie gesehen hatte, in die niedrige Tür meiner Erdhütte.

»Ich komme geradeswegs vom Obersten«, sagte er in Erwiderung auf den fragenden Blick, mit dem ich ihn empfing. »Morgen rückt unser Bataillon aus.«

»Wohin?«, fragte ich.

»Nach NN. Da sollen die einzelnen Truppenteile zusammenkommen.«

»Und von da aus wird gewiß eine Expedition unternommen werden?«

»Wahrscheinlich.«

»Wohin denn? Was meinen Sie?«

»Was ist da zu meinen? Ich will Ihnen so viel sagen, wie ich weiß. Gestern in der Nacht kam ein Tatar vom General hergesprengt und brachte den Befehl, das Bataillon solle ausrücken und für zwei Tage Zwieback mitnehmen; aber wohin, wozu und auf wie lange, danach fragt man nicht, Verehrtester: Es ist befohlen, zu marschieren; das genügt.«

»Aber wenn nur für zwei Tage Zwieback mitgenommen wird, so wird man auch die Truppen nicht länger fortbleiben lassen.«

»Na, das folgt daraus noch nicht …«

»Aber wie wäre denn das möglich?«, fragte ich erstaunt.

»Möglich ist das alles! Als wir nach Darghi marschierten, nahmen wir für eine Woche Zwieback mit und blieben fast einen Monat fort.«

»Wird man mir erlauben, mit Ihnen mitzuziehen?«, fragte ich nach einem kurzen Stillschweigen.

»Erlaubt wird es Ihnen schon werden; aber mein Rat ist: Kommen Sie lieber nicht mit. Wozu wollen Sie sich in Gefahr begeben?«

»Gestatten Sie mir schon, Ihren Rat nicht zu befolgen: Ich habe hier einen ganzen Monat lediglich zu dem Zweck verbracht, um auf eine Gelegenheit zu warten, wo ich einen Kampf mit ansehen könnte – und da muten Sie mir nun zu, eine solche Gelegenheit unbenutzt zu lassen.«

»Meinetwegen kommen Sie mit; aber wirklich, wäre es nicht besser, wenn Sie hierblieben? Sie könnten hier inzwischen auf die Jagd gehen und uns in Gottes Namen marschieren lassen. Das wäre prächtig!«, sagte er in so eindringlichem Ton, daß es mir im ersten Augenblicke wirklich schien, daß das prächtig sei; indessen erwiderte ich mit aller Entschiedenheit, ich würde um keinen Preis zurückbleiben.

»Und was gibt's denn da für Sie Neues und Besonderes zu sehen?«, fuhr der Hauptmann fort, mir abzureden. »Möchten Sie erfahren, wie es bei einem Kampf hergeht? Lesen Sie Michailowski-Danilewskis Geschichte des Krieges[1], ein vortreffliches Buch; da ist alles eingehend geschildert: wo ein jeder Truppenteil gestanden hat und wie der Kampf sich abgespielt hat.«

»Nicht doch, das interessiert mich nicht«, antwortete ich.

»Na, was interessiert Sie denn also? Sie möchten wohl einfach mit ansehen, wie Menschen getötet werden? … Da war hier im Jahre 32 auch so ein Zivilist, ein Spanier, glaube ich. Zwei Feldzüge machte

[1] Gemeint sind wohl seine Schriften über den Französisch-Russischen Krieg.

er mit uns mit, in so einem blauen Mantel ... aber schließlich wurde dem armen Burschen das Lebenslicht ausgeblasen. Hier werden Sie niemandem imponieren, lieber Freund!«

Wie sehr ich mich auch darüber ärgerte, daß der Hauptmann meine Absicht in so übler Weise auffaßte, so machte ich doch keinen Versuch, ihn zu einer anderen Anschauung zu bekehren.

»War er denn tapfer?«, fragte ich ihn.

»Gott weiß, was er für ein Mensch war: immer war er vorn; wo die Kugeln pfiffen, da war er auch.«

»Also war er doch tapfer«, sagte ich.

»Nein, das ist keine Tapferkeit, wenn einer sich überall herumtreibt, wo man ihn nicht verlangt ...«

»Was nennen Sie denn Tapferkeit?«

»Tapferkeit? Tapferkeit?«, wiederholte der Hauptmann und machte dabei ein Gesicht, wie wenn ihm diese Frage zum erstenmal vorgelegt würde. »Tapfer ist der, der sich so benimmt, wie es sich gehört«, sagte er, nachdem er ein Weilchen überlegt hatte.

Ich erinnerte mich, daß Plato die Tapferkeit definiert als »die Kenntnis dessen, was zu fürchten und was nicht zu fürchten ist«, und trotz der Allgemeinheit und Unklarheit des Ausdrucks in der Definition des Hauptmanns war ich der Meinung, daß der Grundgedanke beider nicht so verschieden sei, wie es zunächst scheinen könnte, und daß sogar die Definition des Hauptmanns richtiger sei als die des griechischen Philosophen; denn hätte er den Ausdruck so in seiner Gewalt gehabt wie Plato, so würde er wohl gesagt haben, tapfer sei der, der nur das fürchte, was zu fürchten sich gehöre, und nicht das, was zu fürchten sich nicht gehöre.

Es reizte mich, dem Hauptmann meinen Gedanken klarzumachen.

»Ja«, sagte ich, »mir scheint, daß in jeder Gefahr eine Wahl stattfindet und daß eine Wahl, die unter der Einwirkung, sagen wir mal, des Pflichtgefühls getroffen wird, Tapferkeit ist, dagegen eine Wahl, die unter der Einwirkung eines niederen Gefühls getroffen wird, Feigheit; daher kann man jemanden, der aus Eitelkeit oder Neugier oder aus

Habsucht sein Leben aufs Spiel setzt, nicht tapfer nennen, und andererseits jemanden, der unter der Einwirkung eines ehrenhaften Gefühls von Pflicht gegen seine Familie oder auch einfach durch seine Überzeugung veranlaßt, eine Gefahr vermeidet, nicht einen Feigling.«

Der Hauptmann sah mich, während ich sprach, mit einem sonderbaren Gesichtsausdruck an.

»Na, darüber verstehe ich nicht, mit Ihnen zu disputieren«, sagte er, indem er sein Pfeifchen stopfte. »Aber wir haben hier einen Junker, dem macht es Vergnügen, ein bißchen zu philosophieren. Reden Sie mal mit dem. Er schreibt auch Verse.«

Ich war mit dem Hauptmann erst im Kaukasus bekannt geworden, hatte aber schon in Rußland von ihm gehört. Seine Mutter, Marja Iwanowna Chlopowa, besitzt zwei Werst von meinem Gut entfernt ein kleines Gütchen, auf dem sie wohnt. Vor meiner Abreise nach dem Kaukasus besuchte ich sie. Die alte Frau freute sich sehr, daß ich ihren Paschenka[1] (wie sie den alten, grauhaarigen Hauptmann nannte) zu sehen bekommen und imstande sein würde, als lebendiger Brief ihm von ihrem Ergehen zu erzählen und ihm ein Päckchen zu überbringen. Nachdem sie mich mit einer vorzüglichen Pastete und mit ebenso vorzüglicher Spickgans bewirtet hatte, ging Marja Iwanowna in ihr Schlafzimmer und kam von da mit einem schwarzen, ziemlich großen Amulett zurück, an das ein ebensolches Seidenbändchen angenäht war.

»Das ist unsere Mutter Fürsprecherin vom unverbrennbaren Busche«, sagte sie, indem sie sich bekreuzte, das Bild der Muttergottes küßte und mir aushändigte. »Haben Sie die Güte, Väterchen, es ihm zu übergeben. Sehen Sie, als er nach dem Kaukasus ging, da ließ ich eine Messe lesen und tat ein Gelübde, wenn er am Leben und unversehrt bliebe, so würde ich dieses Bild der Muttergottes anfertigen lassen. Und da sind es jetzt nun schon achtzehn Jahre, daß die Fürsprecherin und die lieben Heiligen ihn beschützen: Auch nicht ein

[1] Koseform für Pawel.

einziges Mal ist er verwundet worden, und in was für schrecklichen Kämpfen ist er nicht gewesen! Als mir Michailo, der mit ihm zusammen gewesen war, davon erzählte, da standen mir, Sie können es glauben, ordentlich die Haare zu Berge. Was ich über ihn weiß, das weiß ich ja nur von Fremden; mein lieber Sohn selbst schreibt nichts von seinen Feldzügen; er möchte mich nicht ängstigen.«

(Als ich schon im Kaukasus war, erfuhr ich, und zwar nicht von dem Hauptmann selbst, daß er viermal schwer verwundet gewesen war; aber natürlich hatte er weder von den Verwundungen noch von den Feldzügen seiner Mutter etwas geschrieben.)

»Dieses heilige Bild soll er nun an sich tragen«, fuhr sie fort; »ich segne ihn damit. Die allerheiligste Fürsprecherin wird ihn beschützen. Besonders in Gefechten möge er es immer bei sich tragen. Sagen Sie ihm, Väterchen: ›Deine Mutter läßt dir sagen, du möchtest es so machen.‹«

Ich versprach, ihren Auftrag genau auszuführen.

»Ich weiß, Sie werden ihn liebgewinnen, meinen Paschenka«, fuhr die alte Frau fort; »er ist ein so prächtiger Mensch. Können Sie es glauben: Es vergeht kein Jahr, ohne daß er mir Geld schickt, und auch meine Tochter Annuschka unterstützt er sehr; und das alles nur von seinem Gehalt! Wahrlich, mein Leben lang werde ich Gott dafür danken«, schloß sie mit Tränen in den Augen, »daß Er mir ein solches Kind gegeben hat.«

»Schreibt er Ihnen oft?«, fragte ich.

»Nur selten, Väterchen; etwa einmal im Jahr, wenn er Geld schickt; dann schreibt er auch ein Wörtchen, aber sonst nicht. ›Wenn ich Ihnen nicht schreibe, Mamachen‹, sagt er, ›so bedeutet das, daß ich am Leben und gesund bin; sollte mir aber, was Gott verhüte, etwas zustoßen, so wird Ihnen das auch ohne mich geschrieben werden.‹«

Als ich dem Hauptmann das Geschenk seiner Mutter übergab (es geschah dies in meinem Quartier), da bat er mich um etwas Umschlagpapier, wickelte das Bild sorgfältig ein und steckte es in die Tasche. Ich erzählte ihm viele Einzelheiten von dem Leben seiner

Mutter; der Hauptmann schwieg. Als ich geendet hatte, ging er in eine Ecke und stopfte sehr lange seine Pfeife.

»Ja, sie ist eine prächtige alte Frau!«, sagte er von dort aus mit ein wenig dumpf klingender Stimme. »Ob Gott es wohl so fügt, daß wir uns noch einmal wiedersehen?«

In diesen einfachen Worten kam sehr viel Liebe und Traurigkeit zum Ausdruck.

»Warum dienen Sie hier?«, fragte ich.

»Dienen muß ich eben«, antwortete er mit aller Bestimmtheit, »Und das doppelte Gehalt, das man im Kaukasus bekommt, fällt für einen armen Teufel wie mich stark ins Gewicht.«

Der Hauptmann lebte sparsam: Er spielte nicht Karten, trank nur selten und rauchte einen sehr gewöhnlichen Tabak, den er, ich weiß nicht warum, nicht ukrainischen Bauerntabak, sondern sambrotalischen nannte. Der Hauptmann hatte mir schon früher gefallen: Er hatte eines jener schlichten, ruhigen russischen Gesichter, denen gerade in die Augen zu sehen einem leicht wird und Vergnügen macht; aber nach diesem Gespräch empfand ich ihm gegenüber eine aufrichtige Hochachtung.

II

Am anderen Tage kam der Hauptmann um vier Uhr morgens, um mich abzuholen. Er trug einen alten, abgenutzten Rock ohne Achselstücke, weite lesghische Hosen, eine ursprünglich weiße, aber gelblich und schäbig gewordene Mütze von Lammfell und über der Schulter einen asiatischen Säbel von geringem Wert. Der kleine, aber kräftige Schimmel, den er ritt, ging mit gesenktem Kopf einen ruhigen Paß und schlug unaufhörlich mit dem dünnen Schwanz um sich. Obgleich die Gestalt des guten Hauptmanns sehr wenig kriegerisch, ja sogar sehr wenig schön aussah, so kam in ihr doch eine solche Gleichgültigkeit gegen ihre gesamte Umgebung zum Ausdruck, daß sie einem jeden unwillkürlich Achtung einflößte.

Ich ließ ihn nicht eine Minute lang warten, setzte mich sogleich aufs Pferd, und wir ritten zusammen aus dem Festungstor hinaus.

Das Bataillon war uns schon ungefähr sechshundert Schritte voraus und erschien wie eine schwarze, geschlossene, hin und her schwankende Masse. Daß es Infanterie war, konnte man daran erkennen, daß die Bajonette wie zahlreiche lange Nadeln sichtbar waren; mitunter drangen an unser Ohr die Töne eines Soldatenliedes, Trommelklang und die prächtige Tenorstimme eines Sängers aus der sechsten Kompagnie; diese Stimme hatte mich schon in der Festung zu wiederholten Malen in Entzücken versetzt. Der Weg zog sich in einer tiefen, breiten Schlucht hin, am Ufer eines kleinen Flusses entlang, der in dieser Jahreszeit »spielte«, das heißt ausgetreten war. Schwärme von wilden Tauben flatterten dort umher: bald setzten sie sich auf das steinige Ufer, bald vollführten sie in der Luft Schwenkungen und schnelle Kreise und flogen davon, so daß wir sie nicht mehr sahen. Die Sonne selbst war noch nicht sichtbar; aber der obere Rand an der rechten Seite der Schlucht fing an, beleuchtet zu werden. Die grauen und weißlichen Steine, das gelbgrüne Moos, die von Tau bedeckten Kreuzdorn-, Mispel- und Ulmensträucher traten außerordentlich deutlich und plastisch in dem klaren, goldenen Lichte der aufgehenden Sonne hervor; die andere Seite dagegen und das Tal selbst, das von einem dichten, in rauchfarbenen, ungleichmäßigen Schichten hin und her wogenden Nebel bedeckt war, waren feucht und düster und boten eine eigentümliche Mischung von Farben dar: Blaßlila, beinah Schwarz, Dunkelgrün und Weiß. Gerade vor uns erblickten wir gegen den dunkelblauen Himmel mit überraschender Klarheit die hellweißen, glanzlosen Massen der Schneeberge mit ihren wundersamen, aber bis in die kleinsten Einzelheiten schönen Schatten und Umrissen. Grillen, Libellen und tausend andere Insekten erwachten in dem hohen Gras und erfüllten die Luft mit ihrem hellen, ununterbrochenen Getön: Es schien, als ob eine unzählbare Menge winzig kleiner Glöckchen in unseren eigenen Ohren läutete. Die Luft war von einem Geruch nach Wasser, Gras und Nebel erfüllt; kurz, es roch, wie es eben an einem frühen, schönen Sommermorgen zu riechen pflegt. Der Hauptmann schlug Feuer und zündete seine kurze Pfeife an; der Geruch des »sambrotalischen Tabaks« und des Feuerschwamms kam mir außerordentlich angenehm vor.

Wir ritten neben dem Weg, um die Infanterie schneller einzuholen. Der Hauptmann schien nachdenklicher als sonst gewöhnlich zu sein, ließ sein dagestanisches Pfeifchen nicht aus dem Mund und versetzte seinem Pferdchen bei jedem Schritte mit den Fersen Stöße; dieses schwankte von einer Seite zur anderen und hinterließ in dem feuchten, hohen Grase eine kaum bemerkbare dunkelgrüne Spur. Dicht vor seinen Füßen flog gackernd und mit jenem Geräusch der Flügel, das den Jäger unwillkürlich zusammenfahren läßt, ein Fasan auf und stieg langsam in die Höhe. Der Hauptmann schenkte ihm nicht die geringste Beachtung.

Wir hatten das Bataillon schon beinahe eingeholt, als hinter uns der Hufschlag eines galoppierenden Pferdes erscholl und in demselben Augenblick ein sehr hübscher junger Mann in einem Offiziersrock und mit einer hohen, weißen Lammfellmütze vorübersprengte. Als er an uns vorbeikam, lächelte er, nickte dem Hauptmann zu und schwenkte seine Peitsche. Ich konnte in der Eile nur bemerken, daß er in besonders anmutiger Art im Sattel saß und die Zügel hielt und daß er schöne schwarze Augen, eine feine Nase und ein kaum hervorsprossendes Schnurrbärtchen hatte. Was mir an ihm besonders gefiel, war, daß er ein Lächeln nicht unterdrücken konnte, als er bemerkte, daß wir ihn mit Wohlgefallen ansahen. Schon allein aus diesem Lächeln konnte man schließen, daß er noch sehr jung war.

»Und wohin jagt er so eilig?«, brummte der Hauptmann mit unzufriedener Miene, ohne die Pfeife aus dem Munde zu lassen.

»Wer ist es denn?«, fragte ich ihn.

»Der Fähnrich Alanin, ein Subalternoffizier von meiner Kompagnie … Er ist erst im vorigen Monat aus dem Kadettenkorps zu uns gekommen.«

»Er geht gewiß zum ersten Mal ins Gefecht?«, sagte ich.

»Eben darum ist er auch so vergnügt!«, antwortete der Hauptmann und wiegte gedankenvoll den Kopf hin und her. »Ja, ja, die Jugend!«

»Aber warum sollte er sich denn auch nicht freuen? Ich begreife, daß das für einen jungen Offizier sehr interessant sein muß.«

Der Hauptmann schwieg ein paar Minuten lang.

»Ich sage nur: die Jugend, die Jugend!«, fuhr er mit tiefer Stimme fort. »Wie kann man sich über etwas freuen, wovon man noch nichts gesehen hat? Wenn einer öfter solche Expeditionen mitgemacht hat, dann freut er sich nicht mehr. Da ziehen unsere jetzt, sagen wir einmal, zwanzig Offiziere aus: Des einen oder des anderen Schicksal wird es sein, zu fallen oder verwundet zu werden; das ist schon sicher. Heute trifft es mich, morgen ihn, übermorgen einen dritten: also was ist da für Anlaß zur Freude?«

III

Kaum war die helle Sonne hinter dem Berg hervorgekommen und hatte angefangen, das Tal, in welchem wir dahinzogen, zu beleuchten, als sich auch schon die wogenden Nebelwolken zerstreuten und es heiß wurde. Die Soldaten mit ihren Gewehren und den Rucksäcken auf den Schultern marschierten langsam auf dem staubigen Wege dahin; in den Reihen hörte man ab und zu Gespräche in kleinrussischem Dialekt und Gelächter. Mehrere alte Soldaten in weißen Kitteln, größtenteils Unteroffiziere, gingen mit ihren Pfeifen neben dem Wege und unterhielten sich in gesetzter Art miteinander. Einige dreispännige, hochbeladene Fuhrwerke bewegten sich Schritt für Schritt vorwärts und rührten einen dichten Staub auf, der dann regungslos in der Luft stehen blieb. Die Offiziere ritten voran: Einige dschigitierten, wie man im Kaukasus sagt[1], das heißt sie zwangen das Pferd durch Schläge mit der Peitsche etwa vier Sprünge zu machen und hielten es dann kurz an, indem sie seinen Kopf nach rückwärts drehten; andere wandten ihre Aufmerksamkeit den Sängern zu, die trotz der Hitze und der Stickluft unermüdlich ein Lied nach dem anderen anstimmten. Etwa dreihundert Schritte vor dem Fußvolk ritt auf einem großen Schimmel bei den berittenen Tataren ein hochgewachsener, hübscher Offizier, der im Regiments wegen seiner tollkühnen Tapferkeit bekannt war und in dem Rufe stand, daß er vor niemandem ein Blatt vor den Mund nehme. Er trug asiatische Kleidung: einen schwarzen Beschmet[2] mit Tressen, ebensolche Gamaschen, neue, den Fuß eng umschließende Schuhe aus weichem Leder, ebenfalls mit Tressen, einen gelben Tscherkessenrock und eine hohe, in den Nacken zurückgeschobene Lammfellmütze, über Brust und Rücken lief eine silberne Schärpe, an welcher auf dem Rücken ein Pulverhorn und eine Pistole befestigt waren; eine andere Pistole und ein Dolch in einer silbernen Scheide hingen am Gürtel. Zu alledem hing noch am Gürtel ein Säbel in einer Scheide von rotem Saffian mit Tressen, und um die Schulter hatte er eine Büchse in schwarzem Futteral hängen. An seiner Kleidung, seiner Art, auf dem Pferd zu sitzen, und überhaupt an allen seinen Bewegungen konnte man merken, daß er sich bemühte, einem Tataren ähnlich zu sein. Er sagte sogar etwas in einer mir unbekannten Sprache zu den Tataren, die mit ihm ritten; aber nach den bedenklichen, spöttischen Blicken, die sie einander zuwarfen, schien es mir, daß sie ihn nicht verstanden. Es war dies einer unserer jungen Offiziere, dieser kühnen Dschigiten, die sich nach den Gestalten in den Romanen von Marlinski und Lermontow bilden. Diese Leute sehen den Kaukasus nur durch die Brille des »Helden unserer Zeit«,

[1] Dschigit bedeutet im Kumykischen einen tapferen Helden; daher ist dschigitieren so viel wie »seine Tapferkeit herauskehren«.

[2] Tatarischer Halbrock.

»Mollah-Nurs« und anderer ähnlicher Figuren[1] und lassen sich in allen ihren Handlungen nicht durch ihre eigenen Neigungen, sondern durch das Beispiel dieser Vorbilder leiten.

Der Leutnant bewegte sich zum Beispiel vielleicht gern in der Gesellschaft anständiger Frauen und angesehener Männer, als da sind: Generäle, Obersten, Adjutanten; ich bin sogar davon überzeugt, daß er einen solchen Umgang sehr liebte, weil er im höchsten Grad eitel war; aber er hielt es für seine unabweisbare Pflicht, allen angesehenen Männern gegenüber seine rauhe Seite herauszukehren, obgleich er in seiner Derbheit gegen sie sehr sorgsam Maß hielt; und wenn irgendeine Dame in der Festung erschien, so hielt er es für seine Pflicht, an ihren Fenstern mit seinen Kunaks[2] ohne Rock im roten Hemd und mit weichen Schuhen an den bloßen Füßen vorbeizugehen und möglichst laut zu schreien und zu schimpfen – aber all das nicht in der Absicht, sie zu beleidigen, als vielmehr in dem Wunsch, zu zeigen, was er für schöne, weiße Füße habe, und daß sich ein weibliches Wesen gar wohl in ihn verlieben könne, wenn er selbst das nur wolle. Oder er zog häufig mit zwei, drei russenfreundlichen Tataren in die Berge und lagerte am Wege, um vorüberkommende feindliche Tataren abzufangen und zu töten; und obgleich ihm sein Herz oftmals sagte, daß das kein Heldenstück sei, so hielt er sich doch für verpflichtet, diesen Menschen Leid zuzufügen, als ob sie ihn irgendwie getäuscht hätten und er sie verachte und hasse. Zwei Gegenstände legte er nie von seinem Leibe ab: ein gewaltig großes Heiligenbild, das er am Hals hängen hatte, und einen Dolch, den er über dem Hemd trug und mit dem er sich sogar schlafen legte. Er glaubte aufrichtig, daß er Feinde habe. Sich einzureden, daß er sich an jemand rächen und eine Beleidigung mit Blut abwaschen müsse, war für ihn der höchste Genuß. Er war davon überzeugt, daß die Gefühle des Hasses, der Rachsucht und der Verachtung des Menschengeschlechtes die höchsten,

[1] »Ein Held unserer Zeit« ist ein berühmter Roman von Lermontow, »Mullah-Nur« ein Roman von Marlinski (Pseudonym für Bestuschew).

[2] Kunak heißt in der kaukasischen Mundart »Freund«.

poetischsten Gefühle seien, die es überhaupt gebe. Aber seine Geliebte, selbstverständlich eine Tscherkessin, mit der ich später zufällig zusammenkam, sagte mir, er sei der gutherzigste, sanfteste Mensch, den man sich nur denken könne; jeden Abend schreibe er an seinem Tagebuch, das einen sehr düsteren Charakter trage, führe auf liniertem Papier Rechnung und bete auf seinen Knien. Und wieviel Gefahren machte er durch, nur um in seinen eigenen Augen als ein solcher Mensch zu erscheinen, wie er gern einer sein wollte! Denn seine Kameraden und die Soldaten konnten ihn doch nicht in der Weise verstehen, wie er es wünschte. Einmal, bei einer seiner nächtlichen Expeditionen auf der Landstraße mit seinen Kunaks, traf es sich, daß er einen feindlichen Tschetschenen mit einer Kugel am Bein verwundete und gefangennahm. Dieser Tschetschene wohnte dann sieben Wochen lang bei dem Leutnant, und der Leutnant ließ ihn kurieren, pflegte ihn wie seinen besten Freund und entließ ihn nach seiner Wiederherstellung mit Geschenken. Später einmal mußte bei einer Expedition der Leutnant mit der Schützenkette zurückweichen und verteidigte sich gegen den Feind durch Schießen; da hörte er, wie bei den Feinden ihn jemand beim Namen rief, und sein ehemals verwundeter Kunak kam vorgeritten und forderte den Leutnant durch Zeichen auf, dasselbe zu tun. Der Leutnant ritt zu seinem Kunak heran und drückte ihm die Hand. Die Bergbewohner waren in einiger Entfernung stehen geblieben und schossen nicht; aber sowie der Leutnant sein Pferd zurückwandte, schossen einige auf ihn, und eine Kugel streifte ihn unterhalb des Rückens. Ein andermal sah ich selbst, wie in der Festung zur Nachtzeit Feuer ausgebrochen war und zwei Kompagnien Soldaten bemüht waren, es zu löschen. Mitten in der Menge erschien, von der dunkelroten Flamme des Brandes beleuchtet, plötzlich die hohe Gestalt eines Mannes auf einem Rappen. Die Gestalt bahnte sich durch die Menge einen Weg und ritt geradewegs auf das Feuer zu; es war der Leutnant. Als er ganz nahe herangekommen war, sprang er vom Pferde und lief in das an der einen Seite brennende Haus hinein. Nach fünf Minuten kam er mit versengten Haaren und angebranntem Ellbogen wieder heraus und trug an der Brust zwei Tauben, die er aus dem Feuer gerettet hatte.

Sein Name war Rosenkrantz; aber er redete oft von seiner Abstammung, leitete sein Geschlecht irgendwie von den Warägern her und bewies klar, daß er und seine Vorfahren echte Russen seien.

IV

Die Sonne hatte die Hälfte ihres Weges zurückgelegt und sandte durch die glühende Luft ihre heißen Strahlen auf die trockene Erde. Der dunkelblaue Himmel war völlig klar; nur der Fuß der Schneeberge begann sich in hellila Wolken zu hüllen. Die regungslose Luft schien von einem durchsichtigen Staube erfüllt zu sein: Es war unerträglich heiß geworden. Als die Truppen zu einem kleinen Bache gelangt waren, bei dem sie die Hälfte des zurückzulegenden Weges hinter sich hatten, machten sie Rast. Die Soldaten stellten die Gewehre zusammen und stürzten zu dem Bache hin; der Bataillonskommandeur setzte sich im Schatten auf eine Trommel und schickte sich an, indem er auf seinem vollen Gesicht die ganze Würde seines Dienstranges zum Ausdruck brachte, mit einigen Offizieren zusammen einen Imbiß einzunehmen; der Hauptmann legte sich unter dem Kompagniewagen auf das Gras; der tapfere Leutnant Rosenkrantz und noch ein paar junge Offiziere hatten sich auf ihre ausgebreiteten Filzmäntel gelagert und beabsichtigten, ein Trinkgelage zu veranstalten; das konnte man aus den um sie herumstehenden Flaschen schließen sowie aus der besonderen Begeisterung der Sänger, die im Halbkreis vor ihnen standen und nach einer lesghischen Melodie ein kaukasisches Tanzlied sangen, wozu einige die Begleitung pfiffen:

»Schamil wollte sich empören
Einst in früheren Jahren …

Trai-rai, ra-ta-tai …
Einst in früheren Jahren.«

Unter diesen Offizieren befand sich auch der junge Fähnrich, der uns am Vormittag überholt hatte. Er war sehr spaßhaft anzusehen: Seine Augen leuchteten, die Zunge wollte ihm nicht ganz gehorchen; er hatte das Bedürfnis, alle Anwesenden zu küssen und ihnen eine Liebeserklärung zu machen … Der arme Junge! Er wußte noch nicht, daß man in diesem Zustande lächerlich sein kann, daß seine Offenherzigkeit und die Zärtlichkeiten, die er allen aufdrängte, bei anderen nicht die Liebe, nach der es ihn so verlangte, sondern Spott hervorriefen – er wußte auch nicht, daß, als er sich in heißer Erregung schließlich auf seinen Filzmantel zurückfallen ließ und, auf den Ellbogen gestützt, sein dichtes schwarzes Haar in den Nakken warf, er ganz allerliebst aussah.

Zwei Offiziere saßen unter einem Wagen und spielten auf einem Reisenecessaire Schafskopf.

Mit lebhaftem Interesse horchte ich auf die Gespräche der Soldaten und der Offiziere und betrachtete aufmerksam den Ausdruck ihrer Gesichter; aber ich konnte absolut bei niemandem auch nur eine Spur jener Unruhe wahrnehmen, die ich selbst empfand: Scherze, Gelächter, Erzählungen ließen die allgemeine Sorglosigkeit und Gleichgültigkeit der bevorstehenden Gefahr gegenüber erkennen. Als wäre der Gedanke ganz ausgeschlossen, daß es einigen nicht beschieden sei, auf diesem Wege zurückzukehren!

V

Nach sechs Uhr abends zogen wir mit Staub bedeckt und müde in das weite, befestigte Tor der Festung NN. ein. Die tiefstehende Sonne warf ihre schrägen, rosigen Strahlen auf die malerischen Batterien und auf die um die Festung herum gelegenen Gärten mit ihren hohen Pyramidenpappeln und auf die gelblichen Getreidefelder und auf die weißen Wolken, die sich um die Schneeberge drängten und, als ob sie es ihnen nachtun wollten, eine nicht minder wundersame, schöne Kette bildeten. Der schmale Halbmond stand wie ein durchscheinendes Wölkchen am Himmel. In dem Aul, der vor dem Tore lag, rief ein Tatar auf dem Dache einer Hütte die Gläubigen zum Gebete. Die Sänger setzten mit neuer Kraft und Energie ein.

Nachdem ich mich ein wenig erholt und zurechtgemacht hatte, begab ich mich zu einem mir bekannten Adjutanten, um ihn zu bitten, er möchte dem General von meiner Absicht Meldung machen. Auf dem Weg von der Vorstadt, wo ich mich einquartiert hatte, hatte ich Gelegenheit, in der Festung NN. einzelnes wahrzunehmen, was ich in keiner Weise erwartet hatte. Eine hübsche zweisitzige Kutsche, in der ein modischer Damenhut sichtbar wurde und aus der ich französisch sprechen hörte, überholte mich. Aus einem offen stehenden Fenster des Kommandanturgebäudes schlugen die Töne irgendwelcher Lisanka- oder Katenkapolka, die auf einem schlechten, verstimmten Klavier gespielt wurde, an mein Ohr. In einer Schenke, an der ich vorbeikam, saßen einige Schreiber, Zigaretten rauchend und Wein trinkend, und ich hörte, wie einer zu einem anderen sagte: »Erlauben Sie … was Politik anlangt, hat Marja Grigorjewna unter allen unseren Damen das beste Verständnis.« Ein gebückt gehender Jude in einem abgetragenen Rock, mit kränklichem Gesicht, schleppte einen quiekenden, zerbrochenen Leierkasten, und durch die ganze Vorstadt erschollen die Klänge des Finales aus der »Lucia«. Zwei Frauen in raschelnden Kleidern, mit seidenen Kopftüchern und mit grellfarbigen Sonnenschirmen in den Händen, kamen mit leichtem Gange auf dem hölzernen Fußsteig an mir vorbei. Zwei Mädchen, die eine in einem rosa, die andere in einem hellblauen Kleid, standen mit bloßem Kopf vor einem niedrigen Häuschen bei der Hausbank[1] und brachen öfters in ein gekünsteltes helles Lachen

[1] An der Straßenseite der Häuser, von Erde, auch mit Rasen belegt.

aus mit der unverkennbaren Absicht, die Aufmerksamkeit der vorübergehenden Offiziere auf sich zu ziehen. Offiziere in neuen Rökken, mit weißen Handschuhen und glänzenden Epauletten stolzierten auf den Straßen und auf dem Boulevard umher.

Ich fand einen Bekannten in dem unteren Stockwerk des Hauses, das der General bewohnte. Kaum hatte ich ihm meinen Wunsch vorgetragen und er mir gesagt, daß dieser wohl leicht Gewährung finden werde, als vor dem Fenster, an dem wir saßen, jene hübsche Kutsche vorbeifuhr, die mir schon unterwegs aufgefallen war, und an der Haustür hielt. Aus der Kutsche stieg ein hochgewachsener, wohlgestalteter Mann in Infanterieuniform mit Majorsepauletten und ging zum General hinein.

»Ach, bitte, entschuldigen Sie mich«, sagte der Adjutant zu mir, indem er sich von seinem Platze erhob; »ich muß notwendig dem General Meldung machen.«

»Wer ist denn da gekommen?«, fragte ich.

»Die Gräfin«, antwortete er, knöpfte sich die Uniform zu und lief nach oben.

Ein paar Minuten darauf trat ein untersetzter, aber sehr hübscher Mann in einem Rock ohne Epauletten, ein weißes Kreuz im Knopfloch, vor die Haustür. Ihm folgten der Major, der Adjutant und noch zwei Offiziere. In seinem Gang, in seiner Stimme, in allen seinen Bewegungen gab sich der General als einen Menschen zu erkennen, der sich seines eigenen hohen Wertes vollauf bewußt war.

»Bon soir, madame la comtesse«, sagte er, indem er die Hand in das Wagenfenster hineinreichte.

Eine kleine Hand, die in einem Handschuh aus Hundeleder steckte, drückte die seinige, und ein hübsches, lächelndes Gesicht unter einem gelben Hut zeigte sich im Fenster der Kutsche.

Von dem ganzen Gespräch, das mehrere Minuten dauerte, hörte ich nur, wie der General lächelnd sagte:

»Vous savez, que j'ait fait voeu de combattre les infidèles; prenez donc garde de le devenir.«

In der Kutsche wurde gelacht.

»Adieu donc, cher général.«

»Non, à revoir«, sagte der General, während er auf die Stufen vor der Haustür wieder hinaufging; *»n'oubliez pas, que je m'invite pour la soirée de demain.«*

Die Kutsche rasselte weiter.

»Das ist mal ein Mensch«, dachte ich auf dem Weg nach Hause, »der alles hat, was ein Russe nur erreichen kann: Rang, Reichtum, Ansehen – und dieser Mensch scherzt vor einem Kampf, dessen Ausgang Gott allein kennt, mit einer hübschen Dame und verspricht, bei ihr am nächsten Tag Tee zu trinken, gerade wie wenn er mit ihr auf einem Ball zusammengetroffen wäre.«

Ebendort bei diesem Adjutanten traf ich einen Menschen, der mich in noch größeres Erstaunen versetzte: Es war dies ein junger Leutnant des K.er Regimentes, der sich durch seine beinah frauenhafte Sanftmut und Schüchternheit auszeichnete. Er war zu dem Adjutanten gekommen, um seinem Verdruß und seiner Entrüstung über gewisse Leute Luft zu machen, die angeblich gegen ihn intrigierten, damit er nicht zu der bevorstehenden Aktion kommandiert werde. Er sagte, es sei eine Schändlichkeit, so zu handeln; das sei nicht kameradschaftlich; er werde ihnen das gedenken, und so weiter. Wie sehr ich auch auf den Ausdruck seines Gesichtes achtete und auf den Ton seiner Stimme horchte, so konnte ich mich doch nicht der Überzeugung verschließen, daß er sich keineswegs verstellte, sondern tief gekränkt und erbittert darüber war, daß ihm nicht erlaubt werden sollte, hinzugehen und auf die Tscherkessen zu schießen und sich ihren Kugeln auszusetzen; er war so erbittert wie ein Kind, das soeben ungerechterweise gezüchtigt worden ist. Ich hatte dafür schlechterdings kein Verständnis.

VI

Um zehn Uhr abends sollten die Truppen ausrücken. Um halb neun stieg ich zu Pferde und ritt zum General; aber in der Annahme, daß er und sein Adjutant beschäftigt seien, hielt ich auf der Straße an, band mein Pferd an einen Zaun und setzte mich auf eine Hausbank, um dem General, sobald er herauskäme, nachzufolgen.

Die Hitze und der Glanz der Sonne waren schon von der Kühle der Nacht und dem matten Licht des jungen Mondes abgelöst worden, welcher, einen blaß leuchtenden Halbkreis auf dem dunklen Blau des gestirnten Himmels um sich herum bildend, niederzugehen anfing; durch die Fenster der Häuser und durch die Ritzen der Laden der Erdhütten schimmerte Licht. Die schlanken Pappeln der Gärten, die hinter den geweißten, mit Schilf gedeckten, vom Mond beschienenen Erdhütten gegen den Himmel sichtbar waren, erschienen noch höher und schwärzer.

Die langen Schatten der Häuser, der Bäume und der Zäune legten sich schön über den hellen, staubigen Weg … Am Fluß ließen ohne jede Pause die Frösche ihre Stimme vernehmen[1]; auf den Straßen hörte man bald eilige Schritte und Sprechen, bald den Hufschlag eines Pferdes; von der Vorstadt tönten ab und zu die Klänge eines Leierkastens herüber, bald »Die Winde wehen«, bald der »Aurora-Walzer«.

Ich will nicht sagen, welchen Gedanken ich nachhing: Erstens weil ich mich schämen würde, die düsteren Gedanken zu bekennen, die in aufdringlicher Reihe auf meine Seele eindrangen, während ich doch um mich herum nur Heiterkeit und Freude wahrnahm, und zweitens weil das nicht zu meiner Erzählung gehört. Ich war so in Gedanken versunken, daß ich nicht einmal merkte, wie die Uhr elf schlug und der General mit seiner Suite an mir vorbeiritt.

Die Nachhut befand sich noch im Festungstor. Nur mit Mühe arbeitete ich mich auf der Brücke zwischen den sich drängenden

[1] Die Frösche im Kaukasus bringen einen Ton hervor, der mit dem Quaken der russischen Frösche nichts gemein hat.

Geschützen, Munitionswagen, Kompagniefuhrwerken und den geräuschvoll kommandierenden Offizieren hindurch. Nachdem ich das Tor passiert hatte, ritt ich im Trabe an den Truppen entlang, die sich beinah eine Werst lang hinzogen und sich schwelgend in der Dunkelheit vorwärts bewegten, und holte den General ein. Beim Vorbeireiten an der Artillerie, die sich, ein Geschütz hinter dem anderen, zu einer langen Linie ausdehnte, und an den zwischen den Geschützen reitenden Offizieren hatte mich, wie eine beleidigende Dissonanz inmitten der ruhigen, feierlichen Harmonie, die Stimme eines Deutschrussen unangenehm berührt, welcher rief: »Achtilrist, gib mal die Zü-ündrute!« und die Stimme eines Soldaten, der eilfertig schrie: »Schewtschenko! Der Leutnant möchte Feuer haben.«

Ein großer Teil des Himmels hatte sich mit langen, dunkel-grauen Wolken bedeckt; nur hier und da schimmerten dazwischen matt einige Sterne. Der Mond hatte sich schon hinter dem nahen oberen Rand der schwarzen Berge verborgen, die auf der rechten Seite sichtbar waren, und warf auf ihre Gipfel ein schwaches, zitterndes Halblicht, das scharf mit der undurchdringlichen Finsternis kontrastierte, die ihren Fuß einhüllte. Die Luft war warm und so ruhig, daß sich, wie es schien, auch nicht ein Gräschen, auch nicht ein Wölkchen bewegte. Es war so dunkel, daß man selbst bei ganz nahem Abstand die Gegenstände nicht erkennen konnte: an den Seiten des Weges glaubte ich bald Felsen, bald Tiere, bald seltsame Menschengestalten zu sehen; und daß dies Sträucher waren, wurde mir erst dann klar, wenn ich ihr Rascheln hörte und den frischen Tau fühlte, der sie bedeckte. Vor mir sah ich eine kompakte, hin und her schwankende schwarze Wand, welcher einige bewegliche Flecke nachfolgten: das war die Vorhut der Kavallerie und der General mit seiner Suite. Hinter uns bewegte sich eine ebensolche düstere Masse vorwärts; aber sie war niedriger als die erste: Das war die Infanterie. In der ganzen Truppe herrschte eine solche Stille, daß man alle die zusammenfließenden, von einem geheimnisvollen Reiz erfüllten Töne der Nacht hören konnte: das ferne, melancholische Geheul der Schakale, das bald mit einem verzweifelten Weinen, bald mit einem fröhlichen Auflachen Ähnlichkeit hatte, die hellklingenden, einförmigen Töne der Grillen, der Frösche, der Wachteln und ein sich näherndes dumpfes Getöse, dessen Ursache ich mir schlechterdings nicht erklären konnte. Und alle diese nächtlichen, kaum vernehmbaren Bewegungen der Natur, die zu begreifen und näher zu definieren ein Ding der Unmöglichkeit ist, flossen zu einem einzigen vollen, schönen Klang zusammen, den wir die Stille der Nacht zu nennen pflegen. Diese Stille wurde gestört oder, ich will lieber sagen, floß zusammen mit zwei Geräuschen, die die sich langsam vorwärts bewegende Truppe hervorrief: mit dem dumpfen Hufschlag der Pferde und mit dem Rascheln des hohen Grases.

Nur vereinzelt hörte man in den Reihen den Klang eines schweren Geschützes, das Klirren zusammenstoßender Bajonette, gedämpftes Sprechen und das Schnauben eines Pferdes.

Es ging von der Natur ein Hauch der Schönheit und Kraft aus, der besänftigend auf die Seele wirkte.

Haben die Menschen in dieser schönen Welt, unter diesem unermeßlichen gestirnten Himmel wirklich nicht Platz genug zum Leben? Können inmitten dieser bezaubernden Natur sich in der Seele des Menschen Bosheit, Rachsucht oder die Begierde, seinesgleichen zu vernichten, wirklich behaupten? Ich möchte meinen, alles Schlechte im Menschenherzen müßte bei der Berührung mit der Natur verschwinden; denn die Natur ist der reine Ausdruck der Schönheit und des Guten.

VII

Wir waren schon mehr als zwei Stunden unterwegs. Ein Zittern befiel mich, und ich fing an, schläfrig zu werden. In der Dunkelheit waren mir immer noch dieselben Gegenstände undeutlich sichtbar: in einiger Entfernung die schwarze Wand und ebensolche beweglichen Flecke; unmittelbar neben mir die Kruppe eines Schimmels, der mit dem Schweif schlug und die Hinterbeine breit auseinander setzte; ein Rücken in einem weißen Tscherkessenrock, auf dem eine Flinte in einem schwarzen Futteral und der weiße Griff einer Pistole in einer gestickten Halftertasche wahrnehmbar waren; das Feuer einer Zigarette, das einen blonden Schnurrbart beleuchtete; ein Biberkragen und eine Hand in einem waschledernen Handschuh. Manchmal sank ich auf den Hals meines Pferdes herab, schloß die Augen und verlor für einige Augenblicke das Bewußtsein; dann schreckte mich plötzlich das bekannte Geräusch der Hufschläge und des raschelnden Grases wieder auf: Ich blickte um mich – und es war mir, als stünde ich an einem Fleck still und als bewege sich die schwarze vor mir befindliche Wand auf mich zu, oder auch als stehe diese Wand still und ich würde im nächsten Augenblick gegen sie stoßen. In einem derartigen Augenblicke fiel mir noch stärker jenes näher kommende, ununterbrochen dumpfe Getöse auf, dessen Ursache ich nicht hatte erraten können; es war das Rauschen von Wasser. Wir traten in eine tiefe Schlucht ein und näherten uns einem Gebirgsfluß, der gerade in dieser Zeit des Jahres den Höhepunkt des Austretens erreicht hatte.[1] Das dumpfe Getöse nahm an Stärke zu; das feuchte Gras wurde üppiger und höher, das Buschwerk dichter, und der Gesichtskreis verengerte sich allmählich. Ab und zu flammten auf dem dunklen Hintergrund der Berge an verschiedenen Stellen helle Feuer auf und verschwanden alsbald wieder.

»Bitte, sagen Sie mir, was sind das für Feuer?«, fragte ich flüsternd den Tataren, der neben mir ritt.

»Weißt du das nicht?«, antwortete er.

»Nein.«

»Da haben die Bergbewohner Stroh an einen Tajak[2] gebunden, es angezündet und schwenken es nun umher.«

»Wozu denn das?«

[1] Das Austreten der Flüsse findet im Kaukasus im Juli statt.

[2] Tajak bedeutet in der kaukasischen Mundart eine Stange.

»Damit jeder weiß: Der Russe kommt. Jetzt«, fügte er lachend hinzu, »ist in den Auls eine arge Tomascha[1] im Gange, o weh, o weh! Jeder schleppt seine Churda-Murda[2] in eine Schlucht.«

»Wissen sie denn in den Bergen schon, daß die Truppen kommen?«, fragte ich.

»Na, wie sollten sie das nicht wissen! Das wissen sie jedesmal; unsere Leute sind ein kluges Volk!«

»Da beabsichtigt wohl auch Schamil, jetzt ins Feld zu ziehen?«, fragte ich.

»Iok[3]«, antwortete er und schüttelte verneinend den Kopf. »Schamil zieht nicht mit ins Feld; Schamil schickt die Naibs[4]; er selbst aber sieht durch das Fernrohr von oben zu.«

»Wohnt er weit von hier?«

»Nein, nicht weit. Da links; es werden ungefähr zehn Werst sein.«

»Woher weißt du denn das?«, fragte ich. »Bist du etwa da gewesen?«

»Ja, wir sind alle in den Bergen gewesen.«

»Hast du auch Schamil gesehen?«

»Hat sich was! Den bekommt unsereiner nicht zu sehen. Hundert, dreihundert, tausend Murids[5] sind um ihn herum. Schamil ist mitten darin!«, erwiderte er mit höchst ehrfürchtiger, respektvoller Miene.

Wenn man nach oben sah, konnte man bemerken, daß der heller werdende Himmel im Osten zu leuchten und das Siebengestirn sich zum Horizont hinabzusenken begann; aber in der Schlucht, in der wir entlang zogen, war es feucht und finster.

[1] Tomascha bedeutet in der besonderen Mundart, die die Russen und Tataren für ihren wechselseitigen Verkehr erfunden haben, unruhige Geschäftigkeit. Es gibt in dieser seltsamen Mundart viele Worte, deren Wurzeln weder in der russischen noch in der tatarischen Sprache zu finden sind.

[2] Churda-Murda bedeutet in derselben Mundart Hab und Gut.

[3] Iok bedeutet im Tatarischen: nein.

[4] Naibs heißen die Männer, denen Schamil einen Teil der Verwaltung anvertraut hat.

[5] Das Wort Murid hat viele Bedeutungen; aber in dem Sinne, in welchem es hier gebraucht ist, bedeutet es eine Art von Mittelding zwischen einem Adjutanten und einem Leibwächter.

Plötzlich leuchteten nicht weit vor uns in der Dunkelheit mehrere Flämmchen auf, und in demselben Augenblicke flogen Kugeln pfeifend an uns vorbei, und inmitten der uns umgebenden Stille erschollen Schüsse und lautes, durchdringendes Geschrei. Das war die feindliche Vorhutabteilung. Die Tataren, die sie bildeten, hatten ihren Kriegsruf ausgestoßen, aufs Geratewohl geschossen und liefen nun auseinander.

Alles wurde still. Der General rief den Dolmetscher zu sich. Ein Tatar in weißem Tscherkessenrock ritt zu ihm heran und redete flüsternd und gestikulierend ziemlich lange mit ihm.

»Oberst Chasanow! Lassen Sie die Schützenkette ausschwärmen!«, sagte der General mit leiser, gedehnter, aber deutlicher Stimme.

Die Truppe näherte sich dem Flusse; die schwarzen Berge und Schluchten blieben hinter uns zurück; es fing an, hell zu werden. Das Firmament, an dem die blassen, matten Sterne kaum mehr zu bemerken waren, erschien höher; der Morgenstern begann, im Osten hell zu leuchten; ein frischer, durchdringender Wind wehte von Westen her, und ein heller Nebel stieg wie Dampf über dem rauschenden Fluß auf.

VIII

Der Führer zeigte die Furt, und die Vorhut der Kavallerie und nach ihr auch der General mit seiner Suite begannen überzusetzen. Das Wasser reichte den Pferden bis an die Brust; mit gewaltiger Kraft stürzte es zwischen den weißen Steinen einher, die an einigen Stellen über die Oberfläche des Wassers hinausragten, und bildete um die Beine der Pferde schäumende, rauschende Strudel. Die Pferde stutzten vor dem Getöse des Wassers, hoben die Köpfe in die Höhe und spitzten die Ohren, schritten aber gemessenen, vorsichtigen Ganges gegen die Strömung über den unebenen Grund dahin. Die Reiter zogen die Beine und die Waffen in die Höhe. Die Fußsoldaten hatten buchstäblich nur die Hemden anbehalten; sie hielten die Gewehre, an die sie die Bündel mit ihren Kleidern gebunden hatten, über dem Wasser, faßten einander zu je zwanzig an den Händen und bemühten sich mit großer Anstrengung, die man ihren angespannten Gesichtern ansehen konnte, der Strömung zu widerstehen. Die Fahrer der Artillerie trieben unter lautem Geschrei ihre Pferde im Trab ins Wasser. Die Geschütze und die grünen Munitionswagen, über die das Wasser mitunter hinüberschlug, polterten auf dem steinigen Grunde; aber die guten Kosakenpferde legten sich gemeinschaftlich in die Stränge, kämpften gegen das aufschäumende Wasser an und arbeiteten sich mit nassen Schweifen und nassen Mähnen auf das andere Ufer hinauf.

Als der Übergang beendet war, nahm das Gesicht des Generals plötzlich einen ernsten, nachdenklichen Ausdruck an; er wandte sein Pferd und ritt mit der Kavallerie im Trab über eine weite, von Wald umgebene Lichtung, die sich vor uns auftat. Eine Kette von berittenen Kosaken schwärmte an den Waldrändern entlang aus.

Im Wald wird ein Mann zu Fuß, in einem Tscherkessenrock, mit einer Fellmütze auf dem Kopf, sichtbar; dann ein zweiter, ein dritter … Einer von den Offizieren sagt: »Das sind die Tataren.« Da zeigt sich hinter einem Baume hervor ein Rauchwölkchen … ein Schuß, ein zweiter … Von den zahlreichen Schüssen der Unsrigen werden die feindlichen übertönt. Nur ab und zu beweist eine Kugel, die mit langsamem, dem Flug einer Biene ähnlichem Ton vorbeifliegt, daß nicht alle Schüsse von den Unsrigen kommen. Nun rücken die Infanterie im Laufschritt und die Geschütze im Trab in die Schützenkette vor; man hört die dumpftönenden Schüsse aus den Kanonen, den metallischen Klang der fliegenden Kartätschen, das Zischen der Raketen, das Knattern der Gewehre. Kavallerie, Infanterie und Artillerie stehen jetzt auf allen Seiten der geräumigen Lichtung. Die Rauchwölkchen der Geschütze, der Raketen und der Gewehre fließen mit dem taubedeckten Grün und mit dem Nebel zusammen. Oberst Chasanow kommt zu dem General herangesprengt und pariert plötzlich sein Pferd im vollen Galopp.

»Exzellenz«, sagt er, die Hand an die Fellmütze legend, »befehlen Sie, bitte, daß die Kavallerie vorrückt: es haben sich Fähnchen[1] gezeigt«, und er weist mit der Peitsche auf die Tataren zu Pferde, vor denen zwei Mann mit roten und blauen, an Stöcken befestigten Zeuglappen auf Schimmeln reiten.

»Mit Gott, Iwan Michailowitsch!«, sagt der General.

Der Oberst wirft sein Pferd auf dem Fleck herum, zieht den Säbel und ruft: »Hurra!«

»Hurra! Hurra! Hurra!«, schallt es durch die Reihen, und die Kavallerie sprengt ihm nach.

Alle blicken mit gespannter Aufmerksamkeit hin: Da ist ein Fähnchen, ein zweites, ein drittes, ein viertes …

Der Feind verbirgt sich, ohne den Angriff abzuwarten, im Wald und eröffnet von da ein Gewehrfeuer. Die Kugeln fliegen zahlreicher.

»Quel charmant coup d'oeil!«, sagt der General, indem er in englischer Manier auf seinem dünnbeinigen Rappen ein wenig in die Höhe hüpft.

»Charmant!«, antwortet der Major mit schnarrender Aussprache des r, gibt seinem Pferd einen Schlag mit der Peitsche und reitet näher an den General heran. *»C'est un vrai plaisir que la guerre dans un aussi beau pays«,* sagt er.

»Et surtout en bonne compagnie«, fügt der General mit einem liebenswürdigen Lächeln hinzu.

Der Major verbeugt sich.

In diesem Augenblick kommt mit schnellem, unangenehmem Zischen eine feindliche Kanonenkugel vorbeigeflogen und schlägt gegen etwas; hinter uns ist das Stöhnen eines Verwundeten zu vernehmen. Dieses Stöhnen wirkt auf mich so seltsam, daß das kriegerische Bild für mich sofort seinen ganzen Reiz verliert; aber außer mir scheint niemand es zu beachten: Der Major lacht, wie es mir vorkommt, sehr herzlich; ein anderer Offizier wiederholt mit der

[1] Die Fähnchen haben bei den Bergbewohnern fast die Bedeutung von Fahnen, nur mit dem Unterschiede, daß jeder Dschigit sich ein Fähnchen beschaffen und es führen darf.

größten Seelenruhe die Anfangsworte seines unterbrochenen Satzes; der General blickt nach der entgegengesetzten Seite hin und sagt mit dem ruhigsten Lächeln etwas auf französisch.

»Befehlen Sie, auf ihre Schüsse zu antworten?«, fragt der herbeigaloppierende Befehlshaber der Artillerie.

»Ja, jagen Sie ihnen einen Schrecken ein«, erwidert der General lässig und raucht eine Zigarre an. Die Batterie macht sich gefechtsbereit, und es beginnt eine Kanonade. Die Erde stöhnt von den Schüssen; fortwährend blitzt Feuer auf, und der Rauch, in dem man die sich bei den Geschützen bewegende Bedienungsmannschaft kaum unterscheiden kann, benimmt einem den Ausblick.

Ein Aul ist beschossen worden. Wieder kommt Oberst Chasanow herbeigeritten und jagt dann auf Befehl des Generals nach dem Aul. Von neuem erschallt der Kampfruf, und die Kavallerie verschwindet in einer von ihr aufgeregten Staubwolke.

Das Schauspiel war wahrhaft großartig. Nur eines verdarb mir als einem am Kampf Unbeteiligten und an all dergleichen nicht Gewöhnten den Gesamteindruck, nämlich der Umstand, daß mir sowohl diese Angriffsbewegung als auch die Begeisterung und das Geschrei überflüssig vorkamen. Unwillkürlich mußte ich an einen Menschen denken, der mit einem Beile weit und wuchtig ausholt, um die Luft zu spalten.

IX

Der Aul war schon von unseren Truppen besetzt, und vom Feind war keine Menschenseele in ihm zurückgeblieben, als der General mit seiner Suite, zu der auch ich mich gesellt hatte, zu ihm hinritt.

Die langen, reinlichen Hütten mit den flachen Erddächern und den hübschen Schornsteinen lagen auf unebenen, steinigen Hügeln zerstreut, zwischen denen ein kleiner Fluß floß. Auf der einen Seite sah man grüne, vom hellen Sonnenlicht beleuchtete Gärten mit gewaltigen Birnen- und Pflaumenbäumen; auf der anderen ragten seltsame Schatten auf, die senkrecht stehenden hohen Grabsteine eines Friedhofs und lange hölzerne Stangen, an deren Enden Kugeln und buntfarbige Fähnchen befestigt waren. (Dies waren Gräber von Dschigiten.)

Die Truppen standen in Reih und Glied vor dem Tor.

Eine Minute darauf zerstreuten sich die Dragoner, Kosaken und Infanteristen mit sichtlicher Freude in den krummen Gassen, und der öde Aul gewann im Augenblick Leben. Hier wurde ein Dach zerstört; ein Beil schlug gegen starkes Holz und zertrümmerte eine Brettertür; dort wurde ein Heuschober, ein Zaun, eine Hütte angezündet, und dichter Rauch erhob sich säulenartig in der klaren Luft. Da schleppte ein Kosak einen Sack mit Mehl und einen Teppich; ein Soldat trug mit freudestrahlendem Gesicht aus einer Hütte eine blecherne Waschschüssel und einen Lappen heraus; ein anderer bemühte sich mit ausgebreiteten Armen zwei Hühner zu greifen, die ängstlich schreiend an einem Zaun hin und her liefen; ein dritter hatte irgendwo einen großen Topf mit Milch gefunden, trank daraus und warf ihn dann mit lautem Gelächter auf die Erde.

Das Bataillon, mit dem ich aus der Festung NN. gekommen war, befand sich ebenfalls im Aul. Der Hauptmann saß auf dem Dache einer Hütte und blies aus seinem kurzen Pfeifchen Rauchstreifen seines »sambrotalischen Tabaks« mit so gleichmütiger Miene in die Luft, daß ich bei seinem Anblicke ganz vergaß, daß ich mich in einem feindlichen Aul befand und es mir vorkam, als sei ich hier völlig zu Hause.

»Ah, Sie sind auch hier?«, sagte er, als er mich bemerkte.

Die hohe Gestalt des Leutnants Rosenkrantz lief bald hier, bald da im Aul umher: er traf unaufhörlich Anordnungen und machte ein Gesicht, als sei er in einer höchst sorgenvollen Tätigkeit begriffen. Ich sah, wie er mit feierlicher Miene aus einer Hütte herauskam; hinter ihm führten zwei Soldaten einen gebundenen alten Tataren. Der Alte, dessen ganze Bekleidung aus einem in Lumpen zerfallenen bunten Beschmet und zerrissenen Beinkleidern bestand, war so gebrechlich, daß seine hinter dem gekrümmten Rücken fest zusammengebundenen Arme sich anscheinend kaum an den Schultern hielten und die krummen Beine und nackten Füße sich nur mit Mühe weiterbewegten. Sein Gesicht und sogar ein Teil des rasierten Kopfs waren von tiefen Furchen durchzogen; der schiefgezogene, zahnlose Mund, der von einem grauen, kurzgeschnittenen Vollbarte umgeben war, bewegte sich fortwährend, wie wenn er etwas kaute; aber in den roten, wimperlosen Augen leuchtete noch Feuer und kam deutlich eine greisenhafte Gleichgültigkeit gegen das Leben zum Ausdruck.

Rosenkrantz fragte ihn durch Vermittlung des Dolmetschers, warum er nicht mit den anderen davongegangen sei.

»Wohin soll ich gehen?«, antwortete er, ruhig zur Seite blickend.

»Dahin, wohin die anderen gegangen sind«, bemerkte jemand.

»Die Dschigiten sind ausgezogen, um gegen die Russen zu kämpfen; aber ich bin ein alter Mann.«

»Fürchtest du dich denn nicht vor den Russen?«

»Was können mir die Russen tun? Ich bin ein alter Mann«, antwortete er wieder und sah gleichgültig in dem Kreis umher, der sich um ihn gebildet hatte.

Als ich zurückkam, sah ich, wie dieser alte Mann, ohne Mütze, mit zusammengebundenen Armen, hin und her gerüttelt hinter dem Sattel eines Linienkosaken saß und mit demselben teilnahmslosen Ausdruck um sich blickte. Er war für den Austausch der Gefangenen notwendig.

Ich stieg auf das Dach hinauf und setzte mich neben den Hauptmann.

»Der Feind scheint nicht sehr zahlreich gewesen zu sein«, sagte ich zu ihm in der Absicht, seine Ansicht über den stattgefundenen Kampf kennen zu lernen.

»Der Feind?«, wiederholte er erstaunt. »Der ist ja überhaupt nicht dagewesen. Kann man das etwa ›den Feind‹ nennen? Passen Sie mal am Abend auf, wenn wir zurückmarschieren werden; dann werden Sie sehen, wie sie anfangen werden, uns zu begleiten und was für eine Menge von ihnen dort zum Vorschein kommen wird!«, fügte er hinzu und wies mit der Pfeife nach dem Waldweg, auf dem wir am Morgen gekommen waren.

»Was ist da los?«, fragte ich, beunruhigt den Hauptmann unterbrechend, und zeigte auf eine Anzahl Donscher Kosaken, die sich nicht weit von uns um irgend etwas zusammengeschart hatten.

In ihrer Mitte erscholl etwas, was mit dem Weinen eines Kindes Ähnlichkeit hatte, und wir hörten die Worte:

»Ach, schlag ihn nicht tot … warte … jemand wird es noch sehen … Hast du ein Messer, Iewstignejitsch? … Gib her das Messer …«

»Sie teilen etwas, die Schufte«, sagte der Hauptmann ruhig.

Aber in demselben Augenblicke kam plötzlich der hübsche Fähnrich mit glühendem, erschrockenem Gesichte um eine Ecke herumgelaufen und stürzte, erregt die Arme bewegend, zu den Kosaken hin.

»Rührt es nicht an, schlagt es nicht!«, rief er mit seiner kindlichen Stimme.

Als die Kosaken den Offizier sahen, traten sie auseinander und ließen einen jungen weißen Ziegenbock aus den Händen. Der junge Fähnrich war vollständig konsterniert, murmelte etwas und blieb mit verlegenem Gesicht vor dem Tier stehen. Als er auf dem Dach mich und den Hauptmann erblickte, errötete er noch mehr und kam, hinaufspringend, zu uns gelaufen.

»Ich glaubte, sie wollten da ein Kind töten«, sagte er mit schüchternem Lächeln.

X

Der General ritt mit der Kavallerie vorn. Das Bataillon, mit dem ich aus der Festung NN. gekommen war, blieb in der Nachhut. Die Kompagnie des Hauptmanns Chlopow und die des Leutnants Rosenkrantz traten den Rückmarsch zusammen an.

Die Prophezeiung des Hauptmanns ging vollständig in Erfüllung: Sowie wir in den schmalen Waldweg eingebogen waren, von dem er gesprochen hatte, begannen auch auf beiden Seiten unaufhörlich Bergbewohner zu Pferd und zu Fuß umherzuhuschen, und zwar so nahe, daß ich ganz deutlich sah, wie manche in gebückter Haltung mit der Flinte in der Hand von einem Baum zum andern herüberliefen.

Der Hauptmann nahm die Mütze ab und bekreuzte sich andächtig; mehrere alte Soldaten taten dasselbe. Im Wald hörte man den Kampfruf und die Worte: »Iai gjaur! Uruß iai!«, Trocken und kurz klingende Flintenschüsse folgten einer auf den andern, und die Kugeln pfiffen von beiden Seiten. Die Unsrigen antworteten schweigend mit Lauffeuer; in ihren Reihen wurden nur ab und zu Bemerkungen von folgender Art laut: »›Er‹[1] schießt von da; ›er‹ hat es leicht aus dem Walde; Geschütze müßten wir haben«, und so weiter.

Die Geschütze rückten in die Linie ein, und nach einigen Kartätschensalven schien der Feind zu ermatten; aber einen Augenblick darauf wurden das Feuer, das Geschrei und der Kampfruf wieder stärker und steigerten sich mit jedem Schritte, den die Truppen vorwärts taten.

Kaum waren wir etwa tausend Schritte von dem Aul entfernt, als feindliche Kanonenkugeln pfeifend über uns hinwegzufliegen anfingen. Ich sah, wie ein Soldat von einer solchen Kugel getroffen wurde … aber wozu die Einzelheiten dieses furchtbaren Bildes er-

[1] »Er« ist ein Sammelname, unter dem die kaukasischen Soldaten den jedesmaligen Feind verstehen.

zählen, da ich doch selbst viel darum geben würde, wenn ich es vergessen könnte.

Der Leutnant Rosenkrantz schoß selbst aus seiner Büchse, ohne auch nur einen Augenblick zu pausieren, schrie mit heiserer Stimme den Soldaten Befehle zu und galoppierte, was das Pferd nur laufen konnte, von einem Ende der Linie zum andern. Er war ein wenig blaß; aber das stand seinem kriegerischen Gesicht sehr gut.

Der hübsche Fähnrich war begeistert: Seine schönen schwarzen Augen blitzten von Kühnheit, der Mund lächelte leise; er kam unaufhörlich zum Hauptmann herangeritten und bat ihn um die Erlaubnis, mit Hurra einen Bajonettangriff machen zu dürfen.

»Wir werfen sie zurück«, sagte er im Ton fester Überzeugung; »wir werfen sie sicher zurück.«

»Nicht nötig«, erwiderte der Hauptmann kurz; »wir müssen zurückmarschieren.«

Die Kompagnie des Hauptmanns hatte den buschigen Waldrand besetzt und erwiderte liegend das Feuer des Feindes. Der Hauptmann, in seinem abgetragenen Rock und seiner schäbigen Mütze, hatte seinem kleinen Schimmel die Zügel gelassen, die Beine in den kurzen Steigbügeln krummgezogen und hielt so schweigend auf einem Fleck. (Die Soldaten kannten und erfüllten ihre Obliegenheiten so gut, daß es nicht nötig war, ihnen Befehle zu erteilen.) Nur ab und zu erhob er seine Stimme und schrie diejenigen an, die die Köpfe in die Höhe hoben. Die Gestalt des Hauptmanns machte einen sehr wenig kriegerischen Eindruck; aber dafür prägte sich in ihr ein so schlichtes, echtes Wesen aus, daß sie mir außerordentlich imponierte. »Das ist ein wahrhaft tapferer Mann!«, sagte ich mir unwillkürlich.

Er war ganz derselbe, wie ich ihn immer gesehen hatte: dieselben ruhigen Bewegungen, dieselbe gleichmäßige Stimme, derselbe Ausdruck von Geradheit auf seinem unschönen, aber schlichten Gesicht. Nur an seinem heller als sonst gewöhnlich leuchtenden Blick konnte man bei ihm die Achtsamkeit eines Mannes erkennen, der in Ruhe mit seiner Aufgabe beschäftigt ist. Es ist leicht gesagt: »ganz derselbe wie immer«; aber wie viele verschiedene Nuancen habe ich bei anderen beobachtet: der eine möchte ruhiger als sonst scheinen, ein anderer finsterer, ein dritter heiterer; aber dem Gesichte des Hauptmanns war anzusehen, daß er gar nicht verstand, was es für Zweck habe, etwas zu scheinen.

Der Franzose, der bei Waterloo sagte: *»La garde meurt, mais ne se rend pas«*, und andere, besonders französische Helden, welche denkwürdige Aussprüche getan haben, waren tapfer, und ihre Aussprüche waren wirklich denkwürdig; aber zwischen ihrer Tapferkeit und der des Hauptmanns besteht ein Unterschied: Selbst wenn bei irgendeiner Gelegenheit ein großes Wort in der Seele meines Helden rege geworden wäre, so würde er (davon bin ich überzeugt) es doch nicht ausgesprochen haben, erstens weil er gefürchtet haben würde, gerade durch das Aussprechen des großen Wortes das große Werk zu verderben, und zweitens weil, wenn ein Mensch in sich die Kraft fühlt, ein großes Werk auszuführen, jedes wie auch immer geartete Wort überflüssig ist. Das ist meiner Ansicht nach ein besonderer, schöner Charakterzug der russischen Tapferkeit; und wie sollte es da für ein russisches Herz nicht schmerzlich sein, wenn man aus dem Mund unserer jungen Krieger wertlose französische Phrasen hört, die das veraltete französische Rittertum nachahmen möchten?

Plötzlich erscholl auf der Seite, wo der hübsche Fähnrich mit seiner Korporalschaft stand, ein nicht einheitliches und nicht lautes Hurra. Als ich mich nach diesem Geschrei umsah, erblickte ich etwa dreißig Soldaten, die mit den Gewehren in der Hand und den Rucksäcken auf den Schultern mit größter Mühe und Anstrengung über ein gepflügtes Feld liefen. Sie stolperten, kamen aber doch vorwärts und schrien. Ihnen voran sprengte mit gezogenem Säbel der junge Fähnrich.

Alles verschwand im Wald.

Nach einigen Minuten, die von Kampfgeschrei und Gewehrknattern ausgefüllt waren, kam aus dem Wald ein scheu gewordenes Pferd herausgelaufen, und am Waldrand erschienen Soldaten, welche

Getötete und Verwundete heraustrugen, unter den letzteren befand sich auch der junge Fähnrich. Zwei Soldaten hielten ihn untergefaßt. Er war blaß wie Leinwand, und sein hübsches Köpfchen, an dem nur ein schwacher Schatten jener kriegerischen Begeisterung wahrzunehmen war, die seine Züge noch eine Minute vorher belebt hatte, war in schrecklicher Weise zwischen den Schultern eingesunken und hing auf die Brust herab. Auf dem weißen Hemd unter dem aufgeknöpften Rock war ein kleiner Blutfleck sichtbar.

»Ach, welch ein Jammer!«, sagte ich unwillkürlich und wandte mich von diesem traurigen Schauspiele ab.

»Gewiß, es ist schade«, sagte ein alter Soldat, der mit finsterer Miene, sich mit dem Ellbogen auf das Gewehr stützend, neben mir stand. »Er fürchtet sich vor nichts: Wie ist das nur möglich!«, fügte er hinzu und blickte unverwandt nach dem Verwundeten hin. »Er ist noch dumm; da hat er es nun gebüßt.«

»Aber du, fürchtest du dich denn?«, fragte ich. »Na und ob!«

XI

Vier Soldaten trugen den Fähnrich auf einer Tragbahre; hinter ihnen führte ein Trainsoldat ein mageres, invalides Pferd, das mit zwei grünen Kasten bepackt war, welche das medizinische Handwerkszeug enthielten. Man wartete auf den Arzt. Die Offiziere, kamen zu der Tragbahre herangeritten und suchten den Verwundeten zu ermutigen und zu trösten.

»Na, Bruder Alanin, so bald wirst du nun nicht wieder mit Kastagnetten tanzen können«, sagte lächelnd der Leutnant Rosenkrantz, der ebenfalls herbeigekommen war.

Er glaubte wohl, diese Worte würden den Mut des hübschen Fähnrichs aufrechterhalten; aber soweit sich das aus dem kalten, traurigen Ausdruck des Blickes des letzteren erkennen ließ, brachten diese Worte nicht die gewünschte Wirkung hervor.

Auch der Hauptmann kam herangeritten. Er betrachtete den Verwundeten unverwandt, und auf seinem sonst immer so gleichmütigen, kalten Gesichte prägte sich ein herzliches Mitleid aus.

»Nun, mein lieber Anatoli Iwanowitsch«, sagte er mit einer Stimme, in der sich eine so zärtliche Teilnahme bekundete, wie ich sie von ihm gar nicht erwartet hätte, »Gott hat es offenbar so gewollt.«

Der Verwundete sah sich um; sein blasses Gesicht wurde von einem traurigen Lächeln belebt.

»Ja, ich habe Ihnen nicht gehorcht.«

»Sagen Sie lieber: Gott hat es so gewollt«, wiederholte der Hauptmann.

Der Arzt kam, ließ sich von dem Feldscher Verbandzeug, eine Sonde und die sonstigen Bedarfsgegenstände geben, streifte sich die Ärmel auf und trat mit einem ermutigenden Lächeln an den Verwundeten heran.

»Na, da haben die offenbar auch Ihnen an einer heilen Stelle ein Löchelchen gemacht«, sagte er in scherzhaftem, lässigem Tone. »Zeigen Sie doch mal!«

Der Fähnrich gehorchte; aber in dem Ausdruck, mit dem er den heiteren Arzt ansah, lag Verwunderung und Vorwurf, was dieser letztere aber nicht bemerkte. Er machte sich daran, die Wunde zu sondieren und von allen Seiten zu betrachten; aber der Verwundete verlor die Geduld und schob, schwer stöhnend, die Hand des Arztes beiseite.

»Lassen Sie mich«, sagte er kaum hörbar; »es ist alles gleich; ich sterbe.«

Mit diesen Worten fiel er auf den Rücken. Fünf Minuten darauf trat ich wieder an die Gruppe heran, die sich um ihn gebildet hatte, und fragte einen Soldaten: »Was macht der Fähnrich?«, Ich erhielt die Antwort: »Er ist im Verscheiden.«

XII

Es war schon spät, als die Truppe, zu einer breiten Kolonne formiert, unter Gesang sich der Festung näherte. Die Sonne hatte sich schon hinter der schneebedeckten Gebirgskette verborgen und warf ihre letzten rosigen Strahlen auf eine lange, dünne Wolke, die an dem hellen, klaren Horizont zurückgeblieben war. Die Schneeberge begannen sich in einen lilafarbenen Nebel zu hüllen; nur ihre oberste Linie hob sich mit außerordentlicher Klarheit gegen das purpurne Licht des Sonnenunterganges ab. Der schon längst aufgegangene blasse Mond nahm auf dem dunklen Blau des Himmels allmählich eine weiße Farbe an. Das Grün des Grases und der Bäume wurde schwarz und bedeckte sich mit Tau. Die dunklen Massen der Truppen zogen mit maßvollem Lärm über eine üppige Wiese dahin; von verschiedenen Seiten her hörte man Tambourins, Trommeln und fröhliche Lieder. Der Vorsänger der sechsten Kompagnie sang aus voller Kehle, und die von Empfindung und Kraft erfüllten Klänge seines reinen Brusttenors erschollen weithin durch die reine Abendluft.

Der Holzschlag

Erzählung eines Fähnrichs

I

Im Jahre 185. um die Mitte des Winters gehörte eine Abteilung unserer Batterie zu einem Detachement, das in der Großen Tschetschnja stand. Am Abend des 14. Februar erfuhr ich, daß die Korporalschaft, die ich in Abwesenheit des Offiziers befehligte, dazu bestimmt war, am nächsten Tage einen Teil einer Kolonne zu bilden, welche Holz fällen sollte. Nachdem ich noch am Abend die nötigen Befehle empfangen und weitergegeben hatte, begab ich mich früher als gewöhnlich in mein Zelt, und da ich nicht die schlechte Gewohnheit hatte, dieses mit glühenden Kohlen zu heizen, so legte ich mich in den Kleidern auf mein Bett, das auf Pflöcken hergestellt war, zog die Fellmütze auf die Augen herunter, wickelte mich in meinen Pelz und versank in jenen eigenartigen festen, schweren Schlaf, den man in Zeiten der Aufregung und Unruhe vor einer Gefahr zu schlafen pflegt. Was mich in diesen Zustand versetzte, war die Erwartung eines Gefechtes für den bevorstehenden Tag.

Um drei Uhr morgens, als es noch völlig dunkel war, zerrte mir jemand den schön angewärmten Schafpelz vom Leibe, und das dunkelrote Licht einer Kerze fiel mir unangenehm in die verschlafenen Augen.

»Bitte, stehen Sie auf!«, sagte eine Stimme. Ich schloß von neuem die Augen, zog unbewußt den Schafpelz wieder über mich und schlief ein. »Bitte, stehen Sie auf!«, wiederholte Dmitri und schüttelte mich erbarmungslos an der Schulter; »die Infanterie rückt schon aus.« Ich kam auf einmal zur Erkenntnis der Wirklichkeit, fuhr zusammen und sprang auf die Beine. Nachdem ich schnell ein Glas Tee getrunken und mich in vereistem Wasser gewaschen hatte, kroch ich aus dem Zelt und ging in den Park (das ist der Ort, wo die Geschütze stehen). Es war dunkel, neblig und kalt. Die nächtlichen Wachtfeuer, die hier und da im Lager glühten, beleuchteten die Gestalten der verschlafenen Soldaten, die um sie herum lagen, und ließen durch ihren matten, rötlichen Schein die Dunkelheit noch dunkler erscheinen. In der Nähe hörte man gleichmäßiges, ruhiges Schnarchen, in der Ferne die Bewegungen der Infanterie, ihre Gespräche und das Klirren ihrer Gewehre; sie machte sich zum Abmarsch fertig. Es roch nach Rauch, nach Pferdemist, nach Lunte und nach Nebel. Ein morgendliches Zittern lief mir über den Rücken, und die Zähne schlugen mir wider meinen Willen aufeinander.

Nur an dem Schnauben und dem vereinzelten Stampfen konnte man in dieser undurchdringlichen Dunkelheit erkennen, wo die bespannten Protzen und Munitionswagen standen, und an den leuchtenden Punkten der Zündruten, wo sich die Geschütze befanden. Auf die Worte: »Mit Gott!«, fuhr klirrend das erste Geschütz los; hinter ihm rasselte der Munitionswagen, und die Korporalschaft setzte sich in Bewegung. Wir nahmen alle die Mützen ab und bekreuzten uns. Nachdem die Korporalschaft in einen Zwischenraum zwischen der Infanterie eingerückt war, machte sie halt und wartete ungefähr eine Viertelstunde, bis die ganze Kolonne beisammen wäre und der Kommandeur käme.

»Nikolai Petrowitsch, bei uns fehlt ein Mann«, sagte eine an mich herantretende schwarze Gestalt, die ich nur an der Stimme als den Feuerwerker der Korporalschaft, Marimow, erkannte.

»Wer denn?«

»Welentschuk fehlt. Als angespannt wurde, war er noch da; ich habe ihn gesehen; aber jetzt fehlt er.«

Da nicht anzunehmen war, daß die Kolonne sich sofort in Bewegung setzen werde, beschlossen wir, den Gefreiten Antonow auszuschicken, um Welentschuk zu suchen. Bald darauf trabten in der Dunkelheit einige Reiter an uns vorüber: das war der Kommandeur mit seiner Suite; und unmittelbar darauf rührte sich die Spitze der Kolonne und setzte sich in Bewegung, endlich auch wir, – aber Antonow und Welentschuk waren nicht da. Indessen hatten wir noch nicht hundert Schritte zurückgelegt, als beide Soldaten uns einholten.

»Wo war er denn?«, fragte ich Antonow.

»Er schlief im Park.«

»Also ist er betrunken, ja?«

»Nicht im geringsten.«

»Wie kommt es denn, daß er wieder eingeschlafen ist?«

»Das weiß ich nicht.«

Etwa drei Stunden lang zogen wir langsam, immer schweigend und im Nebel, über ungepflügte, schneefreie Felder und durch niedriges Buschwerk, das unter den Rädern der Geschütze knirschte. Endlich, nachdem wir einen nicht tiefen, aber außerordentlich reißenden Bach überschritten hatten, wurde befohlen, haltzumachen, und bei der Avantgarde ertönten einzelne Flintenschüsse. Diese Laute wirkten, wie das immer der Fall ist, auf alle stark aufregend. Die Truppe erwachte gleichsam: die Leute rührten sich in den Reihen, man hörte sie sprechen und lachen. Hier rang ein Soldat mit einem Kameraden; dort hüpfte einer von einem Beine auf das andere; dort kaute einer seinen Zwieback oder machte zum Zeitvertreib »Präsentiert das Gewehr« und »Gewehr bei Fuß«. Gleichzeitig begann der Nebel im Osten merklich weiß zu werden; die Feuchtigkeit machte sich stärker fühlbar, und die umgebenden Gegenstände traten allmählich aus der Dunkelheit heraus. Ich unterschied schon die grünen Lafetten und Munitionswagen, das von Nebelnässe bedeckte Metall der Geschütze, die bekannten, mir ganz von selbst bis auf die kleinsten Einzelheiten vertraut gewordenen Gestalten meiner Soldaten, die braunen Pferde und die Reihen der Infanterie mit ihren hellen Bajonetten, den Brotbeuteln, den Kugelziehern und den Kochkesseln auf dem Rücken.

Bald wurde uns befohlen, wieder vorzurücken, und nachdem wir einige hundert Schritte ohne Weg marschiert waren, wurde uns ein Platz angewiesen. Auf der rechten Seite sahen wir das steile Ufer eines sich schlängelnden Flüßchens und die hohen Holzpfähle eines tatarischen Begräbnisplatzes; vorn links und geradeaus war durch den Nebel hindurch ein schwarzer Streifen wahrnehmbar. Die Korporalschaft protzte ab. Die achte Kompagnie, die uns zur Deckung diente, stellte die Gewehre zusammen, und ein Bataillon ging mit Gewehren und Äxten in den Wald.

Es waren noch nicht fünf Minuten vergangen, als auf allen Seiten Wachtfeuer zu knistern und zu rauchen anfingen; die Soldaten hatten sich zerstreut, sie fachten das Feuer mit den Händen und den Füßen an und schleppten Reisig und Äste herbei; im Wald erschollen unaufhörlich Hunderte von Äxten und fallenden Bäumen.

Die Artilleristen hatten sich, infolge einer gewissen Rivalität mit den Infanteristen, ein eigenes Wachtfeuer zurechtgemacht, und obgleich dieses schon dermaßen brannte, daß man sich ihm nicht auf zwei Schritte nähern konnte, und dichter, schwerer Rauch durch die beeisten Zweige drang, die die Soldaten auf das Feuer heraufpackten und von denen Tropfen zischend ins Feuer hineinfielen und sich unten Kohlen und abgestorbenes weißes Gras rings um das Wachtfeuer gebildet hatten, so schien das den Soldaten immer noch nicht genug: Sie schleppten ganze Stämme heran, legten Steppengras darunter und fachten die Glut immer mehr an.

Als ich zu dem Wachtfeuer trat, um mir eine Zigarette anzuzünden, holte Welentschuk, der immer eine große Geschäftigkeit bewies, jetzt aber im Bewußtsein seiner Verschuldung sich mehr als alle anderen um das Feuer bemühte, in einem Anfall von besonderem

Eifer mitten aus der Glut mit der bloßen Hand eine Kohle heraus, warf sie ein paarmal von einer Hand in die andere und ließ sie dann auf die Erde fallen.

»Steck doch einen Span an und reich den hin!«, sagte ein anderer. »Gebt doch eine Zündrute her, Brüder!«, sagte ein dritter.

Als ich schließlich ohne Welentschuks Hilfe, der noch einmal mit den Händen eine Kohle herausholen wollte, meine Zigarette angezündet hatte, rieb er seine verbrannten Finger an dem unteren Hinterteil seines Halbpelzes, hob, um sich irgendwie zu betätigen, einen großen Platanenklotz in die Höhe und warf ihn mit gewaltigem Schwunge ins Feuer. Dann endlich glaubte er sich erholen zu dürfen; er trat dicht an die Glut heran, schlug seinen Mantel auseinander, den er wie eine Mantille an dem Hinteren Kragenknopfe trug, spreizte die Beine, streckte seine großen, schwarzen Hände vor, zog den Mund schief und kniff die Augen zusammen.

»Na so was! Ich habe meine Pfeife vergessen. Ist das ein Malheur, Brüder!«, sagte er nach einem kurzen Stillschweigen, ohne sich an jemand insbesondere zu wenden.

II

In Rußland gibt es drei vorherrschende Soldatentypen, unter die sich die Soldaten aller Truppengattungen einrangieren lassen, die der Kaukasusarmee ebenso wie die von der Linie, von der Garde, der Infanterie, der Kavallerie, der Artillerie und so weiter.

Diese Haupttypen sind, von den vielen Untergruppen und Zwischenstufen abgesehen, folgende:

1. die Gehorsamen,
2. die Befehlshaberischen und
3. die Verwegenen.

Die Gehorsamen zerfallen in a) die gleichmütigen Gehorsamen, b) die geschäftigen Gehorsamen.

Die Befehlshaberischen zerfallen in a) die rauhen Befehlshaberischen und b) die höflichen Befehlshaberischen.

Die Verwegenen zerfallen in a) die spaßhaften Verwegenen und b) die liederlichen Verwegenen.

Der häufigste und zugleich liebenswürdigste, sympathischste Typus, der sich meist mit den besten christlichen Tugenden, Sanftmut, Frömmigkeit, Geduld und Ergebung in den Willen Gottes, paart, ist der Gesamttypus des Gehorsamen. Das unterscheidende Merkmal des gleichmütigen Gehorsamen ist eine durch nichts zu erschütternde Ruhe und eine Verachtung für alle Wandlungen des Geschicks, die ihn treffen können. Das unterscheidende Merkmal des trunksüchtigen Gehorsamen ist ein stiller, poetischer Hang und eine gewisse Empfindsamkeit; das unterscheidende Merkmal des geschäftigen Gehorsamen ist die Beschränktheit der geistigen Fähigkeiten, gepaart mit zwecklosem Fleiß und unnötigem Eifer.

Der Gesamttypus der Befehlshaberischen begegnet vorzugsweise bei der höheren Schicht des Militärs ohne Charge: bei Gefreiten, Unteroffizieren, Feldwebeln und so weiter, und ist in seiner ersten Untergruppe, das heißt bei den rauhen Befehlshaberischen, ein sehr vornehmer, energischer, hervorragend militärischer Typus, der einen hohen, poetischen Schwung nicht ausschließt (zu diesem Typus gehörte der Gefreite Antonow, mit dem ich den Leser bekannt zu machen beabsichtige). Die zweite Untergruppe bilden die höflichen Befehlshaberischen, die seit einiger Zeit sich stark auszubreiten anfangen. Der höfliche Befehlshaberische ist immer redegewandt und des Lesens und Schreibens kundig; er trägt ein rosa Hemd, ißt nicht aus dem gemeinsamen Kessel, raucht manchmal Musatowtabak, hält sich für etwas unvergleichlich viel Höheres als den gewöhnlichen Soldaten, ist aber selbst selten ein so guter Soldat wie der Befehlshaberische der ersten Gruppe.

Der Typus der Verwegenen ist, ganz ebenso wie der Typus der Befehlshaberischen, in seiner ersten Untergruppe gut, das heißt bei den spaßhaften Verwegenen, deren unterscheidende Merkmale eine unerschütterliche Heiterkeit, eine hervorragende Befähigung für alles Mögliche, eine reiche Naturanlage und Kühnheit sind, und ebenso gräßlich schlecht in seiner zweiten Untergruppe, das heißt bei den liederlichen Verwegenen, die jedoch (das muß zur Ehre des russischen Heeres gesagt werden) nur sehr selten vorkommen und, wenn sie vorkommen, von den übrigen Soldaten selbst wie nicht zur Kameradschaft gehörig behandelt werden. Unglaube und eine gewisse Kühnheit im Laster sind die hauptsächlichsten Charakterzüge dieser Gruppe.

Welentschuk gehörte zur Gruppe der geschäftigen Gehorsamen. Er war von Geburt Kleinrusse, diente schon fünfzehn Jahre und war zwar ein unansehnlicher und nicht sehr geschickter Soldat, aber treuherzig, gutmütig, außerordentlich eifrig, wiewohl großenteils nicht am richtigen Platze, und außerordentlich ehrlich. Ich sage: außerordentlich ehrlich, weil im vorhergehenden Jahre ein Fall vorgekommen war, bei welchem er diese charakteristische Eigenschaft in sehr augenfälliger Weise dokumentiert hatte. Ich muß vorausschikken, daß fast jeder Soldat ein Handwerk versteht. Die verbreitetsten Handwerke sind Schneiderei und Schuhmacherei. Welentschuk selbst hatte das erstere Handwerk erlernt, und wenn man danach urteilen darf, daß der Feldwebel Michail Dorofejitsch selbst sich seine Kleider von ihm machen ließ, so mußte er es darin sogar bis zu einem gewissen Grad der Vollendung gebracht haben. Im vorhergehenden Jahre hatte Welentschuk es im Lager übernommen, für Michail Dorofejitsch einen feinen Mantel anzufertigen; aber gerade in der Nacht, als er das Tuch zugeschnitten, die Zutaten hinzugefügt und beides im Zelte unter seinen Kopf gelegt hatte, geschah ihm ein Unglück: Das Tuch, das sieben Rubel gekostet hatte, kam in der Nacht abhanden! Welentschuk machte mit Tränen in den Augen, mit zitternden, blassen Lippen, sein Schluchzen mühsam unterdrükkend, dem Feldwebel davon Meldung. Michail Dorofejitsch wurde zornig. Im ersten Augenblick des Ärgers bedrohte er den Schneider; dann aber ließ er als ein wohlsituierter und gutherziger Mann die

Sache laufen und verlangte von Welentschuk nicht, daß dieser ihm den Wert des Mantels ersetze. Wie sehr sich auch der geschäftige Welentschuk bemühte, wieviel er auch weinte und allen von seinem Unglück erzählte, der Dieb fand sich nicht. Es bestand allerdings ein starker Verdacht gegen einen liederlichen, verwegenen Soldaten namens Tschernow, der mit ihm in demselben Zelt schlief; aber positive Beweise waren nicht vorhanden. Michail Dorofejitsch, der zu den höflichen Befehlshaberischen gehörte, hatte als vermögender Mann (er trieb gewisse Geschäftchen mit dem Capitaine d'armes und dem Vorsteher der Speisegenossenschaft, den Aristokraten der Batterie) bald den Verlust seines Mantels ganz vergessen; Welentschuk dagegen vergaß sein Unglück nicht. Die Soldaten sagten, sie hätten damals gefürchtet, er könne Hand an sich legen oder in die Berge davonlaufen: so stark hatte dieses Unglück auf ihn gewirkt. Er trank nicht, aß nicht, war nicht einmal imstande zu arbeiten und weinte beständig. Nach drei Tagen erschien er bei Michail Dorofejitsch, holte ganz blaß mit zitternder Hand aus dem Ärmelaufschlag ein Goldstück hervor und gab es ihm. »Weiß Gott, es ist mein letztes Geld, Michail Dorofejitsch, und auch das habe ich mir erst von Schdanow geborgt«, sagte er, von neuem schluchzend; »und ich werde Ihnen bei Gott auch die noch fehlenden zwei Rubel bringen, sobald ich sie durch meine Arbeit mir werde verdient haben. Er« (wer »er« war, das wußte auch Welentschuk selbst nicht) »hat mich in Ihren Augen zu einem Schurken gemacht. Er, diese tückische, gemeine Seele, hat seinem Kameraden das Letzte genommen, was der hatte, seine Ehre; und ich diene schon fünfzehn Jahre …« Zu Michail Dorofejitschs Ehre muß gesagt werden, daß er von Welentschuk die noch fehlenden zwei Rubel nicht annahm, als dieser sie ihm zwei Monate später brachte.

III

Außer Welentschuk wärmten sich am Wachtfeuer noch fünf Soldaten von meiner Korporalschaft.

Auf dem besten Platz, wo man vor dem Winde geschützt war, saß auf einem Tönnchen der Feuerwerker der Korporalschaft, Maximow, und rauchte eine kurze Pfeife. An der Haltung, dem Blick und allen Bewegungen dieses Mannes war zu merken, daß er zu befehlen gewohnt und sich seines eigenen Wertes bewußt war, gar nicht zu reden von dem Tönnchen, auf dem er saß und das an einem Rastort das Emblem der Würde bildet, und von seinem mit Nanking überzogenen Halbpelz.

Als ich herantrat, drehte er seinen Kopf nach mir hin; aber seine Augen blieben auf das Feuer gerichtet, und erst weit später wandte sein Blick, der Richtung des Kopfes folgend, sich mir zu. Maximow war ein Einhöfer, besaß Geld und hatte in der Lehrbrigade Unterricht erhalten und sich Gelehrsamkeit erworben. Er war furchtbar reich und furchtbar gelehrt, wie die Soldaten sagten. Ich erinnere mich, wie er einmal bei einer Übung im Bogenschuß mit dem Quadranten den um ihn gescharten Soldaten erklärte, die Wasserwaage »sei nichts Anderes, als es komme davon her, daß das atmosphärische Quecksilber seine Bewegung habe«. In Wirklichkeit war Maximow keineswegs dumm und verstand seine Sache vorzüglich; aber es war ihm die unglückselige, sonderbare Manier eigen, manchmal absichtlich so zu sprechen, daß es unmöglich war, ihn zu verstehen, und daß, wie ich überzeugt bin, er selbst seine Worte nicht verstand. Besonders liebte er die Ausdrücke: »Es kommt davon her, daß« und »In weiterem Verfolg«, und wenn er sagte: »Es kommt davon her, daß« oder »In weiterem Verfolg«, so wußte ich gewöhnlich schon im voraus, daß ich von allem Nachfolgenden nichts verstehen würde. Die Soldaten dagegen hörten, soviel ich bemerken konnte, sein »Es kommt davon her, daß« sehr gern und vermuteten, daß ein tiefer Sinn dahinter stecke, obgleich sie, gerade wie ich, kein

Wort verstanden. Aber dieses Nichtverstehen fühlten sie nur auf ihre eigene Dummheit zurück und achteten Fedor Maximowitsch nur um so höher. Kurz gesagt, Maximow gehörte zu den höflichen Befehlshaberischen.

Der zweite Soldat, der sich beim Feuer die Stiefel auf seine muskulösen, roten Beine zog, war Antonow – eben jener Bombardier Antonow, der schon im Jahre 37, als er ohne Bedeckungsmannschaft bei einem einzigen Geschütz zurückgeblieben war, sich durch Schießen gegen einen starken Feind verteidigt und mit zwei Fintenkugeln im Schenkel fortgefahren hatte, am Geschütz hin und her zu gehen und es zu laden. »Er müßte schon längst Feuerwerker sein, wenn er nicht so einen Charakter hätte«, sagten die Soldaten von ihm. Und in der Tat hatte er einen seltsamen Charakter: in nüchternem Zustande war er der ruhigste, friedlichste, ordentlichste Mensch, den es nur geben konnte; wenn er aber getrunken hatte, wurde er ein ganz anderer Mensch: er erkannte keine Vorgesetzten mehr an, suchte Händel, prügelte sich und wurde als Soldat völlig unbrauchbar. Erst vor einer Woche hatte er sich in der Butterwoche dem Trunk ergeben und war trotz aller Drohungen und Vermahnungen und trotz des Anbindens an die Kanone bis zum ersten Montag in den Fasten aus der Betrunkenheit und Krakeelerei nicht herausgekommen. Während der ganzen Fastenzeit aber nährte er sich trotz des Befehls, daß auf der Expedition die ganze Mannschaft gewöhnliche Kost und nicht Fastenspeise essen solle, nur von Zwieback und nahm in der ersten Woche nicht einmal das festgesetzte Stof[1] Branntwein an. Übrigens mußte man diese kleine, eisenstarke Gestalt mit den kurzen, nach auswärts gebogenen Beinen und dem glänzenden, schnurrbärtigen Gesicht sehen, wenn er, ein bißchen angesäuselt, die Balalaika in die sehnigen Hände nahm und, geringschätzig um sich blickend, die »Gnädige Frau« anstimmte, oder wenn er, den Mantel mit den daran baumelnden Orden lose umge-

[1] = 1,23 Liter.

hängt, die Hände in den Taschen seiner blauen Nankinghose, auf der Straße ging, – man mußte den Ausdruck soldatischen Stolzes und der Verachtung für alles Nichtsoldatische sehen, der dann auf seinem Gesichte spielte, um zu begreifen, daß es ihm in solchen Augenblikken schlechterdings unmöglich war, mit einem gegen ihn grob werdenden oder auch einfach ihm in den Weg kommenden Offiziersburschen, Kosaken, Infanteristen oder einem Ansiedler, überhaupt mit einem Nichtartilleristen sich nicht zu prügeln. Er suchte Händel und prügelte sich nicht sowohl zu seinem eigenen Vergnügen, als um den Geist des ganzen Soldatenstandes aufrechtzuerhalten, als dessen Vertreter er sich fühlte.

Der dritte Soldat, der neben dem Feuer kauerte, mit einem Ring im Ohr, einem borstigen Schnurrbärtchen, einem Vogelgesicht und mit einer kleinen Porzellanpfeife zwischen den Zähnen, war der Fahrer Tschikin. Tschikin, »der liebe Mensch«, wie ihn die Soldaten nannten, war ein Spaßmacher. Bei der strengsten Kälte, bis an die Knie im Schmutz, zwei Tage ohne Essen, auf dem Feldzuge, bei der Musterung, beim Exerzieren, immer und überall schnitt der liebe Mensch Grimassen, machte mit den Beinen Kapriolen und führte solche Scherzreden, daß sich die ganze Korporalschaft vor Lachen schüttelte. Am Rastorte oder im Lager sammelte sich um Tschikin stets ein Kreis von jungen Soldaten; er spielte mit ihnen entweder Filka[1] oder erzählte ihnen Geschichtchen von dem schlauen Soldaten und dem englischen Mylord oder stellte einen Tataren oder einen Deutschen vor oder machte einfach seine Bemerkungen, über die alle vor Lachen sterben wollten. Allerdings stand sein Ruf als Spaßmacher in der Batterie schon so fest, daß er nur den Mund aufzumachen und mit den Augen zu zwinkern brauchte, um ein allgemeines Gelächter hervorzurufen; aber es steckte tatsächlich in ihm viel echte, überraschende Komik. Er verstand es, an jedem Dinge etwas Besonderes zu sehen, etwas, was anderen gar nicht in den Kopf

[1] Ein bei den Soldaten beliebtes Kartenspiel.

kam, und was die Hauptsache war, diese Fähigkeit, an allem etwas Komisches zu sehen, hielt jeder Probe stand.

Der vierte Soldat war ein junger, unansehnlicher Bursche, ein Rekrut von der vorjährigen Aushebung, der zum erstenmal an einem Feldzug teilnahm. Er stand im dicksten Rauch da und so nahe am Feuer, daß es schien, als werde sein abgescheuerter Halbpelz jeden Augenblick anbrennen; aber trotzdem konnte man an seinen zurückgeschlagenen Schößen und an seiner ruhigen, selbstzufriedenen Haltung mit den herausgedrückten Waden sehen, daß er das größte Vergnügen empfand.

Der fünfte Soldat endlich, der ein wenig abseits vom Wachtfeuer saß und ein Stöckchen zurechtschabte, war Onkelchen Schdanow. Schdanow war an Dienstjahren der älteste von allen Soldaten in der Batterie; er hatte alle schon als Rekruten gekannt, und alle nannten ihn aus alter Gewohnheit Onkelchen. Wie es hieß, trank er niemals, rauchte nicht, spielte nicht Karten, nicht einmal Nase[1], nahm nie ein häßliches Schimpfwort in den Mund. In seiner ganzen dienstfreien Zeit beschäftigte er sich mit Schuhmacherei; an Feiertagen aber ging er in die Kirche, wo das möglich war, oder stellte eine Kerze für eine Kopeke vor dem Heiligenbild auf und nahm den Psalter vor, das einzige Buch, in dem er lesen konnte. Mit den anderen Soldaten gab er sich wenig ab: Gegen diejenigen, die im Rang über ihm standen, obwohl sie weniger Lebensjahre zählten, benahm er sich mit kühlem Respekt; den ihm Gleichgestellten näher zu treten, hatte er als Nichttrinker wenig Gelegenheit; aber besonders liebte er die Rekruten und die jungen Soldaten; diese nahm er immer unter seinen Schutz, gab ihnen gute Lehren und half ihnen oft. Alle in der Batterie hielten ihn für einen Kapitalisten, weil er ungefähr fünfundzwanzig Rubel besaß, die er gern einem Soldaten lieh, der wirklich in Not war. Eben jener Maximow, der jetzt Feuerwerker war, hat mir erzählt, als er vor zehn Jahren als Rekrut angekommen sei und die alten Saufbrüder sein mit-

[1] Ein sehr einfaches Spiel, bei dem der Verlierer mit den Karten auf die Nase geschlagen wird.

gebrachtes Geld mit ihm vertrunken hätten, da habe Schdanow, der seine unglückliche Lage bemerkt habe, ihn zu sich gerufen, ihn wegen seiner Aufführung streng gescholten, ja sogar geschlagen, ihm gehörig die Leviten gelesen, wie man als Soldat leben müsse, und, als er ihn wieder fortgeschickt habe, ihm ein Hemd gegeben, da er, Maximow, keines mehr gehabt habe, sowie einen halben Rubel Geld. »Er hat aus mir einen Menschen gemacht«, sagte Maximow selbst immer von ihm voll Hochachtung und Dankbarkeit. Er war es auch, der dem armen Welentschuk, seinem Schützling von der Rekrutenzeit an, bei dem Unglück mit dem abhanden gekommenen Mantel geholfen hatte; und so hatte er noch vielen, vielen anderen während seiner fünfundzwanzigjährigen Dienstzeit beigestanden.

Was den Dienst anlangt, so konnte man sich keinen Soldaten denken, der seine Sache besser verstanden hätte und tapferer und ordentlicher gewesen wäre; aber er war gar zu still und unansehnlich, als daß er hätte zum Feuerwerker befördert werden können, obwohl er schon seit fünfzehn Jahren Bombardier war. Schdanows einzige Freude, ja sogar seine Leidenschaft waren Lieder; besonders gewisse Lieder liebte er sehr und versammelte immer einen aus jungen Soldaten bestehenden Kreis von Sängern um sich; er stand dann, obwohl er selbst nicht singen konnte, bei ihnen, steckte die Hände in die Taschen seines Halbpelzes, kniff die Augen zusammen und drückte durch Bewegungen des Kopfes und der Kinnbacken seine Teilnahme aus. Ich weiß nicht, woher es kam, aber diese gleichmäßige Bewegung der Kinnbacken unter den Ohren, die ich außer an ihm an sonst niemandem wahrgenommen habe, fand ich außerordentlich ausdrucksvoll. Sein schneeweißer Kopf, der gewichste schwarze Schnurrbart und das sonngebräunte, runzelige Gesicht verliehen ihm auf den ersten Blick ein strenges, finsteres Aussehen; aber sobald man aufmerksamer in seine großen, runden Augen hineinblickte, namentlich wenn sie lächelten (mit den Lippen lachte er niemals), so überraschte einen auf einmal etwas ungewöhnlich Sanftes, beinahe Kindliches.

IV

»Na so was! Ich habe meine Pfeife vergessen. Ist das ein Malheur, Brüder!«, wiederholte Welentschuk.

»Du solltest Zicharren[1] rauchen, lieber Mensch!«, sagte Tschikin, indem er den Mund schief zog und mit den Augen zwinkerte. »Ich rauche auch immer zu Hause Zicharren, die schmecken schöner.«

Selbstverständlich wollten sich alle ausschütten vor Lachen.

»Na ja, nun hat er seine Pfeife vergessen«, unterbrach ihn Maximow, ohne das allgemeine Gelächter zu beachten, und klopfte mit Feldherrnmiene stolz seine Pfeife auf die linke Handfläche aus. »Wo hast du denn heute gesteckt? Sag mal, Welentschuk!«

Welentschuk drehte sich halb zu ihm hin, machte Anstalten, die Hand zur Mütze zu erheben, ließ sie dann aber wieder sinken.

»Du hast offenbar deinen gestrigen Rausch nicht ausgeschlafen, daß du im Stehen einschläfst. Das ist wahrhaftig kein Verhalten, für das man euch Menschen loben könnte.«

»Möge ich gleich auf der Stelle platzen, Fedor Maximowitsch, wenn ich auch nur einen Tropfen habe in meinen Mund kommen lassen; ich weiß selbst nicht, was mit mir los war«, antwortete Welentschuk. »Soll mich wohl vor Freude betrunken haben?«, brummte er.

»Na ja; da ist man nun den Vorgesetzten gegenüber für euch Menschen verantwortlich; aber ihr treibt es immer in derselben Weise weiter, – in ganz ungehöriger Weise«, schloß der redekundige Maximow in schon ruhigerem Ton.

»Es war ganz wunderlich, Brüder«, fuhr Welentschuk nach minutenlangem Schweigen fort, indem er sich am Nacken kratzte und sich an niemand insbesondere wandte, »wirklich, ganz wunderlich, Brüder! Sechzehn Jahre lang diene ich nun schon, aber so etwas ist mir noch nicht vorgekommen. Als befohlen wurde, zum Appell anzutreten, da war ich zur Stelle, wie es sich gehört, – ich spürte nichts

[1] »Zicharren« nennt der einfache Russe aus Zeitungspapier gedrehte und mit minderwertigem Tabak gefüllte Zigaretten.

an mir; aber im Parke packte es mich auf einmal … es packte mich unwiderstehlich und warf mich auf die Erde, und damit war's fertig. Und wie ich eingeschlafen bin, das habe ich selbst nicht gemerkt, Brüder! Es muß eine wahre Schlafsucht über mich gekommen sein«, schloß er.

»Ich habe dich ja auch nur mit Gewalt wach gekriegt«, sagte Antonow, während er sich den einen Stiefel anzog. »Ich stieß dich und stieß dich, aber da lagst du wie ein Holzklotz!«

»Siehst du wohl«, bemerkte Welentschuk; »wenn ich noch betrunken gewesen wäre …«

»So war auch bei uns zu Hause ein Weib«, begann Tschikin, »die kam fast zwei Jahre lang nicht vom Ofen herunter. Da wollten die Leute sie einmal wecken; sie dachten, sie schliefe; aber sie lag da und war tot. Die war auch immer so schlafsüchtig gewesen. Ja, ja, lieber Mensch!«

»Erzähle doch mal, Tschikin, wie du dich während deines Urlaubs aufgespielt hast«, sagte Maximow und blickte mich lächelnd an, wie wenn er sagen wollte: »Hätten Sie nicht Lust, den dummen Menschen auch einmal anzuhören?«

»Wieso aufgespielt, Fedor Maximowitsch?«, erwiderte Tschikin und warf mir einen schrägen, flüchtigen Blick zu. »Ich habe ihnen nur erzählt, wie es im Kaukasus zugeht.«

»Na ja, gewiß, gewiß! Zier dich nur nicht … erzähle, was du ihnen aufgebunden hast!«

»Aufgebunden habe ich ihnen allerdings etwas. Sie fragten mich, wie wir leben«, begann Tschikin in schneller Redeweise mit der Miene eines Menschen, der schon mehrere Male dasselbe erzählt hat; »ich sagte ihnen: ›Wir leben gut, liebe Leute; zu essen bekommen wir reichlich; morgens und abends erhält jeder Soldat eine Tasse Schokolade, und zu Mittag gibt es herrschaftliche Suppe, glühend heiß, aus Perlgraupen und Reis, und statt des Branntweins pro Mann ein Stof Modera, stark und würzig, kostet ohne Flasche zweiundvierzig!‹«

»Famoser Modera!«, fiel Welentschuk ein, der lauter als die anderen sich vor Lachen ausschüttete. »Das ist mal ein Modera!«

»Na, und was hast du ihnen von den Asiaten erzählt?«, fuhr Maximow fort zu fragen, als das allgemeine Gelächter sich einigermaßen gelegt hatte.

Tschikin bog sich zum Feuer hin, holte mit einem Stäbchen eine kleine Kohle heraus, legte sie auf seine Pfeife und setzte seinen Rippentabak schweigend mit einer Langsamkeit in Brand, als bemerke er gar nicht die schweigende Spannung, in die seine Zuhörer versetzt waren. Als er endlich genug Rauch eingesogen hatte, warf er die Kohle hin, schob seine Mütze noch weiter in den Nacken zurück und fuhr, mit den Achseln zuckend und leise lächelnd, fort:

»Sie fragten mich auch, was für eine Sorte von kleinen Tscherkessen es da gebe, oder ob wir im Kaukasus den Türken schlügen. Ich sagte: ›Liebe Leute, bei uns gibt es nicht nur eine Sorte Tscherkessen, sondern verschiedene. Es gibt da solche Tawlinzen; die wohnen auf steinernen Bergen und essen Steine wie Brot. Die sind so groß wie tüchtige Baumstämme und haben ein einziges Auge auf der Stirn', und auf dem Kopf haben sie rote Mützen, die brennen nur so, ganz wie die deinige, lieber Mensch!«, fügte er hinzu, indem er sich zu einem jungen Rekruten wandte, der wirklich eine komisch aussehende Mütze mit einem roten Deckel auf dem Kopf hatte.

Der Rekrut hockte sich bei dieser unerwarteten Anrede plötzlich auf die Erde nieder, schlug sich auf die Knie und lachte und hustete dermaßen, daß er kaum mit stockendem Atem herausbringen konnte: »Nein, was sind die Tawlinzen für Kerle!«

»›Und dann‹, sagte ich, ›sind da noch die Mumren‹«, fuhr Tschikin fort und rückte sich durch eine Kopfbewegung die Mütze in die Stirn; »›das sind wieder andere, kleine Zwillinge; ja, so sind die beschaffen. Sie gehen immer paarweis‹, sagte ich; ›halten sich immer an den Händen angefaßt und laufen so schnell, daß man sie nicht einmal zu Pferde einholen kann.‹ – ›Wie ist das?‹ sagte einer, ›werden die Mumren denn auch so Hand in Hand geboren, ja?‹« (Diese

Worte sprach Tschikin in rauhem Baß, um die Stimme eines Bauern nachzumachen.) »›Jawohl, lieber Mann‹, sagte ich, ›so sind sie von Natur. Wenn man ihnen die Hände auseinanderreißt, dann kommt Blut, gerade wie bei einem Chinesen; wenn man dem die Mütze abnimmt, kommt auch Blut.‹ – ›Aber sage mal, wie kämpfen sie denn?‹ fragte er weiter. ›Das machen sie so‹, sagte ich: ›sie greifen dich, schlitzen dir den Bauch auf und wickeln dir deine eigenen Gedärme um den Arm; immerzu, immerzu wickeln sie. Du aber lachst und lachst so lange, bis du den Geist aufgibst …‹«

»Na, und haben sie dir denn das alles geglaubt, Tschikin?«, sagte Maximow; er lächelte nur leise, während die übrigen alle vor Lachen umkommen wollten.

»Sie sind ein wunderliches Völkchen, Fedor Maximowitsch, wahrhaftig; sie glauben alles, weiß Gott, alles. Aber da erzählte ich ihnen von dem Berge Kasbek, daß auf ihm der Schnee den ganzen Sommer über nicht taut; da fielen sie in helles Gelächter, lieber Mensch. ›Was schwindelst du uns da vor, Junge?‹ sagten sie. ›Hat man so etwas je gehört: ein großer Berg, und es soll auf ihm der Schnee nicht tauen! Bei uns tauen im Frühling gerade die Hügel zuerst, und in den Schluchten bleibt der Schnee liegen.‹ – Rede nun mit ihnen!«, schloß Tschikin, mit den Augen zwinkernd.

V

Die helle Sonnenscheibe, die durch den milchweißen Nebel hindurchschimmerte, war schon ziemlich hoch gestiegen; der grauviolette Gesichtskreis dehnte sich allmählich weiter aus, wurde aber, obwohl er viel größer war als vorher, doch ebenso scharf durch eine trügerische weiße Nebelwand begrenzt.

Vor uns, jenseits des abgeholzten Waldes, lag eine ziemlich große freie Waldwiese. Auf dieser Wiese breitete sich auf allen Seiten der Rauch der Wachtfeuer aus, hier schwarz, da milchweiß, dort violett, und weiße Nebelschichten zogen in seltsamen Gestalten dahin. In der Ferne vor uns zeigten sich ab und zu Gruppen von berittenen Tataren, und es waren vereinzelte Schüsse aus unseren Büchsen und ihren Flinten und aus den Geschützen zu hören.

»Das war noch kein Kampf, sondern nur ein Spaß«, wie der brave Hauptmann Chlopow[1] sagte.

Der Chef der achten Jägerkompagnie, die unsere Bedeckung bildete, trat an die Geschütze heran, zeigte auf die drei Tataren, die gerade am Waldrand, gegen zweitausend Schritte von uns entfernt, einherritten, und bat mich, wie denn alle Infanterieoffiziere eine besondere Passion für Artilleriefeuer haben, eine Kanonenkugel oder eine Granate auf sie abzuschießen.

»Sehen Sie mal«, sagte er mit einem gutmütigen, auffordernden Lächeln und streckte den Arm von hinten über meine Schulter, »da, wo die beiden großen Bäume stehen, da reitet einer in einem schwarzen Tscherkessenrocke auf einem Schimmel voran, und dahinter kommen noch zwei. Sehen Sie nur! Könnte man die nicht vielleicht –«

»Und da reiten noch drei am Walde«, fügte Antonow hinzu, der sich durch eine wunderbare Sehschärfe auszeichnete; er war zu uns herangetreten und verbarg die kurze Pfeife, die er gerade rauchte, hinter seinem Rücken. »Der Vorderste hat soeben seine Flinte aus dem Futteral herausgenommen. Es ist ganz deutlich zu sehen, Euer Wohlgeboren!«

»Seht mal, er hat geschossen, Brüder! Da ist ein weißes Rauchwölkchen entstanden«, sagte Welentschuk in einer Gruppe von Soldaten, die etwas hinter uns stand.

»Gewiß hat er auf unsere Vorpostenkette geschossen, der Schweinehund«, bemerkte ein andrer.

»Ei, wie viele ihrer da aus dem Walde herausgeströmt sind; sie rekognoszieren wohl die Gegend und wollen ein Geschütz aufstellen«,

[1] Vgl. die Erzählung »Ein Überfall«.

fügte ein dritter hinzu. »Wenn man eine Granate in den Haufen hineinschösse, die würden gut spucken …«

»Was meinst du, tragt das Geschütz so weit, lieber Mensch?«, fragte Tschikin.

»Fünfzehnhundert oder fünfzehnhundertfünfzig Schritte, mehr wird es nicht sein«, sagte Maximow kühl, als ob er zu sich selbst spräche; indessen war deutlich, daß er ebenso wie die anderen die größte Lust hatte, zu feuern. »Wenn man fünfundvierzig Linien aus dem Einhorn gibt, dann kann man ganz genau treffen, das heißt auf den Punkt.«

»Wissen Sie, wenn man jetzt auf diesen Haufen zielt, muß man unbedingt einen treffen. Da, da, wie sie jetzt zusammengeritten sind; bitte, befehlen Sie doch so schnell wie möglich zu feuern«, fuhr der Kompagniechef fort, mich zu bitten.

»Befehlen Sie, ein Geschütz zu lichten?«, fragte Antonow auf einmal kurz mit seiner Baßstimme und machte dabei ein grimmiges, finsteres Gesicht.

Ich muß gestehen, ich hatte selbst sehr große Lust und gab Befehl, das zweite Geschütz zu richten.

Kaum hatte ich das gesagt, als auch schon die Granate mit Pulver bestreut und eingeführt war und Antonow, sich an die Lafettenwand drückend und seine beiden Daumen gegen die Richtplatte stellend, die Kommandos für die Bewegung des Lafettenschwanzes nach rechts und links gab.

»Ein klein bißchen nach links … eine ganze Kleinigkeit nach rechts … noch, noch eine Spur … so ist's gut!«, sagte er und trat mit stolzer Miene vom Geschütz zurück.

Der Infanterieoffizier, ich und Maximow legten einer nach dem anderen das Auge an das Visier und sprachen alle drei unsere abweichenden Meinungen aus.

»Bei Gott, sie wird treffen«, bemerkte Welentschuk, mit der Zunge schnalzend, obwohl er nur über Antonows Schulter gesehen und darum keine rechte Grundlage für diese Behauptung hatte. »Bei

Gott, sie wird genau treffen; in jenen Baum wird sie einschlagen, Brüder!«

»Zweites Geschütz!«, kommandierte ich.

Die Bedienungsmannschaft trat auseinander. Antonow lief zur Seite, um den Flug des Geschosses zu beobachten; der Zünder flammte auf, und das Metall erdröhnte. In demselben Augenblick umgab uns dichter Pulverdampf, und von dem erschütternden Donner des Schusses löste sich der metallische, sausende, mit Blitzesschnelle sich entfernende Ton des Geschosses ab, der inmitten eines allgemeinen Stillschweigens in der Ferne erstarb.

Ein wenig hinter der Reitergruppe zeigte sich ein weißes Rauchwölkchen; die Tataren sprengten nach verschiedenen Seiten auseinander, und der Schall der Explosion kam bis zu uns herübergeflogen.

»Das war famos! Wie sie davonsausten! Nun seh einer, das mögen die Teufel nicht!«, ließen sich beifällige und spöttische Äußerungen in den Reihen der Artilleristen und Infanteristen vernehmen.

»Hätten wir ein klein bißchen niedriger geschossen, dann würde sie mitten hinein getroffen haben«, bemerkte Welentschuk. »Ich hab's ja gesagt: Sie wird den Baum treffen; und so ist es auch – sie ist ein bißchen zu sehr nach rechts gegangen.«

VI

Ich verließ die Soldaten, die immer noch darüber sprachen, wie die Tataren davongesprengt waren, als sie die Granate erblickt hatten, und weshalb sie da herumritten, und ob ihrer noch viele im Walde seien, ging mit dem Kompagniechef ein paar Schritte weg und setzte mich, in Erwartung der aufgewärmten Klopse, die er mir angeboten hatte, mit ihm unter einen Baum. Der Kompagniechef Bolchow war einer von den Offizieren, die im Regimente »Bonjours« genannt werden. Er besaß Vermögen, hatte früher bei der Garde gedient und sprach Französisch. Aber seine Kameraden mochten ihn trotzdem gut leiden. Er war hinreichend klug und besaß Takt genug, um einen Petersburger Rock zu tragen, gut zu dinieren und Französisch zu sprechen, ohne durch diese Dinge die übrigen Offiziere allzu sehr vor den Kopf zu stoßen. Wir sprachen zuerst über das Wetter, über die kriegerischen Operationen und über unsere gemeinsamen Bekannten unter den Offizieren, und nachdem jeder von uns durch Fragen und Antworten die Überzeugung gewonnen hatte, daß der andere eine vernünftige Anschauung der Dinge besaß, gingen wir unwillkürlich zu einem vertraulicheren Gespräch über. Zudem entsteht ja, wenn im Kaukasus Angehörige derselben Gesellschaftsklasse einander begegnen, eigentlich immer die Frage: »Warum sind Sie hier?«, und wenn diese Frage auch nicht ausgesprochen wird, so steht sie doch einem jeden deutlich auf dem Gesicht geschrieben. Auf diese meine stillschweigende Frage also wollte, wie mir schien, mein neuer Bekannter antworten.

»Wann wird diese Expedition nur ein Ende nehmen?«, sagte er träge. »Es ist schauderhaft langweilig.«

»Mir ist es nicht langweilig«, entgegnete ich. »In der Garnison ist es ja noch langweiliger.«

»Oh, in der Garnison ist es zehntausendmal schlimmer«, sagte er ingrimmig. »Nein, wann wird das alles ganz zu Ende sein?«

»Was soll denn nach Ihrem Wunsch ein Ende nehmen?«, fragte ich.

»Alles, alles zusammen! … Na, sind die Klopse fertig, Nikolajew?«, fragte er.

»Warum haben Sie denn im Kaukasus Dienst genommen«, sagte ich, »wenn Ihnen der Kaukasus so wenig gefällt?«

»Wollen Sie wissen warum?«, antwortete er mit einem energischen Entschluß zur Offenherzigkeit. »Infolge der Tradition. Es gibt ja in Rußland eine höchst seltsame Tradition über den Kaukasus, der das Gelobte Land für Unglückliche aller Art sein soll.«

»Ja, das ist nahezu wahr«, erwiderte ich. »Der größte Teil von uns …«

»Das Schlimmste aber ist«, unterbrach er mich, »daß wir alle, die wir infolge dieser Tradition nach dem Kaukasus kommen, uns in unseren Erwartungen furchtbar getäuscht sehen. Und ich weiß absolut nicht, warum die Leute wegen einer unglücklichen Liebe oder wegen zerrütteter Vermögensverhältnisse lieber nach dem Kaukasus gehen als nach Kasan oder Kaluga. In Rußland stellt man sich ja den Kaukasus als etwas Majestätisches vor, mit ewigem, jungfräulichem Eis, mit reißenden Strömen, mit Dolchen, Filzmänteln und Tscherkessinnen – alles das hat etwas Aufregendes; aber in Wirklichkeit ist kein Vergnügen dabei. Wenn die Leute wenigstens wüßten, daß wir uns in dem ewigen Eis nie aufhalten und daß es auch gar kein Vergnügen macht, dort zu sein, daß aber der Kaukasus in Gouvernements eingeteilt wird: Stawropol, Tiflis und so weiter.«

»Ja«, erwiderte ich lachend, »in Rußland sehen wir den Kaukasus mit ganz anderen Augen an als hier. Haben Sie das einmal an Ihrer eigenen Person erfahren? Es ist, wie wenn man Verse liest in einer Sprache, die man nur mangelhaft versteht; dann stellt man sie sich auch weit schöner vor, als sie in Wirklichkeit sind …«

»Ich weiß wirklich nicht, wie es damit steht; aber mir mißfällt dieser Kaukasus furchtbar«, unterbrach er mich.

»Nein, für mich ist der Kaukasus auch jetzt schön, nur in anderer Weise …«

»Mag sein, daß er schön ist«, fuhr er mit einer gewissen Gereiztheit fort; »ich weiß nur, daß ich mich im Kaukasus nicht wohlfühle.«

»Woher kommt denn das?«, fragte ich, um überhaupt etwas zu sagen.

»Das kommt erstens daher, daß er mich getäuscht hat. Alles das, wovon ich auf Grund der Tradition im Kaukasus zu genesen hoffte, alles das ist mit mir hierher gewandert, – nur mit dem Unterschied, daß alles das sich früher auf der großen Treppe befand, jetzt aber auf einer kleinen, schmutzigen, wo ich auf jeder Stufe Millionen von kleinen Aufregungen, Widerwärtigkeiten und Kränkungen finde. Zweitens daher, daß ich fühle, wie ich hier mit jedem Tage moralisch immer tiefer sinke. Und die Hauptsache ist, daß ich mich für den hiesigen Dienst ungeeignet fühle: ich kann nicht Gefahren ertragen … ich bin, geradeheraus gesagt, nicht tapfer …«

Er hielt inne und sah mich mit ernster Miene an.

Obgleich dieses unverlangte Geständnis mich in das größte Erstaunen versetzte, widersprach ich ihm nicht, wie er das offenbar wünschte, sondern erwartete von ihm selbst eine Widerlegung seiner Worte, wie das in solchen Fällen immer zu sein pflegt.

»Wissen Sie, ich komme bei dieser jetzigen Expedition zum ersten Male ins Gefecht«, fuhr er fort, »und Sie können sich gar keine Vorstellung davon machen, wie es mir gestern gegangen ist. Als der Feldwebel den Befehl brachte, daß meine Kompagnie einen Teil der ausrückenden Kolonne bilden solle, da wurde ich bleich wie Leinwand und konnte vor Aufregung nicht reden. Und wenn Sie wüßten, wie ich die Nacht zugebracht habe! Wenn es wahr ist, daß man vor Angst grau wird, dann müßte ich heute vollständig weiß sein; denn sicherlich hat noch nie ein zum Tode Verurteilter in einer Nacht so viel gelitten wie ich. Und obgleich mir jetzt etwas leichter zumute ist als in der Nacht, so bewegt sich doch selbst jetzt bei mir hier etwas«, fügte er hinzu, indem er die Faust vor seiner Brust hin und her drehte. »Und das Lächerliche dabei«, fuhr er fort, »ist dies: Es spielt sich hier die furchtbarste Tragödie ab, man selbst aber ißt Zwiebelklops und redet sich ein, das sei sehr lustig. Ist Wein da, Nikolajew?«, fügte er gähnend hinzu.

»Da ist er, Brüder!«, hörten wir in diesem Augenblicke einen Soldaten in erregtem Ton sagen, und alle Augen wandten sich nach dem Saum des fernen Waldes hin.

Eine bläuliche Rauchwolke vergrößerte sich in der Ferne und stieg, vom Winde getrieben, in die Höhe. Als ich begriff, daß das ein auf uns gerichteter Schuß des Feindes war, nahm alles, was ich in diesem Augenblicke vor Augen hatte, auf einmal einen neuen, großartigen Charakter an. Die zusammengestellten Gewehre und der Rauch der Wachtfeuer und der blaue Himmel und die grünen Lafetten und Nikolajews gebräuntes, schnurrbärtiges Gesicht, alles dies sagte mir gleichsam, daß die Kanonenkugel, die schon aus dem Rauche herausgeflogen war und in diesem Augenblicke durch den freien Luftraum flog, vielleicht geradeswegs die Richtung auf meine Brust nehmen werde.

»Wo haben Sie denn den Wein her?«, fragte ich Bolchow in lässigem Ton, während in der Tiefe meiner Seele zwei Stimmen gleich deutlich sprachen; die eine sagte: »Herr, nimm meine Seele in Frieden auf!«, die andere: »Ich hoffe, daß ich in dem Augenblicke, wo die Kugel vorbeifliegen wird, mich nicht ducken, sondern lächeln werde«, – und in demselben Augenblicke pfiff etwas schrecklich Unangenehmes über meinen Kopf hin, und die Kanonenkugel klatschte zwei Schritte von uns entfernt auf die Erde.

»Na, wenn ich Napoleon oder Friedrich der Große wäre«, sagte in diesem Augenblicke Bolchow, indem er sich ganz kaltblütig zu mir wandte, »so würde ich unfehlbar irgendeine Liebenswürdigkeit zu Ihnen sagen.«

»Sie haben ja auch jetzt eine gesagt«, antwortete ich und verbarg nur mit Mühe die Aufregung, in die mich die glücklich vorübergegangene Gefahr versetzt hatte.

»Was hilft es, daß ich eine gesagt habe; es zeichnet sie ja niemand auf.«

»Nun, so werde ich sie aufzeichnen.«

»Aber wenn Sie sie auch aufzeichnen, so tun Sie es doch nur, um sie zu kritisieren, wie Mischtschenkow sagt«, fügte er lächelnd hinzu.

»Pfui, du verdammtes Biest!«, sagte in diesem Augenblicke hinter uns Antonow und spuckte ärgerlich nach der Seite aus. »Beinah hätte sie meine Beine getroffen.«

All mein Bemühen, kaltblütig zu erscheinen, und alle unsere schlauen Redewendungen schienen mir auf einmal unsagbar dumm neben diesem treuherzigen Ausruf.

VII

Der Feind hatte wirklich zwei Geschütze an der Stelle postiert, wo die Tataren umhergeritten waren, und gab alle zwanzig oder dreißig Minuten einen Schuß auf unsere Holzfäller ab. Meine Korporalschaft wurde auf die Waldwiese vorgeschoben mit dem Befehle, ihm zu antworten. An dem Waldsaum zeigte sich ein Rauchwölkchen; es ertönten ein Schuß und ein Pfeifen, und eine Kugel fiel hinter oder vor uns nieder. Die Geschosse des Feindes fielen glücklich, und wir hatten keine Verluste.

Die Artilleristen hielten sich, wie immer, vorzüglich: sie luden flink, richteten sorgfältig nach dem sich zeigenden Rauch und scherzten ruhig untereinander. Die Infanteriebedeckung lag in schweigender Untätigkeit neben uns und wartete, bis die Reihe an sie käme. Die Holzfäller verrichteten ihre Arbeit: die Äxte erklangen im Walde immer schneller und häufiger; nur in dem Augenblick, wo sich das Pfeifen eines Geschosses hören ließ, verstummte alles plötzlich; inmitten der Totenstille erscholl der etwas aufgeregte Ruf: »Aus dem Weg, Kinder!«, und alle Augen richteten sich auf die Kugel, die bei den Wachtfeuern und den abgehauenen Ästen aufschlug und weitersprang.

Der Nebel war schon vollständig in die Höhe gestiegen, hatte die Gestalt von Wolken angenommen und verschwand allmählich an dem dunkelblauen Himmel; die hervorgekommene Sonne schien hell und warf heitere Lichter auf den Stahl der Bajonette, das Kupfer der Geschütze, die auftauende Erde und die Reifschülberchen. In der Luft spürte man gleichzeitig die Frische des Morgenfrosts und die Wärme der Frühlingssonne; tausend verschiedene Schatten und Farben mischten sich in den trockenen Blättern des Waldes, und auf dem ausgefahrenen, glänzenden Weg sah man deutlich die Spuren der Radschienen und der Hufeisendornen.

Bei den Truppen wurde die Bewegung lebhafter und merklicher. Auf allen Seiten zeigten sich immer häufiger die bläulichen Rauchwölkchen von Schüssen. Die Dragoner mit den flatternden Lanzenfähnchen ritten voran; in den Kompagnien der Infanterie erschollen Lieder, und der Wagenzug mit dem Holz begann sich im Rücken der Kolonne zu ordnen. Zu unserer Korporalschaft kam der General herangeritten und befahl, wir sollten uns zum Rückzug bereitmachen. Der Feind hatte sich in dem Gebüsch unserer linken Flanke gegenüber festgesetzt und fing an, uns durch Gewehrfeuer stark zu beunruhigen. Von links her kam aus dem Wald eine Flintenkugel geflogen und schlug in eine Lafette, dann eine zweite, eine dritte. Die Infanteriebedeckung, die neben uns lag, erhob sich geräuschvoll, griff nach den Gewehren und bildete eine Schützenkette. Das Gewehrfeuer wurde stärker, und die Kugeln flogen immer häufiger. Der Rückzug begann und damit der eigentliche Kampf, wie das im Kaukasus immer ist.

An allen Anzeichen konnte man sehen, daß den Artilleristen die Gewehrkugeln ebenso mißfielen, wie vorher die Kanonenkugeln den Infanteristen. Antonow zog ein sehr mürrisches Gesicht. Tschikin äffte den Ton der Kugeln nach und machte über sie seine Scherze; aber es war klar, daß sie sein Mißvergnügen erregten. Von der einen sagte er: »Wie eilig sie es hat!«, eine andere nannte er »Bienchen«; eine dritte, die mit einer Art von gedehntem, kläglichem Winseln über uns hinflog, nannte er ein »Waisenkind«, wodurch er allgemeines Gelächter hervorrief.

Der junge Rekrut, der daran noch nicht gewöhnt war, bog bei jeder Kugel den Kopf auf die Seite und streckte den Hals aus, was ebenfalls die Soldaten zum Lachen brachte; »das ist wohl eine Bekannte von dir, daß du sie grüßt?«, sagten sie zu ihm. Auch Welentschuk, der sonst immer in Gefahren einen außerordentlichen Gleichmut bewies, war jetzt aufgeregt: es ärgerte ihn offenbar, daß wir nicht mit Kartätschen nach der Richtung hinschossen, von wo die Kugeln geflogen kamen. Er sagte mehrere Male in unzufriedenem Tone: »Soll er uns denn ungestraft belästigen? Wenn man ein Geschütz dorthin richtete und mit Kartätschen hinüberpfefferte, dann würde er schon still werden.«

In der Tat war es an der Zeit, dies zu tun; ich befahl, die letzte Granate abzuschießen und dann mit Kartätschen zu laden.

»Kartätschen!«, rief Antonow triumphierend und trat, sowie nur das Geschoß herausgeflogen war, im dicksten Rauch mit dem Stückwischer an das Geschütz heran.

In diesem Augenblicke hörte ich nicht weit hinter mir den schnellen, summenden Ton einer Gewehrkugel, der plötzlich mit einem trockenen Aufschlagen auf etwas abbrach. Das Herz zog sich mir zusammen. »Ich glaube, einer von den Unsrigen ist getroffen«, dachte ich; aber von dieser bedrückenden Ahnung zurückgehalten, fürchtete ich mich zugleich, mich umzuwenden. Wirklich wurde nach jenem Tone der schwere Fall eines Körpers hörbar und »o-o-o-oi!« das herzzerreißende Stöhnen eines Verwundeten. »Ich bin getroffen, Brüder!«, sagte mühsam eine Stimme, die ich kannte. Es war Welentschuk. Er lag zwischen der Protze und dem Geschütz auf dem Rücken. Der Quersack, den er getragen hatte, war seitwärts hingefallen. Die Stirn war ganz voll Blut, und über das rechte Auge und die Nase lief ein dicker, roter Strom. Seine Wunde war im Unterleibe; aber an ihr war fast gar kein Blut; die Stirn hatte er sich beim Fall an einem Baumstumpf zerschlagen.

Alles dies wurde mir erst viel später klar; im ersten Augenblick sah ich nur eine undeutliche Masse und eine, wie es mir schien, furchtbare Menge Blut.

Keiner von den Soldaten, die das Geschütz luden, sagte ein Wort; nur der junge Rekrut murmelte etwas, das ungefähr so klang: »Nun seh einer, wie blutig«, und Antonow räusperte sich ärgerlich mit finsterem Gesichte; aber an allem konnte man merken, daß der Gedanke an den Tod einem jeden durch die Seele ging. Alle machten sich mit noch größerer Geschäftigkeit an ihre Arbeit. Das Geschütz war in einem Augenblicke geladen, und der Soldat, der die Kartätsche herbeitrug, ging in einer Entfernung von etwa zwei Schritten um die Stelle herum, wo der immer noch stöhnende Verwundete lag.

VIII

Jeder, der in einem Gefecht gewesen ist, hat gewiß das seltsame, zwar unlogische, aber starke Gefühl des Widerwillens vor der Stelle kennen gelernt, wo jemand getötet oder verwundet worden ist. Diesem Gefühl waren offenbar meine Soldaten im ersten Augenblick unterworfen, als Welentschuk aufgehoben und auf das herbeigekommene Fuhrwerk geladen werden sollte. Schdanow trat ärgerlich zu dem Verwundeten, faßte ihn trotz seines gesteigerten Schreiens unter die Achseln und hob ihn auf. »Was steht ihr da? Faßt mit an!«, rief er, und sogleich umringten den Verwundeten etwa zehn Mann, mehr Helfer als nötig waren. Aber kaum bewegten sie ihn von der Stelle, als Welentschuk furchtbar zu schreien anfing und sich loszureißen suchte.

»Was schreist du wie ein Hase!«, sagte Antonow und hielt ihn derb am Beine fest. »Sei still, sonst lassen wir dich liegen.«

Und wirklich verstummte der Verwundete und sagte nur noch ab und zu: »Oh, das ist mein Tod; o-oh, Brüder!«

Als sie ihn aber auf das Fuhrwerk gelegt hatten, hörte er sogar auf zu ächzen, und ich hörte, daß er mit leiser, aber vernehmlicher Stimme etwas zu seinen Kameraden sagte; wahrscheinlich nahm er von ihnen Abschied.

Im Gefecht mag niemand gern einen Verwundeten ansehen, und so beeilte auch ich mich instinktiv, mich von diesem Schauspiel zu entfernen, befahl, ihn so schnell wie möglich nach dem Verbandplatz zu bringen, und begab mich zu den Geschützen; aber ein paar Minuten darauf wurde mir gesagt, Welentschuk verlange nach mir, und so ging ich denn zu dem Fuhrwerk hin.

Auf dem Boden des Karrens, mit beiden Händen sich am Rand festhaltend, lag der Verwundete. Sein gesundes, breites Gesicht hatte sich in den wenigen Minuten vollständig verändert: er schien magerer und um mehrere Jahre älter geworden zu sein; seine Lippen waren schmal und blaß und mit sichtlicher Anstrengung zusammengepreßt; den hastigen, stumpfen Ausdruck seines Blickes hatte ein klarer, ruhiger Glanz abgelöst, und auf der blutigen Stirn und Nase lagen bereits die Züge des Todes.

Obwohl selbst die kleinste Bewegung ihm unerträgliche Schmerzen verursachte, bat er doch, man möchte von seinem linken Beine den Geldtscheres[1] abnehmen.

Ein furchtbar peinliches Gefühl rief bei mir der Anblick seines nackten, weißen, gesunden Beines hervor, als der Stiefel von ihm heruntergezogen und der Tscheres abgebunden wurde.

»Es sind drei und ein halber Rubel darin«, sagte er zu mir, als ich den Tscheres in die Hand nahm; »bitte, nehmen Sie die in Verwahrung!«

Das Fuhrwerk setzte sich in Bewegung; aber er ließ es noch einmal anhalten.

»Ich habe für den Leutnant Sulimowsky einen Mantel gearbeitet. Er hat mir zwei Rubel gegeben. Für anderthalb Rubel habe ich Knöpfe gekauft, und der halbe Rubel steckt bei mir zu Hause in dem Beutel mit den Knöpfen. Geben Sie ihm das ab!«

»Schön, schön!«, sagte ich; »werde nur wieder gesund, Bruder!«

Er gab mir keine Antwort; das Fuhrwerk setzte sich in Bewegung, und er begann von neuem in einer ganz entsetzlichen, herzzerreißenden Weise zu stöhnen und zu ächzen. Jetzt, wo er mit den irdischen Dingen fertig war, fand er, wie es schien, keinen Grund mehr, sich Zwang aufzuerlegen, und hielt es nun für erlaubt, sich diese Erleichterung zu verschaffen.

IX

»Wohin willst du? Komm zurück! Wo willst du hin?«, rief ich dem jungen Rekruten zu, der seine Reservezündrute unter den Arm genommen hatte und mit irgendeinem Stöckchen in der Hand höchst

[1] Tscheres ist ein gürtelartiges Beutelchen, das die Soldaten gewöhnlich unterhalb des Knies tragen.

kaltblütig hinter dem Wagen herging, auf dem der Verwundete wegtransportiert wurde.

Aber der Rekrut warf nur einen lässigen Blick nach mir zurück, murmelte etwas vor sich hin und ging weiter, so daß ich Soldaten nachschicken mußte, ihn zurückzuholen. Er nahm sein rotes Mützchen ab und sah mich mit einem dummen Lächeln an.

»Wo wolltest du denn hin?«, fragte ich ihn.

»Ins Lager.«

»Warum?«

»Aber … Welentschuk ist doch verwundet«, sagte er, wieder lächelnd.

»Was geht dich das an? Du hast hier zu bleiben.« Er blickte mich erstaunt an; dann drehte er sich gleichmütig um, setzte seine Mütze auf und begab sich auf seinen Platz.

Das Gefecht hatte im ganzen einen glücklichen Verlauf genommen: die Kosaken hatten, wie verlautete, eine prächtige Attacke gemacht und drei Tataren gefangen genommen; die Infanterie hatte sich mit Holz versorgt und nur sechs Verwundete verloren; bei der Artillerie betrug der Abgang von der Mannschaft nur den einen, Welentschuk, und außerdem zwei Pferde. Dafür war der Wald in einer Ausdehnung von ungefähr drei Werst niedergeschlagen und der Platz so gesäubert, daß er gar nicht wiederzuerkennen war; an der Stelle, wo früher ein dichter Waldsaum zu sehen gewesen war, tat sich jetzt eine gewaltige Lichtung auf, bedeckt von rauchenden Wachtfeuern und von der Kavallerie und Infanterie, die sich nach dem Lager zu in Bewegung setzten. Obwohl der Feind nicht aufhörte, uns mit Artillerie- und Infanteriefeuer zu verfolgen, bis ganz zu dem Flüßchen mit der Begräbnisstätte, das wir am Morgen passiert hatten, wurde der Rückzug doch glücklich bewerkstelligt. Ich begann schon an die Kohlsuppe und an die Grütze mit Hammelfleisch zu denken, die mich im Lager erwarteten, als die Nachricht kam, der General habe befohlen, es solle an dem Flüßchen eine Schanze gebaut werden und das dritte

Bataillon des K.-Regimentes und eine Korporalschaft der vierten Batterie bis morgen in derselben verbleiben. Die Fuhrwerke mit dem Holze und den Verwundeten, die Kosaken, die Artillerie, die Infanterie mit den Gewehren und mit Holzkloben auf den Schultern, alle zogen lärmend und singend an uns vorbei. Auf allen Gesichtern malte sich die Munterkeit und Freude, die durch die glücklich überstandene Gefahr und durch die Hoffnung auf Erholung hervorgerufen war. Nur wir und das dritte Bataillon mußten auf diese angenehmen Gefühle noch bis zum folgenden Tage warten.

X

Während wir Artilleristen noch mit den Geschützen beschäftigt waren, die Protzen und Munitionswagen aufstellten, Pfähle zum Anbinden der Pferde einschlugen, hatte die Infanterie schon die Gewehre zusammengestellt, Wachtfeuer angezündet, aus Ästen und Maisstroh Hütten gebaut und kochte nun ihre Grütze.

Es fing an zu dämmern. Am Himmel krochen bläulichweiße Wolken dahin. Der Nebel, der sich zu feinen Tröpfchen verdichtet hatte, näßte die Erde und die Mäntel der Soldaten; der Horizont zog sich zusammen, und die ganze Umgegend hüllte sich in düstere Schatten. Die Feuchtigkeit, die ich durch die Stiefel hindurch und hinten am Hals spürte, die ununterbrochene Bewegung und das Gespräch, an dem ich mich nicht beteiligte, der klebrige Schmutz, in dem meine Füße ausglitten, und der leere Magen riefen bei mir nach einem Tag voll physischer und seelischer Ermattung eine höchst bedrückte, unangenehme Gemütsstimmung hervor. Welentschuk kam mir nicht aus dem Sinn. Die ganze schlichte Geschichte seines Soldatenlebens trat mir vor die Seele, und ich vermochte diese Bilder nicht zu verscheuchen.

Seine letzten Augenblicke waren ebenso klar und ruhig gewesen wie sein ganzes Leben. Er hatte zu ehrenhaft und schlicht gelebt, als daß sein treuherziger Glaube an ein zukünftiges, himmlisches Leben im entscheidenden Augenblicke hätte wankend werden können.

»Euer Gnaden«, sagte Nikolajew, der zu mir herantrat, »haben Sie die Güte, zum Hauptmann zu kommen; er läßt Sie zum Tee bitten.«

Ich drängte mich hinter Nikolajew her mühsam durch die zusammengestellten Gewehre und Wachtfeuer hindurch und gelangte endlich zu Bolchow. Mit Vergnügen dachte ich an ein Glas heißen Tees und an ein fröhliches Gespräch, das meine düsteren Gedanken vertreiben würde. »Nun, hast du ihn gefunden?«, erscholl Bolchows Stimme aus einer Maishütte, in der ein Lichtchen brannte.

»Ich habe ihn hergebracht, Euer Wohlgeboren!«, antwortete Nikolajew mit seiner Baßstimme.

In der Hütte saß Bolchow auf einem trockenen Filzmantel, mit aufgeknöpftem Rocke und ohne Mütze. Neben ihm siedete ein Samowar und stand eine Trommel mit kalten Speisen. Ein Bajonett mit einem Lichte war in die Erde gesteckt. »Nun, was sagen Sie dazu?«, sagte er mit Stolz, indem er seinen Blick über seine behagliche Einrichtung hingleiten ließ. In der Tat war es in der Hütte so hübsch, daß ich beim Tee die Nässe, die Dunkelheit und Welentschuks Verwundung vollständig vergaß. Wir redeten von Moskau, von Dingen, die mit dem Krieg und dem Kaukasus in gar keiner Beziehung standen.

Nach einer jener Pausen, wie sie auch in den lebhaftesten Gesprächen manchmal vorkommen, sah mich Bolchow lächelnd an.

»Ich glaube, unser Gespräch heute vormittag ist Ihnen sehr sonderbar vorgekommen?«, sagte er.

»Nein. Wieso? Es schien mir nur, als seien Sie zu offenherzig; es gibt aber doch Dinge, die wir alle wissen, von denen man aber nie reden darf.«

»Warum sollte man nicht davon reden? Ja, wenn es eine Möglichkeit gäbe, dieses Leben mit dem elendesten, ärmlichsten Leben, nur ohne Gefahren und ohne den Dienst, zu vertauschen, so würde ich mich keinen Augenblick bedenken.«

»Warum kehren Sie denn nicht nach Rußland zurück?«, fragte ich.

»Warum?«, wiederholte er. »Oh, daran habe ich schon längst gedacht. Aber ich kann jetzt nicht eher nach Rußland zurückkehren, ehe ich nicht den Anna- und den Wladimirorden erhalten habe, den Annaorden am Hals und den Major; darauf habe ich, als ich hierher ging, gerechnet.«

»Warum kehren Sie denn nicht zurück, wenn Sie sich für den hiesigen Dienst nicht geeignet fühlen, wie Sie selbst sagen?«

»Aber wenn ich mich nun noch unfähiger fühle, nach Rußland in demselben Zustande zurückzukehren, in dem ich hierher gekommen bin? Das ist auch eine der in Rußland bestehenden, von Passet, Slepzow und anderen noch mehr befestigten Traditionen, daß man nur nach dem Kaukasus zu gehen braucht, um mit Auszeichnungen überschüttet zu weiden. Und alle Leute erwarten und verlangen das von uns; ich aber bin nun schon zwei Jahre hier und habe an zwei Expeditionen teilgenommen und doch nichts erhalten. Trotzdem jedoch besitze ich so viel Ehrgeiz, daß ich um keinen Preis von hier weggehen will, ehe ich nicht Major mit dem Wladimir- und dem Annaorden am Hals bin. An diese Denkweise habe ich mich schon so gewöhnt, daß ich mich ärgere, wenn Gnilokischkin eine Auszeichnung erhält und ich nicht. Und dann, wie soll ich in Rußland meinem Dorfschulzen, dem Kaufmann Kotelnikow, dem ich mein Getreide verkaufe, meiner Tante in Moskau und all diesen Herrschaften unter die Augen treten, wenn ich zwei Jahre im Kaukasus gewesen bin, ohne irgendwelche Auszeichnung erhalten zu haben? Allerdings sind mir diese Herrschaften höchst gleichgültig, und ihrerseits machen sie sich aus mir gewiß ebenfalls herzlich wenig; aber das liegt nun einmal in der Natur des Menschen, daß sie mir gleichgültig sind und ich mir doch um ihretwillen meine besten Lebensjahre, mein ganzes Lebensglück und meine ganze Zukunft verderbe.«

XI

In diesem Augenblick ließ sich von draußen die Stimme des Bataillonskommandeurs vernehmen: »Mit wem reden Sie denn da, Nikolai Fedorowitsch?«

Bolchow nannte meinen Namen, und gleich darauf kamen drei Offiziere in die Hütte hereingekrochen: der Major Kirsanow, sein Bataillonsadjutant und der Kompagniechef Trossenko.

Kirsanow war ein kleiner, korpulenter Mann mit einem schwarzen Schnurrbärtchen, roten Backen und ölig glänzenden Äuglein. Diese Äuglein waren der auffälligste Teil seines Gesichtes. Wenn er lachte, blieben von ihnen nur zwei feuchte Sternchen übrig, und diese Sternchen nahmen, im Verein mit den gespannten Lippen und dem ausgestreckten Hals, manchmal einen recht seltsamen Ausdruck von Stumpfsinn an. Kirsanow führte sich und hielt sich im Regimente besser als jeder andere: seine Untergebenen schimpften nicht auf ihn, und seine Vorgesetzten achteten ihn, wiewohl die allgemeine Meinung über ihn dahin ging, daß es mit ihm nicht weit her sei. Er verstand seinen Dienst, war pünktlich und eifrig, hatte immer Geld, besaß einen Wagen, hielt sich einen Koch und verstand es, sehr natürlich den Stolzen zu spielen.

»Wovon reden Sie denn da, Nikolai Fedorowitsch?«, fragte er im Eintreten.

»Wir sprachen von den Annehmlichkeiten des hiesigen Dienstes.«

Aber in diesem Augenblicke bemerkte Kirsanow mich, den Fähnrich; um mich daher seine Bedeutung fühlen zu lassen, tat er, als hätte er Bolchows Antwort nicht gehört, richtete seinen Blick auf die Trommel und fragte:

»Nun, sind Sie müde geworden, Nikolai Fedorowitsch?«

»Nein, wir ...« begann Bolchow.

Aber wieder verlangte wohl die Würde des Bataillonskommandeurs, daß dieser den Redenden unterbrach und eine neue Frage stellte:

»Das war doch heute ein famoses Gefecht, nicht?«, Der Bataillonsadjutant war ein junger Unterleutnant, erst vor kurzem vom Fähnrich zu dieser Stellung befördert, ein bescheidener, stiller Junge mit schüchternem, gutmütig freundlichem Gesicht. Ich hatte ihn schon früher bei Bolchow gesehen. Der junge Mann kam oft zu ihm, machte seine Verbeugung, setzte sich in eine Ecke, schwieg ein paar Stunden lang, drehte sich Zigaretten, rauchte sie, stand dann auf, verbeugte sich und ging wieder fort. Er war der typische Abkömmling einer armen russischen adligen Familie, der die militärische Laufbahn als die einzige bei seinem Bildungsgrade mögliche erwählt hat und seinen Offiziersberuf über alles stellt – ein gutherziger, liebenswürdiger Typus trotz seiner komischen unvermeidlichen Attribute, des Tabaksbeutels, des Schlafrocks, der Gitarre und des Schnurrbartbürstchens, mit denen wir uns diesen Typus vorzustellen gewohnt sind. Im Regiment erzählte man sich von ihm, er prahle damit, daß er gegen seinen Burschen gerecht, aber streng sei. Es hieß, er habe gesagt: »Ich strafe selten; aber wenn man mich dahin bringt, dann wehe dem Schuldigen!«, und als sein betrunkener Bursche ihn einmal arg bestohlen und dann sogar noch angefangen habe, auf seinen Herrn zu schimpfen, da habe er ihn auf die Wache gebracht und alles zu seiner Züchtigung in Bereitschaft zu setzen befohlen; aber bei dem Anblick der Vorbereitungen sei er in solche Bestürzung geraten, daß er nur habe sagen können: »Na, da siehst du es ..., ich könnte ja ...«, sei ganz fassungslos nach Hause gerannt und fürchte sich seitdem, seinem Tschernow in die Augen zu sehen. Die Kameraden ließen ihm keine Ruhe und hänselten ihn damit, und ich hatte mehrmals mit angehört, wie der gutherzige Junge sich zu rechtfertigen suchte und, bis über die Ohren errötend, versicherte, das sei nicht wahr, die Sache verhalte sich ganz anders.

Der dritte, Hauptmann Trossenko, war ein alter Kaukasier im vollsten Sinn des Wortes, das heißt ein Mann, dem die Kompagnie, die er führte, die Familie ersetzte, die Festung, in der sich der Stab befand, zur Heimat geworden war, und die Soldatenlieder die einzige Unterhaltung seines Lebens bedeuteten – ein Mann, in dessen Augen alles, was nicht der Kaukasus war, Verachtung verdiente und kaum der Rede wert war; alles jedoch, was zum Kaukasus gehörte, zerfiel in zwei Teile: den Unsern und den Fremden; den ersteren liebte, den zweiten haßte er mit aller Kraft seiner Seele, und vor allem – er war ein Mann von ruhigem, stählernem Mut, seltener Güte im Umgang mit den Kameraden und Untergebenen und von rücksichtsloser Offenheit, ja geradezu Unverschämtheit im Verkehr mit den ihm aus irgendeinem Grund verhaßten Adjutanten und »Bonjours«. Beim Eintritt in die Hütte rannte er mit dem Kopffast das Dach ein und ließ sich dann plötzlich auf die Erde nieder.

»Nun, wie steht's?«, sagte er, und als er plötzlich mein ihm unbekanntes Gesicht erblickte, stockte er und richtete seinen trüben forschenden Blick auf mich.

»Worüber plauderten Sie denn?«, fragte der Major, die Uhr aus der Tasche ziehend und den Blick auf sie heftend, obwohl er, davon bin ich fest überzeugt, dieses gar nicht nötig hatte.

»Ja, er hat mich gefragt, weshalb ich hier diene.«

»Das ist ja ganz klar. Nikolai Fedorowitsch hofft, sich hier auszuzeichnen und will sich dann heimwärts begeben.«

»Nun, sagen Sie mir doch, Abram Iljitsch, warum Sie im Kaukasus dienen?«

»Ich? Erstens, weil, wissen Sie, jeder von uns irgendwie seine Zeit abdienen muß. Was denn?«, fügte er hinzu, obwohl alle schwiegen. »Gestern bekam ich einen Brief aus Rußland, Nikolai Fedorowitsch«, fuhr er fort, sichtlich von dem Wunsch erfüllt, dem Gespräch eine andere Wendung zu geben, »da schreibt man mir, daß …, merkwürdige Fragen werden mir da gestellt!«

»Was denn für Fragen?«, fragte Bolchow.

Er lachte.

»Wirklich, sehr sonderbare Fragen …, man schreibt mir, ob Eifersucht ohne Liebe möglich sei … Was?«, fragte er, uns alle musternd.

»So, so!«, sagte Bolchow lächelnd.

»Ja, wissen Sie, in Rußland ist es schön«, fuhr er fort, in einem Ton, als folgte ein Satz ganz naturgemäß aus dem anderen. »Als ich im Jahre 52 in Tambow war, nahm man mich überall wie einen Flügeladjutanten auf. Glauben Sie mir, auf dem Ball beim Gouverneur, wie ich in den Saal trat ... tadellose Aufnahme! Die Gouverneurin selbst, wissen Sie, plauderte mit mir, fragte nach dem Kaukasus, und überhaupt alle ..., ich wußte gar nicht, wie mir geschah ... Meinen goldenen Säbel guckten sie an, wie eine große Seltenheit, alle fragten: Wofür haben Sie den Säbel erhalten, – und den Annenorden – und den Wladimirorden ... Na, ich hab's ihnen erzählt ... Ja, ja, Nikolai Fedorowitsch ... Das ist das Gute am Kaukasus«, fuhr er fort, ohne eine Antwort abzuwarten: »Unsereins, der Kaukasier, wird dort drüben hochgeschätzt. Ein junger Mensch, wissen Sie, mit dem Annen- und Wladimirorden – das will was heißen in Rußland – Was?«

»Sie werden wohl auch ein wenig geprahlt haben, meine ich, Abram Iljitsch?«, sagte Bolchow.

»Hihihi!«, grinste er blöde, wie es seine Art war. – »Wissen Sie, das muß man schon. Ja, und was Gutes zusammengegessen hab ich in den zwei Monaten!«

»Lebt es sich gut da, in Rußland?«, sagte Trossenko, der nach Rußland in einem Ton fragte, als handle sich's um China oder Japan.

»Ja, – was wir da Sekt getrunken haben in den zwei Monaten, es ist geradezu schauerlich!«

»Ach, was Sie reden! Limonade haben Sie wahrscheinlich getrunken! Ich hätte mich da schon vollgesoffen, daß die Leute gesehen hätten, was ein ordentlicher Kaukasier verträgt. Nicht umsonst haben wir den Ruf! Ich hätte ihnen schon gezeigt, was trinken heißt! ... Nicht wahr, Bolchow?«, fügte er hinzu.

»Ja, Onkel, du bist schon über zehn Jahre im Kaukasus«, sagte Bolchow. »Weißt du noch, was Jermolow gesagt hat? Und Abram Iljitsch ist erst seit sechs Jahren ...«

»Was zehn! Es sind bald sechzehn!«

»Laß doch mal einen Salbeischnaps kommen, Bolchow! Ist das hier feucht, brrr … Was meinen Sie, Major?«, setzte er lächelnd hinzu, »kippen wir einen?«

Der Major war aber schon über die erste Anrede des alten Hauptmanns ungehalten gewesen; jetzt zog er sich ganz in sich selbst zurück und suchte Zuflucht in dem Bewußtsein der eigenen Größe. Er sang etwas vor sich hin und sah wieder auf die Uhr.

»Also ich begebe mich jedenfalls nie mehr dahin«, fuhr Trossenko fort, ohne den finstern Major zu beachten. »Ich habe sogar verlernt, russisch zu sprechen und mich wie ein Russe zu benehmen. Was ist denn das für ein Wundertier? würden die Leute sagen. Wir sind hier nun mal in Asien! Ist es nicht so, Nikolai Fedorowitsch? Und was habe ich auch schließlich in Rußland zu suchen? Irgendeinmal werde ich hier doch niedergeknallt. Wo ist Trossenko? wird man dann fragen. Totgeschossen! Was wird dann aus der achten Kompagnie, – he?«, fuhr er fort, immer zum Major gewendet.

»Der Diensttuende vom Bataillon soll kommen!«, schrie Kirsanow, ohne dem Hauptmann zu antworten, obwohl er, wie ich fest überzeugt war, keinerlei Befehle zu erteilen hatte.

»Sie sind doch sicher froh, junger Mann, daß Sie jetzt doppelte Löhnung erhalten?«, sagte der Major nach kurzem Schweigen zum Bataillonsadjutanten.

»Ja freilich! Sehr zufrieden!«

»Ich finde, daß unser Gehalt jetzt recht hoch ist, Nikolai Fedorowitsch«, fuhr er fort, »so ein junger Mann kann doch sehr anständig leben und sich sogar einigen Luxus gestatten.«

»Nein, wirklich, Abram Iljitsch«, sagte der Adjutant schüchtern, »wenn man jetzt auch das Doppelte hat, es reicht doch nur gerade … man muß doch ein Pferd halten …«

»Was Sie reden, junger Mann! Ich bin doch selbst Unterleutnant gewesen, und weiß es. Glauben Sie mir, wenn man sein Zeug zusammenhält, geht es ganz gut. Passen Sie mal auf, – wir wollen es gleich berechnen«, fügte er hinzu und bog den kleinen Finger der linken Hand ein.

»Immer hübsch Vorschuß nehmen, das ist die ganze Rechnung!«, sagte Trossenko und leerte sein Schnapsglas.

»Na, wenn Sie das so meinen … Was gibt's?«.

In diesem Augenblick erschien im Eingang der Zeltes ein weißer Kopf mit plattgedrückter Nase, und eine scharfe Stimme sagte mit deutschem Akzent:

»Sind Sie hier, Abram Iljitsch? Der Diensthabende sucht Sie nämlich.«

»Kommen Sie herein, Kraft«, sagte Bolchow.

Eine hagere Gestalt in Generalstabsuniform kam durch die Tür und drückte mit betonter Herzlichkeit allen die Hände.

»Ah, lieber Hauptmann, Sie sind auch hier?«, sagte er zu Trossenko.

Der neue Gast schob sich trotz der herrschenden Finsternis bis zu ihm hin und küßte – wie mir schien, zum größten Erstaunen und Unwillen des Majors – den Alten auf den Mund.

»Ein Deutscher, der sich als guter Kamerad aufspielen will«, dachte ich.

XII

Meine Vermutung bewahrheitete sich sofort. Hauptmann Kraft bat um Schnaps, den er »Feuerwasser« nannte, räusperte sich laut und warf beim Kippen des Glases den Kopf in den Nacken.

»Na, meine Herrschaften, sind wir heute ordentlich in der Ebene der Tschetschnja umhergekarrt«, fing er an, brach aber sofort ab, als er den diensthabenden Offizier erblickte, und ließ den Major seine Befehle abgeben.

»Sind Sie die Kette abgegangen?«

»Zu Befehl!«

»Sind die Geheimbefehle ausgeteilt?«

»Zu Befehl!«

»Dann geben Sie den Kompagnieführern Order, daß sie möglichst vorsichtig sein sollen.«

»Zu Befehl!«

Der Major kniff die Augen zusammen und versank in tiefsinniges Grübeln.

»Sagen Sie, daß die Leute jetzt die Grütze kochen können.«

»Sie kochen sie schon.«

»Gut. Sie können gehn.«

»Na, wir waren gerade dabei, auszurechnen, was ein Offizier braucht«, fuhr der Major, mit herablassendem Lächeln, zu uns gewendet fort. »Wollen wir mal weiter rechnen.«

»Sie brauchen einen Uniformrock und eine Hose.«

»Jawohl!«

»Angenommen, das wären fünfzig Rubel in zwei Jahren, also fünfundzwanzig Rubel jährlich für Kleidung; dann kommt das Essen, täglich zwei Zwanziger … ist es nicht so?«

»Ja, sogar reichlich.«

»Na ja, ich schlage was auf. Also für Remontepferd und Sattel dreißig Rubel – das ist alles. Das macht insgesamt fünfundzwanzig und hundertzwanzig und dreißig gleich hundertfünfundsiebzig. Da bleibt Ihnen immer noch für Luxus, Tee, Zucker und Tabak gegen zwanzig Rubel. Da, sehen Sie! … Stimmt es, Nikolai Fedorowitsch?«

»Nein, erlauben Sie, Abram Iljitsch!«, sagte der Adjutant schüchtern; »nichts bleibt für Tee und Zucker übrig. Sie rechnen einen Anzug für zwei Jahre, aber bei den vielen Expeditionen kann man nicht genug Beinkleider haben; Und Stiefel? Ich laufe doch fast jeden Monat ein Paar durch. Dann die Wäsche, die Hemden, Handtücher, Fußlappen: das alles muß man doch kaufen. Und wenn man das alles zusammenzählt, bleibt gar nichts übrig. Das ist bei Gott so, Abram Iljitsch.«

»Ja; es ist herrlich, Fußlappen zu tragen«, sagte Kraft plötzlich nach minutenlangem Schweigen, das Wort Fußlappen besonders liebevoll betonend, »wissen Sie, das ist so einfach, so echt russisch.«

»Ich will Ihnen was sagen«, bemerkte Trossenko, »wie man auch rechnen mag, immer läuft es darauf hinaus, daß unsereins nichts zu knacken noch zu beißen hat. Dabei aber leben wir alle wohl und munter, trinken Tee, rauchen Tabak, kippen Schnäpse. Diene du erst so lange wie ich«, sagte er zum Unterleutnant, »dann lernst du schon leben. Wissen Sie denn, meine Herrschaften, wie der mit seinem Burschen umgeht?«

Und Trossenko erzählte uns, obwohl wir sie alle schon hundertmal gehört hatten, die Geschichte von dem Unterleutnant und seinem Burschen und wollte sich totlachen dabei.

»Na, Bruder, warum siehst du denn aus wie ein Klatschmohn?«, fuhr er fort, zum Unterleutnant gewendet, der mit feuerrotem Gesicht, schweißbedeckt und lächelnd dasaß, daß einen sein bloßer Anblick jammern konnte.

»Macht nichts, Freund, ich war auch mal so einer wie du und, da siehst du's, bin doch ein Prachtkerl geworden. Laß mal irgend so ein Zuckerbübchen aus Rußland hierherkommen – wir haben viele gesehen –, der kriegt gleich Rheumatismus und geschwollenen Hals und Gott weiß was; aber ich, ich hab mich hergesetzt – und habe hier mein Haus, mein Bett, alles! Siehst du wohl …« Dabei leerte er noch ein Glas Schnaps.

»He?«, fügte er hinzu und blickte Kraft scharf in die Augen.

»Das gefällt mir! So spricht ein echter alter Kaukasier! Geben Sie mir Ihre Hand!«

Und Kraft stieß uns alle zur Seite, drängte sich zu Trossenko durch und ergriff seine Hand, um sie mit besonderer Wärme zu schütteln.

»Ja, wir können wohl sagen, daß wir hier alles durchgemacht haben«, fuhr er fort, »Anno fünfundvierzig – Sie waren doch auch dabei, Hauptmann? Erinnern Sie sich noch an die Nacht vom zwölften zum dreizehnten, als wir im Nachtquartier bis an die Knie im Schmutz lagen und tags darauf die Schanzen stürmten. Ich war damals beim Höchstkommandierenden, und wir nahmen fünfzehn Schanzen in einem Tage. Wissen Sie noch, Hauptmann?«

Trossenko nickte bejahend und zwinkerte, die Unterlippe vorschiebend, mit den Augen.

»Sehen Sie …« begann Kraft sehr lebhaft, sinnlos gestikulierend, zum Major gewendet.

Doch der Major, der wahrscheinlich auch diese Geschichte schon mehr als einmal gehört hatte, machte plötzlich so trübe, matte Augen, als er auf den Sprecher blickte, daß Kraft sich von ihm ab und zu mir und Bolchow wendete, abwechselnd den einen und anderen anblickend. Trossenko aber sah er während seiner ganzen Erzählung auch nicht einmal an.

»Also sehen Sie, als wir morgens antraten, da sagte der Höchstkommandierende zu mir: ›Kraft! du nimmst diese Schanzen!‹ Sie wissen, bei uns im Kriegsdienst da gibt's keine langen Erörterungen, sondern Hand an die Mütze: ›Zu Befehl, Exzellenz!‹ und abgetreten! Kaum sind wir bei der ersten Schanze angelangt, da sag ich zu meinen Soldaten: ›Jungens, keine Feigheit! Beide Augen aufgemacht! Wer zurückbleibt, den schlag ich eigenhändig nieder!‹ Mit dem russischen Soldaten, wissen Sie, muß man gleich aufs Ganze gehn. Da plötzlich saust eine Granate herüber … ich sehe, ein Soldat, ein zweiter, dritter … dann Gewehrfeuer … sch … sch … sch … Ich rufe: ›Vorwärts, Jungens, mir nach!‹ Kaum sind wir herangekommen, wissen Sie, da sehen wir … Also ich sehe plötzlich … wie sagt man doch … wissen Sie … wie nennt man das gleich?« – und der Erzähler fuchtelte mit den Händen, nach Worten suchend.

»Eine Schlucht«, soufflierte Bolchow.

»Nein … Ach, wie heißt das doch? Mein Gott! Wie soll man das sagen? … eine Schlucht«, sagte er schnell. »Also – mit gesenktem Gewehr – vorwärts! Hurra! Ta-ra-ta-ta-ta! Vom Feinde keine Spur! Wissen Sie, wir waren erstaunt. Nun gut: wir gehen weiter, kommen an die zweite Schanze. Das war eine ganz andere Sache. Unser Blut wallte schon, wissen Sie. Kaum sind wir herangekommen, da sehe ich: die zweite Schanze – wir können nicht weiter. Da war … ja, wie heißt das Teufelsding nur … Ach! so ein …«

»Wieder eine Schlucht«, sagte ich.

»Ganz und gar nicht!«, sagte er heftig, »keine Schlucht, sondern … na, wie heißt es bloß«, und er machte eine ganz sinnlose Handbewegung. »Oh, mein Gott! Wie sagt man nur …«

Er litt so große Qualen, daß man sich unwillkürlich gedrungen fühlte, ihm zu helfen.

»Ein Fluß vielleicht«, sagte Bolchow.

»Nein, bloß eine Schlucht. Kaum kommen wir dahin, da empfängt uns ein Feuer … glauben Sie mir, die reine Hölle …«

In diesem Augenblick fragte draußen jemand nach mir. Es war Maximow. Und da auf die abwechslungsreiche Geschichte von der Erstürmung der zwei Schanzen noch dreizehn weitere Sturmangriffe folgen sollten, ergriff ich mit Freuden die Gelegenheit, mich zu meiner Korporalschaft zu begeben. Trossenko ging mit mir zusammen hinaus. »Alles Schwindel«, sagte er, als wir uns mehrere Schritte vom Zelt entfernt hatten, »er war bei dem Angriff überhaupt nicht mit.« Und Trossenko lachte so gutmütig, daß ich unwillkürlich mit einstimmte.

XIII

Es war schon finstre Nacht und nur die Wachtfeuer erhellten mit trübem Schein das Lager, als ich, nachdem ich meine Sachen in Ordnung gebracht hatte, zu meinen Soldaten trat. Ein großer Baumstumpf lag glimmend auf den Kohlen. Rundherum saßen nur drei: Antonow, der den im Feuer hängenden Kessel rührte, in dem »Rjabko«[1] gekocht wurde, Schdanow, der mit einem Ast nachdenklich in der Asche stocherte, und Tschikin mit seiner nie richtig brennenden Pfeife. Die anderen hatten sich schon zur Ruhe gelegt, einige unter den Protzkasten, andere im Heu, wieder andere dicht bei

[1] Soldatenessen: aufgeweichter Zwieback mit Schmalz.

den Feuern. Beim schwachen Schimmer der Kohlen unterschied ich bekannte Köpfe, Beine und Rücken. Unter den letztern war auch der kleine Rekrut, der, dicht ans Feuer gerückt, schon zu schlafen schien. Antonow machte mir Platz. Ich setzte mich neben ihn und steckte mir eine Zigarette an. Der von dem feuchten Holz aufsteigende Rauch mischte sich mit dem Nebel und erfüllte die ganze Luft. Der beizende Geruch machte die Augen tränen. Vom Himmel senkte sich die gleiche feuchte Finsternis herab.

Neben uns hörte man nur gleichmäßig schnarchen, das Reisig im Feuer knistern und ab und zu die Waffen der Infanterie klirren, überall im Kreise loderten die Wachtfeuer und warfen ihr Licht auf die rund um sie gelagerten schwarzen Gestalten der Soldaten. Bei den nächstgelegenen Feuern erkannte ich an den beleuchteten Stellen die Figuren nackter Soldaten, die ihre Hemden dicht über den Flammen hin und her schwenkten. Viele von den Leuten schliefen noch nicht; sie redeten und bewegten sich hin und her auf einer Fläche von gut sechzig Quadratmetern; aber die finstere, tiefe Nacht gab dieser ganzen Bewegung ein eigenes geheimnisvolles Gepräge, als fühle jeder diese finstere Stille und fürchte sich, ihre ruhige Harmonie zu zerstören. Als ich zu sprechen begann, fühlte ich, daß meine Stimme einen fremdartigen Klang hatte; auf den Gesichtern aller Soldaten, die um das Feuer saßen, las ich dieselbe Stimmung. Ich hatte gedacht, daß sie bis zu meinem Kommen von dem verwundeten Kameraden gesprochen hätten; aber nichts dergleichen. Tschikin erzählte von der Ablieferung der Bagage in Tiflis und von den dortigen Schuljungens.

Immer und überall, besonders im Kaukasus, habe ich an unseren Soldaten den eigentümlichen Takt beobachtet, mit dem sie in Zeiten der Gefahr Dinge umgehen und verschweigen, die unvorteilhaft auf die Stimmung der Kameraden wirken könnten. Der Geist des russischen Soldaten ist von anderer Art als die Tapferkeit der südlichen Völker; er beruht nicht auf einem schnell entflammten, lauten Enthusiasmus; er läßt sich ebenso schwer aufrütteln, wie dazu bringen, den Mut sinken zu lassen. Er braucht keine Effekte, Reden, Kriegsgeschrei, Lieder und Trommelwirbel; was er braucht, ist im Gegenteil Ruhe, Ordnung und vor allem Ungezwungenheit. Bei dem russischen, wirklich russischen Soldaten findet man nie Prahlerei und Großtuerei, nie den Wunsch, sich in der Gefahr zu berauschen oder zu erhitzen; im Gegenteil: Bescheidenheit, Schlichtheit und die Fähigkeit, in der Gefahr ganz etwas anderes zu sehen als eben die Gefahr, sind seine wichtigsten Charakterzüge. Ich habe einen Soldaten gesehen, der am Bein verwundet war und dem es im ersten Augenblick nur um den durchschossenen neuen Pelz leid war, einen Meldereiter, der, als er unter seinem getöteten Pferde hervorgekrochen war, zuerst den Sattelriemen aufschnallte, um den Sattel abzunehmen. Wer erinnert sich nicht an den Vorfall bei der Belagerung von Gorgebel, als im Laboratorium die Lunte einer fertiggestellten Bombe in Brand geriet und der Feuerwerker zwei Soldaten befahl, die Bombe zu nehmen und in den Abgrund zu werfen – wie die Soldaten sie nicht in der nächsten Nähe beim Zelt des Obersten in den Abgrund warfen, um die Herrschaften nicht zu wecken, die im Zelt schliefen, sondern sie weiter wegtrugen und beide in Stücke zerrissen wurden. Ich erinnere mich auch noch, wie bei einer Expedition im Jahre 1852 ein junger Soldat mitten im Gefecht sagte, von der Korporalschaft werde wohl keiner lebend zurückkommen, und wie die ganze Korporalschaft wütend auf ihn eindrang, weil er so üble Worte zu reden wagte, die sie gar nicht wiederholen mochten. Und auch jetzt, da doch jeder an Welentschuk denken mußte und da jede Sekunde eine Salve der heranschleichenden Tataren uns treffen konnte, lauschten alle der lustigen Geschichte Tschikins, und keiner redete weder vom heutigen Kampf, noch von der drohenden Gefahr, noch vom Verwundeten, als ob das alles Gott weiß wie weit zurückläge oder überhaupt nie gewesen wäre. Mir schienen bloß ihre Gesichter etwas trüber als sonst; sie hörten dem Tschikin nicht sehr aufmerksam zu, und auch Tschikin merkte das und redete nur, um zu reden.

Maximow trat zum Feuer und setzte sich neben mich. Tschikin machte ihm Platz, verstummte und saugte wieder an seiner Pfeife.

»Die Infanteristen haben ins Lager nach Schnaps geschickt«, sagte Marimow nach ziemlich langem Schweigen. »Sie kommen gerade zurück.« Er spuckte ins Feuer. »Der Unteroffizier sagt, sie hätten unsern Mann gesehen.«

»Nun, lebt er noch?«, fragte Antonow und drehte den Kessel.

»Nein, er ist tot.«

Der kleine Rekrut hob plötzlich sein Köpfchen mit der roten Mütze über dem Feuer empor, sah Maximow und mich etwa eine Minute lang scharf an, senkte dann schnell den Kopf und wickelte sich in den Mantel.

»Ja, ja, der Tod ist ihm nicht umsonst heute früh erschienen, als ich ihn im Park weckte«, sagte Antonow.

»Dummes Zeug!«, sagte Schdanow und drehte den glimmenden Baumstumpf um. Wir schwiegen alle.

Mitten durch die tiefe Stille ertönte plötzlich hinter uns im Lager ein Schuß. Unsere Trommler nahmen ihn sofort auf und schlugen den Zapfenstreich. Als der letzte Wirbel verklungen war, erhob sich Schdanow als erster und nahm die Mütze ab. Wir alle folgten seinem Beispiel.

Durch die tiefe Stille der Nacht klang es in harmonischem Chor von kraftvollen Männerstimmen:

»Vater unser, der Du bist im Himmel! Geheiligt werde Dein Name; Dein Reich komme; Dein Wille geschehe, wie im Himmel also auch auf Erden; unser täglich Brot gib uns heute; und vergib uns unsere Schuld, wie wir vergeben unsern Schuldigern; und führe uns nicht in Versuchung, sondern erlöse uns von dem Übel.«

»Das war im Jahre fünfundvierzig, da bekam einer von unseren Leuten eine Kontusion – hier, an der Stelle«, sagte Antonow, als wir unsere Mützen aufgesetzt und wieder am Feuer Platz genommen hatten, »zwei Tage lang haben wir ihn auf dem Geschütz herumgekarrt. Es war der Schewtschenko – weißt du noch, Schdanow? Und dann ließen wir ihn dort unter einem Baum liegen.«

In diesem Augenblick trat ein Infanterist mit mächtigem Schnurr- und Backenbart, mit Gewehr und Brotbeutel an unser Wachtfeuer.

»Gebt mir etwas Feuer, Landsleute, mein Pfeifchen anzustecken«, sagte er.

»Nur zu, Feuer ist genug da«, antwortete Tschikin.

»Ihr erzählt wohl von Darghi, Landsmann?«, wandte sich der Infanterist zu Antonow.

»Ja, von Darghi, Anno fünfundvierzig«, antwortete Antonow.

Der Infanterist schüttelte den Kopf, kniff die Augen zusammen und hockte neben uns nieder.

»Ja, da hat's allerlei gegeben«, sagte er.

»Warum ließt ihr ihn denn liegen?«, fragte ich Antonow.

»Der Leib tat ihm gar so weh. Wenn wir still standen, dann hielt ers noch halbwegs aus. Kaum aber setzten wir uns in Bewegung, so schrie er wie ein Wahnsinniger. Er bat uns um Gottes willen, ihn liegen zu lassen, aber der Mann tat uns leid. Dann aber, als ›er‹ uns immer mehr auf den Leib rückte, als drei von unsern Leuten beim Geschütz weggeschossen wurden, als der Offizier fiel, und als wir schließlich von unserer Batterie abgeschnitten waren, – da war's ganz schlimm! Wir hofften gar nicht mehr, das Geschütz heimbringen zu können. Und ein Schlamm und Dreck war überall!«

»Am ärgsten war der Dreck beim Indischen Berg«, bemerkte einer der Soldaten.

»Ja, eben dort wurde es ganz schlimm mit unserm Mann. Da überlegten wir mit Anoschenko – das war ein alter Feuerwerker –, was wir nun weiter machen sollten. Am Leben bleiben würde er doch nicht, und er bat doch so flehentlich –, also beschlossen wir ihn liegen zu lassen. Und so machten wir's auch. Es wuchs da so ein breitästiger Baum. Wir legten ihm aufgeweichten Zwieback hin – Schdanow hatte noch welchen –, lehnten ihn an den Baum, zogen ihm ein reines Hemd an, nahmen, wie sich's gehört, Abschied von ihm und ließen ihn dann allein.«

»Und war's ein tüchtiger Soldat?«

»Ein ganz braver Kerl«, bemerkte Schdanow.

»Was aus ihm geworden ist, mag Gott wissen«, fuhr Antonow fort. »Viele von unsern Brüdern sind dort geblieben.«

»In Darghi?«, fragte der Infanterist, stand auf und stocherte in seiner Pfeife, wieder mit zugekniffenen Augen und Kopfschütteln. »Ja, da hat's mancherlei gegeben.«

Und er ging fort.

»Sind in unserer Batterie noch viele Soldaten, die damals in Darghi mit waren?«, fragte ich.

»Wer war denn noch mit? Hier der Schdanow, ich, Pazan, der jetzt auf Urlaub ist, und noch etwa sechs Mann. Mehr werden's nicht sein.«

»Unser Pazan bummelt wohl tüchtig im Urlaub?«, sagte Tschikin, die Beine ausstreckend und den Kopf auf einen Balken legend. »Er ist wohl bald ein Jahr weg.«

»Hast du schon einmal ein Jahr Urlaub gehabt?«, fragte ich Schdanow.

»Nein«, erwiderte er unfroh.

»Es muß doch ganz fein sein«, sagte Antonow, »wenn man aus einem reichen Hause ist oder selbst arbeiten kann – dann macht's einem selber Freude, und auch die Leute daheim sind froh, daß man kommt.«

»Was hat man aber davon, wenn bloß zwei Brüder da sind!«, fuhr Schdanow fort. »Die wissen nicht, wie sie selber durchkommen, und sollen noch unsereinen füttern. Und helfen kann man auch nicht viel, wenn man fünfundzwanzig Jahre Soldat gewesen ist. Weiß Gott, ob sie überhaupt noch am Leben sind.«

»Hast du denn nicht geschrieben?«, fragte ich.

»Freilich hab ich geschrieben! Zwei Briefe hab ich abgeschickt, aber es kommt keine Antwort. Entweder sind sie tot, oder sie schreiben nicht, weil's ihnen selber schlecht geht. Da denkt man eben nicht ans Schreiben.«

»Ist es lang her, daß du geschrieben hast?«

»Als wir von Darghi zurückkamen, schrieb ich zum letztenmal.«

»Sing uns doch das Lied von der Birke vor«, sagte Schdanow zu Antonow, der unterdessen, die Ellbogen auf die Knie gestützt, ein Lied vor sich hinsummte.

Antonow stimmte »die Birke« an.

»Das ist Onkel Schdanows Lieblingslied«, flüsterte Tschikin mir zu, indem er mich am Mantel zog, »wenn Filipp Antonowitsch es manchmal spielt, fängt er sogar an zu weinen.«

Schdanow saß zuerst ganz unbeweglich, die Augen auf die glimmenden Kohlen gerichtet, und sein Gesicht sah im rötlichen Scheine ungemein finster aus; dann begannen seine Kinnbacken unter den Ohren sich immer schneller zu bewegen, und endlich stand er auf, breitete seinen Mantel aus und streckte sich im Schatten hinter dem Feuer aus. Ob er nun bloß ächzte, bis er sich bequem zurechtgelegt hatte, oder ob der Tod Welentschuks und das traurige Wetter mich so trüb gestimmt hatten, – es kam mir wirklich vor, als weine er.

Der untere Teil des Holzstumpfs, der ganz verkohlt war, glühte noch ab und zu auf und beleuchtete die Gestalt Antonows mit seinem grauen Schnurrbart, dem roten Gesicht und den Orden am Mantel, irgend jemandes Stiefel, einen Rock, einen Rücken. Von oben tropfte es immer noch so trübselig, die Luft war von dem gleichen Feuchtigkeits- und Rauchgeruch erfüllt, rundherum waren die hellen Punkte der erlöschenden Feuer sichtbar, und durch die allgemeine Stille tönten die Klänge von Antonows wehmütigem Lied; wenn er einen Augenblick innehielt, vernahm man das leise, nächtliche Weben des Lagers, Schnarchen, Waffenklirren bei den Wachen und leises Flüstern.

»Zweite Ablösung! Makatjuk und Schdanow!«, rief Maximow.

Antonow hörte auf zu singen, Schdanow stand auf, seufzte, schritt über den Balken hinweg und ging zu den Geschützen.

Zwei Husaren

Iomini, Iomini fort und fort,
Doch von Schnaps kein Sterbenswort.

D. Dawydow[1]

Gegen Anfang des neunzehnten Jahrhunderts, in jenen Zeiten, wo es noch keine Eisenbahnen gab, keine Chausseen, keine Gasbeleuchtung, kein Stearinlicht, keine niedrigen Sofas mit Sprungfedern, keine unlackierten Möbel, keine blasierten Jünglinge mit Glasstückchen vor den Augen, keine freidenkerischen Philosophinnen, keine holden Kameliendamen, deren Zahl in unserer Zeit so stark gewachsen ist – in jenen harmlosen Zeiten, wo man bei einer Reise von Moskau nach Petersburg im Stellwagen oder in der Kutsche einen vollständigen, zu Hause zurechtgemachten Vorrat an Lebensmitteln mitnahm, acht volle Tage auf dem weichen, staubigen oder morastigen Weg fuhr und an die panierten Poulardenkoteletts, an die waldaischen Glöckchen und Brezeln glaubte – wo an langen

[1] Dawydow (1784–1839), Dichter weitverbreiteter Soldatenlieder. Iomini (1779–1869), ein vielgenannter General zunächst in Napoleons, dann in russischen Diensten. Eine engere Beziehung des Mottos zu dem Gesamtinhalt der nachfolgenden Novelle ist nicht ersichtlich; es soll wohl nur zu dem Zeitgemälde einen kleinen Zug hinzufügen. Der Übersetzer.

Herbstabenden die Talglichter herunterbrannten und dabei Familienkreise von zwanzig, dreißig Menschen beleuchteten, bei Ballen Wachs- und Walratkerzen auf die Armleuchter gesteckt wurden, wo man die Möbel symmetrisch stellte, wo unsere Väter noch jung waren, nicht allein durch das Fehlen der Runzeln und grauen Haare, und sich um der Weiber willen schossen und diensteifrig vom anderen Zimmerende herbeistürzten, um zufällig oder nicht zufällig fallengelassene Taschentücher aufzuheben, wo unsere Mütter kurze Taillen und gewaltige Ärmel trugen und Familienangelegenheiten durch das Ziehen von Loszettelchen entschieden, wo die verführerischen Kameliendamen sich vor dem Tageslichte versteckten – in den harmlosen Zeiten der Freimaurerlogen, der Martinisten, des Tugendbundes, in den Zeiten von Männern wie Miloradowitsch, Dawydow, Puschkin – wurde in der Gouvernementsstadt K. nach Beendigung der Adelswahlen eine Versammlung von Gutsbesitzern abgehalten.

I

»Na, ganz gleich, meinetwegen in den Saal«, sagte ein junger Offizier in Pelz und Husarenmütze, der soeben seinem Reiseschlitten entstieg und sich in das beste Gasthaus der Stadt K. begab.

»Es ist eine sehr große Versammlung, Väterchen, Euer Erlaucht«, sagte der Flurkellner, dem es schon gelungen war, von dem Offiziersburschen zu erfahren, daß des Husaren Familienname Graf Turbin war, und der ihn deshalb »Euer Erlaucht« titulierte. »Eine Gutsbesitzerin aus Afremowa mit ihren Töchtern hat ihre Abreise für den Abend angemeldet: Sie belieben dann Nummer elf zu nehmen, sobald sie frei wird«, sagte er, während er leise vor dem Grafen auf dem Korridor herging und sich fortwährend umsah.

In dem Hotelsaal, an einem kleinen Tisch, neben einem etwas dunkel gewordenen Porträt des Kaisers Alexander in Lebensgröße, saßen einige Männer beim Sekt, allem Anschein nach »hiesige« Edelleute, und etwas abseits ein paar Kaufleute, die auf der Durchreise waren, in blauen Pelzen.

Beim Eintritt in das Zimmer rief der Graf einen riesigen, grauen Bullenbeißer, »Blücher«, der mit ihm angekommen war, herein, warf den am Kragen noch mit Reif bedeckten Mantel ab, bestellte sich einen Schnaps, setzte sich in seinem kurzen Stepprock von blauem Atlas an den Tisch und knüpfte ein Gespräch mit den dort sitzenden Herren an, die, sofort durch die schöne, offene Erscheinung des Ankömmlings für ihn günstig gestimmt, ihm ein Glas Sekt anboten. Der Graf trank zunächst das Gläschen Schnaps aus; dann bestellte er gleichfalls eine Flasche, um die neuen Bekannten zu bewirten. Der Postillion kam herein und bat um ein Trinkgeld.

»Saschka!«, rief der Graf, »gib ihm.«

Der Postillion ging mit Saschka hinaus und kam nochmals zurück; das Geld hielt er in der Hand.

»Aber Väterchen 'laucht, ich habe mir doch gewiß mit deiner Gnaden soviel Mühe gegeben! Einen halben Rubel hast du versprochen, und nun bekomme ich nur einen Viertelrubel!«

»Saschka, gib ihm einen Silberrubel!«

Saschka schlug die Augen zu Boden und blickte nach den Füßen des Postillions.

»Es ist genug für ihn«, sagte er mit tiefer Stimme, »und ich habe auch kein Geld mehr.«

Der Graf holte aus seiner Brieftasche die beiden einzigen blauen Scheine heraus, die darin waren, und gab einen davon dem Postillion, der ihm die Hand küßte und hinausging.

»Das heißt abgepaßt!«, sagte der Graf, »die letzten fünf Rubel.«

»So geht's bei den Husaren zu, Graf«, sagte lächelnd einer der Edelleute, nach dem Schnurrbart, der Stimme und einer gewissen kräftigen Gewandtheit in den Beinen zu urteilen offenbar ein ehemaliger Kavallerist. »Sie beabsichtigen hier länger zu bleiben, Graf?«

»Ich muß erst Geld bekommen, sonst bleibe ich nicht. Und es gibt nicht einmal Zimmer in diesem verfluchten Krug, hol's der Teufel ...«

»Gestatten Sie, Graf«, erwiderte der Kavallerist, »ist es Ihnen nicht gefällig, zu mir zu ziehen? Ich wohne hier, in Nummer sieben. Wenn es Ihnen nicht unangenehm ist, einstweilen bei mir zu wohnen? Aber bleiben Sie doch drei Tage bei uns. Heute ist Ball beim Adelsmarschall. Er würde sich außerordentlich freuen!«

»Gewiß, Graf, bleiben Sie ein Weilchen als Gast hier«, fiel ein anderer aus der Gesellschaft, ein hübscher junger Mann, ein. »Wozu haben Sie nötig, zu eilen! Das kommt ja alle drei Jahre nur einmal vor – die Wahlen. Wenn Sie sich wenigstens unsere jungen Damen ansähen, Graf!«

»Saschka, gib das Weißzeug her, ich will nach dem Badehause fahren«, sagte der Graf, indem er aufstand. »Und dann, wir wollen einmal sehen, gehe ich vielleicht wirklich zum Adels-Marschall.«

Darauf rief er den Kellner, um ihm kurz irgend etwas zu sagen, worauf der Kellner lächelnd antwortete, daß das alles menschenmöglich sei, und ging hinaus.

»Also, Väterchen, ich werde meinen Mantelsack zu Ihnen aufs Zimmer bringen lassen«, rief der Graf aus der Tür her.

»Haben Sie die Güte, Sie machen mich glücklich«, antwortete der Kavallerist, indem er zur Tür lief. »Nummer sieben, vergessen Sie es nicht.«

Als die Schritte des Grafen nicht mehr zu hören waren, kehrte der Kavallerist an seinen Platz zurück, rückte näher an den Beamten heran, sah ihm mit einem Lächeln gerade ins Gesicht und sagte: »Na, das ist ja dieser selbe.«

»Nämlich?«

»Ich sage dir, es ist dieser selbe duellwütige Husar, na, Turbin, der bekannte. Er hat mich erkannt, ich wette darauf, daß er mich erkannt hat. Natürlich, ich habe ja in Lebedjan mit ihm zusammen drei Wochen lang um und um flott gelebt, als ich da war, die Remontepferde zu holen. Da fällt mir ein Streich ein – den haben wir zusammen ausgeführt. – Aber ein Prachtkerl, was?«

»Ein prächtiger Mensch. Und wie angenehm im Umgang! Es ist gar nichts von einer gewissen Art an ihm zu merken«, antwortete der hübsche junge Mensch. »Wie schnell wir bekannt geworden sind. Sagen Sie mal, er ist nicht älter als fünfundzwanzig Jahre?«

»Ach nein, es scheint nur so; er ist älter. Und man muß wissen, was das für einer ist. Wer hat Fräulein Migunowa entführt? Er. Sablin hat er totgeschossen, Matnew hat er an den Beinen gefaßt und aus dem Fenster hinunterfallen lassen, dem Fürsten Nesterow hat er im Spiel dreihunderttausend Rubel abgenommen. Was das für ein tollkühner Bursche ist, das muß man wissen. Ein leidenschaftlicher Kartenspieler, Duellant, Verführer; aber ein echter Husar, wirklich ein echter. Ja, man sagt das wohl so leichthin von uns Kavalleristen; aber wenn jemand begriffe, was das eigentlich bedeutet: ein wahrer Husar. Ach, eine prächtige Zeit war es!«

Und der Kavallerist erzählte seiner Tischgesellschaft von einem großen Gelage, das er in Lebedjan mit dem Grafen mitgemacht habe, von einem Gelage, das nicht nur nie stattgefunden hatte, sondern auch nicht hatte stattfinden können – nicht hatte stattfinden können, erstens, weil er den Grafen nie vorher gesehen und seinen Abschied zwei Jahre früher genommen hatte, ehe der Graf in den Dienst trat, zweitens aber, weil der Kavallerist überhaupt nie bei der Kavallerie, sondern vier Jahre als sehr bescheidener Junker im Bjelewschen Regiment gedient und, sowie er nur zum Fähnrich befördert war, den Abschied genommen hatte. Aber zehn Jahre später hatte er, nachdem er eine Erbschaft gemacht, wirklich Lebedjan besucht, dort mit den Remonteoffizieren siebenhundert Rubel verpraßt und war nahe daran gewesen, sich eine Ulanenuniform mit orangefarbenen Aufschlägen machen zu lassen, in der Absicht, bei den Ulanen einzutreten. Der Wunsch, bei der Kavallerie einzutreten, und die drei Wochen, die er mit den Remonteoffizieren in Lebedjan zugebracht hatte, blieben die lichteste, glücklichste Zeit in seinem Leben, so daß er diesen Wunsch zuerst in die Wirklichkeit, dann in die Erinnerung übertrug und selbst schon anfing, fest an seine kavalleristische Vergangenheit zu glauben, was ihn nicht hinderte, in Hinsicht auf Gutherzigkeit und Ehrenhaftigkeit ein sehr achtungswerter Mensch zu sein.

»Ja, wer nicht bei der Kavallerie gedient hat, der wird nie Verständnis für unsereinen haben.« Er setzte sich rittlings auf den Stuhl und redete, den Unterkiefer vorstreckend, mit tiefer Stimme los. »Man reitet so vor der Eskadron; unter sich hat man einen Teufel, nicht ein Pferd; fortwährend macht es Lançaden; man sitzt selbst so darauf wie ein Teufel. Da kommt der Eskadronchef zur Besichtigung herangeritten. ›Leutnant‹, sagt er, ›seien Sie so gut – ohne Sie wird es doch einmal nichts Rechtes –, führen Sie die Eskadron im Parademarsch vorbei.‹ Gut, und nun geht's los, man blickt zurück, man schreit seine schnurrbärtigen Kerle an … Ach, hol's der Teufel, eine prächtige Zeit war's.«

Der Graf kam vom Badehaus zurück, ganz rot und mit feuchten Haaren, und ging geradeswegs in das Zimmer Nummer sieben hinein, in dem der Kavallerist schon mit Schlafrock und Pfeife saß und mit Entzücken und einiger Angst über das ihm zugefallene Glück nachdachte – in ein und demselben Zimmer mit dem berühmten Turbin zu wohnen. »Aber was dann«, schoß es ihm durch den Kopf, »wenn er mich plötzlich packt und mich nackt auszieht, über den Schlagbaum hinausführt und in den Schnee setzt, oder … mich mit Teer bestreicht, oder geradezu … nein, unter Kameraden wird er dergleichen nicht tun …« tröstete er sich.

»Blücher füttern, Saschka«, rief der Graf.

Es erschien Saschka, der seit der Reise schon ein Glas Schnaps getrunken und sich gehörig berauscht hatte.

»Du hast es nicht mehr abwarten können; du hast dich betrunken, Kanaille! … Blücher füttern.«

»Er krepiert auch so nicht. Sieh, wie glatt er ist!«, antwortete Saschka und streichelte den Hund.

»Na, rede nicht erst lange! Marsch, füttere ihn.«

»Wenn bei Ihnen nur der Hund satt ist; aber trinkt ein Mensch ein Glas, so rücken Sie es ihm gleich vor.«

»Ha, ich prügle dich durch!«, rief der Graf mit solcher Stimme, daß die Fensterscheiben zitterten und sogar dem Kavalleristen bange wurde.

»Sie sollten fragen, ob Saschka heute schon etwas gegessen hat. Schlagen Sie zu, wenn Ihnen ein Hund wertvoller ist als ein Mensch«, erwiderte Saschka. Aber in diesem Augenblick erhielt er einen so furchtbaren Schlag mit der Faust ins Gesicht, daß er fiel, mit dem Kopf an die Bettwand stieß und, mit der Hand sich nach der Nase greifend, zur Tür stürzte und sich im Korridor auf einer Truhe herumwälzte.

»Er hat mir die Zähne ausgeschlagen«, knurrte Saschka; mit der einen Hand wischte er sich dabei die blutende Nase, mit der anderen kraulte er dem sich leckenden Blücher den Rücken; »er hat mir die Zähne ausgeschlagen, Blücherchen, aber er ist doch mein Graf, und ich gehe für ihn durchs Feuer – siehst du wohl! Deshalb, weil er mein Graf ist, verstehst du, Blücherchen? Aber willst du fressen?«

Nachdem er noch ein Weilchen dagelegen hatte, stand er auf, fütterte den Hund und ging fast nüchtern hin, um seinen Grafen zu bedienen und ihm Tee anzubieten.

»Sie beleidigen mich geradezu«, sagte der Kavallerist schüchtern. Er stand dabei vor dem Grafen, der auf seinem Bett lag und die Füße über die untere Bettwand streckte. »Ich bin doch gleichfalls ein alter Militär und Kamerad, kann ich sagen. Wozu brauchen Sie von irgendeinem Beliebigen zu borgen; ich bin mit Freuden bereit, Ihnen mit zweihundert Rubeln zu dienen. Ich habe jetzt nicht soviel, sondern nur hundert; aber ich werde sie noch heute beschaffen. Sie beleidigen mich geradezu, Graf!«

»Danke, Väterchen«, sagte der Graf, der sogleich die Art der Beziehungen voraussah, die dann notwendigerweise zwischen ihnen bestehen würden, und klopfte dem Kavalleristen auf die Schulter, »danke. Na also, dann wollen wir auch auf den Ball fahren, wenn's so ist. Aber jetzt, was werden wir jetzt machen? Erzähle, was es bei euch in der Stadt gibt, sind hübsche Frauenzimmer da? Zecht jemand? Spielt jemand Karten?«

Der Kavallerist setzte ihm auseinander: Hübsche Frauenzimmer würden eine Unmenge auf dem Balle sein; im Zechen überträfe alle der wiedergewählte Kreisrichter Kolkow, nur daß ihm der rechte Husarenschneid fehle; indes, er sei ein braver Junge; seit Beginn der Wahlen singe hier die Iljuschkasche Zigeunerkapelle, Stjoschka sei die Primadonna, und heute würden sie »alle« von dem Balle des Adelsmarschalls aus sich bei ihnen zusammenfinden.

»Und gespielt wird gehörig«, erzählte er, »Luchnow, ein fremder Herr, hält die Bank, und Iljin, der in Nummer acht logiert, ein Ulanenkornett, spielt auch viel. Das Spiel hat auf seinem Zimmer schon begonnen. Jeden Abend spielen sie, und was für ein wundervoller Junge, ich sage Ihnen, Graf, ist dieser Iljin; geizig nun schon gar nicht – das letzte Hemd gibt er hin.«

»Gehen wir also zu ihm. Wir wollen sehen, was das für eine Sorte Menschen ist«, sagte der Graf.

»Gehen wir, gehen wir! Sie werden sich alle schrecklich freuen.«

II

Der Ulanenkornett Iljin war erst unlängst aufgewacht. Tags vorher hatte er sich um acht Uhr abends zum Spiel hingesetzt und hatte fünfzehn Stunden ununterbrochen gespielt, bis elf Uhr vormittags. Er hatte ziemlich viel verloren, aber wieviel eigentlich, wußte er nicht, weil er dreitausend Rubel eigenes Geld und fünfzehntausend staatliches Geld hatte, das er schon lange mit dem seinigen vermengt hatte, und er fürchtete sich zu zählen, um sich nicht von dem zu überzeugen, was er ahnte, daß auch von dem staatlichen Gelde schon einiges fehlte. Er war ungefähr um zwölf Uhr mittags eingeschlafen und hatte so tief und traumlos geschlafen, wie eben nur ein sehr junger Mensch auch nach einem sehr großen Verlust beim Spiel schläft. Als er um sechs Uhr abends erwachte, zu eben der Zeit, wo Graf Turbin im Gasthaus ankam, und um sich herum auf dem Fußboden die Karten, die Kreide und die schmutzigen Tische mitten im Zimmer sah, erinnerte er sich mit Schrecken an das gestrige Spiel und an die letzte Karte, einen Buben, der ihm mit einem Verlust von fünfhundert Rubeln geschlagen war; aber da er noch nicht so recht an die Wirklichkeit glaubte, langte er unter dem Kopfkissen das Geld hervor und fing an zu zählen. Er erkannte einige Banknoten, die bei verschiedenen Spielmanövern mehrmals von Hand zu Hand gegangen waren; er erinnerte sich an den ganzen Verlauf des Spiels. Seine eigenen dreitausend waren nicht mehr da, und von den staatlichen fehlten schon dreieinhalbtausend.

Der Ulan hatte vier Nächte nacheinander gespielt.

Er war aus Moskau angereist gekommen, wo er die staatlichen Gelder in Empfang genommen hatte. In K. hatte ihn der Postmeister aufgehalten unter dem Vorwand, es seien keine Pferde da, aber in Wirklichkeit auf Grund einer Abmachung, die er schon längst mit dem Inhaber des Gasthofes getroffen hatte – alle Durchreisenden für einen Tag aufzuhalten. Der Ulan, ein hübscher, lustiger Junge, der soeben in Moskau von seinen Eltern Dreitausend zu seiner Equipierung im Regiment erhalten hatte, war froh, zur Zeit der Wahlen einige Tage in der Stadt K. zu verleben, und hoffte, sich da glänzend zu amüsieren. Ein Gutsbesitzer, Familienvater, war ihm bekannt, und er schickte sich gerade an, zu ihm zu fahren, um seinen Töchtern die Cour zu schneiden, als der Kavallerist erschien, um die Bekanntschaft des Ulanen zu machen, und ihn an demselben Abend ohne jede böse Absicht mit seinen Bekannten, Luchnow und anderen Spielern, im Hotelsaal zusammenbrachte. Von dem Abend an hatte der Ulan beim Spiel gesessen und war nicht nur nicht zu dem ihm bekannten Gutsbesitzer gefahren, sondern hatte sich überhaupt nicht mehr nach Pferden erkundigt und war vier Tage hindurch nicht aus dem Zimmer gekommen.

Nachdem er sich angekleidet und Tee getrunken hatte, trat er ans Fenster. Er bekam Lust spazieren zu gehen, um die zudringlichen Erinnerungen an das Spiel zu verscheuchen. Er legte den Mantel um und ging hinaus auf die Straße. Die Sonne hatte sich schon hinter den weißen Häusern mit den roten Dächern versteckt; es fing schon an zu dämmern. Es war warm. Auf die schmutzigen Straßen fiel langsam in großen Flocken feuchter Schnee. Es bemächtigte sich seiner plötzlich eine unerträgliche Traurigkeit bei dem Gedanken, daß er diesen ganzen Tag, der schon zu Ende ging, verschlafen hatte.

»Diesen Tag, der vergangen ist, kann man nie zurückrufen«, dachte er.

»Ich habe meine Jugend vergeudet«, sagte er plötzlich zu sich selbst, nicht weil er wirklich gedacht hätte, daß er seine Jugend vergeudet habe – an dergleichen dachte er überhaupt nicht –, sondern die Phrase kam ihm so in den Sinn.

»Was werde ich jetzt machen?«, überlegte er. »Von jemand Geld borgen und wegfahren.« Eine Dame ging auf dem Fußsteig vorbei. »Was für eine dumme Person«, dachte er aus irgendwelchem Grund. »Es ist niemand da, von dem ich Geld borgen könnte. Ich habe meine Jugend vergeudet.« Er kam an den Trödelmarkt. Ein Kaufmann im Fuchspelz stand an der Ladentür und rief den Vorbeigehenden heran. »Wenn ich nicht die Acht abgehoben hätte, so hätte ich alles wieder zurückgewonnen.« Eine alte Bettlerin folgte ihm schluchzend nach. »Es ist niemand da, von dem ich Geld borgen könnte.« Ein Herr im Bärenpelz fuhr vorbei, ein Polizist stand da. »Was könnte man Ungewöhnliches tun? Auf sie schießen? Nein, das ist langweilig! Ich habe meine Jugend vergeudet. Ach, hängen da prächtige Kummete mit eingelegten Zieraten. Die möchte man an seiner Troika haben. Ei, ihr hübschen Dinger! Ich gehe nach Hause. Luchnow kommt bald, dann fangen wir an zu spielen.« Er kehrte nach Hause zurück und zählte noch einmal das Geld durch. Nein, er hatte sich das erste Mal nicht geirrt: wieder fehlten von dem staatlichen Geld zweitausendfünfhundert Rubel. »Ich setze als ersten Satz 25, als zweiten biege ich ein Paroli … auf sieben Sätze, auf 15, auf 30, auf 60 … bis 3000. Ich kaufe die Kummete und fahre weg. Er wird sie nicht dafür lassen, der Schweinhund! Ich habe meine Jugend vergeudet.« Diese Gedanken entstanden im Kopf des Ulanen, als Luchnow wirklich bei ihm eintrat.

»Nun, sind Sie schon lange aufgestanden, Michailo Wasiljitsch?«, fragte Luchnow, nahm langsam die goldene Brille von der scharfen Nase und wischte sie sorgsam mit seinem rotseidenen Taschentuche ab.

»Nein, soeben erst. Ich habe vorzüglich geschlafen.«

»Ein Husar ist angekommen, er hat sich bei Sawalschewski einquartiert … haben Sie nicht davon gehört?«

»Nein, ich habe nichts gehört. Aber ich wundere mich, daß sonst noch niemand da ist.«

»Sie sind wohl zu Prjachin mit herangegangen. Sie werden gleich kommen.«

Wirklich traten sie bald ins Zimmer: ein Garnisonsoffizier, der Luchnow stets begleitete; ein griechischer Kaufmann mit einer gewaltigen krummen Nase von brauner Farbe und mit tiefliegenden schwarzen Augen; ein dicker, fleischiger Gutsbesitzer, Branntweinbrenner, der ganze Nächte lang spielte, immer einen Simple zum halben Rubel. Alle wünschten, das Spiel möglichst schnell zu beginnen; aber die Hauptspieler sagten nichts über diesen Gegenstand, namentlich Luchnow erzählte außerordentlich ruhig von den Spitzbubentricks in Moskau.

»Sie müssen sich vorstellen«, sagte er, »Moskau – eine Stadt ersten Ranges, eine Residenzstadt – und bei Nacht gehen sie mit Ofenkrücken, als Teufel kostümiert, umher, schüchtern den dummen Pöbel ein, plündern die Durchreisenden aus – fertig. Wozu paßt denn die Polizei auf? Sonderbar.«

Der Ulan hörte die Geschichte von den Spitzbubentricks aufmerksam an, aber beim Ende derselben stand er auf und befahl leise, die Karten zu bringen. Der dicke Gutsbesitzer platzte zuerst heraus.

»Meine Herren, warum sollen wir die goldene Zeit verlieren? An die Arbeit also, an die Arbeit.«

»Ja, Sie haben gestern mit Ihren Einsätzen immer zum halben Rubelchen schön etwas zusammengeschrapt, daher gefällt es Ihnen auch so sehr«, sagte der Grieche.

»Gewiß, es dürfte Zeit sein«, sagte der Garnisonsoffizier.

Iljin blickte nach Luchnow hin. Luchnow, ihm in die Augen sehend, setzte ruhig die Geschichte von den Spitzbuben fort, die sich als Teufel mit Eisenhaken verkleidet hatten.

»Wollen Sie die Bank halten?«, fragte der Ulan.

»Ist es nicht noch früh?«

»Bjelow!«, rief der Ulan und errötete aus irgendwelchem Grunde, »bringe mir Mittagessen ... Ich habe noch nichts gegessen, meine Herren ... Bringe Sekt und gib die Karten.«

In diesem Augenblick traten der Graf und Sawalschewski ins Zimmer. Es zeigte sich, daß Turbin und Iljin zu ein und derselben Division gehörten. Sie traten einander sofort näher, stießen mit den Sektgläsern an und duzten sich schon nach fünf Minuten. Allem Anschein nach gefiel Iljin dem Grafen sehr. Der Graf lächelte immer, sooft er ihn ansah, und neckte ihn mit seiner Jugend.

»Sehe mal einer, was für ein stattlicher Kerl von Mann!«, sagte er. »Das kleine, allerliebste Schnurrbärtchen!«

Der Flaum auf Iljins Lippe war noch vollständig weiß.

»Sie wollen wohl spielen, scheint es?«, sagte der Graf. »Nun, ich wünsche dir, daß du gewinnst, Iljin! Du bist, denke ich mir, ein Matador!«, fügte er lächelnd hinzu.

»Ja allerdings, die Herren beabsichtigen es«, antwortete Luchnow und riß ein Päckchen auf, das ein Dutzend Spiele Karten enthielt, »aber Sie, Graf, belieben nicht?«

»Nein, heute werde ich es nicht tun. Sonst würde ich Sie alle abstrafen. Sobald ich anfange zu drücken, fängt unter mir jede Bank an zu krachen! Habe nichts, womit ich spielen könnte. Habe bei Wolotschok auf einer Station im Spiel verloren. So ein Ding von Infanterist fand sich da zu mir, mit Ringen an den Fingern, jedenfalls ein falscher Spieler – und der hat mich rein ausgegaunert.«

»Hast du dich denn lange da auf der Station aufgehalten?«, fragte Iljin.

»Zweiundzwanzig Stunden habe ich mich aufgehalten. Unvergeßlich wird mir diese Station bleiben, eine verfluchte Station! Na, und auch der Postmeister wird mich nicht vergessen.«

»Wieso denn?«

»Ich komme an, weißt du. Da springt der Postmeister aus dem Hause, ein Gesicht wie ein Spitzbube, wie ein Schurke; es sind keine Pferde da, sagt er. Aber ich habe es mir, mußt du wissen, zum Gesetz gemacht: sowie keine Pferde da sind, nehme ich den Pelz nicht ab, begebe mich zum Postmeister ins Zimmer, weißt du, nicht ins Dienstzimmer, sondern zum Postmeister, und befehle alle Türen und Fensterluken zu öffnen, als ob es dunstig wäre. Na, so machte ich es auch hier. Aber du besinnst dich, was für eine Kälte im vorigen Monat war – zwanzig Grad waren. Der Postmeister wollte etwas sagen, ich gab ihm eins in die Zähne. Da erhoben eine Alte, ein paar Mädchen und andere Weiber ein Gequieke, rafften ihre Töpfe auf und wollten ins Dorf laufen … Ich an die Tür; ich sage: gib Pferde, so reise ich ab, sonst lasse ich euch nicht hinaus, ich lasse alle erfrieren!«

»Das ist ein vorzügliches Verfahren!«, sagte der fleischige Gutsbesitzer und brach in ein Gelächter aus, »so rottet man die Schaben aus durch Kälte.«

»Ich hatte nur irgendwie nicht ordentlich aufgepaßt, da war der Postmeister mit allen Weibern hinausgekommen und mir davongelaufen. Nur die Alte war bei mir als Pfand zurückgeblieben, auf dem Ofen; sie nieste immerzu und betete zu ihrem Herrgott. Dann knüpften wir Unterhandlungen an. Der Postmeister kam herbei und redete, immer aus der Entfernung, auf mich ein, ich sollte die Alte weglassen; aber ich hetzte Blücher auf ihn; Blücher faßt Postmeister vorzüglich. Indes, der Schandkerl gab mir bis zum anderen Morgen keine Pferde. Aber da kam dies Ding von Infanterist angereist. Ich ging in ein anderes Zimmer, und wir fingen an zu spielen. Sie haben Blücher gesehen? … Blücher! … Hierher!«

Blücher stürzte herein. Die Spieler gaben sich herablassend mit ihm ab, obgleich sie offenbar Lust hatten, sich mit etwas ganz anderem abzugeben.

»Aber, warum spielen Sie nicht, meine Herren? Bitte, lassen Sie sich durch mich nicht stören. Ich bin nun einmal ein Schwätzer«, sagte Turbin. »Meine Tante, deine Tante, das ist ein gutes Ding.«

III

Luchnow zog zwei Kerzen zu sich heran, holte eine gewaltige, mit Geld gefüllte, braune Brieftasche hervor, öffnete sie auf dem Tisch langsam, wie wenn er irgendeine geheimnisvolle Handlung vollzöge, nahm zwei Hundertrubelscheine heraus und legte sie unter die Karten.

»Ebenso wie gestern, zweihundert in die Bank«, sagte er, während er sich die Brille zurechtschob und an einem Spiel Karten das Siegel aufmachte.

»Gut«, sagte Iljin, ohne nach ihm hinzusehen, während des Gespräches, das er mit Turbin führte.

Das Spiel kam in Gang. Luchnow deckte die Karten mit großer Sorgfalt auf, wie eine Maschine; ab und zu hielt er inne und machte ohne Hast eine Notiz oder blickte streng über seine Brille weg und sagte mit schwacher Stimme: »Reichen Sie her.« Der dicke Gutsbesitzer redete am lautesten von allen, indem er für sich, aber allen hörbar, allerlei Erwägungen anstellte; und wenn er die Karten umbog, so benetzte er die fleischigen Finger mit Speichel. Der Garnisonsoffizier setzte stillschweigend und säuberlich seine Unterschrift unter eine Karte und bog unter dem Tisch ganz kleine Ecken um. Der Grieche saß an der Seite des Bankhalters und verfolgte, irgend etwas erwartend, mit seinen tiefliegenden schwarzen Augen aufmerksam das Spiel. Sawalschewski, der am Tisch stand, pflegte plötzlich mit dem ganzen Leib in Bewegung zu kommen, aus der Hosentasche eine rote oder blaue Banknote hervorzuholen, eine Karte daraufzulegen, auf diese mit der flachen Hand zu klatschen, dazu zu sagen: »Bring mir etwas, liebe Sieben!« auf den Schnurrbart zu beißen, in der Erregung von einem Fuß auf den anderen zu treten, rot zu werden und in eine allgemeine Unruhe zu geraten, die so lange anhielt, bis die Karte herauskam. Iljin aß Kalbfleisch mit Gurken; er hatte diese Gerichte neben sich auf das Roßhaarsofa stellen lassen, und rasch die Hände am Rocke abwischend besetzte er eine Karte nach der anderen. Turbin, der anfänglich auf dem Sofa saß, bemerkte sogleich, wie die Sache zuging. Luchnow blickte überhaupt nicht nach dem Ulanen hin und redete nicht zu ihm; nur ab und zu richtete sich seine Brille für einen Augenblick nach den Händen des Ulanen; aber der größte Teil von dessen Karten verlor.

»Könnte ich doch dies feine Kärtchen schlagen«, sagte Luchnow mit Bezug auf eine Karte des dicken Gutsbesitzers, der um einen halben Rubel spielte.

»Schlagen Sie doch bei Iljin, aber warum bei mir«, bemerkte der Gutsbesitzer.

Und wirklich wurden Iljins Karten häufiger geschlagen als die der anderen. Nervös zerriß er unter dem Tisch eine Karte, die verloren hatte, und suchte mit zitternden Händen eine andere aus. Turbin stand vom Sofa auf und bat den Griechen zu gestatten, daß er sich neben den Bankhalter setze. Der Grieche suchte sich einen anderen Platz; der Graf setzte sich auf den Stuhl des Griechen und fing an, ohne je die Augen wegzuwenden, aufmerksam auf Luchnows Hände zu blicken.

»Iljin«, sagte er plötzlich mit seiner gewöhnlichen Stimme, die, ganz ohne Absicht seinerseits, alle anderen übertönte, »warum folgst du den gedruckten Wegweisern fürs Kartenspiel? Du verstehst nicht zu spielen.«

»Ich mag schon spielen, wie ich will, es ist ganz gleich.«

»So verlierst du bestimmt. Gestatte, daß ich für dich pointiere.«

»Nein, bitte, entschuldige; das möchte ich immer selbst. Spiele für dich, wenn du willst.«

»Ich habe gesagt, daß ich für mich nicht spielen werde; ich will es für dich tun. Ich ärgere mich, daß du dich durch das Spiel ruinierst.«

»Das ist offenbar Schicksalsfügung.«

Der Graf schwieg und begann mit aufgestützten Ellbogen wieder ebenso aufmerksam auf die Hände des Bankhalters zu blicken.

»Häßlich!«, sagte er plötzlich laut und gedehnt.

Luchnow wandte sich nach ihm um.

»Häßlich, häßlich!«, sagte er noch lauter und sah Luchnow gerade in die Augen.

Das Spiel nahm seinen Fortgang.

»Nicht schö-ön!«, sagte Turbin wieder, als Luchnow soeben eine hochbesetzte Karte Iljins geschlagen hatte.

»Was mißfällt Ihnen denn hier, Graf?«, fragte der Bankhalter höflich und gleichmütig.

»Eben dies, daß Sie Iljin die Simples bezahlen und die gebogenen Karten schlagen. Das ist's, was ich häßlich finde.«

Luchnow machte mit den Schultern und Augenbrauen eine leichte Bewegung, die den guten Rat ausdrückte, sich in allem dem Schicksal zu ergeben, und spielte weiter.

»Blücher! hierher!«, rief der Graf und stand auf. »Fass' ihn«, fügte er rasch hinzu.

Blücher sprang auf, stieß mit dem Rücken an das Sofa, warf den Garnisonsoffizier beinahe zu Boden, lief zu seinem Herrn und erhob ein drohendes Geheul; dabei blickte er alle ringsumher an und schlug mit dem Schwanze, als fragte er: »Wer ist hier unartig? Nun?«

Luchnow legte die Karten hin und rückte mit dem Stuhl zur Seite.

»So kann man nicht spielen«, sagte er. »Mir sind Hunde schrecklich zuwider. Was ist das für ein Spiel, wenn man einen ganzen Hundestall herbringt!«

»Besonders diese Hunde: Sie heißen ja wohl Bluthunde«, pflichtete ihm der Garnisonsoffizier bei.

»Wie ist's, sollen wir spielen, Michailo Wasiljitsch, oder nicht?«, sagte Luchnow zum Wirte.

»Bitte, Graf, störe uns nicht!« Mit dieser Bitte wandte sich Iljin an Turbin.

»Komm einen Augenblick hierher«, sagte Turbin, faßte Iljin an der Hand und ging mit ihm hinter die spanische Wand.

Von dort waren die Worte des Grafen völlig deutlich zu hören, obwohl er mit seiner gewöhnlichen Stimme sprach. Er hatte aber eine derartige Stimme, daß sie immer durch drei Zimmer hindurch zu hören war.

»Wie kannst du nur so verdreht sein, was? Siehst du denn nicht, daß dieser Herr mit der Brille – ein Falschspieler erster Güte ist?«

»O geh doch! Was du da redest!«

»Kein ›geh doch!‹ sondern hör auf, sage ich dir. Es wäre mir ganz gleich, und ein andermal würde ich dir selbst all dein Geld im Spiel abnehmen, aber so jammert es mich gewissermaßen, daß du ausgebeutelt wirst. Du hast doch nicht gar staatliche Gelder bei dir?«

»Nein; aber woher hast du dir so etwas gedacht?«

»Bruder, ich bin selbst auf diesem schönen Wege gewandelt, daher kenne ich alle Handgriffe der Falschspieler. Ich sage dir, der Herr mit der Brille – das ist ein Falschspieler. Hör auf, sei so gut. Ich bitte dich als Kameraden.«

»Nun, so will ich nur noch eine Taille mitmachen; dann höre ich auf.«

»Ich weiß schon, wie das ist: nur noch eine; nun, wir wollen sehen.«

Sie kehrten zurück. In der einen Taille besetzte Iljin so viele Karten und es wurden ihm so viele davon geschlagen, daß er einen Haufen Geld verlor.

Turbin legte die Hände mitten auf den Tisch.

»Nun basta! Wir wollen fahren.«

»Nein, ich kann noch nicht; bitte, laß mich«, sagte Iljin verdrießlich, ohne Turbin anzusehen, während er die umgebogenen Karten mischte.

»Na, hol dich der Teufel! Verliere dein Geld mit größter Sicherheit, wenn's dir gefällt, aber für mich ist es Zeit. Sawalschewski! Wir wollen zum Adelsmarschall fahren.«

Und sie gingen hinaus. Alle schwiegen, und Luchnow deckte die Karten nicht eher weiter auf, ehe nicht der Schall ihrer Schritte und der Tatzen Blüchers auf dem Korridor verklungen war.

»Na, so ein Dummkopf!«, sagte der Gutsbesitzer lachend.

»Nun, jetzt wird er uns nicht mehr hinderlich sein«, fügte hastig und noch flüsternd der Garnisonsoffizier hinzu.

Und das Spiel ging weiter.

IV

Die Musikanten, Leute vom Hausgesinde des Adelsmarschalls, standen in dem Büfettraum, der anläßlich des Balles ausgeräumt war; sie hatten die Rockärmel zurückgeschlagen und spielten schon auf ein gegebenes Zeichen die altertümliche Polonäse »Alexander, Elisabeth«, und bei dem hellen, milden Lichte der Wachskerzen fingen in dem großen parkettierten Saale folgende Personen mit leichtem Gange zu promenieren an: der Generalgouverneur, mit einem Ordensstern, am Arm die hagere Gattin des Adelsmarschalls, der Adelsmarschall, am Arm die Gattin des Gouverneurs, und so fort die Würdenträger des Gouvernements in verschiedenen Paarungen und Mischungen. Da trat Sawalschewski in den Saal, in blauem Frack mit gewaltigem Kragen und Schulterpuffen, in Strümpfen und Schuhen, einen Geruch von Jasminparfüm um sich verbreitend, womit sein Schnurrbart, die Aufschläge des Fracks und das Taschentuch reichlich besprengt waren, in Begleitung des bildschönen Husaren in himmelblauen, eng anliegenden Reithosen und goldgestickter, roter Attila, auf der das Wladimirkreuz und die Medaille von 1812 hingen. Der Graf war nicht von hohem Wuchse, aber außerordentlich schön gebaut. Die hellblauen und überaus glänzenden Augen und die ziemlich langen, in dichten Ringeln sich durcheinanderschlingenden Haare verliehen seiner Schönheit einen ganz besonderen Charakter. Man hatte das Erscheinen des Grafen auf dem Ball erwartet. Der hübsche junge Mensch, der ihn im Gasthof gesehen hatte, hatte schon dem Adelsmarschall davon Mitteilung gemacht. Der Eindruck, den diese Nachricht hervorbrachte, war verschieden, aber im ganzen nicht gerade angenehm. »Dieser Bube treibt doch nur Spott«, war der Gedanke der älteren Frauen und der Mannsleute. »Wie, wenn er mich entführt?«, war mehr oder weniger der Gedanke der jungen Frauen und Fräuleins.

Sobald die Polonäse zu Ende war, die Paare sich wechselseitig verbeugt und sich wieder Damen zu Damen, Herren zu Herren geschieden hatten, führte Sawalschewski, glücklich und stolz, den Grafen zur Wirtin. Die Gattin des Adelsmarschalls empfand innerlich einige Angst, dieser Husar möchte sich gegen sie in Gegenwart aller irgendwie unangemessen benehmen. So empfing sie ihn stolz und geringschätzig mit den Worten: »Sehr erfreut, ich hoffe, Sie werden tanzen«, und blickte ihn mißtrauisch an mit einem Ausdruck, der besagte: »Wenn du nun eine Frau beleidigst, so bist du von Stund an ein völliger Schurke.« Der Graf jedoch überwand dies Vorurteil so bald durch seine Liebenswürdigkeit, seine Aufmerksamkeit und sein schönes, munteres Äußeres, daß bereits nach fünf Minuten der Gesichtsausdruck der Adelsmarschallin allen Umstehenden sagte: »Ich weiß, wie man diese Herren behandeln muß; er hat sogleich eingesehen, mit wem er redet. Paßt auf, er wird gegen mich den ganzen Abend über den Liebenswürdigen spielen.« Indes da näherte sich dem Grafen der Gouverneur, der seinen Vater gekannt hatte, führte ihn sehr herablassend beiseite und unterhielt sich mit ihm, was die Einwohner des Gouvernements noch mehr beruhigte und den Grafen in ihrer Achtung steigen ließ. Dann führte ihn Sawalschewski, um ihn vorzustellen, zu seiner Schwester, einer jungen, rundlichen, kleinen Witwe, die an dem Grafen von seinem Erscheinen an unaufhörlich mit ihren großen schwarzen Augen gehangen hatte. Der Graf bat die kleine Witwe, mit ihm den Walzer zu tanzen, den die Musikanten gerade zu spielen anfingen, und überwand nunmehr endgültig durch seine Tanzkunst das allgemeine Vorurteil.

»Ein Virtuose im Tanzen!«, sagte eine dicke Gutsbesitzerin; sie verfolgte aufmerksam die in den blauen Reithosen steckenden Beine, die im Saal schnell vorbeiflogen, und zählte im stillen: eins, zwei, drei; eins, zwei, drei … – »ein Virtuose.«

»Er jagt herum wie ein bremsenscheues Pferd«, sagte eine andere auswärtige Dame, die in der Gesellschaft des Gouvernements als *de mauvais ton* galt. »Wie er es nur anfängt, nicht mit den Sporen anzuhaken! Eine erstaunliche, außerordentliche Geschicklichkeit!«

Der Graf überstrahlte mit seiner Tanzkunst die drei besten Tänzer des Gouvernements, sowohl den langen Adjutanten des Gouverneurs mit den weißen Augenbrauen, der sich durch seine Geschwindigkeit im Tanzen auszeichnete und dadurch, daß er die Dame sehr nah hielt, und den Kavalleristen, der sich durch ein anmutiges Gleiten beim Walzer und durch ein häufiges, aber leichtes Aufstampfen mit dem Absatz hervortat, und noch einen anderen, einen Zivilisten, von dem es allgemein hieß, daß er zwar an Geist nicht hervorragend, aber ein ausgezeichneter Tänzer und die Seele aller Bälle sei. Und wirklich forderte dieser Zivilist vom Beginn eines Balles bis zu dessen Ende alle Damen nach der Reihe, wie sie da saßen, auf; er hörte auch nicht für eine Minute zu tanzen auf und hielt nur ab und zu inne, um sich mit einem vollständig feucht gewordenen kleinen Batisttaschentuch das erhitzte, aber fröhliche Gesicht zu wischen. Der Graf überstrahlte sie alle und tanzte mit drei sich auszeichnenden Damen: mit einer großen – einer reichen, hübschen und dummen, mit einer mittleren – einer mageren, nicht übermäßig hübschen, aber schön gekleideten, und mit einer kleinen – einer nicht hübschen, aber sehr verständigen Dame. Er tanzte auch mit anderen, mit allen netten; und es waren viel nette da. Aber die kleine Witwe, Sawalschewskis Schwester, gefiel dem Grafen am meisten von allen. Mit ihr tanzte er die Quadrille, die Ekossaise und die Masurka. Er fing, als sie sich bei der Quadrille hingesetzt hatten, damit an, ihr viele Komplimente zu sagen, indem er sie mit Venus, mit Diana, mit einer Rose und mit noch irgendwelcher Blume verglich. All diesen Liebenswürdigkeiten gegenüber neigte die kleine Witwe nur ihren weißen Hals, betrachtete, die hübschen Augen niederschlagend, ihr weißes Musselinkleidchen oder ließ den Fächer von einer Hand in die andere wandern. Und wenn sie sagte: »Ach, gehen Sie doch, Graf, Sie scherzen ja nur« oder dergleichen, so erklang in ihrer etwas gutturalen Stimme eine so naive Treuherzigkeit und possierliche Einfalt, daß einem bei ihrem Anblicke wirklich der Gedanke kam, dies sei keine Frau, sondern eine Blume, und zwar nicht eine Rose, sondern eine wilde, weiß und rosenfarbene, prachtvolle Blume ohne Duft, die einsam aus einer jungfräulichen Schneewehe in einem sehr fernen Land entsprossen sei. Einen so seltsamen Eindruck brachte auf den Grafen diese Vereinigung von Naivität und Abwesenheit alles Konventionellen mit frischer Schönheit hervor, daß mitunter in den Pausen des Gespräches, wenn er schweigend in ihre Augen oder auf die schönen Linien der Arme und des Halses sah, ihm der Wunsch, sie plötzlich in die Arme zu nehmen und abzuküssen, mit solcher Macht in den Sinn kam, daß er sich ernstlich zurückhalten mußte. Die kleine Witwe bemerkte mit Vergnügen den Eindruck, den sie hervorbrachte; aber es fing irgend etwas in dem Benehmen des Grafen sie zu beunruhigen und zu erschrecken an, obwohl der junge Husar ihr im Verein mit seiner einschmeichelnden Liebenswürdigkeit Ehrerbietung bezeigte, nach heutigen Begriffen bis zum Übermaß. Er lief, ihr Orgeade zu holen, hob ihr das Taschentuch auf, riß einem skrofulösen jungen Gutsbesitzer, der sich gleichfalls dienstfertig gegen sie zeigen wollte, einen Stuhl aus den Händen, um ihn ihr schneller zu reichen usw.

Da er wahrnahm, daß die weltmännische Liebenswürdigkeit der damaligen Zeit auf seine Dame wenig wirkte, so versuchte er sie dadurch zum Lachen zu bringen, daß er drollige Anekdoten erzählte; er versicherte, er sei, wenn sie es befehle, bereit, sich sofort auf den Kopf zu stellen, wie ein Hahn zu krähen, durchs Fenster zu springen oder sich in ein Loch im Eis zu stürzen. Dies glückte ihm völlig. Die kleine Witwe wurde lustig und lachte sozusagen die Tonleiter durch, wobei sie ihre wundervollen, weißen Zähnchen zeigte; sie war mit ihrem Kavalier durchaus zufrieden. Dem Grafen aber gefiel sie mit jeder Minute mehr und mehr, so daß er gegen Ende der Quadrille aufrichtig in sie verliebt war.

Nach der Quadrille trat an die Witwe ihr bisheriger Anbeter heran, der achtzehnjährige, keine amtliche Stellung bekleidende Sohn des reichsten Gutsbesitzers, ein skrofulöser junger Mensch, eben jener, dem Turbin den Stuhl weggerissen hatte; aber sie empfing ihn außerordentlich kühl, und es war an ihr auch nicht der zehnte Teil der Befangenheit wahrnehmbar, die sie dem Grafen gegenüber verspürte.

»Sie sind gut«, sagte sie zu ihm, sah unterdessen nach Turbins Rücken und überschlug unbewußt, wieviel Ellen Goldschnur auf die ganze Jacke kämen. »Sie sind gut. Sie haben versprochen, mich zur Spazierfahrt abzuholen und mir Konfekt mitzubringen.«

»Aber ich bin ja bei Ihnen vorgefahren, Anna Fedorowna; Sie waren jedoch nicht mehr da, und von Konfekt habe ich das allerschönste dagelassen«, sagte der junge Mensch mit einer trotz seinem hohen Wuchs sehr dünnen Stimme.

»Sie finden immer Ausreden! Ich brauche Ihr Konfekt nicht. Bitte, bilden Sie sich nicht ein …«

»Ich sehe schon, Anna Fedorowna, wie Sie sich gegen mich verändert haben, und ich weiß auch woher. Aber schön ist das nicht«, fügte er hinzu, ohne indes seine Rede zu vollenden, offenbar infolge einer inneren starken Erregung, die seine Lippen sehr schnell und seltsam zittern ließ.

Anna Fedorowna hörte nicht auf ihn und fuhr fort, Turbin mit den Augen zu verfolgen.

Der Adelsmarschall, der Wirt des Hauses, ein majestätisch-korpulenter, zahnloser alter Herr, trat zu dem Grafen, faßte ihn unter den Arm und lud ihn ein, ins Nebenzimmer zu treten, um zu rauchen und zu trinken, wenn es ihm gefällig sei. Sobald Turbin hinausgegangen war, hatte Anna Fedorowna die Empfindung, daß sie im Saale überhaupt nichts mehr zu suchen habe, faßte ein altes, dürres Fräulein, ihre Freundin, unter und ging mit ihr hinaus in die Garderobe.

»Nun, wie steht's? Ist er ein lieber Mensch?«, fragte das Fräulein.

»Es ist nur schrecklich, wie er sich einem aufdrängt«, antwortete Anna Fedorowna, wobei sie zum Spiegel ging und hineinsah.

Ihr Gesicht strahlte, die Augen lachten, sie wurde sogar rot, und plötzlich die Ballettänzerinnen nachahmend, die sie bei diesen Wahlen gesehen hatte, drehte sie sich auf einem Fuße herum, dann lachte sie auf mit ihrem gutturalen, aber angenehmen Lachen und sprang mit angezogenen Knien in die Höhe.

»Wie gefällt dir das? Er hat mich um ein Andenken gebeten«, sagte sie zu ihrer Freundin; »aber er wird nichts krie-ie-ie-gen«, so sang sie das letzte Wort und hob einen Finger in dem bis zum Ellbogen hinaufreichenden weißen Glacéhandschuh in die Höhe …

In dem Zimmer, in das der Adelsmarschall Turbin geführt hatte, standen allerlei Schnäpse, Liköre, kalte Speisen und Sekt. In dem Tabaksrauch saßen und promenierten Edelleute, die sich über die Wahlen unterhielten.

»Da der ganze hohe Adel unseres Kreises ihm mit der Wahl eine Ehre erwiesen hat«, sagte der wiedergewählte Kreisrichter, der schon beträchtlich getrunken hatte, »so hätte er nicht vor der ganzen Gesellschaft seine Pflicht vernachlässigen dürfen, nie hätte er das tun dürfen …«

Der Eintritt des Grafen unterbrach das Gespräch. Alle ließen sich ihm vorstellen, und namentlich der Kreisrichter drückte ihm mit beiden Händen lange die Hand und bat ihn wiederholt, er möchte es nicht abschlagen, mit ihnen zusammen nach dem Ball in das neue Wirtshaus zu fahren; dort würde er die Edelleute bewirten und die

Zigeuner würden singen. Der Graf versprach, unfehlbar dabei zu sein, und trank mit ihm ein paar Gläser Sekt.

»Warum tanzen Sie nicht, meine Herren?«, fragte er, bevor er aus dem Zimmer ging.

»Wir sind keine Tänzer«, antwortete der Kreisrichter lachend, »wir leisten mehr beim Weine, Graf … Und übrigens, dies alles ist ja vor meinen Augen sachte aufgewachsen, alle diese Fräuleins, Graf! Ich wandle auch noch manchmal in einer Ekossaise mit, Graf … das kann ich, Graf …«

»Aber jetzt wollen wir hingehen und uns etwas Bewegung verschaffen«, sagte Turbin; »wollen noch recht munter sein vor dem Besuch bei den Zigeunern.«

»Also, wollen hingehen, meine Herren! Wollen dem Wirt eine Freude machen.«

Und drei von den Edelleuten, die gleich vom Beginn des Balles an im Seitenzimmer getrunken hatten, zogen sich mit roten Gesichtern der eine schwarze, der andere gehäkelte seidene Handschuhe an und schickten sich schon an, mit dem Grafen in den Saal zu gehen, als sie der skrofulöse junge Mann aufhielt, der ganz blaß und mit kaum zurückgehaltenen Tränen an Turbin herantrat.

»Sie meinen, Sie sind ein Graf und können darum hier so schubsen wie auf einem Marktplatze«, sagte er, nur mit Mühe Atem holend. »Diese Unbescheidenheit …«

Aufs neue hemmte das unwillkürliche Zucken der Lippen den Lauf seiner Rede.

»Was!«, schrie Turbin mit plötzlich finsterem Gesichte. »Was … Gelbschnabel!«, schrie er, ergriff seine Hände und preßte sie so zusammen, daß dem jungen Menschen nicht sowohl aus Ärger als aus Furcht das Blut in den Kopf stieg, »was, wollen Sie sich mit mir schießen? Dann stehe ich zu Ihren Diensten.«

Kaum hatte Turbin die Hände losgelassen, die er so fest gepreßt hatte, da faßten auch schon zwei Edelleute den jungen Menschen unter die Arme und schleppten ihn zur Hintertür.

»Was, sind Sie verrückt geworden? Sie sind gewiß betrunken. Warten Sie, wir werden es Papachen sagen. Was ist mit Ihnen los?«, sagten sie zu ihm.

»Nein, ich bin nicht betrunken, aber er schubst und bittet nicht um Entschuldigung. Er ist ein Schweinhund! Ja, das ist er!«, kreischte der junge Mensch und weinte nun unverhohlen los.

Aber sie hörten nicht auf ihn und brachten ihn nach Hause.

»Lassen Sie es gut sein, Graf!«, so ermahnten der Kreisrichter und Sawalschewski ihrerseits Turbin; »er ist ja noch ein kleines Kind, das die Rute bekommt, er ist ja erst sechzehn Jahr. Und es ist unbegreiflich, was mit ihm vorgegangen ist. Was für eine Fliege hat ihn gebissen? Und sein Vater ist ein so ehrenwerter Mann, unser Kandidat.«

»Na, hol ihn der Teufel, wenn er nicht will …«

Und der Graf kehrte in den Saal zurück, tanzte ebenso munter wie vorher die Ekossaise mit der hübschen kleinen Witwe, lachte herzlich beim Anblicke der Pas, welche die mit ihm aus dem Nebenzimmer gekommenen Herren ausführten, und brach in ein helles, durch den ganzen Saal schallendes Gelächter aus, als der Kreisrichter ausglitt und, so lang er war, mitten unter den Tanzenden hinknallte.

V

Als der Graf in das Seitenzimmer gegangen war, trat Anna Fedorowna zu ihrem Bruder, und da sie aus irgendwelchem Grund der Ansicht war, sie müsse sich sehr wenig für den Grafen interessiert anstellen, begann sie ihn auszufragen: »Was ist das für ein Husar, der mit mir getanzt hat? Sag mal, lieber Bruder.« Der Kavallerist machte dem Schwesterchen nach Kräften klar, was für ein bedeutender Mann dieser Husar sei, und erzählte dabei, der Graf sei nur deshalb hiergeblieben, weil man ihm unterwegs das Geld gestohlen habe, und er selbst habe ihm hundert Rubel geliehen; aber das sei zu wenig; ob ihm also nicht das Schwesterchen noch zweihundert Rubel vorschießen könne; aber Sawalschewski bat, hiervon durchaus nichts zu reden, zu niemandem und besonders nicht zum Grafen. Anna Fedorowna versprach, es heute noch zu schicken und die Angelegenheit geheimzuhalten; aber während der Ekossaise bekam sie gewaltige Lust, selbst dem Grafen Geld anzubieten, soviel er wolle. Sie bereitete sich lange vor, errötete und ging endlich, sich stark zusammennehmend, in folgender Weise ans Werk.

»Mein Bruder hat mir gesagt, daß Sie, Graf, auf der Reise von einem Mißgeschick betroffen seien und jetzt kein Geld hätten. Aber wenn Sie welches gebrauchen, wollen Sie es nicht von mir leihen? Ich würde mich schrecklich freuen.«

Aber als Anna Fedorowna dies gesagt hatte, erschrak und errötete sie plötzlich. Alle Heiterkeit war in einem Moment von dem Gesicht des Grafen verschwunden.

»Ihr Bruder ist ein Dummkopf!«, sagte er scharf. »Sie wissen: wenn ein Mann einen Mann beleidigt, so schießt man sich; wenn aber eine Frau einen Mann beleidigt, wissen Sie, was man dann tut?«

Der armen Anna Fedorowna wurden Hals und Ohren ganz rot vor Verlegenheit. Sie schlug die Augen nieder und antwortete nicht.

»Eine Frau küßt man vor aller Augen«, sagte der Graf leise, indem er sich zu ihrem Ohre niederbeugte. »Erlauben Sie mir wenigstens, Ihr Händchen zu küssen«, fügte er ganz leise nach einem langen Stillschweigen hinzu, von Mitleid ergriffen durch die Verlegenheit seiner Dame.

»Ach, nur nicht sogleich«, erwiderte Anna Fedorowna mit einem schwachen Seufzer.

»Also wann? Ich fahre morgen früh ab … Aber Sie stehen damit in meiner Schuld.«

»Nun also, folglich ist es unmöglich«, sagte Anna Fedorowna lächelnd.

»Gestatten Sie nur, daß ich eine Gelegenheit finde, Sie heute noch zu sehen, um Ihr Händchen zu küssen. Ich werde sie schon finden.«

»Aber wie werden Sie sie finden?«

»Das ist nicht Ihre Sache. Um Sie zu sehen, ist für mich alles möglich … Also abgemacht?«

»Abgemacht.«

Die Ekossaise war zu Ende; es wurde noch eine Masurka getanzt, in der der Graf Wundertaten vollführte: er fing Taschentücher auf, ließ sich auf ein Knie nieder und klirrte dabei mit den Sporen auf eine besondere Weise, nach Warschauer Mode, so daß alle alten Herren ihre Bostonpartie verließen, um in den Saal zu schauen, und der Kavallerist, der beste Tänzer, sich überwunden erklärte. Man soupierte, man tanzte noch den Großvatertanz und schickte sich an, heimzufahren. Der Graf wendete die ganze Zeit über kein Auge von der kleinen Witwe. Er hatte nicht geheuchelt bei der Versicherung, daß er für sie bereit sei, sich in ein Loch im Eis zu stürzen. Mochten es nun Laune oder Liebe oder Starrsinn sein: Aber an diesem Abend konzentrierten sich alle Kräfte seiner Seele auf diesen einzigen Wunsch – sie zu sehen und zu lieben. Sobald er bemerkte, daß Anna Fedorowna sich von der Wirtin zu verabschieden begann, lief er hinaus in die Bedientenstube und von dort, ohne Pelz, auf den Hof an die Stelle, wo die Wagen standen.

»Den Wagen der Frau Anna Fedorowna Saizowa!«, schrie er. Eine hohe, viersitzige Kutsche mit Laternen verließ ihren Platz und fuhr zur Freitreppe. »Halt!«, schrie er dem Kutscher zu und lief bis an die Knie im Schnee zu der Kutsche hin. Was wünschen Sie?«, rief der Kutscher.

»In die Kutsche wünsche ich mich zu setzen«, antwortete der Graf, der während des Fahrens den Schlag öffnete und sich bemühte hineinzusteigen. »Halt doch, du Teufelskerl! Dummkopf!«

»Waska! Halt!«, rief der Kutscher dem Vorreiter zu und hielt die Pferde an. »Was steigen Sie denn in einen fremden Wagen? Dies ist der Wagen der Frau Anna Fedorowna und nicht Euer Gnaden Wagen.«

»Nun sei still, Tölpel! Da ist ein Rubel für dich, aber steig ab und mach den Schlag zu«, sagte der Graf. Aber da sich der Kutscher nicht regte, so schlug er selbst den Tritt in die Höhe, öffnete das Fenster und machte den Schlag mit Not und Mühe zu. In der Kutsche roch es wie in allen alten Kutschen, speziell in den mit gelber Tresse ausgeschlagenen, wie nach Moder und verbrannten Borsten. Die Beine des Grafen waren bis zu den Knien von schmelzendem Schnee bedeckt und froren heftig in den dünnen Stiefeln und Reithosen, und auch seinen ganzen Körper durchdrang die Winterkälte. Der Kutscher knurrte auf dem Bock und schickte sich anscheinend an, abzusteigen. Aber der Graf hörte und fühlte nichts. Das Gesicht brannte ihm, das Herz schlug ihm heftig. Er griff mit Anstrengung nach dem gelben Riemen, bog sich aus dem Seitenfenster hinaus, und all seine Lebensempfindungen flossen zusammen in dem einen Gefühl der Erwartung. Diese Erwartung dauerte nicht lange. Auf der Freitreppe wurde gerufen: »Den Wagen der Frau Saizowa!« Der Kutscher schüttelte mit den Lenkseilen, der Kutschkasten begann sich auf den hohen Federn zu schaukeln, die erleuchteten Fenster des Hauses zogen eins nach dem anderen an dem Wagenfenster vorüber.

»Das sag ich dir, du Kanaille«, mit diesen Worten bog sich der Graf durch das vordere Fenster zum Kutscher hinaus, »wenn du dem Bedienten sagst, daß ich hier bin, so peitsche ich dich durch; wenn du es nicht sagst, bekommst du noch zehn Rubel.«

Kaum war er damit fertig geworden, das Fenster wieder zu schließen, als der Kutschkasten aufs neue stärker zu schaukeln begann und der Wagen hielt. Er drückte sich in die Ecke, hielt den Atem an und schloß sogar die Augen; solche Furcht hatte er, seine leidenschaftliche Erwartung würde aus irgendeinem Grund nicht in Erfüllung gehen. Der Schlag wurde geöffnet, die Trittstufen fielen eine nach der anderen geräuschvoll nieder, ein Frauenkleid raschelte, in die dumpfige Kutsche drang der Duft von Jasminparfüm, flinke Füßchen stiegen die Stufen hinauf, und Anna Fedorowna, mit dem Schoße ihres aufgeschlagenen Mantels das Bein des Grafen streifend, ließ sich schweigend, aber schwer atmend auf dem Sitz neben ihm nieder.

Ob sie ihn gesehen hatte oder nicht, das hätte niemand entscheiden können, sogar Anna Fedorowna selbst nicht; aber als er sie bei der Hand nahm und sagte: »Jetzt also werde ich Ihr Händchen küssen«, zeigte sie sehr wenig Schrecken, antwortete nichts, überließ ihm aber die Hand, die er mit Küssen bedeckte, weit höher, als der Handschuh reichte. Die Kutsche setzte sich in Bewegung.

»Sprich doch etwas. Du bist doch nicht böse?«, sagte er zu ihr.

Sie drückte sich schweigend in ihre Ecke, aber plötzlich fing sie aus unklarem Grund an zu weinen und sank ihm von selbst mit dem Kopf an die Brust.

VI

Der wiedergewählte Kreisrichter mit seiner Gesellschaft, der Kavallerist und andere Edelleute hörten in dem neuen Wirtshaus schon lange das Zigeunerkonzert mit an und tranken, als der Graf in einem mit blauem Tuch überzogenen Bärenpelz, der dem verstorbenen Manne Anna Fedorownas gehört hatte, sich an ihre Gesellschaft anschloß.

»Väterchen, Euer Erlaucht! Wir konnten es gar nicht mehr aushalten, Sie zu erwarten«, sagte ein schielender, schwarzer Zigeuner, der seine blitzenden Zähne zeigte. Er war dem Grafen, als dieser noch auf dem Flur war, entgegengekommen und stürzte auf ihn los, um ihm den Pelz abzunehmen. »Seit Lebedjan haben wir Sie nicht gesehen … Stjoscha hat sich ganz abgehärmt nach Ihnen …«

Stjoscha, eine wohlgebaute junge Zigeunerin, mit ziegelroter Schminke auf dem braunen Gesichte, mit glänzenden, tiefen, schwarzen Augen, die von langen Wimpern beschattet waren, kam gleichfalls herausgelaufen, um ihn zu begrüßen.

»Ach, Gräfchen! Täubchen! Goldchen! Das ist einmal eine Freude«, murmelte sie mit munterem Lächeln.

Iljuschka selbst lief ihm entgegen und stellte sich, als freue er sich sehr. Die alten Weiber, die Frauen, die Mädchen sprangen von den

Plätzen auf und umringten den Gast. Gevatter! Pate! hieß es von rechts und von links.

Die jungen Zigeunerinnen küßte Turbin alle auf die Lippen; die alten Weiber und die Männer küßten ihm Schulter und Hand. Die Edelleute waren gleichfalls über die Ankunft des Gastes sehr erfreut, um so mehr als die Ausschweifung ihren Gipfelpunkt erreicht hatte und jetzt schon matt wurde, so daß ein jeder Übersättigung zu empfinden begann; der Wein, der seine anregende Wirkung auf die Nerven verloren hatte, beschwerte nur den Magen. Jeder hatte schon alles, was er an Schneid besaß, losgelassen und jeder sich am anderen sattgesehen; alle Lieder waren durchgesungen und gingen jedem im Kopf durcheinander, wo sie den Eindruck eines wirren Lärms zurückließen. Was auch Seltsames und Tolles unternommen wurde, alle hatten das Gefühl, daß es nicht hübsch und spaßhaft sei. Der Kreisrichter, der in unanständiger Manier auf dem Fußboden zu den Füßen eines alten Weibes lag, schlug mit den Beinen auf die Diele und schrie: »Sekt! … der Graf ist gekommen! … Sekt! … er ist gekommen! … nun, wo bleibt der Sekt? … ich fülle eine Wanne mit Sekt und will mich darin baden … Meine Herren Edelleute! Ich liebe die hohe adlige Gesellschaft … Stjoschka! singe ›Den lieben Weg‹.«

Der Kavallerist war gleichfalls angeheitert, aber in anderer Form. Er saß in einer Ecke der Zimmers auf einem Sofa ganz nahe neben der großen, schönen Zigeunerin Ljubascha, und da er fühlte, wie die Trunkenheit ihm die Augen mit einem Nebel bedeckte, so blinzelte er mit ihnen, schlug manchmal mit dem Kopf hin und her und redete, ein und dieselben Worte wiederholend, im Flüsterton auf sie ein, sie möchte mit ihm irgendwohin davonlaufen. Ljubascha hörte ihm lächelnd zu, wie wenn das, was er ihr sagte, sehr lustig und zugleich ein wenig traurig wäre, warf mitunter einen Blick auf ihren Mann, den schielenden Saschka, der ihr gegenüber hinter einem Stuhle stand, und bog sich in Erwiderung auf die Liebeserklärung des Kavalleristen zu seinem Ohr hin und bat ihn, ihr insgeheim, ohne daß die anderen es sähen, Parfüms und Band zu kaufen.

»Hurra!«, schrie der Kavallerist, als der Graf eintrat.

Der hübsche junge Mensch ging mit sorgenvoller Miene emsig festen Schrittes im Zimmer auf und ab und sang Melodien aus der »Entführung aus dem Serail«.

Ein bejahrter Familienvater, der sich zu den Zigeunern infolge der aufdringlichen Bitten der Herren Edelleute hatte mitschleppen lassen, die ihm sagten, ohne ihn zerschlüge sich alles, und man fahre dann am besten gar nicht hin, lag auf dem Sofa, auf das er sich sogleich bei seiner Ankunft hatte fallen lassen, und niemand beachtete ihn. Ein Beamter, der ebenfalls dort war, hatte sich den Frack ausgezogen, saß mit den Beinen auf einem Tische, zerwühlte sich die Haare und dokumentierte dadurch selbst, daß er ein sehr ausgelassenes Leben führe. Sobald der Graf eintrat, knöpfte er sich den Hemdkragen auf und setzte sich noch höher auf den Tisch, überhaupt belebte sich das Gelage mit der Ankunft des Grafen.

Die Zigeunerinnen, die schon angefangen hatten, sich durch das Zimmer zu zerstreuen, setzten sich wieder in einen Kreis zusammen. Der Graf nahm die Vorsängerin Stjoschka auf seinen Schoß und ließ noch mehr Sekt bringen.

Iljuschka stellte sich mit der Gitarre vor die Vorsängerin, und es begann der »Tanz«, das heißt Zigeunerlieder! »Geh ich auf der Straße«, »Hei, ihr Husaren …«, »Hörst du, verstehst du …« und so weiter in der bekannten Reihenfolge. Stjoschka sang prächtig. Ihre biegsame, volle, aus tiefster Brust hervorströmende Altstimme, ihr Lächeln während des Singens, die lachenden, leidenschaftlichen Augen und das Füßchen, das sich unwillkürlich im Takte des Liedes bewegte, ihr verwegener Aufschrei beim Beginn des Chorgesanges – all dies zeigte, daß in ihr eine klangreiche, aber selten angeschlagene Saite ertönte. Offenbar lebte sie ganz und gar nur in dem Lied, das sie sang. Iljuschka, der mit seinem Lächeln, mit dem Rükken, mit den Füßen, mit seiner ganzen Person seine seelische Anteilnahme an dem Lied zum Ausdruck brachte, begleitete sie auf der Gitarre; er hing an ihr mit den Augen, als hörte er das Lied zum erstenmal, und beugte und hob aufmerksam und sorglich im Takt des Liedes den Kopf. Dann richtete er sich plötzlich bei der letzten volltönenden Note auf, und wie wenn er sich über alle Erdenbewohner erhöht fühlte, stieß er stolz und entschieden mit dem Beine die Gitarre in die Höhe, wendete sie um, stampfte mit dem Fuß auf, schüttelte die Haare hin und her und sah sich mit finsterer Miene nach dem Chor um. Sein ganzer Körper, vom Kopf bis zu den Füßen, begann mit jeder Faser zu tanzen ... Und zwanzig machtvolle, starke Stimmen, von denen eine jede sich aus aller Kraft bemühte, auf die sonderbarste und ungewöhnlichste Weise die anderen zu begleiten, verschmolzen melodisch in der Luft. Die alten Weiber hüpften auf den Stühlen; mit den Tüchern schwenkend und die Zähne fletschend schrien sie im Einklang und im Takt auf, eine immer lauter als die andere. Die Bässe standen hinter den Stühlen; mit seitwärts gebogenen Köpfen und anschwellenden Hälsen summten sie dumpf.

Wenn Stjoscha hohe Noten sang, so brachte Iljuschka ihr die Gitarre näher, wie wenn er ihr zu helfen wünschte, und der hübsche junge Mensch rief entzückt, daß es jetzt in Moll losgehe.

Als eine Tanzmelodie gespielt wurde und Dunjascha, bebend an Schultern und Brust, hin und her tanzte und, nachdem sie ihre ganze Gewandtheit vor dem Grafen gezeigt hatte, weiterglitt, da sprang Turbin von seinem Platz auf, warf den Uniformrock ab und tanzte nur im roten Hemd flott mit ihr in demselben Takt hin und her; dabei vollführte er mit den Beinen solche Kunststücke, daß die Zigeuner einander beifällig lächelnd Blicke zuwarfen.

Der Kreisrichter saß in türkischer Manier da, schlug sich mit der Faust an die Brust und schrie: »Vivat!« Dann aber faßte er den Grafen am Bein und fing an zu erzählen, er habe zweitausend Rubel gehabt, aber jetzt seien im ganzen noch fünfhundert übrig und er könne alles tun, was er wolle, wenn es nur der Graf erlaube. Der bejahrte Familienvater wachte auf und wollte wegfahren; aber man ließ ihn nicht. Der hübsche junge Mensch bat eine Zigeunerin inständig, mit ihm Walzer zu tanzen. Der Kavallerist, der seine Freundschaft mit Turbin prahlerisch zu zeigen wünschte, stand aus seiner Ecke auf und umarmte Turbin.

»Ach du, mein Täubchen!«, sagte er, »warum hast du dich nur von uns getrennt! Na?«, Der Graf schwieg und dachte anscheinend an etwas anderes. »Wohin bist du gefahren? Ach du, Spitzbube, Graf, ich weiß schon, wohin du gefahren bist.«

Dem Grafen wollte diese Vertraulichkeit nicht recht behagen. Ohne zu lächeln, sah er dem Kavalleristen schweigend ins Gesicht und warf ihm plötzlich aus nächster Nähe ein so furchtbares und grobes Schimpfwort zu, daß der Kavallerist sich gekränkt fühlte und lange nicht wußte, wie er eine solche Beleidigung auffassen sollte: als Scherz oder nicht als Scherz. Schließlich entschied er sich dafür, sie als Scherz aufzufassen, lächelte, ging wieder zu seiner Zigeunerin und beteuerte ihr, er werde sie bestimmt heiraten, nach der Osterwoche. Man sang ein zweites, ein drittes Lied, man tanzte noch einmal, man brachte Toaste aus, und alle zeigten sich andauernd lustig. Der Sekt ging nicht aus. Der Graf trank viel. Seine Augen überzogen sich wie mit einer Feuchtigkeit; aber er taumelte nicht, tanzte noch besser, redete mit fester Stimme, sang sogar prächtig im Chor mit und begleitete Stjoscha, als sie das Lied »Der Freundschaft zärtliches Gefühl« sang. Mitten während des Tanzes kam der Kaufmann, der das Restaurant hielt, herein und bat die Gäste, sich nach Hause zu begeben, da es schon drei Uhr morgens sei.

Der Graf packte den Kaufmann am Kragen und befahl ihm, den Hockertanz[1] zu tanzen. Der Kaufmann weigerte sich. Der Graf ergriff eine Flasche Sekt, drehte den Kaufmann um mit den Füßen nach oben, ließ ihn so festhalten und goß zu allgemeinem Gelächter die ganze Flasche langsam über ihn aus.

Es dämmerte schon der Morgen. Alle waren blaß und erschöpft, der Graf ausgenommen.

[1] Russischer Nationaltanz mit Hinhocken und Wiederaufspringen.

»Genug, es ist für mich Zeit, nach Moskau zu fahren«, sagte er plötzlich und stand auf. »Wollen alle zu mir gehn, Kinder. Gebt mir das Geleit … und wollen Tee trinken.«

Alle waren einverstanden, mit Ausnahme des eingeschlummerten Gutsbesitzers, der auch dort zurückblieb; sie drängten sich festgerammelt in drei Schlitten zusammen, die an der Auffahrt standen, und fuhren nach dem Gasthof.

VII

»Anspannen!«, rief der Graf, als er mit allen Gästen und Zigeunern in den Hotelsaal trat. »Saschka! Nicht der Zigeuner Saschka, sondern meiner, sage dem Postmeister, daß ich ihn durchprügle, wenn die Pferde schlecht sind. Und bringe uns Tee! Sawalschewski, arrangiere den Tee; ich will zu Iljin gehn – will sehn, wie es mit ihm steht«, fügte Turbin hinzu, ging auf den Korridor und begab sich nach dem Zimmer des Ulanen.

Iljin hatte soeben erst mit dem Spiele aufgehört. Er hatte das ganze Geld bis auf die letzte Kopeke verspielt und lag nun mit dem Gesicht nach unten auf dem Sofa; aus dem zerrissenen Roßhaarbezug zupfte er ein Haar nach dem anderen heraus, nahm es in den Mund, biß es entzwei und spuckte es aus. Zwei Talglichte, von denen das eine schon bis auf die Papierhülse niedergebrannt war, standen auf dem mit Karten bedeckten L'hombre-Tisch und kämpften nur schwach gegen das Licht des Morgens an, das durch die Fenster eindrang. Gedanken waren in dem Kopf des Ulanen keine vorhanden: eine Art von dichtem Nebel der Spielwut bedeckte all seine geistigen Fähigkeiten; sogar Reue war nicht da. Er versuchte einmal daran zu denken, was er jetzt anfangen solle, wie er ohne eine Kopeke Geld abreisen, wie er die verspielten fünfzehntausend Rubel staatlicher Gelder bezahlen solle, was der Regimentskommandeur sagen werde, was seine Mutter sagen werde, was die Kameraden sagen würden – und es überkam ihn eine solche Angst und ein solcher Ekel vor sich selbst, daß er mit dem Wunsch, diese Gedanken durch irgend etwas zu verscheuchen, aufstand und im Zimmer auf und ab zu gehen begann, wobei er sich Mühe gab, nur auf die Dielenritzen zu treten. Und wieder rief er sich alle kleinsten Umstände des stattgehabten Spieles ins Gedächtnis zurück: er vergegenwärtigte sich lebhaft, daß er bereits zurückgewann und die Neun abhob, den Pikkönig mit zweitausend Rubeln besetzte; rechts kam die Dame zu liegen, links das As, rechts Schellenkönig – und alles war verloren; aber wenn rechts die Sechs zu liegen gekommen wäre und links Schellenkönig, dann hätte er alles zusammen zurückgewonnen gehabt, er würde noch einen Einsatz auf Auszahlung gemacht und bare fünfzehntausend Rubel gewonnen haben, er hätte sich dann vom Regimentskommandeur einen Paßgänger gekauft, noch ein paar Pferde, einen Phaethon hätte er gekauft. Na, was dann noch? Ja, das wäre ein herrlicher, herrlicher Streich gewesen!

Er legte sich wieder aufs Sofa und nagte Haare.

»Warum werden da Lieder gesungen in Nummer sieben?«, dachte er, »da amüsieren sie sich wahrscheinlich bei Turbin. Man könnte vielleicht hingehen und gehörig was trinken.«

In diesem Augenblicke trat der Graf ein.

»Na, wie ist's, haben sie dich ausgebeutelt, Bruder, he?«, rief er.

»Ich will tun, als schliefe ich«, dachte Iljin, »sonst muß ich mit ihm reden, und ich bin doch schon schläfrig.«

Indes Turbin trat zu ihm und streichelte ihm den Kopf.

»Na, wie ist's, liebes Freundchen, bist du ausgebeutelt? Hast du alles verspielt? Sprich.«

Iljin antwortete nicht.

Der Graf zupfte ihn am Arme.

»Ich habe alles verspielt. Na, was geht's dich an?«, murmelte Iljin mit schläfriger, gleichgültig-mürrischer Stimme, ohne seine Lage zu verändern.

»Alles?«

»Na ja. Was hat das zu sagen? Alles. Was geht's dich an?«

»Höre, sage mir als Kameraden die Wahrheit«, sagte der Graf, der unter der Einwirkung des genossenen Weines in zärtlicher Stimmung war und ihm immer noch das Haar streichelte. »Wahrhaftig, ich habe dich liebgewonnen. Sprich die Wahrheit: wenn du staatliche Gelder verspielt hast, so will ich dir heraushelfen; sonst ist's zu spät ... War es staatliches Geld?«

Iljin sprang vom Sofa auf.

»Wenn du willst, daß ich reden soll, so sprich nicht so mit mir, weil ... und, bitte, sprich überhaupt nicht mit mir ... eine Kugel vor den Kopf – das ist das einzige, was mir übriggeblieben ist!«, rief er in wahrer Verzweiflung; er ließ den Kopf auf die Hände niedersinken und brach in Tränen aus, wiewohl er eine Minute vorher mit größter Ruhe an den Paßgänger gedacht hatte.

»Ach, du Jüngferchen! Wem wäre so etwas nicht schon passiert! Das ist kein Unglück. Wir werden hoffentlich alles noch in Ordnung bringen. Erwarte mich hier.«

Der Graf ging aus dem Zimmer.

»Wo logiert der Gutsbesitzer Luchnow?«, fragte er den Korridorkellner.

Der Kellner erbot sich, den Grafen hinzubegleiten. Obwohl Luchnows Diener bemerkte, der gnädige Herr wären eben erst heimgekommen und beliebten sich auszukleiden, trat der Graf ins Zimmer. Luchnow saß im Schlafrock am Tisch und zählte einige Päckchen mit Banknoten durch, die vor ihm lagen. Auf dem Tisch stand eine Flasche Rheinwein, den er sehr liebte. Von dem Spielgewinn gönnte er sich diesen Genuß. Luchnow blickte den Grafen kühl und scharf durch die Brille an, als ob er ihn nicht erkenne.

»Sie erkennen mich wohl nicht?«, sagte der Graf und trat festen Schrittes an den Tisch.

Luchnow erkannte den Grafen und fragte: »Was ist Ihnen gefällig?«

»Ich hätte Lust, mit Ihnen ein wenig zu spielen«, sagte Turbin und setzte sich auf das Sofa.

»Jetzt?«

»Ja.«

»Ein andermal mit dem größten Vergnügen, Graf, aber jetzt bin ich müde und im Begriff, mich schlafen zu legen. Aber ist Ihnen ein Glas Wein gefällig? Ein gutes Weinchen!«

»Aber ich will jetzt ein bißchen spielen.«

»Ich beabsichtige nicht mehr zu spielen. Möglicherweise tut es jemand von den anderen Herren, ich nicht, Graf. Bitte, entschuldigen Sie mich schon.«

»Also werden Sie es nicht tun?«

Luchnow machte mit den Schultern eine Geste, die sein Bedauern ausdrückte über die Unmöglichkeit, den Wunsch des Grafen zu erfüllen.

»Sie werden es um keinen Preis tun?«

Wieder dieselbe Geste.

»Aber ich bitte Sie sehr … Wie ist's, werden Sie spielen? …«

Der andere schwieg.

»Werden Sie spielen?«, fragte der Graf zum zweiten Mal. »Sehen Sie sich vor!«

Dasselbe Stillschweigen und ein schneller Blick über die Brille weg auf das finster gewordene Gesicht des Grafen.

»Werden Sie spielen?«, rief der Graf mit starker Stimme und schlug mit der Hand so heftig auf den Tisch, daß die Flasche mit Rheinwein umfiel und auslief. »Sie haben doch durch unsauberes Spiel gewonnen? Werden Sie spielen? Ich frage zum dritten Mal.«

»Ich habe gesagt: nein. Es ist wirklich sonderbar, Graf, und ganz unschicklich, einem so das Messer an die Kehle zu setzen«, bemerkte Luchnow, ohne die Augen aufzuschlagen.

Es folgte ein Stillschweigen von kurzer Dauer, währenddessen das Gesicht des Grafen immer blasser und blasser wurde. Plötzlich betäubte ein furchtbarer Schlag auf den Kopf den Gutsbesitzer. Er fiel auf das Sofa, wobei er sich noch bemühte, das Geld zu ergreifen, und schrie mit so gellender, verzweifelter Stimme auf, wie man sie von seinem stets ruhigen und stets wohlabgemessenen Wesen nicht hätte erwarten können. Turbin faßte das übrige auf dem Tisch liegende Geld zusammen, stieß den Diener, der hereingestürzt kam, um seinem Herrn zu helfen, zurück und ging schnellen Schrittes aus dem Zimmer.

Der Graf kehrte zu Luchnows Tür zurück: »Wenn Sie Genugtuung begehren, so stehe ich zu Ihren Diensten; ich halte mich noch eine halbe Stunde auf meinem Zimmer auf«, fügte er hinzu.

»Spitzbube! Räuber! …« schallte es von dort zurück. »Vors Gericht bring ich dich!«

Iljin, der dem Versprechen des Grafen, ihm herauszuhelfen, keinerlei Beachtung geschenkt hatte, lag immer noch wie vorher in seinem Zimmer auf dem Sofa und erstickte beinahe an Tränen der Verzweiflung. Das Bewußtsein der Wirklichkeit, das inmitten des seltsamen Wirrwarrs der ihn vorher erfüllenden Gefühle, Gedanken und Erinnerungen die Liebkosung und die Anteilnahme des Grafen in ihm erweckt hatten, wollte ihn nicht mehr verlassen. Seine hoffnungsreiche Jugend, die Ehre, die geachtete Stellung in der Gesellschaft, die Träume von Liebe und Freundschaft – alles war auf ewig verloren. Der Quell der Tränen versiegte, ein unnatürlich ruhiges Gefühl der Hoffnungslosigkeit bemächtigte sich seiner mehr und mehr, und der Gedanke an Selbstmord, der ihm schon keinen Widerwillen und Schrekken mehr erregte, fesselte immer häufiger seine Aufmerksamkeit. Da wurde der feste Schritt des Grafen vernehmbar.

Auf Turbins Gesicht waren noch die Spuren des Zornes sichtbar, seine Hände zitterten ein wenig, aber in seinen Augen glänzte eine gutmütige Heiterkeit und Befriedigung.

»Na, da hab ich's zurückgewonnen!«, sagte er und warf einige Päckchen mit Banknoten auf den Tisch. »Zähle nach, ob's alles ist. Und komm so schnell wie möglich in den Hotelsaal, ich fahre gleich ab«, fügte er hinzu, als bemerke er die stürmische Aufwallung von Freude und Dankbarkeit nicht, die auf dem Gesicht des Ulanen zum Ausdruck kam, und verließ, ein Zigeunerlied pfeifend, das Zimmer.

VIII

Den Gurt fest um den Leib geschnallt meldete Saschka, daß die Pferde bereit ständen; aber er bat dringend, vorher noch hingehen zu dürfen, um den Mantel des Grafen zu holen, der mit dem Kragen dreihundert Rubel gekostet hatte, und um den garstigen blauen Pelz dem dummen Kerl wiederzugeben, der ihn beim Adelsmarschall mit dem Mantel vertauscht hätte; aber Turbin sagte, es sei nicht nötig, sich um den Mantel zu bemühen, und ging auf sein Zimmer, um sich umzukleiden.

Der Kavallerist, der einen hartnackigen Schlucken hatte, saß schweigend neben seiner Zigeunerin. Der Kreisrichter bestellte Schnaps und lud alle Herren ein, sogleich zu ihm nach Hause zu fahren, um zu frühstücken, mit dem Versprechen, seine Frau werde unfehlbar selbst mit den Zigeunerinnen mittanzen. Der hübsche junge Mensch setzte Iljuschka scharfsinnig auseinander, daß im Klavierspiel mehr Seele liege und daß man auf der Gitarre nicht Moll spielen könne. Der Beamte trank trübselig Tee in einer Ecke und schämte sich anscheinend beim Tageslicht seiner Ausschweifung. Die Zigeuner stritten unter sich in der Zigeunersprache und drangen darauf, man solle noch eine Lobrede auf die Herren halten; aber Stjoscha war dagegen und erklärte, der »Barorai« (in der Zigeunersprache: Graf oder Fürst, oder genauer: großer Herr) werde es übelnehmen. Überhaupt war bereits bei allen der letzte Funke von Heiterkeit erloschen.

»Nun zum Abschied noch ein Lied und dann marsch nach Hause«, sagte der Graf, der frischer, heiterer und hübscher als je im Reiseanzuge in den Saal trat.

Die Zigeuner stellten sich von neuem im Kreise auf und waren eben dabei, loszusingen, als Iljin, ein Päckchen Banknoten in der Hand, eintrat und den Grafen beiseite rief.

»Ich habe im ganzen fünfzehntausend Rubel staatliche Gelder gehabt, und du hast mir sechzehntausenddreihundert gegeben«, sagte er. »Dies hier gehört also dir.«

»Schön, schön! Gib her!«

Iljin gab ihm das Geld zurück, blickte den Grafen zaghaft an und wollte den Mund öffnen in dem Wunsche, etwas zu sagen; aber er errötete nur und war so erregt, daß ihm sogar die Tränen in die Augen traten; dann ergriff er die Hand des Grafen und drückte sie.

»Nun fort mit dir! Iljuschka! ... hör mal ... hier ist Geld für dich; nur müßt ihr mir mit euren Liedern bis zum Schlagbaum das Geleit geben.« Und er warf ihm die dreizehnhundert Rubel, die Iljin gebracht hatte, auf die Gitarre. Aber dem Kavalleristen vergaß der Graf die hundert Rubel wiederzugeben, die er tags zuvor von ihm geliehen hatte.

Es war schon zehn Uhr morgens. Die Sonne blickte schon über die Dächer, das Volk hastete auf den Straßen hin und her, die Kaufleute hatten längst die Läden geöffnet, Edelleute und Beamte fuhren auf den Straßen, Damen gingen im Basar umher, als die Zigeunerbande, der Kreisrichter, der Kavallerist, der hübsche junge Mensch, Iljin und der Graf, im blauen Bärenpelz, auf die Freitreppe des Gasthofs hinaustraten. Es war ein sonniger Tag und Tauwetter. Drei Mietsschlitten, mit je drei Pferden bespannt, die die Schwänze kurz aufgebunden trugen und mit den Füßen in dem wässerigen Schmutz patschten, fuhren bei der Freitreppe vor, und die ganze lustige Gesellschaft nahm Platz. Der Graf, Iljin, Stjoscha, Iljuschka und der Offiziersbursche Saschka setzten sich in den ersten Schlitten. Blücher kam vor Aufregung ganz außer sich, schlug mit dem Schwanze und bellte das Deichselpferd an. Auf die anderen Schlitten setzten sich die übrigen Herren, gleichfalls mit Zigeunerinnen und Zigeunern. Gleich vom Gasthof an fuhren die Schlitten in breiter Front nebeneinander, und die Zigeuner stimmten ein Chorlied an.

Unter Gesang und dem Geklingel der Glöckchen, alle entgegenkommenden Gefährte auf den Fußsteig drängend, fuhren die Dreigespanne durch die ganze Stadt bis zum Schlagbaum.

Nicht wenig wunderten sich die Kaufleute und die Vorübergehenden, Unbekannte und namentlich Bekannte, als sie vornehme

Edelleute am hellen Tage auf den Straßen unter Gesang mit Zigeunerinnen und betrunkenen Zigeunern fahren sahen.

Als sie über den Schlagbaum hinausgekommen waren, hielten die Schlitten, und alle nahmen von dem Grafen Abschied.

Iljin, der ziemlich viel zum Abschied getrunken und die ganze Zeit über selbst kutschiert hatte, wurde plötzlich traurig und redete dem Grafen zu, noch einen Tag dazubleiben; als er sich aber von der Unmöglichkeit überzeugt hatte, küßte er völlig unerwartet unter Tränen seinen neuen Freund und gelobte, sogleich nach seiner Ankunft um seine Versetzung zu den Husaren einzukommen, und zwar zu demselben Regiment, in dem Turbin diene. Der Graf war besonders lustig; den Kavalleristen, der schon am Morgen sich endgültig für die Anrede mit Du entschieden hatte, stieß er in einen Schneehaufen, auf den Kreisrichter hetzte er Blücher an, Stjoscha nahm er in die Arme und wollte sie mit sich nach Moskau entführen; endlich sprang er in den Schlitten und zwang Blücher, der immer in der Mitte stehen wollte, sich neben ihn zu setzen. Saschka bat nochmals den Kavalleristen, von »ihnen« den Mantel des Grafen abzuholen und nachzuschicken, und sprang gleichfalls herauf, auf den Bock. Der Graf rief: »Los!«, nahm die Mütze ab, schwenkte sie über dem Kopf und pfiff den Pferden nach Kutscherart. Die Schlitten fuhren nach entgegengesetzten Seiten ab.

Weithin breitete sich vor dem Schlitten eine einförmige Schneefläche aus, durch die sich als gelblich-schmutziger Streifen der Weg hinwand. Die helle Sonne glänzte mit spielenden Lichtern auf dem aufgetauten, mit einer durchsichtigen Kruste überfrorenen Schnee und wärmte angenehm Gesicht und Rücken. Die schwitzenden Pferde dampften. Das Glöckchen klingelte. Ein Bauer mit einem Fuder auf einem hin und her schleudernden plumpen Schlitten zupfte eilig am Zügelstrick und bog aus; im Laufen platschte er mit den nassen elenden Bastschuhen auf dem aufgetauten Wege. Ein dickes, rotes Bauernweib, mit einem kleinen Kinde vorn im Schafpelz, saß auf dem zweiten Fuder und trieb mit den Enden der Leitseile einen elenden, grindschwänzigen Schimmel an. Dem Grafen kam plötzlich die Erinnerung an Anna Fedorowna.

»Zurück!«, lief er.

Der Kutscher verstand nicht sofort.

»Wende um! Zurück nach der Stadt! Flink!«

Der Schlitten passierte wieder den Schlagbaum und glitt schnell zu der bretternen Freitreppe vor dem Hause der Frau Saizowa. Der Graf lief eilig die Stufen hinan, durchschritt das Vorzimmer, dann den Salon, fand die kleine Witwe noch schlafend, nahm sie in die Arme, hob sie ein wenig vom Kissen in die Höhe, küßte sie auf die schlaftrunkenen Äuglein und lief hurtig hinaus und zurück. Anna Fedorowna fuhr sich noch im Halbschlaf mit der Zunge über die Lippen und fragte: »Was ist denn geschehen?«, Der Graf sprang in den Schlitten, rief dem Kutscher etwas zu, und ohne weiter anzuhalten, ja, ohne auch nur an Luchnow, an die kleine Witwe oder an Stjoschka zurückzudenken, sondern lediglich von dem Gedanken an das erfüllt, was ihn in Moskau erwartete, fuhr er für immer aus der Stadt K. hinaus.

IX

Zwanzig Jahre waren vergangen. Viel Wasser war seitdem in den Flüssen hinabgeflossen, viele Menschen waren gestorben, viele geboren, viele herangewachsen und gealtert; und noch mehr war auf geistigem Gebiet geboren und gestorben; von dem Alten war viel Schönes und viel Häßliches zugrunde gegangen, an Neuem war viel Schönes herangewachsen, und noch mehr unreifes, verkrüppeltes Neues war in Gottes Welt erschienen.

Graf Fedor Turbin war schon längst im Duell mit einem Ausländer gefallen, den er auf der Straße mit der Hetzpeitsche durchgehauen hatte. Der Sohn, der ihm ähnlich war wie ein Ei dem andern, war bereits ein dreiundzwanzigjähriger wunderschöner Jüngling und diente in der Gardekavallerie. Der junge Graf Turbin war in moralischer Hinsicht dem Vater durchaus nicht ähnlich. In ihm war auch nicht ein Schatten von jenen ungestümen, leidenschaftlichen und, die Wahrheit zu sagen, liederlichen Neigungen des vergangenen Zeitalters. Zusammen mit Verstand, Bildung und Anlagen bildeten Liebe zu einem anständigen und gemächlichen Leben, praktischer Blick für Menschen und Verhältnisse, Einsicht und Scharfsinn seine trefflichen Eigenschaften. Im Dienst war der junge Graf sehr hübsch vorwärtsgekommen: als Dreiundzwanzigjähriger war er schon Leutnant ... Bei der Eröffnung der Feindseligkeiten war er der Ansicht, daß es für seine Beförderung vorteilhafter sei, wenn er in die aktive Armee überträte, und so trat er als Rittmeister zu einem Husarenregiment über, wo er auch bald eine Schwadron erhielt.

Im Mai 1848 zog das S.sche Husarenregiment auf seinem Marsch durch das Gouvernement K., und eben die Schwadron, die der junge Graf Turbin befehligte, hatte in Morosowka, dem Dorfe Anna Fedorownas, zu übernachten. Anna Fedorowna lebte noch, war aber schon so gealtert, daß sie selbst sich nicht mehr für jung hielt, was für eine Frau viel sagen will. Sie war sehr korpulent geworden, und das macht, wie man sagt, eine Frau jünger. Aber auch auf dieser weißen Körperfülle waren große, weiche Runzeln wahrnehmbar. Sie fuhr nie mehr nach der Stadt, und es machte ihr sogar Mühe, in den Wagen zu steigen; aber sie war noch ebenso gutmütig und immer noch ebenso einfältig – jetzt, wo sie nicht mehr durch ihre Schönheit bestach, konnte man die Wahrheit sagen. Mit ihr zusammen wohnten ihre Tochter Lisa, eine dreiundzwanzigjährige russische Dorfschöne, und ihr Bruder, der uns bekannte Kavallerist, der durch seine Gutmütigkeit sein ganzes Gütchen durchgebracht und nun als alter Mann ein Unterkommen bei Anna Fedorowna gefunden hatte. Sein Kopfhaar war völlig ergraut; die Oberlippe hing schlaff herab, aber der Schnurrbart daran war sorgsam geschwärzt. Runzeln bedeckten ihm nicht nur Stirn und Backen, sondern sogar Nase und

Hals, der Rücken war krumm geworden, aber trotz alledem waren an den schwachen, schiefen Beinen die Manieren eines alten Kavalleristen erkennbar.

In dem kleinen Wohnzimmer des alten Häuschens, dessen Balkontür und Fenster nach einem altväterischen, sternförmigen Lindengarten hin geöffnet waren, saß Anna Fedorownas ganze Familie und Hausgenossenschaft. Anna Fedorowna, mit grauem Kopf, in einer lila Jacke, saß auf dem Sofa an einem runden Mahagonitisch und legte Karten. Der alte Bruder, in sauberen weißen Hosen und blauem Rock, hatte sich am Fenster niedergelassen und strickte auf der Strickgabel ein Schnürchen aus weißer Baumwolle – eine Beschäftigung, die ihn seine Nichte gelehrt und die er sehr liebgewonnen hatte, da er nichts Ordentliches mehr tun konnte und seine Augen zum Zeitungslesen, seiner Lieblingsbeschäftigung, schon zu schwach waren. Pimotschka, Anna Fedorownas Pflegetochter, lernte neben ihm ihre Lektion auswendig, unter Lisas Anleitung, die dabei zugleich mit hölzernen Stricknadeln Strümpfe aus Ziegenwolle für den Onkel strickte. Die letzten Strahlen der untergehenden Sonne warfen, wie immer um diese Jahreszeit, durch die Lindenallee ihre gegitterten, schrägen Lichter auf das Eckfenster und die danebenstehende Etagere. Im Garten und im Zimmer war es so still, daß man hörte, wie vor dem Fenster eine Schwalbe mit hurtigen Flügeln vorbeisauste oder im Zimmer Anna Fedorowna leise seufzte oder der Alte ein wenig stöhnte, wenn er ein Bein über das andere legte.

»Wie wird das gelegt? Liebe Lisa, zeig es mir doch. Ich vergeß es immer«, sagte Anna Fedorowna und hielt im Legen ihrer Patience inne.

Lisa trat, ohne ihre Arbeit zu unterbrechen, zur Mutter und blickte in die Karten.

»Ach, Sie haben lauter Wirrwarr gemacht, liebstes Mamachen!«, sagte sie und legte die Karten anders zurecht. »Sehen Sie, so mußte es sein. Aber was Sie sich gedacht haben, wird eintreffen«, fügte sie hinzu, indem sie unbemerkt eine Karte wegnahm.

»Ach was, du betrügst mich immer und sagst, es sei aufgegangen!«

»Nein wirklich, es gelingt. Es ist aufgegangen.« »Na gut, gut, du Unart! Aber ist es nicht Zeit zum Tee?«

»Ich habe schon angeordnet, daß der Samowar angezündet werden soll. Gleich gehe ich hin. Soll er Ihnen hierher gebracht werden? … Nun, sieh zu, Pimotschka, daß du recht schnell mit deiner Aufgabe fertig wirst; dann wollen wir draußen herumlaufen.«

Und Lisa ging aus der Tür.

»Liebste Lisa, Lisachen!«, rief der Onkel, der angestrengt auf seine Strickgabel blickte, »ich habe, scheint es, wieder eine Masche fallen lassen. Nimm sie auf, mein Täubchen!«

»Gleich, gleich! Ich will nur Zucker zum Zerschlagen herausgeben.«

Und wirklich kam sie drei Minuten darauf wieder ins Zimmer gelaufen, trat zum Onkel und faßte ihn am Ohr.

»Sehen Sie, das ist Ihre Strafe, damit Sie nicht immer Maschen fallen lassen«, sagte sie lachend. »Sie haben auch Ihr Pensum nicht fertig gestrickt.«

»Na, laß nur gut sein; mach es zurecht, es ist gewiß ein Knötchen darin gewesen.«

Lisa nahm die Strickgabel, zog sich eine Stecknadel aus dem Brustlatz, der dabei durch den Luftzug vom Fenster her sich ein wenig zurückschlug, fing mit der Stecknadel die Masche auf, reckte sie zweimal aus und reichte die Strickgabel dem Onkel.

»Na, geben Sie mir einen Kuß dafür«, sagte sie, indem sie ihm das rote Bäckchen hinhielt und den Brustlatz wieder feststeckte. »Heute gibt's für Sie Tee mit Rum. Heut' ist ja Freitag.«

Und sie ging wieder ins Teezimmer.

»Onkelchen, kommen Sie und sehen Sie her; Husaren kommen zu uns!«, erscholl von dort ihr helles Stimmchen.

Anna Fedorowna und ihr Bruder gingen zusammen in das Teezimmer, dessen Fenster nach dem Dorf zu lagen, um die Husaren zu sehen. Vom Fenster aus war sehr wenig zu erkennen; man bemerkte durch den Staub hindurch nur, daß sich irgendwelche Menschenmenge vorwärtsbewegte.

»Schade, Schwester«, bemerkte der Onkel zu Anna Fedorowna, »schade, daß wir es so eng haben und der Seitenflügel noch nicht fertig gebaut ist; sonst könnten wir die Offiziere zu uns einladen. Husarenoffiziere, das sind ja immer so prächtige, lustige junge Leute; ich hätte sie mir gern einmal wenigstens angesehen.«

»Ja, ich wäre herzlich gern dazu bereit; aber Sie wissen ja selbst, Bruder, daß wir keinen Raum haben; mein Schlafzimmer, Lisas Stube, das Wohnzimmer und dann noch Ihre Stube da – das ist alles. Wo sollen wir sie da unterbringen? sagen Sie selbst. Michailo Matwjejew hat für sie das Bauernhaus des Starosten zurechtgemacht; er sagt, sauber sei es auch.«

»Und wir hätten dir, Lisachen, unter ihnen einen Bräutigam ausgesucht, einen prächtigen Husaren!«, sagte der Onkel.

»Nein, ich mag keinen Husaren; ich möchte einen Ulanen. Sie haben ja doch bei den Ulanen gedient, Onkel? … Aber von diesen da will ich nichts wissen. Das sind alles Durchgänger, sagen die Leute.«

Und Lisa wurde ein wenig rot, lachte dann aber von neuem mit ihrer hellen Stimme auf.

»Da kommt auch Ustjuschka angelaufen; die sollten wir fragen, was sie gesehen hat«, sagte sie.

Anna Fedorowna ließ Ustjuschka rufen.

»Du kannst doch nicht bei der Arbeit sitzen bleiben; was hast du nötig, hinzulaufen und die Soldaten anzusehen«, sagte Anna Fedorowna. »Nun, wo sind die Offiziere einquartiert?«

»Bei Jeremkins, gnädige Frau. Es sind ihrer zwei, sehr hübsche Leute; einer ist ein Graf, sagen die Leute.«

»Wie heißt er denn?«

»Kasarow oder Turbinow, ich hab's nicht behalten, bitt' um Verzeihung.«

»Na so eine dumme Gans! Nichts versteht sie, zu erzählen. Hätte sie wenigstens in Erfahrung gebracht, wie er heißt.«

»Ach, ich laufe schnell hin.«

»Ja, das weiß ich schon, daß du das gut verstehst, nein, laß Danilo hingehen; sagen Sie ihm, Bruder, er möchte hingehen und fragen, ob die Offiziere nicht irgend etwas bedürften; man muß sich immer höflich zeigen; die gnädige Frau habe befohlen zu fragen.«

Die Alten setzten sich wieder in das Teezimmer, Lisa aber ging in die Gesindestube, um den zerschlagenen Zucker in die Dose zu legen. Dort erzählte Ustjuschka von den Husaren.

»Fräulein, Täubchen, das ist mal ein schöner Mann, der Graf«, sagte sie, »einfach ein Engelchen mit schwarzen Augenbrauen. Hätten Sie so einen Bräutigam, das wäre ein Pärchen!«

Die anderen Dienstmädchen lächelten beifällig; die alte Kinderfrau, die mit einem Strickstrumpf am Fenster saß, seufzte und las laut, sogar beim Einatmen, ein Gebet herunter.

»Sieh nur, was haben dir die Husaren gefallen«, sagte Lisa, »und erzählen kannst du vorzüglich. Bitte, bring doch den Fruchtsaft, Ustjuschka; wir wollen den Husaren etwas Limonade zu trinken geben.«

Und Lisa ging lachend mit der Zuckerdose aus dem Zimmer.

»Lust hätte ich doch, mir anzusehen, was das für ein Husar ist«, dachte sie, »brünett oder blond? Und ich denke, auch er würde sich freuen, uns kennen zu lernen. Aber er zieht vorüber und erfährt gar nicht, daß ich hier war und an ihn dachte. Und wieviel solche Männer sind schon an mir vorübergezogen. Niemand sieht mich außer dem Onkelchen und Ustjuschka. Wie schön ich mich auch frisieren, was für schöne Ärmel ich mir auch anziehen mag – niemand betrachtet es mit Wohlgefallen«, so dachte sie, seufzte und blickte auf ihren weißen, vollen Arm. »Er muß hochgewachsen sein, mit großen Augen und gewiß mit einem kleinen schwarzen Schnurrbartchen. Nein, nun sind schon zweiundzwanzig Jahre verflossen, und niemand hat sich in mich verliebt außer dem pockennarbigen Iwan Ipatütsch; und vor vier Jahren war ich noch schöner; und so ist, zu niemands Freude, meine Mädchenzeit vergangen. Ach, ich unglückliches, unglückliches Fräulein vom Land!«

Die Stimme der Mutter, die sie rief, den Tee einzugießen, rüttelte das Fräulein vom Land aus dieser vorübergehenden Melancholie auf. Sie schüttelte das Köpfchen und ging in das Teezimmer.

Die besten Dinge fügen sich immer unversehens; und je mehr Mühe man sich gibt, um so schlechter kommt es heraus. Auf dem Lande verwendet man selten Sorgfalt darauf, den Kindern eine Erziehung zu geben, und deshalb gibt man ihnen unbeabsichtigt größtenteils eine vorzügliche. So ging es auch speziell mit Lisa. Anna Fedorowna hatte, bei der Beschränktheit ihres Verstandes und der Sorglosigkeit ihres Charakters, Lisa keinerlei Erziehung zuteil werden lassen. Sie hatte sie weder in der Musik noch in dem so nützlichen Französisch unterrichten lassen, sondern sie hatte ihrem seligen Manne unversehens ein gesundes, hübsches Kind, eine Tochter geboren, sie einer Amme und einer Kinderfrau übergeben, ihr zu essen gegeben, ihr Kattunkleider und bocklederne Schuhchen angezogen, sie hinausgeschickt, um spazieren zu gehen und Pilze und Beeren zu sammeln, sie im Lesen, Schreiben und Rechnen von einem dazu angenommenen Seminaristen unterrichtenlassen und nach Verlauf von sechzehn Jahren, ehe sie es geahnt, in Lisa eine Freundin, ein immer fröhliches, gutmütiges Wesen und eine tätige Haushälterin gefunden.

Anna Fedorowna hatte infolge ihrer Gutherzigkeit stets Pflegekinder im Hause, entweder leibeigene oder Findelkinder. Lisa begann schon von ihrem zehnten Jahr an, sich mit ihnen zu beschäftigen: sie zu unterrichten, anzuziehen, in die Kirche zu führen und ihnen Einhalt zu tun, wenn sie gar zu mutwillig waren. Dann kam der altersschwache, gutmütige Onkel hinzu, den man pflegen und beaufsichtigen mußte wie ein kleines Kind. Dann die Gutsleute und die Bauern; sie wandten sich an das kleine Fräulein mit ihren Gesuchen und mit ihren Gebresten, die sie mit Holunder, Pfefferminze und Kampferspiritus kurierte. Dann die Hauswirtschaft, die unvermerkt ganz in ihre Hände überging. Dann das unbefriedigte Bedürfnis nach Liebe, das seinen Ausdruck nur der Natur gegenüber und auf dem Gebiete der Religion fand. Und aus Lisa war unvermerkt ein tätiges, gutherziges, munteres, selbständiges, reines und tiefreligiöses Weib geworden. Allerdings fehlte es auch nicht an kleinen Schmerzen der Eitelkeit beim Anblick der Nachbarinnen, die in der Kirche neben ihr standen, mit modernen Hüten, die sie sich aus K. hatten schicken lassen; es fehlte nicht an Ärger, der ihr die Tränen in die Augen trieb, über die alte brummige Mutter mit ihren Launen; es fehlte auch nicht an Liebesschwärmereien in recht seltsamer und mitunter derber Form – aber die nützliche und zur Notwendigkeit gewordene Tätigkeit verscheuchte solche Empfindungen, und im Alter von zweiundzwanzig Jahren wußte die klare, friedliche Seele des zu voller leiblicher und sittlicher Schönheit erblühten Mädchens von keinem Fleck und von keiner Reue. Lisa war von mittlerem Wuchs, eher voll als mager, ihre Augen waren braun, klein, mit einem leichten, dunklen Schatten auf dem unteren Lid; die Zöpfe lang und blond. Ihr Gang war breit und wiegend – entenartig, wie der volkstümliche Ausdruck lautet. Ihr Gesichtsausdruck, wenn sie mit einer Arbeit beschäftigt war und nichts sie besonders erregte, sagte einem jeden, der ihn genau betrachtete: Schön und heiter ist das Leben auf dieser Welt, wenn man jemand zum Liebhaben hat und das Gewissen rein ist. Selbst in Augenblicken des Ärgers, der Aufregung, der Unruhe oder des Kummers leuchtete durch die Tränen, durch die finster zusammengezogene linke Braue, durch die zusammengepreßten Lippen, gleichsam ihrem Willen zum Trotz – leuchtete auf den Grübchen der Wangen, auf den Lippenrändern und in den glänzenden Äuglein, die so gewohnt waren zu lächeln und sich des Lebens zu freuen, ein durch den Verstand nicht verdorbenes, gutes, redliches Herz hindurch.

X

Obgleich die Sonne sich schon hinabgesenkt hatte, war die Luft noch heiß, als die Schwadron in Morosowka einmarschierte. Voran auf der staubigen Landstraße lief in kurzem Trab, nach hinten zurückblickend und ab und zu mit Gebrüll stehen bleibend, eine bunte Kuh, die sich von der Herde verlaufen hatte; daß sie nur einfach zur Seite auszuweichen brauchte, dieser Gedanke fiel ihr nicht ein. Die alten Männer, die Weiber und Kinder aus dem Dorfe und die Leute vom Gute drängten sich zu beiden Seiten der Straße und blickten begierig nach den Husaren. In einer dichten Staubwolke, auf schön aufgezäumten, von Zeit zu Zeit schnaubenden Rappen kamen die Husaren mit Getrappel heran. Auf der rechten Seite der Schwadron ritten, lässig auf schönen Rappen sitzend, zwei Offiziere. Der eine war der Führer, Graf Turbin, der andere ein sehr junger Mensch, der kürzlich vom Junker avanciert war, Polosow.

Aus dem besten Bauernhaus trat ein Soldat in weißem Leinwandkittel heraus und näherte sich mit abgenommener Uniformmütze den Offizieren.

»Wo ist für uns Quartier gemacht?«, fragte ihn der Graf.

»Für Euer Erlaucht?«, antwortete der Quartiermeister und ruckte sich mit dem ganzen Körper zurecht, »hier, beim Starosten; ich habe die Stube reinigen lassen. Ich verlangte ein Quartier auf dem herrschaftlichen Gute; aber es heißt, da ist keins. Die Gutsherrin ist sehr eklig.«

»Nun gut«, sagte der Graf, indem er vom Pferde stieg und sich vor dem Haus des Starosten die Beine geradereckte, »aber – ist mein Wagen angekommen?«

»Sie beliebte anzukommen, Euer Erlaucht!«, antwortete der Quartiermeister und wies mit der Mütze nach einem ledernen Kutschkasten, der im Torweg sichtbar war; dann stürzte er voran in den Hausflur; hier stand dichtgedrängt die Bauernfamilie, die sich versammelt hatte, um sich den Offizier anzusehen. Er stieß sogar eine alte Frau zu Boden, als er rasch die Tür nach der gesäuberten Stube öffnete und vor dem Grafen zur Seite trat.

Die Stube war ziemlich groß und geräumig, aber nicht ganz rein. Der deutsche Kammerdiener, wie ein Herr gekleidet, stand in der Stube; er hatte die eiserne Bettstelle aufgestellt und Betten hineingelegt und nahm jetzt Wäsche aus dem Koffer.

»Pfui! was für ein abscheuliches Quartier!«, sagte der Graf ärgerlich. »Djadenko! war es denn nicht möglich, mir ein besseres Quartier anzuweisen, irgendwo bei einem Gutsbesitzer?«

»Wenn Euer Erlaucht befehlen, werde ich nach dem Gutshof gehen«, antwortete Djadenko, »aber es ist ein geringes Häuschen und sieht nicht besser aus als ein Bauernhaus.«

»Jetzt ist es nicht mehr nötig. Geh!«

Und der Graf legte sich aufs Bett, die Hände unter dem Kopfe.

»Johann!«, rief er dem Kammerdiener zu, »du hast wieder mitten im Bett einen Federklumpen gemacht! Daß du nicht verstehst, ordentlich ein Bett zu machen!«

Johann wollte es in Ordnung bringen.

»Nein, es ist nicht mehr nötig jetzt … Aber wo ist der Schlafrock?«, fuhr er in unzufriedenem Ton fort.

Der Diener reichte ihm den Schlafrock hin.

Ehe der Graf ihn anzog, besah er die Schöße.

»Wahrhaftig, er hat den Fleck nicht herausgemacht. Kann man seinen Dienst schlechter versehen, als du es tust?«, fügte er hinzu, riß ihm den Schlafrock aus den Händen und zog ihn an. »Sag mal, tust du das mit Vorsatz? … Ist der Tee fertig? …«

»Ich habe noch nicht dazu kommen können«, antwortete Johann.

»Dummkopf!«

Hierauf ergriff der Graf einen bereitliegenden französischen Roman und las stillschweigend ziemlich lange darin; Johann aber ging auf den Flur hinaus, um den Samowar anzuzünden. Der Graf war offenbar übler Laune, wahrscheinlich infolge der Ermüdung, des staubbedeckten Gesichtes, der engen Kleidung und des hungrigen Magens.

»Johann!«, rief er wieder, »gib die Abrechnung über die zehn Rubel her. Was hast du in der Stadt gekauft?«

Der Graf sah die ihm überreichte Abrechnung durch und machte unzufriedene Bemerkungen über die hohen Preise der Einkäufe.

»Zum Tee gib mir Rum.«

»Rum habe ich nicht gekauft«, sagte Johann.

»Ausgezeichnet! Wie oft habe ich dir gesagt, daß Rum da sein soll!«

»Das Geld reichte nicht.«

»Warum hat Polosow keinen gekauft? Du hättest von seinem Burschen welchen bekommen können.«

»Der Kornett Polosow? Ich glaube kaum. Sie haben nur Tee und Zucker gekauft.«

»Rindvieh! … Mach, daß du hinauskommst! … Du allein bringst es fertig, daß mir der Geduldsfaden reißt … du weißt ganz genau, daß ich auf dem Marsch immer den Tee mit Rum trinke.«

»Hier sind zwei Briefe aus der Garnison«, sagte der Kammerdiener.

Der Graf öffnete liegend die Briefe und fing an zu lesen. Da trat mit heiterem Gesichte der Kornett ein, der die Schwadron in ihren Quartieren untergebracht hatte.

»Nun, wie steht's, Turbin? Hier ist's hübsch, wie's scheint. Aber gehörig müde bin ich, das muß ich sagen. Das war eine Hitze.«

»Sehr hübsch ist's hier! Eine unsaubere, stinkige Stube, und Rum ist keiner da, dank deiner Liebenswürdigkeit. Dein Tölpel hat keinen gekauft, und dieser hier auch nicht. Du hättest es ihm doch sagen sollen.«

Und er las weiter. Als er den Brief zu Ende gelesen hatte, knitterte er ihn zusammen und warf ihn auf den Fußboden.

»Warum hast du keinen Rum gekauft?«, fragte gleichzeitig auf dem Flur der Kornett leise seinen Burschen, »du hattest ja doch Geld?«

»Ja, was werden wir alles allein kaufen! Ich habe immer die Ausgaben, und denen ihr Deutscher raucht nur seine Pfeife – das ist alles, was er tut.«

Der zweite Brief war anscheinend nicht unangenehm, denn der Graf las ihn mit einem Lächeln.

»Von wem ist der?«, fragte Polosow, der ins Zimmer zurücklehrte und sich ein Nachtlager auf den Dielen neben dem Ofen zurechtmachte.

»Von Minna«, antwortete der Graf heiter und reichte ihm den Brief hin. »Willst du ihn lesen? Was für ein reizendes Weib! … Ja wirklich, besser als unsere vornehmen Fräuleins … Sieh nur, wieviel Empfindung und Verstand sich in diesem Briefe zeigt! … Nur eins ist übel – sie verlangt Geld.«

»Ja, das ist übel«, bemerkte der Kornett.

»Ich habe es ihr allerdings versprochen; aber nun dieser Marsch, und ich … übrigens, wenn ich noch drei Monate die Schwadron kommandiere, werde ich ihr welches schicken. Das Geld soll mir nicht leid tun, wirklich; was für ein reizendes Weib! … nicht?«, sagte er lächelnd und verfolgte mit den Augen den Gesichtsausdruck Polosows, der den Brief las.

»Schreckliche Sprachfehler, aber ein lieber Brief, und es scheint, daß sie dich wirklich liebt«, antwortete der Kornett.

»Hm, und ob! Nur diese Frauen lieben wahrhaft, wenn sie einmal lieben.«

»Aber der andere Brief, von wem ist der?«, fragte der Kornett, indem er den durchgelesenen Brief zurückgab.

»Ach … da ist ein Herr, ein ganz gemeiner Mensch, dem ich vom Kartenspiel Geld schuldig bin, und er mahnt mich schon zum drittenmal … ich kann es ihm jetzt nicht bezahlen … ein dummer Brief!«, antwortete der Graf, durch diese Erinnerung augenscheinlich unangenehm berührt.

Nach diesem Gespräch schwiegen die beiden Offiziere ziemlich lange. Der Kornett, der sich augenscheinlich dem Grafen sehr unterordnete, trank schweigend seinen Tee; von Zeit zu Zeit betrachtete er das hübsche, verdüsterte Gesicht Turbins, der unverwandt nach dem Fenster blickte; ein Gespräch anzuknüpfen wagte er nicht.

»Ach was, die Sache kann sich ja sehr gut gestalten«, sagte der Graf plötzlich, indem er sich zu Polosow umwandte und munter den Kopf schüttelte; »wenn wir in diesem Jahre bei der Linie ein Avancement haben, ja, noch ins Gefecht kommen, so kann ich meine Rittmeister von der Garde überholen.«

Das Gespräch über dieses Thema setzte sich auch beim zweiten Glas Tee fort; da trat der alte Danilo ein und überbrachte Anna Fedorownas Bestellung.

»Und die gnädige Frau befahlen noch zu fragen, ob Sie nicht ein Sohn des Grafen Fedor Iwanowitsch Turbin zu sein belieben«, fügte Danilo aus sich hinzu; denn er hatte den Familiennamen des Offiziers wiedererkannt und erinnerte sich noch an die Ankunft des verstorbenen Grafen in der Stadt K. »Unsere gnädige Frau, Anna Fedorowna, waren sehr bekannt mit ihm.«

»Das war mein Vater; bestelle aber der gnädigen Frau, ich sei ihr sehr verbunden, brauchte jedoch nichts; wir ließen nur, wenn es möglich wäre, um ein etwas reinlicheres Stübchen irgendwo bitten, im Haus oder sonst irgendwo.«

»Aber wozu baten Sie denn darum?«, sagte Polosow, als Danilo sich entfernt hatte, »ist das denn nicht ganz gleich? Eine einzige Nacht! Ist es hier nicht ganz dasselbe? Die Leute werden sich mit dem Raum Einschränkungen auferlegen.«

»Dummes Zeug! Ich meine, wir haben uns lange genug in rauchigen Bauernstuben herumgedrückt … Man sieht gleich, daß du kein praktischer Mensch bist … warum sollten wir uns nicht die Möglichkeit zunutze machen, wenigstens für eine Nacht menschenwürdig einquartiert zu sein? Und sie werden ganz im Gegenteil außerordentlich zufrieden sein. Nur eins ist widerwärtig: wenn diese Dame wirklich meinen Vater gekannt haben sollte«, sagte der Graf mit einem Lächeln, das seine weißen, glänzenden Zähne sichtbar werden ließ. »Ich muß mich immer gewissermaßen für das selige Papachen schämen; da gibt's immer irgendwelche Skandalgeschichten oder irgendwelche Schulden. Daher ist es mir eigentlich unausstehlich, mit solchen Bekannten meines Vaters zusammenzutreffen. Übrigens, das lag im Charakter der damaligen Zeit«, fügte er schon wieder ernst hinzu.

»Aber ich habe dir noch nicht erzählt«, sagte Polosow: »Ich habe den Kommandeur der Ulanenbrigade Iljin getroffen. Er wünschte lebhaft, dich kennen zu lernen und liebt deinen Vater unsinnig.«

»Dieser Iljin scheint ein schrecklicher Wicht zu sein. Aber die Hauptsache ist: All diese Herren, die da versichern, meinen Vater gekannt zu haben, erzählen, um mit mir freundlich zu tun und als ob es die angenehmsten Dinge wären, von meinem Vater solche Streiche, daß ich mich schäme, zuzuhören. Die Wahrheit ist (ich lasse mich nicht hinreißen und betrachte die Dinge unparteiisch), daß er ein allzu hitziger Mensch war und manchmal auch nicht ganz hübsche Streiche verübte. Übrigens, all dergleichen hängt vom Zeitalter ab. In unserer Zeit hätte er sich vielleicht zu einem sehr vernünftigen Menschen entwickelt, da er enorme Fähigkeiten besaß; die Gerechtigkeit muß man ihm widerfahren lassen.«

Nach einer Viertelstunde kam der Diener zurück und überbrachte die Bitte der Gutsherrin, die Herren möchten zu ihr ins Haus kommen, um dort zu übernachten.

XI

Bei der Nachricht, daß der Husarenoffizier der Sohn des Grafen Fedor Turbin sei, geriet Anna Fedorowna in die lebhafteste Geschäftigkeit.

»Ach, lieber Gott, mein Täubchen ist er! … Danilo! Lauf schnell und sage, die gnädige Frau ließe die Herren zu sich bitten«, sagte sie, sprang auf und ging mit schnellen Schritten in die Gesindestube. »Lisachen, Ustjuschka! Du mußt dein Zimmer herrichten, Lisa. Du siedelst zum Onkel über; und Sie, lieber Bruder … lieber Bruder! Sie werden schon im Wohnzimmer schlafen können. Für eine Nacht macht das nichts aus.«

»Das macht nichts aus, liebe Schwester! Ich werde mich auf die Erde legen.«

»Ein schöner Mann, denk ich, ist er, wenn er seinem Vater ähnlich sieht. Ansehen möchte ich ihn doch wenigstens, das liebe Täubchen … Und du, Lisa, betrachte ihn dir auch! Aber sein Vater war ein schöner Mann … Wohin trägst du den Tisch? Laß ihn hier«, sagte Anna Fedorowna in ihrer geschäftigen Unruhe, »und bring zwei Bettstellen – eine laß dir vom Verwalter geben – und nimm von der Etagere den Kristalleuchter, den mir der Bruder zum Namenstag geschenkt hat, und stecke eine Stearinkerze auf.«

Endlich war alles bereit. Lisa hatte, trotz der störenden Einmischung der Mutter, ihr Zimmerchen nach ihrem Kopf für die beiden Offiziere hergerichtet. Sie hatte reine, nach Reseda duftende Bettwäsche hervorgeholt, die Betten zurechtgemacht, eine Karaffe mit Wasser und Kerzen daneben auf ein Tischchen stellen lassen; sie hatte in der Gesindestube Räucherpapier angezündet und war selbst mit ihrem Bettchen in das Zimmer des Onkels übergesiedelt. Anna Fedorowna beruhigte sich ein wenig, setzte sich wieder auf ihren Platz und nahm sogar die Karten wieder in die Hand; aber ohne sie auseinanderzulegen, stützte sie sich auf ihren rundlichen Ellbogen und versank in Nachdenken. »Die liebe Zeit, die liebe Zeit, wie sie dahinfliegt!«, flüsterte sie immer wieder vor sich hin. »So lange ist es schon her, und doch sehe ich ihn vor mir, wie wenn es heute wäre. Ach, ein Wildfang war er!« Und die Tränen traten ihr in die Augen. »Jetzt ist Lisachen da; aber sie ist nicht das, was ich in ihren Jahren war … ein gutes Mädchen ist sie, aber nicht das …«

»Lisachen, zieh doch zum Abend das hübsche *Mousseline-de-laine*-Kleid an.«

»Wollen Sie sie denn einladen, Mamachen? Tun Sie das lieber nicht«, antwortete Lisa, denn sie empfand eine unüberwindliche Erregung bei dem Gedanken, daß sie die Offiziere sehen sollte. »Tun Sie das lieber nicht, Mamachen!«

In der Tat wünschte sie nicht so sehr, sie zu sehen, als sie sich vor einer Art von aufregendem Glück fürchtete, das, wie sie meinte, ihrer wartete.

»Vielleicht wünschen sie selbst, uns kennen zu lernen, liebe Lisa!«, sagte Anna Fedorowna. Dabei streichelte sie ihr das Haar und dachte gleichzeitig: »Nein, das ist nicht das Haar, wie ich es in ihrem Alter hatte. Nein, liebe Lisa, wie sehr würde ich dir wünschen …« Und sie hatte wirklich irgendeinen lebhaften Wunsch für ihre Tochter; aber eine Heirat mit dem Grafen konnte sie nicht in Aussicht nehmen, und solche Beziehungen, wie sie sie mit seinem Vater gehabt hatte, konnte sie nicht wünschen – aber irgend etwas Derartiges wünschte sie ihrer Tochter sehr, sehr lebhaft. Sie hatte vielleicht Lust, noch einmal in der Person ihrer Tochter das Lebensglück zu kosten, das sie mit dem Verstorbenen gekostet hatte.

Der alte Kavallerist war gleichfalls in einiger Aufregung über die Ankunft des Grafen. Er ging in sein Zimmer und schloß sich dort ein. Nach einer Viertelstunde kam er wieder hervor in ungarischem Rock und hellblauen Beinkleidern und begab sich mit der befangenen, aber befriedigten Miene, mit der ein Mädchen zum ersten Mal ein Ballkleid anzieht, nach dem für die Gäste bestimmten Zimmer.

»Ich möchte mir mal die Husaren von heutzutage ansehen, liebe Schwester! Der verstorbene Graf, das war wahrhaftig ein echter Husar. Ansehen möchte ich sie mir mal, ja, das möchte ich.«

Die Offiziere waren bereits vom hinteren Eingang her in das für sie bestimmte Zimmer gelangt.

»Na, siehst du wohl«, sagte der Graf und legte sich so, wie er war, mit den staubigen Stiefeln auf das zurechtgemachte Bett, »ist es etwa hier nicht besser als in der Bauernstube mit dem Schabenungeziefer?«

»Besser ist es schon, gewiß, aber man bekommt dadurch Verpflichtungen gegen die Herrschaften vom Hause …«

»Dummes Zeug! Man muß in allen Stücken ein praktischer Mensch sein. Sie sind sicherlich höchst beglückt … Diener!«, rief er … »laß dir etwas geben, um dies Fenster zu verhängen; sonst wird es in der Nacht ziehen.«

In diesem Augenblick trat der Alte ein, um die Bekanntschaft der Offiziere zu machen. Obwohl er dabei ein wenig errötete, ermangelte er selbstverständlich nicht zu erzählen, daß er ein Kamerad des verstorbenen Grafen gewesen sei, daß er sich seiner Zuneigung zu erfreuen gehabt habe, und sagte sogar, daß er wiederholentlich von dem Verstorbenen mit Wohltaten überhäuft worden sei. Ob er unter den Wohltaten des Verstorbenen verstand, daß dieser ihm die entliehenen hundert Rubel nicht zurückgegeben, oder daß er ihn in einen Schneehaufen gestoßen, oder daß er ihm ein Schimpfwort an den Kopf geworfen hatte, darüber gab der Alte keine Aufklärung. Der Graf war gegen den alten Kavalleristen sehr höflich und bedankte sich für das Quartier.

»Entschuldigen Sie nur, daß es nicht elegant ist, Graf«, (beinahe hätte er gesagt: »Euer Erlaucht« – so sehr war er schon des Verkehrs mit vornehmen Leuten entwöhnt) »das Häuschen meiner Schwester ist nur klein. Aber das Fenster da wollen wir sogleich mit etwas verhängen, dann wird's gut sein«, fügte der Alte hinzu, und unter dem Vorwand, einen Vorhang zu beschaffen, hauptsächlich aber, um möglichst schnell von den Offizieren zu erzählen, verließ er mit höflichen Kratzfüßen das Zimmer.

Die hübsche Ustjuschka kam mit dem Schaltuch der gnädigen Frau, um das Fenster zu verhangen. Außerdem hatte die gnädige Frau ihr befohlen zu fragen, ob den Herren nicht Tee gefällig wäre.

Das gute Logis wirkte offenbar günstig auf die Stimmung des Grafen ein; heiter lächelnd scherzte er mit Ustjuschka, so daß Ustjuschka ihn sogar einen Schwerenöter nannte, und fragte sie, ob ihr gnädiges Fräulein hübsch wäre; auf ihre Frage, ob den Herren nicht Tee gefällig wäre, antwortete er, den Tee möge man immerhin bringen; namentlich aber: sein Abendbrot sei ja noch nicht fertig, ob es also nicht möglich wäre, jetzt Schnaps, etwas kalte Küche und Sherry zu haben, wenn welcher da sei.

Der gute Onkel war über die Höflichkeit des jungen Grafen ganz entzückt und erhob die junge Offiziersgeneration bis in den Himmel; die Leute von heutzutage, behauptete er, seien unvergleichlich viel vorgeschrittener als die früheren.

Anna Fedorowna stimmte nicht bei – besser als Graf Fedor Iwanowitsch war niemand –, wurde am Ende ernstlich böse und bemerkte nur trocken: »Wer Sie, lieber Bruder, zuletzt freundlich behandelt hat, der ist für Sie auch der Beste. Gewiß, die Menschen sind jetzt allerdings verständiger geworden; aber doch tanzte Graf Fedor Iwanowitsch so geschickt Ekossaise und war so liebenswürdig, daß damals alle, kann man sagen, sterblich in ihn verliebt waren; indes beschäftigte er sich mit niemand als mit mir. Somit gab es auch ehemals nette Menschen.«

In diesem Augenblicke kam die Nachricht von dem Verlangen nach Schnaps, kalter Küche und Sherry.

»Da haben wir's; natürlich. Sie, lieber Bruder, Sie tun nie das Richtige! Sie hätten das Abendbrot bestellen sollen«, sagte Anna Fedorowna. »Lisa, ordne es an, mein Herzchen!«

Lisa lief in die Speisekammer, um Pilze und frische Sahnenbutter zu holen; der Koch erhielt den Auftrag, Klopse zu machen.

»Wie beschaffen wir nur Sherry? Haben Sie noch welchen, lieber Bruder?«

»Nein, liebe Schwester! Ich habe überhaupt keinen gehabt.«

»Wie geht denn das zu? Aber Sie trinken doch so etwas zum Tee.«

»Das ist Rum, Anna Fedorowna.«

»Ist das nicht ganz gleich? Geben Sie davon, ganz gleich – also Rum. Und wäre es nicht das beste, sie hierher zu bitten, lieber Bruder? Auf all dergleichen verstehen Sie sich ja. Übelnehmen werden sie es doch nicht, möchte ich meinen?«

Der Kavallerist erklärte, er verbürge sich dafür, daß der Graf in seiner Güte es nicht ausschlagen würde, und er werde sie unfehlbar herbringen. Anna Fedorowna ging weg, um ein Taftkleid anzuziehen und eine neue Haube aufzusetzen; Lisa aber war so beschäftigt, daß sie nicht dazu kam, das rosa Gingangkleid mit den weiten Ärmeln, das sie trug, abzulegen, überdies war sie stark aufgeregt: ihr war, als stehe ihr irgendein erschütterndes Ereignis bevor; es hing gleichsam eine tiefe, dunkle Gewitterwolke über ihrer Seele. Dieser Graf, dieser Husar, dieser schöne Mann erschien ihr als ein völlig neues, für sie unbegreifliches, aber herrliches Wesen. Sein Charakter, sein Benehmen, seine Ausdrucksweise – alles mußte etwas ganz Ungewöhnliches sein, wie es ihr noch nie entgegengetreten war. Alles, was er dachte und redete, mußte klug und wahr, alles, was er tat, mußte ehrenhaft, seine ganze äußere Erscheinung mußte herrlich sein. Sie zweifelte nicht daran. Hätte er nicht nur kalte Küche und Sherry, sondern eine Badewanne voll Salbeiwasser mit Parfüms verlangt, so hätte sie sich nicht gewundert, es ihm nicht verargt und wäre fest überzeugt gewesen, daß das so sein müßte und in der Ordnung wäre.

Der Graf war sofort einverstanden, als ihm der Kavallerist den Wunsch seiner Schwester übermittelte, frisierte sein Haar, zog den Mantel an und ergriff die Zigarrentasche.

»Wollen gehen«, sagte er zu Polosow.

»Wirklich, es wäre das beste, nicht hinzugehen«, antwortete der Kornett; *»ils feront des frais pour nous recevoir.«*

»Dummes Zeug! Das macht sie glücklich. Und ich habe auch schon Erkundigungen eingezogen: Es ist ein hübsches Töchterchen da … Wollen gehen«, sagte der Graf auf französisch.

»Je vous en prie, messieurs!«, sagte der Kavallerist, nur um zu verstehen zu geben, daß auch er Französisch könne und verstanden habe, was die Offiziere gesagt hatten.

XII

Beim Eintritt der Offiziere errötete Lisa, schlug die Augen nieder, als wäre sie mit dem Aufgießen des Wassers in den Teekessel beschäftigt, und fürchtete sich, die Eintretenden anzusehen. Anna Fedorowna dagegen sprang eilig auf, verbeugte sich und begann, ohne ein Auge von dem Gesichte des Grafen zu verwenden, mit ihm zu sprechen, indem sie bunt durcheinander eine ungewöhnliche Ähnlichkeit mit seinem Vater herausfand, ihm ihre Tochter vorstellte und ihm Tee, Eingemachtes oder ländliches Obstgelee anbot. Dem Kornett schenkte bei seinem bescheidenen Auftreten niemand Beachtung, sehr zu seiner Zufriedenheit, da er, soweit es mit dem Anstande vereinbar war, sich mit der aufmerksamen Betrachtung und detaillierten Prüfung von Lisas Schönheit beschäftigte, die ihn wider Erwarten sichtlich in Erstaunen versetzte. Der Onkel, der mit einer fertigen Rede auf den Lippen das Gespräch seiner Schwester mit dem Grafen mitanhörte, lauerte auf eine Gelegenheit, seine kavalleristischen Erinnerungen vorzutragen. Beim Tee rauchte der Graf seine starke Zigarre an, bei der Lisa nur mit Mühe den Husten zurückhielt, und zeigte sich sehr gesprächig und liebenswürdig. Anfangs schaltete er seine Erzählungen in die Zwischenpausen der unerschöpflichen Reden Anna Fedorownas ein, aber zuletzt beherrschte er allein die Unterhaltung. Eines berührte seine Zuhörer etwas sonderbar: in seinen Erzählungen kamen oft Worte vor, die in seinen Gesellschaftskreisen nicht als anstößig angesehen wurden, hier aber etwas gewagt waren; Anna Fedorowna bekam dabei jedesmal einen kleinen Schreck, und Lisa wurde rot bis über die Ohren; der Graf aber bemerkte das gar nicht und zeigte sich immer in derselben ruhigen Weise unbefangen und liebenswürdig. Lisa füllte schweigend die Gläser; sie gab sie den Gästen nicht in die Hände, sondern stellte sie einem jeden hin; ihre Aufregung hatte sie noch nicht überwunden und horchte begierig auf die Reden des Grafen. Seine nicht eigentlich geistreichen Erzählungen und ein gelegentliches Stocken der Unterhaltung gab ihr allmählich ihre Ruhe wieder. Weder hörte sie von ihm so gar Kluges, wie sie es bei ihm vorausgesetzt hatte, noch erblickte sie in allem die Vortrefflichkeit, die an ihm zu finden sie dunkel erwartet hatte. Ja, beim dritten Glas Tee, als ihre schüchternen Augen einmal den seinigen begegneten und er den Blick nicht senkte, sondern gleichsam allzu gelassen, ein wenig lächelnd fortfuhr sie anzublicken, fühlte sie sich sogar ein bißchen feindlich gegen ihn gestimmt und fand bald, daß nicht nur nichts Außerordentliches an ihm sei, sondern er sich auch in keiner Weise vor all denen auszeichne, die sie sonst zu sehen bekommen hatte, daß kein Grund sei, sich vor ihm zu fürchten und daß er nur saubere, lange Nägel, aber nichts von besonderer Schönheit besitze. Lisa, die nicht ohne einen gewissen innerlichen Verdruß von ihrem Phantasiegebilde Abschied nahm, wurde plötzlich ruhig, und nur der Blick des schweigsamen Kornetts, den sie auf sich gerichtet fühlte, beunruhigte sie. »Vielleicht ist es nicht der, sondern der!«, dachte sie.

XIII

Nach dem Tee lud die alte Dame die Gäste ein, in das andere Zimmer zu treten, und setzte sich wieder auf ihren Platz.

»Und Sie wollen sich nicht ausruhen, Graf?«, fragte sie. »Also womit könnten wir unsere lieben Gäste unterhalten?«, fuhr sie nach einer verneinenden Antwort fort. »Sie spielen Karten, Graf? Wenn Sie, lieber Bruder, sich der Unterhaltung unserer Gäste widmen wollten, so könnten Sie irgendeine Partie zustande bringen …«

»Aber Sie spielen ja selbst Preference«, antwortete der Kavallerist, »da wollen wir doch zusammen spielen. Mögen Sie, Graf? Und Sie auch?«

Die Offiziere erklärten sich einverstanden, alles zu tun, was ihren liebenswürdigen Wirten genehm sei.

Lisa holte aus ihrem Zimmer ihre alten Karten, aus denen sie wahrzusagen pflegte, ob Anna Fedorownas Schnupfen bald vorübergehen, ob der Onkel, wenn er zur Stadt gefahren war, an diesem Tage zurückkehren, ob die Nachbarin heute kommen werde und dergleichen. Diese Karten hatten zwar schon zwei Monate lang gedient, waren aber doch sauberer als die, aus denen Anna Fedorowna wahrsagte.

»Nur werden Sie vielleicht nicht niedrig spielen mögen?«, fragte der Onkel. »Wir spielen mit Anna Fedorowna immer um eine halbe Kopeke … Und sie nimmt uns allen das Geld ab.«

»Oh, jeder Einsatz, den Sie befehlen, ist mir angenehm«, antwortete der Graf.

»Nun, also um eine Kopeke in Papiergeld! um der werten Gäste willen; mögen sie mir alten Frau das Geld abnehmen«, sagte Anna

Fedorowna, setzte sich breit in ihren Lehnstuhl und strich ihre Mantille glatt.

»Vielleicht gewinne ich ihnen auch einen Silberrubel ab«, dachte Anna Fedorowna, die auf ihre alten Tage eine kleine Leidenschaft für das Kartenspiel bekommen hatte.

»Wenn es Ihnen beliebt, so lehre ich Sie das Spiel mit der Tabelle«, sagte der Graf, »und mit Misere. Das ist sehr interessant.«

Allen gefiel diese neue Petersburger Spielweise sehr. Der Onkel behauptete sogar, er habe sie schon einmal gekannt, und es sei dasselbe wie beim Boston gewesen, aber er habe sie nur ein wenig vergessen. Anna Fedorowna begriff nichts und begriff es so lange nicht, daß sie sich genötigt fand, mit einem Lächeln und einem beifälligen Kopfnicken zu versichern, daß sie es jetzt verstehe und ihr alles klar sei. Nicht wenig Gelächter gab es im Verlaufe des Spieles, wenn Anna Fedorowna mit blankem As und König Misere ansagte und mit sechs Stichen sitzen blieb. Sie verlor dann die Fassung, lächelte verlegen und versicherte hastig, sie habe sich an die neue Spielweise noch nicht ganz gewöhnt. Man schrieb es ihr aber doch an, und zwar viel, um so mehr, da der Graf, infolge seiner Gewöhnung an Spiele mit hohem Einsatz, vorsichtig spielte und gar nicht begriff, warum der Kornett ihn unter dem Tische immer mit dem Fuße anstieß und als Partner grobe Fehler machte.

Lisa brachte noch Obstgelee, dreierlei Eingemachtes und Oportoäpfel, die durch eine besondere Art des Einweichens in Wasser konserviert waren, und blieb dann hinter der Mutter stehen; sie sah dem Spiele zu und blickte mitunter nach den Offizieren und besonders nach den weißen Händen des Grafen, die mit feinen, rosigen, wohlgepflegten Nägeln geziert waren, nach diesen Händen, die so geschickt, sicher und hübsch die Karten auf den Tisch warfen und die Stiche nahmen.

Wieder hatte Anna Fedorowna, die mit einer gewissen Gereiztheit die anderen überbot, bei sieben Stichen zugeben müssen; sie wurde Bete ohne drei und malte in unförmlicher Schrift auf Verlangen des Bruders irgendeine Ziffer hin; dabei verlor sie völlig den Kopf und geriet in Hast.

»Das tut nichts. Mamachen, Sie werden es noch zurückgewinnen!«, sagte Lisa lächelnd, in der Absicht, ihrer Mutter aus der lächerlichen Situation herauszuhelfen. »Machen Sie einmal unser Onkelchen Bete, dann wird er hineinfallen.«

»Wenn du mir doch helfen möchtest, Lisachen!«, sagte Anna Fedorowna mit einem erschrockenen Blick auf die Tochter. »Ich weiß nicht, wie das …«

»Ja, ich verstehe auch nicht, auf diese Art zu spielen«, antwortete Lisa und zählte in Gedanken die Unterstiche der Mutter. »Aber Sie verspielen so viel, Mamachen! Es wird für Pimotschka zum Kleid nichts übrigbleiben«, fügte sie scherzend hinzu.

»Ja, so kann man leicht zehn Rubel Silber verspielen«, sagte der Kornett; er sah dabei Lisa an, mit der er ins Gespräch zu kommen wünschte.

»Spielen wir denn nicht um Papiergeld?«, fragte Anna Fedorowna, indem sie alle ansah.

»Ich weiß nicht, wie es kommt, aber ich verstehe nicht mit Papiergeld zu rechnen«, sagte der Graf, »Wie ist das? Was ist das, Papiergeld?«

»Jetzt rechnet ja niemand mehr nach Papiergeld«, fiel der Onkel ein, der wie ein harter Egoist spielte und im Gewinnen war.

Die alte Dame ließ Schaumwein reichen, trank selbst zwei Gläser, bekam einen roten Kopf und gab anscheinend alle Hoffnung auf. Es hatte sich sogar eine Strähne ihres grauen Haares unter der Haube hervorgearbeitet, und sie brachte es nicht in Ordnung. Es kam ihr wahrscheinlich so vor, als hätte sie Millionen verspielt und sei völlig zugrunde gerichtet. Der Kornett stieß den Grafen immer häufiger mit dem Fuße an. Der Graf notierte die Bete der alten Dame. Endlich kam die Partie zum Abschluß. Wie sehr sich auch Anna Fedorowna heuchlerisch bemühte, ihre Notizen zu addieren und sich zu stellen, als irre sie sich in der Rechnung und könne es nicht ausrechnen, wie sehr sie über die Höhe ihres Verlustes in Schrecken geriet, am Ende der Berechnung stellte sich doch heraus, daß sie neunhundertundzwanzig Points verloren hatte. »Das beträgt in Papiergeld neun Rubel?«, fragte Anna Fedorowna mehrere Male und begriff so lange nicht die ganze Ungeheuerlichkeit ihres Verlustes, bis der Bruder zu ihrem Schrecken ihr auseinandersetzte, daß sie zweiunddreißig und einen halben Rubel Papiergeld verloren habe und diese Summe unweigerlich bezahlen müsse. Der Graf hatte seinen Gewinn gar nicht berechnet, sondern war sogleich bei Beendigung des Spieles aufgestanden und an das Fenster getreten, an dem Lisa kalten Aufschnitt zurechtstellte und Pilze zum Abendessen aus einem Steintopfe nahm und auf einen Teller legte. Ganz ruhig und einfach tat der Graf das, was der Kornett den ganzen Abend über so sehr gewünscht hatte und doch nicht hatte ausführen können: er knüpfte mit ihr ein Gespräch an über das Wetter.

Der Kornett befand sich in diesem Augenblicke in recht unangenehmer Lage. Anna Fedorowna zeigte nach dem Weggang des Grafen und besonders Lisas, die sich bemüht hatte, sie in heiterer Stimmung zu erhalten, ihren Ärger ganz unverhohlen.

»Ach, wie verdrießlich ist es, daß wir Sie so ausgeplündert haben«, sagte Polosow, um etwas zu sagen. »Das ist geradezu gewissenlos.«

»Ja, und da haben Sie noch diese Dinger von Tabellen und Misere erdacht! Ich finde mich darin nicht zurecht. Wieviel beträgt es doch alles in allem in Papiergeld?«, fragte sie.

»Zweiunddreißig Rubel, zweiunddreißig und noch ein halbes Rubelchen«, wiederholte der Kavallerist, der sich infolge seines Gewinnes in munterer Laune befand. »Geben Sie nur die Gröschlein her, liebe Schwester … geben Sie sie nur her.«

»Ich werde Ihnen alles bezahlen; aber noch einmal sollen Sie mich nicht fangen, nein! Das gewinne ich ja im Leben nicht wieder zurück.«

Und Anna Fedorowna begab sich mit rasch schaukelndem Gang auf ihr Zimmer, kam zurück und brachte neun Rubel Papiergeld. Erst auf die dringende Vorstellung des alten Herrn bezahlte sie alles.

Polosow bekam einige Angst, Anna Fedorowna würde ihn ausschelten, wenn er sich mit ihr in ein Gespräch einließe. Stillschweigend und sachte ging er von ihr weg und gesellte sich zu dem Grafen und Lisa, die sich am offenen Fenster miteinander unterhielten.

In dem Zimmer standen auf dem für das Abendessen gedeckten Tische zwei Talglichte. Ihre Flamme bog sich mitunter seitwärts von dem frischen, warmen Hauche der Mainacht. An dem Fenster, das nach dem Garten zu geöffnet war, war es gleichfalls hell, aber auf ganz andre Weise als im Zimmer. Der fast volle Mond, der schon seinen goldigen Farbenton verlor, tauchte über den Wipfeln der hohen Linden empor und erleuchtete mehr und mehr die weißen, dünnen Wölkchen, die ihn mitunter bedeckten. In dem Teich, dessen Oberfläche durch den Baumgang sichtbar war und an einer Stelle vom Mondlicht wie Silber glänzte, quakten die Frösche. In dem duftenden Fliederbusch unmittelbar unter dem Fenster, der seine feuchten Blüten von Zeit zu Zeit sacht hin und her schaukelte, hüpften und rüttelten sich kleine Vögel.

»Was für ein wundervolles Wetter!«, sagte der Graf, indem er zu Lisa herantrat und sich auf das niedrige Fenster setzte. »Sie gehen wohl viel spazieren?«

»Ja«, antwortete Lisa, die nicht mehr die geringste Verlegenheit in dem Gespräche mit dem Grafen empfand. »Morgens, um sieben Uhr, gehe ich in der Wirtschaft umher, und dann gehe ich ein bißchen mit Pimotschka, Mamachens Pflegekind, spazieren.«

»Schön ist's, auf dem Land zu leben!«, sagte der Graf, drückte sein Monokel ins Auge und blickte bald nach dem Garten, bald auf Lisa. »Aber in der Nacht, bei Mondschein, gehen Sie nicht spazieren?«

»Nein. Aber vor zwei Jahren ging ich mit Onkelchen jede Nacht spazieren, wenn Mondschein war. Eine seltsame Krankheit – Schlaflosigkeit – hatte ihn befallen. Sobald Vollmond war, konnte er nicht einschlafen. Sein Zimmer, das dort, liegt gerade nach dem Garten, und das Fenster liegt niedrig: Das Mondlicht traf ihn gerade.«

»Seltsam«, bemerkte der Graf, »das ist doch Ihr Zimmer, meine ich?«

»Nein, ich schlafe nur heute da. Mein Zimmer haben Sie inne.«

»Wirklich? … O mein Gott! Im Leben verzeihe ich mir diese Störung nicht«, sagte der Graf und ließ zum Zeichen der Aufrichtigkeit seines Gefühles das Monokel aus dem Auge fallen; »hätte ich gewußt, daß ich Sie belästige …«

»Oh, das ist keine Störung! Im Gegenteil, ich bin sehr froh darüber. Onkelchens Zimmer ist so wunderschön und freundlich; das Fenster ist niedrig; ich werde da für mich sitzen, bevor ich einschlafe, oder ich steige auch hinaus nach dem Garten und gehe noch ein wenig in der Nacht spazieren.«

»Was für ein prächtiges Mädchen!«, dachte der Graf; er setzte von neuem das Glas ins Auge, blickte sie an und versuchte, wie wenn er sich auf dem Fenster zurechtsetzte, mit dem Fuße ihr Füßchen zu berühren. »Und wie schlau sie mir zu verstehen gab, daß ich sie im Garten am Fenster sehen kann, wenn ich mag.« Lisa verlor sogar in seinen Augen einen großen Teil ihres Reizes: so leicht schien ihm der Sieg über sie.

»Und welch ein Genuß muß es sein«, sagte er, nachdenklich in die dunklen Baumgänge blickend, »eine solche Nacht im Garten mit einem Wesen, das man liebt, zu verleben.«

Lisa wurde einigermaßen verlegen über diese Worte und über die wiederholte, wie zufällige Berührung mit dem Fuße. Ehe sie noch recht überlegt hatte, sagte sie etwas, nur damit ihre Verlegenheit nicht zu merken wäre. Sie sagte: »Ja, es ist herrlich, in mondhellen Nächten spazieren zu gehen.« Es fing ihr an, unbehaglich zu werden. Sie band den Steintopf, aus dem sie die Pilze herausgenommen hatte, zu und war eben im Begriff, vom Fenster wegzugehen, als sich ihnen der Kornett näherte und sie Lust bekam, zu sehen, was denn das für ein Mensch wäre.

»Welch eine entzückende Nacht!«, sagte er.

»Sie reden doch aber auch nur vom Wetter«, dachte Lisa.

»Was für ein wundervoller Blick!«, fuhr der Kornett fort. »Nur daß er Ihnen wohl schon langweilig geworden ist«, fügte er hinzu, zufolge eines seltsamen, ihm eigenen Hanges, Leuten, die ihm sehr gefielen, Dinge zu sagen, die ein wenig unangenehm waren.

»Warum denken Sie das? Ein und dieselbe Speise, ein und dasselbe Kleid – das wird langweilig, aber ein schöner Garten wird nicht langweilig, wenn man gern spazieren geht, besonders wenn der Mond noch höher hinaufsteigt. Aus Onkelchens Zimmer ist der ganze Teich zu sehen. Da werde ich ihn heute betrachten.«

»Aber Nachtigallen gibt es bei Ihnen wohl nicht?«, fragte der Graf, der sehr ungehalten darüber war, daß Polosow herzugetreten war und ihn hinderte, die näheren Umstände des Stelldicheins genauer in Erfahrung zu bringen.

»Nein, es waren immer welche bei uns; aber voriges Jahr haben die Jäger eine weggefangen, und jetzt in der vorigen Woche fing eben eine prächtig zu schmettern an, da kam der Polizeidiener mit der Glocke und verscheuchte sie. Vor zwei Jahren pflegten wir, Onkelchen und ich, ein paar Stunden lang in dem überdeckten Baumgang zu sitzen und zu lauschen.«

»Was erzählt Ihnen das kleine Plappermaul?«, sagte der Onkel, der zu den Plaudernden trat. »Ist Ihnen nicht gefällig, etwas zu genießen?«

Nach dem Abendessen, in dessen Verlaufe es dem Grafen durch wiederholtes Lob der Speisen und durch seinen Appetit gelang, die üble Stimmung der Wirtin einigermaßen aufzuheitern, verabschiedeten sich die Offiziere und gingen auf ihr Zimmer. Der Graf drückte dem Onkel die Hand, zu Anna Fedorownas Verwunderung; auch ihre Hand drückte er nur, ohne sie zu küssen; er drückte sogar Lisa die Hand, wobei er ihr mit seinem leisen, angenehmen Lächeln gerade in die Augen sah. Dieser Blick machte das Mädchen von neuem verlegen.

»Er ist ja sehr schön«, dachte sie, »aber doch auch gar zu eitel auf sich.«

XIV

Sag mal, schämst du dich nicht?«, sagte Polosow, als die Offiziere auf ihr Zimmer zurückgekehrt waren. »Ich gab mir absichtlich Mühe, zu verlieren, und stieß dich unter dem Tisch an. Sag mal, machst du dir kein Gewissen daraus? Die alte Dame wurde doch ganz erbittert.«

Der Graf brach in ein gewaltiges Gelächter aus.

»Eine komische Dame! Wie sie sich gekränkt fühlte!«

Und er lachte wieder so lustig los, daß sogar Johann, der vor ihm stand, den Kopf niederbeugte und leise seitwärts lächelte.

»Ja, ja, ich bin ein netter Sohn des Hausfreundes! … ha, ha, ha!«, sagte der Graf unter fortwährendem Lachen.

»Nein, wirklich, das war nicht hübsch. Mir hat sie ordentlich leid getan«, entgegnete der Kornett.

»Ach, dummes Zeug! Was bist du noch kindlich! Wieso wolltest du, daß ich verlieren sollte? Warum hätte ich verlieren sollen? Auch ich habe oft verloren, als ich die Sache noch nicht verstand. Die zehn Rubel, Brüderchen, kann ich sehr gut gebrauchen. Man muß das Leben vom praktischen Standpunkte aus ansehen, sonst wird man immer zu den Dummen gehören.«

Polosow erwiderte nichts; überdies wünschte er für sich allein an Lisa zu denken, die ihm als ein Geschöpf von seltener Reinheit und Schönheit erschien. Er kleidete sich aus und legte sich in das weiche, reine Bett, das für ihn zurechtgemacht war.

»Was für Unsinn sind alle diese Ehren und dieser kriegerische Ruhm!«, dachte er, während er das mit dem Schaltuche verhängte Fenster anschaute, durch das sich die blassen Strahlen des Mondes hindurchstahlen. »Das ist das Glück – in einem stillen Winkel zu leben, mit einer lieben, verständigen, schlichten Frau; das ist dauerndes, wahres Glück!«

Aber er teilte seinem Freunde diese Schwärmereien nicht mit und erwähnte sogar das Landmädchen gar nicht, obwohl er überzeugt war, daß auch der Graf an sie dachte.

»Warum ziehst du dich nicht aus?«, fragte er den Grafen, der im Zimmer hin und her ging.

»Ich habe noch keine Lust zum Schlafen. Lösche das Licht aus, wenn du willst; ich werde mich so hinlegen.«

Und er fuhr fort, auf und ab zu gehen.

»Er hat noch keine Lust zu schlafen«, wiederholte für sich Polosow, der nach dem heutigen Abende mehr als sonst je eine gewisse Unzufriedenheit mit dem überlegenen Benehmen des Grafen empfand und geneigt war, sich gegen ihn aufzulehnen. »Ich kann mir vorstellen«, überlegte er und redete dabei in Gedanken Turbin an, »was sich jetzt für Gedanken in deinem wohlfrisierten Kopf regen. Ich habe gesehen, wie sie dir gefiel. Abel du bist nicht imstande, dies schlichte, redliche Wesen zu verstehen. Du brauchst eine Minna und die Oberstenachselstücke. Wirklich, ich will ihn fragen, wie sie ihm gefallen hat.«

Und Polosow wollte sich schon zu ihm umdrehen, besann sich aber doch noch eines anderen; er fühlte, daß er nicht imstande sein würde, mit jenem zu streiten, wenn des Grafen Anschauung von Lisa diejenige wäre, die er bei ihm voraussetzte, ja, daß er nicht einmal die Kraft besitzen würde, anderer Ansicht zu sein; so sehr war er bereits gewöhnt, sich der Autorität des Grafen unterzuordnen, die ihm mit jedem Tage drückender und unrechtmäßiger erschien.

»Wohin gehst du?«, fragte er, als der Graf die Mütze aufsetzte und zur Tür schritt.

»Ich gehe in den Stall; ich will zusehen, ob alles in Ordnung ist.«

»Sonderbar!«, dachte der Kornett, aber er löschte das Licht, gab sich Mühe, die sinnlos-eifersüchtigen und feindseligen Regungen gegen seinen früheren Freund, die in seinem Kopfwach wurden, zu verscheuchen, und drehte sich auf die andere Seite.

Unterdessen hatte Anna Fedorowna, nachdem sie ihrer Gewohnheit gemäß ihren Bruder, ihre Tochter und ihre Pflegetochter bekreuzt und zärtlich geküßt hatte, sich gleichfalls in ihr Zimmer zurückgezogen. Seit langer Zeit schon hatte die alte Dame nicht an einem einzigen Tage so starke Eindrücke aufzunehmen gehabt, so daß sie nicht einmal ruhig beten konnte. Die ganze wehmütige, lebhafte Erinnerung an den verstorbenen Grafen und der Gedanke an den jungen Lassen, der ihr so ruchlos im Spiel das Geld abgenommen hatte, kamen ihr nicht aus dem Kopf. Indes entkleidete sie sich gewohnheitsmäßig, trank ein halbes Glas von dem Kwaß, der neben dem Bett auf einem Tischchen bereitstand, und legte sich zu Bett. Ihre Lieblingskatze schlich sich leise ins Zimmer. Anna Fedorowna lief sie zu sich, streichelte sie, horchte auf ihr Schnurren und konnte bei all dem nicht einschlafen.

»Die Katze stört mich«, dachte sie und jagte sie weg. Die Katze plumpste weich auf den Fußboden, schlenkerte langsam mit dem buschigen Schwanze und sprang auf die Ofenbank; da brachte das Mädchen, das im Zimmer auf dem Fußboden schlief, ihre Filzdecke herein, um sie auszubreiten, das Licht auszulöschen und das Nachtlämpchen anzuzünden. Zuletzt fing auch das Mädchen an zu schnarchen; aber Anna Fedorowna konnte noch immer nicht den Schlaf finden, der ihre verstörte Phantasie beruhigt hätte. Das Gesicht des Husaren stand deutlich vor ihr, sobald sie die Augen schloß, und erschien ihr, wie es ihr vorkam, in mannigfachen seltsamen Gestalten im Zimmer, sobald sie mit offenen Augen bei dem schwachen Licht des Nachtlämpchens nach der Kommode, dem Tischchen und dem aufgehängten weißen Kleide blickte. Bald schien es ihr zu heiß im Federbett, bald tickte die Uhr auf dem Tischchen unerträglich, und das Mädchen schnarchte unleidlich. Sie weckte sie und befahl ihr, mit dem Schnarchen aufzuhören. Wiederum mischten sich seltsam in ihrem Kopf Gedanken an ihre Tochter, an den alten und den jungen Grafen und an die Preferencepartie. Nun sah sie sich beim Walzer mit dem alten Grafen, sah ihre vollen, weißen Schultern, fühlte auf ihnen jemandes Küsse, und dann sah sie ihre Tochter in den Armen des jungen Grafen. Wieder begann Ustjuschka zu schnarchen …

»Nein, es ist heutzutage nichts mehr; die Menschen sind nicht dieselben. Jener war bereit, für mich durchs Feuer zu gehen. Und der Preis war auch der Mühe wert. Aber dieser – da kann man sicher sein – schläft sich was, der Narr, und freut sich, daß er gewonnen hat; keine Rede von Courmachen. Wie jener damals auf den Knien liegend sagte: Was willst du, daß ich tun soll? Soll ich mich auf dem Fleck umbringen, was willst du?‹ Und er hätte sich umgebracht, wenn ich es gesagt hätte.«

Plötzlich hörte man, wie jemand mit nackten Füßen auf dem Korridor lief, und Lisa, in ein umgeschlagenes Tuch gehüllt, stürzte ganz blaß und zitternd ins Zimmer und fiel fast zur Mutter aufs Bett …

Nachdem sie der Mutter gute Nacht gesagt hatte, war Lisa allein in das ehemalige Zimmer des Onkels gegangen. Dort zog sie ein weißes Jäckchen an und hüllte ihr dichtes, langes Haar in ein Tuch; dann löschte sie das Licht aus, schob das Fenster auf und setzte sich auf einen Stuhl, die Augen tief in Gedanken auf den Teich gerichtet, der jetzt schon ganz in silbernem Glanz schimmerte.

All ihre gewohnten Beschäftigungen und Neigungen zeigten sich ihr plötzlich in einem völlig neuen Licht: die alte, launenhafte Mutter, der sie eine kritiklose Liebe entgegenbrachte, eine Liebe, die ein wesentliches Stück ihres Selbst geworden war, der gebrechliche, aber liebenswürdige Onkel, die Gutsleute, die Bauern, die ihr gnädiges Fräulein vergötterten, die Milchkühe und Färsen – diese ganze, immer gleiche, so oft sterbende und sich wieder erneuernde Natur, inmitten deren, Liebe den Mitmenschen spendend und von ihnen empfangend, sie aufgewachsen war, alles, was ihr eine so leichte, angenehme Ruhe der Seele verliehen hatte – all dies erschien ihr plötzlich nicht in seiner wahren Gestalt, all dies erschien ihr öde und wertlos. Wie wenn jemand zu ihr gesagt hätte: »Närrchen, Närrchen, zwanzig Jahre lang hast du törichtes Zeug getrieben, hast irgend jemandem aus irgendwelchem Grund gedient und nicht gewußt, was Leben und Glück ist!« Diese Gedanken beherrschten sie jetzt, während sie in die Tiefe des hellen, regungslos daliegenden Gartens blickte, stärker, viel stärker, als es ihr je zuvor begegnet war. Und was hatte sie auf diese Gedanken gebracht? Keineswegs eine plötzliche

Liebe zum Grafen, wie man vielleicht annehmen könnte. Im Gegenteil, er hatte ihr mißfallen. Eher hätte der Kornett sie beschäftigen können; aber der Arme war unschön und zu schweigsam. Unwillkürlich vergaß sie ihn und rief sich voll Ärger und Verdruß das Bild des Grafen vor die Seele. »Nein, das ist nicht das Wahre«, sagte sie zu sich selbst. Ihr Ideal war so entzückend gewesen! Es war ein Ideal gewesen, das inmitten dieser Nacht, inmitten dieser Natur ohne Beeinträchtigung ihrer Schönheit hätte geliebt werden können – ein Ideal, von dem sie nie etwas abgebröckelt hatte, um es dadurch irgendeiner gemeinen Wirklichkeit näher zu bringen.

Früher hatte die Einsamkeit und der Mangel an Menschen, die ihre Aufmerksamkeit hätten auf sich lenken können, bewirkt, daß die ganze Kraft der Liebe, die die Vorsehung gleichmäßig in die Seele eines jeden von uns gelegt hat, sich noch unvermindert und ungetrübt in ihrem Herzen erhalten hatte; jetzt aber hatte sie schon zu lange von dem melancholischen Glück gelebt, in sich das Vorhandensein dieses Ungewissen Gefühls zu empfinden, mitunter das geheime Schatzkästlein ihres Herzens zu erschließen und sich an dem Anblick seiner Reichtümer zu ergötzen, – zu lange schon hatte sie von diesem Glück gelebt, als daß sie den ganzen Inhalt dieses Schatzkästleins unbedacht über irgendeinen Beliebigen hätte ausschütten mögen. Gebe Gott, daß sie bis zum Grab an diesem kargen Glück ihre Freude habe. Wer weiß, ob dies Glück nicht das beste und stärkste ist? Und ob es nicht das einzig Wahre und Mögliche ist?

»Herr, mein Gott!«, dachte sie, »habe ich wirklich Glück und Jugend verloren, und ist es nun vorbei … für immer vorbei? Ist das wirklich wahr?«, und sie blickte nach dem hohen, hellen Himmel, wo er in der Nähe des Mondes von weißen, welligen Wolken bedeckt war, die die kleinen Sterne verhüllten und auf den Mond losrückten. »Wenn dieses obere weiße Wölkchen den Mond überwältigt, so bedeutet das, daß es wahr ist«, dachte sie. Der rauchfarbene Nebelstreif lief über die untere Hälfte der hellen Scheibe hin, und auf dem Gras, auf den Wipfeln der Linden, auf dem Teich wurde das

Licht allmählich schwächer. Die schwarzen Schatten der Bäume stachen weniger ab. Und wie eine Begleiterscheinung zu dem trüben Schatten, der die Natur verdunkelte, fuhr ein leichter Windhauch durch das Laub und trug den tauigen Duft der Blätter, der feuchten Erde und des blühenden Flieders zum Fenster.

»Nein, es ist nicht wahr«, tröstete sie sich, »und wenn die Nachtigall heute nacht singt, so bedeutet das, daß alles, was ich denke, dummes Zeug ist und ich nicht zu verzweifeln brauche«, dachte sie. Und noch lange saß sie schweigend da und wartete auf irgend jemand, obwohl wieder alles Helligkeit und Leben gewonnen hatte und dann wieder einigemal Wölkchen über den Mond gelaufen waren und alles sich verfinstert hatte. Sie war bereits so am Fenster sitzend eingeschlafen, als die Nachtigall sie durch einen anhaltenden Triller aufweckte, der in tiefen, wohlklingenden Tönen über den Teich erscholl. Das Fräulein vom Lande öffnete die Augen. Wieder lebte ihre ganze Seele in neuem Genusse auf bei dieser geheimnisvollen Vereinigung mit der Natur, die sich so ruhig und hell vor ihr ausbreitete. Sie stützte sich auf beide Ellbogen. Eine Art von drükkendem, angenehmem Gefühl der Schwermut preßte ihr die Brust zusammen, und Tränen einer reinen, weitherzigen Liebe, die nach Befriedigung dürstete, gute, trostspendende Tränen füllten ihre Augen. Sie verschränkte die Arme auf dem Fensterbrett und legte ihren Kopf darauf. Ihr Lieblingsgebet kam ihr wie von selbst in die Gedanken, und sie schlummerte mit feuchten Augen ein.

Die Berührung durch eine Menschenhand weckte sie. Sie erwachte. Aber diese Berührung war leise und angenehm. Jene Hand drückte ihre Hand stärker. Plötzlich wurde sie sich der Wirklichkeit bewußt, schrie auf, sprang in die Höhe, und indem sie sich selbst einredete, daß sie den Grafen nicht erkannt habe, der ganz vom Mondlicht übergossen vor dem Fenster stand, lief sie aus dem Zimmer …

XV

Es war wirklich der Graf gewesen. Als er den Aufschrei des Mädchens und hinter dem Zaune die Knarre des Wächters hörte, der damit auf diesen Schrei antwortete, stürzte er Hals über Kopf, mit dem Gefühle eines ertappten Diebes, durch das feuchte, tauige Gras in die Tiefe des Gartens. »Ach, ich Dummkopf!«, wiederholte er unbewußt. »Ich habe sie erschreckt. Ich hätte sie leiser, mit Worten wekken sollen. Ach, ich ungeschickter Tölpel!« Er blieb stehen und horchte. Der Wächter kam durch das Pförtchen in den Garten und ließ seinen Stock auf dem sandigen Wege hinschleifen. Er mußte sich verstecken und ging zum Teich hinab. Die Frösche hüpften dicht vor seinen Füßen eilig ins Wasser und machten ihn vor Schreck zusammenfahren. Hier kauerte er sich ohne Rücksicht auf seine durchnäßten Füße nieder und rief sich alles, was er getan hatte, in die Erinnerung zurück: wie er über den Zaun gestiegen war, ihr Fenster gesucht und endlich einen weißen Schatten gesehen hatte, wie er mehrmals, auf das geringste Geräusch horchend, sich dem Fenster genähert und dann wieder von ihm entfernt hatte, wie es ihm bald als unzweifelhaft erschienen war, daß sie verdrießlich über seine Langsamkeit ihn erwarte, bald wieder als unmöglich, daß sie so leicht sich sollte zu einem Stelldichein entschlossen haben, wie er schließlich in der Voraussetzung, daß sie sich nur als verschämtes Provinzmädchen schlafend stelle, sich entschlossen genähert und ihre Stellung deutlich erblickt hatte, dann aber plötzlich Hals über Kopf zurückgelaufen war und erst, nachdem er sich selbst kräftig wegen seiner Furchtsamkeit ausgescholten, dreist zu ihr herangetreten war und ihre Hand berührt hatte. Der Wächter knarrte wieder und verließ durch das in den Angeln kreischende Pförtchen den Garten. Das Fenster im Zimmer des Fräuleins wurde heftig zugeschlagen und von innen durch einen Laden versperrt. Dem Grafen war es äußerst verdrießlich, dies zu sehen. Er hätte viel darum gegeben, wenn er nur hätte alles wieder von Anfang beginnen können.

Jetzt würde er sich schon nicht so dumm benommen haben … »Aber ein wundervolles Mädchen! wie frisch! geradezu entzückend! Und ich habe die Gelegenheit verpaßt … Ein dummer Tölpel bin ich!« Dabei hatte er keine Lust mehr zum Schlafen, und er ging mit dem entschlossenen Schritt eines ärgerlichen Menschen aufs Geratewohl in der überdachten Lindenallee weiter vorwärts.

Und nun brachte auch für ihn diese Nacht ihre versöhnenden Gaben der beruhigenden Wehmut und des Verlangens nach Liebe. Der lehmige Weg, auf dem hier und da das Gras sich hindurcharbeitete oder trockene Zweige lagen, war von den kleinen Kreisen erhellt, welche die durch das dichte Laub der Linden dringenden bleichen Mondstrahlen bildeten. Ein krummer, mit weißem Moos bewachsener Ast wurde von der Seite beleuchtet. Die Blätter schimmerten wie Silber und rauschten mitunter auf. Im Hause waren die Lichter erloschen, alle Laute verstummt; nur der Gesang der Nachtigall erfüllte, so schien es, die ganze unermeßliche, schweigende und helle Weite. »O Gott, was für eine Nacht! Was für eine wundervolle Nacht!«, dachte der Graf, während er den frischen Wohlgeruch des Gartens einatmete. »Ich empfinde eine Art von Bedauern. Ich bin gewissermaßen unzufrieden, unzufrieden mit mir, mit den anderen, mit dem ganzen Leben. Aber sie ist ein prächtiges, liebes Mädchen. Vielleicht hat sie sich wirklich gekränkt gefühlt …« Hier verwirrten sich seine Vorstellungen; er erblickte sich selbst in diesem Garten zusammen mit dem Fräulein aus der Provinz in verschiedenen, ganz seltsamen Situationen; dann übernahm seine liebenswürdige Minna die Rolle des Fräuleins. »Was für ein Dummkopf bin ich gewesen! Ich hätte sie einfach um den Leib fassen und küssen sollen.« Und mit diesem Bedauern kehrte der Graf ins Zimmer zurück.

Der Kornett schlief noch nicht. Er drehte sich sogleich auf dem Bett um, mit dem Gesicht nach dem Grafen.

»Du schläfst nicht?«, fragte der Graf.

»Nein.«

»Soll ich dir erzählen, was sich zugetragen hat?«

»Nun?«

»Nein; es ist besser, ich erzähle es nicht … oder ich werde es erzählen. Mache Platz mit deinen Beinen.«

Und der Graf, der sich im Herzen aus der kleinen mißglückten Liebesaffäre schon nichts mehr machte, setzte sich munter lächelnd zu seinem Kameraden auf das Bett.

»Kannst du dir vorstellen, daß dies Fräulein mir ein Stelldichein gewährt hat?«

»Was sagst du da?«, rief Polosow und sprang vom Bette auf.

»Na, höre.«

»Aber wie? wann? Es ist ja unmöglich!«

»Ei, während ihr nach der Preferencepartie abrechnetet, sagte sie zu mir, sie würde in der Nacht am Fenster sitzen und man könne in das Fenster hineinsteigen. Nun siehst du, was das besagen will, wenn man ein praktischer Mensch ist! Während ihr da mit der alten Dame abrechnetet, habe ich diese kleine Angelegenheit in Ordnung gebracht. Du hast doch gehört, wie sie sogar in deiner Gegenwart sagte, sie würde heute am Fenster sitzen und nach dem Teich blicken.«

»Aber das hat sie nur so gesagt.«

»Eben das weiß ich nicht, ob sie es nur zufällig gesagt hat oder nicht. Vielleicht war sie wirklich noch nicht so mit einem Male entschlossen, aber es hatte doch den Anschein. Es ist eine schauderhafte Geschichte geworden. Ich habe mich völlig wie ein Dummkopf benommen!«, fügte er mit einem verächtlichen Lächeln über sich selbst hinzu.

»Wieso? Wo bist du gewesen?«

Der Graf erzählte alles, was geschehen war, mit Ausnahme seiner unentschlossenen mehrmaligen Annäherungen.

»Ich selbst habe die Sache verdorben; ich hätte kühner sein sollen. Sie schrie auf und lief vom Fenster weg.«

»Also sie schrie auf und lief weg«, sagte der Kornett mit einem gezwungenen Lächeln, in Erwiderung auf das Lächeln des Grafen, das auf ihn einen so langdauernden und starken Einfluß ausgeübt hatte.

»Ja. Na, jetzt ist es Zeit zu schlafen.«

Der Kornett drehte sich wieder mit dem Rücken nach der Tür und lag zehn Minuten lang schweigend. Gott weiß, was in seiner Seele vorging; aber als er sich von neuem umdrehte, zeigte sein Gesicht den Ausdruck von Qual und Entschlossenheit.

»Graf Turbin!«, sagte er mit unsicherer Stimme.

»Was hast du, phantasierst du?«, erwiderte der Graf ruhig. »Was, Kornett Polosow?«

»Graf Turbin! Sie sind ein Nichtswürdiger!«, rief Polosow und sprang vom Bett auf.

XVI

Am anderen Tage marschierte die Schwadron weiter. Die Offiziere bekamen ihre Wirtsleute nicht zu sehen und verabschiedeten sich nicht von ihnen. Auch untereinander redeten sie nicht. Für den ersten Rasttag war ein Zweikampf angesetzt. Aber dem Rittmeister Schulz, einem guten Kameraden und ganz ausgezeichneten Reiter, den alle im Regiment gern hatten und den der Graf zu seinem Sekundanten gewählt hatte, gelang es, die Sache beizulegen, so daß sie nicht nur von dem Duell Abstand nahmen, sondern auch niemand im Regimente von der Geschichte erfuhr und sogar Turbin und Polosow zwar nicht in dem früheren freundschaftlichen Verhältnis, aber doch auf dem Duzkomment verblieben und sich gemeinsam an Mahlzeiten und Spielpartien beteiligten.

Der Schneesturm

I

Gegen sieben Uhr abends verließ ich, nachdem ich Tee getrunken, die Poststation, deren Name mir entfallen ist; ich weiß nur, daß es im Gebiete der Donschen Kosaken, irgendwo in der Nähe von Nowotscherkask war. Als ich mich, in Pelz und Wagendecke gehüllt, neben Aljoschka in den Schlitten setzte, war es schon dunkel. Hinter dem Stationsgebäude schien es warm und windstill. Obwohl es gar nicht schneite, war oben kein einziger Stern zu sehen, und der Himmel schien im Vergleich zu der weißen Schneefläche, die vor uns lag, ungewöhnlich tief und schwarz.

Als wir die dunklen Silhouetten der Windmühlen, von denen die eine unbeholfen ihre großen Flügel bewegte, und das Dorf hinter uns hatten, bemerkte ich, daß der Weg beschwerlicher und schneereicher wurde; der Wind begann, mir heftiger in die linke Seite zu blasen, die Mähnen und die Schweife der Pferde auf die Seite zu wehen und den von den Kufen und Hufen aufgewühlten Schnee trotzig emporzuwirbeln und davonzutragen. Das Schellengeläut klang leiser, ein kalter Luftstrom drang mir durch irgendeine Öffnung im Ärmel in den Rücken, und ich mußte an den Rat des Stationsaufsehers denken, die Reise lieber aufzugeben, um nicht die ganze Nacht ohne Weg umherzuirren und vielleicht noch zu erfrieren.

»Daß wir uns nur nicht verirren«, sagte ich zum Fuhrknecht. Da er mir aber keine Antwort gab, stellte ich meine Frage deutlicher: »Werden wir die Station erreichen, Kutscher? Werden wir uns nicht verirren?«

»Gott weiß«, gab er mir zur Antwort, ohne den Kopf zu wenden. »Sie sehen ja selbst, was für ein Gestöber aufsteigt: vom Weg ist nichts zu sehen. Herrgott!«

»Sage mir doch lieber, ob du mich zur nächsten Station zu bringen hoffst oder nicht?«, fragte ich weiter. »Werden wir hinkommen?«

»Wir werden wohl hinkommen müssen«, sagte der Fuhrknecht; er sprach noch weiter, ich konnte ihn aber im Wind nicht verstehen.

Ich hatte keine Lust, umzukehren; doch auch die Aussicht, die ganze Nacht bei Frost und Schneesturm in diesem Teile des Donschen Kosakenlandes, einer völlig nackten Steppe, umherzuirren, schien mir wenig verlockend. Außerdem gefiel mir mein Kutscher nicht recht, obwohl ich ihn im Finstern nicht genau sehen konnte, und ich hatte zu ihm kein Vertrauen. Er saß genau in der Mitte des Bockes und nicht seitwärts, wie Kutscher sonst zu sitzen pflegen; er war von übermäßigem Wuchs, seine Stimme klang träge, und auf dem Kopf hatte er keine richtige Kutschermütze, sondern eine ihm viel zu große, die immer hin und her rutschte; auch kutschierte er nicht auf die richtige Art: Er hielt die Zügel mit beiden Händen wie ein Lakai, der aushilfsweise die Stelle des Kutschers vertritt; doch der Hauptgrund meines Mißtrauens war, daß er sich ein Tuch um die Ohren gebunden hatte. Mit einem Worte, der ernste, gekrümmte Rücken, der vor mir ragte, wollte mir nicht gefallen und verhieß mir nichts Gutes.

»Ich bin dafür, daß wir umkehren«, sagte Aljoschka, »es ist gar nicht so lustig, sich in der Steppe zu verirren!«

»Gott im Himmel! Dieses Schneegestöber! Ich kann den Weg nicht sehen, der Schnee hat mir die Augen verklebt … Gott im Himmel!«, brummte der Fuhrknecht.

Wir waren noch keine Viertelstunde gefahren, als der Fuhrknecht die Pferde halten ließ, die Zügel Aljoschka übergab, die Beine mit großer Mühe aus dem Schlitten herauszog und sich auf die Suche nach dem Weg machte; unter seinen schweren Stiefeln knirschte der Schnee.

»Was gibt's? Wo gehst du hin? Haben wir etwa den Weg verloren?«, fragte ich; der Fuhrknecht gab mir aber keine Antwort: er hielt den Kopf vom Winde, der ihm die Augen peitschte, weggewandt und entfernte sich vom Schlitten.

»Nun? Hast du den Weg gefunden?«, fragte ich, als er zurückgekehrt war.

»Nein, nichts«, sagte er unwirsch und ärgerlich, als ob ich schuld daran wäre, daß er den Weg verloren hatte; er steckte die Beine wieder langsam in den Vorderteil des Schlittens und ergriff mit seinen hartgefrorenen Handschuhen die Zügel.

»Was werden wir nun tun?«, fragte ich, als der Schlitten sich wieder in Bewegung gesetzt hatte.

»Was sollen wir tun! Wir werden aufs Geratewohl weiterfahren.«

Nun fuhren wir im kurzen Trab weiter, offenbar ganz ohne Weg, bald über tiefen Pulverschnee, in dem der Schlitten zu einem Viertel versank, bald über eine spröde nackte Eisdecke.

Obwohl es recht kalt war, schmolz der Schnee auf meinem Mantelkragen sehr rasch; das Gestöber über der Erde wurde immer stärker, und von oben begann es, einzelne trockene Flocken zu schneien.

Es war klar, daß wir Gott weiß wohin fuhren; denn als wir auch noch eine weitere Viertelstunde gefahren waren, hatten wir keinen einzigen Werstpfahl gesehen.

»Nun, was glaubst du«, fragte ich wieder den Kutscher, »werden wir die Station erreichen?«

»Welche Station? Zurück werden wir wohl kommen können, wenn wir die Pferde frei laufen lassen: sie werden uns schon zurückbringen; doch auf die nächste Station werden wir kaum kommen … Wir werden dabei höchstens den Tod finden.«

»Wir wollen dann doch lieber umkehren«, sagte ich. »Was sollen wir auch riskieren …«

»Soll ich umkehren?«, wiederholte der Kutscher.

»Ja, gewiß, kehre nur um.«

Der Kutscher ließ die Zügel los. Die Pferde begannen schneller zu laufen. Obwohl ich gar nicht gesehen hatte, wie wir umgekehrt waren, merkte ich doch, daß der Wind auf einmal von einer anderen Seite blies; bald konnte ich schon durch das Schneegestöber hindurch die Windmühlen erkennen. Der Kutscher faßte neuen Mut und wurde gesprächig.

»Neulich fuhren sie mit Retourschlitten von der anderen Station in solchem Schneesturm heim; sie mußten in Heuschobern übernachten und kamen erst am Morgen nach Hause. Es war noch ein Glück, daß sie auf die Heuschober stießen, denn sonst wären sie wohl alle erfroren – der Frost war stark. Der eine hat sich auch wirklich die Beine erfroren; nach drei Wochen ist er daran gestorben.«

»Jetzt ist es aber gar nicht so kalt, auch der Sturm hat sich etwas gelegt«, sagte ich. »Werden wir vielleicht doch weiterfahren?«

»Warm ist's schon, doch der Schneesturm! Weil wir jetzt zurückfahren, scheints uns nicht so arg; es stürmt aber ordentlich! Ich würde schon weiterfahren, wenn ich einen Kurier zu fahren hätte, oder auf eigene Gefahr … So kann mir aber der Fahrgast erfrieren, und das ist beileibe kein Spaß! Wie kann ich für Euer Gnaden die Verantwortung tragen?«

II

In diesem Augenblick erklang hinter uns das Schellengeläute mehrerer Troikas, die uns rasch einholten.

»Es ist die Glocke der Kuriertroika«, sagte mein Kutscher, »es gibt auf der ganzen Station nur ein solches Geläute.«

Das Geläute der vorderen Troika, das im Winde deutlich wahrnehmbar war, klang wirklich außerordentlich schön: es war ein reiner, tiefer, etwas klirrender Ton. Wie ich später erfuhr, war dieses Geläut eine besondere Liebhaberei des Posthalters: es waren im ganzen drei Glocken – die größte in der Mitte mit dem sogenannten tiefroten Ton, und zwei kleinere, die auf eine Terz abgestimmt waren. Der Klang dieser Terz und der klirrenden Quinte klang in der wüsten, leeren Steppe wunderbar schön.

»Es ist die Post«, sagte mein Kutscher, als die erste der drei Troikas uns eingeholt hatte. »Wie ist der Weg? Kann man fahren?«, rief er dem Fuhrknecht in der letzten Troika zu; jener schrie aber nur auf seine Pferde und gab meinem Kutscher keine Antwort.

Kaum hatte die Post uns überholt, als auch das Schellengeläut schnell im Winde verhallte.

Mein Kutscher schämte sich wohl ein wenig.

»Wollen wir doch weiterfahren, Herr!«, sagte er. »Die Leute sind eben vorbeigefahren, und ihre Spur ist noch frisch.«

Ich stimmte zu; wir wendeten wieder gegen den Wind und schleppten uns durch den tiefen Schnee weiter. Ich blickte immer von der Seite auf den Weg, um die Spuren der Troikas nicht zu verlieren. Etwa zwei Werst waren die Spuren gut sichtbar; dann konnte ich nur eine leichte Unebenheit unter den Kufen wahrnehmen; schließlich konnte ich nicht mehr unterscheiden, ob ich die Spur oder eine vom Wind aufgewühlte Schneefurche vor mir hatte. Die Augen wurden bald so müde, daß sie die unaufhörlich unter den Kufen dahingleitende Schneefläche nicht weiter verfolgen konnten, und ich begann geradeaus zu schauen. Den dritten Werstpfahl sahen wir noch, doch den vierten konnten wir unmöglich finden; wir fuhren wie vorhin bald mit dem Wind, bald gegen den Wind, bald nach rechts, bald nach links, und waren schließlich so weit, daß der Kutscher behauptete, wir seien vom richtigen Weg nach rechts abgeschweift, ich erklärte, nach links, und Aljoschka meinte, daß wir überhaupt zurückführen. Wir blieben wieder einigemal stehen, der Kutscher streckte seine großen Beine aus dem Schlitten heraus und machte sich auf die Suche nach dem Weg; doch alles war umsonst. Ich stieg auch einmal aus, um festzustellen, ob dort, wo es mir schien, nicht doch der Weg liege; aber kaum war ich mit großer Mühe etwa sechs Schritt gegen den Wind gegangen und hatte mich überzeugt, daß überall die gleiche eintönige weiße Schneefläche lag und daß der Weg nur in meiner Einbildung existierte, als ich plötzlich den Schlitten aus den Augen verlor. Ich schrie: »Kutscher! Aljoschka!«, doch ich fühlte, wie der Wind mir meine Stimme direkt vom Munde wegriß und sie in einem Augenblick weit von mir davontrug. Ich ging zur Stelle, wo erst eben der Schlitten gestanden hatte, doch der Schlitten stand nicht mehr da; ich ging nach rechts und fand ihn wieder nicht. Ich schäme mich noch heute, wenn ich daran denke, wie durchdringend, laut, beinahe verzweifelt ich dann geschrien habe: »Kutscher!«, während er zwei Schritt vor mir stand. Seine dunkle Gestalt mit der Peitsche in der Hand und der auf die Seite gerutschten großen Mütze war ganz plötzlich vor mir aufgetaucht. Er geleitete mich zum Schlitten.

»Es ist noch ein Glück, daß es warm ist«, sagte er mir. »Wenn ein richtiger Frost kommt, sind wir verloren! ... Gütiger Gott im Himmel!«

»Laß die Zügel los, mögen uns die Pferde wieder zurückführen«, sagte ich, nachdem ich wieder im Schlitten Platz genommen. »Werden sie uns auch zurückführen? Was meinst du, Kutscher?«

»Sie müssen es wohl.«

Er ließ die Zügel locker, hieb das Gabelpferd einige Male mit der Peitsche auf den Rücken, und wir fuhren wieder irgendwohin. Wir fuhren etwa eine halbe Stunde. Plötzlich erklang vor uns wieder das mir bekannte Liebhabergeläute, daneben bimmelten noch zwei andere Glocken; jetzt kamen sie uns aber entgegen. Es waren die gleichen drei Troikas, die ihre Post bereits abgeliefert hatten und nun mit den Retourpferden, die hinten angebunden waren, auf ihre Station zurückkehrten. Die mit kräftigen großen Pferden bespannte Kuriertroika mit dem Liebhabergeläute fuhr schnell vor den anderen her. Auf dem Bock saß ein Fuhrknecht und trieb die Pferde mit lauten Schreien an. In den beiden anderen Schlitten saßen je zwei

Fuhrknechte; ich hörte sie laut und lustig miteinander sprechen. Einer von ihnen rauchte eine Pfeife; ein Funke, der im Wind aufflog, beleuchtete einen Teil seines Gesichts.

Als ich sie sah, schämte ich mich, daß ich vorhin gefürchtet hatte, weiterzufahren; auch mein Kutscher empfand wohl das gleiche Gefühl. Daher sagten wir wie aus einem Munde: »Wir wollen ihnen nachfahren!«

III

Bevor noch die letzte Troika an uns vorbeigefahren war, begann mein Kutscher seinen Schlitten umzuwenden; er machte es sehr ungeschickt und geriet mit der Femerstange mitten in die hinter den Troikas angebundenen Pferde. Ein Dreigespann scheute, riß sich los und lief davon.

»Du schieläugiger Teufel! siehst gar nicht, wohin du wendest: mitten in die Leute hinein! Daß dich der Henker!«, schimpfte mit heiserer, zitternder Stimme einer der Fuhrknechte, ein kleiner alter Mann, soviel ich nach seiner Stimme und Gestalt schließen konnte, der in der letzten Troika saß; er sprang rasch aus seinem Schlitten und lief den Pferden nach, wobei er fortfuhr, roh und derb auf meinen Kutscher zu schimpfen.

Die Pferde ließen sich aber nicht einfangen. Der Fuhrknecht lief ihnen nach, und in einem Augenblick waren Pferde und Fuhrknecht im weißen Nebel des Schneesturms verschwunden.

»Wassilij! Bring den Falben her! Ich kann sie sonst gar nicht einfangen«, hörte man seine Stimme.

Einer von den Fuhrknechten, ein auffallend großer Kerl, sprang aus seinem Schlitten, band schweigend sein Dreigespann los, stieg, sich am Geschirr festhaltend, auf eines der Pferde, sprengte über den knirschenden Schnee in kurzem Galopp davon und verschwand in der gleichen Richtung.

Wir fuhren aber mit den beiden anderen Troikas dem Kurierschlitten nach, der mit Schellengeläut in vollem Trab vorauslief.

»Der glaubt wohl, daß er sie einfängt!«, sagte mein Kutscher von dem, der den Pferden nachgeeilt war. »Wenn das Pferd nicht sofort zu den anderen Pferden gegangen ist, so ist es ein übermütiges Pferd; es kann den Mann so weit forttragen, daß er keinen Weg mehr zurückfindet.«

Als mein Fuhrknecht nun hinter den anderen fuhr, schien er auf einmal lustiger und gesprächiger, was ich, da ich noch nicht schlafen wollte, selbstverständlich gehörig ausnützte. Ich begann ihn auszufragen, woher er stamme und wer er sei. Ich erfuhr von ihm, daß er mein Landsmann aus der Gegend von Tula war, ein leibeigener Bauer aus dem Kirchdorfs Kirpitschnoje; sie hätten dort wenig Land, die Ernte sei aber seit der Cholera fortwährend schlecht; sie seien zwei Brüder zu Hause, während der dritte beim Militär diene; sie könnten heuer mit dem Brot bis Weihnachten nicht mehr auskommen und müßten daher sich nach Verdienst umsehen; der jüngere Bruder sei der Herr im Hause, weil er Familie habe; er selbst sei Witwer; aus seinem Dorf ginge jeden Winter eine Artel von Fuhrknechten in diese Gegend; er selbst sei zwar noch nie Fuhrknecht gewesen, habe aber doch den Dienst bei der Post angenommen, um den Bruder unterstützen zu können; hier bekomme er, Gott sei Dank, hundertzwanzig Rubel jährlich, von denen er hundert nach Hause schicke; das Leben hier sei sonst ganz gut, »wenn die Kuriere nur nicht so wild wären und das Volk nicht so fürchterlich fluchte.«

»Warum hat nur dieser Fuhrknecht so furchtbar geflucht? Mein Gott! Habe ich denn absichtlich die Pferde losgerissen? Will ich denn jemand etwas Böses? Und warum ist er ihnen nachgesprungen? Sie wären auch von selbst zurückgekommen; so wird er umsonst die Pferde abhetzen und auch selbst zugrunde gehen«, sagte der gottesfürchtige Bauer.

»Was ist das Schwarze dort?«, fragte ich, als ich einige dunkle Silhouetten vor uns sah.

»Es ist ein Zug von Lastwagen. – Das ist wirklich ein angenehmes Fahren!«, fügte er hinzu, als wir die riesengroßen, mit Bastmatten bedeckten Wagen, die einer hinter dem anderen daherrollten, eingeholt hatten. »Schauen Sie nur hin, kein Mensch ist zu sehen, alle schlafen. Die klugen Pferde kennen selbst den Weg und lassen sich davon nicht abbringen ... Auch ich bin früher einmal mit solchen Lastfuhren gefahren«, sagte er nach einer Pause, »daher kenne ich es.«

Die riesengroßen Wagen, die von den Rädern bis zu den Bastmatten hinauf mit Schnee bedeckt waren und sich ganz von selbst fortzubewegen schienen, boten wirklich einen seltsamen Anblick. Erst als unsere Schellen dicht neben den Wagen erklangen, hob sich im vordersten Winkel etwa zwei Finger hoch die schneeverwehte Matte, und eine Mütze lugte für einen Augenblick heraus. Ein großer scheckiger Gaul mit gestrecktem Hals und gespanntem Rücken schritt gleichmäßig über den gänzlich verwehten Weg; er schaukelte im Takt seinen zottigen Kopf unter dem schneebedeckten Krummholz und spitzte, als wir ihn einholten, das eine verschneite Ohr.

Nach einer weiteren halben Stunde wandte sich der Fuhrknecht wieder zu mir:

»Was glauben Sie, Herr, fahren wir recht?«

»Ich weiß es nicht«, antwortete ich.

»Der Wind kam früher von dorther, und jetzt fahren wir mit dem Wind. Nein, wir fahren sicher falsch. Wir haben uns wieder verirrt«, schloß er mit großer Ruhe.

Obwohl er eigentlich recht feige war, hatte er sich, wie ich sah, vollkommen beruhigt, seit wir in Gesellschaft fuhren und er nicht mehr die Führung und die Verantwortung hatte: Gemeinsames Unglück läßt sich eben leichter ertragen. Er machte kaltblütig Bemerkungen über die Fehler des Fuhrknechtes, der vorne fuhr, als ob ihn das Ganze nicht im geringsten anginge. Ich merkte auch wirklich, daß die vordere Troika uns bald die linke und bald die rechte Seite zukehrte; ich hatte den Eindruck, als ob wir auf einer sehr kleinen Fläche immer im Kreis herumführen. Es konnte übrigens auch eine

Sinnestäuschung sein, wie es mir zuweilen auch vorkam, daß die erste Troika bald bergauf und bald bergab fahre, während die Steppe von allen Seiten vollkommen eben war.

Nachdem wir noch einige Zeit so gefahren waren, glaubte ich fern am Horizont einen langen, schwarzen, beweglichen Streifen zu sehen; doch schon im nächsten Augenblick wurde es mir klar, daß es dieselben Lastfuhren waren, die wir schon einmal überholt hatten. Die knarrenden Räder, von denen sich einige gar nicht mehr drehten, waren ganz wie vorhin von Schnee bedeckt; die Leute schliefen noch immer unter den Bastmatten, und das scheckige Pferd vor der ersten Fuhre blähte wie vorhin die Nüstern, beschnüffelte den Weg und spitzte die Ohren.

»Nun sehen Sie es selbst: wir haben uns so lange gedreht, bis wir wieder zu denselben Lastfuhren zurückgekommen sind!«, sagte mein Fuhrknecht ärgerlich. »Die Kurierpferde sind kräftig und können etwas vertragen; daher kann er sie auch so abhetzen; wenn wir aber auch so die ganze Nacht herumfahren wollten, würden unsere Pferde bald stehen bleiben.«

Er hüstelte.

»Wollen wir doch lieber umkehren, Herr, damit es kein Unglück gibt?«

»Warum? Wir werden doch irgendwohin kommen.«

»Wohin können wir kommen? Es wird uns nichts anderes übrigbleiben, als in der Steppe zu übernachten. Wie es nur stürmt … Herrgott im Himmel!«

Obwohl ich mich wunderte, daß der Fuhrknecht in der ersten Troika, der offenbar Weg und Richtung verloren hatte, gar nicht versuchte, den Weg zu finden, sondern unter lustigem Geschrei in vollem Trabe weiterfuhr, wollte ich doch nicht mehr hinter den anderen Schlitten zurückbleiben.

»Fahr ihnen nach!«, sagte ich.

Der Fuhrknecht tat, was ich ihm geheißen, trieb aber die Pferde noch mißmutiger an als vorhin und sprach nicht mehr mit mir.

IV

Der Schneesturm wütete immer schlimmer, und von oben fiel feiner trockener Schnee; es begann anscheinend zu frieren: Nase und Wangen schmerzten mir immer mehr vor Kälte, und immer öfter kam mir ein kalter Luftstrom unter den Pelz, den ich vorn fest zusammenhalten mußte. Zuweilen klapperten die Kufen auf dem nackten hartgefrorenen Boden, von dem der Schnee weggeweht war. Da ich schon beinahe sechshundert Werst zurückgelegt hatte, ohne irgendwo Nachtquartier zu nehmen, schloß ich, obwohl mich der Ausgang unserer Irrfahrten aufs höchste interessierte, zeitweise die Augen und schlummerte ein. Als ich einmal wieder die Augen öffnete, war ich ganz erstaunt: Die weiße Ebene war, wie es mir im ersten Augenblick schien, von einem grellen Licht überflutet; der Horizont hatte sich bedeutend erweitert, der niedrige schwarze Himmel war verschwunden, von allen Seiten sah man die weißen schrägen Linien des fallenden Schnees, die Umrisse der vorderen Troikas waren deutlicher sichtbar, und als ich die Augen hob, schien mir im ersten Augenblick, daß die Wolken sich verzogen hätten und der Himmel nur vom fallenden Schnee verdeckt sei. Während ich geschlafen hatte, war der Mond aufgegangen; nun warf er sein kaltes grelles Licht durch die undichten Wolken auf den fallenden Schnee. Alles, was ich deutlich sehen konnte, war mein Schlitten mit den Pferden und dem Fuhrknecht und die drei Troikas vor uns: zuerst kam der Kurierschlitten, auf dessen Bock noch immer der eine Kutscher saß, der die Pferde zu scharfem Trab antrieb; im zweiten Schlitten saßen zwei Fuhrknechte, die die Zügel locker gelassen, sich aus einem Mantel einen Windschutz gemacht hatten und unaufhörlich ihre Pfeifchen rauchten, was man an den Funken, die ab und zu aufflackerten, erkennen konnte; im dritten Schlitten war aber niemand zu sehen: der Fuhrknecht schlief wohl mitten im Schlitten. Seitdem ich wach war, hielt der erste Fuhrknecht ab und zu seine Pferde an und sah sich nach dem Weg um. Wenn wir stehen blieben, hörten wir deutlicher den Wind heulen und sahen die erstaunlichen

Schneemassen, die durch die Luft wirbelten. Ich konnte im Mondlicht, das vom Schneegestöber getrübt war, sehen, wie der kleine Fuhrknecht sich im Lichtnebel hin und her bewegte, mit dem Peitschenstiel den Schnee vor sich betastete, dann wieder zum Schlitten zurückkehrte und von der Seite auf den Bock sprang; ich hörte durch das eintönige Pfeifen des Windes das helle und laute Klingen und Bimmeln der Schellen. Sooft der erste Fuhrknecht aus dem Schlitten stieg, um sich nach dem Weg oder nach Heuschobern umzuschauen, hörte ich aus dem zweiten Schlitten die muntere und selbstbewußte Stimme eines der Fuhrknechte, der dem vordern zurief:

»Hör doch, Ignaschka! Wir sind ja zu weit nach links abgekommen! Such doch mehr nach rechts, mit dem Winde zu kommen!« – Oder: »Was drehst du dich so dumm im Kreis herum? Richte dich nach dem Schnee, wie er gerade liegt, dann kommst du sicher auf den Weg!« – Oder: »Nach rechts, nach rechts, Bruder! Siehst du, dort steht etwas Schwarzes, ich glaube, es ist ein Pfahl.« – Oder: »Was drehst du dich wieder im Kreis? Um Gottes willen! Spann doch den Schecken aus und laß ihn vorauslaufen: er wird dich schnell und sicher auf den Weg bringen. So muß es besser gehen!«

Der Mann, der diese Ratschläge erteilte, war nicht nur zu faul, um das Nebenpferd auszuspannen oder den Weg im Schnee zu suchen, sondern auch um die Nase aus seinem Mantelkragen herauszustecken; Ignaschka rief ihm auf einen seiner Ratschläge zu, er möchte doch selbst vorausfahren, wenn er so gut wisse, wohin man fahren solle; der Ratgeber gab zur Antwort, daß er gern vorausfahren und leicht den richtigen Weg finden würde, wenn er nur die Kurierpferde hätte. »Meine Pferde werden bei diesem Sturm nicht vorauslaufen wollen«, schrie er, »denn es sind nicht solche Pferde.«

»Dann rede auch nichts drein!«, antwortete ihm Ignaschka und pfiff munter seinen Pferden zu.

Der andere Fuhrknecht, der mit dem Ratgeber im gleichen Schlitten saß, sagte nichts zu Ignaschka und mischte sich überhaupt nicht in diese Sache, obgleich er gar nicht schlief: Sein Pfeifchen glimmte ununterbrochen, und sooft wir hielten, hörte ich seine eintönige Stimme. Er erzählte ein Märchen. Einmal nur, als Ignaschka zum sechsten oder siebenten Mal hielt, ärgerte er sich wohl darüber, daß die Fahrt, die ihm solches Vergnügen machte, unterbrochen wurde, und schrie ihm zu:

»Nun, was stehst du schon wieder? Er will, scheint es, wirklich den Weg finden! Man sagt dir ja: es ist der Schneesturm! Selbst der Feldmesser würde jetzt den Weg nicht finden; du solltest lieber vorwärtsfahren, solange die Pferde noch ziehen. So Gott will, werden wir wohl nicht erfrieren … Vorwärts!«

»Warum nicht gar! Im vorigen Jahre ist ja ein Postillion erfroren!«, mischte sich mein Kutscher ein.

Der Fuhrknecht in der dritten Troika hatte die ganze Zeit über geschlafen. Als wir einmal hielten, rief ihm der Ratgeber zu:

»Philipp! He, Philipp!« Und als er keine Antwort bekam, bemerkte er: »Ob er nicht erfroren ist? Geh doch hin, Ignaschka, und schau nach.«

Ignaschka, der alles tun mußte, ging auf den hintersten Schlitten zu und begann den Schlafenden zu schütteln.

»Sieh einer, von einem Viertel Schnaps ist er schon umgefallen! Wenn du erfroren bist, so sag's!«, redete er auf ihn ein, indem er ihn hin und her rüttelte.

Der Schläfer brummte etwas in den Bart und begann zu schimpfen.

»Er lebt noch, Brüder!«, sagte Ignaschka und lief wieder voraus. Wir fuhren weiter und sogar so schnell, daß das kleine braune Nebenpferd, das mein Kutscher ununterbrochen mit der Peitsche schlug, zuweilen in einen ungeschickten Galopp verfiel.

V

Es wird Mitternacht gewesen sein, als der alte Fuhrknecht und Wassilij, die den davongelaufenen Pferden nachgeeilt waren, zu uns zurückkamen. Sie hatten die Pferde eingefangen und uns eingeholt;

wie sie uns aber im finstern, blinden Schneesturm in der kahlen Steppe gefunden hatten, blieb mir für immer ein Rätsel. Der Alte ritt, mit den Ellbogen und Beinen schlenkernd, auf dem Gabelpferd (die beiden anderen Pferde waren an dem Kummet angebunden: im Schneesturm darf man die Pferde nicht frei laufen lassen). Als er meinen Schlitten erreichte, begann er von neuem auf meinen Kutscher zu schimpfen:

»Das nenn ich einen schieläugigen Teufel! Wirklich …«

»Seht doch: Da ist ja Onkel Mitritsch!«, rief der Märchenerzähler aus dem zweiten Schlitten. »Lebst du noch? Komm zu uns herauf.«

Der Alte gab ihm aber keine Antwort und fuhr fort zu fluchen. Als er glaubte, es sei genug, ritt er an den zweiten Schlitten heran.

»Hast du alle eingefangen?«, fragte man ihn aus dem Schlitten.

»Wie denn sonst?«

Und seine gedrungene Gestalt legte sich während des Trabes auf den Rücken des Pferdes, sprang dann in den Schnee, lief, ohne auch nur einen Augenblick stehen zu bleiben, um den Schlitten herum und schwang sich von hinten hinein, wobei die Beine über den hinteren Schlittenrand hoch in die Luft ragten. Der große Wassilij setzte sich schweigend auf seinen früheren Platz im vordersten Schlitten zu Ignaschka und begann mit ihm zusammen den Weg zu suchen.

»Wie er nur so fluchen kann … Herrgott im Himmel!«, murmelte mein Kutscher vor sich hin.

Dann fuhren wir lange, ohne haltzumachen, über die weiße Wüste im kalten, durchsichtigen und schwankenden Lichtscheine des Schneesturmes. Wenn ich die Augen öffne, sehe ich immer dieselbe plumpe Mütze und denselben beschneiten Rücken vor mir ragen, denselben Kopf des Gabelpferdes mit der schwarzen vom Wind gleichmäßig zur Seite gewehten Mähne unter dem niedrigen Krummholz zwischen den straff gespannten Zugriemen auf und nieder wippen; hinter dem Kutscherrücken sehe ich dasselbe rechte braune Nebenpferd mit dem kurz aufgebundenen Schweif und dem Strangholz, das ab und zu gegen die Vorderwand des Schlittens klopft. Blicke ich nach unten, so sehe ich denselben Pulverschnee; die Kufen wühlen ihn auf, und der Wind wirbelt ihn unaufhörlich empor und trägt ihn immer in der gleichen Richtung fort. Vor mir gleiten immer im gleichen Abstand voneinander die drei anderen Troikas; rechts und links flimmert es weiß. Vergeblich sucht das Auge nach einem neuen Gegenstand: weder Pfahl, noch Heuschober, noch Zaun – nichts ist zu sehen. Ringsum ist alles weiß, weiß und beweglich: bald erscheint der Horizont unendlich weit, bald von allen Seiten eingeengt und kaum zwei Schritt breit; bald türmt sich zur Rechten eine hohe weiße Mauer auf und läuft mit uns mit, dann verschwindet sie und taucht nach einer Weile vor uns auf, um eine Zeitlang vor uns herzulaufen und dann wieder zu verschwinden. Wenn ich hinaufschaue, erscheint mir der Himmel im ersten Augenblick ganz hell, und ich sehe durch den Nebel die Sterne; die Sterne fliehen aber vor meinem Blick in die Höhe und entschwinden, und ich sehe nichts als den Schnee, der an meinen Augen vorüber auf mein Gesicht und meinen Pelzkragen fällt; der Himmel ist überall gleichmäßig hell, gleichmäßig weiß, farblos, eintönig und in steter Bewegung. Der Wind scheint jeden Augenblick seine Richtung zu wechseln: Bald bläst er mir ins Gesicht und verklebt mir die Augen mit Schnee, bald wirft er mir, um mich zu ärgern, den Pelzkragen von der Seite über den Kopf und tätschelt mir mit ihm nekkisch das Gesicht, bald brummt er von hinten durch irgendein Loch. Ich höre das leise, doch unaufhörliche Knirschen der Kufen und Hufe im Schnee und das Klingen der Schellen; es verhallt, sooft wir in tiefen Schnee geraten. Nur ganz selten, wenn wir über Eiskrusten und gegen den Wind fahren, dringt das energische Pfeifen Ignats und das muntere Läuten des Glöckchens mit der widerhallenden zitternden Quinte an mein Ohr; diese Töne stören so unerwartet und so angenehm die düstere Stimmung der Wüste; dann klingt wieder eintönig, mit unerträglicher Genauigkeit immer dieselbe Weise, die ich in das Schellengeläute hineinlege. Mir beginnt der eine Fuß zu frieren, und wenn ich mich umwende, um mich besser einzuhüllen, gleitet mir der Schnee, der sich auf Kragen und Mütze angesammelt hat, auf den Hals und läßt mich erschauern; im allgemeinen fühle ich mich in meinem erwärmten Pelz recht wohlig, und mich überkommt der Schlummer.

VI

Erinnerungen und Vorstellungen ziehen in raschem Wechsel an meinem Geist vorüber.

»Was mag wohl der Ratgeber, der immer aus dem zweiten Schlitten herüberschreit, für ein Mann sein? Wahrscheinlich ist er rothaarig, stämmig und kurzbeinig«, denke ich mir, »vom selben Schlage wie unser früherer Küchenmeister Fjodor Filipytsch.« Und da sehe ich plötzlich die Treppe unseres großen Hauses und fünf Mann von der leibeigenen Dienerschaft, die, schwer einhertappend, auf Handtüchern ein Klavier aus dem Seitengebäude hinüberschleppen; ich sehe auch Fjodor Filipytsch, wie er die Ärmel seines Nankingrocks aufgekrempelt hat, mit einem Pedal in der Hand vorausläuft, die Riegel öffnet, hier an einem der Handtücher zieht, dort etwas nachschiebt, zwischen den Beinen der Träger durchkriecht, allen im Weg ist und mit besorgter Stimme kommandiert:

»Ihr Vorderen dort, nehmt die Last mehr auf euch! So, mit dem Schwanzende hinauf, noch mehr hinauf! In die Türe hinein! So ist's recht!«

»Erlauben Sie doch, Fjodor Filipytsch! Wir werden schon allein fertig«, wendet schüchtern der Gärtner ein, der an das Treppengeländer gedrückt, über und über rot vor Anstrengung, mit den letzten Kräften das eine Ende des Klaviers festhält.

Aber Fjodor Filipytsch will sich nicht beruhigen.

»Was hat er eigentlich?«, frage ich mich. »Hält er sich wirklich für so nützlich und unentbehrlich, oder freut er sich einfach darüber, daß Gott ihm diese selbstbewußte und überzeugende Beredsamkeit gegeben hat, die er nun mit solchem Genuß verschwendet? Es wird wohl wirklich so sein.« Und ich sehe ganz unvermittelt einen Teich, das ermüdete Hofgesinde, das, bis an die Knie im Wasser watend, ein Netz herauszieht, während Fjodor Filipytsch mit einer Gießkanne in der Hand am Ufer hin und her rennt, alle anschreit und sich nur von Zeit zu Zeit dem Wasser nähert, um das trübe Wasser aus der Kanne herauszulassen und frisches nachzufüllen, wobei er die golden schimmernden Karauschen mit der einen Hand festhält. – Und dann ist es ein Julimittag. Ich gehe irgendwohin über das frischgemähte Gras des Gartens unter den brennenden senkrechten Sonnenstrahlen; ich bin noch sehr jung, mir fehlt etwas, ich will etwas. Ich gehe zum Teich, an meine Lieblingsstelle zwischen den Heckenrosen und der Birkenallee, und lege mich schlafen. Ich kann mich noch gut an das Gefühl erinnern, mit dem ich im Liegen durch die roten, stachelbesetzten Stämme der Heckenrosen auf das schwarze, trockene, körnige Erdreich und den hindurchschimmernden grellblauen Spiegel des Teiches blickte. Es war das Gefühl einer naiven Selbstzufriedenheit und Trauer. Alles um mich her war so schön, und diese Schönheit wirkte auf mich so stark ein, daß es mir schien, ich sei auch selbst schön und gut; das einzige, was mich ärgerte, war, daß mich niemand bewunderte. – Es ist heiß. Ich will einschlafen, um mich zu trösten; doch die Fliegen, die unausstehlichen Fliegen lassen mich auch hier nicht in Ruhe: Sie sammeln sich um mich und hüpfen unaufhörlich, hart wie Kirschkerne, von meiner Stirn auf die Hände. In meiner Nähe summt in der Sonnenglut eine Biene; gelbbeschwingte Schmetterlinge flattern träge von Halm zu Halm. Ich blicke hinauf, die Augen schmerzen mir – die Sonne scheint zu grell durch das hellgrüne Laub der lockigen Birke, die hoch über mir ganz leise ihre Zweige bewegt – und die Sonnenglut scheint mir noch unerträglicher. Ich bedecke mir das Gesicht mit einem Tuch; nun wird es mir schwül, und die Fliegen kleben mir förmlich an den schwitzenden Händen. Im Dickicht der Heckenrosen machen sich Sperlinge zu schaffen. Einer von ihnen springt einen Schritt von mir entfernt auf die Erde, tut einigemal so, als picke er energisch die Erde, und fliegt lustig zwitschernd und in den Zweigen raschelnd aus dem Gebüsch; dann springt ein zweiter Sperling herab, bewegt das Schwänzchen, schaut sich um und fliegt wie der Pfeil unter lebhaftem Gezwitscher dem ersten nach. Vom Teiche her höre ich die Schläge des Waschholzes auf die nasse Wäsche; diese Schläge hallen tief unten über dem Wasserspiegel nach. Ich höre das Lachen, Sprechen und Plätschern von Badenden. Ein Windstoß rauscht in den Gipfeln der Birken, zuerst fern von mir, kommt dann immer näher; ich höre, wie er das Gras bewegt; nun sehe ich, wie die Blätter der Heckenrosenbüsche sich auf ihren Zweigen hin und her wiegen; nun lüftet ein frischer Windhauch einen Zipfel des Tuches, mit dem ich mich bedeckt habe, und kitzelt mein schweißbedecktes Gesicht. Eine Fliege schlüpft unter das Tuch, wo es der Wind gelüftet hat, und schwirrt erschrocken um meine feuchten Lippen herum. Ein trockener Ast drückt mich in den Rücken. Nein, ich will nicht länger liegen, ich will baden gehen. Da höre ich ganz nahe an der Hecke eilende Schritte und erschrockene Frauenstimmen:

»Ach Gott! Was soll man nur tun? Und kein Mann in der Nähe!«

»Was ist denn los, was?«, frage ich, in die Sonne hinaustretend, eine Dienstmagd, die jammernd an mir vorüberläuft. Sie blickt sich nur um, fuchtelt mit den Händen und rennt weiter. Da läuft auch schon die siebzigjährige Matrjona; sie hält mit der einen Hand das Tuch fest, das ihr immer vom Kopf rutscht, und humpelt, den einen Fuß im wollenen Strumpf mühselig nachschleppend, zum Teich. Zwei kleine Mädchen laufen Hand in Hand; ein zehnjähriger Junge im Rock seines Vaters folgt ihnen im Laufschritt, sich am hanfleinenen Kleid eines der Mädchen festhaltend.

»Was ist geschehen?«, frage ich sie.

»Ein Bauer ist ertrunken.«

»Wo?«

»Im Teich.«

»Wer ist's? Einer von den unsrigen?«

»Nein, ein Fremder.«

Der Kutscher Iwan rennt, mit seinen großen Stiefeln beständig im gemähten Gras ausrutschend, zum Teich; auch der dicke Verwalter Jakow läuft ganz außer Atem, und ich laufe mit.

Ich kann mich noch an das Gefühl erinnern, das mir sagte: »Spring ins Wasser, zieh den Bauern heraus, und alle werden dich bewundern«, und danach ging ja mein ganzes Streben.

»Wo ist es denn, wo?«, frage ich die Leute, die sich am Ufer drängen.

»Dort in der tiefsten Stelle, mehr am anderen Ufer, beinahe an der Badehütte«, sagt die Wäscherin, indem sie die nasse Wäsche auf das Tragholz auflädt. Ich sehe, wie ein Mensch immer untertaucht; bald zeigt er sich, bald taucht er wieder unter. Dann zeigt er sich wieder und schreit: »Mein Gott, ich ertrinke!«, und dann taucht er wieder unter, nur Luftblasen steigen auf. Da begreife ich erst, daß der Mann ertrinkt. Und ich schreie, was ich schreien kann: »Leute, ein Mann ertrinkt!« Die Wäscherin legt sich das Tragholz auf die Schulter und geht, sich in den Hüften wiegend, über den Fußpfad vom Teiche weg.

»Dieses Pech!«, sagt der Verwalter Jakow Iwanow ganz verzweifelt. »Was das jetzt für Scherereien mit dem Gericht geben wird, das wird kein Ende nehmen!«

Ein Bauer mit einer Sense drängt sich durch die Menge der Weiber, Kinder und Greise, die auf dem anderen Ufer stehen, vor, hängt seine Sense an einen Weidenast und zieht sich langsam die Bastschuhe aus.

»Wo ist es denn? Wo ist er ertrunken?«, frage ich in einem fort, vom Wunsche beseelt, ins Wasser zu springen und irgend etwas Außergewöhnliches zu vollbringen.

Man zeigt mir nur die glatte Wasserfläche, die sich ab und zu im leisen Winde kräuselt. Ich kann unmöglich begreifen, daß er ertrunken ist; das Wasser steht so glatt, schön und gleichgültig über ihm und schimmert golden in der Mittagssonne, und ich muß einsehen, daß ich nichts tun kann und niemand in Erstaunen versetzen werde, besonders da ich schlecht schwimme; der Bauer hat sich aber schon das Hemd über den Kopf gezogen und ist bereit, ins Wasser zu springen. Alle blicken auf ihn mit verhaltenem Atem und voller Hoffnung; doch als der Bauer so weit gelangt ist, daß das Wasser ihm bis an die Schultern reicht, kehrt er langsam zurück und zieht sich sein Hemd wieder an: er kann nämlich gar nicht schwimmen.

Es kommen immer mehr Leute herbei, die Menge wächst an, die Weiber klammern sich aneinander, doch niemand bringt Hilfe. Die Neuankommenden geben Ratschläge, jammern, und ihre Blicke drücken Entsetzen und Verzweiflung aus; einige von denen, die schon früher da waren, sind vom Stehen müde und setzen sich ins Gras, andere gehen nach Hause. Die alte Matrjona fragt ihre Tochter, ob sie nicht vergessen habe, daheim den Ofen zu schließen; der Junge mit dem Rock seines Vaters wirft eifrig Steine ins Wasser.

Da läuft vom Hause her, bellend und sich verständnislos umschauend, Fjodor Filipytschs Hund Tresor; dann kommt hinter der Rosenhecke auch Fjodor Filipytsch selbst zum Vorschein; er rennt den Abhang herunter und schreit.

»Was steht ihr so herum?«, schreit er, sich im Laufen seinen Rock anziehend. »Ein Mensch ist ertrunken, und sie stehen so da! Einen Strick her!«

Alle blicken mit banger Hoffnung auf Fjodor Filipytsch, während er, sich mit der Hand auf die Schulter eines dienstfertig herbeigesprungenen Knechtes stützend, mit der Spitze des linken Stiefels den rechten herunterzerrt.

»Es ist dort, wo die Leute stehen, rechts von der Weide, Fjodor Filipytsch, dort ist es!«, sagt ihm jemand.

»Ich weiß schon«, antwortet er. Er zieht die Brauen zusammen – wohl als Antwort auf die Zeichen von Schamhaftigkeit, die die Weiber äußern, zieht sich das Hemd aus, nimmt sich das Kreuz vom Hals, übergibt es dem Gärtnerjungen, der ehrerbietig vor ihm steht, und nähert sich, energisch über das gemähte Gras schreitend, dem Teiche.

Tresor, der gar nicht begreifen kann, was diese ungewöhnlich schnellen Bewegungen seines Herrn bedeuten, bleibt vor dem

Menschenhaufen stehen, rupft sich einige Hälmchen am Ufer, wirft einen fragenden Blick auf seinen Herrn und springt plötzlich, vergnügt winselnd, mit dem Herrn ins Wasser. Im ersten Augenblick sieht man nichts als Schaum und Wasserstaub, der bis zu uns herüberspritzt; da sieht man aber schon Fjodor Filipytsch in weiten Sätzen zum anderen Ufer schwimmen; er rudert graziös mit den Armen und hebt und senkt gleichmäßig den Rücken. Tresor, der etwas Wasser geschluckt hat, kehrt rasch um, schüttelt sich in der Nähe des Menschenhaufens das Wasser aus dem Fell und wälzt sich mit dem Rücken auf dem Ufer. In dem Augenblick, als Fjodor Filipytsch das andere Ufer erreicht, erscheinen bei der Weide zwei Kutscher mit einem zusammengerollten Fischernetz. Fjodor Filipytsch wirft, man weiß nicht warum, die Arme in die Höhe, taucht unter, einmal, zweimal, dreimal, wobei er jedesmal einen Wasserstrahl aus dem Munde bläst, schüttelt anmutig die Haare und gibt auf keine der Fragen, mit denen man ihn von allen Seiten bestürmt, Antwort. Endlich steigt er ans Ufer und übernimmt, soviel ich sehe, nur die Oberleitung beim Auswerfen des Netzes. Das Netz wird herausgezogen, doch es enthält nichts als Schlamm, in dem einige kleinere Karauschen zappeln. Während das Netz wieder ausgeworfen wird, gehe ich an das andere Ufer hinüber.

Man hört nur die Kommandorufe Fjodor Filipytschs, das Plätschern des feuchten Strickes im Wasser und Seufzer des Entsetzens. Der nasse Strick, der an den rechten Flügel des Netzes gebunden ist, kommt, immer mehr mit Tang bedeckt, immer weiter und weiter aus dem Wasser hervor.

»So, jetzt! Zieht alle zusammen, auf Kommando!«, dröhnt Fjodor Filipytschs Stimme.

»Es ist etwas drin! Es geht so schwer, Brüder!«, sagt eine Stimme.

Nun kommen auch beide Flügel des Netzes, in denen zwei, drei kleine Karauschen zappeln, das Gras niederdrückend und befeuchtend, ans Ufer. Durch die dünne schwankende Schicht des getrübten Wassers schimmert im gespannten Netz etwas Weißes. In der

Menge ertönt ein leiser, doch in der Totenstille erstaunlich deutlich wahrnehmbarer Seufzer des Entsetzens.

»Zieht heraus, alle auf einmal! Aufs Trockene!«, hört man Fjodor Filipytschs energische Stimme, und der Ertrunkene wird über die Stoppeln der abgemähten Kletten und Lattiche zur Weide gezogen.

Und ich sehe meine gute alte Tante in ihrem seidenen Kleid, ich sehe ihren lila Sonnenschirm, der unten eine Franse hat und so wenig zu diesem in seiner Einfachheit schrecklichen Bilde des Todes paßt, und ihr Gesicht, das in Tränen ausbrechen möchte. Ich erinnere mich noch an den Ausdruck von Enttäuschung auf diesem Gesicht, daß man in diesem Falle kein Arnika anwenden kann, und an das schmerzvolle Gefühl, das mich überkam, als sie mit ihrem naiven Egoismus der Liebe zu mir sagte: »Komm, mein Kind. Ach, es ist so schrecklich! Und du badest und schwimmst immer allein!«

Ich weiß noch, wie grell und glühend die Sonne auf die trockene, lockere Erde brannte; wie sie auf dem Spiegel des Teiches spielte; wie munter an den Ufern große Karpfen herumschwammen, während in der Mitte des Teiches Schwärme winziger Fische den glatten Wasserspiegel kräuselten; wie hoch am Himmel ein Habicht seine Kreise zog, über den jungen Entchen schwebend, die plätschernd und lärmend durch das Schiff in die Mitte des Teiches herausschwammen; wie sich weiße flockige Gewitterwolken am Horizont ansammelten; wie der vom Netz ans Ufer gebrachte Schlamm sich allmählich wieder im Wasser verlor, und wie ich, auf dem Damm vorübergehend, wieder die über den Teich dahinhallenden Schläge des Waschholzes hörte.

Doch das Waschholz klingt so, als ob zwei Waschhölzer in einer Terz zusammenklängen, und dieser Klang quält und peinigt mich, um so mehr als ich weiß, daß das Waschholz eigentlich eine Glocke ist, die Fjodor Filipytsch nicht zum Schweigen bringen will. Und dieses Waschholz preßt mir wie ein Folterwerkzeug meinen frierenden Fuß zusammen – und ich schlafe ein.

Ich erwachte, weil wir, wie mir schien, sehr schnell fuhren und weil zwei Stimmen dicht neben mir sprachen:

»Ignat! Hör, Ignat!«, sagt die Stimme meines Fuhrknechts: »Nimm meinen Fahrgast zu dir hinüber – du mußt ja sowieso fahren, was soll ich aber umsonst meine Pferde abhetzen? Nimm ihn doch!«

Ignats Stimme antwortet dicht neben mir: »Glaubst du, daß es mir ein Vergnügen ist, die Verantwortung für deinen Fahrgast zu tragen? … Willst du mir dafür eine Halbe Schnaps geben?«

»Was, eine Halbe! … Wenn es schon sein muß – ein Viertel …«

»Was du nicht sagst – ein Viertel!«, ruft eine andere Stimme dazwischen: »Für ein Viertel soll man die Pferde abhetzen!«

Ich öffne die Augen. Vor meinen Augen flimmert noch immer derselbe unerträgliche wirbelnde Schnee, ich sehe dieselben Fuhrknechte und Pferde, doch neben mir fährt ein fremder Schlitten. Mein Kutscher hat Ignat eingeholt, und wir fahren längere Zeit nebeneinander. Obgleich die Stimme aus dem hinter uns fahrenden Schlitten empfiehlt, es nicht billiger als für eine Halbe zu tun, hält Ignat doch plötzlich seine Troika an.

»Lade ihn um, in Gottes Namen! Du hast Glück. Das Viertel wirst du mir morgen, wenn wir ankommen, spendieren. Ist viel Gepäck dabei, he?«

Mein Kutscher springt mit einer ihm gar nicht eigenen Behendigkeit in den Schnee und bittet mich unter Verbeugungen, zu Ignat umzusteigen. Ich bin damit vollkommen einverstanden; der gottesfürchtige Bauer ist offenbar außer sich vor Glück und muß seine Freude und Dankbarkeit durchaus in Worte ergießen: unter fortwährenden Verbeugungen bedankt er sich bei mir, Aljoschka und Ignat.

»Nun, Gott sei Dank! Wie wäre es denn sonst, du lieber Gott! Die halbe Nacht fahren wir schon und wissen selbst nicht wohin. Er wird Sie schon hinbringen, Väterchen, meine Pferde können nicht mehr.«

Und er beginnt mit großem Eifer mein Gepäck abzuladen.

Während sie das Gepäck umluden, ging ich mit dem Wind, der mich förmlich trug, zum zweiten Schlitten. Er war – besonders von der Seite, wo sich die beiden Fuhrknechte zum Schutze gegen den Wind über ihren Köpfen den Mantel aufgespannt hatten, zu einem

Viertel verschneit; hinter dem Mantel war es aber windstill und behaglich. Der Alte lag noch immer mit hinausgehängten Beinen, und der Märchenerzähler fuhr in seiner Erzählung fort: »Zu derselben Zeit, als der General also im Namen des Königs zu Maria ins Gefängnis kommt, zu derselben Zeit sagt ihm also Maria: ›General! Ich bedarf deiner nicht und kann dich nicht lieben, du bist also nicht mein Geliebter; denn mein Geliebter ist der nämliche Prinz …‹«

»Zu derselben Zeit …« fuhr er fort; doch als er mich sah, hielt er inne und begann sein Pfeifchen anzublasen.

»Nun, Herr, sind Sie auch hergekommen, um das Märchen mit anzuhören?«, sagte der andere, den ich den Ratgeber genannt habe.

»Bei euch ist es ja so gemütlich und lustig!«, sagte ich.

»Was fängt man nicht alles aus Langeweile an? So macht man sich wenigstens keine Gedanken.«

»Wißt ihr vielleicht, wo wir jetzt sind?«

Diese Frage schien den Fuhrknechten nicht zu gefallen.

»Wer soll sich da auskennen, wo wir sind? Vielleicht sind wir gar zu den Kalmücken geraten«, antwortete der Ratgeber.

»Was werden wir denn anfangen?«

»Was wir anfangen werden? Wir fahren ja, vielleicht kommen wir noch irgendwohin heraus«, sagte er mit verdrießlicher Stimme.

»Und wenn wir nicht herauskommen und die Pferde im Schnee stecken bleiben, was dann?«

»Was soll dann sein?! Nichts.«

»Wir können ja erfrieren.«

»Gewiß können wir das: es sind ja weit und breit keine Heuschober zu sehen – folglich sind wir wirklich zu den Kalmücken geraten. Wir müssen uns vor allen Dingen nach dem Schnee richten.«

»Du fürchtest gar zu erfrieren, Herr?«, fragte mit zitternder Stimme der Alte.

Obwohl er sich wohl über meine Angst lustig machte, konnte ich ihm ansehen, daß er bis auf die Knochen durchfroren war.

»Ja, es wird bitter kalt«, sagte ich.

»Ach Herr! Du solltest es machen wie ich: von Zeit zu Zeit aus dem Schlitten steigen und eine Strecke laufen – so wirst du dich erwärmen.«

»Am besten läufst du hinter dem Schlitten her«, sagte der Ratgeber.

VII

Jetzt können Sie kommen: alles fertig!«, rief mir Aljoschka aus dem vorderen Schlitten zu.

Der Sturm war so stark, daß ich nur mit großer Mühe, ganz vornübergebeugt und mit beiden Händen die Schöße des Pelzmantels festhaltend, über den lockeren Schnee, den der Wind unter meinen Füßen aufwirbelte, die wenigen Schritte, die mich vom Schlitten trennten, zurücklegen konnte. Mein früherer Kutscher kniete bereits in der Mitte des leeren Schlittens; als er mich sah, zog er seine große Mütze, wobei der Wind wütend seine Haare packte und nach oben richtete, und bat mich um ein Trinkgeld. Er hatte wohl auch gar nicht erwartet, daß ich ihm eins geben würde, denn meine abschlägige Antwort betrübte ihn nicht im geringsten. Er dankte mir auch dafür, setzte sich wieder seine Mütze auf und sagte: »Vergelt's Gott, Herr …« Dann zog er die Zügel an, schmatzte mit den Lippen und fuhr an uns vorbei. Gleich darauf gab sich auch Ignaschka einen Ruck und rief die Pferde an. Wieder wurde das Heulen des Windes, das besonders laut zu hören war, wenn wir hielten, vom Knirschen des Schnees unter den Hufen, den Zurufen der Fuhrknechte und dem Schellengeläut abgelöst.

Etwa eine Viertelstunde nach dem Umsteigen blieb ich wach und vertrieb mir die Zeit damit, daß ich die Gestalt meines neuen Kutschers und seine Pferde studierte. Ignaschka saß auf dem Bock wie ein Held, hüpfte immer auf und nieder, schwang die Hand mit der herabhängenden Peitsche über den Pferden, stieß kurze Schreie aus, schlug einen Fuß an den anderen und beugte sich jeden Augenblick vor, um den Schwanzriemen des Gabelpferdes geradezurichten, der immer nach rechts hinüberrutschte. Ignaschka war nicht sehr groß, schien aber gut gebaut.

Über dem kurzen Pelzrock trug er einen weiten kamelhaarenen Mantel ohne Gürtel; der Mantelkragen war fast ganz zurückgeschlagen und ließ den Hals frei; er trug keine Filz-, sondern Lederstiefel und eine kleine Mütze, die er jeden Augenblick abnahm und geraderückte. Die Ohren waren nur durch die Haare geschützt. Alle seine Bewegungen zeugten weniger von Energie, als vom Bestreben, sich zur Energie anzuspornen. Doch je länger wir fuhren, um so öfter sprang er empor, rückte auf dem Bock hin und her, schlug einen Fuß an den anderen und zog mich oder Aljoschka ins Gespräch: ich hatte den Eindruck, daß er fürchtete, den Mut zu verlieren. Er hatte auch allen Grund dazu: seine Pferde waren zwar gut, doch der Weg wurde mit jedem Schritt beschwerlicher, und man sah, daß die Pferde immer weniger Lust zum Laufen hatten: Er mußte sie schon ab und zu mit Peitschenhieben ermuntern, und das Gabelpferd, ein kräftiges, großes, zottiges Pferd, war schon einigemal gestolpert; es zog zwar jedesmal vor Schreck mit starkem Ruck wieder an und warf den zottigen Kopf so hoch empor, daß er beinahe die Schellen berührte. Das rechte Nebenpferd, das ich unwillkürlich beobachtete, ließ zugleich mit der langen Quaste des Schwanzriemens, die an der Feldseite baumelte und hin und her sprang, merklich die Stränge herabhängen und verlangte nach der Peitsche; da es aber doch ein gutes, sogar feuriges Pferd war, ärgerte es sich, wie es schien, über seine eigene Schwäche und hob und senkte unwillig den Kopf, als wolle es, daß man die Zügel fester anziehe. Es war wirklich unheimlich anzusehen, wie Schneesturm und Frost immer stärker, die Pferde immer schwächer, der Weg immer schlechter wurde und wir gar nicht wußten, wo wir uns befanden und wie wir fahren sollten, um, wenn auch nicht zur Station, doch wenigstens zu irgendeinem Obdach zu gelangen; es war komisch und befremdend anzuhören, wie trotzdem unentwegt und heiter die Schellen klangen, wie munter und keck Ignaschka die Pferde anschrie, als ob wir an einem Feiertag, bei frostklarem, sonnigem Wetter auf der Dorfstraße spazieren führen; am seltsamsten war aber dabei der Gedanke, daß wir ununterbrochen und in schnellster Fahrt von der Stelle kamen. Ignaschka stimmte irgendein Lied an; er sang zwar mit ziemlich widerwärtiger Fistelstimme, aber so laut und mit so häufigen Pausen, die er mit Pfeifen ausfüllte, daß es beinahe unmöglich war, ängstlich zu werden, wenn man ihm zuhörte.

»He! He! Was brüllst du so, Ignat?«, erklang die Stimme des Ratgebers: »Halt eine Weile.«

»Was?«

»Ha-a-alt!«

Ignat hielt an. Wieder begann der Wind zu heulen und zu pfeifen, wählend die anderen Laute verstummten und der Schnee in größeren Mengen in den Schlitten wirbelte. Der Ratgeber ging zu uns heran.

»Was gibt's denn?«

»Was es gibt? Wohin fahren wir?«

»Wer weiß wohin!«

»Sind dir die Beine erfroren, daß du so trampelst?«

»Sie sind ganz steif.«

»Du solltest ein wenig gehen; dort sehe ich etwas wie ein Kalmückenlager. Geh hin, wirst dir dabei die Beine erwärmen.«

»Gut. Halt inzwischen die Pferde, hier sind die Zügel ...«

Und Ignat lief in der angegebenen Richtung fort.

»Man muß immer aufpassen und ab und zu auch ein wenig gehen; dann findet man auch was. Was soll man auch so ohne Weg und Steg fahren?«, wandte sich der Ratgeber an mich. »Sieh nur, wie er die Pferde in Schweiß gejagt hat!«

Während Ignat auf der Suche war – und das dauerte so lange, daß ich sogar schon fürchtete, er habe sich verirrt –, trug mir der Ratgeber in selbstbewußtem, ruhigem Ton vor, wie man sich bei einem

Schneesturm zu verhalten habe: wie man am besten das Pferd ausspannen und frei laufen lassen solle – es werde schon, so wahr Gott lebt, den richtigen Weg finden –, wie man sich auch nach den Sternen richten könne und wie gewiß wir schon auf der Station wären, wenn er und nicht Ignat die Führung hätte.

»Nun, hast du was gefunden?«, fragte er Ignat, als dieser, mit Mühe im beinahe kniehohen Schnee watend, zurückkam.

»Es ist wirklich etwas wie ein Kalmückenlager zu sehen«, antwortete Ignat ganz atemlos; »man weiß aber nicht, was für eines es ist. Ich glaube, wir sind gar in die Nähe des Pargolowschen Gutes geraten. Wir müssen mehr nach links fahren …«

»Was redest du für Unsinn! Das sind ja die Kalmückenlager, die hinter unserm Dorfe liegen«, entgegnete der Ratgeber.

»Ich sage nein!«

»Mir genügt ein Blick. Ich weiß schon, daß es doch so ist; und wenn nicht, so ist es Tamyschewskoje. Wir müssen mehr nach rechts halten, wir kommen dann gerade zur großen Brücke bei der achten Werst heraus.«

»Aber ich sag nein! Ich hab's ja gesehen!«, erwiderte Ignat ärgerlich.

»Ei, Bruder! Und du willst Fuhrmann sein!«

»Gewiß will ich einer sein! Geh mal selbst hin.«

»Was soll ich gehen! Ich weiß es auch so.«

Ignat wurde offenbar böse; ohne zu antworten, sprang er auf den Bock und trieb die Pferde an.

»Sieh mal an, die Füße sind mir so steif geworden, daß ich sie gar nicht mehr erwärmen kann«, sagte er zu Aljoschka, wobei er immer öfter die Beine aneinanderschlug und den Schnee, der sich in seinen Stiefelschäften angesammelt hatte, herausholte und abschüttelte. Mich überkam furchtbare Schläfrigkeit.

VIII

»Erfriere ich denn schon?«, dachte ich im Einschlafen. »Es heißt, das Erfrieren beginne immer damit, daß man einschläft. Ich möchte schon lieber ertrinken als erfrieren – mag man mich dann mit dem Netz herausziehen; übrigens ist es mir einerlei, ob ich erfriere oder ertrinke, wenn mich nur nicht dieser Stock, oder was es ist, im Rükken drückte, und wenn ich sanft einschlummern könnte.«

Ich schlummere für einen Augenblick ein.

»Doch wie wird das alles enden?«, sage ich mir plötzlich, für eine Minute die Augen öffnend und in den weißen Raum hinausblikkend. »Wie wird das alles enden? Wenn wir keine Heuschober finden und wenn die Pferde stehen bleiben, was anscheinend bald geschehen wird, werden wir wohl alle erfrieren.« Ich muß gestehen, obgleich ich mich auch etwas fürchtete, war doch der Wunsch, etwas Außergewöhnliches und einigermaßen Tragisches zu erleben, in mir noch stärker als die nicht allzu große Furcht. Es schien mir gar nicht so übel, wenn die Pferde uns erst gegen Morgen von selbst in irgendein fernes unbekanntes Dorf in halberfrorenem Zustande hinbrächten und wenn einige von uns sogar gänzlich erfroren wären. Ähnliche Gedanken gingen mir mit ungewöhnlicher Klarheit und Schnelligkeit durch den Kopf. Die Pferde bleiben stehen, der Wind häuft immer mehr und mehr Schnee an, und nun kann man von den Pferden nur die Ohren und die Krummhölzer sehen. Plötzlich erscheint irgendwo oben Ignaschka mit seiner Troika und fährt an uns vorüber.

Wir flehen ihn an und schreien, daß er uns mitnehmen möchte, doch der Wind trägt unsere Stimmen fort, und sie verhallen unhörbar. Ignaschka lacht, schreit etwas seinen Pferden zu, pfeift und entschwindet unseren Blicken in einem tiefen schneeverwehten Graben. Der Alte springt auf ein Pferd, schlenkert mit den Ellenbogen und will davonsprengen, kann sich aber nicht von der Stelle rühren; mein früherer Fuhrknecht mit der großen Mütze fällt über ihn her, zerrt ihn vom Pferde herunter und tritt ihn in den Schnee. »Du bist ein Hexenmeister!«, schreit er ihm zu: »Du kannst gotteslästerlich fluchen! Wollen wir zusammen herumirren!« Doch der Alte arbeitet sich mit dem Kopf aus dem Schneehaufen heraus; er ist nicht mehr der Alte, sondern ein Hase, und er rennt von uns fort. Alle Hunde rennen ihm nach. Der Ratgeber, der eigentlich Fjodor Filipytsch ist, sagt, wir möchten uns alle im Kreis herumsetzen; es mache nichts, wenn wir vom Schnee verweht würden: wir würden es dann wärmer haben. Es ist uns wirklich warm und gemütlich, nur haben wir Durst. Ich hole meine Reisetasche hervor, gebe allen Rum mit Zucker zu trinken und trinke auch selbst mit großem Behagen. Der Märchenerzähler erzählt irgendein Märchen vom Regenbogen, und da wölbt sich schon über uns eine Decke aus Schnee und ein Regenbogen. »Jetzt soll sich ein jeder im Schnee eine Kammer bauen, und dann wollen wir schlafen!«, sage ich. Der Schnee ist weich und warm wie Pelzwerk. Ich baue mir eine Kammer und will hineingehen; doch Fjodor Filipytsch, der in der Reisetasche mein Geld bemerkt hat, sagt: »Wart! Gib dein Geld her! Mußt ja sowieso sterben!«, und mit diesen Worten packt er mich am Bein. Ich gebe ihm mein ganzes Geld und bitte nur, man möchte mich loslassen; sie glauben mir aber nicht, daß dies mein ganzes Geld sei, und wollen mich töten. Ich ergreife die Hand des Alten und beginne sie mit unsagbarer Wonne zu küssen: die Hand ist zart und süß. Er will sie mir zuerst entreißen, überläßt sie mir aber dann und beginnt mich sogar mit der anderen Hand zu liebkosen. Doch da naht schon Fjodor Filipytsch und droht mir. Ich laufe in mein Zimmer; es ist aber kein Zimmer, sondern ein langer, weißer Korridor, und jemand hält mich an den Beinen fest. Ich reiße mich los. In der Hand dessen, der mich festhält, bleibt meine Kleidung und ein Teil meiner Haut zurück; doch ich empfinde nur Kälte und Scham – ich schäme mich um so mehr, als mir meine Tante mit dem Sonnenschirm und ihrer homöopathischen Apotheke, Arm in Arm mit dem Ertrunkenen, entgegenkommt. Sie lachen und verstehen die Zeichen nicht, die ich ihnen mache. Ich werfe mich in den Schlitten, meine Beine schleifen im Schnee nach, doch der Alte rennt, mit den Ellenbogen schlenkernd, hinterher. Er hat mich schon beinahe erreicht; da höre ich aber vor mir zwei Glocken läuten, und ich weiß, daß ich gerettet bin, wenn ich sie erreiche. Die Glocken tönen immer lauter und lauter; doch der Alte hat mich bereits eingeholt und ist mit dem Bauch über mein Gesicht gefallen, so daß ich das Glockengeläute kaum noch hören kann. Ich ergreife wieder seine Hand und beginne sie zu küssen; doch der Alte ist nicht mehr der Alte, sondern der Ertrunkene, und er schreit: »Ignaschka! Halt, da sind schon, scheint mir, die Heuschober von Achmetka! Geh mal hin und schau nach!« Das ist schon zu schrecklich. Nein, ich will lieber erwachen …

Ich öffne die Augen. Der Wind hat mir den Schoß von Aljoschkas Mantel übers Gesicht geworfen, und eines meiner Knie ist unbedeckt; wir fahren über eine nackte Eiskruste, und die Terz der Schellen mit der klirrenden Quinte tönt ungemein hell durch die Luft.

Ich schaue nach den Heuschobern; doch statt ihrer sehe ich, schon im Wachen, ein Haus mit einem Balkon und eine zackige Festungsmauer. Das Haus und die Festung interessieren mich recht wenig: Ich möchte viel lieber wieder den weißen Korridor, durch den ich gelaufen bin, sehen, die Kirchenglocken hören und die Hand des Alten küssen. Ich schließe wieder die Augen und schlafe ein.

IX

Ich schlief fest; doch ich hörte die ganze Zeit hindurch die Terz der Schellen, und sie erschien mir im Schlafe bald als ein Hund, der sich bellend auf mich stürzte, bald als eine Orgel, in der ich eine der Pfeifen war, bald als ein französisches Gedicht, das ich verfaßte. Bald erschien sie mir als ein Marterwerkzeug, mit dem mir jemand unaufhörlich die rechte Ferse zusammenpreßte. Der Schmerz war so stark, daß ich erwachte, die Augen öffnete und mir den Fuß rieb. Er begann bereits zu erfrieren. Um mich her war noch immer dieselbe helle, trübe, weiße Nacht. Der Schlitten rüttelte noch immer im selben Takt; derselbe Ignaschka saß seitwärts auf dem Bock und schlug die Beine aneinander; dasselbe Nebenpferd lief mit gestrecktem Hals, mit Mühe die Beine hebend, im Trabe durch den tiefen Schnee; die Quaste am Schwanzriemen sprang auf und nieder und schlug an den Bauch des Pferdes. Der Kopf des Gabelpferdes mit der im Wind flatternden Mähne wippte gleichmäßig auf und nieder, die an das Krummholz gebundenen Zügel bald spannend und bald lokker lassend. Doch alles das war noch mehr als früher vom Schnee verweht. Der Schnee wirbelte vorne, verschüttete rechts und links die Schlittenkufen und die Pferdebeine bis an die Knie und fiel von oben auf unsere Kragen und Mützen. Der Wind kam bald von rechts, bald von links, spielte mit meinem Kragen, mit den Schößen von Ignaschkas Mantel, mit der Mähne des Nebenpferdes und fuhr heulend durch das Krummholz und zwischen den Femerstangen.

Es war entsetzlich kalt geworden; kaum steckte ich den Kopf aus dem Mantelkragen hervor, als der trockene, eisige Schnee mir wirbelnd auf Augenwimpern, Mund und Nase fiel und hinter den Kragen drang; ringsumher war alles weiß, hell und schneeig, nichts als nebeliges Licht und Schnee. Ich bekam ernstlich Angst. Aljoschka schlief zu meinen Füßen auf dem Boden des Schlittens; sein ganzer Rücken war von einer dicken Schneeschicht bedeckt. Ignaschka ließ seinen Mut nicht sinken: er zog jeden Augenblick die Zügel an, stieß kurze Schreie aus und schlug die Beine aneinander. Die Schellen klangen noch immer wundervoll. Die Pferde schnaubten; sie stolperten immer öfter, liefen aber weiter, wenn auch etwas langsamer. Ignaschka sprang wieder auf, fuchtelte mit einem Handschuh und stimmte mit seiner dünnen Fistelstimme ein Lied an. Ohne das Lied zu Ende zu singen, hielt er plötzlich die Troika an, warf die Zügel über den Vorderteil des Schlittens und stieg aus. Der Wind heulte wütend; der Schnee fiel in unglaublichen Mengen auf unsere Mäntel. Ich blickte zurück: Die dritte Troika war nicht mehr hinter uns (sie war irgendwo zurückgeblieben). Ich konnte durch den Schneenebel sehen, wie der Alte am zweiten Schlitten von einem Fuß auf den anderen hüpfte. Ignaschka ging etwa drei Schritt zur Seite, setzte sich in den Schnee, löste seinen Gürtel und begann, sich die Stiefel auszuziehen.

»Was machst du da?«, fragte ich ihn.

»Ich muß die Fußlappen wechseln, denn mir sind beinahe die Füße abgefroren«, antwortete er mir, in seiner Beschäftigung fortfahrend.

Es war mir zu kalt, den Hals aus dem Kragen hervorzustecken, um zu sehen, wie er das machte. Ich saß gerade da und sah auf das Seitenpferd, das, ein Bein zurückgesetzt, müde den aufgebundenen schneebedeckten Schweif bewegte. Der Stoß, den Ignat dem Schlitten versetzte, als er auf den Bock sprang, weckte mich.

»Was gibt's, wo sind wir jetzt?«, fragte ich; »werden wir noch vor Tagesanbruch am Ziel sein?«

»Machen Sie sich keine Sorgen, wir werden Sie schon hinbringen«, gab er mir zur Antwort. »Jetzt, da ich die Fußlappen gewechselt habe, habe ich wunderbar warme Füße bekommen.«

Er fuhr los, die Schellen erklangen, der Schlitten begann wieder zu schwanken, und der Wind pfiff unter den Kufen hin. Und wir segelten weiter über das endlose Schneemeer.

X

Ich war fest eingeschlafen. Als Aljoschka mich weckte, indem er mich mit dem Fuß anstieß, und ich die Augen öffnete, war es schon Morgen. Der Frost schien noch stärker als in der Nacht. Von oben schneite es nicht mehr, doch der heftige trockene Wind wirbelte noch immer den Schneestaub im Feld empor, besonders aber unter den Hufen der Pferde und den Schlittenkufen. Der Himmel war rechts im Osten von einer bleiernen graublauen Farbe; doch immer heller und heller traten auf ihm grelle, rotgelbe schräge Streifen hervor. Über dem Kopf sah ich hinter den dahineilenden weißen, von der Morgenröte kaum gefärbten Wolken ein blasses Blau hervorschimmern; links waren die Wolken hell, leicht und beweglich. Ringsumher, so weit das Auge reichte, lag in der Steppe weißer, in scharf begrenzten Schichten aufgewehter, tiefer Schnee. Hier und da ragte ein grauer Erdhügel, über den unaufhörlich feiner trockener Schneestaub dahinwirbelte. Nirgends war eine Spur zu sehen, weder die eines Schlittens, noch eines Menschen, noch eines Tieres. Die Umrisse und die Farben des Kutscherrückens und der Pferde waren selbst auf weißem Hintergrund deutlich zu sehen … Der Rand von Ignaschkas dunkelblauer Mütze, sein Kragen, seine Haare und sogar seine Stiefel waren weiß. Der Schlitten war gänzlich verweht. Beim grauen Gabelpferd war die ganze rechte Hälfte des Kopfes und des Schopfes mit einer Schneekruste bedeckt; bei meinem Nebenpferd waren die Füße bis an die Knie verschneit und das ganze schweißige Hinterteil zottig geworden und rechts mit Schnee beklebt. Die Quaste hüpfte auf und nieder im Takte jeder Melodie, die mir gerade einfiel, und auch das Nebenpferd lief im gleichen Takt; man konnte nur an seinem eingefallenen Bauch, der sich oft hob und senkte, und an den herabhängenden Ohren erkennen, wie sehr es abgehetzt war. Ein einziger neuer Gegenstand lenkte meine Aufmerksamkeit auf sich: ein Werstpfahl, von dem der Schnee auf die Erde herabfiel; der Wind hatte zu seiner rechten Seite einen ganzen Berg angehäuft und warf noch immer den Pulverschnee von der einen Seite auf die andere. Es wunderte mich sehr, daß wir eine ganze Nacht, volle zwölf Stunden lang, mit denselben Pferden gefahren waren, ohne zu wissen wohin, mit öfteren Pausen, und schließlich doch irgendwo angelangt waren. Unsere Schellen schienen lustiger zu klingen. Ignat schlug jeden Augenblick seinen Mantel vorne zusammen und schrie die Pferde an; hinter uns schnaubten die Pferde und tönten die Schellen der Troikas des Alten und des Ratgebers; doch den Fuhrknecht, der geschlafen hatte, hatten wir endgültig hinter uns verloren. Nachdem wir noch eine halbe Werst weitergefahren waren, gerieten wir auf eine frische, noch kaum verwehte Spur einer Troika; hie und da waren auf dem Schnee hellrote Blutflecken zu sehen, wahrscheinlich von einem Pferde, das sich in die Eisen gehauen hatte.

»Das muß Philipp sein! Sieh mal an, er ist doch noch früher angekommen als wir!«, sagte Ignaschka.

Da steht schon auch am Wege mitten im Schnee ein einsames Häuschen mit einem Schilde; es ist fast bis an das Dach und an die Fenster verweht. Vor der Schenke steht ein Dreigespann von Grauschimmeln; sie sind von Schweiß zottig geworden und stehen mit gespreizten Beinen und traurig gesenkten Köpfen da. Vor der Tür ist gefegt; auch eine Schaufel steht da; doch der heulende Wind weht und wirbelt vom Dach immer neuen Schnee herab.

Auf unser Schellengeläute erscheint vor der Türe ein großer rothaariger Fuhrknecht mit einem Glas Branntwein in der Hand und ruft uns etwas entgegen. Ignaschka wendet sich zu mir um und bittet um Erlaubnis, zu halten. Da sehe ich zum ersten Male seine Fratze.

XI

Sein Gesicht war gar nicht dunkel, trocken und gradnasig, wie ich es nach seinem Haar und seiner Figur erwartet hatte. Es war eine runde, lustige, stumpfnasige Fratze mit großem Mund und hellblauen runden Augen. Die Wangen und der Hals waren rot, wie mit einem Tuchlappen abgerieben; die Augenbrauen, die langen Wimpern und der Flaum, der gleichmäßig den unteren Teil seines Gesichts bedeckte, waren mit Schnee verklebt und über und über weiß. Wir hatten bis zur Station nur noch eine halbe Werst zu fahren; wir hielten an.

»Mach es schnell ab«, sagte ich.

»In einer Minute«, antwortete Ignaschka, vom Bocke springend und auf Philipp zugehend.

»Gib her, Bruder«, sagte er, den rechten Handschuh und die Peitsche in den Schnee werfend. Dann warf er den Kopf zurück und stürzte in einem Zuge das Glas Schnaps hinunter, das ihm Philipp gereicht hatte.

Aus der Türe trat der Schankwirt, anscheinend ein gedienter Kosak, mit einer Schnapsflasche in der Hand.

»Wem soll ich einschenken?«, fragte er.

Der lange Wassilij, ein hagerer, blonder Kerl mit einem Ziegenbart, und der Ratgeber, ein dicker, mit weißen Wimpern und Augenbrauen und dichtem weißen Vollbart, der sein rotes Gesicht umrahmte, traten vor und tranken jeder ein Glas. Auch der Alte ging auf die Trinkenden zu, man schenkte ihm aber nicht ein; er ging zu seinen hinter dem Schlitten angebundenen Pferden und streichelte eines von ihnen über den Rücken und Hinterteil.

Der Alte sah genau so aus, wie ich ihn mir vorgestellt hatte: klein, hager, mit einem zusammengeschrumpften, blau angelaufenen Gesicht, einem dünnen Bärtchen, einer spitzen Nase und stumpfen gelben Zähnen. Er trug eine nagelneue Kutschermütze und dabei einen abgeschabten, mit Teer beschmierten und auf den Schultern und in den Schößen zerrissenen Halbpelz, der nicht einmal seine Knie und die hanfleinenen Unterhosen, die in den riesengroßen Filzstiefeln steckten, bedeckte. Er war ganz zusammengeschrumpft, hielt sich gekrümmt und machte sich, an allen Gliedern zitternd, am Schlitten zu schaffen, anscheinend, um sich zu erwärmen.

»Nun, Mitritsch, kauf dir doch ein Viertel! Das wird dich ordentlich erwärmen«, sagte ihm der Ratgeber.

Mitritsch zuckte zusammen. Er rückte den Schwanzriemen seines Pferdes und das Krummholz zurecht und ging auf mich zu.

»Nun, wie wär es, Herr«, sagte er mir, die Mütze von seinem grauen Haar ziehend und sich verbeugend. »Wir sind ja die ganze Nacht zusammen herumgeirrt, haben den Weg gesucht – ein Viertel könnten Sie schon spendieren. Wirklich, Väterchen, Durchlaucht!

Ich habe ja nichts, um mich zu erwärmen«, fügte er mit sklavischem Lächeln hinzu.

Ich schenkte ihm fünfundzwanzig Kopeken. Der Wirt brachte ein Viertel Schnaps und reichte es dem Alten. Er zog sich einen Handschuh aus, legte die Peitsche weg und streckte seine kleine dunkle, rauhe, etwas blau angelaufene Hand nach dem Glas aus; doch sein Daumen wollte ihm nicht gehorchen: er konnte das Glas nicht halten, ließ es in den Schnee fallen und verschüttete den ganzen Schnaps.

Alle Fuhrknechte brachen in schallendes Lachen aus.

»Seht doch, der Mitritsch ist so erfroren, daß er nicht einmal den Schnaps halten kann!«

Mitritsch war aber sehr traurig darüber, daß er den Schnaps verschüttet hatte.

Man schenkte ihm jedoch ein zweites Glas ein und goß es ihm in den Mund. Er wurde sofort lustig, machte einen Sprung in die Schenke, zündete sich die Pfeife an und begann mit seinen gelben stumpfen Zähnen zu grinsen und bei jedem Wort, das er sprach, unflätig zu schimpfen. Nachdem das letzte Viertel Schnaps ausgetrunken war, gingen die Fuhrknechte zu ihren Troikas, und wir fuhren weiter.

Der Schnee wurde immer weißer und blendender, so daß es den Augen weh tat, ihn anzusehen. Die orangefarbenen und roten Streifen am Himmel zogen immer höher und höher und wurden immer greller und greller; da kam auch schon am Horizonte hinter den graublauen Wolken die rote Sonnenscheibe zum Vorschein, und das Blau wurde leuchtender und dunkler. Vor dem Dorf waren auf der Landstraße deutliche, gelbliche Schlittenspuren zu sehen; stellenweise war der Weg ausgefahren und schlecht. In der frostigen herben Luft spürte ich eine eigentümliche angenehme Leichtigkeit und Frische.

Meine Troika lief sehr schnell. Der Kopf und der Hals des Gabelpferdes mit der um das Krummholz flatternden Mähne wippte schnell, fast immer genau an der gleichen Stelle, unterhalb der Liebhaberschellen, deren Zünglein an den Wandungen nicht mehr anschlugen, sondern nur schabten. Die kräftigen Nebenpferde hatten die hartgefrorenen schiefen Stränge angezogen und liefen energisch vorwärts; die Riemenquaste schlug gegen Bauch und Schwanzriemen. Zuweilen geriet eines der Nebenpferde von der eingefahrenen Straße in einen Schneehaufen und arbeitete sich geschickt heraus, uns die Augen mit Schnee verschüttend. Ignaschka schrie mit seiner lustigen Tenorstimme die Pferde an; der trockene Frost knirschte unter den Kufen; hinter uns klangen hell und festlich die Schellen und die trunkenen Rufe der Fuhrknechte der beiden anderen Schlitten. Ich blickte mich um: die grauen zottigen Nebenpferde sprangen mit gestrecktem Hals, den Atem gleichmäßig verhaltend, mit verhängten Zügeln durch den Schnee. Philipp schwang die Peitsche und rückte seine Mütze zurecht; der Alte lag noch immer mit hochgezogenen Beinen mitten im Schlitten.

Nach zwei Minuten knirschte der Schlitten über die vom Schnee gesäuberten Bretter der Stationsauffahrt; Ignaschka wandte mir sein schneeverwehtes, frostatmendes, lustiges Gesicht zu und sagte:

»Nun haben wir Sie doch an Ort und Stelle gebracht, Herr!«

LEINWANDMESSER

I

Immer höher und höher schien sich der Himmel zu heben, immer weiter breitete sich die Morgenröte aus, immer weißer wurde der matte Silberschimmer des Taues, immer glanzloser die Mondsichel, immer vernehmlicher das leise Rauschen des Waldes … Die Menschen begannen, sich vom Lager zu erheben, und im herrschaftlichen Gestüt hörte man immer häufiger Schnauben, Herumstampfen im Stroh und sogar zorniges, kreischendes Wiehern der Pferde, die sich zusammendrängten und um etwas stritten.

»Na, na! Immer Geduld! Seid wohl hungrig geworden?«, sagte der alte Pferdehüter, indem er rasch das knarrende Tor öffnete. »Wohin?«, schrie er und scheuchte eine Stute, die sich durch das Tor drängen wollte, mit dem ausgestreckten Arme zurück.

Der Pferdehüter Nestor trug einen Kosakenrock und um den Leib einen ledernen, rot ausgenähten Gurt; die Peitsche hatte er um die Schulter geschlungen; am Gurt hatte er einen Beutel mit Brot hängen. In den Händen hielt er einen Sattel und einen Reitzaum.

Die Pferde waren über den spöttischen Ton des Pferdehüters ganz und gar nicht erschrocken, fühlten sich auch nicht dadurch gekränkt; es sah aus, als ob sie sich gar nichts daraus machten, und sie gingen ruhig von dem Tore weg. Nur eine alte, dunkelbraune, langmähnige Stute legte das eine Ohr an und drehte sich schnell mit dem Hinterteil herum. In diesem Augenblicke kreischte eine junge Stute, die ganz hinten stand, und die das Ganze gar nichts anging, laut auf und schlug mit den Hinterfüßen gegen das erste beste Pferd, das in ihrer Nähe war, aus.

»Na, na!«, schrie der Pferdehüter noch lauter und drohender und begab sich in eine Ecke des Hofes.

Von allen Pferden, die sich auf dem Hofe befanden (es mochten ihrer etwa hundert sein), zeigte die geringste Ungeduld ein scheckiger Wallach, der allein für sich da in der Ecke unter dem Vordach eines Schuppens stand und, die Augen halb zukneifend, an einem eichenen Pfosten des Schuppens leckte.

Es war schwer zu sagen, welchen Genuß der scheckige Wallach daran fand; aber er machte, während er das tat, eine ernste, nachdenkliche Miene.

»Was machst du da für Dummheit!«, rief ihm der herantretende Pferdehüter in demselben Tone zu; dann legte er den Sattel und die fettglänzende Schweißdecke neben ihn auf einen Düngerhaufen.

Der scheckige Wallach hörte auf zu lecken und sah, ohne sich zu regen, den Pferdehüter lange an. Er lachte nicht, er wurde nicht zornig, er machte keine finstere Miene; sondern er schüttelte sich nur mit dem ganzen Leibe und wandte sich mit einem schweren, tiefen Seufzer ab. Der Pferdehüter faßte ihn um den Hals und legte ihm den Reitzaum an.

»Was hast du denn zu seufzen?«, sagte Nestor.

Der Wallach schwenkte den Schweif, als wollte er sagen: »Ach, ich habe das bloß so in Gedanken getan; etwas Besonderes habe ich nicht, Nestor!« Nestor legte ihm die Schweißdecke und den Sattel auf, wobei der Wallach die Ohren an den Kopf legte, doch wohl um sein Mißvergnügen auszudrücken; aber er wurde dafür nur »Du Aas!« geschimpft, und der Untergurt wurde festgezogen.

Dabei blies der Wallach sich auf; aber Nestor steckte ihm einen Finger in das Maul und stieß ihn mit dem Knie gegen den Bauch, so daß er ausatmen mußte. Trotzdem legte er, als dann Nestor den Obergurt mit den Zähnen anzog, noch einmal die Ohren zurück und sah sich sogar um. Obgleich er wußte, daß ihm das nichts half, hielt er es doch für notwendig, zum Ausdruck zu bringen, daß ihm das unangenehm sei und daß er es sich nicht nehmen lasse, das zu zeigen. Als er gesattelt war, setzte er den geschwollenen rechten Vorderfuß seitwärts heraus und begann am Gebiß zu kauen, auch wieder mit irgendeinem besonderen Hintergedanken; denn daß das Gebiß keinen Geschmack habe, mußte er schon lange wissen.

Nestor stieg mittels des kurzen Steigbügels auf den Wallach, wikkelte die Peitsche los, zog seinen Rock unter dem Knie hervor, setzte sich auf dem Sattel in der besonderen Art der Kutscher, Jäger und Pferdehüter zurecht und zog die Zügel an. Der Wallach hob den Kopf in die Höhe und bekundete damit seine Bereitwilligkeit, zu gehen, wohin es ihm befohlen würde, rührte sich aber nicht vom Fleck. Er wußte, daß, ehe es losging, sein Reiter noch ein großes Geschrei vollführen und dem anderen Pferdehüter Waska und den Pferden noch allerlei Weisungen erteilen werde. Und wirklich begann Nestor zu schreien: »Waska! He, Waska! Hast du auch die Mutterstuten herausgelassen? Wohin gehst du denn, verfluchter Kerl? Hoho! Du schläfst wohl … Mach das Tor auf! Laß die Mutterstuten vorangehen«, usw.

Das Tor knarrte. Verdrossen und schläfrig stand Waska, ein Pferd am Zügel haltend, beim Pfosten und ließ die Pferde hinaus. Die Pferde, behutsam durch das Stroh schreitend und daran schnuppernd, gingen nacheinander hinaus: junge Stuten, jährige Hengste mit kurzgeschnittenen Mähnen, Saugfohlen und schwerfällige Mutterstuten, diese einzeln und vorsichtig ihre Leiber durch das Tor hindurchtragend. Die jungen Stuten drängten sich mitunter zu zweien und dreien zusammen, legten eins der anderen den Kopf auf den Rücken und beschleunigten ihren Gang im Tore, wofür sie jedesmal von den Pferdehütern mit Schimpfworten bedacht wurden. Die Saugfohlen liefen manchmal zu den Beinen fremder Mutterstuten hin und wieherten hell auf als Antwort auf den kurzen Lockruf ihrer Mütter.

Eine junge übermütige Stute bog, sobald sie das Tor passiert hatte, den Kopf nach unten und zur Seite, sprang mit dem Hinterteil in die Höhe und kreischte auf; aber sie wagte doch nicht, der alten grauen Fliegenschimmelstute Schuldüba vorzulaufen, die mit ruhigem, schwerfälligem Schritt, den Bauch nach rechts und nach links schaukelnd, würdevoll wie immer allen Pferden voranging.

Nach einigen Minuten lag der vorher so belebte Hof traurig verödet da. Trübselig ragten die Pfosten unter dem leeren Vordach auf, und es war nur zertretenes, mit Mist untermengtes Stroh zu sehen. Wenn auch diese Verödung dem scheckigen Wallach ein längst gewohntes Bild war, so schien sie ihn doch traurig zu stimmen. Langsam, als ob er Verbeugungen machte, senkte und hob er den Kopf, seufzte, soweit es ihm der fest angezogene Sattelgurt erlaubte, und wanderte hinkend mit seinen krummen Beinen, die gar nicht auseinandergehen wollten, hinter der Herde her, indem er den alten Nestor auf seinem knochigen Rücken trug.

»Ich weiß schon: sobald wir auf die Landstraße hinauskommen, wird er Feuer schlagen und sein hölzernes Pfeifchen mit dem Kupferbeschlag und dem Kettchen anzünden«, dachte der Wallach. »Ich freue mich darüber, weil früh morgens, wenn alles betaut ist, dieser Geruch mir zusagt und mancherlei angenehme Erinnerungen bei mir wachruft. Verdrießlich ist nur, daß der Alte, sobald er die Pfeife zwischen den Zähnen hat, in allerlei wunderliche Phantasien über sich selbst hineingerät, sich wie ein Held vorkommt und sich schief setzt, unbedingt schief; und gerade auf der Seite, wo er sich hinsetzt, tut es mir weh. Aber mag er es meinetwegen tun; es ist mir nichts Neues, um des Vergnügens anderer willen zu leiden; ich finde sogar schon eine Art von Pferdevergnügen darin. Mag er sich ein Held dünken, der arme Kerl! Er spielt ja die Rolle des Tapferen nur sich selber vor, wenn ihn niemand sieht; meinetwegen mag er auch schief sitzen!« So reflektierte der Wallach und trottete, vorsichtig mit den krummen Beinen auftretend, in der Mitte der Landstraße dahin.

II

Nachdem Nestor die Herde zum Fluß getrieben hatte, an welchem die Pferde weiden sollten, stieg er von dem Wallach herunter und nahm ihm den Sattel ab. Unterdessen fing die Herde schon an, sich langsam über die noch nicht zertretene Wiese zu verteilen, die mit Tau bedeckt und von dem Dunst überzogen war, der sowohl von ihr wie von dem sie zum Teil umgebenden Fluß aufstieg.

Nestor nahm dem scheckigen Wallach den Zaum ab und kratzte das Tier unter dem Hals; als Antwort darauf schloß der Wallach zum Zeichen der Dankbarkeit und des Vergnügens die Augen. »Das hat er gern, der alte Hund!«, sagte Nestor. Indessen liebte der Wallach dieses Kratzen ganz und gar nicht und tat nur aus Zartgefühl so, als ob es ihm angenehm sei. Er schüttelte ein wenig mit dem Kopf, um sein Einverständnis auszudrücken. Aber plötzlich, ganz unerwartet und ohne jede Ursache, stieß Nestor, vielleicht in der Annahme, eine allzu große Familiarität könne den scheckigen Wallach zu falschen Vorstellungen von seinem Wert bringen, ohne jede Vorbereitung den Kopf des Wallachs von sich, holte mit dem Zügel aus und schlug den Wallach mit der Schnalle des Zügels sehr schmerzhaft gegen das magere Bein. Dann ging er, ohne ein Wort zu sagen, die Anhöhe hinan zu dem Baumstumpf, bei dem er zu sitzen pflegte.

Obgleich diese Behandlung den scheckigen Wallach kränkte, ließ er es sich doch nicht merken und ging, indem er langsam den dünnhaarigen Schweif hin und her schwenkte, ab und zu an etwas schnupperte und, nur um sich zu zerstreuen, hier und da etwas Gras abrupfte, zum Flusse hin. Er blickte mit keinem Auge danach hin, was um ihn her die jungen Stuten, die jährigen Hengste und die Füllen in ihrer Freude über den schönen Morgen anstellten, und da er wußte, daß es, namentlich in seinem Alter, das gesündeste sei, zuerst auf nüchternen Magen einen tüchtigen Schluck zu trinken und dann erst zu fressen, so suchte er sich am Ufer einen geräumigen, sanft abgedachten Platz, trat so weit in den Fluß, daß er sich die Hufe und das Kötenhaar benetzte, steckte sein Maul in das Wasser und begann, es mit seinen zerrissenen Lippen einzusaugen, die sich allmählich füllenden Seiten sachte zu bewegen und mit der kahlen Rübe des dünnen, scheckigen Schweifes zu wedeln.

Eine braune, mutwillige Stute, die den Alten immer hänselte und ihm allerlei Schabernack spielte, kam auch hier beim Wasser zu ihm heran, als ob sie gleichfalls trinken wollte, in Wirklichkeit aber nur, um ihm das Wasser vor seiner Nase zu trüben. Aber der Schecke hatte sich schon satt getrunken und zog, wie wenn er die Absicht der braunen Stute gar nicht bemerkte, seine Beine, die tief in den weichen Boden eingesunken waren, ruhig eines nach dem anderen heraus, schüttelte mit dem Kopfe, ging ein wenig abseits von der Jugend und machte sich daran, zu fressen. Indem er die Beine auf mannigfache Weise auseinanderspreizte und es so vermied, unnötig viel Gras zu zertreten, fraß er, fast ohne jemals den Kopf in die Höhe zu heben, drei volle Stunden lang. Nachdem er sich so vollgefressen hatte, daß ihm der Bauch wie ein Sack von den mageren, derben Rippen herunterhing, stellte er sich gleichmäßig auf alle seine vier kranken Beine, um möglichst wenig Schmerz zu haben, besonders im rechten Vorderfuß, der der schwächste von allen war. Dann schlief er ein.

Es gibt ein würdevolles Greisenalter, es gibt ein häßliches und es gibt ein klägliches Greisenalter. Mitunter kommt es auch vor, daß ein Greisenalter häßlich und würdevoll zugleich ist. Das Greisenalter des scheckigen Wallachs war gerade von dieser Art.

Der Wallach war von hohem Wuchs, nicht kleiner als zwei Arschin drei Werschok. Von Farbe war er schwarzscheckig; oder vielmehr er war einstmals so gewesen; aber jetzt waren die schwarzen Flecke schmutzigbraun geworden. Solcher dunklen Flecke hatte er drei: der eine war am Kopf mit einer schiefen Blesse an der Seite der Nase, und reichte bis zur Mitte des Halses. Die lange Mähne, die ganz voll Kletten saß, war an manchen Stellen weiß, an anderen braun. Der zweite Fleck zog sich an der rechten Seite hin bis zur Mitte des Bauches; der dritte befand sich auf der Kruppe, umfaßte noch den oberen Teil des

Schwanzes und reichte bis zur Mitte der Schenkel. Der übrige Teil des Schwanzes war weißlichbunt. Der große, knochige Kopf mit den tiefen Einsenkungen über den Augen und der herabhängenden, bei irgendeinem Anlaß eingerissenen schwarzen Unterlippe hing schwer und tief an dem vor Magerkeit krummen, wie von Holz aussehenden Hals zum Boden hinunter. Hinter der herabhängenden Lippe wurden die seitlich zwischen die Zähne geklemmte, schwärzliche Zunge und die gelben Reste der durch das Kauen fast ganz zerstörten Unterzähne sichtbar. Die Ohren, von denen das eine zerschnitten war, hingen tief nach den Seiten herab und bewegten sich nur von Zeit zu Zeit lässig, um die zudringlichen Fliegen zu verscheuchen. Ein langer Büschel Schopfhaar hing hinter dem einen Ohr herab; die unbedeckte Stirn war eingesunken und rauh; an den breiten Unterkiefern hing die Haut beutelförmig herunter. Am Hals und am Kopf schlangen sich die Adern in Knoten zusammen, die bei jeder Berührung durch eine Fliege zuckten und zitterten. Das Gesicht trug den Ausdruck ernster Geduld, tiefen Nachdenkens und schmerzlichen Leidens.

Seine Vorderfüße waren an den Knien bogenförmig gekrümmt; an beiden Hufen waren Geschwülste; und an dem einen Vorderbein, an welchem der farbige Fleck bis zur Mitte herabreichte, befand sich beim Knie eine faustgroße Beule. Die Hinterbeine waren etwas weniger defekt, aber an den Schenkeln, offenbar schon seit langer Zeit, abgescheuert, und Haar wuchs an diesen Stellen nicht mehr nach. Alle Beine erschienen bei der Magerkeit der ganzen Gestalt unverhältnismäßig lang. Die Rippen waren zwar derb und kräftig, lagen aber offen sichtbar da und waren so straff von der Haut überspannt, daß es aussah, als sei diese in den Vertiefungen zwischen ihnen angetrocknet. Widerrist und Rücken waren ganz übersät mit den Spuren alter Hiebe, und hinten war noch eine frische geschwollene Stelle, die sich zwar schon mit einem Schorfe überzog, aber noch eiterte; die schwarze Rübe des Schwanzes mit den deutlich erkennbaren Wirbeln ragte lang und beinah kahl hervor. Auf der braunen Kruppe, nicht weit vom Schwanz, befand sich eine mit weißen Haaren bewachsene handgroße Wunde, die anscheinend von einem Biß herrührte. Eine andere, schon vernarbte Wunde war vorn am Schulterblatt sichtbar. Die Hinterbeine und der Schweif waren infolge der steten Magenverstimmung unsauber. So kurz das Haar des Felles war, so stand es doch am ganzen Körper struppig in die Höhe.

Aber trotz des abschreckenden Aussehens, welches das Greisenalter diesem Pferde verliehen hatte, konnte man, wenn man es betrachtete, unwillkürlich nachdenklich werden, und ein Kenner hätte sofort gesagt, das müsse seinerzeit ein auffallend schönes Pferd gewesen sein. Ein Kenner hätte sogar gesagt, daß es in Rußland nur einen Schlag gebe, der ein so breites Knochengerüst aufweisen könne und so gewaltige Schenkelknochen und solche Hufe und so schlanke Beine und eine solche Aufsetzung des Halses und vor allen Dingen eine solche Schädelbildung und so große, schwarze, leuchtende Augen und so rassige Aderklümpchen an Kopf und Hals und eine so feine Haut und eine so feine Behaarung.

In der Tat, es lag etwas Würdevolles in der Gestalt dieses Pferdes und in dieser furchtbaren Vereinigung einerseits der abstoßenden Merkmale der Gebrechlichkeit, deren Eindruck durch die Buntscheckigkeit des Felles noch erhöht wurde, und andererseits seiner Gebärden und Manieren und des Ausdrucks von Selbstvertrauen und ruhigem Bewußtsein der eigenen Schönheit und Kraft.

Wie eine lebende Ruine stand das Tier einsam mitten auf der tauigen Wiese, und unweit von ihm erscholl das Stampfen, das Schnauben und das jugendfrohe Wiehern und Kreischen der weit zerstreuten Herde.

III

Schon stieg die Sonne über den Wald empor, und ihre Strahlen blitzten hell auf dem Grase und auf der Oberfläche des sich krümmenden Flusses. Der Tau trocknete und sammelte sich in Tropfen;

wie leichter Rauch verschwand der letzte Morgennebel. Krause Wölkchen erschienen am Himmel; aber es ging noch kein Wind. Jenseits des Flusses stand dicht und straff grüner Roggen, der bereits Ähren ansetzte, und es roch nach frischem Grün und Blumen. Aus dem Walde rief der Kuckuck, mitunter dazwischen heiser krächzend, und Nestor zählte, lang auf dem Rücken liegend, wie viele Jahre er noch leben werde. Die Lerchen erhoben sich über dem Roggenfeld und über der Wiese in die Luft. Ein Hase, der sich verspätet hatte, war zwischen die Pferdeherde geraten, rettete sich in großen Sprüngen ins Freie, setzte sich bei einem Busch hin und horchte. Waska schlief, den Kopf mit dem Gesicht ins Gras gedrückt; die jungen Stuten zogen sich ringsumher noch weiter von ihm fort und zerstreuten sich in der Niederung; auch die älteren Stuten schritten weiter, ab und zu schnaubend und eine helle Spur im Tau hinter sich lassend, und wählten sich immer solche Stellen aus, wo sie niemand stören konnte; aber sie weideten nicht mehr, sie fraßen nur zum Vergnügen manchmal ein paar schmackhafte Halme. Die ganze Herde bewegte sich unmerklich nach einer Richtung hin.

Wieder war es die alte Schuldüba, welche, würdevoll den anderen voranschreitend, ihnen klarmachte, daß man weiter weggehen könne. Die junge Rappstute Muschka, die zum erstenmal gefohlt hatte, wieherte beständig, hob den Schweif und schnob ihrem lilafarbenen Füllen zu; die junge Atlasnaja, mit dem glatten, glänzenden Fell, senkte den Kopf so tief herab, daß der schwarze, seidige Haarschopf ihr die Stirn und die Augen bedeckte, spielte mit dem Gras, indem sie Hälmchen ausriß und wieder fallen ließ, und stampfte mit dem taufeuchten Fuß auf, an dem das Kötenhaar einen dichten Büschel bildete. Eines der älteren Saugfohlen mochte sich wohl ein neues Spiel ersonnen haben: Das kurze, krause Schwänzchen wie einen Helmbusch aufrichtend, jagte es schon zum sechsundzwanzigsten Male im Kreis um seine Mutter herum, welche den Charakter ihres Sohnes schon hinreichend zu kennen schien, ruhig das Gras abrupfte und nur ab und zu mit dem großen schwarzen Auge von der Seite nach dem Fohlen hinblickte.

Eines der kleinsten Saugfohlen, ein schwarzes, dickköpfiges Tierchen, mit einem wie verwundert zwischen den Ohren aufstarrenden Haarschopf und einem kurzen Schwänzchen, das sich noch nach der Seite krümmte, nach der es im Mutterleib gekrümmt gewesen war, richtete die Ohren auf und schaute, ohne sich von der Stelle zu rühren, mit stumpfblickenden Augen unverwandt nach einem anderen Fohlen hin, welches immer einen Sprung machte und dann wieder rückwärts ging; es blieb unklar, ob das zuschauende Tierchen von Neid erfüllt war oder sich überlegte, warum sich das andere wohl so benehme. Einige Fohlen sogen, die Mäuler unter die Mütter schiebend; andere liefen, aus unerfindlichem Grund, trotz aller Zurufe der Muttertiere, in kleinem, ungeschicktem Trab geradeswegs von diesen fort, als ob sie etwas suchen wollten, und blieben dann, wieder aus nicht erkennbarer Ursache, stehen und stießen ein lautes, verzweifeltes Gewieher aus; andere lagen, in einer Reihe hingestreckt, auf der Seite da; andere lernten Gras fressen; andere kratzten sich mit einem Hinterfuß hinter dem Ohr. Zwei noch trächtige Stuten gingen abgesondert; langsam die Beine bewegend, fraßen sie immer noch. Es war nicht zu verkennen, daß ihr Zustand von den anderen respektiert wurde und keines von den jüngeren Tieren an sie heranzukommen und sie zu stören wagte. Und wenn ja eine übermütige Stute sich beikommen ließ, sich ihnen zu nähern, so genügte eine Bewegung des Ohres oder des Schweifes, um ihr die ganze Unziemlichkeit ihres Benehmens zum Bewußtsein zu bringen.

Die jährigen Hengste und die jährigen Stuten taten so, als wären sie schon ausgewachsene Tiere von gesetztem Charakter; nur selten erlaubten sie sich, ein paar Sprünge zu machen und sich an lustige Gesellschaft anzuschließen. Ihre Schwanenhälschen mit den geschorenen Mähnen hinabbiegend, fraßen sie mit Anstand ihr Gras und schwenkten, als ob sie auch schon Schweife hätten, mit ihren Pinselchen umher. Ganz wie die Großen legten sich manche nieder, wälzten sich oder kratzten einander. Die lustigste Gesellschaft bestand aus den zwei- und dreijährigen ledigen Stuten. Sie gingen fast alle in einem gesonderten Trupp, eine fröhliche Mädchenschar. Aus diesem Trupp hörte man Stampfen, Kreischen, Wiehern und Schnauben. Sie drängten sich zusammen, legten einander die Köpfe auf die Schultern, beschnupperten sich, sprangen in die Höhe und liefen manchmal mit erhobenem Schweif, halb im Trab, halb im Paßgang, stolz und kokett vor ihren Genossinnen her. Die schönste und zugleich die Rädelsführerin unter dieser ganzen Jugend war eine mutwillige braune Stute. Was sie angab, das machten die anderen nach; wo sie hinging, dahin folgte ihr der ganze Haufen der Schönen. Diese Übermütige war an diesem Morgen zu allerlei Spielen ganz besonders aufgelegt. Es war eine lustige Laune über sie gekommen, wie das ja auch bei Menschen vorkommt. Schon an der Tränke hatte sie den alten Wallach geneckt; dann lief sie am Wasser entlang, tat, als ob sie vor etwas erschrocken wäre, prustete und lief, so schnell ihre Beine sie tragen konnten, ins Feld hinaus, so daß Waska ihr und den anderen, die sich ihr angeschlossen hatten, nachgaloppieren mußte. Nachdem sie dann ein bißchen gefressen hatte, fing sie an, sich umherzuwälzen; darauf foppte sie die alten Stuten dadurch, daß sie vor ihnen herging; dann trieb sie ein Füllen beiseite und lief hinter ihm her, als ob sie es beißen wollte. Die Mutter erschrak und hörte auf zu fressen; das Füllen schrie mit kläglicher Stimme; aber die übermütige Stute rührte es überhaupt nicht an; sie hatte es nur erschrecken und ihren Genossinnen, die mit großem Interesse ihre Schelmenstreiche als Zuschauerinnen verfolgten, ein Schauspiel darbieten wollen. Dann kam sie auf den Einfall, einem kleinen Grauschimmel in der Ferne, jenseits des Flusses bei dem Roggenfeld, den Kopf zu verdrehen; auf diesem Pferdchen ritt dort ein Bauer; der Pflug schleifte hinterher. Sie stellte sich in stolzer Haltung, ein wenig zur Seite gewendet, hin, hob den Kopf in die Höhe, schüttelte sich und ließ ein süßes, zärtliches, langgedehntes Wiehern erschallen. Mutwille und tiefe Empfindung und eine gewisse Traurigkeit kamen in diesem Wiehern zum Ausdruck. Auch Sehnsucht und Liebesverheißung und Liebeskummer lagen darin.

Dort rief im dichten Schilf, von einer Stelle zur anderen laufend, leidenschaftlich ein Wachtelkönig seine Gefährtin zu sich; dort ließen der Kuckuck und die Wachtel ihren Liebesruf erklingen und die Blumen sandten durch den Wind ihren duftenden Blütenstaub einander zu.

»Auch ich bin jung und schön und stark«, sagte das Wiehern der übermütigen Stute. »Aber es ist mir bisher nicht vergönnt gewesen, die Süßigkeit jenes Gefühles zu kosten, ja, es hat mich überhaupt noch kein Liebhaber gesehen, wahrhaftig noch kein einziger.«

Und das vielsagende Gewieher klang voll jugendlicher Sehnsucht über die Niederung und das Feld dahin und gelangte aus der Ferne zu dem grauen Pferdchen. Dieses lichtete die Ohren auf und blieb stehen. Der Bauer versetzte ihm einen Stoß mit seinem in einem Bastschuh steckenden Fuße; aber der Grauschimmel war wie bezaubert von dem silberhellen Klang des fernen Wieherns und wieherte zur Antwort gleichfalls. Der Bauer wurde zornig, riß ihn an den Zügeln und stieß ihn mit dem Fuß so heftig gegen den Bauch, daß er sein Gewieher nicht zu Ende bringen konnte und weiterging. Aber dem Grauschimmel war gar süß und sehnsuchtsvoll zumute geworden, und noch lange drangen von den fernen Roggenfeldern die Töne eines ansetzenden leidenschaftlichen Wieherns und dann die zornigen Schimpfworte des Bauern zu der Pferdeherde herüber.

Wenn schon von dem bloßen Klang dieser Stimme der Grauschimmel sich so hingerissen fühlte, daß er seine Pflicht vergaß, was wäre dann erst mit ihm geschehen, wenn er die mutwillige Schöne in ihrer ganzen Gestalt gesehen hätte, wie sie die Ohren spitzte, die Nüstern aufblähte, die Luft einzog und, von unbestimmter Begierde getrieben und an dem ganzen jungen, schönen Leibe zitternd, nach ihm rief?

Aber die Übermütige dachte nicht lange über den Eindruck nach, den sie hervorgerufen hatte. Als die Stimme des Grauschimmels verstummt war, wieherte sie noch einmal spöttisch, bog den Kopf herunter, grub mit einem Fuß in der Erde und ging dann hin, um den scheckigen Wallach aufzuwecken und zu foppen. Der scheckige Wallach war stets das arme Opfer, das von diesen glücklichen jungen Tieren gehänselt und gepeinigt wurde. Er hatte von diesen jungen Tieren mehr zu leiden als von den Menschen. Er selbst tat weder den einen noch den anderen Übles. Die Menschen bedienten sich seiner und mißhandelten ihn bei diesem Anlaß; aber warum quälten ihn die jungen Pferde?

IV

Er war alt, sie waren jung; er war mager, sie waren wohlgenährt; er war traurig, sie waren vergnügt. Folglich war er ein ganz fremdes, ganz andersartiges Wesen, und sie konnten mit ihm kein Mitleid haben. Die Pferde haben nur mit sich selbst Mitleid und außerdem nur noch mitunter mit denjenigen, in deren Haut sie sich mit Leichtigkeit hineindenken können. Aber es war doch nicht des scheckigen Wallachs eigene Schuld, daß er alt und dürr und mißgestaltet war.

Man möchte meinen, daß es nicht seine eigene Schuld war; aber nach der Anschauung der Pferde war es allerdings seine eigene Schuld, und nach dieser Anschauung waren immer nur diejenigen im Recht, die stark, jung und glücklich waren, diejenigen, die noch das ganze Leben vor sich hatten, diejenigen, bei denen in übermütiger Anstrengung jeder Muskel zitterte und der Schweif sich steif in die Höhe hob. Vielleicht sah das auch der scheckige Wallach selbst ein und gab in ruhigen Augenblicken selbst zu, daß es seine eigene Schuld sei, wenn er sein Leben schon hinter sich hatte, und daß er nun dafür büßen müsse; aber er war doch bei alledem ein Pferd und konnte sich oft eines Gefühls der Kränkung, des Kummers und des Unwillens nicht erwehren, wenn er all dieses junge Volk ansah, das ihn sein Greisenalter so schwer entgelten ließ, obwohl es doch diesem selben Greisenalter gleichfalls am Ende des Lebens verfallen mußte. Ein weiterer Grund für die Mitleidslosigkeit der Pferde war auch ein gewisses aristokratisches Gefühl. Jedes von ihnen führte seinen Stammbaum väterlicherseits oder mütterlicherseits auf die berühmte Smetanka zurück; von dem Schecken aber wußte niemand, wo er herstammte; der Schecke war so ein Hergelaufener, der vor drei Jahren auf dem Jahrmarkt für achtzig Rubel Papier gekauft war.

Die braune Stute ging, als wenn sie nur so umherpromenierte, bis dicht an die Nase des scheckigen Wallachs und versetzte ihm dann einen Stoß. Er wußte schon, wie das gemeint war, und legte, ohne die Augen aufzumachen, die Ohren an den Kopf und fletschte die Zähne. Die Stute drehte ihm ihr Hinterteil zu und machte Miene, nach ihm zu schlagen. Er öffnete die Augen und ging weg nach einer anderen Stelle. Zum Schlafen hatte er keine Lust mehr; so begann er denn zu fressen. Wieder kam die übermütige Stute, von ihren Freundinnen begleitet, zu dem Wallach hin. Eine zweijährige Stute mit einer Blesse, ein sehr dummes Tier, das der Braunen alles nachmachte und in allen Stücken ihre folgsame Schülerin war, kam mit ihr zusammen heran und begann, wie das Nachahmer stets tun, das, was die Braune tat, noch zu überbieten. Die braune Stute pflegte heranzukommen, als ob sie nur mit sich selbst beschäftigt wäre, und bei dem Wallach dicht vor seiner Nase vorbeizugehen, ohne ihn anzusehn, so daß er wirklich nicht wußte, ob er zornig werden sollte oder nicht, und das wirkte dann in der Tat komisch.

So machte das die braune Stute auch jetzt; aber die Blesse, welche hinter ihr ging und besonders ausgelassen war, gab dem Wallach geradezu einen Stoß mit der Brust. Dieser fletschte wieder die Zähne, kreischte auf, stürzte mit einer Geschwindigkeit, die man ihm gar nicht zugetraut hätte hinter ihr her und biß sie in die Lende. Die Blesse schlug mit beiden Hinterfüßen aus und traf den Alten schwer auf die mageren, kahlen Rippen. Der Alte röchelte ordentlich vor Schmerz; er wollte sich noch einmal auf sie stürzen, dann aber bedachte er sich eines anderen, seufzte schwer auf und ging zur Seite.

Das ganze junge Volk der Herde schien die Dreistigkeit, die sich der scheckige Wallach gegen die Blesse herausgenommen hatte, als eine persönliche Beleidigung aufzufassen; sie ließen ihn den ganzen übrigen Tag absolut nicht mehr fressen und gönnten ihm keinen Augenblick der Ruhe, so daß der Pferdehüter mehrmals einschreiten mußte und gar nicht begreifen konnte, was ihnen eigentlich in den Kopf gekommen war.

Der Wallach war so niedergeschlagen, daß er von selbst zu Nestor hinging, als der Alte sich anschickte, die Herde wieder nach Hause zu treiben, und er fühlte sich glücklicher und ruhiger, als Nestor ihn sattelte und aufstieg.

Gott weiß, welche Gedanken den alten Wallach erfüllten, als er auf seinem Rücken den alten Nestor nach Hause trug – ob er voll Bitterkeit an das freche, grausame junge Volk dachte oder mit jenem verächtlichen, schweigsamen Stolz, wie er dem Alter eigen ist, seinen Beleidigern vergab; jedenfalls ließ er seine Empfindungen nicht kund werden, bis sie zu Hause waren.

An diesem Abend hatte Nestor Besuch von Gevattersleuten bekommen, und als er die Herde an den zum Gestüt gehörigen kleinen Wohnhäusern vorbeitrieb, bemerkte er einen Wagen mit einem Pferd, das vor seiner Haustür angebunden war. Nachdem er die Herde hineingetrieben hatte, hatte er es so eilig, daß er den Wallach, ohne ihm den Sattel abzunehmen, in den Hof ließ, seinem Kameraden Waska zurief, er solle ihn absatteln, das Tor zumachte und zu seinen Gevattersleuten ging. Ob nun deswegen, weil der Blesse, einer Urenkelin der berühmten Smetanka, von diesem »schäbigen Subjekt«, das auf dem Pferdemarkte gekauft war und weder Vater noch Mutter kannte, eine Beleidigung zugefügt und dadurch das aristokratische Empfinden des ganzen Gestütes verletzt war, oder weil der Wallach mit dem hohen Sattel ohne Reiter den Pferden ein seltsames, phantastisches Schauspiel bot – genug, es ereignete sich in dieser Nacht auf dem Pferdehof etwas Ungewöhnliches. Alle Pferde, junge und alte, liefen zähnefletschend hinter dem Wallach her und

jagten ihn auf dem Hof herum. Man hörte das Dröhnen der Hufschläge gegen seine mageren Flanken und das schwere Ächzen des Getroffenen. Der Wallach konnte das nicht mehr ertragen und konnte den Hufschlägen nicht mehr ausweichen. Mitten im Hof blieb er stehen; auf seinem Gesicht malte sich in abstoßender Weise die kraftlose Wut des schwächlichen Greisenalters und dann die vollste Verzweiflung. Er legte die Ohren zurück, und plötzlich geschah etwas, was alle Pferde sofort veranlaßte, ihre Angriffe einzustellen. Die älteste Stute, namens Wjasopuricha, ging an den Wallach heran, beschnupperte ihn und seufzte. Der Wallach seufzte gleichfalls . . . .
. . . .

V

In der Mitte des hell vom Mond beleuchteten Hofes stand die hohe, hagere Gestalt des Wallachs mit dem hohen Sattel und dem emporstehenden Knopf am Sattelbogen. Regungslos und in tiefem Schweigen standen die Pferde um ihn herum, als ob sie etwas Neues, Ungewöhnliches aus seinem Munde erführen. Und sie erfuhren auch wirklich aus seinem Munde etwas Neues, Unerwartetes. Was er ihnen mitteilte, war folgendes . . . .
. . . .

Die erste Nacht

»Ja, ich bin ein Sohn von Ljubesnü I. und Baba. Mein Name ist nach dem Stammbaum Muschik I.[1] Ich heiße also Muschik I. nach dem Stammbaum, im gewöhnlichen Leben aber Leinwandmesser; diesen

[1] Muschik – Bauer.

Beinamen haben mir die Leute wegen meines langen, weit ausholenden Schrittes gegeben, der in Rußland nicht seinesgleichen hatte. Was Abstammung anlangt, so gibt es in der Welt kein Pferd, das von edlerem Geblüte wäre. Ich hätte euch das nie gesagt. Wozu auch? Ihr hättet mich ja doch nie erkannt, wie mich auch Wjasopuricha, die doch mit mir zusammen in Chrenowo war, so lange nicht erkannt hatte und erst jetzt wiedererkannt hat. Auch jetzt würdet ihr mir nicht glauben, wenn mir nicht das Zeugnis dieser Wjasopuricha hier zur Seite stände. Ich hätte euch das niemals gesagt. Ich brauche kein Mitleid von den Pferden. Aber ihr habt es gewollt. Ja, ich bin jener Leinwandmesser, nach dessen Verbleib die Pferdekenner vergeblich forschen, jener Leinwandmesser, den der Graf selbst gekannt, aber aus dem Gestüt verwiesen hat, weil ich seinen Liebling Lebed überholt hatte . . . .

. . . .

Als ich geboren wurde, wußte ich nicht, was das bedeutet: ein Schecke; ich meinte eben, ich sei ein Pferd. Die erste Bemerkung, die über mein Fell gemacht wurde, versetzte – darauf besinne ich mich noch sehr wohl – mich und meine Mutter in großes Erstaunen.

Ich wurde wahrscheinlich in der Nacht geboren; am Morgen stand ich, von meiner Mutter schon rein geleckt, bereits auf den Füßen. Ich erinnere mich, daß ich immer ein Verlangen nach etwas verspürte und daß mir alles höchst wunderbar und zugleich höchst selbstverständlich vorkam. Die Boxen lagen bei uns an einem langen warmen Korridor und hatten Gittertüren, durch die man alles sehen konnte.

Meine Mutter hielt mir das Euter hin; aber ich war noch so unerfahren, daß ich mit der Nase bald unter die Vorderbeine meiner Mutter, bald unter die Krippe stieß. Plötzlich blickte meine Mutter sich nach der Gittertür um, trat mit einem Beine über mich fort und ging zur Seite. Der Knecht, der den Stalldienst hatte, sah durch das Gitter zu uns in die Box herein.

›Ei, sieh da! Baba hat gefohlt!‹ sagte er und schob den Riegel zurück. Er kam herein, ging über das frische Stroh auf mich zu und faßte mich mit beiden Armen um. ›Sieh mal, Taras!‹ rief er, ›ein schnurriger Schecke, die reine Elster!‹

Ich riß mich von ihm los, stolperte und fiel auf die Knie nieder.

›Ei, so ein kleines Teufelchen!‹ sagte er.

Meine Mutter wurde unruhig, machte aber keine Anstalten, mich zu schützen; sie seufzte nur schwer, sehr schwer und trat ein wenig zur Seite. Die Stallknechte kamen und besahen mich. Einer von ihnen lief hin, um es dem Stallmeister zu melden.

Alle lachten, sobald sie mein scheckiges Fell erblickten, und gaben mir allerlei sonderbare Benennungen. Der Sinn dieser Worte war nicht nur mir, sondern auch meiner Mutter unverständlich. Bisher war unter uns und allen meinen Verwandten kein einziger Schecke gewesen. Wir glaubten nicht, daß etwas Schlimmes dabei sei. Meinen Körperbau und meine Kraft lobten auch damals alle.

›Sieh, was für ein flinkes Kerlchen!‹ sagte einer der Stallknechte. Man kann ihn kaum halten.‹

Nach einiger Zeit kam der Stallmeister; auch er wunderte sich über meine Farbe; er schien sogar darüber verdrießlich zu sein.

›Von wem das kleine Scheusal das bloß hat?‹ sagte er. ›Der Direktor wird ihn nun nicht im Gestüt behalten mögen. Ach, Baba, du hast mich schön angeführt‹, wandte er sich zu meiner Mutter. ›Hättest du nur wenigstens einen Bleß zur Welt gebracht; aber einen ganz Scheckigen!‹

Meine Mutter antwortete nichts und seufzte nur wieder, wie immer in ähnlichen Fällen.

›Von wem er das bloß hat?‹ fuhr er fort. ›Wie ein Bauer sieht er aus! Im Gestüt können wir ihn nicht behalten; es ist eine wahre Schande! Aber von Gestalt ist er schön, sehr schön!‹ sagte er, und das sagten alle, die mich sahen.

Nach einigen Tagen kam auch der Gestütsdirektor selbst; er betrachtete mich, und wieder waren alle ganz entsetzt und schalten auf mich und auf meine Mutter wegen der Farbe meines Felles. ›Aber von Gestalt ist er schön, sehr schön!‹ sagte jeder, der mich sah.

Bis zum Frühling wohnten wir Füllen alle im Stalle der Mutterstuten, aber gesondert, jedes bei seiner Mutter. Nur zu der Zeit, als schon der Schnee auf den Dächern der Stallungen von der Sonne zu schmelzen anfing, wurde ich mitunter mit meiner Mutter auf den geräumigen Hof hinausgelassen, der mit frischem Stroh belegt war. Dort lernte ich zum ersten Male alle meine Verwandten, nähere und entferntere, kennen. Dort sah ich, wie aus den verschiedenen Türen lauter damals hochberühmte Stuten mit ihren Füllen herauskamen. Da war die alte Hollandka, dann Muschka, eine Tochter von Smetanka, dann Krasnucha, ferner das Reitpferd Dobrochoticha, lauter Berühmtheiten jener Zeit; alle kamen sie da nebst ihren Füllen zusammen, gingen im Sonnenschein umher, wälzten sich auf dem frischen Stroh und beschnupperten einander ganz wie gewöhnliche Pferde. Den Anblick dieses Hofes, den die schönsten Stuten jener Zeit erfüllten, habe ich bis auf den heutigen Tag nicht vergessen können. Es wird euch sonderbar vorkommen, wenn ihr euch vorstellen und glauben sollt, daß ich einst jung und feurig war; und doch war es so. Da war auch diese selbe Wjasopuricha, die ihr hier seht, damals noch ein einjähriges Tierchen mit geschorener Mähne, ein liebes, lustiges, mutwilliges Pferdchen; aber – und das sage ich nicht etwa, um sie zu kränken – obgleich sie jetzt unter euch, was Geblüt anlangt, für eine Seltenheit gilt, gehörte sie damals zu den geringsten Pferden jener Zucht. Sie wird euch das selbst bestätigen.

Meine Buntscheckigkeit, die den Menschen so sehr mißfiel, gefiel dafür allen Pferden außerordentlich gut; alle umringten sie mich, bewunderten mich und spielten mit mir. Ich begann schon zu vergessen, was die Menschen über meine Buntscheckigkeit gesagt hatten, und mich glücklich zu fühlen. Aber bald lernte ich den ersten Kummer in meinem Leben kennen, und die Ursache dieses Kummers war meine Mutter. Als es schon zu tauen anfing, die Sperlinge unter den Vordächern zwitscherten und der Frühling sich immer stärker in der Luft spürbar machte, da begann meine Mutter, ihr Benehmen gegen mich zu ändern.

Ihr ganzes Wesen war wie umgewandelt; bald begann sie plötzlich ohne jeden Anlaß zu spielen und auf dem Hof herumzutollen, was zu ihrem gesetzten Alter ganz und gar nicht paßte; bald versank sie in Gedanken und wieherte dabei; bald biß sie die anderen Stuten und schlug mit den Hinterfüßen nach ihnen; bald beschnupperte sie mich und schnob unzufrieden; bald legte sie, wenn wir draußen im Sonnenschein waren, ihren Kopf über die Schulter ihrer Cousine Kuptschicha und kratzte ihr lange nachdenklich den Rücken; mich aber stieß sie vom Euter weg. Eines Tages kam der Stallmeister, ließ ihr ein Halfter anlegen, und dann wurde sie aus der Box hinausgeführt. Sie wieherte; ich rief ihr zu und wollte ihr nachstürzen; aber sie sah sich nicht einmal nach mir um. Der Stallknecht Taras ergriff mich mit beiden Armen in dem Augenblick, wo sich die Tür hinter meiner Mutter, die hinausgeführt wurde, schloß.

Ich riß mich los und warf den Stallknecht in das Stroh; aber die Tür war fest geschlossen, und ich hörte nur das sich immer weiter entfernende Wiehern meiner Mutter. Und in diesem Wiehern hörte ich nicht mehr einen Ruf nach mir, sondern ich merkte darin einen ganz anderen Ausdruck. Auf ihre Stimme antwortete in der Ferne eine mächtige andere Stimme, wie ich später erfuhr, die Stimme Dobrüs' I., der, mit je einem Stallknecht rechts und links, zum Rendezvous mit meiner Mutter kam.

Ich erinnere mich nicht, wie Taras aus meiner Box hinauskam; mir war gar zu traurig zumute, denn ich fühlte, daß ich die Liebe meiner Mutter für immer verloren hatte. ›Und alles nur deswegen, weil ich ein Schecke bin‹, dachte ich in Erinnerung an das, was die Menschen über mein Fell gesagt hatten, und es packte mich eine solche Wut, daß ich mit Kopf und Knien gegen die Wände der Box zu stoßen anfing und dies so lange fortsetzte, bis ich in Schweiß wie gebadet war und vor Erschöpfung aufhören mußte.

Nach einiger Zeit kehrte meine Mutter zu mir zurück. Ich hörte, wie sie in einem mir ungewöhnlich klingenden Trabe auf dem Korridor zu unserer Box gelaufen kam. Man öffnete ihr die Tür, und ich erkannte sie gar nicht wieder, so viel jünger und schöner war sie geworden. Sie beschnupperte mich, schnob und stieß ein lachendes Gewieher aus. An ihrem gesamten Ausdruck sah ich, daß sie mich nicht mehr liebte.

Sie erzählte mir von Dobrüs' Schönheit und von ihrer Liebe zu ihm. Diese Zusammenkünfte dauerten fort, und das Verhältnis zwischen mir und meiner Mutter wurde immer kälter.

Bald darauf ließ man uns auf die Weide hinaus. Von diesem Zeitpunkt an lernte ich neue Freuden kennen, welche mir den Verlust der Liebe meiner Mutter ersetzten. Ich hatte Freunde und Kameraden. Wir lernten zusammen Gras fressen, ebenso wiehern wie die Großen und mit emporgehobenen Schweifen um unsere Mütter herumgaloppieren. Das war eine glückliche Zeit. Alles war mir gestattet; alle liebten mich, bewunderten mich und betrachteten alles, was ich tat, mit wohlwollender Nachsicht. Aber das dauerte nicht lange. Nach kurzer Zeit widerfuhr mir etwas Entsetzliches.«

Der Wallach stieß einen tiefen, schweren Seufzer aus und ging von den anderen Pferden weg.

Die Morgenröte war schon längst am Himmel erschienen. Das Tor knarrte. Nestor kam herein. Die Pferde gingen auseinander. Der Pferdehüter brachte den Sattel des Wallachs in Ordnung und trieb die Herde hinaus.

VI
Die zweite Nacht

Sobald die Pferde am Abend in den Hof getrieben waren, drängten sie sich wieder um den Schecken.

»Im August trennte man mich von meiner Mutter«, fuhr der Schecke fort, »und ich empfand darüber keinen sonderlichen Kummer. Ich sah, daß meine Mutter schon einen jüngeren Bruder trug, den berühmten Usan, und ich war nicht mehr derselbe, der ich früher gewesen war. Ich war nicht eifersüchtig; aber ich fühlte, daß ich kühler gegen sie geworden war. Außerdem wußte ich, daß ich nach der Trennung von der Mutter in die allgemeine Füllenabteilung kam, wo wir zu zweien und dreien zusammen standen und täglich unsere ganze junge Schar ins Freie hinausgelassen wurde. Ich stand in einer Box mit Milü. Milü ist ein Reitpferd geworden, und es hat ihn später der Kaiser geritten, und er ist auf Gemälden und in Statuen dargestellt worden. Damals war er noch ein einfaches Füllen, mit glänzendem, zartem Fell, einem Schwanenhals und schnurgeraden, feinen Beinen. Er war immer vergnügt, gutmütig und liebenswürdig, immer bereit zu spielen, sich mit einem anderen zu belekken und mit einem anderen Pferd oder einem Menschen sein Späßchen zu treiben. Unwillkürlich befreundeten wir uns miteinander, da wir zusammen wohnten, und diese Freundschaft hat während unserer ganzen Jugendzeit fortgedauert. Er war lustig und leichtsinnig. Er fing schon damals an zu lieben, schäkerte mit den Stuten und lachte mich wegen meiner Unschuld aus. Und zu meinem Unglück begann ich, es ihm aus Ehrgeiz nachzumachen, und war sehr bald ganz toll verliebt. Und diese meine frühe Neigung wurde die Ursache zu der größten Veränderung meines Schicksals. Es kam manchmal vor, daß ich mich vor Liebe gar nicht zu fassen wußte … Wjasopuricha war ein Jahr älter als ich; wir waren miteinander sehr gut befreundet; aber gegen Ende des Herbstes bemerkte ich, daß sie anfing, mir auszuweichen …

Aber ich will nicht diese ganze unglückliche Geschichte meiner ersten Liebe erzählen; Wjasopuricha selbst wird sich erinnern, in welcher sinnlosen Weise ich mich von meiner Leidenschaft hinreißen ließ und wie dies mit der wichtigsten Veränderung in meinem Leben endete.

Die Pferdehüter stürzten herbei, um sie fortzujagen und mich zu schlagen. Am Abend wurde ich in eine besondere Box gebracht; ich wieherte die ganze Nacht hindurch, wie in einer Vorahnung dessen, was mir der folgende Tag bringen sollte.

Am Morgen kamen in den Korridor vor meiner Box der Gestütsdirektor, der Stallmeister, ein paar Stallknechte und Pferdehüter, und es erhob sich ein furchtbarer Lärm. Der Direktor schrie den Stallmeister an; der Stallmeister verteidigte sich, er habe verboten gehabt, mich herauszulassen, und die Stallknechte hätten es eigenmächtig getan. Der Direktor sagte, er werde sie allesamt durchpeitschen lassen; daß junge Hengste nicht zu halten seien, hätten sie wissen müssen. Der Stallmeister versprach, er werde alles ausführen. Sie schwiegen endlich und gingen fort. Ich hatte nichts begriffen; aber ich sah, daß sie etwas Schlimmes mit mir vorhatten. . . . .

. . . .

Tags darauf hörte ich für mein Leben lang auf, zu wiehern; ich wurde so, wie ich jetzt bin. Die ganze Welt hatte in meinen Augen eine andere Gestalt bekommen. Nichts machte mir Freude; ich vergrub mich in mich selbst und wurde nachdenklich. Anfangs war mir alles zuwider. Ich hörte sogar auf, zu trinken, zu fressen und zu gehen; und nun gar an Spielen dachte ich überhaupt nicht mehr. Mitunter kam mir der Einfall auszuschlagen, umherzugaloppieren, zu wiehern; aber sofort trat mir auch die furchtbare Frage entgegen: warum? wozu? Und meine letzte Kraft sank dahin.

Einmal wurde ich abends draußen umhergeführt gerade in dem Augenblick, als man die Herde vom Felde heimtrieb. Schon von weitem erblickte ich die Staubwolke mit den noch undeutlichen, mir so wohlbekannten Umrissen aller unserer Mutterstute … Ich hörte das lustige Wiehern und das Getrappel. Ich blieb stehen, obgleich der Strick des Halfters, an dem mich der Stallknecht zog, mir in den Nacken schnitt, und schaute nach der näherkommenden Herde hin, wie man auf ein für immer verlorenes, unwiederbringliches Glück hinschaut. Als sie herankamen, unterschied ich einzeln alle die mir bekannten schönen, prächtigen, gesunden, wohlgenährten Gestalten. Einige von ihnen blickten auch nach mir hin. Ich fühlte nicht mehr den Schmerz, als mich der Stallknecht am Halfter zog. Ich vergaß, wer ich war, und begann in Erinnerung an frühere

Zeiten zu wiehern und Trab zu laufen; aber mein Wiehern klang traurig, lächerlich und töricht. In der Herde wurde nicht gelacht; aber ich merkte, wie sich viele der Pferde aus Anstandsgefühl von mir abwandten. Ich machte offenbar auf sie einen widerwärtigen, kläglichen, peinlichen und vor allen Dingen lächerlichen Eindruck. Lächerlich erschien ihnen mein dünner, energieloser Hals, mein großer Kopf (ich war damals sehr mager geworden), meine langen, plumpen Beine, und wie ich aus alter Gewohnheit in ungeschickter Gangart im Kreise um den Stallknecht herumtrabte. Niemand antwortete auf mein Gewieher; alle wandten sie sich von mir ab. Ich begriff plötzlich alles; ich begriff, wie fern ich ihnen allen für immer stand, und ich erinnere mich nicht mehr, wie ich damals hinter dem Stallknecht her nach Hause gekommen bin.

Ich hatte auch früher schon einen Hang zum Ernst und zum Nachsinnen besessen; jetzt nun aber ging in meinem Innern eine entschiedene Umwandlung vor. Meine Buntscheckigkeit, die mir diese seltsame Verachtung seitens der Menschen zuzog, ferner das furchtbare Unglück, das so unerwartet über mich hereingebrochen war, und dazu noch meine eigentümliche Stellung im Gestüt, die ich empfand, aber mir schlechterdings noch nicht erklären konnte, dies alles brachte mich dahin, mich tief in mein Inneres zurückzuziehen. Ich dachte über die Ungerechtigkeit der Menschen nach, die mich dafür verdammten, daß ich ein Schecke war; ich dachte über die Unbeständigkeit der mütterlichen Liebe und überhaupt der weiblichen Liebe nach und über ihre Abhängigkeit von physischen Zuständen; ganz besonders aber dachte ich über die Eigenheiten jener sonderbaren Gattung von lebenden Wesen nach, mit der wir in so enger Verbindung stehen und die wir Menschen nennen, über diejenigen Eigenheiten, deren Folge jene Besonderheit meiner Stellung im Gestüt war, die ich wohl empfand, aber nicht begreifen konnte.

Was es mit dieser Besonderheit und mit den menschlichen Eigenheiten, auf denen sie beruhte, für eine Bewandtnis hatte, das entdeckte ich bei folgender Gelegenheit.

Es war im Winter, in der Festzeit. Einen ganzen Tag lang erhielt ich kein Futter und auch nichts zu trinken. Wie ich nachher erfuhr, war dies daher gekommen, daß unser Stallknecht betrunken war. An demselben Tage kam der Stallmeister zu mir herein, sah, daß ich nichts zu fressen hatte, und schimpfte in sehr starken Ausdrücken auf den nicht anwesenden Stallknecht. Dann ging er wieder weg.

Am anderen Tage kam der Stallknecht mit einem seiner Kameraden in unsere Box herein, um uns Heu zu geben. Ich bemerkte, daß er auffällig blaß und in trüber Stimmung war, und daß namentlich die Art, wie er seinen langen Rücken bewegte, eine besondere Bedeutung und etwas Mitleiderregendes hatte.

Grimmig warf er das Heu hinter die Raufe. Ich wollte meinen Kopf über seine Schulter schieben; aber er schlug mich mit der Faust so schmerzhaft auf das Maul, daß ich zurücksprang. Dann gab er mir noch mit dem Stiefel einen Tritt gegen den Bauch.

›Wenn dieses verdammte Aas nicht wäre‹, sagte er, ›dann wäre nichts passiert.‹

›Was ist denn gewesen?‹ fragte der andere Stallknecht.

›Ja, nach dem Grafen seinen Pferden, da sieht er nicht nach; aber bei seinem, da revidiert er den Tag zweimal.‹

›Ist ihm denn der Schecke geschenkt worden?‹ fragte der andere.

›Ob verkauft oder geschenkt, das weiß der Teufel. Dem Grafen seine Pferde, wenn die auch alle vor Hunger krepieren, das ist ihm ganz egal; aber wenn man sich beikommen läßt, seinem Füllen kein Futter zu geben! ›Leg dich hin!‹ sagt er. ›Und nun haut ordentlich zu!‹ Er hat kein Christentum. Das Vieh tut ihm mehr leid als ein Mensch. Man merkt, daß er kein Kreuz auf der Brust trägt; er hat selbst die Hiebe gezählt, der Barbar! Selbst der Direktor hat mich noch nie so hauen lassen; mein ganzer Rücken ist voll Striemen; man sieht, er hat kein christliches Herz im Leib.

Was sie vom Durchpeitschen und vom Christentum sagten, das verstand ich ganz gut; aber vollständig dunkel war mir damals noch, was der Ausdruck ›sein Füllen‹ bedeutete, aus welchem ich ersah, daß die Menschen irgendwelche Beziehung zwischen mir und dem Stallmeister annahmen. Worin diese Beziehung bestand, konnte ich damals schlechterdings nicht begreifen. Erst viel später, nachdem man mich von den anderen Pferden getrennt hatte, verstand ich, was das bedeutete. Damals konnte ich gar nicht begreifen, was das eigentlich heißen sollte, daß sie mich als das Eigentum eines Menschen bezeichneten. Der Ausdruck ›mein Pferd‹ bezog sich auf mich, ein lebendiges Pferd, und erschien mir ebenso seltsam wie solche Ausdrücke: ›mein Land‹, ›meine Luft‹, ›mein Wasser‹.

Aber diese Worte hatten mir einen gewaltigen Eindruck gemacht. Unaufhörlich dachte ich darüber nach; aber erst lange nachher, nachdem ich die mannigfachsten Beziehungen zu den Menschen durchgemacht hatte, begriff ich endlich, welche Bedeutung die Menschen diesen sonderbaren Worten beilegen. Diese Bedeutung ist folgende: Für die Menschen sind im Leben nicht Taten das Bestimmende, sondern Worte. Es kommt ihnen nicht sowohl auf die Möglichkeit an, etwas zu tun oder nicht zu tun, als vielmehr auf die Möglichkeit, mit Bezug auf allerlei Gegenstände gewisse Worte von konventioneller Bedeutung zu gebrauchen. Solche Worte, die bei ihnen für sehr wichtig gelten, sind die Worte ›mein, meine‹, deren sie sich in bezug auf die verschiedensten Dinge, auf lebende Wesen und leblose Gegenstände, bedienen, sogar in bezug auf den Erdboden, auf Menschen und auf Pferde. Sie haben untereinander festgesetzt, daß von ein und demselben Dinge immer nur einer ›mein‹ sagen darf. Und wer nach diesem unter ihnen vereinbarten Spiel von der größten Anzahl von Dingen ›mein‹ sagt, der gilt bei ihnen für den Glücklichsten. Weshalb das so ist, weiß ich nicht; aber es ist so. Früher habe ich mich lange bemüht, mir das aus irgendwelchem unmittelbaren Vorteil zu erklären; aber eine solche Erklärung erwies sich als unzutreffend.

Zum Beispiel: Viele von den Menschen, die mich ihr Pferd nannten, ritten gar nicht auf mir; sondern es ritten auf mir ganz andere Leute. Es fütterten mich auch nicht sie, sondern ganz andere. Gutes taten mir wiederum nicht diejenigen, die mich ihr Pferd nannten, sondern Kutscher, Roßärzte und überhaupt fremde Menschen. Als sich in der Folge der Kreis meiner Beobachtungen erweiterte, überzeugte ich mich, daß nicht nur in bezug auf uns Pferde der Begriff ›mein‹ lediglich auf einem niedrigen, animalischen Instinkt der Menschen beruht, den sie Eigentumssinn oder Eigentumsrecht nennen. Der Mensch sagt auch: ›mein Haus‹, obgleich er nie darin wohnt, sondern nur für die Erbauung und Erhaltung des Hauses Sorge trägt. Der Kaufmann sagt: ›mein Laden‹, zum Beispiel ›mein Tuchladen‹, und läßt sich dabei doch nicht seine Kleider aus dem besten Tuche machen, das in seinem Laden ist.

Es gibt Menschen, die ein Stück Land als das ihrige bezeichnen und doch dieses Stück Land nie gesehen haben, nie auf ihm umhergegangen sind. Es gibt Menschen, welche von anderen Menschen ›mein‹ sagen, und doch haben sie diese Menschen nie gesehen, und ihre ganze Beziehung zu diesen Menschen besteht darin, daß sie ihnen Böses tun.

Es gibt Menschen, welche Frauen als ihre Frauen bezeichnen, und doch leben diese Frauen mit anderen Männern. Und die Menschen streben im Leben nicht danach, das zu tun, was sie für gut und recht halten, sondern danach, möglichst viele Dinge die ihrigen zu nennen.

Ich bin jetzt der Überzeugung, daß gerade darin der wesentliche Unterschied zwischen den Menschen und uns besteht. Und schon darum allein – von unseren anderen Vorzügen vor den Menschen gar nicht zu reden – können wir dreist sagen, daß wir auf der Stufenleiter der lebenden Wesen höher stehen als die Menschen; für das Handeln der Menschen, wenigstens derjenigen, mit denen ich in Beziehung gekommen bin, sind das Bestimmende Worte, für das unsrige das wirkliche Tun.

Dieses Recht also, von mir zu sagen ›mein Pferd‹, hatte der Stallmeister erhalten, und darum ließ er den Stallknecht durchpeitschen. Diese Entdeckung versetzte mich in lebhaftes Erstaunen, und sie, sowie mein Befremden über die Gedanken und Urteile, die meine buntscheckige Farbe bei den Menschen hervorrief, und das Nachsinnen, zu dem mich die Sinnesänderung meiner Mutter veranlaßte, haben mich zu dem ernsten, tiefsinnigen Wallach werden lassen, der ich bin.

Ich war dreifach unglücklich: ich war scheckig, ich war ein Wallach, und die Menschen hatten von mir die Vorstellung, daß ich nicht Gott und mir selbst angehörte, wie das doch jedem lebenden Wesen angeboren ist, sondern daß ich dem Stallmeister gehörte.

Daß sie von mir diese Vorstellung hatten, hatte mehrere Folgen. Gleich die erste dieser Folgen bestand darin, daß man mich abgesondert hielt, besser fütterte, häufiger an der Leine laufen ließ und mich früher anspannte. Zum erstenmal wurde ich in meinen, dritten Lebensjahre angespannt. Ich erinnere mich, wie damals der Stallmeister selbst, der die Vorstellung hatte, daß ich ihm gehörte, mit einer ganzen Schar von Stallknechten sich daran machte, mich anzuspannen, und von mir Wildheit und Widersetzlichkeit erwartete. Sie banden mich mit Stricken und führten mich in die Gabeldeichsel; auf den Rücken hatten sie mir ein breites Kreuz von Riemen gelegt und banden es an der Gabeldeichsel fest, damit ich nicht hinten ausschlagen könne; ich aber hatte nur auf eine Gelegenheit gewartet, meine Lust und Liebe zur Arbeit zu zeigen.

Sie wunderten sich, daß ich in der Deichsel ging wie ein altes Pferd. Man fuhr mich ein, und ich übte mich im Traben. Mit jedem Tag machte ich größere Fortschritte, so daß nach drei Monaten der Gestütsdirektor selbst und viele andere meinen Gang lobten. Aber merkwürdig, eben deshalb, weil sie die Vorstellung hatten, daß ich nicht mein eigen sei, sondern Eigentum des Stallmeisters, erhielt mein Gang für sie eine ganz andere Bedeutung.

Die Hengste, meine Brüder, fuhr man zum Wettrennen ein; man maß ihr Tempo; es kamen Leute heraus, um ihnen zuzusehen; man spannte sie vor Wagen mit vergoldeten Zieraten und legte ihnen teure Satteldecken auf. Ich fuhr mit dem einfachen Break des Stallmeisters nach Tschesmenka und den anderen Vorwerken, wenn er dort zu tun hatte. Alles das kam davon her, daß ich ein Schecke war, und hauptsächlich daher, daß ich nach der Meinung der Menschen nicht dem Grafen, sondern dem Stallmeister gehörte.

Morgen, wenn wir dann noch leben, will ich euch erzählen, welche wichtige Folge dieses Eigentumsrecht, das sich der Stallmeister einbildete, für mich hatte.«

Diesen ganzen Tag über benahmen sich die Pferde gegen Leinwandmesser rücksichtsvoll; aber Nestors Benehmen war so grob wie immer. Der Grauschimmel des Bauern wieherte von selbst auf, als er in die Nähe der Herde kam, und die braune Stute kokettierte wieder mit ihm.

VII
Die dritte Nacht

Der Mond war im Zunehmen, und seine schmale Sichel beleuchtete die Gestalt Leinwandmessers, welcher mitten auf dem Hof stand. Die Pferde drängten sich um ihn.

»Die wichtigste, erstaunlichste Folge des Umstandes, daß ich nicht dem Grafen, nicht Gott, sondern dem Stallmeister gehörte«, fuhr der Schecke fort, »bestand für mich darin, daß gerade das, was unser Hauptverdienst bildet, der flotte Gang, die Ursache zu meiner Verbannung wurde. Lebed wurde in der kreisförmigen Fahrbahn eingefahren; da kam der Stallmeister gerade mit mir aus Tschesmenka zurückgefahren und hielt bei der Fahrbahn an. Lebed kam bei uns vorbei. Er ging gut; aber er stolzierte dabei und verstand sich nicht auf die Kraftausnutzung, die ich bei mir herausgearbeitet hatte, daß nämlich in dem Augenblick, wo ein Fuß den Erdboden berührt, ein anderer sich von ihm loshebt und nicht die geringste Anstrengung zwecklos vergeudet wird, sondern jede Anstrengung zur Vorwärtsbewegung mitwirkt. Also Lebed kam bei uns vorbei. Ich strebte nach der Fahrbahn hinein, und der Stallmeister hielt mich nicht zurück. ›Na, wie ist's, wollt ihr mal euren Lebed mit meinem Schecken um die Wette laufen lassen?‹, rief er, und als Lebed zum zweiten Mal vorbeikam, ließ er mich los. Der andere hatte schon seine volle Geschwindigkeit, und daher blieb ich bei der ersten Runde zurück; aber bei der zweiten rückte ich gegen ihn auf, kam seinem Wagen immer näher, holte ihn ein, überholte ihn – und blieb voran. Es wurde noch ein zweiter Versuch angestellt, mit demselben Erfolg. Ich war der Schnellere. Und das versetzte alle in Schrecken. Der Gestütsdirektor verlangte, ich sollte so bald wie möglich weit weg verkauft werden, damit sie von mir nichts mehr zu sehen und zu hören bekämen. ›Wenn es der Graf erfährt, dann passiert etwas Schlimmes!‹, sagte er. So wurde ich denn als Deichselpferd an einen Pferdehändler verkauft. Bei dem Pferdehändler blieb ich nicht lange; ein Husarenoffizier, welcher Remontepferde für das Regiment einkaufte, erstand mich für sich selbst. Alles, was mir in der letzten Zeit widerfahren war, war so ungerecht und grausam gewesen, daß ich froh war, als man mich aus Chrenowo fortführte und für immer von allem trennte, was mit mir verwandt war und mir lieb gewesen war. Ich hatte mich dort unter den anderen Pferden gar zu bedrückt gefühlt. Ihnen standen im Leben Liebe, Ehren und Freiheit bevor, mir Arbeit und Erniedrigung, Erniedrigung und Arbeit bis zum Ende meines Daseins! Und weshalb? Weil ich ein Schecke war und darum jemandes Eigentum hatte werden müssen …«

Weiter konnte Leinwandmesser an diesem Abend nicht erzählen. Auf dem Pferdehof trat ein Ereignis ein, welches alle Pferde in Aufregung versetzte. Kuptschicha, eine trächtige, verspätete Stute, die zuerst bei der Erzählung mit zugehört hatte, wandte sich plötzlich um, ging langsam unter das Schuppendach und begann dort so laut zu ächzen, daß alle Pferde auf sie aufmerksam wurden; dann legte sie sich nieder, darauf stand sie wieder auf und legte sich von neuem nieder. Die alten Mutterstuten wußten, was mit ihr vorging; aber die jüngeren Tiere gerieten in große Erregung, verließen den Wallach und umringten die Kranke.

Am Morgen war ein neues Füllen da, das sich nur schwankend auf den Beinen hielt. Nestor rief den Stallmeister herbei, und die Stute mit ihrem Füllen wurde in eine besondere Box gebracht, die anderen Pferde aber ohne die beiden auf die Weide getrieben.

VIII
Die vierte Nacht

Am Abend, als das Tor geschlossen und alles still geworden war, fuhr der Schecke folgendermaßen fort:

»Viele Beobachtungen sowohl über die Menschen als auch über die Pferde hatte ich anzustellen Gelegenheit, während ich aus einer Hand in die andere überging. Am längsten war ich bei zwei Besitzern in Moskau: bei jenem Husarenoffizier, der seinem Stand nach Fürst war, und bei einer alten Dame, die nicht weit von der Kirche zum Wunderbild des heiligen Nikolaus wohnte.

Bei dem Husarenoffizier verlebte ich die beste Zeit meines Lebens.

Obgleich er die Ursache zu meinem Verderben wurde, und obgleich er niemanden und nichts jemals geliebt hat, so liebte und liebe ich ihn doch gerade deswegen.

Mir gefiel an ihm gerade das, daß er schön, glücklich und reich war und darum keinen Menschen liebte.

Ihr habt Verständnis für diese erhabene Empfindung, wie sie uns Pferden eigen ist! Seine Kälte und meine Abhängigkeit von ihm verliehen meiner Liebe zu ihm eine besondere Stärke. ›Schlag mich tot, jage mich zuschanden‹, dachte ich oft in unseren schönen Zeiten, ›das wird meine Glückseligkeit nur noch erhöhen.‹

Er kaufte mich von dem Pferdehändler, dem mich der Stallmeister für achthundert Rubel verkauft hatte. Er kaufte mich gerade deshalb, weil sonst kein Mensch sich scheckige Pferde hielt. Das war meine beste Zeit. Er hatte eine Geliebte. Ich wußte das, weil ich ihn jeden Tag zu ihr hinbrachte und sie auch manchmal beide zusammen spazieren fuhr.

Seine Geliebte war eine Schönheit, und auch er war ein schöner Mann, und auch sein Kutscher war ein schöner Mann. Und deswegen hatte ich sie alle sehr gern. Auch hatte ich ein gutes Leben. Der Tag verlief für mich folgendermaßen. Am Morgen kam der Stallknecht, um mich zu reinigen, nicht der Kutscher selbst, sondern der Stallknecht. Dieser Stallknecht war ein junger Mensch, ein Bauernbursche, den der Herr von seinem Gut hatte nach der Stadt kommen lassen. Er öffnete die Tür, ließ den Stalldunst hinaus, räumte den Mist weg, nahm uns die Decken ab und begann, mir mit einer Bürste den Leib abzureiben und mit der Striegel weißliche Streifen von Hautkleie auf den von den Hufeisenstollen zerstampften Bohlenbelag des Fußbodens hinzulegen. Ich biß ihn scherzend ein wenig in den Ärmel und stieß ihn sachte mit dem Fuß. Dann führte er uns einen nach dem anderen zu einem Kübel mit kaltem Wasser, und mit Vergnügen betrachtete bei mir der Bursche mein durch seine Bemühung so schön glattes, scheckiges Fell, die kerzengeraden Beine mit den breiten Hufen und die glänzende Kruppe und den Rücken, so breit und eben, daß man sich darauf hätte schlafen legen können. Er legte Heu hinter die hohen Raufen und schüttete Hafer in die eichenen Krippen. Dann kam Feofan, der Kutscher.

Der Herr und der Kutscher hatten miteinander viel Ähnlichkeit. Der eine wie der andere fürchtete sich vor nichts und liebte niemand außer sich selbst, und darum hatten alle Menschen sie besonders gern. Feofan trug ein rotes Hemd, Plüschhosen und eine ärmellose Jacke. Ich freute mich, wenn er manchmal an einem Feiertag, schön pomadisiert, in seiner Jacke in den Stall kam und schrie: ›Na, du Vieh, hast mich wohl ganz vergessen!‹ und mich dabei mit dem Stiel der Stallgabel gegen die Lende stieß, aber nie schmerzhaft, sondern nur zum Spaß. Ich verstand den Spaß sofort, legte ein Ohr an den Kopf und klappte mit den Zähnen.

Es war bei uns auch ein Rapphengst, der zu einem gleichfarbigen Paar gehörte. Nachts wurde auch ich manchmal mit ihm zusammen angespannt. Dieser Zentaur verstand keinen Spaß und war geradezu ein Teufel an Bosheit. Ich stand im Stall neben ihm, nur durch eine niedrige Scheidewand von ihm getrennt, und wurde manchmal ernstlich von ihm gebissen. Feofan fürchtete sich nicht vor ihm. Zuweilen ging er gerade auf ihn los und schrie ihn an – man hätte meinen mögen, er wollte das Tier totschlagen; aber nein, der Schlag ging daneben, und Feofan legte ihm das Halfter an.

Als ich auch einmal wieder mit ihm zusammen angespannt war, fuhren wir im Galopp den Kusnezki-Most, eine sehr belebte Straße, hinunter. Weder der Herr noch der Kutscher hatten irgendwelche Furcht. Sie lachten, schrien das Volk an, hielten uns zurück, bogen um die Ecke – es war niemand auch nur gequetscht worden.

In ihrem Dienst verlor ich meine besten Eigenschaften und mein halbes Leben. Denn hier wurde ich einmal beim Fahren überanstrengt und nachher zur Unzeit getränkt. Aber trotzdem war es die beste Zeit meines Lebens! Um zwölf Uhr kam gewöhnlich der Stallknecht, legte mir das Geschirr an, schmierte mir die Hufe ein, feuchtete mir den Haarschopf und die Mähne an und führte mich in die Gabeldeichsel.

Der Schlitten war aus Rohr geflochten und mit Samt ausgeschlagen, das Geschirr mit kleinen silbernen Schnallen versehen; zeitweilig trug ich auch ein gehäkeltes Netz. Das Geschirr war so breit und reich, daß, wenn alle Lenkseile und Riemen angelegt und festgeschnallt waren, man nicht unterscheiden konnte, wo das Geschirr aufhörte und das Pferd anfing. Angespannt wurde im Schuppen, mit losem Anspann. Dann kam Feofan, mit einem Hinterteil breiter als die Schultern, mit einer roten Leibbinde unter den Achseln, musterte den Anspann, setzte sich hin, legte seinen Rock in Ordnung, setzte den Fuß auf den Tritt, machte irgendein Späßchen, hängte immer die Peitsche an, mit der er mir aber fast nie einen Schlag versetzte, nur so der Ordnung wegen, und sagte: ›Los!‹ Und bei jedem Schritt tänzelnd schritt ich aus dem Tor hinaus, und die Köchin, die hinausgekommen war, um Spülicht auszugießen, blieb auf der Schwelle stehen, und der Bauer, der Holz auf den Hof gefahren hatte, riß die Augen weit auf. Wir fuhren hinaus, fuhren ein Stückchen zur Seite und hielten an. Diener kamen heraus, andere Kutscher kamen herbeigefahren: Ein lebhaftes Gespräch kam in Gang. Alle warteten, manchmal standen wir drei Stunden vor dem Haus, fuhren von Zeit zu Zeit eine kleine Strecke weg, kehlten dann um und hielten wieder.

Endlich wurde es laut im Hausflur; der grauköpfige, dickbäuchige Tichon im Frack kam herausgelaufen und rief: ›Vorfahren!‹ Damals bestand noch nicht diese dumme Mode, zu sagen: ›Vorwärts!‹ als ob ich nicht selbst wüßte, daß man nicht rückwärts, sondern vorwärts fährt. Feofan schnalzte mit der Zunge, fuhr vor – und aus dem Hause trat der Fürst, eilig, achtlos, als ob weder an dem Schlitten noch an dem Pferd noch an Feofan etwas Bemerkenswertes gewesen wäre, der den Rücken bog und die Arme in einer Weise ausstreckte, wie man sie wohl kaum lange halten kann. Also der Fürst trat heraus, mit dem Tschako auf dem Kopf, in einem Mantel mit grauem Biberkragen, der sein hübsches Gesicht mit den roten Backen und den schwarzen Augenbrauen verbarg, obgleich es sich zu aller Zeit sehr wohl hätte sehen lassen können. So kam er heraus, mit dem Säbel, den Sporen und den kupfernen Absätzen der Überschuhe klappernd, schritt, als ob er große Eile hätte, über den Teppich und schenkte weder mir noch Feofan die geringste Beachtung; – alle Leute betrachteten und bewunderten uns beide, nur er nicht. Wenn also Feofan geschnalzt hatte und ich mich in die Riemen gelegt hatte und wir respektvoll im Schritt vorgefahren waren und angehalten hatten, dann schielte ich nach dem Fürsten hin und schüttelte meinen Vollblutkopf mit dem feinen Haarschopf ... War der Fürst besonders guter Laune, so scherzte er auch zuweilen mit Feofan. Dieser antwortete, indem er seinen schönen Kopf kaum drehte; dann, ohne die Arme sinken zu lassen, machte er eine fast unmerkliche, aber für mich verständliche Bewegung mit den Zügeln, und eins, zwei, eins, zwei, mit immer längeren Schritten, an jedem Muskel zitternd, trabte ich los und schleuderte Schnee und Schmutz unter den

Vorderteil des Schlittens. Damals existierte auch noch nicht die heutige dumme Mode, ›Oh!‹ zu schreien, als ob dem Kutscher etwas weh täte, statt des verständlichen ›Heda! Vorgesehen!‹ – ›Heda! Vorgesehen!‹ schrie Feofan, und die Leute traten zur Seite und blieben stehen und reckten die Hälse und blickten nach dem schönen Wallach und dem schönen Kutscher und dem schönen Herrn …

Besonderes Vergnügen machte es mir, einen Traber zu überholen. Manchmal, wenn ich und Feofan von weitem ein Gefährt erblickten, das unserer Anstrengung würdig war, so rückten wir ihm, wie ein Wirbelwind dahinsausend, allmählich näher und näher. Nun war ich schon, Schmutz gegen die Rückenlehne des Schlittens schleudernd, mit dem Darinsitzenden in einer Linie und schnob über seinem Kopf; nun erreichte ich das Rückenpolster des Pferdes, nun das Krummholz, und nun sah ich Schlitten und Pferd nicht mehr und hörte nur von hinten her das immer weiter zurückbleibende Geräusch. Aber der Fürst und Feofan und ich, wir schwiegen alle und taten, als ob wir nur so ganz harmlos dahinführen, nur mit unseren eigenen Angelegenheiten beschäftigt, und als ob wir die mit ruhigeren Pferden bespannten Gefährte, die wir auf dem Wege träfen, überhaupt nicht beachteten. Es machte mir Vergnügen, einen guten Traber zu überholen; aber es machte mir auch Vergnügen, einem solchen zu begegnen. Ein Augenblick, ein Laut, ein Blick, und schon waren wir aneinander vorbei und jagten wieder allein weiter, ein jeder nach seiner Seite …«

Das Tor knarrte; und Nestors und Waskas Stimmen wurden hörbar.

Die fünfte Nacht

Das Wetter war umgeschlagen. Es war trüb, und am Morgen hatte es nicht getaut; aber es war warm, und die Mücken waren zudringlich. Sobald am Abend die Herde wieder eingetrieben war, sammelten sich die Pferde um den Schecken, und er beendete seine Geschichte folgendermaßen.

»Die glückliche Zeit meines Lebens nahm bald ein Ende. Ich verlebte in dieser Weise nur zwei Jahre. Am Ende des zweiten Winters begab sich das freudigste Ereignis meines Lebens, und gleich darauf mein größtes Unglück. Es war in der Butterwoche. Ich fuhr den Fürsten zum Trabrennen. An diesem Rennen nahmen die Traber Atlasnü und Bütschok teil. Ich weiß nicht, was die Herren dann im Pavillon machten. Ich weiß nur, daß der Fürst herauskam und seinem Feofan Befehl gab, auf die Rennbahn zu fahren. Ich erinnere mich, wie ich auf die Bahn gelenkt und aufgestellt wurde, und wie mit Atlasnü dasselbe geschah. Atlasnü lief mit einem Nebenreiter, ich aber, so wie ich war, mit dem Stadtschlitten. Bei der Kurve ließ ich ihn hinter mir. Jubelndes Lachen und Ausrufe des Entzückens begrüßten mich.

Als ich umhergeführt wurde, ging ein ganzer Schwarm Menschen hinter mir her. Wohl von fünf Seiten wurden dem Fürsten Tausende für mich geboten. Aber er lachte nur, so daß seine weißen Zähne blitzten.

›Nein‹, sagte er, ›dieses Pferd ist geradezu mein Freund; nicht für Berge Goldes gebe ich es hin. Auf Wiedersehen, meine Herren!‹

Er knöpfte den Schlittenkorb auf und stieg ein.

›Nach der Ostoschenka!‹

Dort wohnte seine Geliebte. Wir flogen dorthin.

Dies war unser letzter glücklicher Tag. Wir kamen bei ihr an. Er hatte sie immer die Seine genannt; aber sie hatte sich in einen anderen verliebt und war mit dem davongefahren. Dies erfuhr er jetzt in ihrer Wohnung. Es war fünf Uhr, und ohne mich ausspannen zu lassen, fuhr er ihr nach. Was sonst noch nie geschehen war: Ich wurde mit der Peitsche geschlagen, damit ich Galopp laufen sollte. Zum ersten Mal begegnete es mir, daß ich mit der Gangart nicht sogleich zurechtkam; ich schämte mich und wollte den Fehler wieder gutmachen; aber auf einmal hörte ich, wie der Fürst mit ganz entstellter Stimme schrie: ›Hau zu!‹ Die Peitsche pfiff durch die Luft, und ich fühlte den brennenden Schmerz eines furchtbaren Hiebes; ich galoppierte dahin, so daß ich mit dem Fuß gegen das Eisen am Vorderteile des Schlittens schlug. Nach fünfundzwanzig Werst holten wir die Entflohenen ein. Ich hatte ihn zu seinem Ziel gebracht; aber ich zitterte die ganze Nacht und konnte nichts fressen. Am Morgen gab man mir Wasser. Ich trank und hörte für mein Leben lang auf, das Pferd zu sein, das ich gewesen war. Ich wurde krank; man quälte mich und machte mich zum Krüppel: Kurieren nennen das die Menschen. Die Hufe gingen mir ab, es bildete sich Venenerweiterung, die Beine zogen sich krumm, die Brust versagte, Mattheit und Schwäche zeigten sich im ganzen Körper. Ich wurde an einen Pferdehändler verkauft. Er fütterte mich mit Mohrrüben und mit noch etwas anderem und machte aus mir ein Ding, das mir selbst gar nicht ähnlich war, das aber einen Nichtkenner täuschen konnte. Ich hatte keine Kraft und keinen rechten Gang mehr.

Außerdem quälte mich der Pferdehändler auch dadurch, daß er, sobald Käufer erschienen, in meinen Stand kam, mich mit einer großen Peitsche schlug und so ängstigte, daß der mich gerade zu rasend machte. Dann wischte er die Striche, die mein Fell von den Peitschenhieben aufwies, ab und führte mich hinaus.

Von dem Pferdehändler kaufte mich eine alte Dame. Sie fuhr immer zur Kirche des heiligen Nikolaus und ließ ihren Kutscher sehr oft durchpeitschen. Der Kutscher weinte häufig in meinem Stande, und ich lernte auf diese Art, daß Tränen einen angenehmen salzigen Geschmack haben. Dann starb die alte Dame. Ihr Gutsverwalter nahm mich aufs Land und verkaufte mich an einen herumziehenden Krämer; da überfraß ich mich an grünem Weizen und wurde noch kränker. Ich wurde an einen Bauern verkauft. Bei dem mußte ich den Pflug ziehen, bekam fast nichts zu fressen, und er brachte mir mit der Pflugschar eine böse Schnittwunde am Fuße bei. Ich wurde wieder krank. Ein Zigeuner tauschte mich ein. Er peinigte mich furchtbar und verkaufte mich schließlich an den hiesigen Gutsverwalter. So bin ich hierher gekommen …«

Alle schwiegen. Es begann, leise zu regnen.

IX

Als die Herde am folgenden Abend nach Hause zurückkehrte, traf sie am Tor den Herrn mit einem Gast. Schuldüba, die den anderen voran sich dem Pferdehof näherte, schielte nach den beiden Männergestalten hin: Das eine war der junge Gutsherr, mit einem Strohhut auf dem Kopf; das andere ein hochgewachsener, dicker Militär mit aufgedunsenem Gesicht. Die alte Stute warf den beiden einen schrägen Blick zu und ging, den fremden Herrn gegen den Pfosten drängend, vorüber; aber die anderen, jüngeren Tiere wurden unruhig und statisch, besonders als der Herr und sein Gast gerade mitten unter die Herde traten, einander dies und das zeigten und darüber sprachen.

»Den grauen Apfelschimmel da habe ich von Wojeikow gekauft«, bemerkte der Gutsherr.

»Und diese da, die junge Rappstute mit den weißen Füßen, wo ist die her? Ein hübsches Tier!«, sagte der Gast. So musterten sie noch viele Pferde, indem sie ihnen entgegenliefen und sie zum Stehen brachten. Auch die braune Stute fand besondere Beachtung.

»Die stammt von den Reitpferden in Chrenowo; von denen ist noch ein Stamm bei mir übrig«, erklärte der Gutsherr.

Sie hatten nicht alle Pferde, während diese vorbeigingen, betrachten können und traten daher noch in den Hof. Der Gutsherr rief Nestor zu, und der Alte kam eilig im Trabe nach vorn geritten, wobei er den Schecken, um ihn anzutreiben, heftig mit den Absätzen in die Seiten stieß. Der Schecke hinkte, da er immer mit dem einen Fuße niederkniete; aber er lief so eifrig, daß man sah, er würde in keinem Fall murren, und wenn man ihm befehlte, so mit Aufbietung aller Kräfte bis ans Ende der Welt zu laufen. Er bekundete sogar seine Bereitwilligkeit, Galopp zu laufen, und setzte dazu mit dem rechten Fuß an.

»Sieh mal, ein besseres Pferd als diese Stute – das kann ich kühn behaupten – gibt es in ganz Rußland nicht«, sagte der Gutsherr, auf eine der Stuten weisend. Auch der Gast lobte das Tier. Der Gutsherr ging und lief mit großer Lebhaftigkeit hin und her, zeigte seinem Gast die einzelnen Pferde und erzählte die Geschichte und die Abstammung eines jeden von ihnen.

Dem Gast wurde es augenscheinlich langweilig, das Gerede des Gutsherrn anzuhören; er sagte zerstreut: »Ja, ja«, und zwang sich dazu, ein paar Fragen zu stellen, damit es aussehen sollte, als interessiere er sich für das Gesagte.

»Sieh nur«, sagte der Gutsherr, ohne auf die letzte Frage zu antworten, »diese Beine, sieh nur … Ich habe eine schöne Summe für die Stute bezahlt; aber ich habe auch schon einen Dreijährigen von ihr, der mit dem Wagen läuft.«

»Läuft er gut?«, fragte der Gast.

So musterten sie fast alle Pferde, und es war schließlich nichts mehr übrig zu zeigen. Beide verstummten.

»Nun, wie ist's? Wollen wir gehen?«

»Ich bin bereit.« Sie gingen ins Tor, um den Pferdehof zu verlassen. Der Gast freute sich, daß die Besichtigung der Pferde ein Ende hatte und er nun in das Herrenhaus gehen konnte, wo es etwas zu essen, zu trinken und zu rauchen geben werde; er wurde sichtlich heiterer. Als er an Nestor vorbeikam, der, weiterer Befehle gewärtig, auf dem Schecken saß, klopfte der Gast mit seiner großen, fleischigen Hand dem Schecken auf die Kruppe.

»Sieh, was für ein bunter alter Bursche!«, sagte er. »Ganz ebenso einen Schecken habe ich auch einmal gehabt; ich habe dir davon erzählt; besinnst du dich?«

Als der Gutsherr merkte, daß nicht mehr von seinen eigenen Pferden gesprochen wurde, hörte er nicht weiter zu, wandte sich um und betrachtete noch einmal seine Herde.

Plötzlich hörte er dicht bei seinem Ohr ein töricht klingendes, schwaches, greisenhaftes Wiehern. Es war der Schecke, der zu wiehern angefangen hatte; aber er brachte sein Gewieher nicht zu Ende, sondern brach, wie verlegen, mitten darin ab.

Weder der Gast noch der Gutsherr achteten weiter auf dieses Wiehern; sie gingen nach dem Herrenhaus. Leinwandmesser hatte in dem alt aussehenden Mann mit dem aufgedunsenen Gesicht seinen ehemaligen geliebten Herrn wiedererkannt, den einst so glänzenden, reichen, schönen Fürsten Serpuchowskoi.

X

. . . .

. . . .

Der Sprühregen dauerte immer noch fort. Auf dem Pferdehof sah es trübe und düster aus; ganz anders im Herrschaftsgebäude. In dem prunkvollen Salon war der Tisch für den Abendtee in luxuriöser Weise zurechtgemacht. Am Teetisch saßen der Wirt, die Wirtin und der heute eingetroffene Gast. Die neben dem Samowar sitzende Wirtin war in anderen Umständen, was an ihrem sich hebenden Unterleib, an ihrer geraden, zurückgebogenen Haltung, an ihrer gesamten Körperfülle und namentlich an ihren großen, sanft und würdevoll gleichsam nach innen blickenden Augen sehr deutlich zu merken war.

Der Hausherr hielt in der Hand ein Kistchen besonders guter, zehn Jahre alter Zigarren, wie sie seiner Behauptung nach in gleicher Vortrefflichkeit sonst niemand besaß, und prahlte damit vor dem Gast. Er war ein schöner Mann von etwa fünfundzwanzig Jahren, von frischem Wesen, mit wohlgepflegtem Körper, sorgsam frisiert. Er trug im Haus einen neuen, bequemen, in London gearbeiteten Anzug, alles aus demselben dicken Stoff. An der schweren goldenen Uhrkette hatte er große, wertvolle Berlocken hängen. Die großen Hemdknöpfe waren gleichfalls von massivem Golde und mit Türkisen besetzt. Den Bart trug er *à la Napoleon III.*, und die Schnurrbartenden waren so schön pomadisiert und steif gedreht, daß man es in Paris nicht besser hätte zuwege bringen können.

Die Dame trug ein Kleid von Seidenmusselin mit einem Muster von großen bunten Blumenbuketts und auf dem Kopf eigentümliche große goldene Haarspangen in dem dichten, rötlichen Haar, das, wenn es auch nicht alles ihr eigenes war, doch schön aussah. An den Armen und Fingern trug sie viele Armbänder und Ringe, sämtlich von bedeutendem Wert.

Der Samowar war von Silber, das Teeservice von feinem Porzellan. Ein Diener, der in Frack, weißer Weste und weißer Halsbinde einen großartigen Eindruck machte, stand wie eine Bildsäule an der Tür und harrte der Befehle. Die Möbel waren von gebogenem, hellfarbigem Holze, die Tapeten dunkel, großgeblümt. Neben dem Tisch klingelte mit seinem silbernen Halsband ein außerordentlich schlankes Windspiel umher, das einen überaus schwierigen englischen Namen führte, den sie beide falsch aussprachen, weil sie kein Englisch verstanden.

In einer Ecke stand zwischen hohen blühenden Gewächsen ein Fortepiano mit eingelegter Arbeit auf dem Deckel. Alles machte den Eindruck der Neuheit, des Luxus und der Eleganz. Es war alles sehr schön; aber alles trug den besonderen Stempel der Übertreibung, des Prahlens mit dem Reichtum und des Mangels an geistigen Interessen.

Der Hausherr war ein Liebhaber des Trabersports, ein kräftiger, sanguinischer Mann; er gehörte zu der nie aussterbenden Gattung jener Leute, die in Zobelpelzen ausfahren, den Schauspielerinnen teure Buketts zuwerfen, den teuersten Wein, der die neueste Mode ist, in den teuersten Restaurants trinken, bei den Wettrennen Preise mit ihren Namen aussetzen und sich die teuerste Geliebte halten.

Der Gast, Nikita Serpuchowskoi, war ein Mann von ungefähr vierzig Jahren, hochgewachsen, dick, kahlköpfig, mit großem Schnurr- und Backenbart. Er mußte früher ein sehr schöner Mann gewesen sein. Jetzt aber war er offenbar in physischer, moralischer und pekuniärer Hinsicht arg heruntergekommen.

Er hatte so viele Schulden, daß er sich genötigt sah, in den Staatsdienst zu treten, um nicht in das Schuldgefängnis wandern zu müssen. Er reiste jetzt nach der Gouvernementshauptstadt, wo er eine Stelle als Gestütsdirektor übernehmen sollte. Diese Stelle hatten ihm hochgestellte Verwandte verschafft.

Er trug eine militärische Litewka und blaue Beinkleider. Beide Kleidungsstücke waren von der Art, wie sie eigentlich nur sehr reiche Leute sich anschaffen, ebenso die Wäsche; auch seine Uhr war englisches Fabrikat. Seine Stiefel hatten wunderliche fingerdicke Sohlen.

Nikita Serpuchowskoi hatte in seinem Leben ein Vermögen von zwei Millionen Rubel durchgebracht und war dazu noch hundertundzwanzigtausend Rubel schuldig geblieben. Von einem solchen Kapital bleibt immer noch eine Art von Nachwirkung zurück, die dem Betreffenden Kredit verschafft und ihm die Möglichkeit gewährt, noch zehn Jahre lang fast luxuriös weiterzuleben.

Aber diese zehn Jahre waren nun auch schon vorbei, die Nachwirkung hatte aufgehört, und nun begann für Nikita ein trauriges Leben. Er fing schon an zu trinken, das heißt sich zu berauschen, was früher nicht feine Art gewesen war. Zu trinken, im milderen Sinne, hatte er eigentlich nie angefangen und nie aufgehört. Am deutlichsten aber war sein Niedergang an seinem unruhigen Blick zu erkennen (seine Augen liefen nach allen Seiten umher) und an der mangelnden Festigkeit in seiner Redeweise und in seinen Bewegungen. Diese Unruhe fiel deswegen auf, weil man merkte, daß sie offenbar erst vor kurzem über ihn gekommen war; denn man sah ihm an, daß er lange Zeit, sein ganzes Leben lang, gewohnt gewesen war, niemanden und nichts zu fürchten, und daß er erst jetzt, erst unlängst, durch schweres Leid zu dieser Ängstlichkeit gekommen war, die so gar nicht in seiner Natur lag.

Der Wirt und die Wirtin bemerkten das und wechselten einen Blick miteinander; augenscheinlich verstanden sie sich wechselseitig und wollten nur eine nähere Erörterung dieses Gegenstandes bis zum Schlafengehen verschieben. Sie ertrugen den armen Nikita mit Geduld und behandelten ihn sogar liebenswürdig.

Der Anblick des Glückes des jungen Gutsherrn wirkte auf Nikita niederdrückend und erweckte in ihm durch die Erinnerung an seine eigene unwiederbringliche Vergangenheit ein schmerzliches Gefühl des Neides.

»Wird Sie eine Zigarre nicht belästigen, Marie?«, fragte er in jenem besonderen Tone, den man sich nur durch praktische Übung zu eigen machen kann, in jenem höflichen, freundschaftlichen, aber nicht durchaus achtungsvollen Ton, in welchem weltkundige Männer mit ausgehaltenen Damen im Gegensatze zu Ehefrauen sprechen. Nicht daß er die Wirtin hätte kränken wollen; im Gegenteil, er hatte jetzt vielmehr den Wunsch, ihre und des Hausherrn Gunst zu gewinnen, obgleich er das sich selbst um keinen Preis eingestanden hätte. Aber er war es einmal schon gewohnt, mit solchen Damen so zu sprechen. Er wußte, daß sie sich selbst gewundert und es vielleicht sogar als Beleidigung aufgefaßt hätte, wenn er sie so wie eine verheiratete Dame behandelt hätte. Außerdem mußte er noch eine gewisse Nuance der Ehrerbietigkeit des Tones in Reserve behalten für eine etwaige spätere wirkliche Frau seines Standesgenossen. Er behandelte solche Damen, wie die anwesende, immer respektvoll, aber nicht etwa weil er die sogenannten »Überzeugungen« geteilt hatte, die in den Zeitungen gepredigt werden (derartiges dummes Zeug las er überhaupt niemals), über die Achtung vor der Persönlichkeit eines jeden Menschen, über die Bedeutungslosigkeit der Ehe und so weiter, sondern weil sich alle anständigen Leute so benehmen und er ein anständiger Mensch war, wenn auch ein heruntergekommener.

Er nahm eine Zigarre. Aber der Hausherr faßte mit einer ungeschickten Bewegung eine ganze Handvoll Zigarren und bot sie dem Gast an.

»Hier, nimm nur! Du wirst sehen, daß sie gut sind. Nimm nur!«

Nikita lehnte die Zigarren mit einer abwehrenden Handbewegung ab, und über seine Augen huschte ein ganz leiser Schimmer, als ob er sich gekränkt fühle und sich schäme.

»Danke.« Er zog seine Zigarrentasche heraus. »Versuche doch einmal meine.«

Die Wirtin hatte ein feines Gefühl. Sie hatte seine Verstimmung bemerkt und beeilte sich, ein Gespräch mit ihm anzuknüpfen.

»Ich habe den Zigarrendampf sehr gern; ich würde selbst rauchen, wenn nicht immer schon alle um mich herum rauchten.«

Sie lächelte ihm mit ihrem schönen, gutmütigen Gesicht zu, und er lächelte zur Erwiderung in seiner unsicheren Art; es fehlten ihm zwei Zähne.

»Nein, nimm doch lieber diese Zigarre!«, fuhr der nicht so feinfühlige Hausherr fort. »Die anderen da sind leichter. Fritz, bringen Sie noch eine Kiste«, sagte er auf deutsch zu dem Diener, »dort stehen zwei.«

Der deutsche Diener brachte noch eine andere Kiste.

»Was für eine Sorte rauchst du am liebsten? Große, kräftige? Diese hier sind sehr gut. Nimm sie dir doch alle!«, fuhr er fort und schob sie ihm hin.

Er war offenbar froh, daß er jemanden hatte, dem gegenüber er mit seinen Kostbarkeiten prahlen konnte, und merkte nichts. Serpuchowskoi zündete sich eine Zigarre an und beeilte sich, das vorher begonnene Gespräch fortzusetzen.

»Also wieviel hast du für Atlasnü gegeben?«, fragte er.

»Eine gehörige Summe, ganze fünftausend Rubel. Aber wenigstens habe ich schon meine Sicherstellung. Das ist eine Nachkommenschaft, sage ich dir!«

»Laufen sie mit dem Wagen?«, fragte Serpuchowskoi.

»Ja, und ganz ausgezeichnet. Ein Sohn von Atlasnü hat neulich drei Preise gewonnen: in Tula, in Moskau und in Petersburg. Er lief mit Wojeikows Rappen Woron.«

»Der ist etwas feucht. Stark holländisch, kann ich dir sagen«, bemerkte Serpuchowskoi.

»Na, und was ich auch für die Mutterpferde gegeben habe! Ich werde sie dir morgen genauer zeigen. Für Dobrünja habe ich dreitausend Rubel gegeben; für Laskowaja zweitausend.«

Und wieder begann der Hausherr seine kostbaren Besitztümer aufzuzählen. Die Dame sah, daß dies dem Gast unangenehm war und er nur mit erheuchelter Aufmerksamkeit zuhörte.

»Trinken Sie noch Tee?«, fragte sie den Hausherrn.

»Nein«, erwiderte dieser und fuhr in seiner Erzählung fort. Sie erhob sich; der Hausherr hielt sie zurück, umarmte und küßte sie.

Serpuchowskoi verzog bei diesem Anblick sein Gesicht aus Höflichkeit zu einem Lächeln, einem gezwungenen Lächeln; aber als der Hausherr aufstand, die Dame umschlang und so mit ihr bis an die Portiere ging, da veränderte sich Nikitas Miene plötzlich; er seufzte schwer auf, und auf seinem aufgedunsenen Gesichte malte sich auf einmal die reine Verzweiflung. Ja, sogar ein Ausdruck von grimmiger Wut lag darin.

Der Hausherr kehrte zurück und setzte sich lächelnd Nikita gegenüber. Beide schwiegen.

XI

»Ja, du sagtest, du hättest von Wojeikow Pferde gekauft«, sagte Serpuchowskoi in lässigem Tone.

»Ja, ich habe dir ja gesagt: Atlasnü habe ich von dem gekauft. Ich hätte gern Stuten von Dubowizki gekauft. Aber es war nur noch schlechtes Zeug übrig.«

»Der ist verkracht«, sagte Serpuchowskoi, stockte aber plötzlich und sah sich um. Es war ihm eingefallen, daß er diesem selben Verkrachten zwanzigtausend Rubel schuldete, und daß, wenn man jemanden »verkracht« nennen wollte, diese Bezeichnung ganz besonders für ihn selbst zutraf. Er lachte auf.

Wieder schwiegen beide längere Zeit. Der Hausherr überdachte im Kopf seine Besitztümer, um noch etwas auszusuchen, womit er vor seinem Gast prahlen könne; Serpuchowskoi aber sann darüber nach, womit er wohl zeigen könne, daß er sich nicht für verkracht halte. Aber bei beiden arbeitete der Denkapparat träge, obgleich sie sich durch die Zigarren aufzumuntern suchten.

»Nun, wann wird es denn etwas zu trinken geben?«, dachte Serpuchowskoi.

»Wir müssen notwendig trinken; sonst stirbt man ja in seiner Gesellschaft vor Langeweile«, dachte der Hausherr.

»Also, wie denkst du denn? Wirst du noch lange auf dem Gut bleiben?«, fragte Serpuchowskoi.

»Etwa noch einen Monat. Wie ist's? Wollen wir Abendbrot essen? Fritz, ist alles bereit?«

Sie gingen in das Speisezimmer. Dort stand unter der Lampe ein Tisch, mit Kerzen und allerlei ungewöhnlichen Sachen besetzt: da waren Siphons, und Pfropfen mit Püppchen darauf, und auserlesener Wein in Karaffen, und auserlesene kalte Speisen, und Schnaps. Sie tranken, sie aßen, sie tranken wieder, sie aßen wieder, und es kam ein Gespräch in Gang. Serpuchowskoi war ganz rot im Gesicht geworden und redete nun ohne seine sonstige Schüchternheit.

Sie sprachen von Weibern; was für eine sich dieser und jener gehalten hatte: eine Zigeunerin, eine Tänzerin, eine Französin.

»Na, und du hast damals der Mathieu den Laufpaß gegeben?«, fragte der Hausherr.

So hatte die Geliebte geheißen, welche Serpuchowskois Ruin geworden war.

»Nicht ich ihr, sondern sie mir. Ach, Bruder, wenn ich so daran denke, was ich in meinem Leben für Geld verschwendet habe! Jetzt bin ich wahrhaftig froh, wenn ich tausend Rubel auftreibe, und bin froh, wenn ich von allen Menschen weit weg bin, wahrhaftig. In Moskau zu leben ist mir geradezu unmöglich. Ach, wozu noch davon reden!«

Dem Hausherrn war es langweilig, seinem Gast zuzuhören. Er wollte von sich sprechen und prahlen. Serpuchowskoi aber wollte auch von sich sprechen, nämlich von seiner glänzenden Vergangenheit. Der Hausherr goß ihm Wein ein und wartete nur darauf, daß der andere aufhören möchte zu reden, um ihm dann von sich zu erzählen, welche Einrichtungen er jetzt in seinem Gestüt getroffen habe, Einrichtungen, wie sie noch nie jemand gehabt habe, und daß seine Marie ihn nicht nur um des Geldes willen liebe, sondern wirklich von Herzen.

»Ich wollte dir noch sagen, daß in meinem Gestüt …« begann er. Aber Serpuchowskoi unterbrach ihn.

»Es gab eine Zeit, kann ich dir sagen«, fing er an, »wo ich gern lebte und zu leben verstand. Du sprachst da vom Fahren; nun, dann sag doch mal, welches ist denn dein schnellstes Pferd?«

Der Hausherr war froh über die Möglichkeit, von seinem Gestüt weitererzählen zu können, und wollte schon damit anfangen; aber Serpuchowskoi unterbrach ihn von neuem.

»Ja, ja«, sagte er. »Ihr Gestütsbesitzer tut ja alles nur aus Eitelkeit, nicht um des wahren Vergnügens willen, nicht für das praktische Leben. Bei mir war das anders. Ich habe dir heute schon gesagt, daß ich ein Wagenpferd hatte, einen Schecken, geradeso einen wie der, auf dem dein Pferdehüter reitet. Ach, das war mal ein Pferd! Du kannst es nicht gekannt haben; es war im Jahre 42; ich war eben nach Moskau gekommen, da ging ich zu einem Pferdehändler und sah einen scheckigen Wallach. Schön proportioniert! Er gefiel mir. ›Preis?‹ – ›Tausend Rubel.‹ Er gefiel mir, ich nahm ihn und fuhr mit ihm, Ein solches Pferd habe ich nie wieder gehabt, und auch du hast kein solches, und es wird so ein Pferd nie wieder geben. Ich habe nie ein besseres Pferd gekannt, was Gang und Kraft und Schönheit anlangt. Du warst damals noch ein Knabe und kannst es nicht gekannt haben; aber ich denke mir, du hast von ihm gehört. Ganz Moskau kannte das Tier.«

»Ja, ich habe von ihm gehört«, erwiderte der Hausherr mißmutig. »Aber ich wollte dir von meinen …«

»Also du hast von ihm gehört. Ich hatte ihn so ohne alles gekauft, ohne Stammbaum und ohne Zeugnisse; erst später erfuhr ich, wie es damit stand. Wojeikow und ich, wir haben es herausgebracht. Er war ein Sohn von Ljubesnü I. und hieß Leinwandmesser, weil er so lief, wie wenn einer Leinwand mißt. Wegen seiner Buntscheckigkeit hatte man ihn auf dem Gestüt in Chrenowo dem Stallmeister gegeben, und der hatte ihn kastrieren lassen und an den Pferdehändler verkauft. Solche Pferde gibt es jetzt gar nicht mehr, lieber Freund. Ach, das war eine schöne Zeit! ›O du goldne Jugendzeit!‹« sang er aus einem bekannten Zigeunerlied. Er begann betrunken zu werden. »Ja, das war eine schöne Zeit! Ich war fünfundzwanzig Jahre alt; ich hatte achtzigtausend Rubel jährliches Einkommen, noch kein einziges graues Haar, sämtliche Zähne, wie Perlen. Was ich angriff, gelang mir … Und nun ist alles zu Ende …«

»Aber Pferde mit solchem Feuer gab es damals nicht«, sagte der Hausherr, indem er sich die Unterbrechung zunutze machte. »Ich sage dir, meine ersten Pferde gingen ohne …«

»Ach was, deine Pferde! Damals gab es feurigere …«

»Das kann ich kaum glauben.«

»Doch, doch! Ich erinnere mich, als ob es heute gewesen wäre, wie ich einmal in Moskau zu einem Trabrennen fuhr; vor meinem Schlitten hatte ich den Schecken. Eigene Pferde von mir liefen nicht. Ich liebte Traber nicht; ich hielt mir Vollblutpferde: General Cholet, Mahomet. Also ich fuhr mit dem Schecken. Mein Kutscher war ein prächtiger Bursche; ich hatte ihn sehr gern. Er hat sich auch dem Trunke ergeben. Also ich kam an.

›Serpuchowskoi‹, sagten da ein paar Bekannte zu mir, ›wann wirst du dir denn Traber anschaffen?‹ – ›Ach, eure Bauernpferde‹, antwortete ich, ›mag der Teufel holen. Der Schecke, den ich vor meinem Schlitten habe, überholt eure Pferde alle.‹ – ›Das würde ihm nun doch nicht gelingen.‹ – ›Ich wette auf tausend Rubel.‹ Sie waren Feuer und Flamme; wir ließen die Pferde laufen. In fünf Sekunden war meiner weit voran; ich hatte tausend Rubel gewonnen. Und was sagst du dazu? Ich bin mit Vollblutpferden vor einer Troika hundert Werst in drei Stunden gefahren. Ganz Moskau weiß es.«

Und Serpuchowskoi schwatzte so geläufig und ununterbrochen weiter, daß der Hausherr nicht ein einziges Wort dazwischenreden konnte und ihm mit trübseligem Gesicht gegenübersaß; er konnte sich nur damit zerstreuen, daß er sich und ihm Wein in die Gläser goß.

Der Tag fing schon an zu dämmern; aber sie saßen immer noch da. Der Hausherr langweilte sich schrecklich. Er stand auf.

»Na, wenn wir schlafen gehen wollen, meinetwegen!«, sagte Serpuchowskoi, erhob sich und ging schwankend und schwer atmend nach dem ihm angewiesenen Zimmer ....

....

Der Hausherr lag bei seiner Geliebten. »Nein, es ist ein unerträglicher Mensch. Betrinkt sich und schwatzt ohne Unterbrechung.«

»Und mir macht er den Hof.«

»Ich fürchte, er wird mich anpumpen wollen.«

Serpuchowskoi lag unausgekleidet auf dem Bett und keuchte.

»Ich glaube, ich habe viel zusammengeschwatzt«, dachte er. »Na, ganz egal! Der Wein war gut; aber der Kerl ist ein großer Lump. Eine Krämerseele. Und ich bin auch ein großer Lump!«, sagte er zu sich selbst und lachte auf. »Ehemals habe ich Frauenzimmer ausgehalten, und jetzt halten sie mich aus. Ja, die Winkler hält mich aus; ich nehme Geld von ihr an. Und es ist auch ganz in der Ordnung so. Aber ich muß mich ausziehen. Die Stiefel kriege ich nicht aus. Heda! Heda!«, rief er; aber der ihm zugewiesene Diener war schon längst schlafen gegangen. Er setzte sich hin und zog die Litewka und die Weste aus; auch die Hosen trat er sich mit einiger Mühe von den Beinen herunter. Aber die Stiefel vermochte er lange nicht auszuziehen; sein weicher Bauch war ihm hinderlich. Mit Not und Mühe bekam er den einen aus; aber mit dem anderen quälte er sich lange vergebens ab; schließlich war er ganz erschöpft und außer Atem. Und so warf er sich denn, mit dem einen Fuß noch im Stiefelschaft, auf das Bett nieder, begann zu schnarchen und erfüllte das ganze Zimmer mit dem Geruch von Tabak, Wein und greisenhafter Unsauberkeit.

XII

Wenn Leinwandmesser in dieser Nacht wieder seinen Erinnerungen nachhängen wollte, so riß ihn Waska aus solchen Gedanken heraus. Er warf ihm eine Decke über und sprengte auf ihm davon. Bis zum Morgen ließ er ihn vor der Tür der Schenke neben einem Bauernpferde stehen. Sie beleckten sich gegenseitig. Am Morgen kam Leinwandmesser wieder zur Herde und kratzte sich unaufhörlich.

»Da juckt es mich ja ganz nichtswürdig«, dachte er.

So vergingen fünf Tage. Der Roßarzt wurde gerufen. Der sagte höchst vergnügt:

»Das ist Räude. Verkaufen Sie ihn an die Zigeuner.«

»Wozu? Dann mag er lieber abgestochen werden, aber schnell, damit er einem bald aus den Augen kommt.«

Es war ein stiller, klarer Morgen. Die Herde war auf das Feld gegangen; Leinwandmesser war zu Hause geblieben. Da kam ein sonderbarer, hagerer, schwarzhaariger, schmutziger Mann, dessen Rock ganz mit etwas Schwarzem bespritzt war. Das war der Abdecker. Er ergriff, ohne den Schecken anzusehen, den Riemen des Halfters, das man ihm angelegt hatte, und führte ihn weg. Leinwandmesser ging ruhig mit, ohne sich umzusehen; wie immer schleppte er die Beine nur mühsam weiter und verwickelte sich mit den Hinterfüßen im Stroh.

Als er aus dem Tor herauskam, streckte er den Hals nach dem Brunnen hin; aber der Abdecker zog ihn fort und sagte: »Das hat keinen Zweck.«

Der Abdecker und Waska, der ihm folgte, gingen nach einer kleinen Talmulde hinter dem Ziegelschuppen und machten da halt, als ob an diesem ganz gewöhnlichen Orte etwas Besonderes wäre. Der Abdecker übergab Waska das Halfter, zog sich den Rock aus, streifte die Hemdsärmel auf und holte aus dem Stiefelschaft ein Messer und einen Schleifstein hervor. Der Wallach reckte den Kopf nach dem Riemen hin; er wollte aus Langeweile daran kauen; aber er konnte ihn nicht erreichen. Er seufzte und schloß die Augen. Seine Unterlippe hing herab, so daß die abgenutzten gelben Zähne sichtbar wurden, und er schlummerte bei dem Geräusche des Messerwetzens ein. Nur das kranke Bein mit der Beule, das er seitwärts herausgestellt hatte, zuckte mitunter. Plötzlich fühlte er, daß ihn jemand unter den Unterkiefer faßte und ihm den Kopf in die Höhe hob. Er öffnete die Augen. Vor ihm befanden sich zwei Hunde. Der eine schnupperte nach dem Abdecker hin; der andere saß da und blickte den Wallach an, als ob er gerade von diesem etwas erwartete. Der Wallach sah sie an und rieb sich mit dem Backenknochen an der Hand, die ihn hielt.

»Sie wollen mich gewiß wieder kurieren«, dachte er. »Nun, meinetwegen!« Und wirklich fühlte er, daß etwas mit seiner Kehle vorgenommen wurde. Er empfand einen Schmerz, zuckte zusammen, schlenkerte mit einem Bein; aber er hielt sich aufrecht und wartete, was nun weiter kommen werde. Was weiter kam, war, daß ihm etwas Flüssiges in großem Strom über den Hals und die Brust lief. Er seufzte so tief, daß sich sein ganzer Leib bewegte. Und es wurde ihm leichter, weit leichter.

Der ganze schwere Druck des Lebens war von ihm genommen!

Er schloß die Augen und neigte den Kopf – niemand hielt ihn ihm fest. Dann begannen seine Beine zu zittern, der ganze Körper zu schwanken. Er war darüber nicht sowohl erschrocken als vielmehr verwundert …

Alles war ihm so neu. Er wunderte sich und machte eine krampfhafte Bewegung nach vorn, nach oben … Aber vergebens; die Beine verschoben sich zwar von ihrer Stelle, versagten aber dann den Dienst; er neigte sich zur Seite, und als er die Füße anders zu setzen versuchte, fiel er nach vorn und auf die linke Seite nieder.

Der Abdecker wartete, bis die Zuckungen aufgehört hatten, und jagte die Hunde weg, die näher herangerückt waren. Dann ergriff er den Wallach an den Beinen, drehte ihn auf den Rücken, befahl Waska, das eine Bein festzuhalten, und machte sich daran, das Fell abzuziehen.

»Es war ein ganz brauchbares Pferd«, bemerkte Waska.

»Wenn das Tier nur nicht so abgemagert wäre, dann wäre das Fell ganz gut«, sagte der Abdecker.

Die Herde kam am Abend auf der Anhöhe vorüber, und diejenigen Tiere, die am linken Rand der Herde gingen, sahen unten etwas Rotes, womit sich die Hunde eifrig zu schaffen machten; darüber flogen Krähen und Geier. Der eine Hund hatte die Vorderbeine gegen den Kadaver gestemmt und riß, mit dem Kopf hin und her schlagend, das, was er gepackt hatte, mit hörbarem Geräusche ab. Die braune Stute blieb stehen, streckte den Kopf und den Hals aus und zog lange die Luft ein. Nur mit Mühe konnte sie weitergetrieben werden.

In dem alten Wald, unten in einer dicht mit Gestrüpp bewachsenen Schlucht, heulten zur Zeit des Frührotes auf einer kleinen freien Stelle vergnügt etliche großköpfige junge Wölfe. Es waren ihrer fünf: vier fast gleich große und ein kleiner, bei dem der Kopf größer war als der Rumpf. Eine magere, im Haaren begriffene Wölfin, die ihren vollen Bauch mit den herabhängenden Zitzen an der Erde hinschleppte, kam aus dem Gebüsch heraus und setzte sich den jungen Wölfen gegenüber hin. Diese standen im Halbkreis vor ihr. Sie trat zu dem kleinsten, ließ den Schwanz tief hinunterhängen, beugte die Schnauze hinab, und indem sie dann einige krampfhafte Bewegungen machte und den mit spitzen Zähnen besetzten Rachen öffnete, warf sie mit starker Anstrengung ein großes Stück Pferdefleisch aus. Die größeren Wölfchen drängten sich an sie heran; aber sie wandte sich drohend gegen sie und ließ alles dem kleinsten zukommen. Dieser zog, wie in Wut, knurrend das Fleischstück unter sich herunter und begann zu fressen. Ebenso spie die Wölfin auch dem zweiten, dem dritten und allen fünfen Fleisch hin und streckte sich dann ihnen gegenüber auf die Erde, um sich zu erholen.

Eine Woche darauf lagen bei dem Ziegelschuppen nur noch der große Schädel und zwei Schenkelknochen; alles übrige war hierhin und dorthin verschleppt. Im Sommer nahm ein Bauer, welcher

Knochen sammelte, auch diese Schenkelknochen und den Schädel mit fort und verkaufte sie.

Bedeutend später wurde Serpuchowskoi, der, ein toter Leib, in dieser Welt herumgewandelt war und gegessen und getrunken hatte, der Erde übergeben. Weder seine Haut, noch sein Fleisch, noch seine Knochen waren zu irgend etwas nütze.

Und wie schon zwanzig Jahre lang sein in dieser Welt herumwandelnder toter Leib allen eine große Last gewesen war, so war auch seine Beerdigung für die Menschen nur eine überflüssige Mühe. Seit langer Zeit hatte niemand mehr von diesem Mann irgendwelchen Nutzen gehabt, allen war er schon längst zur Last geworden; aber trotzdem fanden die Toten, die die Toten begraben, es nötig, diesen sogleich in Fäulnis übergehenden, aufgedunsenen Leib mit einer schönen Uniform zu bekleiden, ihm schöne Stiefel anzuziehen, ihn in einen schönen neuen Sarg mit neuen Quasten an den vier Ecken zu legen, dann diesen neuen Sarg in einen anderen, bleiernen Sarg zu stellen, ihn nach Moskau zu bringen, dort menschliche Gebeine, die vor langer Zeit begraben waren, wieder auszugraben, an ebendieser Stelle diesen faulenden, von Würmern wimmelnden Leib in der neuen Uniform und mit den sauber geputzten Stiefeln zu verbergen und alles mit Erde zuzuschütten.

Wovon die Menschen leben

Wir wissen, daß wir aus dem Tode in das Leben kommen sind, denn wir lieben die Brüder. Wer den Bruder nicht liebet, der bleibet im Tode. 1. Joh. 3,14.

Wenn aber jemand dieser Welt Güter hat, und siehet seinen Bruder darben, und schließt sein Herz vor ihm zu, wie bleibet die Liebe Gottes bei ihm? 3, 17.

Meine Kindlein, lasset uns nicht lieben mit Worten, noch mit der Zunge, sondern mit der Tat und mit der Wahrheit. 3, 18.

Die Liebe ist von Gott, und wer lieb hat, der ist von Gott geboren und kennet Gott. 4, 7.

Wer nicht lieb hat, der kennet Gott nicht; denn Gott ist Liebe. 4, 8.

Niemand hat Gott jemals gesehen. So wir uns untereinander lieben, so bleibet Gott in uns. 4, 12.

Gott ist Liebe, und wer in der Liebe bleibet, der bleibet in Gott, und Gott in ihm. 4, 16.

So jemand spricht: Ich liebe Gott, und hasset seinen Bruder, der ist ein Lügner. Denn wer seinen Bruder nicht liebet, den er siehet, wie kann er Gott lieben, den er nicht siehet? 4, 20.

I

Ein Schuster wohnte mit Frau und Kindern bei einem Bauern zur Miete. Er besaß weder ein eigenes Haus noch ein Stück Land und ernährte sich und die Seinen durch seine Schusterarbeit. Das Brot war teuer und die Arbeit billig; alles, was er verdiente, wurde sofort verzehrt. Der Schuster und seine Frau hatten zusammen nur einen Pelz, und dieser war schon arg zerfetzt; seit zwei Jahren hatte der Schuster die Absicht, sich Schaffelle zu einem neuen Pelz zu kaufen.

Im Herbst hatte der Schuster etwas Geld gespart: seine Frau hatte in der Truhe einen Dreirubelschein liegen, und die Bauern im Dorf schuldeten ihm noch fünf Rubel und zwanzig Kopeken.

Eines Morgens rüstete sich der Schuster, ins Dorf zu gehen, um sich die Felle zu kaufen. Er zog sich über das Hemd die wattierte baumwollene Jacke seiner Frau und darüber seinen Kaftan aus Tuch, steckte sich den Dreirubelschein in die Tasche, brach sich einen Stecken ab, frühstückte und machte sich auf den Weg. Er sagte sich: »Ich bekomme fünf Rubel von den Bauern, lege meine drei Rubel dazu und kaufe mir das Fell für den Pelz.«

Der Schuster kam ins Dorf und ging zu einem seiner Schuldner; dieser war nicht zu Hause, und seine Frau versprach, das Geld im Laufe der Woche zu schicken, gab ihm aber keinen Heller; der zweite Schuldner, den er aufsuchte, schwor, kein Geld zu haben, und zahlte ihm nur zwanzig Kopeken für das Ausbessern eines Paares Stiefel. Der Schuster wollte dann die Schaffelle auf Borg nehmen. Doch der Gerber wollte ihm nichts auf Borg geben.

»Wenn du bares Geld bringst, kannst du dir Ware nach deinem Belieben aussuchen; ich weiß ja gut, was es heißt, solche Schulden einzutreiben.«

So hatte der Schuster nichts ausgerichtet; er hatte nur die zwanzig Kopeken einkassiert und von einem Bauern den Auftrag bekommen, ein Paar alte Filzstiefel mit Leder zu besetzen.

Der Schuster war sehr betrübt; er trank für die zwanzig Kopeken Schnaps und ging ohne Felle nach Hause. Als er morgens ins Dorf ging, fror es ihn; doch jetzt, nachdem er den Schnaps getrunken, fühlte er sich auch ohne Pelz erwärmt. So geht der Schuster seinen Weg, klopft mit dem Stecken auf die mit einer Eiskruste überzogenen Steine, schwenkt mit der anderen Hand die Filzstiefel hin und her und redet mit sich selbst:

»Auch ohne Pelz ist mir warm. Das Gläschen, das ich getrunken, brennt mir in allen Adern. Ich brauche überhaupt keinen Pelz. Meinen Kummer habe ich schon vergessen. So ein Mensch bin ich. Was brauche ich denn überhaupt? Ich kann gut ohne Pelz auskommen. Auch ohne Pelz werde ich mein Leben beschließen. Allerdings wird sich mein Weib grämen. Es ist ja auch wirklich ärgerlich: ich muß mich für den Bauern abmühen, und er zieht die Bezahlung immer hinaus. Warte nur, mein Lieber! Wenn du mir das Geld nicht bringst, so nehme ich dir deine Mütze! Bei Gott! was soll es denn heißen? Du willst mir wohl die ganze Schuld in Zwanzigkopekenstücken bezahlen? Was kann man denn mit zwanzig Kopeken anfangen? Höchstens ein Glas Schnaps trinken. Du sprichst von deiner Not. Leide ich denn keine Not? Du hast ja ein Haus und Vieh und eine ganze Wirtschaft, ich aber habe nichts als das, was ich an mir trage; du hast dein eigenes Brot, und ich muß mir welches kaufen. Wo man's hernimmt, bleibt sich gleich, aber drei Rubel gibt man in der Woche allein für Brot aus. Wenn ich nach Hause komme, heißt es gleich, das Brot sei zu Ende. Nun muß ich wieder eineinhalb Rubel auslegen. Ich brauche also wirklich mein Geld!«

Als sich der Schuster der Kapelle an der Straßenbiegung näherte, sah er hinter der Kapelle etwas Weißes schimmern. Es dämmerte schon; der Schuster sah aufmerksam hin, konnte aber nicht erkennen, was es war. »Ein Stein hat hier vorhin nicht gelegen. Sollt's ein Tier sein? Nein, es sieht nicht wie ein Tier aus. Eher ist's ein Mensch, doch warum so weiß? Was sollte auch ein Mensch hier tun?«

Als er näher herankam, konnte er es gut sehen. Ein wahres Wunder: Ein nackter Mensch, tot oder lebendig, saß unbeweglich auf der Erde, an die Kapelle gelehnt. Der Schuster erschrak und dachte sich: »Man hat hier einen Menschen umgebracht, ausgeraubt und nackt liegen gelassen. Wenn ich herangehe und mich in die Sache einmische, bekomme ich gleich die ganze Obrigkeit auf den Hals.«

Der Schuster ging weiter. Während er um die Kapelle herumging, war der Leichnam nicht mehr zu sehen. Als er aber ein Stück weitergegangen war und sich umblickte, sah er, daß der Mensch, den er für tot hielt, sich von der Mauer wegrückte und ihm nachsah. Er erschrak noch mehr und sagte sich: »Soll ich umkehren oder meinen Weg weitergehen? Wenn ich auf ihn zugehe, kann es leicht schlimm enden – wer weiß, wer er ist? Es sind sicher keine guten Werke, für die er hergeraten ist. Wenn ich mich ihm nähere, kann er aufspringen und mich erwürgen; dann bleibe ich hier liegen. Und wenn er mich nicht erwürgt, habe ich nur eine neue Sorge. Was soll ich mit dem Nackten anfangen? Ich kann mir doch wirklich nicht meine letzten Kleider vom Leibe reißen und sie ihm geben. Möge Gott mich nur glücklich nach Hause führen!«

Der Schuster ging schneller; als er die Kapelle beinahe aus dem Gesicht verloren hatte, bekam er Gewissensbisse.

Der Schuster blieb wieder stehen und sagte sich:

»Was tust du denn, Semion? Ein Mensch geht hier zugrunde, und du bist so feig, daß du ihn in seinem Unglück liegen läßt. Oder bist du plötzlich reich geworden und fürchtest, daß man dir deinen Reichtum nimmt? Nein, Semion, das war nicht gut getan!«

II

Semion ging auf den Menschen zu und betrachtete ihn: es war ein junger, kräftiger Mann, der gar nicht verwundet, sondern nur erfroren und verängstigt schien; er saß noch immer auf dem Boden, an die Kapelle gelehnt, und sah Semion gar nicht an; er war wohl so schwach, daß er die Augen nicht öffnen konnte. Erst als Semion ganz dicht vor ihm stand, kam der Mann zur Besinnung, wendete den Kopf nach ihm um, schlug die Augen auf und blickte ihn an. Durch diesen Blick gewann Semion den Nackten lieb. Er warf die Filzstiefel auf die Erde, löste seinen Gürtel, legte ihn auf die Filzstiefel und zog den Kaftan aus.

»Wir wollen nicht lange reden«, sagte er. »Ziehe den Kaftan an. Machs schnell!«

Semion ergriff den Mann am Ellbogen und half ihm aufstehen. Der Mann erhob sich. Semion sah einen feinen sauberen Körper, dessen Glieder weder verwundet noch verrenkt waren, und ein frommes und rührendes Gesicht. Semion warf ihm seinen Kaftan über die Schultern. Die Arme wollten nicht in die Ärmel geraten. Semion half ihm die Arme in die Ärmel stecken, schlug ihm den Kaftan vorne zusammen und band ihm seinen Gürtel um.

Semion nahm dann seine zerrissene Mütze vom Kopf, um sie dem Nackten aufzusetzen. Ihm fror aber gleich der Kopf, und er überlegte sich: »Ich habe eine Glatze, ihm hängen aber lange Locken an den Schläfen herab.« Er setzte sich seine Mütze wieder auf. »Ich will ihm lieber die Filzstiefel geben.« Er ließ ihn niedersetzen und zog ihm die Stiefel an.

Als der Schuster ihn so bekleidet hatte, sagte er ihm:

»Ja, so ist es, Bruder. Nun rühre dich, um dich zu erwärmen. Was dir geschehen, wird man hier auch ohne uns untersuchen. Kannst du überhaupt gehen?«

Der Mann stand da, blickte freundlich auf Semion, konnte aber kein Wort sagen.

»Warum sagst du nichts? Wir wollen doch hier nicht überwintern. Wir müssen nach Hause. Hier hast du meinen Stecken, stütze dich, wenn du so schwach bist. Rühre dich!«

Und der Mann ging. Er ging ganz leicht und blieb nicht hinter Semion zurück.

Unterwegs fragte ihn Semion:

»Was für ein Landsmann bist du?«

»Ich bin nicht von hier.«

»Die Hiesigen kenne ich alle. Wie bist du eigentlich hinter die Kapelle geraten?«

»Das darf ich nicht sagen.«

»Dir haben wohl Menschen etwas zuleide getan?«

»Niemand hat mir etwas zuleide getan. Gott hat mich gestraft.«

»Ich weiß ja, daß alles von Gott kommt; du mußt dir aber doch irgendwie ein Unterkommen suchen. Wo willst du eigentlich hin?«

»Es ist mir einerlei.«

Semion wunderte sich sehr. Wie ein Spaßvogel sah der Mensch nicht aus; seine Rede klang freundlich und sanft, und doch wollte er nichts von sich sagen. Semion dachte sich: »Es kommen ja so verschiedene Dinge auf der Welt vor.« Und er sagte dem Menschen:

»Nun, komm in mein Haus, da wirst du dich wenigstens etwas erholen.«

Semion ging weiter, und der Fremde blieb nicht zurück. Ein Wind erhob sich, drang Semion unter das Hemd, und vor Frost verflog sein ganzer Rausch. Er atmete laut mit der Nase, hielt sich die Jacke vorne zu und dachte sich: »Da habe ich den Pelz! Ich bin fortgegangen, um einen Pelz zu kaufen, komme aber ohne Kaftan nach Hause und bringe noch einen Nackten heim. Matriona wird mich dafür nicht loben!« Und sobald ihm Matriona in den Sinn kam, wurde ihm ganz traurig zumute. Wenn er aber den Fremden ansah und daran dachte, wie ihn dieser hinter der Kapelle angeblickt hatte, freute sich sein Herz.

III

Semions Frau war an diesem Abend mit ihrer Hausarbeit früher als sonst fertig geworden. Sie hatte Holz gehackt, Wasser vom Brunnen geholt, den Kindern zu essen gegeben und auch selbst gegessen.

Nun überlegte sie sich, wann sie Brotteig bereiten sollte: heute oder erst morgen? Es war noch ein ziemlich großes Stück Brot übriggeblieben.

»Wenn Semion im Dorf zu Mittag gegessen hat«, dachte sie, »und zum Abendbrot nicht viel ißt, wird das Brot auch noch für morgen langen.«

Matriona wendete das Brot hin und her und dachte: »Nein, ich will den Brotteig erst morgen bereiten. Das Mehl reicht ja auch nur noch für einmal. Bis Freitag müssen wir damit auskommen.«

Matriona legte das Brot fort und setzte sich an den Tisch, um das Hemd ihres Mannes zu flicken. Beim Nähen dachte sie an ihren Mann, wie er jetzt beim Gerber die Felle einkaufte.

»Daß ihn der Gerber nur nicht betrügt! Mein Mann ist ja so einfältig. Er selbst wird niemand betrügen, ihn kann aber auch ein kleines Kind anführen. Acht Rubel sind keine Kleinigkeit. Für dieses Geld kann man ja schon einen recht guten Pelz bekommen. Wenn auch einer aus ungegerbten Fellen, immerhin wird es ein Pelz. Im vergangenen Winter hatten wir es ja so schwer ohne Pelz! Wir konnten weder zum Fluß, noch sonst irgendwohin ausgehen. Wenn er ausgeht, zieht er alle unsere Sachen an, so daß ich nichts mehr anzuziehen habe. Er ist ja heute so früh fortgegangen, und es wäre Zeit, daß er heimkommt. Ob mein Männchen nicht irgendwo im Wirtshaus sitzt?«

Kaum hatte Matriona das gedacht, als die Stufen auf dem Flur knarrten und jemand ins Haus trat. Matriona steckte die Nadel in die Arbeit und ging ins Vorderhaus. Sie sah, daß zwei gekommen waren: ihr Mann und mit ihm ein unbekannter Bauer in Filzstiefeln und ohne Mütze.

Matriona merkte sofort, daß ihr Mann nach Schnaps roch. Sie sagte sich: »Ich habe also doch recht gehabt: er kommt wirklich aus dem Wirtshaus.« Und als sie sah, daß er ohne Kaftan war und nur ihre Jacke anhatte, daß er mit leeren Händen kam, kein Wort sagte und verlegen dreinschaute, stand ihr das Herz still. Sie dachte: »Er hat das Geld mit irgendeinem Strolch vertrunken und bringt jetzt den Kumpan auch noch mit.«

Matriona ließ die beiden in die Stube eintreten und kam auch selbst mit herein. Sie sah einen fremden, jungen, hageren Mann, mit dem Kaftan ihres Mannes bekleidet. Unter dem Kaftan sah man kein Hemd, auch hatte er keine Mütze auf dem Kopf. Als er in die Stube kam, blieb er vor der Schwelle unbeweglich stehen und hob nicht einmal seine Augen. Matriona dachte: »Es ist wohl kein guter Mensch, denn er ist so scheu.«

Matriona runzelte die Stirne, ging zum Ofen und wartete, was die beiden wohl anfangen würden.

Semion nahm seine Mütze ab und setzte sich auf die Bank, als ob alles in bester Ordnung wäre.

»Nun, Matriona, wirst du uns vielleicht das Abendbrot geben?«

Matriona brummte sich etwas unter die Nase. Sie stand unbeweglich vor dem Ofen und blickte kopfschüttelnd bald den einen und bald den andern an. Als Semion sah, daß seine Alte schlechter Laune war, stellte er sich so, als ob er es gar nicht merkte. Er nahm den Fremden bei der Hand und sagte:

»Setz dich doch, Bruder, wir wollen essen.«

Der Fremde setzte sich auf die Bank.

»Hast du denn heute nichts gekocht?«

Matriona wurde böse.

»Gekocht habe ich schon, doch nicht für dich. Wie ich sehe, hast du auch deinen Verstand vertrunken. Nach einem Pelz bist du gegangen, und ohne Kaftan kommst du zurück; bringst auch noch einen nackten Strolch mit nach Hause. Ich habe kein Abendbrot für euch, ihr Trunkenbolde.«

»Laß gut sein, Matriona, schwatze kein dummes Zeug! Frage doch zuerst, wer der Mann ist …«

»Sage du, wo hast du das Geld hingetan?«

Semion holte aus dem Kaftan den Schein und zeigte ihn seiner Frau.

»Hier ist das Geld; Trifonow hat seine Schuld nicht bezahlt, hat versprochen, morgen zu bezahlen.«

Matriona kam ganz außer Fassung: den Pelz hatte er nicht gekauft, den letzten Kaftan einem Nackten gegeben und diesen mit ins Haus gebracht.

Sie nahm den Schein vom Tisch, verwahrte ihn wieder in der Truhe und sagte:

»Ich habe kein Abendbrot. Alle nackten Trunkenbolde kann ich nicht satt machen.«

»Ach, Matriona, halte doch deine Zunge im Zaum und höre, was man dir sagt.«

»Von einem betrunkenen Narren bekomme ich doch nichts Gescheites zu hören! Nicht umsonst habe ich dich Trunkenbold nicht heiraten wollen; Mütterchen gab mir Leinwand in die Ehe, und du hast sie vertrunken; nun bist du ins Dorf gegangen, um einen Pelz zu kaufen, und hast das ganze Geld vertrunken.«

Semion wollte seiner Frau erklären, daß er nur zwanzig Kopeken vertrunken, er wollte ihr sagen, wo er den Mann gefunden habe. Matriona ließ ihn aber nicht zu Wort kommen und redete so viel und so schnell, daß es schien, sie spreche immer zwei Worte auf einmal aus. Selbst von Dingen, die zehn Jahre zurücklagen, fing sie an zu reden.

Während sie so sprach, sprang sie auf Semion zu und packte ihn am Ärmel.

»Gib mir mal meine Jacke her; ich habe nur die eine, und auch die hast du mir weggenommen. Gib die Jacke her, du Hund, daß dich der Schlag treffe!«

Semion zog die Jacke aus, drehte aber dabei einen Ärmel um. Matriona zerrte am anderen Ärmel, daß die Nähte krachten. Sie nahm die Jacke, warf sie sich über den Kopf und ergriff die Türklinke. Sie wollte weglaufen, blieb aber plötzlich stehen: sie war sehr aufgebracht und wollte ihrem Ärger Luft machen; zugleich wollte sie aber gar zu gerne wissen, wer der Mensch war.

IV

Matriona blieb vor der Tür stehen und sagte: »Wenn es ein guter Mensch wäre, würde er nicht so nackt herumlaufen; er hat aber nicht einmal ein Hemd an! Wenn dein Gewissen rein wäre, würdest du mir sagen, wo du diesen Fant aufgegabelt hast.«

»Das will ich dir eben sagen. Wie ich an der Kapelle vorbeigehe, sitzt er nackt auf der Erde und scheint erfroren. Jetzt ist ja nicht Sommer, daß man nackt herumlaufen könnte. Gott hat mich zu ihm gebracht, sonst wäre er wohl umgekommen. Was sollte ich denn tun? Es kommen ja so verschiedene Dinge in der Welt vor. Ich habe ihn also bekleidet und hergebracht. Bezähme dein Herz, Matriona, sündige nicht! Wir werden ja alle einmal sterben.«

Matriona wollte weiter schimpfen. Als sie aber den Fremden ansah, mußte sie verstummen. Der Fremde saß unbeweglich am äußersten Ende der Bank, die Hände auf den Knien, den Kopf gesenkt; er hielt die Augen geschlossen und verzog das Gesicht, als ob ihn etwas würgte. Matriona schwieg, und Semion sagte:

»Matriona, ist denn kein Gott in dir?«

Als Matriona dieses Wort hörte und den Fremden noch einmal anblickte, war ihr Zorn auf einmal verschwunden. Sie ging von der Türe zum Ofen und holte das Abendbrot hervor. Sie stellte eine Schüssel auf den Tisch, goß Kwaß hinein und brachte den letzten Brotrest. Sie reichte ein Messer und zwei Löffel.

»Nun, eßt doch!«

Semion schob den Fremden näher an den Tisch heran, schnitt das Brot, brockte es in die Schüssel, und sie begannen zu essen. Matriona setzte sich an die Tischecke, stützte den Kopf in eine Hand und blickte auf den Fremden.

Und sie fühlte Mitleid mit dem Fremden, denn sie hatte ihn gleich liebgewonnen. Plötzlich erheiterte sich das Gesicht des Fremden, seine Stirn glättete sich, er hob die Augen und lächelte Matriona zu.

Als sie gegessen hatten, räumte Matriona das Geschirr weg und begann den Fremden auszufragen:

»Was für ein Landsmann bist du?«

»Ich bin nicht von hier.«

»Wie bist du auf die Straße geraten?«

»Das darf ich nicht sagen.«

»Wer hat dich ausgeraubt?«

»Gott hat mich gestraft.«

»Bist du wirklich so nackt auf der Straße gelegen?«

»Ja, so nackt, und wäre beinahe erfroren. Als mich aber Semion sah, hatte er Mitleid mit mir; er zog mir seinen Kaftan an und nahm mich mit. Hier aber hast du mir zu essen gegeben und dich meiner erbarmt. Gott wird euch dafür seine Gnade erweisen!«

Matriona stand auf, nahm das alte Hemd ihres Mannes, das sie vorhin geflickt hatte, von der Fensterbank und reichte es dem Fremden; sie fand auch eine Hose und gab sie ihm.

»Hier nimm die Sachen. Ich sehe ja, daß du nicht einmal ein Hemd anhast. Zieh dich an und lege dich hin, wo du willst: auf die Bank oder auf den Ofen.«

Der Fremde zog den Kaftan aus und Hemd und Hose an und legte sich auf die Bank. Matriona löschte das Licht aus, nahm den Kaftan und legte sich neben ihren Mann.

Matriona deckte sich mit einem Ende des Kaftans zu, konnte aber nicht einschlafen: sie mußte immer an den Fremden denken. Wenn sie daran dachte, daß er das letzte Stück Brot gegessen hatte und sie für morgen kein Brot mehr übrig hatten, daß sie ihm das Hemd und die Hose geschenkt hatte, wurde es ihr traurig zumute; wenn sie aber an sein Lächeln dachte, hüpfte ihr Herz vor Freude.

Matriona konnte lange nicht einschlafen. Als sie merkte, daß auch Semion nicht schlief und den Kaftan zu sich hinüberzog, rief sie ihn an:

»Semion!«

»He?«

»Wir haben unser letztes Brot gegessen, und ich habe kein neues bereitet. Ich weiß gar nicht, was wir morgen tun sollen. Vielleicht wird mir Gevatterin Malanja welches geben.«

»Wenn wir leben werden, werden wir auch satt sein.«

Das Weib lag eine Zeitlang still, dann begann sie wieder:

»Der Mensch gefällt mir nicht schlecht; es ist aber sonderbar, daß er uns nichts sagen will.«

»Wahrscheinlich darf er nichts sagen.«

»Semion!«

»He?«

»Wir geben den anderen, warum gibt uns aber niemand?«, Darauf konnte Semion nichts erwidern. Er sagte nur: »Laß das Geschwätz«, drehte sich um und schlief ein.

V

Als Semion am anderen Morgen erwachte, schliefen die Kinder noch; die Frau war zu den Nachbarn gegangen, um Brot zu leihen. Der Fremde von gestern saß in der alten Hose und im Hemd auf der Bank und blickte zur Decke. Sein Gesicht schien heiterer als gestern.

Semion sagte: »Ja, mein Lieber: der Magen verlangt Brot, und der nackte Leib verlangt Kleidung. Man muß sich doch irgendwie ernähren. Kannst du arbeiten?«

»Ich kann nichts.«

Semion wunderte sich und sagte:

»Wenn du nur wolltest. Ein Mensch kann alles lernen.«

»Wenn die Menschen arbeiten, so werde ich auch arbeiten.«

»Wie heißt du?«

»Michailo.«

»Wenn du mir nichts über dich sagen willst, Michailo, so ist es eben deine Sache. Jedenfalls mußt du dich irgendwie ernähren. Wenn du für mich arbeiten willst, werde ich dich bei mir behalten.«

»Gott lohne dir's! Ich will gerne bei dir in der Lehre bleiben. Zeige mir, was ich tun soll.«

Semion nahm einen Pechdraht, wickelte ihn sich um die Finger und machte einen Knoten.

»Es ist nicht schwer, schau nur zu …«

Michailo sah zu, wickelte sich einen Pechdraht um die Finger und machte gleichfalls einen Knoten.

Dann zeigte ihm Semion, wie man zwei Enden vom Pechdraht miteinander verbindet. Auch das begriff Michailo sofort. Der Schuster zeigte ihm noch, wie man Schweinsborsten eindreht und wie man absteppt. Michailo zeigte sich in allen Dingen sehr gelehrig.

Was für eine Arbeit Semion ihm auch zeigte, alles begriff er sofort. Am dritten Tag arbeitete er schon so geschickt, als ob er sein Lebtag Stiefel genäht hätte. Er arbeitete viel und aß wenig; wenn keine Arbeit da war, saß er schweigend auf der Bank und blickte nach oben. Er ging nie auf die Straße, sprach nie mehr als nötig war, scherzte und lachte nie.

Nur das eine Mal am ersten Abend, als die Frau das Essen auf den Tisch stellte, hatte man ihn lächeln gesehen.

VI

Ein Tag folgte dem anderen, eine Woche der anderen, und so verging ein ganzes Jahr. Michailo lebte noch immer bei Semion und arbeitete für ihn. Bald sagten alle Leute, daß es weit und breit keinen besseren Schuhmacher gebe als Semions neuen Gesellen; niemand könne so saubere und so dauerhafte Arbeit liefern. Aus der ganzen Gegend kamen die Leute zu Semion, um sich bei ihm Stiefel machen zu lassen, und so erwarb der Schuster einiges Vermögen.

Einmal im Winter saßen Semion und Michailo am Fenster und arbeiteten; plötzlich hörten sie Schellengeläute und sahen eine Troika vor dem Haus halten. Ein Bursche sprang vom Bock und öffnete den

Schlag. Aus dem Wagen stieg ein vornehmer Herr in teurem Pelz. Er ging auf Semions Haus zu und trat in den Flur. Matriona sprang heraus und riß vor ihm die Tür auf. Der Herr bückte sich, trat in die Stube, und als er sich aufrichtete, berührte sein Kopf beinahe die Decke; und so dick war er, daß er eine ganze Ecke einnahm.

Semion stand auf, verbeugte sich und wunderte sich sehr über den Herrn. Er hatte noch nie solch einen Menschen gesehen.

Semion war mager, auch Michailo war mager, Matriona war aber so dürr wie ein Span; dieser Mensch schien aus einer anderen Welt zu kommen: Sein Gesicht war rot und gebläht, der Hals wie bei einem Stier, und er schien aus einem Stück Eisen gegossen.

Der Herr verschnaufte sich, zog den Pelz aus, setzte sich auf die Bank und sagte:

»Wer ist hier Meister?«

Semion trat vor und sagte:

»Ich bin es. Euer Gnaden.«

Der Herr rief seinem Burschen:

»Fedka, bring das Leder her!«

Der Bursche brachte sofort ein Bündel. Der Herr nahm es aus seinen Händen, legte es auf den Tisch und sagte:

»Binde es auf!«

Der Bursche band es auf. Der Herr wies mit dem Finger auf das Leder und sagte zu Semion:

»Paß auf, Schuster, siehst du die Ware?«

»Ich sehe wohl, Euer Gnaden.«

»Verstehst du denn überhaupt, was das für eine Ware ist?«

Semion betastete das Leder und sagte:

»Die Ware ist gut.«

»Das will ich meinen! So eine Ware hast du Dummkopf wohl noch nie im Leben gesehen. Es ist ausländische Ware, zwanzig Rubel kostet das Stück.«

Semion erschrak und sagte:

»Wie sollte ich solch eine Ware gesehen haben?«

»Na also. Kannst du mir aus diesem Leder gut passende Stiefel nähen?«

»Ich kann es wohl. Euer Gnaden.«

Der Herr schrie ihn an:

»Das ist leicht gesagt. Begreifst du denn überhaupt, für wen du arbeitest und was es für ein Leder ist? Du sollst mir Stiefel nähen, die ein Jahr halten, ohne schief zu werden und ohne zu reißen. Wenn du es kannst, übernimm die Arbeit und schneide das Leder zu; und wenn du es nicht kannst, so rühre das Leder lieber gar nicht an. Ich will es dir gleich im vorhinein sagen: wenn die Stiefel vor einem Jahr reißen oder schief werden, bringe ich dich ins Gefängnis; wenn sie aber weder schief werden noch reißen, zahle ich zehn Rubel für deine Arbeit.«

Semion war so erschrocken, daß er gar nicht wußte, was er darauf sagen sollte. Er blickte sich nach Michailo um, stieß ihn mit dem Ellbogen an und flüsterte:

»Soll ich die Arbeit nehmen?«

Michailo nickte nur: »Ja, nimm die Arbeit.«

Semion hörte auf den Rat und übernahm es, solche Stiefel zu nähen, die ein Jahr lang halten und weder reißen noch schief werden.

Der Herr rief wieder seinen Burschen herbei und befahl ihm, den Stiefel vom linken Fuß abzuziehen. Er streckte das Bein vor und sagte: »Nimm Maß!«

Semion heftete einen Papierstreifen, zehn Werschok lang, zusammen, glättete ihn mit den Fingern, kniete vor dem Herrn nieder, wischte sich die Hand sorgfältig an der Schürze ab, um den Strumpf des Herrn nicht zu beschmutzen, und begann Maß zu nehmen. Er maß die Sohle, er maß den Rist, und als er den Umfang der Wade messen wollte, war der Papierstreifen zu kurz. Das Bein war an der Wade so dick wie ein Balken. Der Herr warnte ihn noch: »Paß auf, daß der Schaft nicht zu eng wird!« Semion heftete einen neuen Streifen an. Der Herr saß auf der Bank, bewegte die Zehen im Strumpf und musterte die Anwesenden. Als er Michailo erblickte, fragte er:

»Wer ist denn der?«

»Das ist mein Geselle, der die Stiefel nähen wird.«

»Paß auf«, wandte sich der Herr zu Michailo, »sieh zu, daß die Stiefel ein Jahr lang halten.«

Auch Semion blickte Michailo an: dieser sah gar nicht auf den Herrn, sondern starrte in die Ecke hinter dem Herrn, als ob er dort jemand sehe. Michailo sah lange unverwandt in die Ecke, und plötzlich lächelte er, wobei sein Gesicht ganz licht wurde.

»Was lachst du, Dummkopf? Paß lieber auf, daß die Stiefel zur Zeit fertig werden.«

Michailo erwiderte:

»Sie werden just zur richtigen Zeit fertig.«

»Na also!«

Der Herr zog den Stiefel wieder an, hüllte sich in den Pelz und ging zur Tür. Er vergaß aber sich zu bücken und stieß mit dem Kopf gegen den Querpfosten.

Der Herr schimpfte, rieb sich den Kopf, setzte sich in den Wagen und fuhr fort.

Als er fortgefahren war, sagte Semion:

»Der hat aber einen harten Schädel! Den Pfosten hat er beinahe zerbrochen, es scheint ihm aber nichts zu machen.«

Und Matriona sagte:

»Wenn einer so gut lebt wie der Herr, muß er auch gesund sein und manches aushalten können. So einem eisernen Menschen kann auch der Tod nichts antun.«

VII

Und Semion sagte zu Michailo:

»Wir haben die Arbeit genommen und müssen jetzt sehen, daß wir durch sie nicht ins Unglück geraten. Das Leder ist teuer, und der Herr ist böse. Daß wir es ihm nur recht machen! Du hast ja schärfere Augen und auch geschicktere Hände: hier hast du das Maß, schneide das Leder zu; ich werde indes die andere Arbeit fertig nähen.«

Michailo gehorchte; er nahm das Leder, das der Herr gebracht hatte, legte es doppelt zusammen, breitete es auf dem Tische aus, nahm das Messer und begann zuzuschneiden.

Matriona kam hinzu. Sie sah, wie Michailo arbeitete, und wunderte sich über seine Arbeit. Sie verstand etwas vom Schuster-Handwerk und merkte, daß Michailo das Leder nicht zu Schaftstiefeln, sondern zu leichten Schuhen zuschnitt.

Matriona wollte den Gesellen fragen, was er denn mache; doch sie dachte sich: »Ich habe wohl nicht richtig verstanden, was für Stiefel der Herr haben wollte. Michailo wird es besser wissen. Ich will mich nur lieber nicht einmischen.«

Nachdem Michailo das Leder zugeschnitten, nahm er einen Pechdraht und begann zu nähen. Er nahm aber den Draht nicht doppelt, wie man es bei Stiefeln tut, sondern einfach, wie man Pantoffeln näht.

Wieder wunderte sich Matriona, mischte sich aber nicht ein. Michailo nahte immer weiter. Als es Zeit war, zu Mittag zu essen, stand Semion von seiner Bank auf und sah, daß Michailo aus dem teuren Leder ein Paar leichte Schuhe genäht hatte.

Semion war außer sich. »Wie kommt es«, fragte er sich, »daß Michailo, der sich während der ganzen Zeit noch nie irrte, plötzlich solches Unheil anrichtet? Der Herr hat Randstiefel mit hohen Schäften bestellt, er aber hat Pantoffeln ohne Absätze gemacht und das ganze Leder verschnitten. Wie stehe ich jetzt da? Solches Leder werde ich wohl nirgends auftreiben können.«

Und er sagte zu Michailo:

»Was hast du angestellt, mein Lieber? Du bringst mich um! Der Herr hat Stiefel bestellt, und was hast du da genäht?«

Kaum hatte er mit seinen Vorwürfen begonnen, als jemand mit dem Ring vor der Tür klopfte. Sie blickten zum Fenster hinaus und sahen, daß ein Berittener vor dem Hause hielt und sein Pferd draußen anband. Sie öffneten die Türe: der Bursche des Herrn trat in die Stube.

»Grüß Gott!«

»Grüß Gott! Was willst du?«

»Mich schickt die gnädige Frau der Stiefel wegen.«

»Was ist denn mit den Stiefeln?«

»Ja, der Herr braucht eben keine Stiefel mehr. Der Herr ist verschieden.«

»Was sagst du da?«

»Wie er von euch nach Hause fuhr, ist er unterwegs im Wagen gestorben. Als der Wagen vor dem Hause hielt und man ihm heraushelfen wollte, fiel er um wie ein Sack, Er war schon ganz erstarrt, mit Mühe und Not zogen wir ihn aus dem Wagen heraus. Nun hat mich die Frau hergeschickt: ›Sag dem Schuster, daß der Herr, der vorhin da war und sein Leder zurückgelassen hat, die Stiefel nicht mehr braucht; statt der Stiefel soll er schnell ein Paar Leichenschuhe nähen. Warte, bis die Schuhe fertig sind, und bringe sie gleich mit.‹ Darum bin ich hergekommen.«

Michails nahm die Lederreste vom Tisch, rollte sie zusammen, nahm auch die fertigen Leichenschuhe in die Hand, schlug einen an den anderen, wischte sie mit der Schürze ab und reichte sie dem Burschen. Der Bursche nahm die Schuhe und sagte:

»Lebt wohl, Meister und Meisterin! Guten Tag!«

VIII

So verging das zweite Jahr und das dritte Jahr; sechs Jahre wohnte Michailo bereits bei Semion. Seine Lebensweise war dieselbe geblieben. Er ging nie aus, sprach kein unnützes Wort und hatte während der ganzen Zeit nur zweimal gelächelt: das eine Mal, als ihm Matriona das Abendbrot reichte, und das zweite Mal, als er den Herrn sah. Semion war mit seinem Gesellen immer zufrieden. Er fragte ihn auch nie mehr, woher er stamme; er fürchtete nur das eine, daß Michailo ihn verlassen möchte.

Einmal saßen sie alle zu Hause. Die Meisterin machte sich am Herd zu schaffen, die Kinder sprangen auf den Bänken herum und blickten zu den Fenstern hinaus. Semion nähte vor dem einen Fenster, Michailo nagelte vor dem anderen Fenster an einem Absatz.

Ein Junge lief zu Michailo heran, lehnte sich an seine Schulter und sah zum Fenster hinaus.

»Onkel Michailo, sieh mal hin: Die Kaufmannsfrau mit den Mädchen will wohl zu uns? Eines der Mädchen hinkt.«

Als der Junge dies gesagt hatte, ließ Michailo seine Arbeit liegen, wandte sich zum Fenster und blickte auf die Straße.

Darüber wunderte sich Semion. Michailo hatte ja noch nie auf die Straße geschaut, jetzt sah er aber unverwandt zum Fenster hinaus und konnte sich gar nicht satt sehen. Auch Semion sah hinaus: auf sein Haus ging wirklich eine sauber gekleidete Frau zu und führte an jeder Hand ein kleines Mädchen. Die Mädchen trugen Pelzmäntel und bunt gemusterte Kopftücher und sahen einander so ähnlich, daß man sie kaum voneinander unterscheiden konnte. Nur war bei einem der Mädchen der linke Fuß verkrüppelt, und das Kind hinkte.

Die Frau kam in den Hausflur und fand tastend die Türklinke. Sie ließ zuerst die beiden Mädchen eintreten und kam dann selbst in die Stube.

»Grüß Gott, Meister und Meisterin!«

»Willkommen! Womit kann ich dienen?«

Die Frau setzte sich an den Tisch, und die Mädchen schmiegten sich an ihre Knie: sie schienen etwas menschenscheu.

»Ich will meinen Mädchen zum Frühjahr Lederschuhe machen lassen.«

»Das kann ich wohl machen. Wir haben zwar für so kleine Kinder noch nie gearbeitet, werden es aber fertigbringen. Man kann den Kindern Randschuhe nähen, oder auch umgewendete Schuhe mit Leinenfutter. Mein Geselle Michailo ist ein tüchtiger Arbeiter.«

Semion blickte sich nach Michailo um und sah, daß dieser seine Arbeit liegen gelassen hatte und unverwandt auf die Mädchen starrte.

Auch darüber war Semion sehr erstaunt. Die Mädchen waren allerdings nett: schwarzäugig, rotbackig, rund, und schön gekleidet; und doch konnte Semion nicht begreifen, warum Michailo sie so anstarrte, als ob er sie von früher her kenne.

Semion schüttelte vor Erstaunen den Kopf und begann mit der Frau über den Preis zu unterhandeln. Nachdem sie handelseinig geworden waren, faltete er einen Papierstreifen zum Maßnehmen. Die Frau hob das lahme Mädchen auf den Schoß und sagte:

»Bei ihr mußt du von jedem Fuß ein eigenes Maß nehmen. Für das lahme Füßchen nähe einen Schuh und für das gesunde drei Schuhe. Beide Mädchen haben ganz gleiche Füße: sie sind Zwillinge.«

Semion nahm Maß und fragte, indem er das lahme Kind anblickte:

»Wie kommt das Kind zu einem solchen Fuß? Das Mädchen ist ja so hübsch. Hat sie das von Geburt?«

»Nein, die Mutter hat ihr das Füßchen eingedrückt.«

Matriona mischte sich ein: sie wollte gar zu gerne wissen, wer die Frau sei und wem die Kinder gehörten.

»Bist du denn nicht ihre Mutter?«

»Nein, Meisterin, ich bin nicht ihre Mutter und nicht einmal ihre Verwandte; es sind fremde Kinder, die ich an Kindes Statt angenommen habe.«

»Fremde Kinder, und du bemutterst sie so?«

»Wie sollte ich sie nicht bemuttern? An meiner Brust habe ich die beiden großgezogen. Ich hatte wohl auch ein eigenes Kind, doch Gott hat es mir genommen. Ich habe aber das eigene Kind nicht so lieb gehabt, wie ich diese liebe.«

»Wessen Kinder sind es denn?«

IX

Die Frau wurde gesprächig und erzählte:

»Es war vor sechs Jahren. In einer Woche haben die Kinder beide Eltern verloren: den Vater hatte man am Dienstag begraben, und die Mutter starb gleich am Freitag. Der Vater starb drei Tage vor der Geburt der Kinder, die Mutter kaum einen Tag nach der Geburt. In jener Zeit lebte ich mit meinem Mann im Dorf, und die Leute waren unsere nächsten Nachbarn. Der Vater der Kinder arbeitete im Wald. Ein Baum fiel auf ihn, quer über seinen Körper, und traf ihn mit solcher Wucht, daß ihm die Eingeweide heraustraten. Kaum hatte man ihn nach Hause gebracht, als er seinen Geist aufgab. Die Bäuerin gebar aber in der gleichen Woche Zwillinge, eben diese beiden Mädchen. Die Leute lebten arm und einsam, und die Frau war ganz allein im Haus, hatte weder eine Alte noch ein Mädchen.

Sie war allein, als sie die Kinder zur Welt brachte, und allein, als sie starb.

Als ich am nächsten Morgen zu ihr kam, um nach ihr zu sehen, war die Arme schon erstarrt. Im Todeskampf hat sie einem der Mädchen – dem da – das Füßchen eingedrückt und verrenkt. Die Bauern kamen ins Haus, wuschen und bekleideten die Leiche, zimmerten einen Sarg und beerdigten die Frau. Alles machten die guten Leute. Die Mädchen waren nun allein auf der Welt. Was sollte man mit ihnen anfangen? Ich war die einzige Frau im Dorf, die um jene Zeit ein Kind stillte. Mein Erstgeborener war damals acht Wochen alt. Ich nahm also die Mädchen vorläufig zu mir. Die Bauern hielten Rat, was man mit den Kindern anfangen sollte; sie sagten mir: ›Behalte die Kinder vorläufig bei dir, Maria, wir werden uns inzwischen überlegen, wie man sie unterbringen kann …‹ Ich reichte die Brust zuerst dem unversehrten Kind, denn ich dachte mir, daß es sich gar nicht verlohne, das erdrückte Kind zu stillen; es werde ja sowieso sterben. Dann aber tat es mir doch leid; wofür sollte die unschuldige Seele leiden? Ich stillte also beide Mädchen; und so gelang es mir, alle drei Kinder – meinen

Jungen und die Zwillinge – aufzuziehen. Ich war um jene Zeit jung und kräftig und hatte genug zu essen. Auch gab mir Gott so viel Milch, daß sie überfloß. Ich stillte immer zwei zugleich, und das dritte mußte warten. Wenn eines genug hatte, legte ich das dritte an die Brust. Doch Gott gefiel es, daß ich die beiden fremden Kinder großzog und mein eigenes Kind, als es zwei Jahre alt war, begrub. Mehr Kinder gab mir Gott nicht. Wir sind inzwischen wohlhabend geworden und wohnen jetzt hier in der Mühle, die dem Kaufmann gehört. Mein Mann bekommt ein großes Gehalt, und wir leben ohne Sorgen. Eigene Kinder haben wir nicht. Wie einsam wäre doch mein Leben, wenn ich diese Kinder nicht hätte! Wie sollte ich sie nicht lieben! Ich habe ja nur sie: sie sind das Wachs meiner Lebenskerze.«

Die Frau umarmte das hinkende Kind mit der einen Hand und wischte sich mit der anderen die Tränen von den Augen. Und Matriona seufzte und sagte:

»Recht hat das Sprichwort: Ohne Vater und Mutter können Kinder leben, ohne Gott aber nicht.«

So redeten sie untereinander, da ging plötzlich ein Schein wie Wetterleuchten von der Ecke aus, wo Michailo saß, und erhellte das ganze Zimmer. Alle sahen sich nach Michailo um: er saß still auf seiner Bank, die Hände auf den Knien gefaltet, blickte nach oben und lächelte.

X

Die Frau mit den Kindern war fortgegangen, da stand auch Michailo auf, legte die Arbeit weg, nahm die Arbeitsschürze ab, verbeugte sich vor dem Meister und der Meisterin und sprach:

»Verzeiht mir, Meister und Meisterin. Gott hat mir verziehen, verzeiht auch ihr.«

Und die Schustersleute sahen, daß von Michailo ein Licht ausging. Semion verneigte sich vor ihm und sagte:

»Ich sehe, Michailo, daß du kein gewöhnlicher Mensch bist. Ich darf dich nicht zurückhalten und darf dich nach nichts fragen. Sage mir aber nur das eine: Warum warst du, als ich dich fand und nach Hause brachte, düster, und als dir Matriona das Essen reichte, lächeltest du und wurdest von nun an lichter? Als der Herr die Stiefel bestellte, lächeltest du zum zweiten Male und wurdest noch lichter; und jetzt, als die Frau mit den Mädchen kam, lächeltest du zum dritten Male und wurdest ganz licht! Sage mir, Michailo, warum geht von dir dieses Licht aus, und warum lächeltest du dreimal?«

Und Michailo erwiderte:

»Das Licht geht von mir aus, weil Gott mich früher strafte und mir jetzt verziehen hat. Ich lächelte dreimal, weil ich drei Worte Gottes erfassen mußte. Diese Worte Gottes habe ich nun begriffen; das erste Wort begriff ich, als deine Frau sich meiner erbarmte; da lächelte ich zum ersten Male. Das andere Wort erkannte ich, als der Reiche die Stiefel bestellte; da lächelte ich zum anderen Male. Und jetzt, als ich die Mädchen sah, begriff ich das dritte und letzte Wort Gottes und lächelte zum dritten Male.«

Und Semion sagte:

»Sage mir, Michailo, wofür hat dich Gott gestraft, und wie lauten jene Worte Gottes, damit auch ich sie kenne.«

Und Michailo antwortete:

»Gott strafte mich, weil ich ungehorsam war. Ich war ein Engel im Himmel und habe einen Befehl Gottes nicht befolgt.

Ich war ein Engel im Himmel, und Gott hatte mich auf die Erde geschickt, die Seele einer Frau zu holen. Ich flog zur Erde herab und sah die Frau krank auf ihrem Lager liegen; sie hatte eben Zwillinge, zwei Mädchen, zur Welt gebracht. Die Kinder regten sich neben der Mutter, und die Mutter war so schwach, daß sie sie nicht an die Brust legen konnte. Als die Frau mich sah, begriff sie, daß Gott mich gesandt hatte, um ihre Seele zu holen. Da weinte sie und sprach: ›Engel Gottes! Meinen Mann hat man eben begraben, ihn erschlug ein Baum im Wald. Ich habe weder Schwester noch Muhme noch Großmutter; ich habe niemand, der meine Kinder großziehen könnte. Laß mir meine Seele, damit ich meine Kinder ernähre und großziehe. Ohne Vater und ohne Mutter können sie nicht leben. Ich hörte auf die Mutter und legte ihr das eine Kind an die Brust, gab ihr das andere in die Arme und flog hinauf zu Gott. Ich kam zu Gott und sagte: ›Ich kann der Mutter die Seele nicht nehmen. Den Vater erschlug ein Baum, die Mutter gebar Zwillinge und fleht, daß ich ihr die Seele lasse. Sie sagt: Laß mich meine Kinder großziehen. Ohne Vater und Mutter können sie nicht leben. Und so habe ich der Mutter ihre Seele gelassen.‹ Und der Herr sagte zu mir: ›Geh, hole die Seele! Du wirst drei Worte begreifen: du wirst begreifen, was in den Menschen ist, und was den Menschen nicht gegeben ist, und wovon die Menschen leben. Wenn du dies begriffen haft, darfst du in den Himmel zurückkehren.‹ Ich flog auf die Erde zurück und nahm der Mutter die Seele.

Die Kinder fielen ihr von den Brüsten. Der Leichnam drückte dem einen Mädchen ein Beinchen ein, und so wurde es lahm. Ich erhob mich über dem Dorf, um die Seele zu Gott zu tragen; mich ergriff aber ein Sturmwind, meine Flügel fielen ab, die Seele flog allein zu Gott empor, und ich fiel an der Landstraße auf die Erde.«

XI

Nun begriffen Semion und Matriona, wen sie gekleidet und ernährt hatten und wer bei ihnen gewohnt hatte; und sie weinten vor Angst und vor Freuden. Und der Engel sprach:

»Ich blieb allein und nackt im Feld liegen. Ich wußte früher nichts von Menschennot, kannte weder Kälte noch Hunger; nun war ich plötzlich selbst Mensch geworden. Ich litt Hunger und Kälte und wußte nicht, was ich anfangen sollte. Ich sah im Feld eine Kapelle stehen, die die Menschen Gott zu Ehren gebaut hatten; ich ging zur Kapelle, um in ihr Zuflucht zu finden. Doch die Kapelle war verschlossen, und ich konnte nicht hinein. Ich setzte mich hinter die Kapelle, um mich gegen den Wind zu schützen. Es war Abend geworden, ich war hungrig und vor Kälte beinahe erstarrt. Plötzlich sah ich einen Mann auf der Straße vorbeigehen; er trug ein Paar Filzstiefel in der Hand und redete mit sich selbst. Es war das erste sterbliche Menschenantlitz, das ich nach meiner Menschwerdung sah; das Gesicht kam mir so schrecklich vor, daß ich mich wegwandte. Und ich hörte, wie dieser Mann sich fragte, wie er seinen Leib vor dem Frost schützen, wie er sein Weib und seine Kinder ernähren solle. Da sagte ich mir: ›Ich leide Hunger und Kalte, dieser Mensch aber denkt nur daran, wie er einen Pelz für sich und seine Frau anschaffen und wie er sich ernähren soll. So ein Mensch kann mir sicher nicht helfen.‹ Als der Mann mich sah, wurde er finster und ging vorüber, und sein Gesicht erschien mir noch schrecklicher. Ich verzweifelte. Plötzlich hörte ich, daß der Mann zurückging. Ich blickte ihn an und konnte ihn nicht wiedererkennen: in seinem Gesicht war vorhin der Tod gewesen; jetzt war es lebendig, und ich erkannte darin Gott. Er kam zu mir heran, bekleidete mich, nahm mich mit und brachte mich in sein Haus. In seinem Hause trat uns ein Weib entgegen, und es begann zu reden. Das Weib war noch schrecklicher als der Mann. Aus ihrem Munde kam der Hauch des Todes, und er nahm mir den Atem. Sie wollte mich in den Frost hinausjagen, und ich wußte, daß sie sterben würde, wenn sie es täte. Da sprach der Mann zu ihr von Gott. Und das Weib war plötzlich verändert. Als sie uns das Abendbrot reichte und mich anblickte, sah ich, daß der Tod von ihrem Gesicht gewichen war; sie war lebendig, und ich erkannte in ihr Gott.

Da begriff ich das erste Wort Gottes: ›Du wirst erfahren, was in den Menschen ist.‹ Und ich erfuhr, daß in den Menschen die Liebe ist. So begann Gott mir zu eröffnen, was er mir versprochen; ich freute mich und lächelte zum ersten Male. Doch ich wußte noch nicht alles: Ich konnte noch nicht begreifen, was den Menschen nicht gegeben ist und wovon die Menschen leben.

Ich blieb bei euch wohnen. Als ein Jahr vergangen war, kam ein Mann und bestellte Stiefel, die ein Jahr lang halten sollten, ohne zu reißen und ohne schief zu werden. Ich blickte ihn an und sah hinter seinem Rücken meinen Genossen, den Todesengel, stehen. Außer mir sah niemand den Engel; ich kannte ihn aber und wußte, daß er noch vor Sonnenuntergang die Seele des Reichen holen sollte. Und ich sagte mir: ›Der Mensch versorgt sich für ein Jahr und weiß nicht, daß er noch kaum bis zum Abend zu leben hat.‹ Da fiel mir das andere Wort Gottes ein: ›Du wirst begreifen, was den Menschen nicht gegeben ist.‹

Was in den Menschen ist, wußte ich schon. Jetzt erfuhr ich, was den Menschen nicht gegeben ist. Es ist den Menschen nicht gegeben, zu wissen, was sie für ihren Leib brauchen. Und ich lächelte zum zweiten Mal. Denn ich freute mich, daß ich meinen Genossen, den Engel, sah, und daß mir Gott auch das zweite Wort offenbarte.

Doch es war noch nicht alles. Ich konnte noch nicht begreifen, wovon die Menschen leben. Ich lebte immer in der Erwartung, wann Gott mir sein letztes Wort offenbaren werde. Im sechsten Jahre kam die Frau mit den Zwillingen; ich erkannte die Mädchen und erfuhr, wie sie am Leben geblieben waren. Als ich sie sah, sagte ich mir: ›Die Mutter hat mich um Gnade für die Kinder angefleht, und ich glaubte wie die Mutter, daß die Kinder ohne Vater und Mutter nicht leben könnten; doch eine fremde Frau hat sie ernährt und großgezogen.‹ Als die Frau so gerührt die fremden Kinder anblickte und weinte, sah ich in ihr den lebendigen Gott, und ich begriff, wovon die Menschen leben. Gott hatte mir das letzte Wort offenbart und mir verziehen. Und ich lächelte zum dritten Mal.«

XII

Und es fielen vom Körper des Engels die irdischen Hüllen ab, und er kleidete sich in Licht, so daß ein Menschenauge ihn nicht ansehen konnte. Und er sprach lauter, und seine Stimme schien vom Himmel zu tönen. Und der Engel sagte:

»Ich begriff, daß die Menschen nicht von der Sorge um sich selbst, sondern von der Liebe leben.

Es war der Mutter nicht gegeben, zu wissen, was ihre Kinder für ihr Leben brauchten. Es war dem Reichen nicht gegeben, zu wissen, was er selbst brauchte. Und es ist keinem Menschen gegeben, zu wissen, ob er zum Abend Stiefel oder Leichenschuhe braucht.

Als ich Mensch wurde, blieb ich am Leben, nicht weil ich um mich selbst sorgte, sondern weil im Mann, der mich auf der Straße traf, und in seinem Weib die Liebe war, und weil sie sich meiner erbarmten und mich liebgewannen. Die Waisen blieben am Leben, nicht weil man für sie sorgte, sondern weil im Herzen einer fremden Frau die Liebe war, weil sie sich ihrer erbarmte und sie liebgewann. Denn die Menschen leben nicht davon, daß sie für sich selbst sorgen, sondern daß in den Menschen die Liebe ist.

Ich wußte auch früher, daß Gott den Menschen das Leben gegeben, und daß er will, daß die Menschen leben; jetzt begriff ich noch etwas anderes.

Nun begriff ich noch dies: Gott wollte nicht, daß die Menschen jeder für sich leben, und darum eröffnete er ihnen nicht, was jeder für sich braucht; er wollte aber, daß sie in Gemeinschaft und Eintracht leben, und darum eröffnete er ihnen, was sie für sich und für alle brauchen.

Ich begriff: den Menschen scheint es nur so, als lebten sie von der Sorge um sich selbst; in Wahrheit leben sie nur von der Liebe. Wer in der Liebe bleibet, der bleibet in Gott und Gott in ihm, denn Gott ist die Liebe.«

Und der Engel sang das Lob des Höchsten, und von seiner Stimme erzitterte das Haus, und es spaltete sich die Decke, und eine Feuersäule erhob sich von der Erde bis zum Himmel. Und Semion, seine Frau und seine Kinder fielen nieder. Und der Engel breitete seine Flügel aus und fuhr gen Himmel.

Als Semion zu sich kam, stand das Haus wie vorher, in der Stube aber war niemand außer ihm und den Seinen.

Die beiden Alten

Das Weib spricht zu ihm: »Herr, ich sehe, daß du ein Prophet bist.

Unsere Väter haben auf diesem Berge angebetet, und ihr sagt, zu Jerusalem sei die Stätte, da man anbeten solle.«

Jesus spricht zu ihr: »Weib, glaube mir, es kommt die Zeit, daß ihr weder auf diesem Berge, noch zu Jerusalem werdet den Vater anbeten.

Ihr wisset nicht, was ihr anbetet, wir wissen aber, was wir anbeten; denn das Heil kommt von den Juden.

Aber es kommt die Zeit, und ist schon jetzt, daß die wahrhaftigen Anbeten werden den Vater anbeten im Geist und in der Wahrheit; denn der Vater will haben, die ihn also anbeten.« *Joh. 4, 19–23.*

I

Zwei alte Bauern wollten einmal nach Jerusalem pilgern. Der eine war reich und hieß Jefim Tarasytsch Scheweliow. Der andere, namens Jelisej Bodrow, war weniger bemittelt.

Jefim war ein ordentlicher und besonnener Mann, trank keinen Schnaps, rauchte und schnupfte keinen Tabak, fluchte nie und war streng von Sitten. Zweimal war er zum Dorfschulzen ernannt worden; er versah sein Amt so gewissenhaft, daß auch kein Heller in der Gemeindekasse fehlte. Er hatte eine große Familie: zwei Söhne und einen verheirateten Enkel, die alle mit ihm zusammenlebten. Er war gesund und kräftig, hielt sich gerade und hatte einen schönen Vollbart, der erst nach seinem sechzigsten Jahr zu ergrauen begann.

Jesisej war weder reich noch arm; in seinen jüngeren Jahren hatte er als Zimmermann auswärts gearbeitet; im Alter lebte er daheim und züchtete Bienen. Er hatte zwei Söhne; der eine arbeitete auswärts, der andere lebte beim Vater. Jelisej war ein gutmütiger, heiterer Mensch. Zuweilen trank er ein Glas Schnaps, schnupfte auch Tabak und sang gern Lieder; sonst lebte er ordentlich und in bester Eintracht mit den Seinen und mit den Nachbarn. Jelisej war klein von Wuchs, schwärzlich, hatte einen gelockten Bart und eine große Glatze, wie sein Namenspatron, der Prophet Elisa.

Die beiden Alten hatten schon längst das Gelübde getan und verabredet, die Wallfahrt zusammen zu unternehmen; Jefim wurde aber jedesmal von seinen Geschäften zurückgehalten. Kaum war eine Sache fertig, als gleich eine andere kam: bald mußte er den Enkel verheiraten, bald warten, daß der jüngere Sohn vom Militär zurückkehrte; nun begann er gar, ein neues Haus zu bauen.

An einem Feiertag trafen sich die beiden Alten auf der Dorfstraße und setzten sich auf einen Balken. Jelisej sagte:

»Wann werden wir denn unser Versprechen einlösen, Gevatter?«

Jefim verzog das Gesicht und erwiderte:

»Ja, wir müssen noch etwas warten; in diesem Jahr habe ich es recht schwer. Als ich das Haus zu bauen anfing, glaubte ich, daß es mir kaum über hundert Rubel kosten würde; es kostet mir aber schon jetzt an die dreihundert Rubel und ist noch immer nicht fertig. Ich werde damit wohl noch bis zum Sommer zu tun haben. So Gott will, gehen wir im Sommer bestimmt auf die Reise.«

»Ich bin der Ansicht«, sagte Jelisej, »daß man es nicht länger hinausschieben soll und daß wir jetzt gleich gehen. Das Frühjahr ist ja die beste Zeit dafür.«

»Es ist ja wirklich die beste Zeit; doch wie kann ich abkommen, solange ich mit dem Begonnenen nicht fertig bin?«

»Hast du denn niemand? Dein Sohn wird die Arbeiten zu Ende führen.«

»Doch wie? Auf meinen ältesten Sohn ist kein Verlaß: er trinkt gerne über den Durst.«

»Wenn wir einmal tot und begraben sind, Gevatter, werden die Söhne auch ohne uns auskommen müssen. Dein Sohn sollte es auch mal lernen.«

»Das stimmt ja alles, doch ich möchte gar zu gerne mein Auge dabei haben.«

»Ach, lieber Freund! Mit allen Geschäften wirst du doch nie fertig! Da haben bei mir neulich die Weiber zum Feiertag das Haus geputzt und aufgeräumt. Sie hatten so viel vor, daß sie damit wohl nie fertig werden würden. Die älteste Schwiegertochter, ein vernünftiges Weib, sagte: ›Es ist gut, daß der Feiertag kommt und nicht auf uns wartet; sonst würden wir unseren Lebtag nicht fertig.‹«

Tarasytsch wurde nachdenklich und sagte:

»Der Bau hat mich schon viel Geld gekostet; mit leeren Händen kann man aber eine solche Reise nicht unternehmen. Hundert Rubel sind ja keine Kleinigkeit.«

Jelisej mußte lachen.

»Sündige nicht, Gevatter. Du bist wohl zehnmal reicher als ich. Und du sprichst dabei vom Geld. Sage mir nur, wann wir die Reise antreten. Geld habe ich jetzt keines, aber es wird sich schon finden.«

Auch Tarasytsch lächelte:

»Wie du nur zu solchem Reichtum kommst! Wo wirst du es denn hernehmen?«

»Etwas wird sich zu Hause schon finden; und wenn es nicht langt, verkaufe ich dem Nachbar zehn Bienenstöcke. Er bittet mich schon lange darum.«

»Wenn der Schwarm gut gerät, wirst du es hinterdrein bereuen!«

»Bereuen? Nein, Gevatter! Außer meinen Sünden habe ich noch nie im Leben etwas bereut. Denn das Wertvollste ist doch immer die Seele.«

»Du hast wieder recht. Es ist aber doch nicht gut, wenn in der Wirtschaft nicht alles in Ordnung ist.«

»Viel ärger ist es, wenn die Seele nicht in Ordnung ist. Wir haben einmal das Gelübde geleistet, nun müssen wir wirklich gehen.«

II

Es gelang Jelisej, den Freund zu überreden. Jefim überlegte sich noch die Sache und kam am nächsten Morgen zu Jelisej.

»Nun wollen wir wirklich aufbrechen. Du hast recht. Tod und Leben stehen in Gottes Hand. Solange wir leben und die Kraft haben, müssen wir gehen.«

In einer Woche brachen die beiden Alten auf.

Tarasytsch hatte Geld zu Hause. Er nahm hundert Rubel auf den Weg und ließ zweihundert seiner Alten zurück.

Auch Jelisej rüstete sich zur Reise. Er verkaufte dem Nachbar zehn Bienenstöcke mit der Bedingung, daß dem Käufer auch die Zuzucht gehörte. Er bekam dafür siebzig Rubel. Die fehlenden dreißig Rubel kratzte er zu Hause zusammen: die Alte gab ihm das Geld, das sie sich für ihr Begräbnis zurückgelegt hatte, und auch die Schwiegertochter gab ihm ihr letztes.

Jefim Tarasytsch übergab alle Geschäfte dem ältesten Sohn; er belehrte ihn, wo und wieviel Heu zu mähen wäre, wohin er den Dünger führen und wie er den Neubau fertigstellen und unter Dach bringen sollte. Alles sah er vor und vergaß auch nicht das geringste.

Jelisej gab aber seiner Alten nur den einen Auftrag: die junge Brut von den verkauften Bienenstocken gesondert zu setzen und dem Käufer ehrlich abzuliefern; von den häuslichen Angelegenheiten sprach er aber gar nicht: Jede Sache werde selbst zeigen, wie man sie anpacken müsse. »Ihr sorgt für eure eigene Wirtschaft und werdet schon auf euren Vorteil bedacht sein.«

Die beiden Alten brachen auf. Die Angehörigen buken ihnen Fladen als Wegzehrung; sie nähten sich Reisesäcke, schnitten sich neue Fußlappen zurecht, zogen neue Schuhe an, nahmen noch Bastschuhe auf Vorrat mit und machten sich auf den Weg. Die Angehörigen begleiteten sie bis an die Dorfgrenze, nahmen dort Abschied, und die Pilger verließen das Heimatdorf.

Jelisej trat die Reise frohen Mutes an; kaum hatte er das Dorf hinter sich, als er gleich alle seine häuslichen Sorgen vergaß. Er dachte nur daran, wie er sich mit seinem Weggenossen vertragen würde, wie er sich aller groben Redensarten enthalten wollte, wie er in Liebe und Eintracht das Ziel der Wanderschaft erreichen und ebenso wieder heimkehren sollte. Im Gehen flüsterte er Gebete vor sich hin oder sagte Stücke aus den Heiligenlegenden, die er gerade im Kopf hatte, auf. Wenn er aber unterwegs oder in einer Herberge mit jemand zusammenkam, gab er sich Mühe, recht freundlich zu sein und fromme Reden zu führen. Und wie er so ging, war er immer voll stiller Freude. Nur eines konnte er nicht fertigbringen: er wollte das Schnupfen aufgeben und hatte daher die Tabaksdose zu Hause gelassen; diese Entbehrung fiel ihm aber sehr schwer. Unterwegs schenkte ihm jemand Tabak; da blieb er von Zeit zu Zeit hinter dem Genossen zurück, um ihn nicht in Versuchung zu führen, und nahm eine Prise.

Auch Jefim Tarasytsch benahm sich auf der Pilgerschaft, wie es sich ziemt; er tat nichts Sündhaftes, redete nichts Überflüssiges; und doch fehlte ihm die richtige leichte Stimmung. Er konnte die Sorge um die Wirtschaft nicht loswerden. Er mußte immerfort an sein Haus denken. Ob er auch alles dem Sohn befohlen habe, und ob der Sohn alles richtig machen werde. Wenn er unterwegs sah, wie Bauern Kartoffeln pflanzten oder Dünger führten, mußte er immer denken, ob sein Sohn auch alles richtig besorgte. Oft war er nahe daran, umzukehren, um alles dem Sohn zu zeigen und vorzumachen.

III

Die beiden Alten waren schon fünf Wochen auf der Wanderschaft; die von Hause mitgenommenen Bastschuhe hatten sie abgetragen und sich neue kaufen müssen. So kamen sie nach Kleinrußland. Solange sie in der Nähe der Heimat waren, mußten sie für Nachtlager und Essen zahlen; die Kleinrussen bewirteten sie umsonst und wetteiferten miteinander, die Pilger als Gäste beherbergen zu dürfen. Sie gewährten ihnen Obdach, gaben ihnen zu essen und wollten dafür kein Geld; sie gaben ihnen noch Brot oder Fladen für die Weiterreise mit. So ging es etwa siebenhundert Werst weit; dann kamen sie aber in eine Gegend, die von einer Mißernte heimgesucht war. Auch hier gewährte man ihnen ohne Geld Nachtquartier, gab ihnen aber nichts zu essen. Es kam vor, daß sie nicht einmal für Geld Brot bekommen konnten. Die Leute erzählten, daß im vorigen Jahr nichts gediehen war. Reiche Bauern waren zugrunde gerichtet und hatten alles verkaufen müssen; die weniger Bemittelten waren gänzlich verarmt, und die Armen waren entweder fortgezogen, um auf den Landstraßen zu betteln, oder schlugen sich irgendwie zu Hause durch. Im Winter lebten sie von Spreu und Melde.

Die Alten übernachteten einmal in einem Marktflecken, kauften sich da fünfzehn Pfund Brot und machten sich vor Sonnenaufgang auf den Weg, um in der Morgenkühle eine möglichst weite Strecke zurücklegen zu können. Als sie etwa zehn Werst gegangen waren, kamen sie an einen Bach; sie hielten Rast, schöpften Wasser in ihre Näpfe, weichten darin Brot auf, frühstückten und wechselten die Fußlappen. Dann saßen sie noch eine Weile, um auszuruhen. Jelisej holte seinen Schnupftabak hervor. Als Jefim Tarasytsch dies sah, schüttelte er den Kopf und sagte vorwurfsvoll:

»Warum wirfst du diesen Unrat nicht fort?«

Jelisej wehrte mit der Hand ab und sagte:

»Die Sünde hat mich überwältigt. Was kann man dagegen machen!«

Sie standen auf und gingen weiter. Nach weiteren zehn Werst kamen sie in ein großes Dorf und gingen ohne Aufenthalt durch. Es war bereits recht heiß geworden. Jelisej war erschöpft; er wollte wieder ausruhen und ein wenig Wasser trinken; Jefim wollte sich aber nicht aufhalten. Er war im Gehen rüstiger, und Jelisej fiel es oft schwer, mit ihm immer gleichen Schritt zu halten.

»Wenn ich nur einen Schluck Wasser trinken könnte!«, sagte Jelisej.

»Nun, trinke doch. Ich mag nicht.«

Jelisej blieb stehen.

»Warte nicht auf mich«, sagte er. »Ich will nur rasch in jenes Haus laufen und um Wasser bitten. Dann hole ich dich schnell ein.«

»Es ist gut«, sagte Jefim und ging allein weiter, während Jelisej auf das Bauernhaus zuschritt.

Nun stand er vor dem Haus. Es war eine kleine Lehmhütte, unten schwarz und oben weiß; der Lehm war abgebröckelt und offenbar seit langer Zeit nicht mehr gestrichen; auch das Dach war beschädigt. Der Eingang war von der Hofseite. Jelisej trat in den Hof und sah dort neben einer Bank einen bartlosen mageren Mann liegen; das Hemd steckte nach Kleinrussenart in der Hose. Der Mann hatte sich wohl in den Schatten gelegt, doch die Sonne war inzwischen höher gekommen und brannte ihm jetzt auf den Kopf. Er lag unbeweglich mit offenen Augen da. Jelisej rief ihn an und bat ihn um Wasser, doch der Mann gab keine Antwort. »Entweder ist er krank oder unfreundlich«, dachte Jelisej und ging zur Türe. Er hörte in der Stube ein Kind weinen. Er klopfte und rief:

»Wirtsleute!«

Niemand antwortete ihm. Er klopfte mit dem Stock und rief wieder:

»Christenmenschen!«

Niemand rührte sich.

»Knechte Gottes!«

Keine Antwort. Jelisej wollte schon weitergehen, hörte aber jemand hinter der Türe stöhnen. »Ob da nicht irgendein Unglück geschehen ist? Man muß nachschauen!« Und Jelisej trat ins Haus.

IV

Jelisej drückte auf die Klinke – die Tür war nicht versperrt. Er machte sie auf und kam in den Flur. Auch die Türe zur Stube stand offen. Links war der Ofen; gerade vor ihm die Wand mit den Heiligenbildern und ein Tisch; hinter dem Tisch eine Bank; auf der Bank saß eine alte Frau ohne Kopftuch, nur mit einem Hemd bekleidet; sie hatte den Kopf auf den Tisch gelegt; neben ihr stand ein magerer Junge – wie aus Wachs, der Leib aufgedunsen: er heulte, zupfte die Alte am Ärmel und schien sie um etwas zu bitten. Jelisej kam näher. Die Luft in der Stube war schlecht und dumpf. Auf dem Fußboden hinter dem Ofen sah er ein Weib liegen. Sie lag zusammengekrümmt, mit geschlossenen Augen, röchelte und zuckte mit einem Beine. Sie wand sich in Krämpfen, und der üble Geruch schien von ihr auszugehen; sie lag in ihrem eigenen Unrat, und es war niemand da, der sie umbetten könnte. Die Alte hob den Kopf und erblickte den fremden Mann.

»Was willst du? Wir können dir nichts geben, denn wir haben selbst nichts.«

Obwohl sie Kleinrussisch sprach, konnte Jelisej sie doch verstehen. Er ging auf sie zu und sagte:

»Ich will nur um Wasser bitten, Magd Gottes.«

»Niemand kann dir hier Wasser geben. Bei uns ist nichts zu holen. Geh weiter.«

Jelisej fragte:

»Ist denn niemand da, der die kranke Frau umbetten könnte?«

»Niemand. Der Bauer stirbt auf dem Hof und wir hier.«

Als der Knabe den Fremden sah, hörte er zu weinen auf. Als aber die Alte zu sprechen begann, zupfte er sie wieder am Ärmel, weinte und bat:

»Brot, Großmutter, gib Brot!«

Jelisej wollte die Alte weiter ausforschen, in diesem Augenblicke kam aber der Bauer, wankend wie ein Betrunkener, in die Stube. Er tastete sich an der Wand entlang und wollte sich auf die Bank setzen; er kam aber nicht so weit und fiel in der Ecke an der Schwelle zu Boden. Er versuchte gar nicht, aufzustehen, und begann zu sprechen; er sprach abgerissen und holte nach jedem Worte Atem.

»Die Krankheit hat uns befallen, und hungrig sind wir auch. Das Kind da stirbt vor Hunger.«

Der Bauer zeigte mit einer schwachen Kopfbewegung auf den Knaben und weinte.

Jelisej schüttelte den Sack auf seinem Rücken, befreite die Arme aus den Riemen, warf den Sack zu Boden, hob ihn dann auf die Bank und begann ihn aufzubinden. Er holte ein Brot und ein Messer hervor, schnitt ein Stück ab und reichte es dem Bauern. Der Bauer nahm es nicht, sondern zeigte auf den Knaben und ein Mädchen, das hinter dem Ofen stand, damit er es ihnen gäbe. Jelisej gab das Stück dem Knaben. Als der Knabe das Brot sah, griff er mit beiden Händchen zu, steckte die Nase tief ins Brot und begann gierig zu essen. Hinter dem Ofen kam das Mädchen hervor und starrte unverwandt auf das Brot. Jelisej gab auch ihr. Er schnitt noch eine Scheibe ab und gab sie der Alten. Auch die Alte begann zu kauen.

»Wenn wir auch noch einen Schluck Wasser haben könnten!«, sagte sie. »Uns allen ist der Mund ausgetrocknet. Ich wollte gestern oder heute – ich weiß es nicht mehr genau – Wasser holen. Aber ich fiel unterwegs um, kam nicht bis dahin; auch der Eimer ist da liegen geblieben, wenn ihn nicht jemand fortgetragen hat.«

Jelisej fragte, wo der Brunnen sei, und die Alte erklärte es ihm. Er ging hin, fand den Eimer, brachte Wasser und gab den Leuten zu trinken. Die Kinder aßen noch etwas Brot und tranken dazu Wasser; auch die Alte aß, doch der Bauer wollte nicht essen. Er sagte: »Es ekelt mich vor dem Essen.« – Die Kranke lag noch immer bewußtlos auf ihrem Lager und warf sich hin und her. Jelisej ging ins Dorf zum Krämer und kaufte Hirse, Salz, Mehl und Butter; dann suchte er das Beil auf, hackte Holz und machte Feuer. Das Mädchen half ihm dabei. Er kochte Suppe und Brei und gab den Leuten zu essen.

V

Der Bauer aß jetzt auch mit; die Alte aß, die Kinder leckten die ganze Schüssel aus und legten sich umschlungen schlafen.

Der Bauer und die Alte erzählten nun Jelisej, wie alles so gekommen war.

»Wir lebten auch bis dahin dürftig. Als aber die Mißernte kam, verzehrten wir noch im Herbst alles, was wir hatten. Und als wir nichts mehr hatten, baten wir die Nachbarn und gute Menschen um Hilfe. Anfangs gab man uns noch, dann hörte es aber auf. Viele, die uns gerne etwas gegeben hätten, hatten selbst nichts. Auch schämten wir uns, bei den Leuten zu bitten: wir schuldeten überall Geld, Mehl und Brot. Ich suchte Arbeit«, erzählte der Bauer, »fand aber keine. In der ganzen Gegend verdingen sich die Bauern als Arbeiter für das Brot allein. Einen Tag arbeitet man, und zwei Tage muß man neue Arbeit suchen. Nun gingen die Alte und das Mädchen betteln. Sie bekamen nur wenig Almosen, denn die meisten hatten nicht einmal Brot. Wir schlugen uns aber noch immerhin durch und glaubten, bis zur neuen Ernte irgendwie auskommen zu können. Doch im Frühjahr gab uns kein Mensch mehr Almosen. Auch befiel uns noch die Krankheit. Nun waren wir ganz schlimm daran. Wir aßen einen Tag und hungerten zwei Tage. Wir begannen

Gras zu essen. Von dieser Nahrung, oder auch etwas anderem, wurde meine Frau krank. Die Frau liegt, und auch ich bin so schwach, daß ich kaum gehen kann.«

»Nun mußte ich alles allein machen«, sagte die Alte. »Ich hielt es aber nicht lange aus, denn vor Hunger verlor ich die letzten Kräfte. Auch das Mädchen ist schwach und scheu geworden. Wir wollten sie zu den Nachbarn schicken, sie ging aber nicht hin. Sie verkroch sich in die Ecke und wollte nicht heraus. Vorgestern schaute eine Nachbarin herein; als sie aber sah, daß wir alle hungrig und krank sind, ging sie wieder weg. Ihr Mann ist fortgegangen, und sie hat selbst nichts, womit sie ihre Kinder ernähren könnte. So lagen wir da und warteten auf den Tod.«

Als Jelisej solche Reden hörte, entschloß er sich, bei den Leuten über Nacht zu bleiben und den Genossen erst am nächsten Tage einzuholen. Am nächsten Morgen machte er sich an die Arbeit, als ob er selbst Herr im Hause wäre. Er half der Alten Brotteig bereiten, heizte den Herd und ging mit dem Mädchen zu den Nachbarn, um sich das Notwendigste zu verschaffen. Die Leute hatten ihren ganzen Besitz, wie die Wirtschaftsgeräte so auch die Kleider, verkauft und verzehrt; sie hatten nichts im Hause. Jelisej schaffte nun die nötigsten Sachen an; manches machte er mit eigenen Händen, und manches kaufte er. So verging ein Tag und der andere; drei Tage war Jelisej bei den Leuten. Der Knabe hatte sich etwas erholt und begann auf der Bank umherzukriechen und sich an Jelisej zu schmeicheln. Das Mädchen war ganz lustig geworden und half ihm in allen Arbeiten. Sie folgte Jelisej auf Schritt und Tritt und redete ihn mit »Großväterchen« an. Als die Alte sich wieder bewegen konnte, ging sie zur Nachbarin. Der Bauer ging in der Stube umher, mußte sich aber noch immer an den Wänden entlang tasten. Nur die kranke Frau blieb noch liegen; am dritten Tage kam sie aber zu sich und verlangte zu essen. Als die Leute so weit waren, sagte sich Jelisej: »Ich habe wirklich nicht geglaubt, daß ich mich hier so lange aufhalten würde; nun ist's Zeit, daß ich weitergehe.«

VI

Doch als er am vierten Tage aufbrechen wollte, überlegte er sich: »Die Petrifasten gehen zu Ende; nun will ich mit den Leuten das Fastenende feiern, ihnen etwas zum Fest kaufen und am Abend weitergehen.« Jelisej ging wieder zum Krämer und kaufte Weizenmehl, Milch und Speck. Er half der Alten backen und kochen; am nächsten Morgen ging er zur Messe, kam aus der Kirche heim und aß mit den Leuten die für das Fest bereiteten Speisen. An diesem Tag stand auch die kranke Frau auf und begann umherzugehen. Der Bauer rasierte sich, zog sich ein sauberes Hemd an – die Alte hatte es ihm gewaschen – und ging ins Dorf zum reichen Bauern, um sein Herz zu erweichen: er hatte diesem Bauern seinen Heuschlag und Ackergrund verpfändet, nun ging er ihn bitten, ob er ihm beides bis zur neuen Ernte zurückgeben würde. Am Abend kam er niedergeschlagen zurück und weinte. Der Reiche hatte ihm die Gefälligkeit nicht erweisen wollen und hatte gesagt: »Bringe erst das Geld.«

Jelisej wurde wieder nachdenklich und sagte sich: »Wie sollen nun die Leute weiterleben? Wenn alle anderen zum Heuen gehen, müssen sie zu Hause bleiben, denn ihr Heuschlag ist verpfändet. Wenn das Korn reif wird und die Leute es schneiden werden – das Korn ist ja heuer so gut gediehen! –, können sie nicht mit, denn auch ihr Acker ist dem reichen Bauern verpfändet. Wenn ich sie jetzt verlasse, werden sie wieder herunterkommen.« Jelisej änderte seinen Entschluß; er ging nicht am Abend, sondern blieb noch bis zum nächsten Morgen. Die letzte Nacht verbrachte er auf dem Hof. Er sprach sein Nachtgebet, legte sich nieder, konnte aber nicht einschlafen. Er mußte doch endlich fort, denn er hatte schon viel Zeit verloren und viel Geld vertan; doch taten ihm auch die Leute leid. »Alle Armen kann man doch wirklich nicht versorgen!«, sagte er sich. »Ich wollte ihnen anfangs nur Wasser bringen und etwas Brot geben; nun kostet mich die Sache viel mehr. Jetzt bin ich so weit, daß ich ihnen ihren Heuschlag und Acker auslösen muß. Und ist das geschehen, muß ich auch den Kindern eine Milchkuh und dem Bauern einen Arbeitsgaul kaufen. Du hast dich zu sehr verwickelt, lieber Jelisej Kusmitsch! Nun hast du jeden Halt verloren und treibst wie ein Schiff ohne Anker.«

Jelisej stand auf, holte aus der Tasche des Kaftans, den er sich unter den Kopf gelegt hatte, seine Schnupftabaksdose hervor und nahm eine Prise. Er glaubte, daß seine Gedanken davon klarer werden würden; aber nein! er dachte lange hin und her und konnte keinen Ausweg finden. Er mußte fort, doch auch die Leute taten ihm leid. Und er wußte nicht, was er anfangen sollte. Er legte sich den Kaftan wieder unter den Kopf und versuchte einzuschlafen. Als die ersten Hähne krähten, kam ihm der Schlaf. Plötzlich war es ihm, als ob ihn jemand geweckt hätte. Er sah sich selbst ganz reisefertig mit dem Sack auf dem Rücken und dem Stock in der Hand vor dem Tor stehen. Das Tor stand aber nur so weit offen, daß er noch gerade durchschlüpfen konnte. Und als er durchs Tor ging, hakte sich der Sack an einem Torflügel fest. Und als er ihn losmachen wollte, verfing sich ein Fußlappen am Zaune, und der Fußlappen löste sich. Und wie er den Fuß losmachen wollte, sah er, daß er sich nicht am Zaune verfangen hatte, sondern daß das kleine Mädchen ihn festhielt und rief: »Großväterchen, Großväterchen, gib Brot!« Am Fuße hielt ihn aber der Knabe fest, und aus dem Haus blickten die Alte und der Bauer heraus.

Als Jelisej erwachte, sagte er laut zu sich selbst: »Ich gehe morgen, den Heuschlag und den Acker auslösen und kaufe den Leuten ein Pferd und Mehl bis zur neuen Ernte und eine Kuh. Wenn ich übers Meer gehe, um den Heiland zu suchen, kann ich ihn leicht in mir selbst verlieren. Man muß den Leuten helfen.«

Jelisej schlief wieder ein. Als er frühmorgens erwachte, ging er sofort zu dem reichen Bauern, gab ihm Geld und löste Heuschlag und Acker aus. Dann kaufte er eine Sense – denn die hatten die Leute auch verlauft – und brachte sie heim. Er schickte den Bauern mit der Sense zum Heuen und ging wieder ins Dorf. Beim Schenkwirt stand gerade ein Pferd mit Wagen zum Verkauf. Er wurde mit dem Wirt handelseinig, kaufte auch einen Sack Mehl, lud ihn auf den Wagen und ging weiter, um noch eine Kuh zu kaufen. Unterwegs holte er zwei Dorfweiber ein. Und Jelisej hörte, daß sie über ihn sprachen. Eine der Bäuerinnen erzählte:

»Anfangs wußten sie gar nicht, was für ein Mensch er ist; sie glaubten, er sei ein gewöhnlicher Pilger. Sie sagen, er war zu ihnen gekommen, um einen Schluck Wasser zu trinken; ist aber dann bei ihnen wohnen geblieben. Was hat er ihnen nicht alles gekauft. Ich habe es mit eigenen Augen gesehen, wie er heute früh beim Schenkwirt Pferd und Wagen kaufte. Gibt es doch noch solche Menschen auf der Welt! Ich will hingehen und ihn mir anschauen.«

Als Jelisej hörte, daß sie ihn lobten, gab er die Absicht, auch eine Kuh zu kaufen, auf. Er kehrte zu dem Schenkwirt zurück, bezahlte den ausbedungenen Preis, spannte das Pferd vor den Wagen und fuhr mit dem Mehl zu seinen Leuten. Als sie das Pferd sahen, wunderten sie sich. Sie ahnten, daß er das Pferd für sie gekauft hatte, wagten es aber nicht auszusprechen. Der Bauer kam aus dem Haus, um das Tor aufzumachen.

»Woher hast du das Pferd, Großvater?«, fragte er.

»Ich hab's gekauft«, erwiderte Jelisej. »Der Preis war billig. Mähe mir etwas Gras, damit das Pferd zur Nacht Futter hat. Und nimm auch den Sack vom Wagen.«

Der Bauer spannte das Pferd aus, trug den Sack auf den Speicher, mähte eine Tracht Gras und legte es in die Krippe. Man ging zur Ruhe. Jelisej legte sich wieder draußen schlafen; seinen Sack hatte er noch vor Abend auf den Hof gebracht. Als alle schliefen, stand er auf, band den Sack um, zog Schuhe und Kaftan an und machte sich auf den Weg, Jefim einzuholen.

VII

Als Jelisej etwa fünf Werst gegangen war, begann es zu tagen. Er setzte sich unter einen Baum, band den Sack auf und zählte sein Geld nach. Er hatte nur noch siebzehn Rubel und zwanzig Kopeken. Er dachte sich: »Mit diesem Geld kann man nicht über's Meer kommen. Und wenn ich mir unterwegs das Geld dazu in Christi Namen zusammenbettele, kann es leicht eine große Sünde werden. Gevatter Jefim wird auch ohne mich hinkommen und für mich eine Kerze anzünden. Ich werde meine Schuld wohl bis zum Tod nicht abtragen. Es ist ein Glück, daß der Gläubiger gütig ist und mich nicht drängt.«

Jelisej stand auf, nahm den Sack auf den Rücken und ging zurück. Er machte einen Bogen ums Dorf, in dem er die letzten Tage verbracht hatte, damit ihn die Leute nicht erblickten. Bald war er zu Hause. Auf dem Hinweg war ihm das Gehen sehr schwer gefallen, und er hatte oft Mühe gehabt, mit Jefim gleichen Schritt zu halten; auf dem Rückweg gab ihm aber Gott solche Kraft, daß er nichts von Müdigkeit spürte. Das Gehen war ihm jetzt wie ein Kinderspiel; er schwenkte fröhlich seinen Wanderstab und legte oft siebzig Werst an einem Tag zurück.

Als Jelisej zu Hause anlangte, war die Ernte bereits eingebracht. Die Seinigen freuten sich über die Rückkehr des Vaters. Man begann ihn auszufragen, warum er den Gefährten verlassen habe, warum er nach Hause zurückgekehrt sei, ohne das Ziel der Wallfahrt erreicht zu haben. Jelisej erzählte aber nichts. Er sagte nur: »Gott hat es eben anders gewollt. Ich habe unterwegs mein Geld verloren, und der Gefährte ist allein weitergegangen. So bin ich umgekehrt. Verzeiht mir um Christi willen.«

Er gab seiner Alten den Rest des Geldes zurück und fragte sie nach den häuslichen Angelegenheiten: Alles war in Ordnung, die Wirtschaft war aufs beste besorgt, und sie lebten alle in Frieden und Eintracht.

Jefims Angehörige erfuhren noch am gleichen Tage von Jelisejs Heimkehr; sie kamen zu ihm, um sich nach ihrem Alten zu erkundigen. Jelisej sagte ihnen dasselbe.

»Euer Alter ist gesund und rüstig weitergegangen. Wir trennten uns drei Tage vor Peter und Paul. Ich wollte ihn anfangs einholen, aber ich hatte das Unglück, mein ganzes Geld zu verlieren, so daß ich nichts hatte, um weiterzugehen. Daher bin ich umgekehrt.«

Die Leute wunderten sich: ein so kluger Mann hatte sich so dumm angestellt! War fortgegangen und nicht ans Ziel gekommen, hatte nur sein Geld verloren. Sie wunderten sich darüber und vergaßen es mit der Zeit. Auch Jelisej vergaß es. Er ging wieder an die häuslichen Arbeiten: er besorgte mit Hilfe des Sohnes Holz für den ganzen Winter, drosch mit den Weibern das Korn, brachte an den Scheunen neue Dächer an und versorgte seine Bienen. Zehn Bienenstöcke samt Zuzucht gab er dem Nachbar. Seine Alte wollte ihm verheimlichen, wieviel neue Schwärme sich von den verkauften Bienenstöcken abgeteilt hatten; Jelisej wußte aber selbst, welche Bienenstöcke in der Zeit seiner Abwesenheit neue Schwärme abgelegt hatten; und er gab dem Nachbar statt zehn Stöcke siebzehn. Als die ganze Arbeit besorgt war, schickte er den Sohn auf Arbeit und setzte sich selbst hin, Bastschuhe zu flechten und Bienenstöcke auszuhöhlen.

VIII

Als Jelisej bei den Kranken zurückgeblieben war, hatte Jefim auf ihn den ganzen Tag gewartet. Er ging nur eine kurze Strecke weiter und setzte sich am Straßenrande nieder; er wartete und wartete, schlief ein, wachte auf, saß noch eine Weile – doch der Gefährte war noch immer nicht da. Er guckte sich die Augen nach ihm aus. Die Sonne ging hinter den Bäumen unter – Jelisej war noch immer nicht da.

Jefim dachte sich: »Ist er vielleicht an mir vorbeigegangen oder vorbeigefahren (wenn ihn jemand hat aufsitzen lassen), während ich schlief, und hat mich nicht bemerkt? Er hätte mich aber doch sehen müssen! In der Steppe sieht man weit. Wenn ich jetzt zurückgehe, kann er inzwischen noch weiter vorwärts kommen. Und wenn wir uns verfehlen, ist es noch schlimmer. Ich will lieber weitergehen und in dem nächsten Nachtquartier auf ihn warten.«

Er kam ins Dorf und bat den Wächter, falls ein kleiner Greis mit großer Glatze ins Dorf käme, so möchte er ihn sofort zu ihm führen. Jelisej kam aber nicht ins Dorf. Jefim ging weiter und erkundigte sich unterwegs bei allen Leuten, ob sie nicht einen alten Mann mit einer Glatze gesehen hätten. Niemand hatte ihn gesehen. Jefim wunderte sich darüber und ging allein weiter. Er meinte, daß er Jelisej in Odessa oder auf dem Schiff treffen würde, und machte sich weiter keine Gedanken.

Unterwegs schloß sich ihm ein Pilger an. Der Pilger trug Käppchen und Kutte und hatte langes Haar, wie ein Geistlicher. Wie er behauptete, war er auf dem heiligen Berge Athos gewesen und pilgerte schon zum zweiten Male nach Jerusalem. Sie trafen sich in einer Herberge, kamen ins Gespräch und gingen zusammen weiter.

Frisch und wohlgemut kamen sie nach Odessa. Hier mußten sie drei Tage auf den Abgang des Schiffes warten. Mit ihnen warteten noch viele andere Pilger, die aus den verschiedensten Gegenden zusammengekommen waren. Jefim erkundigte sich bei jedem nach Jelisej, doch niemand hatte ihn gesehen.

Er verschaffte sich einen Auslandspaß, der kostete fünf Rubel. Dann bezahlte er vierzig Rubel für die Fahrt hin und zurück und kaufte sich Brot und Heringe für die Reise. Als das Schiff beladen war, brachte man auch die Pilger an Bord. Auch Jefim und sein neuer Begleiter schifften sich ein. Man lichtete die Anker, und das Schiff fuhr ins offene Meer. Am ersten Tage ging die Reise sehr gut; gegen Abend erhob sich aber ein Wind, es begann zu regnen, das Schiff schaukelte hin und her, und manche Welle schlug über Bord. Das Volk wurde unruhig, die Weiber heulten, und auch manche Männer, die nicht sehr tapfer waren, liefen erschrocken auf dem Schiff hin und her und suchten sich in Sicherheit zu bringen. Auch Jefim war erschrocken, wollte es aber nicht zeigen: er saß die ganze Nacht und den ganzen folgenden Tag auf der gleichen Stelle, wo er sich beim Betreten des Schiffes hingesetzt hatte. Neben ihm saßen mehrere ältere Männer aus der Gegend von Tambow. Er hielt sein Gepäck fest in den Händen und sprach kein Wort. Am dritten Tage wurde es still; am fünften Tage legte das Schiff in Konstantinopel an. Einige Pilger gingen ans Land, um den Tempel der heiligen Sophia, in dem jetzt die Türken Hausen, zu sehen. Jefim aber ging nicht mit und blieb auf dem Schiffe sitzen. Er kaufte sich nur Weißbrot. Das Schiff lag vor Konstantinopel einen Tag und eine Nacht und fuhr dann weiter. Es hielt noch vor Smyrna und vor Alexandrien und erreichte glücklich die Hafenstadt Jaffa. In Jaffa mußten alle Pilger aussteigen und die siebzig Werst bis Jerusalem zu Fuß zurücklegen. Die Ausschiffung machte den Pilgern große Angst: das Schiff war hoch, und die Pilger mußten von Bord in ein Boot springen; das Boot schaukelte aber hin und her, und man konnte leicht ins Wasser fallen. Zwei Pilger wurden auch ordentlich durchnäßt, alle kamen aber wohlbehalten ans Land. Man ging zu Fuß weiter und erreichte am vierten Tage Jerusalem. Sie kehrten im russischen Hospiz vor den Toren der Stadt ein, wiesen ihre Pässe vor und aßen zu Mittag. Dann begab sich Jefim, vom Pilger geführt, zu den heiligen Stätten. Das Grab des Herrn konnte man um diese Stunde noch nicht besichtigen. Sie gingen zuerst ins Patriarchenkloster, dort kamen alle Pilger zusammen, und die Männer mußten auf der einen Seite, die Weiber auf der anderen Platz nehmen. Man befahl ihnen, die Schuhe auszuziehen und einen Kreis zu bilden. Dann kam ein Mönch mit einem Handtuch und wusch ihnen allen die Füße. Wenn er sie gewaschen und getrocknet hatte, küßte er sie, und so tat er einem jeden. Auch Jefim wusch er die Füße und küßte ihn. Hier hörten sie die Vesper, die Frühmesse, opferten Kerzen und bestellten Fürbitten für ihre Eltern. Hier wurden sie auch gespeist und bekamen Wein zu trinken. Am nächsten Morgen besuchten sie die Zelle der Maria Ägyptiaca, die hier ihr Seelenheil suchte. Sie stellten Kerzen auf und ließen einen Dankgottesdienst abhalten. Sie wollten noch die Messe am Heiligen Grab hören, kamen aber zu spät. Sie gingen in das Abrahamskloster und sahen den Garten und die Stätte, wo Abraham seinen Sohn dem Herrn opfern wollte. Dann besuchten sie die Stätte, wo Christus der Maria Magdalena erschienen war, und die Kirche Jakobs, des Bruders des Herrn. Der Pilger zeigte Jefim alle heiligen Stätten und sagte ihm überall, wieviel Geld er opfern sollte. Als sie ins Hospiz zurückgekehrt waren, gegessen hatten und sich zur Ruhe begaben, begann der Pilger plötzlich zu ächzen und alle seine Kleider zu durchsuchen. Er jammerte:

»Man hat mir mein Portemonnaie gestohlen. Dreiundzwanzig Rubel waren darin: zwei Zehnrubelscheine und drei Rubel in Kleingeld.«

Der Pilger jammerte noch lange. Es war ihm aber nicht zu helfen, und alle legten sich schlafen.

IX

Auch Jefim hatte sich schlafen gelegt. Ihn überkamen aber sündige Gedanken. Er sagte sich: »Man hat dem Pilger nichts gestohlen. Er hat wohl gar kein Geld gehabt. Denn nirgends hat er gezahlt. Mich hat er überall zahlen lassen, selbst hat er keinen Heller ausgelegt und hat von mir sogar einen Rubel geliehen.«

Aber wenn er so dachte, machte er sich gleich wieder Vorwürfe: »Was soll ich den Menschen verdächtigen? Es ist eine große Sünde. Ich will lieber gar nicht daran denken.«

Er mußte aber immer wieder denken, wie der Pilger auf sein Geld schielte und wie unwahrscheinlich es klang, als er erzählte, man hätte ihm sein Portemonnaie gestohlen. Und er sagte sich wieder: »Er hat sicher kein Geld gehabt. Es ist Schwindel.«

Am nächsten Morgen gingen sie in die große Auferstehungskirche, zur Frühmesse am Heiligen Grab. Der Pilger schloß sich gleich wieder Jefim an.

Sie kamen zum Tempel. Draußen stand eine große Menge von Pilgern: Russen waren dabei und viele andere Völker – Griechen, Armenier, Türken und Syrer. Unendlich schien ihre Zahl. Jefim ging, von der Menge geschoben, durch die Heilige Pforte. Ein Mönch führte sie an der türkischen Wache vorbei zu jener Stelle, wo Christus vom Kreuze genommen und gesalbt wurde und wo jetzt neun große Leuchter mit brennenden Kerzen stehen. Der Mönch zeigte und erklärte ihnen alles. Jefim opferte eine Kerze. Die Mönche führten ihn dann rechts die Stufen hinauf nach Golgatha zu jener Stelle, wo das Kreuz gestanden, und Jefim verrichtete hier ein Gebet; dann zeigte man ihm die Spalte, wo die Erde sich bis zur Unterwelt aufgetan hatte, und die Stätte, wo man Christus ans Kreuz geschlagen. Man zeigte ihm Adams Grab, wo das Blut Christi auf seine Gebeine floß. Dann kamen sie zum Stein, wo Christus gesessen, als man ihn mit der Dornenkrone krönte; dann zum Pfahl, an welchen er gebunden war, als man ihn geißelte. Jefim sah auch den Stein mit den zwei Löchern für die Füße des Heilands. Man wollte ihm noch etwas zeigen, doch das Volk eilte zur Grabkapelle, wo eben eine andersgläubige Messe zu Ende war und die rechtgläubige begann. Auch Jefim kam mit dem Volk in die Grabkapelle.

Er wollte gerne den Pilger loswerden, denn die sündhaften Gedanken quälten ihn noch immer; der Pilger folgte ihm aber auf Schritt und Tritt und stand nun auch in der Grabkapelle an seiner Seite. Sie wollten mehr nach vorne gehen, es gelang ihnen aber nicht: das Gedränge war so groß, daß sie weder vorwärts noch rückwärts konnten. Und wie Jefim so dastand, nach vorne schaute und betete, tastete er jeden Augenblick nach seinem Geldbeutel. Er dachte zweierlei: erstens, daß der Pilger ihn betrogen hatte; zweitens aber, daß, wenn der Pilger nicht gelogen hatte und die Sache mit dem Portemonnaie stimmte, es auch ihm so gehen könnte.

X

Jefim steht mitten im Gedränge, betet und blickt nach vorne in die Kapelle, wo das Heilige Grab ist und über dem Grabe sechsunddreißig Lampen brennen. Jefim steht so da, blickt über die Köpfe hinweg, und welch ein Wunder! Vor allen Pilgern, gerade unter den Lampen, in denen das heilige Feuer brennt, steht ein kleiner alter Mann in einem Kaftan aus grobem Tuch; seine große Glatze leuchtet über den ganzen Kopf, ganz wie bei Jelisej Bodrow. »Er sieht wirklich ganz wie Jelisej aus«, denkt Jefim. »Jelisej aber kann es nicht sein. Er kann unmöglich vor mir nach Jerusalem gekommen sein. Das letzte Schiff war von Odessa acht Tage vor dem unsrigen abgegangen. Mit diesem Schiff kann er unmöglich gekommen sein. Auf unserem Schiffe war er aber sicher nicht. Ich habe ja alle Pilger gesehen.«

Kaum hatte sich Jefim dies gesagt, als das Männchen zu beten begann. Es verneigte sich dreimal: einmal nach vorne vor dem Herrn, und dann nach rechts und nach links vor der rechtgläubigen Christenheit. Und als es den Kopf nach rechts wendete, erblickte Jefim wirklich seinen Freund Jelisej Bodrow. Er erkannte seinen schwärzlichen gelockten Bart, der an den Wangen leicht ergraut war, seine Augenbrauen, Augen und Nase und das ganze Gesicht – es war leibhaftig Jelisej Bodrow.

Jefim freute sich, daß er seinen Gefährten wiedergefunden hatte, und wunderte sich zugleich, daß Jelisej vor ihm angelangt war.

»Ei, Bodrow, wie er nur so ganz nach vorne geraten ist!«, dachte er sich. »Er hat sich wohl irgendeinem geschickten Menschen angeschlossen, der ihn nach vorne geführt hat. Am Ausgang will ich ihn treffen. Meinen Pilger mit dem Käppchen lasse ich laufen und schließe mich Jelisej an. Er wird mich sicher besser führen.«

Jefim paßte also auf, um Jelisej nicht aus den Augen zu verlieren. Die Messe war zu Ende, das Volk drängte sich vor, um das Heiligtum zu küssen, und Jefim wurde dabei zur Seite geschoben. Wieder überkam ihn die Angst um seinen Geldbeutel. Jefim hielt die Hand immer auf dem Beutel und gab sich Mühe, aus dem Gedränge ins Freie zu kommen. Er kam ins Freie, ging überall umher und suchte Jelisej hier und in der Kirche. In den Zellen bei der Kirche sah er vielerlei Leute: manche aßen gleich hier, tranken Wein, schliefen oder lasen; aber Jelisej war nirgends zu finden. Jefim kam in die Herberge zurück und fand auch seinen Gefährten nicht. An diesem Abend war der Pilger nicht heimgekommen. Er war verschwunden und hatte auch den geliehenen Rubel nicht zurückgegeben. Jefim blieb allein.

Am nächsten Tage ging Jefim wieder zum Grab des Herrn in Gesellschaft eines alten Mannes aus Tambow, mit dem er auf dem Schiffe zusammengewesen war. Er wollte in die vorderste Reihe kommen, man drängte ihn aber wieder zurück. Er stand an einer Säule und betete. Und wie er nach vorne blickt, sieht er wieder dicht am Heiligen Grabe unter den Lampen Jelisej stehen. Er hat die Arme ausgebreitet, wie ein Priester am Altare, und seine Glatze leuchtet über den ganzen Kopf. »Nun«, denkt Jefim, »diesmal werde ich ihn nicht aus den Augen lassen.« Er zwängte sich durch und kam in die vorderste Reihe. Jelisej war aber nicht mehr da.

Auch am dritten Tage geht Jefim zur Messe, und wieder sieht er an der heiligen Stätte Jelisej stehen; er hat die Arme ausgebreitet und blickt nach oben, als ob er etwas über sich sähe. Und seine Glatze leuchtet über den ganzen Kopf. »Nun«, denkt sich Jefim, »jetzt wird er mir ganz gewiß nicht entwischen. Ich will mich beim Ausgang aufstellen und ihn abfangen. Wir können uns dabei unmöglich verfehlen.« Jefim stand beim Ausgange, das ganze Volk ging an ihm vorbei, Jelisej war aber nicht darunter.

Jefim verbrachte sechs Wochen in Jerusalem und besuchte alle heiligen Stätten: Bethlehem, Bethanien und den Jordan; am Grab Christi ließ er sich ein Siegel auf ein neues Hemd, in dem man ihn dereinst begraben sollte, aufdrücken. Er nahm auch ein Fläschchen Jordanwasser mit, auch Erde und Kerzen, die an der heiligen Flamme entzündet waren; in acht Klöstern bestellte er Fürbitten für die Seinen; endlich hatte er sein ganzes Geld ausgegeben und nur so viel übrig, wie die Heimreise kostete. Und Jefim trat seinen Rückweg an. Er kam nach Jaffa, fuhr zu Schiff nach Odessa und ging von dort zu Fuß nach Hause.

XI

Jefim ging den gleichen Weg wie auf der Hinreise. Und wie er sich der Heimat näherte, befiel ihn die Sorge, wie die Seinigen wohl ohne ihn leben mochten. »In einem Jahre«, dachte er, »fließt viel Wasser ins Meer. Sein ganzes Leben lang richtet man sich sein Hauswesen ein, und nichts ist leichter, als es in einem Jahr zugrunde zu richten. Wie mag wohl der Sohn gewirtschaftet haben? Wie war das Frühjahr ausgefallen, wie hat das Vieh den Winter überstanden, wie ist das neue Haus geraten?«, Jefim kam in die Gegend, wo er im vorigen Jahr Jelisej aus den Augen verloren hatte. Die Leute konnte man gar nicht wiedererkennen. Wer im vorigen Jahre hungerte, lebte jetzt ohne Sorgen. Die Ernte war gut geraten, die Leute waren wieder auf die Beine gekommen und schienen das frühere Unglück vergessen zu haben. Gegen Abend erreichte Jefim das nämliche Dorf, wo er sich von Jelisej getrennt hatte. Kaum war er im Dorf, als aus einem Hause ein Mädchen im weißen Hemd herauslief und ihm zurief:

»Großvater, Großvater, kehre doch bei uns ein!«

Jefim wollte weitergehen, doch das Mädchen ergriff ihn an den Schößen des Kaftans und zog ihn lachend zum Hause.

An der Haustüre erschien eine Frau mit einem Knaben; sie winkten ihm und luden ihn ein:

»Kehre bei uns ein, Großvater! Du kannst mit uns zu Abend essen und bei uns übernachten.«

Jefim kehrte ein. Er wollte bei dieser Gelegenheit sich nach Jelisej erkundigen: es war dasselbe Haus, in das er ging, um zu trinken. Jefim trat in die Stube, die Frau half ihm den Sack vom Rücken nehmen, brachte ihm Wasser zum Waschen und wies ihm einen Platz am Tisch an. Sie brachte Milch herbei, Quarkkuchen und Grütze und setzte alles auf den Tisch. Jefim bedankte sich und lobte die Leute, daß sie so gastfreundlich die Pilger empfangen.

Die Frau schüttelte den Kopf und sagte:

»Wir müssen wohl freundlich zu jedem Pilger sein. Denn ein Pilger hat uns den Weg zum Leben gezeigt. Wir lebten in Sünde, und Gott hatte uns dafür so gestraft, daß wir nur noch auf den Tod warteten. Im vorigen Sommer lagen wir alle krank vor Hunger. Es wäre um uns geschehen gewesen, aber Gott schickte uns einen alten Mann, wie du. Eines Tages kam er zu uns, nur um zu trinken; als er uns aber sah, erbarmte er sich unser und blieb bei uns. Er gab uns zu trinken und zu essen, brachte unser Hauswesen instand, löste das verpfändete Land aus, kaufte Pferd und Wagen und ließ sie uns zurück.«

In die Stube kam eine Alte und unterbrach die Frau:

»Wir wissen selber nicht, ob es ein Mensch oder ein Engel Gottes war. Alle liebte er, alle bemitleidete er. Und er ging fort, ohne uns etwas davon zu sagen. Wir wissen nicht, für wen wir zu Gott beten sollen. Ich sehe es noch so deutlich vor mir: ich liege da, warte auf den Tod, und plötzlich kommt ein einfacher alter Mann mit einer Glatze herein und bittet um einen Trunk. Ich Sünderin dachte mir noch: Was treiben sich die Leute herum? Was tat aber er? Als er uns sah, nahm er gleich den Sack ab, setzte ihn hier an dieser Stelle hin, band ihn auf …«

Das Mädchen unterbrach die Alte:

»Nein, Großmutter, er hat den Sack erst mitten in der Stube hingesetzt und dann auf die Bank gehoben.«

Und sie begannen zu streiten und gedachten aller seiner Handlungen und Worte: wo er geschlafen, was er getan, wie und zu wem er gesprochen.

Zur Nacht kam auch der Bauer mit dem Pferd heim. Auch er erzählte von Jelisej und wie er bei ihnen gewohnt hatte.

»Wäre er nicht zu uns gekommen«, sagte er, »so würden wir wohl alle in unseren Sünden gestorben sein. Wir waren verzweifelt und sahen den Tod vor Augen, murrten auf Gott und die Menschen. Er hat uns aber wieder auf die Beine geholfen, und durch ihn haben wir Gott erkannt und den Glauben an gute Menschen gewonnen. Möge ihm Christus seine Gnade erweisen! Früher lebten wir dahin wie das liebe Vieh, und er hat uns zu Menschen gemacht.«

Die Leute gaben Jefim zu essen und zu trinken, wiesen ihm ein Nachtlager an und legten sich auch selbst schlafen.

Wie Jefim so lag und nicht einschlafen konnte, mußte er immer an Jelisej denken, den er zu Jerusalem dreimal am Heiligen Grabe gesehen hatte.

»In diesem Haus«, dachte er sich, »hat er mich überholt. Ob mein Opfer im Himmel angenommen ist oder nicht, weiß ich nicht; doch sein Opfer hat der Herr sicher angenommen.«

Am Morgen verabschiedete sich Jefim von den Leuten. Sie gaben ihm Kuchen auf die Reise und gingen an ihre Arbeit. Und Jefim brach auf und setzte seinen Weg fort.

XII

Jefim war genau ein Jahr ausgeblieben. Als er nach Hause kam, war wieder Frühjahr.

Er erreichte sein Haus gegen Abend. Der Sohn war nicht zu Hause: er saß in der Schenke. Als er später angeheitert nach Hause kam, begann Jefim ihn auszufragen. Jefim merkte sofort, daß der Sohn übel gewirtschaftet hatte: das Geld hatte er vertan und alle Geschäfte vernachlässigt. Der Vater machte ihm Vorwürfe, und der Sohn wurde grob.

»Du hättest doch selbst«, sagte der Sohn, »alles machen sollen. Du bist aber auf die Reise gegangen und hast das ganze Geld mitgenommen. Und jetzt willst du noch von mir Rechenschaft darüber.«

Der Alte geriet in Zorn und verprügelte den Sohn.

Am nächsten Morgen begab sich Jefim Tarasytsch zum Schulzen, um mit ihm über seinen Sohn zu sprechen. Als er an Jelisejs Haus vorbeikam, sah er Jelisejs Alte vor dem Hause stehen. Sie begrüßte ihn:

»Gott zum Gruß, Gevatter! Bist du glücklich zurückgekehrt?«

Jefim Tarasytsch blieb stehen und antwortete:

»Meine Reise ist, Gott sei Dank, glücklich gewesen, habe aber unterwegs deinen Alten verloren. Nun höre ich, daß er allein nach Hause zurückgekehrt ist.«

Die Alte war sehr gesprächig, und sie begann zu erzählen:

»Längst ist er zurückgekehrt, mein Lieber. Es wird wohl bald nach Mariä Himmelfahrt gewesen sein. Wir freuten uns sehr, als Gott ihn wieder heimbrachte. Denn ohne ihn war es so traurig bei uns. Er kann zwar nicht mehr viel arbeiten, denn seine besten Jahre sind dahin. Aber immerhin ist er das Haupt im Haus, und mit ihm ist es viel lustiger. Und wie sich unser Junge gefreut hat! Ohne ihn, sagte er, ist es genau so wie ohne Licht in den Augen. Wenn er nicht zu Hause ist, Freundchen, freut uns das Leben nicht, denn wir lieben ihn und hängen an ihm.«

»Nun, ist er jetzt zu Hause?«

»Zu Hause, Freund, er ist im Bienengarten, er schart die Schwärme zusammen. Der Schwarm ist heuer gut, sagt er. Gott hat heuer den Bienen solche Kraft gegeben, wie es der Alte noch nie gesehen hat. Gott hat wohl gar nicht an unsere Sünden gedacht, als er uns solche Gnade erwies, sagt er. Komm herein, Freund, wie wird sich der Alte freuen!«

Jefim ging durch den Flur und den Hof in den Bienengarten zu Jelisej. Er trat in den Garten und sah Jelisej ohne Netz und ohne Handschuhe, im grauen Kaftan unter einer Birke stehen, die Arme ausgebreitet und nach oben blickend, und seine Glatze leuchtete über den ganzen Kopf; genau so hatte er zu Jerusalem am Grab des Herrn gestanden; und wie in Jerusalem die Lampen, leuchtete über ihm durch das Laub der Birke die Sonne; über seinem Haupt schwebten goldene Bienen, einen goldenen Kranz bildend, und sie stachen ihn nicht.

Jefim blieb stehen.

Jelisejs Alte rief ihrem Manne zu:

»Dein Gevatter ist zu dir gekommen!«

Jelisej blickte sich um, war sehr erfreut und ging auf den Gevatter zu. Im Gehen nahm er sich vorsichtig einige Bienen aus dem Bart.

»Grüß Gott, Gevatter! Grüß Gott, Freund … Wie war die Reise?«

»Meine Füße haben die Reise gemacht; ich habe dir auch Wasser aus dem Jordan mitgebracht. Besuche mich einmal und hole es dir. Ob aber der Herr mein Opfer in Gnade aufgenommen …«

»Nun, Gott sei Dank, der Heiland sei uns gnädig …«

Jefim schwieg eine Weile, dann fuhr er fort:

»Meine Füße waren in Jerusalem, ob aber auch meine Seele da war, oder ob jemand anderer …«

»Es ist Gottes Sache, Gevatter, Gottes Sache.«

»Auf dem Rückwege kehrte ich auch in jenem Haus ein, bei welchem ich dich auf dem Hinwege verloren habe …«

Jelisej erschrak und fiel Jefim ins Wort:

»Es ist Gottes Sache, Gevatter, Gottes Sache. Komm doch in die Stube herein, ich will dich mit Honig bewirten.«

Und Jelisej brach das Gespräch ab und begann von häuslichen Angelegenheiten zu sprechen.

Jefim seufzte und sprach nicht mehr von den Leuten im kleinrussischen Dorf, noch davon, daß er Jelisej in Jerusalem gesehen. Und er begriff, daß Gott einem jeden Menschen eine Steuer auferlegt hat, die mit Liebe und guten Werken bezahlt wird.

Wieviel Boden braucht der Mensch?

I

Die ältere Schwester aus der Stadt besuchte ihre jüngere Schwester im Dorf. Die ältere war mit einem Kaufmann in der Stadt verheiratet, und die jüngere mit einem Bauern im Dorf. Die Schwestern tranken Tee und unterhielten sich. Die ältere Schwester begann zu prahlen und ihr Leben in der Stadt zu rühmen: wie geräumig und wie reinlich sie in der Stadt wohne, wie schön sie sich kleide und ihre Kinder putze, wie gut sie esse und trinke, und wie sie Spazierfahrten und Vergnügungen mitmache und Theatervorstellungen besuche.

Die jüngere Schwester fühlte sich dadurch verletzt, und sie begann das Kaufmannsleben herabzusetzen und ihr eigenes Bauernleben zu rühmen.

»Ich würde um nichts in der Welt«, so sagte sie, »mein Leben mit dem deinigen vertauschen. Es ist wahr, daß wir nicht besonders schön wohnen, dafür kennen wir auch keine Sorge. Ihr lebt allerdings schöner und sauberer, dafür könnt ihr heute viel Geld verdienen, morgen aber alles verlieren. Es gibt auch ein Sprichwort: Der Verlust ist der ältere Bruder des Gewinns. Es kommt ja wirklich vor, daß jemand heute reich ist und morgen betteln geht. Unser Bauernleben ist viel sicherer: Das Leben des Bauern ist karg, doch lang. Reich werden wir nie, dafür aber haben wir immer satt zu essen!«

Darauf entgegnete die altere Schwester:

»Das ist mir ein schönes Essen: aus einem Trog mit den Schweinen und Kälbern! Ihr lebt in Schmutz und ohne Manieren. Wie sehr sich dein Bauer auch abmüht, ihr werdet doch nicht anders als auf dem Misthaufen leben und auch auf dem Misthaufen sterben. Und euren Kindern wird es nicht anders gehen.«

»Was macht denn das?«, erwiderte die Jüngere. »Unser Leben ist einmal so. Dafür leben wir sicher, brauchen uns vor niemand zu bücken und fürchten niemand. Ihr lebt aber in der Stadt in ständiger Anfechtung; heute lebt ihr gut, und morgen kommt der Böse und verführt deinen Mann zum Kartenspiel oder zum Trunk oder gar zu einer Liebschaft. Und dann ist alles hin. Kommt das etwa nicht vor?«

Der Bauer Pachom lag auf dem Ofen und hörte dem Gespräch der beiden Frauen zu.

»Es ist ja alles wahr«, sagte er sich. »Unsereiner hat von Kind auf mit der Erde zu schaffen, und daher kommen ihm solche Narrheiten nie in den Sinn. Eines ist nur traurig: Wir haben zu wenig Land! Wenn ich genug Land hätte, so fürchtete ich niemand, nicht einmal den Teufel!«

Die Weiber tranken ihren Tee aus, schwatzten noch von Putz und Kleidern, räumten das Geschirr weg und legten sich schlafen.

Der Teufel hatte aber hinter dem Ofen gesessen und alles gehört. Er freute sich, daß die Bäuerin ihren Mann zum Prahlen verleitet hatte: er prahlte ja, wenn er genug Land hätte, so würde ihn auch der Teufel nicht holen können.

»Es ist gut«, sagte sich der Teufel, »wir wollen sehen: ich will dir viel Land geben und dich gerade damit fangen.«

II

In der Nachbarschaft wohnte eine Gutsbesitzerin. Sie war nicht sehr reich und besaß etwa hundertundzwanzig Deßjatinen Land. Anfangs vertrug sie sich mit den Bauern sehr gut und tat ihnen nie etwas zuleide. Nun stellte sie sich aber einen verabschiedeten Soldaten als

Verwalter an, und dieser begann, die Bauern mit Geldstrafen zu plagen. Wie sehr sich auch Pachom in acht nahm, kam es doch jeden Tag vor, daß entweder sein Pferd in den fremden Hafer ging oder seine Kuh sich in den Garten verirrte oder die Kälber auf der fremden Wiese weideten; jedesmal gab es Geldstrafen.

Pachom zahlte die Strafen und ließ seinen Ärger an seinen Hausgenossen aus. Gar oft hatte sich Pachom im Lauf des Sommers um dieses Verwalters willen an den Seinen versündigt. Als das Vieh im Herbst in den Stall kam, war er froh: das Futter kostete zwar Geld, dafür aber hörte die ewige Angst auf.

Im Winter hieß es plötzlich, daß die Gutsbesitzerin ihr Land verkaufen wolle und daß der Besitzer der Herberge an der Landstraße mit ihr darüber unterhandle. Als die Bauern davon hörten, begannen sie zu jammern und sagten: »Wenn der Wirt das Gut bekommt, wird er uns noch viel ärger zusetzen als die Gutsherrin. Wir können ohne dieses Land nicht auskommen, denn unser Besitz ist darin von allen Seiten eingeschlossen.« Die Bauern gingen nun alle zur Gutsherrin und baten, sie möchte das Land nicht dem Wirt, sondern ihnen verkaufen; sie versprachen auch, einen höheren Preis zu zahlen. Die Gutsherrin ging darauf ein. Die Bauern wollten das Land als Gemeindegut erwerben; sie versammelten sich einige Male, um die Sache zu besprechen, konnten aber nicht einig werden. Jedesmal kam es zu Streitigkeiten, denn der Böse hatte seine Hand im Spiel. Darauf beschlossen die Bauern, daß ein jeder auf eigene Rechnung je nach seinem Vermögen kaufen solle. Auch darauf ging die Gutsherrin ein. Pachom hörte, daß sein Nachbar der Gutsherrin zwanzig Deßjatinen abgekauft hatte, wobei er die Hälfte des Kaufpreises in jährlichen Raten bezahlen durfte. Pachom wurde neidisch. »Sie kaufen das ganze Land auf und lassen mir nichts übrig«, dachte er. Und er beriet sich mit seiner Frau.

»Da alle Leute kaufen«, sagte er ihr, »müssen wir auch an die zehn Deßjatinen kaufen. Sonst ist es ja wirklich kein Leben: Der Verwalter hat uns mit seinen Geldstrafen beinahe zugrunde gerichtet.«

Und sie überlegten sich, wie sie es anstellen sollten. Sie hatten hundert Rubel erspart; nun verkauften sie ein Füllen und die Hälfte der Bienenstöcke, verdingten den Sohn als Arbeiter, borgten sich noch etwas beim Schwager und brachten auf diese Weise die Hälfte der Kaufsumme auf.

Als Pachom das Geld beisammen hatte, suchte er sich ein Stück Land nach seinem Geschmack aus – es waren fünfzehn Deßjatinen mit einem kleinen Wald – und begab sich zur Gutsherrin, um über den Kauf zu verhandeln. Sie wurden handelseinig, und er gab ihr eine Anzahlung auf die fünfzehn Deßjatinen. Dann fuhren sie in die Stadt und schlossen den Kaufvertrag ab; Pachom zahlte die Hälfte des Preises und verpflichtete sich, den Rest innerhalb zweier Jahre abzuzahlen.

Nun hatte Pachom ein ordentliches Stück Land. Er verschaffte sich Saat auf Borg und besäte den gekauften Grund. Schon die erste Ernte war so gut, daß er gleich im ersten Jahre sowohl der Gutsherrin als auch dem Schwager die Schuld bezahlen konnte. So wurde Pachom Gutsbesitzer: der Boden, den er bebaute, auf dem er mähte, sein Holz fällte und sein Vieh weidete, gehörte nun ihm. Sooft Pachom auf sein eigenes Land hinausfuhr, um zu pflügen oder um die Saat und das Gras anzusehen, war er stolz und glücklich. Es schien ihm, daß auf seinem Grund und Boden ganz anderes Gras wachse und andere Blumen blühten als sonstwo. Wenn er früher an diesem Stück Land vorbeigefahren war, schien ihm das Land ganz gewöhnlich; jetzt war es aber ein gesegnetes Land.

III

So lebte Pachom in Freuden. Er wäre wohl ganz zufrieden gewesen, wenn ihm die Bauern nicht ständig mit den vielen Flurschäden zugesetzt hätten. Er stellte sie freundlich zur Rede, aber es half alles nichts: bald ließen die Hirten die Kühe auf seinen Wiesen grasen, bald verirrten sich nachts die Pferde in sein Korn. Pachom trieb das fremde Vieh weg, verzieh den Bauern und beschwerte sich nicht; auf die Dauer wurde es ihm aber doch zu dumm, und er zeigte die Schuldigen bei der Dorfpolizei an. Er wußte zwar, daß die Bauern es nicht mit böser Absicht taten und daß es nur daher kam, weil sie so dicht beieinander wohnten; und doch mußte er sich sagen: »Ich kann es ihnen doch nicht immer nachsehen! Sie ruinieren mir schließlich mein ganzes Land. Ich muß ihnen doch einmal eine Lehre geben!«

Er zeigte einen Bauern an, dann einen anderen, und beiden wurden Geldstrafen zudiktiert. Das ärgerte die Nachbarn, und von nun an kam es vor, daß sie ihn mit Absicht schädigten.

Jemand kam nachts in sein Wäldchen und fällte zehn junge Linden, um sich aus ihrer Rinde Bast zu machen. Als Pachom am nächsten Tage an dieser Stelle vorbeifuhr, sah er etwas weiß schimmern. Wie er näher kam, sah er die abgeschälten Stämme auf der Erde liegen, nur die Stümpfe ragten noch aus dem Boden. Wenn der Dieb wenigstens die äußersten Stämme vom Gebüsch gefällt und die mittleren stehen gelassen hätte! Aber nein: er hatte alle der Reihe nach abgehauen. Pachom wurde wütend.

»Wenn ich nur wüßte, wer es war! Dem möchte ich einen ordentlichen Denkzettel geben!« Er überlegte lange hin und her und sagte sich schließlich: »Es kann niemand anders als Semion gewesen sein.«

Er ging zu Semion, durchsuchte seinen Hof, fand aber nichts; es kam nur zu einem Streit. Pachom war nun erst recht davon überzeugt, daß Semion der Täter war. Er reichte eine Klage ein. Es kam zur Verhandlung, und die Richter mußten Semion freisprechen, da jeglicher Beweis für seine Schuld fehlte. Darob geriet Pachom noch mehr in Zorn, und er fing einen Streit mit dem Schulzen und den Richtern an. Er sagte ihnen: »Ihr steckt unter einer Decke mit den Dieben. Wenn ihr anständig wäret, würdet ihr den Dieb nicht freisprechen!«

Nun war Pachom mit den Richtern und den Nachbarn verzankt. Die Bauern drohten ihm mit dem roten Hahn. So hatte Pachom zwar auf seinem Grund und Boden genügend Raum, doch in der Gemeinde wurde es ihm zu eng.

Um jene Zeit kam das Gerücht auf, daß viele Bauern weiter nach Osten auswanderten. Und Pachom sagte sich: »Ich selbst brauche ja nicht auszuwandern, denn ich habe auch hier genügend Land; wenn aber jemand von den Nachbarn auswandern wollte, würde es hier geräumiger weiden. Ich würde das Land der Auswandernden aufkaufen und damit meinen Besitz abrunden; ich würde es dann viel bequemer haben, denn jetzt ist es wirklich zu eng!«

Als Pachom einmal zu Hause saß, klopfte bei ihm ein durchreisender Bauer an. Pachom gewährte ihm Nachtquartier, gab ihm zu essen und zu trinken und fragte ihn, woher er des Weges komme. Der Bauer sagte, daß er aus dem unteren Wolgagebiet komme, wo er auf Arbeit gewesen. Ein Wort gab das andere, und der Bauer erzählte von den Verhältnissen der Einwanderer in jener Gegend. Viele Leute aus seinem Dorf seien hingezogen; man habe sie ohne Schwierigkeiten in die Gemeinde aufgenommen und einem jeden zehn Deßjatinen Land zugeteilt. Der Boden sei dort sehr fruchtbar: Zwischen den Kornähren könne sich ein Pferd verbergen, und fünf Handvoll Ähren gäben eine Garbe ab. Ein Bauer, der gänzlich verarmt und mit leeren Händen hingekommen sei, besitze jetzt sechs Pferde und zwei Kühe.

Pachoms Herz entbrannte. Er sagte sich: »Was soll ich mich hier in der Enge plagen, wenn ich anderswo viel besser leben kann? Ich will meinen hiesigen Besitz verkaufen und mich mit dem Erlös drüben einrichten. Denn hier in der Enge hat man nichts als Ärger. Nur muß ich zuerst selbst hin und mir die Sache näher anschauen.«

Als die Sommerarbeiten zu Ende waren, machte sich Pachom auf den Weg. Er fuhr bis Samara die Wolga hinab und ging von dort etwa vierhundert Werst zu Fuß. Er kam in die Gegend. Alles stimmte. Die Bauern hatten dort viel Land. Einem jeden waren zehn Deßjatinen zugeteilt, und Fremde wurden ohne Schwierigkeiten in die Gemeinde aufgenommen. Wer aber auch noch Geld mitbrachte, durfte außer den angewiesenen zehn Deßjatinen noch so viel Land kaufen, als er wollte; eine Deßjatine bester Erde kostete nur drei Rubel.

Als Pachom alles an Ort und Stelle kennen gelernt hatte, kehrte er zum Herbst nach Hause zurück und begann, seinen Besitz zu verkaufen. Er verkaufte sein Land mit Gewinn, verkaufte sein Gehöft, sein Vieh, trat aus der Gemeinde aus und zog im nächsten Frühjahr mit Weib und Kind in die neue Heimat.

IV

Pachom kam mit seiner Familie ins neue Land und ließ sich in einem großen Dorfe in die Gemeinde aufnehmen. Er bewirtete die Gemeindeältesten mit Schnaps, und sie verschafften ihm alle notwendigen Papiere. Sie nahmen Pachom in die Gemeinde auf und teilten ihm, da seine Familie aus fünf Köpfen bestand, fünfzig Deßjatinen Land auf verschiedenen Feldern zu; außerdem bekam er einen Anteil am Weideland. Pachom baute sich an und kaufte Vieh. Nun besaß er bloß an zugeteiltem Land dreimal mehr als früher; es war guter, fruchtbarer Boden. Er konnte daher zehnmal so gut leben als früher. Er besaß genügend Ackergrund und Weideland und konnte sich so viel Vieh halten, als er wollte.

Anfangs, während er sich einrichtete, erschien ihm alles vortrefflich; nachdem er aber eine Zeitlang gewirtschaftet hatte, fand er es auch hier zu eng. Im ersten Jahr säte Pachom Weizen auf dem ihm zugeteilten Land, und er gedieh sehr gut. Nun bekam er Lust, noch mehr Weizen zu bauen, doch das zugeteilte Land reichte nicht mehr aus. Auch war es nicht von der nötigen Beschaffenheit. In jener Gegend sät man den Weizen auf neuen Steppenboden oder Brachfeld. Man sät ihn nur ein oder zwei Jahre und läßt dann die Erde brachliegen, bis sie wieder mit Steppengras bewachsen ist. Solches Land fand viele Liebhaber, aber für alle konnte es nicht reichen. Das gab immer Grund zu Streitigkeiten; die reicheren Bauern bebauten ihr Land selbst, und die ärmeren verpachteten das ihrige an Kaufleute, um mit dem Pachtzins ihre Steuern zu bezahlen. Auch Pachom wollte mehr von diesem Lande haben. Er ging im nächsten Jahr in die Stadt und pachtete von einem Kaufmann Land auf ein Jahr. Er besäte es, der Weizen gedieh gut, doch das Feld lag zu weit vom Dorfe entfernt: er mußte ganze fünfzehn Werst weit fahren. Er sah, daß die reicheren Bauern in der Umgegend wie Gutsbesitzer auf Einzelhöfen lebten und von Jahr zu Jahr reicher wurden. »Wenn ich mir noch etwas Land zu Erb und Eigen kaufen könnte«, dachte er sich, »würde ich mir auch so ein Gut bauen! Dann hätte ich alles beisammen.« Und Pachom sann nun darüber nach, wie er sich Erbland zulegen könnte.

So vergingen drei Jahre. Pachom nahm Land in Pacht und baute Weizen. Die Jahre waren gut, der Weizen gedieh vortrefflich, und Pachom konnte sich etwas Geld zurücklegen. Eigentlich hätte er so sehr gut leben können, aber es ärgerte ihn, daß er jedes Jahr neue Pachtverträge abschließen mußte. Jedesmal gab es große Scherereien: Wenn irgendwo besonders guter Boden zu verpachten war, stürzten sich die Bauern von der ganzen Gegend darauf und schnappten ihm alles vor der Nase weg, so daß er nichts säen konnte. Im dritten Jahr pachtete er zusammen mit einem Kaufmann von den Bauern Weideland; sie hatten es schon aufgepflügt, als die Bauern plötzlich einen Prozeß anfingen, und so war alle Mühe verloren. »Wenn ich eigenes Land hätte«, dachte er, »brauchte ich mich vor niemand zu bücken und hätte diesen Ärger nicht.«

Nun begann Pachom Erkundigungen einzuziehen, wo er sich Land zu Erb und Eigen kaufen könnte. Er stieß auf einen Bauern, der erst vor kurzem fünfhundert Deßjatinen gekauft hatte, aber in Not geraten war und das Land billig verkaufen mußte. Pachom unterhandelte mit dem Bauern. Sie handelten lange hin und her und einigten sich schließlich auf die Summe von tausend Rubel, wobei die Hälfte des Betrages in Raten auszubezahlen war. Das Geschäft war beinahe abgeschlossen, als bei Pachom eines Tages ein durchreisender Kaufmann einkehrte, um seinen Pferden Futter zu geben. Sie tranken Tee und kamen ins Gespräch. Der Kaufmann erzählte, daß er aus dem fernen Baschkirenlande komme. Er hätte dort von den Baschkiren fünftausend Deßjatinen Land gekauft, das Ganze hätte nur tausend Rubel gekostet. Pachom begann ihn auszufragen. Der Kaufmann erzählte:

»Ich habe das Land so billig bekommen, weil ich zuvor die Gemeindeältesten beschenkt habe: sie bekamen von mir Teppiche und Kaftans für etwa hundert Rubel, eine Kiste Tee, und solche, die Branntwein trinken, bewirtete ich mit Branntwein. Auf diese Weise bekam ich die Deßjatine zu zwanzig Kopeken.«

Er zeigte den Kaufvertrag und sagte noch: »Das Land liegt an einem Fluß und ist gutes Steppenland.«

Pachom fragte ihn weiter aus, und der Kaufmann sagte: »Es gibt dort so viel Land, daß man es auch in einem Jahre nicht umgehen kann. Alles gehört den Baschkiren. Die Leute sind stumpfsinnig wie die Hammel. Man kann das Land von ihnen beinahe umsonst haben.«

»Nun«, denkt sich Pachom, »warum soll ich für meine tausend Rubel fünfhundert Deßjatinen kaufen und mir dabei noch eine Schuld auf den Hals laden, wenn ich dort für das gleiche Geld viel mehr bekommen kann?«

V

Pachom erkundigte sich, wie man zu den Baschkiren käme; kaum war der Kaufmann fort, als er sich zur Reise zu rüsten begann. Er vertraute die ganze Wirtschaft seiner Frau an und nahm einen seiner Knechte auf die Reise mit. Sie fuhren zuerst in die Stadt und kauften eine Kiste Tee, Geschenke und Branntwein – alles, wie der Kaufmann gesagt hatte. Sie fuhren und fuhren und legten an die fünfhundert Werst zurück. Am siebenten Tage kamen sie in das Zeltlager der Baschkiren. Alles war wirklich so, wie der Kaufmann erzählt hatte. Die Baschkiren wohnen in der Steppe, am Flusse, in Zelten aus Filz. Sie treiben keinen Ackerbau und essen kein Brot. In der Steppe weiden ihre Vieh- und Pferdeherden. Hinter den Zelten sind die Füllen angebunden, und zweimal am Tage treibt man die Stuten zu ihnen hin. Die Stuten werden gemolken, und aus der Milch wird Kumys bereitet. Die Weiber rühren den Kumys und machen daraus Käse; die Männer tun aber nichts als Kumys und Tee trinken, Hammelfleisch essen und Flöte blasen. Es sind lauter gesunde, lustige Leute, die den ganzen Sommer lang feiern. Das Volk ist ganz ungebildet, versteht kein Russisch, ist aber sehr freundlich.

Kaum hatten die Baschkiren Pachom erblickt, als sie alle aus ihren Zelten herauskamen und den Gast umringten. Unter ihnen fand sich auch ein Dolmetsch. Pachom ließ ihn den Leuten sagen, daß er des Landes wegen gekommen sei. Darob freuten sich die Baschkiren sehr; sie nahmen ihn bei den Händen, führten ihn in ein schönes Zelt, setzten ihn auf Teppiche und Daunenkissen, ließen sich dann alle um ihn im Kreise nieder und bewirteten ihn mit Kumys und Tee. Sie schlachteten auch einen Hammel und gaben ihm das Fleisch zu essen. Pachom holte aus seinem Wagen die mitgebrachten Geschenke hervor und verteilte sie unter die Baschkiren. Ein jeder bekam ein Geschenk und etwas Tee. Da freuten sich die Baschkiren. Sie sprachen lange miteinander in ihrem Kauderwelsch und ließen dann den Dolmetsch sprechen.

»Sie lassen dir sagen«, sagte der Dolmetsch, »daß sie dich liebgewonnen haben und daß es bei uns Sitte ist, jedem Gast jeden Gefallen zu erweisen und ihm für seine Geschenke Gegengeschenke zu machen. Du hast uns beschenkt; sage uns nun, was dir von unserem Besitz am besten gefällt, damit wir es dir geben.«

»Am besten gefällt mir euer Land«, entgegnete Pachom. »Bei uns zu Hause ist es eng, und der Boden ist erschöpft; bei euch gibt es aber viel Land, und der Boden ist so gut, wie ich noch keinen gesehen habe.«

Der Dolmetsch übersetzte es. Die Baschkiren sprachen wieder lange miteinander. Pachom verstand davon kein Wort, sah aber, daß sie sehr lustig waren: sie schrien und lachten. Dann wurden sie wieder still, blickten alle auf Pachom, und der Dolmetsch sagte:

»Sie lassen dir sagen, daß sie bereit sind, dir für deine Freundlichkeit so viel Land zu geben, als du magst. Zeige nur mit der Hand, welches Land dir am besten gefällt, und es ist dein.«

Sie sprachen noch eine Weile und schienen in Streit geraten zu sein. Pachom fragte, worüber sie stritten. Und der Dolmetsch sagte:

»Die einen sagen, daß man erst den Ältesten fragen müsse und ohne seine Erlaubnis nichts hergeben dürfe; die anderen meinen aber, man könne es auch ohne ihn entscheiden.«

VI

Während die Baschkiren so stritten, kam plötzlich ein Mann in einer Fuchsfellmütze ins Zelt. Alle verstummten und erhoben sich. Und der Dolmetsch sagte:

»Es ist der Älteste selbst!«

Pachom holte gleich den schönsten Kaftan hervor und überreichte ihn dem Ältesten; auch fünf Pfund Tee gab er ihm. Der Älteste nahm die Geschenke an und setzte sich auf den Ehrenplatz. Die Baschkiren begannen, ihm sofort etwas zu erzählen. Der Älteste hörte sie an, nickte mit dem Kopf, daß sie schweigen sollten, und sagte zu Pachom russisch:

»Nun, ich habe nichts dagegen. Nimm dir Land, wo es dir beliebt; wir haben genügend da.«

Pachom dachte: ›Was heißt das, daß ich mir so viel nehmen darf, als ich mag? Man muß es doch irgendwie schriftlich abmachen.

Sonst können sie heute sagen, daß es mir gehört, und es mir morgen wieder abnehmen.‹

»Ich danke euch für die freundlichen Worte.« sagte er. »Ihr habt ja viel Land, und ich brauche nur wenig. Ich muß aber genau wissen, welches Stück mir gehört. Man muß es irgendwie abgrenzen und auf meinen Namen einschreiben. Gott ist ja Herr über Leben und Tod. Ihr seid gute Leute und gebt mir das Land; vielleicht kommen aber einmal eure Kinder und nehmen es mir wieder weg.«

»Du hast recht«, entgegnete der Älteste, »man kann es ja auch schriftlich abmachen.«

Pachom sagte weiter:

»Ich habe gehört, daß euch neulich ein Kaufmann besucht hat. Ihr habt ihm gleichfalls etwas Land geschenkt und einen Vertrag darüber abgeschlossen; ich möchte es gerne auch so machen.«

Der Älteste begriff alles.

»Das kann man wohl machen«, sagte er, »wir haben auch einen Schreiber; wir wollen in die Stadt fahren und alles besiegeln.«

»Und welchen Preis verlangt ihr dafür?«, fragte Pachom.

»Wir haben nur einen Preis: tausend Rubel für den Tag.«

Pachom verstand es nicht.

»Was ist denn der Tag für ein Maß? Wieviel Deßjatinen sind es?«

»Wir verstehen so nicht zu rechnen«, erwiderte der Älteste. »Wir verkaufen so: wieviel Land du an einem Tage umgehen kannst, soviel gehört dir. Und ein Tag kostet tausend Rubel.«

Pachom wunderte sich.

»In einem Tage«, sagte er, »kann man ja ein sehr großes Stück Land umgehen.«

Der Älteste lachte:

»Ja, und alles soll dir gehören! Wir machen aber noch eine Bedingung aus: wenn du am gleichen Tage nicht auf die Stelle zurückkommst, von der du ausgegangen bist, so ist dein Geld verfallen.«

»Wie wollt ihr euch den Weg merken, den ich gegangen bin?«, sagte Pachom.

»Sehr einfach: wir werden uns auf dem Fleck, den du wählst, aufstellen und warten, bis du ein Stück Land umgangen hast. Du nimmst eine Hacke mit und bringst, wo es nötig ist, Grenzmarken an: an den Ecken gräbst du den Rasen auf, und wir werden hinterdrein mit dem Pfluge von Marke zu Marke Furchen ziehen. Du kannst einen beliebig großen Kreis machen, doch mußt du vor Sonnenuntergang an den gleichen Ort zurückkommen, von dem du ausgegangen bist. Alles, was du umgangen, ist dein!«

Pachom freute sich. Sie beschlossen, früh am Morgen hinauszugehen. Sie sprachen noch eine Zeitlang miteinander, tranken Kumys, aßen Hammelfleisch und tranken Tee. So wurde es Nacht. Die Baschkiren bereiteten Pachom ein Lager auf einem Daunenpfühl und gingen auseinander. Man verabredete, am nächsten Morgen zeitig aufzubrechen, um den Ort noch vor Sonnenaufgang zu erreichen.

VII

Pachom legte sich auf sein Lager, konnte aber keinen Schlaf finden. Er mußte immer an sein Land denken: »Ich werde mir ein gehöriges Stück Land einheimsen. An einem Tage kann ich ja leicht fünfzig Werst machen. Die Tage sind jetzt so lang wie Jahre; und in einem Kreise von fünfzig Werst ist viel Land enthalten! Das schlechtere Land will ich verkaufen oder an Bauern verpachten, das bessere behalte ich für mich.

Ich schaffe mir zwei Gespann Ochsen an und halt mir noch zwei Knechte; an die fünfzig Deßjatinen will ich bebauen und auf dem übrigen Land mein Vieh weiden lassen.«

Erst kurz vor Tag schlummerte Pachom ein. Und er hatte einen Traum. Er lag, so träumte ihm, in diesem selben Zelt und hörte draußen jemand laut lachen. Er wollte sehen, wer es war, stand auf, ging hinaus und sah den Ältesten der Baschkiren vor dem Zelt sitzen. Er hielt sich mit beiden Händen den Bauch und schüttelte sich vor Lachen. Pachom ging auf ihn zu und fragte: »Worüber lachst du denn?« Es war aber gar nicht der Älteste, sondern jener Kaufmann, der ihn kürzlich besucht und ihm vom Baschkirenland erzählt hatte. Er fragte den Kaufmann: »Bist du lange hier?« Nun war es gar nicht der Kaufmann, sondern jener Bauer aus dem Wolgagebiet, der noch in der alten Heimat zu ihm gekommen war. Und plötzlich sah Pachom, daß es auch gar nicht der Bauer war, sondern der Teufel selbst, mit Hörnern und Hufen. Der Teufel lachte, und vor ihm lag ein Mann, barfuß nur mit Hemd und Hose bekleidet. Pachom sah genauer hin: was mochte es für ein Mensch sein? Und er sah – der Mann war tot und war niemand anders als er selbst. Pachom erschrak und erwachte. Als er ganz wach war, sagte er sich: »Was es doch nicht alles für Träume gibt!« Er blickte sich um und sah durch die offene Tür, daß es schon tagte. »Ich muß die Leute wecken«, dachte er, »denn es ist Zeit aufzubrechen.« Pachom stand auf, weckte seinen Knecht, der im Wagen schlief, befahl ihm einzuspannen, und ging die Baschkiren zu wecken.

»Es ist Zeit«, sagte er, »in die Steppe hinauszufahren, um mein Land abzumessen.«

Die Baschkiren standen auf und versammelten sich vor dem Zelt; auch der Älteste kam herbei. Sie begannen wieder Kumys zu trinken und boten Pachom Tee an; er wollte aber keine Zeit verlieren.

»Wenn wir hinausfahren wollen, müssen wir es gleich tun«, sagte er, »denn es ist höchste Zeit!«

VIII

Die Baschkiren machten sich fertig, brachen auf und fuhren teils im Wagen, teils ritten sie nebenher. Pachom fuhr mit dem Knecht in seinem Wagen; sie nahmen auch Hacken mit. Wie sie in die Steppe kamen, rötete sich eben der Osten. Sie fuhren einen Hügel, einen »Schichan«, wie es in der Baschkirensprache heißt, hinauf, stiegen von den Pferden und aus den Wagen und kamen an einem Platze zusammen. Der Älteste ging auf Pachom zu, zeigte mit der Hand und sagte:

»Dieses ganze Land, so weit dein Blick reicht, gehört uns. Wähle dir nun ein Stück nach deinem Geschmack.«

Pachoms Augen brannten vor Verlangen; es war lauter gutes Steppenland, glatt wie eine Handfläche, schwarz wie Mohnkörner; in den Vertiefungen wuchsen Gräser verschiedener Art, die einem bis an die Brust reichten.

Der Älteste nahm seine Fuchsfellmütze ab und legte sie auf den Boden.

»Das soll unser Merkzeichen sein«, sagte er. »Von hier sollst du ausgehen und hierher wieder zurückkommen. Was du umgehst, gehört dir.«

Pachom holte sein Geld aus der Tasche, legte es auf die Mütze, zog den Kaftan aus und behielt nur sein Unterkleid an. Er schnallte den Gürtel fester um den Leib, steckte sich ein Säckchen mit Brot in den Busen, band sich eine Kürbisflasche mit Wasser an den Gürtel, zog die Stiefelschafte höher hinauf, reckte sich, nahm aus den Händen des Knechtes die Hacke und stand so marschbereit da. Er überlegte sich noch, welche Richtung er einschlagen sollte – denn das Land war überall von gleicher Güte. Er sagte sich schließlich: »Es ist ja wirklich einerlei; ich gehe dem Sonnenaufgang zu.« Er stellte sich mit dem Gesicht nach Osten reckte sich und wartete, daß ein Rand der Sonnenscheibe zum Vorschein käme. »Ich will keine Zeit verlieren«, sagte er sich, »solange es noch kühl ist, geht es sich viel leichter.« Kaum schossen die ersten Sonnenstrahlen am Himmelsrande hervor, als Pachom die Hacke auf die Schulter nahm und in die Steppe ging.

Pachom ging nicht zu schnell und nicht zu langsam. Als er eine Werst weit gegangen war, grub er ein Loch und schichtete einige Rasenstücke übereinander auf, damit das Zeichen von weitem sichtbar sei. Er ging weiter. Seine Glieder waren durch die Bewegung gelenkiger geworden. Er war allmählich in Schwung gekommen und beschleunigte seine Schritte. Er ging noch eine Strecke weiter und grub das zweite Loch.

Pachom blickte sich um. Er konnte im Sonnenlichte gut den Hügel sehen, auch die Leute und selbst das Funkeln der eisenbeschlagenen Räder. Pachom schätzte die Strecke, die er zurückgelegt, auf fünf Werst. Es war ihm wärmer geworden; er zog daher auch das Unterkleid aus, warf es über die Schulter und ging weiter. Nun wurde es heiß. Er blickte auf die Sonne – es war gerade die Stunde, Brotzeit zu machen.

»Nun ist gerade ein Viertel des Arbeitstages verstrichen«, dachte sich Pachom. »Es ist noch zu früh, einzubiegen. Ich will mir nur die Stiefel ausziehen.« Er setzte sich, zog sich die Stiefel aus, befestigte sie am Gürtel und ging weiter. »Ich will noch an die fünf Werst gehen und dann links einbiegen. Hier ist der Boden gar zu gut; es wäre schade, wenn ich schon hier einbiegen wollte. Je weiter ich gehe, um so besser scheint das Land.« Er ging noch eine Strecke geradeaus und blickte sich um: der Hügel war kaum noch zu sehen; die Leute darauf erschienen wie Ameisen, und die Wagenräder glänzten kaum merklich in der Sonne.

»In dieser Richtung«, sagte sich Pachom, »habe ich genug; jetzt heißt es einbiegen! Ich bin ganz in Schweiß gebadet. Ich will etwas Wasser trinken.« Er blieb stehen, grub ein etwas größeres Loch, schichtete die Rasenstücke übereinander, band die Kürbisflasche vom Gürtel, trank und bog dann scharf nach links ein. Er ging und ging, geriet in hohes Gras; es wurde aber immer heißer.

Pachom begann Müdigkeit zu spüren; er blickte auf die Sonne und sah, daß es just die Mittagstunde war. »Nun, jetzt darf ich wirklich etwas ausruhen!« Pachom blieb stehen und setzte sich. Er aß Brot, trank Wasser, legte sich aber nicht hin, denn er sagte sich: »Wenn ich mich hinlege, kann ich unversehens einschlafen.« Er saß eine Weile und ging dann weiter. Anfangs fiel ihm das Gehen leicht, denn das Mittagsbrot hatte ihn gestärkt. Es war ihm aber sehr heiß, auch wurde er nach und nach schläfrig. Er ging aber rüstig vorwärts und dachte: »Die Mühe ist kurz, doch das Leben lang.«

Nachdem er auch in dieser Richtung eine weite Strecke zurückgelegt hatte, wollte er wieder nach links einbiegen; da stieß er aber auf eine feuchte Talsenkung; es war schade, sie aufzugeben. Er dachte sich: »Hier muß Flachs gut gedeihen.« Und er ging noch weiter in der gleichen Richtung. Er nahm also auch noch die feuchte Stelle in seinen Kreis auf, grub wieder ein Loch und machte den zweiten Winkel. Pachom blickte auf den Hügel zurück: es war dunstig geworden, die Luft schien in der Sonnenglut zu zittern, und durch den Dunst hindurch konnte man die Leute auf dem Hügel kaum sehen.

»Ich habe die beiden ersten Seiten zu lang gemacht«, sagte sich Pachom, »die dritte Seite muß kürzer werden.«

Er ging nun schneller, um noch die dritte Seite des Vierecks zu machen. Er sah auf die Sonne: sie neigte sich der Vesperzeit zu. Auf der dritten Seite hatte er aber erst kaum zwei Werst zurückgelegt, und bis zum Ausgangspunkt blieben noch immer fünfzehn Werst.

»Nein«, sagte er sich, »so geht es nicht: wenn es auch ein schiefes Stück wird, ich muß jetzt geradeaus aufs Ziel gehen. Daß es nur nicht zuviel wird. Ich habe ja auch schon jetzt genug.«

Pachom grub schnell ein Loch und ging geradewegs auf den Hügel zu.

XI

Pachom geht also auf den Hügel zu, und das Gehen fällt ihm immer schwerer: er schwitzt, die bloßen Füße sind zerschunden und wollen ihm nicht mehr gehorchen. Er will gerne etwas ausruhen, darf es aber nicht mehr; sonst kann er vor Sonnenuntergang nicht zurück sein. Der Sonne wartet nicht und sinkt immer tiefer.

»Habe ich nicht doch einen Fehler gemacht und mir zuviel Land genommen? Wenn ich nur nicht zu spät komme!«

Er blickt bald auf den Hügel, bald auf die Sonne: bis zum Ziel ist es noch weit, die Sonne steht aber schon dicht über dem Steppenrand. Pachom geht mit großer Mühe und beschleunigt dennoch immer seine Schritte. Er geht und geht, die Entfernung bleibt aber immer die gleiche; nun fängt er zu laufen an. Er wirft das Unterkleid, die Stiefel, die Kürbisflasche und die Mütze fort und behält nur die Hacke, um sich auf sie zu stützen.

»O weh«, sagt er sich, »ich war zu gierig, habe die ganze Sache verdorben, werde vor Sonnenuntergang nicht hinkommen.«

Die Angst benimmt ihm den Atem. Er rennt, was er rennen kann; Hemd und Hose kleben ihm am Leibe, sein Mund ist wie ausgetrocknet, die Brust arbeitet wie ein Schmiedebalg, das Herz hämmert, und die Beine wollen ihn nicht tragen und knicken ein. »Daß ich vor Anstrengung nicht noch sterbe!«, denkt er voller Angst. Er fürchtet zu sterben, kann aber nicht mehr stehen bleiben.

»Ich bin schon so weit gelaufen«, denkt er, »und wenn ich jetzt stehen bleibe, werden mich die Leute einen Narren nennen!«

Er läuft und läuft, erreicht beinahe den Hügel und hört, wie ihn die Baschkiren mit Kreischen und Schreien antreiben. Vor diesem Geschrei brennt sein Herz noch mehr. Pachom läuft mit den letzten Kräften, die Sonne erreicht aber schon den Steppenrand, sieht durch den Dunst ganz groß und blutrot aus. Jeden Augenblick kann sie untergehen. Er hat aber nicht mehr weit zu laufen. Pachom sieht die Leute auf dem Hügel stehen; sie winken ihm und treiben ihn an. Er sieht auch die Fuchsfellmütze auf der Erde, sieht sein Geld auf ihr liegen, sieht den Ältesten auf der Erde sitzen und sich mit beiden Händen den Bauch halten. Pachom muß an seinen Traum denken. Er sagt sich:

»Nun habe ich viel Land; ob es mir aber von Gott beschieden ist, darauf zu leben? Wehe! Ich habe mich zugrunde gerichtet, erreiche den Hügel nicht mehr …«

Pachom blickt wieder auf die Sonne: sie berührt schon die Erde, und ein Stück an ihrem Rand ist bereits abgeschnitten. Pachom nimmt seine letzten Kräfte zusammen, beugt sich mit dem ganzen Körper vor, so daß seine Beine kaum mitkommen können. Wie Pachom den Hügel erreicht, wird es plötzlich dunkel. Er blickt zurück – die Sonne ist schon untergegangen. Pachom stöhnt auf: »Umsonst war meine ganze Mühe!« Er will stehen bleiben, hört aber die Baschkiren noch immer schreien. Es fällt ihm ein, daß es ihm nur unten so scheint, als sei die Sonne schon untergegangen; vom Hügel kann man sie noch sehen. Pachom holt Atem und läuft den Hügel hinauf. Oben ist es noch hell. Er erreicht den Gipfel und sieht die Mütze. Vor der Mütze sitzt der Älteste, schüttelt sich vor Lachen und hält sich mit den Händen den Bauch. Wieder muß Pachom an seinen Traum denken. Er stöhnt auf, die Beine knicken ihm ein, und er fällt hin, berührt aber mit den beiden Händen gerade noch die Mütze.

»Gut gemacht!«, schreit der Älteste. »Viel Land hast du gewonnen.«

Pachoms Knecht kam gelaufen, wollte ihn aufheben, aber Pachom lag tot da, und aus seinem Mund rann Blut.

Die Baschkiren schnalzten mit den Zungen und sprachen ihr Bedauern aus.

Der Knecht nahm die Hacke, grub dem Pachom ein Grab, genau so lang wie das Stück Boden, das er mit seinem Körper, von den Füßen bis zum Kopf, bedeckte – drei Ellen – und scharrte ihn ein.

Die drei Greise

Eine Volkssage von der Wolga

Und wenn ihr betet, sollt ihr nicht viel plappern wie die Heiden; denn sie meinen, sie werden erhört, wenn sie viel Worte machen. Darum sollt ihr euch ihnen nicht gleichstellen. Euer Vater weiß, was ihr bedürfet, ehe denn ihr ihn bittet. Matth. 6, 7–8.

Ein Bischof fuhr einmal zu Schiff von Archangelsk zum Solowezker Kloster. Auf dem gleichen Schiff fuhren auch Pilger, die die Gräber der Heiligen im Kloster besuchen wollten. Der Wind war günstig, das Wetter heiter, das Meer still. Einige Pilger lagen auf dem Deck, andere frühstückten, andere wieder saßen in einzelnen Haufen und plauderten miteinander. Auch der Bischof kam auf das Deck und begann auf und ab zu gehen. Er kam aufs Vorderdeck und sah, daß sich dort ein Häuflein Menschen um ein Bäuerlein scharte. Das Bäuerlein zeigte mit der Hand aufs Meer und erzählte etwas, und das Volk hörte ihm zu. Der Bischof blieb stehen und sah in die Richtung, wohin das Bäuerlein zeigte. Er sah nichts als das Meer, das in der Sonne glitzerte. Der Bischof wollte hören, was der Mann erzählte, und kam näher. Als das Bäuerlein den Bischof sah, zog es die Mütze vom Kopf und hielt in seiner Erzählung inne. Auch die anderen erkannten den Bischof und nahmen ihre Mützen ab, um ihre Ehrfurcht zu bezeigen.

»Laßt euch nicht stören, Brüder«, sagte der Bischof. »Ich möchte auch gerne hören, was du, guter Mensch, erzählst.«

»Von den Greisen hat uns der Fischer erzählt«, sagte ein Kaufmann, der etwas kühner als die anderen war.

»Von welchen Greisen?«, fragte der Bischof, sich auf eine Kiste setzend, die am Rand stand. »Erzähle es auch mir, ich will gerne hören. Worauf hast du eben gezeigt?«

»Man sieht dort eine kleine Insel«, sagte das Bäuerlein und zeigte nach rechts. »Auf dieser Insel leben die Greise und suchen ihr Seelenheil.«

»Wo ist denn die Insel?«, fragte der Bischof.

»Belieben nur hinzusehen, wohin ich mit der Hand weise. Da ist eine Wolke, und links von ihr und tiefer kann man einen schmalen Streifen sehen.«

Der Bischof sah scharf hin, die See funkelte in der Sonne, und er konnte nichts erkennen: Er hatte wohl zu wenig Übung darin.

»Ich kann nichts sehen«, sagte er. »Was leben also für Greise auf der Insel?«

»Es sind Männer Gottes«, erwiderte das Bäuerlein. »Ich hatte schon oft von ihnen gehört, bekam sie aber lange Zeit nicht zu sehen. Erst im vorigen Sommer habe ich sie gesehen.«

Der Fischer erzählte, wie er einmal zum Fischen ausgezogen war, wie sein Boot zur Insel herangetrieben wurde und er gar nicht wußte, wo er sich befand. Am Morgen hatte er Umschau auf der Insel gehalten und war auf eine Erdhütte gestoßen. Vor der Hütte sah er einen Greis; spater kamen noch zwei andere Greise heraus; sie gaben ihm zu essen und halfen ihm seine Kleider trocknen und das Boot ausbessern.

»Wie sehen sie denn aus?«, fragte der Bischof.

»Der eine ist klein und gebückt, trägt eine alte Kutte und ist wohl über hundert Jahre alt, denn sein grauer Bart ist vor Alter grün angelaufen; er lächelt aber immer und strahlt wie ein Engel vom Himmel. Der zweite ist etwas größer von Wuchs, auch sehr alt, trägt einen zerrissenen Kaftan, hat einen breiten gelblichen Bart und ist wohl sehr stark: er hat mein Boot umgewendet, als ob es ein leichter Trog wäre, so schnell, daß ich nicht Zeit hatte, ihm dabei zu helfen. Auch er strahlt vor stiller Freude. Der dritte ist groß gewachsen, sein langer silberweißer Bart reicht bis zu den Knien; sein Gesicht ist finster, und die Augenbrauen hängen auf die Augen herab; er trägt nur einen Schurz aus Bastgeflecht und ist sonst ganz nackt.«

»Was haben sie mit dir gesprochen?«, fragte der Bischof.

»Sie machten fast alles schweigend und sprachen auch miteinander sehr wenig. Wenn einer den anderen nur anblickt, so versteht ihn der andere sofort. Ich versuchte, den Großen auszufragen, ob sie schon lange auf der Insel wohnten. Er wurde finster, begann etwas zu murmeln und schien zornig; doch der Kleine nahm ihn bei der Hand und lächelte, und der Große wurde sofort still. Der Kleine sagte nur: ›Steh uns bei!‹ und lächelte.«

Während der Bauer erzählte, war das Schiff näher an die Insel herangekommen.

»Jetzt kann man sie ganz deutlich sehen«, sagte der Kaufmann. »Belieben Eminenz hinzusehen!« Er zeigte mit der Hand die Richtung.

Der Bischof sah gespannt hin. Er sah wirklich einen dunklen Streifen – eine kleine Insel. Dann ging er zum Hinterteil des Schiffes und fragte den Steuermann:

»Was ist es für eine Insel, die dort zu sehen ist?«

»Sie hat gar keinen Namen. Es gibt hier viele solche Inseln.«

»Ich habe eben gehört, daß dort Greise wohnen und ihr Seelenheil suchen; ist es wahr?«

»Man spricht davon, Eminenz; ich weiß aber nicht, ob es wahr ist. Fischer behaupten, sie gesehen zu haben. Es kommt auch vor, daß die Leute nur so schwatzen.«

»Ich möchte gern auf der Insel aussteigen und die Greise sehen«, sagte der Bischof. »Wie könnte man das machen?«

»Das Schiff kann nicht an die Insel heran«, entgegnete der Steuermann. »Mit einem Boot kann man wohl landen, ich müßte aber erst den Patron fragen.«

Man rief den Patron.

»Ich möchte gern die Greise sehen«, sagte der Bischof. »Kann man mich nicht mit einem Boot hinbringen?«

Der Patron riet davon ab.

»Machen läßt es sich schon, wir werden aber dabei viel Zeit verlieren; auch erlaube ich mir, Eurer Eminenz zu bemerken, daß es sich gar nicht lohnt, die Greise zu sehen. Ich habe gehört, daß es ganz blöde Greise sind, die nichts verstehen und nicht einmal sprechen können; sie sind wie die Fische des Meeres.«

»Ich will sie aber doch sehen«, entgegnete der Bischof. »Ich werde für die Mühe bezahlen und bitte, mich hinüberzufahren.«

Der Patron mußte sich fügen. Die Schiffsleute setzten die Segel um, der Steuermann wendete das Schiff und steuerte auf die Insel zu. Man brachte dem Bischof einen Stuhl auf das Vorderdeck. Er setzte sich und spähte aus. Auch das ganze Volk versammelte sich auf dem Verdeck, um die Insel zu sehen. Wer schärfere Augen hatte, konnte bereits die Steine am Ufer sehen; andere zeigten auf die Erdhütte. Einer behauptete sogar, die drei Greise zu sehen. Der Patron brachte ein Fernrohr, sah hindurch und reichte es dem Bischof.

»Es stimmt«, sagte er, »am Ufer, rechts vom großen Stein, stehen wirklich drei Menschen.«

Auch der Bischof richtete das Fernrohr und erblickte drei Männer: einen sehr großen, einen etwas kleineren und einen ganz kleinen; sie standen am Ufer und hielten sich an den Händen.

Der Patron trat an den Bischof heran und sagte: »Hier müssen wir das Schiff anhalten, Eminenz. Wenn Sie es wünschen, können Sie von hier mit dem Boot hinüberfahren; wir werden inzwischen vor Anker liegen.«

Sofort löste man das Tau, warf den Anker aus, holte die Segel ein – es gab einen Ruck, und das Schiff begann zu schwanken. Man ließ das Boot hinab, die Ruderer sprangen hinein, und der Bischof stieg an der Leiter hinunter. Er setzte sich auf die Bank, die Matrosen holten mit den Rudern aus und fuhren auf die Insel zu. Als das Boot in der Entfernung eines Steinwurfes von der Insel war, konnte man schon ganz deutlich sehen: drei Greise standen am Ufer; der eine groß, nackt, mit Bastgeflecht umgürtet; der zweite etwas kleiner, in zerrissenem Kaftan; der dritte uralt, gebückt, in einer abgetragenen Kutte; so standen sie alle drei am Ufer und hielten sich an den Händen.

Das Boot stieß ans Ufer, die Ruderer hakten den Bootshaken ein, und der Bischof stieg aus.

Die Greise verneigten sich vor ihm, er segnete sie, und sie verneigten sich vor ihm noch tiefer. Und der Bischof sprach zu ihnen:

»Ich habe gehört, daß ihr, Greise Gottes, hier euer Seelenheil sucht und für die Menschheit zum göttlichen Heiland betet; ich bin aber ein unwürdiger Knecht Gottes, durch seine Gnade berufen, seine Herde zu weiden; so wollte ich auch euch, Knechte Gottes, sehen und euch, wenn ich es kann, Belehrung erteilen.« Die Greise schwiegen, lächelten, blickten einander an.

»Sagt mir, wie ihr euer Seelenheil sucht, und wie ihr Gott dient!«, fragte der Bischof.

Der mittlere Greis seufzte auf und blickte den ältesten an; der größte runzelte die Stirne und blickte ebenfalls den ältesten an. Und der älteste lächelte und sagte:

»Wir verstehen nicht, Gott zu dienen, Knecht Gottes; wir dienen nur uns selber und sind nur um unser eigen Leben besorgt.«

»Wie betet ihr denn zu Gott?«, fragte der Bischof.

Und der Älteste sagte:

»Wir beten so: Ihr seid drei, wir sind drei, steh uns bei!«

Kaum hatte es der Älteste gesagt, als alle drei Greise die Augen gen Himmel hoben und wiederholten:

»Ihr seid drei, wir sind drei, steh uns bei!«

Der Bischof lächelte und sagte:

»Ihr habt wohl etwas von der heiligen Dreifaltigkeit gehört, versteht aber nicht, richtig zu beten. Ich habe an euch Gefallen gefunden, ihr Greise Gottes; ich sehe, daß ihr Gott dienen wollt, doch nicht wißt, wie man es tun muß. Nicht so muß man beten; hört aber auf mich, ich will es euch lehren. Ich werde euch nicht aus dem Eigenen lehren, sondern aus der Heiligen Schrift, wie Gott selbst den Menschen befohlen hat, daß sie zu ihm beten.«

Und der Bischof begann den Greisen auseinanderzusetzen, wie sich Gott den Menschen offenbart hat; er erzählte ihnen von Gott dem Vater, Gott dem Sohn und Gott dem Heiligen Geist und sagte:

»Gott der Sohn, der auf die Erde gekommen ist, um die Menschen zu erlösen, hat sie gelehrt, so zu beten. Hört mir zu und wiederholt die Worte!«

Und der Bischof sprach ihnen vor: »Vater unser«. Und der eine Greis wiederholte: »Vater unser«; und der zweite wiederholte: »Vater unser«; auch der dritte wiederholte: »Vater unser«. – »Der du bist im Himmel.« – Auch die Greise wiederholten: »Der du bist im Himmel«. Hier verwirrte sich aber der mittlere Greis und sprach diese Worte nicht richtig nach; auch der große nackte Greis stockte: der Bart wuchs ihm über den Mund, und er konnte nicht deutlich sprechen; auch der älteste zahnlose Greis lallte unverständlich.

Der Bischof sagte es ihnen noch einmal vor, und die Greise sprachen ihm die Worte nach. Der Bischof setzte sich auf einen Stein, die Greise stellten sich vor ihn, sahen ihm auf den Mund und sprachen nach, was er ihnen vorsagte. Den ganzen Tag bis zum Abend mühte sich der Bischof mit ihnen ab und wiederholte zehnmal, zwanzigmal, hundertmal das gleiche Wort, bis es die Greise richtig nachsprechen konnten. Sie machten immer Fehler, er verbesserte sie und ließ sie alles von Anfang an wiederholen.

Der Bischof blieb bei den Greisen, bis sie das ganze Gebet des Herrn auswendig wußten. Sie sprachen es ihm nach und konnten es schließlich auch selbst aufsagen. Zuerst hatte es der mittlere Greis begriffen und das Gebet allein aufgesagt. Der Bischof ließ ihn das

Gebet noch einmal wiederholen, und noch einmal, und immer wieder, und die anderen mußten es ihm nachsprechen.

Es dämmerte bereits, und der Mond ging auf, als der Bischof sich vom Stein erhob, um aufs Schiff zurückzufahren. Er verabschiedete sich von den Greisen, und sie verneigten sich vor ihm bis zur Erde. Er half ihnen aufstehen, küßte einen jeden, gebot ihnen, so zu beten, wie er es gelehrt hatte, stieg ins Boot und fuhr zum Schiff.

Während sich der Bischof dem Schiff näherte, hörte er, wie die Greise dreistimmig das Vaterunser beteten. Als das Boot das Schiff erreichte, konnte er die Stimmen der Greise nicht mehr hören; er sah nur im Mondlicht drei Menschen auf der gleichen Stelle stehen: der kleinste in der Mitte, der große rechts und der mittlere links. Der Bischof stieg aufs Deck; man lichtete den Anker, zog die Segel auf, der Wind blähte die Segel, und das Schiff fuhr weiter. Der Bischof ging zum Steuer, setzte sich und richtete seinen Blick auf die Insel. Anfangs konnte er noch die Greise erkennen, dann entschwanden sie seinen Blicken, und er sah nur noch die Insel; dann verschwand auch die Insel, nur das Meer flimmerte im Mondlicht.

Die Pilger gingen alle zur Ruhe, und auf dem Schiff wurde es still. Der Bischof fand aber keinen Schlaf und blieb allein auf dem Deck sitzen. Er starrte auf das Meer, dorthin, wo die Insel verschwunden war, und dachte an die guten Greise. Er dachte daran, wie sie sich gefreut hatten, daß er sie das Gebet gelehrt, und er dankte Gott, daß er ihm die Gnade erwiesen und ihn zu den Greisen geführt hatte, um ihnen zu helfen und sie Gottes Wort zu lehren.

So sitzt der Bischof, sinnt und schaut aufs Meer, dorthin, wo die Insel verschwunden ist. Es flimmert ihm vor den Augen, das Mondlicht spielt auf den Wellen bald hier und bald dort. Plötzlich sieht er im Streifen des Mondlichtes etwas wie einen weißen Vogel schimmern; ist's eine Möwe oder ein Segel? Der Bischof sieht gespannt hin und sagt sich: »Es ist wohl ein Segelboot, das uns nachfährt. Es holt uns aber zu rasch ein. Eben noch war es ferne, und jetzt ist es ganz nahe. Es ist wohl gar kein Boot; das Weiße sieht einem Segel gar nicht ähnlich. Es eilt uns aber nach und wird uns gleich einholen.« Der Bischof kann gar nicht verstehen, was es ist: weder Boot, noch Vogel, noch Fisch. Einem Menschen sieht es nicht unähnlich, doch es ist zu groß; wie könnte auch ein Mensch mitten durchs Meer gehen? Der Bischof steht auf, geht zum Steuermann und sagt ihm:

»Sieh hin, Bruder, was ist das? Was ist das?«

Und während er es sagt, kann er schon selbst sehen: Die Greise kommen über die Wellen gelaufen, ihre grauen Bärte schimmern, und sie erreichen das Schiff so schnell, als ob es stillstehe. Der Steuermann blickte sich um, erschrak, ließ das Steuer aus den Händen und schrie mit lauter Stimme:

»Mein Gott! Die Greise laufen uns nach auf dem Meer wie auf dem Trockenen!«

Das Volk hörte es, alle sprangen auf und stürzten herbei. Alle sehen: Die Greise laufen dem Schiff nach, sie halten sich an den Händen; die beiden Greise rechts und links winken mit der Hand, damit das Schiff halte. Alle drei laufen auf den Wellen wie auf dem Trockenen, sie gleiten daher, ohne die Füße zu bewegen.

Das Schiff hielt noch nicht, als die Greise es erreichten und dicht vor Bord traten. Sie hoben die Köpfe und sagten wie aus einem Munde:

»Wir haben deine Lehre vergessen, Knecht Gottes! Solange wir die Worte wiederholten, wußten wir sie noch; als wir aber eine Stunde lang das Gebet nicht mehr aufgesagt hatten, vergaßen wir ein einziges Wort, und das ganze Gebet fiel auseinander. Wir haben alles vergessen, lehre es uns wieder!«

Der Bischof schlug ein Kreuz, beugte sich über Bord zu den Greisen und sagte:

»Auch euer Gebet findet bei Gott Wohlgefallen, ihr Greise Gottes. Ich bin nicht berufen, euch zu lehren. Betet für uns Sünder!«

Und der Bischof verbeugte sich tief vor den Greisen. Und die Greise hielten in ihrem Lauf inne, kehrten um und eilten zurück, auf den Wellen gleitend. Bis zum Morgen sah man noch einen Lichtschein an jener Stelle, wo die Greise entschwunden waren.

Der Tod des Iwan Iljitsch

I

Während einer Unterbrechung in der Gerichtssitzung in Angelegenheit der Melwinskys hatten sich im großen Justizgebäude die Mitglieder der Gerichtskommission und der Staatsanwalt im Arbeitszimmer von Iwan Jegorowitsch Schebek versammelt und das Gespräch drehte sich um den berühmten Krassow'schen Prozeß. Feodor Wassiljewitsch ereiferte sich und wies auf die Haltlosigkeit der Anklage hin. Iwan Jegorowitsch hielt an seiner Meinung fest, Pjetr Iwanowitsch aber, der sich von Anfang an nicht an der Diskussion beteiligt hatte, schenkte ihr keine Aufmerksamkeit und überflog die soeben gebrachten Tagesblätter.

»Meine Herren!«, rief er aus, »Iwan Iljitsch ist gestorben!«

»Was Sie nicht sagen!«

»Da, lesen Sie«, sagte er und reichte Feodor Wassiljewitsch die soeben gebrachte Zeitung.

In einer schwarzen Umrahmung standen die Worte gedruckt: »Praskowja Feodorowna Golowin teilt gramerfüllt allen Verwandten und Bekannten das Ableben ihres geliebten Gatten, des Gerichtshofmitglieds Iwan Iljitsch Golowin, mit, welches am 4. Februar dieses Jahres 1882 erfolgt ist. Das Begräbnis findet am Freitag um 1 Uhr nachmittags vom Trauerhaus aus statt.«

Iwan Iljitsch war ein Amtskollege der hier versammelten Herren und alle hatten ihn gern. Er war seit einigen Wochen leidend und man sagte, daß seine Krankheit unheilbar sei. Seine Stelle blieb einstweilen unbesetzt, doch sprach man davon, daß Aleksejew sie im Fall seines Ablebens erhalten und Winnikow oder Stabel an Aleksejews Stelle kommen würden; so daß der erste Gedanke jedes einzelnen der Herren, welche im Arbeitszimmer beisammen waren, bei der Nachricht vom Tod Iwan Iljitschs der war, welche Bedeutung dieser Tod wohl auf die Versetzung oder das Avancement dieser Mitglieder oder ihrer Bekannten haben könnte.

›Jetzt werde ich gewiß die Stelle von Winnikow oder von Stabel bekommen‹, dachte Feodor Wassiljewitsch bei sich. ›Sie ist mir schon längst versprochen worden, dieses Avancement aber bedeutet für mich 800 Rubel Zulage, außer der Kanzlei.‹

›Jetzt werde ich um die Versetzung meines Schwagers aus Kaluga ansuchen‹, dachte Pjetr Iwanowitsch. ›Meine Frau wird sich darüber sehr freuen. Nun wird man nicht mehr sagen können, daß ich niemals etwas für ihre Angehörigen getan habe.‹

»Ich dachte es mir, daß er sich nicht mehr erholen würde«, sagte Pjetr Iwanowitsch laut. »Schade!«

»Was hat ihm eigentlich gefehlt?«

»Die Ärzte waren sich darüber nicht recht klar. Das heißt, sie waren verschiedener Ansicht. Als ich ihn das letzte Mal sah, da glaubte ich, daß er doch noch genesen würde.«

»Und ich habe ihn seit den Feiertagen nicht besucht. Ich hatte es mir immer vorgenommen.«

»Hat er Vermögen gehabt?«

»Seine Frau soll etwas Vermögen besitzen, es soll aber nicht der Rede wert sein.«

»Ich muß hinfahren. Wenn es nur nicht so schrecklich entfernt wäre.«

»Das heißt, von Ihnen ist es fern. Ihnen scheint alles fern.«

»Da, seht: Er kann es mir nicht verzeihen, daß ich jenseits des Flusses wohne«, sagte Pjetr Iwanowitsch mit einem Lächeln zu Schebek. Sie sprachen noch eine Weile von den weiten Entfernungen in der Stadt, dann gingen sie in den Sitzungssaal.

Dieser Tod eines guten Bekannten hatte bei allen, die davon Kunde erhalten hatten, außer den bei jedem einzelnen hervorgerufenen Kombinationen über Versetzungen und Avancements, wie es in solchen Fällen immer geschieht, ein gewisses freudiges Gefühl hervorgerufen, weil *jener* gestorben war und nicht *sie*.

›Na also, er ist gestorben und nicht ich‹, dachte oder fühlte ein jeder. Die nahen Bekannten aber, die sogenannten Freunde von Iwan Iljitsch, dachten dabei unwillkürlich daran, daß sie jetzt sehr langweilige Anstandspflichten erfüllen, der Seelenmesse beiwohnen und der Witwe einen Kondolenzbesuch abstatten mußten.

Die intimsten Bekannten waren Feodor Wassiljewitsch und Pjetr Iwanowitsch.

Pjetr Iwanowitsch war ein Kollege aus der Rechtsschule und fühlte sich Iwan Iljitsch verpflichtet.

Pjetr Iwanowitsch zog, nachdem er während des Essens seiner Frau die Nachricht vom Tod des Iwan Iljitsch und die Möglichkeit einer Versetzung des Schwagers in ihren Distrikt mitgeteilt hatte, ohne wie gewöhnlich auszuruhen, seinen Frack an und fuhr zu Iwan Iljitsch.

Vor Iwan Iljitschs Haus standen ein geschlossener Wagen und zwei Mietschlitten. Unten im Vorzimmer, neben dem Kleiderständer, lehnte an der Wand der silberne, mit Fransen und Borten verzierte Sargdeckel. Zwei dunkel gekleidete Damen legten ihre Pelze ab. Die eine kannte er, sie war die Schwester von Iwan Iljitsch, die andere war ihm unbekannt. Schwarz, Pjetr Iwanowitschs Kollege, war gerade im Begriff, die Treppe herunterzukommen. Den Eintretenden bemerkend, blieb er auf der obersten Stufe stehen und blinzelte mit den Augen, als wollte er sagen: »Iwan Iljitsch hat es dumm angestellt, da sind wir doch andere Kerle.«

Schwarz' Gesicht mit dem englischen Bart und seine magere Gestalt im Frack hatten wie immer ein elegant-feierliches Aussehen, und diese Feierlichkeit, welche mit Schwarz' heiterem Charakter stets im Widerspruch stand, trat hier besonders scharf hervor. So dachte Pjetr Iwanowitsch.

Er ließ den Damen den Vortritt und ging langsam hinter ihnen die Treppe hinauf.

Schwarz kam nicht herunter, sondern blieb oben stehen. Pjetr Iwanowitsch verstand, weshalb: Er wollte augenscheinlich mit ihm besprechen, wo sie heute ihr Spielchen machen würden. Die Damen gingen zur Witwe, Schwarz aber zeigte mit seinen starken, fest geschlossenen Lippen und scherzendem Blick Pjetr Iwanowitsch durch eine Bewegung der Augenbrauen nach rechts auf das Zimmer, wo der Tote lag.

Pjetr Iwanowitsch war, als er das Zimmer betrat, wie es bei solchen Gelegenheiten stets der Fall ist, unentschlossen darüber, was er zu tun habe. Eines wußte er: daß es in solchen Fällen nie schaden konnte, sich zu bekreuzigen. Ob man sich dabei auch verneigen sollte, das wußte er nicht genau und deshalb wählte er den Mittelweg: Beim Eintreten ins Zimmer begann er, sich zu bekreuzigen und sich ganz leicht zu verneigen. Gleichzeitig sah er sich im Zimmer um, soweit es ihm seine Hand- und Kopfbewegungen erlaubten. Zwei Jünglinge, einer von ihnen Gymnasiast, welche, wie ihm schien, Neffen des Verstorbenen waren, verließen gerade, sich bekreuzigend, das Zimmer. Ein altes Mütterchen stand unbeweglich da und eine Dame mit sonderbar gehobenen Augenbrauen sprach zu ihr im Flüsterton. Ein munterer, energischer Diakonus im Priestergewand las etwas laut und mit einem jede Widerrede ausschließenden Ausdruck die Gebete. Gerassim, der Hausknecht, kam mit leichten Schritten an Pjetr Iwanowitsch vorüber und streute etwas auf den Fußboden. Als er das sah, nahm Pjetr Iwanowitsch sofort einen leichten Verwesungsgeruch wahr. Er hatte, als er Iwan Iljitsch das letzte Mal besucht hatte, diesen Bauern gesehen; er erfüllte das Amt eines Krankenwärters und Iwan

Iljitsch hatte ihn sehr gern. Pjetr Iwanowitsch fuhr fort, sich zu bekreuzigen, und verneigte sich dabei leicht nach der Richtung, wo zwischen dem Sarg und dem Diakonus auf einem Tischchen in der Ecke die Heiligenbilder standen. Nachdem ihm das fortwährende Bekreuzigen schon zuviel geworden war, hörte er damit auf und begann, den Toten zu betrachten.

Der Tote lag, wie Tote gewöhnlich zu liegen pflegen. Seine erstarrten Glieder drückten nach Totenart schwer auf die Sargunterlage, sein tief im Polster liegender Kopf war für immer nach vorn gebeugt und seine wächserne Stirn mit den eingefallenen Schläfen und der hervorstechenden Nase, die die Oberlippe berührte, traten, wie es bei Toten stets der Fall ist, besonders scharf hervor. Er hatte sich sehr verändert, und seit Pjetr Iwanowitsch ihn das letzte Mal gesehen hatte, war er noch magerer geworden. Doch sein Gesicht war, wie es stets bei den Toten ist, schöner und hauptsächlich ausdrucksvoller, als es je zu Lebzeiten gewesen war. Dieser Gesichtsausdruck schien zu sagen, daß der Tote im Leben alles getan hatte, was er hatte tun müssen, und daß er alles auch recht getan hatte. In diesem Gesichtsausdruck lag außerdem noch ein Vorwurf oder eine Mahnung an die Lebenden. Diese Mahnung schien Pjetr Iwanowitsch fehl am Platz oder zumindest nicht auf ihn anwendbar zu sein. Ein unangenehmes Gefühl beschlich ihn, er bekreuzigte sich deshalb nochmals eilig, wie ihm schien, dem Anstand gemäß sogar zu eilig, drehte sich um und ging zur Tür. Schwarz erwartete ihn im Vorzimmer, die Beine weit auseinanderspreizend und mit beiden Händen hinter dem Rücken mit seinem Zylinder spielend. Der bloße Anblick von Schwarz' heiterer, wohlgepflegter und eleganter Gestalt wirkte erfrischend auf Pjetr Iwanowitsch. Er begriff nun, daß Schwarz über solche Dinge erhaben war und daß er sich von momentanen, düsteren Eindrücken nicht beherrschen ließ. Sein Aussehen schien Pjetr Iwanowitsch zu sagen: Der Zwischenfall der Seelenmesse für Iwan Iljitsch kann doch kein genügender Grund sein, um die gewohnte Ordnung zu stören, das heißt, nichts kann ihn hindern, auch heute abend seine tägliche Kartenpartie zu machen und wie gewöhnlich den Karten beim Öffnen derselben einen leichten Klaps zu geben; daß dies also überhaupt kein Grund sei, der ihn und seine Kollegen daran hindern könnte, auch den heutigen Abend ebenso gemütlich wie sonst zuzubringen. Das sagte er auch leise zu Pjetr Iwanowitsch und schlug ihm ein Spielchen bei Feodor Wassiljewitsch vor. Es schien jedoch Pjetr Iwanowitsch nicht beschieden zu sein, den heutigen Abend beim Kartenspiel zuzubringen. Praskowja Feodorowna, eine untersetzte, dicke, schwarz gekleidete Frau mit einem Spitzentuch auf dem Kopf, die trotz aller Bemühungen, schmächtig zu sein, von den Schultern nach unten immer breiter wurde und die ebensolche hoch liegenden Augenbrauen hatte wie jene neben dem Sarg stehende Dame, kam mit anderen Frauen aus ihren Gemächern und sagte, indem sie sie zu dem Zimmer geleitete, wo der Tote lag: »Treten Sie ein. Die Seelenmesse wird gleich stattfinden.«

Schwarz grüßte leicht und blieb unentschlossen stehen. Er schien Praskowja Feodorownas Aufforderung weder anzunehmen noch abzulehnen. Praskowja Feodorowna seufzte, als sie Pjetr Iwanowitsch bemerkte, sie trat dicht an ihn heran, faßte ihn bei der Hand und sagte: »Ich weiß, daß Sie Iwan Iljitsch ein wahrer Freund gewesen sind …«, und sie sah ihn an, von ihm eine diesen Worten entsprechende Handlung erwartend. Pjetr Iwanowitsch wußte, daß ebenso, wie es dort notwendig gewesen war, sich zu bekreuzigen, es hier notwendig war, die Hand zu drücken, aufzuseufzen und zu sagen: »Seien Sie versichert!« Und so tat er auch. Und nachdem er es getan hatte, fühlte er, daß sich das gewünschte Resultat eingestellt hatte: daß er gerührt und daß sie gerührt war.

»Kommen Sie, bevor es angefangen hat, ich muß mit Ihnen sprechen«, sagte die Witwe, »reichen Sie mir den Arm.«

Pjetr Iwanowitsch reichte ihr den Arm und sie begaben sich in die inneren Zimmer an Schwarz vorbei, der Pjetr Iwanowitsch traurig zuwinkte.

»Aus ist es mit dem Spiel! Da müssen Sie schon entschuldigen, wenn wir uns einen anderen Partner suchen. Außer zu fünft, wenn Sie sich bald losmachen könnten«, sagte sein neckischer Blick.

Pjetr Iwanowitsch seufzte noch tiefer und trauriger, und Praskowja Feodorowna drückte ihm dankbar die Hand. Sie traten in ihr mit rosafarbener Cretonne tapeziertes, durch eine matte Lampe beleuchtetes Wohnzimmer und setzten sich an den Tisch: Sie saß auf dem Diwan, Pjetr Iwanowitsch aber auf einem niedrigen federnden Sessel, dessen gebrochene und gelockerte Federn sich unter ihm hin und her bewegten. Praskowja Feodorowna wollte ihn darauf aufmerksam machen, daß er sich auf einen anderen Sessel setzen solle, sie fand aber diese Warnung ihrer Lage nicht angemessen und unterließ es daher. Als er sich auf den Sessel setzte, erinnerte sich Pjetr Iwanowitsch daran, wie Iwan Iljitsch dieses Wohnzimmer eingerichtet und wie er sich damals mit ihm eben wegen dieser rosafarbenen Cretonne mit grünen Blättern beraten hatte. Als sie sich an den Tisch setzte (das ganze Wohnzimmer war mit Möbeln und Nippsachen überfüllt), blieb die Witwe mit den schwarzen Spitzen ihrer Mantille am Schnitzwerk des Tisches hängen. Pjetr Iwanowitsch erhob sich, um ihr zu Hilfe zu kommen, und sofort begann der von seiner Last befreite Sessel, sich zu bewegen und ihn von unten mit seinen emporschnellenden Federn zu stoßen. Die Witwe bemühte sich selbst, ihre Spitzen loszumachen, und Pjetr Iwanowitsch setzte sich wieder und drückte den unter ihm revoltierenden Sessel nieder. Es wollte der Witwe jedoch nicht gelingen und so erhob sich Pjetr Iwanowitsch nochmals, und abermals wurde der Sessel aufgeregt und knarrte sogar. Als alles endlich gut vorüber war, zog Praskowja Feodorowna ein reines Batisttaschentuch hervor und begann zu weinen. Pjetr Iwanowitsch aber war durch das Intermezzo mit den Spitzen und dem Sessel abgekühlt worden und sah recht mißmutig aus. Diese ungemütliche Situation wurde durch Sokolow, den Diener von Iwan Iljitsch, unterbrochen. Er teilte Praskowja Feodorowna mit, daß der von ihr auf dem Friedhof gewählte Platz

200 Rubel kosten würde. Sie hörte nicht auf zu weinen und sagte, zu Pjetr Iwanowitsch aufblickend, mit dem Gesichtsausdruck einer Märtyrerin französisch, daß ihr sehr schwer zumute sei. Pjetr Iwanowitsch machte stumm eine Bewegung, die seine unbedingte Überzeugung ausdrückte, daß es anders auch gar nicht sein konnte.

»Rauchen Sie doch, bitte«, sagte sie mit herablassendem, zugleich aber auch betrübtem Ton, und sie fing an, mit Sokolow über den Preis des Platzes zu sprechen. Während er sich eine Zigarette anzündete, hörte Pjetr Iwanowitsch, wie sie sich sehr genau nach den Preisen der Plätze erkundigte und wie sie denjenigen bestimmte, der genommen werden sollte. Nachdem die Platzfrage erledigt worden war, gab sie noch ihre Befehle bezüglich der Sänger und entließ dann Sokolow.

»Ich besorge alles selbst«, sagte sie zu Pjetr Iwanowitsch, indem sie die auf dem Tisch liegenden Alben nach einer Seite wegrückte. Als sie aber bemerkte, daß die Asche auf den Tisch zu fallen drohte, schob sie rasch einen Aschenbecher zu Pjetr Iwanowitsch und meinte: »Ich betrachte es als Heuchelei, zu versichern, daß ich mich vor Schmerz mit praktischen Angelegenheiten nicht befassen könne. Im Gegenteil, wenn mich etwas … nicht trösten, aber einigermaßen zerstreuen kann, so sind es eben die Sorgen um ihn.« Sie holte abermals ihr Taschentuch hervor, als wollte sie weinen, plötzlich raffte sie sich auf, als würde sie sich beherrschen, und fuhr dann ruhiger fort: »Ich wollte ja mit Ihnen etwas besprechen.« Pjetr Iwanowitsch verneigte sich, ohne den Sprungfedern, die sich unter ihm sofort zu bewegen anfingen, freien Lauf zu lassen.

»Er hat in den letzten Tagen fürchterlich gelitten.«

»Hat er sehr gelitten?«, fragte Pjetr Iwanowitsch.

»Ach, fürchterlich! Die letzten Stunden hat er unaufhörlich geschrien. Drei Tage und drei Nächte hat es ununterbrochen angehalten. Es war unerträglich. Ich kann nicht begreifen, wie ich es ertragen habe. Man konnte es bis in das dritte Zimmer hören. Ach! Was habe ich leiden müssen!«

»Und war er denn bei Bewußtsein?«, fragte Pjetr Iwanowitsch.

»Ja«, flüsterte sie, »bis zum letzten Augenblick. Eine Viertelstunde vor dem Tod hat er von uns Abschied genommen und noch gebeten, man möge Wolodja wegführen.«

Der Gedanke an die Leiden eines Menschen, den er so gut gekannt hatte, zuerst als munteren Knaben, dann als Schüler und später als erwachsenen Kollegen, entsetzte Pjetr Iwanowitsch plötzlich, trotz des unangenehmen Gefühls seiner Heuchelei und derjenigen dieser Frau. Er sah abermals diese auf die Lippe drückende Nase, und es wurde ihm um sich selbst fürchterlich bange.

›Drei Tage und drei Nächte fürchterlicher Qualen und dann der Tod. Das kann ja doch jeden Augenblick auch bei mir der Fall sein‹, dachte er, und es wurde ihm für einen Augenblick schrecklich ängstlich zumute. Doch bald kam ihm, er wußte selbst nicht wie, der gewöhnliche Gedanke zu Hilfe, daß es ja mit Iwan Iljitsch und nicht mit ihm geschehen sei und daß es mit ihm nicht geschehen dürfe und nicht geschehen könne, daß er, wenn er so denke, sich einer düsteren Stimmung hingebe, was man, wie es sichtlich an Schwarz' Gesicht zu sehen war, nicht tun solle.

Pjetr Iwanowitsch beruhigte sich, nachdem er zu diesem Schluß gelangt war, und er begann mit Interesse, sich nach den Einzelheiten des Endes von Iwan Iljitsch zu erkundigen, als wäre der Tod ein Fall, der allein Iwan Iljitsch, nicht aber ihn selbst treffen könnte.

Nach verschiedenen ausführlichen Mitteilungen über die in der Tat entsetzlichen Leiden, die der Verstorbene erduldet hatte (diese Einzelheiten erfuhr Pjetr Iwanowitsch nur deshalb, um zu wissen, wie die Qualen von Iwan Iljitsch auf die Nerven von Praskowja Feodorowna gewirkt hatten), schien die Witwe es für angemessen zu halten, zur Sache überzugehen.

»Ach, Pjetr Iwanowitsch, es ist mir so schwer, so fürchterlich schwer, so fürchterlich schwer zumute …« Und sie fing wieder an zu weinen. Pjetr Iwanowitsch seufzte und wartete, bis sie sich geschneuzt haben würde. Als sie sich geschneuzt hatte, sagte er: »Seien Sie versichert …« Dann fing sie wieder an zu erzählen und sie kam endlich auf das zu sprechen, was augenscheinlich ihr wichtigstes Anliegen an ihn war. Es bestand in Fragen, auf welche Weise aus Anlaß des Ablebens ihres Mannes von der Staatskasse Geld zu erlangen war.

Sie tat so, als fragte sie Pjetr Iwanowitsch um Rat wegen der Pension, er merkte aber wohl, daß sie bis auf das genaueste wohlinformiert war und ganz gut wußte, was im vorliegenden Fall vom Staat zu bekommen sei, daß sie aber erfahren wollte, ob es nicht irgend wie möglich wäre, ein Mehr zu erpressen.

Pjetr Iwanowitsch bemühte sich, ein solches Mittel ausfindig zu machen, nachdem er aber ein wenig nachgedacht und anstandshalber über die Regierung wegen ihrer Knauserei geschimpft hatte, sagte er, daß es kaum möglich sein werde, mehr zu bekommen. Da seufzte sie auf und schien nach einem Mittel zu suchen, um sich seiner zu entledigen. Er verstand sie, löschte seine Zigarette aus, stand auf, drückte ihr die Hand und ging hinaus.

In dem Speisezimmer, wo die Wanduhr hing, die Iwan Iljitsch so gern hatte, weil er sie bei einem Trödler billig gekauft hatte, traf Pjetr Iwanowitsch den Geistlichen und noch einige Bekannte, die zur Seelenmesse gekommen waren, er erblickte auch eine ihm bekannte junge Dame, die Tochter von Iwan Iljitsch. Sie war ganz in Schwarz gekleidet. Ihre sehr dünne Taille schien noch dünner als gewöhnlich zu sein. Sie hatte ein düsteres, entschiedenes, beinahe zorniges Aussehen. Sie grüßte Pjetr Iwanowitsch so, als wäre er an etwas schuld. Hinter der Tochter stand mit ebenso beleidigter Miene ein Pjetr Iwanowitsch bekannter junger Mann, ein Untersuchungsrichter, der, wie man sagte, ihr Bräutigam war. Er grüßte beide traurig und wollte hinüber ins Totenzimmer gehen, als er plötzlich die kleine Gestalt des Sohnes, eines Gymnasiasten, erblickte, der Iwan Iljitsch auffallend ähnlich sah. Er war der leibhaftige kleine Iwan Iljitsch, wie ihn Pjetr Iwanowitsch in der Schule für Rechtswissenschaften gekannt hatte. Seine Augen waren verweint und hatten den bei unkeuschen dreizehn- bis vierzehnjährigen Knaben gewohnten Ausdruck. Als er Pjetr Iwanowitsch erblickte, begann der Knabe, brummige und verschämte Grimassen zu machen.

Pjetr Iwanowitsch nickte ihm zu und ging in das Totenzimmer. Die Seelenmesse begann, begleitet von Kerzen, Stöhnen, Weihrauch, Tränen, Schluchzen. Pjetr Iwanowitsch stand mit verdüstertem Gesicht da und sah vor sich auf seine Füße hinab. Er warf keinen einzigen Blick auf den Toten, ließ sich bis zum Schluß von den aufregenden Eindrükken nicht übermannen und verließ als einer der ersten das Zimmer. Im Vorzimmer war niemand. Gerassim, der Knecht, sprang aus dem Totenzimmer, warf mit seinen starken Händen alle Pelze durcheinander, um den Pelz von Pjetr Iwanowitsch zu finden, und reichte ihn ihm.

»Was, Bruder Gerassim? Tut es dir leid?«, fragte Pjetr Iwanowitsch, um etwas zu sagen.

»Gottes Wille. Wir werden alle dort sein«, sagte Gerassim, seine weißen lückenlosen Bauernzähne fletschend, dann öffnete er, wie ein im Eifer einer angestrengten Arbeit befindlicher Mensch, rasch die Tür, rief den Kutscher, half Pjetr Iwanowitsch einsteigen und sprang zur Haustür zurück, als würde er nachdenken, was er noch tun könnte.

Es war Pjetr Iwanowitsch besonders angenehm, nach dem Geruch von Weihrauch, Leichnam und Karbolsäure die frische Luft einatmen zu können.

»Wohin befehlen Sie?«, fragte der Kutscher.

»Es ist noch nicht spät. – Ich werde zu Feodor Wassiljewitsch fahren.«

Und Pjetr Iwanowitsch fuhr hin. Und in der Tat, er fand sie beim Schluß des ersten Robbers, so daß er bequem als fünfter dem Spiel beitreten konnte.

II

Die Lebensgeschichte von Iwan Iljitsch war die einfachste, gewöhnlichste und gleichzeitig schrecklichste gewesen.

Iwan Iljitsch starb, fünfundvierzig Jahre alt, als Mitglied des Kriminalgerichtshofs. Sein Vater war Beamter und hatte es durch verschiedene Departements und Ministerien bis zu einer so hohen Rangklasse gebracht, daß man ihn, selbst als er zu keiner nützlichen Arbeit mehr fähig war, in Anbetracht seiner langjährigen Dienstzeit im Amt behalten mußte. So erhielt er denn eine jener mit sechs- bis zehntausend Rubeln dotierten Sinekuren, die für solche altersschwachen Beamten eigens kreiert werden und in denen sie bis zum Grabe hindämmern.

Ein solcher Mensch und unnützes Mitglied nutzloser Institutionen war auch Ilja Jesimowitsch Golowin.

Er hatte drei Söhne: Iwan Iljitsch war der zweite; der älteste Sohn hatte auf dieselbe Weise wie der Vater Karriere gemacht, aber in einem anderen Ministerium, und er war bereits jenem Dienstalter nahe, bei dem ein weiteres Vorwärtskommen unmöglich wird. Der jüngste Sohn stellte nichts vor. Er hatte sich in verschiedenen Stellungen unmöglich gemacht und war jetzt im Eisenbahndienst. Sein Vater, seine Brüder und insbesondere deren Frauen vermieden nicht nur jeden Umgang mit ihm, sondern sie erinnerten sich an sein Dasein auch nur im äußersten Notfall. Die Schwester war an einen Baron Grefe verheiratet, einen ebensolchen Petersburger Beamten, wie sein Schwiegervater war. Iwan Iljitsch war, wie man zu sagen pflegte, der Phönix der Familie. Er war nicht so kalt und so akkurat wie der Älteste, und nicht so wild und hitzig wie der Jüngste. Er hielt die Mitte zwischen beiden und war ein gescheiter, lebhafter, angenehmer und anständiger Mensch. Er wurde mit dem jüngeren Bruder in der Schule für Rechtswissenschaften erzogen.

Der Jüngere beendete die Schule nicht und wurde aus der fünften Klasse ausgeschlossen. Iwan Iljitsch dagegen beendete sein Studium mit gutem Erfolg. Er war in der Schule für Rechtswissenschaften schon das, was er in der Folge sein ganzes Leben blieb: ein begabter, heiter-gutmütiger, die Geselligkeit liebender Mensch, welcher jedoch das, was er als seine Pflicht betrachtete, auch streng ausführte. Pflicht aber war bei ihm alles, was von den Höchstgestellten als solche gerechnet wurde. Weder als Knabe noch später als erfahrener Mann war er kriecherischer Natur gewesen. Eines aber besaß er seit seiner frühesten Jugend: das Bedürfnis, wie die Fliege dem Licht zustrebt, sich hochstehenden Menschen anzuschmiegen, ihnen ihre Lebensanschauungen abzulauschen und sich ihre Freundschaft zu erobern. Alle Versuchungen der Jugend gingen an ihm vorüber, ohne tiefe Spuren zu hinterlassen: Er gab sich sinnlichen Gelüsten, dem Ehrgeiz und späterhin in höherer Stellung auch dem Liberalismus hin, doch blieb er stets in gewissen, ihm von seiner Empfindung richtig vorgeschriebenen Grenzen.

Er hatte in der Rechtsschule Handlungen verübt, die ihm damals, als er sie verübte, abscheulich schienen und ihm einen Ekel vor sich selbst einflößten, später aber, als er sah, daß auch hochgestellte Männer solche Taten begingen und sie nicht für schlecht hielten, da fand er sie zwar nicht gut, aber er vergaß sie völlig und wurde auch gar nicht mehr durch die Erinnerung an sie gequält.

Nachdem er die Rechtsschule mit der zehnten Rangklasse verlassen hatte, erhielt er von seinem Vater Geld zur Equipierung. Er bestellte sich seine Kleider bei einem teuren Schneider, hing an seine Uhrkette eine kleine Medaille mit der Inschrift *respice finem*, nahm vom Prinzen, dem Protektor der Schule und vom Lehrkörper Abschied, beteiligte sich an dem von seinen Schulkollegen bei Donon gegebenen Diner und fuhr dann, mit neuen Koffern, modernen Kleidern, feiner Wäsche, teurem Rasierzeug und diversen Toiletterequisiten ausgerüstet, in die Provinz, wo ihn die von seinem Vater erwirkte Stelle als Tschinownik für besondere Aufträge im speziellen Dienst des Gouverneurs erwartete.

Iwan Iljitsch schuf sich in der Provinz sofort eine ebenso leichte und ebenso angenehme Stellung, wie seine frühere in der Rechtsschule gewesen war. Er arbeitete im Dienst, stieg immer höher und unterhielt sich dabei angenehm und standesgemäß. Ab und zu besuchte er im Auftrag seines Vorgesetzten die Kreisstädte, wo er sich den Höhergestellten und den Untergebenen gegenüber sehr würdevoll benahm. Die ihm auferlegten Aufträge, hauptsächlich in Angelegenheiten der in Rußland verbreiteten Sektierer, führte er mit einer Präzision und einer unbestechlichen Ehrlichkeit aus, auf die er stolz sein konnte.

In Dienstsachen war er trotz seiner Jugend und seiner Neigung zum leichten Frohsinn sehr zurückhaltend, unnahbar und sogar streng, in Gesellschaft aber war er oft launig und witzig, stets aber gutmütig, anständig und *bon enfant*, wie der Gouverneur und seine Gemahlin, in deren Haus er verkehrte, von ihm zu sagen pflegten.

Er hatte hier in der Provinz auch eine Liaison mit einer Dame, die den eleganten Beamten heranzulocken verstanden hatte, er hatte auch ein intimes Verhältnis mit einer Modistin; mitunter gab es auch Trinkgelage mit aus der Hauptstadt gekommenen Flügeladjutanten und nach dem Souper Fahrten in entlegene, berüchtigte Straßen. Er war auch auf jede Weise bedacht, sich die Gunst seines Vorgesetzten und dessen Gemahlin zu erobern, aber alles, was er auch tun mochte, trug in so hohem Maße den Stempel der Anständigkeit, daß man ihm durchaus nichts Unpassendes nachsagen konnte, denn alle seine Handlungen konnten stets mit dem französischen Ausspruch *il faut que jeunesse se passe* entschuldigt werden. Alles wurde mit reinen Händen, mit reiner Wäsche, in französischer Sprache und in der besten Gesellschaft ausgeführt und folglich hatte sein Betragen die Zustimmung der hohen Kreise.

Iwan Iljitsch diente auf diese Weise fünf Jahre, dann fand eine Änderung in seiner Stellung statt. Es wurden neue Gerichtsämter geschaffen, für die man neue Kräfte brauchte.

Und eine solche neue Kraft wurde auch Iwan Iljitsch.

Die Stelle eines Untersuchungsrichters wurde ihm angetragen und Iwan Iljitsch akzeptierte sie, trotzdem er in ein anderes Gouvernement ziehen, die hier angeknüpften Beziehungen lösen und sich neuen Verhältnissen anpassen mußte. Seine Freunde gaben ihm das Geleit, sie schenkten ihm ein Gruppenbild und eine silberne Zigarettendose, dann reiste er ab, um seine neue Stelle zu übernehmen.

Iwan Iljitsch blieb als Untersuchungsrichter ebenso *comme il faut*, ebenso anständig, wie er es als Attaché des Gouverneurs gewesen war. Er verstand es vortrefflich, seine Dienstpflichten von seinem Privatleben zu trennen und sich allgemeine Achtung zu erwerben. Die Tätigkeit als Untersuchungsrichter erzeugte bei Iwan Iljitsch an und für sich viel mehr Interesse als die frühere Stellung. Es war ihm in seinem früheren Amt angenehm gewesen, in seiner feschen Uniform leichten Schrittes an den zitternden und erwartungsvollen Bittstellern und Beamten, welche ihn beneideten, vorbeizumarschieren, sich direkt in das Arbeitszimmer seines Vorgesetzten zu begeben, wo er, mit ihm zusammensitzend, Tee trinken und Zigaretten rauchen konnte, doch gab es in jenem Amt nur wenige Menschen, die von seiner Willkür abhingen. Zu diesen gehörten die Kreisrichter und die Sektierer, mit denen er, wenn er die Befehle seines Chefs ausführte, zu verkehren Gelegenheit hatte. Es war ihm angenehm, mit solchen ihm untergebenen Menschen höflich, beinahe sogar liebenswürdig zu sein und sie fühlen zu lassen, daß er, welcher sie zertreten konnte, mit ihnen so einfach und freundlich tat. Dort gab es jedoch nur wenige solche Leute. Hier aber, in seiner Eigenschaft als Untersuchungsrichter, fühlte Iwan Iljitsch, daß alle ohne Ausnahme – selbst angesehene und gutgestellte Männer – in seiner Macht waren und daß es genügte, einige bestimmte Worte auf ein Amtspapier zu schreiben, um einen dieser angesehenen und gutsituierten Männer vor sich als Angeklagten oder Zeugen vorführen zu lassen, und der Betreffende würde, wenn es ihm, Iwan Iljitsch, nicht belieben sollte, ihn Platz nehmen zu lassen, vor ihm stehend seine Antworten abgeben müssen. Iwan Iljitsch trieb niemals Mißbrauch mit seiner Gewalt, im Gegenteil, er war bemüht, sie zu mildern; das Bewußtsein dieser Gewalt jedoch und eben diese Möglichkeit, sie abzuschwächen, bildeten für ihn das Hauptinteresse seiner neuen Stellung. Im Dienst selbst und insbesondere in den gerichtlichen Untersuchungen hatte sich Iwan Iljitsch bald ein System zurechtgesetzt, das ihm gestattete, alle Umstände, die mit dem Dienst nichts zu tun hatten, von sich abzuwälzen und den schwierigsten Fällen eine solche Form zu geben, die sich nur äußerlich auf dem Papier ausdrückte, seine persönliche Ansicht ganz in den Hintergrund stellte und dabei doch, was die Hauptsache war, der bedingten Formalität vollkommen entsprach. Dieses Verfahren war neu, und er war einer der ersten, die die ergänzenden Gesetze des Jahres 1864 in ihrer gerichtlichen Praxis anwendeten.

Iwan Iljitsch schuf sich in dem neuen Ort als Untersuchungsrichter einen neuen Bekanntenkreis, neue Verbindungen, eine neue Stellung in der Gesellschaft und trat nun einigermaßen anders auf.

Er hielt sich in einer gewissen Distanz von den Gouvernementsbeamten, suchte sich seine Bekannten unter den Gerichtsbeamten und dem reichen Adel und trug nun eine leichte Unzufriedenheit mit der Regierung, einen gemäßigten Liberalismus und einen edlen Sinn für die Bürgerrechte zur Schau. Er hielt noch immer an der Eleganz seiner Kleidung fest, hörte aber auf, sein Kinn zu rasieren, und gab nun dem Wachstum seines Bartes freien Lauf.

Das Leben Iwan Iljitschs gestaltete sich in der neuen Stadt sehr angenehm: Die gegen den Gouverneur frondierende Gesellschaft war gut und hielt fest zusammen. Das Gehalt war größer als früher und auch das Whistspiel, das er gerade zu spielen begonnen hatte, trug zu den Annehmlichkeiten des Lebens nicht wenig bei: Iwan Iljitsch, der eine große Fertigkeit im Kartenspielen besaß und sehr rasch und richtig kombinierte, gewann beinahe immer.

Nach einem zweijährigen Aufenthalt in der neuen Stadt lernte Iwan Iljitsch seine zukünftige Frau kennen. Praskowja Feodorowna Michel war das reizendste, geistreichste, talentvollste Mädchen jenes Gesellschaftskreises, in dem er sich bewegte. Iwan Iljitsch fügte nun den früheren Unterhaltungen und Zerstreuungen nach der Tätigkeit als Untersuchungsrichter auch die schäkernde, oberflächliche Liebelei mit Praskowja Feodorowna hinzu.

Iwan Iljitsch hatte in seiner Eigenschaft als Beamter für besondere Aufträge gerne getanzt; als Untersuchungsrichter dagegen tanzte er nur noch in Ausnahmefällen. Sein Tanzen bedeutete soviel, daß er, obwohl bereits in der fünften Rangklasse stehend und mit der neuen Gerichtsordnung beschäftigt, dennoch, wenn es darauf ankam, auch im Tanzen seinen Mann stehen konnte. Und so tanzte er öfters gegen Schluß der Unterhaltungen mit Praskowja Feodorowna, und eben während des Tanzens eroberte er auch ihr Herz. Sie verliebte sich in ihn. Er hatte nicht die bestimmte Absicht gehabt zu heiraten; als er aber merkte, daß das Mädchen in ihn verliebt war, da sagte er sich: ›Weshalb sollte ich in der Tat nicht heiraten?‹

Fräulein Praskowja Feodorowna entstammte einem guten Adelsgeschlecht. Sie war nicht häßlich und besaß auch etwas Vermögen. Iwan Iljitsch hätte auf eine glänzendere Partie Anspruch machen können, doch auch diese war recht annehmbar.

Er hatte sein Gehalt und auch sie würde, wie er hoffte, ebensoviel mitbekommen. Sie war aus gutem Hause und ein liebes, hübsches, feines Mädchen.

Es wäre nicht richtig gewesen zu behaupten, Iwan Iljitsch heirate aus Neigung zu seiner Braut oder deshalb, weil sie seine Lebensanschauung teilte; ebenso unrichtig wäre es aber gewesen zu behaupten, daß er deshalb heirate, weil die Gesellschaft, der er angehörte, diese Wahl billigte. Iwan Iljitsch heiratete aus doppelten Gründen: Es war ihm angenehm, eine solche Frau heimzuführen und gleichzeitig eine Wahl getroffen zu haben, die von den Höchststehenden als vollkommen passend befunden wurde.

Und so heiratete denn Iwan Iljitsch.

Die Hochzeit selbst und die darauf folgenden Flitterwochen mit ihren ehelichen Freuden, mit den neuen Möbeln, dem neuen Tafelgerät, der neuen Wäsche, verliefen bis zur Schwangerschaft der Frau in der angenehmsten Weise, so daß Iwan Iljitsch bereits zu glauben anfing, daß die Ehe den Charakter seiner bisherigen angenehmen, fröhlichen, sorglosen, dabei stets anständigen und von der Gesellschaft gebilligten Lebensweise, die er, Iwan Iljitsch, für die einzig richtige hielt, durchaus nicht stören, eher aber noch mehr fördern würde. Doch mit den ersten Monaten der Schwangerschaft seiner Frau stellte sich etwas so Neues, so Unerwartetes, so Unangenehmes, Widriges und Unanständiges ein, worauf er gar nicht gefaßt war und wovon er sich gar nicht befreien konnte.

Seine Frau fing an, wie es Iwan Iljitsch schien, ganz ohne Grund, bloß aus *gaieté de coeur* – wie er zu sich selbst sagte –, die Annehmlichkeiten und den Anstand des häuslichen Lebens durch ihre Eifersucht zu stören. Sie verlangte, daß er ihr den Hof machen solle, suchte überall nach Veranlassungen, um streiten zu können, und machte ihm unangenehme, häßliche Szenen.

Iwan Iljitsch hatte zuerst gehofft, sich auch jetzt durch jene leichten und anständigen Lebensprinzipien, die er bis dahin mit so gutem Erfolg angewendet hatte, aus der unangenehmen Situation herauszureißen: Er versuchte zuerst, die schlechte Laune seiner Frau nicht zu bemerken, setzte sein früheres leichtes und angenehmes Leben fort – lud Freunde zu sich ein, spielte mit ihnen Karten, brachte auch manchen Abend ohne Frau im Klub oder im Freundeskreis zu; eines Tages aber wurde er von seiner Frau energisch und gemein dafür beschimpft, und sie wiederholte jedesmal, wenn er sich ihren Wünschen nicht fügen wollte, ihre Schimpfereien mit einer solchen Hartnäckigkeit, welche deutlich darauf hinwies, daß sie fest entschlossen sei, nicht eher aufzuhören, bevor er, Iwan Iljitsch, sich ihr nicht unterwerfen, das heißt sich mit ihr zusammen zu Hause langweilen würde.

Iwan Iljitsch war darüber ganz entsetzt, er begriff nun, daß das eheliche Leben, zumindest mit seiner Frau, nicht immer zu den Annehmlichkeiten und dem Anstand des Lebens beitragen könne und daß er sich deshalb unbedingt vor solchen Störungen bewahren müsse. Und Iwan Iljitsch begann, nach solchen Mitteln zu suchen. Der Dienst war noch das einzige, was Praskowja Feodorowna imponierte, und Iwan Iljitsch fing demgemäß an, mit Hilfe des Dienstes und der mit demselben verbundenen Pflichten seine Frau zu bekämpfen und sich seine eigene Unabhängigkeit zu erobern.

Dieses Bedürfnis, sich eine eigene unabhängige Welt außerhalb der Familie zu schaffen, wurde für Iwan Iljitsch mit der Geburt des Kindes, den öfters mißglückten Ernährungsversuchen desselben, den wirklichen und vermeintlichen Krankheiten von Mutter und Kind, von denen er absolut nichts verstand und für die man von ihm Interesse verlangte, noch kategorischer.

Je erregter und herrischer seine Frau wurde, desto mehr verlegte Iwan Iljitsch den Schwerpunkt seines Lebens in seinen Beruf. Er fing an, ihn zu lieben, und wurde ehrgeiziger als jemals zuvor.

Iwan Iljitsch begriff sehr bald, ein Jahr nach der Hochzeit etwa, daß das Familienleben, abgesehen von einigen Annehmlichkeiten, im Grunde genommen eine sehr komplizierte und schwierige Sache war und daß er wie bei seinem Beruf bestimmte Regeln ausarbeiten mußte, die es ihm ermöglichen sollten, seine Pflicht zu erfüllen, das heißt ein anständiges, von seinen Kreisen gebilligtes Leben zu führen.

Und Iwan Iljitsch schuf sich ein solches eheliches Leben. Er verlangte vom Familienleben bloß jene Bequemlichkeiten, welche es ihm bieten konnte: den häuslichen Mittagstisch, die Hausfrau, sein gutes Bett und hauptsächlich jenen äußerlichen Anstand, welcher von der öffentlichen Meinung gefordert wurde. In allem übrigen suchte er leichte Zerstreuung und war, wenn er sie fand, dafür sehr dankbar. Begegnete er aber Widerstand und Mißstimmung, dann verkroch er sich sofort in seine eigene, von ihm abgesonderte Welt seines Berufs und fand dort Erholung.

Iwan Iljitsch wurde als verläßlicher Beamter sehr geschätzt und nach drei Jahren zum zweiten Staatsanwalt ernannt. Die neuen Pflichten, ihre Wichtigkeit, die Möglichkeit, einen jeden vor Gericht zu laden oder ins Gefängnis zu werfen, die öffentlichen Reden, die Erfolge, welche er dabei errang: All dies machte ihm seinen Beruf noch verlockender als früher.

Es kamen noch Kinder. Seine Frau wurde immer brummiger und mürrischer, doch die Regeln, die Iwan Iljitsch sich für sein häusliches Leben zurechtgesetzt hatte, machten ihn beinahe unempfindlich für ihr Gebrumme.

Nach einer siebenjährigen Dienstzeit in derselben Stadt wurde Iwan Iljitsch zum ersten Staatsanwalt in einem anderen Gouvernement befördert.

Sie übersiedelten nun; mit den Geldmitteln war es jetzt schlecht bestellt, und der Frau paßte der neue Wohnort nicht. Das Gehalt war zwar größer, doch das Leben war teurer, außerdem starben ihnen dort zwei Kinder und dadurch wurde das Familienleben für Iwan Iljitsch nur noch ungemütlicher.

Praskowja Feodorowna machte ihren Mann für sämtliche Widrigkeiten im neuen Ort verantwortlich. Die meisten ihrer Gespräche, insbesondere aber das Thema über die Erziehung der Kinder, brachten Fragen aufs Tapet, welche zu Streitigkeiten führen mußten. Es blieben nur jene seltenen Perioden von Verliebtheit übrig, welche, ohne lange anzuhalten, den Mann und die Frau überkamen.

Es waren Inseln, an denen sie für kurze Rast landeten, um dann wieder in das Meer von verborgener Gehässigkeit hinaufzuziehen, das in einer Entfremdung voneinander seinen Ausdruck fand.

Diese Entfremdung hätte Iwan Iljitsch kränken können, wäre er nicht der Ansicht gewesen, daß es so sein müsse. Er fand diese Beziehungen aber nicht nur normal, sondern auch seinem Ziel gemäß vollkommen zweckentsprechend. Sein Ziel aber war, sich immer mehr von den häßlichen Mißhelligkeiten zu befreien und ihnen einen unschuldigen und anständigen Anstrich zu geben. Erreichen konnte er dies aber nur dadurch, daß er immer mehr Zeit außerhalb seiner Familie zubrachte; war er aber einmal dazu gezwungen, dann trachtete er, sich durch die Anwesenheit von Bekannten zu schützen.

Das Wichtigste aber war für Iwan Iljitsch sein Beruf. In seinen Berufspflichten konzentrierte sich sein ganzes Interesse auf das Leben. Das Bewußtsein seiner Machtstellung, die Möglichkeit, jeden, den es ihm beliebte, zu vernichten, seine Wichtigkeit, selbst die äußerliche, bei seinem Erscheinen im Gerichtssaal und bei seinem Verkehr mit seinen Untergebenen, die Wertschätzung, die ihm sowohl von seinen Vorgesetzten als auch von seinen subalternen Beamten entgegengebracht wurde, hauptsächlich aber seine, wie er wohl wußte, meisterhafte Durchführung der Dienstgeschäfte, alles dies freute ihn und füllte zugleich mit angenehmen Plaudereien im Freundeskreis, guten Diners und Kartenspiel sein Leben aus. So nahm dieses Leben im Grunde genommen den Verlauf, den es nach Iwan Iljitschs Meinung nehmen mußte: Es war anständig und angenehm.

Er verlebte auf diese Weise weitere sieben Jahre. Seine älteste Tochter war bereits sechzehn Jahre alt; noch ein Kind war gestorben, und es blieb nur noch ein Knabe zurück, welcher der Zankapfel wurde. Iwan Iljitsch wollte ihn die Schule für Rechtswissenschaften besuchen lassen, doch Praskowja Feodorowna steckte ihn, dem Mann zum Trotz, ins Gymnasium. Die Tochter wurde zu Hause erzogen und lernte gut, und auch der Knabe war kein schlechter Schüler.

III

So vergingen siebzehn Jahre nach Iwan Iljitschs Verheiratung. Er war bereits ein alter Staatsanwalt geworden, hatte in der Hoffnung auf eine günstigere Stelle einige Versetzungen abgelehnt, als plötzlich ein unangenehmes Ereignis eintraf, das ihn vollends um seine Lebensruhe brachte. Iwan Iljitsch hoffte auf eine Beförderung als Staatsanwalt in eine Universitätsstadt, allein Hoppe kam ihm geschickt zuvor und erhielt diesen Posten. Iwan Iljitsch wurde darüber aufgebracht, er machte Hoppe Vorwürfe und entzweite sich mit ihm und seinen nächsten Vorgesetzten, man fühlte sich durch ihn verletzt und bei der nächsten Gelegenheit wurde er abermals übergangen.

Es war im Jahre 1880. Dieses Jahr war das mißlichste im Leben Iwan Iljitschs. Es stellte sich damals heraus: erstens, daß das Gehalt für die Lebensbedürfnisse der Familie nicht ausreichte, zweitens, daß alle ihn vergessen hatten und daß das, was ihm wie eine grausame

Ungerechtigkeit vorkam, den anderen als etwas ganz Gewöhnliches erschien. Selbst sein Vater hielt es nicht für seine Pflicht, ihm zu helfen. Er fühlte, daß alle ihn verlassen hatten und daß sie seine mit 3500 Rubeln Gehalt verbundene Stellung für vollkommen entsprechend und sogar für ausgezeichnet hielten. Doch er allein wußte, daß seine Lage bei dem Bewußtsein jener Ungerechtigkeiten, die ihm zugefügt worden waren, bei den ewigen Nörgeleien seiner Frau und bei den Schulden, die er, da das Gehalt für die gewohnte Lebensweise nicht mehr genügte, hatte machen müssen, daß diese Lage bei weitem keine gesicherte sei.

Er nahm aus Ersparnisrücksichten im Sommer dieses Jahres Urlaub und verlebte ihn auf dem Land beim Bruder von Praskowja Feodorowna.

Auf dem Land empfand er zum ersten Mal nicht bloß Langweile, sondern auch eine unerträgliche Sehnsucht nach einer Veränderung, und er entschied, daß es so nicht mehr weitergehen könne und daß er irgend welche energische Maßnahmen ergreifen müsse.

Nach einer Nacht, die er schlaflos auf der Terrasse auf- und abgehend verbracht hatte, beschloß er, nach Petersburg zu fahren und dort um Versetzung in ein anderes Ministerium anzusuchen, wodurch er, wie er glaubte, jene empfindlich bestrafen würde, die ihn nicht zu schätzen verstanden hatten.

Am nächsten Morgen fuhr er, ohne sich von Frau und Schwager abhalten zu lassen, nach Petersburg.

Er hatte nur eines im Sinn: Er wollte um einen mit 5000 Rubeln dotierten Posten ansuchen. Es lag ihm weder etwas an einem gewissen Ministerium noch an einer bestimmten Richtung für seine Tätigkeit. Er brauchte einzig und allein eine Stelle, eine Stelle mit 5000 Rubeln, sei es in einer Administration, einer Bank, bei der Eisenbahn oder bei einer pädagogischen Institution, ja selbst beim Zollamt – einerlei, nur sollten es unbedingt 5000 Rubel sein, und aus dem Ministerium wollte er heraus, in dem man ihn nicht zu würdigen verstanden hatte.

Und siehe da: Diese Reise Iwan Iljitschs wurde durch einen wunderbaren, unerwarteten Erfolg gekrönt. In Kursk stieg zu ihm in den Wagen erster Klasse sein Bekannter Th. S. Iljin und teilte ihm eine soeben vom Kursker Gouverneur erhaltene Nachricht mit, daß in den nächsten Tagen eine große Veränderung im Ministerium bevorstünde. Iwan Sjemenowitsch würde anstelle von Pjetr Iwanowitsch kommen.

Diese Änderung mußte nicht nur für Rußland, sondern in noch höherem Maße für Iwan Iljitsch von großer Wichtigkeit sein, schon deshalb, weil dadurch eine neue Persönlichkeit, Pjetr Pjetrowitsch, und auch dessen Freund Zachar Iwanowitsch in den Vordergrund geschoben wurden. Zachar Iwanowitsch aber war ein Freund und Kollege von Iwan Iljitsch.

Die genannte Nachricht wurde in Moskau bestätigt. Iwan Iljitsch suchte, in Petersburg angekommen, sofort Zachar Iwanowitsch auf und erhielt von ihm die bestimmte Zusage eines guten Postens im Justizministerium.

Eine Woche später telegrafierte er seiner Frau:

»Zachar kommt an Müllers Stelle, beim ersten Vortrag erhalte Stellung.«

Und Iwan Iljitsch erhielt ganz unerwartet, dank dieser Veränderung, einen Posten in seinem früheren Ministerium, der ihn um zwei Rangklassen höher als seine Kollegen setzte: Dazu kamen 5000 Rubel Gehalt und 3500 Rubel Übersiedlungskosten. Nun war die Mißstimmung gegen seine früheren Feinde und das ganze Ministerium vergessen und Iwan Iljitsch war jetzt ganz glücklich.

Fröhlich und heiter, wie es schon lange nicht mehr der Fall gewesen war, kehrte Iwan Iljitsch zu den Seinigen aufs Land zurück. Nun war auch Praskowja Feodorowna besser aufgelegt, und der Frieden wurde zwischen den Eheleuten wiederhergestellt. Iwan Iljitsch erzählte viel davon, wie er in Petersburg von allen geehrt wurde, wie alle seine früheren Gegner sich beschämt fühlten und sich jetzt bei ihm einschmeicheln wollten, wie ein jeder ihn um seine

Stelle beneidete, und ganz besonders davon, wie beliebt er in Petersburg war.

Praskowja Feodorowna hörte ihm geduldig zu und tat so, als würde sie alles glauben. Sie widersprach ihm nicht und machte nur Pläne über die Art und Weise, wie sie in der Stadt, wohin er nun versetzt wurde, ihr Leben einrichten würden. Und Iwan Iljitsch bemerkte zu seiner Freude, daß ihre Pläne auch die seinigen waren, daß sie wieder in ihren Ansichten übereinstimmten und daß sein ins Stocken geratenes Leben wieder den ihm eigenen Charakter fröhlicher Heiterkeit und Anständigkeit erhalten würde.

Iwan Iljitsch war bloß für kurze Zeit zu den Seinigen zurückgekehrt.

Er sollte am 10. September seinen neuen Posten antreten, und bis dahin würde er mit der Übersiedlung aus der Provinz, mit Neuanschaffungen, Bestellungen und noch vielem anderen vollauf in Anspruch genommen sein, um seinen Haushalt im neuen Ort so einzurichten, wie er es sich im Geist, beinahe vollkommen in Übereinstimmung mit den Herzenswünschen von Praskowja Feodorowna, ausgemalt hatte.

Und jetzt, da alles sich so glücklich gestaltet hatte und alle seine Ideen in solchem Einklang mit denjenigen seiner Frau waren, wurde ihr Eheleben harmonischer als es je seit ihrer Verheiratung gewesen war.

Iwan Iljitsch hatte die Absicht, Frau und Kinder gleich mitzunehmen, allein die Schwester und der Schwager, die sich plötzlich besonders liebenswürdig und anhänglich zeigten, ließen es nicht zu, und so reiste er allein ab.

Seine durch den Erfolg und den Frieden mit seiner Frau hervorgerufene rosige Laune verließ ihn nach der Abreise auch weiterhin nicht. Er fand eine reizende Wohnung, die genau das war, wovon Mann und Frau geschwärmt hatten.

Große, geräumige, im alten Stil gehaltene Empfangszimmer, ein bequemes, herrliches Arbeitszimmer, schöne Zimmer für Frau und

Tochter, ein Studierzimmer für den Sohn, alles war wie für sie geschaffen worden. Iwan Iljitsch nahm die Einrichtung der Wohnung selbst in Angriff. Er wählte die Tapeten, ergänzte die Einrichtung durch Anschaffung einiger insbesondere altertümlicher Möbelstükke, für die er eine große Vorliebe hatte, kaufte neue Möbelstoffe, Gardinen und Dekorationsstücke und sah so nach und nach das von ihm erträumte Heim sich seiner Vollendung nähern.

Als die Einrichtung der Wohnung bis zur Hälfte gediehen war, da konnte er sich zu seiner Freude davon überzeugen, daß alle seine Erwartungen übertroffen worden waren. Er konnte sich nun lebhaft den eleganten, behaglichen und durchaus nicht alltäglichen Charakter vorstellen, den das Ganze, einmal fertig, zeigen würde. Beim Einschlafen dachte er daran, wie der Empfangssaal nach seiner Vollendung aussehen würde.

Wenn er einen Blick in das Gastzimmer warf, dann sah er im Geist schon den Kamin vor sich, die diversen Etageren und Kästen, die da und dort verstreuten zierlichen Sessel und an den Wänden, an den für sie bestimmten Plätzen, die Dekorationsteller und Bronzegegenstände. Der Gedanke freute ihn, daß er Pascha, seine Frau, und Lisanka, seine Tochter, die ja auch einen feinen Geschmack hatten, überraschen würde. Auf solche Eleganz waren sie durchaus nicht gefaßt. Insbesondere war es ihm geglückt, billig altertümliche Sachen zu kaufen, welche dem Ganzen einen gediegenen Charakter gaben.

In den Briefen an die Seinigen stellte er absichtlich alles viel schlechter dar, als es war, um seine Familie zu überraschen … All dies beschäftigte ihn in so hohem Maße, daß selbst seine neue Stellung ihn, der seinen Beruf so sehr liebte, weniger interessierte, als er es erwartet hatte. Er hatte bei den Sitzungen Momente von Zerstreutheit; er dachte darüber nach, welche Draperien wohl besser zu den Vorhängen passen würden: glatte oder geraffte. Er war mit der Einrichtung so beschäftigt, daß er öfters selbst Hand anlegte, die Möbel umstellte und sogar die Vorhänge anders arrangierte. Einmal kletterte er auf eine leichte Leiter hinauf, um dem ungeschickten

Tapezierer selbst zu zeigen, wie er die Draperien wünschte, er glitt dabei aus und fiel herunter, da er aber ein starker und behender Mann war, gelang es ihm, sich aufrecht zu halten, und er kam mit einem Stoß in die Seite davon. Der Schlag tat ihm einige Zeit weh, dann verschwand der Schmerz wieder. Iwan Iljitsch fühlte sich die ganze Zeit besonders heiter und gesund. Er schrieb den Seinigen: ›Ich fühle mich um 15 Jahre verjüngt.‹ Er hoffte, im September mit allem fertig zu werden, doch die Sache zog sich bis in den Oktober hinein. Dafür aber war auch alles reizend, das war nicht nur seine Meinung, das sagten auch alle, die die Wohnung gesehen hatten.

Im Grunde genommen aber war es dieselbe Einrichtung, die man überall dort findet, wo Menschen in mittleren Verhältnissen es den Reichen nachmachen wollen, und eben deshalb sehen solche Einrichtungen einander so ähnlich! Es war bloß eine Wiederholung der Möbelstoffe, der Palisandermöbel, der Blumen, Teppiche und Bronzen, die alle einer gewissen Klasse angehörenden Menschen sich anschaffen, um allen Leuten einer anderen gewissen Klasse ähnlich sehen zu können. Und so war auch seine Einrichtung in einem solchen Maße allen anderen ähnlich, daß sie kaum bemerkenswert war; ihm aber schien sie etwas Außerordentliches zu sein. Als er seine Familie von der Bahn abgeholt und sie in seine hell erleuchtete neue Wohnung gebracht hatte, als ein Lakai in weißer Krawatte ihnen die Tür in das blumengeschmückte Vorzimmer öffnete und als sie dann in das Wohnzimmer und in das Arbeitszimmer traten und vor Freude jubelten – da fühlte er sich ganz glücklich. Er führte sie überall herum, erntete ihr Lob und strahlte vor Freude. Als ihn an diesem selben Abend Praskowja Feodorowna unter anderem fragte, wie er denn gefallen war, da lachte er und zeigte, wie er heruntergeflogen war und den Tapezierer erschreckt hatte.

»Ich bin nicht umsonst ein Turner. Ein anderer hätte sich dabei totgeschlagen, mir ist aber beinahe nichts geschehen: Nur hier, wenn ich die Stelle mit der Hand berühre, tut es mir weh, aber es vergeht schon, es ist nichts anderes als – ein blauer Fleck.«

Und sie begannen, nun in der neuen Wohnung zu leben, in welcher, als sie sich eingelebt hatten, wie gewöhnlich nichts als noch ein weiteres Zimmer fehlte, ebenso wie auch zu den neuen Einkünften bloß eine Kleinigkeit – etwa fünfhundert Rubel – fehlten; doch sie fühlten sich sehr wohl. Besonders angenehm war für sie die erste Zeit, als noch nicht alles geordnet war: Bald mußte etwas gekauft, bald wieder angeschafft, auf einen anderen Platz gestellt oder anders geordnet werden. Es kamen zwar auch Meinungsverschiedenheiten zwischen Mann und Frau vor, doch beide waren so zufrieden und hatten soviel zu tun, daß alles ohne ernste Streitigkeiten verlief.

Als alles schon eingerichtet war, da fingen sie an, sich ein wenig zu langweilen und etwas zu vermissen, doch knüpften sie jetzt neue Bekanntschaften und ihr Leben war wieder ausgefüllt.

Iwan Iljitsch pflegte nach einem beim Gericht zugebrachten Vormittag zum Mittagsmahl nach Hause zurückzukehren. In der ersten Zeit war er vortrefflicher Laune, obgleich er sich nicht selten ärgern mußte, gerade wegen der neuen Einrichtung. (Ein kleiner Fleck auf dem Tischtuch oder auf den Möbeln, die abgerissene Schnur eines Vorhangs regten ihn auf. Er hatte ja soviel Mühe auf diese Einrichtung verwendet, daß ihm die kleinste Störung wehtat.) Im großen und ganzen aber nahm das Leben Iwan Iljitschs den nach seinem guten Glauben einzig richtigen Verlauf: Es war leicht, angenehm und anständig. Um neun Uhr früh stand er auf, trank seinen Kaffee, las seine Zeitung, dann zog er seine Uniform an und fuhr ins Gericht. Dort erwartete ihn schon sein Arbeitsjoch, in das er sofort hineinkroch. Es erwarteten ihn: Bittsteller, Erkundigungen in der Kanzlei, die Kanzlei selbst, öffentliche und administrative Sitzungen. Sein Hauptaugenmerk war darauf gerichtet, das für den regelrechten Gang der Dienstangelegenheiten so störende rein menschliche Element von sich fernzuhalten. Sein Prinzip war, niemandem außerhalb des Dienstes einen Verkehr zu gewähren und den Verkehr auch nur aufgrund von Dienstangelegenheiten zu gestatten. Kam zum Beispiel jemand zu ihm und bat um Auskunft, dann durfte Iwan Iljitsch als nichtamtliche

Person gar nicht mit ihm verkehren; trat der Betreffende aber zu ihm als zu einer Amtsperson in solche Beziehungen, die durch ein offizielles Papier erklärt werden konnten – dann tat Iwan Iljitsch unbedingt alles, was zulässig war, und beobachtete dabei auch einen Anschein menschlichen, freundlichen Benehmens, nämlich eine gewisse Höflichkeit. War die Dienstangelegenheit erledigt, dann war auch alles übrige zu Ende. Iwan Iljitsch besaß in hohem Maße die Kunstfertigkeit, die dienstliche Seite von seinem persönlichen Leben streng abzusondern, und er hatte, dank seiner langjährigen Praxis und seinem Talent, diese Kunst auf eine so hohe Stufe gebracht, daß er sich sogar manchmal zum Scherz erlaubte, die menschlichen Beziehungen mit den dienstlichen zu verquicken. Er erlaubte es sich, weil er sich wohl bewußt war, daß er jederzeit bei Bedarf die Kraft in sich finden würde, die rein dienstliche Seite hervorzukehren und die menschliche beiseite zu lassen. Seine Amtsangelegenheiten wickelten sich nicht nur leicht, angenehm und anständig, sondern sogar meisterhaft ab. In den Zwischenpausen rauchte er, trank Tee, plauderte ein wenig über Politik, über Gemeindeangelegenheiten, Kartenspiel und hauptsächlich über dienstliche Ernennungen. Und dann kehrte er ermüdet nach Hause zurück, aber mit dem Bewußtsein eines Geigenvirtuosen, der seinen ersten Part im Orchester glänzend heruntergespielt hatte. Die Tochter machte mit der Mutter Besuche oder sie empfingen Gäste; der Sohn besuchte das Gymnasium, machte mit Hilfe von Lehrern seine Aufgaben und lernte gewissenhaft alles, was im Gymnasium gelehrt wurde. Alles ging wie am Schnürchen. Wenn es nach dem Essen keine Gäste gab, dann nahm Iwan Iljitsch ein Buch zur Hand, von dem gerade viel geredet wurde, und abends beschäftigte er sich mit seinen Dienstangelegenheiten, das heißt er las verschiedene Papiere und Rapporte durch, blätterte in den Gesetzbüchern, studierte die beim Gericht gemachten Aussagen und suchte den entsprechenden Gesetzparagraphen hervor. Er fand diese Arbeit weder besonders langweilig noch besonders interessant. Langweilig schien sie ihm nur dann, wenn sie ihn von einer Kartenpartie abhielt, gab es aber kein

Spielchen, dann war diese Beschäftigung immerhin dem Alleinsein oder einem Tête-à-tête mit seiner Frau vorzuziehen. Sein Hauptvergnügen aber waren die intimen Diners, zu denen er in der Gesellschaft hochangesehene Damen und Herren einzuladen pflegte und bei denen er den in der feinen Gesellschaft eingeführten Ton nachzuahmen bestrebt war; es war dies derselbe Nachahmungstrieb, der ihn schon bei der Einrichtung seiner Wohnung beseelt hatte.

Einmal gaben sie sogar eine große Soiree, bei der auch getanzt wurde. Iwan Iljitsch war guter Dinge und alles ging gut vonstatten, bis auf einen großen Verdruß, den er mit seiner Frau wegen der Torten und des süßen Backwerks hatte: Praskowja Feodorowna wollte die Sache anders arrangieren, Iwan Iljitsch bestand jedoch darauf, daß alles von einem feinen Konditor geliefert werde, und bestellte viele Torten; die Torten blieben dann zurück, die Rechnung des Konditors aber betrug fünfundvierzig Rubel; das gab den Anlaß zu einem großen und unangenehmen Wortwechsel, bei dem Praskowja Feodorowna sich sogar zu den Ausdrücken »Dummkopf! Esel!« hinreißen ließ. Er aber packte sich an den Kopf und erwähnte zornig etwas von einer Scheidung. Die Soiree selbst aber verlief glänzend. Die feinste Gesellschaft war eingeladen worden: Iwan Iljitsch tanzte mit der Fürstin Trufonow, der Schwester jener Philanthropin, welche als Begründerin des Vereins »Fort mit dem Leid« berühmt geworden war. Die seinem Beruf entspringenden Freuden waren Freuden der Selbstsucht, die gesellschaftlichen Freuden waren – Freuden des Ehrgeizes; die wahren Freuden jedoch waren für Iwan Iljitsch die Freuden beim Kartentisch. Er mußte selbst zugestehen, daß die einzige große Freude seines Daseins, die allen anderen voranleuchtete, eine Kartenpartie mit guten, nicht aufgeregten Spielern zu viert war (zu fünft schien ihm das Spiel zu langweilig), bei der man sich gemütlich unterhalten konnte. In einer solchen Partie suchte und fand Iwan Iljitsch die beste Erholung nach den Widrigkeiten des täglichen Lebens. Die Kartenpartie fand dann ihren Abschluß bei einem guten Nachtmahl und einem Gläschen Wein.

Dann ging Iwan Iljitsch in bester Laune zu Bett, insbesondere wenn er nur mäßig gewonnen hatte. (Große Gewinne liebte er nicht.)

Das war nun das Leben, welches Iwan Iljitsch und die Seinen führten. Sie hatten sich nach und nach einen sehr feinen Kreis von Bekannten geschaffen, und sowohl hochgestellte Persönlichkeiten als auch junge Leute verkehrten in ihrem Haus.

Mann, Frau und Tochter stimmten, was den Bekanntenkreis anbelangt, vollständig miteinander überein. Und sie bemühten sich in stummer Übereinkunft, all jene minderwertigen und obskuren Freunde und Verwandten von sich abzuschütteln, die sie mit ihren Zärtlichkeiten bis in ihren mit japanischen Tellern geschmückten Empfangssalon verfolgten. Bald war ihr Ziel erreicht. Die obskuren Freunde und Verwandten hörten auf, sie zu belästigen, und es blieb ihnen nun ein auserlesener Bekanntenkreis zurück. Die jungen Leute machten Lisanka, der Tochter von Iwan Iljitsch, den Hof, und der Untersuchungsrichter Petrischtschew, der Sohn und alleinige Erbe von Dimitri Iwanowitsch Petrischtschew, trug eine solche Neigung zu dem Mädchen zur Schau, daß Iwan Iljitsch sich mit seiner Frau ernstlich beriet, ob er eine Spazierfahrt mit Troikas oder eine Theatervorstellung arrangieren sollte. So floß ihr Leben in der schönsten Weise ohne jedweden unliebsamen Zwischenfall dahin, und alles ging vortrefflich.

IV

Alle waren wohlauf. Manchmal sagte wohl Iwan Iljitsch, daß er einen unangenehmen Geschmack im Mund verspüre oder daß er ein lästiges Gefühl an der linken Seite des Leibes empfinde, allein das konnte doch nicht als ein Unwohlsein betrachtet werden.

Nun aber begann dieses lästige Gefühl immer stärker zu werden; es war zwar kein eigentlicher Schmerz, jedoch die Empfindung einer ständigen Schwere in der Seite und eine damit verbundene schlechte Stimmung. Diese schlechte Gemütsstimmung wuchs immer mehr und begann, das angenehm heitere und anständige Leben in der Familie zu trüben. Mann und Frau stritten jetzt immer öfter und öfter, bald waren Heiterkeit und Annehmlichkeit aus ihrem Haus verschwunden und nur mit Mühe konnte noch der Anstand gewahrt werden. Die häuslichen Szenen wurden immer frequenter. Es blieben nur wenige jener Inselchen zurück, an denen Mann und Frau ohne Explosion landen konnten. Jetzt konnte Praskowja Feodorowna nicht ohne Grund sagen, daß mit ihrem Mann schwer auszukommen sei. Sie pflegte dann, mit der ihr eigenen Gewohnheit, alles zu vergrößern, hinzuzufügen, daß er seit jeher einen so entsetzlichen Charakter gehabt habe und daß man ihre Güte besitzen müsse, um diesen Charakter zwanzig Jahre lang ertragen zu können. Es muß der Wahrheit gemäß konstatiert werden, daß jetzt die Szenen stets von ihm ausgingen. Vor dem Essen oder wenn er bei der Suppe war, pflegte er einen Streit zu provozieren. Bald fehlte etwas am Tafelgeschirr, bald war das Essen schlecht, bald war es der Sohn, der die Ellbogen auf den Tisch gestützt hatte, oder die Frisur der Tochter, welche ihm mißfiel. Und für alles machte er Praskowja Feodorowna verantwortlich. Praskowja Feodorowna hatte anfangs versucht, ihm zu entgegnen, als er aber beim Essen einige Male in eine förmliche Raserei geraten war, da wurde ihr klar, daß es bei ihm ein krankhafter, durch die Nahrungsaufnahme hervorgerufener Zustand sein müsse; sie bezwang sich nun, entgegnete nichts mehr und bemühte sich bloß, das Mittagsmahl möglichst kurz zu halten. Praskowja Feodorowna sah in ihrer Zurückhaltung ein großes Verdienst. Nachdem sie zu dem Schluß gelangt war, daß ihr Mann einen entsetzlichen Charakter habe und das Verhängnis ihres Lebens sei, begann sie, sich zu bemitleiden. Und je mehr sie sich bemitleidete, desto mehr haßte sie ihren Mann. Sie fing an, seinen Tod herbeizuwünschen, dann wieder überlegte sie, daß sie das nicht tun dürfe, da es ja dann kein Gehalt mehr geben würde. Und das machte sie noch gereizter. Sie hielt sich eben deshalb für schrecklich unglücklich, weil selbst sein

Tod sie nicht retten konnte. Sie wurde immer gereizter, bemühte sich, ihre Gemütsstimmung zu verbergen, und ihre verborgene Erregung steigerte seine Aufregung nur noch mehr.

Nach einem solchen Auftritt, bei welchem Iwan Iljitsch besonders ungerecht gewesen war und schließlich erklärt hatte, daß er in der Tat sehr gereizt, dies aber nur eine Folge seines krankhaften Zustands sei, hatte Praskowja Feodorowna von ihm kategorisch verlangt, er möge, wenn er krank sei, sich in die Behandlung eines berühmten Arztes begeben. Er gehorchte. Alles ging, wie er es vorausgesehen hatte; alles geschah, wie es stets zu geschehen pflegt. Das lange Warten und die ihm aus seinem Gerichtsalltag wohlbekannte doktormäßige Wichtigkeit, das Abklopfen und Aushorchen und die Fragen, die im voraus bestimmte und ganz belanglose Antworten verlangten, und die ernste Miene des Professors, welche deutlich zu sagen schien: »Überlaß dich uns, lieber Freund, wir wissen und verstehen alles, wir kennen die Natur eines jeden, wir werden dir schon helfen.« Es ging gerade so zu wie bei Gericht. Der berühmte Arzt benahm sich ihm gegenüber gerade so, wie er selbst es mit den Angeklagten zu tun pflegte. Der Arzt sagte: »Dies und das beweist, daß Ihnen dies und das fehlt; sollte sich diese Annahme aber durch die Untersuchung von diesem und jenem nicht bestätigen, so werden wir annehmen müssen, daß Ihnen dies und das fehlt. Wenn wir aber dies und das voraussetzen, dann …« usw. Für Iwan Iljitsch aber schien nur eine Frage von Wichtigkeit zu sein: War sein Zustand gefährlich oder nicht? Der Arzt dagegen schien diese unpassende Frage vollkommen ignorieren zu wollen. Vom Standpunkt des Arztes aus war es eine ganz müßige und keiner weiteren Erörterung würdige Frage. Für ihn kam nur eines in Betracht: alle Möglichkeiten und Wahrscheinlichkeiten einer wandernden Niere, eines chronischen Katarrhs oder einer Krankheit des Blinddarms zu erwägen. Es handelte sich hier nicht um Iwan Iljitschs Leben, es handelte sich bloß um die Wahl zwischen einer Wanderniere und einer Blinddarmkrankheit. Und die medizinische Kapazität löste die strittige

Frage auf glänzende Weise, indem sie sich für den Blinddarm entschied, jedoch mit dem Vorbehalt, daß die Urinuntersuchung neue Beweise liefern könnte, in welchem Fall die ganze Angelegenheit nochmals genau untersucht werden müßte. Es war eine Wiederholung jenes Verfahrens, das Iwan Iljitsch selbst in so glänzender Weise bei den Angeklagten anzuwenden pflegte. Auf eine ebenso glänzende Weise hatte der Arzt sein Resümee abgeschlossen und dann mit heiterer Siegesmiene über seine Brillen hinweg den Angeklagten angeblickt. Iwan Iljitsch konnte aus diesem Resümee entnehmen, daß es mit ihm – schlecht bestellt und daß es dem Arzt und vielleicht auch den anderen ganz gleichgültig sei, ihn aber bitter treffe. Und dieser Schluß berührte Iwan Iljitsch schmerzlich, indem er in ihm ein Gefühl tiefen Mitleids mit sich selbst und großer Erbitterung gegen diesen Arzt hervorrief, der in einer so wichtigen Frage eine so große Gleichgültigkeit zur Schau trug.

Er machte jedoch keine Bemerkung, stand auf, legte das Honorar auf den Tisch und sagte mit einem Seufzer: »Wir Kranke belästigen die Herren Ärzte oft durch unsere Fragen. Ich möchte aber doch gerne wissen, ob diese Krankheit gefährlich ist oder nicht?«

Der Arzt blickte durch seine Brille mit einem Auge streng zu ihm hinüber, als wollte er sagen: »Angeklagter, wenn Sie sich nicht in den Grenzen der an Sie gestellten Fragen halten werden, dann werde ich mich gezwungen sehen, Sie aus dem Saal entfernen zu lassen.«

»Ich habe Ihnen bereits gesagt, was ich für nötig und passend hielt«, sagte der Doktor, »alles weitere wird sich aus der Untersuchung zeigen.« Und er entließ ihn mit einer Verbeugung.

Iwan Iljitsch ging langsam hinaus, er setzte sich traurig in den Schlitten und fuhr nach Hause. Er überdachte während der Fahrt ununterbrochen alles, was der Arzt gesagt hatte, und er bemühte sich, all diese verwickelten, unklaren, wissenschaftlichen Ausdrücke zu enträtseln und in ihnen die Antwort auf seine Frage zu finden: Ist mein Zustand gefährlich, sehr gefährlich, oder nicht? Und es schien ihm, nach allem, was der Arzt gesagt hatte, daß es mit ihm sehr schlecht stehe. Auf den Straßen kam ihm alles traurig vor. Die Kutscher waren traurig, die Häuser traurig, die Passanten, die Läden traurig. Dieser dumpfe, quälende Schmerz, der ihn keinen Augenblick losließ, schien ihm nach den unklaren Reden des Arztes eine viel ernstere Bedeutung gewonnen zu haben. Iwan Iljitsch beobachtete ihn jetzt mit neuen, trüben Gefühlen.

Zu Hause angelangt, begann er, seiner Frau alles zu erzählen. Sie hörte ihm anfangs zu, mitten im Erzählen wurde er aber von seiner Tochter unterbrochen; sie war schon in Hut und Mantel und holte die Mutter zur Ausfahrt ab.

Sie setzte sich widerwillig ein wenig nieder, um das langweilige Zeug zu hören, hielt es aber nicht lange aus, und auch die Mutter hatte von der Erzählung schon genug.

»Na also, ich bin recht froh«, sagte die Frau, »jetzt aber paß auf und nimm die Arznei regelmäßig ein. Gib mir das Rezept, ich werde Gerassim in die Apotheke schicken.« Und sie ging hinaus, um sich anzukleiden.

Solange sie im Zimmer saß, war er nicht zu Atem gekommen, jetzt, nachdem sie ihn verlassen hatte, seufzte er tief auf.

»Nun, am Ende ist es wirklich noch nicht so bedrohlich …«, sagte er sich.

Er fing an, Arzneien einzunehmen und die Verordnungen des Arztes zu befolgen, die nach der Untersuchung des Urins abgeändert worden waren. Da entstand aber wegen eben dieser Untersuchung und den aus derselben folgenden Verordnungen ein Wirrwarr. Der Arzt selbst war schwer zu sprechen, und so wurden seine Ratschläge nicht richtig befolgt. Oder hatte der Arzt am Ende vergessen, etwas zu verordnen, täuschte er den Patienten oder verheimlichte er ihm etwas?

Iwan Iljitsch bemühte sich trotzdem, die Befehle des Arztes genau zu befolgen, und er fand während der ersten Zeit darin einen Trost.

Seit er den Arzt besucht hatte, war Iwan Iljitschs Hauptbeschäftigung die genaue Befolgung der ärztlichen Vorschriften in Bezug auf

Hygiene, auf das Einnehmen der Arzneien und die peinliche Beobachtung seines Schmerzes und aller Funktionen seines Organismus. Iwan Iljitsch fing jetzt an, sich am meisten für die Gesundheit und die Krankheiten der Menschen zu interessieren. Sprach man in seiner Gegenwart von Kranken, von Gesunden, von Genesenden, insbesondere aber von einer Krankheit, die der seinigen ähnelte, dann horchte er gespannt; während er bemüht war, seine Aufregung zu bemeistern, stellte er diverse Fragen und suchte aus den Antworten Schlüsse auf sein Leiden zu ziehen.

Der Schmerz indes verringerte sich nicht. Iwan Iljitsch aber suchte sich selbst einzureden, daß er sich nun wohler fühle. Und es gelang ihm auch, sich zu täuschen, solange ihn nichts in Aufregung versetzte. War aber der geringste Anlaß vorhanden, etwa eine Plänkelei mit seiner Frau, ein Verdruß in Dienstangelegenheiten oder schlechte Karten beim Spiel, dann fühlte er sofort die ganze Wucht seiner Krankheit. Früher pflegte er derlei Sachen geduldig zu ertragen, in der Hoffnung, daß es wieder anders werden würde, daß er das Unangenehme bekämpfen, Erfolge ernten, ausgezeichnete Karten erhalten würde. Jetzt aber entmutigte ihn jeder Mißerfolg und brachte ihn zur Verzweiflung. Er sagte sich dann: »Jetzt hatte ich gerade begonnen, mich zu erholen, und auch die Arznei schien ihre Wirkung zu tun, und nun muß dieses verdammte Unglück oder dieser Verdruß kommen …« Und er ärgerte sich über sein Mißgeschick und über die Menschen, welche ihm Unannehmlichkeiten zufügten und ihn zugrunde richteten, und gleichzeitig fühlte er, daß eben dieser Zorn ihn zugrunde richtete, doch er konnte sich nicht beherrschen. Man hätte glauben können, es sei ihm klar, daß dieser auf die Umstände und die Menschen gerichtete Zorn seinen Zustand verschlechtern mußte und daß er deshalb unangenehmen Zwischenfällen keine Aufmerksamkeit schenken durfte. Er dagegen urteilte ganz anders: Er sagte sich, daß er Ruhe brauche, und die geringfügigste Ursache, die diese Ruhe störte, versetzte ihn in Aufregung. Sein Zustand verschlechterte sich außerdem durch das Lesen medizinischer Bücher und die Konsultationen diverser Ärzte. Diese Verschlimmerung schritt so langsam, so gleichmäßig vorwärts, daß er sich, wenn er den einen Tag mit dem andern verglich, leicht täuschen konnte – so gering war der Unterschied. Konsultierte er aber die Ärzte, dann schien es ihm, daß sein Zustand sich verschlimmerte, und dazu noch sehr rasch. Dessen ungeachtet hörte er nicht auf, die Ärzte um Rat zu fragen.

Im Laufe des Monats besuchte er eine zweite medizinische Kapazität. Diese zweite Kapazität sagte beinahe dasselbe wie die erste, nur stellte sie andere Fragen.

Und die Konsultation mit dieser Kapazität vermehrte die Zweifel und die Angst von Iwan Iljitsch. Ein sehr guter Arzt, der Freund eines seiner Freunde, stellte eine ganz entgegengesetzte Diagnose: Er versprach zwar Iwan Iljitsch Genesung, verwirrte ihn aber durch seine Fragen und Mutmaßungen nur noch mehr und verstärkte seine Angst. Ein zu Rate gezogener Homöopath äußerte sich wiederum ganz anders, er verordnete eine Arznei, und Iwan Iljitsch empfing ihn während einer Woche im Geheimen. Als er aber nach einer Woche gar keine Erleichterung verspürte, da verlor er das Zutrauen zu allen Behandlungen und wurde noch mehr entmutigt. Eines Tages sprach eine bekannte Dame von der Heilung durch wundertätige Ikonen. Iwan Iljitsch ertappte sich dabei, wie er aufmerksam zuhörte und an die Wahrheit des Erzählten glaubte. Diese Tatsache erschreckte ihn. »Bin ich denn wirklich so geistesschwach geworden?«, sagte er sich. – »Ach Unsinn, das ist alles dummes Zeug, man darf sich nicht Grübeleien hingeben, sondern man muß einen Arzt wählen und seine Vorschriften genau befolgen. So werde ich es auch tun. Schluß. Jetzt werde ich nicht mehr grübeln und bis zum Sommer meine Kur streng durchführen. Dann erst werde ich einen Erfolg sehen können. Diesem Schwanken hin und her muß ein Ende gemacht werden!« – Das war wohl leicht gesagt, aber schwer durchführbar. Der Schmerz in der Seite quälte ihn unaufhörlich, er schien stärker, anhaltender zu werden, der Geschmack im Mund wurde immer sonderbarer, es schien ihm, als käme ein abscheulicher Geruch aus seinem Mund, der Appetit aber und die Kräfte wurden immer geringer. Er konnte sich keiner Täuschung mehr hingeben: Etwas Fürchterliches, Neues und so Gewaltiges, wie es noch niemals in seinem Leben der Fall gewesen war, vollzog sich jetzt in ihm. Und er allein wußte es, seine Umgebung aber verstand es nicht oder wollte es nicht verstehen und dachte, daß alles so gehe wie früher. Und eben das quälte Iwan Iljitsch am meisten. Die Hausgenossen, insbesondere seine Frau und Tochter, welche sich im Wirbel der Unterhaltungen befanden, verstanden – er sah es wohl – nichts und ärgerten sich nur darüber, daß er so mißgestimmt und so launisch war, als sei er daran schuld. Er sah, obwohl sie sich bemühten, es ihm nicht zu verraten, daß er ihnen im Weg war und daß seine Frau sich ein besonderes System in Bezug auf ihn und seine Krankheit zurechtgesetzt hatte und, ungeachtet dessen, was er tat oder sagte, danach handelte. Ihren Bekannten erklärte sie ihr Benehmen auf folgende Weise: »Sie wissen ja«, sagte sie, »daß Iwan Iljitsch nicht imstande ist, wie andere Leute es tun, eine vorgeschriebene Kur genau zu befolgen. Heute nimmt er Tropfen ein, ißt, was ihm gestattet ist, und geht rechtzeitig zu Bett; morgen dagegen, sobald ich nicht achtgebe, vergißt er, die Arznei einzunehmen, erlaubt sich Fischspeisen, die ihm verboten sind, und bleibt beim Kartenspiel bis ein Uhr nachts.«

»Na, wann denn?«, fragte Iwan Iljitsch ärgerlich, »ich war bloß ein einziges Mal bei Pjetr Iwanowitsch.«

»Und gestern bei Schebek.«

»Ich hätte ja ohnedies vor Schmerzen nicht einschlafen können …«

»Einerlei, aber auf diese Weise wirst du niemals gesund werden können und uns nur immer quälen.«

Praskowja Feodorownas äußerliches Betragen ihrem Mann und seiner Krankheit gegenüber war, wie sie es vor ihm selbst und vor seinen Bekannten äußerte, derart, als sei er, Iwan Iljitsch, selbst an seiner Krankheit schuld und als sei diese Krankheit nichts anderes als eine neue Unannehmlichkeit, die er seiner Frau zufügen wollte.

Iwan Iljitsch fühlte, daß sie es unwillkürlich aussprach, es wurde ihm dadurch aber nicht leichter zumute.

Auch im Amt bemerkte Iwan Iljitsch – oder glaubte es zu bemerken – dasselbe sonderbare Betragen ihm gegenüber: Bald schien es ihm, als würde man ihn für einen Menschen halten, der nächstens einem anderen Platz machen müsse, bald wiederum fingen seine Freunde an, kameradschaftlich über seine Furcht zu scherzen, als wäre jenes Fürchterliche, Entsetzliche, Unerhörte, das sich in sein Ich eingenistet hatte und ihn unaufhaltsam folterte, ein angenehmes Thema für Scherze. Insbesondere ärgerte ihn Schwarz, der ihn durch seine Heiterkeit, Behaglichkeit und Lebenslust an sich selbst erinnerte, so wie er vor zehn Jahren gewesen war.

Eines Abends besuchten ihn seine Freunde, sie machten mit ihm ein Spielchen. Die Karten wurden verteilt, er hatte sieben Karreaux. Sein Partner nahm das Spiel ohne Atouts auf und hatte noch zwei Karreaux. Konnte man sich ein schöneres Spiel wünschen? Lustig ging es zu, sie würden gewiß noch Schlemm machen. Da verspürt Iwan Iljitsch plötzlich den nagenden Schmerz und diesen abscheulichen Geschmack im Mund, und was ihn am meisten entsetzt, ist, daß er sich über den Schlemm gar nicht freuen kann.

Er blickt zu Michail Michailowitsch, seinem Partner, hinüber und sieht, wie er kräftig mit der Hand auf den Tisch schlägt und sich höflich und herablassend enthält, die Stiche selbst einzuziehen; er schiebt sie zu Iwan Iljitsch hinüber, damit dieser das Vergnügen haben solle, ohne sich anstrengen, ohne die Hand weit ausstrecken zu müssen.

›Ja glaubt er denn, daß ich so schwach bin, daß ich die Hand nicht weit ausstrecken kann?‹, denkt Iwan Iljitsch, vergißt seine Atouts, spielt einmal zuviel Atout und verliert ohne drei Stiche den Schlemm. Doch das Fürchterlichste dabei ist, daß er seinen Partner, Michail Michailowitsch, dadurch leiden sieht und daß ihm das Ganze ganz gleichgültig scheint. Und der Gedanke, weshalb es ihm gleichgültig sei, scheint ihm entsetzlich.

Alle sehen, daß er sich schlecht fühlt, und sie sagen: »Wir können ja aufhören, wenn Sie müde sind. Ruhen Sie ein wenig aus!« Ausruhen? Nein, er ist durchaus nicht müde; sie spielen den Robber zu Ende. Alle sind mißgestimmt und schweigsam. Iwan Iljitsch fühlt, daß er an der Mißstimmung schuld ist, doch er ist nicht imstande, sie zu zerstreuen. Seine Freunde nachtmahlen mit ihm und verlassen ihn dann, und Iwan Iljitsch bleibt allein mit dem Bewußtsein zurück, daß sein Leben für ihn vergiftet ist, daß er das Leben anderer vergiftet und daß dieses Gift nicht schwächer wird, daß es vielmehr immer stärker wirkt.

V

So vergingen etwa zwei Monate. Vor Neujahr kam zu ihnen der Schwager zu Besuch und stieg bei ihnen ab. Iwan Iljitsch war bei Gericht und Praskowja Feodorowna war ausgegangen, um Einkäufe zu besorgen. Als er in sein Arbeitszimmer trat, fand Iwan Iljitsch dort seinen Schwager, einen gesunden Sanguiniker, der eigenhändig seinen Koffer auspackte. Er hob bei Iwan Iljitschs Eintreten den Kopf und blickte einen Augenblick stumm zu ihm hinauf. Dieser Blick verriet Iwan Iljitsch alles. Der Schwager hatte den Mund aufgemacht, als wollte er seine Überraschung ausdrücken, unterließ es aber rechtzeitig. Diese Bewegung bestätigte alles.

»Was, Bruder, ich habe mich wohl sehr verändert?«

»N… ja … ein wenig …«

Wie sehr sich Iwan Iljitsch in der Folge auch bemühte, mit seinem Schwager über sein Aussehen zu sprechen, der Schwager ging schweigend darüber hinweg. Praskowja Feodorowna kehrte nach Hause zurück und der Schwager ging zu ihr. Iwan Iljitsch schloß die Tür seines Zimmers und begann, sich im Spiegel zu betrachten, zuerst *en face*, dann von der Seite. Dann nahm er ein Bild von sich und seiner Frau und verglich dieses Bild mit jenem im Spiegel.

Die Veränderung war entsetzlich. Dann entblößte er seinen Arm bis zum Ellbogen, betrachtete ihn, streifte den Ärmel wieder herunter, ließ sich auf die Ottomane nieder und wurde finsterer als die Nacht.

»Nein, nein«, sagte er zu sich selbst; er sprang auf, ging zum Tisch, holte ein Aktenstück hervor und begann, darin zu lesen, doch er konnte nicht. Er öffnete die Tür und ging in den Saal. Die in das Gastzimmer führende Tür war geschlossen. Er trat auf den Fußspitzen dicht heran und begann zu lauschen.

»Nein, du übertreibst«, sagte Praskowja Feodorowna.

»Du glaubst also, daß ich übertreibe? O nein. Nur bemerkst du es nicht – er ist ja bereits ein toter Mann. Betrachte doch seine Augen, sie sind ja wie abgestorben. Was fehlt ihm denn eigentlich?«

»Keiner weiß es. Nikolajew (so hieß der zweite Arzt) sagte etwas, doch ich kann mich nicht mehr erinnern, was es war. Leschetitzky (die medizinische Kapazität) sagte dagegen …«

Iwan Iljitsch entfernte sich; er ging auf sein Zimmer, legte sich nieder und begann zu grübeln: ›Eine Niere, eine Wanderniere …‹ Er dachte nun über alles nach, was die Ärzte ihm darüber gesagt hatten, wie sich die Niere losgerissen habe und nun wandere. Und er bemühte sich in Gedanken, diese Niere einzufangen, sie aufzuhalten und zu befestigen. ›Das müßte doch so leicht sein‹, dachte er.

»Ich muß noch einmal zu Pjetr Iwanowitsch.« (Das war jener Freund, dessen Freund Arzt war.) Er klingelte, befahl, die Pferde anzuspannen, und machte sich zur Ausfahrt bereit.

»Wohin denn, Jean?«, fragte seine Frau in besonders traurigem und ungewöhnlich liebevollem Ton.

»Ich muß zu Pjetr Iwanowitsch.«

Er fuhr zu dem Freund, dessen Freund Arzt war, und mit ihm zusammen zum Arzt. Er traf ihn zu Hause und sprach lange mit ihm.

Und nun, da er in alle anatomischen und physiologischen Details von dem, was nach der Meinung des Arztes in ihm vorging, genau informiert war, begriff er alles.

Da gab es ein kleines Ding – ein ganz kleines Ding im Blinddarm. Alles konnte wieder gut werden. Würde die Energie eines Organs gekräftigt und die Tätigkeit eines anderen geschwächt, dann würde sich dieses kleine Ding resorbieren und alles würde wieder gut. Er aß zu Mittag, plauderte heiter mit den Seinigen, konnte sich aber lange nicht entschließen, an die gewohnte Arbeit zu gehen. Er zog sich endlich in sein Arbeitszimmer zurück und setzte sich sofort an die Arbeit. Er las die Schriftstücke durch, arbeitete; der Gedanke aber, daß er eine andere, wichtigere, aufgeschobene Angelegenheit vor sich habe, mit der er sich nach getaner Arbeit befassen würde, verließ ihn nicht. Als er seine Amtsgeschäfte erledigt hatte, erinnerte er sich, daß jene wichtige Angelegenheit das Grübeln über den Blinddarm war. Er bemühte sich, diese Gedanken zu unterdrücken, und ging zum Tee ins Gastzimmer. Es waren Gäste da, man plauderte, spielte Klavier, sang; auch der Untersuchungsrichter war da, den sie als Bräutigam für die Tochter herbeisehnten. Wie Praskowja Feodorowna bemerkte, verbrachte Iwan Iljitsch diesen Abend in heitererer Stimmung als sonst; er aber vergaß die wichtigen, aufgeschobenen Gedanken über den Blinddarm trotzdem nicht. Er verabschiedete sich um elf Uhr abends von der Gesellschaft und zog sich zurück. Seitdem er krank war, schlief er allein in einem kleinen Zimmer neben seinem Arbeitszimmer. Er ging hinein, entkleidete sich, nahm einen Roman von Zola, las aber nicht, sondern begann nachzudenken. Und in seiner Phantasie ging die ersehnte Heilung des Blinddarms vor sich. Das bewußte kleine Ding wurde aufgesaugt und ausgeschieden, und die regelmäßige Tätigkeit wurde wiederhergestellt. »Ja, ja, so müßte es sein«, sagte er sich. »Auf welche Weise aber könnte der Natur geholfen werden?« Er erinnerte sich an die Arznei, nahm sie ein, legte sich auf den Rücken und beobachtete nun, wie die Arznei wohltätig wirkte und den Schmerz vernichtete. »Die Hauptsache ist, die Arznei pünktlich einzunehmen und schädliche Einflüsse zu vermeiden; ich fühle mich jetzt schon etwas besser, sogar bedeutend besser.« Er fing an, die kranke Seite zu betasten, es schmerzte ihn nicht. »Ich fühle ja nichts, wahrhaftig, es geht schon viel besser.« Er löschte die Kerze aus und legte sich auf die Seite … Der Blinddarm heilt, er saugt sich auf. Plötzlich verspürte er den bekannten, alten, dumpfen, quälenden Schmerz. Dieser leise, anhaltende und so verhängnisvolle Schmerz war wieder da und auch der abscheuliche Geschmack im Mund. Er nagte an seinem Herzen und seine Gedanken verwirrten sich. ›Ach mein Gott, mein Gott‹, dachte er, ›wieder, wieder, wird es denn niemals ein Ende nehmen?‹ Und plötzlich sah er alles in einem ganz anderen Licht. »Der Blinddarm! Die Niere!«, sagte er sich, » davon ist ja gar nicht die Rede, nicht von dem Blinddarm und auch nicht von der Niere, sondern vom Leben und vom … Tod. Ja, ja, es war ein Leben da, und nun geht es fort, es geht fort und ich bin nicht imstande, es zurückzuhalten. Jawohl. Wozu sich betrügen? Wissen es denn nicht alle außer mir, daß ich sterbe und daß die Frage nur ist: Wann? – in Wochen, Tagen oder vielleicht auch gleich … Bis jetzt war ich im Licht, jetzt werde ich in der Finsternis sein. – Bis jetzt war ich hier, und nun muß ich wegziehen! Ja, aber wohin?« Eine Kälte umfing ihn, sein Atem stockte. Er hörte bloß noch die Schläge seines Herzens.

»Ich werde nicht mehr da sein, was wird also da sein? Nichts wird mehr da sein. Wo werde ich also sein, wenn ich nicht mehr sein werde? Ist es wirklich der Tod? Nein, ich will nicht.« Er sprang auf, wollte die Kerze anzünden, suchte mit zitternden Händen herum, ließ den Leuchter mit der Kerze zu Boden fallen und sank schwer zurück in die Polster. »Wozu? Jetzt ist es schon einerlei …«, sprach er zu sich selbst, mit offenen Augen in die Finsternis hinausstarrend. – »Der Tod. Jawohl, der Tod. Und keiner weiß etwas davon, keiner will davon wissen und keiner bedauert mich. Dort spielen sie. (Hinter der Tür hörte er laute Stimmen und Gesang.) Ihnen ist es ganz gleichgültig, doch auch sie werden sterben. Dummköpfe. Ich früher, sie später; auch sie erwartet das gleiche Los. Und sie freuen sich noch … Die Unmenschen!« Der Zorn würgte ihn. Es wurde ihm unerträglich qualvoll zumute. – »Es kann doch nicht sein, daß alle immer zu einer so entsetzlichen Angst verdammt sein sollen.« Er setzte sich auf.

»Es ist etwas nicht in der Ordnung, ich muß mich beruhigen, ich muß über alles von Anfang an nachdenken.« Und er begann nachzudenken. »Wie war doch der Anfang der Krankheit gewesen? Ich fiel auf die Seite, blieb aber heute und morgen derselbe, dann begann es, ein wenig zu schmerzen, später wurde der Schmerz immer stärker und stärker, dann befragte ich die Ärzte, dann kam die Niedergeschlagenheit, die Angst und abermals die Ärzte; und jetzt nähere ich mich immer mehr dem Abgrund. Meine Kräfte nehmen ab. Das Ende ist immer näher und näher. Ich bin ganz heruntergekommen, meine Augen sind erloschen. Der Tod ist da, und ich, ich denke an den Darm? Ich denke daran, ihn zu flicken, und der Tod ist da? – Ist es wirklich der Tod?« – Abermals überkam ihn ein entsetzliches Angstgefühl, er rang nach Atem, beugte sich hinüber, um die Zündhölzchen zu suchen, und drückte mit dem Ellbogen an das Nachtkästchen. Das Nachtkästchen störte ihn und tat ihm weh; er wurde böse darüber, drückte voll Ärger noch stärker auf und warf es um. Dann fiel er, nach Atem ringend, voller Verzweiflung auf den Rükken und erwartete den Eintritt des Todes.

Die Gäste gingen gerade auseinander. Praskowja Feodorowna begleitete sie. Sie hörte den Lärm und kam herein.

»Was ist geschehen?«

»Nichts. Ich habe versehentlich das Nachtkästchen umgeworfen.«

Sie ging hinauf, brachte Licht. Er lag da, atmete schwer und rasch, wie ein Mensch, der eine Meile gelaufen ist, und blickte sie mit starren Augen an.

»Was hast du, Jean?«

»N... nichts. Um...ge...stoßen.« – ›Was soll ich ihr erzählen? Sie würde es ja nicht begreifen‹, dachte er. Und sie verstand ihn in der Tat nicht. Sie hob das Nachtkästchen auf, zündete eine Kerze an und entfernte sich eilig. Sie mußte noch einen Gast hinausbegleiten.

Als sie wiederkam, lag er noch immer auf dem Rücken und blickte in die Höhe.

»Was hast du, fühlst du dich schlechter?«

»Ja.«

Sie schüttelte den Kopf und setzte sich nieder.

»Weißt du, Jean? Wir sollten Leschetitzky zu uns bitten.«

Das hieß, die medizinische Kapazität einladen und das Geld nicht sparen. Er lächelte bitter und sagte: »Nein.« Sie blieb ein wenig sitzen, kam auf ihn zu und küßte ihn auf die Stirn.

Als sie ihn küßte, haßte er sie mit der ganzen Kraft seiner Seele und er mußte sich beherrschen, um sie nicht von sich zu stoßen.

»Nun, gute Nacht. Gott gebe, daß du schlafen sollst.«

»Ja.«

VI

Iwan Iljitsch sah, daß es mit ihm zu Ende ging, und er war fortwährend verzweifelt.

Er war fest davon überzeugt, daß er im Begriff war, zu sterben, trotzdem konnte er sich an diesen Gedanken nicht nur nicht gewöhnen, er konnte ihn sogar nicht begreifen, er war ihm ganz unfaßbar.

Aus der Schulzeit kannte er den Syllogismus: Kain ist ein Mensch, alle Menschen sind sterblich, folglich ist auch Kain sterblich; doch dieses Beispiel schien ihm sein ganzes Leben lang nur in Bezug auf Kain richtig, auf ihn selbst aber nicht anwendbar. Das war Kain, und Kain war im Allgemeinen ein Mensch, und deshalb war das Beispiel richtig; er aber war nicht Kain und auch nicht ein Mensch im Allgemeinen, er war stets ein ganz besonderes, von allen anderen grundverschiedenes Individuum gewesen: Mit seiner Mama, seinem Papa, Mitja und Wolodja, mit seinen Spielsachen, dem Kutscher, der Kindsfrau war er Wanja gewesen; späterhin war er es mit Katinka, mit allen Freuden, Leiden und Entzücken der Kindheit und Jugend. Kannte denn Kain den Geruch jenes ledernen gestreiften Balls, den Wanja so gern gehabt hatte? Hatte Kain je die Hand seiner Mutter so geküßt, hatte Kain je das Seidenkleid seiner Mutter so rauschen gehört? Hatte er je wegen der schlechten Mehlspeisen in der Schule für Rechtswissenschaften revoltiert? War Kain so verliebt gewesen? Verstand sich Kain darauf, eine Gerichtsverhandlung zu führen?

›Kain war in der Tat sterblich, und es war ganz in der Ordnung, daß er sterben sollte; bei mir aber, Wanja, Iwan Iljitsch, mit allen meinen Gefühlen und allen meinen Gedanken ist es – etwas ganz anderes. Und es kann auch gar nicht sein, daß ich sterben muß. Es wäre gar zu fürchterlich!‹

Das waren seine Empfindungen.

»Wenn ich so sterben müßte wie Kain«, sagte er sich, »dann hätte ich es doch wissen müssen, dann würde es mir meine innere Stimme gesagt haben – bis jetzt aber habe ich nichts Derartiges empfunden, und ich und alle meine Freunde wußten wohl, daß es sich mit mir ganz anders verhält als mit Kain. Und jetzt ist es so mit mir bestellt! Es kann nicht sein! Es kann nicht sein und es ist dennoch so! Wie ist das möglich? Wie soll ich es mir erklären?«

Er war nicht imstande, es sich zu erklären, und er bemühte sich, diesen Gedanken, den er für irrig, falsch und krankhaft hielt, zu verscheuchen und ihn durch andere logische und gesunde Gedanken zu verdrängen. Doch dieser Gedanke kehrte immer wieder, nicht bloß als solcher, sondern vielmehr als Wirklichkeit zu ihm zurück und setzte sich in ihm fest.

Und er rief anstelle dieses Gedankens andere Gedanken herbei, in der Hoffnung, in ihnen eine Stütze zu finden. Er versuchte, zum früheren Gedankengang zurückzukehren, der bis dahin die Gedanken an den Tod vor ihm verschleiert hatte. Sonderbarerweise konnte jetzt aber all dasjenige, das früher das Bewußtsein des Todes vor ihm verborgen, verschleiert, verwischt hatte, seine frühere Wirkung nicht mehr ausüben. Iwan Iljitsch brachte die letzte Zeit meistens damit zu, den früheren, den Tod verscheuchenden Ideengang wieder herzustellen. Bald sagte er sich: »Ich will mich mit Amtsgeschäften befassen. Ich habe ja doch bis jetzt durch das Amt gelebt.« Und dann ging er ins Gericht, alle Zweifel von sich verscheuchend; dort knüpfte er lange Gespräche mit seinen Kollegen an, dann setzte er sich, nach alter Gewohnheit einen zerstreuten Blick auf die Menge werfend, nieder, wobei er sich mit seinen abgemagerten Händen auf die Armlehnen des Eichensessels stützen mußte, schob das Aktenstück zu sich, neigte sich wie gewöhnlich zu einem Kollegen hinüber, sprach mit ihm im Flüsterton, dann hob er plötzlich den Blick, sprach, sich gerade setzend, die bekannte Formel und leitete die Verhandlung ein. Und plötzlich, mitten darin, begann der quälende Schmerz sein nagendes Werk, ohne auf den Gang und die Entwicklung der Verhandlung irgend eine Rücksicht zu nehmen. Iwan Iljitsch horchte auf, jagte die Gedanken an ihn weg, der *andere* aber setzte seine Tätigkeit fort, er kam und blieb gerade vor ihm stehen und sah ihn an, Iwan Iljitsch aber erstarrte vor Entsetzen, das Feuer erlosch in seinen Augen, und er fing wieder an, sich zu fragen: »Sollte am Ende nur er die Wahrheit sein?« Und seine Kollegen und Untergebenen bemerkten mit Staunen und mit Betrübnis, daß er, der glänzende, feinfühlige Richter, verwirrt war und Fehler beging. Er aber raffte sich auf, bemühte sich, seine Gedanken zusammenzufassen, führte die Sitzung schlecht und recht durch und kehrte mit dem traurigen Bewußtsein nach Hause zurück, daß die Amtsgeschäfte nicht mehr imstande seien, wie zuvor dasjenige vor ihm zu verbergen, was er verborgen wissen wollte; er wußte nun, daß er sich durch die Gerichtsgeschäfte von *ihm* nicht befreien konnte. Und was das Schlimmste am Ganzen war: Er, der Fürchterliche, zog ihn an sich, nicht damit Iwan Iljitsch etwas tue, sondern bloß damit er *ihn* anschauen, *ihm* gerade in die Augen blicken und, ohne etwas dagegen unternehmen zu können, sich unaussprechlich quälen solle.

Um sich vor diesem Zustand zu schützen, suchte Iwan Iljitsch sich anderweitig Trost. Er suchte nach einer Schirmwand, fand sie auch, und für kurze Zeit schien es, als würde sie ihn beschirmen können, bald aber zerfiel diese Wand in nichts oder sie wurde ganz dünn; und nun schien es ihm, als würde er alles durchdringen, als könne ihn nichts mehr vor jenem schützen.

Er pflegte in der letzten Zeit öfters das von ihm mit solcher Sorgfalt eingerichtete Gastzimmer zu betreten, wo sich – er mußte bitter lächelnd daran denken – der Unfall ereignet hatte, der ihn sein Leben kosten würde, denn er war sich sehr wohl bewußt, daß seine Krankheit damals ihren Anfang genommen hatte. Eines Tages kam er herein und bemerkte, daß der polierte Tisch einen Riß hatte. Er suchte nach der Ursache und fand sie in einem Album, dessen Bronzeverzierung am Rand verbogen war. Er nahm das von ihm selbst liebevoll geordnete Album und ärgerte sich über die Unordentlichkeit seiner Tochter und ihrer Freunde, über abgerissene Blätter und vertauschte Fotografien. Er brachte dann sorgfältig das Album in Ordnung und die verbogene Verzierung in die richtige Lage.

Ein anderes Mal kam ihm wieder der Gedanken, sämtliche Alben aus einer Zimmerecke in die andere zum Blumentisch zu tragen. Er rief den Diener, oder Frau und Tochter kamen zu Hilfe, sie waren mit ihm nicht einverstanden und opponierten gegen ihn, dann fing er an zu streiten, sich zu ärgern, doch das Ganze freute ihn trotzdem, denn er hatte unterdessen *jenen* vergessen, er sah *ihn* nicht.

Als er irgend einen Gegenstand hinüberschob, bemerkte seine Frau: »Ich bitte dich, laß es von den Dienstboten machen, du könntest dir wieder schaden«, und plötzlich guckte er – der Tod – durch die Schirmwand, und er erblickte ihn. Er hatte sich bloß flüchtig gezeigt und Iwan Iljitsch hoffte, daß er wieder verschwinden würde, fing aber unwillkürlich wieder an, den Schmerz in der Seite zu beobachten – richtig: Er sitzt *noch immer* dort, und nagt noch immer, und nun kann Iwan Iljitsch *ihn* nicht mehr vergessen, der *Tod* blickt ganz deutlich durch die Blumen auf ihn. Was nützt also alle Zerstreuung?

»Ist es denn wirklich wahr, daß ich hier, beim Drapieren dieses Vorhangs, mein Leben wie bei der Verteidigung einer Schanze eingebüßt habe? Ist es möglich? Wie entsetzlich und blöde ist es doch! Es kann nicht sein! Es kann nicht sein – und es ist dennoch?«

Dann zog er sich in sein Arbeitszimmer zurück, legte sich nieder und blieb wieder allein mit *ihm*. Er blieb im Tête-à-tête mit *ihm* und konnte nichts dagegen tun. Es blieb ihm nichts anderes übrig, als *ihn* anzuschauen und dabei allmählich zu erstarren.

VII

Die Krankheit Iwan Iljitschs machte ganz langsame, beinahe unmerkliche Fortschritte, so daß er sich im dritten Monat nach deren Beginn, man wußte selbst nicht wie, in einem derartigen Zustand befand, der für seine Frau, seine Tochter, seinen Sohn, die Dienerschaft, Bekannten und Ärzte, wie er sich selbst wohl bewußt war, nur noch in dem Sinn von Interesse war, ob er wohl bald Platz machen, die Lebenden von den durch seine Anwesenheit hervorgerufenen Unannehmlichkeiten, sich selbst aber von seinen Leiden befreien würde.

Er schlief immer weniger; man gab ihm Opium und begann mit den Morphiuminjektionen. Doch auch das brachte ihm keine Erleichterung. Die dumpfe Betäubung, welche er im Halbschlummer empfand, kam ihm, solange sie ihm neu war, wohltuend vor, bald aber wurde sie ebenso qualvoll oder vielmehr noch qualvoller als der nicht unterdrückte Schmerz.

Es wurden ihm nach ärztlicher Vorschrift besondere Speisen bereitet, doch diese Speisen kamen ihm von Tag zu Tag geschmackloser und ekelhafter vor.

Auch für die Entleerungen wurden besondere Vorrichtungen angeschafft, und jedes Mal war es eine Qual. Eine Qual waren für ihn die Unreinlichkeit, das Unanständige, der üble Geruch und das Bewußtsein, daß eine zweite Person sich daran beteiligen mußte.

Doch gerade bei dieser so lästigen Sache fand Iwan Iljitsch einen gewissen Trost: Der Hausknecht Gerassim kam stets, um das hierbei Notwendige zu besorgen.

Gerassim war ein sauberer, frischer, durch die herrschaftliche Küche wohlgenährter junger Bauer. Er war immer heiter und gut gelaunt. Der Anblick dieses stets reinlichen, russisch gekleideten Bauern, der ein so ekelhaftes Geschäft hatte übernehmen müssen, verwirrte Iwan Iljitsch anfangs.

Eines Tages fand er, als er vom Nachtstuhl aufgestanden war, nicht die Kraft, seine Hosen in die Höhe zu ziehen; er fiel ermattet in einen weichen Lehnsessel und bemerkte nun mit Entsetzen seine entblößten, kraftlosen Schenkel mit den scharf hervortretenden Muskeln.

Da trat, einen angenehmen Geruch geteerter Stiefel und frischer Winterluft mit sich hereintragend, Gerassim ins Zimmer. Er trug eine saubere grobfädige Schürze und ein reines Kattunhemd, unter dessen hochgerafften Ärmeln seine entblößten, kräftigen, vor Jugend strotzenden Arme hervorragten. Ohne Iwan Iljitsch anzublicken, näherte er sich dem Nachtstuhl und war augenscheinlich bemüht, die Lebensfreude, die auf seinem Gesicht erstrahlte, einzudämmen, um dem Kranken nicht wehzutun.

»Gerassim«, sagte Iwan Iljitsch leise.

Gerassim erbebte, sichtlich geängstigt, ob er sich am Ende nicht irgend etwas habe zuschulden kommen lassen, dann wandte er dem Kranken sein frisches, gutmütiges, einfältiges, junges Gesicht zu, auf dem sich ein junger Bartflaum zu zeigen anfing. »Was befehlen Sie, gnädiger Herr?«

»Es muß dir gewiß unangenehm sein. Verzeih mir. Ich kann nichts dafür.«

»Aber erlauben Sie! Weshalb sollte ich die Mühe scheuen? Sie sind ja krank.«

Gerassims Augen leuchteten freundlich und aus seinem lächelnden Mund blickten seine jungen weißen Zähne hervor.

Dann verrichtete er mit geschickten, kräftigen Handgriffen die ihm gewohnte Arbeit und ging leicht auftretend hinaus. Fünf Minuten später kehrte er ebenso leichten Schrittes ins Zimmer zurück.

Iwan Iljitsch lag noch immer in derselben Stellung im Lehnsessel.

»Gerassim«, sagte er, als jener das saubere, gereinigte Nachtgeschirr abgestellt hatte, »sei so gut, komm her; hilf mir ein wenig.« Gerassim kam näher. »Bitte, heb mich in die Höhe. Ich habe allein nicht die Kraft und Dimitri habe ich fortgeschickt.«

Gerassim trat dicht heran: Mit seinen kräftigen Händen griff er Iwan Iljitsch leicht und geschickt unter die Arme, hielt ihn mit einer Hand fest, während er mit der andern dessen Hosen hinaufzog, und wollte ihn niedersetzen. Iwan Iljitsch bat jedoch, er möge ihn zum Diwan hinführen. Gerassim brachte ihn, indem er ihn eher trug als führte, ohne Anstrengung und ohne ihm wehzutun, bis zum Diwan, wo er ihn niedersetzte.

»Ich danke dir, du machst alles … so gut, so geschickt …«

Gerassim lächelte abermals und wollte sich entfernen. Allein Iwan Iljitsch, welcher sich in seiner Gesellschaft wohl fühlte, ließ ihn nicht fort.

»Geh, ich bitte dich, schieb mir jenen Sessel näher. Nein, diesen hier, unter meine Füße. Ich fühle eine Erleichterung, wenn ich die Füße höher halte.«

Gerassim brachte einen Sessel, stellte ihn, ohne aufzuklopfen, genau auf den richtigen Platz und legte Iwan Iljitschs Füße hinauf. Als Gerassim seine Füße hoch in die Höhe hob, glaubte Iwan Iljitsch, eine Erleichterung zu verspüren.

»Es ist mir besser, wenn die Füße höher liegen«, sagte er. »Geh, leg mir jenes Kissen unter.«

Gerassim erfüllte seinen Wunsch; er hob seine Füße in die Höhe und schob das Kissen unter. Iwan Iljitsch fühlte abermals eine Erleichterung, während Gerassim seine Füße emporhob. Als er sie aber auf das Kissen gelegt hatte, da fühlte er sich nicht mehr so wohl.

»Hör einmal, Gerassim«, sagte er, »bist du jetzt beschäftigt?«

»Durchaus nicht, gnädiger Herr«, sagte Gerassim, der von den Leuten in der Stadt den Umgang mit Herrschaften gelernt hatte.

»Was hast du heute noch zu tun?«

»Was hätte ich noch zu tun? Ich habe meine ganze Arbeit schon gemacht, nur Holz muß ich noch für morgen spalten.«

»Könntest du mir jetzt die Füße ein wenig höher halten?«

»Weshalb denn nicht, gnädiger Herr?« Gerassim hob dessen Füße höher und Iwan Iljitsch kam es abermals vor, als würde er in dieser Lage gar keine Schmerzen empfinden.

»Und wie wird es wegen des Holzes sein?«

»Beunruhigen Sie sich nicht, gnädiger Herr. Ich werde noch Zeit dazu finden.«

Nun befahl Iwan Iljitsch Gerassim, sich zu ihm zu setzen und seine Füße zu halten, und er unterhielt sich mit ihm. Und es kam ihm sonderbarerweise so vor, daß er sich wohler fühlte, wenn Gerassim seine Füße hielt.

Von jenem Tag an ließ Iwan Iljitsch öfters Gerassim holen, dieser mußte auf seinen Schultern die Füße des Kranken halten und Iwan Iljitsch unterhielt sich dabei mit ihm. Gerassim machte alles bereitwillig, leicht, einfach und mit einer Güte, die Iwan Iljitsch rührte. Iwan Iljitsch fühlte sich durch die Gesundheit, die Kraft, die Lebensfreude aller anderen Menschen verletzt, Gerassims Kraft und Gesundheit ärgerten ihn dagegen gar nicht, sie beruhigten ihn vielmehr.

Die größte Qual für Iwan Iljitsch war die Lüge, jene von allen sanktionierte Lüge, die ihm weismachen wollte, er sei bloß krank und vom Sterben sei keine Rede, er solle sich bloß ruhig verhalten und alle ärztlichen Anordnungen befolgen, dann könne er bestimmt alles Beste erwarten. Er aber wußte, daß er, was man auch immer unternehmen würde, nichts zu erwarten hatte außer noch entsetzlicheren Qualen und dem Tod. Und diese Lüge quälte ihn, es quälte ihn, daß keiner aus seiner Umgebung ihm bekennen wollte, was alle und er selbst wußten, daß sie im Gegenteil angesichts seiner entsetzlichen Lage ihn belogen und ihn selbst dazu zwangen, sich an dieser Lüge zu beteiligen. Diese am Vorabend seines Todes angewendete Lüge, diese Lüge, die dazu bestimmt war, jenes fürchterliche, feierliche Ereignis seines Todes auf das Niveau aller ihrer Besuche und nichtigen Gespräche herabzuwürdigen … war für Iwan Iljitsch entsetzlich qualvoll. Und sonderbar: Wiederholt, wenn er so gefoppt wurde, war er auf ein Haar nahe daran gewesen, ihnen zuzurufen: »Hört auf zu lügen, Ihr wißt und auch ich weiß es, daß ich sterbe, so hört doch wenigstens auf zu lügen!« Und dennoch fand er nie den Mut, es zu tun. Er sah, wie der fürchterliche, entsetzliche Vorgang seines Sterbens von seiner ganzen Umgebung auf die Stufe einer zufälligen Unannehmlichkeit, teilweise einer Unanständigkeit gebracht worden war, und zwar durch jenen Anstand, dem er sein ganzes Leben lang gehuldigt hatte. (Das Ganze erinnerte ihn daran, wie man mit einem Menschen verfährt, welcher, nachdem er einen Empfangssalon betreten hat, einen üblen Geruch um sich verbreitet.) Er sah, daß niemand ihn bedauern würde, denn niemand bemühte sich, seine Lage zu verstehen. Einzig und allein Gerassim verstand seine Lage und hatte Mitleid mit ihm. Und deshalb fühlte sich Iwan Iljitsch bloß in seiner Gesellschaft wohl. Es tat ihm wohl, wenn Gerassim ganze Nächte neben ihm saß und ihn an den Füßen hielt. Er wollte nicht schlafen gehen und pflegte zu sagen: »Seien Sie unbesorgt, Iwan Iljitsch, ich werde mich noch ausschlafen«. Manchmal auch pflegte er, auf das brüderliche »Du« übergehend, hinzuzufügen: »Etwas anderes wäre es, wenn du gesund wärst, weshalb aber sollte ich dich jetzt nicht bedienen?« Gerassim allein log nicht. Man konnte an allem sehen, daß er allein die Lage verstand, es nicht für notwendig hielt, dies zu verbergen, und ganz einfach den hinfälligen, schwachen Herrn bemitleidete. Er sprach es sogar einmal offen aus, als Iwan Iljitsch ihn schlafen schicken wollte.

»Wir werden alle sterben. Weshalb sollte ich mich also nicht bemühen?«, sagte er. Er wollte damit ausdrücken, daß ihm seine Arbeit eben deshalb nicht lästig sei, weil er sie einem sterbenden Menschen entgegenbrachte und weil er hoffte, daß auch ihm späterhin einmal jemand dieselbe Mühe opfern würde.

Dasjenige, das außer oder infolge dieser Lüge Iwan Iljitsch am meisten quälte, war, daß er von keinem so bemitleidet wurde, wie er hätte bemitleidet werden wollen. Es kamen Momente nach Perioden anhaltender Schmerzen, während welcher Iwan Iljitsch, wie sehr er sich auch schämte, es sich bekennen zu müssen, sich nichts sehnlicher wünschte, als daß ihn jemand wie ein kleines Kind bedauern möge. Er sehnte sich danach, daß ihn jemand liebkoste, küßte und bemitleidete, wie man kleine Kinder liebkost und tröstet. Er wußte, daß er ein wichtiges Mitglied der Gesellschaft war, daß er einen halb ergrauten Bart hatte und daß es folglich unmöglich war, und dennoch wünschte er es. Und in seinem Verhältnis zu Gerassim lag eben etwas ähnliches, und eben deshalb gewährte ihm der Verkehr mit Gerassim Trost.

Iwan Iljitsch wollte weinen, er wollte liebkost und bedauert werden, und nun kommt sein Kollege, Gerichtsmitglied Schebek, und Iwan Iljitsch macht stattdessen ein strenges, tief nachdenkliches Gesicht, spricht gewohnheitsmäßig von der Bedeutung eines Kassationsurteils und verteidigt hartnäckig seine Meinung. Und diese Lüge um ihn herum und in ihm selbst vergällte mehr als alles andere die letzten Lebenstage von Iwan Iljitsch.

VIII

Es war an einem Morgen. Iwan Iljitsch wußte nur deshalb, daß es Morgen sei, weil Gerassim fortgegangen und Pjetr, der Diener, gekommen war: Er hatte die Lichter ausgelöscht, einen Vorhang zurückgezogen und leise mit dem Aufräumen begonnen. Ob es Morgen oder Abend, Freitag oder Sonntag war, es war alles eins: Immer war und blieb derselbe bohrende, keinen Augenblick verstummende qualvolle Schmerz, das Bewußtsein eines sich hoffnungslos entfernenden, aber noch immer nicht ganz entschwundenen Lebens, jener immer näher heranrückende, fürchterliche, verhaßte Tod, der allein Wirklichkeit war, und diese Lüge. Wozu also an Tage, Wochen oder Stunden denken?

»Soll ich dem gnädigen Herrn Tee bringen?«

›Er hält auf Ordnung: Des Morgens müssen die Herrschaften Tee trinken‹, dachte Iwan Iljitsch, und er antwortete bloß:

»Nein.«

»Möchte der gnädige Herr nicht auf den Diwan hinüber?«

›Er will das Zimmer aufräumen und ich bin ihm im Weg, ich bin etwas – Unreines, Unangenehmes‹, überlegte Iwan Iljitsch, und er sagte bloß:

»Nein, laß mich.«

Der Diener rumorte noch ein wenig herum. Iwan Iljitsch streckte die Hand aus. Pjetr kam sofort näher.

»Befehlen Sie etwas?«

»Ja, die Uhr.«

Pjetr nahm die Uhr, die ganz in der Nähe lag, und reichte sie ihm.

»Es ist halb neun. Ist noch niemand aufgestanden?«

»Nein, gnädiger Herr. Bloß Wassili Iwanowitsch (so hieß der Sohn) ist ins Gymnasium gegangen, Praskowja Feodorowna aber hat befohlen, sie zu wecken, wenn der gnädige Herr nach ihr verlangen sollte. Befehlen Sie?«

»Nein, es ist nicht nötig.« – ›Sollte ich doch nicht einen Schluck Tee trinken?‹, dachte Iwan Iljitsch. – »Ja, Tee … bring herein …«

Pjetr ging zur Tür. Iwan Iljitsch wurde es fürchterlich, allein zu bleiben.

›Wodurch könnte ich Pjetr zurückhalten? Richtig, die Arznei.‹ – »Pjetr, reich mir die Arznei.« – ›Weshalb nicht einnehmen, vielleicht hilft die Arznei am Ende doch.‹ Er nahm einen Löffel davon, schluckte sie hinunter. ›Nein, sie kann nicht helfen. Es ist alles nur Betrug und Lüge‹, entschied er, als er den bekannten, widerwärtigen, abscheulichen Geschmack verspürte. ›Nein, ich kann nicht mehr hoffen. Doch dieser Schmerz, dieser entsetzliche Schmerz, weshalb ist er da? Wenn er wenigstens für einen Augenblick verschwinden wollte.‹ – Er stöhnte auf. Pjetr drehte sich um. – »Nein, geh nur. Bring Tee.«

Pjetr ging hinaus. Als er allein geblieben war, begann Iwan Iljitsch zu stöhnen, nicht so sehr vor Schmerz, obwohl der Schmerz entsetzlich war, als vor Seelenqual. ›Immer und ewig dasselbe während dieser endlosen Tage und Nächte. Wenn es nur rascher vorüber wäre. Was denn rascher? Der Tod, die Finsternis. Nein, nein. Alles ist noch immer besser als der Tod!‹

Als Pjetr mit dem Tee hereinkam, blickte ihn Iwan Iljitsch lange traumverloren an, als würde er nicht begreifen, wer und was er war. Pjetr wurde ganz betroffen durch diesen Blick, und erst als Iwan Iljitsch den fassungslosen Diener bemerkte, kam er wieder zu sich.

»Ja richtig, der Tee, gut, stell ihn hin. Nur hilf mir zuerst beim Waschen und gib mir ein sauberes Hemd.«

Und Iwan Iljitsch begann, sich zu waschen. Er wusch sich mit Unterbrechungen das Gesicht, die Hände, putzte sich die Zähne, fing an, sich zu kämmen, und blickte dabei in den Spiegel. Fürchterlich, ganz besonders fürchterlich kam es ihm vor, daß seine Haare so glatt an der bleichen Stirn klebten.

Als ihm das Hemd gewechselt wurde, wußte er, daß es für ihn noch fürchterlicher wäre, würde er seinen Körper anschauen, und er sah weg. Jetzt war die ganze Prozedur vorüber. Er zog seinen Schlafrock an, wickelte sich in eine Reisedecke und setzte sich in den Lehnsessel zum Tee. Er fühlte sich einige Augenblicke erfrischt, kaum hatte er aber den Tee zu trinken begonnen, da war auch schon der frühere Geschmack, der frühere Schmerz wieder da. Er zwang sich, den Tee auszutrinken, dann legte er sich nieder, streckte die Füße aus und schickte Pjetr fort.

Immer dasselbe. Bald blinkt ein Strahl der Hoffnung, bald braust ein Meer der Verzweiflung, und immer und immer wieder dieser

Schmerz, diese Seelenqual, immer ein und dasselbe. Es ist ihm, wenn er allein ist, so bange, er möchte jemanden rufen, doch er weiß im voraus, daß er sich in Gegenwart anderer noch schlechter fühlt. »Wenn man mir wenigstens wieder Morphium geben würde – um mich zu betäuben. Ich muß dem Doktor sagen, daß er noch etwas anderes erfindet. So kann es unmöglich weitergehen.«

So vergehen ein, zwei Stunden. Jetzt ertönt die Klingel. Vielleicht ist es der Arzt. Richtig, er ist es.

Der Arzt ist ein munterer, heiterer, beleibter, lustiger Mann mit jenem Gesichtsausdruck, der zu sagen scheint: »Sie, Verehrtester, ängstigen sich, Gott weiß weshalb, wir aber werden alles gleich in Ordnung bringen.« Der Arzt weiß, daß dieser Gesichtsausdruck hier nicht am Platz ist, er kann ihn aber ein für alle Mal nicht mehr ablegen, ganz so wie ein Mensch, der des Morgens einen Frack angezogen hat und nun, ohne sich umzukleiden, Besuche machen muß. Der Arzt reibt sich heiter und beruhigend die Hände.

»Ich bin ganz kalt. Es ist heute ein starker Frost. Ich muß mich zuerst aufwärmen«, sagt er mit einer solchen Betonung, als brauche der Patient bloß ein wenig zu warten, bis er sich aufgewärmt hätte, und als ob er, einmal aufgewärmt, schon alles in Ordnung brächte.

»Nun, was, wie geht's?«

Iwan Iljitsch fühlt, daß der Doktor sagen möchte: »Nun, wie stehen die Geschäfte?«, daß er aber auch fühlt, daß er so nicht sprechen darf, und deshalb bloß sagt: »Nun, wie haben Sie die Nacht verbracht?«

Iwan Iljitsch sieht den Doktor an, als ob er fragen möchte:

»Wirst du dich denn niemals schämen, so zu lügen?« – Doch der Doktor würde die Frage nicht verstehen, und Iwan Iljitsch sagt bloß:

»Noch immer so entsetzlich. Der Schmerz weicht nicht, er läßt sich nicht bekämpfen. Könnten Sie mir nicht etwas dagegen verschreiben?«

»Ja, ja, so seid Ihr immer, Ihr Kranken. Nun, ich habe mich wohl schon genügend aufgewärmt, und selbst die so pedantische Praskowja Feodorowna würde gegen meine Temperatur nichts zu sagen finden. Nun, also, guten Morgen« – und der Arzt drückt dem Kranken die Hand.

Dann legt er das scherzende Wesen ab und beginnt, mit ernster Miene den Kranken, den Puls, die Temperatur zu untersuchen, zu klopfen und zu horchen.

Iwan Iljitsch weiß ganz genau, daß das alles Unsinn und leerer Betrug ist, als aber der Doktor kniend sich vor ihm in die Höhe reckt, das Ohr bald höher, bald tiefer anlegt und mit dem ernstesten Gesicht verschiedene gymnastische Evolutionen vornimmt, da läßt sich Iwan Iljitsch davon betören, gerade so, wie er es einst bei den Reden der Advokaten zu tun pflegte, obwohl er ganz gut wußte, daß sie alle lügen und weshalb sie lügen.

Der Doktor klopfte, mit den Knien auf dem Diwan stehend, noch immer an ihm herum, als in der Tür das Rauschen von Praskowja Feodorownas Seidenkleid vernehmbar wurde und man hören konnte, wie sie Pjetr darüber Vorwürfe machte, daß ihr der Besuch des Arztes nicht sofort gemeldet worden war.

Sie kam herein, küßte ihren Mann und begann sofort zu beweisen, daß sie schon längst aufgestanden sei und daß sie nur infolge eines Mißverständnisses den Arzt bei seinem Kommen nicht empfangen habe.

Iwan Iljitsch sieht sie an, er untersucht sie vom Kopf bis zu den Füßen mit den Blicken, und er macht ihr ihren weißen Teint zum Vorwurf, ihre gepflegten, molligen Hände, ihren Hals, den Glanz ihrer Haare und ihre vor Lebensfreude sprühenden Augen. Er haßt sie mit der ganzen Kraft seiner Seele, ihre bloße Berührung ist ihm infolge dieses überströmenden Hasses schmerzhaft.

Ihr Benehmen ihm und seiner Krankheit gegenüber ist noch immer dasselbe. Ebenso wie der Doktor sich den Kranken gegenüber eine Taktik ausgearbeitet hatte, die er dann nicht mehr ändern konnte, hatte sie sich ein System in Bezug auf ihren Mann ausgearbeitet – nämlich daß er nicht das und jenes tue, was notwendig sei und somit an allem schuld sei – sie machte ihm diesbezüglich liebevolle Vorwürfe und war nicht mehr imstande, dieses Benehmen ihm gegenüber zu ändern.

»Er gehorcht ja nicht. Er nimmt die Arznei nicht zur rechten Zeit ein und, was das Schlimmste ist, er hält beim Liegen die Füße in die Höhe, und diese Lage muß gewiß für ihn schädlich sein.«

Und sie erzählte dem Doktor, wie ihr Mann sich durch Gerassim die Füße halten ließ.

Der Doktor lächelte verächtlich freundlich: »Was kann man tun? Kranke erfinden manchmal solche Dummheiten – das muß man ihnen schon verzeihen.«

Nachdem die Visitation beendet worden war, sah der Doktor auf seine Uhr, und jetzt erklärte Praskowja Feodorowna Iwan Iljitsch, daß sie, ob er wolle oder nicht, für heute einen berühmten Arzt habe kommen lassen, und Michail Danilowitsch (so hieß der Hausarzt) würde mit ihm alles beraten und besprechen.

»Sei so gut und widersprich mir nicht. Ich tue es für mich«, fügte sie ironisch hinzu; sie wollte dadurch zeigen, daß sie alles für ihn tue und daß sie ihm eben dadurch nicht das Recht gebe, ihr zu widersprechen. Er schwieg und ärgerte sich. Er fühlte, daß die Lüge, welche ihn umgarnt hielt, bereits so verworren war, daß es schon schwer wurde, sich darin zurechtzufinden.

Alles, was sie für ihn unternahm, tat sie für sich, und sie sagte ihm auch, daß sie es für sich tat, als wäre das etwas für ihre Person derart Ungeheuerliches, daß es ihn zwingen müßte, das Gegenteil zu glauben.

Gegen halb zwölf Uhr kam tatsächlich der berühmte Arzt. Das Horchen, Klopfen und die bedeutungsvollen Gespräche in seiner Gegenwart und im Nebenzimmer über die Niere und den Blinddarm fingen wieder an, ebenso wie auch die mit gewichtiger Miene vorgebrachten Fragen und Antworten, so daß sich abermals anstelle der eigentlichen Frage über Leben und Tod, welche ihn einzig und allein beschäftigte, die Frage wegen der Niere und des Blinddarms in den Vordergrund drängte, die das und jenes nicht verrichteten, wie sie sollten, denen deshalb Michail Danilowitsch und die medizinische Berühmtheit gehörig zusetzen und sie so zur Besserung zwingen würden.

Der berühmte Arzt verabschiedete sich mit ernster, jedoch nicht hoffnungsloser Miene. Auf die zaghafte Frage, die Iwan Iljitsch mit vor Hoffnung und Bangen glänzenden Augen an ihn stellte, ob eine Genesung möglich sei, antwortete er, daß er nichts verbürgen könne, daß die Möglichkeit aber da sei. Der hoffnungsfreudige Blick, mit dem Iwan Iljitsch den Arzt begleitete, war so ergreifend, daß Praskowja Feodorowna, die ihn aufgefangen hatte, sogar zu weinen anfing, als sie das Arbeitszimmer verließ, um dem berühmten Arzt das Honorar zu überreichen.

Die durch die Beruhigungen des Arztes hervorgerufene gehobene Stimmung hielt nicht lange an. Es blieb wieder nur dasselbe Zimmer zurück, dieselben Bilder, Tapeten, Vorhänge, Arzneiflaschen und sein eigener, schmerzender, leidender Körper. Und Iwan Iljitsch fing an zu stöhnen; man machte ihm eine Einspritzung und er versank in einen Zustand von Betäubung.

Es dämmerte bereits, als er wieder zu sich kam; man brachte ihm sein Mittagsessen. Er aß mit Mühe etwas Bouillon, und dann war wieder dasselbe und die Nacht brach wieder heran.

Nach dem Diner um sieben Uhr kam Praskowja Feodorowna in sein Zimmer; sie war wie zu einer Soiree gekleidet, mit ihren dikken, hochgeschnürten Brüsten und mit Spuren von Puder auf dem Gesicht. Noch am Morgen hatte sie ihn daran erinnert, daß sie ins Theater gehen wollten. Sarah Bernhardt gastierte, und sie hatten eine Loge genommen, wie er selbst es verlangt hatte. Jetzt hatte er es vergessen und ihre Toilette verletzte ihn. Er ließ aber nichts davon merken, als er sich erinnerte, daß er selbst darauf gedrungen hatte, sie sollen eine Loge nehmen und das Theater besuchen, was für die Kinder ja doch bildend und ein ästhetisches Vergnügen sei.

Praskowja Feodorowna hatte eine selbstzufriedene Miene, sie schien sich aber trotzdem ein wenig schuldig zu fühlen. Sie setzte sich am Rand des Sessels nieder, fragte nach seinem Befinden, was, wie er wohl merkte, nur geschah, um überhaupt etwas gefragt zu haben, nicht aber um etwas zu erfahren, da sie doch wußte, daß nichts mehr zu erfahren war; sie fing an, davon zu sprechen, was ihr am Herzen lag, daß sie um nichts in der Welt ins Theater gegangen wäre, aber die Loge sei nun einmal da, die Tochter und Petrischtschew (der Untersuchungsrichter und Bräutigam) gingen und sie könne sie unmöglich allein lassen. Sonst wäre es ihr gewiß viel angenehmer gewesen, bei ihm zu bleiben. Er möge nur alles genau nach der Vorschrift des Arztes befolgen.

»Ja richtig – Feodor Pjetrowitsch (der Bräutigam) möchte hereinkommen. Darf er? Und auch Lisa.«

»Laß sie herein.«

Die Tochter kam herausgeputzt und dekolletiert, ihren jugendlichen Leib entblößend, jenen Leib, der ihn selbst solche Leiden erdulden ließ. Und sie, sie trug ihn zur Schau. Sie war kräftig, gesund, augenscheinlich verliebt und über die Krankheiten, die Leiden und den Tod empört, die sie in ihrem Glück hinderten.

Auch Feodor Pjetrowitsch kam im Frack, frisiert *à la Capoul*[1], mit seinem langen, sehnigen, von einem weißen Kragen eng umschlossenen Hals, seiner großen weißen Hemdbrust, die kräftigen Schenkel in engen, schwarzen Hosen, einen weißen Handschuh hatte er angezogen, den zweiten und den Claque-Hut hielt er in der Hand.

Hinter ihm schob sich ganz unbemerkt ein junger Gymnasiast herein, der Ärmste steckte in einer neuen Uniform und weißen Handschuhen, und unter seinen Augen lagen schreckliche blaue Schatten, deren Ursache Iwan Iljitsch kannte.

Sein Sohn hatte ihm immer leid getan. Und sein erschrockener und teilnahmsvoller Blick kam Iwan Iljitsch fürchterlich vor. Es schien ihm, daß, Gerassim abgerechnet, Wasja der einzige war, der ihn verstand und bedauerte.

[1] Victor Capoul, Opernsänger (1839–1924).

Alle nahmen Platz und fragten abermals nach seinem Befinden. Es entstand eine Pause. Lisa richtete an die Mutter eine Frage wegen des Operngucker, und Mutter und Tochter fingen an, darüber zu streiten, wer ihn verlegt hatte und wohin. Es war recht ungemütlich.

Feodor Pjetrowitsch fragte Iwan Iljitsch, ob er Sarah Bernard schon gesehen habe? Iwan Iljitsch verstand die Frage zuerst nicht, dann aber sagte er: »Nein – und Sie?«

»Ich habe sie in ›Adrienne Lecouvreur‹ gesehen.«

Praskowja Feodorowna bemerkte, daß sie in einer gewissen Rolle besonders gut sei. Die Tochter war anderer Meinung. Es entspann sich ein Gespräch über das Künstlerische und das Lebenswahre ihres Spiels, jenes Gespräch, das stets dasselbe ist.

Praskowja Feodorowna warf mitten im Gespräch einen Blick auf Iwan Iljitsch und verstummte. Die anderen blickten ihn an und verstummten ebenfalls. Iwan Iljitsch sah mit leuchtenden Augen vor sich hin und war sichtlich über ihr Benehmen empört. Das hätte gutgemacht werden sollen, doch es ging absolut nicht mehr gutzumachen. Diesem lästigen Schweigen mußte irgend wie ein Ende gemacht werden. Keiner konnte sich dazu entschließen, und allen wurde fürchterlich bange zumute bei dem Gedanken, daß die konventionelle Lüge plötzlich zerstört werden könnte und die Wahrheit vor ihnen allen klar erstehen würde. Lisa entschloß sich als erste. Sie unterbrach das Schweigen. Sie wollte dasjenige verbergen, was alle empfanden, und sie verriet sich.

»Indessen, *wenn wir fahren sollen*, dann wäre es wohl Zeit«, sagte sie, auf ihre Uhr, ein Geschenk ihres Vaters, blickend, sie lächelte dabei kaum merklich und dennoch bedeutungsvoll ihrem Bräutigam zu, über etwas, das nur ihnen beiden bekannt sein mußte, und sie stand auf, mit dem Kleid rauschend.

Alle erhoben sich, sagten Adieu und fuhren fort.

Als sie fort waren, schien es Iwan Iljitsch, als ob ihm leichter zumute sei: Die Lüge war verschwunden, sie war mit ihnen fortgegangen, doch der Schmerz war geblieben. Dieselbe stetige Angst und derselbe stetige Schmerz bewirkten, daß er sich keinen Augenblick erleichtert fühlen konnte. Es wurde immer ärger.

Und wieder vergingen Minuten um Minuten, Stunden um Stunden, es war immer wieder dasselbe, dasselbe ohne Ende, und immer grauenhafter erschien ihm der unvermeidliche Ausgang.

»Ja, schicken Sie mir Gerassim«, antwortete er auf Pjetrs Frage.

IX

Seine Frau kehrte spät abends nach Hause zurück. Sie kam auf den Fußspitzen herein, er hörte sie aber trotzdem. Er öffnete die Augen, schloß sie jedoch sofort wieder. Sie wollte Gerassim fortschicken und selbst bei ihm bleiben. Er öffnete abermals die Augen und sagte: »Nein. Geh nur.«

»Hast du große Schmerzen?«

»Einerlei.«

»Nimm Opium ein.«

Er nahm die Arznei ein. Sie ging fort. Er lag bis gegen drei Uhr in qualvoller Betäubung. Es schien ihm, als würde man ihn in einen engen, schwarzen, tiefen Sack hineinzwängen wollen, was ihm große Schmerzen verursachte, so als würde man ihn immer weiter hineinzwängen und ihn doch nicht ganz hineinschieben können. Es scheint ihm, als würde er dabei entsetzlich leiden. Und er fürchtet sich und möchte sich befreien und kämpft und hilft mit. Und plötzlich reißt er sich los, fällt herunter und erwacht. Derselbe Gerassim sitzt noch immer ihm zu Füßen, er schlummert ruhig und – geduldig. Er aber liegt da und hält seine abgemagerten Füße, welche in den Socken stecken, in der Höhe auf den Schultern des Dieners; die Kerze mit dem Lichtschirm brennt noch immer, und auch derselbe nicht verstummende Schmerz ist noch da.

»Geh fort, Gerassim«, flüstert er.

»Ich bin nicht müde, ich werde noch ein Weilchen bleiben.«

»Nein, geh fort.«

Er ließ die Füße herunter, legte sich auf die Seite, den Kopf in der Hand, und es wurde ihm so weh ums Herz. Er wartete bloß, bis Gerassim sich ins Nebenzimmer entfernt hatte, dann hielt er sich nicht mehr zurück und fing wie ein kleines Kind an zu weinen. Er weinte über seine Hilflosigkeit, über seine entsetzliche Einsamkeit, über die Grausamkeit der Menschen, über die Grausamkeit Gottes, über die Abwesenheit Gottes.

»Wozu tatest du alles? Wozu brachtest du mich hierher? Weshalb, weshalb denn quälst du mich so fürchterlich?«

Er wartete auf keine Antwort, und er weinte eben darüber, weil keine Antwort kommen konnte. Der Schmerz war wieder stärker geworden, doch er rührte sich nicht, er rief niemanden. Er sagte sich: »Nun also, schlag mich, straf mich noch mehr! Aber wofür? Was tat ich *dir*? Wofür denn?«

Dann beruhigte er sich, er hörte nicht nur auf zu weinen, er hielt sogar den Atem an und wurde ganz Aufmerksamkeit; es war, als würde er seiner Stimme lauschen, nicht jener, welche mit Tönen spricht, sondern der Stimme der Seele und dem Gang der Ideen, die in ihm wach wurden.

»Was willst du?« war der erste klare Begriff, den er vernahm und den er durch Worte hätte ausdrücken können. »Was willst du? Was willst du?«, wiederholte er sich. – »Was ich will? Nicht leiden. Leben!«, antwortete er.

Und abermals gab er sich einer gespannten Aufmerksamkeit hin, die nicht einmal durch den Schmerz abgelenkt wurde.

»Leben? Wie möchtest du leben?«, fragte die Stimme der Seele.

»Ja nun, leben, wie ich früher gelebt habe – gut und angenehm.«

»Wie? Du hast früher gut und angenehm gelebt?«, fragte die Stimme. Und in Gedanken begann er, die besten Augenblicke aus seinem angenehmen Leben herauszusuchen. Doch wie sonderbar: Alle diese besten Augenblicke seines angenehmen Lebens schienen ihm jetzt gar nicht mehr das zu sein, was sie ihn einstmals dünkten.

Das war der Fall mit seinem ganzen Lebenslauf, die ersten Erinnerungen aus der Kindheit abgesehen. Dort, in der Kindheit, lag tatsächlich etwas Angenehmes, womit er auch jetzt, hätte er zurückkehren können, zufrieden gewesen wäre. Doch jener Mensch, der dieses Angenehme empfunden hatte, war nicht mehr da, und es kam ihm wie die Erinnerung an einen andern vor.

Sobald seine Erinnerungen dort anknüpften, wo der jetzige Iwan Iljitsch zu sein angefangen hatte, verschwand alles, was ihm damals wie Freude erschienen war, vor seinen Augen und verwandelte sich in ein ganz unscheinbares, öfters auch widerliches Etwas.

Und je ferner von der Kindheit, je näher zur Gegenwart, desto nichtssagender und zweifelhafter wurden die Freuden. Das hatte noch in der Schule für Rechtswissenschaften angefangen. Dort gab es auch noch einiges wahrhaft Gutes; dort gab es Frohsinn, Freundschaft, Hoffnungen. In den höheren Klassen waren diese guten Augenblicke schon seltener. Später, während seiner ersten Dienstjahre beim Gouverneur, tauchten abermals angenehme Augenblicke auf: Das waren die Erinnerungen an die Liebe zu den Frauen. Dann wurde alles verworren und das Gute wurde immer seltener. Und je weiter, desto weniger und weniger kam das Gute zum Vorschein.

Die Heirat ... wie zufällig war sie doch gewesen, und dann die Enttäuschung, der üble Geruch aus dem Mund seiner Frau, und die Sinnlichkeit, und die Heuchelei! ›Und dieser tötende Dienst, und diese Sorgen ums liebe Geld, und stets dasselbe ein, zwei, zehn und zwanzig Jahre – stets dasselbe. Und je weiter, desto eintöniger. Als würde ich gleichmäßigen Schrittes bergab gehen und mir dabei einbilden, ich ginge bergauf. So war es auch. In den Augen der Gesellschaft ging ich bergauf, und in eben demselben Maße ging das Leben unter mir bergab ... Und nun bin ich am Ende und kann – sterben! ...

Was war es also? Wozu? Es ist nicht möglich. Es ist nicht möglich, daß das Leben so sinnlos, so abscheulich sein soll. Und wenn es wirklich so abscheulich und so sinnlos gewesen ist, weshalb dann sterben und noch im Sterben leiden müssen? Da ist etwas nicht in der Ordnung.

Vielleicht habe ich auch nicht so gelebt, wie ich sollte?‹, kam es ihm plötzlich in den Sinn. – »Wie wäre es aber möglich, da ich doch alles tat, wie es in der Gesellschaft verlangt wurde«, sagte er sich, und dann jagte er sofort diese einzige Lösung des Rätsels vom Leben und vom Tod als etwas ganz Unmögliches von sich fort.

»Was willst du also jetzt?«, fragte er sich. »Leben? Wie willst du leben? Willst du wie beim Gericht leben, da der Gerichtsdiener verkündet: ›Das Gericht kommt!‹ … das Gericht kommt, das Gericht kommt«, wiederholte er sich. »Da ist es schon! Ich bin ja nicht schuldig!«, rief er zornig aus. »Weshalb also?« – Er hörte auf zu weinen, kehrte sich zur Wand und begann, immer nur an ein und dasselbe zu denken: »Weshalb, wozu dieses ganze Entsetzen?«

Doch wie sehr er auch nachdenken mochte, er fand keine Antwort. Und wenn ihm, wie es oft geschah, der Gedanke kam, daß alles eben davon herrühre, weil er nicht so gelebt hatte, wie er sollte, dann kam ihm sofort das Ordnungsgemäße seines Lebens in den Sinn, und er jagte diesen sonderbaren Gedanken von sich weg.

X

Weitere zwei Wochen vergingen. Iwan Iljitsch konnte vom Diwan nicht mehr aufstehen. Er wollte nicht im Bett bleiben, und so lag er auf dem Diwan. Und während er beinahe die ganze Zeit mit dem Gesicht zur Wand gekehrt dalag, litt er einsam an den nicht zu enträtselnden Leiden, dachte er einsam an die nicht zu enträtselnden Gedanken. Was war es also? War es wirklich der Tod? Und eine innere Stimme sagte ihm: »Jawohl, er ist es.« – »Weshalb also diese Qualen?«, und die Stimme antwortete: »Ganz einfach so, ohne Grund.« – Darüber hinaus gab es sonst nichts.

Seit dem Beginn seiner Krankheit, von dem Moment an, da Iwan Iljitsch zum ersten Mal den Arzt besucht hatte, hatte sich sein Leben in zwei entgegengesetzte Stimmungen geteilt, die miteinander abwechselten: bald die Verzweiflung und die Erwartung des unbegreiflichen und entsetzlichen Todes, bald wiederum die Hoffnung und die gespannte Beobachtung der Funktionen seines Organismus. Bald waren es bloß eine Niere oder ein Darm, die sich eine Zeitlang weigerten, ihren Pflichten nachzukommen, bald war es der rätselhafte, entsetzliche Tod, vor dem nichts retten konnte.

Diese beiden Stimmungen lösten seit dem Beginn der Krankheit einander ab; je mehr Fortschritte aber die Krankheit machte, desto zweifelhafter und phantastischer wurden die Kombinationen über Niere und Darm, und desto ausgesprochener wurde das Bewußtsein des herannahenden Todes.

Es genügte ihm, daran zu denken, was er vor drei Monaten gewesen und was er jetzt war; sich daran zu erinnern, wie gleichmäßig er bergab ging, um jede Hoffnung auf Rettung zu zerstören.

In der letzten Zeit der Einsamkeit, in der er sich, mit dem Gesicht zur Diwanlehne gekehrt, befand, jener Einsamkeit inmitten der reich bevölkerten Stadt und seiner zahlreichen Bekannten und Familienangehörigen – jener Einsamkeit, die nirgends, weder unter der Erde noch auf dem Meeresgrund hätte größer sein können – in der letzten Zeit dieser entsetzlichen Einsamkeit lebte Iwan Iljitsch bloß durch die Erinnerungen an die Vergangenheit. Eines nach dem anderen erstanden vor ihm Bilder aus seiner Vergangenheit. Es fing stets beim Nächstliegenden an und näherte sich immer mehr der entferntesten Zeit, der Kindheit zu. Dachte Iwan Iljitsch an das gekochte Pflaumenmus, das man ihm heute zum Essen angeboten hatte, dann erinnerte er sich sofort an die rohen, gedörrten und runzeligen französischen Pflaumen aus der Kinderzeit, an ihren besonderen Geschmack und daran, wie schleimig sie um den Kern herum waren, und zugleich mit der Erinnerung an ihren Geschmack wurde eine ganze Kette von Erinnerungen aus jener Zeit wachgerufen: die Kinderfrau, der Bruder, das Spielzeug … »Nein, nein, nichts davon … es tut zu sehr weh«, sagte sich Iwan Iljitsch, und er übertrug seine Gedanken auf die Gegenwart. An der Diwanlehne fehlt ein Knopf, und der Saffian wirft Falten. Der Saffian ist teuer gewesen, er ist unpraktisch und er hat zu einem Streit Anlaß gegeben. Doch auch früher einmal gab es einen solchen Saffian und auch seinetwegen hatte es einen Streit gegeben: Das war damals, als wir Papas Brieftasche zerrissen hatten; wir wurden von ihm bestraft, Mama aber brachte uns Kuchen. Und so war Iwan Iljitsch abermals bei der Kindheit angelangt, es tat ihm abermals weh, und er bemühte sich, diese Erinnerungen zu verscheuchen und an andere Dinge zu denken.

Und nochmals reihte sich in seiner Seele neben dieser Kette von Erinnerungen eine Kette anderer Erinnerungen über den Anfang und die Entwicklung seiner Krankheit. Auch hier: Je weiter er zurückgriff, desto mehr Leben gab es und desto mehr Gutes und Schönes in diesem Leben. Und beide Gedankenreihen flossen ineinander. – ›Ganz ebenso wie die Qualen immer ärger und ärger werden, wurde auch das Leben selbst immer ärger und ärger‹, dachte er. Dort hinten, am Anfang der Lebensbahn glühte ein lichter Punkt, dann wurde es immer finsterer und finsterer, rascher und rascher. ›In entgegengesetzter Proportion zu der quadratischen Entfernung vom Tod‹, dachte Iwan Iljitsch. Und ihm kam das Beispiel von dem Stein in den Sinn, dessen Geschwindigkeit beim Heruntersausen in die Tiefe immer größer wird. Das Leben mit seiner Kette sich stets vergrößernder Leiden fliegt immer rascher dem Ende, der fürchterlichsten Qual entgegen. ›Ich fliege …‹ Er zuckte zusammen, bewegte sich, wollte sich wehren; doch er wußte bereits, daß er sich nicht wehren konnte, und abermals blickte er mit Augen, die vom Schauen müde geworden waren und die dennoch das, was vor ihm lag, sehen wollten, auf die Lehne des Diwans und wartete auf jenen fürchterlichen Sturz oder Stoß in die Tiefe und auf den Zusammenbruch. »Wehren kann man sich nicht«, sagte er sich. – »Wenn ich wenigstens begreifen könnte, weshalb das so ist? Auch das kann ich nicht. Es wäre erklärlich, wenn man sagen könnte, daß ich nicht so gelebt habe, wie ich sollte. Doch das kann unmöglich zugegeben werden«, sagte er sich, an die ganze Gesetzmäßigkeit, Regelmäßigkeit und Anständigkeit seines Lebens zurückdenkend.

»Das kann unmöglich zugegeben werden«, wiederholte er mit einem Lächeln auf den Lippen, als hätte jemand dieses Lächeln sehen und durch dasselbe getäuscht werden können. – »Es gibt keine Erklärung! Nichts als Qualen und der Tod … Weshalb?« …

XI

So vergingen zwei Wochen. In diesen Zeitraum fiel das von Iwan Iljitsch und von seiner Frau ersehnte Ereignis: Petrischtschew hielt offiziell um die Hand ihrer Tochter an. Das geschah eines Abends. Am nächsten Morgen kam Praskowja Feodorowna zu ihrem Mann und überlegte, auf welche Weise sie ihm den Heiratsantrag von Feodor Pjetrowitsch mitteilen solle. Sein Zustand jedoch hatte sich in jener Nacht verschlechtert, Praskowja Feodorowna fand ihn, noch immer auf dem Diwan hingestreckt, aber in einer anderen Lage. Er lag auf dem Rücken, stöhnte und sah mit starrem Blick vor sich hin.

Sie begann, von den Arzneien zu sprechen, kam aber mit dem, was sie sagen wollte, zu keinem Ende, denn in seinem strengen Blick lag eine gerade gegen sie gerichtete Erbitterung.

»Ich bitte dich um Himmels willen, laß mich in Ruhe sterben«, sagte er.

Sie wollte sich zurückziehen, da trat die Tochter herein und wünschte dem Vater einen guten Morgen. Er sah sie mit demselben Blick an wie zuvor seine Frau und antwortete auf ihre Frage über sein Befinden trocken, daß er sie alle bald von seiner Person befreien würde. Sie blieben beide ein Weilchen stumm sitzen und gingen hinaus.

»Woran sind wir eigentlich schuld?«, fragte Lisa ihre Mutter. »Papa benimmt sich so, als hätten wir seine Krankheit verschuldet. Er tut mir leid, aber weshalb quält er uns so sehr?«

Zur gewohnten Zeit kam auch der Doktor. Iwan Iljitsch beantwortete seine Fragen bloß mit »Ja« und »Nein«, sah ihn dabei unverwandt mit seinem erbosten Blick an und sagte schließlich:

»Sie wissen ja doch, daß mir nicht zu helfen ist, so lassen Sie mich doch wenigstens in Ruhe.«

»Wir können die Schmerzen lindern«, sagte der Arzt.

»Auch dazu sind Sie nicht imstande, lassen Sie mich.«

Der Doktor ging ins Wohnzimmer hinaus und teilte Praskowja Feodorowna mit, daß es sehr schlecht stehe und daß das Opium das einzige Mittel sei, um die Schmerzen, die entsetzlich sein müssen, zu lindern.

Der Doktor sagte von den physischen Schmerzen, daß sie entsetzlich sein müssen, und das war richtig; bei weitem entsetzlicher aber als die physischen Schmerzen waren die moralischen Leiden des Kranken, und eben darin lag für ihn die ärgste Qual.

Seine moralischen Leiden aber bestanden darin, daß ihm, als er während der letzten Nacht das verschlafene, gutmütige, derbe Gesicht von Gerassim betrachtete, plötzlich folgender Gedanke in den Sinn gekommen war: ›Wie, wenn mein ganzes Leben am Ende doch *nicht das* gewesen ist, was es hätte sein sollen?‹

Es kam ihm nun in den Sinn, daß dasjenige, was ihm früher eine absolute Unmöglichkeit geschienen hatte, nämlich daß er sein ganzes Leben nicht so gelebt hatte, wie er es hätte leben sollen, am Ende doch wahr sein könnte. Es kam ihm nun in den Sinn, daß all jene zaghaften Versuche eines Kampfes gegen dasjenige, was in der höchsten Gesellschaft als das einzig richtige anerkannt wurde, daß diese kaum merklichen Versuche gerade das richtige gewesen waren, alles übrige aber »nicht das richtige« war. Und auch sein Dienst und die ganze Art seiner Lebensweise und seine Familie und diese gesellschaftlichen und dienstlichen Interessen konnten möglicherweise

»nicht das richtige« sein. – Er bemühte sich, sich vor diesem Gedanken zu verteidigen. Und plötzlich fühlte er, wie hinfällig dasjenige war, was er verteidigen wollte. Es war überhaupt nichts mehr zum Verteidigen da.

»Wenn dem aber wirklich so ist und ich das Leben mit dem Bewußtsein verlassen muß, daß ich alles, was mir gegeben wurde, zugrunde gerichtet habe und daß ein Gutmachen unmöglich ist, was dann?« Er legte sich auf den Rücken und begann, sein Leben von einem neuen Standpunkt aus zu betrachten. Als er des Morgens den Diener, dann seine Frau und später seine Tochter und den Arzt betrachtet hatte, da hatte er in jeder ihrer Bewegungen, in jedem ihrer Worte eine Bestätigung jener entsetzlichen Wahrheit gefunden, die sich ihm in der Nacht offenbart hatte. In ihnen erblickte er sich selbst und alles, wodurch er gelebt hatte, und er sah nun klar, daß alles ein entsetzlicher, ungeheurer Betrug gewesen war, der das Leben und den Tod vor ihm verschleiert hatte. Dieses Bewußtsein vergrößerte und verzehnfachte seine physischen Leiden. Er stöhnte, warf sich unruhig hin und her, riß sich die Kleider vom Leib. Es kam ihm vor, als beengten und würgten sie ihn. Und er haßte sie deshalb.

Man gab ihm eine starke Dosis Opium, das betäubte ihn; gegen Mittag aber wiederholte sich der Zustand. Er jagte alle von sich weg und warf sich wild hin und her.

Seine Frau kam und sagte:

»Jean, mein Teurer, tu es mir zuliebe. Es kann nie schaden, hilft aber oft. Es ist ja eine Kleinigkeit. Auch ganz Gesunde tun es öfters.«

Er öffnete weit die Augen.

»Was? Mich versehen lassen? Wozu? Es ist nicht nötig! Übrigens …«

Sie fing an zu weinen.

»Bist du einverstanden, mein Lieber? Ich werde unsern Geistlichen rufen lassen. Er ist so liebevoll.«

»Gut, sehr gut«, sagte er.

Als der Geistliche kam und ihm die Beichte abnahm, da wurde es ihm so weich ums Herz, er glaubte, sich von seinen Zweifeln und infolgedessen auch von seinen Leiden erleichtert zu fühlen, und es überkamen ihn Momente der Hoffnung. Er begann wiederum, an den Blinddarm zu denken und an die Möglichkeit, ihn zu heilen.

Mit Tränen in den Augen empfing er das heilige Abendmahl.

Als man ihn dann wieder hinbettete, da fühlte er sich für einen Augenblick erleichtert und die Hoffnung auf Genesung flackerte wieder vor ihm auf. Er fing an, an eine Operation zu denken, die man ihm vorgeschlagen hatte. »Leben will ich, leben«, sagte er sich. Seine Frau kam, um ihn zu beglückwünschen; sie drückte ihre Wünsche in den üblichen Worten aus und fügte dann hinzu:

»Du fühlst dich jetzt besser, nicht wahr?«

Ohne sie anzublicken, antwortete er:

»Ja.«

Ihre Kleidung, ihre Gestalt, ihr Gesichtsausdruck, der Klang ihrer Stimme – alles sprach zu ihm dasselbe: »Nicht das richtige. Alles, wodurch du gelebt hast und noch lebst, ist – Lüge, Betrug, die vor dir das Leben und den Tod verschleiern.« Kaum aber war ihm dieser Gedanke gekommen, da erhob sich der Haß, und mit ihm kamen wieder die qualvollen physischen Leiden; mit den Leiden jedoch erhob sich erneut das Bewußtsein des unvermeidlichen, nahen Untergangs. Etwas Neues kam noch hinzu: Es begann an ihm zu bohren, zu stechen und ihm den Atem zu rauben.

Der Ausdruck seines Gesichts, als er das »Ja« ausgesprochen hatte, war entsetzlich. Nachdem er dieses »Ja« ausgesprochen hatte, blickte er ihr gerade ins Gesicht, drehte sich mit einer bei seiner Schwäche erstaunlichen Kraft mit dem Gesicht nach unten und fing an zu schreien:

»Geht fort, geht fort, laßt mich in Ruhe!«

XII

Von dieser Minute an begann jenes drei Tage anhaltende unaufhörliche Schreien, das so entsetzlich war, daß man es aus dem dritten Zimmer nicht ohne Schaudern hören konnte. In demselben Augenblick, als er seiner Frau geantwortet hatte, hatte er begriffen, daß er verloren war, daß es keine Rettung mehr gab, daß das Ende, das unaufschiebbare Ende gekommen war und daß die ungelösten Zweifel eben Zweifel bleiben würden.

»Ih! Ih! Ih!«, schrie er in verschiedenen Tonarten. Er hatte mit den Worten »Ich will nicht!« zu schreien angefangen und dann mit dem Laut »ih« das Schreien fortgesetzt.

Diese drei Tage, während welcher es für ihn keine Zeitdauer mehr gab, kämpfte er in jenem schwarzen Sack, durch den ihn eine unsichtbare, unüberwindliche Kraft hineinzwängen wollte. Er wehrte sich, wie ein zum Tode Verurteilter sich in den Händen des Henkers wehrt, wohl wissend, daß er sich nicht retten kann.

Von Minute zu Minute fühlte er, daß er sich immer mehr und mehr demjenigen näherte, wovor er sich so entsetzte. Er fühlte, daß seine Qual darin bestand, daß er in dieses finstere Loch gestoßen wurde, und noch mehr darin, daß er sich durch dasselbe nicht hindurchzwängen konnte. An Letzterem aber hinderte ihn eben sein Bekenntnis, daß sein Leben gut gewesen sei. Diese Rechtfertigung seiner Lebensweise war es eben, die sich an ihn klammerte, ihn nicht vorwärtskommen ließ und mehr als alles andere quälte.

Plötzlich wurde er von einer unsichtbaren Kraft in die Brust und in die Seiten gestoßen, seine Kehle schnürte sich noch mehr zusammen, er fiel in den Abgrund, und er erblickte in der Tiefe einen leuchtenden Punkt. Er hatte dieselbe Empfindung wie beim Fahren mit der Eisenbahn, wenn er im Waggon saß und es ihm schien, daß er vorwärtsfahre, während er rückwärts fuhr, und er dann plötzlich die tatsächliche Richtung erkannte.

»Jawohl, es war alles nicht das richtige«, sagte er sich, »das macht aber nichts. Man kann, man kann alles wiedergutmachen. Was aber ist denn das richtige?«, fragte er sich und er verstummte.

Es war am Ende des dritten Tages, zwei Stunden vor seinem Tod. Da war der kleine Gymnasiast leise in das Zimmer seines Vaters getreten und hatte sich dem Bett genähert. Der Sterbende schrie noch immer verzweifelt und schlug mit den Armen um sich. Eine Hand fiel auf den Kopf des Gymnasiasten. Der Gymnasiast ergriff sie, drückte sie fest an seine Lippen und fing an zu weinen.

Im selben Augenblick schien es Iwan Iljitsch, als würde er herunterstürzen, er erblickte das Licht und nun wurde ihm offenbar, daß sein Leben nicht dasjenige war, was es hätte sein sollen, daß es aber noch möglich war, es gutzumachen. Er fragte sich: »Was ist also dieses ›richtige‹?« – und er verstummte plötzlich und horchte auf. Da fühlte er, daß jemand seine Hand küßte. Er öffnete die Augen und erblickte seinen Sohn. Es wurde ihm leid um ihn. Seine Frau kam zu ihm. Er blickte sie an. Mit offenem Mund, die Wangen und die Nase von Tränen naß, sah sie ihn an mit dem Ausdruck der Verzweiflung. Es wurde ihm leid um sie.

›Jawohl, ich quäle sie‹, dachte er. ›Ich tue ihnen leid, es wird für sie aber besser sein, wenn ich gestorben sein werde.‹ Er wollte es sagen, fand aber die Kraft nicht, es auszusprechen. ›Übrigens, wozu sprechen, ich muß handeln‹, dachte er. Er zeigte der Frau mit dem Blick auf den Sohn und sagte:

»Führ ihn weg … leid … auch um dich …« Er wollte noch sagen: »Vergib«, sagte aber bloß: »…gib«, er fühlte nicht mehr die Kraft, sich zu verbessern, und machte nur eine Bewegung mit der Hand, überzeugt, daß er, der es verstehen sollte, ihn verstehen würde.

Und plötzlich wurde ihm klar, daß alles, was ihn bis dahin innerlich gequält hatte, sich nun Bahn gebrochen hatte und auf einmal von zwei, von zehn, von allen Seiten hervortrat. Sie tun ihm leid, und er muß handeln, damit sie nicht mehr zu leiden brauchen. Er muß sie und sich von diesen Leiden befreien.

›Wie gut und wie einfach ist es doch‹, dachte er. ›Und der Schmerz? Was soll ich mit ihm anfangen? Wo bist du, du Schmerz?‹, fragte er sich.

Und er begann zu lauschen.

›Da ist er ja. Nun, meinetwegen, er kann da sein.

Und der Tod? Wo ist er?‹

Er suchte nach der früheren ihm gewohnten Angst vor dem Tod, er fand sie nicht. ›Wo ist er? Welcher Tod?‹ Die Angst war nicht da, denn auch der Tod war nicht mehr da.

Anstelle des Todes war das Licht.

»Das ist es also!«, sagte er plötzlich laut. »Welche Wonne!«

Dieser ganze Umschwung hatte sich für ihn in einem Augenblick vollzogen, und die Bedeutung dieses Augenblicks änderte sich nicht mehr. Für die Anwesenden aber dauerte die Agonie noch zwei Stunden. In seiner Brust rasselte es, sein abgezehrter Körper zuckte zusammen. Dann wurde das Rasseln und Zucken immer seltener und seltener.

»Es ist mit ihm zu Ende!«, sagte jemand über ihm.

Er hörte diese Worte und wiederholte sie in seiner Seele. ›Zu Ende ist der Tod‹, sagte er sich. ›Er ist nicht mehr vorhanden.‹

Er sog die Luft in sich ein, blieb auf einem halben Seufzer stehen, streckte sich und war tot.

Die Kreutzersonate

»Ich aber sage euch: Wer ein Weib ansiehet, ihrer zu begehren, der hat schon mit ihr die Ehe gebrochen in seinem Herzen.« *(Matth. 5, 28)*

»Da sprachen die Jünger zu ihm: ›Stehet die Sache eines Mannes mit seinem Weibe also, so ist's nicht gut, ehelich werden.‹ Er sprach aber zu ihnen: ›Das Wort fasset nicht jedermann, sondern denen es gegeben ist.‹« *(Matth. 19, 10)*

I

Es war in den ersten Frühlingstagen. Wir fuhren schon den zweiten Tag. In unserem Waggon stiegen beständig Reisende für kurze Strecken ein und aus. Nur drei Passagiere waren, wie ich, seit der Abgangsstation im Wagen: eine nicht hübsche und nicht junge Dame mit abgespannten Zügen; sie rauchte und trug einen halbmännlichen Mantel und eine Mütze; ihr Begleiter, ein gesprächiger Herr von etwa vierzig Jahren in sorgfältiger, moderner Kleidung, und noch ein Mann, der sich abseits hielt. Er war sehr nervös, von kleinem Wuchs, noch nicht alt, sein krauses Haar war offenbar frühzeitig ergraut, seine Augen hatten einen ungewöhnlichen Glanz und schweiften unstet von einem Gegenstand zum anderen. Er trug einen alten Überrock mit einem Lammfellkragen, von einem vornehmen Schneider gearbeitet, und eine hohe Lammfellmütze. Wenn der Überrock nicht zugeknöpft war, sah man darunter eine Jacke und ein gesticktes russisches Hemd. Der Herr hatte auch die Eigentümlichkeit, von Zeit zu Zeit seltsame Töne von sich zu geben, die wie Hüsteln klangen oder wie ein schrill abgebrochenes Lachen.

Dieser Herr hatte während der ganzen Fahrt sorgfältig vermieden, mit den Mitreisenden zu plaudern und Bekanntschaft zu machen. Sprach ihn einer der Nachbarn an, so antwortete er kurz und schroff und las oder sah durch das Fenster und rauchte oder zog auch seinen Vorrat aus seiner alten Tasche, trank Tee oder aß.

Ich hatte die Empfindung, daß ihn seine Einsamkeit quälte, und ich versuchte zu wiederholten Malen mit ihm ein Gespräch anzuknüpfen; aber jedes Mal, wenn unsere Augen sich begegneten, was häufig geschah, da wir einander schräg gegenüber saßen, wandte er sich ab und griff nach seinem Buch oder sah zum Fenster hinaus.

Als der Zug am Abend des zweiten Tages an einer großen Station hielt, holte sich der nervöse Herr heißes Wasser und bereitete sich Tee. Der sorgfältig gekleidete Herr aber, ein Advokat, wie ich nachher erfuhr, begab sich mit seiner Nachbarin, der rauchenden Dame in dem halbmännlichen Mantel, nach den Wartesälen, um ein Glas Tee zu nehmen.

Während der Abwesenheit des Herrn und der Dame stiegen einige neue Personen in unseren Wagen. Unter ihnen auch ein hoch gewachsener, glatt rasierter alter Herr mit runzligem Gesicht, dem Aussehen nach ein Kaufmann; er trug einen Iltispelz und auf dem Kopf eine Tuchmütze mit einem ungeheuren Schirm. Der Kaufmann nahm der Dame und dem Advokaten gegenüber Platz und knüpfte sofort eine Unterhaltung mit einem jungen Menschen an, der den Eindruck eines Handlungsgehilfen machte und der an derselben Station eingestiegen war.

Ich saß schräg gegenüber, und da der Zug stand, konnte ich in solchen Augenblicken, wo niemand vorüberging, Bruchstücke ihrer Unterhaltung hören. Der Kaufmann machte zunächst die Bemerkung, er reise auf sein Gut, das nur eine Station entfernt sei; dann kamen sie, wie gewöhnlich, auf Preise, auf den Handel, sprachen, wie gewöhnlich, vom Stand des Moskauer Geschäfts und berührten die Messe in Nischnij-Nowgorod. Der Kommis wollte von Zechgelagen eines gemeinsamen Bekannten, eines reichen Kaufmanns, während der Meßzeit erzählen, aber der Alte ließ ihn nicht zu Ende reden und erzählte selber von früheren Zechgelagen in Kunawin, die er selbst mitgemacht hatte. Er tat sich offenbar viel zu gut darauf und erzählte mit sichtlicher Freude, wie er einst in Kunawin betrunken mit demselben Bekannten eine Geschichte ausgeführt hätte, die er nur im Flüsterton erzählen könnte. Die Geschichte rief ein lautes Gelächter des Kommis hervor, auch der Alte begann zu lachen, indem er zwei gelbe Zähne zeigte. Das Gespräch interessierte mich nicht, ich erhob mich und verließ den Wagen, um mir bis zum Abgang des Zuges ein wenig Bewegung zu verschaffen. In der Tür kamen mir der Advokat und die Dame in lebhafter Unterhaltung entgegen.

»Beeilen Sie sich!«, sagte der Advokat freundlich zu mir. »Es wird bald zum zweiten Mal geläutet.«

Und wirklich, kaum hatte ich den letzten Waggon erreicht, als die Stationsglocke ertönte. Als ich wieder einstieg, fand ich den Advokaten mit seiner Dame wieder in lebhafter Unterhaltung. Der alte Kaufmann saß ihnen schweigend gegenüber; er sah düster vor sich hin und bewegte von Zeit zu Zeit mißbilligend seine Lippen.

»… Sie erklärte also ihrem Mann kurz und bündig«, sagte lächelnd der Advokat, gerade als ich an ihm vorüberkam, »daß sie mit ihm nicht zusammenleben könne und wolle, da …« Weiter konnte ich nichts vernehmen, da der Zugführer und neue Passagiere in den Wagen kamen, ein Arbeiter eilig hereintrat, so daß eine Zeit lang ein Geräusch war, durch das man nichts hören konnte. Als wieder Ruhe eingetreten war und ich wieder die Stimme des Advokaten hören konnte, schien das Gespräch schon von dem Einzelfall zu allgemeinen Betrachtungen übergegangen zu sein.

Der Advokat meinte, die Frage der Scheidung beschäftige jetzt die öffentliche Meinung in Europa, und bei uns kämen nun auch immer häufiger solche Fälle vor. Da merkte er, daß man nur seine Stimme hörte; er brach mitten in seiner Rede ab und wandte sich zu dem alten Herrn.

»In alten Zeiten war das anders, nicht wahr?«, sagte der Advokat mit freundlichem Lächeln. Der Alte wollte antworten, aber in diesem Augenblick setzte sich der Zug in Bewegung. Der Alte nahm die Mütze vom Kopf, bekreuzigte sich und sprach leise ein Gebet. Der Advokat blickte nach einer anderen Richtung und wartete höflich ab. Der Alte schloß sein Gebet und schlug ein dreimaliges Kreuz, dann setzte er seine Mütze fest, tief in die Stirn, rückte sich auf seinem Sitz zurecht und sagte:

»Gewiß, Herr, auch früher kam es vor, aber seltener. In unserer Zeit kann es nicht anders kommen, die Menschen sind zu gebildet.«

Der Zug, der immer schneller und schneller fuhr, polterte über die Geleise, und ich konnte nichts hören – und doch hätte ich gern gewußt, was der Alte sagen würde, ich setzte mich also näher zu ihm heran. Mein Nachbar, der nervöse Herr mit den glänzenden Augen, schien sich auch für die Unterhaltung zu interessieren, und er hörte aufmerksam zu, ohne jedoch seinen Platz zu verlassen.

»Wie kann denn aber die Bildung schlimm sein?«, sagte die Dame mit einem kaum merklichen Lächeln. »Ist es etwa besser, so zu heiraten wie vor Zeiten, wo Bräutigam und Braut einander nicht einmal gesehen hatten?«, fuhr sie fort, indem sie nach der Gewohnheit vieler Damen nicht auf die gestellte Frage antwortete, sondern auf das, was er, nach ihrer Meinung, hätte sagen müssen. »Sie wußten nicht, ob sie sich lieben, ob sie sich je würden lieben können, sie heirateten den ersten besten und quälten sich das ganze Leben hindurch – war das vielleicht nach Ihrer Meinung besser?«, sagte sie, ihre Rede mehr an mich und den Advokaten richtend als an den alten Mann, mit dem sie die Unterhaltung führte.

»Die Leute sind schon zu gebildet«, wiederholte der Kaufmann, indem er die Dame verächtlich ansah und ihre Frage unbeantwortet ließ.

»Es wäre interessant zu wissen, wie Sie den Zusammenhang zwischen der Bildung und der Disharmonie im Eheleben erklären wollen«, sagte der Advokat, kaum wahrnehmbar lächelnd.

Der Kaufmann wollte etwas sagen, aber die Dame unterbrach ihn.

»Nein, jene Zeiten sind vorüber«, sagte sie, aber der Advokat fiel ihr ins Wort:

»Lassen Sie, bitte, den Herrn seinen Gedanken aussprechen.«

»Dummheiten kommen von der Bildung«, sagte der Alte kurz und entschieden.

»Man verheiratet zwei Leute miteinander, die sich nicht lieben, und dann wundert man sich, wenn sie nicht in Eintracht leben«, beeilte sich die Dame zu sagen, indem sie dem Advokaten und mir und selbst dem Kommis, der von seinem Platz aufgestanden und, auf die Lehne gestützt, dem Gespräch lachend gefolgt war, einen Blick zuwarf.

»Nur Tiere lassen sich paaren, wie ihr Besitzer will, Menschen aber haben ihre Neigungen, ihre Vorlieben«, sagte die Dame, die offenbar den Kaufmann herausfordern wollte.

»Ein Irrtum, Gnädigste, ein Irrtum«, versetzte der Alte, »Tier – ist Vieh, dem Menschen aber ward ein Gesetz gegeben.«

»Aber wie soll man mit einem Mann zusammenleben ohne Liebe«, sprach die Dame weiter ihre Ansichten aus, die sie wahrscheinlich für ganz neu hielt.

»Früher dachte man nicht an so etwas«, sagte der Alte mit eindringlicher Betonung. »Jetzt erst ist es Mode, sowie etwas vorkommt – gleich sagt die Frau: ›Ich verlasse dich.‹ Selbst die Bauern haben diese Mode bei sich eingeführt. ›Da‹, sagt sie, ›hast du deine Siebensachen, ich gehe zu Wanjka, der hat schönere Locken als du.‹ Was hilft da alles Reden! Die Frau muß vor allen Dingen Furcht haben.«

Der Kommis schaute den Advokaten, die Dame und mich an, während er anscheinend sich bemühte, das Lachen zu unterdrücken, und jederzeit bereit war, die Worte des Kaufmanns zu belächeln oder gutzuheißen, je nachdem wie wir sie aufnehmen würden.

»Was nennen Sie Furcht?«, fragte die Dame.

»Sehr einfach, die Frau soll ihren Ma-a-ann fürchten. Die Furcht mein' ich.«

»Ja, lieber Herr, die Zeiten sind vorüber!«, sagte die Dame mit einer gewissen Gereiztheit.

»O nein, Gnädigste, diese Zeiten können nicht vorüber sein. Wie Eva, die erste Frau, aus der Rippe des Mannes geschaffen war, so wird es auch bis zum Ende aller Zeiten bleiben«, sagte der Alte, so ernst und triumphierend den Kopf schüttelnd, daß der Kommis sofort zu dem Schluß kam, der Sieg sei auf der Seite des Kaufmanns, und laut auflachte.

»So urteilt ihr Männer«, sprach die Dame, ohne nachzugeben, und sah uns dabei an. »Euch selber habt ihr die Freiheit gegeben, und die Frauen wollt ihr unter Schloß und Riegel halten? Euch selber erlaubt ihr alles?«

»Erlauben kann niemand etwas; aber der Mann bringt nichts ins Haus. Die Frau aber, die Gattin – ist ein zerbrechliches Gefäß«, fuhr der Kaufmann eindringlich fort. Die eindringliche Redeweise des Kaufmanns schien die Zuhörer zu überzeugen, und die Dame fühlte sich sogar in die Enge getrieben, aber sie gab noch immer nicht nach.

»Ja, aber ich meine, Sie werden zugeben müssen, daß das Weib ebenfalls ein Mensch ist und Empfindungen hat wie der Mann. Was soll sie nun tun, wenn sie ihren Mann nicht liebt?«

»Nicht liebt?«, wiederholte drohend der Kaufmann, Augenbrauen und Lippen bewegend. »Sie wird ihn lieb gewinnen.«

Dieses überraschende Argument gefiel dem Kommis ganz besonders, und er ließ ein beifälliges Murmeln hören.

»O nein, sie wird ihn nicht lieb gewinnen«, versetzte die Dame. »Und wo die Liebe nicht ist, kann man sie nicht erzwingen.«

»Nun, wenn aber die Frau ihrem Mann untreu wird, was dann?«, fragte der Advokat.

»Das darf nicht vorkommen«, sagte der Alte. »Da muß man die Augen offen haben.«

»Und wenn es doch geschieht, was dann? Es kommt ja doch vor.«

»Woanders kommt es vor, aber bei uns kommt es nicht vor«, sagte der Alte.

Alle schwiegen. Der Kommis machte eine Bewegung, rückte näher heran, und da er anscheinend nicht hinter den anderen zurückbleiben wollte, begann er lächelnd:

»Ja, bei einem guten Freund von uns ist es zu einem Skandal gekommen, und es ist schwer zu sagen, wer schuld hat. Das Schicksal gab ihm ein liederliches Weib, und die machte ihm tolle Streiche. Der Mann war anständig und intelligent. Erst begann sie mit dem Buchhalter. Der Mann sprach ihr ins Gewissen. Sie blieb dabei. Sie trieb allerlei böse Streiche. Geld stahl sie ihrem Mann. Er schlug sie. Und was geschah? Sie trieb's nur immer ärger. Mit einem Ungetauften, mit einem Juden, mit Verlaub zu sagen, machte sie allerlei Stückchen. Was sollte er tun? Er ließ sie laufen. Und so lebt er nun unbeweibt. Und sie treibt sich herum.«

»Weil er ein Dummkopf ist«, sagte der Alte. »Hätte er gleich von Anfang an richtig die Zügel ergriffen, sie wäre schon bei ihm geblieben. Gleich anfangs die Zügel anziehen. Traue nicht dem Füllen auf dem Feld, dem Weib nicht im Haus.«

Da trat der Schaffner ein und verlangte die Fahrkarten zur nächsten Station. Der Alte gab sein Billett ab.

»Ja, zur rechten Zeit muß man die Weiber kurz halten, sonst ist's vorbei.«

»Und Sie selber haben uns doch eben erzählt, wie die verheirateten Männer sich während der Messe in Kunawin mit hübschen Weibern amüsieren«, sagte ich. Ich konnte es nicht unterdrücken.

»Das ist ein anderes Kapitel«, versetzte schroff der Kaufmann und versank in Schweigen.

Als die Pfeife ertönte, erhob sich der Kaufmann, zog seine Reisetasche unter der Bank hervor, schlug den Pelz zusammen, lüftete die Mütze und verließ den Wagen.

II

Kaum war der Alte fort, so begann ein lebhaftes Gespräch.

»Ein Meergreis aus dem Alten Testament«, sagte der Kommis.

»Der leibhaftige Domostroi[1]«, sagte die Dame. »Wunderliche Begriffe von Frauen und Ehe.«

»So ist's. Wir sind noch weit entfernt von den europäischen Anschauungen über die Ehe«, bemerkte der Advokat.

»Die Hauptsache ist doch, was solche Leute nicht begreifen«, sagte die Dame. »Daß nur die Liebe die Ehe heiligt und daß die wahre Ehe nur die ist, die von der Liebe geheiligt wird.«

Der Kommis horchte lächelnd zu und gab sich Mühe, so viel als möglich von den klugen Gesprächen zu behalten, um es einmal zu verwenden.

Mitten in die Rede der Dame klang ein Ton hinein wie von abgerissenem Lachen oder Seufzen. Wir sahen uns um und bemerkten, daß unser Reisegefährte, der graue, einsame Herr mit den glänzenden Augen während des Gesprächs, das ihn offenbar interessiert hatte, unbemerkt zu uns herangekommen war. Er stand da, die Arme auf die Lehne der Bank gestützt, und schien sehr erregt zu sein. Sein Gesicht war rot, und seine Gesichtsmuskeln bebten.

»Was ist denn das für eine Liebe … Liebe … die die Ehe heiligt?«, sagte er stockend.

Die Dame hatte bemerkt, wie aufgeregt ihr Gegenüber war, und gab sich Mühe, so freundlich und rücksichtsvoll wie möglich zu antworten.

[1] Der Domostroi ist ein Buch über Lebensführung aus dem XVI. Jahrhundert, in welchem der Frau eine dem Mann gänzlich untergeordnete Stellung angewiesen wird.

»Die wahre Liebe … Ist diese Liebe zwischen Mann und Frau, dann ist auch die Ehe möglich«, sagte die Dame.

»Schön, aber was versteht man unter wahrer Liebe?«, sagte der Herr mit den glänzenden Augen, scheu und mit verlegenem Lächeln.

»Wer weiß nicht, was Liebe ist«, sagte die Dame, die offenbar den Wunsch hatte, das Gespräch abzubrechen.

»Ich weiß es nicht«, sagte der Herr, »Sie müssen deutlich erklären, was Sie darunter verstehen.«

»Sehr einfach«, versetzte die Dame, begann aber doch nachzudenken. »Die Liebe … die Liebe ist die ausschließliche Bevorzugung eines Mannes oder einer Frau vor allen anderen.«

»Eine Bevorzugung – auf wie lange? Auf einen Monat? Auf zwei Stunden oder auf eine halbe Stunde?«, fragte der graue Herr und lachte.

»Oh, ich bitte um Verzeihung, Sie sprechen wohl von etwas anderem.«

»Keineswegs, ich spreche von nichts anderem.«

»Sie meinen«, mischte sich der Advokat ein und zeigte dabei auf die Dame hin, »die Ehe müsse hervorgehen erstens aus einer Herzensneigung, aus einer Liebe, wenn Sie wollen, und nur in diesem Fall stelle die Ehe etwas sozusagen Heiliges dar, und ferner, daß jede Ehe, der nicht wahrhaftige Zuneigung, Liebe, wenn Sie wollen, zugrunde liegt, nichts sittlich Verpflichtendes in sich hat. Verstehe ich Sie recht?«, wandte er sich an die Dame.

Die Dame drückte durch eine Kopfbewegung ihre Zustimmung zu dieser Erklärung ihres Gedankengangs aus.

»Ferner …«, wollte der Advokat in seiner Rede fortfahren, aber der nervöse Herr, dessen Augen jetzt wie Feuer glühten, beherrschte sich, wie es schien, nur mit Mühe und begann, ohne den Advokaten aussprechen zu lassen:

»Keineswegs, ich spreche von nichts anderem, ich spreche von der Bevorzugung eines Mannes oder einer Frau vor allen anderen; ich frage nur, wie lange dauert die Bevorzugung?«

»Wie lange? Sehr lange, oft das ganze Leben«, sagte die Dame und zuckte die Achseln.

»Das kommt ja doch nur in Romanen vor, im Leben – niemals! Im Leben dauert diese Bevorzugung eines einzelnen vor allen anderen einige Jahre, und das ist sehr selten, häufiger Monate, ja Wochen, Tage, Stunden.«

»Ach, warum gar nicht! Nicht doch … Aber nein, erlauben Sie nur«, sagten wir alle drei auf einmal. Selbst der Kommis ließ einen mißbilligenden Ton vernehmen.

»Ja, ja, ich weiß es«, überschrie uns alle der graue Herr. »Sie sprechen von dem, was für bestehend gilt, und ich spreche von dem, was besteht. Jeder Mann empfindet, was Sie Liebe nennen, für jede hübsche Frau.«

»Ach, das ist schrecklich, was Sie da sagen. Es gibt doch unter Menschen ein Gefühl, das man Liebe nennt und das nicht Monate und Jahre, sondern das ganze Leben währt?«

»Nein, durchaus nicht. Zugegeben, selbst wenn der Mann eine bestimmte Frau für das ganze Leben vorziehen würde, so wird doch die Frau, aller Wahrscheinlichkeit nach, einen anderen vorziehen – und so war es immer in der Welt, und so wird es bleiben«, sagte er; dann zog er eine Zigarette heraus und begann zu rauchen.

»Das Gefühl kann doch auch gegenseitig sein«, sagte der Advokat.

»Nein, das ist unmöglich; wie es nicht möglich ist, daß in einem Wagen voll Erbsen zwei vorher bezeichnete Körner nebeneinander zu liegen kämen. Außerdem handelt es sich bloß um eine Unwahrscheinlichkeit, hier wirkt sicher Übersättigung mit«, sagte er und machte einen kräftigen Zug. »Sein Leben lang eine Frau oder einen Mann lieben – heißt so viel wie zu behaupten, daß eine Kerze das ganze Leben brennen kann.«

»Aber Sie sprechen immer nur von der sinnlichen Liebe. Erkennen Sie denn nicht eine Liebe an, die auf der Einheit der Ideale, auf Wahlverwandtschaft gegründet wäre«, sagte die Dame.

»Wahlverwandtschaft! Einheit der Ideale!«, wiederholte er und gab wieder seinen Laut von sich. »Warum denn dann aber zusammen schlafen (verzeihen Sie den derben Ausdruck)! Also um der Einheit der Ideale willen legen sich die Menschen zusammen schlafen!«, sagte er und lachte nervös auf.

»Aber gestatten Sie«, sagte der Advokat. »Die Tatsachen widersprechen dem, was Sie sagen; wir sehen ja, daß Ehen existieren, daß die ganze Menschheit, oder die Mehrheit der Menschen, ein Eheleben führt und daß viele ein langjähriges Eheleben ehrlich miteinander durchleben.«

Der nervöse Herr lachte wieder.

»Sie sagen, die Menschen gründen die Ehe auf der Liebe. Wenn ich aber meine Zweifel an dem Bestehen einer Liebe, außer der sinnlichen, ausspreche, beweisen Sie mir die Existenz der Liebe durch die Existenz der Ehen. Die Ehen sind ja doch aber in unseren Zeiten ein Betrug.«

»Durchaus nicht, verzeihen Sie«, sagte der Advokat. »Ich behaupte nur, daß die Ehen existiert haben und noch existieren.«

»Existieren! Aber warum existieren sie? Sie haben existiert und existieren bei den Menschen, die in der Ehe etwas Geheimnisvolles sehen: ein Sakrament, das vor Gott verpflichtet. Diese Menschen haben eine Ehe. Wir anderen heiraten und sehen in der Ehe nur eine Paarung, das Resultat ist Betrug oder Gewalt. Ist es Betrug, so wird es leichter ertragen. Mann und Frau lügen nur den Menschen vor, daß sie in der Einehe leben. Sie leben aber in Vielweiberei und Vielmännerei. Das ist schlecht, aber es geht noch; wenn aber, wie es am häufigsten der Fall ist, Mann und Frau die äußerliche Verpflichtung auf sich genommen haben, ihr ganzes Leben miteinander zu verleben, und schon vom zweiten Monat an einander hassen und wünschen, sich voneinander zu trennen, und dennoch zusammenleben, dann entsteht jene schreckliche Hölle, in welcher Trunk, Mord, Totschlag, Gift- und Selbstmord herrschen«, sagte er. Seine Rede wurde immer schneller, sein Wesen immer erregter, so daß niemand ein Wort der Erwiderung einwerfen konnte. Es trat eine Verlegenheit ein.

»Ja gewiß, es gibt kritische Episoden im Eheleben«, sagte der Advokat, um dem anstößigen und hitzigen Gespräch ein Ende zu machen.

»Sie haben mich erkannt, wie ich sehe«, sagte der graue Herr leise und mit scheinbarer Ruhe.

»Nein, ich habe nicht das Vergnügen …«

»Man kann es wohl kaum ein Vergnügen nennen. Mein Name ist Posdnyschow, der Mann mit dem kritischen Fall, auf den sie eben angespielt haben, mit dem Fall, daß er seine Frau getötet hat«, sagte er und ließ die Augen blitzschnell über uns hinschweifen.

Niemand wußte darauf etwas zu sagen, und alle schwiegen.

»Nun, gleichviel«, sagte er und gab wieder seinen Laut von sich. »Übrigens bitte ich um Verzeihung. Ich will nicht stören.«

»Aber nicht doch, bitte sehr …«, sagte der Advokat, ohne recht zu wissen, was da zu »bitten« war.

Posdnyschow aber kehrte sich nicht daran, er wandte sich um und ging wieder auf seinen Platz.

Der Herr und die Dame sprachen leise miteinander. Ich saß neben Posdnyschow und schwieg, denn ich wußte nicht recht, was ich sagen sollte. Zum Lesen war es zu dunkel, darum schloß ich die Augen und tat, als ob ich schlafen wollte. So fuhren wir schweigend bis zur nächsten Station.

Auf dieser Station stiegen der Herr und die Dame in einen anderen Wagen. Sie hatten das schon vorher mit dem Schaffner besprochen. Der Kommis legte sich auf der Bank zurecht und schlief. Posdnyschow rauchte immer weiter und trank seinen Tee, den er sich schon auf der früheren Station bereitet hatte.

Als ich die Augen öffnete und ihn ansah, wandte er sich plötzlich energisch und erregt an mich:

»Ihnen ist wohl meine Gesellschaft nicht angenehm, nachdem Sie wissen, wer ich bin? Dann kann ich hinausgehen.«

»Nicht doch, ich bitte Sie!«

»Ein Glas Tee gefällig? Er ist aber sehr stark.«

Er goß mir ein Glas ein.

»Was die sprechen! Alles Lüge.«

»Hm, wovon sprechen Sie?«, fragte ich.

»Immer noch von demselben Gegenstand, von dem was *die* Liebe nennen. – Wollen Sie nicht schlafen?«

»Nein, ich bin gar nicht müde.«

»Wenn Sie gestatten, so erzähle ich Ihnen, wie ich gerade durch diese Liebe zu dem gekommen bin, was ich erlebt habe.«

»Wenn es Ihnen nicht peinlich ist?«

»Nein, mir ist das Schweigen peinlich. Trinken Sie doch Ihren Tee … oder ist er Ihnen zu stark?«

Der Tee war wirklich wie Bier, ich trank aber doch mein Glas aus. In diesem Augenblick ging der Schaffner durch den Wagen. Er verfolgte ihn schweigend mit bösen Blicken und begann erst, als der Mann fort war.

III

»Gut, ich will Ihnen also erzählen … Sie wollen doch aber wirklich?«

Ich wiederhole noch einmal, daß ich gern hören wollte. Er hielt inne, fuhr mit der Hand über das Gesicht und begann:

»Erzählt man einmal, so muß man alles erzählen, von Anfang an: Ich will also erzählen, wie und warum ich geheiratet und wie ich bis zu meiner Heirat gelebt habe. Ich lebte vor meiner Heirat wie alle leben, d.h. in unserem Gesellschaftskreis. Ich bin Gutsbesitzer, Kandidat der Universität und war Adelsmarschall. Ich führte bis zu meiner Heirat ein Leben, wie es alle Menschen unserer Kreise führen, d.h. ein ausschweifendes, und war, wie alle Menschen aus unseren Kreisen, während dieses ausschweifenden Lebens überzeugt, daß ich lebe, wie der Mensch leben muß. Ich hatte von mir die Meinung, ich sei ein lieber Kerl, ich sei ein vollkommen sittlicher Mensch. Ich war kein Verführer, hatte keine unnatürlichen Neigungen, Genuß war nicht das Hauptziel meines Lebens wie bei vielen meiner Altersgenossen, ich huldigte der Ausschweifung maßvoll, anständig, aus Gesundheitsrücksichten. Ich vermied die Frauen, die mich durch ein Kind oder durch Anhänglichkeit an meine Person hätten fesseln können. Übrigens ist es möglich, daß Kinder und Anhänglichkeit wohl vorhanden waren, aber ich tat, als wären sie nicht vorhanden … Und das hielt ich nicht bloß für sittlich, ich rühmte mich dessen …«

Er hielt inne und gab seinen Laut von sich, wie er immer tat, wenn ihm, wie man beobachten konnte, ein neuer Gedanke kam.

»Und darin liegt ja gerade die Hauptgemeinheit«, schrie er auf. »Die Ausschweifung besteht ja nicht in etwas Physischem – physische Unanständigkeit ist noch lange keine Ausschweifung – Ausschweifung, das, was man mit Recht Ausschweifung nennt, besteht darin, daß man sich selbst von jeglicher moralischen Beziehung von der Frau befreit, mit der man in physischen Verkehr tritt. Und aus dieser Selbstbefreiung machte ich mir ein Verdienst. Ich erinnere mich, wie es mich einmal quälte, als ich nicht die Möglichkeit gehabt hatte, einem Weib zu zahlen, die sich mir wahrscheinlich aus Liebe hingegeben hatte. Ich beruhigte mich erst, als ich ihr Geld geschickt und ihr dadurch gezeigt hatte, daß ich mich moralisch ihr gegenüber nicht im geringsten verbunden fühlte …«

»Nicken Sie nicht mit dem Kopf, als stimmten Sie mir zu!«, schrie er mich plötzlich an. »Ich kenne das Lied schon. Sie alle, auch Sie, haben im besten Fall, wenn Sie nicht eine seltene Ausnahme sind, dieselben Anschauungen, die ich hatte. Nun, gleichviel, nehmen Sie mir's nicht übel«, fuhr er fort, »aber die Sache ist schrecklich, schrecklich, schrecklich!«

»Was ist schrecklich?«, fragte ich.

»Dieses Labyrinth von falschen Anschauungen in Bezug auf die Frauen und unserem Verhältnis zu ihnen, in dem wir leben. Oh, ich kann nicht ruhig von diesen Dingen sprechen; nicht etwa, weil mir der ›kritische Fall‹ zugestoßen ist, wie der da gesagt hat, sondern weil mir seit der Zeit, da dieser Fall mir zugestoßen ist, die Augen aufgegangen sind und ich alles in einem ganz anderen Licht sehe – in dem ganz entgegengesetzten, ganz entgegengesetzten! …«

Er zündete sich eine Zigarette an, stützte die Ellbogen auf die Knie und begann zu erzählen.

In der Dunkelheit konnte ich sein Gesicht nicht sehen, ich hörte nur durch das Poltern der Bahn hindurch seine eindringliche und wohlklingende Stimme.

IV

»Ja, ja, nur nachdem ich erduldet, was ich erduldet habe – nur dank dieser Leiden begriff ich, wo die Wurzel allen Übels ist, begriff ich, wie es sein sollte, und erkannte die ganze Abscheulichkeit des Bestehenden. Und nun, bitte ich, merken Sie auf, wie und wann das begann, was zu diesem Fall geführt hat. Es begann, als ich noch nicht ganz sechzehn Jahre alt war. Da geschah es, als ich noch am Gymnasium war und mein älterer Bruder das erste Jahr die Universität besuchte. Ich kannte die Weiber noch nicht, aber ich war, wie alle die unglücklichen Kinder unserer Kreise, kein unschuldiger Knabe mehr. Schon über ein Jahr war ich durch meine lieben Mitschüler verderbt; schon peinigte mich die Frau, nicht eine bestimmte Frau, sondern die Frau als ein süßes Etwas – die Frauen, jede Frau, die Vorstellung der nackten Frau. Mein Alleinsein war nicht mehr rein. Ich quälte mich wie sich neunundneunzig von hundert unter unseren Knaben quälen. Ich entsetzte mich, ich litt, ich betete – und fiel immer wieder zurück. Ich war schon verderbt in meiner Einbildung und in der Wirklichkeit, aber der äußerste Schritt war noch nicht getan. Ich allein ging dem sittlichen Untergang entgegen; noch hatte ich nicht Hand angelegt an ein zweites menschliches Wesen. Da kam ein Freund meines Bruders, ein lustiger Studio, ein so genannter guter Kerl, d.h. der schlimmste Nichtsnutz, und lehrte uns Trinken und Karten spielen; und einmal, nach einer flotten Kneiperei, überredete er uns, ›dahin‹ zu gehen. Wir gingen hin. Mein Bruder war auch noch unschuldig; er fiel in dieser Nacht. Und ich, der fünfzehnjährige unreife Bursche, beschmutzte mich und trug zur Beschmutzung des Weibes bei, ohne zu ahnen, was ich tat. Hatte mir doch keiner von den Älteren gesagt, daß das, was ich tat, häßlich sei. Auch jetzt wird das keinem gesagt werden. Gewiß, es steht in den zehn Geboten. Aber die zehn Gebote braucht man doch nur, um bei der Prüfung dem Geistlichen zu antworten, und auch das war nicht besonders wichtig, lange nicht so wichtig, wie die heiligen Vorschriften vom Gebrauch des ›ut‹ im Bedingungssatz. So hatte ich von den älteren Leuten, deren Meinung ich schätzte, ja von keinem Menschen in der Welt je gehört, daß das häßlich sei; im Gegenteil, von den Leuten, die ich schätzte, hörte ich, daß es gut sei. Ich hatte gehört, daß meine Kämpfe und Leiden sich vermindern würden – nachher; ich hatte es gehört und gelesen. Ich hatte von den Älteren gehört, daß es der Gesundheit dienlich sein würde; von den Kollegen hatte ich gehört, daß darin etwas Verdienstliches, etwas Flottes liege. So sah niemand etwas anderes darin als Gutes. Die Gefahr einer Krankheit? Dafür ist ja auch gesorgt. Die Aufsichtsbehörde trifft ihre Schutzmaßregeln. Sie überwacht die geordnete Tätigkeit der öffentlichen Häuser und sichert die Ausschweifung der Gymnasiasten gegen Gefahr. Und die Ärzte werden bezahlt für die Überwachung. Vollkommen in Ordnung. Sie behaupten, die Ausschweifung ist der Gesundheit zuträglich, und so sorgen sie auch für eine geregelte, geordnete Ausschweifung. Ich kenne Mütter, die in diesem Sinne für die Gesundheit ihrer Söhne sorgen. Auch die Wissenschaft rät ihnen, die öffentlichen Häuser zu besuchen.«

»Wieso die Wissenschaft?«, fragte ich.

»Was sind denn die Ärzte? – Priester der Wissenschaft. Wer verdirbt die jungen Leute, wer behauptet, es sei der Gesundheit zuträglich? – Sie! Wollte man nur ein Hundertstel der Bemühungen, die man zur Heilung der Syphilis aufwendet, an die Ausrottung der

Ausschweifung wenden, es gäbe längst keine Syphilis mehr. Und nun macht man Anstrengungen nicht zur Ausrottung der Ausschweifung, sondern zu ihrer Förderung, zur Sicherung der Gefahrlosigkeit der Ausschweifung. –

Doch nicht davon wollte ich sprechen, ich wollte nur sagen, daß mir, ebenso wie neun Zehnteln unserer Gesellschaftskreise und darüber, ja aller Menschen, selbst der Bauern, das Schreckliche geschah, daß ich fiel. Nicht weil ich dem natürlichen, verführerischen Zauber einer bestimmten Frau unterlag. Nein, kein Weib hat mich verführt. Ich fiel, weil mein Gesellschaftskreis, in dem, was bei mir ein Fallen war, teils das gesetzliche und nützliche Erleichterungsmittel für die Gesundheit sah, teils den natürlichsten und nicht bloß verzeihlichen, sondern sogar unschuldigsten Zeitvertreib für einen jungen Menschen. Ich begriff gar nicht, daß hier von einem Fallen die Rede sein könne – ich ergab mich einfach der Sache, die teils Vergnügen, teils Bedürfnis war und die, wie man mir eingeprägt hatte, einem bestimmten Alter eigentümlich ist. Ich fing die Ausschweifung an, wie ich zu trinken und zu rauchen begann. Und doch lag in diesem ersten Fallen etwas Besonderes und Rührendes. Ich erinnere mich, gleich darauf, gleich dort, noch ehe ich das Zimmer verlassen hatte, wurde mir so weh, so weh zumute, ich hätte weinen mögen – weinen um den Verlust meiner Unschuld, um das für ewig verlorene Verhältnis zum Weib. Ja, das natürliche, klare Verhältnis zum Weib war für ewige Zeit verloren. Ein reines Verhältnis zum Weib fand ich seit diesem Tag nicht mehr und konnte ich nicht mehr finden. Ich war das, was man einen gefallenen Mann nennt. Und ein gefallener Mann sein, bedeutet einen physischen Zustand, ähnlich dem eines Morphiumsüchtigen, eines Trinkers, eines Rauchers. Wie Morphiumsüchtige, Trinker oder Raucher nicht mehr normale Menschen sind, so ist auch ein Mensch, der mehrere Frauen zu seinem Genuß erkannt hat, kein normaler Mensch mehr, sondern ein in alle Ewigkeit verderbter Mensch, ein Gefallener. Wie man den Trinker und den Morphiumsüchtigen sofort an seinen Zügen, an seinen Gebärden erkennen kann, so auch den gefallenen Mann. Der gefallene Mann kann enthaltsam leben, kann mit sich ringen, aber die einfältige, klare, reine Beziehung zum Weib, die Beziehung von Bruder und Schwester ist nicht mehr für ihn vorhanden. An der Art, wie er aufschaut und ein junges Weib anblickt, erkennt man sofort den gefallenen Mann. Und ich war ein gefallener Mann und blieb ein solcher, und das war die Ursache meines Verderbens.«

V

»Ja, so war es. Dann ging es immer weiter, immer weiter, es gab Verirrungen jeder Art. Gott, Gott! Wenn ich mir heute all meine Gemeinheiten auf diesem Gebiet ins Gedächtnis rufe, erfaßt mich ein Entsetzen. So denke ich an mich zurück, den die Genossen wegen seiner so genannten Unschuld verlachten. Und was man zu hören bekommt von der ›goldenen Jugend‹, von den Offizieren, von den Parisern! Und wie erscheinen alle diese, und ich mit ihnen, wenn wir als dreißigjährige Wüstlinge, die wir Hunderte der entsetzlichsten Verbrechen gegen das Weib auf dem Gewissen haben, wenn wir als dreißigjährige Wüstlinge, blendend weiß gewaschen, glatt rasiert, parfümiert, mit glänzender Wäsche angetan, im Frack oder im Waffenrock in das Empfangszimmer oder in den Tanzsaal treten – ein Sinnbild der Reinheit, zum Entzücken.

Stellen Sie sich doch einmal vor, wie es sein sollte und wie es ist. Es sollte so sein: Wenn ein solcher Mensch in der Gesellschaft sich meiner Schwester, meiner Tochter nähert, müßte ich, da ich weiß, wie er lebt, auf ihn zugehen, ihn auf die Seite nehmen und sagen: ›Ich weiß sehr wohl, lieber Freund, wie du lebst, wie du die Nächte verbringst und mit wem. Du gehörst nicht hierher. Hier sind reine, unschuldige Mädchen. Mach, daß du fortkommst.‹ So sollte es sein. Und was ist? Wenn so ein Herrchen erscheint und mit meiner Schwester, meiner Tochter tanzt und sie um die Hüfte faßt, dann jubeln wir, wenn er reich und von Familie ist. Gelt, er erweist nach der Rigolboche[1] auch meiner Tochter die Ehre. Wenn sogar noch Spuren einer Krankheit da sind – tut nichts, heute weiß man das trefflich zu kurieren. Was denken Sie, ich kenne mehrere Mädchen aus den besten Gesellschaftskreisen, die die Eltern mit Entzücken an Männer verheiratet haben, die an der bekannten Krankheit litten. Oh, oh … wie gemein! Aber einst kommt die Zeit, wo dieser Gemeinheit und Lüge die Maske heruntergerissen wird.«

Er gab mehrere Male seinen eigentümlichen Laut von sich und griff nach dem Tee. Der Tee war furchtbar stark, aber es war kein Wasser da, um ihn zu verdünnen. Ich fühlte, daß die zwei Glas, die ich getrunken hatte, mich ungewöhnlich aufregten. Auch auf ihn muß der Tee wohl eingewirkt haben, denn er wurde immer erregter und erregter. Seine Stimme wurde immer wohlklingender und ausdrucksvoller. Unaufhörlich veränderte er seine Stellung, bald nahm er seine Mütze herunter, bald setzte er sie wieder auf, auch sein Gesicht veränderte sich seltsam in dem Halbdunkel, in dem wir saßen.

»So lebte ich denn bis zu meinem dreißigsten Jahr, ohne daß mich auch nur einen Augenblick der Gedanke, zu heiraten und mir ein edles, reines Familienleben zu gründen, verließ, und zu diesem Zweck sah ich mich unter den Töchtern des Landes um«, fuhr er fort. »Ich wälzte mich im Kot der Ausschweifung und schaute gleichzeitig nach den Mädchen aus, die in ihrer Reinheit meiner würdig wären. Viele bemängelte ich, weil sie mir nicht rein genug waren; endlich fand ich eine, die ich meiner für würdig hielt. Es war eine von den beiden Töchtern eines Gutsbesitzers im Pensaer Gouvernement, der früher reich gewesen, jetzt aber sein Vermögen verloren hatte.

An einem Abend, nachdem wir Kahn gefahren waren und in der Dunkelheit beim Mondeslicht vor unserem Haus ankamen und ich

[1] Künstlername der frz. Tänzerin Amélie Marguerite Badel (1842–1920), um 1860 auf dem Höhepunkt ihrer Karriere und berühmt für ihren exzentrischen Stil. Sie soll den Cancan erfunden haben.

neben ihr saß und mich an ihrer schlanken Gestalt, an der eng anschließenden Taille und ihren Locken weidete, ward es mir plötzlich klar: Sie ist es. Mir war an jenem Abend, als begriffe sie alles, alles, was ich denke und fühle, und als ob ich nur die edelsten Gedanken und Gefühle habe. In Wahrheit aber war es nichts anderes, als daß die Taille und auch die Locken ihr vortrefflich zu Gesicht standen und daß ich nach dem in ihrer Nähe verlebten Tag den Wunsch nach noch größerer Nähe hegte. Merkwürdig, wie vollkommen die Täuschung ist, daß das Schöne das Gute ist. Eine schöne Frau mag Dummheiten schwatzen, wir lauschen ihr und hören nichts Dummes, wir hören sogar Gescheites heraus. Sie spricht, sie macht häßliche Dinge, und wir sehen etwas Anmutiges darin. Spricht sie aber weder Dummes noch Häßliches und ist schön, gleich bilden wir uns ein, sie sei wunder wie gescheit und tugendhaft.

Erfüllt von Wonnegefühlen kam ich nach Hause, und mein Entschluß stand fest: Sie war der Gipfel der Vollkommenheit und darum würdig, meine Gattin zu werden. Und am folgenden Tag machte ich meinen Antrag. Welch eine Verwirrung! Unter tausend Männern, die heiraten, gibt es, nicht nur in unserem Stand, sondern leider auch im Volk, kaum einen einzigen, der nicht schon vorher an die zehnmal verheiratet gewesen wäre, ja hundert-, tausendmal, wie Don Juan. Es gibt zwar, wie man mir sagt und wie ich selbst beobachte, jetzt reine junge Leute, die fühlen und wissen, daß dies kein Spaß ist, sondern eine ernste Sache.

Gott schütze sie! Aber zu meiner Zeit gab es nicht *einen* solchen unter zehntausend. Und alle Menschen wissen das und tun so, als ob sie es nicht wüßten. In allen Romanen werden die Empfindungen der Helden bis ins Kleinste geschildert, die Weiher, die Büsche, die sie umwandeln; aber in der Schilderung ihrer großen Liebe zu einem Mädchen wird nichts über das gesagt, was der interessante Held vorher erlebt hat; kein Wort über seine Besuche in den Häusern, über die Stubenmädchen, die Köchinnen, über die Frauen anderer Männer. Schreibt aber jemand so unanständige Romane, so gibt man sie gerade denen, für die es am nötigsten wäre, das zu wissen, den jungen Mädchen, nicht in die Hand. Erst tut man vor den Mädchen so, als ob die Zügellosigkeit, die die Hälfte des Lebens unserer Städte, ja unserer Dörfer ausfüllt, als ob diese Zügellosigkeit gar nicht vorhanden wäre. Und die Menschen gewöhnen sich so an diese Heuchelei, daß sie schließlich anfangen, wie die Engländer, selber aufrichtig daran zu glauben, wir alle seien sittliche Menschen und leben in einer sittlichen Welt. Die Mädchen aber, die armen Dinger, glauben ganz ernst daran. Und so glaubte auch meine unglückliche Frau. Ich erinnere mich, wie ich schon als Bräutigam ihr mein Tagebuch zeigte, aus dem sie, wenigstens zu einem kleinen Teil, meine Vergangenheit kennenlernen konnte, besonders das letzte Verhältnis, das ich hatte, von dem ihr andere hätten erzählen können und über das ich ihr deshalb Mitteilung zu machen unbedingt für nötig hielt. Noch schwebt mir eine Verwirrung, ihr Entsetzen, ihre Verzweiflung vor, da sie es erfahren und begriffen hatte. Ich sah, sie hatte damals den Gedanken, mit mir zu brechen. Warum hat sie es nicht getan? …« Er gab wieder seinen Laut von sich, nahm noch einen Schluck Tee und verstummte.

VI

»Und doch nein! Es ist besser so, besser so!«, schrie er auf. »Ich habe es verdient! Aber sprechen wir nicht davon. Ich wollte sagen, daß hier doch nur die unglücklichen Mädchen die Betrogenen sind.

Die Mütter wissen es doch, besonders die Mütter, die von ihren Männern erzogen werden, wissen es sehr gut. Und während sie tun, als glaubten sie an die Reinheit der Männer, handeln sie in Wirklichkeit ganz anders. Sie wissen ganz gut, mit welchem Köder man für sich selbst und für die Töchter Männer fängt.

Nur wir Männer wissen es nicht, und zwar wissen wir es nicht, weil wir es nicht wissen wollen; die Frauen aber wissen sehr wohl, daß die erhabenste, wie wir sie nennen, poetischste Liebe nicht von sittlichen Vorzügen abhängt, sondern von physischer Annäherung, und dann auch von der Frisur, von der Farbe, von dem Schnitt der Kleider. Fragen Sie eine erfahrene Kokette, die sich das Ziel gesteckt hat, einen Mann zu bezaubern, was sie lieber riskieren würde: Ob sie lieber in Gegenwart dessen, auf den sie es abgesehen hat, der Lüge, der Grausamkeit, ja selbst der Liederlichkeit überführt sein oder ob sie sich in seiner Gegenwart lieber in einem schlecht gearbeiteten und häßlichen Kleid zeigen möchte! Jede wird das erstere vorziehen. Sie weiß, daß unsereiner durch und durch unwahr ist, wenn er von hohen Gefühlen spricht – daß er nur den Körper meint und daß er deshalb jede Schlechtigkeit verzeihen wird, nicht aber ein häßliches, geschmackloses, unmodernes Kleid.

Die Kokette tut das bewußt, jedes unschuldige Mädchen unbewußt, wie die Tiere.

Daher die gemeinen, eng anliegenden Taillen, die Tournüren, die nackten Schultern, Arme, wenn nicht gar Brüste. Die Frauen, besonders die, die eine männliche Schule durchgemacht haben, wissen sehr gut, daß die Unterhaltungen über erhabene Gegenstände eben nur Unterhaltungen sind und daß der Mann nur den Körper meint und alles das, was ihn im trügerischsten, aber verlockenden Licht erscheinen läßt. Und danach wird gehandelt.

Machen wir uns doch nur von der Gewöhnung an diese Sittenlosigkeit, die uns zur zweiten Natur geworden ist, frei, und betrachten wir das Leben unserer höheren Gesellschaftsklassen, wie es ist, in seiner ganzen Schamlosigkeit … Ist es etwas besseres als ein einziges, kolossales öffentliches Haus? … Sie sind anderer Ansicht? … O bitte, ich werde den Beweis führen«, sagte er, mir ins Wort fallend. – »Sie sagen, die Frauen unserer Gesellschaft sind von anderen Interessen beseelt als die Frauen in den öffentlichen Häusern – ich sage Ihnen, es ist nicht so, und ich werde es beweisen. Wenn Menschen in den Lebenszielen, in dem, was ihren Lebensinhalt ausmacht, verschieden sind, so muß dieser Unterschied auch im Äußeren zutage treten, auch das Äußere muß verschieden sein. Vergleichen wir nun einmal jene unglückseligen Ausgestoßenen mit den allervornehmsten Damen der Gesellschaft: die gleichen Toiletten, der gleiche Schnitt, die gleichen Parfüms, die gleiche Entblößung der Arme, der Schultern, der Brust, dieselben eng anliegenden Tournüren – dieselbe Freude an Brillanten und teuren Schmuckgegenständen, dieselben Vergnügungen, Tänze, Musik, Gesang. Wie jene durch alle Mittel anzulocken suchen, so auch diese.

VII

»Ja, diese Taillen, diese Locken, diese Tournüren, sie haben mich in die Falle gelockt. Es war nicht schwer, mich in die Falle zu locken, denn ich war unter den Verhältnissen erzogen, unter denen die verliebten Jünglinge wie Pilze aus dem Boden aufschießen.

Ist denn unsere erregende, überreichliche Nahrung bei unserer gänzlichen körperlichen Untätigkeit etwas anderes als eine systematische Schürung unserer Lüsternheit? Sie mögen dazu den Kopf schütteln, so viel Sie wollen, es ist so. Ich habe selbst bis vor kurzem all das auch nicht gesehen. Jetzt ist es mir klar. Darum quält es mich auch so, daß das niemand einsieht und daß die Menschen solche Dummheiten reden wie die Dame da. In meiner Gegend arbeiteten diesen Frühling die Bauern am Eisenbahndamm. Die gewöhnliche Nahrung des Bauernburschen ist Brot, Kwaß, Zwiebel – und dabei ist er frisch, kräftig und gesund und schafft leichte Feldarbeit. Er geht auf Arbeit zur Eisenbahn – und seine Kost ist Grütze und ein Pfund Fleisch. Aber er verdaut auch dieses Fleisch in sechzehnstündiger Arbeit hinter einem Karren von 30 Pud. Und dabei gedeiht er. Und wir? Wir verzehren zwei Pfund Fleisch, Wild, Fische und allerhand warme Speisen und Getränke – wie werden wir das los? In sinnlichen Ausschreitungen. Wird man es so los, so ist das Sicherheitsventil geöffnet, und alles ist wieder gut; schließt man aber das

Sicherheitsventil, wie ich es zuzeiten getan habe, sofort tritt eine Gärung ein, die durch das Prisma unseres unnatürlichen Lebens hindurchgeht und so als Verliebtheit vom reinsten Wasser in die Erscheinung tritt, manchmal sogar als eine platonische. Auch ich verliebte mich, wie sich alle verlieben.

Nicht eine Erscheinung fehlte: das Entzücken, die Rührung, die Poesie. In Wirklichkeit aber war diese meine Liebe einerseits das Werk Mamas und der Schneiderinnen, andererseits der Üppigkeit der von mir aufgenommenen Nahrung bei müßiger Lebensweise. Wären nicht die Kahnfahrten gewesen, wären die Schneiderinnen mit ihren Toiletten nicht gewesen u. dgl. mehr, hätte meine Frau ein schlecht sitzendes Hauskleid getragen, und hätte sie hübsch zu Hause gesessen, wäre ich andererseits ein Mensch von normaler Lebensweise, der so viel Nahrung aufnimmt, als seine Arbeit erfordert, und wäre das Sicherheitsventil bei mir offen gewesen, wie es zufällig damals eine Zeit lang geschlossen war, so hätte ich mich nicht verliebt, und es wäre nichts geschehen.«

VIII

»Hier traf alles hübsch zusammen: Meine Empfänglichkeit, die schönen Kleider und die Kahnfahrt hatten ihren Erfolg! Zwanzigmal war's ohne Erfolg gewesen, diesmal klappte es wie eine Fußangel. Ich scherze nicht. Werden die Ehen jetzt nicht ganz so gemacht, wie man Fußangeln legt? Was ist natürlicher? Das Mädchen ist reif, man muß ihr einen Mann geben; nichts einfacher als das. Wenn das Mädchen kein Scheusal ist, findet sie auch Freier. Vor Zeiten, wenn ein Mädchen herangewachsen war, gaben ihr die Eltern einen Mann. So war es, ist es in der ganzen Menschheit, bei den Chinesen, bei den Indern, bei den Mohammedanern, bei uns im Volk, so ist es im Menschengeschlecht, wenigstens bei neunundneunzig Hundertsteln. Nur ein Hundertstel, vielleicht gar weniger, von uns Wüstlingen, hat gefunden, daß dies nicht gut sei, und hat was Neues ersonnen. Was ist dieses Neue? Dieses Neue besteht darin, daß die Mädchen dasitzen und die Männer wie im Kaufhaus hin und her gehen und auswählen. Und die Mädchen warten und denken, wagen aber nicht, es auszusprechen: ›Freundchen, mich! Nein, mich! Nicht die da, mich: Sieh doch, was ich für Schultern und sonst noch habe.‹ Und wir Männer gehen umher und halten befriedigt Umschau. ›Oh, ich weiß Bescheid, ich falle nicht rein.‹ So gehen sie umher, halten selbstgefällig Umschau, weil alles so schön für sie hergerichtet ist. Eines schönen Tags, man sieht sich nicht genug vor – schwapp, liegt man drin.«

»Ja, warum auch nicht?«, sagte ich. »Soll etwa die Frau den Antrag machen?«

»Darauf habe ich keine Antwort. Aber sprecht Ihr von Gleichheit – dann völlige Gleichheit. Hat man gefunden, daß das Vermitteln erniedrigend ist, so ist der heutige Zustand noch tausendmal schlimmer. Dort sind die Rechte und die Aussichten gleich, hier ist die Frau eine Sklavin, die ausgeboten wird, oder die Lockspeise in der Falle. Sagen Sie der lieben Mutter oder dem Töchterchen die Wahrheit, daß sie mit nichts anderem beschäftigt ist als mit der Jagd nach dem Mann – um Himmels willen, welche Beleidigung! Und doch tun sie alle nur das eine und haben auch nichts anderes zu tun. Und was dabei das Entsetzlichste ist – man sieht oft ganz junge, bedauernswerte, unschuldige Kinder das gleiche tun. Und wenn sie das wenigstens offen täten. Aber nein – alles Betrug! ›Ach, die Entstehung der Arten, wie interessant! Ah, Lilli hat viel Interesse für Malerei! Sie besuchen gewiß auch die Ausstellung? Wie lehrreich! … Und fahren Sie spazieren? … Gehen Sie ins Schauspielhaus? … Und ins Konzert? … Ach, wundervoll! … Meine Lilli ist ganz weg, wenn sie Musik hört … Und warum sind Sie nicht meiner Ansicht? … Und wie schön, so eine Kahnfahrt.‹

… Und alles beherrscht der eine Gedanke: ›Nimm mich, mich, meine Lilli! Nein, mich! So versuch' es doch nur!‹ Oh, diese Gemeinheit, diese Lüge!«, schloß er, dann trank er den Rest seines Tees und räumte die Tassen und die Kanne fort.

IX

»Sie kennen«, begann er wieder, während er den Tee und den Zukker in die Reisetasche packte, »die Herrschaft der Frauen, unter der die Welt leidet – das hat alles *darin* seinen Grund.«

»Herrschaft der Frauen?«, sagte ich. »Alle Rechte, alle Vorrechte haben die Männer!«

»Eben, eben das ist es«, fiel er mir in die Rede. »Eben das ist es, was ich sagen will, das erklärt auch die ungewöhnliche Erscheinung, daß von den einen mit vollem Recht behauptet wird, daß die Frau bis zum äußersten Grad der Erniedrigung herabgedrückt sei, von anderen, daß sie herrsche. Ganz wie die Juden. Wie diese mit ihrer Geldmacht uns ihre Bedrückung entgelten lassen, so auch die Frauen. ›Ihr wollt, wir sollen nur Handel treiben? Gut, wir treiben Handel und werden euere Herren‹, sagen die Juden. ›Ihr wollt, wir sollen nur ein Gegenstand der Sinnlichkeit sein? Gut, wir sind ein Gegenstand der Sinnlichkeit und machen euch zu Sklaven‹, sagen die Frauen. Nicht darin besteht die Rechtlosigkeit der Frau, daß sie nicht stimmfähig ist oder Richter werden kann – diese Beschäftigungen bilden keinerlei Rechte –, sondern darin, daß sie im Geschlechtsverkehr dem Mann nicht gleichgestellt ist, daß sie nicht das Recht hat, sich dem Mann zuzuwenden nach Gutdünken oder sich seiner zu enthalten, nach Gutdünken einen Mann zu wählen und nicht gewählt zu werden. Sie sagen, das ist häßlich. Gut. So darf auch der Mann diese Rechte nicht haben. Heute ist der Frau das Recht versagt, das der Mann genießt. Und um sich für dieses Recht schadlos zu halten, wirkt sie auf die Sinnlichkeit des Mannes ein, überwältigt ihn durch die Sinnlichkeit so, daß nur scheinbar er der Wählende ist; in Wirklichkeit wählt sie. Und hat sie einmal dieses Mittel in ihre Gewalt gebracht, so mißbraucht sie es auch und gewinnt damit eine furchtbare Macht über die Männer.«

»Wo ist denn aber diese außerordentliche Macht?«, fragte ich.

»Wo die Macht ist? Überall, in allem. Besuchen Sie in jeder großen Stadt die Warenhäuser. Millionen stecken hier, unschätzbare menschliche Arbeitskraft. Sagen Sie mir, gibt es in neun Zehnteln dieser Geschäfte auch das geringste zum Gebrauch für Männer? Aller Luxus des Lebens dient den Frauen und wird von ihnen gefördert.

Gehen Sie alle Fabriken durch. Ein ungeheurer Teil von ihnen fertigt unnützen Schmuck, Equipagen, Möbel, Spielereien für die Frauen. Millionen von Menschen, Geschlechter von Sklaven gehen zugrunde in dieser Galeerenarbeit der Fabriken, nur um die Launen der Weiber zu befriedigen. Wie Fürstinnen auf dem Throne halten die Frauen neun Zehntel des Menschengeschlechts in den Fesseln der Knechtschaft und schwerer Arbeit. Und alles nur, weil man sie erniedrigt hat, weil man ihnen die Gleichberechtigung mit den Männern genommen hat. Und dafür rächen sie sich, indem sie auf unsere Sinnlichkeit einwirken und uns in ihren Netzen zu fangen suchen. Ja, alles hat nur den einen Grund.

Die Frauen haben sich selbst zu einem solchen Werkzeug der Einwirkung auf unsere Sinnlichkeit gemacht, daß ein Mann nicht ruhig mit einer Frau verkehren kann. Sobald der Mann nur an die Frau herantritt, so unterliegt er ihrer Betäubung und ist um seinen Verstand. Auch früher hatte ich immer ein unangenehmes, unbehagliches Gefühl, wenn ich eine aufgeputzte Dame im Ballkleid sah, jetzt ist es mir geradezu schrecklich, ich sehe darin geradezu eine Gefahr für die Menschen, etwas Gesetzwidriges, ich möchte am liebsten nach der Polizei rufen, Hilfe gegen die Gefahr herbeiholen und fordern, daß man den gefährlichen Gegenstand beiseite bringe und fortschaffe.«

»Ja, Sie lachen!«, schrie er mich an. »Das ist durchaus kein Scherz. Ich bin überzeugt, die Zeit wird kommen, und vielleicht sehr bald, wo die Menschen das begreifen und sich wundern werden, wie es eine Gesellschaft geben konnte, in der solche, die Ruhe der Gesellschaft störende Handlungen erlaubt sein konnten wie die, die geradezu die Sinnlichkeit herausfordern: die Ausschmückung des eigenen Körpers, wie sie unsere Frauen betreiben dürfen. Ist das nicht ganz so, als ob jemand an Promenaden, Spazierwegen Fußangeln legen wollte? … Schlimmer noch! Warum ist das Hazardspiel verboten und die Frauen, die durch ihre Tracht die Sinnlichkeit reizen, nicht verboten? Sie sind tausendmal gefährlicher!«

X

»So wurde auch ich in die Falle gelockt. Ich war, was man verliebt nennt. Ich sah nicht bloß in ihr den Gipfel der Vollkommenheit, ich sah auch in mir, während dieser Zeit des Brautstandes, einen ebenso vollkommenen Menschen. Es ist doch niemand ein solcher Schurke, daß er bei einigem Suchen nicht Leute fände, die in irgendwelcher Hinsicht nicht noch größere Schurken wären, und der deshalb nicht Ursache hätte, sich in die Brust zu werfen und mit sich zufrieden zu sein. So tat auch ich: Ich heiratete nicht Geld – Habsucht sprach nicht mit –, wie die meisten meiner Bekannten um des Geldes oder der Verbindungen willen geheiratet haben. Ich war reich, sie arm. Das war eins. Ein Zweites, worauf ich stolz war, war, daß die anderen heirateten mit der vorgefaßten Absicht, ihre Vielweiberei fortzusetzen wie vor ihrer Ehe; ich aber hatte die feste Absicht, nach der Hochzeit die Einehe einzuhalten, und mein Stolz darüber kannte gar keine Grenzen. Ja, ich war ein scheußliches Schwein und bildete mir ein, ich sei ein Engel. Die Zeit unseres Brautstandes war nicht lang. Ohne Scham kann ich heute nicht zurückdenken an diese Zeit, da wir Braut und Bräutigam waren. Wie widerwärtig! Wir sprechen doch von einer seelischen Liebe, nicht von einer sinnlichen. Ist die Liebe aber eine seelische, ein seelischer Verkehr, so müßte dieser Seelenverkehr sich in Worten, in Gesprächen, in Unterhaltungen ausdrücken. Nichts von alledem war der Fall! Sprechen konnten wir kaum, wenn wir allein waren. Was war das für eine Sisyphusarbeit! Kaum hat man etwas gefunden, was man sagen möchte, kaum spricht man es aus, so muß man wieder schweigen, wieder nach Worten suchen. Wir wußten nicht, was wir miteinander sprechen sollten. Alles, was über das Leben, das uns bevorstand, über Einrichtung, über Zukunftspläne zu sagen war – war bereits gesagt; was nun? Wären wir Tiere gewesen, so hätten wir gewußt, daß wir nicht zu sprechen haben, so aber mußten wir sprechen und wußten nicht, wovon, weil uns nicht das beschäftigte, was sich im Gespräch erledigen läßt. Und dazu noch die furchtbare Unsitte der Süßigkeiten, des Magenüberladens mit Konfekt und alle diese häßlichen Vorbereitungen zur Hochzeit, die Verhandlungen über die Wohnung, das Schlafzimmer, die Betten, Haus- und Schlafröcke, über Wäsche, Toilettengegenstände. Sie begreifen, wenn man sich nach den Vorschriften des Domostroi verheiratet, wie der alte Herr vorhin gesagt hat, dann sind die Daunenkissen, die Mitgift, die Betten – alles Einzelteile des heiligen Sakraments. Aber bei uns, wo unter zehn Heiratskandidaten neun sicherlich nicht an das Sakrament glauben, ja auch nicht einmal glauben, daß das, was sie tun, ihre Pflicht ist, wo es von hundert Männern kaum einen gibt, der nicht schon vorher verheiratet gewesen, und von fünfzigen kaum einen, der nicht von vornherein bereit wäre, seiner Frau bei jeder günstigen Gelegenheit die Treue zu brechen, wo die Mehrzahl die Fahrt zur Kirche nur als eine notwendige Vorbedingung zum Besitz einer bestimmten Frau betrachtet – denken Sie einmal, was für eine entsetzliche Bedeutung unter diesen Umständen alle diese Einzelheiten bekommen. Die Sache sieht aus, als liefe es nur darauf hinaus. Die Sache gewinnt so förmlich das Aussehen eines Verkaufs. Man verkauft einem Wollüstling ein unschuldiges Mädchen und umgibt diesen Verkauf mit bestimmten Formalitäten.«

XI

»So heiraten alle, so habe auch ich geheiratet. Es kamen die gepriesenen Flitterwochen. Schon diese Bezeichnung, wie niedrig!«, sagte er wütend mit tonloser Stimme. »Ich besuchte einst in Paris alle Schaustellungen und ging auch in eine Bude, wo eine bärtige Frau und ein Seehund gezeigt wurden. Es ergab sich, daß es nichts anderes war als ein Mann in einem ausgeschnittenen Frauenkleid und ein Hund in das Fell eines Seetieres gehüllt, der in einem Wasserbehälter schwamm. All das war wenig anziehend; als ich aber wegging, begleitete mich der Budenbesitzer höflich hinaus und wandte sich am Ausgang, indem er auf mich hinzeigte, mit den Worten an das Publikum: ›Fragen Sie, meine Herrschaften, diesen Herrn, ob es sich lohnt. Immer heran, immer heran, meine Herrschaften, einen Frank die Person.‹ Mir war es – ich weiß nicht warum – peinlich, zu sagen, daß es sich nicht lohnt, und damit hatte der Budenbesitzer gerechnet. So geht es wahrscheinlich auch denen, die die ganze Widerwärtigkeit der Flitterwochen kennengelernt haben und den anderen nicht ihre Hoffnungen nehmen wollen. Auch ich habe niemandem seine Erwartungen genommen, aber jetzt kann ich nicht einsehen, warum ich die Wahrheit nicht sagen sollte. Ich glaube sogar, man hat die Pflicht, hierüber die Wahrheit zu sagen. Unbehaglichkeit, Scham, häßliche, trübe Stimmung und vor allem Langeweile erfassen den Menschen. Ähnlich den Gefühlen, die ich empfand, als ich mir das Rauchen angewöhnen wollte; Übelkeit überkam mich, und der Speichel lief mir im Munde zusammen; ich aber schluckte ihn herunter und tat, als ob es mir großes Vergnügen bereitete. Der Genuß vom Rauchen, und ebenso hier – kommt, wenn er überhaupt kommt, erst später; der Gatte muß seiner Frau dieses Laster erst anerziehen, um von ihm einen Genuß zu haben.«

»Wie, ein Laster?«, fragte ich. »Sie sprechen doch von dem natürlichsten Triebe des Menschen.«

»Natürlichen Triebe?«, sagte er. »Natürlichen? Keineswegs! Lassen Sie sich vielmehr sagen, daß ich zu der Überzeugung gekommen bin, daß das etwas Nichtnatürliches ist, vollkommen unnatürlich. Fragen Sie Kinder, fragen Sie unverdorbene Mädchen. Sie nennen es natürlich? Natürlich ist Essen. Und Essen ist eine Lust, ist leicht, ist angenehm, es erheischt keine Überwindung der Scham. Hier aber ist Widerwillen, Scham und Schmerz zu überwinden. Nein, es ist nicht natürlich. Und ein unverdorbenes Mädchen widerstrebt dem immer, wie ich mich überzeugt habe.«

»Wie aber?«, sagte ich. »Wie sollte das Menschengeschlecht erhalten bleiben?«

»Und wenn schon das Menschengeschlecht zugrunde geht!«, versetzte er zornig und spöttisch, als hätte er diesen ihm bekannten und unehrlichen Einwurf erwartet.

»Predigt nur die Enthaltsamkeit vom Kindergebären, damit die englischen Lords sich nur tüchtig überfressen können – das ist erlaubt. Predigt nur die Enthaltsamkeit vom Kindergebären, damit wir mehr Annehmlichkeiten des Lebens haben – das ist erlaubt. Aber laßt nur ein Wörtchen laut werden, daß der Mensch sich vom Kindergebären enthalte zugunsten der Sittlichkeit, du lieber Himmel, wird's da ein Geschrei geben. Das Menschengeschlecht soll nur nicht aufhören, weil es aufhören will, schweinisch zu leben. Übrigens, entschuldigen Sie, mich blendet dieses Licht. Darf ich schließen?«, fragte er und zeigte auf die Laterne hin. Ich sagte, daß es mir gleich sei; da erhob er sich schnell, wie er alles zu tun pflegte, von seinem Sitz und zog den wollenen Vorhang der Laterne herunter.

»Und doch«, sagte ich, »wenn alle Menschen dies als bindendes Gesetz anerkennen wollten, würde das Menschengeschlecht aussterben.«

Er antwortete nicht gleich. »Sie meinen, wie soll das Menschengeschlecht fortleben«, sagte er. Er setzte sich wieder mir gegenüber, stellte die Beine breit und stützte sich tief mit den Ellbogen auf die Knie. »Warum muß es denn fortleben, das Menschengeschlecht?«, sagte er.

»Wie, warum? Dann wären wir doch nicht.«

»Warum müssen wir denn sein?«

»Wie, warum? Nun, damit wir leben.«

»Und warum leben? Wenn wir kein Ziel haben, wenn uns das Leben ward um des Lebens willen, so ist kein Grund da zum Leben. Und wenn dem so ist, so haben die Schopenhauer, die Hartmann, ja, alle Anhänger Buddhas vollkommen recht. Wenn aber das Leben einen Zweck hat, so ist es klar, daß das Leben aufhören kann, wenn der Zweck erreicht ist. Und so ist es auch, sagte er mit sichtlicher Erregung und offenbar stolz auf seinen Gedanken. Und so ist es auch. Merken Sie auf, wenn das Ziel der Menschheit das Glück ist, das Gute, die Liebe, was Sie vorziehen, wenn das Ziel der Menschheit das ist, was die Propheten verkündet haben, daß alle Menschen sich vereinigen werden in einmütiger Liebe, daß sie die Schwerter umschmieden werden in Pflugscharen usw., so steht der Erreichung dieses Ziels was im Weg? Die Leidenschaften, und unter den Leidenschaften ist die stärkste, schlimmste und hartnäckigste die geschlechtliche, die sinnliche Liebe. Wenn also die Leidenschaften und schließlich auch die stärkste von ihnen, die sinnliche Liebe, aus der Welt geschafft werden, so wird die Prophezeiung erfüllt sein, die Menschen werden sich brüderlich vereinigen, das Ziel der Menschheit wird erreicht sein, und sie wird keinen Grund mehr haben zu leben. Solange aber die Menschheit lebt, steht vor ihr ein Ideal und selbstverständlich nicht das Ideal der Kaninchen oder Schweine, sich so stark als möglich zu vermehren, oder das der Affen oder der Pariser, so raffiniert als möglich den Geschlechtstrieb zu genießen, sondern ein Ideal des Guten, das man durch Enthaltsamkeit und Reinheit erreicht. Diesem haben die Menschen stets nachgestrebt und streben sie noch nach, und sehen Sie, was sich daraus ergibt.

Es ergibt sich daraus: Die sinnliche Liebe ist das Sicherheitsventil. Wenn die jetzt lebende Generation der Menschheit das Ziel nicht erreicht hat, so hat sie es nur deshalb nicht erreicht, weil in ihr Leidenschaften sind und auch die stärkste von ihnen, die geschlechtliche. Und ist die geschlechtliche Leidenschaft da, so ist auch ein neues Geschlecht da, es ist also auch die Möglichkeit da, das Ziel zu erreichen in der folgenden Generation. Hat auch diese es nicht erreicht, wieder die folgende und so weiter, bis das Ziel erreicht und bis die Prophezeiung erfüllt ist, bis die Menschen sich einträchtiglich vereinigen. Was würde aber so herauskommen? Wenn wir annehmen, Gott habe die Menschen geschaffen, damit sie ein bestimmtes Ziel erreichen, so hätte er sie entweder sterblich, ohne die sinnliche Leidenschaft, geschaffen oder unsterblich. Wären sie sterblich, aber ohne die sinnliche Leidenschaft, so wäre was herausgekommen? Sie würden eine Weile leben und dann, ohne das Ziel erreicht zu haben, sterben. Und um das Ziel zu erreichen, müßte Gott neue Menschen schaffen. Wären sie aber unsterblich, so nehmen wir an (obgleich es denselben Menschen schwerer fällt als neuen Generationen, Fehler gutzumachen und sich der Vollkommenheit zu nähern), würden sie das Ziel nach vielen tausend Jahren erreicht haben, wozu sind sie dann noch da? Wohin mit ihnen? Es ist also am besten, so wie es ist … Aber vielleicht gefällt Ihnen diese Form der Beweisführung nicht; Sie sind vielleicht ein Anhänger der Entwicklungstheorie? Auch so kommt dasselbe heraus. Das höchst entwickelte Tier, der Mensch, muß, wenn er sich im Kampf mit den anderen Tieren erhalten will, sich mit den gleichartigen zusammenschließen, wie ein Schwarm Bienen, und darf sich nicht ins Unendliche vermehren; er muß auch, wie die Biene, Geschlechtslose aufziehen, also auch so nach der Enthaltsamkeit streben, keineswegs nach der Schürung der Leidenschaften, worauf jetzt die ganze Ordnung unseres Lebens gerichtet ist.« Er schwieg einen Augenblick. »Das menschliche Geschlecht wird aufhören, kann daran jemand zweifeln? Er mag die Welt ansehen, wie er will. Das ist doch so sicher wie der Tod! Nach allen kirchlichen Lehren gibt es doch ein Ende der Welt, und nach allen wissenschaftlichen Theorien ist das gleiche unvermeidlich der Fall.«

XII

»In unserer Welt ist gerade das Gegenteil der Fall. Wenn der Mensch noch an Enthaltsamkeit gedacht hat als Junggeselle, so glaubt nach der Heirat jeder, jetzt sei Enthaltsamkeit überflüssig. Unsere Hochzeitsreisen, die Einsamkeit, die die jungen Eheleute mit Zustimmung der Eltern aufsuchen, was sind sie anderes als die Erlaubnis zur Ausschweifung. Aber das Sittengesetz rächt sich selbst, wenn es verletzt wird. So sehr ich mir Mühe gab, mir Flitterwochen zu machen, alles vergebens. Die ganze Zeit Unbehaglichkeit, Scham und Langeweile. Aber sehr bald kam auch Mißmut und Qual hinzu. Das begann sehr früh. Es war, glaube ich, der dritte oder vierte Tag, da traf ich meine Frau in trüber Stimmung. Ich fragte sie nach der Ursache, ich legte meinen Arm um sie, was, nach meiner Meinung, alles war, was sie verlangen konnte. Sie schob meine Hand fort und brach in Tränen aus.

Warum? Das wußte sie nicht zu sagen, aber sie war traurig, verstimmt. Wahrscheinlich sagten ihr ihre ermatteten Nerven die Wahrheit über das Häßliche unserer Beziehungen, aber sie konnte es nicht aussprechen. Ich drang in sie mit Fragen, sie sagte so etwas, wie sehr ihr bange sei nach der Mutter. Mir schien das nicht die Wahrheit zu sein. Ich begann ihr zuzureden, sprach aber kein Wort von der Mutter. Ich begriff nicht, daß ihr einfach schwer zumute war und daß die Mutter nur eine Ausrede war. Sie aber war gleich beleidigt, weil ich mit keinem Wort auf die Mutter einging, als glaubte ich ihr nicht. Sie sagte mir, sie sehe, daß ich sie nicht liebe. Ich warf ihr Launenhaftigkeit vor, da plötzlich veränderte sich ihr Gesicht vollständig, an die Stelle der Traurigkeit trat Erregung, und sie warf mir mit den giftigsten Worten Egoismus und Grausamkeit vor. Ich sah sie an. Alle ihre Züge drückten völlige Gleichgültigkeit und Feindseligkeit, beinahe Haß gegen mich aus. Ich erinnere mich, wie entsetzt ich war bei diesem Anblick. Wie, was, dachte ich … Die Liebe – ein Bündnis der Seelen, und doch dies? Unmöglich, das kann sie nicht sein! Ich hatte versucht, sie milder zu stimmen, aber ich war auf eine so undurchdringliche Mauer kalter, giftiger Feindseligkeit gestoßen, daß ein Augenblick genügte, um auch mich in Aufregung zu versetzen, und wir sagten einander eine Menge harter Worte. Der Eindruck dieses ersten Streits war schrecklich! Ich nannte es einen Streit, aber es war kein Streit. Es war nur die Offenbarung der Kluft, welche in Wirklichkeit zwischen uns bestand. Die Verliebtheit war mit der Befriedigung der Sinneslust dahingeschwunden, und wir standen uns nun gegenüber in unserem wahren Verhältnis zueinander, als zwei einander völlig fremde Egoisten, die einer vom anderen so viel Genuß als möglich zu empfangen begehrten. Streit habe ich das genannt, was zwischen uns geschehen war, aber das war kein Streit, es war nur die Folge des Abbruchs der Sinnlichkeit, das unser wahres Verhältnis zueinander offenbar machte. Ich verstand nicht, daß dieses kalte und feindselige Verhältnis unser normales Verhältnis war, verstand es deshalb nicht, weil dieses feindselige Verhältnis in der ersten Zeit sehr bald wieder für uns verschwand unter der wieder erwachenden geläuterten Sinnlichkeit, d.h. Verliebtheit. Und ich dachte, wir haben uns gezankt, wir haben uns wieder ausgesöhnt, und das wird sich nicht mehr wiederholen. Aber noch in denselben Flitterwochen kam sehr bald wieder eine Periode der Übersättigung, wieder hörten wir auf, einander zu bedürfen, und es gab wieder einen Streit. Dieser zweite Streit machte mich noch mehr stutzig als der erste. So war der erste also kein Zufall, und es muß nun so sein und wird immer so sein, dachte ich. Der zweite Streit machte mich um so mehr betroffen, als er aus der allernichtigsten Ursache entstand. Ich glaube gar um Geld, womit ich doch nie kargte und doch auch gar nicht kargen konnte für meine Frau. Ich erinnere mich nur, daß sie der Sache eine solche Wendung gab, daß irgendeine Bemerkung von mir als der Ausdruck meiner Absicht erschien, sie durch das Geld zu beherrschen, durch das Geld, auf welches ich mein Recht, und zwar mein ausschließliches Recht gründete – etwas so lächerliches, dummes, niedriges, weder meiner noch ihrer Natur entsprechendes. Ich wurde erregt, warf ihr Unzartheit vor, sie machte mir Vorwürfe, und es ging von neuem los. Und in ihren Worten, in ihrem Gesichtsausdruck, in ihrem Blick sah ich wieder dieselbe grausame, kalte Feindseligkeit, die mich vorher so tief getroffen hatte. Ich hatte mich wohl mit meinem Bruder, mit Freunden, mit meinem Vater gezankt, nie aber war zwischen uns diese besondere giftige Wut, die ich hier wahrnahm. Aber nach Verlauf einiger Zeit verbarg sich dieser gegenseitige Haß wieder hinter der Verliebtheit, d.h. Sinnlichkeit, und ich tröstete mich noch mit dem Gedanken, daß diese beiden Streite Irrtümer waren, die sich gutmachen ließen. Aber es folgte ein dritter, ein vierter Streit, und es ward mir klar, daß es kein Zufall war, daß es so kommen mußte und so bleiben würde, und ich war entsetzt über das, was mir in Zukunft bevorstand. Überdies quälte mich noch der entsetzliche Gedanke, daß nur ich allein so schlecht mit meiner Frau lebe, ganz anders, als ich erwartet hatte, während das in anderen Ehen nicht vorkommt. Ich wußte damals noch nicht, daß dies das allgemeine Schicksal ist; daß aber alle, ganz wie ich, denken, daß es ihr ausschließliches Unglück sei und daß sie dieses ihr ausschließliches beschämendes Unglück nicht nur vor anderen, sondern auch vor sich selbst verbergen.

Es begann in den ersten Tagen und währte die ganze Zeit hindurch und wurde immer stärker, immer unerträglicher. In tiefster Seele empfand ich schon in den ersten Wochen, daß ich ins Unglück geraten war, daß es nicht so gekommen war, wie ich erwartet hatte, daß die Heirat nicht nur kein Glück, sondern sogar etwas sehr Drückendes ist; aber ich wollte, wie alle, es mir selber nicht gestehen (ich würde es mir auch jetzt nicht gestehen, wenn die Sache nicht ein solches Ende genommen hätte), und so verbarg ich es nicht nur den anderen, sondern auch mir selbst. Heute staune ich darüber, wie ich meine wahre Lage so lange verkennen konnte. Schon daran hätte ich sie erkennen können, daß die Streitigkeiten aus solchen Anlässen entstanden, daß wir nachher, wenn sie zu Ende waren, ihren

Grund gar nicht mehr angeben konnten. Die Vernunft vermochte nicht der beständig andauernden Feindseligkeit zwischen uns genügende Gründe unterzulegen. Aber noch auffallender war der Mangel an Vorwänden zur Versöhnung. Bisweilen waren es Worte, Auseinandersetzungen, auch Tränen, bisweilen aber auch – ach, ich denke nur mit Ekel daran zurück! –, nach den schärfsten Worten, die wir einander gaben, plötzlich ein wortloser Blick, ein Lächeln, ein Kuß, eine Umarmung. – Pfui, wie scheußlich! Wie konnte ich nur damals diese ganze Widerwärtigkeit übersehen …«

XIII

Zwei Passagiere stiegen zu uns ein und nahmen auf einer entfernteren Bank Platz. Er schwieg, bis sie saßen, sobald sie aber ruhig geworden waren, fuhr er fort, ohne auch nur einen Augenblick seinen Gedankengang unterbrochen zu haben, wie man ihm ansehen konnte.

»Was das Widerwärtigste an der Sache ist«, begann er wieder, »ist, daß man in der Theorie annimmt, die Liebe sei etwas Ideales, Erhabenes. In Wirklichkeit ist die Liebe etwas Gemeines, Schweinisches; von ihr zu reden, an sie zu denken ist eine Gemeinheit und eine Schande. Nicht umsonst hat die Natur es so eingerichtet, daß es gemein und häßlich ist. Weckt die Liebe aber Abscheu und Scham, so muß man sie auch so auffassen. Indessen reden sich die Menschen ein, daß das Häßliche und Unsaubere – schön und erhaben ist. Welches waren die ersten Anzeichen meiner Liebe? Daß ich mich ganz dem Überschuß meiner Triebe hingab, nicht bloß ohne ein Gefühl der Scham, sondern sogar mit einer Empfindung des Stolzes über die Möglichkeit dieser überschüssigen Triebe, ohne daß ich dabei im Mindesten an ihr geistiges Leben dachte, ja nicht einmal an ihr physisches. Ich begriff nicht, woher die Gehässigkeit zwischen uns stammte. Und doch lag die Sache klar zutage. Diese Gehässigkeit war nichts anderes als der Protest der menschlichen Natur gegen das Tier, das sie zu verschlingen drohte.

Ich begriff unseren gegenseitigen Haß nicht. Und doch konnte es nicht anders sein. Dieser Haß war nichts anderes als der gegenseitige Haß zweier Mitschuldiger an einem Verbrechen, sowohl wegen der Anstiftung als auch wegen der Mittäterschaft. Oder ist es denn kein Verbrechen, daß unsere schweinische Verbindung fortdauerte, auch als die Ärmste schon im ersten Monat schwanger wurde? ... Sie glauben wohl, das ist eine Abschweifung von meiner Erzählung? Keineswegs! Ich erzähle Ihnen nur das eine: Wie ich meine Frau ermordet habe. Die Richter haben mich gefragt, womit, wie ich meine Frau getötet habe. Die Dummköpfe! Sie glauben, ich habe sie damals am 5. Oktober mit dem Messer getötet. Nicht damals habe ich sie getötet, sondern viel früher. Ganz wie heute alle Männer sie töten, alle, alle ...«

»Wodurch denn?«, fragte ich.

»Sehen Sie, das ist das Merkwürdige, daß niemand einsehen will, was so klar, so einleuchtend ist, was die Ärzte wissen und lehren sollten, was sie aber verschweigen. Die Sache ist doch furchtbar einfach. Der Mann und das Weib sind so geschaffen wie das Tier, so daß auf die sinnliche Liebe die Schwangerschaft folgt, dann das Nähren, Zustände, bei welchen für die Frau wie für ihr Kind die sinnliche Liebe schädlich ist. Die Zahl der Männer und der Frauen ist gleich groß. Was folgt daraus? Das ist klar, sollte man meinen. Und es bedarf keiner besonderen Klugheit, um daraus den Schluß zu ziehen, den die Tiere ziehen: Enthaltsamkeit üben. Aber nein. Die Wissenschaft hat es so weit gebracht, daß sie eine Art Leukocytosen, die sich im Blut befinden, und allerlei überflüssige Narrheiten erfunden hat, und das hat sie noch nicht begriffen. Wenigstens hört man nichts davon, daß sie so etwas gesagt hätte.

Und so gibt es für die Frau nur zwei Auswege. Der eine ist, einen Krüppel aus sich zu machen, die Fähigkeit, Frau, d.h. Mutter, zu sein, auf einmal zu zerstören oder je nachdem bei Gelegenheit zu zerstören, damit der Mann sorglos und ununterbrochen genießen könne. Oder der andere Ausweg, der freilich kein Ausweg mehr ist, sondern eine einfache grobe Verletzung der Gesetze der Natur, wie sie in allen so genannten anständigen Familien geübt wird, und zwar der, daß die Frau, ihrer Natur zum Trotz, gleichzeitig schwanger und Nährerin und Geliebte sein muß; sie muß etwas sein, wozu kein Tier sich erniedrigt. Das geht über ihre Kräfte. Daher in unseren Kreisen die Hysterie und Nervosität, beim Landvolk die Besessenen. Beachten Sie, unter den Mädchen, den unberührten, gibt es keine Epilepsie, nur bei den Weibern, und zwar bei den Weibern, die mit Männern leben. So steht es bei uns. Und in Europa ist es ebenso. Alle Krankenhäuser für Hysterische sind voll von Frauen, die das Gesetz der Natur verletzen. Epileptische und die Patienten Charcots sind ja doch vollkommene Krüppel, und von weiblichen Halbkrüppeln ist die Welt voll. Man denke nur, welch großes Werk sich in der Frau vollzieht, wenn sie trägt oder nährt. Da entwickelt sich, was unser Dasein fortsetzt, was einst unseren Platz einnimmt. Und dieses heilige Werk wird entweiht … wodurch? Entsetzlicher Gedanke! Und da schwatzt man von der Freiheit, von den Rechten der Frau. Das ist gerade so, wie wenn die Menschenfresser ihre Gefangenen auffuttern und gleichzeitig behaupten wollten, daß sie um ihre Rechte und ihre Freiheit besorgt sind.«

All das war mir neu und frappierte mich.

»Wie soll ich das verstehen? Wenn es wirklich so ist«, sagte ich, »so darf man seine Frau nur einmal in zwei Jahren lieben, und der Mann …«

»Der Mann kann nicht anders?«, fiel er mir ins Wort; das haben uns wieder die lieben Priester der Wissenschaft eingeredet. Sagen Sie einem Menschen immer wieder, daß der Schnaps, der Tabak, das Opium für ihn unentbehrlich ist – und all das wird ihm wirklich unentbehrlich sein. Daraus folgt, Gott habe nicht begriffen, was uns Menschen not tut, und weil er die Schwarzkünstler nicht um Rat gefragt habe, sei die Welt schlecht eingerichtet. So begreifen Sie doch: Das kann unmöglich das richtige sein. Der Mann muß unbedingt, so haben die Herren ein für alle Mal festgestellt, seine Triebe befriedigen, da kommt die Geburt und die Ernährung des Kindes dazwischen und verhindert die Befriedigung dieses Bedürfnisses.

Wo gibt es hier einen Ausweg? Wenden wir uns an die Schwarzkünstler, sie werden schon helfen. Sie haben auch geholfen. Ach, wann endlich werden diese Schwarzkünstler mit ihrem Lügengewebe in ihrer ganzen Nacktheit dastehen. Es wäre Zeit! Dahin ist es schon gekommen, daß die Menschen den Verstand verlieren und sich totschießen, alles nur um dieser Sache willen. Wie kann es auch anders sein?

Die Tiere, die zu wissen scheinen, daß die Nachkommenschaft ihrem Geschlecht Dauer gibt, halten sich in dieser Hinsicht an ein bestimmtes Gesetz. Nur der Mensch kennt ein solches Gesetz nicht und will es nicht kennen. Er ist nur von dem einen Gedanken beherrscht, so viel Genuß als möglich zu haben. Er, der Herr der Schöpfung, der Mensch! Beachten Sie wohl. Die Tiere begatten sich nur dann, wenn sie Nachkommenschaft erzeugen können, und der gemeine Herr der Schöpfung immer, sooft es ihm Vergnügen macht. Und noch mehr! Er erhöht diese Affentätigkeit zum Gipfel der Schöpfung, zur Liebe.

Und wen richtet er im Namen dieser Liebe, d.h. dieser Schweinerei, zugrunde? Die Hälfte des Menschengeschlechtes. All die Frauen, die ihm Helferinnen sein sollten an dem Werk, die Menschheit zur Wahrheit und zum Glück emporzuführen, macht er um seines Genusses willen, statt zu Gehilfinnen, zu Feindinnen. Wer steht dem Fortschritt der Menschheit allerorten im Weg? Die Frau. Und woher kommt das? Alles nur davon. Ja, so ist's«, wiederholte er einige Male, dann rückte er auf seinem Platz hin und her, nahm sich eine Zigarette heraus und fing an zu rauchen. Er wollte sich offenbar ein wenig beruhigen.

XIV

»Solch ein schweinisches Leben führte ich«, fuhr er in dem gleichen Ton fort. Das schlimmste aber war, daß ich mir bei diesem scheußlichen Leben einbildete, daß ich, weil mich andere Frauen nicht reizten, ein reines Familienleben führte, daß ich ein sittlicher Mensch sei und daß ich durchaus frei von Schuld war und daß, wenn es zwischen uns Streit gab, sie, ihr Charakter, die Schuld trüge.

Sie war aber selbstverständlich nicht schuld. Sie war eben wie alle, wie die meisten. Erzogen war sie, wie dies die Lage der Frau in unserer Gesellschaft erfordert und wie daher alle Frauen der wohlhabenden Klassen ohne Ausnahme erzogen werden, wie sie eben erzogen werden müssen. Wie oft hört und liest man von einer neuen Frauenerziehung. Alles leeres Gerede. Die Bildung der Frau ist ganz so, wie sie bei der herrschenden, ungeheuchelten, wahren, allgemeinen Anschauung von der Frau sein muß.

Und die Bildung der Frau wird immer den Anschauungen der Männer über die Frauen entsprechen. Wir wissen ja doch alle, wie die Männer die Frauen betrachten. ›Wein, Weib und Gesang!‹, wie die Dichter in Versen singen. Nehmen Sie die ganze Dichtung, die ganze Malerei, die Bildhauerkunst, angefangen von den Liebesgedichten, den nackten Phrynen und Venus-Statuen, so sehen Sie, daß die Frau ein Gegenstand des Genusses ist. Sie ist es auf der Truba, auf der Dratschowka und auf dem allerfeinsten Ball.[1] Und, beachten Sie, wie schlau der Teufel ist. Man nenne Genuß Genuß, Vergnügen Vergnügen. Man sage, die Frau ist ein Leckerbissen. Aber nein! Erst erzählen uns die Ritter von der Vergötterung des Weibes (sie vergöttern sie und betrachten sie doch als einen Gegenstand des Genusses), jetzt spricht die Welt von der Verehrung der Frauen, die einen räumen ihnen ihre Plätze ein, heben ihnen das Taschentuch auf, andere erkennen ihnen das Recht, alle Stellungen einzunehmen, das Recht der Teilnahme an der

[1] Die Truba ist ein Platz, die Dratschowka eine Straße in Moskau mit besonders vielen Bordellen.

Regierung usw. All das tun sie. Und doch betrachten sie sie ganz wie früher: Sie ist ein Gegenstand des Genusses, ihr Körper ist das Mittel zum Genuß. Und sie weiß das. Es ist damit wie mit der Sklaverei. Die Sklaverei ist doch nichts anderes als die Ausbeutung der erzwungenen Arbeit vieler durch wenige. Will man die Sklaverei abschaffen, so muß man dafür sorgen, daß die Menschen die erzwungene Arbeit anderer nicht auszubeuten trachten, daß sie dies als eine Schmach, als eine Sünde ansehen. Indessen verändern sie nur die äußere Form der Sklaverei, bestimmen, daß man Sklaven nicht veräußern kann, und bilden sich ein und reden sich ein, die Sklaverei sei abgeschafft, und sehen nicht und wollen nicht sehen, daß die Sklaverei nach wie vor besteht; weil die Menschen gern die Arbeit der anderen ausbeuten und dies für gut und gerecht halten. Und sobald sie das nur für gut halten, finden sich immer Menschen, die stärker und schlauer sind als die anderen und es auch tatsächlich durchführen. Und ebenso steht es mit der Emanzipation der Frau. Die Sklaverei der Frau besteht ja doch nur darin, daß die Menschen das Verlangen haben und es für sehr gut halten, sie auszubeuten als ein Mittel zum Genuß.

Und siehe da – sie befreien die Frau, geben ihr alle Rechte des Mannes, betrachten sie aber nach wie vor als ein Mittel zum Genuß, erziehen sie in diesem Sinne in der Jugend und in der öffentlichen Meinung. Und so bleibt sie dieselbe erniedrigte, verderbte Sklavin, und der Mann der sittlich gesunkene Sklavenhalter. Wir befreien die Frau in Bildungsanstalten und Wahlen und betrachten sie dabei als einen Gegenstand des Genusses.

Lehret die Frau nur immer ihr eigenes ›Ich‹ so zu betrachten, wie wir es betrachten – und sie bleibt für alle Zeiten ein untergeordnetes Wesen. Sie wird entweder mit Hilfe der Schurken von Ärzten die Befruchtung vereiteln, d.h., sie wird eine ausgesprochene Dirne sein, die nicht zur Stufe eines Tiers, sondern zur Stufe einer Sache herabgesunken ist. Oder sie wird werden, was sie in den meisten Fällen ist, seelisch krank, hysterisch, unglücklich, wie es Hunderte gibt, ohne die Fähigkeit geistiger Entwicklung.

Die Gymnasien und Hochschulen können daran nichts ändern. Ändern kann hier nur die Veränderung der Anschauung, die die Männer von den Frauen haben und die die Frauen selber von sich haben. Eine Veränderung wird erst eintreten, wenn die Frau selbst als die höchste Stufe die Jungfräulichkeit betrachten wird, nicht wie jetzt, da der höchste Zustand des Menschen als eine Schande, ein Makel betrachtet wird. Solange das nicht erreicht ist, wird das Ideal jedes Mädchens, ohne Unterschied der Bildung, immer noch das sein, so viele Männer als möglich anzuziehen, so viele Männchen als möglich, um die Auswahl zu haben. Und daß die eine mehr von der Mathematik weiß und die andere die Harfe spielt, das ändert nichts an der Sache. Die Frau ist glücklich und hat alles erreicht, was sie erreichen kann, wenn sie einen Mann bezaubert. Darum ist die Hauptaufgabe der Frau, ihn bezaubern *können*. So war es, so wird es bleiben. So ist es im Leben der Jungfrau in unseren Kreisen, so geht es fort bei der verheirateten Frau. Die Jungfrau braucht es zur Auswahl, die Frau zur Herrschaft über den Mann. Das einzige, was dem ein Ende macht oder es wenigstens für eine Weile unterdrückt, sind die Kinder, und auch das nur, wenn die Frau kein Krüppel ist, d.h. wenn sie selbst nährt. Aber hier haben wieder die Ärzte ihre Hand im Spiel.

Meiner Frau, die selbst nähren wollte und die folgenden fünf Kinder genährt hat, war bei dem ersten Kind nicht wohl. Die Ärzte, die sie zynisch entkleideten und am ganzen Körper betasteten, wofür ich mich noch bedanken und Geld zahlen sollte, die lieben Ärzte fanden, sie dürfe nicht nähren. Und sie war für die erste Zeit des einzigen Mittels beraubt, das sie vor Gefallsucht hätte schützen können. Eine Amme nährte, d.h., wir beuteten die Armut, die Not und die Unwissenheit einer Frau aus, lockten sie von ihrem Kind fort zu dem unseren und schmückten sie dafür mit einem besonderen Kopfputz, mit schönen Schleifen. Aber nicht darum handelt es sich. Es handelt sich darum, daß in dieser Zeit, wo sie frei war von der Schwangerschaft und dem Nähren, in ihr mit besonderer Macht das schlummernde Gefühl weiblicher Gefallsucht erwachte. Und in mir erwachten dementsprechend mit besonderer Stärke die Qualen der Eifersucht, die mich während meines Ehelebens ununterbrochen hin- und herzerrten, wie es gar nicht anders sein kann bei all den Ehemännern, die mit ihren Frauen so leben, wie ich mit der meinigen gelebt habe, d.h. unsittlich.«

XV

»Während meines ganzen Ehelebens litt ich ununterbrochen unter den Qualen der Eifersucht. Es gab aber Perioden, in denen dieses Leiden besonders heftig war. Und eine dieser Perioden war die Zeit, da die Ärzte ihr nach der Geburt des ersten Kindes verboten, zu nähren. Ich war damals besonders eifersüchtig, erstens, weil bei meiner Frau die den Müttern eigentümliche Unruhe auftrat, die eine grundlose Störung des regelmäßigen Lebensganges zur Folge haben muß; zweitens, weil ich sah, wie leicht es ihr wurde, die sittliche Pflicht der Mutter abzuschütteln, und daraus mit Recht, wenn auch unbewußt, den Schluß zog, daß es ihr ebenso leicht fallen würde, das Eheband zu lösen, um so mehr, als sie vollkommen gesund war und trotz des Verbots der lieben Ärzte die nächsten Kinder nährte, und zwar vortrefflich nährte.«

»Sie scheinen die Ärzte nicht eben gern zu haben«, sagte ich, denn ich hatte beobachtet, daß seine Stimme jedes Mal, wenn er sie erwähnte, einen ganz besonders grimmigen Ton annahm.

»Nicht um ›gern haben‹ oder ›nicht gern haben‹ handelt es sich. Sie haben mein Leben vernichtet, wie sie das Leben von Tausenden, von Hunderttausenden vernichtet haben und immer wieder vernichten; und ich kann den Zusammenhang von Folgen und Ursachen unmöglich übersehen. Ich begreife, sie wollen wie die Advokaten und andere Menschen Geld verdienen, und ich gäbe ihnen gern die Hälfte meines Einkommens ab, und jeder, der begriffen hat, was sie tun, gäbe ihnen gern die Hälfte seines Überflusses, wenn sie sich nur nicht in unser Familienleben einmischen und uns nicht so nah auf den Leib rücken wollten. Ich habe mir zwar nicht die Aufgabe gestellt, Material zu sammeln, aber ich kenne Dutzende von Fällen – es sind ihrer unzählige –, in denen sie das Kind im Mutterleib getötet haben, weil sie behaupteten, die Mutter könne nicht gebären, obgleich die Mutter später sehr leicht gebar, oder sie töteten die Mütter unter dem Vorwand wichtiger Operationen. Es zählt ja niemand diese Morde, wie man auch die Morde der Inquisition nicht gezählt hat, weil man annahm, daß alles zum Heil der Menschheit geschah. Zahllos sind die Verbrechen, die von ihnen begangen werden. Und doch sind alle diese Verbrechen nichts im Vergleich zu der moralischen Fäulnis des Materialismus, den sie in die Welt bringen, vorzugsweise durch die Frauen.

Ich will nicht davon sprechen, daß die Menschen, wollten sie den Weisungen der Ärzte folgen, wegen der Ansteckungsgefahren überall und in allen Dingen nicht der Vereinigung, sondern der Verunreinigung zustreben würden; die Menschen müßten alle nach den Lehren der Ärzte abgesondert voneinander wohnen und die Spritze mit der Karbollösung nicht vom Mund nehmen (übrigens hat man entdeckt, daß auch die nichts wert ist). Aber auch das bedeutet noch nichts. Das schlimmste Gift liegt in der Zerstörung der Menschen und im besonderen der Frauen.

Jetzt kann man nicht mehr sagen: Du führst ein schlechtes Leben, führe ein besseres; das kann man weder sich selbst noch einem anderen sagen. Führt man ein schlechtes Leben, so liegt der Grund in der Unregelmäßigkeit der Nervenfunktionen oder etwas ähnlichem. Dann geht man also zu den Ärzten; sie verschreiben einem eine Arznei für 35 Kopeken, die holt man sich aus der Apotheke und nimmt sie ein!

Wird es noch schlimmer, dann nimmt man wieder Arznei und geht wieder zum Doktor. Ein famoser Kniff!

Aber auch das wollte ich nicht sagen. Ich spreche nur davon, daß sie selbst die Kinder prächtig genährt hat und daß einzig und allein ihre Schwangerschaft und dies Nähren der Kinder mich vor Eifersuchtsqualen geschützt hat, ohne dieses wäre alles schon früher geschehen; die Kinder waren für sie und für mich ein Schutz. In acht Jahren hatte sie fünf Kinder, und alle, außer dem ältesten, hat sie selbst genährt.«

»Wo sind denn Ihre Kinder jetzt?«, fragte ich.

»Die Kinder?«, antwortete er mir erschrocken mit einer Frage.

»Ich bitte um Entschuldigung. Es ist Ihnen vielleicht peinlich, das zu sagen?«

»O nein, bitte sehr. Meine Kinder haben meine Schwägerin und ihr Bruder zu sich genommen. Sie haben sie mir nicht lassen wollen, ich bin ja so etwas wie ein Verrückter. Ich komme eben von ihnen. Ich habe sie gesehen, aber geben wollen sie sie mir nicht; ich könnte sie ja so erziehen, daß sie nicht werden wie ihre Eltern. Und sie sollen doch ebenso werden. Ja, was soll ich tun! Es ist ja begreiflich, daß sie sie mir nicht anvertrauen wollen. Und ich weiß auch wirklich nicht, ob ich die Kraft hätte, sie zu erziehen. Ich meine – nein. Ich bin eine Ruine, ein Krüppel. Doch eins lebt in mir: Ich bin ein Wissender, ja das ist gewiß, ich weiß, was alle die anderen nicht so bald wissen werden.

Ja, unsere Kinder leben und wachsen als ganz ebensolche Wilde auf wie alle Kinder um sie herum. Ich habe sie gesehen, dreimal habe ich sie gesehen. Tun kann ich nichts für sie. Nichts. Ich reise jetzt nach Hause, nach dem Süden. Ich habe dort ein Häuschen und ein Gärtchen.

Ja, es wird noch viel Zeit vergehen, ehe die Menschen wissen werden, was ich weiß. Wie viel Eisen und welche Metalle in der Sonne und in den Sternen zu finden sind, das kann der Mensch leicht erkennen; aber was unser schweinisches Leben enthüllt, das ist schwer, entsetzlich schwer zu erkennen!

Sie hören wenigstens zu, ich bin schon dafür dankbar.«

XVI

»Da Sie von den Kindern gesprochen haben! Was ist das wieder für eine gräßliche Lüge, die Kinder. Die Kinder sind ein Segen Gottes, die Kinder sind unsere Freude. Das ist ja alles Lüge. Alles das war einmal, heutzutage gibt es das nicht. Die Kinder sind eine Qual, nichts weiter. Die meisten Mütter empfinden so und sagen es auch manchmal unwillkürlich gerade heraus. Fragen Sie die meisten Mütter unseres Standes, der Wohlhabenden, sie werden es Ihnen sagen. Aus Furcht, ihre Kinder könnten krank werden und sterben, wollen sie gar keine Kinder haben, um sie nicht allzu sehr lieb zu gewinnen und zu leiden. Die Wonne, die ihnen das Kleine gewährt durch seinen Liebreiz, durch seine Händchen, seine Füßchen, durch das ganze niedliche Körperchen, die Freude, die das Kleine gewährt, ist geringer als das Leid, das sie durchzumachen haben. Ich will gar nicht sagen durch eine Krankheit und durch den Verlust des Kindes, sondern nur durch die Furcht, Krankheit und Tod könnten kommen. Wägt man die Vorteile und die Nachteile ab, so ergibt sich kein Gewinn, und darum ist es nicht wünschenswert, Kinder zu haben. Die Mütter sprechen das offen und unverhüllt aus, weil sie meinen, diese Gefühle in ihren Herzen kämen von der Liebe zu den Kindern und seien gute, lobenswerte Gefühle, auf die sie stolz sein dürften. Sie bemerken nicht, daß sie bei dieser Auffassung geradezu die Liebe leugnen und nur ihre Selbstsucht beweisen. Für sie ist die Freude an dem Liebreiz des Kindes geringer als das Leiden, das aus der Sorge um das Kleine hervorgeht, und darum soll das Kind nicht kommen, das sie später lieben würden. Sie bringen nicht sich dem geliebten Wesen zum Opfer, sondern das Wesen, das sie einst lieben könnten, ihrem Ich.

Es leuchtet ein, das ist nicht Liebe, das ist Egoismus. Aber zur Verurteilung dieser Mütter der wohlhabenden Familien um dieses Egoismus willen erhebt sich keine Hand, wenn man sich all der Qualen erinnert, die sie, wie unser Herrenleben einmal ist, dank wiederum diesen Ärzten, um die Gesundheit ihrer Kinder erdulden. Wenn ich jetzt noch an das Leben und an den Zustand meiner Frau zurückdenke in jener ersten Zeit, als wir drei, vier Kinder hatten und sie ganz von ihnen in Anspruch genommen war, packt mich ein Entsetzen. Wir führten gar kein Leben. Es war wie eine ewige Gefahr, wie ein ewiges Ankämpfen gegen sie, dann wieder erneute Gefahr und erneute verzweifelte Anstrengungen zu erneuter Abwehr – und ununterbrochen ein Zustand wie auf einem sinkenden Schiff. Manchmal glaubte ich, es geschähe mit Absicht, sie heuchle so große Sorge um die Kinder, um mich unterzukriegen. So wunderschön, so einfach entschied dieser Zustand alle Fragen zu ihren Gunsten. Manchmal glaubte ich, alles, was sie in diesen Fällen tat und sprach, tue sie absichtlich. Aber nein, sie peinigte und quälte sich selbst entsetzlich und ununterbrochen mit den Kindern, mit ihrer Gesundheit, mit ihrer Krankheit. Es war eine Folter für sie und auch für mich, und es konnte nicht anders sein, sie mußte sich quälen. Die Anhänglichkeit an die Kinder, das tierische Bedürfnis, sie zu nähren, zu pflegen, zu schützen, war da, wie es auch bei den meisten Frauen vorhanden ist; aber es fehlte, was die Tiere haben, Phantasie- und Vernunftlosigkeit. Die Henne befürchtet nicht, es könne ihren Küklein etwas geschehen; sie kennt gar nicht all die Krankheiten, die ihr Junges bedrohen können; sie kennt nicht all die Mittel, durch die die Menschen wähnen, sich vor Krankheit und Tod zu schützen. Und die Kinder sind für sie, für die Henne, keine Qualen, sie tut für ihre Küklein, was ihrem Wesen entspricht und Freude gibt; die Jungen sind für sie eine Freude. Erkrankt ein Küklein, so sind ihre Sorgen ganz bestimmte: Sie wärmt es, füttert es; und indem sie das tut, weiß sie, daß sie alles tut, was nötig ist. Geht das Küklein ein, so fragt sie nicht, warum es gestorben ist, wohin es gegangen ist; sie gackert auf, beruhigt sich allmählich und lebt weiter wie früher. Bei unseren unglückseligen Frauen ist das anders; so war es auch bei meiner Frau.

Ich will gar nicht von den Krankheiten sprechen und wie man sie heilt; aber wie man die Kinder aufzieht und pflegt, darüber hat sie von hundert Menschen gehört und allerlei einander widersprechende Vorschriften gelesen: so nähren – nein, nicht so; kleiden, tränken, baden, schlafen legen, spazieren führen, frische Luft geben – über alle diese Dinge lernten wir, und vor allem sie, jede Woche neue Vorschriften kennen. Gerade als hätte es früher gar keine Kinder in der Welt gegeben! Und als hätte man sie nicht so genährt, nicht so gebadet, oder doch nicht ganz rechtzeitig; und wurde ein Kind krank, waren natürlich wir schuld – wir hatten nicht getan, was wir hätten tun sollen.

So war's, wenn die Kinder gesund waren – auch da bestand die Qual. Erkrankte aber eins, dann war's aus – die leibhaftige Hölle. Wir nehmen an, eine Krankheit kann geheilt werden, und es gibt eine Wissenschaft und Menschen, die Ärzte, die das verstehen. Wenn auch nicht alle Ärzte, die besten verstehen es doch. Ist also das Kind krank, so muß man sich an diese besten wenden, an den, der es retten kann, und dann wird das Kind gerettet; glückt's aber nicht, diesen Arzt zu finden, oder lebt man nicht an dem Ort, wo dieser Arzt wohnt, so ist das Kind verloren. Und das war nicht etwa der Glaube meiner Frau allein, das ist der Glaube aller Frauen ihres Standes, von allen Seiten hörte sie nur immer Katharina Ssemjonowna sind zwei Kinder gestorben, weil man Iwan Sacharytsch nicht zur rechten Zeit geholt hatte, bei Maria Iwanowna dagegen hat Iwan Sacharytsch das älteste Töchterchen gerettet; die Petrows sind rechtzeitig auf Anraten des Arztes ins Gasthaus gezogen und sind am Leben geblieben, andere sind in ihren Räumen geblieben, und die Kinder sind gestorben. Wieder eine andere Mutter hatte ein schwächliches Kind, man ging auf Anraten des Arztes nach dem Süden, und das Kind wurde gesund. Wie ist es da anders möglich, als daß man sich quält und aufregt das ganze Leben hindurch, wenn das Leben der Kinder, an dem die Mutter mit tierischer Zuneigung hängt, davon abhängt, daß sie rechtzeitig hört, was Iwan Sacharytsch anrät. Und was Iwan Sacharytsch raten wird, weiß niemand, am wenigsten er selber. Denn er weiß sehr gut, daß er nichts weiß. Wäre die Mutter völlig ein Tier, dann würde sie diese Qualen nicht leiden; wäre sie völlig ein Mensch, so hätte sie den Glauben an Gott, dann würde sie sagen und denken wie die Gläubigen sagen: ›Gott hat's gegeben, Gott hat's genommen, Gott kann man nicht entgehen.‹

Das ganze Zusammenleben mit den Kindern war für meine Frau und darum auch für mich nicht Freude, sondern Qual. Wie konnte es auch anders sein? Sie quälte ich beständig. Kaum daß wir uns nach einer Eifersuchtsszene oder nach einem einfachen Zank beruhigt hatten und daran dachten, ein Buch zu lesen oder einen Gedanken zu fassen, kaum daß man irgend etwas vorgenommen hat, kommt die Nachricht, Wassja hat sich erbrochen, und Mascha hat einen tüchtigen Durchfall oder Andrjuscha einen Ausschlag – wieder ist's aus mit dem ruhigen Leben. Wohin rennen, welche Ärzte holen, wo die anderen Kinder abschließen? Und nun geht's los mit den Klistieren, Messungen, Mixturen und Ärzten. Ist das glücklich vorbei, gibt's wieder was Neues. Ein geregeltes, geordnetes Familienleben gab's nicht. Es war nur, wie ich Ihnen sagte, eine beständige Abwehr eingebildeter und wirklicher Gefahren. So geht es ja jetzt in den meisten Familien zu. In meiner Familie war es besonders schlimm. Meine Frau war kinderlieb und leichtgläubig.

Das Vorhandensein der Kinder tat also nichts, unser Leben zu verbessern, es vergiftete es nur noch mehr. Außerdem waren die Kinder für uns nur ein neuer Vorwand zu Zwistigkeiten. Seitdem die Kinder da waren und je größer sie wurden, desto häufiger waren sie selber die Veranlassung und der Gegenstand von Zwistigkeiten. Nicht bloß der Gegenstand der Zwistigkeiten, die Kinder waren Waffen im Kampf – wir kämpften gleichsam mit den Kindern gegeneinander. Jeder von uns hatte sein Lieblingskind, und dieses war die Waffe im Kampf. Bei mir war es meist Wassja, der Älteste, bei ihr Lieschen. Als die Kinder allmählich heranwuchsen und ihre Charaktere sich ausprägten, kam noch dazu, daß sie unsere Verbündeten wurden, die wir jeder auf seine Seite zu bringen suchten. Sie litten furchtbar darunter, die armen Kinder, wir aber hatten in unserem unaufhörlichen Krieg gar nicht die Ruhe, an sie zu denken. Das Mädchen war jetzt meine Verbündete, der ältere Knabe, der ihr ähnlich war, ihr Liebling, war oft voller Haß gegen mich.«

XVII

»Ja, so lebten wir hin. Unser Verhältnis wurde immer feindseliger und feindseliger. Schließlich kam es so weit, daß nicht mehr eine Meinungsverschiedenheit die Feindseligkeit hervorrief, die Feindseligkeit vielmehr die Meinungsverschiedenheiten hervorrief: Sie mochte sagen, was sie wollte, ich war schon im voraus anderer Meinung, und ganz so war sie zu mir.

Im vierten Jahr stand es für uns beide selbstverständlich fest, daß wir einander nicht verstehen, daß wir miteinander nicht übereinstimmen können. Wir versuchten gar nicht mehr, uns gründlich und sachlich auszusprechen. Über die allereinfachsten Dinge, besonders über die Kinder, beharrten wir jeder unwiderleglich bei seiner Meinung. Wenn ich jetzt zurückdenke, so waren die Ansichten, auf welchen ich eigensinnig beharrte, mir gar nicht so teuer, daß ich nicht hätte nachgeben können; aber sie war der entgegengesetzten Meinung, und nachgeben hieße ihr nachgeben. Und das war mir unmöglich. Ihr ging es ebenso. Sie glaubte wahrscheinlich, sie habe mir gegenüber stets recht, und ich kam mir ihr gegenüber immer wie ein Heiliger vor. Unter vier Augen waren wir förmlich verdammt zum Schweigen oder zu solchen Gesprächen, wie sie, das bin ich überzeugt, auch Tiere miteinander führen können: ›Wie spät ist es? Es ist Zeit, schlafen zu gehen. Was gibt's heute zu Tisch? Wohin gehen wir? Was steht heute in der Zeitung? Wir müssen den Arzt holen, Mascha tut der Hals weh.‹ Gingen wir um ein Haar über diesen aufs äußerste eingeengten Stoffkreis hinaus, so flammte die Erbitterung auf. Es gab Auftritte und Haßausbrüche wegen des Kaffees, des

Tischtuchs, des Wagens, des Kartenspiels – alles Dinge, die doch weder für den einen noch für den anderen eine Bedeutung haben konnten. In meinem Innern wenigstens kochte häufig ein glühender Haß gegen sie auf! Manchmal, wenn ich zusah, wie sie den Tee eingoß, mit dem Fuß wippte oder den Löffel zum Mund führte, schlürfte und die Flüssigkeit hinuntertrank, haßte ich sie um dieser Dinge willen wie um die schlechteste Handlung. Damals hatte ich nicht beobachtet, daß diese Perioden der Gereiztheit bei mir mit großer Regelmäßigkeit und Gleichmäßigkeit auftraten und daß sie den Perioden dessen entsprachen, was wir Liebe nannten. Eine Periode der Liebe – eine Periode der Gereiztheit, eine energische Periode der Liebe – eine lange Periode der Gereiztheit, ein schwaches Aufleuchten der Liebe – eine kurze Periode der Gereiztheit. Damals verstanden wir nicht, daß diese Liebe und diese Gereiztheit das gleiche tierische Gefühl waren, nur von verschiedenen Polen betrachtet. So weiterzuleben wäre entsetzlich gewesen, wenn wir unsere Lage verstanden hätten; aber wir verstanden und sahen sie nicht. Darin liegt die Rettung und die Strafe des Menschen: Wenn er ein falsches Leben führt, so kann er sich betäuben, so daß er den Jammer seiner Lage nicht sieht. So hatten auch wir gesucht, sie zu vergessen. Sie suchte sich zu betäuben durch erzwungene, immer hastige Tätigkeit in der Wirtschaft, in der Einrichtung, mit ihrer Toilette und der Toilette der Kinder, durch den Unterricht und die Fürsorge um die Gesundheit der Kinder. Ich hatte meine eigenen Neigungen: Zechgelage, das Amt, die Jagd, die Karten. Wir waren beide immer beschäftigt, wir fühlten beide: Je mehr wir beschäftigt waren, desto mehr konnten wir erbittert sein gegeneinander. ›Du hast gut Grimassen schneiden‹, dachte ich von ihr, ›die ganze Nacht hast du mich mit deinen Szenen gequält, und jetzt soll ich zur Sitzung.‹ – ›Du hast's gut‹ – so dachte sie nicht nur, so sprach sie auch. ›Und ich habe die ganze Nacht nicht schlafen können wegen des Kindes.‹ All die neuen Theorien von Hypnotismus, Geisteskrankheiten, Hysterie sind nicht bloß keine harmlose, sie sind eine schädliche, scheußliche

Dummheit. Von meiner Frau würde Charcot unbedingt sagen, sie sei hysterisch, und von mir würde er sagen, ich sei nicht normal, und würde uns wahrhaftig! in die Kur nehmen. Zu kurieren war aber hier nichts.

So lebten wir in einer beständigen Umneblung und sahen die Lage nicht, in der wir uns befanden. Und wäre nicht geschehen, was geschehen ist, ich hätte so hingelebt bis in mein Greisenalter und hätte auf meinem Sterbebett gedacht, daß ich ein gutes Leben durchlebt habe – nicht gerade ein ungewöhnliches Leben, aber kein schlechtes –, ein Leben, wie es alle führen; ich hätte diesen Abgrund von Unglück, diese feige Lüge, in die ich verstrickt war, nicht begriffen. – Und wir waren doch zwei Sträflinge, die einander hassen und die an eine Kette geschmiedet sind, die einander das Leben vergiften und sich alle Mühe geben, das nicht zu sehen. Ich wußte damals noch nicht, daß neunundneunzig Hundertstel aller Eheleute in ganz derselben Hölle lebten wie ich und daß es nicht anders sein kann. Damals wußte ich das noch nicht, weder von mir noch von den anderen.

Merkwürdig, wie gewisse Momente im normalen Leben, ja sogar im anormalen zusammentreffen! Genau in dem Augenblick, wo den Eltern das Zusammenleben unerträglich wird, tritt das Bedürfnis nach städtischen Lebensbedingungen an uns heran, wegen der Erziehung der Kinder. Die Übersiedelung nach der Stadt erscheint als eine Notwendigkeit.«

Er verstummte und gab zweimal seine sonderbaren Töne von sich, die jetzt einem verhaltenen Schluchzen ganz ähnlich waren. Wir näherten uns einer Station.

»Wie spät ist es?«, fragte er.

Ich sah nach der Uhr, es war zwei.

»Sind Sie nicht müde?«, fragte er.

»Nein, aber sind Sie müde?«

»Ich ersticke hier. Verzeihen Sie, ich will nur ein wenig auf- und niedergehen und Wasser trinken.«

Er ging schwankenden Schrittes durch den Waggon. Ich war allein und überdachte alles das, was er mir gesagt hatte; ich versank so in Gedanken, daß ich gar nicht bemerkte, wie er zur anderen Tür wieder hereinkam.

XVIII

»Ja, ich bin immer so erregt«, begann er. »Ich habe über viele Dinge nachgedacht. Vieles sehe ich auf meine eigene Weise an, und all das möchte ich heraussagen. Wir lebten also nun in der Stadt. In der Stadt kann der Mensch hundert Jahre leben und bemerkt es gar nicht, daß er längst tot und verfault ist. Man hat gar keine Zeit, sich mit seinem Ich auseinanderzusetzen – immer ist man beschäftigt. Geschäft, geselliger Verkehr, die Gesundheit, die Künste, die Gesundheit der Kinder, ihre Erziehung. Bald muß man diesen und jenen empfangen, bald diesen und jenen besuchen; bald muß man diese sehen oder diesen oder jene hören. In der Stadt gibt es ja zu jeder Zeit eine, ja auch zwei, drei Berühmtheiten, die man gehört haben muß. Bald hat man mit seiner eigenen Gesundheit zu tun, bald mit der Gesundheit von diesem oder jenem. Dann kommen die Lehrer, Repetitoren, Gouvernanten, und das Leben ist öde und leer. So lebten wir nun auch und empfanden weniger Schmerz durch unser Zusammenleben. Überdies hatten wir in der ersten Zeit eine herrliche Beschäftigung – die Einrichtung in der neuen Stadt in der neuen Wohnung –, und eine zweite Beschäftigung – das Hin- und Herfahren aus der Stadt auf das Gut und von dem Gut in die Stadt.

So verlebten wir einen Winter, und im nächsten Winter geschah noch das Folgende. Niemand hatte es bemerkt, es konnte als etwas Nichtiges erscheinen, und doch war es die Sache, die alles das hervorrief, was späterhin geschah.

Ihr war nicht wohl, und die Ärzte verboten ihr, Kinder zu gebären, und lehrten sie ein Mittel. Mir war das widerlich. Ich kämpfte dagegen an, sie aber bestand mit leichtsinniger Hartnäckigkeit auf ihrer Meinung, und ich fügte mich; die letzte Rechtfertigung des schweinischen Lebens – die Kinder – war nun fortgefallen, und das Leben wurde noch schmutziger.

Der Arbeiter braucht Kinder, obgleich es ihm schwer fällt, sie zu ernähren, er braucht sie, und darum hat sein Eheleben eine Rechtfertigung; wir aber, wenn wir schon Kinder haben, brauchen keine mehr, sie sind eine unnütze Mühe, eine Ausgabe, Miterben, sie sind eine Last. Wir haben für unser schweinisches Leben keine Rechtfertigung. Entweder wir entledigen uns künstlich der Kinder, oder wir betrachten sie als ein Unglück, eine Folge der Unachtsamkeit, und das ist noch schmutziger.

Es gibt keine Rechtfertigung. Wir sind aber sittlich so tief gesunken, daß wir die Notwendigkeit einer Rechtfertigung nicht einmal sehen.

Die Mehrzahl der heutigen gebildeten Menschheit ergibt sich dieser Ausschweifung ohne die geringsten Gewissensbisse.

Es ist auch keine Ursache zu Gewissensbissen, weil es in unserem Dasein gar kein Gewissen gibt, außer, wenn man so sagen darf, das Gewissen der öffentlichen Meinung und des Strafgesetzes. In diesem Fall aber wird weder das eine noch das andere verletzt. Vor der Gesellschaft braucht man keine Gewissensbisse zu haben – tun ja alle so: Maria Pawlowna und Iwan Sacharytsch. Sollen wir etwa Bettler in die Welt setzen oder uns die Möglichkeit des geselligen Verkehrs nehmen … Auch zu Gewissensbissen oder zur Furcht vor dem Strafgesetz ist kein Grund vorhanden. Die scheußlichen Dirnen und die Soldatenweiber werfen ihre Kinder in Teiche und Brunnen, die muß man natürlich ins Gefängnis stecken, bei uns aber geschieht alles zur rechten Zeit und fein säuberlich. So lebten wir denn noch zwei weitere Jahre. Das Mittel dieser Schurken von Ärzten fing sichtlich an zu wirken: Sie entwickelte sich physisch und wurde schön wie eine Spätsommerblüte. Sie fühlte das und beschäftigte sich mit ihrer Person. Sie entwickelte sich zu einer herausfordernden, die Männer beunruhigenden Schönheit. Sie stand in der Vollkraft einer dreißigjährigen, nicht gebärenden, wohlgenährten und sinnlich erregten Frau. Ihr Anblick erregte Unruhe. Wenn sie unter Männer kam, zog sie deren Blicke auf sich. Sie war wie ein ausgeruhtes, ausgefüttertes, angeschirrtes Pferd, das man vom Zügel befreit hat. Sie war ohne Zügel wie neunundneunzig Hundertstel unserer Frauen. Und ich fühlte, daß auch mir bange ward.«

XIX

Er erhob sich plötzlich und setzte sich ganz in die Nähe des Fensters.

»Entschuldigen Sie«, begann er. Er starrte durch das Fenster und saß einige Minuten stumm da. Dann seufzte er schwer auf und setzte sich wieder mir gegenüber. Sein Gesicht hatte sich vollständig verändert, seine Augen waren trüb, und eine sonderbare Bewegung, die an ein Lächeln erinnerte, zog seinen Mund zusammen. »Ich bin ein wenig müde, aber ich werde weitererzählen. Wir haben noch viel Zeit, es ist noch nicht Tag. Ja ...«, begann er wieder und zündete sich eine Zigarette an. »Sie wurde von dem Augenblick, wo die Kinder aufhörten, immer üppiger, und die Krankheit, das ewige Leiden um die Kinder, war vorüber. Doch nicht das war das Wesentliche, daß die Krankheit vorüber war, sondern daß sie gewissermaßen aus dem Rausch erwachte, daß sie zu sich kam und sah: Es gibt noch eine ganze schöne Gotteswelt mit tausend Freuden, die sie übersehen hatte und in der sie nicht verstanden hatte zu leben, eine Gotteswelt, die sie gar nicht begriffen hatte. ›Den Augenblick genießen! Die Zeit geht unwiederbringlich vorüber!‹ So, dünkte mich, dachte sie oder richtiger fühlte sie, und sie konnte auch nichts anderes denken und fühlen. Sie war in der Vorstellung erzogen worden, daß es in der Welt nur eins gibt, was der Beachtung wert ist – die Liebe. Sie hatte geheiratet, hatte etwas von dieser Liebe genossen, aber nicht nur weit weniger, als sie sich versprochen, als sie erwartet hatte, sondern auch viele Enttäuschungen, Leiden und dazu die unerwartete Qual erlebt – so viel Kinder! Diese Qual hatte sie erschöpft. Und nun hörte sie von den dienstfertigen Ärzten, daß es auch ohne Kinder geht. Das machte ihr Freude, die Erfahrung bestätigte es, und nun lebte sie wieder auf für den einen Zweck, den sie kannte – die Liebe. Aber die Liebe zu einem von Eifersucht und jeglicher Schlechtigkeit befleckten Mann war nicht das richtige. Ihr schwebt nun eine andere, reine, ganz neue Liebe vor – so wenigstens dachte ich von ihr. Und sie schaute nach allen Seiten aus, als erwarte sie etwas. Ich bemerkte das und konnte nicht ohne Unruhe sein. Bei jeder Gelegenheit und überall, wenn sie sich mit mir durch die Vermittlung Dritter unterhielt, d.h., wenn sie mit Fremden sprach, ihre Rede aber doch an mich richtete, sprach sie, ohne daran zu denken, daß sie vor einer Stunde das Gegenteil gesagt hatte, ohne Scheu, halb Scherz, halb Ernst, den Gedanken aus, daß alle mütterliche Sorge Täuschung sei, daß es nicht verlohne, den Kindern sein Leben zu opfern, solange man jung ist und das Leben genießen kann.

Sie beschäftigte sich nun weniger mit den Kindern, nicht mit derselben Hingabe wie früher, sie beschäftigte sich immer mehr und mehr mit sich selbst, mit ihrem Äußeren – obwohl sie das zu verbergen suchte –, mit ihren Vergnügungen, ja sogar mit ihrer Vervollkommnung. Sie nahm wieder mit Begeisterung ihr Klavierspiel auf, das sie bisher ganz vernachlässigt hatte. Damit begann die ganze Sache.«

Wieder wandte er sich zum Fenster mit den müde blickenden Augen, aber er raffte sich bald wieder auf und fuhr fort:

»Ja, da kam dieser Mensch ...« – Er stockte und gab zwei, drei seiner seltsamen Nasaltöne von sich.

Ich sah, daß es ihm schwer wurde, den Mann zu nennen, in der Rückerinnerung von ihm zu sprechen. Aber er machte eine gewaltsame Bewegung, als ob er das Hindernis, das ihm im Weg stand, niederriss, und fuhr mit Entschiedenheit fort:

»Ein Lump war er – in meinen Augen, nach meiner Meinung. Nicht weil er so in mein Leben eingegriffen hat, sondern weil er wirklich einer war. Übrigens, daß er ein schlechter Kerl war, bewies mir, wie wenig zurechnungsfähig sie war. War er's nicht, war's ein anderer. Kommen mußte es ...« Wieder verstummte er. »Ja, er war ein Musiker, ein Geiger, kein Musiker von Beruf, sondern halb Berufsmusiker, halb Gesellschaftsmensch.

Sein Vater war ein Gutsbesitzer, der Nachbar meines Vaters. Sein Vater hatte sein Vermögen verloren, die Kinder – drei Knaben – machten alle ihren Weg. Der Jüngste – eben dieser – wurde zu seiner Patin nach Paris gegeben. Dort besuchte er das Konservatorium, denn er besaß musikalische Anlagen, und verließ es als Geigenspieler und gab Konzerte. Er war ein Mensch ...«

Er wollte offenbar etwas Schlechtes von ihm sagen, aber er unterdrückte es und sagte dann schnell:

»Was weiß ich, was er da für ein Leben führte; ich weiß nur, daß er in demselben Jahr nach Rußland zurückkehrte und in mein Haus kam.

Er hatte mandelförmige feucht schimmernde Augen, einen roten lächelnden Mund, ein gedrehtes Lippenbärtchen, eine Frisur nach der neuesten Mode. Ein fades hübsches Gesicht, was die Frauen einen hübschen Jungen nennen, die Gestalt schwächlich, wenn auch nicht häßlich, mit einem besonders entwickelten Hintern, wie bei Frauen oder bei den Hottentotten, wie es heißt. Die sollen auch musikalisch sein. Er hatte eine familiäre Art, wo es anging, war aber empfindlich und stets bereit, sich zurückzuziehen, wenn er die leichteste Abweisung erfuhr. Er wußte dabei seine Würde zu wahren und gab ihr den besonderen Pariser Anstrich, den Knöpfschuhe und helle Halstücher und andere Dinge verleihen, die sich die Fremden in Paris aneignen und die durch ihre Besonderheit und Neuheit nie ohne Wirkung auf die Frauen sind. In seinen Manieren lag eine erkünstelte äußerliche Heiterkeit. Eine Art, wissen Sie, alles in abgebrochenen Sätzen und Andeutungen zu sagen, als wüßte der andere alles, als sei es ihm gegenwärtig und als könnte er alles selbst ergänzen.

Dieser Mensch und seine Musik waren an allem schuld. Vor Gericht wurde alles so dargestellt, als wäre die Eifersucht allein die Ursache gewesen. Keineswegs, d.h., man kann nicht sagen keineswegs, und doch ist es nicht so. Das Gericht erkannte auch so, daß ich der betrogene Ehegatte sei und daß ich sie erschlagen habe in der Verteidigung meiner beleidigten Ehre (so nennt es ja wohl die Welt), und sprach mich frei. Ich bemühte mich, vor den Richtern den tieferen Grund zu erklären, sie faßten es aber so auf, als wollte ich die Ehre meiner Frau wiederherstellen.

Ihre Beziehungen zu dem Musiker, welcher Art sie auch gewesen seien, die haben für mich keine Bedeutung, auch für sie nicht. Bedeutung hat nur das, was ich Ihnen erzählt habe, d.h. mein schweinisches Leben. Alles kam daher, daß bei uns die furchtbare Verwirrung herrschte, von der ich gesprochen habe, die furchtbare Spannung des gegenseitigen Hasses, bei dem der geringste Anstoß genügte, um die Krisis hervorzurufen. Die Streitigkeiten zwischen uns waren in der letzten Zeit entsetzlich und hatten eine besondere Wirkung dadurch, daß sie in eine heftige tierische Leidenschaft übergingen.

Wäre nicht er gekommen, so wäre es ein anderer gewesen. Wäre nicht die Eifersucht der Vorwand gewesen, so wäre es etwas anderes. Es ist meine feste Meinung, alle Männer, die in denselben Eheverhältnissen leben, in welchen ich gelebt habe, müssen entweder liederlich werden oder sich scheiden, entweder sich oder ihre Frau töten, wie ich es getan habe. Wenn das bei einem oder dem anderen nicht vorkommt, so ist es eine besonders seltene Ausnahme. Auch ich war ja, ehe ich das Ende herbeiführte, das ich herbeigeführt habe, oft an der Schwelle des Selbstmords, und auch sie hatte Gift nehmen wollen.«

XX

»Ja, so war es auch kurz vorher. Wir lebten sozusagen im Waffenstillstand, und es war keinerlei Ursache, ihn zu verletzen. Plötzlich einmal unterhalten wir uns darüber, daß ein bestimmter Hund in der Ausstellung einen Preis bekommen hat. So behauptete ich; sie sagte, keinen Preis, sondern eine ehrenvolle Erwähnung. Der Streit beginnt. Die Unterhaltung springt von einem Gegenstand zum anderen über, ein Vorwurf gibt den anderen: ›Ja, das ist immer so, immer dasselbe Lied.‹ – ›Du sagst …‹ – ›Nein, das habe ich nicht gesagt!‹ – ›So bin ich also eine Lügnerin!‹ – Man empfindet, wie der entsetzliche Zank entsteht, in dem man sich selbst oder sie töten möchte, man erkennt, daß es zum Ausbruch kommt, und fürchtet es wie Feuer, man möchte sich überwinden, aber die Wut erfaßt den ganzen Menschen. Sie ist in derselben, ja in noch schlechterer Lage, und doch verdreht sie absichtlich jedes Wort, das man spricht, und gibt ihm eine erlogene Bedeutung; jedes ihrer Worte ist von Gift getränkt, sie trifft mich an der empfindlichsten Stelle. Und es wird immer schlimmer. Ich schreie: ›Schweig!‹ oder etwas ähnliches.

Sie rennt aus dem Zimmer zu den Kindern. Ich will sie zurückhalten, um zu Ende zu sprechen und meine Ansicht zu begründen, ich fasse sie bei der Hand. Sie tut, als ob ich ihr wehgetan hätte, und schreit: ›Kinder! Euer Vater schlägt mich!‹ – ›Lüge nicht!‹, schreie ich. – ›Es wäre ja nicht das erste Mal‹, schreit sie oder etwas ähnliches. Die Kinder stürzen ihr entgegen. Sie beruhigt sie. Ich sage: ›Heuchle nicht!‹ Sie antwortet: ›Bei dir ist alles Heuchelei! Du kannst einen Menschen totgeschlagen haben und behaupten, er verstelle sich. Jetzt verstehe ich dich: Du willst gar nichts anderes!‹ – ›Oh, wenn du doch krepieren wolltest‹, schreie ich. Ich erinnere mich, wie entsetzt ich selbst über diese Worte war. Ich hätte nie geglaubt, daß ich so schreckliche, gemeine Worte über die Lippen bringen könnte, und wundere mich, daß sie mir entschlüpfen konnten. Nach diesen entsetzlichen Worten stürze ich in mein Arbeitszimmer, setze mich nieder und rauche. Ich höre, wie sie in das Vorzimmer geht und sich zum Ausgehen fertig macht. Ich frage: ›Wohin?‹ Keine Antwort. ›Gut‹, denke ich, ›glückliche Reise!‹, gehe in mein Zimmer zurück, strecke mich wieder auf das Sofa und rauche. Tausend Pläne wirbeln mir durch den Kopf: wie ich mich an ihr rächen, wie ich mich von ihr befreien, wie ich es gutmachen, wie ich es ungeschehen machen könnte. Und immer wieder neue Gedanken – und ich rauche und rauche und rauche. Wie, wenn ich sie verließe, mich versteckte, nach Amerika ginge? Endlich kommt mir der Gedanke, wie ich, von ihr befreit – wie schön malte ich mir das aus –, mir eine andere schöne, ganz neue Frau suchen werde. Frei werde ich dadurch, daß sie stirbt oder daß wir uns scheiden – und ich sinne nach, wie das geschehen kann. Ich sehe, daß ich unklar werde, daß ich nicht an das denke, woran ich denken müßte, und um nicht zu sehen, daß ich nicht an das denke, woran ich denken müßte, blase ich den Rauch in die Luft.

Und das Leben im Haus nimmt seinen Fortgang. Die Gouvernante kommt und fragt: ›Wo ist Madame? Wann kommt sie zurück?‹ Der Diener fragt, ob er den Tee reichen soll. Ich trete in das Speisezimmer. Die Kinder, besonders die älteren, Lieschen, die schon versteht, was vorgeht, sehen mich fragend und mißbilligend an. Wir trinken schweigend unseren Tee. Sie kommt nicht. Der Abend vergeht, sie kommt nicht; und zwei Empfindungen kämpfen in meiner Seele: Groll gegen sie, weil sie mich und alle Kinder quält durch ihre Abwesenheit, die doch damit enden muß, daß sie wiederkehrt, und die Furcht, daß sie vielleicht nicht wiederkehrt und sich irgendwie ein Leid antun wird. Ich möchte ihr nachgehen. Aber wo soll ich sie suchen? Bei ihrer Schwester? Wie dumm – hinkommen und nach ihr fragen! In Gottes Namen! Will sie durchaus jemanden quälen, so mag sie sich selbst quälen. Sie will's ja nicht anders haben. Und das nächste Mal wird es noch schlimmer sein. Wie aber, wenn sie nicht bei der Schwester ist? Wenn sie sich etwas antut – oder schon angetan hat? Es schlägt elf, zwölf! Ich gehe nicht in das Schlafzimmer –

wie dumm, so allein dort zu liegen und zu warten; ich lege mich auch hier nicht schlafen. Ich suche mich irgendwie zu beschäftigen, schreibe, lese – ich bin zu nichts imstande! Ich sitze allein in meinem Arbeitszimmer, quäle mich, wüte und horche auf. Es schlägt drei, vier; sie kommt nicht. Gegen Morgen schlafe ich ein. Ich erwache – sie ist nicht da.

Im Haus geht alles im alten Geleise, aber alle sind in Sorgen und sehen mich vorwurfsvoll an, weil sie vermuten, ich sei an allem schuld. Und in mir tobt wieder derselbe Kampf: Groll wegen der Qual, die sie mir zufügt, und Beunruhigung um sie.

Gegen elf Uhr kommt ihre Schwester vorgefahren – ihre Abgesandte. Und es beginnt das Übliche: ›Sie ist in einer entsetzlichen Lage, was soll das bedeuten?‹ – ›Es ist doch nichts geschehen.‹ Ich spreche von der Unerträglichkeit ihres Wesens und erkläre, daß ich nichts getan hätte.

›Aber so kann es doch nicht bleiben‹, sagt die Schwester.

›Das ist ganz ihre Sache und nicht meine‹, sage ich. ›Ich werde doch den ersten Schritt nicht machen. Wünscht sie Scheidung – gut!‹ Die Schwester fährt unverrichteter Sache wieder fort. Ich hatte ihr schroff erklärt, daß ich den ersten Schritt nicht machen würde; als sie aber fort war und ich ins andere Zimmer ging und die Kinder niedergeschlagen und ängstlich sah, war ich schon bereit, den ersten Schritt zu tun. Ich wollte ihn schon gern tun, ich wußte aber nicht, wie. Wieder gehe ich hin und her, rauche, trinke beim Frühstück Schnaps und Wein und erreiche auch, was ich, mir selber unklar, erstrebe: Ich sehe das Dumme, das Gemeine meiner Situation nicht.

Um drei Uhr kommt sie. Sie geht an mir vorüber und spricht kein Wort. Ich denke, sie hat sich beruhigt, und beginne damit, daß sie mich durch ihre Vorwürfe herausgefordert hätte. Sie antwortet mit demselben abweisenden und furchtbar abgespannten Gesicht, sie sei nicht gekommen, um sich mit mir auseinanderzusetzen, sondern die Kinder zu holen; zusammenbleiben könnten wir nicht. Ich sage ihr, ich sei nicht schuld, sie hätte mich zur Raserei gebracht. Sie sieht mich mit einem feierlich-ernsten Blick an und sagt: ›Sprich nicht weiter – du wirst es bereuen.‹ Ich antwortete, daß ich Komödienspiel nicht vertragen kann. Sie schreit mir noch etwas entgegen, was ich nicht verstehe, und stürzt in ihr Zimmer. Der Schlüssel knarrt, sie hat sich eingeschlossen. Ich klopfe – keine Antwort. Ich gehe wütend zurück. Nach einer halben Stunde kommt Lieschen tränenüberströmt gelaufen. Was gibt es? Ist etwas vorgefallen? Mama ist ganz still. Wir gehen zusammen. Ich rüttle mit aller Kraft an der Tür. Der Riegel hält nur schwach, und die Türflügel springen auf. Ich trete an das Bett. Sie liegt in unbequemer Stellung, im Unterrock und mit Schnürschuhen, auf dem Bett. Auf dem Tisch steht ein leeres Glas von Opium. Wir rufen sie ins Bewußtsein zurück. Dann kommen Tränen und schließlich die Versöhnung. Versöhnung? – Kaum; denn in beider Herzen war der alte Groll, nur noch vergrößert durch die Erregung über den Schmerz, den dieser Streit verursacht hatte und den jeder von uns auf das Schuldkonto des anderen schrieb. Aber wir mußten doch einmal ein Ende machen – und wieder geht das Leben im alten Geleite fort. Ja, so und schlimmer noch ging es unaufhörlich, bald einmal in der Woche, bald einmal im Monat, bald Tag um Tag. Und immer und immer dasselbe. Einmal nahm ich sogar einen Paß ins Ausland, der Zank hatte zwei Tage gedauert, aber dann folgten wieder halbe Erklärungen, halbe Versöhnung, und ich blieb da.«

XXI

»So also, derart waren unsere Beziehungen in dem Augenblick, in dem dieser Mensch erschien. Der Mensch war nach Moskau gekommen – er hieß Truchatschewskij – und machte mir seinen Besuch. Es war vormittags. Ich empfing ihn. Wir hatten uns vor Jahren geduzt. Er suchte in seiner Rede, zwischen Du und Sie wechselnd, das Du festzuhalten, ich betonte aber das Sie, und er gab gleich nach.

Er mißfiel mir sehr vom ersten Augenblick an. Aber sonderbar, eine unerklärliche verhängnisvolle Macht trieb mich, ihn nicht zurückzuweisen, nicht fern zu halten, ja sogar ihn heranzuziehen. Nichts wäre einfacher gewesen, als ein paar Worte mit ihm zu wechseln, ihn kühl zu verabschieden und ihn meiner Frau nicht vorzustellen. Aber was tat ich? Wie absichtlich sprach ich von seinem Spiel. Er sagte mir, es sei nicht so, wie ich gehört hätte, daß er nämlich das Geigenspiel aufgegeben habe, im Gegenteil, er spiele jetzt mehr als früher. Er kam darauf zurück, daß ich früher auch einmal gespielt habe. Ich antwortete ihm, daß ich jetzt nicht mehr spiele, daß aber meine Frau sehr musikalisch sei. Sonderbar! Mein Verhältnis zu ihm war am ersten Tag, in der ersten Stunde unseres Wiedersehens ein solches, wie es nur nach dem, was später geschah, hätte sein können. Es lag etwas Gespanntes in meinem Verhältnis zu ihm, ich beobachtete jedes Wort, jeden Ausdruck, den er oder ich gebrauchte, und legte ihnen Bedeutung bei.

Ich stellte ihn meiner Frau vor. Sie begannen gleich ein Gespräch über Musik, und er bot ihr an, mit ihr zusammen zu spielen. Meine Frau war, wie immer in dieser letzten Zeit, sehr elegant und anziehend, beunruhigend schön. Er gefiel ihr offenbar im ersten Augenblick, überdies freute sie sich darüber, daß sie das Vergnügen haben würde, Violinbegleitung zu ihrem Spiel zu haben; das hatte sie sehr gern, so daß sie zu diesem Zweck einen Geiger von der Theaterkapelle bezahlt hatte. Und diese Freude spiegelte sich in ihren Zügen. Als sie mich aber angesehen hatte, begriff sie sofort meine Empfindung und veränderte ihren Gesichtsausdruck, und nun begann das alte Spiel des gegenseitigen Belügens. Ich lächelte erfreut und tat, als wäre es mir außerordentlich angenehm.

Er sah meine Frau an, wie alle sittenlosen Männer schöne Frauen anzusehen pflegen, und tat, als ob ihn nur der Gegenstand unseres Gesprächs interessierte, also gerade das, was ihn ganz und gar nicht mehr interessierte. Sie gab sich Mühe, gleichgültig zu erscheinen, aber das ihr bekannte erkünstelt lächelnde Aussehen des Eifersüchtigen, das meine Züge darboten, und sein lüsterner Blick regte sie offenbar auf. Ich bemerkte, daß ihre Augen von der ersten Begrüßung an einen besonderen Glanz zeigten und daß infolge meiner Eifersucht zwischen ihm und ihr sofort eine Art elektrischer Strom entstand, der bei beiden den gleichen Ausdruck im Blick und Lächeln erzeugte. Sie errötete, er errötete. Sie lächelte, er lächelte. Wir sprachen über Musik, über Paris, über allerlei gleichgültige Dinge. Er erhob sich, um sich zu verabschieden, und stand so da mit lächelnder Miene, den Hut auf dem wippenden Schenkel, bald sie, bald mich ansehend, als wollte er abwarten, was wir wohl tun würden. Dieser Augenblick ist mir noch in Erinnerung, ganz besonders durch den Umstand, daß es in meiner Hand lag, ihn nicht aufzufordern, und dann wäre nichts geschehen. Aber ich sah ihn, ich sah sie an. ›Bilde dir nur nicht ein, daß ich eifersüchtig auf dich bin‹, sagte ich in Gedanken zu ihr, ›oder daß ich dich fürchte‹, sagte ich in Gedanken zu ihm und lud ihn ein, am Abend mit seiner Geige zu uns zu kommen, um meine Frau zu begleiten. Sie sah mich verwundert an und wurde feuerrot; sie schien erschrocken, suchte eine Ausflucht und sagte, daß sie nicht gut genug spiele. Diese Ausflucht regte mich noch mehr auf, und ich wurde noch dringender. Ich fühle es noch, das sonderbare Gefühl, mit dem ich seinen Nacken, seinen weißen Hals, der von dem schwarzen, nach beiden Seiten gekämmten Haar abstach, betrachtete, als er mit seinem tänzelnden, vogelartigen Gang das Zimmer verließ. Ich mußte mir gestehen, daß die Anwesenheit dieses Menschen mir eine Pein war. Es hängt von mir ab, dachte ich bei mir, es so einzurichten, daß ich ihn nie wieder sehe. Aber hätte ich so gehandelt, so hätte ich damit gesagt, daß ich ihn fürchte. Nein, ich fürchte ihn nicht. Das wäre zu erniedrigend, sagte ich zu mir selbst, und nun im Vorzimmer, wo meine Frau mich hören mußte, drang ich in ihn, heute Abend zu uns zu kommen und seine Geige mitzubringen. Er sagte zu und ging.

Abends kam er, brachte auch die Geige mit, und sie spielten. Aber mit dem Zusammenspiel hatte es seine Schwierigkeit; die Noten, die sie brauchten, waren nicht im Haus, und die da waren, konnte meine Frau nicht vom Blatt spielen. Ich war ein großer Freund der Musik und nahm Anteil an ihrem Spiel; ich stellte ihm das Notenpult auf und wendete die Blätter um. Sie spielten einige Sachen, Lieder ohne Worte und eine Mozart'sche Sonatine. Er spielte ausgezeichnet, er verband das, was man einen großen Ton nennt, mit Weichheit und einem edlen Geschmack, der seinem Charakter gar nicht entsprach.

Er spielte selbstverständlich weit besser als meine Frau und gab ihr in schlichter und natürlicher Weise Anleitungen, während er gleichzeitig ihr Spiel in höflicher Form lobte. Meine Frau schien ganz nur der Musik hingegeben und war sehr ungezwungen und lieb. Den ganzen Abend erschien ich nicht nur den anderen, sondern auch mir selbst ganz von der Musik in Anspruch genommen. In Wahrheit aber quälte mich unaufhörlich die Eifersucht.

Von der ersten Minute, da ihre Blicke sich begegneten, beobachtete ich, daß das Tier, das in ihnen beiden wohnte, trotz aller Bedingungen der Lebensstellung und gesellschaftlichen Sitte, fragte: ›Darf man?‹ und antwortete: ›Oh ja, bitte sehr.‹ Ich sah, er hatte ganz und gar nicht erwartet, in meiner Frau, einer Moskauerin, eine so anziehende Dame zu finden, und war entzückt davon. Denn Zweifel an ihrer *Zustimmung* hatte er keinen Augenblick. Die ganze Frage bestand darin, ob wohl der unausstehliche Mann im Weg stehen würde. Wäre ich selbst rein gewesen, so hätte ich das nicht verstanden; aber ich hatte, solange ich Junggeselle war, über die Frauen – wie die meisten Männer – auch so gedacht; darum las ich in seiner Seele wie in einem Buch. Besondere Qual verursachte mir, daß ich unzweifelhaft erkannte, daß sie gegen mich kein anderes Gefühl als das einer beständigen Erregung hatte, das nur selten durch die gewohnte Sinnlichkeit unterbrochen wurde, und daß dieser Mensch, sowohl durch sein elegantes Äußere wie durch die Neuheit seiner Erscheinung, hauptsächlich aber durch sein zweifellos großes musikalisches Talent, durch die Annäherung, welche sich aus dem Zusammenspiel ergab, durch den Einfluß, welchen die Musik, besonders das Geigenspiel, auf eindrucksfähige Naturen ausübt – daß dieser Mensch ihr nicht nur gefallen, sondern daß er sie unzweifelhaft ohne langes Schwanken erobern müsse, unterkriegen, um den Finger wickeln, alles mit ihr machen, was er wollte. Es war nicht möglich, das nicht zu erkennen, und ich litt entsetzlich. Und doch, vielleicht auch gerade deshalb, trieb mich gegen den eigenen Willen eine Macht, nicht bloß höflich, sondern besonders liebenswürdig gegen ihn zu sein. Ob ich das um meiner Frau und um seinetwillen tat, um ihr zu zeigen, daß ich ihn nicht fürchte, ob ich es um meinetwillen tat, um mich selbst zu täuschen, das weiß ich nicht; ich konnte von der ersten Stunde an ihm gegenüber nicht ungezwungen sein, ich mußte freundlich mit ihm tun, um nicht dem Verlangen zu unterliegen, ihn auf der Stelle zu töten. Beim Abendbrot forderte ich ihn auf, dem Wein zuzusprechen, von seinem Spiele war ich entzückt, ich sprach stets mit besonders freundlicher Miene mit ihm und lud ihn für den nächsten Sonntag zum Mittag und zum Musizieren mit meiner Frau ein. Ich fügte noch hinzu, daß ich einige Bekannte, Musikfreunde, als Zuhörer einladen würde. So endete es.

Und Posdnyschow veränderte in großer Aufregung seine Stellung und gab seinen eigentümlichen Laut von sich.

Sonderbar, wie die Gegenwart dieses Menschen auf mich wirkte, begann er wieder und zwang sich offenbar zur Ruhe. Zwei oder drei Tage darauf komme ich von der Ausstellung nach Hause und trete, mit einem Bekannten plaudernd, in das Vorzimmer, plötzlich fühle ich, wie etwas Schweres, einem Steine gleich, mir auf die Brust fällt, und ich kann mir nicht Rechenschaft geben, was. Ich hatte im Vorzimmer etwas bemerkt, was mich an ihn erinnerte. Erst in meinem Arbeitszimmer konnte ich mir Rechenschaft geben, was das gewesen war, und ich ging wieder zurück ins Vorzimmer, um mich zu überzeugen. Gewiß, ich hatte mich nicht geirrt – es war sein Mantel –, wissen Sie, so ein moderner Mantel. (Für alles, was mit ihm im Zusammenhang war, hatte ich, wenn ich mir auch darüber keine Rechenschaft geben konnte, eine außerordentliche Feinheit der Beobachtung.) Ich frage: Es ist so – er ist da. Ich gehe durch das Kinderzimmer am Wohnzimmer vorüber in das Empfangszimmer. Mein Töchterchen Lieschen sitzt am Buch, und die Amme mit dem Kleinen läßt einen Deckel auf dem Tisch tanzen. Die Tür zum Empfangszimmer ist geschlossen, und ich höre ein gleichmäßiges Arpeggio und seine und ihre Stimme. Ich horche, ich kann aber nichts verstehen. Offenbar spielt jemand absichtlich Klavier, um ihre Worte zu übertönen, vielleicht auch Küsse. Herrgott! Was reckte sich da in mir empor! Wenn ich nur zurückdenke an die Bestie, die da in mir erwachte – erfaßt mich ein Entsetzen. Das Herz krampfte sich mit einem Schlage zusammen, es blieb stehen, und dann begann es wie ein Hammer zu pochen. Wie immer, bei jeder Wut, war das hauptsächlichste Gefühl Mitleid mit dem eigenen Ich. ›In Gegenwart der Kinder, in Gegenwart der Amme‹, dachte ich. Ich muß furchtbar ausgesehen haben, denn auch Lieschen sah mich mit sonderbaren Blicken an. ›Was soll ich tun‹, fragte ich mich. ›Hineingehen? Das kann ich nicht. Ich bin imstande, Gott weiß was zu tun! Aber ich kann auch nicht davongehen. Die Amme sieht mich so an, als begriffe sie meine Lage. Aber du mußt doch hineingehen‹, sagte ich zu mir selber, und ich öffnete rasch die Tür. Er saß am Klavier und schlug die Arpeggien mit seinen nach oben gebogenen großen weißen Fingern. Sie stand an der Ecke des Flügels vor den aufgeschlagenen Noten. Sie hatte mich zuerst gesehen oder gehört und blickte mich an. Ob sie erschrak und nur so tat, als ob sie nicht erschrocken wäre, oder ob sie wirklich nicht erschrocken war – genug, sie zuckte nicht, sie rührte sich nicht, sie errötete nur, und zwar später.

»Wie freue ich mich, daß du gekommen bist. Wir sind noch nicht einig, was wir Sonntag spielen sollen«, sagte sie zu mir in einem Ton, in dem sie nicht mit mir gesprochen hätte, wenn wir allein gewesen wären. Dies, und daß sie sich und ihn mit ›wir‹ bezeichnete, empörte mich. Ich begrüßte ihn, ohne ein Wort zu sprechen.

Er drückte mir die Hand mit einem Lächeln, das mir geradezu spöttisch erschien, und setzte mir auseinander, er habe Noten mitgebracht, um für den Sonntag etwas vorzubereiten, und sie seien nicht einig über das, was sie spielen sollten, eine schwierigere, mehr klassische Beethoven'sche Sonate mit Violinbegleitung oder kleinere Sachen. Alles so einfach und natürlich, daß gar keine Veranlassung war, mit ihm anzubinden, und trotzdem war ich überzeugt, daß alles Lüge war, daß sie sich verabredet hatten, wie sie mich hintergehen wollten.

Die größte Qual für Eifersüchtige (und in unserer Gesellschaft sind alle Menschen eifersüchtig) sind die bekannten Umgangsformen der großen Welt, die die größte und gefährlichste Annäherung zwischen Mann und Frau gestatten.

Man müßte ja zum Spott der Menschen werden, wenn man der Annäherung auf Bällen, der Annäherung der Ärzte zu ihrer Patientin, der Annäherung bei der Beschäftigung mit der Kunst, Malerei, besonders aber der Musik entgegentreten wollte. Die beiden Menschen beschäftigten sich mit der edelsten Kunst – mit der Musik; dazu ist eine gewisse Annäherung notwendig. Diese Annäherung hat nichts Anstößiges, und nur der dumme Eifersüchtling von Mann kann hierin etwas Unerwünschtes sehen. Und doch wissen alle recht gut, daß gerade diese Beschäftigungen, ganz besonders die Musik, einen großen Teil der Ehebrüche in unserer Gesellschaft zur Folge haben.

Ich hatte sie offenbar durch die Verwirrung, die aus meinen Zügen sprach, in Verwirrung gebracht. Ich konnte lange Zeit nicht ein Wort sprechen. Ich war wie eine umgestülpte Flasche, aus der das Wasser nicht herausfließt, weil sie zu voll ist. Ich wollte ihm eine Beleidigung ins Gesicht schleudern, ihn hinauswerfen, aber ich fühlte, daß ich wieder liebenswürdig und freundlich gegen ihn sein mußte. Und so tat ich denn auch. Ich tat, als ob ich alles guthieße, und auch das war wiederum die Folge des sonderbaren Gefühls, welches mich veranlaßte, desto höflicher gegen ihn zu sein, je qualvoller und schmerzlicher mir seine Anwesenheit war.

Ich sagte, daß ich mich auf seinen Geschmack verlasse und ihr dasselbe anrate. Er blieb noch so lange da, wie etwa nötig war, um den unangenehmen Eindruck zu verwischen, als ich plötzlich mit erschrockener Miene eingetreten war und sprachlos dastand – dann ging er, als ob sie jetzt beschlossen hätten, was sie morgen spielen wollten. Ich aber war fest überzeugt, daß im Vergleich zu dem, was sie beschäftigte, die Frage, was sie spielen sollten, für sie vollkommen gleichgültig war. Ich begleitete ihn mit besonderer Höflichkeit in das Vorzimmer (wie sollte man einen Menschen, der ins Haus gekommen war, um den Frieden zu stören und das Glück einer ganzen Familie zu vernichten, nicht hinausbegleiten!) und schüttelte ihm mit besonderer Liebenswürdigkeit die weiße, weiche Hand.«

XXII

»Diesen ganzen Tag sprach ich mit ihr kein Wort – ich konnte es nicht. Ihre Nähe weckte in mir einen solchen Haß gegen sie, daß ich mich vor mir selber fürchtete. Bei Tisch fragte sie mich in Gegenwart der Kinder, wann ich abreise. Ich hatte in der nächsten Woche eine Sitzung in der Kreisstadt. Ich sagte ihr, wann. Sie fragte, ob ich etwas für die Reise brauchte. Ich antwortete nicht und saß schweigsam am Tisch und ging schweigsam in mein Arbeitszimmer. In der letzten Zeit kam sie nie zu mir ins Zimmer, am wenigsten zu dieser Stunde. Ich liege in meinem Arbeitszimmer und wüte. Plötzlich höre ich einen bekannten Gang. Da kommt mir der entsetzliche, frevelhafte Gedanke, daß sie wie das Weib des Urias ihre schon begangene Sünde verwischen will und daß sie deshalb zu so ungelegener Zeit zu mir komme. ›Kommt sie wirklich zu mir?‹, dachte ich, als ich ihre herannahenden Schritte hörte. ›Ist es so, dann habe ich recht.‹ – Und in meiner Seele erhebt sich ein unsagbarer Haß gegen sie. Immer näher, immer näher, immer näher kommen die Schritte – wird sie nicht an mir vorüber ins Empfangszimmer gehen? Nein – die Tür knarrt, und im Rahmen erscheint ihre hohe, schöne Gestalt, aus ihren Zügen und ihren Blicken spricht Scheu und schmeichelnde Versöhnlichkeit, die sie verbergen möchte; ich bemerke sie aber und begreife ihre Bedeutung. Ich wäre beinahe erstickt, so lange hielt ich meinen Atem an, und indem ich sie fortwährend ansah, griff ich nach meiner Zigarettentasche und zündete mir eine Zigarette an.

›Was bedeutet das? Ich komme zu dir plaudern, und du rauchst deine Zigarette an?‹, und sie setzte sich nah an mich heran und lehnte ihren Kopf an meine Brust. Ich zog mich zurück, um sie nicht zu berühren.

›Ich sehe, du bist nicht einverstanden damit, daß ich Sonntag spielen will?‹, sagte sie.

›Oh, ich bin ganz damit einverstanden‹, sagte ich.

›Sehe ich es denn nicht?‹

›Nun, ich gratuliere dir dazu, daß du das siehst. Ich sehe nur das eine, daß du dich wie eine Kokette benimmst … Aber dir ist jede Schlechtigkeit ein Vergnügen, mir ein Greuel.‹

›Wenn du schimpfen willst wie ein Fuhrknecht, so gehe ich wieder.‹

›So geh, aber merk dir's: Wenn dir die Ehre des Hauses nicht heilig ist, so bist zwar nicht du mir heilig – dich hole der Teufel! –, aber die Ehre der Familie!‹

›Was, was?‹

›Mach, daß du fortkommst; um Gottes willen, mach, daß du fortkommst!‹

Sie tat, als ob sie nicht verstände, wovon ich spreche, oder sie verstand es wirklich nicht; sie war beleidigt und wurde böse, ging aber nicht hinaus, sondern blieb mitten im Zimmer stehen.

›Du bist wirklich unerträglich geworden‹, begann sie. ›Du hast ein Wesen, mit dem auch ein Engel nicht in Frieden leben könnte.‹ Und da sie immer darauf ausging, mich so schmerzlich wie möglich zu treffen, kam sie auf mein Verhalten zu ihrer Schwester zurück (es handelte sich um mein Zusammentreffen mit der Schwester, als ich außer mir gewesen war und ihr Grobheiten gesagt hatte. Sie wußte, daß mich das kränkte, und diese Wunde rührte sie auf). – ›Danach wundere ich mich bei dir über gar nichts mehr‹, sagte sie.

›Ja‹, sagte ich zu mir selber, ›erst beleidigen, demütigen, beschimpfen, und dann die Schuld auf mich wälzen‹, und plötzlich erfaßte mich eine so unbeschreibliche Wut gegen sie, wie ich sie noch nie gekannt hatte.

Zum ersten Mal empfand ich das Verlangen, dieser Wut physisch Ausdruck zu geben. Ich sprang auf und ging auf sie zu, aber in dem Augenblick, in dem ich aufsprang, erinnere ich mich, kam mir meine Wut zu Bewußtsein, und ich fragte mich: ›Ist es recht, dieser Wut nachzugeben?‹ Und sofort sagte ich mir: ›Ja, es ist recht, es wird sie einschüchtern‹. Und sofort, anstatt die Wut einzudämmen, schürte ich sie noch und freute mich darüber, daß sie immer mehr und mehr in mir kochte.

›Mach, daß du fortkommst, oder ich töte dich!‹, schrie ich, trat auf sie zu und ergriff sie bei der Hand. Ich betonte mit bewußter Absicht die Wut in meiner Stimme, während ich das sagte. Ich muß furchtbar gewesen sein, denn sie war so eingeschüchtert, daß sie nicht einmal die Kraft hatte, zu entfliehen.

Sie sagte nur: ›Wassja, was geht mit dir vor? Was beginnst du?‹

›Hinaus!‹, brüllte ich noch lauter. ›Du wirst mich noch zur Raserei bringen! Ich komme nicht für mich auf!‹

Nachdem ich einmal meiner rasenden Wut die Zügel hatte schießen lassen, berauschte ich mich an ihr, und es trieb mich, noch etwas Außerordentliches zu tun, was den höchsten Grad meiner Raserei zeigen sollte. Mich packte das Verlangen, sie zu schlagen, sie zu töten, aber ich wußte, daß das nicht geschehen durfte. Um aber doch meine Wut austoben zu lassen, griff ich nach einem Briefbeschwerer, der auf dem Tisch lag, schrie noch einmal: ›Hinaus!‹ – und schmetterte ihn auf den Fußboden, ganz dicht an ihr vorbei. Ich hatte sehr gut vorbeigezielt. Da wandte sie sich um, um hinauszugehen, in der Tür aber blieb sie stehen.

So sah sie noch (ich tat es, damit sie es sähe), wie ich vom Tisch allerlei Gegenstände nahm, die Leuchter, das Tintenfaß, und sie auf die Erde schmetterte und dabei rief: ›Mach, daß du hinauskommst, hinaus, ich komme für mich nicht auf!‹ Sie ging hinaus, und sofort hörte ich auf.

Eine Stunde darauf kam die Amme zu mir und sagte, meine Frau habe einen hysterischen Anfall. Ich ging zu ihr, sie schluchzte, lachte, konnte kein Wort sprechen und zitterte am ganzen Körper. Es war keine Verstellung, sie war wirklich krank.

Gegen Morgen wurde sie ruhiger, und wir versöhnten uns wieder unter dem Einfluß der Empfindung, die wir Liebe nannten.

Am Morgen, als ich ihr nach unserer Versöhnung gestand, daß ich um ihretwillen auf Truchatschewskij eifersüchtig gewesen sei, war sie nicht im geringsten verlegen und lachte ganz natürlich und ungekünstelt. So seltsam erschien ihr, wie sie sagte, die Möglichkeit, sich für einen solchen Menschen zu begeistern.

Kann eine ordentliche Frau für einen solchen Menschen andere Gefühle haben als das der Freude, die die Musik gewährt? Wenn du es wünschst, will ich ihn nicht wieder sehen. Schon für Sonntag, wenn auch alle eingeladen sind, schreib ihm, ich sei unwohl – und die Sache ist erledigt. Nur das eine ist häßlich, daß jemand denken könnte, und vor allem er selber, er sei gefährlich. Und ich bin zu stolz dazu, einen solchen Gedanken zu dulden.

Und sie log wirklich nicht, sie glaubte an das, was sie sagte. Sie hoffte, mit diesen Worten in ihrem Herzen ein Gefühl der Geringschätzung für ihn zu erwecken und sich so gegen ihn zu schützen, aber das gelang ihr nicht. Alles war gegen sie, vor allem diese verfluchte Musik. So endete das ganze, und Sonntag kamen die Gäste, und sie spielten wieder.«

XXIII

»Ich meine, ich brauche es nicht erst zu sagen, daß ich sehr eitel war. Wenn man in unserem alltäglichen Leben nicht eitel ist, wofür lebt man da? So gab ich mir also alle Mühe, für den Sonntag unser Mittagessen und unseren musikalischen Abend geschmackvoll herzurichten. Ich selbst kaufte allerlei für die Tafel zusammen und lud die Gäste ein.

Um sechs Uhr versammelten sich die Gäste. Auch er erschien, im Frack und mit geschmacklosen Brillantknöpfen. Er benahm sich ungezwungen, antwortete stets hastig, mit einem Lächeln der Zustimmung und des Einverständnisses – wissen Sie, mit dem besonderen Ausdruck, als ob alles, was Sie tun oder sagen, genau das wäre, was er erwartet hat. Alles, was an ihm Nachteiliges war, alles das nahm ich jetzt mit besonderem Vergnügen wahr; denn all das mußte mich beruhigen und mir zeigen, daß er für meine Frau auf einer so niedrigen Stufe stand, daß sie, wie sie sagte, nicht zu ihm hinuntersteigen könne.

Ich gab mir jetzt nicht das Recht, eifersüchtig zu sein. Erstens hatte ich diese Qual schon allzu reichlich durchlitten und brauchte jetzt Ruhe; zweitens wollte ich den Versicherungen meiner Frau glauben und glaubte ihnen auch. Aber trotzdem ich nicht eifersüchtig war, war ich doch nicht natürlich im Umgang mit ihm und mit ihr, sowohl während des Essens als auch in der ersten Hälfte des Abends, bis das Musizieren begann. Unwillkürlich folgte ich jeder Bewegung, jedem Blick der beiden.

Bei Tisch war es – wie immer bei Tisch – langweilig, unaufrichtig. Das Musizieren begann ziemlich früh. Ach, wie stehen mir noch alle Einzelheiten dieses Abends vor den Augen: wie er mit der Geige kam, den Kasten öffnete, die ihm von Damenhand geschenkte gestickte Decke herunternahm, die Geige herauszog und zu stimmen begann. Ich sehe noch, wie meine Frau sich mit einer erheuchelt gleichgültigen Miene hinsetzte, hinter der sich – ich bemerkte es deutlich – große Scheu verbarg, Scheu vor allem wegen ihres geringen Könnens; wie sie mit erheuchelter Miene an dem Flügel Platz nahm und, wie üblich, auf dem Klavier den Ton anschlug. Ich höre noch das Pizzicato der Geige, ich sehe noch, wie sie die Noten aufstellten; wie sie dann einander mit einem Blick auf die Herumsitzenden ansahen, wie sie einander etwas sagten und begannen. Er schlug die ersten Akkorde an. Sein Gesicht nahm einen ernsten, strengen, sympathischen Zug an, mit tastenden Fingern griff er die Saiten und horchte auf die Töne. Das Klavier antwortete ihm. Das Spiel begann …«

Posdnyschow hielt inne und stieß einige Male hintereinander seinen seltsamen Ton aus. Er wollte weitersprechen, gab aber nur einen schnarchenden Laut von sich und hielt noch einmal inne.

»Sie spielten die Kreutzersonate von Beethoven«, fuhr er fort. »Kennen Sie das erste Presto? Kennen Sie es?«, schrie er auf. »Oh, oh! … Ein entsetzliches Ding, diese Sonate! Und gerade dieser Teil. Überhaupt ein entsetzliches Ding, die Musik! Was ist sie? Ich verstehe es nicht. Was ist die Musik? Was leistet sie? Und warum leistet sie, was sie leistet? Es heißt, die Musik wirke seelenerhebend – Unsinn, Lüge! Sie wirkt, sie wirkt schrecklich – ich spreche von mir –, aber keineswegs seelenerhebend. Sie wirkt weder erhebend noch erniedrigend, sie wirkt erregend auf die Seele. Wie soll ich Ihnen das klar machen? Die Musik zwingt mich, mich selbst, meinen wahren Zustand zu vergessen, sie versetzt mich in einen fremden Zustand; unter dem Eindruck der Musik glaube ich zu empfinden, was ich in Wirklichkeit nicht empfinde, glaube ich zu begreifen, was ich nicht begreife, glaube ich zu können, was ich nicht kann. Ich erkläre mir das so, daß die Musik wie das Gähnen, wie das Lachen wirkt: Ich bin nicht schläfrig, aber ich gähne, wenn ich jemand gähnen sehe; ich habe keinen Grund zum Lachen, aber ich lache, wenn ich andere lachen höre.

Sie, die Musik, versetzt mich unmittelbar in den Seelenzustand, in welchem derjenige sich befunden hat, der sie geschrieben hat. Unsere Seelen fließen zusammen, und ich lasse mich von ihm forttragen, von einer Stimmung in die andere. Warum ich das tue, weiß ich nicht. Der, der sie geschrieben hat, sagen wir beispielsweise die Kreutzersonate – Beethoven hat doch gewußt, warum er sich in einer solchen Stimmung befand; diese Stimmung hatte für ihn bestimmte Handlungen zur Folge, und darum hatte diese Stimmung für ihn einen Sinn – für mich hat sie keinen. Daher ist die Musik nur erregend, aber sie führt zu keinem Ergebnis. Ein Kriegsmarsch z.B.: Die Soldaten marschieren darnach, und die Musik hat ein Ergebnis; ein Tanz, ich tanze, die Musik hat ein Ergebnis; die Messe in der Kirche, ich nehme das Abendmahl, auch hier hat die Musik ein Ergebnis; dort aber nichts als Erregung, eine Handlung ist bei dieser Erregung nicht. Darum ist die Musik so furchtbar, darum wirkt sie manchmal so entsetzlich. In China ist die Musik eine Staatsangelegenheit. So gehört es sich auch. Darf es denn gestattet sein, daß jeder beliebige Mensch einen anderen oder viele hypnotisiert, um dann mit ihm zu machen, was er will? Und mehr noch, daß der erste beste unsittliche Mensch dieser Hypnotiseur sei? So aber ist dieses furchtbare Mittel in jedermanns Händen! Nehmen wir z.B. diese Kreutzersonate, das erste Presto. Darf man es in Gesellschaften, inmitten ausgeschnitten gekleideter Damen, darf man dieses Presto herunterspielen, klatschen und hinterher Gefrorenes essen und den letzten Klatsch besprechen? Solche Sachen darf man nur bei bestimmten, wichtigen, bedeutsamen Gelegenheiten spielen, wenn bestimmte, dieser Musik entsprechende Handlungen zu vollbringen sind – spielen und vollbringen und das vollbringen, wozu diese Musik uns gestimmt hat. Aber diese Herausforderung der weder dem Ort noch der Zeit entsprechenden Gefühlsenergie, die nicht in die Erscheinung treten kann, muß verderblich wirken. Auf mich wenigstens hat dieses Musikstück entsetzlich gewirkt: Mir war, als tauchten neue Empfindungen in mir auf, neue Möglichkeiten, die ich vorher nicht gekannt hatte. ›Ja, so ist es: keineswegs wie ich bisher gedacht und gelebt, nein, so ist es‹, schien etwas in meiner Seele zu sprechen. Was das Neue war, das ich erkannt hatte, darüber konnte ich mir keine Rechenschaft geben, das Bewußtsein dieses neuen Zustands erfüllte mich mit Freude. Alle diese Menschen, auch meine Frau und er, erschienen mir in einem anderen Licht.

Nach diesem Presto spielten sie noch das schöne, aber gewöhnliche und in alter Manier gehaltene Andante mit den faden Variationen und das ganz schwache Finale. Dann spielten sie noch auf Bitten der Gäste eine Elegie von Ernst und andere Sächelchen. Alles das war recht hübsch, machte aber auf mich nicht ein Hundertstel von dem Eindruck wie das erste. All das vollzog sich schon vor dem Hintergrund des Eindrucks, den das erste Stück hervorgerufen hatte.

Ich fühlte mich leicht, heiter den ganzen Abend. Meine Frau habe ich nie so gesehen, wie sie an diesem Abend war. Diese glänzenden Augen, dieser Ernst, diese Würde des Ausdrucks während des Spiels und dieses vollkommene Hinschmelzen, das weiche, rührende und glückselige Lächeln, als er aufgehört hatte. Ich sah das alles, aber ich schrieb ihm keine andere Bedeutung zu, als daß sie ganz so empfunden hätte wie ich, daß auch in ihr, wie in mir, neue, noch nie empfundene Gefühle wie aus einer Erinnerung auftauchten. Der Abend ging glücklich zu Ende, und die Gäste gingen nach Haus.

Truchatschewskij wußte, daß ich in zwei Tagen zur Sitzung fahren sollte, und sagte mir beim Abschied, er hoffe, bei seinem zweiten Besuch das gleiche Vergnügen wie heute Abend genießen zu dürfen. Aus diesen Worten konnte ich schließen, daß er es nicht für möglich hielt, während meiner Abwesenheit mein Haus zu besuchen, und das war mir sehr lieb.

Es folgte daraus, da ich kaum vor seiner Abreise wiederkehren konnte, daß wir schon für immer Abschied nahmen.

Zum ersten Mal drückte ich ihm mit aufrichtiger Freude die Hand und dankte ihm für das Vergnügen. Er verabschiedete sich auch für immer von meiner Frau, und ihr Abschied erschien mir höchst natürlich und anständig. Alles war in schönster Ordnung. Meine Frau und ich waren von der Gesellschaft sehr befriedigt.«

XXIV

»Zwei Tage darauf nahm ich Abschied von meiner Frau, und ich reiste in der besten, ruhigsten Stimmung zur Versammlung.

In der Kreisstadt gibt es immer viel Geschäfte. Es ist ein ganz besonderes Leben, eine kleine Welt für sich. Zwei Tage hintereinander hatte ich je zehn Stunden in der Sitzung zu tun. Am folgenden Tag brachte man mir einen Brief von meiner Frau in das Sitzungszimmer. Ich las ihn gleich hier.

Sie schrieb mir über die Kinder, über den Onkel, die Amme, über Einkäufe und unter anderem auch, wie über eine ganz alltägliche Sache, daß Truchatschewskij sie besucht habe, daß er die versprochenen Noten mitgebracht und sie aufgefordert habe, mit ihm zu spielen, daß sie aber abgelehnt habe.

Ich erinnerte mich nicht, daß er versprochen hätte, Noten mitzubringen; ich glaubte, er hätte sich damals für immer verabschiedet, und darum berührte mich das sehr unangenehm. Aber ich hatte so viel zu tun, daß ich nicht darüber nachdenken konnte, und las abends, als ich wieder in meine Wohnung gekommen war, den Brief noch einmal.

Abgesehen davon, daß Truchatschewskij in meiner Abwesenheit noch einmal gekommen war, lag in dem ganzen Ton des Briefes etwas Gezwungenes. Das wütende Tier der Eifersucht brüllte in seiner Höhle und wollte hervorbrechen, aber ich fürchtete das Tier und verschloß ihm schnell die Tür. ›Welch ein scheußliches Gefühl, diese Eifersucht‹, sagte ich zu mir. ›Gibt es etwas Natürlicheres als das, was sie schreibt?‹ Und ich legte mich zu Bett und dachte an die Geschäfte des kommenden Tages. Ich hatte immer wenig Schlaf während dieser Sitzungstage in der fremden Stadt, heute schlief ich sofort ein. Es kommt häufig vor, es trifft einen plötzlich wie ein elektrischer Schlag – und man erwacht. So erwachte auch ich, und erwachte mit dem Gedanken an sie, an meine sinnliche Liebe zu ihr, an Truchatschewskij, und mit dem Gedanken, daß er und sie einig sind. Entsetzen und Wut drückten mir das Herz ab. Aber ich gab mir Mühe, vernünftig zu sein.

›Welch ein Unsinn‹, sagte ich mir. ›Du hast ja gar keinen Grund; es ist nichts, und es war nichts. Und wie kannst du sie und dich so erniedrigen durch so schreckliche Vermutungen. Eine Art bezahlter Musikant, der allgemein als ein schlechter Mensch bekannt ist, und eine ehrbare, geachtete Frau, eine Mutter, *meine* Frau! Was für eine Torheit‹, sagte ich mir auf der einen Seite. ›Aber kann es denn anders sein?‹, sagte ich mir auf der anderen. ›Warum sollte nicht dieselbe einfache und begreifliche Ursache hier wirken, die mich dahin geführt hat, sie zu heiraten, eben das, was mich veranlaßt, mit ihr zusammenzuleben, eben das eine, was auch ich bei ihr suchte und was darum auch andere, auch dieser Musikant suchte. Er hat keine Frau, ist kräftig (ich sehe noch, wie er den Knochen des Koteletts krachend zerbiß, wie er gierig mit seinen roten Lippen den Wein hinunterschlang), gut genährt, gewandt und nicht ohne Grundsätze, sondern offenbar mit dem Grundsatz, jeden Genuß zu ergreifen, der sich darbietet. Und sie verbindet die Musik, die verfeinertste Gefühlserregerin. Was sollte ihn zurückhalten? Sie? Wer ist denn sie? Sie ist, was sie immer war, ein Rätsel. Ich kenne sie nicht. Ich kenne sie nur als Tier. Und ein Tier kann nichts, nichts zurückhalten.‹

Und jetzt traten mir ihre Gesichter an jenem Abend in die Erinnerung, als sie nach der Kreutzersonate ein leidenschaftliches Stück, ich weiß nicht von wem, spielten, ein Stück, sinnlich bis zur Gemeinheit. ›Wie habe ich nur fortreisen können?‹, sagte ich zu mir und rief mir ihre Gesichter immer wieder in die Erinnerung. War es denn nicht klar, daß an diesem Abend alles abgemacht war, und konnte man denn nicht deutlich sehen, daß schon an diesem Abend zwischen ihnen jede Scheidewand fehlte, ja, daß sie beide, besonders sie, eine gewisse Scham empfanden nach dem, was zwischen ihnen vorgefallen war? Ich sehe noch, wie sie weich, rührend und glückselig lächelte und den Schweiß von ihrem errötenden Gesicht wischte, als ich an das Klavier trat. Schon damals vermieden sie, einander anzusehen, und nur als er ihr während des Abendbrots Wasser eingoß, blickten sie einander an und lächelten kaum merklich. Jetzt dachte ich mit Entsetzen zurück an diesen ihren Blick mit dem kaum bemerkbaren Lächeln, den ich damals aufgefangen hatte. ›Ja, es ist aus‹, sagte mir eine Stimme, sofort aber sagte eine andere Stimme etwas ganz anderes. ›Es ficht dich etwas an, das kann nicht sein‹, sagt diese andere Stimme. Es wurde mir bange, in der Dunkelheit dazuliegen, ich zündete ein Streichholz an, und es war mir entsetzlich zumute in dem kleinen Zimmerchen mit den gelben Tapeten. Ich zündete eine Zigarette an, und – wie man immer zu tun pflegt, wenn man sich in einem und demselben Kreise unlösbarer Widersprüche herumdreht – rauchte; und ich rauchte eine Zigarette nach der anderen, um mich zu benebeln und die Widersprüche nicht zu sehen. Ich konnte die ganze Nacht nicht einschlafen; um fünf Uhr kam ich zu dem Entschluß, daß ich nicht länger in dieser Aufregung hier bleiben dürfe und sofort abreisen müsse. Ich stand auf, weckte den Pförtner, der mich bediente, und ließ ihn einen Wagen holen. In die Sitzung schickte ich einen Brief, ich sei in einer außerordentlichen Angelegenheit nach Moskau berufen und bitte, mich durch ein anderes Mitglied vertreten zu lassen. Um acht Uhr bestieg ich den Reisewagen und reiste ab.«

XXV

Der Schaffner kam herein, er sah, daß unsere Kerze heruntergebrannt war, er löschte sie, setzte aber keine neue mehr auf. Draußen begann es zu dämmern. Posdnyschow schwieg während der ganzen Zeit, die der Schaffner in unserem Waggon war, und seufzte schwer. Er setzte seine Erzählung erst fort, als der Schaffner den Wagen verlassen hatte, und so hörte man in dem halbdunklen Waggon nur das Klirren der Scheiben des dahineilenden Waggons und das gleichmäßige Schnarchen des Kommis. Im Zwielicht des aufsteigenden

Morgens konnte ich Posdnyschow gar nicht mehr sehen. Ich hörte nur seine Stimme, die steigende Erregung und Leiden verriet.

»Ich hatte 35 Werst zu Wagen und acht Stunden mit der Bahn zu fahren. Die Wagenfahrt war sehr schön. Es war um die kalte Herbstzeit mit hellem Sonnenschein. Die Zeit, wissen Sie, in der die Räder ihre Spuren in den schmutzigen Weg drücken. Die Wege sind glatt, das Sonnenlicht hell und die Luft erfrischend. Es war ein Vergnügen, im Wagen zu sitzen. Als es hell geworden war, während ich so dahinfuhr, wurde mir leichter zumute. Ich betrachtete die Pferde, die Felder, die Vorübergehenden und vergaß, wohin ich fuhr. Manchmal war mir, als führe ich nur so zu und als gäbe es nichts von alledem, was mich erregt hatte. Und es machte mir eine besondere Freude, mich so ganz zu vergessen. Wenn ich mich aber erinnerte, wohin ich fahre, sagte ich mir: ›Du wirst es ja sehen, denke doch nicht daran.‹ Mitten auf dem Weg geschah noch ein Unfall, der mich aufhielt und mich noch mehr zerstreute. Der Wagen brach und mußte zurechtgemacht werden. Dieser Bruch war von großer Bedeutung, denn er verursachte, daß ich in Moskau nicht nach fünf Stunden eintraf, wie ich gerechnet hatte, sondern in zwölf, und zu Hause um eins, denn ich erreichte nicht mehr den Kurierzug und mußte mit dem Personenzug fahren. Die Wagenfahrt, die Ausbesserung, die Bezahlung, der Tee im Gasthaus, die Unterhaltung mit dem Hausknecht – all dies zerstreute mich noch mehr. In der Dämmerstunde war alles besorgt, und ich reiste weiter. Die Nachtfahrt war noch schöner. Es war Neumond, ein leichter Frost, dazu der schöne Weg, die Pferde, der gesprächige Kutscher, und so fuhr ich dahin voll Entzücken und dachte fast gar nicht an das, was meiner wartet, vielleicht auch kam mein Entzücken daher, daß ich wußte, was meiner wartet, und daß ich von den Freuden des Lebens Abschied nahm. Aber diese meine friedliche Stimmung, die Möglichkeit, meine Empfindungen zu unterdrücken, hatte ein Ende mit der Wagenfahrt. Sobald ich den Waggon bestieg, wurde es ganz anders. Die achtstündige Eisenbahnfahrt war für mich etwas Fürchterliches, das ich mein Leben lang nicht vergesse. Kam es daher, daß ich mir, sobald ich im Waggon saß, lebhaft vorstellte, wie ich zu Hause ankam, oder daher, daß die Eisenbahn so aufregend auf die Menschen wirkt – genug; von dem Augenblick an, wo ich im Waggon saß, war ich nicht Herr meiner Phantasie, und sie malte mir mit außerordentlicher Deutlichkeit unaufhörlich Bilder vor, die meine Eifersucht anfachten, eines nach dem anderen, und immer den gleichen Gegenstand: was nämlich dort in meiner Abwesenheit vorgeht, wie sie mich verrät. Ich glühte bei dem Anschauen dieser Bilder vor Empörung, Wut und einem seltsamen Gefühl der Berauschung an meiner eigenen Demütigung, und konnte mich nicht von ihnen losreißen, immer mußte ich sie sehen, ich konnte sie nicht verscheuchen, sie standen immer wieder vor mir. Mehr noch, je länger ich diese Bilder der Phantasie ansah, desto mehr glaubte ich an ihre Wirklichkeit. Die Deutlichkeit, mit der die Bilder vor mich hintraten, diente mir gewissermaßen als Beweis, daß meine Vorstellungen Wirklichkeit waren. Ein Teufel ersann, gegen meinen Willen, die scheußlichsten Vorstellungen und flüsterte sie mir ins Ohr. Ein längst vergangenes Gespräch mit einem Bruder Truchatschewskijs kam mir ins Gedächtnis, und ich zerriß mir mit förmlicher Wollust das Herz mit diesem Gespräch, indem ich es mit Truchatschewskij und meiner Frau in Beziehung setzte.

Es war schon sehr lange her, aber ich hatte es nicht vergessen. Truchatschewskijs Bruder hatte mir einmal auf die Frage, ob er die gewissen Häuser besuche, gesagt, ein ordentlicher Mensch gehe nicht dahin, wo man sich Krankheiten holen könne, wo es schmutzig und häßlich ist, während man doch stets eine anständige Frau finden könne. Und siehe da, sein Bruder hat meine Frau gefunden. ›Sie steht freilich nicht mehr in der Blüte der Jugend, an der Seite hat sie eine Zahnlücke und ist auch ein wenig rundlich‹, dachte ich aus seinem Empfinden heraus. ›Aber was tun, man nimmt, was man haben kann.‹ – ›Ja, er erweist ihr noch eine Gunst, wenn er sie zu seiner Geliebten macht‹, sagte ich zu mir. ›Überdies ist sie ungefährlich. Nein, das ist unmöglich‹, sagte ich mir entsetzt. ›Nein, es kann nicht sein! Und es ist gar kein Grund vorhanden, so etwas zu vermuten. Hat sie mir nicht selbst gesagt, daß für sie schon der Gedanke, daß ich auf ihn eifersüchtig sein könnte, erniedrigend ist? Gewiß, aber sie lügt‹, schrie es in mir auf. ›Sie lügt!‹ Und es begann wieder von neuem …

In unserem Wagen waren nur zwei Reisende: eine alte Frau und ihr Mann, beide nicht gesprächig, und auch diese waren auf einer Station ausgestiegen, so daß ich allein geblieben war. Ich war wie ein Tier im Käfig: Bald sprang ich auf und trat ans Fenster, bald lief ich schwankend hin und her und trieb den Waggon zur Eile an; und der Waggon mit all seinen Sitzen und Fenstern rüttelte genau wie jetzt dieser …«

Und Posdnyschow sprang auf, machte einige Schritte hin und her und setzte sich wieder.

»Ach, wie fürchte ich mich, wie fürchte ich mich vor diesen Eisenbahnwaggons, ein Entsetzen erfaßt mich, ja ein Entsetzen!«, fuhr er fort. – »Da sagte ich zu mir selber: ›Ich will an etwas anderes denken. Zum Beispiel an den Wirt des Gasthauses, in dem ich Tee getrunken habe.‹ Aber vor meinem geistigen Auge steht der Hausknecht mit dem langen Bart und sein Enkelchen, der mit meinem Wassja im gleichen Alter ist. ›Mein Wassja? Er muß sehen, wie der Musikant seine Mutter küßt! Was wird in seiner Seele vorgehen! Aber was kümmert sie das? Sie liebt …‹ Und wieder stand das gleiche Bild vor mir. ›Nein, nein … ich will an den Besuch des Krankenhauses denken. Wie gestern der eine Patient sich über den Doktor beklagt hat. Der Doktor hatte gerade einen solchen Schnurrbart wie Truchatschewskij. Und wie frech er … sie haben mich beide damals belogen, als er sagte, er verreise.‹ Und wieder begann das alte Spiel. Woran ich auch dachte, alles hatte eine Beziehung zu ihm. Ich litt entsetzlich. Das schlimmste Leiden bestand in der Ungewißheit, in dem Zweifel, in dem Zwiespalt, in der Unsicherheit, ob ich sie lieben oder hassen soll. Das Leiden war ein sonderbares Gefühl und ein haßerfülltes Bewußtsein meiner Erniedrigung und seines Sieges;

gegen sie – ein furchtbarer Haß. ›Ich darf nicht meinem Leben ein Ende machen und sie zurücklassen; sie muß leiden, wenigstens etwas leiden, begreifen, daß ich gelitten habe‹, sagte ich mir. Auf allen Stationen verließ ich den Waggon, um mich zu zerstreuen. Auf einer Station sah ich Leute am Buffet trinken, sofort trank auch ich einen Schnaps. Neben mir stand ein Jude, der trank auch. Er begann ein Gespräch, und um nur nicht in meinem Waggon allein zu sein, stieg ich mit ihm in seinen schmutzigen, verqualmten Waggon dritter Klasse, auf dessen Fußboden Hülsen von Sonnenblumenkernen herumlagen. Dort setzte ich mich neben ihn, er schwatzte viel und erzählte Anekdoten.

Erst hörte ich ihm zu, aber ich konnte nicht verstehen, was er sprach, denn mich beschäftigten meine eigenen Gedanken. Er bemerkte das und bat mich, aufmerksamer zu sein; da stand ich auf und ging wieder in meinen Waggon zurück.

›Ich muß überlegen‹, sagte ich zu mir, ›ob das richtig ist, was ich denke, und ob ich Grund habe, mich so zu quälen.‹ Ich setzte mich nieder, um ruhig zu überlegen. Aber sofort ging es von neuem los, und die ruhige Überlegung war dahin; statt der Überlegung – Bilder und Vorstellungen. ›Wie oft habe ich mir schon diese Selbstqualen bereitet‹, sagte ich mir (ich rief mir die früheren ähnlichen Anfälle von Eifersucht ins Gedächtnis). ›Und immer war es grundlos. So ist es auch jetzt, wahrscheinlich, sogar gewiß, ich werde sie ruhig schlafend finden, sie wird erwachen und sich mit mir freuen, und aus ihren Worten, aus ihren Blicken werde ich herausfühlen, daß nichts geschehen ist, daß das alles Unsinn ist. O wie schön wäre das! Aber nein, das war früher zu oft so, heute ist es vorbei‹, sagte mir eine Stimme, und es ging wieder von neuem los. Ja, das war die Heimsuchung! Nicht in die Syphilis-Krankenhäuser würde ich die jungen Leute führen, um ihnen die Lust am Weib zu verleiden, sondern in meine Seele hinein, damit sie die Teufel sähen, die sie zerfleischten! War es nicht entsetzlich, daß ich mir ein unzweifelhaftes, uneingeschränktes Recht auf ihren Körper zuerkannte, als wäre es mein Körper, daß ich aber zugleich fühlte, daß ich diesen Körper nicht in meiner Gewalt haben konnte, daß er nicht mein ist, daß sie über ihn verfügen kann, wie sie will, und daß sie über ihn offenbar nicht so verfügen will wie ich. ›Und ich kann ihm und ihr nichts tun. Er singt, wie Hans der Pförtner unter dem Galgen, ein Lied, wie er sie geküßt auf die süßen Lippen usw. Und er hat das Spiel gewonnen. Und gegen sie kann ich noch weniger ausrichten. Wenn sie nichts getan hat, aber tun will – und ich weiß, daß sie will –, um so schlimmer, es wäre schon besser, sie hätte es getan, und ich wüßte es, damit nur die Ungewißheit nicht wäre.‹ Ich hätte kaum sagen können, was ich wünschte. Ich wünschte, sie wollte nicht, was sie wollen mußte. Es war vollkommener Wahnsinn!«

XXVI

»Auf der vorletzten Station, als der Schaffner kam, um die Fahrkarten abzunehmen, suchte ich meine Sachen zusammen und ging auf die Plattform hinaus, und das Bewußtsein, daß die Entscheidung nahe bevorstehe, steigerte noch meine Aufregung. Mir wurde kalt. Meine Kinnbacken zitterten so stark, daß die Zähne laut klapperten. Mechanisch ging ich mit der Menge durch den Wartesaal, rief einen Kutscher heran, stieg ein und fuhr nach Hause. Auf der Fahrt beobachtete ich die spärlichen Fußgänger und die Hausknechte und die Schatten, welche die Laternen und mein Wäglein bald vorwärts, bald rückwärts warfen, und dachte an nichts. Nachdem wir etwa eine halbe Werst gefahren waren, wurde mir in den Füßen kalt. Ich erinnerte mich, daß ich im Waggon die wollenen Strümpfe ausgezogen und in die Reisetasche gelegt hatte. Ist die Tasche da? Ja. Und der Korb? Da fiel mir ein, daß ich das Gepäck ganz vergessen hatte. Ich zog den Gepäckschein heraus, kam aber zu dem Entschluss, daß es nicht verlohne, deswegen wieder umzukehren, und fuhr weiter.

So viel Mühe ich mir auch gebe, ich kann mir den Zustand von damals nicht ins Gedächtnis zurückrufen: Was ich gedacht, was ich gewollt habe? – Ich habe keine Ahnung davon. Ich erinnere mich nur, daß ich das Bewußtsein hatte, es bereite sich etwas Schreckliches und sehr Bedeutungsvolles in meinem Leben vor. Ob dieses Bedeutungsvolle geschah, weil ich so dachte oder weil ich es ahnte – ich weiß es nicht. Vielleicht auch, weil nach dem furchtbaren Ereignis, das geschehen ist, über all die Stunden, die ihm vorhergingen, in meiner Erinnerung sich ein dunkler Schatten breitete. Wir hielten an der Unterfahrt. Es war ein Uhr. Mehrere Kutscher hielten vor dem Haus; sie hofften auf Fahrgäste, weil sie erleuchtete Fenster sahen (die erleuchteten Fenster waren in unserer Wohnung, im Salon und im Wohnzimmer). Ohne mir Rechenschaft davon zu geben, weshalb in so später Stunde in unseren Fenstern noch Licht war, stieg ich in dem gleichen Zustand der Erwartung eines Entsetzlichen die Treppe hinauf und klingelte. Der Diener – der gute, fürsorgliche und sehr dumme Jegor – öffnete. Das erste, was mir im Vorzimmer in die Augen fiel, war – der Mantel, der neben anderen Kleidungsstücken am Rechen hing. Das hätte mich in Verwunderung setzen müssen, aber es setzte mich nicht in Verwunderung, denn ich hatte es erwartet. ›Es ist also so‹, sagte ich zu mir selber. Als ich Jegor fragte, wer da sei, nannte er mir Truchatschewskij. Ich fragte, ob noch jemand da sei. Er antwortete: ›Niemand, gnädiger Herr.‹ Ich erinnere mich, er gab mir diese Antwort mit einer Betonung, als wollte er mir eine Freude machen, und die Zweifel darüber, daß noch jemand da sei, zerstreuen. ›So, so‹, sprach es in meinem Innern. ›Und die Kinder?‹ – ›Sie sind, Gott sei Dank, gesund. Sie schlafen schon lange, gnädiger Herr.‹

Ich konnte weder atmen noch die klappernden Kinnbacken stillhalten. ›Also doch nicht so, wie ich gedacht habe; erst glaubte ich – ein Unglück, dann aber, es ist alles gut und wie immer. Jetzt aber sehe ich, es ist doch nicht wie immer, und alles, was ich in meiner Phantasie gesehen und was ich nur für eine Phantasie gehalten habe, alles ist Wirklichkeit. Alles Wirklichkeit …‹

Ich wäre beinahe in Schluchzen ausgebrochen, aber sofort flüsterte mir der böse Geist ins Ohr: ›Weine nur, gib dich nur deiner Empfindsamkeit hin, und sie werden inzwischen ruhig auseinandergehen, du wirst keinen Beweis in Händen haben und wirst ewig zweifeln und leiden.‹ Und sofort schwand das Mitleidsgefühl mit mir selbst, und es erwachte ein sonderbares Gefühl der Freude: ›Jetzt wird alle meine Qual ein Ende haben, jetzt werde ich sie strafen, mich von ihr befreien können, meiner Wut freien Lauf lassen können.‹ Und ich ließ meiner Wut freien Lauf und wurde zur Bestie, zur wütenden, tückischen Bestie. ›Laß nur, laß nur‹, sagte ich zu Jegor, der ins Gastzimmer hineingehen wollte. ›Nimm lieber schleunigst eine Droschke und fahre sofort zur Bahn. Hier ist der Gepäckschein, hole die Sachen. Schnell!‹ Er ging in den Korridor und holte seinen Überrock. Ich fürchtete, er könnte sie aufschrecken, und ging mit ihm in seine Kammer und wartete, bis er angezogen war. Aus dem Gastzimmer hörte man nebenan Gespräch und Geklirr von Messern und Tellern. Sie aßen und hatten mein Klingeln überhört. ›Wenn sie nur jetzt nicht herauskämen‹, dachte ich. Jegor zog seinen Überrock mit astrachanischem Pelzbesatz an und ging. Ich ließ ihn hinaus und schloß hinter ihm die Tür. Mich überkam eine Bangigkeit, als ich fühlte, daß ich allein sei und daß ich unverzüglich handeln müsse. Wie? – Wußte ich noch nicht. Ich wußte nur das eine, daß jetzt alles vorbei sei, daß es keinen Zweifel mehr gibt an ihrer Schuld, daß ich sie sofort bestrafen und daß ich sofort meinen Beziehungen zu ihr ein Ende machen werde.

Bisher gab es noch ein Schwanken, und ich sagte mir: ›Vielleicht ist es doch nicht wahr, vielleicht irre ich mich.‹ Das gab es jetzt nicht mehr. Mein Entschluß stand unwiderruflich fest. Heimlich, hinter meinem Rücken, allein mit ihm zu nächtlicher Stunde! Das heißt sich ganz vergessen. Oder noch schlimmer: absichtlich diese Kühnheit, diese Frechheit im Verbrechen. Damit diese Frechheit ein Zeichen der Unschuld sei. Es ist ganz klar. Es gibt keinen Zweifel. Ich fürchtete nur eines, sie könnten auseinandergehen, einen neuen Betrug ausfindig machen und mich um den augenscheinlichen Beweis bringen und um die Möglichkeit, sie zu strafen. Und so ging ich, um sie noch schnell zu ertappen, auf den Zehen hin, wo sie saßen, nicht durch den Salon, sondern durch den Korridor und das Kinderzimmer.

Im ersten Kinderzimmer schliefen die Knaben, im zweiten bewegte sich die Amme, als ob sie erwachen wollte, und ich malte mir aus, was sie wohl denken würde, wenn sie alles erfährt, und bei diesem Gedanken erfaßte mich ein solches Mitleid mit mir selbst, daß ich meine Tränen nicht unterdrücken konnte, und ich lief, um die Kinder nicht aufzuwecken, auf den Zehen hinaus in den Korridor und zu mir in das Arbeitszimmer, warf mich auf mein Sofa und brach in Schluchzen aus.

›Ich, ein ehrenhafter Mensch, ich, der Sohn meiner Eltern, ich, der ich mein ganzes Leben von dem Glück eines Familienlebens geträumt, ich, ein Mann, der ihr nie untreu gewesen … Fünf Kinder … und sie umarmt den Musikanten, weil er ein rotes Mündchen hat!

Nein! Das ist kein Mensch! Das ist ein Hund, ein garstiger Hund! Neben dem Zimmer der Kinder, denen sie das ganze Leben hindurch Liebe geheuchelt hat! Und dabei schreibt sie mir den Brief, den sie mir geschrieben hat! Und wirft sich ihm so frech an den Hals! Kann ich's denn wissen? Vielleicht ist es die ganze Zeit so gegangen? Vielleicht sind alle diese Kinder, die ich für meine eigenen halte, von meinen Dienern gezeugt?

Und wäre ich morgen zurückgekehrt, und sie wäre mir entgegengekommen in ihrer Frisur, in ihrer Taille und mit ihren lässigen, anmutigen Bewegungen (ich sah deutlich ihr anziehendes, verhaßtes Gesicht), so hätte die Bestie der Eifersucht für ewige Zeiten in meinem Herzen gehaust und hätte es zerfleischt. Was wird die Amme denken? Jegor? … und das arme Lieschen? Sie versteht es schon. Und diese Schamlosigkeit! Diese Lüge! Diese tierische Sinnlichkeit, die ich so gut kenne‹, sagte ich zu mir selber.

Ich wollte mich erheben, aber ich konnte nicht. Mein Herz schlug so heftig, daß ich mich kaum auf den Füßen hielt. ›Ja, mich wird ein Schlag töten. Sie wird mich töten. Das würde ihr recht sein. Soll ich mich töten? Keineswegs, das wäre gar zu bequem, diese Freude mache ich ihr nicht. Ja, ich sitze hier, und sie sitzen dort und lachen und …

Ja, er hat sie nicht verschmäht, obgleich sie nicht mehr in der ersten Jugendblüte steht – sie ist eben immer noch hübsch, und was die Hauptsache ist, sie ist mindestens ungefährlich für seine kostbare Gesundheit. Und warum habe ich sie nicht damals erwürgt‹, sagte ich zu mir in der Erinnerung an den Augenblick, als ich sie vor einer Woche aus meinem Arbeitszimmer stieß und dann die Sachen zerschlug. Besonders trat mir die Stimmung ins Gedächtnis, in der ich mich damals befunden hatte; und sie trat mir nicht bloß ins Gedächtnis, ich empfand wieder dasselbe Bedürfnis zu schlagen, zu zerstören, welches ich damals empfunden hatte. Ich erinnere mich, wie mich das Verlangen packte, etwas zu tun, und wie alle Vorstellungen, außer denen, die zu einer Handlung nötig waren, mein Hirn verließen und ich in die Stimmung eines reißenden Tieres verfiel oder eines Menschen unter dem Einfluß der physischen Erregung im Moment der Gefahr, wo er klar, ohne Übereilung, aber ohne einen Augenblick zu verlieren, handelt und nur mit einem ganz bestimmten Ziel.

Das erste, was ich tat, war, daß ich die Stiefel ablegte und in Strümpfen zur Sofawand hinschlich, wo meine Flinten und Dolchmesser hingen; ich nahm eine krumme Damaszenerklinge, die noch nie im Gebrauch gewesen und sehr scharf war. Ich zog sie aus der Scheide. Die Scheide fiel, ich erinnere mich noch, hinter das Sofa, und ich sagte mir, auch dessen erinnere ich mich noch: ›Ich muß sie nachher aufheben, sonst geht sie verloren.‹ Dann legte ich meinen Überrock ab, den ich die ganze Zeit über anbehalten hatte, und ging, leise auftretend, in bloßen Strümpfen hinein.«

XXVII

»Ich schlich mich still heran und öffnete plötzlich die Tür. Ich sehe noch den Ausdruck ihrer Gesichter. Ich erinnere mich dieses Ausdrucks, weil er mir eine qualvolle Wonne verursachte. Es war ein Ausdruck des Entsetzens. Das gerade brauchte ich. Nie werde ich den Ausdruck des verzweifelten Entsetzens vergessen, der sich in der ersten Sekunde, als sie mich erblickten, in den Zügen beider malte. Er saß, glaube ich, am Tisch, sprang aber, als er mich gesehen oder gehört hatte, schnell auf und stellte sich mit dem Rücken an den Schrank. In seinen Zügen lag nur ein einziger Ausdruck, der Ausdruck des Entsetzens. In ihren Zügen lag derselbe Ausdruck des Entsetzens, aber auch noch ein anderer; wäre nur das erste gewesen, vielleicht wäre nicht geschehen, was geschehen ist, aber in dem Ausdruck ihres Gesichts lag – wenigstens schien es mir so – im ersten Augenblick noch Erbitterung, Ärger darüber, daß ihr Liebesrausch und ihr Glück an seiner Seite gestört worden war. Es war, als hätte sie nichts anderes verlangt, als daß man sie im Glück des Augenblicks nicht störe. Der eine wie der andere Ausdruck schwebte nur einen Augenblick auf ihren Gesichtern. Der Ausdruck des Entsetzens in seinen Zügen wechselte sofort mit dem der Frage: ›Kann ich's leugnen oder nicht? Ist Leugnen möglich, so heißt es unverzüglich beginnen; wenn nicht, heißt es anders vorgehen. Aber wie? …‹ Er warf ihr einen fragenden Blick zu. In ihrem Gesicht war, wie mir schien, der Ausdruck des Ärgers und der Erbitterung, da sie ihm einen Blick zugeworfen hatte, der Sorge um ihn gewichen.

Einen Augenblick blieb ich in der Tür stehen und hielt den Dolch auf dem Rücken.

In demselben Augenblick lächelte er und begann mit einem an das Lächerliche grenzenden Ton der Gleichgültigkeit: ›Wir haben gerade musiziert.‹

Wie unerwartet, fiel sie gleichzeitig ein, indem sie seinen Ton nachahmte. Aber weder er noch sie sprachen weiter. Dieselbe Raserei, die ich vor einer Woche durchgemacht hatte, erfaßte mich. Wieder empfand ich dasselbe Bedürfnis eines gewalttätigen Ausbruchs, die Wollust der Wut, und gab mich ihr ganz hin.

Beide stockten. Es trat das ein, was er gefürchtet hatte und was mit einem Schlag ihre Worte zuschanden machte. Ich stürzte mich auf sie, immer noch den Dolch verbergend, damit er mich nicht verhindere, ihr von der Seite einen Streich unter die Brust zu versetzen. Ich hatte mir diese Stelle von Anfang an ausgesucht. In dem Augenblick, als ich auf sie zustürzte, hatte er das bemerkt und fiel mir, was ich nimmer von ihm erwartet hätte, mit dem Ruf in den Arm: ›Kommen Sie zu sich, um Gottes willen! Hilfe!‹

Ich riß meinen Arm los und stürzte, ohne ein Wort zu sprechen, auf ihn. Unsere Blicke trafen sich, er wurde plötzlich bleich bis in die Lippen hinein, bleich wie die Wand, seine Augen blitzten seltsam auf, und er huschte, was ich auch nie erwartet hätte, unter dem Klavier hindurch zur Tür. Ich wollte ihm nachstürzen, aber an meiner linken Hand hielt mich eine Last fest. Sie war es. Ich wollte mich losreißen. Sie hängte sich noch schwerer an mich und ließ mich nicht los. Dieses unerwartete Hindernis, ihr Gewicht und ihre Abscheu erregende Berührung fachten meine Glut noch heftiger an. Ich fühlte, daß ich völlig rasend war und daß ich furchtbar aussehen müsse, und ich freute mich darüber. Ich holte aus allen Kräften mit der linken Hand aus, und mein Ellenbogen traf gerade ihr Gesicht. Sie schrie auf und ließ meine Hand los. Ich wollte ihm nachsetzen; da fiel mir ein, wie lächerlich es wäre, in Strümpfen dem Geliebten seiner Frau nachzurennen, ich wollte aber nicht lächerlich, ich wollte furchtbar erscheinen. Trotz der entsetzlichen Wut, in der ich mich befand, dachte ich jeden Augenblick daran, welchen Eindruck ich auf andere machen würde. Ja, dieser Eindruck bestimmte sogar zum Teil mein Handeln. Ich wandte mich zu ihr zurück. Sie war auf das Sofa gesunken, hielt die Hand vor die blau geschlagenen Augen und sah mich an. In ihrem Blick lag Furcht und Haß gegen mich, ihren Feind, wie bei einer Ratte, wenn man die Falle hochhebt, in die sie gegangen ist. Ich wenigstens las in ihren Zügen nichts anderes als diese Furcht und diesen Haß gegen mich. Es war dieselbe Furcht, derselbe Haß, den die Liebe zu einem anderen hervorrufen mußte. Aber auch jetzt noch, jetzt, hätte ich mich vielleicht bezwungen und nicht getan, was ich getan habe, wenn sie geschwiegen hätte. Sie begann aber plötzlich zu sprechen und griff mit einer Hand nach meiner Hand, in der ich den Dolch hielt:

›Komme zu dir! Was willst du tun? Was geht mit dir vor? Es ist nichts geschehen, nichts, nichts, ich schwöre es dir!‹

Ich hätte noch gezögert, aber ihre letzten Worte, aus denen ich das Gegenteil schloß, d.h., daß alles geschehen ist, forderten eine Antwort heraus. Und die Antwort mußte der Stimmung entsprechen, in die ich mich selbst versetzt hatte, die sich *crescendo* steigerte und die im Verlauf nur noch anwachsen konnte. Auch die Wut hat ihre Gesetze.

›Lüge nicht, Dirne!‹, schrie ich schmerzerfüllt auf und ergriff mit der linken Hand ihren Arm; aber sie riß sich los. Da packte ich sie, immer den Dolch in der Hand, mit der Linken an der Kehle, riß sie zu Boden und begann, sie zu würgen. War das ein feister Hals … Sie suchte mit beiden Händen meine Hände zu erfassen und sie von ihrer Kehle loszureißen; nun stieß ich, als ob ich gerade darauf gewartet hätte, ihr den Dolch in die linke Seite unterhalb der Rippen.

Wenn die Menschen behaupten, daß sie in einem Anfall von Wut ohne Bewußtsein handeln, so ist das Unsinn, Lüge. Ich handelte mit klarem Bewußtsein, ja, das Bewußtsein verließ mich keinen Augenblick. Je stärker ich selbst die Glut meiner Wut schürte, desto heller leuchtete in mir das Licht des Bewußtseins, das mich ganz deutlich erkennen ließ, was ich tat. In jeder Sekunde wußte ich, was ich tat. Ich kann nicht sagen, daß ich vorher gewußt hätte, was ich tun werde, aber in dem Augenblick, in dem ich es tat – ja, ich glaube sogar einen Augenblick vorher –, wußte ich, daß ich handle von dem Gedanken geleitet, die Möglichkeit einer Reue offen zu halten, um mir sagen zu können, daß ich jeden Augenblick hätte einhalten können. Ich wußte, daß ich sie unterhalb der Rippe treffe und daß der Dolch eindringen muß. In der Minute, in der ich es tat, wußte ich, daß ich etwas Entsetzliches tue, etwas, was ich nie getan habe und was entsetzliche Folgen haben wird. Aber dies Bewußtsein flammte auf wie ein Blitz, und dem Bewußtsein folgte unverzüglich die Tat. Ich war mir der Tat mit außerordentlicher Klarheit bewußt. Ich fühlte – der Augenblick steht mir deutlich vor den Augen – den Widerstand des Korsetts und eines anderen Gegenstands, dann das Eindringen des Dolches in weiches Fleisch. Sie wollte mit den Händen nach dem Dolch greifen, aber sie verwundete sich und hielt ihn nicht auf.

Lange darauf im Gefängnis, nachdem sich in mir eine sittliche Umwandlung vollzogen hatte, dachte ich an diesen Augenblick zurück. Ich überlegte, was ich hätte tun können, und dachte lange darüber nach. Ich weiß noch den Augenblick, nur den Augenblick, der der Tat unmittelbar vorausging, das schreckliche Bewußtsein, daß ich töte, daß ich eine Frau getötet habe, eine schutzlose Frau, die eigene Gattin! Das Schaudervolle dieses Bewußtseins steht mir vor der Seele, und darum schließe ich, ja, erinnere ich mich dunkel, daß ich den Dolch, nachdem ich ihn hineingestoßen hatte, gleich wieder herauszog, um das Geschehene gutzumachen und einzuhalten. Einen Augenblick stand ich unbeweglich da, ich wartete ab, was kommen würde, ob ich es noch gutmachen könnte.

Sie sprang auf und schrie: ›Amme, er hat mich getötet!‹

Die Amme hatte Geräusche gehört und war in der Tür erschienen. Ich stand immer noch da, als erwartete ich etwas und als könnte ich an die Tat nicht glauben. Aber da! Unter ihrem Korsett floß in Strömen das Blut hervor. Jetzt erst begriff ich, daß es sich nicht mehr ungeschehen machen ließ, und ich sagte mir sogleich, daß es auch nicht zu wünschen wäre, daß ich es habe tun wollen und tun müssen. Ich wartete, bis sie zu Boden gestürzt war und die Amme mit dem Aufschrei ›Um Himmels willen!‹ zu ihr eilte; da erst warf ich den Dolch fort und verließ das Zimmer.

›Keine Aufregung, ich muß wissen, was ich tue‹, sagte ich mir und sah weder sie noch die Amme an. Die Amme schrie und rief das Hausmädchen herbei. Ich ging durch den Korridor, schickte das Mädchen hinein und ging in mein Zimmer. ›Was ist jetzt zu tun?‹, fragte ich mich, und es war mir sofort klar. Ich ging, als ich in mein Zimmer kam, schnurstracks auf die Wand zu, nahm den Revolver herunter, untersuchte ihn – er war geladen – und legte ihn auf den Tisch. Dann holte ich die Scheide unter dem Sofa hervor und setzte mich auf das Sofa nieder.

Lange saß ich so da. Ich dachte an nichts, ich überlegte nichts. Ich hörte, daß draußen Lärm war. Ich hörte, daß jemand vorgefahren kam, dann noch jemand. Dann hörte und sah ich, wie Jegor den Korb, den ich von der Reise mitgebracht hatte, in mein Arbeitszimmer stellte. Als ob den jemand brauchte!

›Hast du gehört, was vorgefallen ist?‹, fragte ich. ›Sage dem Hausknecht, er solle der Polizei Meldung machen.‹ Er sprach kein Wort und ging hinaus. Ich stand auf, verschloß die Tür, nahm eine Zigarette und ein Streichholz und begann zu rauchen. Ich hatte die Zigarette noch nicht ausgeraucht, als mich der Schlaf übermannte und auf das Sofa streckte. Ich schlief wohl fast zwei Stunden. Mir träumte, ich erinnere mich noch, ich war in bester Freundschaft mit ihr, wir stritten uns, wir suchten uns zu versöhnen, aber ein kleines Hindernis steht im Weg; und doch sind wir in bester Freundschaft. Ein Klopfen an der Tür weckt mich. ›Die Polizei‹, dachte ich im Erwachen. ›Ich meine doch, ich habe jemanden getötet. Aber vielleicht – ist *sie* es, und es ist nichts geschehen.‹ Wieder klopft es an die Tür. Ich antworte nicht. Mich beschäftigt die Frage: Ist es geschehen, oder ist es nicht geschehen? Ja, es ist geschehen. In der Erinnerung fühle ich den Widerstand des Korsetts und dann das Eindringen des Dolches, und ein kalter Schauer läuft über meinen Rücken. ›Ja, es ist geschehen. Jetzt muß ich auch mich töten‹, sagte ich zu mir selber. Ich sagte das und wußte, daß ich mich nicht töten werde. Und doch stand ich auf und nahm wieder den Revolver zur Hand. Aber sonderbar! Wie oft war ich vorher dem Selbstmord nahe gewesen, wie leicht war er mir an demselben Tag in der Eisenbahn vorgekommen, leicht besonders darum, weil ich daran dachte, wie schwer ich sie dadurch treffen würde. Und jetzt war ich nicht nur nicht fähig, mich zu töten, sondern nicht einmal diesen Gedanken zu fassen. ›Wozu sollte ich das tun?‹, fragte ich mich und hatte keine Antwort darauf. Wieder klopfte es an die Tür. ›Ja, ich will doch erst sehen, wer dort klopft. Dazu ist immer noch Zeit.‹ Ich legte den Revolver hin und verdeckte ihn mit einer Zeitung. Ich ging zur Tür und schob den Riegel zurück. Es war die Schwester meiner Frau, die gutmütige, dumme Witwe. – ›Wassja, was geht vor?!‹, sagte sie, und die immer bereiten Tränen strömten.

›Was gibt's?‹, fragte ich schroff. Ich sah, daß ich es durchaus nicht nötig hatte und daß ich keinen Grund hatte, gegen sie grob zu sein, aber ich konnte keinen anderen Ton finden. – ›Wassja, sie stirbt! Iwan Sacharytsch hat es gesagt.‹

Iwan Sacharytsch war ihr Arzt, der Ratgeber. ›Ist er denn hier?‹, fragte ich, und alle Wut gegen sie erhob sich wieder in mir. ›Und was soll ich tun?‹ – ›Wassja, gehe zu ihr. Ach, wie entsetzlich!‹, sagte sie. – ›Zu ihr gehen?‹, fragte ich mich. Und ich antwortete mir sofort, daß ich zu ihr muß, daß es wahrscheinlich immer so ist, daß, wenn der Mann, wie ich, seine Frau getötet hat, er unbedingt zu ihr gehen muß. ›Wenn es immer so ist, so muß ich hinein‹, sagte ich mir. ›Wenn es sein muß, so ist noch immer Zeit dazu‹, dachte ich über meine Absicht, mich zu erschießen, und folgte ihr. ›Jetzt kommen die Redensarten, die Grimassen, aber ich will ihnen widerstehen‹, sagte ich zu mir. – ›Halt!‹, rief ich der Schwester zu. ›Es sieht so dumm aus in Strümpfen, laß mich wenigstens Pantoffeln anziehen.‹«

XXVIII

»Und wunderbar! Wieder, da ich aus meinem Zimmer trat und durch die bekannten Räume ging, wieder erwachte in mir die Hoffnung, daß nichts geschehen sei, aber der Geruch der scheußlichen Quacksalberei – Jodoform, Karbol – schlug mir ins Gesicht. Doch, es ist geschehen. Als ich den Korridor entlangging und an dem Kinderzimmer vorüberkam, sah ich mein Lieschen. Sie blickte mich mit erschrockenen Augen an. Mir war sogar, als wären alle fünf hier und schauten mich an. Ich ging auf die Tür zu; das Hausmädchen öffnete mir von innen und ging heraus. Das erste, was mir in die Augen fiel, war ihr hellgraues Kleid auf dem Stuhl, das ganz schwarz war von Blut. Sie lag auf unserem zweischläfrigen Bett, ja sogar auf meinem Bett (zu diesem konnte man leichter herankommen), mit eingezogenen Knien. Sie lag schräg gebettet, nur auf Kissen, mit aufgeknöpftem Leibchen. An der wunden Stelle war etwas aufgelegt. Im Zimmer war ein drückender Jodoformgeruch. Vor allem und am meisten berührte mich, daß ihr Gesicht in den Wangen, in einem Teil der Nase und unter den Augen blau angelaufen war. Das waren die Folgen meines Schlags mit dem Ellbogen, als sie mich zurückhalten wollte. Von ihrer Schönheit keine Spur, ja sie erschien mir häßlich. Ich blieb an der Schwelle stehen. ›Komm näher, komm näher zu ihr heran‹, sagte die Schwester zu mir. ›Gewiß will sie bereuen‹, dachte ich. ›Soll ich ihr verzeihen? Ja, sie stirbt, ich darf ihr verzeihen‹, dachte ich und bemühte mich, großmütig zu sein. Ich trat ganz nahe heran. Sie richtete mit Mühe ihre Augen auf mich, von denen das eine blau geschlagen war, und sprach mit Mühe und stockend:

›Du hast's erreicht, du hast mich getötet …‹, und aus ihren Zügen sprach durch die körperlichen Schmerzen und durch die Nähe des Todes der alte, mir wohl bekannte kalte, tierische Haß. Die Kinder … gebe ich … dir … doch nicht. Sie (ihre Schwester) – wird sie zu sich nehmen …‹

Das aber, was für mich die Hauptsache war, ihre Schuld, ihr Verrat, schien ihr nicht eines Wortes wert.

›Ja … weide dich nur an deiner Tat‹, sagte sie mit einem Blick auf die Tür und schluchzte auf. In der Tür stand ihre Schwester mit den Kindern. ›Sieh, was du getan hast.‹

Ich blickte die Kinder an, dann ihr zerschlagenes, angelaufenes Gesicht, und zum ersten Mal vergaß ich mich selbst, meine Rechte, meinen Stolz; zum ersten Mal sah ich in ihr den Menschen. Und so nichtig erschien mir alles, was mir Kränkung bereitet hatte, meine ganze Eifersucht, und so bedeutungsvoll das, was ich getan hatte, daß ich mein Gesicht auf ihre Hand drücken wollte und ausrufen: ›Vergib!‹ – Aber ich wagte es nicht.

Sie schwieg und hielt die Augen geschlossen; sie hatte offenbar nicht mehr die Kraft, weiterzusprechen. Dann zuckte ihr entstelltes Gesicht und zog sich zusammen. Sie stieß mich schwach von sich.

›Warum war all dies geschehen? Warum?‹

›Vergib mir‹, sagte ich.

›Vergib? Das ist ja alles Unsinn! … Wenn ich nur nicht sterben müßte …!‹, schrie sie, richtete sich auf und hielt ihre fieberhaft glänzenden Augen auf mich gerichtet.

›Ja, du hast's erreicht! Ich hasse dich! … O, ach!‹, schrie sie auf, sie war offenbar in Fieberphantasien vor etwas erschrocken.

›Schieß, ich fürchte mich nicht … Töte nur alle … Er ist fort! … Er ist fort! …‹

Sie hörte nicht mehr auf zu phantasieren. Sie erkannte die Kinder nicht mehr. An demselben Tag um die Mittagszeit starb sie. Mich hatte man vorher um acht Uhr zur Polizei und von da ins Gefängnis gebracht. Dort habe ich elf Monate gesessen und auf den Richterspruch geharrt; habe über mich und meine Vergangenheit nachgedacht und habe sie verstehen gelernt. Der Anfang meiner Erkenntnis kam mir am dritten Tag. Am dritten Tag brachte man mich …«

Er wollte weitersprechen, da er aber das Schluchzen nicht unterdrücken konnte, brach er ab. Nachdem er seine Kräfte wieder gesammelt hatte, fuhr er fort:

»Die Erkenntnis begann, als ich sie im Sarg sah.«

Er schluchzte auf, fuhr aber gleich wieder hastig fort: »Erst als ich ihr totes Antlitz sah, begriff ich alles, was ich getan hatte. Ich begriff, daß ich, ich sie erschlagen hatte, daß es meine Tat war, durch die sie, die lebend, handelnd, warm gewesen, jetzt starr, wächsern, kalt war, und daß dies nie, nirgends, durch nichts gutgemacht werden könne. Wer das nicht an sich selbst erlebt hat, kann es nicht begreifen! … Oh! Oh! Oh!«, rief er einige Male aus, dann verstummte er.

Wir saßen lange schweigend da. Er schluchzte und zitterte. So saß er mir gegenüber, ohne ein Wort zu sprechen. Sein Gesicht wurde schmal und lang, sein Mund ging in die Breite.

»Ja«, sagte er plötzlich. »Wenn ich gewußt hätte, was ich jetzt weiß, es wäre etwas ganz anderes gewesen. Ich hätte sie nicht geheiratet, um nichts in der Welt, und nie hätte ich geheiratet!«

Wir schwiegen wieder eine lange Zeit.

»Und nun verzeihen Sie mir …«. Er wandte sich ab von mir, legte sich auf die Bank und deckte sich mit der Reisedecke zu. Als die Station herankam, an der ich aussteigen mußte – es war acht Uhr früh –, ging ich zu ihm heran, um ihm Lebewohl zu sagen. Ob er schlief oder nur so tat, als ob er schliefe, er rührte sich nicht. Ich stieß ihn leicht an. Er schob die Decke fort, er hatte offenbar nicht geschlafen.

»Leben Sie wohl«, sagte ich und reichte ihm die Hand. Er reichte mir die seine und lächelte kaum merklich und so wehmütig, daß mir das Weinen nahe war.

»Bitte, verzeihen Sie mir«; er wiederholte noch einmal die Worte, mit denen er seine ganze Erzählung geschlossen hatte.

Den 26. August 1889

Nachwort

Ich empfing und empfange noch immer zahlreiche Briefe von Personen, die ich nicht kenne, mit der Bitte, ich möchte in einfachen und klaren Worten erläutern, was ich über den Gegenstand denke, der den Inhalt meiner Erzählung »Die Kreutzersonate« bildet. Ich will versuchen, das zu tun, d.h. den Kern dessen, was ich in dieser Erzählung habe sagen wollen, und der Folgerungen, die man nach meiner Meinung daraus ziehen kann, so gut es geht, in kurzen Worten auszudrücken.

Erstens wollte ich sagen:

In unserer Gesellschaft hat sich die feste, allen Ständen gemeinsame und von einer Pseudo-Wissenschaft aufrechterhaltene Überzeugung gebildet, der Geschlechtsverkehr sei für die Gesundheit unentbehrlich, und da die Ehe nicht immer möglich ist, so sei auch der Geschlechtsverkehr außer der Ehe, der den Mann zu nichts anderem als zu einem Geldopfer verpflichtet, eine vollkommen natürliche Sache, die darum auch Förderung verdient.

Diese Überzeugung ist in so hohem Grad allgemein und festgewurzelt, daß die Eltern auf den Rat der Ärzte für ihre eigenen Kinder die Ausschweifung ordnen, die Behörden, deren Sinn einzig und allein in der Sorge um das sittliche Wohl ihrer Bürger besteht, für die Ausschweifung Einrichtungen treffen, d.h. einen ganzen Stand von Frauen schaffen, die körperlich und seelisch zugrunde gehen müssen, um das vermeintliche Bedürfnis der Männer zu befriedigen; und die unverheirateten Männer ergeben sich mit vollkommen ruhigem Gewissen den Ausschweifungen.

Und ich wollte nur sagen, daß dies nicht gut ist. Denn es kann unmöglich wahr sein, daß zugunsten der Gesundheit eines Teiles der

Menschen Körper und Seelen anderer Menschen zugrunde gehen müßten, wie es nicht wahr sein kann, daß zur Gesundheit eines Teiles der Menschen das Blut eines anderen Teiles getrunken werden müßte.

Die Folgerung aber, die man, wie ich glaube, natürlich daraus ziehen muß, ist die, daß man sich dieser Verirrung und Täuschung nicht hingeben soll. Um sich ihnen aber nicht hinzugeben, ist es notwendig, erstens: daß man unsittlichen Lehren keinen Glauben schenke, gleichviel durch welche vermeintlichen Wissenschaften sie auch gestützt würden; und zweitens, daß man begreife, daß die Pflege eines Geschlechtsverkehrs, bei dem die Menschen sich von den möglichen Folgen, den Kindern, befreien oder die ganze Bürde dieser Folgen auf die Frau abwälzen oder die Möglichkeit der Geburt von Kindern verhindern – daß ein solcher Geschlechtsverkehr eine Übertretung der einfachsten Forderung der Sittlichkeit, daß er eine Gemeinheit ist und daß daher unverheiratete Männer, welche nicht gemein leben wollen, ihn nicht pflegen dürfen.

Um aber Enthaltsamkeit üben zu können, müssen sie nicht bloß eine natürliche Lebensführung anstreben, sondern auch nicht trinken, nicht übermäßig essen, kein Fleisch genießen, keine Arbeit scheuen (nicht Turnen, sondern ermüdende, nicht spielähnliche Arbeit), in ihren Gedanken jede Möglichkeit eines Verkehrs mit fremden Frauen verwerfen, wie ja jeder Mensch die Möglichkeit eines solchen zwischen sich und seiner Mutter, seinen Schwestern, seinen Verwandten, den Frauen seiner Freunde verwirft. Beweise dafür aber, daß die Enthaltsamkeit möglich und der Gesundheit weniger gefährlich und schädlich ist als Nicht-Enthaltsamkeit, kann jeder Mann in seinem Kreis hundertfältig finden.

Das ist der erste Punkt.

Zweitens: In unserer Gesellschaft ist infolge der Betrachtung des Liebesverkehrs nicht nur als einer unentbehrlichen Vorbedingung der Gesundheit und eines Genusses, sondern auch als eines poetischen, erhabenen Lebensglücks, die Untreue der Gatten in allen Schichten der Gesellschaft (besonders, dank dem Soldatentum, in den ländlichen) eine ganz gewöhnliche Erscheinung geworden.

Und das, meine ich, ist nicht gut.

Die Folgerung aber, die daraus zu ziehen ist, ist die, daß man nicht so handeln darf.

Damit wir aber nicht so handeln, muß die Betrachtung der sinnlichen Liebe eine andere werden, müssen Männer und Frauen in den Familien und durch die öffentliche Meinung so erzogen werden, daß sie vor wie nach der Heirat das Verlieben und die damit verbundene sinnliche Liebe nicht wie einen poetischen, erhabenen Zustand betrachten, wie sie das jetzt tun, sondern wie einen den Menschen erniedrigenden tierischen Zustand; ferner muß die Verletzung des Versprechens der Treue, das in der Ehe gegeben wird, von der öffentlichen Meinung mindestens ebenso bestraft werden, wie sie die Verletzung von Geldverpflichtungen und Betrug im Geschäftsverkehr straft, und nicht, wie jetzt in Romanen, Gedichten, Liedern, Opern usw. geschieht, besungen werden.

Das ist der zweite Punkt.

Drittens: In unserer Gesellschaft hat, wiederum infolge derselben falschen Bedeutung, die man der sinnlichen Liebe gegeben hat, die Geburt der Kinder ihren Sinn verloren; sie ist, anstatt Ziel und Rechtfertigung der ehelichen Beziehungen zu sein, ein Hindernis für die angenehme Fortsetzung der Liebesbeziehungen geworden; und daher hat sowohl außer der Ehe wie in der Ehe auf den Rat der Diener der ärztlichen Wissenschaft der Gebrauch von Mitteln, die der Frau die Möglichkeit des Kindergebärens benehmen, um sich gegriffen, oder ist *das* zum Gebrauch und zur Gewohnheit geworden, was vordem nicht war und noch heute in patriarchalischen, ländlichen Familien nicht statthat – die Fortsetzung der ehelichen Beziehungen während der Schwangerschaft und der Nährzeit.

Und das, meine ich, ist nicht gut.

Es ist nicht gut, Mittel gegen das Kindergebären anzuwenden, erstens, weil die Menschen dadurch von den Sorgen und Mühen um die Kinder befreit werden, die der sinnlichen Liebe als Sühne dienen, und zweitens, weil das sehr nahe mit der dem menschlichen Gewissen am meisten widerstrebenden Handlung verwandt ist – dem Mord. Nicht gut ist auch die Nicht-Enthaltsamkeit während der Schwangerschaft und der Nährzeit, weil sie die körperlichen und hauptsächlich die seelischen Kräfte der Frau zugrunde richtet. Die Folgerung aber, die sich daraus ergibt, ist die, daß wir so nicht handeln dürfen. Und um so nicht zu handeln, müssen wir begreifen, daß die Enthaltsamkeit, welche eine unerläßliche Bedingung der menschlichen Würde im Zustand der Nicht-Ehe bildet, in der Ehe um so mehr zur Pflicht wird.

Das ist der dritte Punkt.

Viertens: In unserer Gesellschaft, in welcher sich die Kinder als ein Hindernis für den Genuß oder als ein unglücklicher Zufall oder als ein Genuß besonderer Art darstellen, wenn sie in einer im Vorhinein bestimmten Anzahl zur Welt kommen, werden diese Kinder nicht im Hinblick auf diejenigen Aufgaben des menschlichen Lebens erzogen, die ihrer als vernunftbegabter und liebender Wesen harren, sondern nur im Hinblick auf die Freuden, die sie den Eltern gewähren können, und infolgedessen werden die Kinder der Menschen wie die Kinder der Tiere erzogen; denn die Hauptsorge der Eltern besteht nicht darin, sie auf eine menschenwürdige Wirksamkeit vorzubereiten, sondern darin, sie so gut als möglich zu nähren, ihr Wachstum zu fördern, sie rein, weiß, satt, schön zu machen (worin die Eltern noch von der Lügenwissenschaft, die man Medizin nennt, bestärkt werden). – (Wenn dies in den unteren Gesellschaftsschichten nicht geschieht, so liegt der Grund nur in der Unmöglichkeit, die Anschauung ist ein und dieselbe). Und bei verzärtelten Kindern erwacht, wie bei allen überfütterten Tieren, unnatürlich früh eine unbezwingbare Sinnlichkeit, welche die Ursache furchtbarer Qualen dieser Kinder im Knabenalter wird. Putz, Bücherlesen, Schauspiele, Musik, Tanz, Süßigkeiten, alle Lebensgewohnheiten von den bunten Konfektschachteln bis zu den Romanen, Novellen und Gedichten schüren diese Sinnlichkeit noch mehr, und so werden die schrecklichsten geschlechtlichen Laster und Krankheiten die gewöhnlichen Begleiterscheinungen der Entwicklung der Kinder beiderlei Geschlechts und bleiben es oft auch im reiferen Alter.

Und das, meine ich, ist nicht gut.

Die Folgerung aber, die man daraus ziehen kann, ist die, daß wir aufhören müssen, die Kinder der Menschen wie die Kinder der Tiere zu erziehen, und daß wir uns für die Erziehung der menschlichen Kinder andere Ziele stecken müssen als nur den schönen, wohl gepflegten Körper.

Das ist der vierte Punkt.

Fünftens: In unserer Gesellschaft, wo die Liebelei zwischen einem jungen Mann und einem Weib, die zur Grundlage doch nichts anderes als die sinnliche Liebe hat, zu einem höheren poetischen Zweck menschlicher Bestrebungen erhoben worden ist, was die gesamte Kunst und Dichtung unserer Gesellschaft bezeugt, widmen die jungen Leute die beste Zeit ihres Lebens – die Männer dem Ausschauen, Entdecken und Erobern der besten Gegenstände der Liebe in der Form eines Liebesverhältnisses oder der Ehe – die Frauen und Mädchen der Verlockung und Verleitung der Männer zu einem Verhältnis oder zur Ehe.

Und daher werden die besten Kräfte der Menschen nicht nur an unfruchtbare, sondern sogar schädliche Arbeit vergeudet. Daher kommt der größte Teil der unvernünftigen Üppigkeit unseres Lebens, daher der Müßiggang der Männer und die Schamlosigkeit der Frauen, die sich nicht scheuen, die Moden den offenkundig ausschweifenden Frauen zu entlehnen, und so durch Entblößung gewisser Körperteile die Sinnlichkeit herausfordern.

Und das, meine ich, ist nicht gut.

Es ist nicht gut, weil die Erreichung des Zieles der Vereinigung in der Ehe oder außer der Ehe mit dem Gegenstande der Liebe, wie sehr sie auch poetisch verklärt sei, ein des Menschen unwürdiges Ziel ist, ebenso, wie es ein des Menschen unwürdiges Ziel ist, was vielen als das höchste Glück erscheint, sich süße und überreichliche Nahrung zu verschaffen.

Die Folgerung aber, die man daraus ziehen kann, ist die, daß wir aufhören müssen zu glauben, die sinnliche Liebe sei etwas besonders Erhabenes, und begreifen lernen, daß das des Menschen würdige Ziel – sei es die Arbeit im Dienst der Menschheit, des Vaterlandes, der Wissenschaft oder der Kunst (von dem Dienst Gottes zu schweigen) – welches auch immer es sei, wenn wir es nur als des Menschen würdig ansehen, nicht durch die Vereinigung mit dem Gegenstand der Liebe in und außer der Ehe erreicht wird, sondern daß vielmehr das Verlieben und die Vereinigung mit dem Gegenstand der Liebe (so viel man sich auch bemühe, in Vers und Prosa das Gegenteil zu beweisen) niemals die Erreichung eines menschenwürdigen Zieles erleichtert, sondern stets erschwert.

Das ist der fünfte Punkt.

Das ist das Wesentlichste, was ich sagen wollte und was ich glaubte, in meiner Erzählung gesagt zu haben. Und ich war der Ansicht, man könne darüber nachdenken, durch welche Mittel das Übel, auf das diese Thesen hinweisen, zu beheben sei; ihnen nicht zuzustimmen aber sei unmöglich.

Ich war der Ansicht, daß es unmöglich sei, diesen Sätzen nicht zuzustimmen: *erstens*, weil diese Sätze mit dem Fortschritt der Menschheit in vollkommenster Übereinstimmung sind, der stets von der Ungebundenheit zu immer größerer und größerer Keuschheit fortgeht, mit dem sittlichen Bewußtsein der Gesellschaft, mit unserem Gewissen, das stets die Sinnlosigkeit verurteilt und die Keuschheit schätzt; und *zweitens*, weil diese Grundsätze nur die zwingenden Folgerungen aus der Lehre des Evangeliums sind, das wir entweder bekennen oder wenigstens, wenn auch unbewußt, als die Grundlage unserer Sittlichkeitsbegriffe anerkennen.

Aber es war nicht so.

Niemand zwar bestreitet geradezu den Grundsatz, man dürfe vor der Ehe nicht ausschweifend leben, auch nicht in der Ehe, man dürfe das Kindergebären nicht künstlich verhüten, man dürfe aus den Kindern nicht einen Zeitvertreib machen, man dürfe die Liebesvereinigung nicht über alles andere stellen, mit einem Wort: Niemand bestreitet, daß die Keuschheit besser sei als die Ungebundenheit. Wohl aber sagt man: »Wenn die Ehelosigkeit besser ist als die Ehe, so leuchtet ein, daß die Menschen das tun müssen, was besser ist. Wenn aber die Menschen das tun werden, so wird das menschliche Geschlecht aussterben, es kann aber das Ideal des Menschengeschlechts nicht seine Vernichtung sein.« Aber abgesehen selbst davon, daß die Vernichtung des Menschengeschlechts für die Menschen unserer Welt kein neuer Begriff ist, daß sie vielmehr für die gläubigen Menschen ein Glaubenssatz, für die wissenschaftlich Denkenden die logische Folgerung der Beobachtungen über das Erkalten der Sonne ist, liegt in diesem Einwand ein großer, weit verbreiteter und alter Irrtum. Man sagt: »Wenn die Menschen das Ideal völliger Keuschheit erreichen, so vernichten sie sich, und darum kann dieses Ideal nicht das rechte sein.« Aber die so sprechen, vermengen absichtlich oder unabsichtlich zwei verschiedenartige Dinge – die Verhaltungsmaßregel und Vorschrift, und das Ideal.

Die Keuschheit ist nicht die Verhaltungsmaßregel oder Vorschrift, sondern das Ideal, oder, genauer, eine seiner Vorbedingungen.

Ein Ideal ist aber nur dann ein Ideal, wenn seine Verwirklichung nur in der Idee, nur gedacht möglich ist, wenn es sich als nur in der Unendlichkeit erreichbar darstellt und wenn daher die Möglichkeit, ihm näher zu kommen, eine unendliche ist. Wäre das Ideal nicht nur erreichbar, sondern könnten wir uns seine Verwirklichung vorstellen, so würde es aufhören, ein Ideal zu sein. Ein solches ist das Ideal Christi – die Begründung des Reiches Gottes auf Erden, ein Ideal, das schon die Propheten vorausgesagt haben: daß einst die Zeit kommen wird, da alle Menschen Gott erkennen, da sie ihre Schwerter zu Pflugscharen umschmieden, ihre Speere zu Sicheln, da der Löwe neben dem Lamm lagern wird und alle Wesen vereinigt sein werden in Liebe. Der ganze Sinn des menschlichen Lebens besteht in dem Streben in der Richtung dieses Ideals. Und daher schließt das Streben nach dem christlichen Ideal in seiner ungeteilten Ganzheit und nach der Keuschheit als einer der Vorbedingungen dieses Ideals nicht nur die Möglichkeit des Lebens nicht aus – im Gegenteil, der Mangel dieses christlichen Ideals würde die Möglichkeit eines Fortschreitens und folglich auch des Lebens zunichte machen.

Behauptungen wie die, das Menschengeschlecht würde aussterben, wenn die Menschen aus allen Kräften die Keuschheit anstrebten, hieße so viel, wie sagen (und man sagt es auch), das Menschengeschlecht müsse zugrunde gehen, wenn die Menschen an Stelle des Kampfes um das Dasein aus allen Kräften nach der Verwirklichung der Liebe zu den Freunden, zu den Feinden, zu allen Lebewesen streben wollten. Solche Behauptungen haben ihre Quelle darin, daß der Unterschied zweier Methoden sittlicher Leitung nicht begriffen wird.

Wie man dem Wanderer, der um Weisung bittet, auf zweierlei Art den Weg weisen kann, so gibt es auch zwei Arten sittlicher Wegweisung für den Wahrheit suchenden Menschen.

Die eine besteht darin, daß man dem Menschen die Gegenstände zeigt, welchen er begegnen muß, und er nimmt seine Richtung nach diesen Gegenständen.

Die zweite besteht darin, daß man dem Menschen nur die Richtung gibt nach dem Kompaß, den der Mensch mit sich führt und an dem er stets die eine unveränderliche Richtung sieht und daher auch jedes Mal weiß, wann er von ihr abweicht.

Die erste Methode der sittlichen Leitung ist die Methode der äußerlichen Aufstellung von Verhaltungsmaßregeln: Man gibt dem

Menschen bestimmte Weisungen für die Handlungen, die er zu tun und die er zu lassen hat.

»Halte den Sabbat, beschneide dich, stiehl nicht, trinke keine berauschenden Getränke, töte kein lebendes Wesen, gib den Armen den Zehenten, wasche dich und bete fünfmal am Tag, taufe dich, nimm das Abendmahl und dergl.« So lauten die Bestimmungen äußerlicher religiöser Lehren im Brahmanismus, im Buddhismus, im Islam, bei den Juden und in der Kirche, die man fälschlich die christliche nennt.

Die zweite Methode ist die Methode, dem Menschen eine ihm nie erreichbare Vollkommenheit zu zeigen, zu der er das Streben in sich fühlt. Man zeigt dem Menschen ein Ideal, und im Hinblick auf dieses kann er stets den Grad seiner Entfernung davon sehen.

»Liebe deinen Gott mit deinem ganzen Herzen, mit deiner ganzen Seele, mit deinem ganzen Vermögen, und deinen Nächsten wie dich selbst. – Seid vollkommen, wie euer Vater im Himmel vollkommen ist.«

So lautet die Lehre Christi.

Der Prüfstein für die Erfüllung der äußeren religiösen Lehren ist die Übereinstimmung der Handlungen mit den Verordnungen dieser Lehren, und diese Übereinstimmung ist möglich.

Der Prüfstein für die Erfüllung von Christi Lehre ist das Bewußtsein des Grades der Nichtübereinstimmung mit der idealen Vollkommenheit. (Der Grad der Annäherung ist nicht sichtbar; sichtbar ist nur die Abweichung von der Vollkommenheit.)

Wer das äußerliche Gebot bekennt, ist wie ein Mensch, der im Licht einer an einem Pfeiler hängenden Laterne steht. Er steht im Licht dieser Laterne, er hat es hell und braucht nicht weiterzugehen. Wer Christi Lehre bekennt, gleicht dem Menschen, der auf einer mehr oder minder langen Stange eine Laterne vor sich her trägt: Das Licht ist immer vor ihm, es lockt ihn stetig, ihm nachzufolgen, und läßt den Vorwärtsblickenden immer wieder eine neue, anziehende, beleuchtete Fläche sehen.

Der Pharisäer dankt Gott dafür, daß er alles erfüllt.

Der reiche Jüngling erfüllt auch alles von Kindheit an und begreift nicht, was ihm fehlen könnte. Und sie können nicht anders denken: Vor ihnen liegt nichts, dem sie fortdauernd nachstreben könnten. Der Zehnte wird gezahlt, der Sabbat gehalten, Vater und Mutter werden geehrt, Ehebruch, Mord, Diebstahl werden nicht verübt. Was will man mehr? Für den Bekenner der christlichen Lehre aber ruft die Erreichung jeder Stufe der Vollkommenheit das Bedürfnis des Übergangs zu einer höheren Stufe hervor, von der aus eine noch höhere sichtbar wird, und so ohne Ende. Der Bekenner des Gesetzes Christi ist immer in der Lage des Zöllners. Er fühlt sich immer unvollkommen, denn er sieht nicht hinter sich den Weg, den er zurückgelegt hat, sondern stets vor sich den Weg, den er zu gehen hat und den er noch nicht zurückgelegt.

Darin besteht der Unterschied der Lehre Christi von allen anderen religiösen Lehren – ein Unterschied, der nicht in der Verschiedenheit der Forderungen liegt, sondern in der Verschiedenheit der Methode der Leitung des Menschen.

Christus hat keinerlei Verordnungen für das Leben gegeben, er hat nie irgendwelche Einrichtungen begründet, er hat auch nie die Ehe eingesetzt. Aber die Menschen, welche die Besonderheiten der Lehre Christi nicht begriffen, haben sich, an äußerliche Lehren gewöhnt und von dem Wunsch beseelt, sich gerecht zu fühlen, wie sich der Pharisäer gerecht fühlt, dem ganzen Geist der Lehre Christi zuwider, aus ihren Buchstaben eine äußerliche Lehre, Vorschriften gemacht, die die kirchliche christliche Lehre genannt wird, und diese Lehre an die Stelle der wahren Christuslehre des Ideals gesetzt.

Die kirchlichen Lehren, die sich selbst christliche nennen, haben für alle Äußerungen des Lebens an Stelle der Lehre des Ideals Christi äußerliche Verordnungen und Vorschriften gesetzt, die dem Geist der Lehre widersprechen. Das ist in Bezug auf die Regierung, das Gericht, das Heer, die Kirche, den Gottesdienst geschehen, das ist auch in Bezug auf die Ehe geschehen. Obgleich Christus überhaupt nirgends die Ehe eingesetzt hat, ja, wollen wir schon einmal äußerliche Verordnungen finden, sie eher verworfen hat (»verlasse dein Weib und folge mir«), haben die kirchlichen Lehren, die sich selbst christliche nennen, die Ehe als eine christliche Einrichtung eingesetzt, d.h., sie haben die äußerlichen Bedingungen bestimmt, unter welchen die Geschlechtsliebe für den Christen ohne Sünde und völlig gesetzlich sein soll.

Da aber kam es, da in der wahren christlichen Lehre keinerlei Grundlagen zur Einsetzung der Ehe vorhanden sind, daß die Menschen unserer Welt sich von dem einen Ufer entfernt und das andere nicht erreicht haben, d.h., sie glauben im Grunde nicht an die kirchlichen Verordnungen der Ehe, denn sie fühlen, daß diese Einrichtung in der christlichen Lehre keine Begründung hat, und sehen gleichzeitig das Ideal Christi – das Streben zur völligen Keuschheit –, das durch die kirchliche Lehre verdeckt ist, nicht vor sich und bleiben so in Bezug auf die Ehe ohne jegliche Richtschnur. Daher rührt die anfänglich sonderbar anmutende Erscheinung, daß bei den Juden, den Mohammedanern, den Lamaisten und anderen, deren religiöse Lehren tief unter den christlichen stehen, die aber genaue äußerliche Verordnungen für die Ehe haben, die Grundlage der Familie und die Gattentreue unvergleichlich fester wurzelt als bei den so genannten Christen.

Bei ihnen gibt es Verordnungen über Kebsweiber, über Vielweiberei, über Vielmännerei, die in bestimmte Grenzen gebannt ist. Bei uns herrscht völlige Ungebundenheit, Kebsweiberei, Vielweiberei und Vielmännerei, die keiner Bestimmung unterliegen und sich hinter dem Schein einer eingebildeten Einehe verbergen.

Nur weil über einem Teil der Verbindungen die Geistlichkeit für Geld die bekannte Zeremonie vollzieht, die man kirchliche Eheschließung nennt, glauben die Menschen unserer Welt, harmlos oder heuchlerisch, sie lebten in der Einehe.

Eine christliche Ehe kann es nicht geben und hat es nie gegeben, wie es nie einen christlichen Gottesdienst gegeben hat und geben kann (Matth. 6, 5–12; Joh. 4, 12), wie es nie christliche Lehrer und Väter (Matth. 23, 8–10), nie christliches Eigentum, nie ein christliches Heer, ein christliches Gericht, einen christlichen Staat gegeben hat und geben kann.

Das war auch immer die Auffassung der Christen der ersten und der folgenden Jahrhunderte.

Das Ideal des Christen ist die Liebe zum Nächsten und zu Gott, ist die Selbstentäußerung im Dienst Gottes und des Nächsten. Die sinnliche Liebe, die Ehe, ist Dienst des eigenen Ichs, sie ist deshalb in jedem Fall ein Hindernis für den Dienst Gottes und der Menschen und darum vom christlichen Gesichtspunkt – Fall, Sünde.

Die Eheschließung kann den Dienst Gottes und der Menschen selbst in dem Fall nicht fördern, wenn die Eheschließenden die Fortsetzung des Menschengeschlechts zum Ziel hätten. Solche Menschen könnten, anstatt in die Ehe zu treten, zur Hervorbringung von Kinderleben weit leichter die Millionen Kinderleben erhalten und retten, die rings um uns her aus Mangel an mütterlicher Nahrung, von geistiger ganz zu schweigen, zugrunde gehen.

Nur in dem Fall könnte ein Christ ohne das Bewußtsein eines Falls, einer Sünde in die Ehe treten, wenn er sähe und wüßte, daß alle vorhandenen Kinderleben sichergestellt sind.

Man kann die Lehre Christi, die Lehre, von der unser ganzes Leben durchdrungen ist und auf der unsere ganze Sittlichkeit beruht, verwerfen, man kann aber, wenn man sie nicht verwirft, nicht leugnen, daß sie das Ideal der völligen Keuschheit lehrt.

Ist doch im Evangelium klar und ohne jede Möglichkeit einer falschen Auslegung gesagt, erstens: Der in der Ehe Lebende dürfe sich von seiner Ehefrau nicht scheiden, um eine andere zu freien, sondern müsse mit der leben, mit der er sich einmal vereinigt hat (Matth. 5, 31–32. 19. 8 ff.). Zweitens: Der Mensch im Allgemeinen, folglich der verehelichte wie der unverehelichte, darf das Weib nicht anschauen als einen Gegenstand der Begehrlichkeit (Matth. 5, 28–29).

Drittens: Es ist besser, daß der Unverehelichte überhaupt nicht eheliche, d.h. völlig keusch bleibe (Matth. 19, 10–12).

Hunderten und Tausenden werden diese Gedanken sonderbar, ja sogar widerspruchsvoll erscheinen.

Und sie sind auch wirklich voller Widerspruch, aber nicht untereinander; diese Gedanken sind vielmehr im Widerspruch mit unserem ganzen Leben; und unwillkürlich drängt sich uns die Erkenntnis auf, wer recht hat: diese Gedanken oder das Leben von Millionen Menschen und meines?

Eben dieses Gefühl empfand ich im stärksten Grad, als ich zu den Überzeugungen gelangte, die ich jetzt ausspreche: Ich habe nie erwartet, daß mein Gedankengang mich dahin führen würde, wohin er mich geführt hat. Ich erschrak über die eigenen Folgerungen; ich wollte ihnen keinen Glauben schenken, aber es war nicht möglich, ihnen nicht zu glauben. Und so sehr diese Folgerungen auch allen Formen unseres Lebens widersprechen, so sehr sie auch dem widersprechen, was ich vorher gedacht und sogar ausgesprochen habe, ich mußte sie anerkennen.

»Aber all dies sind allgemeine Betrachtungen, die auch richtig sein mögen, aber sie beziehen sich auf die Lehre Christi und sind für diejenigen bindend, die sie bekennen; aber Leben ist Leben, und man darf, nachdem man vorher auf das unerreichbare Ideal Christi hingewiesen hat, die Menschen in einer der brennendsten, allgemeinsten und unheilvollsten Fragen nicht mit diesem Ideal allein lassen ohne jegliche Richtschnur.«

»Der junge, leidenschaftliche Mann wird sich erst von dem Ideal hinreißen lassen, aber er wird nicht stark genug sein, er wird die Fessel von sich werfen, und keine Vorschrift beachtend und anerkennend, in völlige Ausschweifung verfallen!«

So hört man gewöhnlich urteilen.

»Christi Ideal ist unerreichbar, daher kann es uns nicht als Richtschnur für das Leben dienen; man kann von ihm sprechen, schwärmen, aber auf das Leben ist es nicht übertragbar, und darum muß man von ihm lassen. Wir brauchen nicht ein Ideal, sondern eine Verhaltungsmaßregel, eine Richtschnur, die unseren Kräften entspräche, dem Durchschnittsmaß der sittlichen Kräfte unserer Gesellschaft: die kirchliche, ehrbare Ehe, oder selbst eine nicht ganz ehrbare Ehe, bei welcher der eine von den Eheleuten, wie bei uns der Mann, schon mit vielen Frauen Beziehungen gehabt hat, oder doch eine Ehe mit der Möglichkeit der Scheidung, oder wenigstens eine bürgerliche Ehe, oder (immer auf demselben Weg weiter schreitend) wenigstens eine japanische auf Zeit. Warum dann aber nicht zu den geduldeten Häusern gelangen? – Man sagt, das sei besser als das Laster auf der Straße.«

Darin liegt ja das Unglück, daß, sobald man sich gestattet hat, das Ideal nach der eigenen Schwachheit herunterzusetzen, die Grenze nicht mehr zu finden ist, bei der man Halt macht. Diese Richtung ist von Anfang an eben falsch: Falsch vor allem ist es, daß das Ideal unendlicher Vollkommenheit nicht die Richtschnur für das Leben sein könnte und daß man, wenn man seinen Blick darauf richtet, mit der Achsel zucken müßte und sagen: Ich brauche es nicht, denn ich erreiche es doch nie, oder daß man das Ideal zu der Stufe herabdrücken müßte, auf welcher es meiner Schwachheit zu stehen beliebt.

So folgern hieße ganz so tun, wie wenn der Seefahrer sich sagte: Da ich nicht in der Linie fahren kann, die der Kompaß anzeigt, will ich den Kompaß hinauswerfen oder nicht mehr auf ihn achten, d.h., ich will das Ideal von mir werfen, oder den Zeiger im Kompaß an der Stelle befestigen, die im gegebenen Augenblick dem Lauf meines Kahns entsprechen wird, d.h., ich will das Ideal zu meiner Schwachheit heruntersetzen.

Das von Christus gegebene Ideal der Vollkommenheit ist kein Traumbild, auch kein Gegenstand hochtrabender Predigten, es ist vielmehr die unentbehrlichste, für alle faßbare Richtschnur des sittlichen Lebens der Menschen, wie der Kompaß das unentbehrlichste und faßbare Werkzeug der Anleitung für den Schiffer ist: Nur muß man an das eine wie an das andere glauben.

In welcher Lage der Mensch sich auch befinde, stets genügt die Lehre des Ideals, das Christus gegeben hat, um die richtigste Weisung für die Handlungen zu erhalten, die man zu tun oder zu lassen hat. Aber man muß dieser Lehre vollkommen Glauben schenken, dieser Lehre allein – man muß aufhören, an alle übrigen zu glauben, genau so, wie der Schiffer an den Kompaß glauben und aufhören muß, nach dem auszuschauen und sich von dem leiten zu lassen, was er um sich herum sieht. Man muß ebenso verstehen, sich von der christlichen Lehre leiten zu lassen, wie man verstehen muß, sich vom Kompaß leiten zu lassen, und darum muß man vor allem seine Lage begreifen und darf sich nicht scheuen, seine Abweichung von der gegebenen idealen Richtung genau zu bestimmen. Auf welcher Stufe der Mensch auch stehe, stets ist für ihn die Möglichkeit vorhanden, diesem Ideal näher zu kommen, und in keiner Lage kann er sagen, er habe es erreicht und brauchte nicht mehr nach einer größeren Annäherung zu streben. Solcherart ist das Streben des Menschen zu dem christlichen Ideal im Allgemeinen, und solcherart auch zur Keuschheit im besonderen. Stellt man sich bezüglich der Geschlechtsfrage die verschiedenartigsten Lagen der Menschen vor, von der unschuldigen Kindheit bis zu der Ehe, in der die Enthaltsamkeit nicht beobachtet wird, so wird auf jeder Stufe zwischen diesen beiden Lagen Christi Lehre mit dem von ihm aufgestellten Ideal stets als klare und bestimmte Richtschnur für das dienen, was der Mensch auf jeder von diesen Stufen zu tun und zu lassen hat.

Was hat der reine Jüngling, die reine Jungfrau zu tun?

Sich rein zu halten von Verführung und, um alle Gedanken dem Dienst Gottes und der Menschen widmen zu können, nach immer größerer und größerer Keuschheit der Gedanken und Wünsche zu streben.

Was hat der Jüngling und das Mädchen zu tun, die der Verführung unterlegen sind, die von Gedanken an eine Liebe ohne bestimmten Gegenstand oder an die Liebe zu einer bestimmten Person verzehrt werden und so einen gewissen Teil der Möglichkeit, Gott und den Menschen zu dienen, verloren haben?

Immer das gleiche: nicht dem Fall nachzugeben und zu wissen, daß solche Nachgiebigkeit nicht von der Verführung befreit, sondern sie nur verstärkt, und immer in gleicher Weise zu größerer und größerer Keuschheit zu streben, um die Möglichkeit eines besseren Dienstes an Gott und den Menschen zu erlangen.

Was haben die Menschen zu tun, wenn sie dem Kampf nicht gewachsen waren und gefallen sind?

Ihren Fall nicht wie einen rechtmäßigen Genuß anzusehen, wie sie es jetzt tun, wenn er durch die Zeremonie der Ehe gerechtfertigt wird, auch nicht wie auf ein zufälliges Vergnügen, das man mit anderen wiederholen kann, auch nicht wie auf ein Unglück, wenn der Fall mit einer Unebenbürtigen und ohne Zeremonie sich vollzieht, sondern diesen ersten Fall als den einzigen zu betrachten, als den Eintritt in eine unlösbare Ehe.

Dieser Eintritt in die Ehe weist, durch die Folge, die er mit sich bringt – die Geburt der Kinder –, den Eheschließenden eine neue, enger begrenzte Form des Dienstes an Gott und den Menschen zu. Vor der Ehe konnte der Mensch unmittelbar in den verschiedensten Formen Gott und den Menschen dienen, die Eheschließung beschränkt seine Wirksamkeit und stellt an ihn die Forderung der Aufziehung und Erziehung der aus der Ehe stammenden Nachkommenschaft, der zukünftigen Diener Gottes und der Menschen.

Was haben der Mann und die Frau zu tun, die in der Ehe leben und durch die Aufziehung und Erziehung der Kinder den beschränkten Dienst Gottes und der Menschen erfüllen, der sich aus ihrer Lage ergibt?

Immer das gleiche: gemeinsam nach der Befreiung von der Verführung zu streben, nach der Reinigung, nach der Vernichtung der Sünde durch einen Ersatz der Beziehungen, die dem allgemeinen und dem persönlichen Dienst Gottes und der Menschen hinderlich sind, einen Ersatz der sinnlichen Liebe durch die reinen Beziehungen von Bruder und Schwester.

Und darum ist es nicht wahr, daß wir uns von dem Ideal Christi nicht könnten leiten lassen, weil es so hoch, so vollkommen, so unerreichbar ist. Wir können uns nur deshalb von ihm nicht leiten lassen, weil wir uns selbst belügen, uns selbst betrügen.

Wenn wir sagen, wir müßten leichter erfüllbare Vorschriften haben als das Ideal Christi, weil wir anders, ohne das Ideal Christi zu erreichen, in Ausschweifung verfallen, so sagen wir nicht eigentlich, daß das Ideal Christi für uns viel zu hoch sei, sondern daß wir nicht daran glauben und unsere Handlungen nicht nach diesem Ideal bestimmen wollen. Wenn wir sagen, daß wir, einmal gefallen, in Ausschweifung versinken, so sagen wir damit doch nur, daß wir schon von vornherein darüber einig waren, daß der Fall mit einer Unebenbürtigen keine Sünde sei, sondern ein Zeitvertreib, ein Rausch, den man nicht unbedingt gutzumachen hat durch das, was wir Ehe nennen. Wenn wir aber begreifen würden, daß der Fall eine Sünde ist, die gesühnt werden muß und gesühnt werden kann nur durch die Unlösbarkeit der Ehe und durch die gesamte Tätigkeit, die sich aus der Erziehung der Kinder ergibt, die der Ehe entsprossen sind, so könnte der Fall nimmermehr die Ursache dazu werden, daß wir in Ausschweifung verfallen.

Ist es nicht ganz dasselbe, wie wenn der Ackersmann die Saat, die ihm nicht aufgeht, nicht als Saat betrachtete und an einer zweiten und dritten Stelle säete, und als wirkliche Saat nur diejenige betrachtete, die ihm aufgegangen ist? Ein solcher Mensch würde offenbar viel Boden und Samen vernichten und nie säen lernen.

Stellet nur als Ideal die Keuschheit hin, nehmet an, jeder Fall irgendeines Mannes mit irgendeiner Frau sei die einzige, für das ganze Leben unlösbare Ehe, so wird euch klar sein, daß die Richtschnur, die Christus gegeben hat, nicht nur eine genügende, sondern die einzig mögliche ist.

»Der Mensch ist schwach, man muß ihm seine Aufgabe nach seinen Kräften stellen«, sagt man. Das ist gerade so, als wollte man sagen: »Meine Hand ist schwach, ich kann keine Linie ziehen, die gerade, d.h. die kürzeste zwischen zwei Punkten wäre, und darum nehme ich mir, wenn ich eine gerade ziehen will, um es mir zu erleichtern, eine krumme oder gebrochene zum Vorbild.«

Je schwächer meine Hand, desto notwendiger ist mir ein vollkommenes Vorbild.

Wir dürfen, nachdem wir die christliche Lehre des Ideals kennengelernt haben, nicht so tun, als ob wir sie nicht kennen würden, und sie durch äußerliche Verordnungen ersetzen.

Die christliche Lehre des Ideals ist der Menschheit darum offenbart, weil sie ihr im gegenwärtigen Zeitalter die Richtschnur geben kann. Die Menschheit hat bereits die Periode der äußerlichen religiösen Verordnungen durchlebt, und niemand glaubt heute noch an sie.

Die christliche Lehre des Ideals ist die einzige Lehre, welche die Menschheit leiten kann. Wir können, wir dürfen das Ideal Christi nicht durch äußerliche Vorschriften ersetzen, wir müssen uns vielmehr dieses Ideal in seiner ganzen Reinheit fest vor Augen halten und vor allem: Wir müssen daran glauben.

Dem Schwimmer, der nicht weit vom Ufer entfernt war, konnte man sagen: »Halte dich an diese Anhöhe, an dieses Vorgebirge, an diesen Turm usw.«

Aber es kommt eine Zeit, da die Schwimmer sich vom Ufer entfernt haben, nun dürfen und können ihre Anleitung nur die unerreichbaren Himmelslichter und der Kompaß sein, der die Richtung zeigt. Eines wie das andere ward uns gegeben.

Den 24. April 1900

Herr und Knecht

I

Es war in den siebziger Jahren, an einem 7. Dezember, also am Tage nach St. Nikolaus. Im Kirchspiel war Feiertag, der Herbergswirt und Kaufmann zweiter Gilde Wasilij Andrejitsch Brechunow hatte das Dorf noch nicht verlassen können; denn zuerst hatte er in der Kirche anwesend sein müssen, da er Kirchenältester war, und dann hatte er nicht umhin gekonnt, in seinem Haus seine Verwandten und Bekannten zu empfangen und zu bewirten. Aber nun waren die letzten Gäste abgefahren, und Wasilij Andrejitsch machte sich bereit, sofort zu einem benachbarten Gutsbesitzer zu fahren, um diesem einen kleinen Wald abzukaufen, um den er schon lange gehandelt hatte. Wasilij Andrejitsch hatte es mit dieser Fahrt eilig, damit ihm nicht städtische Händler dieses vorteilhafte Geschäft wegschnappten. Der junge Gutsbesitzer forderte für den Wald nur aus dem Grund zehntausend Rubel, weil Wasilij Andrejitsch ihm siebentausend dafür geboten hatte. Diese siebentausend Rubel bildeten aber nur den dritten Teil des wirklichen Wertes des Waldes. Wasilij Andrejitsch hätte vielleicht noch länger um den Preis gefeilscht, da der Wald in seinem Bezirk lag und zwischen ihm und den anderen ländlichen Händlern des Kreises schon seit langer Zeit eine Abmachung bestand, nach welcher ein Händler in dem Bezirk eines anderen den Preis nicht in die Höhe treiben durfte; aber Wasilij Andrejitsch hatte erfahren, daß

Holzhändler aus der Gouvernementsstadt vorhätten, nach Goriatschkino zu fahren und um den Wald zu handeln, und so hatte er denn beschlossen, sofort selbst hinzufahren und die Sache mit dem Gutsbesitzer zum Abschluß zu bringen. Sowie ihn daher der Feiertag loskommen ließ, nahm er aus dem Kasten siebenhundert Rubel, die ihm gehörten, tat noch zweitausenddreihundert Rubel Kirchengelder, die er in Verwahrung hatte, dazu, so daß dreitausend Rubel herauskamen, zählte die ganze Summe sorgsam durch, steckte sie in seine Brieftasche und traf Anstalten zur Abfahrt.

Der Knecht Nikita, der einzige von Wasilij Andrejitschs Leuten, der an diesem Tag nicht betrunken war, ging hinaus, um anzuspannen. Der Grund, weswegen Nikita an diesem Tage nicht betrunken war, war der: Er war ein arger Trinker; aber seit Beginn der Fastentage, wo er die Jacke vom Leibe und seine Lederstiefel vertrunken hatte, hatte er das Trinken verschworen und nun schon seit mehr als einem Monat nicht mehr getrunken; auch jetzt hatte er nicht getrunken, trotz der starken Verführung, da überall an diesen beiden ersten Festtagen eine tüchtige Menge Branntwein konsumiert wurde.

Nikita war ein Bauer aus einem Nachbardorf und jetzt fünfzig Jahre alt; er war, wie man von ihm sagte, kein rechter Hauswirt und hatte den größten Teil seines Lebens nicht in seinem eigenen Haus, sondern bei anderen Leuten als Knecht verbracht, überall schätzte man ihn wegen seines Fleißes, seiner Geschicklichkeit und Arbeitskraft, ganz besonders aber wegen seines guten, freundlichen Wesens; aber nirgends blieb er lange im Dienst, weil er etwa zweimal im Jahre, mitunter auch häufiger, ins Trinken hineingeriet und dann nicht nur alles vertrank, was er auf dem Leib hatte, sondern auch händelsüchtig und gewalttätig wurde. Auch Wasilij Andrejitsch hatte ihn schon ein paarmal fortgejagt, ihn aber immer wiedergenommen, da Nikitas Ehrlichkeit, seine Liebe zu den Tieren und vor allem seine Anspruchslosigkeit bei ihm stark ins Gewicht fielen. Wasilij Andrejitsch zahlte ihm nicht achtzig Rubel, was der angemessene Lohn für einen solchen Knecht gewesen wäre, sondern vierzig Rubel, und diese verabfolgte er ihm ohne genaue Abrechnung, in kleinen Posten, und großenteils nicht in barem Gelde, sondern in Gestalt von hoch berechneten Waren aus seinem Laden.

Nikitas Frau, Marfa, die früher einmal ein hübsches, flinkes Weib gewesen war, wirtschaftete zu Hause mit einem halbwüchsigen Sohn und zwei Töchtern und forderte ihren Mann gar nicht dazu auf, zu Hause zu wohnen, erstens weil sie schon seit zwanzig Jahren mit einem aus einem fremden Dorf stammenden Böttcher zusammenlebte, der bei ihnen im Haus wohnte, und zweitens weil sie zwar mit ihrem Mann ganz nach ihrem Belieben umsprang, wenn er nüchtern war, aber eine Heidenangst vor ihm hatte, sobald er zu trinken anfing. Einmal, als Nikita sich zu Hause betrunken hatte, hatte er, wahrscheinlich um sich an seiner Frau für die Knechtung zu rächen, die er in nüchternem Zustande erlitt, ihre Truhe erbrochen, ihre besten Kleider hervorgeholt, das Beil genommen und alle ihre Röcke und Umhänge auf dem Hauklotz in kleine Stückchen zerhackt. Der gesamte Lohn, welchen Nikita verdiente, wurde seiner Frau ausgehändigt, und Nikita erhob dagegen keinen Widerspruch. So war Maria auch diesmal zwei Tage vor dem Fest zu Wasilij Andrejitsch gekommen, hatte sich von ihm Weizenmehl, Tee, Zucker und ein Achtel Branntwein, zusammen für ungefähr drei Rubel, sowie noch fünf Rubel in bar geben lassen und sich dafür wie für eine besondere Gnade bedankt, während doch Nikita, selbst bei niedrigster Berechnung, von Wasilij Andrejitsch zwanzig Rubel zu fordern hatte.

»Ich habe doch mit dir keinen förmlichen Vertrag gemacht«, pflegte Wasilij Andrejitsch zu Nikita zu sagen. »Wenn du etwas brauchst, so laß es dir von mir geben; du wirst es schon abarbeiten. Bei mir ist es nicht wie bei anderen Leuten, wo das Gesinde auf seinen Lohn bis zum Termin warten muß und dann peinlich gerechnet wird und Strafabzüge gemacht werden. Zwischen uns beiden geht es anständig zu: Du dienst mir, und ich lasse dich nicht im Stich.«

Wenn Wasilij Andrejitsch in dieser Weise redete, so war er der aufrichtigen Meinung, daß er Nikitas Wohltäter sei; so überzeugend wußte er zu reden und so eifrig bestärkten ihn alle Leute, die auf sein Geld angewiesen waren, Nikita voran, in der Überzeugung, er betrüge sie nicht, sondern sei ihr Wohltäter.

»Das sehe ich ja auch ein, Wasilij Andrejitsch, und ich meine, ich diene Ihnen so eifrig, wie wenn Sie mein leiblicher Vater wären. Ich sehe es sehr wohl ein«, antwortete Nikita, der sehr wohl einsah, daß Wasilij Andrejitsch ihn betrog, sich aber sagte, daß er keinen Versuch machen dürfe, seine Rechnung mit ihm klarzustellen, sondern, solange er keine andere Stelle habe, dableiben und nehmen müsse, was man ihm gebe.

Jetzt also, wo Nikita von dem Herrn den Befehl erhalten hatte anzuspannen, begab er sich vergnügt und willig wie immer mit seinem munteren, leichten, etwas watschelnden Gang nach dem Schuppen, nahm dort den schweren, mit einer Troddel geschmückten ledernen Zaum vom Nagel und ging, mit der Gebißkette klirrend, nach dem verschlossenen Stall, in dem für sich allein das Pferd stand, das Wasilij Andrejitsch anzuspannen befohlen hatte.

»Na, du langweilst dich wohl, Dummerchen?«, sagte Nikita als Antwort auf das leise begrüßende Gewieher, mit dem ihn der einzige Bewohner dieses Stalles empfing, ein mittelgroßer, wohlgebauter Hengst, mit etwas hängendem Hinterteil, dunkelbraun mit gelblichen Flecken am Maul, an den Füßen und in den Weichen. »Na, na! Nicht zu eilig, ich will dir erst zu saufen geben, Dummerchen!«, redete er zu dem Pferd, ganz so, wie man mit solchen Wesen redet, die die Worte verstehen, und nachdem er mit dem Schoß seines Pelzes den fetten, in der Mitte ausgekehlten, mit Staub bedeckten und zerfressenen Rücken des Hengstes abgewischt hatte, legte er ihm den Zaum um den hübschen, jugendlichen Kopf, wobei er ihm die Ohren und den Haarschopf freimachte, warf das Halfter herunter und führte das Tier zum Tränken.

Als der Braungelbe vorsichtig aus dem stark voll Mist liegenden Stalle herausgeschritten war, begann er zu spielen und schlug aus, indem er sich stellte, als wolle er mit dem Hinterfuß dem Knecht, der trabend mit ihm zum Ziehbrunnen lief, einen Schlag versetzen.

»Ei, wie übermütig, du Schelm!«, sagte Nikita zu ihm; er wußte recht wohl, daß der Braungelbe vorsichtig genug war, mit dem Hinterfuß nur so zu schlagen, daß er ihm den kurzen Schafpelz berührte, aber ihn nicht wirklich an den Körper traf. An diesem Kunststück des Hengstes hatte Nikita immer eine ganz besondere Freude.

Als das Pferd sich an dem kalten Wasser sattgetrunken hatte, holte es tief Atem, bewegte die nassen kräftigen Lippen, von deren Haarborsten durchsichtige Tropfen in den Trog zurückfielen, und stand ganz still wie in Gedanken; dann prustete es laut.

»Wenn du nicht mehr magst, brauchst du nicht; wir werden uns das merken; aber daß du nicht nachher mehr verlangst«, sagte Nikita, der in vollständigem Ernst und mit aller Gründlichkeit dem Braungelben sein Verfahren auseinandersetzte. Dann lief er wieder zum Schuppen, das muntere, junge Pferd, das mit den Hinterbeinen ausschlug und laut über den ganzen Hof schnaubte, am Zügel hinter sich her zerrend.

Von den Knechten war niemand da; Nikita erblickte nur einen Fremden, den Mann der Köchin, der für die Feiertage auf Besuch gekommen war.

»Geh doch mal hin, lieber Mann«, sagte Nikita zu ihm, »und frage den Herrn, welchen Schlitten ich anspannen soll, den großen breiten oder den kleinen.«

Der Mann der Köchin ging in das Haus mit dem Blechdach und dem hohen Fundament und kehrte bald mit der Nachricht zurück, daß der kleine Schlitten anzuspannen sei. Nikita hatte unterdessen dem Pferde schon das Kummet angelegt, das mit kleinen Nägeln beschlagene Rückenpolster festgebunden und ging nun, in der einen Hand das leichte, buntbemalte Krummholz tragend, mit der anderen das Pferd führend, zu den beiden Schlitten, die unter dem Schuppen standen. »Wenn er den kleinen will, mir ist es recht«, sagte er, führte das kluge Pferd in die Gabeldeichsel, das die ganze Zeit über tat, als ob es ihn beißen wolle, und begann mit Hilfe des Mannes der Köchin anzuspannen.

Als schon alles beinah fertig war und nur noch übrigblieb, die Leinen an den Zügeln zu befestigen, schickte Nikita den Mann der Köchin in den Schuppen hinein, um Stroh, und nach dem Speicher, um einen leeren groben Sack zu holen.

»So! Alles richtig! Na, na, tu nur nicht so üppig!«, sagte Nikita und stopfte das frisch ausgedroschene Haferstroh, das der Mann der Köchin gebracht hatte, in den Schlitten hinein. »Und nun gib mir da die Packleinwand her, so als Überzug, und obendrauf kommt der Sack. Siehst du wohl: so, und so; nun wird es sich gut darauf sitzen«, sagte er und führte dabei das aus, was er sagte, und stopfte den Sack über dem Stroh auf allen Seiten um den Sitz herum fest.

»So, nun danke ich dir auch schön, lieber Freund«, sagte Nikita zu dem Mann der Köchin. »Zu zweien geht es doch mit aller Arbeit besser.« Und nachdem er die ledernen, am verbundenen Ende mit einem Ring versehenen Lenkriemen in Ordnung gebracht hatte, setzte sich Nikita auf den Schlittenrand und lenkte das nach Bewegung verlangende brave Pferd über den mit gefrorenem Mist bedeckten Hof zum Tore.

»Onkel Nikita, Onkelchen, heda, Onkelchen!«, rief ihm mit feiner Stimme ein siebenjähriger Knabe nach, der eilig aus dem Hausflur auf den Hof herausgelaufen kam; er trug ein schwarzes Pelzröckchen, neue weiße Filzstiefel und eine warme Mütze. »Setz mich hinein!«, bat er und knöpfte sich im Gehen sein Pelzröckchen zu.

»Na, dann komm flink her, mein Junge«, sagte Nikita, hielt an, setzte das freudestrahlende Söhnchen seines Herrn in den Schlitten und fuhr auf die Straße hinaus.

Es war zwischen zwei und drei Uhr nachmittags, kalt, wohl zehn Grad, trübe und windig. Der halbe Himmel war von einer niedrig herabhängenden, dunkeln Wolke bedeckt. Auf dem Hof kam einem die Luft ruhig vor; aber auf der Straße blies ein scharfer Wind: Von dem Dach des danebenstehenden Schuppens stiebte der Schnee herunter, und an der Ecke beim Badehaus wirbelte er nur so. Kaum war Nikita herausgefahren und hatte das Pferd zur Haustür herumgewendet, als auch schon Wasilij Andrejitsch, eine Zigarette im Mund, den mit Tuch überzogenen Schafpelz tief unten mit einem breiten Gurt fest zusammengeschnallt, aus dem Flur auf die Stufen heraustrat, wo der festgetretene Schnee unter den Ledersohlen seiner Filzstiefel laut knirschte. Dort blieb er stehen, machte noch einen Zug aus seiner Zigarette, warf sie auf den Boden, zertrat sie, blies den Rauch durch den Schnurrbart heraus; und nach dem Pferde schielend, bog er zu beiden Seiten seines rotwangigen, mit Ausnahme des Schnurrbartes rasierten Gesichtes die Ecken des Kragens an seinem Schafpelz mit der Haarseite nach innen, damit das Pelzwerk nicht vom Atem feucht werde.

»Sieh mal an! So ein Racker; sitzt schon drin!«, sagte er, als er sein Söhnchen im Schlitten erblickte. Wasilij Andrejitsch war durch den Branntwein, den er mit seinen Gästen getrunken hatte, in angeregte Stimmung geraten und daher in noch höherem Grade als sonst mit allem, was ihm gehörte, und mit allem, was er tat, zufrieden. Der Anblick seines Sohnes, den er in Gedanken immer den »Erben« nannte, gewährte ihm ein großes Vergnügen. Er betrachtete ihn mit zusammengekniffenen Augen und die langen Zähne fletschend.

Wasilij Andrejitschs blasse, magere, schwangere Frau, den Kopf und die Schultern mit einem wollenen Tuche umwickelt, so daß nur ihre Augen zu sehen waren, gab ihm zu seiner Abfahrt das Geleite und stand hinter ihm im Hausflur.

»Wirklich, du solltest Nikita mitnehmen«, sagte sie und trat schüchtern aus der Tür heraus. Wasilij Andrejitsch, dem ihre Worte offenbar unangenehm waren, antwortete nichts, runzelte die Stirn und spuckte aus.

»Du hast eine große Geldsumme bei dir«, fuhr die Frau in demselben kläglichen Tone fort. »Und wenn nur nicht auch noch ein Unwetter kommt. Wirklich, du solltest es tun.«

»Ach was, kenne ich etwa den Weg nicht, daß ich durchaus einen Begleiter nötig hätte?«, erwiderte Wasilij Andrejitsch. Er sprach mit jener besonderen, gekünstelten Anstrengung der Lippen, mit der er gewöhnlich mit Verkäufern und Käufern redete, jede Silbe scharf betonend.

»Aber wirklich, du solltest ihn mitnehmen. Ich bitte dich um Gottes willen!«, sagte die Frau noch einmal und mummte sich auf der einen Seite noch dichter in ihr Tuch ein.

»Sie läßt doch nicht locker. Na, wo soll ich denn mit ihm hin?«

»Ich bin bereit, Wasilij Andrejitsch«, sagte Nikita fröhlich. »Nur müßten, wenn ich weg bin, die Pferde gefüttert werden«, fügte er, zu der Hausfrau gewendet, hinzu.

»Ich werde dafür sorgen, lieber Nikita; ich will Semion damit beauftragen«, antwortete die Hausfrau.

»Also wie ist's? Soll ich mitfahren, Wasilij Andrejitsch?«, fragte Nikita, auf die Entscheidung seines Herrn wartend.

»Ja, ich werde der Alten schon den Gefallen tun müssen. Aber wenn du mitfährst, mußt du dir vorher ein wärmeres Staatskleid anziehen«, erwiderte Wasilij Andrejitsch, wieder lächelnd, und blinzelte dabei mit dem einen Auge nach Nikitas Pelzjacke hin, die schmierig und verfilzt und unter den Achseln und am Rücken zerrissen und am Saume ausgefranst war; sie hatte offenbar schon viel durchmachen müssen.

»He, lieber Freund, komm doch mal heraus und halte das Pferd!«, rief Nikita nach dem Hof hinein dem Mann der Köchin zu.

»Ich werde es tun, ich werde es halten!«, sagte der Knabe, nahm seine frierenden, roten Händchen aus den Taschen und ergriff mit ihnen die kalten ledernen Lenkriemen.

»Verbrauche nur nicht zuviel Zeit dabei, dein Galakostüm anzulegen; beeile dich!«, rief Wasilij Andrejitsch seinem Knecht spöttisch zu.

»In einem Augenblicke bin ich wieder da, Väterchen Wasilij Andrejitsch«, antwortete Nikita, und mit einwärts gesetzten Fußspitzen in seinen geflickten, schmierigen Filzstiefeln hurtig dahinhuschend, rannte er auf den Hof und in die Gesindestube.

»Flink, liebe Arina, gib mir meinen Mantel vom Ofen herunter; ich muß mit dem Herrn wegfahren!«, rief Nikita, während er ins Zimmer hereingelaufen kam, und nahm seinen Gurt vom Nagel.

Die Köchin, die nach dem Mittagessen geschlafen hatte und jetzt gerade dabei war, den Samowar für ihren Mann zurechtzumachen, begrüßte den guten Nikita freundlich, und von seiner Eilfertigkeit angesteckt, rührte sie sich ebenso schnell wie er, langte vom Ofen seinen dort trocknenden, schlechten, abgetragenen Tuchmantel herunter, schüttelte ihn und machte ihn biegsam.

»Nun wirst du hier Raum genug haben, um den Feiertag mit deinem Mann vergnüglich zu verleben«, sagte Nikita zu der Köchin; denn aus gutmütiger Höflichkeit redete er immer ein bißchen mit jedem Menschen, mit dem er allein zusammen war. Dann legte er sich den schmalen, zusammengefilzten Gurt um, zog seinen an sich schon dünnen Bauch ganz in sich hinein und schnallte den Gurt über der Pelzjacke aus Leibeskräften zusammen.

»Siehst du, so!«, sagte er hierauf, nicht mehr zu der Köchin, sondern zu dem Gurt gewendet, und steckte dessen Ende unter. »Nun wirst du nicht aufgehen!« Er hob und senkte die Schultern, damit die Arme sich bequem bewegen könnten, zog hierauf den Mantel über, reckte wieder den Rücken, um den Armen Freiheit zu verschaffen, schlug sich unter die Achseln und langte sich seine Handschuhe von dem Wandbrett. »Na, nun ist alles in Ordnung.«

»Du solltest dir etwas anderes auf die Füße ziehen, Nikita Stepanytsch«, sagte die Köchin. »Deine Stiefel sind ganz löcherig.«

Nikita blieb stehen und schien zu überlegen.

»Das wäre eigentlich nötig … Na, es wird auch so gehen; es ist ja nicht weit!«

Damit lief er auf den Hof und auf die Straße.

»Wird es dir auch nicht zu kalt sein, lieber Nikita?«, fragte die Hausfrau, als er zu dem Schlitten kam.

»Kalt? Bewahre! Mir ist ganz warm«, antwortete Nikita, schob am Vorderende des Schlittens das Stroh zurecht, um sich damit die Füße zu bedecken, und steckte die bei einem so braven Pferd entbehrliche Peitsche ins Stroh hinein.

Wasilij Andrejitsch saß schon im Schlitten, dessen gebogenen hinteren Teil er fast ganz mit seinem in zwei Pelzen steckenden Rücken ausfüllte, und ergriff nun sofort die Leine und trieb das Pferd an, Nikita setzte sich, während der Schlitten schon fuhr, vorn links zurecht und steckte das eine Bein heraus.

II

Der brave Hengst zog unter leisem Knarren der Kufen den Schlitten an und schritt in munterem Gange auf der innerhalb der Ortschaft glattgefahrenen, gefrorenen Straße dahin.

»Wo hast du dich da aufgehockt? Gib mal die Peitsche her, Nikita!«, rief Wasilij Andrejitsch; er freute sich augenscheinlich über den Erben, der sich hinten auf die Kufen gekauert hatte. »Wart, ich will dich! Lauf zu deiner Mutter, du Schlingel!«

Der Knabe sprang ab. Der Braungelbe beschleunigte seinen Paßgang, schüttelte sich und ging in Trab über.

Das Dorf Kresty, zu dem Wasilij Andrejitschs Haus gehörte, bestand nur aus sechs Häusern. Sobald sie an dem letzten Hause, der Schmiede, vorbei waren, merkten sie sofort, daß der Wind weit stärker war, als sie geglaubt hatten. Vom Weg war fast gar nichts mehr zu sehen. Die Spur der Kufen wurde sofort wieder verweht, und man konnte den Weg nur daran unterscheiden, daß er höher war als das übrige Gelände, über das ganze Feld hin stürmte es, und die Linie, wo Erde und Himmel sich berühren, war schlechterdings nicht zu erkennen. Der Teliatiner Wald, der sonst immer so gut zu sehen war, erschien durch das Schneegestöber hindurch nur undeutlich als etwas Schwarzes. Der Wind blies von links; er trieb hartnäckig die

Mähne an dem drallen, wohlgenährten Hals des Braungelben nach der einen Seite, drückte sogar den aufgebundenen Schweif des Tieres seitwärts und preßte den langen Kragen an dem Mantel Nikitas, der auf der Windseite saß, gegen dessen Gesicht und Nase.

»Er kann nicht ordentlich zutraben wegen des Schneetreibens«, sagte Wasilij Andrejitsch, der auf sein gutes Pferd stolz war. »Ich bin einmal mit ihm nach Paschutino gefahren, da hat er mich in einer halben Stunde hingebracht.«

»Was?«, fragte Nikita, der, vom Kragen ganz zugedeckt, nicht gut hören konnte.

»Ich sage, ich bin mit ihm in einer halben Stunde nach Paschutino gefahren«, schrie Wasilij Andrejitsch.

»Das kann niemand bestreiten: es ist ein gutes Pferd«, erwiderte Nikita.

Sie schwiegen ein Weilchen. Aber Wasilij Andrejitsch hatte Lust, ein bißchen zu reden.

»Na, wie ist es? Du hast doch wohl deiner Frau verboten, dem Böttcher Schnaps zu geben?«, sagte Wasilij Andrejitsch ebenso laut; er war so fest davon überzeugt, daß Nikita sich geschmeichelt fühlen müsse, wenn er sich mit einem so bedeutenden, klugen Manne, wie er, unterhalten dürfe, und so zufrieden mit seinem eigenen Späßchen, daß es ihm gar nicht in den Sinn kam, dieses Gespräch könne seinem Knechte vielleicht unangenehm sein.

Nikita hatte wieder nicht verstanden, da der Wind den Ton der Worte seines Herrn weggetragen hatte.

Wasilij Andrejitsch wiederholte mit seiner lauten, deutlichen Stimme seinen Scherz über den Böttcher.

»Gott möge es ihnen verzeihen, Wasilij Andrejitsch; ich mische mich nicht in diese Sachen. Wenn sie nur meinem Jungen nichts zuleide tut; sonst mag sie machen, was sie will.«

»Da hast du recht«, antwortete Wasilij Andrejitsch. »Na, was meinst du? Willst du dir zum Frühjahr ein Pferd kaufen?«, fragte er, zu einem neuen Gegenstand übergehend.

»Das wird wohl nötig werden«, antwortete Nikita; er schlug den Kragen seines Mantels zurück und bog sich zu seinem Herrn hin.

Jetzt war das Gespräch für Nikita interessant geworden, und er hatte den Wunsch, alles zu verstehen.

»Der Junge ist nun herangewachsen und muß selbst pflügen; bisher haben wir immer einen Pflüger und ein Pferd gemietet«, sagte er.

»Weißt du was? Nehmt meinen Kreuzschwachen; ich werde euch einen billigen Preis machen«, rief Wasilij Andrejitsch. Er fühlte sich in angeregter Stimmung und verfiel infolgedessen auf seine Lieblingsbeschäftigung, der er seine gesamten Geisteskräfte widmete, auf den Handel.

»Sonst könnten Sie mir ja auch fünfzehn Rubel geben und ich kaufe mir ein Pferd auf dem Pferdemarkt«, antwortete Nikita, der recht wohl wußte, daß für den Kreuzschwachen, welchen Wasilij Andrejitsch an ihn loswerden wollte, sieben Rubel der richtige Preis war, Wasilij Andrejitsch aber, wenn er ihm dieses Pferd überließe, es ihm mit fünfundzwanzig Rubel anrechnen werde und er dann ein halbes Jahr lang von ihm kein Geld werde zu sehen bekommen.

»Es ist ein gutes Pferd. Ich meine es mit dir ebenso gut wie mit mir selbst. Auf mein Gewissen! Blechunow übervorteilt keinen Menschen. Lieber verliere ich selbst mein Hab und Gut, als daß ich es so machen sollte wie andere Leute. Auf Ehre!«, rief er in jenem ihm geläufigen Tone, in welchem er diejenigen, mit denen er als Käufer oder Verkäufer handelte, zu beschwatzen suchte. »Es ist ein tüchtiges Pferd.«

»Gewiß, gewiß«, sagte Nikita mit einem Seufzer, und in der Überzeugung, daß es keinen Zweck habe weiter zuzuhören, ließ er mit der Hand den Kragen los, der ihm sofort wieder das Ohr und das Gesicht bedeckte.

Etwa eine halbe Stunde lang fuhren sie schweigend. Der Wind blies bei Nikita an der Seite und am Arme da hindurch, wo der Pelz zerrissen war.

Er krümmte sich zusammen und atmete in den Kragen hinein, der ihm den Mund bedeckte, und es kam ihm vor, als ob dieser Hauch ihn erwärme.

»Nun, was meinst du? Wollen wir über Karamyschewo fahren oder geradeaus?«, fragte Wasilij Andrejitsch.

Über Karamyschewo ging die Fahrt auf einer vielbenutzten Landstraße, bei der zu beiden Seiten gute Merkstangen in zwei Reihen aufgestellt waren; aber es war weiter, der gerade Weg war näher, wenig befahren, und die Merkstangen waren teils nicht mehr vorhanden, teils in so üblem Zustande, daß sie nicht aus dem Schnee hervorragten.

Nikita überlegte einen Augenblick.

»Über Karamyschewo ist es ja weiter, aber der Weg ist besser befahren«, antwortete er.

»Aber geradeaus brauchen wir nur darauf zu achten, daß wir, ohne uns zu verirren, durch den Hohlweg kommen, und dann durch den Wald ist guter Weg«, erwiderte Wasilij Andrejitsch, welcher Lust hatte, geradeaus zu fahren.

»Wie Sie belieben«, antwortete Nikita und ließ den Kragen wieder los.

Wasilij Andrejitsch handelte demgemäß: eine halbe Werst weiter, bei einem im Wind hin und her wackelnden Eichenstämmchen, an dem noch hier und da trockene Blätter hafteten, bog er links ab.

Nach dieser Biegung hatten sie den Wind fast gerade entgegen.

Das Schneetreiben wurde dichter. Wasilij Andrejitsch lenkte das Pferd; er blähte die Backen auf und blies sich den Atem von unten in den Schnurrbart. Nikita war eingeduselt.

So fuhren sie etwa zehn Minuten schweigend. Plötzlich sagte Wasilij Andrejitsch etwas.

»Was?«, fragte Nikita und öffnete die Augen.

Wasilij Andrejitsch gab keine Antwort, sondern drehte und wendete sich und hielt Umschau, nach hinten und am Pferd vorbei nach vorn. Das Pferd, das von Schweiß an den Weichen und am Hals ganz kraus geworden war, ging Schritt.

»Was ist denn? Was ist denn?«, fragte Nikita von neuem.

»Ja, was ist denn, was ist denn?«, äffte Wasilij Andrejitsch ihm ärgerlich nach. »Es sind keine Merkstangen zu sehen! Wir müssen vom Weg abgekommen sein!«

»Dann halten Sie doch; ich will den Weg wieder suchen«, sagte Nikita. Er sprang behende aus dem Schlitten, zog die Peitsche aus dem Stroh heraus und ging nach links zu, nach der Seite, auf der er gesessen hatte.

Der Schnee lag in diesem Jahr nicht tief, so daß man überall gehen konnte; aber an einzelnen Stellen reichte er doch bis ans Knie und füllte von oben her einen Stiefel Nikitas voll. Nikita ging hin und her und tastete mit den Füßen und mit der Peitsche; aber ein Weg war nirgends.

»Nun, wie steht's?«, fragte Wasilij Andrejitsch, als Nikita wieder zum Schlitten herankam.

»Auf dieser Seite ist kein Weg. Ich muß nach der anderen Seite suchen gehen.«

»Da nach vorn zu ist etwas Schwärzliches; geh doch mal dahin und sieh zu«, sagte Wasilij Andrejitsch.

Nikita ging dorthin und näherte sich dem, was schwärzlich aussah: es war Erde, die von entblößten Wintersaatfeldern durch den Wind über den Schnee getrieben war und den Schnee schwarz gefärbt hatte. Nachdem Nikita dann auch noch auf der rechten Seite umhergegangen war, kehrte er zum Schlitten zurück, klopfte sich den Schnee ab, schüttelte ihn auch aus dem Stiefel und setzte sich wieder in den Schlitten.

»Wir müssen rechts fahren«, sagte er in entschiedenem Ton. »Vorher bekam ich den Wind in die linke Seite und jetzt gerade ins Gesicht. Fahren Sie nach rechts«, sagte er mit aller Bestimmtheit.

Wasilij Andrejitsch befolgte seine Weisung und hielt nach rechts. Aber auf einen Weg kamen sie dennoch nicht. So fuhren sie eine Zeitlang. Der Wind hatte nicht nachgelassen, und es schneite immer noch.

»Wir sind offenbar ganz und gar vom Weg abgekommen, Wasilij Andrejitsch«, sagte Nikita auf einmal, wie es schien, mit einer Art von Vergnügen. »Was ist das da?«, fuhr er fort und zeigte auf schwarzes Kartoffelkraut, das aus dem Schnee hervorragte.

Wasilij Andrejitsch hielt das Pferd an, das schon ganz in Schweiß geraten war und mit den Flanken heftig atmete.

»Was willst du damit?«, fragte er.

»Ich will sagen, daß wir auf dem Felde von Sacharowka sind. Nun seh mal einer, wohin wir geraten sind!«

»Quatsch!«, erwiderte Wasilij Andrejitsch.

»Das ist kein Quatsch, Wasilij Andrejitsch, sondern was ich sage, ist richtig«, antwortete Nikita. »Auch am Schlitten ist es zu hören, daß wir über ein Kartoffelfeld fahren; und da sind auch Haufen, da haben sie das Kartoffelkraut zusammengeworfen. Das ist das Feld, das zur Brennerei von Sacharowka gehört.«

»Ei ei, wohin haben wir uns verirrt!«, sagte Wasilij Andrejitsch. »Was sollen wir nun machen?«

»Wir müssen geradeaus fahren, weiter nichts; irgendwohin werden wir schon kommen«, erwiderte Nikita. »Kommen wir nicht nach Sacharowka, dann kommen wir nach der herrschaftlichen Meierei.«

Wasilij Andrejitsch gehorchte und ließ das Pferd gehen, wie es Nikita geheißen hatte. So fuhren sie ziemlich lange. Manchmal fuhren sie über entblößte Wintersaat, und der Schlitten stieß hart gegen gefrorene Erdklumpen. Dann wieder kamen sie auf Stoppelfeld, bald von Wintergetreide, bald von Sommergetreide, wo Beifußstauden und Strohhalme aus dem Schnee hervorragten und im Wind schwankten. Dann wieder kamen sie in tiefen, überall gleichmäßig weißen, eben daliegenden Schnee, aus dessen Oberfläche nichts mehr hervorschaute. Schnee rieselte von oben herab, und Schnee stiebte von unten auf. Manchmal glaubten sie bergauf, manchmal bergab zu fahren; bisweilen hatten sie die Vorstellung, als stünden sie still auf einem Fleck und das Schneefeld liefe neben ihnen vorbei. Beide schwiegen sie. Das Pferd war offenbar sehr ermattet, infolge des Schweißes am ganzen Leibe rauh geworden und von Reif bedeckt; es ging im Schritt. Plötzlich sank es ein und blieb in einer Vertiefung stecken, mochte dies nun eine vom Wasser ausgespülte Stelle oder ein Graben sein. Wasilij Andrejitsch wollte anhalten, aber Nikita schrie ihm zu:

»Wozu sollen wir halten? Sind wir hineingefahren, so müssen wir auch wieder herausfahren. Hü, mein lieber Freund, hü, hü, du lieber Kerl!«, rief er in heiterem Ton dem Pferde zu; er sprang aus dem Schlitten und sank selbst tief in die Höhlung hinein.

Das Pferd zog kräftig an und arbeitete sich sofort auf einen gefrorenen Damm hinauf. Augenscheinlich war es also ein von Menschenhand hergestellter Graben.

»Wo sind wir denn?«, fragte Wasilij Andrejitsch.

»Das werden wir schon erfahren!«, antwortete Nikita. »Fahren Sie nur einfach zu. Irgendwohin werden wir schon kommen.«

»Das wird da wohl der Wald von Goriatschkino sein?«, sagte Wasilij Andrejitsch und zeigte auf etwas Schwarzes, das vor ihnen durch den Schnee hindurch sichtbar wurde.

»Wenn wir herankommen, werden wir sehen, was das für ein Wald ist«, antwortete Nikita.

Nikita hatte bemerkt, daß aus der Gegend, wo sich dieser schwarze Gegenstand befand, trockene, längliche Weidenblätter vom Wind herübergetrieben wurden, und wußte daher, daß da kein Wald war, sondern menschliche Wohnungen; aber er wollte es nicht sagen. Und wirklich waren sie nach dem Graben noch nicht dreißig Schritte weitergefahren, als sie zweifellos dunkle Bäume vor sich hatten und ein neues, melancholisches Geräusch vernahmen. Nikita hatte richtig vermutet: es war kein Wald, sondern eine Reihe hoher Weidenbäume, an denen noch hier und da Blätter im Wind raschelten. Die Weidenbäume waren augenscheinlich an dem Graben, der eine Tenne umgab, gepflanzt.

Als sie sich den Bäumen näherten, die im Wind so schwermütige Töne von sich gaben, hob sich das Pferd auf einmal mit den Vorderfüßen über die Höhe des Schlittens hinaus, arbeitete sich dann auch mit den Hinterfüßen hinauf und ging nun nicht mehr bis an die Knie im Schnee. Das war ein Fahrweg.

»Da sind wir nun glücklich angekommen«, sagte Nikita. »Ich weiß bloß nicht, wo wir sind.«

Das Pferd schritt auf dem verschneiten Fahrweg, ohne von ihm abzukommen, dahin, und sie waren auf ihm noch nicht hundert Schritte weit gefahren, als sie wie eine dunkle Masse das Flechtwerk einer Getreidedarre vor sich hatten, von der unaufhörlich Schnee herunterrieselte. Als sie an der Darre vorbei waren, machte der Weg eine Biegung, so daß sie nun den Wind hinter sich hatten, und sie fuhren in eine Schneewehe hinein. Aber darüber hinaus sahen sie vor sich eine Gasse zwischen zwei Häusern, so daß offenbar die Schneewehe auf dem Fahrwege zusammengeweht war und sie hindurchfahren mußten. Und wirklich kamen sie, sobald sie durch die Schneewehe hindurch waren, in die Dorfstraße. Auf dem ersten Gehöft flatterte steifgefrorene Wäsche, die an einer Leine aufgehängt war, wild im Wind: zwei Hemden, ein rotes und ein weißes, eine Hose, Fußlappen und ein Weiberrock. Das weiße Hemd bewegte sich besonders wild und schlug, an den Ärmeln festgesteckt, heftig umher.

»Na, das muß ein faules Weib sein, wenn sie nicht etwa im Sterben liegt; hat die Wäsche zum Fest nicht abgenommen!«, sagte Nikita beim Anblick der flatternden Hemden.

III

Am Anfang der Dorfstraße war es noch windig, und der Weg war verschneit, aber in der Mitte des Dorfes wurde es still, warm und angenehm. Auf einem Gehöfte bellte ein Hund; bei einem anderen kam eine Frau, die sich den Rock über den Kopf geschlagen hatte, von irgendwo hergelaufen und blieb, als sie in die Haustür trat, auf der Schwelle stehen, um nach den Vorbeifahrenden hinzusehen. Aus der Mitte des Dorfes hörte man Mädchen Lieder singen. Wind und Schnee und Kälte, alles schien in dem Dorfe gelinder zu ein.

»Das ist ja Grischkino«, sagte Wasilij Andrejitsch.

»Ja, das stimmt«, antwortete Nikita.

Und es war auch wirklich Grischkino. Es stellte sich also heraus, daß sie zu weit nach links geraten und ungefähr acht Werst in falscher Richtung gefahren, dabei aber doch ihrem Bestimmungsorte näher gekommen waren. Von Grischkino nach Goriatschkino waren noch etwa fünf Werst.

In der Mitte des Dorfes stießen sie auf einen hochgewachsenen Mann, der mitten auf der Straße ging.

»Wer kommt denn da angefahren?«, schrie der Mann, hielt das Pferd an, faßte, sobald er Wasilij Andrejitsch erkannte, sofort nach der Gabeldeichsel, griff an ihr mit den Händen weiter, gelangte so zum Schlitten und setzte sich auf den Rand.

Es war ein Bauer namens Isai, den Wasilij Andrejitsch kannte; in der ganzen Umgegend war er als der größte Pferdedieb berüchtigt.

»Ah, Wasilij Andrejitsch! Wohin geht denn die Reise?«, fragte Isai und hüllte beim Reden Nikita in eine Wolke von Branntweinduft ein.

»Wir wollen nach Goriatschkino.«

»Wie kommt ihr denn dann hierher? Da hättet ihr doch über Malachowo fahren sollen.«

»Das hätten wir freilich sollen, aber wir haben den Weg verfehlt«, antwortete Wasilij Andrejitsch und hielt das Pferd an.

»Ein hübsches Pferdchen«, bemerkte Isai, das Pferd musternd, und zog ihm an dem aufgebundenen Schwanze den locker gewordenen Knoten mit wohlgeübtem Griffe bis ganz an die Rübe hinauf.

»Da wollt ihr wohl hier über Nacht bleiben, wie?«

»Nein, lieber Freund, wir müssen notwendig weiterfahren.«

»Ihr müßt es wohl sehr eilig haben. Und wer ist denn das hier? Ah! Nikita Stepanowitsch!«

»Wer denn sonst?«, erwiderte Nikita. »Aber was haben wir zu tun, lieber Mann, damit wir uns nicht noch einmal verirren?«

»Wie könnt ihr euch hier verirren! Wendet um und fahrt geradeaus auf der Dorfstraße zurück, und dann, wenn ihr hinauskommt, immer geradeaus. Nicht links. So kommt ihr an die große Landstraße; und von der müßt ihr dann links abbiegen.«

»Und wo ist die Stelle, wo man von der großen Landstraße abbiegen muß? Ist es ein unbezeichneter Sommerweg oder ein bezeichneter Winterweg?«, fragte Nikita.

»Winterweg, Winterweg. Gleich wenn ihr hinkommt, sind da Sträuche, und gegenüber von den Sträuchen steht noch eine große, eichene Merkstange mit Laub daran; da ist es.«

Wasilij Andrejitsch wendete um und fuhr wieder durch die Ortschaft zurück.

»Sonst bleibt doch lieber hier über Nacht!«, rief ihnen Isai nach.

Aber Wasilij Andrejitsch gab ihm keine Antwort, sondern trieb das Pferd an: fünf Werst ebenen Weges und davon zwei durch Wald, die hoffte er mit Leichtigkeit zurücklegen zu können, um so mehr da, wie es schien, der Wind sich gelegt und das Schneetreiben nachgelassen hatte.

Sie fuhren wieder auf der glattgefahrenen Straße zurück, auf welcher hier und da frischer Mist dunkle Flecke bildete, kamen bei dem Gehöft mit der Wäsche vorbei, wo inzwischen das weiße Hemd sich zum Teil losgerissen hatte und nur noch an dem einen steifgefrorenen Ärmel hing, fuhren wieder hinaus zu den unheimlich raschelnden Weidenbäumen und gelangten wieder auf das freie Feld. Das Schneetreiben hatte nicht nachgelassen, sondern schien noch heftiger geworden zu sein. Der ganze Weg war verschneit, und nur an den Merkstangen konnte man erkennen, daß man nicht von ihm abgekommen war. Aber auch die Merkstangen auf der vor ihm liegenden Wegstrecke zu unterscheiden war für Wasilij Andrejitsch sehr schwierig, weil sie gegen den Wind fuhren.

Wasilij Andrejitsch kniff die Augen zusammen, beugte den Kopf nach vorn und hielt Ausschau nach den Stangen; großenteils aber ließ er das Pferd gewähren, da er zu dessen Klugheit viel Vertrauen hatte. Und wirklich kam das Pferd nicht vom Weg ab, sondern ging, bald nach rechts, bald nach links biegend, unbeirrt weiter, immer den Krümmungen des Weges folgend, den es unter den Füßen fühlte. Auf diese Art sahen sie fortwährend die Merkstangen, bald zur Rechten, bald zur Linken, obgleich der Schneefall und der Wind stärker geworden waren.

So waren sie etwa zehn Minuten gefahren, als sich plötzlich gerade vor dem Pferd etwas Schwarzes zeigte, das sich in dem schrägen Netzwerk des vom Winde getriebenen Schnees bewegte. Das waren Leute, die nach derselben Richtung fuhren. Der Braungelbe hatte sie bald eingeholt und schlug mit den Füßen gegen die Rücklehne des vor ihnen fahrenden Schlittens.

»Fahrt doch vorbei! … he! … fahrt doch vor!« wurde ihnen aus dem Schlitten zugerufen.

Wasilij Andrejitsch begann vorbeizufahren. In dem Schlitten saßen drei Bauern und ein Weib. Offenbar waren sie auf der Heimfahrt von einem Festbesuche. Einer der Bauern schlug mit einer Gerte das kleine Pferdchen fortwährend auf das Hinterteil. Die beiden anderen, die gleichfalls vorn im Schlitten saßen, fuchtelten erregt mit den Armen und schrien etwas. Die Frau, ganz vermummt und mit Schnee bedeckt, saß still im Hinterteil des Schlittens, wie ein Vogel, der seine Federn sträubt.

»Wo seid ihr her?«, schrie Wasilij Andrejitsch.

»Aus A… a… a…!«, war nur zu hören.

»Wo ihr her seid, frage ich.«

»Aus A… a… a…!«, schrie einer der Bauern aus Leibeskräften; aber trotzdem war es unmöglich, den Namen des Dorfes zu verstehen.

»Vorwärts! Laß sie nicht vor!«, schrie der andere und schlug mit der Gerte unermüdlich auf das Pferd los.

»Kommt wohl vom Fest?«

»Vorwärts, vorwärts! Hau zu, Semion! Fahr ihnen vor! Hau zu!«

Die Schlitten stießen mit den Flügeln aneinander, verfingen sich beinahe, kamen aber doch wieder los, und der Bauernschlitten blieb zurück.

Das zottige, dickbauchige Pferdchen, das ganz mit Schnee bedeckt war und unter dem niedrigen Krummholz schwer keuchte, schleppte sich augenscheinlich unter Aufbietung seiner letzten Kräfte mit den kurzen Beinen, die es ganz unter den Leib zog, durch den tiefen Schnee, nur darauf bedacht, den Schlägen der Gerte zu entgehen. Der Kopf des offenbar noch jungen Tieres, mit hinaufgezogener Unterlippe wie bei einem Fisch, mit weit geöffneten Nüstern und angstvoll zurückgelegten Ohren, hielt sich einige Sekunden lang neben Nikitas Schulter und begann dann zurückzubleiben.

»Was doch der Branntwein tut«, sagte Nikita. »Ganz zuschanden gequält haben sie das Pferdchen. Die reinen Barbaren!«

Einige Minuten lang war noch das Schnaufen des gequälten Pferdes und das Geschrei der betrunkenen Bauern zu hören; dann wurde das Schnaufen still, und darauf verstummte auch das Geschrei. Und nun hörten sie wieder ringsum nichts weiter als den an ihren Ohren vorbeipfeifenden Wind und ab und zu das leise Knarren der Kufen an kahlgewehten Stellen des Weges.

Diese Begegnung hatte auf Wasilij Andrejitsch ermunternd und ermutigend gewirkt, und er trieb das Pferd, auf das er sich verließ, dreister an, ohne mehr besonders auf die Merkstangen achtzugeben.

Nikita hatte nichts zu tun und versank wie immer bei solchen Gelegenheiten in Halbschlummer, um den versäumten Schlaf vieler Stunden nachzuholen. Auf einmal blieb das Pferd stehen; Nikita hackte mit der Nase nach vorn und wäre beinahe hinausgefallen.

»Wir fahren ja schon wieder falsch«, sagte Wasilij Andrejitsch.

»Was?«

»Es sind keine Merkstangen zu sehen. Wir müssen wieder vom Weg abgekommen sein.«

»Wenn wir vom Weg abgekommen sind, müssen wir ihn wieder suchen«, antwortete Nikita kurz, stand auf und begann wieder, mit seinen einwärts gedrehten Füßen behend ausschreitend, durch den Schnee zu wandern. Lange ging er so hin und her, indem er bald aus dem Gesichtskreis verschwand, bald wieder auftauchte und wieder verschwand; endlich kehrte er zurück.

»Da ist kein Weg; vielleicht weiter nach vorn«, sagte er und setzte sich auf den Schlitten.

Es fing schon an, merklich dunkel zu werden. Das Schneetreiben hatte nicht zugenommen, aber sich auch nicht verringert.

»Wenn wir doch wenigstens die Bauern hörten, die wir vorhin trafen«, sagte Wasilij Andrejitsch.

»Die haben uns nicht eingeholt; also müssen wir weit vom Weg abgekommen sein. Aber vielleicht haben die sich auch selbst verirrt«, bemerkte Nikita.

»Wohin sollen wir denn nun fahren?«, fragte Wasilij Andrejitsch.

»Wir müssen dem Pferd seinen eigenen Willen lassen«, antwortete Nikita. »Es wird uns schon irgendwohin bringen. Geben Sie mir die Leine.«

Wasilij Andrejitsch überließ ihm die Leine um so lieber, als ihm die Hände trotz der warmen Handschuhe zu frieren begannen.

Nikita nahm die Leine; er hielt sie nur, vermied es aber, sie zu bewegen, und freute sich über die Klugheit seines Lieblings. In der Tat machte das kluge Pferd, das bald das eine, bald das andere Ohr bald nach der einen, bald nach der anderen Seite hin drehte, allmählich mit dem Schlitten eine Wendung.

»Nur nicht reden!«, murmelte Nikita ab und zu. »Sehen Sie nur, was er tut. Geh nur, geh nur; wirst es schon finden. So ist's richtig, so ist's richtig.«

Sie bekamen jetzt den Wind in den Rücken; es wurde wärmer.

»Und klug ist er«, fuhr Nikita fort sich über das Pferd zu freuen. »Unser junger ›Kirgise‹ ist ja stark, aber nur dumm. Aber dieser, sehen Sie bloß, was er mit den Ohren anstellt. Der braucht keinen Telegraphen; eine Werst weit spürt er alles.«

Und es war noch keine halbe Stunde vergangen, als vor ihnen wirklich eine dunkle Masse, ein Wald oder ein Dorf, auftauchte und rechter Hand wieder Merkstangen sichtbar wurden. Offenbar waren sie wieder auf einen Weg gekommen.

»Das ist ja wieder Grischkino«, rief auf einmal Nikita.

Wirklich, jetzt stand da links von ihnen jene selbe Getreidedarre, von der der Schnee herunterstiebte, und weiterhin kam dieselbe Leine mit der steif gefrorenen Wäsche, den Hemden und der Hose, die noch immer ebenso wild im Winde flatterten.

Wieder fuhren sie in die Dorfstraße hinein, wieder wurde es still, warm und angenehm, wieder sahen sie den frischen Mist auf dem Weg, wieder hörten sie Stimmen und Lieder, wieder fing der Hund an zu bellen. Es war schon so dunkel geworden, daß hinter einigen Fenstern Licht angezündet war.

In der Mitte der Dorfstraße lenkte Wasilij Andrejitsch das Pferd zu einem großen, zweistöckigen Hause aus Backstein und hielt es vor dem Tore an.

»Ruf doch mal Taras heraus«, sagte er zu Nikita.

Nikita trat an das stark verschneite, erleuchtete Fenster, in dessen Schein die vorbeiflatternden Schneeflocken glänzten, und klopfte mit dem Peitschenstiel an.

»Wer ist da?«, antwortete eine Stimme auf Nikitas Pochen.

»Aus Kresty, lieber Mann; Brechunow und sein Knecht«, antwortete Nikita. »Komm doch mal auf einen Augenblick heraus.«

Der Mann drinnen trat vom Fenster zurück, und gleich darauf hörte man, wie die Tür nach dem Flur geöffnet wurde und wie dann die Klinke der Außentür knackte; die Tür wegen des Windes festhaltend, trat ein alter, weißbärtiger Bauer heraus, mit hoher Mütze, einen Pelz über das weiße Feiertagshemd geworfen; hinter ihm stand ein junger Bursche in rotem Hemd, mit Lederstiefeln.

»Bist du es, Wasilij Andrejitsch?«, sagte der Alte.

»Wir haben den Weg verfehlt, Bruder«, sagte Wasilij Andrejitsch. »Wir wollten nach Goriatschkino und gerieten hierher zu euch. Dann fuhren wir wieder los und haben uns noch einmal verirrt.«

»Ei, ei, da seid ihr ja arg in der Irre gefahren«, erwiderte der Alte. »Peter, geh und mach das Tor auf«, wandte er sich an den jungen Burschen im roten Hemd.

»Schön! Gleich!«, antwortete dieser in munterem Ton und lief in den Hausflur.

»Über Nacht bleiben wollen wir nicht, Bruder«, sagte Wasilij Andrejitsch.

»Wohin wollt ihr denn jetzt noch fahren? Es ist ja schon Nacht. Übernachtet doch hier.«

»Das würde ich gern tun; aber ich muß fahren. Ich habe wichtige Geschäfte. Es geht nichts anders.«

»Nun, dann wärme dich wenigstens auf; der Samowar ist gerade fertig«, sagte der Alte.

»Sich ein bißchen aufwärmen, das könnte man schon tun«, erwiderte Wasilij Andrejitsch. »Dunkler wird es nicht werden; im Gegenteil, sobald der Mond aufgeht, wird es heller. Komm, Nikita, wir wollen hineingehen und uns aufwärmen.«

»Schön, das können wir ja«, antwortete Nikita, der arg durchgefroren war und nichts lieber wünschte, als seine erstarrten Glieder am Ofen zu erwärmen.

Wasilij Andrejitsch ging mit dem Alten in das Haus hinein, Nikita aber fuhr durch das von Peter geöffnete Tor und brachte nach dessen Anweisung das Pferd unter das Schutzdach des Schuppens. Unten auf dem Boden lag viel Mist, und das hohe Krummholz stieß oben gegen die Querstange. Die Hühner mit ihrem Hahn, die sich bereits auf die Querstange gesetzt hatten, fingen unzufrieden an zu gackern und klammerten sich mit den Krallen fester an die Querstange. Die geängstigten Schafe drängten sich in dichtem Haufen zur Seite; ihre hornigen Klauen klapperten laut auf dem gefrorenen Miste. Ein Hund, offenbar ein noch junges Tier, stieß zunächst ein entsetztes Gewinsel aus und bellte dann in seinem Schreck und Ingrimm den fremden Eindringling heftig an.

Nikita redete mit allen: er entschuldigte sich bei den Hühnern und suchte sie durch die Versicherung zu beruhigen, daß er sie nicht weiter belästigen werde; er machte den Schafen Vorwürfe, daß sie sich fürchteten, ohne selbst zu wissen wovor, und redete, während er das Pferd festband, unaufhörlich dem jungen Hunde ins Gewissen.

»So, jetzt wird es in Ordnung sein«, sagte Nikita und klopfte nun den Schnee von seinem eigenen Leibe ab. »Aber was er für einen Spektakel macht!«, fügte er mit Bezug auf den Hund hinzu. »Höre doch auf! Genug … dummer Kerl. Genug. Regst dich bloß auf«, sagte er. »Es find ja keine Diebe; gute Bekannte …«

»Das sind, wie man so sagt, die drei häuslichen Ratgeber«, sagte der junge Bursche und schob mit kräftigen Armen den noch draußen stehenden Schlitten unter das Schutzdach.

»Was heißt das: Ratgeber?«, fragte Nikita.

»So steht im Paulson gedruckt: Schleicht ein Dieb zum Hause, so bellt der Hund; das bedeutet: schlaf nicht, paß auf. Der Hahn kräht; das bedeutet: steh auf. Die Katze wäscht sich; das bedeutet: ein werter Gast kommt, mach dich bereit, ihn zu bewirten«, sagte der junge Bursche lächelnd her.

Peter konnte lesen und schreiben, wußte das einzige Buch, das er besaß, das Lesebuch von Paulson, beinah auswendig und zitierte, namentlich wenn er, wie an diesem Tage, etwas getrunken hatte, gern daraus Denksprüche, die ihm zu der Gelegenheit zu passen schienen.

»Das stimmt«, erwiderte Nikita.

»Du bist wohl tüchtig durchgefroren, Onkelchen?«, fragte Peter.

»Ja freilich«, antwortete Nikita. Sie gingen über den Hof und durch den Flur in die Stube.

IV

Die Bauernwirtschaft, in welcher Wasilij Andrejitsch eingekehrt war, war eine der reichsten im Dorf. Die Familie hatte fünf ihr zugewiesene Landparzellen inne und pachtete außerdem noch Land dazu. In der Wirtschaft waren sechs Pferde, drei Kühe, zwei Kälber und gegen zwanzig Schafe. Die Zahl der Familienmitglieder, die zu der Wirtschaft gehörten, belief sich im ganzen auf zweiundzwanzig: vier verheiratete Söhne, sechs Enkel, von denen einer, Peter, schon verheiratet war, zwei Urenkel, drei Waisen und vier Schwiegertöchter mit kleinen Kindern. Es war eine der seltenen Wirtschaften, die noch ungeteilt geblieben waren; aber auch hier war im Innern schon längst die stille Wühlarbeit der Zwietracht im Gange, die, wie immer, unter den Weibern ihren Anfang genommen hatte und unvermeidlich in Bälde zur Teilung führen mußte. Zwei Söhne lebten in Moskau als Wasserfahrer, einer war Soldat. Zu Hause waren jetzt der Alte, seine Frau, der in der Wirtschaft tätige zweite Sohn und der älteste Sohn, der aus Moskau zu den Feiertagen auf Besuch gekommen war, ferner Peter sowie Weiber und Kinder. Außer den Familienangehörigen war noch ein Gast da, der Nachbar und Gevatter.

In der Stube hing über dem Tisch eine Lampe mit einem Schutzschirm darüber und warf ihr helles Licht auf das darunterstehende Teegeschirr, die Flasche mit Schnaps, die kalten Speisen, sowie auf die mit Ziegeln bekleideten Wände, die in der Ehrenecke mit Heiligenbildern und zu beiden Seiten mit anderen Bildern behängt waren. Auf dem Ehrenplatz am Tisch saß, nur im schwarzen Halbpelz, Wasilij Andrejitsch, der an seinem gefrorenen Schnurrbart sog und mit seinen hervorstehenden Habichtsaugen die anwesenden Leute und die Stube musterte. Außer Wasilij Andrejitsch saß am Tische der weißbärtige, kahlköpfige alte Hausherr in weißem, hausgewebtem Hemd, neben ihm der aus Moskau zu den Feiertagen gekommene Sohn, mit kräftigem Rücken und starken Schultern, in einem feinen Kattunhemd, ferner jener andere Sohn, der breitschultrige älteste

Bruder, der im Haus die Wirtschaft führte, und endlich der hagere, rothaarige Nachbar.

Die Männer, die bereits gegessen und Branntwein dazu getrunken hatten, wollten gerade zum Tee übergehen, und der Samowar, der beim Ofen auf dem Fußboden stand, summte bereits. Auf den Schlafgelüsten und auf dem Ofen lag eine Anzahl von Kindern. Auf einer Pritsche saß, über eine Wiege gebeugt, ein Weib. Die alte Hausfrau, deren Gesicht nach allen Richtungen hin von kleinen Fältchen überzogen war, durch die sogar ihre Lippen gerunzelt waren, versorgte Wasilij Andrejitsch mit Speise und Trank.

In dem Augenblick, als Nikita in die Stube trat, hatte sie gerade einen Becher aus sehr dickem Glase mit Branntwein gefüllt und reichte ihn Wasilij Andrejitsch.

»Nimm fürlieb, Wasilij Andrejitsch«, sagte die Alte. »Das geht schon nicht anders: dem Feiertag zu Ehren muß man ein Gläschen trinken.«

Der Anblick und der Geruch des Branntweins, namentlich jetzt, wo er durchgefroren und ermattet war, versetzten Nikita in starke Erregung. Er machte ein finsteres Gesicht, schüttelte sich den Schnee von der Mütze und vom Mantel ab, trat vor die Heiligenbilder und bekreuzte und verbeugte sich dreimal vor ihnen, als ob er keinen der im Zimmer Anwesenden überhaupt gewahr würde; dann erst wandte er sich zu dem alten Hauswirt, verbeugte sich zuerst vor ihm, dann vor allen übrigen, die am Tisch saßen, dann vor den am Ofen stehenden Weibern, und nachdem er gesagt hatte: »Ich wünsche Glück zum Feiertag«, begann er, ohne nach dem Tisch hinzublicken, seinen Mantel auszuziehen.

»Na, du bist aber mal gut bereift, Onkel«, sagte der älteste Sohn mit einem Blick auf Nikitas Gesicht, Augen und Bart, die ganz mit Schnee gepudert waren. Nikita legte den Mantel ab, schüttelte ihn noch einmal aus, hängte ihn an den Ofen und trat an den Tisch. Man bot ihm ebenfalls Branntwein an. Es war ein Augenblick qualvollen Kampfes: beinahe hätte er das Gläschen genommen und die verlokkend duftende, helle Flüssigkeit in den Mund gegossen; aber er blickte Wasilij Andrejitsch an, erinnerte sich an sein Gelöbnis, erinnerte sich an die vertrunkenen Stiefel, erinnerte sich an den Böttcher, erinnerte sich an seinen Jungen, dem er versprochen hatte, ihm zum Frühjahr ein Pferd zu kaufen; er seufzte und lehnte den Branntwein ab.

»Ich danke ergebenst; ich trinke nicht«, sagte er mit finsterer Miene und setzte sich an das zweite Fenster auf die Bank.

»Warum denn nicht?«, fragte der älteste Sohn.

»Das ist nun mal so: ich trinke eben nicht«, antwortete Nikita; er hob seine Augen nicht auf, sondern schielte nach seinem Schnurrbart und Kinnbart und brachte die darin befindlichen Eisstückchen zum Schmelzen.

»Es bekommt ihm nicht«, bemerkte Wasilij Andrejitsch und aß zu dem Gläschen Schnaps, das er getrunken hatte, einen Kringel hinterher.

»Nun, dann trinkst du Tee«, sagte die freundliche alte Frau. »Du bist gewiß tüchtig durchgefroren, guter Mann. Was trödelt ihr denn so lange mit dem Samowar, ihr Weiber?«

»Er ist fertig«, antwortete eine junge Frau, fächelte mit der Schürze dem überkochenden, zugedeckten Samowar Luft zu, trug ihn mit Mühe heran, hob ihn in die Höhe und setzte ihn mit einem lauten Stoß auf den Tisch.

Unterdessen hatte Wasilij Andrejitsch erzählt, wie sie vom Weg abgekommen seien, wie sie zweimal zu demselben Dorfe gelangt wären, wie sie irregefahren und wie sie mit den Betrunkenen zusammengetroffen seien. Die Leute vom Haus wunderten sich, setzten ihm auseinander, wo und warum sie vom Wege abgekommen seien, wer die Betrunkenen gewesen wären, und belehrten ihn, wie er fahren müsse.

»Von hier nach Moltschanowka kann ein kleines Kind fahren; man braucht nur auf die Stelle aufzupassen, wo der Weg von der großen Landstraße abbiegt; da ist ein Gebüsch. Ihr seid einfach nicht bis dahin gekommen!«, sagte der Nachbar.

»Ihr solltet die Nacht über hierbleiben. Die Frauen werden euch ein Nachtlager zurechtmachen«, redete ihnen die Alte freundlich zu.

»Morgen früh fahrt ihr dann weiter; das wäre schon das beste«, fügte der Alte bekräftigend hinzu.

»Es geht nicht, Bruder. Die Geschäfte!«, erwiderte Wasilij Andrejitsch. »Was man in einer Stunde versäumt hat, bringt man in einem Jahre nicht wieder ein«, fuhr er fort und dachte dabei an den Wald und an die Händler, die ihm bei diesem Kauf zuvorkommen konnten. »Wir werden ja doch wohl hinkommen?«, wandte er sich an Nikita.

Nikita gab lange keine Antwort und tat, als wäre er mit dem Auftauen seines Bartes vollauf beschäftigt.

»Wenn wir nur nicht wieder den Weg verfehlen«, sagte er endlich mürrisch. Nikita war mißgestimmt, weil er ein leidenschaftliches Verlangen nach Branntwein hatte; das einzige, was ihm über dieses Verlangen hätte hinweghelfen können, war Tee; aber Tee war ihm noch nicht angeboten worden.

»Wenn wir nur glücklich bis zur Wegkreuzung kommen«, sagte Wasilij Andrejitsch. »Dann können wir uns ja nicht mehr verirren; dann geht es durch Wald bis zu unserem Ziele.«

»Sie haben zu bestimmen, Wasilij Andrejitsch, ob wir fahren sollen oder nicht«, sagte Nikita, indem er ein ihm hingereichtes Glas Tee in Empfang nahm.

»Wir wollen tüchtig Tee trinken und dann vorwärts!«

Nikita schwieg und wiegte nur den Kopf hin und her. Behutsam goß er den Tee in die Untertasse und wärmte an dem Dampf seine durchgefrorenen Hände mit den von der harten Arbeit immer geschwollenen Fingern. Darauf biß er von einem Stück Zucker eine kleine Ecke ab, verbeugte sich vor den Wirtsleuten, sagte: »Auf Ihr Wohl!« und schlürfte dann die wärmende Flüssigkeit ein.

»Wenn uns doch jemand bis an den Scheideweg bringen könnte«, sagte Wasilij Andrejitsch.

»Gewiß, das kann geschehen«, antwortete der älteste Sohn. »Peter kann ja anspannen und euch bis an den Scheideweg begleiten.«

»Nun, dann spann an, liebster Freund. Ich werde dir dafür sehr dankbar sein.«

»Was redest du, lieber Mann!«, sagte die freundliche Alte. »Wir freuen uns von Herzen, dir behilflich sein zu können.«

»Geh, Peter, und spanne die Stute an«, sagte der älteste Sohn.

»Schön«, erwiderte Peter lächelnd, nahm sofort seine Mütze vom Nagel und lief hinaus, um anzuspannen.

Während das Pferd angeschirrt wurde, ging das Gespräch wieder zu dem Gegenstand über, um den es sich zu der Zeit gedreht hatte, als Wasilij Andrejitsch vor das Fenster gefahren kam. Der Alte beklagte sich bei seinem Nachbarn, dem Dorfschulzen, über seinen dritten Sohn, der zu den Feiertagen ihm selbst gar nichts und seiner Frau ein französisches Tuch als Geschenk geschickt hatte.

»Das junge Volk entzieht sich ganz der elterlichen Zucht«, sagte der Alte.

»Ganz und gar«, erwiderte der Nachbar. »Es ist nicht mehr zum Aushalten. Sie sind gar zu klug geworden. Da zum Beispiel dieser Demotschkin, der hat seinem Vater bei einem Streit den Arm gebrochen. Das kommt wohl alles von der großen Klugheit her.«

Nikita hörte zu, blickte den Redenden ins Gesicht und hätte sich offenbar gern ebenfalls an dem Gespräche beteiligt; aber er war von dem Teetrinken vollständig in Anspruch genommen und nickte nur zustimmend mit dem Kopf. Er trank ein Glas nach dem anderen, und es wurde ihm immer wärmer, immer behaglicher. Im weiteren Verlaufe blieb das Gespräch lange bei ein und demselben Gegenstand stehen, bei den schädlichen Folgen der Wirtschaftsteilungen, und das Gespräch hatte offenbar nicht etwa einen theoretischen Charakter, sondern es handelte sich dabei um die Teilung in diesem Hause, eine Teilung, die der zweite Sohn forderte, der hier mit dabei saß und mürrisch schwieg. Augenscheinlich war dies ein wunder Punkt, und diese Frage war für alle Hausgenossen von größtem Interesse; aber aus Anstandsgefühl mochten sie in Gegenwart Fremder ihre Privatangelegenheit nicht erörtern. Indes konnte sich der Alte schließlich doch nicht halten und erklärte mit einer Stimme, der man anhörte, daß ihm die Tränen nahe waren, solange er lebe, werde er in keine Teilung willigen; jetzt habe er, Gott sei Dank, ein wohleingerichtetes Haus; wenn aber die Wirtschaft geteilt würde, dann könnten sie allesamt betteln gehen.

»So wie es bei den Matwejews gegangen ist«, sagte der Nachbar. »Es war ein schönes Anwesen; aber da haben sie es geteilt, und nun hat keiner etwas.«

»Dahin möchtest du es auch bringen«, wandte sich der Alte an seinen Sohn.

Der Sohn antwortete nichts, und es trat ein unbehagliches Stillschweigen ein. Dieses Stillschweigen unterbrach Peter, der das Pferd angespannt hatte und vor einigen Minuten wieder in die Stube gekommen war. Er hatte, seit er in der Stube war, dem Gespräch zugehört und dabei fortwährend gelächelt.

»Eine solche Geschichte steht auch im Paulson«, sagte er. »Ein Vater gab seinen Söhnen ein Rutenbündel zum Zerbrechen. Das Bündel konnten sie nicht zerbrechen; aber jede einzelne Rute zerbrachen sie leicht. So ist es hier auch«, sagte er und lächelte über das ganze Gesicht. »Es ist fertig«, fügte er hinzu.

»Nun, wenn's fertig ist, dann wollen wir fahren«, sagte Wasilij Andrejitsch. »Und was die Teilung betrifft, Großväterchen, so gib du nur nicht nach. Du hast alles erworben, und du bist Herr darüber. Mach eine Eingabe an den Friedensrichter; der wird schon Ordnung stiften.«

»Immer tut er groß, immer tut er groß!«, fuhr der Alte mit weinerlicher Stimme in seinen Klagen fort. »Es ist gar nicht mehr mit ihm auszukommen. Rein des Teufels ist er.«

Unterdessen hatte Nikita sein fünftes Glas Tee ausgetrunken, stellte aber sein Glas auch jetzt noch nicht umgekehrt hin, sondern legte es auf die Seite, in der Hoffnung, es werde ihm auch noch ein sechstes eingegossen weiden. Aber es war kein Wasser mehr im Samowar, und die Hausfrau goß ihm nicht mehr ein; auch begann Wasilij Andrejitsch sich anzuziehen. So war denn weiter nichts zu machen. Nikita stand gleichfalls auf, legte sein Stück Zucker, von dem er auf allen Seiten abgebissen hatte, in die Zuckerdose zurück, wischte sich mit dem Schoß seiner Pelzjacke den Schweiß vom Gesichte und ging an den Ofen, um sich seinen Mantel anzuziehen.

Als er damit fertig war, seufzte er schwer auf, bedankte sich bei den Wirtsleuten und verabschiedete sich von ihnen; dann ging er aus der warmen, hellen Stube in den dunklen, kalten Flur, wo der eindringende Wind tobte und heulte und der durch die Türritzen getriebene Schnee den Fußboden bedeckte, und trat von da auf den dunklen Hof hinaus.

Peter, in einem Pelz, stand mitten auf dem Hof bei seinem Pferd und sagte lächelnd eine Strophe aus dem Paulson her:

»Der Schneesturm verdunkelt den Himmel schier,
Wild wirbeln die Flocken im Wind;
Bald klingt's, als heulte ein wildes Tier,
Und bald, als weinte ein Kind.«

Nikita nickte beifällig mit dem Kopf und brachte die Lenkseile in Ordnung.

Der Alte, welcher Wasilij Andrejitsch hinausbegleitete, kam mit einer Laterne in den Flur, um ihm zu leuchten, aber die Laterne erlosch sofort. Und auf dem Hof konnte man sogar spüren, daß der Schneesturm noch ärger geworden war als vorher.

»Na, das ist einmal ein Wetter!«, dachte Wasilij Andrejitsch. »Da kommen wir womöglich gar nicht hin. Aber es muß sein; die Geschäfte! Und ich habe mich ja auch schon fertiggemacht. Und das Pferd des Wirtes ist auch schon angespannt. Mit Gottes Hilfe werden wir schon hinkommen.«

Der alte Hauswirt dachte gleichfalls, daß es nicht ratsam sei zu fahren; aber er hatte schon einmal zum Bleiben zugeredet, ohne daß der Gast auf ihn gehört hatte. »Vielleicht ist es auch nur mein Alter, was mich so ängstlich macht; sie weiden schon hinkommen«, sagte er bei sich. »Und wenigstens können wir uns dann rechtzeitig schlafen legen und haben keine Mühe und Umstände.«

Peter aber dachte an keine Gefahr: er kannte den Weg und die ganze Gegend, außerdem ermutigten ihn die Verse vom Schneesturm dadurch, daß sie so vollständig das zum Ausdruck brachten, was draußen vorging. Nikita hatte schlechterdings keine Lust zu fahren; aber er hatte sich schon langst daran gewöhnt, keinen eigenen Willen zu besitzen und anderen zu gehorchen. So hielt denn niemand die Abfahrenden zurück.

V

Wasilij Andrejitsch trat zu seinem Schlitten (er konnte in der Dunkelheit nur mit Mühe unterscheiden, wo dieser stand), stieg hinein und ergriff die Leine.

»Na, dann fahr voran!«, rief er.

Peter, der in seinem Schlitten kniete, trieb sein Pferd an. Der Braungelbe, der schon lange gewiehert hatte, da er die Stute vor sich witterte, rannte ihr nach, und sie kamen auf die Dorfstraße hinaus. Wieder fuhren sie durch die Ortschaft, auf demselben Weg, an demselben Gehöft mit der aufgehängten, steifgefrorenen Wäsche vorbei, die jetzt nicht mehr zu sehen war, vorbei an derselben Darre, die bereits fast bis zum Dache verschneit war und von der unaufhörlich der Schnee herunterrieselte, vorbei an denselben traurig raschelnden, pfeifenden, sich biegenden Weidenbäumen, und fuhren nun wieder hinein in das von oben und unten her tobende Meer von Schnee. Der Wind war so stark, daß, da er von der Seite kam und gegen die Fahrenden wie gegen ein Segel drückte, er den Schlitten aufkippte und das Pferd zur Seite legte. Peter fuhr mit seiner flott austrabenden tüchtigen Stute voran und stieß von Zeit zu Zeit einen ermunternden Schrei aus. Der Braungelbe lief hinter ihr her.

Als sie so etwa zehn Minuten lang gefahren waren, wandte sich Peter um und rief ihnen etwas zu. Weder Wasilij Andrejitsch noch Nikita konnte es bei dem Wind verstehen. Aber sie vermuteten, daß sie bei der Wegscheide angekommen seien. Und wirklich bog Peter rechts ein, und der Wind, der bisher von der Seite gekommen war, blies ihnen jetzt wieder entgegen, und da wurde auch durch den Schnee hindurch etwas Dunkles sichtbar. Das war das Gesträuch an der Wegscheide.

»Nun, dann fahrt mit Gott weiter!«

»Vielen Dank, lieber Peter!«

»Der Schneesturm verdunkelt den Himmel schier, wild wirbeln die Flocken im Wind«, rief Peter und verschwand.

»Ei sieh mal, was das für ein Dichter ist«, sagte Wasilij Andrejitsch und schüttelte mit der Leine.

»Ja, es ist ein tüchtiger Bursche, so ein richtiger Bauer«, erwiderte Nikita.

Sie fuhren weiter. Nikita hatte sich tief eingemummt und den Kopf so in die Schultern hineingezogen, daß sein kleiner Bart ihm den Hals bedeckte; so saß er schweigend da, darauf bedacht, die durch den Tee in seinem Körper angesammelte Wärme nicht wieder zu verlieren. Vor sich sah er die geraden Linien der Gabeldeichsel, die ihn fortwährend in die Täuschung versetzten, als ob da ein vielbefahrener Weg sei, und das hin und her schaukelnde Hinterteil des Pferdes mit dem nach einer Seite gewendeten, in einen Knoten gebundenen Schwanze, und weiter vorn das hohe Krummholz und den auf und ab gehenden Kopf und Hals des Pferdes mit der auseinanderflatternden Mähne. Mitunter fiel sein Blick auf Merkstangen, so daß er wußte, daß sie noch auf dem Weg fuhren und es für ihn nichts zu tun gab.

Wasilij Andrejitsch führte die Zügel, überließ aber meist dem Pferd, selbst dafür zu sorgen, daß sie auf dem Weg blieben. Aber trotzdem der Bräungelbe sich im Dorfe ausgeruht hatte, lief er doch nur ungern, und es machte den Eindruck, als ob er vom Weg abbiegen wollte, so daß Wasilij Andrejitsch ihn einige Male zurechtlenken mußte.

»Da rechts ist eine Merkstange, da die zweite, da die dritte«, zählte Wasilij Andrejitsch im stillen. »Und da vorn ist auch der Wald«, dachte er, da er etwas Dunkles vor sich erblickte. Aber was er für einen Wald gehalten hatte, war nur ein Strauch. Sie fuhren an dem Strauch vorbei, sie fuhren noch etwa sechzig Schritt weiter: aber es war weder von der vierten Merkstange noch vom Wald etwas zu sehen.

»Der Wald muß doch gleich kommen«, dachte Wasilij Andrejitsch, und erregt durch den genossenen Branntwein und Tee, trieb er unaufhörlich das Pferd mit den Zügeln an, und das folgsame, gute Tier gehorchte und lief bald im Paßgang, bald in kurzem Trab dahin, wohin es gelenkt wurde, obwohl es wußte, daß sein Herr es ganz und gar nicht nach der richtigen Seite lenkte. Es vergingen noch zehn Minuten; der Wald wollte immer noch nicht kommen.

»Da haben wir ja wieder den Weg verloren!«, sagte Wasilij Andrejitsch und hielt das Pferd an.

Nikita stieg schweigend aus dem Schlitten, und seinen Mantel haltend, der infolge des Windes ihm bald dicht am Körper klebte, bald sich bauschte und von ihm weg wollte, machte er sich daran, durch den Schnee zu waten; er ging nach der einen, er ging nach der anderen Seite. Dreimal verschwand er ganz aus der Sehweite. Endlich kehrte er zurück und nahm seinem Herrn die Leine aus der Hand.

»Nach rechts müssen wir fahren«, sagte er kurz und in bestimmtem Ton und wendete das Pferd.

»Na, wenn du das meinst, wollen wir nach rechts fahren«, erwiderte Wasilij Andrejitsch, überließ ihm die Leine und schob seine frierenden Hände in die Ärmel. »Und wenn wir auch nur nach Grischkino zurückkommen.«

Nikita antwortete nicht.

»Nun, Freundchen, leg dich mal ordentlich ins Zeug!«, rief er dem Pferd zu; aber das Pferd ging trotz alles Schüttelns mit der Leine nur im Schritt. Der Schnee lag stellenweise knietief, und der Schlitten kam bei jeder Bewegung des Pferdes nur mit einem Ruck vorwärts.

Nikita griff nach der Peitsche, die am Vorderteile des Schlittens hing, und schlug das Pferd. Das gute, an solche Behandlung nicht gewöhnte Tier machte ein paar heftige Sätze und setzte sich in Trab, ging dann aber sogleich wieder in Paßgang und in Schritt über. So fuhren sie etwa fünf Minuten. Es war so dunkel, und der Schnee stiebte so dicht von oben und von unten, daß mitunter nicht einmal das Krummholz zu sehen war. Manchmal schien es, als ob der Schlitten auf einem Fleck stillstünde und das Feld nach hinten hin liefe. Plötzlich machte das Pferd kurz halt; offenbar witterte es vor sich irgend etwas Unheimliches. Nikita sprang, die Leine hinwerfend, wieder behende hinaus und ging vor das Pferd, um nachzusehen, weshalb es stehen geblieben sei; aber kaum hatte er einen Schritt über den Kopf des Pferdes hinaus gemacht, als ihm die Füße ausglitten und er einen Abhang hinunterrutschte.

»Halt, brr, halt!«, rief er sich selbst zu, während er hinabsank und einen Halt suchte; aber es gelang ihm nicht eher, zum Stillstand zu kommen und festen Fuß zu fassen, als bis er mit den Beinen in eine am Grund der Schlucht zusammengewehte tiefe Schneeschicht hineingefahren war.

Eine am oberen Rand der Schlucht überhängende Schneewächte war durch Nikitas Fall erschüttert worden, stürzte auf ihn herunter und schüttete ihm Schnee in den Nacken.

»Was soll denn das!«, sagte Nikita vorwurfsvoll, sich an die Schneewächte und an die Schlucht wendend, und schüttelte sich den Schnee aus dem Kragen.

»Nikita! He! Nikita!«, rief Wasilij Andrejitsch von oben. Aber Nikita antwortete nicht auf den Ruf.

Er hatte keine Zeit; er mußte sich den Schnee abschütteln und dann die Peitsche suchen, die er beim Herunterrutschen von dem Abhange verloren hatte. Als er die Peitsche gefunden hatte, wollte er geradeswegs wieder da hinaufklettern, wo er herabgeglitten war; aber dies war ein Ding der Unmöglichkeit; er rutschte immer wieder zurück, so daß er unten umhergehen mußte, um eine geeignete Stelle zum Aufstieg zu suchen. Ungefähr zehn Schritte entfernt von der Stelle, wo er heruntergerutscht war, kroch er mühsam auf allen vieren die Anhöhe hinauf und ging nun am Rand der Schlucht nach der Stelle zu, wo das Pferd sein mußte. Indessen Pferd und Schlitten waren nicht zu sehen; aber da er gegen den Wind ging, so hörte er, bevor er noch etwas sah, das Schreien Wasilij Andrejitschs und das Wiehern des Braungelben, die ihn riefen.

»Ich komme, ich komme. Was schreist du so?«, sagte er vor sich hin.

Erst als er schon ganz dicht beim Schlitten war, erblickte er das Pferd und den neben dem Schlitten stehenden Wasilij Andrejitsch, der übermäßig groß erschien.

»Zum Teufel, wo warst du denn geblieben?«, schalt dieser ärgerlich den Herankommenden. »Wir müssen zurückfahren. Meinetwegen wollen wir nach Grischkino zurückkehren.«

»Zurückfahren möchte ich schon ganz gern, Wasilij Andrejitsch; aber nach welcher Seite sollen wir fahren? Hier ist eine so zerklüftete Gegend, wenn wir da irgendwo mit dem Schlitten hineinfallen, kommen wir nicht wieder heraus. Ich bin da so hinuntergeschurrt, daß ich mich nur mit Not und Mühe wieder heraufgearbeitet habe.«

»Na, aber wir können hier doch nicht stehen bleiben; irgendwohin müssen wir doch fahren!«, sagte Wasilij Andrejitsch.

Nikita gab keine Antwort. Er setzte sich auf den Schlitten, mit dem Rücken gegen den Wind, zog sich die Stiefel aus und schüttelte den Schnee heraus, der ihm da hereingekommen war; dann nahm er etwas Stroh und verstopfte damit sorgfältig von innen ein Loch im linken Stiefel.

Wasilij Andrejitsch schwieg, als ob er jetzt alle weiteren Entscheidungen seinem Knecht anheimstelle. Nachdem Nikita seine Stiefel wieder angezogen hatte, nahm er die Beine in den Schlitten herein, zog seine Fausthandschuhe wieder an, ergriff die Leine und lenkte das Pferd an der Schlucht entlang. Aber sie waren noch nicht hundert Schritte weit gefahren, als das Pferd wieder jählings stehen blieb. Es hatte wieder eine Schlucht vor sich.

Nikita stieg wieder aus und begann wieder im Schnee umherzuwaten. Das dauerte ziemlich lange. Endlich erschien er wieder, und zwar von derjenigen Seite, welche der, nach der er sich entfernt hatte, gerade entgegengesetzt war.

»Wasilij Andrejitsch, wo sind Sie?«, rief er.

»Hier«, antwortete Wasilij Andrejitsch. »Nun, wie steht's?«

»Es ist nichts zu unterscheiden. Es ist zu dunkel. Überall Schluchten. Wir müssen wieder gegen den Wind fahren.«

Wieder fuhren sie eine Strecke; wieder ging Nikita im Schnee umher und fiel dabei; wieder setzte er sich in den Schlitten; wieder ging er und fiel; und endlich blieb er, keuchend vor Erschöpfung, bei dem Schlitten stehen.

»Nun, was gibt's?«, fragte Wasilij Andrejitsch.

»Ja, was gibt's! Ich bin ganz matt. Und das Pferd kann auch nicht mehr.«

»Was sollen wir nun also tun?«

»Warten Sie einen Augenblick.«

Nikita ging nochmals weg und kehrte bald zurück.

»Fahren Sie hinter mir her«, sagte er und ging vor dem Pferd voran.

Wasilij Andrejitsch hatte ganz darauf verzichtet, irgendwelche Weisungen zu geben, sondern tat gehorsam, was ihm Nikita sagte.

»Hierher, mir nach!«, rief Nikita, sich schnell nach rechts wendend, ergriff den Braungelben am Zügel und lenkte ihn in eine Schneewehe hinein. Das Pferd sträubte sich anfangs, machte aber dann einen starken Satz, in der Hoffnung, über die Schneewehe hinüberzuspringen; jedoch reichte seine Kraft nicht dazu aus, und es versank in den Schnee bis an das Kummet. »Steigen Sie doch aus!«, schrie Nikita seinen Herrn an, der im Schlitten sitzen geblieben war, faßte unter die eine Deichselstange und versuchte den Schlitten an das Pferd heranzuschieben. »Ja, es geht ein bißchen schwer, Brüderchen«, wandte er sich an den Braungelben. »Aber was ist zu machen? Gib dir mal rechte Mühe! Zu! Zu! Noch ein bißchen!«, schrie er. Das Pferd zog einmal und noch einmal an, vermochte aber trotzdem nicht sich herauszuarbeiten und blieb wieder stecken. Es machte eigentümliche Bewegungen mit den Ohren und legte schnuppernd den Kopf auf den Schnee, wie wenn es über etwas nachdächte. »Na, aber, Brüderchen, so ist das nicht gut«, sagte Nikita ermahnend zu dem Braungelben. »Los, noch einmal!« Wieder zog Nikita auf seiner Seite an der Deichselstange. Wasilij Andrejitsch tat auf der anderen Seite dasselbe. Das Pferd drehte den Kopf hin und her; dann gab es sich auf einmal einen starken Ruck.

»Na, zu! zu! Keine Angst, du wirst nicht ertrinken!«, rief Nikita.

Ein Sprung, ein zweiter, ein dritter – endlich hatte sich das Pferd aus der Schneewehe herausgearbeitet und blieb nun, schwer atmend und sich schüttelnd, stehen. Nikita wollte es weiterführen; aber Wasilij Andrejitsch war in seinen zwei Pelzen so außer Atem gekommen, daß er nicht imstande war zu gehen und sich in den Schlitten warf.

»Laß mich erst wieder zu Atem kommen«, sagte er und knüpfte das Tuch auf, das er sich in dem Dorfe um den Kragen seines Pelzes gebunden hatte.

»Hier macht das nichts aus; hier können Sie im Schlitten liegen«, erwiderte Nikita. »Ich will das Pferd führen.«

Und während Wasilij Andrejitsch im Schlitten lag, führte Nikita das Pferd am Zaum etwa zehn Schritte abwärts, dann ein wenig aufwärts und machte halt.

Die Stelle, wo Nikita haltgemacht hatte, lag nicht in einer Mulde, wo sich der Schnee hätte anhäufen können; aber sie war doch teilweise durch eine Anhöhe gegen den Wind geschützt. Es gab Augenblicke, wo man im Schutze der Anhöhe glauben konnte, der Wind habe sich ein wenig gelegt; aber das dauerte nicht lange, und als wollte er diese Ruhepause wieder einbringen, brauste darauf der Sturm mit verzehnfachter Gewalt einher, raste noch ärger als vorher und brachte noch dichtere Schneewirbel mit sich. Ein solcher Windstoß erfolgte gerade in dem Augenblicke, als Wasilij Andrejitsch, der sich wieder erholt hatte, aus dem Schlitten gestiegen und zu Nikita herangetreten war, um mit ihm zu besprechen, was nun weiter zu tun sei. Beide bückten sich unwillkürlich und warteten mit ihrem Gespräche, bis die Wut dieses Windstoßes vorüber sein würde. Auch der Braungelbe drückte unzufrieden die Ohren an und schüttelte mit dem Kopf. Sobald der Windstoß einigermaßen vorbei war, zog sich Nikita die Handschuhe aus, steckte sie in seinen Gurt, hauchte in die Hände und machte sich daran, das Lenkseil vom Krummholz abzulösen.

»Was tust du denn da?«, fragte Wasilij Andrejitsch.

»Ich spanne das Pferd aus; was sollen wir denn noch weiter tun? Meine Kraft ist zu Ende«, antwortete Nikita; es klang, als ob er sich entschuldigen wollte.

»Können wir denn nicht irgendein Obdach erreichen?«

»Nein, wir können kein Obdach erreichen; wir quälen nur das Pferd zunichte. Das liebe Tier ist ja schon jetzt ganz erschöpft«, sagte Nikita und wies auf das Pferd, das gehorsam und zu allem bereit stand und schwer keuchend die von Schweiß feuchten Weichen bewegte. »Wir müssen hier übernachten«, erklärte er, in demselben Tone, wie wenn er sich anschickte, in einer Herberge über Nacht zu bleiben, und begann den Kummetriemen aufzubinden. Die beiden Bügel des Kummets sprangen auseinander.

»Werden wir aber auch nicht erfrieren?«, fragte Wasilij Andrejitsch.

»Was ist zu machen? Wenn wir erfrieren, müssen wir's eben hinnehmen«, antwortete Nikita.

VI

Wasilij Andrejitsch fühlte sich in seinen beiden Pelzen ganz warm, besonders nachdem er sich in der Schneewehe so abgeplackt hatte; aber es lief ihm doch kalt über den Rücken, als er zu der Überzeugung gelangte, daß er wirklich werde hier übernachten müssen. Um sich zu beruhigen, setzte er sich in den Schlitten und holte Zigaretten und Streichhölzer aus der Tasche.

Nikita spannte unterdessen das Pferd aus. Er löste den Bauchriemen und den Riemen des Rückenpolsters, nahm das Lenkseil und den Krummholzriemen ab und drehte das Krummholz heraus; dabei redete er unaufhörlich mit dem Pferd und sprach ihm Mut ein.

»Na, nun komm heraus, komm heraus«, sagte er zu dem Tier, indem er es aus der Gabeldeichsel herausführte. »Siehst du, hier werden wir dich anbinden. Und Stroh lege ich dir unter und zäume dich ab«, sagte er und führte dabei alles aus, was er sagte. »Wenn du erst ein bißchen gefressen hast, dann wird dir gleich vergnüglicher zumute sein.«

Aber der Braungelbe ließ sich augenscheinlich durch Nikitas Reden nicht beruhigen und blieb aufgeregt. Er trat von einem Bein auf das andere, drückte sich an den Schlitten, stellte sich mit dem Hinterteil gegen den Wind und rieb seinen Kopf an Nikitas Ärmel.

Anscheinend nur, um Nikita durch Ablehnung des freundlich angebotenen Strohes nicht zu kränken, das dieser ihm unter die Schnauze gehalten hatte, zog der Braungelbe einmal mit einem plötzlichen Ruck ein Büschel Stroh aus dem Schlitten; aber sofort sagte er sich auch, daß es sich jetzt nicht darum handle, Stroh zu fressen, ließ es wieder fallen, und der Wind riß im gleichen Augenblicke das Stroh auseinander, trug es davon und überschüttete es mit Schnee.

»Jetzt wollen wir uns ein Signal machen«, sagte Nikita, wendete den Schlitten mit dem Vorderteil gegen den Wind, band die Deichselstangen mit dem Riemen des Rückenpolsters zusammen, richtete sie in die Höhe und befestigte sie am Vorderteile des Schlittens. »So! Wenn wir nun verschneit werden, werden es gute Menschen an den Deichselstangen sehen und uns ausgraben«, bemerkte Nikita dazu, schlug die Fausthandschuhe gegeneinander und zog sie an. »Das habe ich von alten Leuten gelernt.«

Unterdessen hatte Wasilij Andrejitsch seinen Pelz aufgemacht und rieb nun, die Schöße desselben als Windschutz benutzend, ein Streichholz nach dem anderen an dem stählernen Schächtelchen; aber die Hände zitterten ihm, und die aufflammenden Streichhölzer erloschen eines nach dem anderen im Wind, teils ehe sie noch recht in Brand geraten waren, teils gerade in dem Augenblick, wo er sie an die Zigarette heranbrachte. Endlich brannte ein Streichholz gut und erleuchtete für einen Augenblick die Innenseite seines Pelzes, seine Hand mit dem goldenen Ring an dem nach innen gebogenen Zeigefinger und das mit Schnee bedeckte Haferstroh, das unter dem Sack hervorschaute – und die Zigarette kam in Brand. Ein paarmal zog er gierig den Rauch ein, schluckte ihn hinunter, ließ ihn durch den Schnurrbart hinaus und wollte eben noch einmal einen Zug tun, als der Tabak mitsamt dem Feuer vom Wind weggerissen wurde und nach derselben Seite davonflog wie vorher das Stroh.

Aber auch schon diese wenigen Schlucke Tabaksrauch hatten Wasilij Andrejitsch in heitere Stimmung versetzt.

»Na, wenn wir hier übernachten müssen, dann meinetwegen!«, sagte er in entschlossenem Ton. Und beim Anblick der aufgerichteten Deichselstangen bekam er Lust, dieses Signal noch zu vervollkommnen und Nikita zu belehren. »Warte mal, ich will noch eine Flagge machen«, sagte er und hob das Tuch auf, das er sich vom Kragen abgebunden und in den Schlitten geworfen hatte. Er zog die Handschuhe aus, reckte sich in die Höhe, um hinaufzureichen, und band das Tuch mit einem festen Knoten an den Polsterriemen neben die Deichselstangen.

Das Tuch begann sofort wild zu flattern; bald legte es sich eng an die eine Deichselstange an, bald wehte es plötzlich zur Seite, spannte sich und knatterte.

»Sieh nur, wie geschickt ich das gemacht habe«, sagte Wasilij Andrejitsch, wohlgefällig sein Werk betrachtend, und stieg wieder in den Schlitten. »Beide zusammen hätten wir es hier wärmer; aber zwei können hier nicht sitzen«, sagte er.

»Ich werde schon einen Platz finden«, antwortete Nikita. »Ich muß nur erst das Pferd zudecken; ganz in Schweiß ist es geraten, das liebe Tier. Erlauben Sie mal«, fügte er hinzu, und an den Schlitten herantretend, zog er den Sack unter Wasilij Andrejitsch hervor. Er legte ihn doppelt zusammen, und nachdem er vorher den Umlaufriemen und das Rückenpolster abgenommen hatte, bedeckte er den Braungelben mit dem Sack.

»So wirst du es doch ein bißchen wärmer haben, mein Dummerchen«, sagte er und legte dem Pferd über den Sack wieder das Rükkenpolster und den schweren Umlaufriemen auf.

Als Nikita mit dieser Arbeit fertig war, trat er wieder zum Schlitten. »Die Packleinwand werden Sie wohl nicht nötig haben?«, sagte er. »Und etwas Stroh können Sie mir auch geben.«

Und nachdem er das eine und das andere seinem Herrn unter dem Leibe weggezogen hatte, ging er hinter die Rücklehne des Schlittens, grub sich dort im Schnee eine Grube und legte das Stroh hinein. Dann zog er sich die Mütze tief ins Gesicht, wickelte sich fest in seinen Mantel, bedeckte sich darüber noch mit der Packleinwand, setzte sich auf das ausgebreitete Stroh und lehnte sich gegen das aus Bast verfertigte Hinterteil des Schlittens, das ihn gegen den Wind und den Schnee schützte.

Wasilij Andrejitsch schüttelte mißbilligend den Kopf zu dem, was Nikita tat, wie er denn überhaupt gegen die Unbildung und Dummheit des niedrigen Volkes eine starke Verachtung hegte, und traf nun auch seinerseits seine Vorbereitungen für die Nacht.

Er breitete das übriggebliebene Stroh im Schlitten gleichmäßig aus, aber so, daß es da, wo er mit der Seite des Körpers darauf liegen wollte, etwas dichter war; darauf steckte er die Hände in die Ärmel und suchte sich mit dem Kopf eine bequeme Lage in einer Ecke des Schlittens am Vorderteil, das ihm einen Schutz gegen den Wind gewährte. Zu schlafen beabsichtigte er nicht. Er lag da und dachte nach; er dachte immer nur an ein und dasselbe, was den einzigen Zweck und Inhalt, die Freude und den Stolz seines Lebens bildete: wieviel Geld er schon erworben habe und noch erwerben könne, und wieviel Geld andere Leute, die er kannte, erworben hätten und besäßen, und auf welche Weise diese anderen ihr Geld erworben hätten und immer noch mehr erwürben, und daß er, in derselben

Weise wie sie, noch sehr viel Geld erwerben könne. Der Ankauf des Waldes von Goriatschowno war für ihn außerordentlich wichtig. Er hoffte an diesem Wald mit einem Mal vielleicht zehntausend Rubel zu verdienen. Und er begann, in Gedanken den Wald abzuschätzen, den er im Herbst gesehen hatte und in dem er auf zwei Deßjatinen alle Bäume gezählt hatte.

»Die Eichen werden gute Schlittenkufen geben. Selbstverständlich auch Balken. Und Brennholz mag wohl jede Deßjatine noch dreißig Klafter liefern«, so rechnete er. »Von jeder Deßjatine kann ich auch im schlimmsten Fall zweihundert Rubel auf je fünfundzwanzig bezahlte Rubel verdienen. Es sind sechsundfünfzig Deßjatinen, also sechsundfünfzig mal hundert und nochmals sechsundfünfzig mal hundert und sechsundfünfzig mal zehn und nochmals sechsundfünfzig mal zehn und sechsundfünfzig mal fünf ...« Er sah, daß das Ergebnis über zwölftausend Rubel hinausging, konnte es aber ohne Rechenbrett nicht genau festlegen. »Aber zehntausend Rubel werde ich ihm doch nicht geben, sondern nur achttausend; und dann mache ich ihm noch einen Abzug für die Lichtungen. Den Feldmesser werde ich schmieren; hundert oder auch hundertfünfzig Rubel muß ich ihm wohl in den Rachen werfen, dann wird er mir schon so ein fünf Deßjatinen Lichtungen Herausmessen. Und für achttausend Rubel wird er mir den Wald schon lassen; dreitausend lege ich ihm gleich ohne weiteres bar hin. Da mache ich mir keine Sorge; er wird sich schon herumkriegen lassen«, dachte er und fühlte mit dem Oberarm nach den Banknoten in der Brusttasche. »Und wie wir von der Wegscheide an uns haben verirren können, das mag der Himmel wissen.

Hier müßte doch ein Wald sein und die Hütte des Waldwächters. Wenn doch ein Hund zu hören wäre. Aber gerade wenn's nötig ist, bellen die verdammten Köter nicht.« Er öffnete ein wenig den Kragen, horchte hinaus. Zu hören war immer nur dasselbe Pfeifen des Windes, das Flattern und Knattern des Tuches an der Deichsel und der wie Peitschenhiebe klingende Ton des gegen die Bastwand des Schlittens getriebenen Schnees. Er mummte sich wieder ein. »Wenn man das gewußt hätte, wäre man ja lieber da über Nacht geblieben. Na, ganz egal, dann kommen wir eben morgen hin. Nur daß ich einen Tag verloren habe. Aber bei solchem Wetter werden die anderen auch nicht hinfahren.« Und nun fiel ihm ein, daß er am nächsten Tage vom Fleischer Geld für Hammel zu erhalten hatte. »Er wollte selbst kommen; nun wird er mich nicht zu Hause treffen, und meine Frau wird nicht verstehen, das Geld in Empfang zu nehmen; sie ist doch gar zu ungebildet. Auf die richtigen Umgangsformen versteht sie sich nicht«, dachte er weiter, in Erinnerung daran, daß sie nicht verstanden hatte, sich dem Polizeihauptmann gegenüber zu benehmen, der gestern zum Feiertag zu ihm zu Besuch gekommen war. »Es ist ja auch erklärlich; sie ist eben ein Frauenzimmer; wo hätte sie denn auch etwas gesehen und gelernt? Als meine Eltern noch lebten, wie sah damals unser jetziges Hauswesen aus? Wie überall bei wohlhabenden Bauern: eine Graupenmühle und eine Herberge, das war das ganze Vermögen. Und was habe ich in den fünfzehn Jahren daraus gemacht? Ich habe einen Laden, zwei Schenken, eine Mühle, eine Getreidehandlung. Zwei Güter habe ich in Pacht. Mein Haus und mein Speicher haben Blechdächer«, sagte er sich mit Stolz. »Das ist jetzt eine andere Sache als zu Lebzeiten meines Vaters! Wer ist jetzt in der ganzen Gegend der angesehenste Mann? Brechunow!

»Und woher kommt das? Weil ich alle meine Gedanken auf das Geschäft richte, weil ich mich anstrenge, weil ich es nicht so mache wie andere Leute, die faulenzen oder sich mit Dummheiten abgeben. Aber ich gönne mir oft nicht einmal in der Nacht den Schlaf. Und selbst wenn's schneit und stürmt, ich fahre doch. Na, da geht denn auch das Geschäft nach Wunsch. Die Leute denken, man könnte so spielend Geld erwerben. Nein, arbeiten muß man, sich den Kopf zerbrechen. Draußen im Feld übernachten und nicht schlafen. Wie ein Kissen drehen sich die Gedanken im Kopf herum«, dachte er stolz. »Die glauben, daß alles vom Glück abhängt. Da, dieser Mironow, der ist jetzt Millionär. Und warum? Gearbeitet hat er, gearbeitet. Dann gibt's einem der liebe Gott. Wenn mich nur Gott gesund erhält.«

Und der Gedanke, daß auch er ein solcher Millionär werden könne wie Mironow, der mit nichts angefangen hatte, dieser Gedanke regte Wasilij Andrejitsch so auf, daß er das Bedürfnis verspürte, mit jemand ein bißchen zu reden. Aber es war niemand da, mit dem er hätte reden können. Wäre er nur nach Goriatschkino hingekommen, dann hätte er mit dem Gutsbesitzer sprechen und dem ein Licht darüber aufstecken können, was er, Brechunow, für ein ausgezeichneter Mensch sei.

»Nun sieh mal an, wie das bläst! Wir werden noch so einschneien, daß wir uns am Morgen gar nicht werden herausarbeiten können«, dachte er, während er auf die heftigen Stöße des Windes horchte, der den Schnee gegen das Vorderteil des Schlittens peitschte und so stark blies, daß die Bastwand sich bog. Er richtete sich auf und sah um sich: in der weißen wogenden Finsternis war nur der schwarze Kopf des Braungelben, sein mit dem Sack bedeckter Rücken und der dichte, aufgebundene Schweif zu sehen. Rundherum aber, von allen Seiten, vorn und hinten immer die gleiche eintönige, weiße, wogende Finsternis, die ab und zu etwas lichter zu werden schien, dann aber sich noch dunkler zusammenballte.

»Es war ein Fehler, daß ich auf Nikita gehört habe«, dachte er. »Wir hätten weiterfahren sollen; irgendwohin würden wir schon gekommen sein. Und selbst wenn wir wieder nach Grischkino zurückgekommen wären, so hätten wir wenigstens bei Taras übernachten können. Aber nun kann man hier die ganze Nacht sitzen. Ja, ich dachte doch vorhin an etwas Schönes; was war das nur? Richtig, daß Gott einem nur für tüchtige Arbeit etwas gibt, aber nicht den Taugenichtsen, Faulpelzen und Dummköpfen ... Aber ich muß ein bißchen rauchen.« Er setzte sich hin, holte sein Zigarettenetui hervor, legte sich auf den Bauch nieder und beschirmte die Flamme mit dem Schöße des Pelzes gegen den Wind; aber der Wind fand trotzdem seinen Weg und löschte die Streichhölzer eines nach dem anderen aus. Endlich gelang es ihm mit besonderer Kunst, eine Zigarette in Brand zu bekommen, und daß er das erreicht hatte, freute ihn gewaltig. Allerdings rauchte weit mehr der Wind als er selbst die Zigarette auf; aber er konnte doch etwa drei Züge tun und kam dadurch wieder in vergnügtere Stimmung. Er streckte sich wieder im Schlitten aus, jetzt mit dem Kopf nach dem Hinterteil desselben, wickelte sich ein, überließ sich wieder seinen Erinnerungen und Träumereien und versank in Halbschlummer.

Aber auf einmal war es ihm, als bekäme er einen Stoß, und er wachte auf. Hatte der Braungelbe ein Maulvoll Stroh unter ihm hervorgezogen, oder war es irgendwelche Aufregung in seinem Innern gewesen – genug, er erwachte, und das Herz begann ihm so schnell und so heftig zu schlagen, daß es ihm schien, als zittere der Schlitten unter ihm. Er öffnete die Augen. Um ihn herum war alles unverändert; nur heller schien es ihm geworden zu sein. »Es tagt«, dachte er, »es kann nicht mehr lange hin sein bis zum Morgen.« Aber sogleich fiel ihm ein, daß die größere Helligkeit nur davon herrührte, daß der Mond aufgegangen war. Er richtete sich auf und blickte zuerst nach dem Pferde. Der Braungelbe stand noch immer mit dem Hinterteil gegen den Wind und zitterte am ganzen Leib. Der mit Schnee bedeckte Sack hatte sich auf der einen Seite umgeschlagen, der Umlaufriemen war schiefgerutscht, und der von Schnee bedeckte Kopf mit dem flatternden Haarschopf und der flatternden Mähne war jetzt im Hellen deutlicher sichtbar. Wasilij Andrejitsch beugte sich über die Rückwand des Schlittens und blickte nach hinten. Nikita saß noch immer in derselben Stellung da, in der er sich hingesetzt hatte. Die Packleinwand, die er über sich gebreitet hatte, und seine Beine waren dicht mit Schnee bedeckt. »Wenn der Mensch nur nicht erfriert; seine Kleidung ist gar zu schlecht. Dann werde ich noch dafür verantwortlich gemacht. Es ist ja ein dummes Volk, ganz ungebildet«, dachte Wasilij Andrejitsch und wollte schon dem Pferde den Sack abnehmen und Nikita damit zudecken; aber es war ihm doch zu kalt, um aufzustehen und hin und her zu gehen; auch fürchtete er, das Pferd könne ihm erfrieren. »Wozu habe ich ihn überhaupt mitgenommen? Daran ist nur sie mit ihrer Dummheit schuld«, dachte Wasilij Andrejitsch in

Erinnerung an seine ungeliebte Frau, und streckte sich wieder auf seinem früheren Platz aus, mit dem Kopf nach dem Vorderteil des Schlittens. »So hat auch mein Onkel einmal eine ganze Nacht im Schnee zugebracht«, fiel ihm ein, »und es hat ihm nichts geschadet. Aber freilich, Sewastjan«, hier kam ihm ein anderer Fall ins Gedächtnis, »als man den ausgrub, da war er tot, ganz starr, wie ein geschlachtetes Rind, das man hat steif frieren lassen.«

»Wenn ich in Grischkino über Nacht geblieben wäre, dann wäre das nicht passiert.« Und nachdem er sich sorgsam eingewickelt hatte, damit die Wärme des Pelzes nirgends verloren ginge und er es überall, am Hals, an den Knien und an den Füßen, warm hätte, schloß er die Augen und versuchte einzuschlafen. Aber trotz aller Bemühungen behielt er immer das Bewußtsein, ja, er fühlte sich sogar vollkommen frisch und angeregt. Wieder begann er seine Gewinne zu berechnen und wieviel Geld ihm andere Leute schuldig waren; wieder prahlte er vor sich selber und freute sich über seine Persönlichkeit und über die Stellung, die er einnahm – aber jetzt wurden diese vergnüglichen Gedanken fortwährend durch die heranschleichende Angst unterbrochen und durch den Ärger darüber, daß er nicht in Grischkino über Nacht geblieben war. »Das wäre was anderes gewesen; da hätte ich schön warm auf der Bank liegen können.« Er drehte sich mehrmals herum und legte sich anders zurecht, in der Absicht, eine bequemere und mehr gegen den Wind geschützte Lage zu finden; aber alles kam ihm unbequem vor; er richtete sich wieder auf, veränderte seine Stellung, wickelte sich die Beine ein, schloß die Augen und verhielt sich ruhig. Aber dann machte sich entweder in den zusammengekrümmten Beinen, die in den hohen Filzstiefeln steckten, ein dumpfer Schmerz fühlbar, oder es zog auch irgendwo durch, und so dachte er denn, nachdem er eine kurze Weile so gelegen hatte, wieder mit ingrimmigem Ärger über sich selbst daran, daß er jetzt ruhig in der warmen Stube zu Grischkino liegen könnte, und erhob sich wieder, wälzte sich herum, wickelte sich ein und legte sich wieder anders zurecht.

Einmal kam es ihm vor, als höre er in der Ferne Hähne krähen. Ein Gefühl der Freude stieg in ihm auf; er schlug den Kragen des Pelzes zurück und horchte gespannt; aber wie sehr er auch sein Gehör anstrengte, es war nichts zu hören als das Geräusch des Windes, der um die Deichselstangen pfiff und am Tuche zerrte, und das Geräusch des Schnees, der gegen die Bastwand des Schlittens schlug. Nikita saß noch immer so da, wie er sich am Abend hingesetzt hatte; er hatte sich die ganze Zeit über nicht gerührt und seinem Herrn nicht einmal geantwortet, der ihn einige Male angerufen hatte. »Der hat keinen Kummer; er schläft gewiß«, dachte Wasilij Andrejitsch ärgerlich, indem er über die Rücklehne des Schlittens hinüber auf den dicht beschneiten Nikita hinblickte.

So stand Wasilij Andrejitsch wohl zwanzigmal auf und legte sich wieder hin. Es schien ihm, als wolle diese Nacht gar kein Ende nehmen. »Jetzt muß der Morgen schon nahe sein«, dachte er einmal, als er sich erhob und um sich blickte. »Ich will mal nach der Uhr sehen. Ich werde zwar tüchtig frieren, wenn ich meine Umhüllung aufmache; aber wenn ich erfahre, daß es auf den Morgen zugeht, dann wird mir gleich fröhlicher zumute sein. Dann wollen wir auch bald anspannen.« Im Grunde seines Herzens wußte Wasilij Andrejitsch, daß es noch nicht Morgen sein konnte; aber seine Angst wuchs immer mehr, und er wünschte gleichzeitig, sowohl die Wahrheit festzustellen als auch sich selbst zu täuschen. Vorsichtig öffnete er die Haken seiner Pelzjacke, steckte die Hand an der Brustgegend hinein und wühlte lange umher, bis er zur Weste gelangte. Mühsam zog er seine silberne, mit emaillierten Blumen verzierte Uhr heraus und versuchte zu sehen, wie spät es war. Aber ohne Licht war nichts zu erkennen. Er legte sich wieder auf den Bauch, ebenso wie eine Weile vorher, als er sich die Zigarette anzündete, holte die Streichhölzer heraus und machte sich daran, eines anzustreichen. Diesmal ging er mit größerer Sorgfalt zu Werke: er suchte durch Betasten mit den Fingern dasjenige Hölzchen heraus, welches die größte Phosphormasse hatte, und es gelang ihm gleich beim erstenmal, es zum Brennen zu bringen. Er hielt das Zifferblatt unter die Flamme und betrachtete es: aber er traute seinen Augen nicht; es war erst zehn Minuten über zwölf. Die ganze Nacht lag noch vor ihm.

»O weh, was ist das für eine lange Nacht!«, dachte Wasilij Andrejitsch und fühlte, wie ihm ein kalter Schauder über den Rücken lief. Und nachdem er sich wieder zugeknöpft und eingemummt hatte, drückte er sich von neuem in seine Schlittenecke, bereit, geduldig zu warten. Plötzlich vernahm er durch das eintönige Brausen des Windes hindurch mit Sicherheit einen neuen Ton, einen Ton von etwas Lebendigem. Dieser Ton schwoll gleichmäßig an, und nachdem er zu vollständiger Deutlichkeit gelangt war, wurde er mit derselben Gleichmäßigkeit wieder schwächer. Es konnte kein Zweifel darüber bestehen, daß es ein Wolf war. Und dieser Wolf heulte in solcher Nähe, daß man, da auch der Wind von dort herüber stand, deutlich hören konnte, wie er durch die Drehung der Kinnlade den Klang seiner Stimme veränderte. Wasilij Andrejitsch hatte den Kragen zurückgeschlagen und lauschte mit gespannter Aufmerksamkeit. Der Braungelbe horchte gleichfalls, die Ohren bewegend, angestrengt danach hin und wechselte, als der Wolf mit seinem Geheul aufhörte, die Fußstellung und schnaubte warnend. Von nun an vermochte Wasilij Andrejitsch schlechterdings nicht mehr einzuschlafen, ja überhaupt nicht innerlich ruhig zu sein. Wie sehr er sich auch bemühte, an seine Rechnungen, an seine Geschäfte, an seinen Ruhm, seine angesehene Stellung und seinen Reichtum zu denken, so bemächtigte sich seiner doch immer mehr eine furchtbare Angst und drängte alle anderen Gedanken zurück, und in alle Gedanken mischte sich der Gedanke ein, warum er nicht über Nacht in Grischkino geblieben sei.

»Was scher ich mich um den dummen Wald; meine Geschäfte gehen, Gott sei Dank, auch ohne ihn gut. Ach, wenn ich doch ein Nachtlager unter Dach und Fach hätte!«, sagte er zu sich selbst. »Man sagt, daß Betrunkene am leichtesten erfrieren«, dachte er, »und ich habe ziemlich stark getrunken.« Und während er nun auf seine Empfindungen achtete, fühlte er, daß er zu zittern anfing, ohne selbst zu wissen, weswegen er zitterte, ob vor Kälte oder vor Furcht. Er versuchte, sich einzumummen und da zu liegen wie vorher; aber er war nicht mehr imstande, das zu tun. Es war ihm unmöglich, ruhig auf einem Fleck zu bleiben; es verlangte ihn aufzustehen und irgend etwas zu unternehmen, um die in ihm aufsteigende Angst, gegen die er sich machtlos fühlte, zu übertäuben. Er holte wieder die Zigaretten und die Streichhölzer hervor; aber es waren nur noch drei Streichhölzer übrig, und die waren sämtlich schlecht. Bei allen dreien rieb sich die Zündmasse ab, ohne daß sie Feuer gefangen hätten.

»Hol dich der Teufel, verfluchtes Biest! Fort mit dir!«, schimpfte er, ohne selbst zu wissen auf wen, und schleuderte die verdrückte Zigarette von sich. Auch das Streichholzschächtelchen wollte er schon wegschleudern; aber er hemmte noch diese Bewegung seiner Hand und schob das Schächtelchen in die Tasche. Es überkam ihn eine solche Unruhe, daß er nicht länger an seinem Platze bleiben konnte. Er stieg aus dem Schlitten, stellte sich mit dem Rücken gegen den Wind und band sich seinen Gurt anders um, nämlich recht tief unten und recht fest.

»Wozu soll ich hier liegen und auf den Tod warten? Ich setze mich auf das Pferd und dann vorwärts!« Dieser Gedanke schoß ihm auf einmal durch den Kopf. »Mit einem Reiter wird dem Pferde die Kraft nicht versagen. Ihm«, dachte er mit Bezug auf Nikita, »kann es ganz gleich sein, ob er stirbt. Was hat er für ein Leben! Um ein solches Leben kann es ihm nicht leid sein. Aber ich habe, Gott sei Dank, so viel, daß ich mein Leben genießen kann …«

Er band das Pferd los, warf ihm die Zügel auf den Hals und wollte aufsteigen; aber Pelz und Stiefel waren so schwer, daß er abglitt. Dann stellte er sich auf den Schlitten und wollte vom Schlitten aus aufsteigen. Aber der Schlitten schwankte unter seinem Gewicht, und er kam wieder nicht hinauf. Beim dritten Male stellte er das Pferd wieder dicht neben den Schlitten, und indem er vorsichtig auf den Rand des Schlittens trat, gelang es ihm endlich insoweit, daß er mit dem Bauche über den Rücken des Pferdes zu liegen kam. Nachdem er so ein Weilchen still gelegen hatte, schob er sich einmal und noch einmal vorwärts und brachte endlich das Bein über den Rücken des Pferdes hinüber; er setzte sich zurecht und stützte sich mit den Füßen in Ermangelung von Steigbügeln auf den langen Umlaufriemen. Nikita war von dem Stoße, den ihm der schwankende Schlitten versetzt hatte, aufgewacht und richtete sich auf; und es kam Wasilij Andrejitsch so vor, als ob er etwas sagte.

»Das fehlte noch, daß man täte, was einem solche Dummköpfe raten! Na ja, ich soll wohl hier um nichts und wieder nichts umkommen?«, rief Wasilij Andrejitsch, schob sich die auseinanderflatternden Schöße seines Pelzes unter die Knie, wendete das Pferd um und trieb es an, vom Schlitten weg in der Richtung, wo nach seiner Meinung der Wald und das Wächterhäuschen sein mußten.

VII

Nikita hatte von dem Augenblicke an, wo er sich mit der Packleinwand eingehüllt und sich an der Hinterwand des Schlittens hingesetzt hatte, dagesessen, ohne sich zu rühren. Wie alle Menschen, die mit der Natur leben und die Not kennen, war er geduldig und konnte stunden-, ja tagelang ruhig warten, ohne in Unruhe oder Erregung zu geraten. Er hatte gehört. wie sein Herr ihn vorhin einige Male angerufen hatte; aber er hatte nicht geantwortet, weil er sich nicht bewegen mochte.

Obgleich ihm von dem getrunkenen Tee und von der starken Bewegung beim Herumwaten durch die Schneewehen noch warm war, so wußte er doch, daß diese Wärme nicht lange vorhalten und er nicht mehr imstande sein werde, sich durch Bewegung zu erwärmen, weil er sich entsetzlich müde fühlte. Er fühlte sich in demselben Zustande wie ein Pferd, das völlig den Dienst versagt, durch keine Peitschenhiebe mehr vorwärts getrieben werden kann und erst gefüttert werden muß, um wieder weiterarbeiten zu können.

Außerdem war ihm der eine Fuß in dem zerrissenen Stiefel ganz erstarrt, und er fühlte an ihm die große Zehe nicht mehr. Und auch am ganzen Körper fror er immer heftiger.

Der Gedanke, daß er in dieser Nacht sterben könne und aller Wahrscheinlichkeit nach auch sterben werde, war ihm wohl gekommen, erschien ihm aber weder besonders traurig noch besonders furchtbar. Besonders traurig konnte ihm dieser Gedanke nicht erscheinen, weil sein ganzes Leben ganz und gar nicht ein ununterbrochener Festtag, sondern vielmehr ein steter Frondienst gewesen war, von dem er müde zu werden anfing. Auch besonders furchtbar war ihm dieser Gedanke nicht, weil er, abgesehen von den Brotherren, denen er, wie jetzt diesem Wasilij Andrejitsch, hier auf Erden diente, sich von dem höchsten Herrn abhängig fühlte, von Ihm, der ihn in dieses Leben gesandt hatte, und weil er wußte, daß er, auch wenn er sterbe, in der Hand dieses Herrn bleibe und daß dieser Herr ihm nichts Übles tun werde.

»Es kann einem ja leid tun, so alles zu verlassen, worin man sich eingelebt und woran man sich gewöhnt hat. Na, aber was ist zu machen? Dann muß man sich eben auch an das Neue gewöhnen.«

»Und die Sünden?«, dachte er auf einmal und erinnerte sich an seine Trunksucht, an das vertrunkene Geld, und wie er seine Frau geschimpft und mißhandelt und oft die Kirche versäumt und die Fastenzeit nicht gehalten hatte, und an alles, was ihm sonst noch vom Popen in der Beichte zum Vorwurf gemacht worden war. »Gewiß, das sind Sünden. Aber habe ich die denn selbst verschuldet? Offenbar hat mich doch Gott so geschaffen. Na ja, mögen es Sünden sein. Was soll ich nun dabei tun?«

So überlegte er das, was ihm in dieser Nacht zustoßen konnte, und nachdem er über diesen Punkt dergestalt mit sich ins reine gelangt war, überließ er sich allerlei Gedanken und Erinnerungen, die ihm von selbst in den Kopf kamen. Er dachte daran, wie Maria gekommen war und wie die Knechte sich betrunken hatten und er sich geweigert hatte mitzutrinken, und dann wieder an die jetzige

Fahrt und an die Stube im Hause des Bauern Taras und an die Gespräche über die Wirtschaftsteilungen, und an seinen Sohn und an den Braungelben, der es jetzt unter der Decke warm hatte, und an seinen Herrn, der sich so unruhig umherwälzte, daß der Schlitten knarrte. »Ich meine, dem guten Mann tut es jetzt selbst leid, daß er gefahren ist«, dachte er. »Von einem so angenehmen Leben mag man nicht gern Abschied nehmen; das ist eine andere Sache wie bei unsereinem.« Und all diese Erinnerungen und Gedanken begannen, sich in seinem Kopf zu vermengen und wirr durcheinanderzuschlingen, und er schlief ein.

Als aber Wasilij Andrejitsch beim Besteigen des Pferdes den Schlitten ins Schwanken brachte und die Hinterwand, an die sich Nikita mit dem Rücken lehnte, zurückwich und er von der einen Kufe einen Stoß in den Rücken bekam, da wachte er auf und sah sich, ob er nun wollte oder nicht, genötigt, seine Lage zu verändern. Mit Mühe streckte er die Beine gerade, schüttelte den Schnee von ihnen ab und erhob sich; sofort aber durchdrang auch eine peinigende Kälte seinen ganzen Körper. Nachdem er begriffen hatte, was vorging, kam ihm der Wunsch, Wasilij Andrejitsch möchte ihm den Sack dalassen, den das Pferd nun nicht mehr nötig hatte, damit er sich mit ihm zudecken könne, und er rief ihm das zu.

Aber Wasilij Andrejitsch hielt sich nicht länger auf und verschwand in dem stäubenden Schnee. Allein zurückgeblieben, überlegte Nikita einen Augenblick lang, was er nun tun solle. Wegzugehen und nach einer menschlichen Wohnung zu suchen, dazu fühlte er nicht die Kraft in sich. Auch sich wieder auf seinen alten Platz zu setzen war nicht mehr möglich: der war schon ganz von Schnee bedeckt. Im Schlitten aber, das fühlte er, würde er sich nicht warm halten können, weil er nichts hatte, um sich zuzudecken, und sein Mantel und sein Pelz ihn gar nicht wärmten. Er fror, als wäre er im bloßen Hemde. Ihm wurde unheimlich zumute. »Herr Gott, Vater im Himmel!«, sagte er, und das Bewußtsein, daß er nicht allein war, daß jemand ihn hörte und ihn nicht verlassen würde, beruhigte ihn.

Er seufzte, und ohne die Packleinwand vom Kopf zu nehmen, legte er sich im Schlitten auf den Platz, den vorher sein Herr eingenommen hatte.

Er ballte sich unten am Boden des Schlittens zu einem möglichst kleinen Klumpen zusammen, konnte aber schlechterdings nicht warm werden. So lag er etwa fünf Minuten lang, am ganzen Leib zitternd; dann ging das Zittern vorüber, und er verlor allmählich das Bewußtsein. Ob er sterbe oder einschlafe, das wußte er nicht; aber er fühlte sich in gleicher Weise zu dem einen wie zu dem anderen bereit. Nur ganz unklar dachte er: »Wenn es Gott gefällt, daß ich noch einmal hier in dieser Welt lebend aufwache und wie früher als Knecht lebe und immer in derselben Weise fremde Pferde pflege und fremden Roggen nach der Mühle fahre und in derselben Weise mich betrinke und das Trinken abschwöre und in derselben Weise meinen Arbeitsverdienst meinem Weibe und diesem Böttcher hingebe und in derselben Weise darauf warte, daß mein Sohn heranwächst: so geschehe Sein heiliger Wille. Und wenn es Gott gefällt, daß ich in einer anderen Welt erwache, wo alles ebenso neu und beglückend sein wird, wie mir hier auf Erden in meiner ersten Kindheit die Liebkosungen meiner Mutter und das Spielen mit anderen Kindern und das Schlittenfahren im Winter und die Wiesen und die Wälder neu und beglückend waren, und daß für mich ein anderes, neues, wunderbares Leben beginne: so geschehe Sein heiliger Wille.« Dann verlor Nikita völlig das Bewußtsein.

VIII

Unterdessen ritt Wasilij Andrejitsch, das Pferd mit den Füßen und den Enden der Zügel antreibend, in der Richtung dahin, wo er aus irgendwelchem Grund den Wald und das Wächterhäuschen vermutete. Der Schnee verklebte ihm die Augen, und der Wind schien ihn zurückhalten zu wollen; aber er trieb, sich ganz vornüber beugend, unaufhörlich das Pferd an. Dabei schlug er fortwährend seinen Pelz zusammen und schob ihn zwischen seinen Körper und das kalte, mit Nägeln beschlagene Rückenpolster, das ihm beim Sitzen hinderlich war. Das Pferd ging gehorsam, wiewohl nur mit großer Mühe, im Paßgang dahin, wohin er es lenkte.

So ritt er ungefähr fünf Minuten, immer geradeaus, wie er meinte, ohne etwas anderes zu sehen als den Kopf des Pferdes und die weiße Wüste, und ohne etwas anderes zu hören als das Pfeifen des Windes um die Ohren des Pferdes und um den Kragen seines Pelzes.

Plötzlich zeigte sich vor ihm etwas Dunkles. Das Herz in der Brust begann ihm freudig zu pochen, und er ritt auf dieses Dunkle zu, in welchem er bereits die Wände von Bauernhäusern zu erkennen glaubte. Aber dieses Dunkle war nicht unbeweglich, sondern schwankte fortwährend, und war kein Dorf, sondern ein Grenzrain, der mit hohen, aus dem Schnee herausragenden Beifußstauden bewachsen war, welche der durch sie hindurchpfeifende Wind immer nach einer Seite bog. Und ohne eigentlichen Grund machte der Anblick dieser vom Wind unbarmherzig mißhandelten Beifußstauden Wasilij Andrejitsch schaudern; er trieb eilig das Pferd weiter, ohne zu beachten, daß er beim Heranreiten an die Beifußstauden die frühere Richtung vollständig verändert hatte und jetzt das Pferd nach einer ganz anderen Seite trieb, immer noch in der Vorstellung, daß er nach der Seite ritte, wo sich das Wächterhäuschen befinden müsse. Aber das Pferd strebte immer nach rechts, und deshalb lenkte er es die ganze Zeit über mehr nach links.

Wieder erblickte er etwas Dunkles vor sich. Er freute sich, überzeugt, daß es diesmal nun sicher ein Dorf sei. Aber es war wieder ein mit Beifuß bewachsener Rain. Und wieder schwankten die Stauden wild hin und her und flößten dem einsamen Reiter eine unerklärliche Angst ein. Und nicht genug damit, daß dies ebensolche Beifußstauden waren; es führte an ihnen auch eine vom Winde fast verwehte Pferdespur vorbei. Wasilij Andrejitsch hielt an, beugte sich hinunter und blickte scharf hin: es war eine leicht mit Schnee überdeckte Pferdespur, und sie konnte von keinem anderen Pferd herrühren als von seinem eigenen. Er war offenbar im Kreis herumgeritten, und zwar auf einem kleinen Raum. »So gehe ich zugrunde«, dachte er; aber um nicht ganz von der Furcht übermannt zu werden, trieb er das Pferd noch heftiger an und starrte immer in den weißen Schneenebel hinein, in welchem er nichts sah als ab und zu aufschimmernde und sofort wieder verschwindende leuchtende Punkte. Einmal glaubte er das Bellen von Hunden oder das Heulen von Wölfen zu hören; aber diese Laute waren so schwach und unbestimmt, daß er nicht wußte, ob er wirklich etwas höre oder es sich nur einbilde. Er hielt das Pferd an und horchte mit größter Spannung.

Plötzlich ertönte nicht weit von seinen Ohren ein furchtbares, betäubendes Schreien, und alles erzitterte und erbebte unter ihm. Wasilij Andrejitsch klammerte sich an den Hals des Pferdes; aber auch dieser ganze Hals zitterte, und das furchtbare Geschrei wurde noch entsetzlicher. Einige Sekunden lang vermochte Wasilij Andrejitsch gar nicht zur Besinnung zu kommen und sich darüber klar zu werden, was eigentlich geschehen war. Aber was geschehen war, bestand nur darin, daß der Braungelbe, sei es um sich Mut zu machen, sei es um jemand zur Hilfe herbeizurufen, ein lautes, schallendes Gewieher ausgestoßen hatte.

»Zum Teufel noch mal! Was hast du mir für einen Schreck eingejagt, verdammtes Vieh!«, sagte Wasilij Andrejitsch vor sich hin.

Aber auch nachdem er die wahre Ursache seiner Angst erkannt hatte, konnte er sich von dieser Angst nicht mehr frei machen.

»Ich muß mich sammeln, muß meine Gedanken zusammennehmen«, sagte er zu sich, konnte sich aber dabei doch nicht zur Ruhe zwingen und trieb das Pferd unaufhörlich an, ohne zu bemerken, daß er jetzt mit dem Winde ritt und nicht mehr gegen den Wind. Sein Atem ging stockend, sein Körper fror, schmerzte und zitterte, namentlich zwischen den Beinen am Schritt, wo er ungeschützt war und das Rückenpolster berührte. Er sah, daß er in dieser entsetzlichen Schneewüste zugrunde gehen mußte und daß an keine Rettung mehr zu denken war.

Auf einmal sank das Pferd unter ihm weg; es war in eine Schneegrube hineingeraten und begann nun mit den Beinen um sich zu schlagen, fiel aber zur Seite. Wasilij Andrejitsch sprang herunter, wobei er den Umlaufriemen, auf den er sich mit dem Fuß gestützt hatte, ganz seitwärts verschob und das Rückenpolster, an dem er sich beim Abspringen gehalten hatte, schief zog. Sobald er vom Pferd heruntergesprungen war, kam das Pferd wieder mit sich zurecht, tat einen Ruck nach vorn, machte einen Sprung, dann noch einen, stieß wieder ein Gewieher aus, und indem es den auf dem Boden schleifenden Sack und den Umlaufriemen hinter sich her schleppte, verschwand es feinem Herrn aus den Augen und ließ diesen allein in der Schneemasse zurück. Wasilij Andrejitsch lief ihm nach; aber der Schnee war so tief und seine Pelze so schwer, daß er nicht mehr als zwanzig Schritte machen konnte, wobei er mit jedem Beine bis über das Knie einsank; dann blieb er atemlos stehen. »Der Wald, die Hammel, die gepachteten Güter, der Laden, die Schenken, das mit Blech gedeckte Haus und die Scheune, der Erbe«, dachte er, »was wird nun aus alledem werden? Was geschieht denn hier mit mir? Das kann doch nicht sein!«, fuhr es ihm durch den Kopf. Und infolge einer eigenartigen Gedankenverknüpfung erinnerte er sich an die vom Wind gepeitschten Beifußstauden, an denen er zweimal auf seinem Ritt vorbeigekommen war, und es überkam ihn ein solches Grauen, daß er an die Wirklichkeit dessen, was mit ihm vorging, gar nicht zu glauben vermochte. Er dachte: »Ob mir auch nicht etwa das alles nur träumt?«, und wollte aufwachen; aber da war kein Schlaf, aus dem er hätte erwachen können. Das war wirklicher Schnee, der ihm das Gesicht peitschte und seine rechte Hand beschüttete, von der er den Handschuh verloren hatte, und das war eine wirkliche Einöde, in der er jetzt allein geblieben war wie jenes Beifußgestrüpp, und einem unvermeidlichen, baldigen, allen Sinnes und Verstandes baren Tode entgegensah.

»Königin des Himmels, wundertätiger Nikolaus, Meister der Enthaltsamkeit«, rief er aus, indem er sich an die gestrigen Kirchengebete erinnerte und an das Heiligenbild mit der schwarz gewordenen Malerei und dem goldenen Rahmen, und an die Kerzen, die er zum Anzünden vor diesem Heiligenbilde verkaufte, und die ihm sofort wieder zurückgebracht wurden und die er dann, da sie kaum angebrannt waren, wieder in seinem Kasten verwahrte. Und nun betete er zu ebendiesem wundertätigen Nikolaus um seine Rettung und gelobte ihm einen Dankgottesdienst und Kerzen. Aber zugleich war er sich in zweifelloser Weise darüber klar, daß dieses Heiligenbild und sein Rahmen und die Kerzen und die Geistlichen und die Gebete, daß das alles zwar dort in der Kirche sehr wichtig und nötig sei, ihm aber hier nichts helfen könne, und daß zwischen diesen Kerzen und Gebeten einerseits und seiner jetzigen jammervollen Lage anderseits keinerlei Zusammenhang bestehe und auch nicht bestehen könne.

»Ich darf nicht den Mut verlieren«, sagte er sich. »Ich muß den Spuren des Pferdes folgen, sonst werden die auch noch verweht. So komme ich auf den rechten Weg, vielleicht fange ich es auch noch. Nur nicht zu hastig, sonst geh ich wieder fehl und bin endgültig verloren.« Aber trotzdem er eigentlich beabsichtigte ruhig zu gehen, begann er doch zu laufen, fiel fortwährend, erhob sich wieder und fiel von neuem. An solchen Stellen, wo der Schnee nicht tief lag, war die Spur des Pferdes kaum noch zu erkennen. »Es ist um mich geschehen«, dachte Wasilij Andrejitsch; »ich verliere auch diese Spur noch.« Aber in diesem Augenblick bemerkte er, als er nach vorn sah, etwas Dunkles. Das war der Braungelbe, und der Braungelbe nicht allein, sondern auch der Schlitten mit der aufgerichteten Deichsel und dem Tuch. Der Braungelbe, dem das Rückenpolster und der Umlaufriemen und der Sack ganz schief gerutscht waren, stand jetzt nicht auf seinem früheren Platz, sondern näher bei der Deichsel und schlug mit dem Kopf hin und her, den ihm der Zügel, auf welchen er getreten war, nach unten zog. Es stellte sich heraus, daß Wasilij

Andrejitsch in derselben Vertiefung stecken geblieben war, in welcher ihm vorher mit Nikita zusammen das gleiche begegnet war, und daß das Pferd ihn zum Schlitten zurückgebracht hatte und daß die Stelle, wo er vom Pferd gesprungen war, von dem Standorte des Schlittens nicht mehr als fünfzig Schritte entfernt gewesen war.

IX

Nachdem Wasilij Andrejitsch sich zu dem Schlitten hingeschleppt hatte, hielt er sich an ihm fest und stand lange so da, ohne sich zu rühren, bemüht, sich zu beruhigen und wieder zu Atem zu kommen. Nikita befand sich nicht mehr an seinem früheren Platz; aber im Schlitten lag etwas, was schon ganz mit Schnee bedeckt war, und Wasilij Andrejitsch erriet, daß das Nikita sei. Wasilij Andrejitschs Furcht war jetzt vollständig verschwunden, und wenn er jetzt etwas fürchtete, so war es eben nur jener entsetzliche Angstzustand, den er auf dem Pferd und namentlich damals, als er allein in der Schneegrube zurückgeblieben war, durchgemacht hatte. Um keinen Preis durfte er es dahin kommen lassen, daß ihn diese Angst von neuem überfiel, und damit sie ihn nicht überfalle, durfte er nicht an sich selbst denken, sondern er mußte an etwas anderes denken, mußte etwas tun. Und daher stellte er sich zunächst mit dem Rücken gegen den Wind und machte seinen Pelz auf. Dann, sobald er ein wenig zu Atem gekommen war, schüttelte er den Schnee aus den Stiefeln und aus dem linken Handschuh. Der rechte war rettungslos verloren und steckte wohl schon irgendwo zwei Spannen tief unter dem Schnee. Hierauf band er sich seinen Gurt von neuem um, und zwar fest und tief unten, so wie er sich zu umgürten pflegte, wenn er aus seinem Laden heraustrat, um das von den Bauern gebrachte Getreide vom Wagen zu kaufen; so gürtete er sich auch jetzt zur Vorbereitung auf seine Tätigkeit. Das erste, was ihm nötig schien, war, das Bein des Pferdes frei zu machen. Das tat Wasilij Andrejitsch denn auch, und nachdem er den Zügel unter dem Fuße des Pferdes hervorgezogen hatte, band er den Braungelben wieder an die eiserne Krampe am Vorderteile des Schlittens, am alten Fleck, und trat nun von hinten an das Pferd heran, um an ihm den Umlaufriemen, das Rückenpolster und den Sack in Ordnung zu bringen. Aber in diesem Augenblick sah er, daß sich im Schlitten etwas bewegte und Nikitas Kopf sich aus der Schneedecke erhob. Der Knecht brachte es offenbar nur mit großer Anstrengung fertig, sich aufzurichten und hinzusetzen; darauf machte er mit der Hand ganz seltsame Bewegungen vor seiner Nase, wie wenn er da Fliegen wegjagen wollte, und sagte etwas; wie Wasilij Andrejitsch meinte, rief er ihn zu sich heran.

Wasilij Andrejitsch ließ den Sack, wie er war, ohne ihn zurechtgelegt zu haben, und trat zum Schlitten hin.

»Was willst du?«, fragte er. »Was sagst du?«

»Ich … ich … ster… sterbe, das ist's«, brachte Nikita mühsam in Absätzen heraus. »Meinen Arbeitslohn … geben Sie meinem Jungen … oder meiner Frau … ganz gleich.«

»Was hast du denn? Sind dir die Glieder erfroren?«, fragte Wasilij Andrejitsch.

»Ich fühle … der Tod kommt … Verzeihen Sie mir … wenn ich Ihnen Übles getan habe … um Christi willen«, sagte Nikita mit weinerlicher Stimme und fuhr dabei unaufhörlich mit den Händen vor seinem Gesicht umher, als wollte er Fliegen wegscheuchen.

Wasilij Andrejitsch stand etwa eine halbe Minute lang schweigend da, ohne sich zu rühren; dann trat er plötzlich mit derselben Entschlossenheit, mit der er bei einem vorteilhaften Kaufe dem Verkäufer den Handschlag zu geben pflegte, einen Schritt zurück, streifte die Ärmel seines Pelzes auf und machte sich daran, mit beiden Händen den Schnee von Nikita und aus dem Schlitten wegzuscharren. Nachdem er dies ausgeführt hatte, machte Wasilij Andrejitsch eilig seinen Gurt auf, schlug den Pelz auseinander, drückte Nikita durch einen Stoß, den er ihm versetzte, nieder und legte sich dann auf ihn, so daß er ihn nicht nur mit seinem Pelze, sondern auch mit seinem ganzen warmen, erhitzten Körper bedeckte.

Mit den Händen stopfte Wasilij Andrejitsch die Seitenteile seines Pelzes zwischen die Bastwand des Schlittens und Nikitas Leib, und mit den Knien hielt er den Saum des Pelzes fest; so lag er auf dem Bauch, mit dem Kopf gegen die Wand des Vorderteiles gelehnt. Jetzt hörte er weder die Bewegungen des Pferdes noch das Pfeifen des Sturmwindes; er horchte nur auf Nikitas Atmen. Nikita lag anfangs lange da, ohne sich zu bewegen; dann seufzte er laut und rührte sich; offenbar fing er an warm zu werden.

»Na, siehst du wohl! Und da redest du vom Sterben! Lieg ganz still und wärme dich! So machen wir's …« begann Wasilij Andrejitsch zu reden.

Aber weiter konnte er zu seiner größten Verwunderung nicht sprechen, da ihm die Tränen in die Augen traten und der Unterkiefer hastig zu zucken anfing. Er hörte auf zu sprechen und schluckte nur das, was ihm in die Kehle kam, hinunter.

»Das hat mich ja gehörig angegriffen, ich bin ganz schwach geworden«, dachte er bei sich. Aber diese Schwäche war ihm nicht unangenehm; im Gegenteil, sie rief in ihm ein ganz besonderes Gefühl der Freude hervor, wie er es bisher noch nie kennen gelernt hatte.

»So machen wir's!«, sagte er zu sich selbst und empfand dabei eine ganz eigenartige feierliche Rührung. So lag er ziemlich lange Zeit schweigend da, wischte sich die Augen an dem Pelzwerk ab und stopfte den rechten Pelzschoß, den der Wind immer wieder zurückschlug, unter sein Knie.

Aber er verspürte eine brennende Lust, jemandem etwas über seinen freudigen Gemütszustand zu sagen.

»Nikita!«, rief er.

»Mir ist wohl, mir ist warm«, erscholl es von unten als Antwort.

»So ist es recht, Bruder! Beinah wäre ich ins Verderben geraten. Du wärest erfroren, und ich wäre …«

Aber hier fingen ihm wieder die Kinnbacken an zu zittern, und seine Augen füllten sich wieder mit Tränen, und er konnte nicht weiterreden.

»Na, das schadet nichts«, dachte er. »Ich weiß doch selbst, was ich weiß.« Und er verstummte. So lag er lange.

Es war ihm warm, von unten her durch Nikita, von oben her durch den Pelz. Nur die Hände, mit denen er die Seitenteile des Pelzes rechts und links von Nikitas Körper festhielt, und die Füße, von denen der Wind fortwährend den Pelz zurückschlug, begannen ihm zu erstarren. Besonders fror die rechte Hand ohne Handschuh. Aber er dachte nicht an seine eigenen Glieder; er dachte nur daran, wie er den unter ihm liegenden Knecht warmhalten könne.

Einige Male blickte er nach dem Pferde hin und bemerkte, daß dessen Rücken unbedeckt war und der Sack sowie der Umlaufriemen auf den Schnee herunterhängen; er sagte sich, daß er aufstehen und das Pferd zudecken müsse; aber er konnte sich nicht entschließen, Nikita auch nur für einen Augenblick zu verlassen und den freudigen Gemütszustand, in welchem er selbst sich befand, zu stören. Angst empfand er jetzt gar keine.

»Keine Bange; das werde ich schon zurechtbekommen!«, sagte er bei sich selbst in bezug darauf, daß es ihm gelingen werde, Nikita warmzuhalten, mit derselben Ruhmredigkeit, deren er sich bei seinen Käufen und Verkäufen zu bedienen pflegte.

So lag Wasilij Andrejitsch eine Stunde und noch eine und eine dritte. Aber er merkte nicht, wie die Zeit verging. Anfangs zogen ihm Gedanken an diejenigen Dinge durch den Kopf, die vor seinen Augen umherzitterten: an den Schneesturm, an die Deichselstangen, an das Pferd unter dem Krummholz; und er dachte an Nikita, der unter ihm lag. Dann mischten sich Erinnerungen an das Fest hinein, und an seine Frau und an den Polizeihauptmann und an den Kerzenkasten, und wieder an Nikita, der nun unter diesem Kasten lag. Dann sah er Bauern vor sich, welche verkauften und kauften, und weiße Wände und Häuser mit Blechdächern, und unter den Häusern lag wieder Nikita. Dann verwirrte sich das alles miteinander, eines ging in das andere über, und wie die Farben des Regenbogens sich zu dem einheitlichen weißen Lichte verbinden, so flossen alle diese verschiedenen Eindrücke in ein einziges Nichts zusammen, und er schlief ein. Lange Zeit schlief er, ohne zu träumen; aber vor der Morgendämmerung stellten sich die Traumgesichte wieder ein. Es war ihm, als stände er bei seinem Kerzenkasten und die Frau des Bauern Tichon verlange von ihm zum Feiertag eine Kerze für fünf Kopeken; er will die Kerze herausnehmen und ihr geben; aber er kann die Hände nicht heben; die stecken zusammengeballt in den Taschen. Er will um den Kasten herumgehen; aber seine Beine bewegen sich nicht, und die neuen, sauberen Gummischuhe sind an den steinernen Fußboden angewachsen, und er kann sie nicht in die Höhe heben, und auch die Füße kann er nicht aus ihnen herausziehen. Und auf einmal ist der Kerzenkasten kein Kerzenkasten mehr, sondern ein Bett, und Wasilij Andrejitsch sieht sich mit dem Bauche auf dem Kerzenkasten liegen, das heißt auf seinem Bette in seinem Hause. Und so liegt er auf dem Bette und kann nicht aufstehen, und dabei muß er doch aufstehen; denn gleich wird ihn der Polizeihauptmann Iwan Matwejitsch abholen, und er muß mit Iwan Matwejitsch hingehen, entweder um mit dem Gutsbesitzer um den Wald zu handeln oder um dem Braungelben den Umlaufriemen in Ordnung zu bringen. Und er fragt seine Frau: »Nun? Ist der Polizeihauptmann noch nicht gekommen?« – »Nein«, antwortet sie »er ist noch nicht gekommen.« Und er hört, daß ein Wagen sich der Haustür nähert. »Das wird er gewiß sein.« – »Nein, es fährt vorbei.« – »Mikolawna, du, Mikolawna, kommt er denn immer noch nicht?« – »Nein.« Und er liegt auf dem Bette und kann gar nicht aufstehen, und dieses Warten ist angstvoll und freudig zugleich. Da plötzlich eine große Freude: der, auf den er gewartet hat, kommt, und nun ist es gar nicht der Polizeihauptmann Iwan Matwejitsch, sondern jemand anders, aber doch gerade der, auf den er wartet. Er ist gekommen und ruft ihn bei seinem Namen, und der, welcher ihn da bei seinem Namen ruft, das ist ebenderselbe, der ihn vorhin angerufen und ihm geheißen hat, sich auf Nikita zu legen. Und Wasilij Andrejitsch freut sich, daß dieser Jemand gekommen ist, um ihn abzuholen. »Ich komme!«, ruft er freudig. Und dieser Ausruf weckt ihn auf. Und er erwacht; aber nun er erwacht ist, ist er ein ganz anderer als der, welcher er beim Einschlafen war. Er will aufstehen und kann es nicht; er will den Arm bewegen, er kann es nicht; das Bein, auch das kann er nicht. Er will den Kopf umdrehen; auch dazu ist er nicht imstande. Er ist darüber erstaunt, aber in keiner Weise betrübt. Er begreift, daß das der Tod ist; aber auch darüber grämt er sich nicht im geringsten. Er erinnert sich daran, daß Nikita unter ihm liegt und warm geworden ist und lebt, und es kommt ihm vor, als wäre er selbst Nikita, und Nikita er selbst, und als steckte sein Leben nicht in ihm selbst, sondern in Nikita. Er strengt sein Gehör an und hört Nikitas Atmen, ja sogar ein schwaches Schnarchen. »Nikita lebt; also lebe ich auch«, sagt er triumphierend zu sich selbst. Und eine ganz neue Empfindung, eine Empfindung, die er in seinem ganzen Leben noch nicht gekannt hat, überkommt ihn.

Er denkt an sein Geld, an seinen Laden, an sein Haus, seine Einkäufe und Verkäufe und an Mironows Millionen, und es wird ihm schwer, zu begreifen, warum dieser Mensch, der Wasilij Brechunow hieß, sich mit all den Dingen beschäftigt hat, die er für seinen Beruf hielt. »Nun, er hat eben nicht gewußt, worauf es ankommt«, denkt er über diesen Wasilij Brechunow. »Ich habe es nicht gewußt; aber jetzt weiß ich es. Jetzt weiß ich es ohne jeden Irrtum; jetzt weiß ich es.« Und wieder hört er den Ruf dessen, der ihn schon einmal gerufen hat. »Ich komme, ich komme!«, antwortet freudig und gerührt sein ganzes Ich. Und er fühlt, daß er frei ist und nichts ihn mehr zurückhält.

Und weiter, sah und hörte und fühlte Wasilij Andrejitsch in dieser Welt nun nichts mehr.

Ringsum tobte noch immer in gleicher Weise der Schneesturm. Unverändert wirbelte der Schnee und bedeckte den Pelz des toten

Wasilij Andrejitsch und den am ganzen Leibe zitternden Braungelben und den kaum noch sichtbaren Schlitten und den warm gewordenen Knecht Nikita, der tief unten im Schlitten unter seinem nun toten Herrn lag.

X

Vor Tagesanbruch erwachte Nikita. Es weckte ihn die Kälte, die ihm wieder in den Rücken zu dringen begann. Es hatte ihm geträumt, er käme mit einer seinem Herrn gehörigen Fuhre Mehl von der Mühle, verfehlte bei Liapino die Brücke und bliebe mit der Fuhre stecken. Und nun sah er sich im Traum, wie er unter die Fuhre kroch und sie zu heben versuchte, indem er sich mit dem Rücken dagegen stemmte. Aber seltsam! die Fuhre bewegt sich nicht und haftet fest an seinem Rücken, und er vermag weder die Fuhre zu heben noch unter ihr wieder hervorzukriechen. Das ganze Kreuz ist ihm zerquetscht. Und dabei ist sie eiskalt! Es ist klar, daß er sich Mühe geben muß hervorzukriechen. »Na, nun ist's genug!«, sagt er zu jemand, zu demjenigen, der ihm die Fuhre auf den Rücken preßt. »Nimm die Säcke herunter!« Aber die Fuhre wird immer kälter und kälter und drückt ihn immer schlimmer, und auf einmal hört er ein sonderbares Klopfen und wird davon vollständig wach und erinnert sich an alles Vorhergegangene. Die kalte Fuhre, das war sein erfrorener, toter Herr, der auf ihm liegt. Und derjenige, der da geklopft hatte, das war der Braungelbe gewesen, der zweimal mit den Hufen gegen den Schlitten geschlagen hatte.

»Andrejitsch, he, Andrejitsch!«, ruft Nikita, der schon die Wahrheit ahnt, vorsichtig seinen Herrn an und krümmt mit Anstrengung seinen Rücken, um in die Höhe zu kommen.

Aber Wasilij Andrejitsch gibt keine Antwort, und sein Bauch und seine Beine sind steif und kalt, schwer wie Bleigewichte.

»Er muß wohl gestorben sein. Gott gebe ihm die ewige Seligkeit!«, denkt Nikita.

Er dreht den Kopf ein paarmal hin und her, gräbt sich mit der Hand durch den auf ihm liegenden Schnee hindurch und öffnet die Augen. Es ist schon hell. Der Wind pfeift noch ebenso um die Deichselstangen, und das Schneetreiben ist noch ebenso dicht, nur mit dem Unterschied, daß der Schnee jetzt nicht mehr mit peitschendem Ton gegen die Bastwand des Schlittens schlägt, sondern lautlos Schlitten und Pferd immer höher und höher bedeckt und keine Bewegung und kein Atmen des Pferdes mehr zu hören ist. »Der muß wohl auch erfroren sein«, denkt Nikita mit Bezug auf den Braungelben. Und wirklich waren jene Hufschläge gegen den Schlitten, von denen Nikita aufgewacht war, die letzten Anstrengungen vor dem Tode gewesen, durch die der schon ganz erstarrte Braungelbe versucht hatte, sich auf den Beinen zu halten.

»Mein Gott, Vater im Himmel, gewiß rufst du nun auch mich«, sagt Nikita zu sich selbst. »Dein heiliger Wille geschehe. Aber mir ist doch bange. Nun, zweimal braucht man nicht zu sterben, und daß man einmal stirbt, ist unvermeidlich. Wenn's nur recht schnell ginge …« Er steckt seine Hand wieder unter, schließt die Augen und verliert das Bewußtsein, völlig überzeugt, daß er jetzt sicher und gänzlich sterbe.

Es war schon Mittag, als Bauern mit Schaufeln Wasilij Andrejitsch und Nikita ausgruben, achtzig Schritt seitwärts von der Landstraße und eine halbe Werst vom Dorfe entfernt.

Der Schnee lag höher, als der Schlitten war; aber die Deichselstangen und das Tuch daran waren noch sichtbar gewesen. Der Braungelbe stand bis an den Bauch im Schnee; der Umlaufriemen und der Sack waren ihm vom Rücken heruntergeglitten. Das Tier sah am ganzen Leibe weiß aus; den toten Kopf hielt es gegen den erstarrten Kehlkopf gedrückt. Die Nüstern waren von Eisstücken erfüllt, die Augen bereift und gleichfalls wie mit gefrorenen Tränen überzogen. Das Pferd war in der einen Nacht so abgemagert, daß nur Haut und Knochen an ihm übriggeblieben waren. Wasilij Andrejitschs Körper war starr geworden wie der eines geschlachteten, gefrorenen Tieres, und in derselben Haltung, in der er auf Nikita gelegen hatte, mit gespreizten Beinen, wurde er von diesem herabgewälzt. Die vorstehenden Habichtsaugen waren überfroren und der offene Mund unter dem kurzgeschnittenen Schnurrbart mit Schnee vollgestopft. Nikita dagegen, obgleich völlig erstarrt, war noch am Leben. Als man ihn aufweckte, war er überzeugt, daß er bereits gestorben sei und daß das, was mit ihm jetzt geschah, nicht mehr in dieser, sondern in jener Welt vorgehe. Als er das Schreien der Bauern hörte, die ihn ausgruben und Wasilij Andrejitschs Leichnam von ihm herunterwälzten, da war er zuerst darüber erstaunt, daß in jener Welt die Bauern ebenso schrien und er einen ebensolchen Körper habe wie auf Erden; nachdem er aber dann begriffen hatte, daß er noch hier in dieser Welt sei, war er darüber eher betrübt als erfreut, namentlich als er merkte, daß ihm an beiden Füßen die Zehen erfroren waren. Zwei Monate lag Nikita im Krankenhaus. Drei Zehen wurden ihm abgenommen; aber die übrigen heilten, so daß er wieder arbeiten konnte. Er lebte noch zwanzig Jahre, zuerst als Knecht, dann in höherem Alter als Wächter. Gestorben ist er erst in diesem Jahr, bei sich zu Hause, wie er sich das gewünscht hatte, unter den Heiligenbildern und mit einer brennenden Wachskerze in der Hand. Vor seinem Tode bat er seine Frau um Verzeihung und verzieh auch ihr den Böttcher, nahm Abschied von seinem Sohn und seinen Enkelkindern und starb, aufrichtig erfreut darüber, daß er durch seinen Tod seinen Sohn und seine Schwiegertochter von der Last eines überflüssigen Essers befreie, sowie darüber, daß er nunmehr wirklich aus diesem Leben, das er satt hatte, in jenes andere Leben übergehe, das ihm von Jahr zu Jahr und von Stunde zu Stunde immer verständlicher und lockender geworden war. Ob es ihm dort, wo er nach diesem wirklichen Tode erwacht ist, besser oder schlechter geht, ob er sich enttäuscht gesehen oder eben das gefunden hat, was er zu finden erwartete – das werden wir alle bald erfahren.

Hadschi Murat

Der Held des Kaukasus

Ich ging quer über die Felder nach Hause. Es war mitten im Hochsommer. Das Heu auf den Wiesen war bereits abgeerntet, und man ging daran, den Roggen zu mähen.

Es gibt um diese Zeit eine köstliche Auswahl von Feldblumen: die in Rot, Weiß oder Rosa prangenden duftigen, flaumig-weichen Kleeblüten und die milchweißen, angenehm riechenden Sterne der Kamille mit dem grellgelben Kreis in der Mitte und der gelbblühende Ackersenf mit seinem Honiggeruch, die schlanken, tulpenartigen, lila oder weiß gefärbten Glockenblumen, die kriechenden Wicken, die gelben, roten und rötlichen Skabiosen, der ins Bläuliche spielende kolbenförmige Wegerich mit dem leicht rosig angehauchten Flaum und dem kaum merklichen feinen Aroma, die anfänglich, zumal in der Sonne, hellblauen, später nachdunkelnden und zuletzt ins Rötliche übergehenden Kornblumen und die zarten, nach Mandeln duftenden, rasch welkenden Winden.

Ich hatte einen großen, in allen möglichen Farben prangenden Strauß gesammelt und ging nach Hause, als ich im Graben eine prächtige, himbeerfarbene, in voller Blüte stehende Distel erblickte, von der Art, die man bei uns zulande Tatarendistel nennt und die man beim Mähen vorsichtig umgeht, falls sie jedoch zufällig von der Sense getroffen wird, sorgfältig aus dem Heu aufliest, damit man sich an den Stacheln nicht verwunde. Ich kam auf den Gedanken, diese Distel zu pflücken und mitten in meinen Strauß zu setzen. Ich stieg in den Graben hinab, trieb eine zottige Hummel, die sich in der Blüte festgesogen hatte und darin süß und sanft entschlummert war, von ihrem weichen Plätzchen und machte mich daran, die Blüte zu pflücken. Das war jedoch keineswegs leicht. Nicht nur, daß der stachlige Stengel, selbst nachdem ich meine Hand mit dem Taschentuch umwickelt hatte, nach meinen Fingern stach: er war auch so widerstandsfähig und fest, daß ich wohl fünf Minuten lang förmlich mit ihm kämpfte und jede Faser einzeln durchreißen mußte. Als ich die Blume endlich gepflückt hatte, war der Stengel schon ganz zerfetzt und zerfasert, und auch die Blüte selbst schien nicht mehr so frisch und schön. Überdies paßte sie mit ihrer plumpen, großen Form nicht recht unter die übrigen zarten Blüten des Straußes. Ich bedauerte, die Blume, die an ihrem Platz recht schön gewesen war, unnützerweise abgerissen zu haben, und warf sie fort. ›Welche Energie, welche Lebenskraft steckte doch in dieser Blume!‹ ging es mir durch den Sinn, als ich an die Anstrengungen dachte, die es mich gekostet hatte, sie zu pflücken. ›Wie verzweifelt hat sie sich gewehrt, wie teuer ihr Leben verkauft!‹

Der Weg zum Haus führte über frisch gepflügtes, schwarzes, fettes Brachfeld. Ich schritt auf der staubigen, dunklen Straße daher, einen flachen Abhang hinauf. Das gepflügte Land gehörte zum Gut und war sehr groß: zu beiden Seiten, wie auch nach vorn, sah man nichts als schwarzes, gleichmäßig durchfurchtes, noch nicht geeggtes Akkerland. Der Pflug hatte hier gute Arbeit geleistet, nirgends auf dem weiten Felde sah man auch nur ein Pflänzchen, einen Grashalm, alles war gleichförmig schwarz. ›Was für ein zerstörungssüchtiges Wesen ist doch der Mensch, wieviel lebende Organismen mannigfachster Art vernichtet er, um sein eignes Leben zu erhalten!‹ dachte ich, während ich unwillkürlich nach irgendeiner Spur von Vegetation inmitten dieses toten, schwarzen Feldes ausschaute. Vor mir, rechts vom Weg, erblickte ich etwas wie einen kleinen Strauch. Als ich näher heranging, sah ich, daß es gleichfalls eine Tatarendistel war, von derselben Art wie jene, die ich vorhin um ihren Blütenschmuck gebracht hatte.

Die Distelstaude bestand aus drei Stengeln. An dem einen war die Blüte abgerissen, und der Stumpf starrte in die Luft wie ein Arm, dessen Hand abgehauen war. Die beiden anderen Stengel trugen jeder eine Blüte. Diese Blüten waren einstmals rot gewesen, jetzt aber waren sie ganz schwarz. Der eine Stengel war geknickt, und die obere Hälfte mit der unansehnlichen Blüte an der Spitze hing herab; der andere Stengel war zwar von schwarzer Erde beschmutzt, doch ragte er immer noch gerade empor. Man sah, daß ein Rad über den ganzen stacheligen Busch hinweggegangen war, daß er sich dann aber wieder aufgerichtet hatte, wenn auch nicht ganz, denn er stand ziemlich schief, aber er stand doch jedenfalls, wie ein Mensch, dem ein Stück Fleisch aus dem Leib gerissen, dem die Eingeweide umgekehrt, ein Arm ausgerenkt, ein Auge ausgestochen worden, der aber immer noch dasteht und dem Feinde nicht weicht, dessen Hiebe alle seine Brüder ringsum niedergemäht haben.

›Welche Energie!‹, dachte ich, ›alles hat der Mensch hier besiegt, Millionen von Kräutern und Gräsern hat er vernichtet, und nur dieses eine ergibt sich nicht.‹ Und ich erinnerte mich einer Geschichte aus vergangener Zeit, aus der Epoche der Kaukasuskämpfe, die ich zum Teil miterlebt habe, zum Teil aus den Schilderungen anderer Augenzeugen kannte und zum Teil aus der Phantasie ergänzte. Diese Geschichte, wie sie in meiner Erinnerung und meiner Vorstellung sich gestaltet hat, lasse ich hier folgen.

I

Es war Ende des Jahres 1851. An einem kalten Novemberabend kam Hadschi Murat in das von einer unruhigen Bevölkerung bewohnte Tschetschenendorf[1] Machket geritten. Das Dorf lag etwa zwanzig Werst von den russischen Besitzungen entfernt und war von dem herb duftenden Rauch der Kuhfladen erfüllt, die in jener Gegend als Brennmaterial dienten.

Der langgedehnte Gesang des Muezzin[2] war soeben verstummt, und in der reinen Bergluft vernahm man deutlich, durch das Brüllen der Kühe und das Blöken der Schafe hindurch, die soeben über die gleich den Zellen einer Honigwabe aneinandergereihten Gehöfte des Dorfes verteilt wurden, die Kehllaute streitender männlicher Stimmen und die Unterhaltung der Frauen und Kinder unten am Springbrunnen.

Hadschi Murat war der durch seine kühnen Heldenstücke berühmte Nahib[3] Schamils, der nie anders als mit seinem Feldzeichen ausritt und stets von einigen Dutzend fanatischer Muriden[4] umgeben war, die um ihn herum auf kühne Reckenart ihre Rösser tummelten. Diesmal jedoch ritt er, in seinen Baschlik[5] und seinen Filzmantel gehüllt, nur von einem einzigen Muriden begleitet, daher und suchte offenbar, möglichst unerkannt zu bleiben. Die Mündung seiner Büchse lugte unter dem Mantel hervor. Seine scharf blickenden schwarzen Augen bohrten sich in das Gesicht jedes einzelnen Dorfbewohners ein, der ihm in den Weg kam.

Als Hadschi Murat in die Mitte des Dorfes gekommen war, ritt er nicht auf der Hauptstraße weiter, die nach dem Markt führte, sondern bog links in eine schmale Seitengasse ein. Er ritt bis zu der zweiten,

[1] Dorf der Tschetschenen, eines kaukasischen Bergvolkes.
[2] Mohammedanischer Gebetsrufer.
[3] Distriktchef.
[4] Angehörige einer mohammedanischen Sekte.
[5] Kaukasische Wollkapuze.

auf halber Höhe des Berges in den Abhang eingegrabenen Hütte der Gasse, hielt sein Pferd an und sah sich um. Unter dem Schutzdach vor der Hütte war niemand. Auf dem Dach jedoch, hinter dem frisch mit Lehm beworfenen Schornstein, lag unter einem Schafpelz ein Mann. Hadschi Murat stieß den auf dem Dach Liegenden mit dem Schaft seiner Reitpeitsche an und schnalzte mit der Zunge. Unter dem Schafpelz hervor kam ein alter Mann in einer Nachtmütze und einem fettglänzenden, abgetragenen Beschmet[1] zum Vorschein. Die wimpernlosen Augen des Alten waren rot und entzündet, und um sie zu öffnen, mußte er mehrmals heftig blinzeln.

Hadschi Murat murmelte den üblichen Gruß: »Selam aleikum!« und enthüllte sein Gesicht.

»Aleikum selam«, murmelte der Alte lächelnd mit dem zahnlosen Mund, als er Hadschi Murat erkannt hatte, und schlüpfte mit seinen mageren Beinen in die neben dem Schornstein stehenden Pantoffeln mit Holzabsätzen, steckte, ohne sich zu beeilen, die Arme durch die Ärmel seines ruppigen, nicht überzogenen Pelzes und kletterte auf der an das Dach gelehnten Leiter, mit dem Gesäß voran, vom Dach herunter. Während er sich anzog und hinabkletterte, bewegte er beständig den auf einem dünnen, runzeligen, wettergebräunten Hals sitzenden Kopf hin und her und schmatzte mit dem zahnlosen Mund. Als er auf der Erde war, nahm er Hadschi Murats Pferd am Zügel und hielt ihm dienstfertig den rechten Steigbügel. Doch der gewandte, stämmige Muride, der mit Hadschi Murat gekommen war, sprang rasch vom Pferde, schob den Alten zur Seite und faßte statt seiner den Bügel.

Hadschi Murat stieg vom Pferd und trat leicht hinkend unter das Schutzdach. Aus der Tür der Hütte kam ihm flink ein etwa fünfzehnjähriger Knabe entgegen, der mit seinen schwarzen, an reife Glanzkirschen erinnernden Augen voll Erstaunen auf die Ankömmlinge sah.

[1] Gesteppte, lange Jacke.

»Geh nach der Moschee und ruf den Vater«, befahl ihm der Alte. Dann ging er Hadschi Murat voran und öffnete ihm die leicht knarrende Tür der Hütte. Während Hadschi Murat die Schwelle überschritt, kam aus der nach dem Innern der Hütte führenden Tür eine nicht mehr junge, schlanke, hagere Frau in einem roten Beschmet über dem gelben Hemd und blauen Pluderhosen mit einigen Kissen heraus.

»Dein Eingang bringe Glück«, sagte sie, verneigte sich tief und bereitete an der Vorderwand für den Gast einen Sitz aus den Kissen.

»Langes Leben sei deinen Söhnen beschieden«, antwortete Hadschi Murat, nahm den Filzmantel, die Flinte und den Säbel ab und übergab alles dem Alten.

Der Alte hängte die Büchse und den Säbel vorsichtig an ein paar Nägel neben die an der Wand hängenden Waffen des Hausherrn, zwischen zwei große Becken, die an der glatten und sauber geweißten Wand glänzten.

Hadschi Murat schob seine über den Rücken gehängte Pistole zurecht, schritt auf die Kissen zu, schlug die Schöße der Tscherkeßka[1] zurück und setzte sich auf die Kissen. Der Alte hockte sich neben ihm auf seine nackten Fersen nieder, schloß die Augen und hob die Arme mit den nach oben gekehrten Händen empor. Hadschi Murat tat das gleiche; dann strichen beide, ein Gebet hersagend, sich mit den Händen über das Gesicht und vereinigten sie am Ende des Bartes.

»Ne chabar? Was gibt's Neues?«, fragte Hadschi Murat den Alten.

»Chabar iok, gar nichts«, antwortete der Alte, während er mit seinen roten, leblosen Augen nicht in Hadschi Murats Gesicht, sondern auf seine Brust sah. »Ich lebe draußen im Bienengarten und bin heute nur hergekommen, um einmal nach meinem Sohn zu sehen. Er weiß mehr.«

Hadschi Murat begriff, daß der Alte nicht sagen wollte, was er wußte, was aber Hadschi Murat gleichfalls wissen mußte. Er nickte leicht mit dem Kopf und fragte nicht weiter.

[1] Kragenloser, eng auf Taille gearbeiteter langer Rock der kaukasischen Bergvölker.

»Angenehme Neuigkeiten gibt es nicht«, fuhr der Alte dann fort. »Nur so viel wüßte ich, daß die Hasen noch immer beraten, wie sie die Adler verjagen sollen. Die Adler aber zerfleischen bald den einen, bald den anderen von ihnen. In der vorigen Woche haben die russischen Hunde den Leuten in Mitschiz die Heuschober verbrannt, der Schädel soll ihnen zerplatzen«, sprach der Alte grimmig mit seiner heiseren Stimme.

Der Muride Hadschi Murats trat ein. Mit den kräftigen Beinen weit ausschreitend, ging er kaum hörbar über den aus festgestampfter Erde hergerichteten Estrich, nahm gleich Hadschi Murat Filzmantel, Büchse und Säbel ab und hängte alles, nur den Dolch und die Pistole bei sich behaltend, an dieselben Nägel, an denen bereits die Waffen Hadschi Murats hingen.

»Wer ist das?«, fragte der Alte Hadschi Murat, indem er auf den Eintretenden zeigte.

»Das ist mein Muride. Eldar ist sein Name«, sagte Hadschi Murat.

»Gut«, entgegnete der Alte und wies Eldar einen Platz auf einer Filzdecke neben Hadschi Murat an.

Eldar setzte sich, schlug die Beine übereinander und richtete schweigend seine schönen, an die eines Widders erinnernden Augen auf das Gesicht des gesprächig gewordenen Alten. Der Alte erzählte, wie in der Woche vorher ein paar wackere Burschen aus dem Dorf zwei Soldaten gefangengenommen hätten, den einen hätten sie getötet und den anderen nach Wedeno zu Schamil geschickt. Hadschi Murat hörte zerstreut zu, blickte nach der Tür und horchte auf die Laute, die von außen her in die Hütte drangen. Unter dem Schutzdach vor der Hütte ließen sich Schritte vernehmen, die Tür knarrte, und der Hausherr trat ein.

Sado, der Besitzer der Hütte, war ein Mann von etwa vierzig Jahren, mit einem kleinen Bärtchen, langer Nase und ebensolchen, wenn auch nicht so glänzenden Augen wie die seines fünfzehnjährigen Sohnes, der jetzt hinter dem Vater in die Hütte trat und sich neben der Tür niederkauerte. Der Hausherr zog an der Tür seine Holzschuhe aus, schob die alte, schäbige Lammfellmütze auf dem schon lange nicht rasierten, mit schwarzem Haar bewachsenen Kopf in den Nacken zurück und hockte sich Hadschi Murat gegenüber auf die Fersen nieder.

Gleich dem Alten schloß auch Sado die Augen, hob die Arme mit nach oben gerichteten Handflächen empor, sprach ein Gebet, fuhr mit den Händen über sein Gesicht hin und begann erst dann zu reden. Er erzählte, daß von Schamil ein Befehl ergangen sei, sich Hadschi Murats, ob lebendig oder tot, zu bemächtigen. Gestern erst seien Schamils Abgesandte fortgeritten, und da das Volk es nicht wage, Schamil zu trotzen, sei größte Vorsicht vonnöten.

»In meinem Haus«, sagte Sado, »wird, solange ich lebe, meinem Gastfreund nichts geschehen. Was wird aber geschehen, wenn du ins Feld hinausreitest? Das ist zu erwägen!«

Hadschi Murat hörte aufmerksam zu und nickte beifällig mit dem Kopf. Als Sado geendet hatte, sagte er: »Gut. Dann muß ich zu den Russen einen Mann mit einem Brief schicken. Mein Muride wird hinreiten; nur braucht er einen Begleiter.«

»Ich schicke meinen Bruder Bata«, sagte Sado.

»Hol Bata«, wandte er sich zu seinem Sohne.

Der Knabe schnellte wie eine Sprungfeder empor und lief, die Arme hin und her schwenkend, rasch aus der Hütte. Zehn Minuten später kehrte er mit einem sehnigen, kurzbeinigen, von der Sonne ganz dunkel gebrannten Tschetschenen zurück, der eine in allen Nähten geplatzte gelbe Tscherkeßka mit zerfransten Ärmeln und ein Paar schlecht sitzende schwarze Lederstrümpfe trug. Hadschi Murat begrüßte den Eintretenden und begann sogleich, ohne viele Worte zu verlieren:

»Kannst du meinen Muriden zu den Russen führen?«

»Ja, das kann ich«, antwortete Bata munter. »Warum nicht? Kein Tschetschene bringt ihn so sicher hin wie ich. Ein anderer verspräche dir alles, führte aber nichts aus. Ich aber bring ihn sicher hin.«

»Gut«, sagte Hadschi Murat. »Für deine Mühe erhältst du drei Silberrubel«, sagte er und hielt ihm drei Finger vor die Augen.

Bata nickte, zum Zeichen, daß er ihn verstanden habe. Er fügte jedoch hinzu, es komme ihm nicht auf das Geld an, er tue es nur wegen der Ehre, Hadschi Murat zu dienen. Man kenne Hadschi Murat in den Bergen sehr gut und wisse, wie wacker er auf die russischen Schweine losgeschlagen habe.

»Es ist gut«, sagte Hadschi Murat. »Ein guter Strick ist lang, eine Rede aber kurz.«

»Nun, ich bin schon still«, sagte Bata.

»Kennst du die Stelle, wo der Argun gegenüber dem steilen Abhange die Wendung macht? Dort liegt eine Waldwiese, zwei Heuschober stehen darauf …«

»Ja, ich kenne die Stelle.«

»Dort erwarten mich drei meiner Berittenen«, sagte Hadschi Murat.

»Aija«, sprach Bata und nickte mit dem Kopf.

»Frag nur nach Khan Mahoma. Khan Mahoma weiß, was zu tun und zu sagen ist. Ihn sollst du zum Fürsten Woronzow, dem russischen Befehlshaber, führen. Kannst du das?«

»Ja, ich werde ihn hinführen.«

»Hinführen und auch wieder zurückführen. Kannst du das?«

»Ja, das kann ich.«

»Du führst ihn hin und kommst zurück in den Wald. Ich werde dort sein.«

»Alles werde ich tun«, sagte Bata, erhob sich, kreuzte die Arme über der Brust und ging hinaus.

»Nun muß ich auch noch einen Mann nach Gechi schicken«, sagte Hadschi Murat zu dem Hausherrn, als Bata hinausgegangen war. »In Gechi ist folgendes auszurichten …«, fuhr er fort, während er an einer der an seiner Tscherkeßka befestigten Patronen zu nesteln begann. Er ließ jedoch die Hand sogleich wieder sinken und schwieg, als er zwei Frauen erblickte, die in die Hütte eintraten.

Die eine von ihnen war Sados Gattin, dieselbe hagere, nicht mehr junge Frau, die vorhin die Kissen gebracht hatte. Die andere war ein noch ganz junges Mädchen in roten Pluderhosen und grünem Beschmet, mit einem Schmuck aus Silbermünzen, der die ganze Brust bedeckte. Am Ende ihres nicht langen, aber dicken, starken, schwarzen Zopfes, der zwischen ihren Schultern über den schmalen Rükken herabhing, war ein Silberrubel befestigt. Sie hatte dieselben munter blitzenden, schwarzen Kirschenaugen wie ihr Vater und ihr Bruder, suchte jedoch ihrem jugendlichen Gesicht einen strengen Ausdruck zu geben. Sie blickte die Gäste nicht an, doch man sah sogleich, daß sie ihre Anwesenheit fühlte.

Sados Gattin brachte einen niedrigen, runden, kleinen Tisch, auf dem sich Tee, Honig, Käse, Maiskuchen, Süßbrot und Butterfladen befanden. Das junge Mädchen trug ein Becken, eine Messingkanne und ein Handtuch herbei.

Sado und Hadschi Murat schwiegen, während die Frauen, in ihren weichen, roten, sohlenlosen Schuhen unhörbar hin und her schreitend, den Tisch vor den Gästen bereitstellten. Eldar saß die ganze Zeit über, da die Frauen in der Hütte weilten, unbeweglich wie eine Statue auf seinem Platz und hielt die schönen Widderaugen auf die gekreuzten Beine geheftet. Erst als die Frauen hinausgegangen und ihre weichen Schritte hinter der Tür verhallt waren, atmete er erleichtert auf. Hadschi Murat faßte nun wieder nach der Patrone an seiner Tscherkeßka, zog zuerst die Kugel heraus und nahm dann einen zusammengerollten Zettel aus der Hülse.

»Für meinen Sohn«, sagte er, auf den Zettel zeigend.

»Wohin soll die Antwort gebracht werden?«, fragte Sado.

»Zu dir, und du wirst sie mir geben.«

»Das soll geschehen«, sagte Sado und verbarg den Zettel in seiner Tscherkeßka. Dann nahm er mit beiden Händen die Kanne und schob das Becken vor Hadschi Murat hin. Hadschi Murat streifte die Ärmel seines Beschmets an den muskulösen weißen Armen bis oberhalb der Handgelenke auf und hielt seine Hände unter den kristallklaren, kühlen Wasserstrahl, den Sado aus der Kanne herausfließen ließ. Die Hände an einem rauhen, reinen Handtuch abtrocknend, wandte sich Hadschi Murat dem Essen zu. Das gleiche tat Eldar. Während die Gäste aßen, saß Sado ihnen gegenüber und dankte ihnen immer wieder für ihren Besuch. Der an der Tür sitzende Knabe wandte seine blitzenden schwarzen Augen von Hadschi Murat nicht einen Augenblick ab und lächelte, als wollte er durch sein Lächeln die Worte des Vaters bestätigen.

Obschon Hadschi Murat seit vierundzwanzig Stunden nichts genossen hatte, aß er doch nur ein wenig Käse und Brot. Mit dem kleinen Messer, das er unter seinem Dolch hervorzog, nahm er etwas Honig, den er sich auf das Brot strich.

»Unser Honig ist gut, seit Jahren hatten wir nicht mehr so viel und so guten Honig«, sagte der Alte, offenbar stolz darauf, daß Hadschi Murat von seinem Honig aß.

»Ich danke«, sagte Hadschi Murat und hörte auf zu essen.

Eldar hatte wohl noch Hunger, doch folgte er dem Beispiel seines Murschids[1], rückte vom Tisch ab und reichte Hadschi Murat das Becken und die Kanne.

Sado wußte, daß er sein Leben aufs Spiel setzte, indem er Hadschi Murat bei sich aufnahm, da nach Ausbruch des Streites zwischen Schamil und Hadschi Murat an alle Einwohner der Tschetschnja[2], unter Androhung der Todesstrafe, das Verbot ergangen war, Hadschi Murat zu beherbergen. Er wußte, daß die Bewohner des Dorfes jeden Augenblick von der Anwesenheit Hadschi Murats in seinem Hause erfahren und seine Auslieferung verlangen konnten. Doch das machte Sado keineswegs bange, sondern eher froh. Er hielt es für seine Pflicht, einen Gast zu beschützen, selbst wenn es ihn sein Leben kosten sollte, und es erfüllte ihn mit Genugtuung und Stolz, sich sagen zu können, daß er so handelte, wie es seine Pflicht gebot.

»Solange du in meinem Hause weilst und mein Kopf mir noch zwischen den Schultern sitzt, wird niemand dir etwas anhaben«, sprach er zu Hadschi Murat.

[1] Lehrer, Meister.
[2] Gebiet im Nordkaukasus, das von den Tschetschenen bewohnt wird.

Hadschi Murat sah ihm in die blitzenden Augen, und als er darin las, daß Sados Worte aufrichtig gemeint waren, sprach er mit einiger Feierlichkeit:

»Freude und langes Leben mögen dir zuteil werden.«

Sado kreuzte schweigend die Arme über der Brust zum Zeichen seines Dankes für die wohlgemeinten Worte.

Nachdem er die Fensterläden geschlossen und im Kamin Holz nachgelegt hatte, verließ er in ganz besonders froher und angeregter Stimmung das Gastzimmer und begab sich nach jenem Teil der Behausung, in dem seine ganze Familie wohnte. Die Frauen schliefen noch nicht, sondern sprachen von den gefährlichen Gästen, die im Gastzimmer nächtigten.

II

In derselben Nacht hatten drei Soldaten und ein Unteroffizier die fünfzehn Werst von dem Dorfe, in dem Hadschi Murat nächtigte, entfernte Festung Wosdwishenskoje durch das Tschachgirin-Tor verlassen. Die Soldaten trugen kurze Pelze nebst Fellmützen und bis über die Knie reichende Stiefel, wie sie damals die kaukasischen Soldaten zu tragen pflegten; der gerollte Mantel war über den Rükken gehängt. Die Soldaten marschierten zunächst mit dem Gewehr über der Schulter auf der Straße daher; nach etwa fünfhundert Schritten bogen sie ab, gingen, mit den Stiefeln das trockene Laub durchpflügend, noch zwanzig Schritt nach rechts und machten neben einer umgebrochenen Platane, deren schwarzer Stamm auch im Dunkeln sichtbar war, halt. An dieser Platane wurde in der Regel ein Geheimposten aufgestellt.

Die funkelnden Sterne, die, solange die Soldaten durch den Wald marschierten, über die Baumwipfel dahinzueilen schienen, hatten jetzt gleichfalls haltgemacht und blinkten hell zwischen den entlaubten Zweigen der Bäume hindurch.

»Zum Glück ist es trocken«, sagte der Unteroffizier Panow, während er das lange Gewehr mit dem aufgepflanzten Bajonett von der Schulter riß, daß es klirrte, und an einen Baumstamm lehnte. Die drei Soldaten folgten seinem Beispiel.

»Weg ist sie – verloren!«, murmelte Panow ärgerlich. »Entweder habe ich sie vergessen, oder sie ist mir unterwegs herausgefallen.«

»Was suchst du denn?«, fragte einer der Soldaten mit munterer Stimme.

»Meine Pfeife … weiß der Teufel, wo ich sie gelassen habe!«

»Hast du wenigstens das Pfeifenrohr?«, fragte die muntere Stimme.

»Ja, hier ist's.«

»Wart, dann wollen wir gleich Abhilfe schaffen, du kannst aus der Erde rauchen.«

»Aber wo denn?«

»Das werden wir gleich haben.«

Es war eigentlich verboten, auf dem Geheimposten zu rauchen, aber dieser Geheimposten war eigentlich gar kein solcher, sondern eher eine vorgeschobene Wache, die lediglich darauf zu achten hatte, daß die Bergbewohner nicht, wie es früher geschehen war, unbemerkt ihr Geschütz an die Festung heranbrachten und diese beschossen. Panow sah nicht ein, weshalb er sich unter solchen Umständen das Vergnügen des Rauchens versagen sollte, und so ging er auf den Vorschlag des munteren Soldaten ohne weiteres ein. Der muntere Soldat nahm sein Messer aus der Tasche und grub damit ein Loch in den Waldboden. Nachdem er die Erde an allen Seiten glatt angedrückt hatte, setzte er das Pfeifenrohr hinein, füllte das Loch mit Tabak, drückte ihn fest hinein, und die Pfeife war fertig. Das Feuerzeug blitzte auf und erhellte für einen Augenblick das knochige Gesicht des Soldaten, der auf dem Bauch lag. Ein Pfeifen ließ sich in dem Rohr vernehmen, und Panow spürte mit Behagen den angenehmen Duft des glimmenden Tabaks.

»Na, hast du es fertiggebracht?«, fragte er den Soldaten.

»Und ob.«

»Bist doch ein tüchtiger Kerl, Awdejew – ein ganz durchtriebener Bursche.«

Awdejew rückte zur Seite, um Panow Platz zu machen, während noch eine letzte Rauchwolke seinem Mund entstieg. Panow legte sich lang hin auf den Bauch, wischte das Mundstück des Pfeifenrohres mit dem Ärmel ab und begann drauflos zu dampfen.

Als alle geraucht hatten, kamen sie ins Gespräch.

»Der Kompagniechef soll wieder mal in die Kasse gegriffen haben. Mächtig viel soll er verspielt haben«, sagte einer der Soldaten in lässigem Ton.

»Er wird's schon zurückgeben«, meinte Panow.

»Gewiß, er ist ein guter Offizier«, bestätigte Awdejew.

»Was heißt gut!«, versetzte düster der Soldat, der das Gespräch begonnen hatte. »Ich meine, die Kompagnie sollte ihn zur Rede stellen – wenn er's schon genommen hat, dann mag er sagen, wieviel, und wann er's zurückzahlen wird.«

»Soll die Kompagnie entscheiden«, sagte Panow, die Pfeife aus dem Mund lassend.

»Das versteht sich, die gilt soviel wie ein Mensch«, pflichtete Awdejew ihm bei.

»Es muß Hafer gekauft werden, und zum Frühjahr brauchen wir neue Stiefel – woher soll das Geld genommen werden, wenn er es wegnimmt?«, murrte der Unzufriedene.

»Ich sage ja: Die Kompagnie mag's entscheiden«, wiederholte Panow. »Es wäre nicht das erstemal, daß er's nimmt und wieder zurückgibt.«

In jener Zeit verwaltete beim kaukasischen Heer jede Kompagnie ihre ökonomischen Angelegenheiten durch erwählte Vertrauensleute. Sie erhielt aus der Kasse sechs und einen halben Rubel auf den Mann und verpflegte sich dafür selbst, pflanzte Kohl, mähte Heu, hatte ihren eigenen Fuhrpark und war stolz auf ihre wohlgenährten Pferde. Das Geld der Kompagnie befand sich in einer Schatulle, deren Schlüssel der Kompagniechef in Verwahrung hatte, und es kam häufig vor, daß dieser Anleihen bei der Schatulle machte. Ein solcher Fall lag auch diesmal wieder vor, und eben davon sprachen die Soldaten. Der mürrische Soldat – Nikitin hieß er – wollte, daß der Chef Rechenschaft ablege, während Panow und Awdejew der Ansicht waren, daß dies nicht nötig sei.

Nach Panow kam Nikitin an die Reihe, ein paar Züge aus der Pfeife zu tun, worauf er seinen Mantel neben einem Baume ausbreitete und, mit dem Rücken gegen den Baumstamm gelehnt, sich niedersetzte. Die Soldaten verstummten. Man hörte nur das Rauschen des Windes hoch oben in den Wipfeln der Bäume. Mitten durch dieses ununterbrochene, leise Geräusch hindurch ertönte plötzlich das Heulen, Winseln, Weinen und Lachen der Schakale.

»Da – wie sie lachen, die Verfluchten!«, sagte Awdejew.

»Sie lachen dich aus, weil deine Schnauze schief ist«, ließ der vierte Soldat, ein Kleinrusse, seine feine, singende Stimme vernehmen.

Wieder wurde es still, nur der Wind strich durch das Geäst der Bäume und bewegte diese, daß die Sterne am Himmel abwechselnd verdeckt und wieder sichtbar wurden.

»Sag mal, Antonytsch«, fragte plötzlich der muntere Awdejew den Unteroffizier, »kommt es bei dir auch mal vor, daß die Sehnsucht dich erfaßt?«

»Was für eine Sehnsucht?«, fragte Panow griesgrämig.

»Mich packt es manchmal so schlimm, so schlimm, daß ich selber nicht weiß, was ich mit mir anfangen soll.«

»Was du sagst!«, bemerkte Panow.

»Weißt du noch, wie ich damals das Geld vertrank? Auch das geschah nur aus lauter Sehnsucht. Wie es so über mich kam, sagte ich mir: Nun wirst du dich mal ganz gehörig besaufen!«

»Es wird aber manchmal noch schlimmer, wenn man trinkt.«

»Gewiß, auch das hab ich schon erlebt – doch was soll ich machen?«

»Wonach sehnst du dich eigentlich so sehr?«

»Wonach ich mich sehne? Nach der Heimat, nach den Meinigen sehn ich mich.«

»Ihr seid wohl sehr reich?«

»Nicht gerade reich, aber wir hatten zu leben. Gut haben wir gelebt«, sagte Awdejew und erzählte dem Unteroffizier zum soundsovielten Mal seine Lebensgeschichte.

»Ich bin nämlich freiwillig für meinen älteren Bruder eingetreten«, sagte er. »Er hatte Kinder, es waren schon vier, und ich war eben jung verheiratet. Mütterchen bat mich so sehr, und da dachte ich: ›Was kommt mir's schon drauf an, vielleicht vergelten sie es mir einmal.‹ Ich ging zum Gutsbesitzer – ein guter Herr war's, den wir hatten –, und er sagte zu mir: ›Das ist brav von dir, geh nur.‹ Na, und so bin ich eben für den Bruder eingesprungen.«

»Das war sehr schön von dir«, meinte Panow.

»Ja, und möchtest du's wohl glauben, Antonytsch: jetzt sehne ich mich heim! Warum bin ich eigentlich für den Bruder eingesprungen?, frag ich mich. Er spielt jetzt den Herrn, und ich kann mich hier schinden. Und je mehr ich darüber nachdenke, desto schlimmer wird's. Das mag wohl schlecht von mir sein?«

Awdejew schwieg.

»Wollen wir nicht wieder ein Pfeifchen rauchen?«, fragte er nach einem Weilchen.

»Na, dann stopf sie mal wieder!«

Doch sie kamen nicht mehr dazu, eine Pfeife zu rauchen. Kaum hatte sich Awdejew erhoben und mit dem Stopfen der »Pfeife« begonnen, als sich durch das leise Rauschen des Windes Schritte auf dem Weg vernehmen ließen. Panow griff nach seinem Gewehr und stieß Nikitin mit dem Fuße an. Nikitin erhob sich und nahm seinen Mantel auf. Auch Bondarenko, der dritte Soldat, stand auf.

»Was für 'nen schönen Traum hatte ich doch, Brüder!«, begann er.

Awdejew ließ einen leisen Zischlaut hören, zum Zeichen, daß er schweigen solle, und die Soldaten standen und lauschten. Die leichten Schritte von Leuten, die offenbar keine Stiefel trugen, kamen näher. Immer deutlicher und deutlicher hörte man in der Dunkelheit das Rascheln der trockenen Blätter und Zweige.

Dann vernahm man ein Gespräch in der an Kehllauten reichen Sprache der Tschetschenen. Bald hörten die Soldaten nicht nur die Stimmen, sondern sahen auch zwei Schatten, die im matten Schimmer der sternhellen Nacht zwischen den Bäumen hinhuschten. Der eine Schatten war länger, der andere kürzer. Als die Schatten in einer Linie mit dem Posten waren, trat Panow mit zweien seiner Kameraden, das Gewehr im Anschlag, auf die Straße hinaus.

»Halt! Wer da?«, rief er.

»Tschetschene, friedlich«, sagte der Kleinere der beiden Ankömmlinge, der kein anderer war als Bata. »Gewehr iok[1], Säbel iok«, sagte er, auf sich selbst zeigend. »Fürst sprechen.«

Der Größere der beiden stand schweigend neben seinem Gefährten. Auch er war unbewaffnet.

»Es werden Sendboten sein«, erklärte Panow, zu den Kameraden gewandt. »Wir müssen sie zum Oberst bringen.«

»Fürst Woronzow sprechen, sehr nötig, große Ding«, sagte Bata.

»Gut, wir bringen euch hin«, versetzte Panow. »Du kannst sie mit Bondarenko hinbringen«, wandte er sich zu Awdejew. »Übergib sie dem diensttuenden Offizier und komm wieder zurück. Sei aber vorsichtig – laß sie immer vorausgehen!«

»Na, da hat das hier auch noch mitzureden«, sagte Awdejew und machte mit dem Bajonett eine Bewegung, als wollte er zustechen. »Ein Stoß, und das Lichtchen ist aus!«

»Nicht doch, wir wollen sie doch ganz hinbringen«, meinte Bondarenko. »Na, geht nun – vorwärts, marsch!«

Als die Schritte der beiden Soldaten, die mit den Boten davongingen, in der Ferne verhallt waren, begaben sich Panow und Nikitin wieder an ihren Platz.

»Was, Teufel, haben die Kerle hier in der Nacht zu suchen?«, sagte Nikitin.

[1] (tart.) Nein.

»Es muß wohl etwas Wichtiges sein«, entgegnete Panow. »Es ist recht frisch geworden«, fügte er dann hinzu, wickelte seinen Mantel auseinander, zog ihn an und setzte sich gegen den Baum.

Zwei Stunden darauf kehrten Awdejew und Bondarenko zurück.

»Na, habt ihr sie richtig hingebracht?«, fragte Panow.

»Ja. Beim Oberst war man noch auf, wir brachten sie gleich dorthin. Sind doch ganz prächtige Jungen, diese Kahlköpfe, sag ich dir«, fuhr Awdejew fort. »Bei Gott! Hab mich sehr gut mit ihnen unterhalten.«

»Du unterhältst dich mit aller Welt gut«, sagte Nikitin mürrisch.

»Nein, wirklich – ganz wie die Russen sind sie. Der eine ist verheiratet. ›Maruschka‹, frag ich ihn, ›bar?‹[1] – ›Bar‹, sagte er. ›Schafe‹, frag ich ihn, ›bar?‹ – ›Bar‹, sagt er. ›Viele?‹ – ›Ein paar‹, sagt er. Und so ging es weiter. Prächtige Leute, wirklich!«

»Was heißt da prächtig!«, sagte Nikitin. »Trifft er dich irgendwo allein, dann schlitzt er dir den Bauch auf.«

»Der Tag wird bald anbrechen«, meinte Panow.

»Ja, die Sterne werden schon blasser«, sagte Awdejew, sich niedersetzend. Und die Soldaten verstummten wieder.

III

Die Fenster der Kaserne und der kleinen Soldatenhäuschen waren längst dunkel, und nur in einem der großen Häuser der Festung waren noch alle Fenster erhellt. In diesem Hause wohnte der Kommandant des Kura-Regiments, der Sohn des Oberstkommandierenden, Fürst Semjon Michailowitsch Woronzow. Woronzow lebte mit seiner Frau Marja Wassiljewna, einer gefeierten Petersburger Schönheit, in der kleinen kaukasischen Festung auf größtem Fuß, wie noch nie ein Mensch in dieser Gegend gelebt hatte.

[1] (tart.) »Hast du eine Frau?«

Woronzow aber, und ganz besonders seiner Frau, schien es, daß sie hier nicht nur ein sehr bescheidenes, sondern geradezu entbehrungsreiches Leben führten. Die hiesigen Einwohner jedoch wunderten sich über das erstaunlich prunkvolle Leben Woronzows und seiner Frau.

Jetzt, um die Mitternachtsstunde, saß der Hausherr in dem großen Salon, mit dem den ganzen Fußboden bedeckenden Riesenteppich und den herabgelassenen schweren Portieren, im Kreise seiner Gäste an dem von vier Kerzen erleuchteten Spieltisch und spielte mit ihnen Karten. Fürst Woronzow war ein blonder Mann mit langem Gesicht; er trug die Uniform eines Flügeladjutanten, mit Monogramm und Achselschnüren; sein Partner beim Spiel war ein Kandidat der Petersburger Universität, ein junger Mensch von mürrischem, struppigem Aussehen, den die Fürstin vor kurzem als Lehrer ihres Sohnes aus erster Ehe engagiert hatte. Ihre Spielgegner waren zwei Offiziere, der von der Garde übergetretene Kompagniechef Poltorazkij, ein Mensch mit vollem, rotem Gesicht, und der Regimentsadjutant, der in auffallend gerader Haltung, mit kühlem Ausdruck in dem schönen Gesicht, dasaß. Die Fürstin Marja Wassiljewna selbst, eine stattliche Schöne von hohem Wuchs, mit großen Augen und dichten schwarzen Brauen, saß neben Poltorazkij, dessen Beine sie mit ihrer Krinoline berührte, und sah ihm in die Karten. Ihre Worte, ihre Blicke, ihr Lächeln, jede Bewegung ihres Körpers, das Parfüm, dessen Duft sie ausströmte, alles das verdrehte Poltorazkij so sehr den Kopf, daß er über ihrer Gegenwart sich selbst vergaß, beim Spiel Fehler über Fehler machte und seinen Partner immer mehr aus dem Häuschen brachte.

»Nein, das ist nicht zum Aushalten! Nun verschenkt er schon wieder ein As!«, sagte der Adjutant, ganz rot vor Ärger, als Poltorazkij aus Unachtsamkeit ein As abwarf.

Poltorazkij schaute verständnislos, als wenn er eben aus dem Schlaf erwachte, mit seinen gutmütigen, schwarzen Augen den unzufriedenen Adjutanten an.

»Nun, verzeihen Sie ihm schon«, sagte Marja Wassiljewna lächelnd, »Sie sehen, daß ich recht hatte – ich sagte es Ihnen gleich«, wandte sie sich an Poltorazkij.

»Sie haben mir doch kein Wort davon gesagt«, sagte Poltorazkij lächelnd.

»Wirklich nicht?«, entgegnete sie und lächelte wieder. Und dieses Lächeln, das gleichsam eine Antwort auf sein eigenes Lächeln war, erregte und entzückte Poltorazkij so sehr, daß er feuerrot wurde, in seiner Ekstase mechanisch nach den Karten griff und sie zu mischen begann.

»Nicht du gibst«, sagte der Adjutant streng und verteilte mit seiner ringgeschmückten weißen Hand die Karten so, als wenn er sie nur so rasch wie möglich wieder loswerden wollte.

Der Kammerdiener des Fürsten betrat den Salon und meldete, daß der diensttuende Offizier den Fürsten zu sprechen wünsche.

»Die Herren gestatten wohl«, sagte der Fürst mit englischem Akzent. »Vielleicht nimmst du so lange meinen Platz ein, Marie ...«

»Sind die Herren einverstanden?«, fragte die Fürstin, während sie sich, in den rauschenden Seidengewändern, mit dem strahlenden Lächeln einer glücklichen Frau, rasch und leicht in ihrer ganzen stattlichen Größe erhob.

»Mir ist jederzeit alles recht«, sagte der Adjutant, im stillen sehr zufrieden, daß die Fürstin, die keine Ahnung vom Spiel hatte, jetzt gegen ihn spielen sollte. Poltorazkij winkte nur lächelnd mit der Hand.

Der Robber war zu Ende, als der Fürst in den Salon zurückkam. Er war in sehr angeregter, heiterer Stimmung.

»Ich mache Ihnen einen Vorschlag, meine Herrschaften.«

»Nun?«

»Trinken wir ein Glas Champagner!«

»Dazu bin ich stets bereit«, sagte Poltorazkij.

»Sehr angenehm«, sagte der Adjutant.

»Wassilij, Champagner!«, wandte der Fürst sich zu dem Kammerdiener.

»Warum wurdest du gerufen?«, fragte Marja Wassiljewna.

»Der Offizier vom Dienst wollte mich sprechen – und noch jemand anders ...«

»Wer? Was gibt's?«, fragte Marja Wassiljewna hastig.

»Ich kann es nicht sagen«, versetzte Woronzow achselzuckend.

»Du kannst es nicht sagen?«, wiederholte Marja Wassiljewna. »Nun, das werden wir sehen.«

Man brachte den Champagner. Die Gäste tranken jeder ein Glas, beendeten das Spiel, rechneten ab und verabschiedeten sich.

»Ihre Kompagnie ist auf morgen in den Wald beordert?«, fragte der Fürst Poltorazkij.

»Ja – warum?«

»Nun, dann sehen wir uns morgen«, sagte der Fürst mit leichtem Lächeln.

»Sehr angenehm«, sagte Poltorazkij, der gar nicht recht verstanden hatte, was Woronzow zu ihm sagte, und nur an den Händedruck dachte, den er sogleich mit Marja Wassiljewna austauschen würde.

Die Fürstin drückte, wie sie es immer tat, nicht nur Poltorazkijs Hand, sie schüttelte sie auch kräftig. Sie kam noch einmal auf den Fehler zu sprechen, den er beim Spiel gemacht hatte, als er fälschlicherweise mit Karo herauskam, und auf ihrem Gesicht lag dabei ein Lächeln, das ihm ganz besonders freundlich und verheißungsvoll erschien.

Poltorazkij ging nach Hause, in einer begeisterten Stimmung, die nur Leuten verständlich ist, die gleich ihm in der großen Welt aufgewachsen und erzogen sind und nach monatelangem, rauhem Kriegsdienst wieder einer Frau aus jener Welt, noch dazu einer Frau wie der Fürstin Woronzow, begegnen.

Als er an das Häuschen kam, in dem er mit einem Kameraden wohnte, stieß er mit dem Fuß gegen die Außentür, doch die Tür war verschlossen. Er klopfte an, aber niemand öffnete. Er ward ärgerlich und begann mit dem Fuße und dem Säbel gegen die verschlossene Tür zu trommeln. Hinter der Tür ließen sich Schritte vernehmen, und Poltorazkijs leibeigener Diener Wawilo schob den Riegel zurück.

»Wie kommst du auf einmal darauf, die Tür zu verriegeln? Tölpel!«

»Ja, wie kann man denn, Alexej Wladimiro ...«

»Bist wieder mal betrunken, was? Wart, ich will dich lehren.«

Er wollte Wawilo einen Schlag versetzen, besann sich jedoch eines anderen.

»Na, hol dich schon der Teufel. Mach Licht!«

»Sofort, im Augenblick ...«

Wawilo war in der Tat betrunken, er war beim Zeugunteroffizier zur Namenstagsfeier gewesen. Als er nach Hause gekommen war, hatte er so allerhand Vergleiche zwischen seinem eigenen Leben und dem Leben des Zeugunteroffiziers Iwan Makejitsch angestellt. Iwan Makejitsch hatte seine schönen Einnahmen, war verheiratet und hoffte, nach einem Jahr seinen Abschied zu erhalten. Wawilo aber war als Knabe »nach oben«, zur Bedienung der Herrschaft, ins Haus genommen worden, er zählte bereits über vierzig Jahre und war noch immer nicht verheiratet, sondern lebte bei seinem liederlichen Herrn im Feldlager. Sein Herr war gut, er prügelte ihn wenig, aber was für ein Leben war das! ›Er hat mir, sobald wir aus dem Kaukasus nach Hause kommen, den Freibrief versprochen‹, dachte Wawilo, ›aber wohin soll ich mit dem Freibrief gehen? ... Ein Hundeleben!‹ Ihm wurde so schläfrig, daß er beschloß, sogleich zu Bett zu gehen. Da er jedoch fürchtete, es könnte jemand kommen und etwas stehlen, so hatte er der Vorsicht halber den Riegel vorgeschoben.

Poltorazkij betrat das Zimmer, in dem er mit seinem Kameraden Tichonow zusammen schlief.

»Na, hast du verspielt?«, begann Tichonow, der bei seinem Eintritt erwacht war.

»Im Gegenteil – ich habe siebzehn Rubel gewonnen und eine Cliquot leeren helfen.«

»Und Marja Wassiljewna angehimmelt …«

»Und Marja Wassiljewna angehimmelt …«, wiederholte Poltorazkij.

»Es ist bald Zeit zum Aufstehen«, sagte Tichonow, »um sechs Uhr sollen wir abmarschieren.«

»Wawilo!«, rief Poltorazkij, »daß du mich ja um fünf Uhr weckst!«

»Damit Sie mich prügeln, wenn ich Sie wecke?«

»Wecken sollst du mich, hörst du, Kerl!«

»Zu Befehl.«

Wawilo nahm die Stiefel und Kleider seines Herrn und entfernte sich. Poltorazkij legte sich ins Bett, zündete sich lächelnd eine Zigarette an und löschte das Licht aus. Im Dunkeln sah er das lächelnde Gesicht Marja Wassiljewnas vor sich.

Bei Woronzows schlief man nicht sogleich ein. Als die Gäste fort waren, trat Marja Wassiljewna auf ihren Mann zu, blieb vor ihm stehen und sagte streng:

»Eh bien, vous allez me dire ce que c'est?«

»Mais, ma chére …«

»Pas de ›ma chére‹! C'est un émissaire, n'est-ce pas?«

»Quand même je ne puis pas vous le dire.«

»Vous ne pouvez pas? Alors c'est moi qui vais vous le dire!«

»Vous?«[1]

»Es war Hadschi Murat, nicht wahr?«, sagte die Fürstin. Sie hatte bereits seit einigen Tagen von Unterhandlungen gehört, die mit Hadschi Murat geführt wurden, und vermutete nun, daß Hadschi Murat selbst bei ihrem Mann erschienen sei.

Woronzow konnte nun nicht mehr leugnen, doch bereitete er seiner Frau eine Enttäuschung durch die Mitteilung, daß nicht Hadschi Murat selbst, sondern nur ein Abgesandter erschienen

[1] (frz.) »Nun, werden Sie mir jetzt sagen, was da war?« – »Aber meine Liebe …« – »Nichts da: meine Liebe! Es war ein geheimer Abgeordneter, nicht wahr?« – »Und wenn es so wäre … ich darf es nicht sagen.« – »Sie können nicht? Gut, dann will ich es sagen!« – »Sie?«

sei – er habe ihm die Nachricht überbracht, daß Hadschi Murat an der Stelle, wo im Wald Holz gefällt würde, mit ihm zusammentreffen wolle.

In dem einförmigen Festungsleben, das die jungen Woronzows führten, bot dieses Ereignis immerhin eine Abwechslung, über die sie beide erfreut waren. Sie plauderten noch eine ganze Weile darüber, wie angenehm die Nachricht seinem Vater sein würde, und legten sich erst gegen drei Uhr zu Bett.

IV

Auf der Flucht vor den gegen ihn ausgesandten Muriden Schamils hatte Hadschi Murat drei Nächte schlaflos verbracht, und als Sado ihm gute Nacht wünschte und das Zimmer verließ, fiel der Gast sogleich in tiefen Schlaf. Er schlief in seinen Kleidern, auf die Hand gestützt, den Ellbogen in die roten Daunenkissen vergrabend, die ihm der Hausherr zurechtgelegt hatte. An der Wand, ganz in seiner Nähe, hatte Eldar sich niedergelegt. Eldar lag, die kräftigen jungen Schultern breit ausstreckend, auf dem Rücken, und seine hohe Brust mit den schwarzen Patronen auf der weißen Tscherkeßka lag höher als der frisch rasierte, bläulich schimmernde Kopf, der von dem Kissen herabgeglitten war. Seine mit leichtem Flaum bedeckte Oberlippe stand wie bei einem Kind ab, und sein Mund schloß und öffnete sich abwechselnd, als schlürfte er etwas. Auch er schlief, gleich Hadschi Murat, in den Kleidern, mit der Pistole und dem Dolch im Gürtel. Das Feuer im Kamin verglomm, und das Lämpchen in der Nische schimmerte kaum merklich.

Mitten in der Nacht knarrte die Tür des Gastzimmers, Hadschi Murat fuhr sogleich empor und griff zu seiner Pistole. Sado war es, der, kaum hörbar über den Estrich schreitend, ins Zimmer trat.

»Was gibt es?«, fragte Hadschi Murat mit einer Miene, als hätte er überhaupt kein Auge zugetan.

»Wir müssen Rat halten«, sagte Sado, während er sich vor Hadschi Murat niederkauerte. »Eine Frau hat vom Dache aus gesehen, wie du ankamst, sie hat es ihrem Mann erzählt, und nun weiß es das ganze Dorf, daß du hier bist. Soeben kam die Nachbarin zu meiner Frau und erzählte ihr, daß die Ältesten sich in der Moschee versammelt haben und dich festnehmen wollen.«

»Dann muß ich aufbrechen«, sagte Hadschi Murat.

»Die Pferde sind bereit«, sagte Sado und verließ rasch das Gastzimmer.

»Eldar«, rief Hadschi Murat leise seinen Gefährten. Als Eldar die Stimme seines Murschids vernahm und seinen eigenen Namen hörte, sprang er auf die kräftigen Beine und schob die Lammfellmütze auf dem Kopf zurecht. Hadschi Murat legte seine Waffen an und nahm den Filzmantel um. Eldar folgte seinem Beispiel, und beide traten aus der Hütte unter das Schutzdach. Der schwarzäugige Knabe führte ihre Pferde vor. Als der Hufschlag der Pferde auf der festgestampften Straße erklang, erschien ein Kopf in der Tür der Nachbarhütte, und gleich darauf lief ein Mann, mit den Holzschuhen klappernd, bergan nach der Moschee.

Der Mond war nicht sichtbar, nur die Sterne schimmerten hell von dem schwarzen Himmel, und im Dunkel sah man die Umrisse der Dächer der Hütten und der im oberen Teil des Dorfes über die übrigen Gebäude emporragenden Moschee mit dem Minarett. Von der Moschee her ließen sich laute Stimmen vernehmen.

Hadschi Murat ergriff sein Gewehr, setzte den Fuß in den schmalen Steigbügel, schwang sich leicht aufs Pferd und setzte sich in dem hohen Sattelpolster zurecht.

»Gott vergelt's«, sagte er, zu seinem Gastfreund gewandt, während sein rechter Fuß gewohnheitsmäßig den zweiten Steigbügel suchte. Dann berührte er mit seiner Peitsche ganz leicht die Schulter des Knaben, der sein Pferd hielt, zum Zeichen, daß er zur Seite treten solle. Der Knabe trat zurück, und das Pferd wandte sich, als wenn es schon wüßte, was es zu tun hätte, mit raschem Schritt aus dem Seitengäßchen nach der Hauptstraße. Eldar ritt hinterher, während Sado in seinem Pelz, rasch die Arme hin und her schwenkend und abwechselnd von einer Seite der schmalen Straße nach der anderen laufend, ihnen folgte. An einer Ausfahrt, die auf die Straße hinausging, zeigte sich ein beweglicher Schatten, dann ein zweiter.

»Halt! Wer da? Bleib stehen!«, rief eine Stimme, und ein paar Gestalten traten den Reitern in den Weg.

Statt stehenzubleiben, zog Hadschi Murat seine Pistole aus dem Gürtel, trieb sein Pferd an und sprengte gerade auf die Leute los, die ihm den Weg versperrten. Sie liefen zur Seite, und ohne sich umzusehen, jagte Hadschi Murat in raschem Paßgang bergab, die Straße entlang. Eldar folgte ihm in scharfem Trab. Zwei Schüsse fielen hinter ihnen, und zwei Kugeln pfiffen vorüber, trafen jedoch keinen von ihnen. Hadschi Murat ritt in demselben Tempo weiter. Als er etwa dreihundert Schritt zurückgelegt hatte, hielt er sein Pferd, das ein wenig außer Atem gekommen war, einen Augenblick an und lauschte in die Ferne. Vor ihm rauschte in der Tiefe ein rasch fließendes Wasser. Hinter ihm krähten die Hähne im Dorf. Durch diese Laute hindurch ließ sich plötzlich der Hufschlag von Pferden und ein Gewirr von menschlichen Stimmen, die immer näher kamen, vernehmen. Hadschi Murat trieb sein Pferd an und ritt, immer in derselben raschen Gangart, weiter.

Die Verfolger jagten im Galopp heran und hatten Hadschi Murat bald erreicht. Es waren an die zwanzig Reiter, die ihm nachsetzten, lauter Einwohner der Ansiedlung, die beschlossen hatten, Hadschi Murat festzunehmen oder sich, um vor Schamil gerechtfertigt dazustehen, wenigstens so zu stellen, als wollten sie ihn festnehmen. Als sie so nahe herangekommen waren, daß sie im Dunkeln zu sehen waren, machte Hadschi Murat halt, ließ den Zügel sinken, streifte mit einem raschen Griff der linken Hand das Futteral von seiner Büchse ab und zog sie mit der Rechten heraus. Eldar tat desgleichen.

»Was wollt ihr?«, rief Hadschi Murat. »Mich festnehmen? Nun, so nehmt mich fest!« Und er riß die Büchse an die Schulter.

Die Bewohner der Ansiedlung blieben stehen. Die Büchse im Arm, ritt Hadschi Murat in eine Schlucht hinab. Die Verfolger ritten hinterher, ohne sich ihm zu nähern. Als Hadschi Murat jenseits der Schlucht war, riefen sie ihm zu, er möchte doch anhören, was sie ihm zu sagen hätten. Als Antwort darauf schoß Hadschi Murat seine Büchse ab und galoppierte davon. Als er sein Pferd anhielt, hörte er nichts mehr von seinen Verfolgern, auch die Hähne waren nicht mehr zu hören; dafür klang das Rauschen des Wassers im Wald jetzt vernehmlicher, und von Zeit zu Zeit ertönte der klagende Schrei eines Uhus. Die dunkle Wand des Waldes schien in nächste Nähe gerückt. Es war jener Wald, in dem Hadschi Murat von seinen Muriden erwartet wurde. Als er den Waldrand erreicht hatte, machte er halt, holte tief Atem, ließ einen lauten Pfiff ertönen und horchte dann in die Nacht hinaus. Im nächsten Augenblick schon ertönte ein gleicher Pfiff aus dem Wald. Hadschi Murat bog vom Weg ab und ritt quer durch den Wald. Als er etwa hundert Schritt zurückgelegt hatte, sah er ein Feuer zwischen den Baumstämmen schimmern; menschliche Gestalten lagerten um das Feuer, dessen Schein auf ein in der Nähe grasendes, an drei Beinen gefesseltes, jedoch sattelfertiges Pferd fiel.

Es waren vier Männer, die um das Feuer herumsaßen. Einer von ihnen erhob sich rasch, kam auf Hadschi Murat zu und griff nach seinem Zügel und dem Steigbügel. Es war Hadschi Murats Blutsbruder Chanefi, der sein Hauswesen und seine Güter verwaltete.

»Löscht das Feuer aus«, sagte er, während Hadschi Murat vom Pferde stieg.

Die Leute begannen sogleich, das Feuer auseinanderzuwerfen und die glimmenden Zweige auszutreten.

»Ist Bata hier gewesen?«, fragte Hadschi Murat, auf den Filzmantel zutretend, der auf der Erde hingebreitet lag.

»Ja. Er ist schon lange fort, mit Khan Mahoma.«

»Welchen Weg haben sie eingeschlagen?«

»Diesen da«, antwortete Chanefi; er zeigte nach einer Richtung, jener entgegengesetzt, aus der Hadschi Murat gekommen war.

»Es ist gut«, sagte Hadschi Murat und begann seine Büchse zu laden. »Wir müssen Wachen aufstellen, sie haben mir nachgesetzt«, sprach er dann zu einem der Männer, der noch damit beschäftigt war, das Feuer auszulöschen.

Es war der Tschetschene Hamsalo, den Hadschi Murat angesprochen hatte. Hamsalo ging zu dem Filzmantel, ergriff eine im Futteral steckende Büchse, die dort lag, und begab sich schweigend an den Rand der Lichtung, nach jener Seite, von der Hadschi Murat hergekommen war. Eldar, der abgestiegen war und sein Pferd, wie auch dasjenige Hadschi Murats, mit hochgestrecktem Kopf an den Bäumen in der Nähe festgebunden hatte, begab sich gleichfalls mit der Büchse über der Schulter an den Rand der Lichtung. Das Feuer war ausgelöscht, und der Wald erschien nun nicht mehr so schwarz wie vorher. Am Himmel blinkten, wenn auch nur mit schwachem Schimmer, die Sterne.

Hadschi Murat sah zu den Sternen auf – er suchte das Siebengestirn, das bereits bis zur Hälfte des Himmels emporgestiegen war. Sie sagten ihm, daß es lange nach Mitternacht sei und daß es längst Zeit sei, das Nachtgebet zu verrichten. Er ließ sich von Chanefi das Bekken reichen, das stets beim Gepäck mitgeführt wurde, zog seinen Filzmantel an und begab sich an das Wasser.

Er zog seine Schuhe aus und nahm die Fußwaschung vor, worauf er sich mit bloßen Füßen auf dem ausgebreiteten Filzmantel niederhockte und zunächst die Ohren mit den Fingern zuhielt, die Augen schloß und dann mit nach Osten gewandtem Gesicht das übliche Gebet sprach.

Als er das Gebet beendet hatte, kehrte er an den Lagerplatz zurück, setzte sich dort neben den Sätteln und Quersäcken auf den Filzmantel, stützte die Ellbogen auf die Knie, ließ den Kopf sinken und vertiefte sich in seine Gedanken.

Hadschi Murat hatte stets an sein Glück geglaubt. Wenn er etwas unternahm, war er von vornherein fest davon überzeugt, daß der Erfolg ihm sicher sei, und er hatte in der Tat während seines stürmischen, von Kampf und Streit bewegten Lebens fast immer Glück gehabt. Er hoffte, daß es auch diesmal nicht anders sein würde. Er stellte sich vor, daß er mit den Truppen, die ihm Woronzow zur Verfügung stellte, gegen Schamil ziehen, ihn gefangennehmen und an ihm Rache nehmen würde, daß alsdann der Zar ihn dafür belohnen und er nicht nur über Awarien[1], sondern auch über die gedemütigte Tschetschnja herrschen würde. Mit diesen Gedanken beschäftigt, war er unversehens eingeschlafen.

Er sah im Traum, wie er mit seinen tapferen Getreuen unter Gesang und lautem Kampfgeschrei: »Hadschi Murat kommt!« gegen Schamil losstürmte, wie er ihn samt seinen Frauen gefangennahm, und er hörte das Schluchzen und Weinen der Frauen. Er erwachte aus dem Traum: Das Kampflied »La illaha!«, das Kriegsgeschrei »Hadschi Murat kommt!« und das Weinen der Frauen Schamils war in Wirklichkeit nichts anderes als das Heulen, Weinen und Lachen der Schakale, die ihn aus dem aufgestört hatten. Hadschi Murat hob den Kopf empor, sah nach dem bereits zwischen den Baumstämmen hindurchschimmernden Morgenhimmel und fragte einen der Muriden, der ein wenig abseits von ihm saß, ob Khan Mahoma schon zurück sei. Als er vernahm, daß Khan Mahoma noch nicht da sei, ließ er den Kopf von neuem sinken und schlummerte sogleich wieder ein.

Er wurde durch die muntere Stimme Khan Mahomas geweckt, der mit Bata von seiner Sendung zurückgekehrt war. Khan Mahoma setzte sich sogleich zu Hadschi Murat hin und begann ihm, zu erzählen, wie die Soldaten ihn empfangen und zum Fürsten selbst geführt hätten, wie er mit dem Fürsten gesprochen habe, wie der Fürst hocherfreut gewesen sei und versprochen habe, mit ihnen jenseits des Mitschik, auf der Schalinschen Lichtung, wo die Russen Holz fällen wollten, zusammenzutreffen. Bata unterbrach immer wieder den Bericht seines Gefährten und flocht seinerseits allerhand Einzelheiten ein.

[1] Nachbargebiet der Tschetschnja, das von den Awaren bewohnt wird.

Hadschi Murat fragte seine Boten ganz eingehend und genau nach dem Wortlaut der Antwort, die Woronzow auf Hadschi Murats Anerbieten, zu den Russen überzugehen, erteilt hätte. Sowohl Khan Mahoma wie auch Bata antworteten einstimmig, der Fürst habe versprochen, Hadschi Murat als seinen Gast zu empfangen und aufs beste zu behandeln. Hadschi Murat erkundigte sich noch nach dem Weg, und als Khan Mahoma ihm versicherte, daß er den Weg ganz genau kenne und sicher hinführen würde, nahm er Geld aus der Tasche und gab Bata die versprochenen drei Rubel. Seinen Leuten aber befahl er, aus den Quersäcken die kostbarsten, golddamaszierten Waffen und die Lammfellmütze mit dem Turban hervorzuholen, sich selbst aber äußerlich so blank und sauber zu machen, daß sie in den Augen der Russen wohl bestehen könnten. Während sie die Waffen, das Sattelzeug, das Geschirr und die Pferde putzten, ward der Sternenhimmel bleicher und bleicher, es wurde ganz hell, und ein leiser Morgenwind begann zu rauschen.

V

Am frühen Morgen, noch in der Dunkelheit, waren zwei Kompagnien mit Beilen unter dem Kommando Poltorazkijs bis auf zehn Werst vor das Tschachgirin-Tor hinausmarschiert, hatten eine Vorpostenkette vorgeschoben und sich, sobald es zu tagen anfing, an das Fällen der Bäume gemacht. Gegen acht Uhr begann der Nebel, vermischt mit dem dichten, stickigen Rauch der in den Lagerfeuern knisternden feuchten Baumzweige, höher zu steigen. Die mit der Niederlegung des Waldes beschäftigten Soldaten, die einander vorher auf fünf Schritt nicht mehr gesehen, sondern nur noch gehört hatten, konnten jetzt sowohl die Lagerfeuer wie den von den Baumstämmen versperrten, quer durch den Wald führenden Weg deutlich erkennen. Die Sonne erschien von Zeit zu Zeit als ein leuchtender Fleck im Nebel, um dann für eine Weile wieder unsichtbar zu werden. In einer kleinen Lichtung abseits vom Weg saßen auf den Trommeln Poltorazkij und sein Subalternoffizier Tichonow, zwei Offiziere der dritten Kompagnie und ein ehemaliger Offizier der Chevaliergarde namens Baron Freese, ein Bekannter Poltorazkijs vom Pagenkorps her, der wegen eines Duells degradiert worden war. Um die Trommeln herum lagen leere Flaschen, Zigarettenstummel und Papierhüllen, in denen die Offiziere ihr Frühstück mitgebracht hatten. Sie hatten sich durch ein Glas Branntwein und einen Imbiß gestärkt und tranken jetzt Porter. Der Tambour war eben dabei, eine neue Flasche zu entkorken. Poltorazkij war, obschon er nicht ausgeschlafen hatte, doch in jener ganz besonderen, sorglos heiteren und gehobenen Stimmung, die ihn inmitten seiner Soldaten und Kameraden jedesmal überkam, sobald Gefahr ihn umwitterte.

Die Offiziere unterhielten sich lebhaft über die letzte Neuigkeit – den Tod des Generals Slepzow. Keiner von ihnen sah in diesem Tode jenen wichtigsten Augenblick des menschlichen Daseins, in dem das Leben zu Ende geht und zu dem Urquell, aus dem es hervorgegangen, zurückkehrt – alle sahen vielmehr nur die Tapferkeit des kühnen Offiziers, der mit dem Säbel in der Faust kühn auf die Bergbewohner losgestürmt war und verzweifelt auf sie dreingehauen hatte.

Zwar wußten alle diese Offiziere, namentlich diejenigen von ihnen, die selbst schon mit im Feuer gewesen waren, daß es während jenes Krieges im Kaukasus niemals und nirgends zu solch einem Nahkampf mit dem Säbel gekommen war, wie man sich ihn gewöhnlich vorstellt und wie er auch vielfach geschildert wird. Sie wußten, daß, wenn schon ein Nahkampf mit Bajonett und Säbel vorkam, diese Waffen höchstens den Rücken des fliehenden Feindes bearbeiteten. Gleichwohl wurde die Fiktion eines solchen Nahkampfes von den Offizieren aufrechterhalten, und sie war es, die ihnen jenen ruhigen Stolz und jene Heiterkeit verlieh, mit der sie teils in malerisch kecker, teils in selbstbewußt zurückhaltender Haltung auf den Trommeln saßen, rauchten, tranken und scherzten und sich nicht die geringste Sorge um den Tod machten, der jeden Augenblick an sie ebenso wie an Slepzow herantreten konnte. Und wie zur Bestätigung der Erwartung, in der sie dasaßen, fiel plötzlich mitten in ihr Gespräch hinein links vom Wege her ein kecker Büchsenschuß, und eine Kugel pfiff lustig durch den Nebeldunst, um irgendwo in einen Baum einzuschlagen. Ein paar laute, dumpf knallende Schüsse aus den Gewehren der Soldaten antworteten auf den feindlichen Schuß.

»Aha«, rief Poltorazkij in heiterem Tone, »das war in der Vorpostenkette! Nun, Bruder Kostja«, wandte er sich an Freese, »dein Glück! Begib dich zur Kompagnie – wir werden gleich eine Schlacht haben, so wild und heiß, wie man sie sich nur wünschen kann. Das soll eine Galavorstellung werden.«

Der degradierte Baron sprang auf und eilte raschen Schrittes nach jenem verqualmten Revier, in dem seine Kompagnie an der Arbeit war. Poltorazkij ließ sich seinen kleinen, dunkelbraunen Kabardiner vorführen, schwang sich hinauf, ließ seine Kompagnie antreten und führte sie in der Richtung, aus der der Schuß gefallen war, zur Vorpostenlinie vor. Die Vorpostenkette lag am Rand des Waldes, vor einer kahlen Schlucht, die sich abwärts zog. Der Wind wehte nach dem Wald zu, und nicht nur der diesseitige Abhang, sondern auch die jenseitige Wand der Schlucht war deutlich sichtbar.

Als Poltorazkij die Vorposten erreichte, trat gerade die Sonne aus dem Nebel hervor, und auf der gegenüberliegenden Seite der Schlucht, am Rande eines zweiten, niedrigen Waldes, der dort begann, wurden in einer Entfernung von etwa dreihundert Schritten einige Reiter sichtbar. Es waren die Tschetschenen, die Hadschi Murat verfolgt hatten und sich davon überzeugen wollten, daß er wirklich zu den Russen ging. Einer von ihnen hatte nach den Vorposten hinübergeschossen, und ein paar Soldaten aus der Vorpostenkette hatten ihm geantwortet. Die Tschetschenen hatten sich zurückgezogen, und das Gewehrfeuer war eingestellt worden. Als jedoch Poltorazkij mit seiner Kompagnie anmarschiert kam, ließ er sogleich wieder schießen. Kaum war der Befehl erteilt, als auch auf der ganzen Linie alsbald ein ununterbrochenes, lustiges Knattern und Knallen einsetzte und bald hier, bald dort zierliche kleine Rauchwölkchen aufstiegen. Die Soldaten, die in der Schießerei eine willkommene Abwechslung sahen, luden in raschem Tempo ihre Gewehre und gaben Schuß auf Schuß ab. Die Tschetschenen waren nicht faul und schossen gleichfalls, indem sie einzeln Mann für Mann vorsprangen. Einer ihrer Schüsse traf einen Soldaten. Es war derselbe Awdejew, der mit auf dem Geheimposten gewesen war. Als die Kameraden zu ihm eilten, lag er mit dem Rücken nach oben da, hielt beide Hände auf die Wunde am Bauch, zuckte von Zeit zu Zeit und stöhnte leise.

»Ich war gerade dabei, mein Gewehr zu laden, als ich ein Zischen hörte«, erzählte Awdejews Nebenmann, »und wie ich hinschaue, seh ich, wie er das Gewehr fallen läßt.«

Awdejew war aus Poltorazkijs Kompagnie. Als dieser die Soldaten zusammenlaufen sah, ritt er an die Gruppen heran.

»Was ist, Bruder – getroffen?«, fragte er. »Wo denn?«

Awdejew gab keine Antwort.

»Ich war gerade dabei zu laden, Euer Wohlgeboren«, wiederholte der Nebenmann Awdejews, »als ich ein Zischen hörte, und wie ich hinsehe, hat er das Gewehr auch schon fallen lassen.«

»Tss, tss«, schnalzte Poltorazkij mit der Zunge. »Tut's weh, Awdejew?«

»Das nicht, aber gehen kann ich nicht. Um einen Schluck Branntwein möcht ich bitten, Euer Wohlgeboren.«

Irgend jemand reichte eine Flasche mit Spiritus hin, wie ihn die Soldaten im Kaukasus zu trinken pflegten, und Panow goß mit finsterer Miene einen Becher davon ein, den er Awdejew reichte. Awdejew kostete, schob jedoch sogleich den Becher mit der Hand fort.

»Die Seele mag ihn nicht«, sagte er, »trink ihn nur selber.«

Panow leerte den Becher. Awdejew versuchte wiederum, sich zu erheben, sank jedoch von neuem zurück. Die Kameraden breiteten einen Mantel aus und legten Awdejew darauf nieder.

»Euer Wohlgeboren, der Herr Oberst kommt!«, rief der Feldwebel Poltorazkij zu.

»Gut, sieh du hier nach dem Rechten«, sagte Poltorazkij, schwang die Peitsche und ritt in scharfem Galopp Woronzow entgegen.

Woronzow kam, von dem Regimentsadjutanten, einem Kosaken und einem tschetschenzischen Dolmetscher gefolgt, auf seinem Fuchshengst, einem echten englischen Vollbluttier, herangeritten.

»Was ist denn bei Ihnen los?«, fragte er Poltorazkij.

»Eine Schar von feindlichen Reitern ist drüben aufgetaucht, sie haben die Vorposten angegriffen«, antwortete ihm Poltorazkij.

»Und da mußten Sie gleich mit ihnen anbinden!«, sagte der Fürst.

»Nicht ich habe angefangen, Fürst«, versetzte Poltorazkij lächelnd, »sondern sie selbst.«

»Ein Soldat soll verwundet sein, wie ich höre?«

»Ja, schade um ihn. Es ist ein tüchtiger Soldat.«

»Ist die Verwundung schwer?«

»Sie scheint schwer zu sein, ein Bauchschuß.«

»Und ich, wissen Sie, wohin ich reite?«, fragte Woronzow.

»Ich weiß nicht.«

»Erraten Sie es nicht?«

»Nein.«

»Hadschi Murat ist angekommen, er wird gleich hier eintreffen.«

»Nicht möglich!«

»Gestern war ein Bote von ihm hier«, sagte Woronzow, nur mit Mühe seine Freude verbergend. »Er erwartet mich jetzt auf der Schaliner Lichtung. Ziehen Sie Ihre Schützen bis an die Lichtung auseinander und kommen Sie dann zu mir zurück.«

»Zu Befehl«, sagte Poltorazkij, legte die Hand an die Fellmütze und begab sich zu seiner Kompagnie. Er führte selbst einen Teil der Kette nach rechts hinüber, während er die Besetzung der linken Seite dem Feldwebel übertrug. Der verwundete Awdejew war inzwischen von den Soldaten nach der Festung gebracht worden.

Poltorazkij war bereits wieder zu Woronzow unterwegs, als er in seinem Rücken einen Reitertrupp gewahr wurde, der ihn einzuholen suchte. Er machte halt und erwartete die Herannahenden.

Allen übrigen voran ritt auf einem weißmähnigen Pferd ein Mann von eindrucksvollem Äußeren, mit einem Turban um die Lammfellmütze und mit kostbaren, goldverzierten Waffen im Gürtel. Es war kein anderer als Hadschi Murat. Er ritt an Poltorazkij heran und sagte zu ihm irgend etwas auf tatarisch. Poltorazkij zog die Brauen hoch und zuckte lächelnd die Achseln, zum Zeichen, daß er ihn nicht verstehe. Hadschi Murat antwortete gleichfalls mit einem Lächeln, und dieses Lächeln überraschte Poltorazkij durch seine kindliche Gutmütigkeit. Poltorazkij hatte sich den kühnen Anführer der Bergbewohner ganz anders vorgestellt. Er erwartete einen finsteren, trockenen, absonderlichen Menschen zu sehen, und nun erblickte er einen harmlos schlichten Mann vor sich, der so gutmütig lächelte, als sei er sein alter Freund und Vertrauter. Nur eins fiel an seinem Gesicht auf: die weit auseinanderstehenden Augen, die ruhig, durchdringend und aufmerksam in die Augen anderer Leute schauten.

Das Gefolge Hadschi Murats bestand aus vier Männern. Einer dieser Männer war Khan Mahoma – derselbe, der in der Nacht vorher bei Woronzow gewesen war. Er hatte ein rundes, vor Lebensfreude strahlendes, rotwangiges Gesicht, in dem ein Paar lebhafte, schwarze, wimpernlose Augen blitzten. Dann war da ein breitschultriger, stark behaarter Mensch mit zusammengewachsenen Augenbrauen – der Aware Chanefi, der das Vermögen Hadschi Murats verwaltete. Er führte ein Saumpferd am Zügel, das hoch mit Säcken bepackt war. Der dritte und vierte der Männer, die Hadschi Murats Gefolge bildeten, fielen durch ihr Äußeres besonders auf. Der eine von ihnen, der junge Eldar, war ein schlanker, stattlicher Mensch mit den Augen eines Widders, breit in den Schultern und frauenhaft schmal über den Hüften, mit kaum sichtbarem Bartansatz. Der vierte und letzte war ein Einäugiger ohne Brauen und Wimpern, mit kurzgeschorenem, rotem Barte und einer mächtigen Schramme, die ihm quer über die Nase ging: der Tschetschene Hamsalo.

Poltorazkij machte Hadschi Murat auf den Fürsten aufmerksam, der soeben auf den Weg hinausritt. Hadschi Murat ritt auf Woronzow zu, legte, als er ihn erreicht hatte, die rechte Hand auf die Brust, sagte irgend etwas auf tatarisch und hielt dann wie in Erwartung einer Antwort ein. Der Tschetschene, der mit Woronzow gekommen war, übertrug Hadschi Murats Worte:

»Ich übergebe mich hiermit in die Gewalt des russischen Zaren und will ihm dienstbar sein«, so lauteten seine Worte. »Ich wollte es schon lange tun, doch hat Schamil es mir nicht gestattet.«

Nachdem Woronzow die Worte des Dolmetschers vernommen hatte, reichte er Hadschi Murat die mit einem gemsledernen Handschuh bekleidete Hand. Hadschi Murat blickte auf diese Hand, zögerte einen Moment, schüttelte sie dann aber kräftig und sagte dabei irgend etwas, wobei er bald den Dolmetscher, bald Woronzow ansah.

»Er sagt, er habe sich keinem anderen ergeben wollen als gerade dir, weil du der Sohn des Sardar[1] bist. Er schätzt dich besonders hoch.«

Woronzow nickte, zum Zeichen, daß er ihm für seine Hochachtung dankbar sei.

Hadschi Murat sagte dann noch irgend etwas, wobei er auf seine Begleiter zeigte.

»Er sagt, daß auch diese Leute, seine Muriden, ebenso wie er selbst den Russen dienstbar sein werden.«

Woronzow ließ seinen Blick über die vier Männer schweifen und nickte ihnen zu.

Khan Mahoma, der Tschetschene mit den munteren, schwarzen, wimpernlosen Augen, nickte seinerseits Woronzow zu und sagte etwas, das wohl ziemlich lustiger Art sein mochte, da der stark beharrte Aware Chanefi über das ganze Gesicht dazu lachte, wobei seine

[1] Oberstkommandierender.

blinkend weißen Zähne sichtbar wurden. Der rothaarige Hamsalo warf Woronzow nur einen einzigen Blick aus seinem roten Auge zu und blickte dann wieder starr auf die Ohren seines Pferdes.

Als Woronzow und Hadschi Murat mit ihren Begleitern nun nach der Festung ritten, machten die Soldaten, die nach Auflösung der Vorpostenkette da und dort in Gruppen zusammenstanden, ihre Bemerkungen.

»Wieviel Seelen hat er auf dem Gewissen, der Verdammte! Und jetzt wird er noch obendrein seine schöne Versorgung kriegen, gebt acht!«, sagte der eine.

»Das ist wohl möglich. Er war auch Schamils bester Kommandeur. Jetzt hat er ausgesorgt.«

»Ein tüchtiger Bursche ist er schon, dagegen ist nichts zu sagen. Ein Dshigit!«

»Und der Rothaarige – habt ihr gesehen, wie der scheel geguckt hat? Wie ein Raubtier!« »Das muß ein böser Hund sein!« Der Rothaarige war ihnen ganz besonders aufgefallen.

VI

Woronzow war recht zufrieden damit, daß er, gerade er, das Glück gehabt hatte, diesen Erzfeind Rußlands, der nach Schamil der mächtigste Mann in diesem Land war, aus den Bergen herauszulocken und zu empfangen. Nur eins war dabei unangenehm: Der Oberbefehl über die Truppen in Wosdwishenskoje lag in den Händen des Generals Möller-Sakomelskij, und die ganze Angelegenheit gehörte eigentlich in dessen Ressort. Woronzow hatte auf eigene Faust gehandelt, ohne ihm Meldung zu machen. Es konnte also leicht Unannehmlichkeiten geben. Dieser Gedanke verbitterte ihm ein wenig die Freude über seinen Erfolg.

Als der Fürst mit seinem Gefolge und den Gästen vor seinem Hause angelangt war, übergab er die Muriden Hadschi Murats der

Obhut des Regimentsadjutanten, während er Hadschi Murat selbst in sein Haus geleitete.

Die Fürstin Marja Wassiljewna hatte ihr Staatskleid angelegt und erwartete mit ihrem sechsjährigen Sohn, einem hübschen, lockenhaarigen Knaben, Hadschi Murat in ihrem Salon. Lächelnd empfing sie den Gast, der, die Arme über der Brust kreuzend, vor ihr stand. Hadschi Murat ließ ihr durch den Dolmetscher, der mit ihm gekommen war, in feierlicher Weise erklären, er betrachte sich als einen Freund des Fürsten, da dieser ihn in sein Haus aufgenommen habe, und die Familienmitglieder des Freundes seien für den Freund ebenso heilig wie der Freund selbst. Hadschi Murats Äußeres sowohl wie sein Benehmen gefielen Marja Wassiljewna. Daß er verlegen ward und errötete, als sie ihm ihre große weiße Hand reichte, nahm sie nur noch mehr für ihn ein. Sie ersuchte ihn, Platz zu nehmen, fragte ihn, ob er Kaffee trinke, und ließ, bevor er geantwortet hatte, welchen kommen. Man brachte den Kaffee, doch Hadschi Murat trank nicht. Er verstand ein wenig Russisch, konnte diese Sprache jedoch selbst nicht sprechen, und wenn er etwas nicht verstand, lächelte er kindlich verlegen. Und dieses Lächeln gefiel Marja Wassiljewna ebensosehr, wie es Poltorazkij gefallen hatte. Das lockige Söhnchen der Fürstin, dem diese den Kosenamen Bulka gegeben hatte, stand neben der Mutter und verwandte keinen Blick von Hadschi Murat, der ihm stets als ein Krieger von seltener Tapferkeit geschildert worden war.

Woronzow ließ Hadschi Murat bei seiner Frau und begab sich nach der Kanzlei, um den vorgesetzten Stellen von der Ankunft Hadschi Murats Meldung zu machen. Er verfaßte einen Bericht an General Koslowskij, den in Grosnaja stationierten Befehlshaber des linken Flügels der kaukasischen Armee, und schrieb einen Brief an seinen Vater. Dann eilte er rasch nach Hause, in der Befürchtung, seine Frau könnte darüber ungehalten sein, daß er ihr diesen wildfremden, gefährlichen Menschen auf dem Halsgelassen, der einerseits nicht verletzt, andererseits wieder nicht gar zu freundlich behandelt werden durfte. Seine Furcht war jedoch grundlos gewesen. Hadschi Murat saß noch immer auf seinem Platz, hielt den kleinen Bulka, den Stiefsohn Woronzows, auf dem Schoß und hörte, den Kopf neigend, mit Aufmerksamkeit auf den Dolmetscher, der ihm die Worte der lächelnden Fürstin übersetzte. Marja Wassiljewna hatte ihm soeben sagen lassen, daß, wenn er jeglichem Freund ein Stück seines Besitztums, das diesem gefalle, so ohne weiteres gebe, er bald so nackt wie Adam umhergehen würde.

Als der Fürst eintrat, nahm Hadschi Murat sogleich den darob sehr erstaunten und beleidigten Bulka vom Schoß und richtete sich empor, wobei der sorglos launige Ausdruck seines Gesichts verschwand und eine ernste, strenge Miene an dessen Stelle trat. Er setzte sich erst wieder, als auch Woronzow Platz genommen hatte. Er nahm den Faden des Gesprächs mit Marja Wassiljewna wieder auf und erklärte ihr, es bestehe bei ihnen ein solches Gesetz, daß alles, was einem Freund gefalle, ihm auch hingegeben werden müsse.

»Dein Sohn mein Kunak[1]«, sagte er auf russisch, während seine Hand das Lockenhaar Bulkas streichelte, der sich ihm wieder auf den Schoß gesetzt hatte.

»Er ist ein ganz prächtiger Mensch, dein Räuberhauptmann«, bemerkte die Fürstin auf französisch zu ihrem Gatten. »Bulka fand Gefallen an seinem Dolch, und er machte ihm das kostbare Stück sogleich zum Geschenk.«

Bulka zeigte dem Stiefvater den Dolch.

»C'est un objet de prix«,[2] sagte Marja Wassiljewna.

»Il faudra trouver l'occasion de lui faire cadeau«,[3] sagte Woronzow.

Hadschi Murat saß mit gesenktem Blicke da, streichelte immer wieder den Kopf des Knaben und murmelte dabei: »Dshigit, Dshigit!«

»Wirklich ein schöner, sehr schöner Dolch«, sagte Woronzow und zog die scharf geschliffene, damaszierte Klinge mit der Rinne in der

[1] Freund.
[2] (frz.) »Das ist eine kostbare Sache.«
[3] (frz.) »Man muß Gelegenheit finden, ein Gegengeschenk zu machen.«

Mitte halb aus der Scheide. »Bedank dich nur dafür!«, sprach er zu dem Kleinen, und zum Dolmetscher gewandt, sagte er: »Frag ihn, womit ich ihm dienen kann.«

Der Dolmetscher übersetzte seine Worte, und Hadschi Murat antwortete, daß er keine Wünsche habe, und nur darum bitte er, daß man ihm jetzt die Möglichkeit geben möchte, sein Gebet zu verrichten. Woronzow rief den Kammerdiener und befahl ihm, Hadschi Murat in ein Zimmer zu führen, in dem er ungestört beten könnte.

Als Hadschi Murat allein war, verwandelte sich sogleich der Ausdruck seines Gesichtes: An die Stelle der zufriedenen, zuvorkommend-feierlichen Miene, die es vorher gehabt hatte, trat ein Zug von tiefer Besorgnis.

Der Empfang, den ihm Woronzow bereitete, war weit besser, als er erwartet hatte. Aber je entgegenkommender dieser Empfang war, desto weniger traute Hadschi Murat Woronzow und seinen Offizieren. Er hatte alle möglichen Befürchtungen: daß man ihn einkerkern, ihn fesseln und nach Sibirien verschicken oder einfach töten würde, und er glaubte darum, nicht vorsichtig genug sein zu können. Er fragte Eldar, der ihn aufsuchte, wo die Muriden untergebracht seien, wo sich die Pferde befänden und ob man ihnen die Waffen abgenommen habe.

Eldar antwortete, die Pferde stünden im fürstlichen Marstall, und die Leute befänden sich in einem Schuppen, die Waffen habe man ihnen belassen, und für ihre Bewirtung mit Speise und Trank habe der Dolmetscher Sorge getragen.

Hadschi Murat schüttelte, während er seine Vorbereitungen zum Gebet traf, verwundert den Kopf. Nachdem er gebetet hatte, ließ er sich einen silbernen Dolch bringen, kleidete sich an, umgürtete sich und hockte in Erwartung der Dinge, die da kommen würden, auf dem niedrigen Diwan, der sich in dem Zimmer befand, nieder.

Es war in der fünften Stunde, als er zur Tafel beim Fürsten gerufen wurde.

Beim Mittagessen nahm Hadschi Murat nur etwas von einer Reisspeise, und zwar genau an derselben Stelle, an der auch die Fürstin sich bedient hatte.

»Er fürchtet, daß wir ihn vergiften könnten«, sagte die Fürstin zu ihrem Gatten. »Er hat von derselben Stelle genommen wie ich.«

Nach Tisch ließ sie Hadschi Murat durch den Dolmetscher fragen, wann er wieder beten würde. Hadschi Murat hob fünf Finger in die Höhe und zeigte nach der Sonne.

»Es ist bald soweit«, sagte Woronzow, zog seine kunstvoll gearbeitete Breguet-Taschenuhr hervor und drückte an eine Feder. Das Uhrwerk schlug vier und eine Viertelstunde. Hadschi Murat hörte mit Staunen die feinen, klingenden Töne, er bat, die Uhr genauer betrachten und das Schlagwerk noch einmal vernehmen zu dürfen.

»Voilà l'occasion! Donnez-lui la montre«,[1] sagte die Fürstin zu ihrem Gatten.

Woronzow bot die Uhr sogleich Hadschi Murat an. Dieser kreuzte die Arme über seiner Brust und nahm die Uhr entgegen. Er setzte das Schlagwerk noch einige Male in Bewegung, lauschte auf den Klang der Uhr und nickte beifällig.

Nach dem Mittagessen wurde dem Fürsten der Adjutant des Generals Möller-Sakomelskij gemeldet. Der Adjutant hatte dem Fürsten auszurichten, daß der General, der inzwischen von der Ankunft Hadschi Murats gehört hatte, höchst ungehalten darüber sei, daß ihm davon keine Meldung gemacht worden war. Er verlangte nun, daß Hadschi Murat ihm sogleich übergeben würde. Woronzow entgegnete, der Befehl des Generals würde erfüllt werden, ließ Hadschi Murat durch den Dolmetscher den Wunsch des Generals übermitteln und bat ihn, mit ihm zusammen zu Möller zu gehen.

Als die Fürstin hörte, weshalb der Adjutant gekommen sei, begriff sie sogleich, daß zwischen ihrem Gatten und dem General leicht Mißhelligkeiten entstehen konnten, und so beschloß sie, trotz aller

[1] (frz.) »Das ist die Gelegenheit! Gib ihm die Uhr.«

Einwände des Fürsten, mit ihm und Hadschi Murat zusammen zum General zu gehen.

»Vous feriez beaucoup mieux de rester; c'est mon affaire, mais pas la votre.«

»Vous ne pouvez pas m'empêcher d'aller voir madame la générale.«[1]

»Dazu ist jede andere Zeit ebensogut geeignet.«

»Und ich will gerade jetzt hingehen.«

Er mußte sie gewähren lassen, und so begaben sie sich zu dritt nach der Wohnung des Generals.

Als sie dort ankamen, geleitete Möller die Fürstin halb mürrisch, halb ehrerbietig nach dem Zimmer seiner Frau, während er Hadschi Murat durch den Adjutanten nach dem Empfangszimmer führen ließ, das er bis auf weiteres nicht verlassen sollte.

»Ich bitte«, sagte er, nachdem er die Damen zusammengebracht, zu Woronzow und öffnete die Tür seines Kabinetts, in das er mit dem Fürsten eintrat.

Ohne den Fürsten zum Sitzen einzuladen, trat er mit finsterer Miene vor ihn hin und begann: »Ich führe hier das Kommando und habe daher alle Unterhandlungen mit dem Feinde zu führen. Warum haben Sie mir die Ankunft Hadschi Murats nicht gemeldet?«

»Hadschi Murat sandte einen Boten zu mir, mit der Ankündigung, daß er sich mir persönlich ergeben wolle«, antwortete Woronzow, ganz bleich vor Erregung. Er war auf einen heftigen Ausfall des ergrimmten Generals gefaßt, dessen zornige Erregung in ihm das gleiche Gefühl wachrief.

»Ich frage, warum Sie mir keine Meldung erstattet haben?«

»Ich hatte die Absicht, es zu tun, Baron, indes …«

»Ich bin für Sie kein Baron, sondern Eure Exzellenz.« Und sein ganzer, lange zurückgehaltener Ärger kam zum Durchbruch. Er redete sich alles vom Herzen, was schon längst in ihm kochte.

»Habe ich meinem Kaiser darum siebenundzwanzig Jahre lang treu gedient, daß mir nun junge Leute von gestern, die sich auf ihre

[1] (frz.) »Es ist besser, Sie bleiben hier – die Sache geht mich ganz allein an.« – »Sie können mich nicht hindern, der Frau Generalin einen Besuch abzustatten.«

verwandtschaftlichen Beziehungen stützen, in meine Dienstangelegenheiten hineinpfuschen, die sie nichts angehen?«

»Exzellenz, ich bitte Sie, solche ungerechten Anschuldigungen zu unterlassen«, unterbrach ihn Woronzow.

»Es ist nur die Wahrheit, was ich sage, und ich lasse mir das nicht länger gefallen«, versetzte der General, der immer erregter wurde.

In diesem Augenblick rauschte Marja Wassiljewna ins Zimmer, und hinter ihr her kam eine ältliche Dame von kleinem Wuchs und bescheidenem Aussehen herein – es war die Gattin Möller-Sakomelskijs.

»Nun lassen Sie schon gut sein, Baron – Simon wollte Ihnen keine Unannehmlichkeiten bereiten«, sagte Marja Wassiljewna.

»Das habe ich auch nicht behauptet, Fürstin ...«

»Lassen wir das, General! Sie wissen: besser ein magerer Friede als ein fetter Streit. Das ist wenigstens meine Meinung«, und sie lachte.

Der ergrimmte Krieger vermochte dem bezaubernden Lächeln der schönen Frau nicht zu widerstehen. Unter seinem mächtigen Schnurrbart zuckte ein Lächeln.

»Ich gebe zu, daß ich nicht richtig gehandelt habe«, sagte Woronzow, »indes ...«

»Na, und ich bin auch hitzig geworden«, versetzte Möller und reichte dem Fürsten die Hand.

Der Friede war wiederhergestellt, und es ward beschlossen, daß Hadschi Murat einige Zeit unter Möllers Obhut bleiben und dann dem Befehlshaber des linken Flügels, General Koslowskij, übergeben werden sollte. Hadschi Murat hatte, während die beiden Offiziere miteinander stritten, im anstoßenden Empfangszimmer gesessen, und wenn er auch nicht verstand, was gesprochen wurde, so begriff er doch so viel, daß der Streit sich um seine Person drehte, daß sein Abfall von Schamil für die Russen von großer Bedeutung war und daß er, wenn sie ihn nicht verschickten oder töteten, für seinen Übertritt einen hohen Preis fordern könne. Er hatte auch begriffen, daß Möller-Sakomelskij, obschon er den höheren Rang bekleidete, doch nicht den gleichen Einfluß wie der ihm untergebene Woronzow besaß, daß er sich daher an Woronzow und nicht an Möller-Sakomelskij zu halten habe. Als nun Möller-Sakomelskij Hadschi Murat vor sich beschied und ihn über seine Absichten und Pläne befragte, nahm Hadschi Murat eine feierlich-stolze Haltung an und sagte, er sei aus den Bergen niedergestiegen, um dem weisen Zaren zu dienen, und werde über alles nur dem Sardar, dem Oberstkommandierenden, Fürst Woronzow in Tiflis, Rechenschaft ablegen.

VII

Die Kameraden hatten den verwundeten Awdejew nach dem Lazarett gebracht, das in einem kleinen, mit Brettern gedeckten Haus am Eingang der Festung lag. Sie hatten ihn dort in dem gemeinsamen Krankensaal auf eins der freien Betten gelegt. In dem Saal befanden sich vier Kranke; einer von ihnen wälzte sich im Typhusfieber, ein zweiter war bleich, hatte dunkle Ringe um die Augen und gähnte beständig in Erwartung eines Fieberanfalles, und die beiden letzten waren vor drei Wochen bei einem Überfall verwundet worden; der eine hatte einen Schuß durchs Handgelenk bekommen und ging umher, während der andere, im Rücken verwundet, auf seinem Bett saß. Alle, bis auf den Typhuskranken, umringten den neu Hereingebrachten und fragten die Träger aus.

»Manchmal kommen die Kugeln so dicht, als wenn Erbsen gesät würden, und keiner wird getroffen, und diesmal sind höchstens fünf Schüsse gefallen, und da hatte er auch schon was weg«, erzählte einer der Soldaten, die Awdejew gebracht hatten.

»Wem's eben beschieden ist …«

»Oh, oh!«, ächzte Awdejew, obschon er den Schmerz zu verbeißen suchte, laut auf, als er auf das Bett gelegt wurde. Sobald er niedergelegt war, zog er die Brauen finster zusammen und stöhnte nicht mehr, nur seine Fußsohlen zuckten beständig. Er hielt die Hände auf die Wunde und blickte starr vor sich hin.

Der Arzt kam und ließ den Kranken umwenden, um zu sehen, ob die Kugel nicht am Rücken herausgekommen sei.

»Was ist denn das da?«, fragte der Arzt und zeigte auf eine Anzahl langer weißer Narbenstreifen, die sich kreuzend über den Rücken und das Gesäß des Verwundeten hinliefen.

»Das ist von früher, Euer Hochwohlgeboren«, brachte Awdejew mühsam hervor.

Es waren die Spuren einer Bestrafung, der er unterzogen worden war, weil er Geld vertrunken hatte.

Awdejew wurde wieder auf den Rücken gelegt, und der Arzt stocherte eine ganze Weile mit der Sonde in seinem Leibe herum, bis er die Kugel endlich gefunden hatte. Doch wagte er nicht, sie herauszuholen, sondern begnügte sich damit, die Wunde zu verbinden und ein Pflaster darauf zu legen, worauf er sich entfernte.

Während die Wunde untersucht und verbunden worden war, hatte Awdejew mit aufeinandergepreßten Zähnen und geschlossenen Augen dagelegen. Als der Arzt sich entfernt hatte, öffnete der Verwundete die Augen und blickte erstaunt um sich. Seine Blicke waren auf die Kranken und den Feldscher gerichtet, doch schien er sie nicht zu sehen, sondern auf etwas anderes, das ihn in Erstaunen setzte, zu schauen.

Es kamen Kameraden – Panow und Serjogin. Awdejew lag immer noch so und schaute voll Erstaunen vor sich hin. Seine Augen waren zwar auf die Kameraden gerichtet, doch konnte er sie lange nicht erkennen.

»Willst du nicht eine Nachricht nach Hause schicken, Pjotr?«, fragte ihn Panow.

Awdejew sah ihn an, ohne zu antworten.

»Ich frage dich, ob du nicht die Deinen benachrichtigen willst«, fragte Panow noch einmal und berührte seine kalte, knochige Hand.

Da erst schien Awdejew zum Bewußtsein zu erwachen. »Ah … Antonytsch?«

»Ja. Ich wollte dich fragen, ob du nicht den Deinen eine Nachricht schicken möchtest. Serjogin wird schreiben.«

»Du wirst schreiben … Serjogin …«, sagte Awdejew, während er seine Augen mühsam nach Serjogin wandte. »Schreib so: ›Euer Sohn Petrucha … wünscht Euch … langes Leben.‹ Ich hab den Bruder … beneidet … hab's dir ja gesagt … Und jetzt bin ich froh … er lebt … und mag weiter leben. Gott gebe es ihm, ich bin froh. Schreib das.«

Dann schwieg er eine ganze Weile und sah Panow an.

»Hast du … den Pfeifenkopf gefunden?«, fragte er plötzlich.

Panow antwortete nicht sogleich.

»Den Pfeifenkopf, den Pfeifenkopf, sag ich …, hast du den gefunden?«, wiederholte Awdejew.

»Ja, er war in meinem Quersack.«

»So, so … Nun, jetzt reicht mir eine Kerze …, ich werde gleich sterben«, sagte Awdejew.

In diesem Augenblick trat Poltorazkij in den Krankensaal, um nach seinem Soldaten zu sehen.

»Nun, Bruder, wie geht es dir? Nicht zum Besten?«, begann er.

Awdejew schloß die Augen und schüttelte den Kopf. Sein knochiges Gesicht war bleich und hatte einen strengen Ausdruck. Er antwortete nicht auf die Frage des Vorgesetzten, sondern wiederholte nochmals, zu Panow gewandt:

»Gib mir … eine Kerze, ich werde sterben.«

Man gab ihm eine Kerze in die Hand, doch seine Finger schlossen sich nicht mehr, man mußte ihm die Kerze zwischen die Finger schieben und sie da festhalten. Poltorazkij ging hinaus, und fünf Minuten später legte der Feldscher das Ohr an Awdejews Herz und erklärte, daß er tot sei.

In dem Bericht, der über die Affäre an den Oberstkommandierenden nach Tiflis gesandt wurde, ward auch Awdejews Tod erwähnt. Die betreffende Stelle lautete:

»Am 23. November verließen zwei Kompagnien des Kura-Regiments die Festung, um im Wald Holz zu schlagen. In der Mittagszeit griff plötzlich eine ansehnliche Schar von Bergbewohnern die bei der Arbeit befindlichen Soldaten an. Die Vorposten zogen sich zurück, worauf die zweite Kompagnie den Feind mit dem Bajonett angriff und zurückschlug. Diesseits wurden zwei Soldaten leicht verwundet und einer getötet. Die Bergbewohner verloren gegen hundert Mann an Toten und Verwundeten.«

VIII

An demselben Tag, an dem Petrucha Awdejew im Lazarett der Festung Wosdhishenskoje sein Leben aushauchte, droschen sein alter Vater, die Frau seines Bruders, in dessen Vertretung Petrucha Soldat geworden war, und die älteste Tochter des Bruders, die nun bereits heiratsfähig war, auf der gefrorenen Tenne den Hafer. Am Abend vorher war tiefer Schnee gefallen, und am Morgen hatte es tüchtig gefroren. Der Alte war bereits beim dritten Hahnenschrei erwacht. Als er den hellen Mondschein durch das gefrorene Fenster schimmern sah, kroch er vom Ofen hinunter, zog seine Stiefel und den Pelz an, setzte die Mütze auf und ging nach der Tenne. Nachdem er zwei Stunden lang gearbeitet hatte, kehrte er ins Haus zurück und weckte seinen Sohn und die Frauen. Als diese auf die Tenne kamen, fanden sie den zum Dreschen bestimmten Platz bereits vom Schnee gereinigt vor. Die hölzerne Schaufel war in die weiße, immer höher steigende Schneedecke gesteckt, der Besen stand mit den Reisern nach oben gekehrt daneben, und die aufgelösten Haferbunde waren in zwei langen Reihen mit den Ähren nach innen auf der sauberen Tenne hingebreitet. Sie nahmen die Dreschflegel zur Hand und begannen im regelmäßigen Dreitakt zu dreschen. Der Alte schlug mit dem schwersten der Dreschflegel wuchtig zu, daß das Stroh unter seinen Schlägen mürbe ward; das junge Mädchen schlug mit gleichmäßigen Schlägen, während die Schwiegertochter das Stroh kehrte. Der Mond war untergegangen, der Tag brach bereits an, und die Dreschenden waren schon fast durch die ganze Reihe hindurch, als Akim, der älteste Sohn, in Pelzjacke und Mütze nach der Tenne kam.

»Hast wieder mal gefaulenzt«, herrschte der Vater, im Dreschen innehaltend und sich auf den Dreschflegel stützend, ihn an.

»Die Pferde müssen doch besorgt werden.«

»Die Pferde müssen besorgt werden!«, wiederholte der Alte in höhnischem Ton. »Überlaß das nur der Mutter! Nimm den Dreschflegel zur Hand! Hast schon viel zuviel Fett angesetzt, alter Trunkenbold.«

»Hast du mir etwa das Geld zum Trinken gegeben?«, brummte der Sohn vor sich hin.

»Was?«, fragte der Alte in drohendem Tone, während er einen Takt im Dreschen ausließ.

Der Sohn nahm schweigend den Dreschflegel, und die Arbeit ging nun im Viertakt: trap tapa tap, trap tapa tap … Trap! fiel jedesmal nach drei leichteren Schlägen der schwere Schlag des Alten.

»Einen Nacken hat er, so dick und fett wie ein Herr. Und mir fallen die Hosen vom Leibe!«, sagte der Alte, indem er wieder einen Schlag ausließ und den Dreschflegel, um nicht aus dem Takt zu kommen, wenigstens durch die Luft schwang.

Die Reihe war durch, und die Frauen griffen nach dem Rechen und harkten das Stroh zusammen.

»Ein Narr war Petrucha, daß er statt deiner Soldat wurde. Dir hätten sie dort wenigstens deine Dummheit herausgeprügelt, und er hätte hier fünf solche, wie du bist, ersetzt.«

»Na, laß schon gut sein, Väterchen«, sagte die Schwiegertochter in beschwichtigendem Tone, die ausgeschlagenen Garben beiseite werfend.

»Sechs Köpfe seid ihr nun, und alle wollen gefüttert sein, und keins taugt zur Arbeit. Petrucha, ja – der hat für zwei gearbeitet …«

Auf dem vom Hof her durch den Schnee gebahnten Fußwege kam die Alte. Der Schnee knirschte unter ihren Füßen, die dicht mit wollenen Fußlappen umwickelt waren und in neuen Bastschuhen steckten. Die beiden Männer schaufelten den noch mit der Spreu vermengten Hafer zu einem Haufen auf, während die Frauen die Tenne rein fegten.

»Der Dorfvogt war da«, sagte die Alte, »alle Männer sollen zum Spanndienst antreten, Ziegelsteine sollt ihr anfahren. Kommt, das Frühstück ist fertig.«

»Schön. Spann den Rotschimmel an und mach dich auf den Weg«, sagte der Alte zu Akim. »Und sorg mir dafür, daß ich nicht wieder deinetwegen Ärger habe, wie neulich. Nimm dir Petrucha zum Vorbild.«

»Als Petrucha zu Hause war, hat er die Schelte bekommen«, sagte Akim mürrisch, als der Alte gegangen war. »Und weil Petrucha jetzt nicht da ist, beißt er auf mich los.«

»Du verdienst es nicht besser«, sagte die Mutter vorwurfsvoll. »Da war der Petrucha doch ein anderer Mensch.«

»Schon gut!«, brummte der Sohn.

»›Schon gut!‹ sagst du? Hast du vielleicht das Mehl nicht vertrunken? Und jetzt sagst du noch ›schon gut‹?«

»Rühr doch nicht immer in dem alten Schmutz herum«, sagte die Schwiegertochter. Sie legten die Dreschflegel hin und gingen ins Haus.

Der Zwist zwischen dem Vater und dem Sohn bestand schon lange – bald, nachdem Pjotr Soldat geworden, hatte er begonnen. Damals war der Alte dahintergekommen, daß er einen Kuckuck gegen einen Falken eingetauscht hatte. Wohl hatte es nach seiner Meinung dem Gesetz entsprochen, daß der kinderlose Bruder für den, der eine Familie hatte, eintrat. Akim hatte vier Kinder, Pjotr dagegen noch keins. Dafür war Pjotr ein tüchtiger Arbeiter, ganz so wie der Alte: flink und gewandt, kräftig und ausdauernd, und er war vor allem mit Lust und Liebe bei der Sache. Nie war er ohne Arbeit. Sah er irgendwo jemanden arbeiten, dann mußte er, ganz so wie der Alte, gleich mit zugreifen – nahm die Sense und mähte zwei Reihen herunter, lud einen Wagen voll, sägte einen Baum nieder oder zerkleinerte Holz. Mit schwerem Herzen sah der Alte ihn ziehen, doch war eben nichts zu machen. Der Soldatendienst war wie der Tod. Wer Soldat wurde, war so gut wie verloren für die Seinen, es war zwecklos, seiner zu gedenken und ihm nachzuweinen. Nur selten, wenn er einmal dem älteren Sohn ein Beispiel vorhalten wollte, gedachte der Alte Pjotrs. Die Mutter dagegen sprach öfter von ihm und lag dem Alten schon lange, fast zwei Jahre lang schon, in den Ohren, er möchte Petrucha doch etwas Geld schicken. Aber der Alte hatte immer nur geschwiegen, wenn sie davon anfing.

Der Hof der Awdejews galt als reich, und der Alte hatte Geld zurückgelegt, doch hätte er um nichts in der Welt seine Ersparnisse angerührt. Als sie nun den Namen des jüngeren Sohnes so oft aus seinem Munde vernahm, entschloß sie sich, ihn zu bitten, er möchte doch, sobald er den Hafer verkauft hätte, dem Sohn wenigstens ein Rubelchen schicken. Und sie brachte ihren Gedanken zur Ausführung: Als das junge Volk zur Hofarbeit gegangen war und sie mit dem Alten allein blieb, überredete sie ihn, von dem für den Hafer vereinnahmten Geld einen Rubel an Petrucha zu schicken. Zwölf Scheffel von dem Hafer wurden, nachdem er geworfelt war, in Säkke gefüllt und auf drei Schlitten verteilt, um zum Verkauf nach der Stadt gebracht zu werden. Vom Küster hatte die Mutter einen Brief an Petrucha aufsetzen lassen, den gab sie jetzt dem Alten mit, der den Hafer selbst nach der Stadt bringen wollte. Er versprach ihr, einen Rubelschein einzulegen und den Brief von der Stadt aus an den Sohn zu senden. Er legte den Brief in seinen Beutel, verrichtete sein Gebet, zog den neuen Pelz und den Kaftan darüber an und nahm auf dem vordersten Schlitten Platz, um nach der Stadt zu fahren. Auf dem letzten Schlitten saß sein Enkel. In der Stadt ließ er sich vom Hauswart den Brief vorlesen und hörte aufmerksam, mit beifälligem Kopfnicken, zu.

In dem Brief der Mutter an Petrucha war geschrieben: zunächst ihre Segenswünsche, dann die besten Grüße von allen, Nachricht vom Tode seines Taufpaten und schließlich, daß Axinja, seine Frau, nicht bei ihnen habe bleiben wollen, sondern bei fremden Leuten wohne. Sie lebe, wie man höre, ehrbar und anständig. Im Brief war erwähnt, daß der Vater einen Rubel beilege, und zu guter Letzt hatte sie den Küster noch beauftragt, mit ihren eigenen Worten, die sie mit Tränen in den Augen hersagte, hinzuzufügen:

»Glaube mir, mein innigstgeliebter Sohn, mein Herzensjunge Petrucha, daß ich mir aus Sehnsucht nach Dir schon die Augen ausgeweint habe. Mein liebes, gutes Kind, warum hast Du mich nur verlassen? …« An dieser Stelle war die Alte in Tränen und Wehklagen ausgebrochen und hatte gesagt: »Damit ist's genug.« So stand es auch im Brief geschrieben. Aber Petrucha sollte weder die Nachricht, daß seine Frau aus dem Haus gegangen noch den Rubel noch die letzten Grüße seiner Mutter erhalten. Der Brief kam mit dem Geld und der Mitteilung zurück, daß Petrucha im Krieg als Verteidiger des Zaren, des Vaterlandes und des rechten russischen Glaubens gefallen sei. So hatte der Regimentsschreiber auf den Brief geschrieben.

Als Petruchas alte Mutter den Brief erhielt, weinte sie, solange sie Zeit hatte, und ging dann wieder an die Arbeit. Am Sonntag darauf ging sie zur Kirche, bestellte eine Totenmesse für den Gefallenen, ließ Pjotr in das Verzeichnis der Toten eintragen und verteilte Hostienbrot unter die frommen Leute, damit sie »des Knechtes Gottes Pjotr im Gebet gedächten«.

Auch Axinja, die Soldatenfrau, weinte eine Zeitlang, als sie vom Tod ihres geliebten Mannes erfuhr, mit dem sie nur ein Jahr zusammengelebt hatte. Es tat ihr leid um ihren Mann und um sein früh vernichtetes Leben, und in ihrem Wehklagen sprach sie von Pjotrs blonden Locken, von seiner Liebe, von dem bitteren Los, das nun ihr und ihrem kleinen verwaisten Wanjka bevorstehe, und jammernd machte sie Petrucha Vorwürfe, daß er für seinen Bruder mehr Liebe empfunden habe als für sie, die nun ihr Leben unter fremden Menschen schutz- und hilflos verbringen müsse.

Im Grunde ihrer Seele aber war Axinja ganz froh über Pjotrs Tod. Sie erwartete ein zweites Kind von einem Markthelfer, mit dem sie zusammenlebte, und nun durfte ihr niemand mehr Vorwürfe machen, der Markthelfer aber konnte sie heiraten, wie er ihr versprochen hatte, als sie seine Geliebte geworden war.

IX

Michail Semjonowitsch Woronzow war der Sohn des russischen Gesandten in London und hatte in England seine Erziehung erhalten. Unter den russischen hohen Beamten seiner Zeit zeichnete er sich vorteilhaft durch eine umfassende europäische Bildung aus, war ein Mann von großem Ehrgeiz, freundlich und umgänglich im Verkehr mit Tieferstehenden und ein gewandter Höfling im Umgang mit Höhergestellten. Er konnte sich das Leben ohne Macht und Gewalt auf der einen und dienstwillige Unterordnung auf der anderen Seite nicht vorstellen. Er besaß alle erdenklichen hohen Würden und Orden, galt als ein ausgezeichneter Soldat und sogar als Sieger über Napoleon bei Krasnyj. Er war im Jahre 1851 bereits ein hoher Siebziger, doch war er noch durchaus frisch, bewegte sich elastisch und hatte vor allem noch einen klugen, feinen Kopf, mit dem er seine Macht zu halten und seine Popularität zu bewahren und zu erweitern wußte. Er war selbst sehr reich, hatte eine reiche Frau – sie stammte aus dem gräflichen Hause Branizkij – und besaß als Statthalter von Kaukasien große Einkünfte. Einen beträchtlichen Teil seines Einkommens verwandte er für die Erhaltung seines Palais und Parkes am Südufer der Krim.

Am Abend des 7. Dezember 1851 hielt vor seinem Palais ein mit drei Pferden bespannter Kurierpostwagen. Der ermüdete, ganz mit Staub bedeckte Offizier, der dem Statthalter die Meldung des Generals Koslowskij, die Nachricht vom Übertritt Hadschi Murats zu den Russen, überbrachte, stieg, die steifgewordenen Beine kräftig streckend, an den Wachen vorüber die breite Freitreppe des Statthalterpalais hinan. Es war gegen sechs Uhr abends, und Woronzow war soeben im Begriff, zu Tisch zu gehen, als ihm die Ankunft des Kuriers gemeldet wurde. Woronzow empfing diesen sogleich und kam daher einige Minuten zu spät zum Diner. Als er den Salon betrat, wandten die etwa dreißig geladenen Tischgäste, die teils um die Fürstin Jelisaweta Xawerewna herumsaßen, teils da und dort zu Gruppen zusammengetreten waren, sich sogleich dem Eintretenden zu. Woronzow trug seine gewöhnliche dunkle Uniform, ohne Epauletten, mit einfachen Achselschnüren und einem weißen Kreuz am Hals. Sein glattrasiertes Fuchsgesicht lächelte verbindlich, während die leicht zusammengekniffenen Augen die Anwesenden musterten.

Mit raschen, weichen Schritten trat er ein, entschuldigte sich bei den Damen, daß er zu spät gekommen, begrüßte die Herren, trat auf die grusinische Fürstin Manana Orbeljani, eine etwa fünfundvierzigjährige, üppige, hochgewachsene Schöne von orientalischem Typus, zu und reichte ihr den Arm, um sie zu Tisch zu fuhren. Die Fürstin Jelisaweta Xawerewna selbst nahm den Arm eines außerhalb in Garnison liegenden, rothaarigen Generals mit aufgezwirbeltem Schnurrbart. Der Fürst von Grusinien reichte seinen Arm der Gräfin Choiseul, einer intimen Freundin der Fürstin. Der Hausarzt, Andrejewskij, die Adjutanten und die übrigen Herren folgten teils mit, teils ohne Damen den drei Paaren. Die mit langen Livreeröcken, Strümpfen und Schnallenschuhen ausgeputzten Lakaien waren den Gästen beim Niedersetzen behilflich, während der Haushofmeister mit feierlicher Miene die dampfende Suppe aus der silbernen Terrine auf die Teller füllte.

Woronzow nahm mitten an der langen Tafel Platz. Ihm gegenüber saß die Fürstin, seine Frau, mit dem General, rechts von ihm seine Dame, die schöne Orbeljani, und links eine schlanke, junge

Grusierin aus fürstlichem Geschlecht, dunkeläugig, rotwangig, beständig lächelnd und mit reichem, blitzendem Schmuck angetan.

»Excellentes, chère amie«,[1] antwortete Woronzow auf die Frage seiner Gemahlin, was für Nachrichten ihm der Kurier gebracht habe. *»Simon a eu de la chance.«*[2]

Und er erzählte so laut, daß alle, die am Tisch saßen, es hören konnten, daß der berühmte Hadschi Murat, der tapferste Unteranführer Schamils sich den Russen ergeben habe und heute oder morgen in Tiflis eintreffen werde. Für alle Anwesenden außer ihm selbst war die Nachricht eine Überraschung; er selbst wußte, daß Unterhandlungen betreffs der Übergabe seit längerer Zeit geführt worden waren.

Alle Tischgäste, selbst die jungen Adjutanten und Beamten, die unten an der Tafel saßen und eben noch über irgend etwas leise gelacht hatten, verstummten plötzlich und hörten zu.

»Und Sie, General, sind Sie diesem Hadschi Murat jemals begegnet?«, fragte die Fürstin ihren Nachbarn, den rothaarigen General, als der Fürst zu sprechen aufgehört hatte.

»Gewiß, mehr als einmal, Fürstin!«

Und der General erzählte, wie Hadschi Murat im Jahre 1843, nach der Einnahme von Gergebil durch die Bergbewohner, auf eine russische Heeresabteilung unter General Passek gestoßen sei und wie er fast unter ihren Augen den Oberst Solotuchin getötet habe.

Woronzow hörte mit leutseligem Lächeln zu, wie der General erzählte, und war anscheinend durchaus nicht unzufrieden damit. Plötzlich jedoch nahm sein Gesicht einen zerstreuten und müden Ausdruck an.

Der General, der recht ins Plaudern hineingekommen war, berichtete jetzt, wie er zum zweiten Mal mit Hadschi Murat zusammengetroffen sei.

»Er war es ja, wie sich Eure Durchlaucht erinnern werden, der damals bei der Expedition gegen Schamils Hauptfestung Dargo die

[1] (frz.) »Ausgezeichnet, liebe Freundin.«

[2] (frz.) »Semjon hat Glück gehabt.«

Truppen in einen Hinterhalt lockte, daß sie nur mit Mühe herausgehauen werden konnten.«

»Wo war das?«, fragte Woronzow und blinzelte mit den Augen.

Der wackere General hatte die Unvorsichtigkeit begangen, eine Affäre aufs Tapet zu bringen, bei der eine ganze Heeresabteilung, mit Woronzow selbst an der Spitze, schmählich zusammengehauen worden wäre, wenn nicht rechtzeitig Ersatz eingetroffen wäre. Alle Anwesenden wußten, daß jene von Woronzow befehligte Expedition, bei der die Russen zahlreiche Tote und Verwundete und eine Anzahl von Geschützen verloren, eine Schmach in der Geschichte der kaukasischen Feldzüge war. Es war denn auch üblich, sobald jemand diese Expedition in Woronzows Gegenwart erwähnte, dies nur in demselben Sinne zu tun, in dem auch Woronzow selbst damals seinen Bericht an den Zaren abgefaßt hatte, dem die Angelegenheit als ein glänzender Erfolg der russischen Waffen dargestellt worden war. Wenn der General jetzt davon sprach, daß jene Abteilung »herausgehauen« worden sei, so war damit gesagt, daß jene Affäre keine glänzende Waffentat, sondern ein böser Fehlgriff war, der vielen Leuten das Leben gekostet hatte. Alle begriffen sogleich, daß hier ein schlimmer Verstoß gegen den Takt vorlag, und so stellten sich denn die einen, als hätten sie nichts von der Ungeschicklichkeit des Generals gemerkt, während die anderen voll Schrecken der Dinge harrten, die nun weiter kommen würden. Nur einige wenige wechselten still lächelnd vielsagende Blicke miteinander.

Nur der General mit dem aufgezwirbelten Schnurrbart merkte von alledem nicht das geringste, und als der Statthalter die Frage nach dem »Wo?« gestellt hatte, antwortete er ganz ruhig und harmlos:

»Na, eben dort, wo Durchlaucht so böse in der Klemme saßen.«

Er war von dem einmal aufgenommenen Thema nicht mehr abzubringen und erzählte ganz ausführlich, wie geschickt dieser Hadschi Murat die Abteilung entzweigeschnitten habe, so daß, wenn sie nicht »herausgehauen« worden wäre – er wiederholte immer wieder das Wort »herausgehauen« –, nicht ein Mann hätte sich retten können.

Und er hätte immer weiter und weiter erzählt, wenn nicht Manana Orbeljani, in richtiger Erkenntnis der Situation, ihn unterbrochen und nach der Beschaffenheit seines Tifliser Quartiers gefragt hätte. Der General ließ seinen Blick ganz verdutzt über die Anwesenden schweifen und begegnete dem Auge seines am Ende der Tafel sitzenden Adjutanten, der ihn mit bedeutsamem Blicke durchdringend ansah. Da merkte er plötzlich, was er angerichtet. Ohne der Fürstin zu antworten, blickte er in mürrischem Schweigen auf seinen Teller und begann das ihm vorgesetzte, raffiniert zubereitete, nach Aussehen und Geschmack ihm unbekannte Gericht hastig herunterzuschlingen.

Peinliche Verlegenheit malte sich auf allen Gesichtern, aber der grusinische Fürst, der an der anderen Seite der Fürstin Woronzow saß und ein überaus glatter Schmeichler und Höfling, wenn auch sonst ein recht beschränkter Kopf war, wußte der beklemmenden Stimmung geschickt ein Ende zu machen. Er begann, als ob er gar nichts gemerkt hätte, mit lauter Stimme zu erzählen, wie Hadschi Murat seinerzeit die Witwe des Achmet-Chans von Mechtula entführt habe:

»Mitten in der Nacht brach er ins Dorf ein, nahm mit, was er mitnehmen wollte, und jagte mit seiner Schar davon.«

»Warum hatte er es gerade auf diese Frau abgesehen?«, fragte die Fürstin.

»Er hatte mit ihrem Gatten in Feindschaft gelebt und ihn verfolgt, konnte seiner jedoch bis zum Tode des Chans nicht habhaft werden, und so rächte er sich an der Witwe.«

Die Fürstin übersetzte seine Erzählung ihrer alten Freundin, der Gräfin Choiseul, die neben dem grusinischen Fürsten saß, ins Französische.

»Quelle horreur!«[1] rief die Gräfin entsetzt, schloß die Augen und schüttelte den Kopf.

[1] (frz.) »Abscheulich!«

»O nein«, sagte Woronzow lächelnd. »Man hat mir erzählt, daß er seine Gefangene durchaus respektvoll und ritterlich behandelt und später freigelassen habe.«

»Ja, nachdem sie ein Lösegeld erlegt hatte.«

»Nun, das ist doch selbstverständlich. Immerhin hat er sich edel gegen sie benommen.«

Diese Worte des Fürsten gaben für die weitere Unterhaltung über Hadschi Murat den Ton an. Die Höflingsschar begriff, daß dem Fürsten Woronzow durchaus damit gedient war, wenn der Person Hadschi Murats eine recht große Bedeutung beigelegt würde.

»Eine erstaunliche Waghalsigkeit besitzt dieser Mensch! Ein höchst merkwürdiger Mensch!«

»Und was sagen Sie dazu, daß er im Jahre 1849 am hellichten Tage in den Flecken Temir-Chan-Schura einbrach und die Läden ausplünderte?«

Ein am Ende der Tafel sitzender Armenier, der um jene Zeit in Temir-Chan-Schura gelebt hatte, erzählte allerhand Einzelheiten über diesen Handstreich Hadschi Murats.

Hadschi Murats Taten bildeten auch weiterhin den einzigen Gesprächsstoff an der Abendtafel. Alle rühmten um die Wette seine Tapferkeit, Klugheit und Großmut. Irgend jemand erzählte, er habe einmal sechsundzwanzig Gefangene auf einmal töten lassen; doch auch dafür fand man Rechtfertigungsgründe: Was sollte man schon sagen, *à la comme à la guerre*[1].

»Er ist ein großer Mann!«

»Hätte seine Wiege in Europa gestanden, dann wäre er vielleicht ein neuer Napoleon geworden«, meinte der grusinische Fürst, der bei aller Beschränktheit so trefflich zu schmeicheln verstand.

Er wußte, daß jede Erwähnung Napoleons, dessen Truppen Woronzow geschlagen, dem Fürsten, der für diese Waffentat das weiße Kreuz an seinem Hals erhalten hatte, stets angenehm im Ohr klang.

[1] (frz.) Krieg ist Krieg.

»Nun, wenn auch nicht gerade Napoleon, so doch jedenfalls ein ganz tüchtiger Kavalleriegeneral«, meinte Woronzow.

»Vielleicht kein Napoleon, aber doch immerhin ein Murat.«

»Er heißt ja auch Hadschi Murat.«

»Hadschi Murat hat sich ergeben, jetzt ist auch Schamils Ende nahe«, sagte einer der Gäste.

»Sie spüren jedenfalls, daß nun aller Widerstand vergeblich ist«, meinte ein anderer. In dem Wörtchen »nun« lag eine Anspielung auf das Regime Woronzow.

»Tout cela est grâce à vous«,[1] sagte Manana Orbeljani.

Fürst Woronzow bemühte sich, die Wogen der Schmeichelei, die über ihm zusammenzuschlagen begannen, ein wenig zurückzudämmen.

Immerhin waren alle diese glatten Reden, die in sein Ohr klangen, ihm nicht unangenehm, und als er vom Tisch aufstand und seine Dame in den Salon zurückführte, befand er sich in der allerbesten Stimmung.

Als nach dem Diner im Salon der Kaffee gereicht wurde, war der Fürst gegen alle ganz besonders herablassend und trat unter anderem auch an den General mit dem aufgezwirbelten roten Schnurrbart heran, um ihm zu verstehen zu geben, daß er seine Ungeschicklichkeit nicht bemerkt habe.

Nachdem der Fürst mit jedem seiner Gäste ein freundliches Wort gewechselt hatte, setzte er sich an den Kartentisch. Er spielte nur sein altgewohntes L'hombre. Seine Partner waren der grusinische Fürst, ferner ein armenischer General, der das Spiel eigens beim Kammerdiener des Fürsten gelernt hatte, und als vierter Mann der Hausarzt, Doktor Andrejewskij, der beim Fürsten einen großen Einfluß besaß.

Woronzow legte die goldene Tabaksdose mit dem Porträt Alexanders I. neben sich, hatte den Umschlag des eleganten Karten-

[1] (frz.) »All das ist Ihnen zu danken.«

spiels aufgerissen und die Karten ausgeteilt, als sein italienischer Kammerdiener Giovanni ihm auf silbernem Präsentierteller einen Brief überbrachte.

»Noch ein Kurier, Durchlaucht!«

Woronzow legte die Karten hin, entschuldigte sich bei den Mitspielern, öffnete den Brief und begann zu lesen.

Der Brief war vom Sohn des Fürsten. Er schilderte den Übertritt Hadschi Murats und den Zusammenstoß mit Möller-Sakomelskij.

Die Fürstin trat hinzu und fragte, was der Sohn schreibe.

»Immer noch dasselbe Thema. *Il a eu quelques désagréments avec le commandant de la place. Simon a eu tort. But all is well, that ends well*«,[1] sagte er, gab den Brief seiner Frau und wandte sich den ehrerbietig wartenden Spielpartnern zu, die er die Karten aufzunehmen bat.

Nach dem ersten Spiel öffnete Woronzow die Tabaksdose und tat etwas, was er immer nur dann zu tun pflegte, wenn er in besonders guter Laune war: er nahm mit dem Zeigefinger und Daumen seiner runzeligen weißen Greisenhand eine Prise französischen Schnupftabaks aus der Dose, führte sie zu seiner Nase empor und stopfte beide Nasenlöcher damit voll.

X

Als Hadschi Murat tags darauf bei Woronzow erschien, war der Empfangssalon des Fürsten von Menschen überfüllt. Der General mit dem aufgezwirbelten Schnurrbart, der am Tage vorher beim Statthalter zur Tafel geladen gewesen, war zur Abschiedsaudienz in Galauniform mit allen Orden erschienen. Ferner war da ein Regimentskommandeur, der vor das Kriegsgericht kommen sollte, weil er Verpflegungsgelder seines Regiments unterschlagen hatte. Ein reicher Armenier, ein Schützling von Doktor Andrejewskij, war ge-

[1] (frz., engl.) »Er hatte einige Unannehmlichkeiten mit dem Festungskommandanten. Semjon hat unrecht gehabt. Aber Ende gut, alles gut.«

kommen, um seinen Branntweinpachtvertrag zu erneuern. Die ganz in Schwarz gekleidete Witwe eines gefallenen Offiziers harrte des Augenblicks, da sie dem Statthalter die Bitte um Gewährung einer Pension oder um Unterbringung ihrer Kinder in einem Institut auf Kosten der Krone vortragen durfte. Ein bankrotter grusinischer Fürst war in der malerischen Tracht seiner Heimat erschienen, sich um die Pacht eines freigewordenen Kirchengutes zu bewerben. Ein Polizeikommissar war mit einem großen Aktenkonvolut unter dem Arm gekommen, das ein von ihm ausgearbeitetes neues Projekt zur Unterwerfung des Kaukasus enthielt. Ein tatarischer Khan endlich hatte sich einzig zu dem Zweck eingefunden, um zu Hause erzählen zu können, er sei beim Fürsten gewesen.

Alle wurden der Reihe nach empfangen, und der hübsche, blonde, jugendliche Adjutant geleitete einen nach dem anderen in das Kabinett des Fürsten.

Als Hadschi Murat mit kräftigem Schritt, nur ganz leicht hinkend, den Empfangssalon betrat, wandten sich ihm sogleich alle Blicke zu, und er hörte, wie bald hier, bald dort sein Name geflüstert wurde.

Hadschi Murat trug über einem braunen, am Kragen mit einer schmalen silbernen Borte verzierten Beschmet eine lange weiße Tscherkeßka. An den Beinen trug er schwarze Strumpfschafte und ebensolche Überschuhe über den glatt anliegenden Pantoffeln; auf seinem Kopf saß die Lammfellmütze mit dem Turban – demselben Turban, den er seinerzeit, als er sich Schamil anschloß, aufgesetzt hatte und um dessentwillen General Klugenau ihn dann später auf die Denunziation Achmet-Khans hin hatte festnehmen lassen. Kühn und sicher schritt Hadschi Murat über das Parkett des Empfangssalons hin, wobei sein in den Hüften schlank erscheinender Oberkörper leicht nach dem einen, etwas kürzeren Beine hinüberwippte. Seine weit auseinanderstehenden Augen blickten ruhig vorwärts und schienen niemanden zu sehen.

Der hübsche Adjutant begrüßte Hadschi Murat und bat ihn, so lange Platz zu nehmen, bis er ihn dem Fürsten gemeldet hätte. Hadschi Murat lehnte jedoch ab, sich zu setzen – die Hand an den Griff seines Dolches legend und das Bein zur Seite setzend, blieb er stehen und blickte mit geringschätziger Miene auf alle Anwesenden.

Der Dolmetscher, Fürst Tarchanow, trat auf Hadschi Murat zu und begann ein Gespräch mit ihm. Hadschi Murat gab nur widerwillige, kurze Antworten. Aus dem Kabinett des Statthalters trat ein kumykischer Fürst, der sich über einen russischen Kommissar beschwert hatte, und gleich darauf rief der Adjutant Hadschi Murat auf. Er geleitete ihn bis zur Tür des Kabinetts und ließ ihn eintreten.

Woronzow empfing Hadschi Murat an der Ecke seines Schreibtisches stehend. Das greise weiße Gesicht des Oberstkommandierenden zeigte diesmal nicht dieselbe lächelnde Miene wie gestern, sondern hatte eher einen strengen und feierlichen Ausdruck.

Als Hadschi Murat in das große Zimmer mit dem riesigen Schreibtisch und den von grünen Portieren umrahmten großen Fenstern trat, legte er seine sonnenverbrannten kleinen Hände auf jene Stelle der Brust, an der die beiden Seiten seiner Tscherkeßka sich kreuzten, und im kumykischen Dialekt, den er geläufig sprach, begann er langsam, klar vernehmlich, mit ehrerbietig gesenkten Augen:

»Ich begebe mich hiermit unter den hohen Schutz des großen Zaren und Eurer Durchlaucht. Ich verspreche, dem weisen Zaren bis zum letzten Blutstropfen treu zu dienen, und hoffe im Kriege mit Schamil, der mein Feind so gut wie der Eurige ist, Euch von Nutzen zu sein.«

Woronzow hörte die von dem Dolmetscher übertragenen Worte und blickte Hadschi Murat an, während dieser ihm ins Gesicht sah.

Die Augen der beiden Männer trafen sich und sagten einander gar vieles, was sich mit Worten nicht ausdrücken ließ und was jedenfalls mit dem nicht übereinstimmte, was der Dolmetscher soeben übertragen hatte. Sie sagten einander, ohne Worte, die ganz unverhüllte Wahrheit: Woronzows Augen sagten, daß er nicht ein einziges Wort von alledem glaube, was Hadschi Murat soeben gesprochen, daß er ganz genau wisse, jener sei ein Feind alles Russischen und werde es immer bleiben, und wenn er sich jetzt unterwerfe, so geschehe es nur, weil er sich nicht anders zu helfen wisse. Und Hadschi Murat begriff seinerseits vollkommen, daß Woronzow alles dies wisse, und fuhr doch fort, ihm seine Ergebenheit zu beteuern. Seine Augen sagten, daß es diesem Greis besser anstehe, an den Tod zu denken als an den Krieg, daß er, obschon alt, doch noch immer ein durchtriebener Fuchs sei, vor dem man auf der Hut sein müsse. Und Woronzow war sich darüber klar, daß der andere ihn durchschaute, aber sein Mund sprach zu Hadschi Murat nur Worte, die ihm durch die Rücksicht auf den kriegerischen Erfolg geboten schienen.

»Sag ihm«, sprach Woronzow zu dem Dolmetscher – er pflegte alle seine jungen Offiziere zu duzen –, »daß unser Herrscher ebenso gnädig und mild wie mächtig ist und daß er auf meine Fürsprache hin ihm voraussichtlich verzeihen und ihn in seine Dienste nehmen wird. Hast du es ihm übersetzt?«, fragte er und sah Hadschi Murat dabei an. »Teile ihm nun mit, daß er bis zum Eintreffen der allergnädigsten Entschließung meines Gebieters hier unter meiner Obhut verbleiben wird und daß ich bemüht sein werde, ihm den Aufenthalt bei uns angenehm zu machen.«

Hadschi Murat legte nochmals die Hände mitten auf seine Brust und sprach irgend etwas in raschem Tempo.

Der Dolmetscher übertrug seine Worte: er habe auch früher schon, als er im Jahre 1839 über Awarien gebot, den Russen treu gedient und keinen Verrat an ihnen geübt, und er wäre nie von ihnen wieder abgefallen, wenn nicht sein Feind Achmet-Khan gewesen wäre, der sein Verderben wollte und ihn bei General Klugenau verleumdet hätte.

»Ich weiß, ich weiß«, sagte Woronzow, obschon er das, was er zu wissen vorgab, längst vergessen hatte. »Ich weiß das alles«, wiederholte er, während er Platz nahm und Hadschi Murat ersuchte, sich auf einen an der Wand stehenden niedrigen Diwan zu setzen. Doch Hadschi Murat setzte sich nicht, sondern machte mit seinen kräftigen Schultern eine Bewegung, die besagen sollte, daß er es nicht für angemessen halte, in Gegenwart eines so hochgestellten Mannes überhaupt zu sitzen.

»Achmet-Khan sowohl wie Schamil waren beide meine Feinde«, fuhr er, zu dem Dolmetscher gewandt, fort. »Sag dem Fürsten, Achmet-Khan sei gestorben, ohne daß ich an ihm hätte Rache nehmen können, doch Schamil sei noch am Leben, und ich wolle nicht sterben, ohne ihm heimgezahlt zu haben, was er mir angetan.« Er biß die Zähne aufeinander und legte die Stirn in Falten, als er dieses sprach.

»Ja, ja«, entgegnete Woronzow ruhig. »Wie will er's denn aber dem Schamil heimzahlen?«, wandte er sich zum Dolmetscher. »Sag ihm doch, daß er sich setzen soll.«

Hadschi Murat weigerte sich abermals, sich zu setzen, und als er nun gefragt wurde, was ihn eigentlich bewogen habe, zu den Russen überzugehen, antwortete er, es sei der Wunsch gewesen, ihnen bei der Niederwerfung Schamils zu helfen.

»Sehr schön, sehr schön«, entgegnete Woronzow. »Und was gedenkt er zu diesem Zweck zu tun? So nimm doch Platz, nimm Platz!«, wandte er sich zu Hadschi Murat selbst.

Hadschi Murat setzte sich endlich und führte nun aus, was er vorhätte: Die Russen sollten ihm nur Soldaten genug mitgeben und ihn an die lesghische Linie[1] schicken, dann verbürge er sich dafür, daß ganz Dagestan[2] sich erheben und Schamil nicht länger imstande sein würde, sich zu halten.

»Das ist gut, das scheint kein übler Plan«, sagte Woronzow. »Ich werde über die Sache nachdenken.«

Der Dolmetscher übersetzte Hadschi Murat Woronzows Worte. Hadschi Murat sann ein Weilchen nach.

»Sag dem Sardar auch noch«, sprach er dann, »daß meine Familie sich in den Händen meines Feindes befindet und daß, solange dies

[1] Linie, an der die Lesghier, ein Volk in Daghestan, kämpften.

[2] Gebiet im Nordosten des Kaukasus, das an die Tschetschnja grenzt und unter anderem auch Awarien umfaßt.

der Fall ist, mir die Hände gebunden sind und ich den Russen nicht dienen kann. Er würde mein Weib, meine Mutter, meine Kinder töten, wenn ich jetzt ohne weiteres gegen ihn ziehen wollte. Wenn aber der Fürst die Meinigen befreit, indem er sie gegen Gefangene, die er selbst gemacht hat, eintauscht, dann werde ich Schamil vernichten, oder ich will des Todes sein.«

»Gut, gut«, sagte Woronzow. – »Wir wollen das alles in Erwägung ziehen. Jetzt soll er zum Chef unseres Stabes gehen und ihn über die Sachlage sowie über seine eigenen Absichten und Wünsche informieren.«

Damit endete die erste Zusammenkunft zwischen Hadschi Murat und Woronzow.

Am Abend desselben Tages wurde in dem neuen, im orientalischen Geschmack dekorierten Theater eine italienische Oper gegeben. Woronzow saß in seiner Loge, als im Parterre die auffällige Gestalt des hinkenden Hadschi Murat im Schmucke des Turbans erschien. Er war in Begleitung des ihm beigegebenen Adjutanten Woronzows, des jungen Loris-Melikow, im Theater erschienen und hatte in der ersten Parkettreihe Platz genommen. Mit der dem orientalischen Muselmann eigenen Würde hatte Hadschi Murat dem ersten Akt beigewohnt – ohne jeden Ausdruck des Staunens, mit vollkommen gleichgültiger Miene. Im Zwischenakt erhob er sich, musterte in aller Ruhe die Zuschauer und verließ, während alle Augen auf ihn gerichtet waren, das Theater.

Am folgenden Tag, einem Montag, fand, wie gewöhnlich, beim Statthalter eine Abendunterhaltung statt. In dem großen, hellerleuchteten Saal erklangen die munteren Weisen, die ein im Wintergarten hinter einer Wand von grünen Gewächsen verborgenes Orchester spielte. Junge und nicht mehr ganz junge Frauen in Kleidern, die Hals, Arme und Brust frei ließen, wirbelten mit Männern in bunten Uniformen, die sie umschlungen hielten, durch den Saal. Lakaien in roten Fräcken, weißen Strümpfen und Schnallenschuhen standen am Büfett, schenkten den Herren Champagner ein und präsentierten den

Damen Konfekt. Die Gemahlin des Sardars ging, trotz ihres Alters gleichfalls halb entblößt, zwischen den Gästen umher, lächelte ihnen verbindlich zu und ließ auch Hadschi Murat, der mit derselben Gleichgültigkeit wie gestern im Theater die Gäste musterte, durch den Dolmetscher ein paar freundliche Worte sagen. Nach der Fürstin traten auch die anderen halbnackten Frauen auf Hadschi Murat zu, standen, ohne eine Spur von Scham zu empfinden, vor ihm und richteten lächelnd alle dieselbe Frage an ihn: wie ihm das, was er hier sehe, wohl gefalle. Auch der Statthalter selbst, der diesmal an seiner Uniform goldene Achselstücke und Epauletten und um den Hals das weiße Kreuz an einem breiten Band trug, kam auf ihn zu und stellte ihm die gleiche Frage, offenbar in der Überzeugung, die auch alle übrigen Fragesteller teilten, daß alles das, was Hadschi Murat hier sah, ihm unbedingt gefallen mußte. Hadschi Murat gab Woronzow die gleiche Antwort, die er auch den anderen erteilt hatte: daß es bei ihnen zu Hause so etwas nicht gebe, womit er unentschieden ließ, ob er das, was er sah, für schön oder häßlich hielt.

Hadschi Murat machte den Versuch, auf dem Ball mit Woronzow über die Auswechselung der Seinigen zu reden, doch Woronzow tat, als höre er nicht, und ließ ihn stehen. Loris-Melikow erklärte darauf Hadschi Murat, daß der Ballsaal nicht der geeignete Ort sei, um über die Angelegenheit zu reden.

Als es zwei Uhr schlug, sah Hadschi Murat, um die Zeiten zu vergleichen, auf die Uhr, die ihm der junge Woronzow verehrt hatte, und fragte Loris-Melikow, ob er nun wohl gehen könne. Loris-Melikow meinte, es stehe dem nichts entgegen, doch sei es besser, er warte noch ein Weilchen. Gleichwohl brach Hadschi Murat auf und begab sich in dem Phaethon[1], der ihm zur Verfügung gestellt war, nach dem ihm zugewiesenen Quartier.

[1] Vom Besitzer selbst gefahrener leichter Kutschierwagen.

XI

Am fünften Tag seines Aufenthaltes in Tiflis erhielt Hadschi Murat den Besuch Loris-Melikows, des jungen Adjutanten des Statthalters. Er kam im besonderen Auftrag seines hohen Vorgesetzten.

»Kopf und Hände sind bereit, dem Sardar zu dienen«, sagte Hadschi Murat mit seiner gewohnten diplomatisch vorsichtigen Miene, indem er den Kopf neigte und die Hand auf die Brust legte. »Gebiete deinem Diener«, sagte er und sah dabei Loris-Melikow freundlich in die Augen.

Loris-Melikow nahm in einem Sessel, der am Tisch stand, Platz, während Hadschi Murat sich ihm gegenüber auf einen niedrigen Diwan setzte, die Arme auf die Knie stützte, den Kopf vorneigte und mit Aufmerksamkeit anhörte, was Loris-Melikow zu ihm sprach. Der Adjutant, der das Tatarische gut beherrschte, sagte, daß der Fürst, obschon er Hadschi Murats Vergangenheit sehr wohl kenne, doch seine Lebensgeschichte aus seinem eigenen Mund zu hören wünsche.

»Erzähle sie mir«, sagte Loris-Melikow, »und ich werde sie aufzeichnen und ins Russische übersetzen, damit der Fürst sie dem Zaren zusenden kann.«

Hadschi Murat schwieg ein Weilchen: er war gewohnt, nicht nur denjenigen, mit dem er sprach, ohne Unterbrechung ausreden zu lassen, sondern auch immer noch, sobald der andere geendet, ein Weilchen zu warten, ob er vielleicht noch etwas hinzuzufügen habe.

Als er meinte, daß der Adjutant nichts weiter zu sagen habe, hob er mit einer raschen Bewegung den Kopf empor, daß die Lammfellmütze ihm in den Nacken glitt. Um seinen Mund spielte jenes besondere, kindliche Lächeln, das auch Marja Wassiljewna schon so wohl gefallen hatte.

»Das kann geschehen«, sagte er, er fühlte sich offenbar geschmeichelt bei dem Gedanken, daß der Zar selbst seine Lebensgeschichte lesen würde.

»Erzähle mir alles, ohne dich zu übereilen, ganz von Anfang an«, versetzte Loris-Melikow, ihn nach tatarischer Sitte duzend, während er sein Notizbuch aus der Tasche nahm.

»Das kann geschehen, wie gesagt«, meinte Hadschi Murat, »nur gibt es da sehr, sehr viel zu erzählen, weil ich sehr viel erlebt habe.«

»Wirst du an einem Tag nicht fertig, dann erzählst du am nächsten Tag weiter«, sagte Loris-Melikow.

»Soll ich von Anfang an beginnen?«

»Ja, ganz von Anfang an – wo du geboren bist und wo du von Jugend auf gelebt hast.«

Hadschi Murat neigte den Kopf vor und saß so eine ganze lange Weile da. Dann nahm er einen Stock, der neben dem Diwan lag, zog unter dem mit einem Elfenbeingriff versehenen, goldverzierten Dolch ein haarscharf geschliffenes kleines Messer hervor und begann damit an dem Stocke herumzuschnitzen, während er seine Schicksale erzählte.

»Schreib also«, begann er. »Ich bin in Zelmes geboren, einem kleinen Dorf, nicht größer als ein Eselskopf, wie man bei uns in den Bergen sagt. Nicht weit von unserem Dorf, vielleicht auf zwei Schußweiten entfernt, liegt die Ortschaft Chunsach, in der die Khane lebten. Unsere Familie stand ihnen sehr nahe. Meine Mutter nährte den ältesten Sohn des Chans, Abununzal, durch den ich mit den Khanen bekannt wurde.

Es waren drei junge Khane: Abununzal-Khan, der Milchbruder meines Bruders Osman, Umma-Khan, mein Blutsbruder, und Bulatsch-Khan, der jüngste, den Schamil in den Abgrund gestürzt hat. Doch davon später.

Ich zählte fünfzehn Jahre, als die Muriden die Dörfer zu durchwandern begannen. Sie schlugen mit hölzernen Säbeln an die Steine und riefen: ›Muselmänner, Chasawat!‹[1] Die Tschetschenen gingen alle miteinander zu den Muriden über, und auch die Awaren began-

[1] Der Heilige Krieg.

nen sich ihnen anzuschließen. Ich lebte damals am Hof der Khane. Ich war wie ein Bruder des Khans, tat, was ich wollte, und gewann Reichtümer. Ich hatte Pferde und Waffen, und auch Geld hatte ich. Ich lebte in Saus und Braus und machte mir keine Gedanken. So lebte ich bis zu der Zeit, da Kasi-Mullah getötet ward und Hamsat an seine Stelle kam. Hamsat schickte Boten an die Khane, mit der Drohung, daß er Chunsach zerstören würde, wenn sie das Chasawat nicht annähmen. Da hieß es wohl überlegen. Die Khane zögerten aus Furcht vor den Russen, das Chasawat anzunehmen, und die Mutter der Khane sandte mich mit ihrem zweiten Sohn Umma-Khan nach Tiflis zum Oberstkommandierenden, den wir um Hilfe gegen Hamsat bitten sollten. Oberstkommandierender war damals Rosen, der Baron. Er empfing weder mich noch Umma-Khan. Er ließ uns sagen, daß er uns Hilfe senden werde, hat aber in Wirklichkeit nichts getan. Nur ein paar seiner Offiziere suchten uns in Tiflis auf und spielten mit Umma-Khan Karten. Sie gaben ihm Wein zu trinken und führten ihn in die Höhlen des Lasters, und er verlor alles, was er hatte, an sie im Kartenspiel. Er war so stark wie ein Stier und so tapfer wie ein Löwe, an Geist aber so schwach wie das Wasser. Er hätte unser letztes Pferd und unsern letzten Säbel verspielt, wenn ich ihn nicht aus Tiflis weggebracht hätte. Nach diesem Besuch in Tiflis war ich anderen Sinnes geworden und redete der Mutter der Khane und den jungen Khanen zu, sie sollten das Chasawat annehmen.«

»Warum warst du anderen Sinnes geworden?«, fragte Loris-Melikow. »Haben dir die Russen nicht gefallen?«

Hadschi Murat schwieg ein Weilchen.

»Nein, sie haben mir nicht gefallen«, sagte er dann mit fester Stimme und schloß dabei die Augen. »Und es lag auch noch ein besonderer Grund vor, warum ich geneigt war, das Chasawat anzunehmen.«

»Was für ein Grund war das?«

»In der Nähe unseres Dorfes Zelmes war ich eines Tages, als ich mit dem Khan zusammen ausritt, auf drei Muriden gestoßen. Zwei von ihnen entflohen, und den dritten tötete ich durch einen Pistolenschuß. Als ich zu ihm hintrat, um ihm die Waffen abzunehmen, sah ich, daß er noch lebte. Er blickte mich an und sprach: ›Du hast mich getötet, mir ist wohl. Du bist ein Muselmann, bist jung und stark, nimm das Chasawat an. Gott befiehlt es.‹«

»Und da nahmst du es an?«

»Noch nicht, doch begann ich nachzudenken«, sagte Hadschi Murat und fuhr dann in seiner Erzählung fort: »Als Hamsat gegen Chunsach angerückt kam, sandten wir alte Männer zu ihm und ließen ihm sagen, wir seien bereit, das Chasawat anzunehmen. Er solle uns nur einen gelehrten Mann senden, der uns darüber aufklären könnte, wie man es zu halten habe. Hamsat ließ den Alten die Schnurrbärte abrasieren und Löcher in die Nase bohren, hängte ihnen Brezeln hinein und schickte sie so heim. Die Alten sagten, Hamsat sei bereit, uns einen Scheich zu schicken, der uns über das Chasawat belehren würde, doch stelle er die Bedingung, daß die Mutter der Khane ihm ihren jüngsten Sohn als Geisel schicken solle. Die Mutter der Khane schenkte Hamsat Glauben und entsandte Bulatsch-Khan zu ihm. Hamsat nahm Bulatsch-Khan wohl auf und schickte zu uns, auch die älteren Brüder sollten zu ihm kommen. Er ließ sagen, er wolle den jungen Khanen ebenso dienen, wie sein Vater ihrem Vater gedient habe. Die Mutter der Khane war ein schwaches Weib, dumm und vorlaut, wie alle Weiber, wenn sie nach ihrem eigenen Willen leben. Sie fürchtete sich, beide Söhne auf einmal zu schicken, und entsandte zuerst nur Umma-Khan allein. Ich machte mich mit ihm auf den Weg. Eine Werst weit kamen die Muriden uns entgegen, sangen und schossen und tummelten ihre Rosse um uns herum. Als wir zu Hamsat kamen, trat er aus seinem Zelte und hielt Umma-Khan den Steigbügel, womit er ihn als Khan anerkannte. ›Ich habe eurem Haus nichts Böses angetan‹, sprach er, ›und will ihm auch nichts Böses antun. Verschonet nur mein Leben und hindert mich nicht, die Menschen für das Chasawat anzuwerben. Ich werde euch mit allen meinen Mannen dienen, wie mein Vater eurem Vater gedient hat. Gewährt mir Zutritt zu eurem Haus. Ich werde euch mit meinem Rat zur Seite stehen, ihr aber könnt schalten und walten, wie ihr wollt.‹

Umma-Khan war unbeholfen in Worten, er wußte nicht, was er sagen sollte, und schwieg. Da sagte ich, wenn sich die Dinge so verhielten, dann solle Hamsat nach Chunsach kommen, die Mutter der Khane und der älteste Khan würden ihn in Ehren empfangen. Sie ließen mich jedoch nicht ausreden – und hier war es, daß ich zum ersten Male mit Schamil zusammenstieß. Er stand neben dem Imam[1] und sagte zu mir: ›Nicht du bist gefragt, sondern der Khan.‹ Ich schwieg darauf, und Hamsat führte Umma-Khan in sein Zelt. Dann rief Hamsat auch mich hinein und hieß mich mit seinen Abgesandten nach Chunsach zurückkehren. Ich tat, wie er mich hieß. Die Abgesandten Hamsats suchten die Mutter der Khane zu bereden, sie solle auch den ältesten Khan zu Hamsat entsenden. Ich sah, daß Verrat im Spiel war, und riet der Mutter der Khane, den Sohn nicht hinzuschicken. Aber in solch einem Weiberkopfe sitzt genauso viel Verstand wie Haare auf einem Ei. Die Mutter der Khane glaubte Hamsats Leuten und befahl dem Sohn, hinzugehen. Als Abununzal sich weigerte, sagte sie: ›Ich sehe, du hast Angst.‹ Gleich der Biene wußte sie, nach welcher Stelle sie den Stachel zu richten habe. Abununzal-Khan entbrannte vor Unwillen, sprach kein Wort mehr mit ihr und ließ sein Roß satteln. Ich ritt mit ihm hin. Hamsat empfing uns noch freundlicher als den jüngeren Bruder Umma-Khan. Er kam uns selbst auf zwei Büchsenschüsse den Berg hinab entgegen, und hinter ihm her kamen seine Berittenen, sangen und schossen und tummelten keck ihre Rösser. Als wir im Lager ankamen, führte Hamsat den Khan in sein Zelt, während ich draußen bei den Pferden blieb. Ich saß unten am Berg, als ich in Hamsats Zelte Gewehrschüsse vernahm. Ich lief auf das Zelt zu. Umma-Khan lag auf dem Rücken in einer großen Blutlache, während Abununzal mit den

[1] Hier: Führer einer mohammedanischen Sekte, der die geistliche und weltliche Macht in seiner Person vereinigt.

Muriden kämpfte. Ein Säbelhieb hatte ihm die Backe vom Gesicht getrennt, daß sie blutend herunterhing. Er suchte sie mit der einen Hand festzuhalten, während die andere mit dem Dolch nach jedem stach, der ihm nahe kam. Ich sah, wie er einen Bruder Hamsats niederstach und wie er den Dolch nach seinem zweiten Bruder zückte – als die Muriden plötzlich auf ihn zu schießen begannen und ihn zu Fall brachten.«

Hadschi Murat hielt inne, sein wettergebräuntes Gesicht war ganz rot vor Erregung, und seine Augen waren von Blut unterlaufen. »Ich ward von Furcht ergriffen und entfloh«, sagte er.

»Ei, sieh doch«, sprach Loris-Melikow, »ich denke, du hast dich nie vor etwas gefürchtet?«

»Später nicht. Ich habe fortan stets der Schmach jener Stunde gedacht, und wenn ich daran dachte, dann fürchtete ich nichts mehr.«

XII

»Jetzt ist's genug, ich muß jetzt beten«, sagte Hadschi Murat, nahm aus der inneren Brusttasche seiner Tscherkeßka die Uhr, die ihm Woronzow geschenkt hatte, drückte vorsichtig gegen die Sprungfeder, neigte den Kopf zu der Uhr hinab und lauschte mit kindlichem Lächeln auf ihre Schläge. Die Uhr schlug zwölf und ein Viertel darüber.

»Von meinem Freunde Woronzow, ein Gastgeschenk«, sagte er lächelnd.

»Eine sehr schöne Uhr«, meinte Loris-Melikow. »Bete also jetzt, ich will solange warten.«

»Wie du willst«, sagte Hadschi Murat und begab sich in sein Schlafzimmer.

Als Loris-Melikow allein war, schrieb er das, was Hadschi Murat ihm erzählt hatte, in den Hauptzügen nieder, zündete sich dann eine Zigarette an und begann im Zimmer auf und ab zu gehen. Als er in die Nähe der Tür kam, die der Schlafzimmertür gegenüberlag, hörte er ein paar Stimmen, die sich in tatarischer Sprache lebhaft über irgend etwas unterhielten. Er vermutete, daß es Hadschi Murats Muriden seien, die da drinnen sprachen, und er öffnete die Tür und ging zu ihnen hinein.

In dem Zimmer verspürte er jenen auffallenden säuerlichen Ledergeruch, der den Bergbewohnern eigentümlich ist. Am Fenster saß auf einem über den Fußboden gebreiteten Filzmantel in einem zerrissenen, unsauberen Beschmet der einäugige, rothaarige Hamsalo und flocht an einem ledernen Zaumzeug. Er sprach gerade mit seiner heiseren Stimme sehr eifrig über irgend etwas, verstummte jedoch sogleich bei Loris-Melikows Eintritt und fuhr, ohne den Eintretenden irgendeiner Aufmerksamkeit zu würdigen, in seiner Arbeit fort. Ihm gegenüber stand der muntere Khan Mahoma, zeigte lachend seine weißen Zähne und wiederholte immer wieder irgend etwas, wobei seine wimpernlosen schwarzen Augen nur so blitzten. Der schöne Eldar hatte die Ärmel an seinen kräftigen Armen emporgestreift und säuberte eben die Bauchgurte an einem Sattelzeug, das an der Wand von einem Nagel herabhing. Chanefi, der die Wirtschaft zu besorgen hatte, war nicht im Zimmer – er bereitete in der Küche das Mittagsmahl.

»Worüber habt ihr denn gestritten?«, fragte Loris-Melikow den lustigen Khan Mahoma, nachdem er die drei begrüßt hatte.

»Er weiß immer nur den Schamil zu loben«, antwortete Khan Mahoma und schüttelte dem Adjutanten die Hand. »Er sagt, daß Schamil ein großer Mann sei. Er sei gelehrt und heilig und ein Dshigit.«

»Ja – wie denn? Er hat ihn doch verlassen, und er rühmt ihn noch immer?«

»Er hat ihn verlassen – und rühmt ihn!«, bestätigte Khan Mahoma mit blitzenden Augen und grinste dabei.

»Du hältst ihn wohl auch für heilig – wie?«, fragte Loris-Melikow den Einäugigen.

»Wenn er nicht heilig wäre, würde das Volk ihm nicht gehorchen«, versetzte Hamsalo rasch.

»Mansur war heilig, aber Schamil ist es nicht«, sprach Khan Mahoma. »Das war ein wirklicher Heiliger. Als er Imam war, war das ganze Volk ein anderes. Er ritt in den Dörfern umher, und das Volk kam zu ihm heraus, um den Zipfel seiner Tscherkeßka zu küssen, und es bereute seine Sünden und schwor, nichts Böses mehr zu tun. Noch jetzt erzählen die alten Leute, wie die Menschen damals lebten – ganz wie die Heiligen, rauchten nicht, tranken nicht, ließen kein Gebet aus, verziehen einander jede Beleidigung, ließen selbst die Blutrache ruhen. Fanden sie Geld oder sonstige Sachen, so banden sie das Gefundene an Stangen, die sie an den Weg stellten. Damals gab Gott dem Volk auch den Erfolg in allen Dingen, nicht so wie jetzt«, sagte Khan Mahoma.

»Auch jetzt wird in den Bergen nicht getrunken noch geraucht«, meinte Hamsalo.

»Dein Schamil ist ein Lamoroi«, sagte Khan Mahoma, während er Loris-Melikow listig zublinzelte.

Lamoroi war eine verächtliche Bezeichnung der Bergbewohner.

»Nenne ihn meinetwegen einen Lamoroi«, sagte Hamsalo. »Ich weiß jedenfalls, daß in den Bergen die Adler wohnen.«

»Das hat er gut gesagt – ein schlagfertiger Bursche!«, sagte Khan Mahoma lachend, offenbar erfreut über die treffende Antwort seines Gegners.

Als er in Loris-Melikows Hand das silberne Zigarettenetui erblickte, bekam er plötzlich Lust zu rauchen und bat um eine Zigarette. Loris-Melikow sagte, es sei ihnen doch verboten zu rauchen. Da blinzelte Khan Mahoma mit einem Kopfnicken nach Hadschi Murats Schlafzimmer hin und meinte, solange er es nicht sehe, könne es schon gewagt werden. Und er begann sogleich zu rauchen, wobei er den Rauch nicht tief einzog, sondern sogleich wieder in ungeschickter Weise zwischen den roten Lippen hervorblies.

»Das ist unrecht von dir«, sagte Hamsalo mit strafendem Blick und verließ das Zimmer. Khan Mahoma blinzelte pfiffig hinter ihm her, und als er seine Zigarette zu Ende geraucht hatte, fragte er Loris-Melikow, wo er wohl am besten einen seidenen Beschmet und eine weiße Lammfellmütze kaufen könne.

»Hast du denn so viel Geld?«, fragte der Adjutant.

»Es wird wohl dazu reichen«, entgegnete Khan Mahoma.

»Frag ihn einmal, woher er das Geld hat«, sagte Eldar, sein lächelndes, hübsches Gesicht nach Loris-Melikow hinwendend.

»Ich habe im Spiel gewonnen«, sagte Khan Mahoma rasch.

Und er erzählte, wie er gestern, als er in den Straßen von Tiflis spazierenging, auf einen Haufen von Russen und Armeniern gestoßen sei, die »Schrift oder Adler« spielten. Der Satz sei recht groß gewesen: drei Goldmünzen und eine ganze Menge Silbergeld. Khan Mahoma hatte das Spiel rasch begriffen, war, mit den Kupfermünzen in seiner Tasche klimpernd, mitten in den Kreis der Spieler getreten und hatte aufs Ganze gehalten.

»Wie denn – aufs Ganze? Hattest du denn so viel Geld?«, fragte Loris-Melikow.

»Zwölf Kopeken hatte ich im ganzen«, antwortete Khan Mahoma mit vergnügtem Grinsen.

»Und wenn du verloren hättest?«

»Dann hatte ich dieses hier«, sagte Khan Mahoma, auf seine Pistole zeigend.

»Die würdest du hingegeben haben?«

»Wozu denn? Weggelaufen wäre ich, und wäre mir einer nahe gekommen, dann hätte ich ihn getötet, und damit basta.«

»Und du hast gewonnen?«

»Aija, ich steckte alles ein und ging davon.«

Über Khan Mahoma und Eldar war Loris-Melikow sich vollkommen klar. Khan Mahoma war ein lustiger Bursche, der gern über die Stränge schlug und nicht wußte, was er mit seinem Überschuß an Lebenskraft beginnen sollte – immer vergnügt, leichtsinnig, mit dem eigenen Leben wie mit dem fremden spielend. Diese Lust am Spiel mit dem Leben mochte ihn auch bestimmt haben, zu den Russen überzugehen, wie sie ihn vielleicht morgen bestimmen würde, wieder zu Schamil zurückzukehren.

Auch in Eldars Wesen war nichts Rätselhaftes: er war ein ruhiger, starker, zuverlässiger Mensch, seinem Murschid bis in den Tod ergeben. Ein Rätsel blieb Loris-Melikow nur der rothaarige Hamsalo. Loris-Melikow sah, daß dieser Mensch nicht nur im Innern noch zu Schamil hielt, sondern daß er auch allen Russen gegenüber einen flammenden Haß und Abscheu empfand. Er konnte daher nicht begreifen, warum er eigentlich zu den Russen übergegangen war. Er schöpfte Verdacht – der auch bereits in einigen anderen russischen Offizieren aufgestiegen war –, daß Hadschi Murats Übertritt und alles, was er von seiner Feindschaft mit Schamil erzählte, nichts als List und Täuschung sei, daß er nur gekommen sei, um die Schwächen der russischen Stellung auszukundschaften und dann, nachdem er wieder in die Berge geflohen, alle Kräfte gegen die schwachen Punkte zu richten. Hamsalos ganzes Wesen erschien dem Adjutanten als eine Bestätigung dieser Vermutung. ›Diese beiden da, und Hadschi Murat selbst, wissen ihre Absichten zu verbergen‹, dachte Loris-Melikow, ›jener Rotkopf aber verrät sich durch seinen unverhohlenen Haß.‹

Loris-Melikow versuchte es, auch Hamsalo zum Sprechen zu bringen, der wieder eingetreten war. Er fragte ihn, ob er sich nicht langweile. Doch jener sah ihn nur mit seinem einen Auge scheel von der Seite an, und ohne auch nur einen Augenblick seine Flechtarbeit zu unterbrechen, brüllte er mit seiner heiseren Stimme drauflos: »Nein, ich langweile mich nicht.«

Und von ähnlicher Art waren auch alle übrigen Antworten, die er gab.

Während Loris-Melikow noch im Zimmer der Muriden Hadschi Murats weilte, trat auch Chanefi, der Aware, mit dem haarbedeckten Gesicht und Nacken und der zottigen, wie von Moos überwucherten Brust ins Zimmer. Er war ein Mensch, der nicht viel nachdachte, ein rüstiger Arbeiter, der gehorsam die Arbeit verrichtete, die sein Herr ihm aufgab, und ganz in dieser Arbeit aufging.

Als er jetzt hereinkam, um Reis zum Mahl zu holen, sprach Loris-Melikow ihn an und fragte, woher er sei und wie lange er Hadschi Murat schon diene.

»Fünf Jahre«, antwortete Chanefi. »Ich bin aus demselben Dorf wie er. Mein Vater hatte meinen Oheim getötet, und sie wollten mich dafür töten«, erzählte er ganz ruhig, während sein Blick unter den zusammengewachsenen Brauen hervor auf Loris-Melikow fiel. »Da bat ich Hadschi Murat, er solle mich als Bruder annehmen.«

»Was heißt das: als Bruder annehmen?«

»Ich ließ zwei Monate lang meinen Kopf unrasiert und meine Nägel unbeschnitten und kam dann zu ihm. Er ließ mich zu Patimat, seiner Mutter, hinein. Patimat reichte mir die Brust, und so wurde ich sein Bruder.«

Im anstoßenden Zimmer ließ sich Hadschi Murats Stimme vernehmen. Eldar hörte seinen Ruf, säuberte rasch seine Hände und ging zu seinem Murschid hinein.

»Er bittet einzutreten«, sagte Eldar, zu Loris-Melikow zurückkehrend. Dieser gab dem lustigen Khan Mahoma noch eine Zigarette und ging dann zu Hadschi Murat in das Gastzimmer zurück.

XIII

Hadschi Murat empfing den Adjutanten mit vergnügtem Gesicht.

»Nun, wollen wir fortfahren?«, begann er, auf dem Diwan Platz nehmend.

»Unbedingt«, sagte Loris-Melikow. »Ich war inzwischen bei deinen Trabanten und habe mich mit ihnen unterhalten. Einer von ihnen ist ein recht lustiger Junge.«

»Du meinst Khan Mahoma – ja, das ist ein leichter Bursche«, sagte Hadschi Murat.

»Recht gut hat mir der hübsche, schlanke Jüngling gefallen.«

»Ah, Eldar! Ja, der ist noch jung, aber fest wie Eisen.«

Sie schwiegen eine Weile.

»Soll ich nun weitererzählen?«

»Ja, ja.«

»Ich beschrieb dir zuletzt, wie die Khane getötet wurden. Als nun Hamsat sie getötet hatte, hielt er seinen Einzug in Chunsach und nahm im Palaste der Khane Wohnung. Es war jetzt nur noch die Mutter der Khane übriggeblieben. Hamsat ließ sie vor sich kommen, und sie begann, ihm Vorwürfe zu machen. Da gab er seinem Muriden Asselder einen Wink, worauf dieser ihr von hinten einen Schlag über den Kopf versetzte, daß sie tot hinfiel.«

»Warum hat er denn auch die Alte getötet?«, fragte Loris-Melikow.

»Wie denn anders, war er mit den Vorderbeinen über den Zaun gekrochen, so mußten auch die Hinterbeine nach. Das ganze Geschlecht mußte ausgerottet werden, und so geschah es auch. Den jüngsten der Khane hatte Schamil beseitigt, er hatte ihn in einen Abgrund gestürzt. Ganz Awarien unterwarf sich nun Hamsat, nur wir zwei, ich und mein Bruder, unterwarfen uns nicht. Wir hatten die Khane an ihm zu rächen und forderten sein Blut. Zum Schein zwar unterwarfen wir uns, doch dachten wir immer nur daran, wie wir unser Rachewerk ausführen könnten. Wir berieten uns mit unserem Großvater, dem Silberschmied, und beschlossen, den Augenblick abzupassen, da Hamsat den Palast verlassen würde, und ihn dann aus dem Hinterhalt zu töten. Unser Gespräch war jedoch belauscht und Hamsat hinterbracht worden. Er ließ den Großvater vor sich kommen und sprach zu ihm: ›Höre, wenn es wahr ist, daß deine Enkel Böses gegen mich im Schilde führen, dann sollst du mit ihnen zusammen an demselben Galgen hängen! Ich tue Gottes Werk, und niemand soll mich daran behindern. Nun geh und merke es dir, was ich gesagt habe.‹ Der Großvater kam heim und sagte uns alles. Da beschlossen wir, nicht länger zu warten, sondern unsern Plan gleich am nächsten Feiertag in der Moschee zur Ausführung zu bringen.

Die Freunde, die wir eingeweiht hatten, weigerten sich mitzugehen, und so blieben wir beide, ich und mein Bruder, ganz allein übrig. Wir nahmen jeder eine Pistole, hängten unsere Filzmäntel um und gingen nach der Moschee. Hamsat erschien, von dreißig Muriden begleitet. Sie hatten alle die blanken Säbel in der Hand. Asselder, sein Liebling – derselbe, der der Mutter der Khane den Kopf abgeschlagen hatte, sah uns. Er rief, wir sollten die Filzmäntel abtun, worauf er auf mich zukam. Ich zückte den Dolch und erstach ihn. Dann warf ich mich auf Hamsat, aber mein Bruder Osman hatte bereits nach ihm geschossen. Hamsat lebte noch und stürzte sich mit dem Dolch auf den Bruder, doch ich schoß ihn durch den Kopf, daß er tot niederfiel. Die Muriden waren zu dreißig, und wir nur zwei. Meinen Bruder Osman töteten sie, ich aber konnte mich ihrer erwehren, sprang aus dem Fenster hinaus und entkam. Als es ruchbar wurde, daß Hamsat getötet sei, erhob sich das ganze Volk, und die Muriden entflohen. Die nicht mehr entfliehen konnten, wurden niedergemacht.«

Hadschi Murat hielt inne und schöpfte tief Atem.

»Soweit war alles gut«, fuhr er fort, »dann aber ward alles verdorben. Schamil trat an Hamsats Stelle. Er schickte Boten zu mir und ließ mir sagen, ich solle mit ihm gegen die Russen ziehen – falls ich mich weigerte, drohte er, Chunsach zu zerstören und mich zu töten. Ich ließ ihm antworten, daß ich weder zu ihm kommen noch auch dulden würde, daß er zu mir käme.«

»Warum bist du nicht zu ihm gegangen?«, fragte Loris-Melikow.

Hadschi Murat runzelte die Stirn und antwortete nicht sogleich.

»Ich durfte es nicht. An Schamil klebte das Blut meines Bruders Osman und des jungen Khans Abununzal. Nein, ich ging nicht zu ihm. Rosen, der General, schickte einen Offizier zu mir und befahl mir, den Befehl über Awarien zu übernehmen. Nun wäre das ja recht gut gewesen, aber Rosen hatte vorher den Khan Mahomet-Mirsa von Kasi-Kumych und nach diesem Achmet-Khan über Awarien gesetzt. Dieser hatte einen Haß auf mich, er hatte einmal für seinen Sohn um die Schwester der Khane von Chunsach angehalten und schrieb es mir zu, daß seine Werbung abgewiesen wurde. Er schickte seine Trabanten, die mich töten sollten, doch entfloh ich ihnen. Da verleumdete er mich beim General Klugenau, dem er sagte, ich hätte es den Awaren verboten, den russischen Soldaten Holz zu geben. Auch daß ich diesen Turban hier« – Hadschi Murat zeigte nach dem Turban auf seiner Mütze – »aufgesetzt hätte, sagte er dem General und legte dies dahin aus, daß ich mich damit als Anhänger Schamils bekenne. Der General aber glaubte ihm nicht und ließ nicht zu, daß mir auch nur ein Haar gekrümmt würde. Doch als der General nach Tiflis gefahren war, rückte Achmet-Khan mit einer Kompagnie Soldaten gegen mich heran und nahm mich gefangen. Er ließ mich in Ketten schmieden und an eine Kanone binden. Sechs Tage und sechs Nächte mußte ich so verharren. Am siebenten Tage wurde ich losgebunden und nach Temir-Chan-Schura abgeführt. Vierzig Soldaten mit geladenen Gewehren brachten mich dahin. Meine Hände waren gefesselt, und es war Befehl erteilt, mich zu töten, wenn ich einen Fluchtversuch machen sollte. Ich wußte das. Als wir uns dem Moksoch näherten, wurde der Weg, auf dem wir marschierten, ganz schmal. Zur Rechten zog sich ein Abgrund hin, wohl fünfzig Klafter tief. Ich entfernte mich von den Soldaten nach rechts hin, nach dem Rande des Abgrundes. Der Soldat, der neben mir herging, wollte mich zurückhalten, doch ich machte einen Sprung nach dem Abgrund hin und zog den Soldaten mit. Er blieb zerschmettert unten liegen, ich aber kam mit dem Leben davon. Die Rippen, der Schädel, die Arme und Beine – alles war gebrochen. Ich versuchte zu kriechen, vermochte es jedoch nicht. Ein Schwindel befiel mich, und ich wurde ohnmächtig. Als ich erwachte, war ich ganz durchnäßt von Blut. Ein Hirte fand mich und rief Leute herbei, die mich in ein Dorf brachten. Die Rippen und der Kopf wurden heil, und auch die Gliedmaßen heilten, nur das eine Bein blieb kürzer.«

Und Hadschi Murat streckte das kürzere Bein vor.

»Es tut immer noch gute Dienste«, fuhr er fort, »Als die Leute hörten, wie ich die Freiheit wiedergewonnen harte, kamen sie herbei, um mich zu sehen. Sobald ich gesund geworden, begab ich mich nach Zelmes. Die Awaren forderten mich auf, wieder über sie zu gebieten«, sagte Hadschi Murat mit ruhigem, selbstbewußtem Stolze, »und ich willigte ein.«

Hadschi Murat erhob sich rasch. Er nahm eine Mappe aus einem seiner Reisesäcke, zog daraus zwei vergilbte Briefe hervor und reichte den einen davon Loris-Melikow. Es waren Briefe des Generals Klugenau. Loris-Melikow las ihn, er lautete: »An den Fähnrich Hadschi Murat. Du hast mir gedient, und ich war mit Dir zufrieden und hielt Dich für einen guten Menschen. Kürzlich aber hat Achmet-Khan mich benachrichtigt, daß Du ein Verräter bist, daß Du den Turban um Dein Haupt gelegt hast, daß Du zu Schamil in Beziehungen stehst und dem Volk predigst, es solle der russischen Obrigkeit nicht gehorchen. Ich gab Befehl, Dich festzunehmen und mir vorzuführen, doch Du bist entflohen; ich weiß nicht, ob dies für Dich gut oder schlimm ist, da ich nicht weiß, ob Du schuldig bist oder nicht. Höre nun, was ich Dir sage. Wenn Du vor dem großen Zaren ein reines Gewissen hast und Dich unschuldig fühlst, dann erscheine vor mir. Fürchte Dich vor niemand, ich bin Dein Beschützer. Der Khan kann Dir nichts anhaben; er steht selbst unter meiner Botmäßigkeit, Du hast also nichts zu fürchten.«

Weiter schrieb Klugenau noch, er habe stets sein Wort gehalten und sei stets gerecht gewesen, und zum Schluß ermahnte er Hadschi Murat nochmals, sich bei ihm einzufinden.

Als Loris-Melikow den ersten Brief gelesen hatte, wies Hadschi Murat nach dem zweiten, übergab ihn jedoch nicht sogleich dem Adjutanten, sondern erzählte erst, was er auf jenen ersten Brief geantwortet habe.

»Ich schrieb ihm: Ich trage wohl den Turban, jedoch nicht um Schamils, sondern um meines Seelenheils willen; zu Schamil könne und wolle ich nicht übergehen, da er schuld sei, daß mein Vater, meine Brüder und viele meiner Verwandten getötet worden seien. Doch auch zu den Russen könne ich nicht übergehen, da ich von ihnen schmählich beleidigt worden sei. Als ich in Chunsach gefesselt am Boden lag, habe einer von ihnen mich mit seinem Kot besudelt, und ich könne nicht eher zu ihnen übergehen, als bis dieser Mensch getötet sei. Vor allem aber sei ich in Furcht vor dem Lügner Achmet-Khan.

Da schrieb der General mir diesen zweiten Brief«, sagte Hadschi Murat und reichte Loris-Melikow ein zweites vergilbtes Blatt.

»Du hast auf meinen Brief geantwortet«, las Loris-Melikow. »Du schreibst, es geschehe nicht aus Furcht, daß Du nicht zurückkehrst, sondern wegen der Schmach, die Dir von einem Giaur[1] angetan worden. Ich versichere Dir aber, daß das russische Gesetz gerecht ist, und vor Deinen Augen soll derjenige bestraft werden, der es gewagt hat, Dich so schwer zu beleidigen. Ich habe schon Auftrag gegeben, diese Angelegenheit zu untersuchen. Doch höre, Hadschi Murat. Ich habe ein Recht, mit Dir unzufrieden zu sein, weil Du mir und meinem Ehrenwort nicht traust, doch verzeihe ich Dir, da ich weiß, daß Ihr Bergbewohner überhaupt sehr mißtrauisch seid. Wenn Dein Gewissen rein ist, wenn Du den Turban nur um Deines Seelenheils willen aufgesetzt hast, dann bist Du im Recht und kannst der russischen Obrigkeit und auch mir offen ins Auge sehen. Jener Mensch, der Dich so schwer beleidigt hat, soll, dessen versichere ich Dich, schwer bestraft werden, *auch Dein Vermögen soll Dir zurückgegeben werden,* und Du wirst sehen und erkennen, was das russische Gesetz bedeutet. Um so mehr, als die Russen die Dinge anders ansehen als Ihr; in ihren Augen nämlich bist Du dadurch, daß irgendein Schurke sich so schändlich gegen Dich benommen hat, durchaus nicht entehrt. Ich selbst habe den Gimrinzen[2] erlaubt, den Turban zu tragen, und nehme ihre Angelegenheiten wahr, wie es sich gehört; ich wiederhole also, daß Du gar nichts zu befürchten hast. Komm zu mir

[1] Ungläubiger, Nichtmohammedaner.

[2] Bewohner des Dorfes Gimri, aus dem Schamil stammt.

mit dem Mann, den ich jetzt zu Dir sende; er ist mir treu ergeben, *er ist nicht der Sklave Deiner Feinde,* sondern der Freund eines Mannes, der bei seiner Regierung großes Gewicht hat.«

Nochmals forderte dann der General Hadschi Murat auf, zu ihm zu kommen.

»Ich glaubte diesen Worten nicht«, sagte Hadschi Murat, als Loris-Melikow den Brief zu Ende gelesen hatte, »und ich ging nicht zu Klugenau. Ich hatte vor allem an Achmet-Khan Rache zu nehmen, und dazu hätten die Russen mir nicht verholfen. Damals umringte gerade Achmet-Khan mit seinen Leuten unser Dorf Zelmes und wollte mich gefangennehmen oder töten. Ich hatte zuwenig Leute und konnte ihn allein nicht zurückschlagen. Um jene Zeit nun kam zu mir ein Bote mit einem Brief von Schamil. Er versprach mir Hilfe gegen Achmet-Khan, den er töten wollte, und bot mir die Herrschaft über ganz Awarien an. Ich überlegte lange und ging schließlich zu Schamil über. Und von dieser Zeit an lag ich beständig mit den Russen in Fehde.«

Hadschi Murat ließ nun einen Bericht über alle seine kriegerischen Unternehmungen folgen. Es waren ihrer gar viele, und Loris-Melikow kannte sie zum Teil schon. Alle seine Angriffe und Überfälle zeichneten sich durch eine ungewöhnliche Kühnheit und Schlagfertigkeit aus, und der Erfolg war ihm stets treu gewesen.

»Eine Freundschaft hat zwischen mir und Schamil niemals bestanden«, sagte Hadschi Murat zum Schluß seiner Erzählung, »er fürchtete sich vielmehr und bedurfte zugleich meiner. Da geschah es nun, daß mich jemand fragte, wer nach Schamil Imam werden solle. Ich antwortete, derjenige werde Imam sein, der den schärfsten Säbel habe. Diese Worte wurden Schamil hinterbracht, und er trachtete fortan, mich loszuwerden. Er schickte mich nach Tabarasan. Ich zog dahin und erbeutete tausend Schafe und dreihundert Pferde. Da erklärte er, ich hätte seinen Befehl nicht richtig ausgeführt, entsetzte mich meines Amtes als Nahib und befahl mir, ihm alles Geld zu übersenden. Ich schickte ihm tausend Goldstücke, er aber sandte seine Muriden zu mir und beraubte mich meines ganzen Vermögens. Er forderte mich auf, zu ihm zu kommen, doch ich wußte, daß er mich töten wollte, und ging nicht hin. Er wollte mich nun mit Gewalt festnehmen lassen, doch ich schlug seine Leute zurück und ging zu Woronzow. Nur meine Familie konnte ich nicht mit mir nehmen. Meine Mutter, meine Frau und meine Kinder sind in seinen Händen. Sag dem Sardar, daß, solange meine Familie sich dort befindet, ich nichts zu unternehmen vermag.«

»Ich werde es ihm sagen«, versetzte Loris-Melikow.

»Nimm dich meiner an, bemühe dich für mich. Was mein ist, soll auch dein sein, nur tritt mir bei dem Fürsten für mich ein. Ich bin gefesselt und gebunden, und Schamil hält das Ende des Strickes in der Hand.«

Mit diesen Worten endete Hadschi Murat seinen Bericht an Loris-Melikow.

XIV

Am 20. Dezember schrieb der Statthalter Woronzow an den Kriegsminister Tschernyschew den nachfolgenden, französisch abgefaßten Brief:

»Ich habe Ihnen, lieber Fürst, mit der letzten Post keinen Brief geschickt, da ich mir erst darüber klarwerden wollte, was mit Hadschi Murat geschehen solle. Ich fühlte mich in den letzten zwei, drei Tagen nicht ganz wohl. In meinem letzten Briefe gab ich Ihnen von der Ankunft Hadschi Murats in Tiflis Nachricht. Er kam am 8. Dezember hier an; am Tage darauf machte ich seine Bekanntschaft und sprach ihn während der folgenden acht oder neun Tage häufig, wobei ich erwog, welche Dienste er uns in Zukunft wohl leisten könnte, vor allem aber, was jetzt mit ihm geschehen solle. Er ist in großer Sorge um das Schicksal seiner Familie und versichert unter allen Anzeichen echter Aufrichtigkeit, daß, solange seine Familie sich in Schamils Händen befinde, er gelähmt sei und uns keine Dienste leisten, noch auch seine Dankbarkeit für den ihm zuteil gewordenen freundlichen Empfang und die ihm gewährte Verzeihung erweisen könne. Die Ungewißheit, in der er sich betreffs seiner Angehörigen befindet, versetzt ihn in einen fieberhaften Zustand, und die Personen, denen ich Auftrag gegeben habe, sich hier seiner anzunehmen und ihn im Auge zu behalten, versichern mir, daß er die Nächte schlaflos verbringe, fast gar nichts genieße, beständig bete und nur zu seiner Erholung täglich einen Ausritt in Begleitung einiger unserer Kosaken mache, was ihm um so mehr Bedürfnis ist, als er seit vielen Jahren an das Leben im Freien, in steter Bewegung, gewohnt ist. Jeden Tag erscheint er bei mir, um sich zu erkundigen, ob ich irgendwelche Nachrichten über seine Familie habe, und bittet mich, die Gefangenen, die an den einzelnen Grenzlinien von den unsrigen gemacht werden, sammeln zu lassen und Schamil zum Austausch anzubieten, erforderlichenfalls wolle er noch einiges Lösegeld hinzufügen, das er bei seinen Freunden aufzutreiben hoffe. Beständig liegt er mir in den Ohren: ›Rettet meine Familie, und dann gebt mir Gelegenheit, euch zu dienen‹ – am besten, meint er, auf der lesghischen Linie –, ›und wenn ich nach Verlauf eines Monats euch dort nicht von ganz besonderem Nutzen gewesen bin, könnt ihr mich nach Gutdünken bestrafen.‹

Ich antwortete ihm, daß mir seine Vorschläge ganz annehmbar erschienen, daß aber bei uns sich verschiedene Persönlichkeiten befänden, die ihm nicht trauten, solange seine Familie in den Bergen verweile und nicht vielmehr sich als Geisel in unseren Händen befinde. Ich wolle alles, was in meiner Macht steht, tun, um an unseren Grenzen recht viele Gefangene zusammenzubringen, könne ihm aber für den Loskauf der Seinigen kein Geld bewilligen; ich hoffte jedoch, andere Mittel zu finden, um ihm und den Seinigen zu helfen. Hierauf sagte ich ihm ganz offen meine Meinung, daß Schamil keinesfalls seine Familie ausliefern werde, daß er es ihm vielleicht versprechen und ihm volle Verzeihung und Wiedereinsetzung in sein früheres Amt zusichern werde, falls er zurückkehre, für den entgegengesetzten Fall aber ihm mit der Ermordung seiner Mutter, seiner Gattin und seiner sechs Kinder drohen werde. Ich fragte ihn, ob er mir offen sagen könne, was er tun würde, wenn er solch eine Nachricht von Schamil erhielte. Hadschi Murat hob Augen und Hände zum Himmel empor und sagte, alles liege in Gottes Hand, er würde sich jedoch niemals seinem Feind ausliefern, da er fest davon überzeugt sei, daß Schamil ihm nicht verzeihen, sondern ihn über kurz oder lang töten würde. Was die Beseitigung seiner Familie anlange, so glaube er nicht, daß Schamil so leicht darüber denke – erstens könne er nicht wünschen, daß er, Hadschi Murat, ihm ein noch schlimmerer Feind würde, als er ohnedies schon sei, und zweitens gebe es in Daghestan viele und sogar sehr einflußreiche Leute, die ihm entschieden davon abraten würden. Zum Schluß versicherte er mir nochmals und abermals, daß, welches auch der Wille Gottes für die Zukunft sei, ihn selbst für den Augenblick nur der Gedanke an den Loskauf der Seinigen beschäftige. Er bitte mich um Gottes willen, ihm zu helfen und ihn in die Tschetschnja zurückkehren zu lassen, wo er mit Hilfe unserer Behörden sich mit seiner Familie in Verbindung setzen, Nachrichten über sie erhalten und auf Mittel zu ihrer Befreiung sinnen könne; er habe in jedem Teil des feindlichen Gebietes zahlreiche Freunde, selbst unter den Nahibs, könne in der teils von uns unterworfenen, teils neutralen Bevölkerung mit unserer Hilfe leicht Beziehungen anknüpfen, um das ihm Tag und Nacht vorschwebende Ziel zu erreichen, was ihm erst die nötige Ruhe geben würde, um wirksam für unsere Interessen einzutreten und unseres Vertrauens sich würdig zu erweisen. Er bittet, ihn mit einer Schar von zwanzig bis dreißig verwegenen Kosaken nach Grosnaja zurückzuschicken – diese Bedeckung würde ihm teils einerseits Schutz gegen seine Feinde gewähren, andererseits uns die Sicherheit geben, daß seine Absichten aufrichtig gemeint seien.

Sie werden begreifen, lieber Fürst, daß alle diese Fragen mir Kopfzerbrechen machen und mir, ob ich sie so oder so entscheide, eine große Verantwortung auferlegen. Es wäre in hohem Maße unvorsichtig, diesem Menschen voll und ganz zu vertrauen; wollten wir ihm jede Möglichkeit einer Flucht abschneiden, dann müßten wir ihn einsperren, was nach meiner Meinung ungerecht und politisch unklug wäre. Die Kunde von einer solchen Maßregel würde sich bald in ganz Daghestan verbreiten und uns dort sehr schaden: sie würde alle diejenigen – ihre Zahl ist nicht gering –, die mehr oder weniger offen gegen Schamil Partei zu nehmen bereit sind, arg entmutigen. Alle diese Leute sind in hohem Maße gespannt, wie sich wohl das Schicksal dieses tapfersten und unternehmendsten Imams, der sich unter dem Zwang der Verhältnisse uns ergeben mußte, bei uns gestalten wird. Würden wir Hadschi Murat einfach als Gefangenen behandeln, dann würde das in jenen Kreisen entschieden einen schlechten Eindruck machen. Ich glaube unter diesen Umständen so gehandelt zu haben, wie ich handeln mußte, wobei ich allerdings mir nicht verhehle, daß, falls es Hadschi Murat einfiele, uns wieder zu verlassen, mein Verfahren als ein irrtümliches erscheinen müßte. In solchen heiklen Situationen ist es schwer, wenn nicht gar unmöglich, einen bestimmten, geraden Weg einzuschlagen, ohne daß man dabei einen Fehlgriff und die damit verbundene große Verantwortung riskiert. Glaubt man dagegen, den einzig richtigen Weg gefunden zu haben, dann soll man ihn auch ohne Zögern einschlagen, komme, was da wolle.

Ich bitte Sie, mein lieber Fürst, diese Erwägungen freundlichst dem Urteil Seiner Majestät des Kaisers zu unterbreiten, und ich werde mich glücklich schätzen, wenn unser erhabener Gebieter mein Verfahren gutheißt. Alles, was ich Ihnen oben schrieb, habe ich auch den Generälen Sawadowskij und Koslowskij mitgeteilt, welch letzterer unverzüglich sich mit Hadschi Murat in Verbindung setzen soll; dieser selbst ist davon benachrichtigt, daß er ohne Koslowskijs Erlaubnis nichts unternehmen und sich nirgends hinbegeben darf. Ich habe ihm erklärt, daß sein Vorschlag, ihm eine Anzahl unserer Kosaken beizugeben, mir recht wohl gefalle und ganz in unserem Interesse sei, da sonst Schamil das Gerücht verbreiten würde, wir hielten Hadschi Murat hinter Schloß und Riegel fest. Ich habe ihm jedoch das Versprechen abgenommen, nie nach Wosdwishenskoje zu gehen, da mein Sohn, dem er sich anfänglich ergeben hat und den er als seinen Freund betrachtet, nicht Kommandant dieses Platzes sei und dort leicht Mißverständnisse entstehen könnten. Zudem liege Wosdwishenskoje allzu nahe an einem Gebiete, das von einer zahlreichen, uns feindlich gesinnten Bevölkerung bewohnt wird, wogegen mir Grosnaja für die Anknüpfung der Beziehungen, die er einzuleiten gedenke, recht günstig gelegen scheine.

Außer den zwanzig erlesenen Kosaken, die, wie er selbst wünscht, nicht einen Schritt von ihm weichen sollen, habe ich ihm den Rittmeister Loris-Melikow, einen verdienstvollen, sehr klugen und tüchtigen Offizier, der das Tatarische beherrscht, beigegeben; er kennt Hadschi Murat gut, und dieser scheint Vertrauen zu ihm zu haben. Während der zehn Tage, die Hadschi Murat hier verbracht hat, wohnte er in demselben Haus mit dem Oberstleutnant Fürst Tarchanow, dem Chef des Schuminskischen Kreises, zusammen, der hier dienstlich zu tun hatte und als höchst ehrenhafter Mann mein vollstes Vertrauen besitzt. Auch ihm hat Hadschi Murat sein Vertrauen geschenkt, und da er das Tatarische sehr gut beherrscht, so konnte ich durch ihn mit Hadschi Murat über alle möglichen delikaten und vertraulichen Angelegenheiten verhandeln.

Ich habe mit Tarchanow über Hadschi Murat beraten, und er stimmte mir vollkommen bei, daß ich entweder so verfahren mußte, wie ich es getan, oder daß ich ihn ins Gefängnis sperren und aufs strengste bewachen mußte, falls er nicht, wenn man schon einmal zu strengeren Maßregeln greifen will, überhaupt aus dem Land geschafft werden soll. Solche strengere Maßregeln würden jedoch nicht nur den Vorteil, den wir aus dem zwischen Hadschi Murat und Schamil entbrannten Streit ziehen können, ganz zunichte machen, sondern auch die Unzufriedenheit, die bereits unter den

Bergbewohnern durch Schamils Auftreten hervorgerufen wurde und leicht zu einer Auflehnung gegen sein Regiment führen kann, im Keime ersticken. Fürst Tarchanow versicherte mir, er sei selbst persönlich von Hadschi Murats Aufrichtigkeit überzeugt; Hadschi Murat hege nicht den geringsten Zweifel, daß Schamil ihm nie verzeihen und ihn trotz aller gegebenen Versprechen beseitigen würde, sobald er sich zu ihm zurückbegebe. Das einzige Bedenken, das Fürst Tarchanow hatte, war, daß Schamil vielleicht vom religiösen Standpunkt aus auf Hadschi Murat, der seinem Glauben sehr ergeben sei, zu wirken vermöchte; doch, wie ich bereits sagte: Die Überzeugung, daß er bei Schamil seines Lebens nicht sicher sei, ist bei Hadschi Murat unausrottbar.

Das ist alles, mein sehr verehrter Fürst, was ich Ihnen über diese Episode unserer hiesigen Angelegenheiten mitzuteilen hätte.«

XV

Dieser Bericht wurde am 24. Dezember aus Tiflis abgesandt. Am Vorabend des Neujahrs 1852 überbrachte ein Feldjäger, nachdem er ein Dutzend Pferde müdegejagt und ebenso viele Postillione blutiggeprügelt hatte, das Schreiben dem damaligen Kriegsminister Fürsten Tschernyschew, und am 1. Januar 1852 brachte Tschernyschew, als er sich zum Zaren Nikolaus zur Audienz begab, unter anderen Schriftstücken auch diesen Bericht Woronzows mit.

Tschernyschew liebte Woronzow nicht, sowohl wegen der allgemeinen Hochschätzung, deren Woronzow sich erfreute, als auch wegen seines Reichtums, sowie endlich darum, weil Woronzow ein echter Grandseigneur, er selbst aber nur ein Parvenü war – hauptsächlich jedoch, weil der Kaiser für Woronzow ein ganz besonderes Wohlwollen hegte. Mit Eifer nahm daher Tschernyschew jede Gelegenheit wahr, Woronzow beim Zaren nach Kräften anzuschwärzen. Bei seinem letzten Vortrag über die kaukasischen

Angelegenheiten war es Tschernyschew gelungen, die Unzufriedenheit des Zaren mit Woronzows Maßnahmen zu erregen: infolge mangelnder Voraussicht auf Seiten der Heeresleitung war nämlich, wie er zu berichten wußte, eine kleinere Kosakenabteilung von den Bergbewohnern aufgerieben worden. Jetzt hoffte er nun die Anordnungen, die Woronzow betreffs Hadschi Murats getroffen hatte, in einem schlechten Lichte erscheinen zu lassen. Er hoffte den Kaiser davon überzeugen zu können, daß Woronzow nicht richtig handelte, wenn er, in schwächlicher Nachgiebigkeit gegen die Wünsche der eingeborenen Bevölkerung und offenbar zum Nachteil der russischen Sache, Hadschi Murat im Kaukasus beließ; es sei mehr als wahrscheinlich, daß Hadschi Murat nur gekommen sei, um die Stärke der russischen Streitkräfte zu erkunden. Jedenfalls sei es besser, Hadschi Murat irgendwo im Zentrum des Reiches zu internieren und seine Person erst dann auszuspielen, wenn seine Familie von russischer Seite ausgelöst wäre und man seines Gehorsams sicher sein könnte.

Dieser Plan sollte Tschernyschew jedoch nicht gelingen, und zwar lediglich aus dem Grunde, weil Nikolaus am Morgen des 1. Januar sich in ganz besonders schlechter Laune befand und aus reinem Widerspruchsgeist jeden ihm unterbreiteten Vorschlag, was er auch enthalten und von wem er auch ausgehen mochte, unbedingt verworfen hätte. Um so weniger war er geneigt, gerade auf Tschernyschews Plan einzugehen, den er auf seinem Posten nur duldete, weil er ihn vorderhand für unersetzlich ansah, während er ihn tatsächlich für einen großen Schurken hielt, der, wie ihm wohlbekannt war, im Dekabristenprozeß seinen Schwager Sachar Tschernyschew ins Unglück gestürzt hatte, um sich hinterher seines Vermögens zu bemächtigen. Dank der schlechten Laune des Zaren Nikolaus also durfte Hadschi Murat im Kaukasus bleiben, und sein Schicksal blieb unverändert, während es sicherlich eine andere Wendung genommen hätte, wenn Tschernyschew seinen Bericht zu einer anderen Zeit gehalten hätte.

Es war gegen halb zehn Uhr, als Tschernyschews dicker, bärtiger Kutscher in seiner himmelblauen, spitzkantigen Samtmütze im Nebel eines zwanziggradigen Frostes, auf dem Bock des eleganten kleinen Schlittens à la Nicolas, am Eingang des Winterpalais hielt und dem ihm befreundeten Kutscher des Fürsten Dolgorukij zunickte, der seinen Herrn bereits vor einer ganzen Weile hergebracht hatte und nun, die Zügel unter dem dick auswattierten Gesäß, vor der Anfahrt wartend sich die halb erfrorenen Hände rieb.

Tschernyschew trug einen Mantel mit weichem, grauem Biberkragen über der Uniform und einen Dreispitz mit Hahnenfedern auf dem Kopf. Er schlug das Schutzleder aus Bärenfell zurück, streckte vorsichtig die steifen Beine aus dem Schlitten, setzte die sporenklingenden Stiefel, die, wie er mit Stolz sich zu rühmen pflegte, noch nie in Galoschen gesteckt hatten, rüstig auf den Läufer und schritt der Eingangstür zu, die der Schweizer ehrerbietig vor ihm öffnete. Im Vorzimmer übergab er seinen Mantel dem auf ihn dienstfertig zueilenden alten Kammerdiener, trat vor den Spiegel und nahm vorsichtig den Hut von der gekräuselten Perücke. Als er sein Äußeres im Spiegel gemustert und mit gewohnter Handbewegung seine Frisur an Scheitel und Schläfen geglättet sowie das Kreuz am Hals, die Achselstücke und die großen Epauletten mit dem Namenszug des Kaisers zurechtgerückt hatte, stieg er, mit den alterssteifen Beinen vorsichtig ausschreitend, die teppichbelegte steile Treppe hinan. An den in Paradeuniform vor den Türen stehenden, sich tief verneigenden Hoflakaien vorüber gelangte Tschernyschew in den Audienzsaal. Der diensttuende Flügeladjutant, der soeben erst zu dieser Würde ernannt worden war, trat ihm, über das ganze, noch nicht abgelebte, schnurrbartgezierte Antlitz strahlend, in der funkelnagelneuen, mit Epauletten und Achselstücken geschmückten Uniform, ehrerbietig entgegen. Fürst Wassilij Dolgorukij, der Gehilfe des Kriegsministers, begrüßte diesen mit einem gelangweilten Ausdruck in dem geistlosen Gesicht, dessen Backenbart, Schnurrbart und Schläfenhaar genau nach dem Vorbild des Kaisers zugeschnitten waren.

»L'empereur?«[1] wandte sich Tschernyschew an den Flügeladjutanten, während er einen fragenden Blick nach der Tür des Kabinetts warf.

»Sa Majesté vient de rentrer«,[2] sagte der Flügeladjutant, offenbar mit Wohlgefallen dem Klang seiner eigenen Stimme lauschend. Mit weichem Schritt, so gleichmäßig hinschwebend, daß aus einem auf seinen Kopf gestellten vollen Glas Wasser nicht ein Tropfen verschüttet worden wäre, trat er, in seinem ganzen Wesen die Hochachtung vor dem Raum ausdrückend, den er zu betreten im Begriff stand, auf die Kabinettür zu, öffnete sie lautlos und verschwand hinter ihr.

Dolgorukij hatte inzwischen sein Portefeuille geöffnet und in den darin befindlichen Schriftstücken geblättert.

Tschernyschew ging mit düsterer Miene im Zimmer auf und ab, streckte seine Beine und faßte in Gedanken noch einmal alles zusammen, was er dem Kaiser vortragen wollte. Er ging gerade an der Tür des Kabinetts vorüber, als diese sich wieder öffnete und der Flügeladjutant, noch strahlender und ehrerbietiger als vorher, aus ihr heraustrat. Mit einer einladenden Handbewegung bedeutete er dem Minister und seinem Gehilfen, daß sie eintreten möchten.

Nikolaus saß in einem schwarzen Uniformrock mit dünnen Achselschnüren ohne Epauletten am Tische, streckte die breite, prall eingezwängte Brust über dem starken Embonpoint weit vor und sah die Eintretenden mit seinem leblosen Blick starr an. Das lange, weiße Gesicht mit der mächtigen vorspringenden Stirn, die über dem glatt angekämmten Schläfenhaar hoch aufstieg und sich unter der an die Haarreste geschickt angepaßten Perücke in einer Glatze fortsetzte, erschien heute ganz besonders kalt und unbeweglich. Seine auch sonst stets trüb blickenden Augen schauten heute noch trüber drein, und die unter dem spitz nach oben gedrehten Schnurrbart hervortretenden welken, alten Lippen, die durch den hohen Kragen festgehaltenen, frischrasierten, feisten Wangen mit den korrekten,

1 (frz.) »Der Kaiser?«
2 (frz.) »Seine Majestät sind eben zurückgekommen.«

wurstförmigen Backenbartstreifen und das in den Kragen eingezwängte Kinn verliehen seinem Gesicht den Ausdruck der Unzufriedenheit, ja sogar des Zornes.

Seine schlechte Stimmung hatte in starker Übermüdung ihren Grund. Die Ursache der Übermüdung aber war, daß er am Abend vorher an einer Redoute teilgenommen hatte, wo er sich, wie gewöhnlich, in seinem adlergeschmückten Chevaliergardehelm unter das Publikum gemischt hatte, das einerseits nach ihm hindrängte, andererseits vor seiner riesigen, selbstbewußten Gestalt scheu zur Seite auswich. Er war da wieder jener Maske begegnet, die schon bei der letzten Redoute durch ihre elegante Figur und ihre wohlklingende Stimme seine greisenhafte Sinnlichkeit erregt hatte, dann aber, nachdem sie versprochen, auch den nächsten Ball wieder zu besuchen, ihm plötzlich entschlüpft war. Gestern nun war sie wieder an ihn herangetreten, und da hatte er sie nicht mehr losgelassen. Er hatte sie nach der eigens für diesen Zweck bereitgehaltenen Loge geführt, in der er mit ihr allein verweilen konnte. Schweigend war er bis zur Tür der Loge gelangt und sah sich nach dem Logenschließer um, der jedoch unsichtbar blieb. Stirnrunzelnd wartete er einen Augenblick, stieß dann selbst die Tür der Loge auf und ließ seiner Dame den Vortritt.

»Il y a quelqu'un«,[1] sagte die Dame und blieb stehen.

Die Loge war in der Tat besetzt: Auf dem kleinen Samtdiwan saßen dicht nebeneinander ein Ulanenoffizier und eine hübsche, junge, blondlockige Frau im Domino, ohne Maske. Beim Anblick der in ihrer ganzen Größe vor ihr stehenden, Furcht einflößenden Gestalt des Zaren steckte die blonde Frau rasch die Maske vor das Gesicht, während der Ulanenoffizier, ganz starr vor Entsetzen, den Kaiser mit offenem Munde ansah und das Aufstehen vergaß.

So sehr auch Nikolaus gewohnt war, das Gefühl der Angst und des Entsetzens in den Menschen zu erregen, so bereitete ihm diese

[1] (frz.) »Es ist jemand drin.«

Wirkung seiner Persönlichkeit doch stets von neuem ein besonderes Vergnügen, und er liebte es zuweilen, im Gegensatz zu dieser Wirkung seiner Person, die Erschreckten durch um so freundlichere Worte in Erstaunen zu setzen. Auch diesmal gefiel er sich darin, diesen Kontrast hervorzurufen.

»Nun, lieber Freund, du bist jünger als ich«, sagte er zu dem vor Schreck erstarrten Offizier, »du kannst mir deinen Platz für ein Weilchen abtreten.«

Der Offizier sprang auf und verließ, abwechselnd errötend und erbleichend, mit einem tiefen Bückling hinter seiner Maske her, die Loge, während Nikolaus mit seiner Dame allein blieb.

Die Maske war, wie sich herausstellte, ein auffallend hübsches, unschuldiges junges Mädchen von zwanzig Jahren, die Tochter einer schwedischen Gouvernante. Sie erzählte dem Zaren, daß sie sich schon als kleines Mädchen in sein Bild verliebt, ihn stets vergöttert und sich vorgenommen habe, um jeden Preis seine Aufmerksamkeit zu erregen. Nun, da sie dieses Ziel erreicht, erklärte sie, keine weiteren Wünsche zu hegen. Das Mädchen wurde nach dem Ort gebracht, der für derartige Zusammenkünfte des Kaisers mit weiblichen Personen bestimmt war, und die hier angeknüpfte Liaison hat ihn wohl über ein Jahr in ihren Fesseln gehalten.

Als er in dieser Nacht in sein Schlafzimmer zurückgekehrt war und sich auf seinem schmalen, harten Feldbett, dessen er sich brüstete, ausgestreckt hatte, konnte er unter dem Soldatenmantel, der ihm als Bettdecke diente und den er selbst für mindestens so berühmt hielt wie den berühmten Hut Napoleons, lange keinen Schlaf finden. Er stellte sich bald das halb scheue, halb und halb verzückte Gesichtchen dieses jungen Mädchens, bald die üppigen Schultern seiner ständigen Geliebten, der Nelidowa, vor und verglich beide miteinander. Der Gedanke, daß die Ausschweifungen eines verheirateten Mannes aller Sittlichkeit ins Gesicht schlugen, lag ihm himmelweit fern, und er wäre im höchsten Maß erstaunt gewesen, wenn ihm jemand deshalb ein Wort des Tadels gesagt hätte.

Obschon er nun fest davon überzeugt war, daß niemand an seiner Handlungsweise etwas aussetzen könnte, hatte er doch einen etwas bitteren Nachgeschmack davon, und um diesen loszuwerden, bediente er sich eines Mittels, das ihn stets ganz außerordentlich beruhigte: Er begann, darüber nachzudenken, was für ein großer Mann er doch im Grunde genommen sei.

Obwohl er erst sehr spät eingeschlafen war, stand er doch bereits in der achten Stunde auf, machte seine gewohnte Toilette, rieb den großen, feisten Körper mit Eis ab und verrichtete seine Morgengebete in der von Kindheit auf gewohnten Zusammenstellung: zuerst das Gebet an die Muttergottes, dann das Glaubensbekenntnis und hierauf das Vaterunser – ohne sich im übrigen bei den Worten, die seine Lippen murmelten, auch nur das geringste zu denken. Nachdem er sich so für den Tag vorbereitet hatte, verließ er durch den kleinen Ausgang das Palais und begab sich nach dem Newakai, um seinen gewohnten Morgenspaziergang zu machen. Während er allein recht schnell so dahinging, sprach er das erste beste Wort, das ihm auf die Lippen kam, laut vor sich hin. »Kopperwein, Kopperwein«, wiederholte er mehrmals – es war der Name des Mädchens, das er gestern kennengelernt hatte. »Zu dumm, zu dumm«, sagte er dann, ohne weiter über den Sinn der Worte, die er mechanisch hervorstieß, nachzudenken. »Ja, was wäre Rußland ohne mich!«, fuhr er in seinem Selbstgespräch fort, als er fühlte, daß in seiner Seele wieder jenes unzufriedene Empfinden aufstieg, – und er gedachte seines Schwagers, des Königs von Preußen, seiner Schwäche und Beschränktheit und schüttelte den Kopf.

Als er nach dem Palais zurückkehrte, sah er am Saltykow-Portal den Wagen der Großfürstin Jelena Pawlowna mit dem Lakaien in der roten Livree auf dem Bock. Jelena Pawlowna war für ihn die Verkörperung jener hohlköpfigen, überflüssigen Leute, die nicht nur über Wissenschaft und Dichtkunst, sondern auch über die Kunst des Regierens grübelten und sannen und sich einbildeten, sich selbst besser regieren zu können, als er, Nikolaus, sie regierte. Er wußte, daß diese Leute, so sehr er sich auch bemühte, sie unterzuducken, doch immer und immer wieder an die Oberfläche emportauchten. Er gedachte seines jüngst verstorbenen Bruders Michail Pawlowitsch, und ein Gefühl des Unwillens und der Niedergeschlagenheit überkam ihn. Er machte ein finsteres Gesicht und begann wieder, das erste beste Wort vor sich hin zu flüstern. Er hörte erst wieder auf zu flüstern, als er das Palais längst betreten hatte. In seinem Schlafgemach glättete er vor dem Spiegel Backenbart, Scheitel- und Schläfenhaar, drehte seine Schnurrbartspitzen nach und begab sich darauf in das Kabinett, in dem er die Vorträge der Minister entgegenzunehmen pflegte.

Zuerst wurde Tschernyschew von ihm empfangen. Tschernyschew sah sogleich am Gesicht und vor allem an den Augen des Zaren, daß dieser heute ganz besonders mißlaunig war. Er wußte von den gestrigen Erlebnissen des Kaisers und erriet daher auch sogleich den Grund der schlechten Stimmung. Der Kaiser begrüßte Tschernyschew kühl, forderte ihn auf, sich zu setzen, und richtete seine leblosen Augen auf ihn.

Die erste Angelegenheit, die Tschernyschew vorbrachte, war eine umfangreiche Unterschlagung, die von einigen Intendanturbeamten begangen worden war; dann kam eine Truppenverschiebung an der preußischen Grenze zur Sprache, worauf noch eine Anzahl von nachträglichen Neujahrsgratifikationen für solche Leute, die in der ersten Liste übergangen worden waren, zur Genehmigung gelangte. Die nächste Sache war der Bericht Woronzows über die Ankunft Hadschi Murats in Tiflis, und zuallerletzt kam dann noch die unangenehme Affäre eines Studenten der medizinischen Akademie zur Sprache, der ein Attentat auf einen Professor verübt hatte.

Schweigend, mit zusammengepreßten Lippen, die große weiße Hand mit dem einen Goldreif am Ringfinger über die vor ihm liegenden Papierblätter hinführend, hörte Nikolaus den Bericht über die spitzbübischen Intendanturbeamten an, ohne auch nur einen Blick von der Stirn und dem Scheitel Tschernyschews zu wenden.

Nikolaus war fest davon überzeugt, daß alle Welt in Rußland stehle. Er wußte, daß er diese Intendanturbeamten bestrafen mußte, und er hatte bereits bei sich entschieden, daß sie alle miteinander als gemeine Soldaten in irgendein Regiment einzustellen seien, aber er wußte auch, daß dies ihre Nachfolger durchaus nicht davon abhalten würde, gleichfalls zu stehlen. Es war eben einmal die Eigenart der Beamten, zu stehlen, wie es seine Pflicht war, sie dafür zu bestrafen, und so sehr er dessen auch schon überdrüssig war, so erfüllte er doch diese seine Pflicht mit ruhigem Gewissen.

»Es gibt eben bei uns in Rußland nur einen einzigen ehrlichen Menschen«, sagte er.

Tschernyschew verstand sogleich, daß er mit diesem einzigen ehrlichen Menschen sich selbst meinte, und lächelte beifällig.

»So ist's, Eure Kaiserliche Majestät«, sagte er.

»Gib her, ich will meine Resolution danebenschreiben«, sprach Nikolaus, nahm das Aktenstück und legte es links neben sich auf den Tisch.

Hierauf hielt Tschernyschew über die Gratifikationen und die Truppenverschiebung Vortrag. Nikolaus sah die Liste der vom Minister für die Gratifikationen vorgeschlagenen Personen durch, strich einige Namen darin und verfügte dann kurz und resolut die Verlegung zweier Divisionen an die preußische Grenze. Er konnte es dem König von Preußen nicht verzeihen, daß er nach dem Jahre 1848 seinem Lande eine Konstitution verliehen hatte, und hielt es trotz aller Freundschaftsversicherungen, die er in seinen Briefen an diesen seinen Schwager zum Ausdruck brachte, doch für geraten, auf jeden Fall an der preußischen Grenze die nötige Truppenzahl beisammen zu haben. Diese Truppen konnten unter Umständen auch Verwendung finden, falls etwa in Preußen ein Volksaufruhr – Nikolaus witterte überall den Aufruhr – stattfinden sollte; seine Krieger würden dann den Thron des Schwagers ebenso beschützt haben, wie sie seinerzeit den österreichischen Kaiser gegen Ungarn beschützt hatten. Auch waren diese verstärkten Truppenkontingente wohl vonnöten, um seinen verwandtschaftlichen Ratschlägen beim König von Preußen mehr Gewicht und Bedeutung zu verleihen.

›Ja, wie stünde es wohl jetzt in Rußland, wenn ich nicht wäre!‹ dachte er wiederum.

»Nun, was gibt es noch weiter?«, sagte er dann.

»Aus dem Kaukasus ist ein Kurier angekommen«, begann Tschernyschew und erstattete seinen Bericht darüber, was Woronzow über Hadschi Murat und seinen Übertritt zu den Russen gemeldet hatte.

»Sieh da!«, sprach Nikolaus, »das ist ja ein ganz hübscher Anfang.«

»Der Kriegsplan, den Eure Majestät entworfen haben, beginnt seine Früchte zu tragen«, sagte Tschernyschew.

Dieses Lob seiner strategischen Fähigkeiten war Nikolaus ganz besonders angenehm, obschon er im Grunde seiner Seele fühlte, daß sie gar nicht vorhanden waren.

Aber er legte nun einmal Wert darauf, auch als großer Stratege zu gelten, und wollte das ihm gespendete Lob recht ausgiebig genießen. »Wie denkst du eigentlich über meinen Plan?«, fragte er den Minister.

»Ich denke, daß der Kaukasus längst unterworfen wäre, wenn man den Plan Eurer Majestät, allmählich, wenn auch langsam vorzudringen, indem man die Wälder niederschlägt und dem Feinde die Möglichkeit der Verpflegung benimmt, schon früher zur Ausführung gebracht hätte. Daß Hadschi Murat sich ergeben hat, führe ich nur darauf zurück. Er ist zu der Einsicht gelangt, daß er sich nicht länger halten kann.«

»Ganz richtig«, sagte Nikolaus.

Der Plan, nur allmählich, unter Ausrodung der Wälder und Abschneidung der Zufuhr, in das Gebiet des Feindes einzudringen, stammte in Wirklichkeit von den Generalen Jermolow und Weljaminow, und er stand zum Kriegsplan des Zaren in schroffem Gegensatz, der vielmehr darauf abzielte, Schamils Residenz durch einen großen Coup in russische Gewalt zu bringen und dieses Räubernest zu zerstören. Nach diesem Plane des Zaren war auch die im Jahre 1845 ausgerüstete Expedition gegen Dargo unternommen worden, die so viele Menschenleben gekostet hatte.

Gleichwohl schrieb Nikolaus auch jenen anderen Plan, das Land in langsamem Vordringen, unter allmählicher Niederlegung der Wälder und Aushungerung der Bevölkerung, zu erobern, sich selbst zu. Man hätte meinen sollen, daß, wenn er diese letztere Art des Vorgehens zu der seinigen machte, er unbedingt wünschen müßte, sein lebhaftes Eintreten für die auf einem ganz entgegengesetzten Gedanken beruhende Expedition von 1845 vergessen zu machen. Er legte hierauf jedoch nicht den geringsten Wert, sondern war auf beide Pläne, die nach seiner Meinung ihn persönlich zum Urheber hatten, in gleicher Weise stolz, obschon sie beide in schroffem Widerspruch zueinander standen. Die beständige offenkundige, den Tatsachen ins Gesicht schlagende, grobe Schmeichelei, deren sich seine Umgebung ihm gegenüber befleißigte, hatte ihn so weit gebracht, daß er die Widersprüche in seinem Handeln nicht mehr sah, daß er nicht merkte, wie seine Worte und Taten aller Logik und alles gesunden Menschenverstandes spotteten, und fest davon überzeugt war, daß alle seine Anordnungen, so unvernünftig, ungerecht und unlogisch sie auch sein mochten, einzig dadurch, daß sie von ihm ausgingen, vernünftig, gerecht und logisch wurden.

Das trat auch jetzt wieder bei seiner Entscheidung in Sachen jenes Studenten der medizinisch-chirurgischen Akademie zutage, über dessen Affäre ihm Tschernyschew nach seinem Bericht über die kaukasischen Angelegenheiten Vortrag hielt.

Der Tatbestand war folgender: Der junge Mann war bereits zweimal im Examen durchgefallen, und als nun der Examinator ihn zum drittenmal durchfallen ließ, ergriff der krankhaft nervös veranlagte Prüfling, in der Meinung, daß er ungerecht behandelt werde, ein auf dem Tische liegendes Federmesser und brachte damit in einem Anfall von Raserei dem Professor einige unbedeutende Wunden bei.

»Wie heißt der Bursche?«, fragte Nikolaus.

»Brzezowski, Eure Majestät.«

»Ein Pole, wie?«

»Er ist polnischer Abstammung und Katholik«, antwortete Tschernyschew.

Nikolaus runzelte die Stirn. Er hatte den Polen viel Übles angetan, und um dieses Üble zu rechtfertigen, mußte er in sich die Überzeugung erhalten, daß alle Polen Schurken seien. Und er hielt sie in der Tat dafür und haßte sie: Er haßte sie in dem Maße, wie er ihnen unrecht getan hatte.

»Warte ein Weilchen«, sagte er, schloß die Augen und senkte den Kopf.

Tschernyschew kannte diese Gewohnheit des Zaren, sich, wenn es galt, irgendeine wichtige Angelegenheit zu entscheiden, für einige Augenblicke zu konzentrieren, als wenn eine Erleuchtung über ihn käme und eine innere Stimme ihm sagte, was er zu tun habe. Die so zustande gekommene Entscheidung sollte gleichsam von selbst erwachsen und über jeden Zweifel erhaben scheinen. Auch diesmal sann er in solcher Selbstversunkenheit über eine Entscheidung nach, die seinem durch das Verhalten dieses Studenten neubelebten Hasse gegen das Polentum Befriedigung gewährte, und die innere Stimme fand denn auch eine Lösung. Er nahm den schriftlichen Bericht des Ministers über die Angelegenheit des Studenten zur Hand und machte dazu in seiner ihm eigenen großen Handschrift die nachfolgende Randbemerkung:

»Er verdient die Todesstrafe. Doch gibt es bei uns, Gott sei Dank, keine Todesstrafe. Und es ist nicht mein Wille, sie einzuführen. Er soll zwölfmal an tausend Mann vorübergeführt werden. Nikolaus«, unterschrieb er mit seiner unnatürlich großen Unterschrift.

Nikolaus wußte, daß zwölf tausend Spießrutenhiebe einen qualvollen, sicheren Tod bedeuteten, ja daß die Verhängung einer solchen Strafe geradezu eine wollüstige Grausamkeit dokumentierte, da bereits fünftausend Hiebe genügten, um den stärksten Mann zu töten. Aber es bereitete ihm eben einen besonderen Genuß, unerbittlich grausam zu sein und sich dabei sagen zu können, daß es »bei uns keine Todesstrafe gebe«.

Nachdem er seine Resolution betreffs des Studenten hingeschrieben hatte, schob er das Schriftstück wieder dem Minister hin.

»Da – lies«, sagte er.

Tschernyschew las die Randbemerkung und nickte zum Zeichen seines ehrerbietigen Erstaunens über die Weisheit der gefällten Entscheidung mit dem Kopf.

»Ja – und alle Studenten sollen auf den Platz geführt werden und der Exekution beiwohnen«, fügte Nikolaus hinzu und dachte dabei im stillen: ›Es kann ihnen nicht schaden – ich will diesen revolutionären Geist mit der Wurzel ausrotten.‹

»Zu Befehl«, sagte Tschernyschew, schwieg dann ein Weilchen und kam nochmals auf seinen Bericht über die kaukasischen Vorgänge zurück.

»Was befehlen also Eure Majestät, an den Fürsten Woronzow zu schreiben?«

»Er soll sich streng an mein System halten – soll ihre Wohnstätten zerstören, soll der Tschetschnja die Verpflegung unmöglich machen und sie immer wieder durch Überfälle beunruhigen«, sagte Nikolaus.

»Und was soll betreffs Hadschi Murats geschehen?«, fragte Tschernyschew.

»Nun, Woronzow schreibt doch, daß er sich im Kaukasus seiner Person bedienen will.«

»Ist das nicht zu gewagt?«, versetzte Tschernyschew, indem er dem Blicke des Kaisers auszuweichen suchte. »Ich fürchte, daß Michail Semjonowitsch zu vertrauensselig ist.«

»Und was meinst du denn?« fragte Nikolaus, der Tschernyschews Absicht, den Vorschlag Woronzows in ungünstigem Lichte darzustellen, durchschaute.

»Ich meine, daß es entschieden ungefährlicher ist, ihn nach Rußland zu senden.«

»So – das meinst du!«, sagte Nikolaus spöttisch. »Ich aber meine das nicht, sondern gebe Woronzow recht. Schreib ihm in diesem Sinne.«

»Zu Befehl«, sagte Tschernyschew, stand auf und verneigte sich zum Abschied.

Auch Dolgorukij, der während der ganzen Audienz nur als Antwort auf eine Frage des Zaren ein paar Worte über die Truppenverschiebungen an der Westgrenze geäußert hatte, verabschiedete sich.

Nach Tschernyschew kam der Generalgouverneur der Westprovinzen, Bibikow, zum Wort. Er berichtete über die Maßnahmen, die er gegen die aufrührerischen, der Bekehrung zum orthodoxen Glauben widerstrebenden Bauern angewandt hatte, und der Kaiser billigte diese Maßnahmen und befahl ihm, alle diejenigen, die den Gehorsam verweigerten, vor ein Kriegsgericht zu stellen. Das hieß nicht mehr und nicht weniger, als sie zum Spießrutenlaufen verurteilen. Einen Zeitungsredakteur, der in seinem Blatt, den Tatsachen gemäß, berichtet hatte, daß auf Befehl des Kaisers einige tausend Staatsbauern in Apanagebauern umgeschrieben worden seien, befahl er, als gemeinen Soldaten in ein Regiment zu stecken.

»Wenn ich die Bauern habe umschreiben lassen, so geschah es darum, weil ich diese Maßregel für notwendig hielt«, sagte Nikolaus, »und ich gestatte nicht, daß jemand darüber räsoniert.«

Bibikow begriff sehr wohl die ganze Grausamkeit der Anordnung, daß die zur unierten Kirche gehörenden Bauern, falls sie nicht zur russischen Kirche übertraten, vor ein Kriegsgericht kommen sollten. Er begriff auch, welche Ungerechtigkeit darin lag, daß jene Staatsbauern – die einzige Kategorie von freien Bauern, die es zu jener Zeit in Rußland gab – nun plötzlich in Apanagebauern, das heißt in Leibeigene der kaiserlichen Familie, umgewandelt werden sollten. Er durfte es jedoch nicht wagen, gegen diese Anordnung einen Einwand zu erheben. Dem Kaiser zu widersprechen, hieß für ihn nichts anderes, als sich der glänzenden Position berauben, die er vierzig Jahre innegehabt und weidlich ausgenützt hatte. Er neigte daher gehorsam seinen dunklen, graumelierten Kopf zum Zeichen, daß er bereit sei, die kaiserlichen Befehle, die ebenso grausam wie unvernünftig und eigennützig waren, zur Ausführung zu bringen.

Als Bibikow entlassen war, streckte Nikolaus im Bewußtsein seiner redlich erfüllten Pflicht behaglich seine Glieder, sah auf die Uhr und erhob sich, um sich in den Empfangssaal zu begeben. Er legte seine Uniform mit den Epauletten, den Orden und dem großen Band an und trat in den Saal hinaus, in dem bereits über hundert Menschen, Herren in Uniform und Damen in kostbaren ausgeschnittenen Kleidern, sich in festbestimmter Ordnung aufgestellt hatten, um zitternd und zagend das Erscheinen des Gewaltigen zu erwarten.

Mit leblosem Blick, die Brust weit vorstreckend und den eingeschnürten feisten Leib nach Möglichkeit einziehend, trat er zu den ihn Erwartenden hinaus.

Er fühlte, daß aller Augen mit dem Ausdruck sklavischer Demut auf ihn gerichtet waren, und nahm eine noch feierlichere Miene an. Da und dort fiel ihm ein bekanntes Gesicht auf, er suchte sich zu erinnern, wen er vor sich habe, blieb stehen, sprach auf russisch oder französisch ein paar Worte und hörte mit einem kalten Ausdruck der leblosen Augen die Erwiderung des Angesprochenen an.

Nachdem der Zar die Glückwünsche zum neuen Jahre empfangen, begab er sich in die Kirche.

Wie die Menschen da drinnen im Empfangssaal, so hieß nun auch Gott ihn durch seine Diener willkommen, und er nahm die ihm von den Würdenträgern der Kirche entgegengebrachten Huldigungen, obgleich er sie schon bis zum Überdruß oft vernommen hatte, mit Genugtuung entgegen. Alles das mußte so sein, weil von ihm das Heil und Glück der ganzen Welt abhing, und wenn die Sache ihn auch ein wenig angriff, so wollte er doch der Welt seine guten Dienste nicht vorenthalten. Als nach Beendigung des Hauptgottesdienstes der prächtig angezogene, glattgescheitelte Diakon das Lied »Viele Jahre lebe …« anstimmte und der Sängerchor mit seinen herrlichen Stimmen melodisch einfiel, ließ Nikolaus seinen Blick durch das Gotteshaus schweifen und bemerkte an einem der Fenster die Nelidowa mit ihren prächtigen Schultern. Er verglich sie noch einmal mit dem jungen Mädchen von gestern, und der Vergleich fiel nicht zugunsten der kleinen Schwärmerin aus.

Nach dem Gottesdienst begab sich Nikolaus zur Kaiserin und brachte, mit seinen Kindern und seiner Gemahlin scherzend, einige Minuten im Familienkreis zu. Dann ging er durch die Eremitage zum Hausminister Wolkonskij und wies ihn unter anderem an, aus seiner Privatschatulle der Mutter des Mädchens von gestern eine Jahrespension zu zahlen. Von dort aus unternahm er seinen gewohnten Spaziergang.

Das Diner wurde an jenem Tage im Pompejanischen Saal eingenommen; außer den jüngeren Söhnen des Zaren, Nikolai und Michail, waren der Baron Lieven, Graf Rzewuski, Dolgorukij, der preußische Gesandte und der Flügeladjutant des Königs von Preußen zur Tafel geladen.

Während die Gäste die Ankunft des Kaiserpaares erwarteten, hatten Baron Lieven und der preußische Gesandte miteinander ein interessantes Gespräch über die letzten alarmierenden Nachrichten, die aus Polen eingegangen waren.

»La Pologne et le Caucase sont les deux cancers de la Russie«, sagte Lieven. *»Il nous faut cent mille hommes à peu près dans chacun de ces deux pays.«*[1]

Der Gesandte stellte sich höchst verwundert über diese Mitteilung.

»Vous dites la Pologne ...«,[2] sagte er.

»Oui, oui, c'etait un coup de maître de Metternich de nous en avoir laissé l'embarras ...«[3]

[1] (frz.) »Polen und der Kaukasus sind die beiden Krebsschäden Rußlands.« – »Wir brauchen etwa hunderttausend Mann in jedem der beiden Länder.«

[2] (frz.) »Sie sagen Polen ...«

[3] (frz.) »Ja, ja, es war ein Meisterstück Metternichs, daß er uns diese Sorge gelassen hat ...«

In diesem Augenblick trat die Kaiserin mit dem zitternden Kopf und dem erstarrten Lächeln im Gesicht ein, und gleich nach ihr kam auch Nikolaus.

Bei Tisch erzählte Nikolaus von der Waffenstreckung Hadschi Murats. Er fügte hinzu, daß der Krieg im Kaukasus nun wohl bald infolge seines Befehls, die Bergbewohner durch Niederschlagen des Waldes und Errichtung eines Festungsgürtels zurückzudrängen, ein Ende nehmen werde.

Der Gesandte warf dem Flügeladjutanten einen Blick zu, noch an diesem Morgen hatten sie miteinander über die unglückliche Schwäche des Zaren, sich für einen großen Strategen zu halten, gesprochen. Jetzt erging sich der Gesandte in lauten Lobeserhebungen über den Kriegsplan des Zaren, der wieder einmal seine glänzende strategische Begabung ins rechte Licht gesetzt habe.

Nach dem Diner begab sich Nikolaus ins Ballett, wo ein ganzes Hundert nur mit Trikots bekleideter Frauen an ihm vorübermarschierte. Eines der Ballettmädchen gefiel ihm ganz besonders, und er ließ den Ballettmeister in seine Loge kommen, dankte ihm für den Genuß, den er ihm bereitet, und ließ ihm einen Brillantring als Geschenk überreichen.

Als am nächsten Tage Tschernyschew wieder zum Vortrag erschien, schärfte Nikolaus ihm nochmals ganz besonders ein, er solle Woronzow dahin instruieren, daß er jetzt, nachdem Hadschi Murat zu den Russen übergegangen, mit verstärktem Nachdruck die Tschetschnja beunruhigen und sie durch einen Kordon einschließen solle.

Tschernyschew schrieb in diesem Sinne an Woronzow, und der zweite Kurier begab sich, wieder ein Dutzend Pferde zuschanden fahrend und ebenso viele Postillione blutig prügelnd, mit seinem Bescheid nach Tiflis zurück.

XVI

In Ausführung dieses Befehls Nikolai Pawlowitschs wurde sogleich im Januar 1852 ein Überfall auf die Tschetschnja unternommen.

Die Truppenabteilung, die mit der Ausführung des Unternehmens beauftragt war, bestand aus vier Bataillonen Infanterie, zweihundert Kosaken und acht Geschützen. Die Kolonne marschierte auf der Heerstraße. Zu beiden Seiten der Kolonne nahmen in ununterbrochener Kette die Jäger in ihren hohen Stiefeln, Halbpelzen und Lammfellmützen, die Büchsen auf dem Rücken und die Patronentasche am Bandelier, über Berg und Tal ihren Weg. Wie immer, bewegte sich die Abteilung unter Beobachtung möglichster Stille im Feindesland vorwärts. Nur von Zeit zu Zeit ließ sich beim Herüberschaffen der Geschütze über einen Graben leises Gepolter vernehmen; ab und zu wieherte oder schnaubte ein Artilleriepferd, das den Befehl, es solle in aller Stille marschiert werden, nicht verstand, oder ein Vorgesetzter rief mit rauher, verhaltener Stimme ärgerlich seinen Untergebenen zu, sie sollten darauf achten, daß die Kette sich nicht zu weit auseinanderziehe oder zu sehr von der Kolonne entferne. Nur einmal wurde der stille Marsch unterbrochen, als aus der Dornenhecke, die sich zwischen der Schützenkette und der Hauptkolonne befand, plötzlich eine Wildziege mit weißem Bauch und grauem Rücken hervorsprang und ein ebensolcher Bock mit kleinem, nach rückwärts gebogenem Gehörn ihr folgte. Die geängstigten, zierlichen Tiere liefen in großen Sätzen, die Vorderbeine weit vorstreckend, auf die Kolonne zu und kamen ihr so nahe, daß die Soldaten schreiend und lachend hinter ihnen hereilen und sie fast mit den Bajonetten aufspießen konnten. Die Tierchen machten kehrt, brachen durch die Schützenkette hindurch und entwischten, von etlichen Berittenen und Kompagniehunden vergeblich verfolgt, glücklich in die Berge.

Es war noch Winter, doch die Sonne stieg bereits höher, und um die Mittagszeit, als die am frühen Morgen abmarschierte Kolonne bereits eine gute Anzahl Werst hinter sich hatte, brannte sie so heiß, daß sie den Soldaten lästig wurde und das Auge schmerzte, wenn es auf die blitzenden Bajonette oder auf die spiegelblanken, die Sonnenstrahlen grell reflektierenden Geschützrohre schaute.

Hinter der Kolonne lag der rasch fließende, klare Fluß, den sie soeben durchschritten hatte, vor ihr breiteten sich in den flachen Tälern die bestellten Felder und Wiesen, noch weiter nach vorn erhoben sich die geheimnisvollen, von dunklen Waldungen bedeckten Berge. Hinter den dunklen Bergen folgten hohe Felsenmassen, und über ihnen ragten, ganz hoch am Horizont, in ihrer ewigen, unwandelbaren Schönheit, wie im Diamantschmuck schimmernd, die Schneeberge empor.

Vor der fünften Kompagnie schritt in der Feldmütze und dem schwarzen Uniformrock, den Säbel über der Schulter, ein stattlicher, hochgewachsener Offizier namens Butler daher, der erst kürzlich von der Garde zu den kaukasischen Truppen herübergekommen war. Das Gefühl frischer Lebensfreude, verbunden mit der Aufregung, welche die Nähe des Todes und das Bewußtsein, an einem großen, von einem einzigen starken Willen geleiteten Werke teilzunehmen, hervorbringt, erfüllte ihn ganz. Butler kam heute zum zweiten Mal in Aktion, und er erwartete jeden Augenblick, daß die feindlichen Kugeln auf ihn niederprasseln würden. Er war überzeugt, daß er nicht nur den Kopf vor den Geschossen der feindlichen Geschütze nicht beugen, noch auf das Pfeifen der Flintenkugeln achten, sondern im Gegenteil seinen Kopf, wie er es schon früher getan, noch höher tragen, mit lächelndem Blick die Kameraden und Soldaten betrachten und mit der kaltblütigsten Miene von der Welt über irgend etwas ganz Gleichgültiges plaudern werde.

Die Kolonne war von der gut instand gehaltenen breiten Straße abgebogen und in einen wenig befahrenen, durch ein Maisfeld führenden Weg eingebogen. Sie näherte sich eben einem jenseits des Feldes befindlichen Laubwald, als plötzlich irgendwoher mit unheimlichem Zischen eine Kugel geflogen kam, die dicht am Weg –

da, wo etwa die Mitte der Kolonne marschierte – in das Maisfeld einschlug.

»Jetzt fängt's an«, sagte Butler mit heiterem Lächeln zu einem neben ihm herschreitenden Kameraden.

In der Tat zeigte sich gleich darauf am Waldrande ein dichter Trupp von berittenen Tschetschenen, die einige Feldzeichen mitführten. In der Mitte der Schar sah man deutlich eine große grüne Fahne, und der alte Feldwebel der Kompagnie, der gut und sehr weit sah, meinte zu dem kurzsichtigen Butler, das könne kein anderer als Schamil selber sein. Die feindliche Schar ritt bergab, erschien dann auf einer Anhöhe zur Rechten und wandte sich wieder talwärts. Der kleine General in dem warm gefütterten schwarzen Uniformrock mit dem weißen Kreuz am Hals und der Lammfellmütze auf dem Kopf ritt auf seinem Paßgänger zu Butlers Kompagnie heran und befahl ihm, die rechts am Bergabhang niederkletternden Reiter anzugreifen. Butler führte seine Kompagnie rasch nach der angedeuteten Richtung, hatte jedoch kaum den Talgrund erreicht, als in seinem Rücken rasch hintereinander zwei Kanonenschüsse erdröhnten. Er sah sich um: zwei blaue Rauchwolken stiegen über der Artillerieabteilung der Kolonne auf und zogen sich lang durch die Talschlucht hin. Die feindliche Schar hatte nicht erwartet, auf Artillerie zu stoßen, und ging zurück. Butlers Kompagnie nahm das Feuer gegen die Bergbewohner auf, und die ganze Schlucht ward in Pulverdampf gehüllt. Oberhalb des Tales nur sah man, wie die feindlichen Reiter sich eilig zurückzogen und auf die ihnen nachsetzenden Kosaken Feuer gaben. Die Kolonne nahm die Verfolgung der Feinde auf, und als sie die nächste Talschlucht erreichte, erblickte sie auf dem gegenüberliegenden Abhange ein Tschetschenendorf.

Butler stürmte mit seiner Kompagnie im Laufschritt dicht hinter den Kosaken her, in das Dorf hinein. Von den Einwohnern war niemand zu sehen. Die Soldaten erhielten Befehl, das Getreide und Heu sowie die Hütten niederzubrennen. Dichter, stickiger Rauch erfüllte das ganze Dorf, und die Soldaten schwirrten darin hin und her, schleppten aus den Hütten heraus, was sie darin fanden, und verlegten sich namentlich darauf, die Hühner zu fangen oder zu schießen, welche die Bergbewohner nicht hatten mitnehmen können. Die Offiziere hatten sich ein wenig abseits an einer Stelle, die durch den Rauch nicht so arg belästigt wurde, niedergesetzt, aßen ihr Frühstück und tranken dazu. Der Feldwebel brachte ihnen auf einem Brett eine Anzahl Honigscheiben. Von den Tschetschenen war nichts zu sehen und zu hören.

Bald nach Mittag erging das Kommando zum Weitermarsch. Die Kolonne marschierte hinter dem Dorf auf, wobei Butlers Kompagnie die Nachhut bildete. Kaum hatte die Kolonne sich in Marsch gesetzt, als auch die Tschetschenen erschienen und sie mit ihren Schüssen zu beunruhigen begannen.

Sobald die Kolonne das offene Feld erreichte, zogen die Bergbewohner sich zurück. Butler hatte keinen einzigen Verwundeten und kehrte in der besten und heitersten Gemütsverfassung heim. Als die Kolonne jetzt, auf dem Rückmarsch, die Furt des Flusses passiert hatte, die sie bereits am Morgen durchwatet hatte, und nun in langem Zug über die Maisfelder und Wiesen marschierte, traten die Sänger an die Spitze der einzelnen Kompagnien und ließen laut ihre Lieder erschallen.

Es war windstill, und die Luft war so frisch, so rein und durchsichtig, daß die Schneeberge, die wohl an die hundert Werst entfernt waren, ganz nahe zu sein schienen. Sobald die Sänger schwiegen, ließ sich der gleichmäßige Tritt der Soldaten und das Klirren der Waffen vernehmen, gleichsam als Hintergrund der Lieder, die der Sängerchor vortrug. Das Lied, das Butlers fünfte Kompagnie sang, war von einem Junker des Regiments zu dessen Ehren gedichtet, die Melodie lehnte sich an ein bekanntes Tanzmotiv an, und der Refrain lautete: »Ei, wir schmucken, ei, wir schmucken Jägersleut, Jägersleut!«

Butler ritt neben seinem nächsten Vorgesetzten, dem Major Petrow, her, mit dem er zusammen wohnte. Er war von aufrichtiger

Freude darüber erfüllt, daß er sich entschlossen hatte, den Dienst in der Garde aufzugeben und nach dem Kaukasus zu gehen. Der Hauptgrund, weshalb er sein Garderegiment verlassen, war, daß er in Petersburg sein ganzes Vermögen im Kartenspiel verloren hatte. Er hatte gefürchtet, daß er, falls er noch bei der Garde verbliebe, immer wieder in dieses Laster zurückfallen würde, und so hatte er, zumal er nichts mehr zu verspielen hatte, der Residenz den Rücken gekehrt. Jetzt lagen alle diese Dinge hinter ihm, ein neues Leben hatte begonnen, ein Leben, so kühn, so abwechslungsreich und schön. Selbst sein zerrüttetes Vermögen und seine unbezahlten Schulden hatte er vergessen. Der Kaukasus, der Krieg, die Soldaten, die Offiziere, diese ewig bezechten, gutmütigen, tapferen Jungen, der Major Petrow – alles dies erschien ihm so herrlich, daß er es zuweilen gar nicht glauben konnte, daß er wirklich nicht mehr in Petersburgs verqualmten Spielsalons die Karten bog und voll Grimm gegen den Bankhalter, mit einem dumpfen, schweren Schmerz im Schädel, pointierte, sondern hier in diesem prächtigen Lande unter den wackeren kaukasischen Helden weilte.

»Ei, wir schmucken, ei, wir schmucken Jägersleut!«, sangen Butlers Leute, und sein Pferd begann unwillkürlich nach dem flotten Takt des Liedes zu marschieren. Der zottige, graue Kompagniehund Tresorka lief wie ein besorgter Chef, den Schweif hoch emporhaltend der Kompagnie voraus. Immer frischer und froher ward Butler zumute. Er sah das Wesen des Krieges nur als ein Spiel mit der Gefahr, mit der Möglichkeit des Todes, als ein Spiel, das ihm Belohnung und Hochachtung der hiesigen Kameraden wie auch der Freunde in der Heimat brachte. Die andere Seite des Krieges – der Tod so vieler Menschen, die Wunden der Soldaten, der Offiziere, der Bergbewohner – kam ihm, so seltsam das scheinen mag, gar nicht zum Bewußtsein. Um seine poetische Auffassung vom Krieg nicht zu beeinträchtigen, blickte er instinktiv niemals nach den Toten und Verwundeten hin. So auch heute. Die Kolonne hatte drei Tote und zwölf Verwundete. Butler ging an einem der Gefallenen, der auf dem Rücken dalag, vorüber und sah nur gleichsam mit einem Auge die seltsame Haltung der wachsbleichen Hand und einen dunkelroten Fleck am Kopf. Die Bergbewohner erschienen ihm lediglich als berittene Dshigits, vor denen man auf der Hut sein mußte.

»So also geht es bei uns zu,Väterchen«, sagte der Major während einer Pause im Gesange. »Nicht so wie in Ihrem Petersburg: die Augen links, Augen rechts! … Na, nun haben wir unsere Arbeit getan, nun geht's nach Hause. Maschurka wird uns jetzt eine gute Suppe und eine schöne Pastete dazu auftischen. Ein Leben – was? Na, nun singt mal: ›Als das Morgenrot erschien!‹« rief er den Soldaten zu, die alsbald sein Lieblingslied anstimmten.

Der Major lebte in wilder Ehe mit der Tochter eines Feldschers zusammen, die zuerst nur seine »Maschka« gewesen war, nach und nach aber zu Marja Dmitrijewna avanciert war. Marja Dmitrijewna war eine hübsche blonde Person mit sehr viel Sommersprossen, etwa dreißig Jahre alt und ohne Kinder. Welches auch ihre Vergangenheit gewesen sein mochte, jetzt war sie jedenfalls die treue Gefährtin des Majors, pflegte ihn wie eine Kinderfrau, und das hatte der Major, der sich nicht selten bis zur Bewußtlosigkeit betrank, sehr nötig.

Als sie in der Festung anlangten, fanden sie alles so vor, wie der Major es vorausgesagt hatte. Marja Dmitrijewna setzte ihm und Butler sowie den beiden Offizieren der Kolonne, die der Major noch eingeladen hatte, ein ebenso ausgiebiges wie schmackhaftes Mittagessen vor, und der Major aß und trank sich so voll, daß er nicht mehr sprechen konnte und sich auf sein Zimmer begab, um ein Schläfchen zu machen.

Auch Butler war müde, doch im übrigen recht zufrieden mit dem Tag. Er hatte von dem trefflichen kaukasischen Rotwein nur ein klein wenig über den Durst getrunken und ging nun gleichfalls auf sein Zimmer. Kaum hatte er die Kleider abgelegt und sich, die flache Hand unter dem hübschen, lockigen Kopf, auf dem Bett hingestreckt, als er in einen festen, traumlosen Schlaf verfiel, aus dem ihn nichts so leicht erweckt hätte.

XVII

Das Dorf, das bei dem Überfall zerstört worden war, war dasselbe, in dem Hadschi Murat die Nacht vor seinem Übergang zu den Russen zugebracht hatte.

Sado, bei dem Hadschi Murat damals genächtigt hatte, war bei dem Herannahen der Russen mit den Seinigen in die Berge geflüchtet. Als er nach dem Dorfe zurückkehrte, fand er seine Hütte zerstört, das Dach war eingestürzt, die Tür und die Säulen des Altans waren verbrannt und das Innere beschmutzt. Sein Sohn, jener hübsche Knabe mit den blitzenden Augen, der so begeistert auf Hadschi Murat geschaut hatte, war auf einem mit einem Filzmantel bedeckten Pferd tot nach der Moschee gebracht worden. Er war durch einen Bajonettstich in den Rücken getötet. Sados ehrbare Gattin, die Hadschi Murat damals bei seinem Besuch aufgewartet hatte, stand jetzt im zerrissenen Hemd, das ihre welken Brüste den Blicken preisgab, mit zerrauftem Haar über der Leiche des Sohnes, kratzte sich selbst vor Schmerz das Gesicht blutig und wehklagte voll Verzweiflung. Sado war, mit Hacke und Spaten versehen, in Begleitung der Verwandten fortgegangen, um für den Sohn ein Grab zu graben. Der alte Großvater saß, an die Wand der eingestürzten Hütte gelehnt, da, schnitzte mechanisch an einem Stecken und starrte stumpf vor sich hin. Er war soeben erst aus seinem Bienengarten herübergekommen. Die beiden Heuschober, die sich dort befunden hatten, waren verbrannt, die Aprikosen- und Kirschbäume, die er selbst gepflanzt und gehegt hatte, waren zerbrochen und halb verkohlt, und auch die Bienenstöcke samt den Bienen waren ein Opfer der Flammen geworden. In das Wehklagen der Weiber klang das Angstgeschrei der Kinder hinein, und das hungrige Vieh, für das es kein Futter gab, brüllte dazwischen. Die größeren Kinder dachten nicht ans Spiel, sondern schauten mit erschrockenen Augen auf die Erwachsenen.

Der Dorfbrunnen war, offenbar vorsätzlich, verunreinigt, so daß die Einwohner auch das Wasser entbehren mußten. Auch die Moschee war in gleicher Weise verunreinigt, und der Mulla mußte sie mit Hilfe der Moscheediener erst wieder säubern.

Kein Wort des Hasses gegen die Russen wurde laut. Das Gefühl, das alle Tschetschenen vom jüngsten bis zum ältesten, diesen Feinden gegenüber hegten, war stärker als der Haß. Sie sagten sich, daß diese russischen Hunde keine Menschen seien, und ein solcher Abscheu und Ekel, ein solches Erstaunen über die sinnlose Grausamkeit dieser Kreaturen ergriff sie, daß der Wunsch, sie auszutilgen, wie man Wölfe, Ratten und giftige Spinnen austilgt, ebenso natürlich erschien wie der Trieb der Selbsterhaltung.

Die Einwohner des Dorfes hatten nun die Wahl: entweder, in dieser Feindschaft verharrend, am alten Platz zu verbleiben und mit größter Mühe, auf die Gefahr einer Wiederholung dieses wahnwitzigen Zerstörungswerkes hin, die dem starren Felsen abgerungene Heimstätte wieder herzurichten – oder, dem religiösen Gefühl und der tiefen Abneigung gegen alles Russische zum Trotz, sich durch Unterwerfung den Frieden zu erkaufen.

Die Ältesten des Dorfes suchten Stärkung im Gebet und beschlossen einmütig, Boten zu Schamil zu senden und ihn um Hilfe zu bitten. Dann machten sie sich sogleich daran, das Zerstörte wiederherzustellen.

XVIII

Am Tag nach dem Überfall verließ Butler ziemlich spät am Vormittag auf der Hintertreppe das Haus, um bis zum Frühstückstee, den er gewöhnlich mit Petrow zusammen trank, sich auf der Straße zu ergehen und frische Luft zu schöpfen. Die Sonne war bereits über den Bergen emporgestiegen, und die Augen schmerzten ihn, als er nach der rechten Seite der Straße hinübersah, wo die weißgetünchten, grell beleuchteten Häuser sich erhoben. Um so herzerfrischender und wohliger wirkte der Anblick der sich zur Linken hinziehenden, von dunklem Waldesdickicht bedeckten Berge, hinter denen sich die schimmernde Kette der Schneegipfel erhob, die von weitem dichtgeballten weißen Wolkenmassen glichen.

Butler schaute nach den Bergen hinüber, sog die frische Luft in vollen Zügen ein und war von Freude darüber erfüllt, daß er – gerade er – lebte, noch dazu an einem so herrlichen Ort. Ein klein wenig freute es ihn auch, daß er sich gestern so trefflich gehalten hatte, beim Hinmarsch sowohl wie namentlich beim Rückmarsch, der sich ziemlich unangenehm gestaltet hatte. Auch die Erinnerung an den gestrigen Abend bereitete ihm Freude – wie er nach dem kühnen Marsche mit den Kameraden von Marja Dmitrijewna, der Freundin Petrows, bewirtet worden war, und wie sie mit allen, namentlich aber, wie ihm schien, mit ihm so lieb und nett gewesen war. Mit ihrem dicken Zopf, den breiten Schultern, dem vollen Busen und dem strahlenden Lächeln in dem mit Sommersprossen übersäten gutmütigen Gesichte machte sie unwillkürlich auf den jugendlichen, kräftigen, unverheirateten Butler einen starken Eindruck, und es schien ihm, daß auch er ihr nicht gleichgültig sei. Er war jedoch der Meinung, daß es eine Schlechtigkeit gegenüber dem gutmütigen, braven Kameraden gewesen wäre, wenn er sich Marja Dmitrijewna genähert hätte, und so verkehrte er mit ihr auf durchaus anständigem, ehrerbietigem Fuß. Und er freute sich darüber, daß er sich in diesem Punkt zu beherrschen wußte.

Eben, als er auf der Straße daherschritt, dachte er hierüber nach, als seine Gedanken durch deutlich vernehmbares Pferdegetrappel, das auf der staubigen Straße näher und näher kam, abgelenkt wurden. Es mußte offenbar ein größerer Reitertrupp sein, der sich da auf ihn zu bewegte. Er blickte auf und sah am Ende der Straße eine Schar von Reitern: An der Spitze von etwa zwanzig Kosaken ritten zwei Männer, der eine in einer weißen Tscherkeßka und einer hohen, turbanumschlungenen Lammfellmütze, der andere, ein russischer Offizier, brünett, mit einer Adlernase, mit reichem Silberschmuck an Kleidern und Waffen. Der Reiter im Turban saß auf einem prächtigen Fuchs mit kleinem Kopf, schönen, funkelnden Augen, weißer Mähne und ebensolchem Schweif. Der Offizier ritt ein großes, schmuckes, karabachisches Pferd. Butler, der sich gut auf Pferde verstand, wußte das treffliche Tier des Turbanträgers sogleich richtig einzuschätzen und blieb stehen, um zu hören, wer diese Leute wären.

Der Offizier wandte sich an Butler und fragte: »Ist dies das Haus des Platzkommandanten?« Er sprach das Russisch ein wenig mit fremdartiger Betonung, und man hörte ihm sogleich an, daß er nicht von russischer Herkunft war.

Butler bejahte seine Frage.

»Wer ist denn dieser da?«, fragte Butler, an den Offizier herantretend und nach dem Manne im Turban hinüberblinzelnd.

»Das ist Hadschi Murat. Er ist hierhergeritten und will beim Platzkommandanten bleiben«, sagte der Offizier.

Butler hatte von Hadschi Murat und seinem Übertritt zu den Russen gehört, doch hätte er nie erwartet, daß er ihn hier, in der kleinen Grenzfestung, zu Gesicht bekommen würde.

Hadschi Murat warf ihm einen freundlichen Blick zu.

»Sei willkommen – koschkildy«, sagte Butler, mit seinem bißchen Tatarisch prahlend.

»Saubul«,[1] antwortete Hadschi Murat kopfnickend. Er ritt an Butler heran und reichte ihm die Hand, an deren beiden kleinsten Fingern die Reitpeitsche hing.

»Der Kommandant?«, fragte er.

»Nein, der Kommandant ist im Haus, ich will ihn rufen«, sagte Butler zu dem Offizier, ging die Treppe hinauf und suchte die Tür zu öffnen.

Die auf die »Paradetreppe«, wie Marja Dmitrijewna sie nannte, hinausgehende Tür war indes verschlossen. Butler klopfte an, und als niemand im Hause sich meldete, ging er um das Haus herum und

[1] (tart.) »Sei gegrüßt.«

trat von der Hintertreppe aus ein. Er rief seinen Burschen, und als dieser sich nicht meldete und ebensowenig zu finden war wie der Bursche des Majors, begab er sich nach der Küche. Marja Dmitrijewna hantierte hier, ganz rot im Gesicht, mit einem Tuch auf dem Kopf, und die Ärmel über den runden weißen Armen hoch aufgestreift, eifrig herum – sie war gerade dabei, den flachgerollten Teig, der ebenso weiß war wie ihre Arme, in kleine Streifen zu schneiden und Pasteten daraus zu bereiten.

»Wo stecken eigentlich die Burschen?«, fragte Butler.

»Sie werden irgendwo in der Schenke sein«, sagte Marja Dmitrijewna. »Warum fragen Sie?«

»Sie sollen die Tür aufschließen; eine ganze Schar von Bergbewohnern hält vor dem Hause. Hadschi Murat ist angekommen.«

»Was für Geschichten erzählen Sie da!«, sagte Marja Dmitrijewna lächelnd.

»Ich scherze nicht, es ist wahr, Er hält draußen an der Treppe.«

»Wirklich?«, fragte Marja Dmitrijewna höchst erstaunt.

»Meinen Sie, ich würde mir das aus den Fingern saugen? Sehen Sie doch selbst nach, er steht draußen.«

»Nun sag einer! So was!«, sagte Marja Dmitrijewna, streifte ihre Ärmel herunter und steckte die Haarnadeln in dem dicken Zopf fester. »Dann will ich doch gleich Iwan Matwejewitsch wecken«, sagte sie.

»Nein, ich gehe selbst. Und du, Bondarenko«, sprach Butler zu dem Burschen des Majors, der soeben auf der Bildfläche erschien, »schließ die Tür auf.«

»Nun, meinetwegen«, sagte Marja Dmitrijewna und machte sich wieder an die Arbeit.

Der Major hatte schon davon gehört, daß Hadschi Murat in Grosnaja angekommen sei. Als nun Butler ihm erzählte, daß er draußen vor dem Haus halte, war er durchaus nicht besonders erstaunt, sondern brummte nur ärgerlich in den Bart hinein, warum ihm die Vorgesetzten diesen Satan auf den Hals schickten. Langsam erhob er sich von seinem Lager, drehte sich eine Zigarette zurecht, zündete sie an und begann, während er abwechselnd sich räusperte und schimpfte, seine Toilette zu machen.

Als er angezogen war, befahl er seinem Burschen, ihm die Medizin zu reichen. Der Bursche wußte, daß er unter der Medizin den Branntwein verstand, reichte ihm die Flasche.

»Nichts ist schlimmer, als wenn man alles durcheinander trinkt«, brummte er, nachdem er ein großes Glas Branntwein heruntergetrunken und ein Stück Schwarzbrot nachgegessen hatte. »Da hab ich doch gestern diesen Rotwein versucht, und nun tut mir der Kopf weh. Na, jetzt bin ich fertig«, sagte er und begab sich nach dem Wohnzimmer, wohin Butler inzwischen Hadschi Murat und den ihn begleitenden Offizier geführt hatte.

Der Offizier, der mit Hadschi Murat gekommen, überbrachte dem Major den Befehl des Oberstkommandierenden des linken Flügels, Hadschi Murat bei sich unterzubringen und ihm den Verkehr mit den Bergbewohnern durch Sendboten zu gestatten, ihn jedoch nie anders als unter einer Kosakenbedeckung aus der Festung herauszulassen.

Iwan Matwejewitsch las die ihm übergebene Order, sah Hadschi Murat durchdringend an und vertiefte sich dann wieder in die Lektüre des Schriftstückes. Nachdem er in dieser Weise seine Augen mehrmals zwischen dem Schriftstück und Hadschi Murat hatte hin und her wandern lassen, ließ er sie schließlich auf seinem Gast ruhen und sagte: »Jakschi, bek, jakschi. Er kann hier bleiben. Sagen Sie ihm, daß ich Order habe, ihn nicht hinauszulassen. Und solch eine Order ist heilig. Was seine Unterbringung anlangt – ja, was meinst du, Butler: Vielleicht richten wir ihm die Kanzlei ein?«

Noch hatte Butler keine Zeit zur Antwort gefunden, als Marja Dmitrijewna, die aus der Küche herbeigekommen war und in der offenen Tür stand, sich zum Major wandte: »Warum denn? Er kann doch hier bleiben. Wir richten ihm das Gastzimmer und die kleine Kammer ein. Dann hat man ihn wenigstens unter den Augen«, sagte sie und warf dabei einen Blick auf Hadschi Murat, sah jedoch sogleich wieder fort, als sie seinen Augen begegnete.

»Ich meine, daß Marja Dmitrijewna recht hat«, sagte Butler.

»Nun, nun, geh schon, das sind hier keine Weibergeschäfte«, versetzte Iwan Matwejewitsch stirnrunzelnd.

Während dieser ganzen Unterhaltung hatte Hadschi Murat, die Hand auf dem Dolchgriff und ein feines spöttisches Lächeln um den Mund, dagesessen. Er sagte, es sei ihm ganz gleichgültig, wo man ihn unterbringe. Es komme ihm nur darauf an, mit den Bergbewohnern in Beziehungen zu treten, was ihm der Sardar erlaubt habe. Er wünsche daher, daß man ihnen den Zutritt zu ihm nicht verwehre. Der Major sagte, dem stehe nichts entgegen und bat Butler, den Gast so lange zu unterhalten, bis das Frühstück aufgetragen würde und die Zimmer für Hadschi Murat in Ordnung wären. Er selbst müsse nach der Kanzlei, um seinen Bericht zu machen und die nötigen Anordnungen zu treffen.

Hadschi Murats Verhältnis zu seinen neuen Bekannten nahm von vornherein einen ganz bestimmten Charakter an. Gegen Iwan Matwejewitsch hegte er vom ersten Augenblick an eine ausgesprochene Abneigung und Geringschätzung und behandelte ihn von oben herab. An Marja Dmitrijewna, die ihm das Essen bereitete und auftrug, fand er einen ganz besonderen Gefallen. Ihr einfaches Wesen, der eigene Reiz ihrer ihm fremdartigen Schönheit und das Gegengefühl, das ihr offenkundiges Interesse für ihn in ihm hervorrief, machte ihm ihre Erscheinung überaus angenehm. Er bemühte sich, sie nicht anzusehen und nicht mit ihr zu sprechen, unwillkürlich jedoch wandten sich seine Augen zu ihr und verfolgten jede ihrer Bewegungen.

Zu Butler trat er sogleich vom Beginn ihrer gegenseitigen Bekanntschaft an in sehr freundschaftliche Beziehungen. Er unterhielt sich gern mit ihm, fragte ihn über seine Vergangenheit aus, erzählte ihm mancherlei von seiner eigenen Person, teilte ihm mit, was die bei ihm erscheinenden Landsleute ihm von dem Schicksal seiner Familie berichteten, und fragte ihn sogar um Rat, was er tun solle.

Die Nachrichten, die ihm die Sendboten aus dem Gebirge brachten, waren nicht die besten. Zweimal erhielt er während der ersten vier Tage, die er in der Festung verbrachte, Besuch von drüben, und beide Male war es schlimme Kunde, die sie ihm zutrugen.

XIX

Hadschi Murats Familie war bald, nachdem er selbst sich zu den Russen begeben hatte, nach Schamils Residenz gebracht worden, wo sie unter strenger Bewachung gehalten wurde, bis der Imam ihr Schicksal entschieden hatte. Die Frauen – die alte Mutter Patimat und die beiden Gattinnen Hadschi Murats – wohnten samt den vier jüngeren Kindern unter strenger Aufsicht in dem Haus des Unterführers Ibrahim Raschid, während Hadschi Murats achtzehnjähriger Sohn Jussuf im Kerker saß. Dieser Kerker bestand aus einem mehrere Ellen tiefen dunklen Loche, in dem Jussuf mit sieben Verbrechern, die gleich ihm der Entscheidung ihres Schicksals harrten, festgehalten wurde.

Die Entscheidung über das Schicksal der Gefangenen verzögerte sich darum, weil Schamil abwesend war. Er war auf einem Kriegszug gegen die Russen begriffen.

Am 6. Januar 1852 kehrte Schamil nach einem Zusammenstoß mit den Russen zurück, bei dem er nach der Meinung der Russen eine Schlappe erlitten und die Flucht ergriffen hatte, während er nach seiner und aller Muriden Auffassung den Sieg davongetragen und die Russen vertrieben hatte. Er hatte in diesem Treffen, was nicht oft geschah, selbst eine Büchse auf die Feinde abgefeuert und war mit geschwungenem Säbel auf sie losgeprescht, jedoch hielten seine Muriden ihn mit Gewalt zurück. Zwei von ihnen hatten dabei an seiner Seite den Tod erlitten.

Es war um die Mittagsstunde, als Schamil in Begleitung einer Schar von Muriden, die um ihn herum ihre Rösser tummelten, ihre

Büchsen und Pistolen in die Luft abschossen und ohne Unterlaß ihr »La illacha il allah«[1] sangen, in seinem Hauptort Dargo erschien.

Die ganze Bevölkerung der großen Ortschaft stand auf der Straße und auf den Hausdächern, um den Gebieter würdig zu empfangen. Man feuerte, um die Feierlichkeit des Einzugs zu erhöhen, gleichfalls aus Büchsen und Pistolen in die Luft. Schamil ritt auf einem weißen arabischen Rosse, das bei der Annäherung an das Haus seines Herrn lebhaft und munter den Kopf in den Zügeln bewegte. Sattel- und Zaumzeug waren im übrigen von recht schlichter Art, weder Gold noch Silber blinkte daran: Der Zügel bestand aus einem in der Mitte mit einem dunklen Streifen verzierten roten Riemen aus feinem Leder, die Steigbügel waren einfache, runde Metallhülsen, und die unter dem Sattel hervorschauende Schabracke war aus schlichtem rotem Tuch verfertigt. Der Imam trug einen braun überzogenen, am Hals und an den Ärmeln mit schwarzem Rauchwerk besetzten Schafpelz, der um die schlanken Hüften mit einem Riemen umgürtet war. Ein Dolch steckte in dem einfachen Gürtel. Auf dem Kopf trug er eine hohe Lammfellmütze mit flachem Deckel, schwarzer Troddel und einem weißen Turban, dessen Ende über den Hals herabhing. Die Füße steckten in grünen Schuhen, und über die Waden hatte er schwarze, mit einfacher Schnur besetzte Lederstrümpfe gezogen.

Nichts Schimmerndes, kein Gold- oder Silberschmuck, war an dem Imam zu sehen. Seine hohe, gerade, stattliche Gestalt in der schmucklosen Kleidung machte inmitten der Muriden, deren Kleider und Waffen reich mit Gold und Silber verziert waren, einen überaus ernsten, erhabenen Eindruck und erzielte genau jene Wirkung, die er auf das Volk auszuüben wünschte. Sein blasses, von dem gestutzten roten Vollbart umrahmtes Gesicht mit den stets halb geschlossenen kleinen Augen hatte in seiner Unbeweglichkeit einen starren, steinernen Ausdruck. Während er die Straße entlangritt,

[1] »Es ist nur ein Gott.«

fühlte er wohl, daß Tausende von Augen auf ihn gerichtet waren, er selbst jedoch würdigte niemand auch nur eines Blickes.

Auch Hadschi Murats Frauen waren mit den übrigen Hausbewohnern zusammen auf den Altan hinausgekommen, um den Einzug des Imams mit anzusehen. Nur die alte Patimat, Hadschi Murats Mutter, war in der Hütte zurückgeblieben – die langen, hageren Arme um die Knie geschlungen, saß sie dort auf dem Fußboden, während das aufgelöste graue Haar über ihre Schultern herabfiel. Mit stechenden schwarzen Augen blinzelnd, schaute sie auf die verglimmenden Zweige im Kamin. Gleich ihrem Sohn hatte sie Schamil stets gehaßt. Jetzt haßte sie ihn noch mehr als früher und wollte ihn nicht sehen.

Auch Jussuf, der Sohn Hadschi Murats, bekam den feierlichen Einzug Schamils nicht zu sehen. Er hörte nur in seiner finsteren, von üblen Dünsten erfüllten Grube die Freudenschüsse und den Gesang und litt Qualen, empfand heftigen Schmerz über seine Einschließung, wie nur ein von Lebenslust und Lebenskraft strotzender Jüngling, den man der Freiheit beraubt, sie empfinden kann. Draußen war alles heller Jubel – und er saß in der stinkenden Grube und sah nur immer dieselben unglücklichen, schmutzigen, verhärmten, mit ihm eingekerkerten, boshaften und zumeist einander hassenden Leute und beneidete leidenschaftlich jene Menschen, die in Licht, Luft und Freiheit auf ihren schmucken Rossen sich um den Gebieter tummeln, ihre Büchsen losknallen und freudig ihr »La illacha il allah« rufen konnten.

Nachdem Schamil den Ort passiert hatte, lenkte er in einen großen Hof ein, an den sich ein zweiter, innerer Hof anschloß. In diesem befand sich Schamils Serail. Zwei bewaffnete Lesghier empfingen Schamil an dem offenen Tore des ersten Hofes, in dem sich eine große Menge Volkes versammelt hatte. Die einen waren von fernher gekommen, um über ihre Angelegenheiten mit Schamil zu reden, andere waren einfach Bittsteller, und noch andere waren erschienen, weil sie von ihm zu Gericht und Urteil beordert waren. Als Schamil in den Hof einritt, erhoben sich alle Anwesenden und begrüßten den Imam ehrerbietig, indem sie die Hände auf die Brust legten. Einige knieten nieder und verblieben in dieser Haltung, bis Schamil den Hof vom äußeren bis zum inneren Tore durchmessen hatte. So manches Gesicht, dessen Anblick ihm unangenehm war, und so manchen lästigen Bittsteller erkannte Schamil unter den Wartenden, doch ritt er an allen mit demselben unbeweglichen, starren Gesichte vorüber, lenkte in den inneren Hof ein und stieg an der Galerie seiner Behausung, links vom Tore, ab.

Nach den Anstrengungen des Kriegszuges, der zwar von Schamil und den Seinen als Sieg gefeiert wurde, aber, wie er sich nicht verhehlte, ein Mißerfolg war, sehnte sich Schamil jetzt nur nach Ruhe. Er wußte, daß zahlreiche Tschetschenendörfer eingeäschert und zerstört waren, daß das unbeständige, leichtsinnige Volk der Tschetschenen schwankte und einige unter ihnen, sich den Russen nähernd, bereit waren, zu ihnen überzugehen.

Das alles war schwer, dagegen müßten Maßnahmen getroffen werden, aber in dieser Minute wollte Schamil an nichts denken. Er wollte jetzt nur eins – Erholung und die Liebkosungen der schwarzäugigen, schnellfüßigen Aminet, seiner achtzehnjährigen Lieblingsgattin.

Doch vorläufig durfte er nicht daran denken, Aminet in seine Arme zu schließen. Er ahnte, daß sie dort hinter dem Zaun, der quer durch den inneren Hof lief und die Wohnung der Frauen von den Räumen für die Männer trennte, seiner erwartungsvoll harrte. Schamil war überzeugt, daß sie sogar jetzt, da er aus dem Sattel stieg, mit den anderen Frauen durch eine Spalte im Zaune nach ihm Ausschau hielt. Aber er durfte nicht nur nicht zu ihr gehen – er durfte sich auch nicht auf dem schwellenden Pfühl neben ihr ausruhen. Er mußte zunächst, so wenig er dazu auch aufgelegt war, sein Mittagsgebet verrichten, dessen Unterlassung für ihn als religiösen Führer seines Volkes eine Unmöglichkeit war und das ihm auch selbst so notwendig geworden war wie das tägliche Brot. So erledigte er die

Waschungen wie das Gebet und rief dann die ihn Erwartenden zum Empfang.

Zunächst erschien vor ihm sein Schwiegervater und Lehrer Dshemal Edin, ein hochgewachsener, stattlicher Greis mit schneeweißem Bart und frischem, rotem Gesicht. Er verrichtete sein Gebet, fragte Schamil, wie sein Kriegszug verlaufen sei, und berichtete ihm, was sich während seiner Abwesenheit in den Bergen ereignet hatte.

Allerhand Nachrichten bekam da Schamil zu hören: von Morden, die auf Grund der Blutrache begangen worden waren, von Viehdiebstählen, von Vergehen gegen die Vorschriften des »Tarikat«, die Lehre Mohammeds, die den Genuß des Tabaks und des Weines verbot, und zuletzt teilte Dshemal Edin dem Imam auch mit, daß Hadschi Murat heimlich Leute gesandt habe, die seine Familie zu den Russen bringen sollten. Sein Anschlag sei jedoch entdeckt worden, und man habe Hadschi Murats Familie hier am Orte untergebracht, wo sie unter strenger Bewachung seines Urteils harre. Im anstoßenden Gastzimmer seien die Ältesten aus den Nachbargebieten versammelt, um über diese Dinge zu beraten. Dshemal Edin riet dem Imam, sie noch heute zu entlassen, da sie bereits drei Tage auf ihn gewartet hätten.

Schamils älteste Gattin, die spitznäsige, schwarze, häßliche Saidet, für die der Imam nur wenig übrig hatte, trat ein und trug ihm das Mittagsmahl auf. Nachdem er dieses verzehrt, begab er sich nach dem Beratungszimmer.

Sechs Männer mit weißem, grauem oder rotem Vollbart, die den Rat des Imam bildeten, erhoben sich bei Schamils Eintritt von ihren Sitzen. Sie trugen alle neue Kleider und den Riemen mit dem Dolch über Beschmet und Tscherkeßka. Auf dem Kopf saß die Lammfellmütze mit dem Turban oder ohne diesen. Schamil überragte sie alle um Haupteslänge. Seinem Beispiel folgend, hoben sie alle die Arme mit den nach oben gekehrten Handflächen empor, schlossen die Augen und beteten, worauf sie mit den Händen sich über das Gesicht fuhren und am unteren Bartende beide Hände vereinigten. Hierauf setzten sich alle rings um Schamil herum, der auf erhöhtem Pfühl mitten unter ihnen saß, und machten sich an die Beratung der zu entscheidenden Angelegenheiten.

Über die Verbrechen, die zur Aburteilung gelangten, wurde nach den Vorschriften des Schariat[1] entschieden: zwei Diebe wurden zum Abschlagen der Hände, ein Mörder zum Tode verurteilt; drei Angeklagte wurden freigesprochen. Hierauf gelangte der Hauptpunkt der Tagesordnung zur Verhandlung – wie am besten der Übergang der Tschetschenen zu den Russen verhindert werden könne. Dshemal Edin hatte, um diesem Übel zu steuern, eine Kundgebung entworfen, die also lautete:

»Ich wünsche euch, daß ihr in ewigem Frieden leben möget mit Gott dem Allmächtigen! Ich höre, daß die Russen euch umschmeicheln und zur Unterwerfung auffordern. Glaubet ihnen nicht und unterwerft euch nicht, sondern duldet. Wenn euch dafür in diesem Leben kein Lohn zuteil wird, dann werdet ihr im Jenseits belohnt werden. Bedenket, was früher war, als sie euch die Waffen abnahmen. Wenn euch damals, im Jahre 1840, Gott nicht erleuchtet hätte, würdet ihr jetzt alle in russischen Soldatenkitteln stecken, und eure Frauen würden keine Pumphosen mehr tragen und würden entehrt sein. Beurteilt die Zukunft nach der Vergangenheit. Es ist besser, in Feindschaft mit den Russen zu sterben, als mit den Ungläubigen zusammen zu leben. Harret aus, und ich werde mit dem Koran und dem Säbel zu euch kommen und euch gegen die Russen führen. Für jetzt befehle ich euch, jede Absicht, ja jeden leisesten Gedanken einer Unterwerfung unter die Russen aus eurer Seele zu verbannen.«

Schamil billigte diese Bekanntmachung, unterschrieb sie und beschloß, sie überall im Volk zu verbreiten.

Hierauf kam die Angelegenheit Hadschi Murats zur Verhandlung, die für Schamil ganz besonders wichtig war. Er wußte sehr wohl – wenn er es auch nicht offen zugab –, daß die Schlappe, die er jetzt

[1] Religiöses Gesetz, das nach der Lehre des Islams das Leben des Menschen regelt.

in der Tschetschnja erlitten, ihn nicht betroffen hätte, wenn Hadschi Murat mit seiner Gewandtheit, Kühnheit und Tapferkeit ihm zur Seite gestanden hätte. Es wäre nur vorteilhaft für ihn gewesen, wenn er sich mit Hadschi Murat versöhnt und ihn wieder seiner Sache dienstbar gemacht hätte. Für den Fall aber, daß dies ausgeschlossen war, durfte er nicht zulassen, daß jener sich auf die Seite der Russen stellte. Daher war es jetzt unbedingt notwendig, ihn so oder so aus dem Weg zu schaffen. Dies konnte entweder so geschehen, daß ein sicherer Mann nach Tiflis entsandt wurde, der ihn dort tötete, oder daß man ihn herüberlockte und ihm hier den Garaus machte. Das sicherste Mittel, ihn zur Rückkehr zu bewegen, war die Aussicht auf Befreiung seiner Familie, insbesondere den Loskauf seines Sohnes, den Hadschi Murat, wie Schamil wohlbekannt war, über alles liebte. Dieses Sohnes also mußte man sich bedienen, um den Vater in die Gewalt zu bekommen.

Als die Ratgeber über diese Fragen verhandelten, schloß Schamil die Augen und schwieg.

Die Ratgeber wußten, was dies zu bedeuten hatte: daß er jetzt auf die Stimme des Propheten lauschte, die ihm eingab, was er zu tun habe. Nachdem fünf Minuten lang feierliches Schweigen geherrscht hatte, öffnete Schamil die Augen, kniff sie noch enger als sonst zusammen und sprach:

»Führt mir den Sohn Hadschi Murats vor.«

»Er ist hier«, sagte Dshemal Edin.

In der Tat wartete Jussuf, der Sohn Hadschi Murats, mager, blaß, in Lumpen gekleidet und nach dem dumpfen Kerkerloch riechend, aber immer noch schön an Antlitz und Gestalt, mit den blitzenden schwarzen Augen, die auch seine Großmutter Patimat besaß, am Tor des äußeren Hofes, ob man ihn nicht bald rufen würde.

Jussuf teilte die feindseligen Gefühle nicht, die sein Vater gegen Schamil hegte. Er kannte nicht die ganze Vergangenheit oder, wenn er sie auch kannte, so hatte er sie doch nicht selbst durchlebt und begriff daher nicht, weshalb sein Vater von solchem Haß gegen

Schamil erfüllt war. Er hatte nur den einen Wunsch: das leichte, lustige Leben, das er als Sohn des Nahib in Chunsach geführt hatte, wiederaufnehmen zu können, und darum schien es ihm ganz überflüssig, diese Feindschaft gegen Schamil zu nähren. Im Gegensatz zum Vater, ja ihm zum Trotz, war er von Begeisterung für Schamil erfüllt und teilte die Verehrung für ihn, welche die Bergbewohner allgemein für den Imam hegten. Mit einem ganz besonderen Gefühl bebender Ehrfurcht trat er jetzt in das Zimmer, in dem die Ratgeber saßen, blieb an der Tür stehen und begegnete, als er aufsah, dem grimmigen Blicke, den Schamil aus den halbgeschlossenen Augen auf ihn richtete. Er stand eine Weile da, trat dann auf Schamil zu und küßte seine große weiße Hand mit den langen Fingern.

»Du bist der Sohn Hadschi Murats?«

»Ich bin es, Imam.«

»Du weißt, was dein Vater getan hat?«

»Ich weiß es, Imam, und bedaure es.«

»Kannst du schreiben?«

»Ich wollte Mulla werden.«

»Dann schreib deinem Vater, daß, wenn er bis zum Beiram[1] zu mir zurückkehrt, ich ihm verzeihe und alles beim alten bleiben soll; wenn er mir dagegen trotzt und bei den Russen bleibt« – Schamils Züge nahmen einen drohenden Ausdruck an –, »werde ich deine Großmutter, deine Mutter und all die anderen auf die Dörfer verteilen, dir aber den Kopf abschlagen lassen.«

Nicht ein Muskel zuckte in Jussufs Gesicht, er neigte nur den Kopf zum Zeichen, daß er Schamils Worte verstanden habe.

»Schreib ihm dies und gib den Brief meinem Boten«, sagte Schamil und sah dann Jussuf lange schweigend an.

»Oder schreib ihm, daß ich dich begnadigt habe und dich nicht töten, sondern dir nur die Augen ausstechen lassen werde, wie ich es mit allen Verrätern mache. Nun geh.«

[1] Zwei islamische Feste.

Jussuf war in Schamils Gegenwart vollkommen ruhig erschienen, als er jedoch das Beratungszimmer verlassen hatte, stürzte er sich auf den Mann, der ihn führte, zog dessen Dolch aus der Scheide und wollte sich damit töten, doch fiel ihm jener in den Arm, und er ward gefesselt und wieder nach dem Kerker zurückgebracht.

Als es dunkel geworden und das Nachtgebet verrichtet war, zog Schamil seinen besten weißen Pelz an und begab sich hinter den Zaun nach jenem Teile des Hofes, in dem seine Frauen wohnten, und trat in Aminets Zimmer. Doch Aminet war nicht anwesend, sie weilte bei den älteren Frauen. Da trat Schamil, der nicht wollte, daß man ihn bemerkte, hinter die Zimmertür und erwartete sie da. Aminet aber war böse auf Schamil, weil er Saidet mit einem Stück Seidenstoff beschenkt hatte, während sie leer ausgegangen war. Sie hatte wohl gemerkt, wie er herübergekommen und in ihr Zimmer eingetreten war, doch ging sie absichtlich nicht zu ihm und ließ ihn warten. Lange stand sie in der Tür von Saidets Zimmer und blickte still lächelnd nach der weißen Gestalt des Imams, der unruhig bald aus ihrem Zimmer herauskam, bald wieder eintrat. Nachdem Schamil eine ganze Weile vergeblich gewartet hatte, begab er sich, als bereits die Zeit zum Nachtgebet herangerückt war, nach seinen Gemächern zurück.

XX

Seit einer Woche bereits verweilte Hadschi Murat in der Festung, als Gast des Majors Petrow. Marja Dmitrijewna hatte ihren Ärger mit dem zottigen Chanefi, den Hadschi Murat neben Eldar allein zu seiner Bedienung behalten hatte – ewig stritt sie sich mit dem Awaren herum und mußte ihn einmal sogar aus der Küche hinauswerfen, weil er ihr beinahe den Hals abgeschnitten hätte. Das hinderte sie jedoch nicht, für Hadschi Murat ein ganz besonderes Gefühl der Hochachtung und Sympathie zu empfinden. Sie bediente ihn jetzt nicht mehr bei Tisch, sondern hatte dieses Amt an Eldar abgegeben, doch benutzte sie jede Gelegenheit, ihn zu sehen und ihm gefällig zu sein. Sie interessierte sich auch sehr lebhaft für die Unterhandlungen, die seiner Familie wegen geführt wurden, wußte, wieviel Frauen und Kinder er hatte und wie alt jedes von ihnen war. Sie erkundigte sich jedesmal, wenn ein Bote aus dem Gebirge bei ihm erschien, wie weit die Verhandlungen gediehen wären.

Butler hatte während dieser Woche mit Hadschi Murat die intimste Freundschaft geschlossen. Abwechselnd kam entweder Hadschi Murat auf sein Zimmer oder er nach dem Zimmer des Gastes. Zuweilen bedienten sie sich bei ihrer Unterhaltung eines Dolmetschers, doch mußte es öfters auch ohne einen solchen gehen, wobei ihnen allerhand Zeichen, und namentlich auch das Lächeln, als Verständigungsmittel dienten. Hadschi Murat hatte offenbar Butler liebgewonnen, was unter anderem auch aus dem Verhalten Eldars gegen diesen ersichtlich war. Sobald Butler in Hadschi Murats Zimmer trat, begrüßte Eldar ihn mit einem freudigen Lächeln, das seine blitzenden weißen Zähne zeigte, legte ihm eilig die Kissen zurecht, damit er sich setzte, und nahm ihm den Säbel ab, wenn er ihn umgeschnallt hatte.

Butler hatte auch die nähere Bekanntschaft des zottigen Chanefi, des Blutsbruders von Hadschi Murat, gemacht. Chanefi kannte viele Lieder der Bergbewohner auswendig und trug sie sehr gut vor. Um Butler eine Freude zu bereiten, ließ Hadschi Murat den Awaren öfters ein Lied singen, das er selbst auszuwählen pflegte. Chanefi besaß einen hohen Tenor und sang ungewöhnlich klar und ausdrucksvoll. Eins seiner Lieder gefiel Hadschi Murat ganz besonders und machte mit seinem feierlich-melancholischen Refrain auch auf Butler einen tiefen Eindruck. Butler ließ sich durch den Dolmetscher den Inhalt des Liedes übersetzen.

Das Lied bezog sich auf die Blutrache, die früher zwischen Chanefi und Hadschi Murat bestanden hatte, und sein Wortlaut war folgender: »Die Erde wird trocknen auf meinem Grab, und du wirst mein vergessen, geliebte Mutter. Gras wird wachsen über meiner Gruft, und es wird deinen Schmerz überwuchern, mein alter Vater. Die Tränen werden trocknen in den Augen meiner Schwester, und der Gram wird fliehen aus ihrem Herzen.

Du aber, mein älterer Bruder, wirst mich nicht vergessen, bevor du nicht meinen Tod gerächt hast. Und auch du, mein zweiter Bruder, wirst mich nicht vergessen, ehe du nicht neben mir im Grabe liegst.

Glühend heiß bist du, o Kugel, und bringst den Tod, aber warst du nicht meine gehorsame Sklavin? Du wirst mich bedecken, o schwarze Erde, aber haben dich nicht meines Rosses Hufe zerstampft? Du bist kalt, o Tod, aber ich bin doch einmal dein Herr gewesen! Meinen Leib wird die Erde hinnehmen, meine Seele aber wird der Himmel empfangen.«

Hadschi Murat lauschte stets mit geschlossenen Augen auf dieses Lied, und wenn seine letzte langgezogene Note verklungen war, sagte er jedesmal zu Butler auf russisch:

»Schönes Lied, kluges Lied.«

Die eigenartige, kraftvolle Poesie, die in dem Leben der Bergbewohner lag, machte auf Butler, seit er mit Hadschi Murat und seinen Muriden bekannt geworden, einen ganz besonders starken Eindruck. Er schaffte sich einen Beschmet, eine Tscherkeßka und Lederstrümpfe an. Er suchte sich hineinzuleben in das Denken und Fühlen dieser Menschen, in ihre Sitten und Bräuche.

Am Tage vor Hadschi Murats Aufbruch versammelte der Major einige Offiziere in seiner Wohnung zu einer kleinen Abschiedsfeier. Die Offiziere saßen teils beim Tee, den Marja Dmitrijewna ihnen einschenkte, teils an einem zweiten Tische bei Wein, Branntwein und einem Imbiß, als Hadschi Murat, zur Reise gerüstet, mit raschen, weichen Schritten leicht hinkend ins Zimmer trat.

Alle erhoben sich und schüttelten ihm zum Gruße die Hand. Der Major lud ihn ein, auf dem niedrigen Diwan Platz zu nehmen, er dankte jedoch und setzte sich auf einen Stuhl am Fenster. Das

Schweigen, das bei seinem Eintritt herrschte, machte ihn nicht im geringsten verlegen. Er musterte mit Aufmerksamkeit die Gesichter der Anwesenden und warf dann einen gleichgültigen Blick auf den Tisch mit dem Samowar und dem Imbiß. Ein redegewandter junger Offizier, Petrowskij mit Namen, der Hadschi Murat zum erstenmal sah, fragte ihn durch Vermittlung des Dolmetschers, ob ihm Tiflis gefallen habe.

»Aija«, antwortete Hadschi Murat.

Der Dolmetscher sagte, es habe ihm wohl gefallen.

»Und was hat ihm dort am besten gefallen?«, fragte der Offizier weiter.

Hadschi Murat gab Antwort, und der Dolmetscher übertrug seine Rede: am besten habe ihm das Theater gefallen.

»Und der Ball beim Oberstkommandierenden – hat ihm der nicht gefallen?«

Hadschi Murat blickte stirnrunzelnd drein: jedes Volk, meinte er, habe seine eigenen Sitten. »Bei uns kleiden sich die Frauen nicht so wie dort«, sagte er und sah dabei Marja Dmitrijewna an.

»Das hat ihm also nicht gefallen?«

»Es gibt bei uns ein Sprichwort«, sagte er zum Dolmetscher, »das lautet: der Hund bewirtet den Maulesel mit Fleisch und der Maulesel den Hund mit Heu – und so blieben beide hungrig.« Er lächelte bei diesen Worten. »Jedem Volk gefällt eben seine eigene Art.«

Die Unterhaltung kam nicht recht in Gang. Die Offiziere tranken Tee oder aßen. Hadschi Murat nahm das ihm angebotene Glas Tee und stellte es vor sich hin.

»Vielleicht etwas Sahne? Oder Semmeln?« sagte Marja Dmitrijewna und reichte ihm beides.

Hadschi Murat schüttelte den Kopf.

»Nun, so leb denn wohl!«, sagte Butler und klopfte ihm auf das Knie. »Wann sehen wir uns wieder?«

»Leb wohl, leb wohl«, sagte Hadschi Murat lächelnd auf russisch. »Bist Freund, ich guter Freund dein. Jetzt fort – schon Zeit!«, sagte er und nickte mit dem Kopf nach der Richtung hin, nach der er sich nun begeben müsse.

In der Tür des Zimmers erschien Eldar, irgend etwas Großes, Weißes über der Schulter und einen Säbel in der Hand tragend. Hadschi Murat winkte ihm, und Eldar kam mit seinen langen Schritten auf ihn zu und reichte ihm das weiße Kleidungsstück – es war sein Filzmantel – und den Säbel. Hadschi Murat stand auf, nahm den Mantel über den Arm, ging damit zu Marja Dmitrijewna und überreichte ihn ihr, während er einige Worte zu dem Dolmetscher sagte. Dieser übersetzte Hadschi Murats Worte. »Du hast den Mantel gelobt«, sagte er zu Marja Dmitrijewna, »und er will, daß du ihn als Geschenk behältst.«

»Aber warum denn?«, sagte Marja Dmitrijewna errötend.

»Es muß so sein, nimm«, sagte Hadschi Murat.

»Nun, ich danke«, sagte Marja Dmitrijewna und nahm den Mantel. »Gott gebe dir Glück, daß du deinen Sohn bald freibekommst. Ulan jakschi«,[1] fügte sie hinzu, »sagen Sie ihm, daß ich wünsche, er möchte seine Familie freibekommen.«

Hadschi Murat sah Marja Dmitrijewna an und nickte beifällig. Dann nahm er aus Eldars Händen den Säbel und reichte ihn dem Major. Dieser nahm den Säbel und sagte zu dem Dolmetscher:

»Sag ihm, er möchte meinen braunen Wallach nehmen, weiter habe ich nichts, was ich ihm schenken könnte.«

Hadschi Murat machte eine Handbewegung, die besagen sollte, daß er nichts brauche und nichts annehmen werde. Dann zeigte er nach den Bergen und nach seinem Herzen und ging dem Ausgang zu. Alle folgten ihm bis zur Tür. Die Offiziere, die im Zimmer zurückblieben, zogen den Säbel aus der Scheide, betrachteten die Klinge und meinten, es sei ein echter Gurdasäbel.

Butler war mit Hadschi Murat zusammen auf die Vortreppe hinausgetreten.

[1] (tart.) Ein Prachtkerl.

Als sie dort standen, ereignete sich ein Vorfall, der allen ganz unerwartet kam und leicht für Hadschi Murat hätte verhängnisvoll werden können, wenn nicht seine Gewandtheit und Entschlossenheit ihn gerettet hätte.

Die Bewohner des kumykischen Dorfes Tasch-Kitschu, die vor Hadschi Murat große Achtung hegten und mehrmals nach der Festung gekommen waren, um den berühmten Nahib zu sehen, hatten drei Tage vor Hadschi Murats Aufbruch Boten zu ihm entsandt mit der Bitte, er solle am Freitag in ihrer Moschee erscheinen. Die kumykischen Fürsten aber, die in Tasch-Kitschu wohnten, waren mit Hadschi Murat verfeindet und lebten in Blutrache mit ihm. Als sie nun von der Einladung hörten, erklärten sie dem Volke, daß sie Hadschi Murat nie gestatten würden, die Moschee zu betreten. Darob ward das Volk erregt, und es kam zu heftigen Reibereien zwischen ihm und den Anhängern der Fürsten. Die russischen Behörden mußten schließlich eingreifen, um die Bergbewohner zu beschwichtigen, und sie ließen Hadschi Murat sagen, daß er nicht nach der Moschee reiten solle.

Hadschi Murat war auch wirklich nicht hingeritten, und alle dachten, daß die Angelegenheit damit erledigt sei.

Im Augenblick jedoch, da Hadschi Murat jetzt auf die Treppe hinaustrat und eben daran dachte, sein bereitstehendes Roß zu besteigen, kam der kumykische Fürst Arslan-Khan, der sowohl Butler wie dem Major persönlich bekannt war, auf das Haus zugeritten.

Als er Hadschi Murat erblickte, zog er die Pistole aus dem Gürtel und richtete sie auf Hadschi Murat. Kaum aber hatte Arslan-Khan den Arm erhoben, als Hadschi Murat trotz seines lahmen Beines mit der Behendigkeit einer Katze von der Treppe niederglitt und sich auf Arslan-Khan warf. Dieser schoß die Pistole ab, traf jedoch nicht. Hadschi Murat hatte mit der einen Hand den Zügel seines Pferdes gepackt, zog mit der anderen seinen Dolch hervor und rief dem Gegner irgend etwas in tatarischer Sprache zu.

Butler und Eldar eilten sogleich auf die beiden Streitenden zu und faßten sie bei den Armen. Auf den Schuß hin war auch der Major erschienen.

»Arslan, was fällt dir ein, in meinem Hause eine solche Schändlichkeit zu begehen?«, rief er, als er vernahm, um was es sich handelte. »Das ist schlecht von dir, Bruder. Draußen, im Freien, könnt ihr tun, was ihr wollt, hier aber verbitte ich mir derartige Räuberstücke.«

Arslan-Khan, ein winzig kleines Kerlchen mit schwarzem Schnurrbart, war ganz bleich und zitternd vom Pferde gestiegen, blickte voll Haß auf Hadschi Murat und ging dann mit dem Major in dessen Zimmer, während Hadschi Murat sich, schwer atmend, doch dabei lächelnd, zu den Pferden begab.

»Warum wollte er dich töten?«, fragte Butler ihn durch den Dolmetscher.

»Er sagt, es herrsche bei ihnen solch ein Gesetz«, übersetzte ihm der Dolmetscher Hadschi Murats Worte. »Arslan hat noch eine Blutschuld an ihm zu rächen und wollte ihn deshalb töten.«

»Und wenn er ihn jetzt unterwegs überfällt?«, fragte Butler.

Hadschi Murat lächelte.

»Wenn er mich tötet, so war es Allahs Wille. Nun, leb wohl«, sagte er wiederum auf russisch, faßte nach dem Rist des Pferdes und ließ noch einmal seinen Blick über alle, die ihm das Geleit gaben, gleiten, wobei er Marja Dmitrijewna besonders freundlich ansah.

»Leb wohl, Mütterchen«, sagte er zu ihr, »hab Dank!«

»Wollte Gott, daß du die Deinigen befreien könntest«, sprach Marja Dmitrijewna nochmals.

Er verstand ihre Worte nicht, wohl aber fühlte und verstand er ihre Teilnahme und nickte ihr freundlich zu.

»Vergiß deinen Kunak hier nicht«, sagte Butler.

»Sag ihm, daß ich treue Freundschaft zu halten weiß und ihn nie vergessen werde«, ließ er ihm durch den Dolmetscher sagen. Dann schwang er sich trotz seines lahmen Beines rasch und leicht in den hohen Sattel, befühlte nach alter Gewohnheit seine Pistole, schob den Säbel zurecht und ritt mit einem Schwung und Feuer davon, wie sie nur jenen Bewohnern der Berge eigen waren. Chanefi und Eldar hatten gleichfalls ihre Pferde bestiegen und trabten, nachdem sie sich verabschiedet hatten, hinter ihrem Murschid her.

Wie immer entspann sich unter den Zurückbleibenden ein Gespräch über den, der soeben davongeritten war.

»Ein ganzer Kerl ist er doch«, sagte einer der Offiziere, »wie ein Wolf schoß er auf Arslan-Khan los, ganz verwandelt war sein Gesicht.«

»Er wird uns schön anführen«, meinte Petrowskij, »ich halte ihn für einen großen Schelm.«

»Wollte Gott, daß es unter euch Russen recht viele solche Schelme gäbe«, mischte sich plötzlich Marja Dmitrijewna unwillig ins Gespräch. »Eine ganze Woche hat er hier bei uns gelebt, und niemand hat etwas anderes als nur Gutes von ihm erfahren. Ein umgänglicher, kluger, gerechter Mensch ist er.«

»Hm – woher wissen Sie denn das?«

»Ich weiß es eben.«

»Hast dich wohl in ihn vergafft?«, sagte der Major, der eben ins Zimmer zurückgekehrt war. »Es scheint mir wirklich so!«

»Und wenn ich mich vergafft habe – was geht das jemanden an? Man soll einem guten Menschen nichts Böses nachreden. Wenn er auch ein Tatar ist, so ist er darum doch ein guter Mensch.«

»Sehr richtig, Maria Dmitrijewna«, sagte Butler. »Es ist brav von Ihnen, daß Sie für ihn so tapfer eingetreten sind.«

XXI

In den vorgeschobenen Festungen der tschetschenzischen Linie ging das Leben seinen hergebrachten Gang. Zweimal noch war seit dem letzten Überfall in Wosdwishenskoje die Garnison alarmiert worden, und jedesmal waren die Kompagnien wie auch die Milizen hinausgestürmt, doch waren die Bergbewohner, die sich bis an die Festung herangewagt hatten, beide Male entkommen, das eine Mal unter Mitnahme von acht Kosakenpferden, die sie an der Tränke erbeutet hatten. Auch ein Kosak war bei dieser Gelegenheit gefallen. Neue Überfälle waren, seit jenes Tschetschenendorf zerstört worden war, nicht mehr unternommen worden. Es wurde jedoch eine umfangreiche Expedition nach der großen Tschetschnja geplant, die der neue Befehlshaber des linken Flügels, Fürst Barjatinskij, leiten sollte.

Fürst Barjatinskij, ein Freund des Thronfolgers, der früher das Kabardinische Regiment kommandiert hatte, war sogleich nach seiner Ernennung zum Oberstkommandierenden des gesamten linken Flügels, kaum daß er in Grosnaja angekommen, zur Ausrüstung einer Heeresabteilung geschritten, die den in dem Briefwechsel zwischen Tschernyschew und Woronzow erwähnten Kriegsplan des Kaisers der Verwirklichung näherbringen sollte. Die in Wosdwishenskoje versammelte Abteilung hatte bereits die Festung verlassen und die ihr zugewiesene Position bezogen. Die Truppen standen in der Nähe der Kura-Festung und schlugen daselbst den Wald.

Der junge Woronzow bewohnte ein prächtiges Tuchzelt, und seine Gattin Marja Wassiljewna kam häufig ins Lager und nächtigte daselbst. Ihre Beziehungen zu Barjatinskij waren für niemanden ein Geheimnis, und die Offiziere und Soldaten schalten nicht wenig auf sie, weil sie jedesmal, sobald die Fürstin im Lager erschien, auf weit vorgeschobene Nachtposten geschickt wurden. Die Bergbewohner pflegten häufig in der Nacht aus ihren Geschützen das Lager zu beschießen. Die Geschosse blieben zu allermeist wirkungslos, und daher wurde in der Regel auch nichts zur Abwehr unternommen; aber das Geschützfeuer des Feindes konnte Marja Wassiljewna beunruhigen, und das eben sollten die ausgestellten Nachtposten verhindern. Die Soldaten sahen etwas Kränkendes und Unwürdiges in diesem nächtlichen Dienst, der nur den Zweck hatte, die Ruhe einer Dame vor etwaigen Störungen zu bewahren. So manches herbe Wort fiel daher über Marja Wassiljewna aus dem Mund der Soldaten und der nicht zu dem engeren Kreis der Höflinge zugelassenen Offiziere.

Bei dieser Kolonne nun fand sich eines Tages auch Butler ein, der sich aus seiner Festung hatte beurlauben lassen, um die alten Kameraden vom Pagenkorps zu begrüßen, die jetzt im Kura-Regiment als Adjutanten und Ordonnanzoffiziere Dienst taten. Er hatte in Poltorazkijs Zelt ein Unterkommen gefunden und dort eine ganze Anzahl von Bekannten angetroffen, die ihn freudig willkommen hießen. Er hatte auch Woronzow seine Aufwartung gemacht, mit dem er kurze Zeit beim Regiment zusammen gestanden hatte. Woronzow hatte ihn sehr freundlich aufgenommen, machte ihn mit dem Fürsten Barjatinskij bekannt und lud ihn zu dem Abschiedsmahle ein, das er dem Vorgänger Barjatinskijs, General Koslowskij, zu Ehren veranstaltete.

Das Abschiedsmahl gestaltete sich zu einer höchst solennen Feier. Eine ganze Reihe von Zelten war herangebracht und aufgestellt worden. Die mit kostbarem Speisegeschirr und ganzen Flaschenbatterien bedeckte Festtafel zog sich weithin an der Zeltreihe entlang. Alles erinnerte an das opulente Treiben der Petersburger Garde. Um zwei Uhr setzte man sich zu Tisch. In der Mitte der Tafel saßen auf der einen Seite Koslowskij, auf der anderen Barjatinskij. Rechts von Koslowskij saß der junge Woronzow, links seine Gattin. Zu beiden Seiten der Tafel waren die Offiziere des Kabardinischen und des Kura-Regiments verteilt. Butler saß neben Poltorazkij, beide plauderten vergnügt und tranken mit den ihnen zunächst sitzenden Offizieren. Als man beim Braten angelangt war, schenkten die Burschen die Champagnerkelche voll. Poltorazkij sagte mit aufrichtiger Angst und Teilnahme zu Butler:

»Jetzt wird unser guter ›Hm‹ sich einmal gründlich blamieren.«

»Wieso denn?«

»Er soll eine Rede halten. Was kann der arme Mann wohl vorbringen? Ja, Bruder, das ist nicht so leicht wie im Kugelregen die feindlichen Verhaue nehmen! Noch dazu in Gegenwart einer Dame und dieser Herren vom Hofe! Er tut mir wirklich herzlich leid«, meinte gutmütig der eine Offizier zum anderen.

Doch nun kam der feierliche Augenblick. Barjatinskij stand von seinem Platz auf, erhob den Pokal, wandte sich zu Koslowskij hin und hielt eine kurze Rede. Als Barjatinskij geendet hatte, erhob sich Koslowskij und begann schwer ächzend:

»Nach dem Allerhöchsten Willen Seiner Majestät verlasse ich Sie und nehme von Ihnen, hm, Abschied, meine Herren Offiziere«, sagte er. »Aber betrachten Sie mich stets als einen der Ihrigen … Sie alle, meine Herren, hm, kennen die Wahrheit des Wortes: ›Im Felde macht's einer nicht allein, es müssen alle beisammen sein.‹ Darum verdanke ich auch alles, womit ich im Dienst belohnt worden bin, hm … alle Gnaden, mit denen ich überschüttet worden bin … alle Gunstbeweise, hm, meines Kaiserlichen Herrn … und meine ganze Stellung … und meinen guten Namen, hm … und alles, alles mit einem Wort … verdanke ich, hm …«, hier begann seine Stimme zu zittern, »verdanke ich einzig und allein Ihnen, meine Freunde!« Sein runzeliges Gesicht wurde noch runzeliger, und er schluchzte auf, und die Tränen traten ihm in die Augen. »Von ganzem Herzen, hm, spreche ich Ihnen, meine Herren, meinen aufrichtigen Dank und meine herzliche Anerkennung aus.«

Koslowskij konnte nicht weitersprechen, sondern begann die Offiziere, einen nach dem anderen, zu umarmen. Die Fürstin barg ihr Gesicht in ihrem Taschentuch, und der junge Fürst Woronzow verzog den Mund und blinkerte mit den Augen. Viele von den Offizieren begannen zu weinen. Auch Butler, der den alten Koslowskij im übrigen nur wenig kannte, konnte sich der Tränen nicht enthalten. Alles das gefiel ihm ganz außerordentlich. Dann begannen die Toaste auf Barjatinskij, auf die Offiziere, die Soldaten, und die Gäste verließen die Tafel trunken vom Wein und von kriegerischer Begeisterung.

Das Wetter war herrlich, so sonnig und still, nur eine ganz leichte, erquickende Brise wehte. Überall knisterten die Lagerfeuer, erklangen fröhliche Lieder. Alles war in festlicher Stimmung. Butler war ganz glücklich, ganz aufgelöst vor Rührung und begab sich in dieser Stimmung zu Poltorazkij. Hier hatten sich die Offiziere versammelt, der Spieltisch wurde aufgestellt, und der Adjutant legte eine Bank von hundert Rubeln auf. Zweimal verließ Butler, seinen Geldbeutel krampfhaft in der Hosentasche festhaltend, das Zelt; aber obschon er sich selbst und seinen Brüdern das Wort gegeben hatte, nie wieder zu spielen, hielt er es schließlich nicht mehr aus und begann zu setzen. Noch keine Stunde war vergangen, als er, ganz rot, in Schweiß gebadet und mit Kreide beschmutzt, beide Ellbogen auf den Tisch stützend, dasaß und ins Blaue hinein Summen auf Summen setzte, die er nicht besaß. Er notierte jeden Satz, immer größer wurde der Verlust, und er fürchtete sich schon, alles zusammenzuzählen. Er wußte, daß, wenn er selbst den größten zulässigen Vorschuß auf sein Gehalt und das Konto seines Pferdes entnahm, er doch nicht imstande war, seine Spielschuld an den ihm unbekannten Adjutanten zu bezahlen. Er hätte noch immer weitergespielt, aber der Adjutant legte mit strenger Miene die Karten aus den sauberen weißen Händen und begann die angekreideten Zahlenreihen, die Butlers Verluste angaben, zusammenzuzählen. Butler entschuldigte sich ganz verwirrt, daß er nicht sogleich alles, was er verloren, bezahlen könne, und sagte, er wolle das Geld von Hause aus schicken. Als er das sagte, merkte er, daß er den anderen leid tat und daß alle, selbst Poltorazkij, seinem Blick auswichen. Es sollte diesmal wirklich das letzte Mal sein. Wie schön wäre es doch gewesen, dachte er, wenn er, statt zu spielen, zu Woronzow gegangen wäre, wohin er ja eingeladen war. Jetzt aber war es nicht nur nicht schön, sondern geradezu entsetzlich. Er nahm Abschied von den Freunden und Bekannten und ritt nach Hause.

Kaum in seinem Quartier angekommen, legte er sich schlafen und schlief achtzehn Stunden hintereinander, so fest und tief, wie man nur nach großen Spielverlusten zu schlafen pflegt. Marja Dmitrijewna hatte es ihm sogleich angesehen, daß er im Spiel verloren hatte: sie sah es an seiner trübseligen Miene, seinen kurzen Antworten und auch daran, daß er sich von ihr einen halben Rubel borgte, den er dem Kosaken, der ihn begleitet hatte, als Trinkgeld gab. Sie schob die ganze Sache auf Iwan Matwejewitsch, dem sie ganz gehörig den Kopf wusch, weil er Butler überhaupt fortgelassen hatte.

Als Butler am nächsten Tag gegen Mittag erwachte und sich seine Lage vergegenwärtigte, wäre er am liebsten wieder in den Zustand des Vergessens zurückgesunken, aus dem er soeben erwacht war. Doch war dies unmöglich, und so mußte er überlegen, wie er vierhundertundsiebzig Rubel, die er jenem fremden Menschen schuldig war, bezahlen könnte. Er schrieb zunächst an seinen Bruder, berichtete reuig seine Sünden und bat ihn, ihm zum letztenmal fünfhundert Rubel zu schicken, er solle sie auf die Mühle verrechnen, die ihnen noch gemeinsam gehörte. Dann schrieb er an eine Verwandte, eine sehr geizige Dame, und bat sie, ihm zu jedem beliebigen Zinsfuße die fünfhundert Rubel zu leihen. Und endlich sprach er bei Iwan Matwejewitsch vor – er wußte, daß dieser, oder vielmehr Marja Dmitrijewna, einiges Geld besaß – und bat ihn, ihm fünfhundert Rubel vorzuschießen.

»Von Herzen gern«, sagte der Major, »sofort würde ich sie dir geben, aber Maschka rückt damit nicht heraus. Diese Weiber sind ja so habgierig, der Teufel soll sie holen. Aber du mußt dich entschieden aus der Sache herauswickeln, weiß der Teufel! Vielleicht sprichst du mal mit dem Kerl, dem Marketender?«

Doch auch mit dem Marketender war nichts zu machen, und so mußte Butler schon warten, ob ihm von seinem Bruder oder von der geizigen Verwandten Rettung kam.

XXII

Hadschi Murat hatte in der Tschtschnja seinen Zweck nicht erreicht. Er war nach Tiflis zurückgekehrt und fand sich nun jeden Tag beim Statthalter Woronzow ein. Nicht immer wurde er zur Audienz zugelassen, geschah es jedoch, dann beschwor er den Statthalter, doch soviel wie möglich von den gefangenen Bergbewohnern zu sammeln und gegen seine in Schamils Gewalt befindliche Familie einzutauschen. Er sagte, er fühle sich gebunden, solange dies nicht geschehen sei, und könne, sosehr er dies auch wünsche, den Russen nicht eher bei der Vernichtung Schamils helfen. Woronzow hielt ihn mit unbestimmten Zusagen hin und sagte, er wolle tun, was in seinen Kräften liege, doch schob er die Sache immer wieder hinaus und meinte schließlich, eine endgültige Entscheidung könne er erst treffen, sobald General Argutinskij nach Tiflis gekommen wäre, mit dem er die Angelegenheit unbedingt besprechen müsse. Da bat Hadschi Murat den Statthalter, er möchte ihm gestatten, sich nach Nucha, einem kleinen Städtchen in Transkaukasien, zu begeben, von wo aus er die Unterhandlungen mit Schamil wegen der Befreiung der Seinigen leichter führen könne. Außerdem sei in dem mohammedanischen Nucha eine Moschee vorhanden, in der er die ihm von seiner Religion vorgeschriebenen Gebete bequemer verrichten könne. Woronzow berichtete hierüber nach Petersburg und gestattete vorläufig Hadschi Murat auf seine eigene Verantwortung, sich nach Nucha zu begeben.

Für Woronzow, für die Petersburger Behörden, für alle Russen überhaupt, soweit sie Hadschi Murats Geschichte kannten, bedeutete diese ganze Angelegenheit eine glückliche Wendung im Kaukasuskriege oder einfach einen interessanten Zwischenfall. Für Hadschi Murat dagegen gestaltete sie sich, zumal in der letzten Zeit, zu einer furchtbaren Katastrophe in seinem Leben. Er war aus den Bergen geflohen, teils um sich selbst zu retten, teils aus Haß gegen Schamil, an dem er sich mit Hilfe der Russen zu rächen hoffte. Welche Schwierigkeiten sich auch seiner Flucht entgegengestellt hatten, sie war doch schließlich gelungen. Anfänglich freute er sich über diesen Erfolg und dachte allen Ernstes daran, im Verein mit den Russen Schamil zu überfallen und zu vernichten. Bald aber stellte sich heraus, daß die Befreiung seiner Familie, die sich weit schwieriger gestaltete, als er angenommen hatte, ihn bei der Ausführung seiner Pläne schwer behinderte. Schamil hatte sich der Seinigen so bemächtigt, hielt sie gefangen und drohte, sie in die Dörfer zu verteilen und seinen Sohn zu blenden oder zu töten. Wenn Hadschi Murat sich jetzt nach Nucha begab, so geschah es vor allem in der Absicht, unter Beihilfe seiner Anhänger in Daghestan mit List oder mit Gewalt seine Familie dem Todfeind zu entreißen. Der letzte Bote, der bei ihm in Nucha gewesen, hatte ihm berichtet, daß die ihm ergebenen Awaren bereit seien, seine Familie zu entführen und mit ihr zugleich zu den Russen überzugehen, doch sei die Zahl derjenigen, die sich an der Ausführung dieses Planes beteiligen wollten, noch zu gering. Vor allem könnten sie sich nicht entschließen, die Frauen und Kinder Hadschi Murats aus dem wohlbewachten Ort, an dem sie sich jetzt befanden, zu entführen, sie wollten es erst tun, wenn sie an einen anderen Ort übergeführt würden, und zwar gerade während der Überführung. Hadschi Murat ließ seinerseits den Freunden sagen, er setze für die Befreiung seiner Familie eine Belohnung von dreitausend Rubeln aus.

In Nucha hatte man Hadschi Murat ein kleines Haus mit fünf Zimmern angewiesen, das in der Nähe der Moschee und des Palastes der Khane lag. Er wohnte in diesem Hause mit dem ihm beigegebenen Offizier, einem Dolmetscher und seinen Muriden zusammen, zu denen sich noch Bata gesellt hatte. Die Erwartung der kommenden Dinge, die Verhandlung mit den Boten aus dem Gebirge und die ihm gestatteten Spazierritte in der Umgebung füllten Hadschi Murats Zeit in diesen Wochen aus.

Als er am 8. April von einem Spazierritt heimkehrte, vernahm er, daß in seiner Abwesenheit ein Beamter Woronzows aus Tiflis angekommen sei. So gespannt er auch war, zu erfahren, was für Nachrichten der Beamte ihm gebracht haben möchte, so konnte er doch nicht umhin, bevor er ihn sah, in seinem Zimmer das Mittagsgebet zu verrichten. Dann erst begab er sich nach dem zugleich als Wohn- und Empfangszimmer dienenden Raum, in dem der Tifliser Beamte mit dem Kommissar ihn erwartete. Der Beamte, ein Staatsrat Kirillow, überbrachte Hadschi Murat den Wunsch des Statthalters, er möchte sich am Zwölften des Monats zu einer Besprechung mit Argutinskij in Tiflis einfinden.

»Jakschi«,[1] sagte Hadschi Murat unwirsch.

Der Beamte Kirillow mißfiel ihm ganz entschieden.

»Hast du das Geld mitgebracht?«

»Ich habe es mit«, sagte Kirillow.

»Es ist jetzt für vierzehn Tage zu zahlen«, sprach Hadschi Murat, die Zahl vierzehn mit den Fingern andeutend. »Gib her!«

»Gleich sollst du es haben«, sagte der Beamte und holte einen Beutel aus seiner Reisetasche hervor. »Wozu braucht er eigentlich Geld?«, meinte er auf russisch zu dem mitanwesenden Kommissar, in der Meinung, daß Hadschi Murat ihn nicht verstehe. Hadschi Murat aber verstand, was er sagte, und warf ihm einen grimmigen Blick zu. Kirillow suchte, während er das Geld aufzählte, ein Gespräch mit Hadschi Murat anzuknüpfen, um nach seiner Rückkehr dem Statthalter recht viel Neues von ihm erzählen zu können. Er ließ ihn durch den Dolmetscher fragen, ob er sich in Nucha nicht langweile. Hadschi Murat sah den dicken, kleinen Mann im Beamtenrock, ohne Degen, verächtlich von der Seite an und gab keine Antwort. Der Dolmetscher wiederholte Kirillows Frage.

»Sag ihm, ich will nicht mit ihm sprechen, er soll nur das Geld bezahlen«, sprach er und setzte sich an den Tisch, um das Geld nachzuzählen.

Hadschi Murat erhielt fünf Goldstücke täglich, und Kirillow hatte ihm sieben Rollen zu je zehn Goldstücken hingelegt. Hadschi Murat schüttete das aus den Rollen genommene Gold in den Ärmel seiner Tscherkeßka, erhob sich dann plötzlich, gab dem Beamten einen kräftigen Klaps auf die Schulter und wollte in sein Zimmer gehen. Der Staatsrat sprang auf und ließ ihm durch den Dolmetscher

[1] (tart.) »Meinetwegen.«

sagen, er dürfe sich solche Späße nicht herausnehmen, da er es mit jemandem zu tun habe, der den Rang eines Generals besitze. Der Kommissar beeilte sich, dies zu bestätigen, doch Hadschi Murat begnügte sich, mit dem Kopf zu nicken, zum Zeichen, daß ihm diese Tatsache wohlbekannt sei, und ging trotzdem hinaus.

»Was soll man mit ihm schon machen«, sagte der Kommissar. »Ehe man sich's versieht, versetzt er einem eins mit dem Dolch. Mit diesem Burschen ist nicht zu spaßen. Es scheint, daß er schon ungeduldig wird.«

Als es dunkel wurde, kamen aus den Bergen zwei bis an die Augen in ihren Baschliks steckende Boten. Der Kommissar führte sie in Hadschi Murats Zimmer. Einer der Boten war ein wohlbeleibter, schwarzer Tawliner, der andere ein hagerer, alter Mann. Die Nachrichten, die sie Hadschi Murat brachten, waren nicht erfreulich. Die Freunde, die die Rettung seiner Familie hatten ins Werk setzen wollen, sandten ihm eine runde Absage – sie fürchteten sich vor Schamil, der allen denjenigen, die es mit Hadschi Murat hielten, die furchtbarsten Strafen androhte. Nachdem Hadschi Murat den Bericht der Boten vernommen, stützte er die Ellbogen auf die untergeschlagenen Beine, ließ den mit der Lammfellmütze bedeckten Kopf sinken und schwieg eine ganze Weile. Er sann und sann, um zu einem Entschluß zu kommen. Er wußte, daß ihm zum Überlegen keine Zeit mehr blieb, daß er unbedingt jetzt eine Entscheidung treffen mußte. Er hob den Kopf empor, zog zwei Goldstücke heraus, gab jedem der Boten eins davon und sagte kurz: »Ihr könnt gehen.«

»Welche Antwort sollen wir überbringen?«

»Die Antwort, die Gott gibt. Nun geht!«

Die Boten erhoben sich und gingen. Hadschi Murat aber blieb, die Ellbogen auf die Knie gestützt, noch eine ganze Weile, in Nachdenken versunken, sitzen.

›Was soll ich tun? Soll ich Schamil Glauben schenken und zu ihm zurückkehren?‹ dachte Hadschi Murat. ›Er ist ein Fuchs, er wird mich betrügen. Und wenn er mich auch nicht betrügt, so kann ich mich doch diesem rothaarigen Betrüger nicht unterwerfen. Ich kann es darum nicht, weil er jetzt, nachdem ich bei den Russen gewesen bin, mir nicht mehr trauen wird.‹

Ein tawlinisches Märchen fiel ihm ein – von dem Falken, der gefangen gewesen war, bei den Menschen gelebt hatte und dann wieder in seine Berge zu den Falken zurückkehrte. Wohl war er zurückgekehrt – aber er hatte die Fesseln und Schellen noch an den Füßen, die er in der Gefangenschaft getragen. Und die Falken wollten nichts von ihm wissen. »Flieg dahin zurück, wo man dir die silbernen Schellen angelegt hat, bei uns trägt man weder Schellen noch Fesseln.« Der Falke aber wollte durchaus in der Heimat bleiben. Da fielen die anderen Falken über ihn her und hackten so lange mit den Schnäbeln auf ihn ein, bis er tot war.

›So werden sie auch mich tothacken‹, dachte Hadschi Murat.

›Soll ich nicht lieber hierbleiben, nicht lieber dem russischen Zaren helfen, den Kaukasus zu unterwerfen und damit Ruhm, Ehrenstellen und Reichtum erwerben? Das wäre kein übles Ziel‹, sagte er sich, und die freundlichen Worte des Statthalters fielen ihm ein.

›Doch dann heißt es einen raschen Entschluß fassen, sonst sind die Meinigen verloren.‹

Die ganze Nacht verbrachte Hadschi Murat schlaflos und sann und sann.

XXIII

Um die Mitte der Nacht hatte er seinen Entschluß gefaßt. Er hatte sich dahin entschieden, daß er in die Berge fliehen, mit den ihm ergebenen Awaren in Schamils Residenz einfallen und entweder untergehen oder die Seinigen befreien müsse. Ob er mit ihnen zu den Russen zurückkehren oder nach Chunsach gehen und unter Schamils Fahnen kämpfen würde, wollte er noch nicht entscheiden. Er wußte nur, daß er jetzt gleich die Russen verlassen und in die Berge fliehen müsse. Und er traf sogleich alle Vorkehrungen, um seinen Entschluß zur Ausführung zu bringen. Er zog seinen schwarzen, wattierten Beschmet unter dem Kissen hervor und begab sich nach dem Zimmer, in dem seine Muriden untergebracht waren. Es war durch den Hausflur von seinem Zimmer getrennt. Als er in den Hausflur trat, verspürte er die Kühle der taufrischen Mondnacht, die durch die offene Haustür hereinströmte, und vernahm das Trillern und Flöten der Nachtigallen in dem an das Haus anstoßenden Garten.

Er durchschritt den Hausflur und öffnete die Tür nach dem Zimmer der Muriden. Es war kein Licht darin, nur die Sichel des zunehmenden Mondes warf ihren silbernen Schein ins Zimmer. Der Tisch und die beiden Stuhle waren zur Seite gerückt, und vier der Muriden lagen auf Teppichen und Filzmänteln hingestreckt da. Chanefi schlief draußen bei den Pferden. Als Hamsalo das Knarren der Tür vernahm, richtete er sich auf, sah Hadschi Murat groß an und legte sich, als er ihn erkannt hatte, wieder hin. Eldar hingegen, der neben ihm lag, sprang auf und begann in Erwartung eines Befehls seinen Beschmet anzuziehen.

Khan Mahoma und Bata schliefen. Hadschi Murat legte seinen Beschmet auf den Tisch. Ein Geräusch, wie wenn ein fester Gegenstand dumpf aufschlüge, ließ sich vernehmen – es rührte von dem Golde her, das in den Beschmet eingenäht war.

»Näh auch das da noch ein«, sagte Hadschi Murat zu Eldar und reichte ihm die Goldstücke, die ihm Kirillow gebracht hatte. Eldar nahm das Gold und den Beschmet, ging an das vom Mondlicht erhellte Fenster, zog sein kleines Messer unter dem Dolch hervor und begann das Futter des Beschmets aufzutrennen. Hamsalo hatte sich gleichfalls wieder erhoben und saß mit gekreuzten Beinen da.

»Und du, Hamsalo, sag unseren Jungen, sie sollen ihre Gewehre und Pistolen nachsehen und sich Patronen in Vorrat zurechtmachen. Morgen treten wir einen langen Marsch an«, sagte Hadschi Murat.

»Kugeln und Pulver sind da, alles wird bereit sein«, sagte Hamsalo und stieß einen unverständlichen Laut aus. Hamsalo begriff, weshalb

Hadschi Murat alle diese Vorbereitungen treffen ließ. Er hatte von Anfang an nur den einen Wunsch gehabt, der mit der Zeit in ihm immer stärker und stärker geworden war: recht viele von diesen russischen Hunden niederzuschlagen und niederzustechen und dann wieder in die Berge zu fliehen. Jetzt sah er, daß auch Hadschi Murat nichts anderes wollte, und er war zufrieden.

Als Hadschi Murat hinausgegangen war, weckte Hamsalo die Gefährten, und alle vier brachten nun den Rest der Nacht damit zu, ihre Büchsen, Pistolen und Feuersteine nachzusehen, die unbrauchbaren gegen neue umzutauschen, frisches Pulver auf die Pfannen zu schütten, die Patronenhülsen, die sie vorn an der Tscherkeßka befestigt hatten, mit der nötigen Pulvermenge zu füllen und mit den in ölige Läppchen gewickelten Kugeln zu verstopfen, die Säbel und Dolche zu schleifen und die Klingen einzuölen.

Bevor noch der Tag anbrach, trat Hadschi Murat wieder in den Hausflur, um Wasser zu seinen Waschungen zu holen. Noch heller und lauter klang jetzt, vor Tagesanbruch, das süße Lied der Nachtigallen an sein Ohr. Aus der Stube der Muriden vernahm er den halb zischenden, halb kratzenden Laut, den das Wetzen der Dolche auf dem Stein hervorbrachte. Hadschi Murat hatte bereits Wasser aus der Tonne geschöpft und näherte sich wieder der Tür seines Zimmers, als er aus der Stube der Muriden plötzlich leisen Gesang vernahm: Chanefi war es, der ein Hadschi Murat bekanntes Lied angestimmt hatte. Er blieb stehen und lauschte.

In dem Lied ward erzählt, wie der Dshigit Hamsat mit seinen tapferen Genossen eine Herde weißer Rosse bei den Russen geraubt, wie der Russenfürst sie jenseits des Terek eingeholt und mit seinen Kriegern, die so zahllos waren wie die Bäume des Waldes, umzingelt habe. Das Lied schilderte weiter, wie Hamsat die Pferde getötet und wie er und seine Genossen hinter dem blutigen Wall, den sie aus den Pferdeleibern gebildet, sich so lange gegen die Russen gewehrt hätten, als sie noch eine Kugel im Lauf und den Dolch am Gürtel und Blut in ihren Adern gehabt hätten. Und bevor Hamsat gestorben, habe er eine Vogelschar oben am Himmel erblickt und den gefiederten Boten zugerufen: »Fliegt hin, ihr lieben Vögel, fliegt nach unseren Häusern und sagt unseren Schwestern und Müttern und unsern weißen Mädchen, daß wir alle für das Chasawat gestorben sind. Sagt ihnen, daß unsere Leiber nicht in Gräbern liegen werden, sondern daß gierige Wölfe unsere Glieder verschleppen und benagen und schwarze Raben uns die Augen aus den Höhlen hacken werden.«

Damit endete das Lied, dessen letzte, melancholisch klingende Worte auch der muntere Bata mitgesungen und um ein laut hinausgeschmettertes »La illacha il allah« erweitert hatte. Dann war alles still geworden, und Hadschi Murat vernahm wieder nur das Flöten der Nachtigallen und das Wetzen der Dolche hinter der Tür.

Er war so in Gedanken versunken, daß er gar nicht bemerkte, wie der Wasserkrug sich überneigte und das Wasser aus ihm überfloß. Er schüttelte über sich selbst den Kopf und begab sich in sein Zimmer.

Nachdem er das Morgengebet verrichtet, untersuchte er seine Waffen und setzte sich dann auf sein Lager. Alle Vorbereitungen waren getroffen. Wollte er ausreiten, dann mußte er den Kommissar um Erlaubnis fragen. Es war jedoch noch dunkel, und der Kommissar schlief wohl noch.

Chanefis Lied hatte Hadschi Murat an jenes andere Lied erinnert, das seine Mutter dereinst gedichtet hatte. Das Lied erzählte von einem Vorfall, der sich damals, als Hadschi Murat eben erst geboren war, wirklich zugetragen hatte; seine Mutter hatte ihm davon erzählt.

Das Lied lautete so:

»Dein stählerner Dolch zerriß meinen weißen Körper, ich aber legte mein Sonnenkind, meinen Knaben, an meine Wunde, wusch ihn mit meinem heißen Blute, und die Wunde vernarbte ohne Kräuter und Wurzeln. Ich habe den Tod nicht gefürchtet, und auch er, mein Sohn, mein Dshigit, wird ihn nicht fürchten.«

Die Worte dieses Liedes waren an den Vater Hadschi Murats gerichtet und hatten folgenden Sinn: Als Hadschi Murat geboren wurde, brachte auch die Frau des Khans ihren zweiten Sohn, Umma-Khan, zur Welt. Als Amme wollte sie die Mutter Hadschi Murats haben, die schon ihren ältesten Sohn, Abununzal, genährt hatte. Aber Patimat weigerte sich, ihr Kind zu verlassen, und sagte, daß sie nicht gehen werde. Der Vater Hadschi Murats wurde böse und befahl es ihr. Als sie sich abermals weigerte, stach er mit dem Dolch nach ihr und hätte sie sicher getötet, wenn man sie nicht fortgerissen hätte. So behielt sie denn ihr Kind und nährte es und dichtete darauf ein Lied.

Hadschi Murat erinnerte sich seiner Mutter, wie sie ihn auf dem Dach neben sich unter einem Pelz schlafen gelegt hatte und ihm dieses Lied sang und er sie gebeten hatte, ihm die Narbe an der Hüfte zu zeigen. Als ob sie lebe, sah er sie vor sich – nicht die runzelige, grauhaarige Patimat mit den Zahnlücken, als die er sie jetzt zurückgelassen hatte, sondern jung, schön und so stark, daß sie, als er bereits fünf Jahre zählte und schwer war, ihn in einem Korbe auf dem Rücken über die Berge zum Großvater getragen hatte. Und er gedachte auch des runzeligen, graubärtigen Großvaters, der mit seinen sehnigen Armen das Silber schmiedete und den Enkel die Gebete lehrte.

Er gedachte des Springbrunnens am Fuße des Berges, zu dem er mit der Mutter, sich an ihren Pumphosen festhaltend, nach Wasser gegangen war. Er gedachte des mageren Hundes, der ihm das Gesicht geleckt hatte, und des rauchigen Dunstes und säuerlichen Milchgeruchs, der die Luft erfüllte, wenn er mit der Mutter beim Melken der Kühe und beim Abkochen der Milch zugegen war. Er gedachte des Tages, da ihm zum erstenmal der Kopf rasiert worden war: wie er damals seinen runden, bläulich schimmernden Schädel in dem glänzenden Kupferbecken erblickt hatte und über sein Aussehen höchst verwundert war.

Und wie er so seiner eigenen Jugend gedachte, trat ihm auch sein geliebter Sohn Jussuf vor die Seele, dem er selbst zum erstenmal den Kopf rasiert hatte. Jetzt war dieser Jussuf schon ein stattlicher junger Dshigit. Er sah seinen Sohn so, wie er ihn zum letzten Male gesehen, das war an jenem Tag, da er sein Heimatdorf Zelmes verließ. Der Sohn hatte ihm sein Roß vorgeführt und ihn gebeten, mit ihm ziehen zu dürfen. Er war bereits angezogen und bewaffnet und hielt sein eigenes Roß am Zügel. Jussufs hübsches, rotwangiges Gesicht und seine ganze schlanke, stattliche Gestalt – er war größer als der Vater – strotzte nur so von Lebenslust, Mut und Jugendfrische. Die trotz seiner jungen Jahre bereits gutentwickelten, breiten Schultern, die wohlgebildeten, schlanken Hüften, die kräftigen Arme und die Gewandtheit und Sicherheit, die sich in allen Bewegungen des jugendlichen Körpers ausdrückten, waren stets die Augenweide und Freude des Vaters gewesen.

»Bleib lieber daheim«, hatte Hadschi Murat zu ihm gesagt. »Du bist jetzt der einzige Mann im Hause. Beschütze deine Mutter und deine Großmutter.«

Und Hadschi Murat gedachte jenes kühnen, stolzen Ausdrucks in Jussufs freudig errötendem Gesicht, als er zur Antwort gab, daß, solange er lebe, weder seiner Mutter noch seiner Großmutter ein Leid zugefügt werden solle. Er hatte sich aufs Pferd geschwungen und dem Vater bis zum Bach das Geleit gegeben; dann war er zurückgekehrt, und seither hatte Hadschi Murat weder Gattin noch Mutter noch Sohn gesehen.

Und diesen Sohn wollte Schamil jetzt des Augenlichts berauben. Daran, was der Schändliche seiner Gattin zugedacht, mochte Hadschi Murat gar nicht denken.

Diese Gedanken und Erinnerungen hatten Hadschi Murat so erregt, daß er nicht mehr ruhig dasitzen konnte. Er sprang auf, schritt mit seinem hinkenden Gange rasch nach der Tür, öffnete diese und rief Eldar herein. Die Sonne war noch nicht aufgegangen, doch war es bereits hell. Die Nachtigallen sangen noch immer.

»Geh, sag dem Kommissar, daß ich einen Spazierritt machen möchte, und sattelt eure Pferde«, sagte er.

XXIV

Butlers einziger Trost während dieser ganzen Zeit war die Kriegspoesie, der er sich nicht nur im Dienste, sondern auch außerhalb desselben, in seinem Privatleben, hingab. Mit Vorliebe trug er sein tscherkessisches Kostüm, tummelte nach Art der Dshigits sein Roß und legte sich mit Bogdanowitsch zweimal in den Hinterhalt, um die Feinde zu belauern – beide Male vergeblich, da ihnen niemand ins Garn ging. Die nähere Bekanntschaft und Freundschaft, die er mit dem tapferen Bogdanowitsch schloß, gab ihm in seinen eigenen Augen einen ganz besonderen kriegerischen Nimbus. Seine Spielschuld hatte er bezahlt, ein Jude hatte ihm gegen ungeheure Zinsen das Geld vorgestreckt. Er verhehlte sich nicht, daß dies nur ein Aufschub war, daß die drückende Verpflichtung bestehen blieb, doch bemühte er sich, nicht weiter über seine Lage nachzudenken, und soweit die Kriegspoesie ihn nicht über die Situation hinwegtäuschte, half er mit kaukasischem Rotwein nach. Er trank immer mehr und mehr und verlor mit jedem Tag mehr seinen sittlichen Halt. Was Marja Dmitrijewna betraf, so war er ihr gegenüber nicht mehr der keusche Josef, sondern machte ihr in ziemlich grober Weise den Hof, stieß jedoch zu seinem nicht geringen Erstaunen bei ihr auf einen recht energischen Widerstand und mußte beschämt von ihr ablassen.

Gegen Ende April traf in der Festung die Kolonne ein, die Barjatinskij für die neue Expedition nach der für undurchdringlich gehaltenen Tschetschnja bestimmt hatte. Zu der Kolonne gehörten auch zwei Kompagnien des Kabardinischen Regiments, die nach einer beim kaukasischen Heere eingeführten Sitte von den in der Kura-Festung liegenden Kompagnien als Gäste aufgenommen und bewirtet wurden. Die Soldaten der Kolonne begaben sich nach der Kaserne und wurden dort nicht nur mit einem aus Rindfleisch und Grütze bestehenden Abendbrot, sondern auch mit Branntwein bewirtet, während die Offiziere bei den Kameraden Quartier nahmen und nach gutem altem Brauch von diesen bewirtet wurden.

Das Ende vom Lied war ein großes Zechgelage, bei dem die Kompagniechöre ihre Lieder zum besten gaben. Major Petrow hatte einen so mächtigen Rausch, daß sein Gesicht nicht mehr rot, sondern blaßgrau aussah und er, rittlings auf einem Stuhle sitzend, laut schimpfend und lachend mit dem Säbel nach einem vermeintlichen Feinde schlug, zur Abwechslung die Kameraden umarmte und nach dem Takte seines Lieblingsliedes: »Schamil erhob sich gegen die Macht, in vergangenen Zeiten ... trai-rai-ratatai, in vergangenen Zeiten ...«, einen Tanz aufführte. Auch Butler war mit von der Gesellschaft und war bestrebt, auch in den Streichen des Majors ein Stück lustiger Kriegspoesie zu sehen, in seinem Innern jedoch tat ihm Petrow leid. Den Streichen des Majors Einhalt zu gebieten, war unmöglich, und so begab sich Butler, der auch selbst schon ein wenig benommen war, in aller Stille nach Hause.

Der Vollmond schien auf die kleinen weißen Häuser und die steinige Straße herab. Es war so hell, daß jeder Kiesel, jeder Strohhalm, jedes Stück Kuhdünger auf der Straße zu erkennen war. Als Butler sich dem Hause des Majors näherte, stieß er plötzlich auf Marja Dmitrijewna, die ein Tuch um Kopf und Hals geschlagen hatte und irgendwohin ging. Nach der Abweisung, die Butler bei ihr erfahren, schämte er sich ein klein wenig und wäre ihr am liebsten aus dem Weg gegangen. Aber der Mondschein und der Wein, den er getrunken, taten das ihrige, und so trat er, anscheinend sehr erfreut über die Begegnung, auf sie zu.

»Wohin denn so spät?«, fragte er in einschmeichelndem Tone.

»Ich will einmal nach meinem Alten sehen«, antwortete sie freundlich. So entschieden sie auch Butlers Bewerbungen abgelehnt hatte, so peinlich war es ihr doch wieder, daß er ihr in der letzten Zeit ganz aus dem Weg gegangen war.

»Was ist da groß nachzusehen? Er wird schon von selbst kommen.«

»Meinen Sie?«

»Wenn er nicht kommt, wird man ihn eben bringen.«

»Das ist's ja, was ich nicht möchte. Es ist immer so peinlich. Sie meinen, ich soll nicht hingehen?«, sagte Marja Dmitrijewna.

»Nein, gehen Sie nicht. Kommen Sie lieber mit nach Hause.«

Marja Dmitrijewna machte kehrt und ging mit Butler zurück. Der Mond schien so hell, daß Butler trotz des beschattenden Tuches ihr sympathisches Gesicht deutlich sehen konnte. Er schaute sie an und hätte ihr gern sagen mögen, wie sehr sie ihm noch immer gefalle, doch wußte er nicht, wie er sein Kompliment herausbringen sollte, ohne eine neue Abfuhr zu erleben. Sie wartete ihrerseits, was er wohl sagen würde, und so waren sie schweigend bis in die Nähe des Hauses gekommen, als plötzlich eine Abteilung Kosaken mit einem Offizier an der Spitze aus einer Seitengasse nach der Straße einbog.

»Wer kommt denn da noch so spät?«, sagte Marja Dmitrijewna und wich den Reitern zur Seite aus.

Der Mond schien diesen auf den Rücken, so daß sie den voranreitenden Offizier erst erkannte, als er ganz dicht neben ihnen war. Es war ein Leutnant Kamenew, der früher mit Major Petrow zusammen gedient hatte und von damals her mit Marja Dmitrijewna bekannt war.

»Pjotr Nikolajewitsch – sind Sie es?«, sprach sie den Offizier an.

»Ich selbst in eigener Person«, versetzte Kamenew. »Ah, Butler – guten Abend! Sie schlafen noch nicht, sondern promenieren hier mit Marja Dmitrijewna? Daß Ihnen der Major nur nicht auf den Kopf kommt! Wo steckt er denn?«

»Hören Sie denn nicht?«, sagte Marja Dmitrijewna und zeigte nach der Richtung, aus der sich das Dröhnen einer großen türkischen Trommel und lauter Liederklang vernehmen ließ. »Dort zechen sie wieder mal ganz gehörig.«

»Wer denn? Die hiesigen Herren?«

»Nicht die allein – es sind Gäste da, Kameraden aus Chasaw-Jurt.«

»Ah, da hab ich's ja gut getroffen. Ich muß den Major sprechen, nur einen Augenblick …«

»Was gibt's? Geschäfte?«, fragte Butler.

In diesem Augenblick waren sie ganz dicht am Hause des Majors angekommen.

»Heda, Tschichirjow!«, rief Kamenew einem seiner Kosaken zu, »komm doch mal heran!«

Einer der Donkosaken ritt aus der Reihe heraus und kam an die Offiziere heran. Er trug die Felduniform seines Truppenteils, hohe Stiefel, den Mantel und den Quersack hinterm Sattel.

»Hol das Ding mal heraus«, sagte Kamenew, während er vom Pferd stieg.

Der Kosak stieg gleichfalls ab und holte aus dem Quersack einen zweiten kleineren Sack hervor, in dem sich ein rundlicher Gegenstand befand. Kamenew nahm den Sack aus der Hand des Kosaken und steckte die Hand hinein.

»Wollen Sie es sehen? Erschrecken Sie aber nicht«, wandte er sich an Marja Dmitrijewna.

»Warum soll ich denn erschrecken?«, meinte sie.

»Da!«, sagte Kamenew, zog einen menschlichen Kopf aus dem Sack und hielt ihn gerade gegen das Mondlicht.

Es war ein glattrasierter Kopf, mit zwei Wulsten über den Augen und kurzgehaltenem schwarzem Barte. Das eine Auge stand offen, das andere war halb geschlossen; der blutige Schädel war von Säbelhieben zerhackt, und in den Nasenlöchern befand sich geronnenes schwarzes Blut. Um den Hals war ein blutiges Handtuch gewickelt. Trotz der Wunden, die auch das Gesicht entstellten, lag ein kindlich gutmütiger Ausdruck um die blauen Lippen.

Marja Dmitrijewna sah eine Weile hin, wandte sich dann um und ging, ohne ein Wort zu sagen, rasch in das Haus.

Butler vermochte seine Augen von dem grausigen Bild nicht abzuwenden: es war der Kopf Hadschi Murats, seines Freundes, mit dem er noch vor ganz kurzer Zeit die Abende in so freundschaftlichen Gesprächen verbracht hatte.

»Wie ist denn das gekommen? Wer hat ihn getötet?«, fragte er.

»Ausrücken wollte er, aber wir haben ihn gekriegt«, sagte Kamenew, übergab den Kopf dem Kosaken und ging selbst mit Butler in das Haus hinein. »Er ist übrigens als ein Held gestorben«, fügte er hinzu.

»Wie konnte das nur geschehen?«

»Warten Sie, bis Iwan Matwejewitsch kommt, dann will ich alles haarklein erzählen. Das ist ja meine Mission. Ich reite von Festung zu Festung, von Dorf zu Dorf, und zeige ihn herum.«

Man schickte nach Iwan Matwejewitsch. Er kam schwer betrunken an, mit zwei Offizieren, die gleichfalls einen tüchtigen Rausch hatten, und begann Kamenew zu umarmen.

»Ich habe Ihnen Hadschi Murats Kopf mitgebracht«, sagte Kamenew.

»Nicht möglich! Habt ihr ihn getötet?«

»Ja, er wollte uns entwischen.«

»Ich hab's ja immer gesagt: Er wird uns hinters Licht führen. Wo hast du ihn also, den Kopf? Zeig mal her!«

Man rief den Kosaken, und er brachte den Sack mit dem Kopf. Der Kopf wurde herausgenommen, und Iwan Matwejewitsch sah ihn lange mit seinen trunkenen, blöden Augen an.

»Er war doch ein ganzer Kerl«, sagte er. »Gib her – ich will ihn küssen!«

»Ein pfiffiger Kopf war's – ja, das muß man ihm lassen«, meinte einer der Offiziere.

Nachdem alle den Kopf zur Genüge betrachtet hatten, wurde er wieder dem Kosaken übergeben. Dieser legte ihn in den Sack zurück und setzte diesen vorsichtig auf den Boden.

Butler trat auf die Haustreppe hinaus. Marja Dmitrijewna saß dort auf der zweiten Stufe. Sie warf einen Blick auf Butler und wandte sich dann zornig ab.

»Was ist Ihnen denn, Marja Dmitrijewna?«, fragte Butler.

»Ihr seid alle Mörder! Ich kann euch nicht leiden, ihr – Mörder«, sagte sie und erhob sich.

»So kann es doch jedem von uns gehen«, meinte Butler, der nicht recht wußte, was er sagen sollte. »Das ist mal nicht anders im Krieg …«

»Im Kriege? Ist denn das noch Krieg? Mörder seid ihr, weiter nichts! Statt den Toten der Erde zu übergeben, treibt ihr euren Spott mit ihm – ihr Mörder!«, wiederholte sie immer wieder, ging dann die Treppe hinunter und verschwand um die Hausecke, um durch den hinteren Eingang nach ihrem Zimmer zu gehen. Butler kehrte in das Zimmer des Majors zurück und bat Kamenew, zu erzählen, wie sich alles zugetragen. Und dieser erzählte, was er wußte.

XXV

Es war Hadschi Murat gestattet worden, in der Nähe der Stadt Spazierritte zu machen, doch nur in Begleitung einer Kosakeneskorte. Es befand sich in Nucha im ganzen ein halbes hundert Kosaken, von denen zehn Mann beim Kommando Dienst taten, während die anderen da und dort Verwendung fanden und für die erforderlichen Dienstleistungen oft kaum genügten. Sollten nun, wie angeordnet war, mit Hadschi Murat stets zehn Mann ausreiten, so fehlten an anderen Stellen die nötigen Mannschaften. Am ersten Tage wurden ihm, wie befohlen, zehn Mann beigegeben, dann aber entschied man, daß immer nur fünf Kosaken mitreiten sollten, und man bedeutete Hadschi Murat, er solle nicht immer seine sämtlichen Muriden mitnehmen. Am 25. April jedoch ritt Hadschi Murat mit allen seinen Getreuen aus. Während er sein Pferd bestieg, bemerkte der Kosakenoffizier, daß alle fünf Muriden sich anschickten, Hadschi Murat zu begleiten. Der Offizier machte ihn darauf aufmerksam, daß ihm die Mitnahme seiner sämtlichen Leute untersagt sei, doch Hadschi Murat tat, als ob er seine Worte nicht höre, und ritt davon, worauf ihn der Offizier gewähren ließ. Der ihm beigegebene Unteroffizier war ein stattlicher, untersetzter, blonder junger Mensch namens Nasarow, die Wangen wie Milch und Blut, das Haar vom Scheitel aus nach vorn und hinten gekämmt und rundherum abgeschnitten. Mit Stolz trug Nasarow das Georgskreuz für Tapferkeit auf der Brust.

»Laß ihn nicht zu weit reiten, Nasarow!«, rief der Offizier ihm nach.

»Zu Befehl, Euer Wohlgeboren«, antwortete Nasarow und setzte, während er die Büchse auf dem Rücken zurechtschob, seinen großen stattlichen Fuchswallach in Trab. Die vier Kosaken ritten hinter ihm her. Der eine von ihnen war der als Dieb und Beutemacher bekannte Ferapontow, ein langer, hagerer Mensch, von dem Hamsalo Schießpulver gekauft hatte. Dann war da ein älterer Kosak, Ignatow mit Namen, dessen Dienstzeit eigentlich schon um war – ein stämmiger Bursche, der gern mit seiner Stärke prahlte. Der dritte der Kosaken, Mischkin, war ein schmächtiges, noch nicht volljähriges Kerlchen, über das alle sich lustig machten. Petrakow, der vierte, war ein blonder junger Mann, stets munter und freundlich, der einzige Sohn seiner Mutter.

Der Morgen war nebelig; um die Frühstückszeit jedoch wurde das Wetter klar, und die Sonne schien hell auf das junge Laub, auf das frisch hervorsprießende, jungfräulich grüne Gras, auf die eben aufgegangenen Saaten und die gekräuselte Oberfläche des rasch hineilenden Flusses, der links vom Weg sichtbar war. Hadschi Murat ritt im Schritt daher, und die Kosaken sowie seine Muriden dicht hinter ihm. Als sie etwa zwei Werst von der Festung entfernt waren, brachte Hadschi Murat seinen kabardinischen Schimmel in eine raschere Gangart, und auch die Muriden und Kosaken setzten sich in Trab.

»Ich sag euch, die Kerle haben etwas im Sinn«, sagte Ignatow. »Da – wie sie uns anglotzen!«

Noch eine Werst legte man so nach den Bergen hin zurück.

»Ich sag's noch einmal: Das geht nicht so!«, schrie Nasarow Hadschi Murat zu.

Hadschi Murat antwortete nicht und sah sich auch nicht um, sondern beschleunigte nur noch sein Tempo und ging in einen kurzen Galopp über.

»Nein, du entkommst mir nicht!«, rief Nasarow, der sich an der Ehre gepackt fühlte.

Er versetzte seinem großen Fuchswallach einen kräftigen Peitschenhieb, richtete sich in den Steigbügeln auf, neigte sich vor und setzte in gestrecktem Galopp Hadschi Murat nach.

Der Himmel war so klar, die Luft so frisch, und die Lust und Freude am Leben erfüllte so ganz Nasarows Seele, als er jetzt, mit seinem wackeren, guten Tier gleichsam in eins verwachsen, auf dem ebenen Wege hinter Hadschi Murat herfegte, daß ihm auch nicht der leiseste Gedanke kam, es könnte etwas Schlimmes, Schreckliches eintreten. Er freute sich nur, daß er mit jedem Satz, jedem Sprung Hadschi Murat näher kam. Dieser schloß aus dem immer vernehmlicher klingenden Huf schlag des großen Kosakenpferdes, daß Nasarow ihn über kurz oder lang einholen mußte, und während er mit der rechten Hand nach der Pistole griff, suchte er mit der linken seinen in Hitze geratenen, durch die Hufschläge in seinem Rücken beunruhigten Kabardiner zurückzuhalten.

»Das geht nicht!«, schrie Nasarow, der nun schon fast Seite an Seite mit Hadschi Murat ritt und bereits die Hand ausstreckte, um den Zügel seines Pferdes zu fassen. Aber noch hatte er den Zügel nicht berührt, als plötzlich ein Schuß krachte.

»Was fällt dir denn ein?«, rief Nasarow und faßte nach seiner Brust. »Los, auf sie, Jungens!«, rief er den Kosaken zu und taumelte im Sattel zurück.

Doch die Muriden griffen noch vor den Kosaken zu den Waffen, schossen ihre Pistolen auf sie ab und hieben mit den Säbeln auf sie ein. Nasarow hing schlaff auf seinem Pferd, das führerlos mit ihm hinter den anderen Pferden herlief. Ignatows Pferd brach zusammen und riß seinen Reiter mit zu Boden; zwei der Bergbewohner hieben, ohne abzusteigen, auf seinen Kopf und seine Arme ein. Petrakow wollte dem Kameraden zu Hilfe kommen, aber zwei Schüsse, der eine in den Rücken und der andere in die Seite, machten ihn kampfunfähig, und er fiel wie ein Sack vom Pferd.

Mischkin hatte kehrtgemacht und war nach der Festung zurückgejagt. Hamsalo, der mit seinem Dolch Ignatow den Rest gegeben hatte, versetzte auch Nasarow noch einen letzten Stich und riß ihn vom Pferde. Chanefi wollte Nasarows Pferd mitnehmen, doch Hadschi Murat rief ihm zu, er solle es nur zurücklassen, und ritt im Galopp die Straße entlang weiter. Die Muriden jagten hinter ihm drein, gefolgt von Nasarows Pferde, das sie vergeblich zurückzuscheuchen suchten. Sie sprengten eben mitten durch die Reisfelder, als vom Turm in Nucha ein lauter Alarmschuß erdröhnte.

Petrakow lag mit aufgeschlitztem Bauche auf dem Kampfplatz, sein jugendliches Gesicht war dem Himmel zugewandt; wie ein Fisch auf dem Trockenen schnappte er lautlos nach Luft und starb.

XXVI

»Herrgott, Kinder, was habt ihr denn da angerichtet?«, rief der Festungskommandant und faßte sich verzweifelt an den Kopf, als er die Nachricht von Hadschi Murats Flucht erhielt. »Nun geht es mir an den Kragen! Wie konntet ihr den Räuber nur laufen lassen?!«, schrie er auf Mischkin los, der ihm soeben das Vorgefallene gemeldet hatte.

Sogleich wurde überall Alarm geschlagen, und nicht nur die Kosaken, die zur Verfügung standen, sondern auch die Milizen der friedlichen Dörfer wurden, soweit dies in der Kürze der Zeit möglich war, mobil gemacht und den Flüchtigen nachgesandt. Eine Belohnung von tausend Rubeln wurde für denjenigen ausgesetzt, der Hadschi Murat, ob tot oder lebendig, zurückbringen würde. Zwei Stunden nachdem Hadschi Murat mit seinen Begleitern entflohen war, befanden sich bereits mehr als zweihundert Berittene mit dem

Kommissar an der Spitze unterwegs, um die Entkommenen wieder einzufangen.

Nachdem Hadschi Murat noch einige Werst auf der Landstraße weitergeritten war, hielt er seinen schwer keuchenden, ganz in Schweiß gebadeten Schimmel für einen Augenblick an. Rechts vom Weg sah man die Hütten und das Minarett des Dorfes Belardshik, links dehnten sich weithin die Reisfelder, und hinter ihnen schimmerte von ferne der Fluß. Wiewohl nun der Weg in die Berge nach rechts führte, schlug Hadschi Murat doch die entgegengesetzte Richtung, nach links hin, ein, da er annahm, daß die Verfolger den Weg nach rechts wählen würden. Er gedachte an der ersten besten Stelle über den Alasan zu setzen, am anderen Ufer, wo ihn niemand vermuten würde, entlangzureiten, bis er den Wald erreichte, dann wieder überzusetzen, auf die Straße zurückzukehren und nun erst seinen Weg in die Berge zu nehmen. Nachdem er diesen Entschluß gefaßt, nahm er sogleich seinen Weg nach links. Doch zeigte es sich, daß es unmöglich war, an den Fluß zu gelangen. Das Reisfeld, das er passieren mußte, war, wie stets im Frühling, unter Wasser gesetzt und in einen einzigen großen Sumpf umgewandelt, in dem die Beine der Pferde tief versanken. Hadschi Murat ritt mit seinen Begleitern bald dahin, bald dorthin, in der Hoffnung, einen trockeneren Weg zu finden, aber die Felder, auf die sie gerieten, waren alle in gleicher Weise überschwemmt und unpassierbar. Die Pferde konnten nur mit Mühe die versinkenden Beine aus dem glucksenden Morast ziehen, machten schwer keuchend ein paar Schritte und blieben immer wieder stehen.

Eine ganze Zeit lang quälten sie sich auf diese Weise ab, ohne den Fluß zu erreichen. Da erblickten sie ein kleines Gehölz, aus niedrigem Buschwerk bestehend, das sich inselartig aus dem Reisfeld erhob. Dorthin beschloß Hadschi Murat sich zu wenden, um im Schutze der Sträucher die erschöpften Tiere ausruhen zu lassen und den Anbruch der Nacht abzuwarten. Sie erreichten das Gehölz, stiegen ab, fesselten die Pferde und ließen sie weiden. Sie selbst verzehrten das aus Brot und Käse bestehende Mahl, das sie mitgenommen hatten. Unentdeckt blieben sie hier bis zum Eintritt der Dunkelheit. Der im ersten Viertel stehende Mond, der zuerst geschienen hatte, war hinter die Berge gegangen, und die Nacht war dunkel.

Und er dachte an den Nachtigallensang und das Lied von Hamsat, das ihn heute nacht, als er im Hausflur sich Wasser holte, so gefesselt hatte. Jeden Augenblick konnte es ihm jetzt ebenso ergehen wie jenem Hamsat. Eine Ahnung beschlich ihn, daß sein Schicksal das gleiche sein würde, und tiefer Ernst senkte sich in seine Seele. Er breitete seinen Filzmantel auf der Erde aus und verrichtete sein Gebet. Kaum hatte er es beendet, als sich in der Feme ein Geräusch vernehmen ließ, das sich dem Gehölz zu nähern schien. Es rührte, wie ihm vorkam, von zahlreichen Hufen her, die durch das feuchte Reisfeld dahergewatet kamen. Der scharfäugige Bata lief an den Rand des Gehölzes und sah im Dunkeln die Schatten von Reitern und Fußgängern.

Nachdem das Alarmzeichen ertönt war, hatte Karganow sich mit etwa hundert Milizen und Kosaken an die Verfolgung Hadschi Murats gemacht, doch konnte er nirgends eine Spur von ihm entdecken. Schon hatte er enttäuscht und hoffnungslos den Rückweg angetreten, als er kurz vor Anbruch des Abends einem Greis begegnet war, den er befragte, ob er keine Berittenen gesehen habe. Der Alte erwiderte, er habe wohl welche gesehen, sechs Reiter habe er gesehen, die in den Reisfeldern hin und her geritten seien und dann in das Gehölz, in dem er Reisig sammelte, gekommen seien. Karganow ließ sogleich kehrtmachen, nahm den Alten mit und rückte bis in die Nähe des Gehölzes vor, wo ihm die gefesselten Pferde zu Gesicht kamen und Hadschi Murats Anwesenheit verrieten. Er wartete, bis die Nacht hereinbrach, verteilte dann seine Mannschaften im Kreise um das Gehölz und sah dem anbrechenden Morgen entgegen, der ihm Hadschi Murat tot oder lebendig in die Hände liefern sollte.

Als Hadschi Murat begriffen hatte, daß er umzingelt war, suchte er einen mitten im Gehölz befindlichen trockenen alten Graben auf:

hier wollte er sich mit den Seinigen verschanzen und sich so lange verteidigen als sein Kugelvorrat und seine Kräfte reichten. Er teilte seinen Plan den Genossen mit und befahl ihnen, einen Wall um den Graben herum zu errichten. Die Muriden begannen sogleich, Zweige abzuhauen und mit ihren Dolchen, so gut es ging, Erde aufzuschütten. Hadschi Murat arbeitete selbst eifrig mit. Als der Morgen dämmerte, ritt der Befehlshaber der Milizen vor das Gehölz und rief mit lauter Stimme: »Heda, Hadschi Murat, ergib dich! Unser sind viele, und ihr seid nur wenige.«

Als Antwort fiel ein Schuß aus dem Graben, ein Rauchwölkchen stieg auf, und unter einem der Milizsoldaten brach das Pferd zusammen. Gleich darauf krachten die Büchsen der Milizen, die am Rande des Gehölzes aufgestellt waren, und ihre Kugeln pfiffen, Laub und Zweige niederreißend, durch die Büsche, trafen jedoch keinen der in dem Graben Verschanzten, sondern schlugen wirkungslos in den Verhau, den die Muriden errichtet hatten. Hadschi Murat und seine Leute schossen nur immer dann, wenn einer von den Milizsoldaten sichtbar wurde, und sie verfehlten nur selten ihr Ziel. Drei Mann von den Milizen waren bereits verwundet. Die Milizen verspürten durchaus keine Lust, sich auf Hadschi Murat und seine Leute zu stürzen, sie entfernten sich im Gegenteil immer weiter von ihnen und schossen aus der Ferne aufs Geratewohl.

So verging wohl eine gute Stunde. Die Sonne war bereits über den Horizont getreten, und Hadschi Murat dachte schon daran, sein Pferd zu besteigen und den Versuch zu machen, sich bis zum Fluß durchzuschlagen, als sich das laute Geschrei einer neu angelangten großen Milizabteilung vernehmen ließ. Es war Hadschi Aga von Mechtula, der mit seinen Leuten angelangt war. Es waren ihrer wohl an die zweihundert Mann. Hadschi Aga war dereinst mit Hadschi Murat befreundet gewesen und hatte mit ihm zusammen in den Bergen gelebt, doch war er dann zu den Russen übergegangen. Mit ihm war auch Achmet-Khan gekommen, dessen Vater mit Hadschi Murat verfeindet war. Ebenso wie Karganow leitete auch Hadschi

Aga sein Vorgehen damit ein, daß er Hadschi Murat aufforderte, sich zu ergeben, was dieser wiederum durch einen Schuß beantwortete.

»Die Säbel heraus, Kinder!«, rief Hadschi Aga, zog seinen eigenen Säbel, und es erklangen die Stimmen von einigen hundert Leuten, die mit Geschrei in das Gebüsch eindrangen.

Die Milizen warfen sich auf das Gebüsch. Doch hinter dem Wall hervor knallten nacheinander ein paar Schüsse, und drei Mann fielen zu Boden. Die Heranstürmenden machten halt, gingen an den Rand des Gehölzes zurück und schossen von dort aus auf die Verschanzung. Von neuem gingen sie dann, hinter Büschen Deckung suchend, vor, und während ein Teil von ihnen ganz in der Nähe vordrang, fielen andere unter den Kugeln Hadschi Murats und seiner Muriden. Hadschi Murat schoß nicht eine Kugel umsonst ab, und auch Hamsalo traf fast immer und stieß jedesmal einen Freudenschrei aus, wenn er sah, daß er gut geschossen hatte. Khan Mahoma saß am Rande des Grabens, sang laut sein »Illacha il allah« und schoß ohne Hast, traf jedoch nur selten. Bata wurde zuerst verwundet. Die Kugel traf ihn in den Hals, und er setzte sich nieder und begann, während er Blut spuckte, laut zu schimpfen. Dann erhielt Hadschi Murat einen Schuß in die Schulter. Er riß ein Stück Watte aus seinem Beschmet, verstopfte damit die Wunde und fuhr fort zu schießen.

»Greifen wir doch zu den Säbeln!«, rief Eldar schon zum dritten Mal.

Er schaute hinter dem Wall hervor und wollte sich schon auf die Feinde werfen, da traf ihn eine Kugel, und er wankte und fiel kopfüber gerade auf Hadschi Murats Bein. Hadschi Murat sah ihn an: die schönen Widderaugen waren fest und ernst auf ihn gerichtet. Der Mund mit der vorspringenden Oberlippe zuckte, ohne sich zu öffnen. Hadschi Murat zog sein Bein unter dem leblosen Körper hervor und fuhr fort, zu schießen.

Khan Mahoma fuhr inzwischen fort zu singen, langsam zu laden und zu zielen. Die Feinde kamen, in Sprüngen von Busch zu Busch vorgehend, unter Schreien und Kreischen immer näher. Noch eine zweite Kugel traf Hadschi Murat, diesmal in die Seite. Er legte sich im Graben hin, zog wieder ein Stück Watte aus seinem Beschmet und verstopfte damit die Wunde. Diese zweite Wunde war tödlich, und Hadschi Murat fühlte, daß er sterben würde. Bilder der Erinnerung traten in rascher Folge vor seine Seele. Er sah den starken Abununzal-Khan vor sich, wie er, mit der einen Hand die abgeschlagene, herunterhängende Backe festhaltend, sich mit dem Dolch auf die Feinde stürzte, und er sah den blutleeren, hinfälligen alten Woronzow mit seinen listigen Augen und seiner glatten Zunge, und seinen Sohn Jussuf, und seine Gattin Sofiat, und das bleiche Gesicht seines Todfeindes Schamil mit dem roten Bart und den halbgeschlossenen Lidern. Und all diese Erinnerungen jagten rasch an seinem Geist vorüber, ohne irgendeine Empfindung, sei es Mitleid oder Haß oder sonst etwas, in ihm hervorzurufen. Alles das erschien so nichtig im Vergleich zu dem, was jetzt für ihn beginnen sollte oder schon begonnen hatte. Er raffte seine letzte Kraft zusammen, richtete sich hinter dem Schutzwalle auf, schoß seine Pistole auf einen vorübereilenden Milizsoldaten ab und traf ihn. Der Getroffene brach zusammen. Nun kroch Hadschi Murat vollends aus dem Graben heraus und ging, schwerfällig hinkend, mit dem Dolch in der Faust, dem Feinde gerade entgegen. Ein paar Schüsse wurden auf ihn abgegeben, und er wankte und stürzte zu Boden.

Eine Anzahl Milizen warfen sich unter lautem Siegesgeschrei auf den Körper des Gefallenen. Doch der, den sie für tot hielten, bewegte sich plötzlich. Zuerst erhob sich der blutige Kopf, von dem die Lammfellmütze heruntergefallen war, und dann reckte sich der Rumpf in die Höhe und richtete sich, mit den Armen einen Baumstamm umfassend, langsam empor. So entsetzlich war dieser Anblick, daß alle, die herbeigeeilt waren, wie erstarrt dastanden. Doch plötzlich ging ein Beben durch Hadschi Murats Körper, er ließ den Baum los, fiel so in seiner ganzen Länge, wie eine Distel, die die Sense getroffen, mit dem Gesicht voran, auf die Erde und rührte sich nicht mehr. Aber wenn er sich auch nicht mehr regte, so fühlte er doch noch immer. Als Hadschi Aga, der zuerst auf ihn zugeeilt war, ihn mit seinem großen Dolch über den Kopf schlug, war ihm, als schlüge man ihn mit einem Hammer über den Schädel, und er konnte nicht begreifen, wer das tat und warum es geschah. Es war die letzte Empfindung, die ihn noch mit seinem Körper verband. Dann fühlte er gar nichts mehr, und das, was da von den Feinden mit Füßen getreten und zerhackt wurde, hatte nichts mehr mit ihm gemein. Hadschi Aga trat ihm auf den Rücken, schlug ihm mit zwei Hieben den Kopf ab und stieß ihn vorsichtig, um sich die Schuhe nicht blutig zu machen, mit dem Fuße zur Seite.

Wie der Jäger über dem getöteten Wild, so standen Karganow, Hadschi Aga und Achmet-Khan über den Leibern Hadschi Murats und seiner gefallenen Muriden. Chanefi, Khan Mahoma und Hamsalo waren überwältigt und gefesselt worden. Im Pulverdampf durch die Büsche streifend, unterhielten sich die Sieger höchst vergnügt und freuten sich ihres Triumphes.

Die Nachtigallen, die während des Feuerns geschwiegen hatten, begannen jetzt wieder zu schlagen – zuerst die eine in nächster Nähe und dann die anderen weiter im Gehölz.

Der Tod dieses Menschen war es, den mir die zertretene Distel auf dem frischgepflügten Acker ins Gedächtnis rief.

1896–1904